阳泉郊区检察志

《阳泉郊区检察志》编纂委员会 编

方志出版社
Publishing House of Local Records

图书在版编目（CIP）数据

阳泉郊区检察志/《阳泉郊区检察志》编纂委员会编. -- 北京：方志出版社，2018.8
ISBN 978-7-5144-3196-4

Ⅰ. ①阳… Ⅱ. ①阳… Ⅲ. ①检察机关—工作概况—阳泉 Ⅳ. ①D926.32

中国版本图书馆 CIP 数据核字(2018)第 194738 号

阳泉郊区检察志

编　　者：《阳泉郊区检察志》编纂委员会
责任编辑：朱 姝
出 版 人：冀祥德
出 版 者：方志出版社
　　　　　地址　北京市朝阳区潘家园东里 9 号（国家方志馆 4 层）
　　　　　邮编　100021
　　　　　网址　http://www.fzph.org
发　　行：方志出版社图书经销中心
　　　　　电话（010）67110500
经　　销：各地新华书店
印　　刷：石家庄联创博美印刷有限公司
开　　本：889×1194　1/16
印　　张：56.25
字　　数：987 千字
版　　次：2018 年 8 月第 1 版　2018 年 8 月第 1 次印刷
印　　数：0001～1500 册
ISBN 978-7-5144-3196-4　定价：420.00 元

《阳泉郊区检察志》
编纂委员会

主任委员： 严志勇

委　　员： 刘双富　杨建民　王权政　张保亮　张福明　史保龙　田江华
王艳明　孟秀红　田长春

主　　编： 严志勇

副 主 编： 史保龙

《阳泉郊区检察志》
编纂人员

总　　纂： 闫建生

编　　辑： 王文燕　阎建书　吴晓霞　闫斯静　何　玉　郭睦羽

2008 年 11 月 6 日，山西省人民检察院检察长柯汉民到郊区检察院指导工作

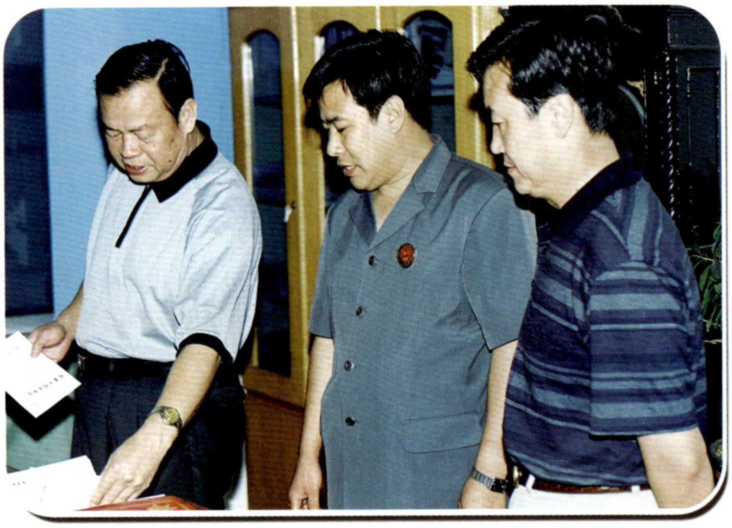

2002 年，山西省人民检察院检察长陈大豪在郊区检察院指导工作

2006 年 3 月 8 日，山西省人民检察院副检察长李勃在郊区检察院指导工作

《阳泉郊区检察志》
编纂委员会

主任委员： 严志勇

委　　员： 刘双富　杨建民　王权政　张保亮　张福明　史保龙　田江华
王艳明　孟秀红　田长春

主　　编： 严志勇

副 主 编： 史保龙

《阳泉郊区检察志》
编纂人员

总　　纂： 闫建生

编　　辑： 王文燕　阎建书　吴晓霞　闫斯静　何　玉　郭睦羽

2019年9月24日，最高人民检察院检委会专职委员张志杰带队，围绕认罪认罚从宽制度落实、公安机关办案中心派驻检察、补充侦查工作、刑事案件报道等内容，到郊区检察院调研。山西省人民检察院副检察长王文娅、阳泉市人民检察院检察长王廉允等陪同。

1993年，山西省人民检察院检察长左祥在郊区检察院指导工作

2001年4月15日，山西省人民检察院原检察长刘砚青在郊区检察院指导工作

2008 年 11 月 6 日，山西省人民检察院检察长柯汉民到郊区检察院指导工作

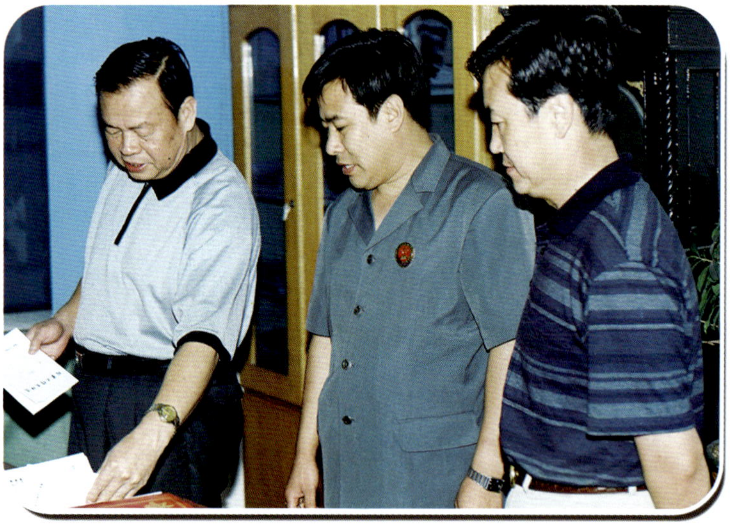

2002 年，山西省人民检察院检察长陈大豪在郊区检察院指导工作

2006 年 3 月 8 日，山西省人民检察院副检察长李勃在郊区检察院指导工作

2007年7月31日，山西省人民检察院政治部主任阎国奴到郊区检察院检查指导工作

2007年11月8日，山西省人民检察院副检察长荣彰到郊区检察院检查指导工作

2009年12月4日，山西省人民检察院常务副检察长王满春视察郊区检察院新技侦大楼工地建设情况

2015 年 6 月 25 日，山西省人民检察院副检察长王国宏一行在郊区检察院调研规范执法行为专项整治工作

2019 年 7 月 6 日，山西省人民检察院党组成员、政治部主任郭普，在郊区检察院就开展“大学习、大调研、大落实、大提升”活动进行调研

2008 年 8 月 15 日，山西省人民检察院反贪局局长李喜春，在郊区检察院指导工作

2017年6月27日，阳泉市委常委、政法委书记杨自明就深化司法体制改革、全面正确履行法律职责、执法办案场所规范化工作，到郊区检察院进行调研，区政法委和郊区院领导陪同实地察看

1993年7月，阳泉市人民检察院党组书记、检察长毛联银在郊区检察院指导工作

2007年7月，阳泉市人民检察院检察长张仲马在郊区检察院视察“两房”建设工作

2009 年 12 月，阳泉市人民检察院检察长胡克勤视察郊区检察院新技侦大楼建筑工地

↑ 2012 年 5 月 10 日，阳泉市人民检察院检察长王守林在郊区检察院指导工作时，同全院干警合影

2016 年 10 月 25 日，阳泉市人民检察院检察长王廉允、阳泉市郊区区委书记王明厚到郊区检察院调研指导工作

1998年，郊区检察院新任检察长闫运成与上一届领导班子成员郭和、史宝珠、李爱贤、史先玲、刘双富合影

2000年，郊区检察院领导班子成员：闫运成、李爱贤、贾金祥、王瑞明、刘双富

2003年，郊区检察院领导班子成员：张建国、李爱贤、贾金祥、张贵深、王瑞明、刘双富、张福明、高秀瑾

2008年，郊区检察院领导班子成员：贾建胜、张贵深、刘双富、高秀瑾、杨建民、张福明、张福拴、王权政

2011 年，郊区检察院领导班子成员：王建明、张贵深、刘双富、杨建民、张福明、张福拴、王权政

2015 年，郊区检察院领导班子成员：王建明、刘双富、杨建民、王权政、张保亮、张福明、贾军敏、王学军、杨培龙、史保龙、田江华、史如斌

2017 年 2 月，郊区检察院领导班子成员：严志勇、刘双富、杨建民、王权政、张保亮、张福明、贾军敏、王学军、杨培龙、史保龙、田江华、史如斌

2019 年 8 月，郊区检察院领导班子成员：严志勇、刘双富、杨建明、王权政、张保亮、史保龙、王艳明、孟秀红、田长春

20世纪90年代初，郊区检察院干警在办公室前合影

1999年郊区检察院检察长郭和与接任检察长闫运城同部分干警合影

2017年2月，郊区检察院全体干警合影，同年2月底11名干警转隶到区监察委员会工作

2016 年 12 月 29 日，在阳泉市郊区第十八届人民代表大会第一次会议上，严志勇当选郊区人民检察院检察长，所作的工作报告获全票通过

郊区人大常委会首次举行宪法就职宣誓仪式

2017 年 11 月 19 日，首批员额制检察官举行宪法宣誓仪式，17 名检察官成为员额检察官

2017 年 11 月 19 日，郊区检察院和郊区纪委监委，共同举办庆祝建党 96 周年主题党日系列活动，推动检察体制改革工作深度融合

2016 年 8 月，由中央国家机关团工委组织的“根在基层——中央若干重大政策落实活动”调研实践活动一行 11 人走进郊区院开展为期一周的调研实践，体验郊区院常态化工作，与干警同工同勤，增进对基层工作的感情认同。调研团先后参观了石评梅故居、百团大战纪念碑、大寨等革命传统教育基地，调研了桃林沟新农村建设，到下白泉村老年日照中心开展慰问。调研团成员来自最高人民检察院、国家工商总局、国家气象局、中国社会科学院、中国建设银行总行

郊区检察院建立青少年维权岗，教育引导青少年遵纪守法，开展健康向上的文体活动

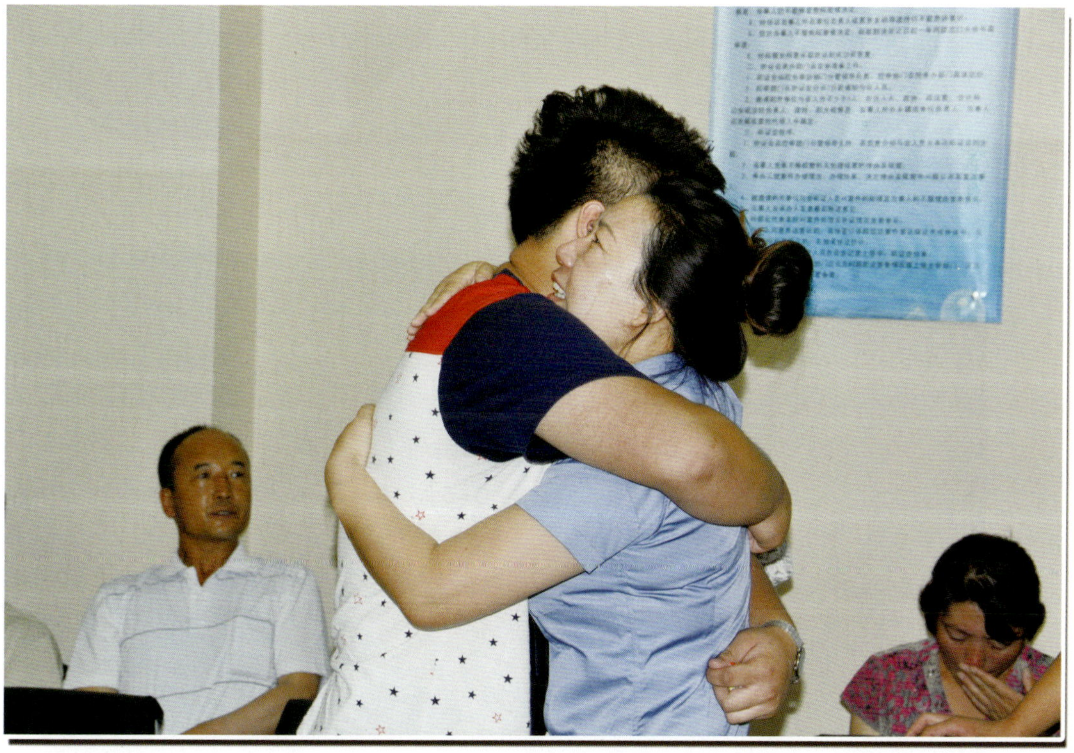

郊区检察院负责未成年法律监督工作检察官与失足青少年热情拥抱

2019年3月30日上午，郊区人民检察院、郊区第一中学联合举行2019“法制进校园”系列活动启动仪式上，郊区检察院党组书记、检察长严志勇被特聘为“法制副校长”。图为荫营中学校长王银宗向严志勇检察长颁发“法制副校长”聘书

严志勇检察长为该校师生讲授法制课

郊区人民检察院、郊区第一中学联合举行2019“法制进校园”系列活动启动仪式

检察长严志勇办案组出庭公诉，带头落实司法责任制改革办案制度

2017 年 11 月，严志勇检察长在上海参加了由检察日报社主办、平安上海法制栏目承办的“激发保护企业家精神、促进企业依法合规经营”法治论坛，并在会上做了题为“在新时期体制改革的环境下构建新型检商关系”的经验交流发言。

2019 年 8 月 13 日，郊区院举行从检 30 年检察荣誉章颁发仪式，向从检满 30 年的干警颁发荣誉章，感谢他们为郊区检察事业做出突出贡献。获得荣誉章的有：严志勇、刘双富、杨建民、王权政、田江华、贾俊敏、李海棠、张培亮。

为提高检察干警文明礼仪素养，2017 年 10 月 17 日郊区检察院聘请全国高级礼仪培训师、东北师范大学教育部东北高师师资培训中心教授、吉林省委党校客座教授高岚，讲授检察干警职业形象与礼仪

倡行德法修身、传承文化精髓，2019 年 6 月 27 日区政法委在区检察院举办“阳泉市郊区政法系统法治教育暨国学文化大讲堂”

2019 年 1 月 13 日上午，第二届全国检察机关信息化网上轻应用评审会在最高人民检察院召开，郊区检察院“龙吟团队”作为山西检察机关唯一参赛团队，研发的检察院笔录系统荣获一等奖，团队成员：史保龙、郑志明、张城

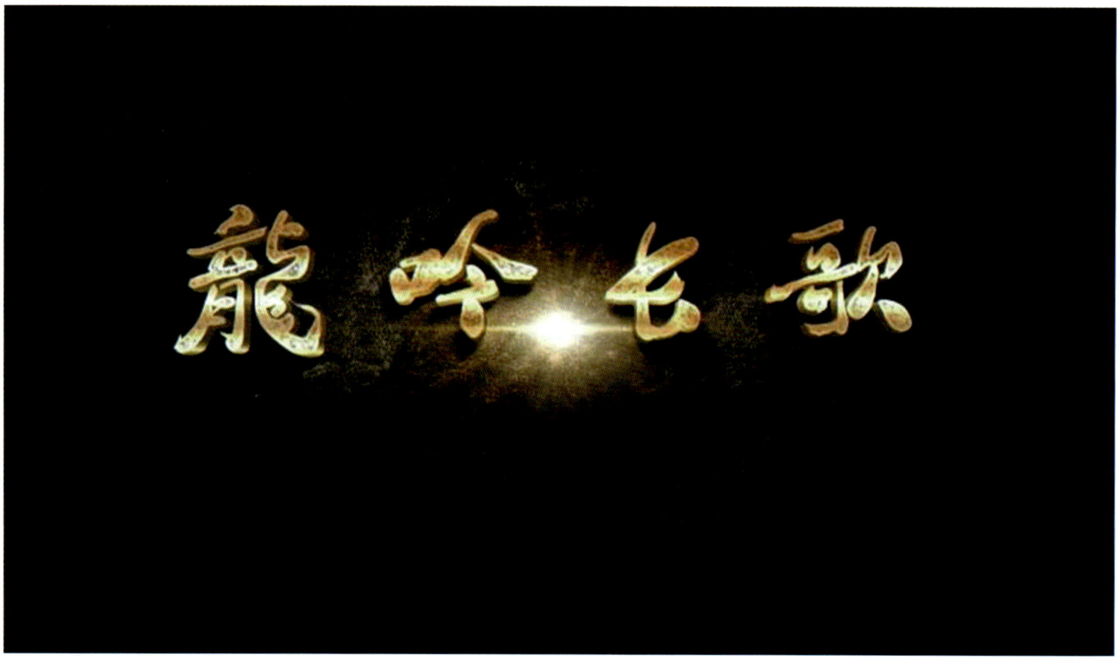

2019 年 9 月 4 日，以郊区检察院研发检察笔录为题材拍摄的《龙吟长歌》微视频，荣获全国第四届平安中国微电影微视频微动漫比赛“最具人气作品奖”，郊区检察院科技强检、三基建设的成果得到充分展示，正义网、检察日报、山西法制报、检察周刊、阳泉日报等主流媒体都相继作了报道，产生较大社会影响。

20 世纪 80 年代初，郊区检察院办公室

20 世纪 90 年代初，郊区检察院办公楼

2003 年 5 月，原技侦大楼破土动工，同年 9 月落成

2009 年 8 月郊区检察院新技侦大楼破土动工，2012 年 12 月正式落成，建筑面积 11000 平方米

阳泉郊区检察院历任党组书记、检察长

李种耕

1958.8 ~ 1958.11

贾正来

1959.4 ~ 1961.4

赵玉珍

1979.7 ~ 1984.5

苏密生

1984.6 ~ 1995.5

阳泉郊区检察院历任党组书记、检察长

郭 和

1995.5 ~ 1998.5

闫运成

1998.5 ~ 2003.4

张建国

2003.5 ~ 2007.4

贾建胜

2007.5 ~ 2011.5

阳泉郊区检察院历任党组书记、检察长

王建明
2011.8 ～ 2016.5

严志勇
2016.5 ～

序（一）

欣闻《阳泉郊区检察志》编纂完成，我代表阳泉市人民检察院党组和全市检察干警，向郊区院表示热烈祝贺。《阳泉郊区检察志》是我市检察系统第一部记载反映基层检察院人民检察事业发展历程的志书，它的成功编纂和出版发行，不仅是郊区院政治文化建设中的一件大事，也是阳泉检察系统的一件好事。志书不仅记述了该院成立发展的历程，也显现出郊区院党组掘金检察历史、注重检察文化、弘扬检察正义、捍卫检察事业、塑造检察形象的远见卓识。

回顾40年前，与许多检察机关一样，郊区院从一个仅有十几名干警、三间临时借租房开始起步，投身于保卫改革开放事业、巩固改革开放成果、促进改革开放发展的伟大历史进程之中。40年来，郊区院紧紧围绕党和政府在各个时期的工作中心，肃贪反渎、打团除恶、匡正祛邪、定纷止争，为郊区经济社会发展和人民安居乐业发挥了不可替代的作用。历届党组远谋大局，历任检察长各有建树，历代干警团结进取，不断书写着郊区检察事业新的篇章。

盛世修志，存史育人。《阳泉郊区检察志》的编纂完成，给全市检察系统带了个好头。一部志书，把40年间基层检察工作准确履行法律监督职责，积极践行社会主义法治理念、坚定维护社会公平正义，真诚服务区域经济发展的光辉历史尽录其中，集中体现了该院干警扎根基层、服务“三农”、忠诚使命、勇于探索、大胆创新、捍卫法治、积极进取、上进乐观的独特检察文化，必将激励一代又一代干警在人民检察事业这片热土上砥砺前行。

2019年10月10日

（序者为阳泉市人民检察院党组书记、检察长）

序（二）

《阳泉郊区检察志》经过近两年的努力终于编修完成，由方志出版社正式出版发行。衷心感谢检察长王廉允亲自为本志作序，感谢编纂人员的辛勤努力。

《阳泉郊区检察志》忠实地记录了我院成立以来，在历届阳泉市人民检察院党组和阳泉郊区区委的领导下，在区人大及其常委会和社会各界的监督支持下，认真履行宪法和法律赋予的神圣职责，紧跟时代步伐，锐意改革进取，依法惩治各类刑事犯罪，积极开展法律监督，大力化解各种社会矛盾，为阳泉郊区建设和谐社会保驾护航的全过程。事实证明，坚持党的领导，自觉接受人民监督，是人民检察事业顺利发展的政治保障。《阳泉郊区检察志》真实地再现了我院历任党组政治建检、文化育检、素质兴检、科技强检的宏伟历程，翔实地反映了我院立检为公、执法为民的历史风貌。我院从恢复重建之日起，就把建设一支信念坚定、执法为民、敢于担当、清正廉洁的检察队伍作为队伍建设的首要目标，几代干警严守党的纪律和政治规矩，积极推进管理科学化、队伍专业化、保障现代化建设。始终把群众满意作为工作的第一标准，积极回应人民群众的司法需求，用实际行动诠释人民检察源于人民、属于人民、服务人民的本质属性，努力让人民群众在每一个司法案件中，切实感受到公平和正义，成为检察工作40年不变的时代强音。

英国教育家史蒂芬·斯宾得说："历史好比一艘船，装载着现代人的记忆驶往未来。"我们的前辈先贤对修志存史的认识非常深刻，如"前事不忘，后事之师""以史为鉴，可以知兴替"等。编纂《阳泉郊区检察志》既是贯彻落实国家关于二轮修志精神的具体措施，也是向人民检察事业恢复重建40年献上的一份厚礼。真诚希望《阳泉郊区检察志》能使广大读者，特别是检察干警在潜移默化中，接受法治教育、感受法治文化、陶冶法治情操、增强法治信仰，对加强检察干警职业道德建设，传承检察文化，弘扬检察精神，激励干警立足本职、爱岗敬业、不断创新发展，具有示范和引导作用，为推进习近平新时代中国特色社会主义检察事业做出贡献。

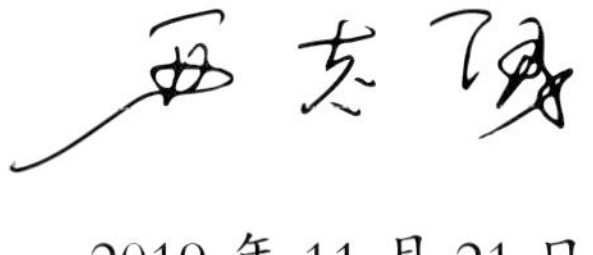

2019年11月21日

（序者为阳泉市郊区人民检察院党组书记、检察长）

凡　例

一、《阳泉郊区检察志》以马克思列宁主义、毛泽东思想、邓小平理论、"三个代表"重要思想、科学发展观、习近平新时代中国特色社会主义思想为指导，坚持辩证唯物主义和历史唯物主义的立场、观点和方法，全面客观记述阳泉郊区人民检察事业的发展历史及现状，上限自现存史料所载"阳泉市郊区人民检察院"最早称谓和建制起始年即公元1958年，下限至2018年，记述时间为60年。详尽志载年限为人民检察事业恢复之1978年–2018年，记述时间为40年。

二、本志按照《山西省地方志编写行文暂行规定》，时间、计数采用阿拉伯数字，序数词、习惯语、单位代号等，用规范现代汉语书写。

三、资料源自阳泉市和区档案馆及郊区检察院档案室，参考《阳泉市志》《平定县志》等域内相关史料和史实文献。

四、体例采用述、记、志、图、表、录等形式，以时系事，图、表贯穿于文字之所述之处，重要图、表则附于章节之后。

五、所录人物为阳泉市郊区人民检察院初创时期，阳泉市郊区（包括平定县）为域内人民检察事业做出重要贡献的业界人士。

六、本志共十编，分章、节、目三个层次，横排竖写，略古详今，删繁就简，突出当代，重点记述1978年人民检察事业恢复之后，阳泉市郊区人民检察院各项事业的发展。

七、本志采用第三人称记述，纪年、地名、机构、职衔等称谓，皆以当时的名称为准。对频繁使用的名称，首次用全称，其后用简称。如阳泉市郊区人民检察，简称为"阳泉郊区检察院"或"郊区院"等。

八、数字用法、标点符号、计量单位分别执行国家标准《出版物上数字用法》（GB/T15835–2011）、《标点符号用法》（GB/T15834–2011）、《国际单位制及其应用》（GB3100–1993）和《有关量、单位、符号的一般原则》（GB3101–1993）。历史上使用的计量单位，如斗、石、里、尺、磅、华氏度等，在引文时可照录。考虑到社会使用习惯，全书中不作统一换算。

九、2018年之后的重大事件以《限外辑要》方式记述。

目　录

第三编 肃贪反渎

第四编 检察监督

第五编 政治和组织工作

第六编 行政管理

第七编 社会监督

第八编　检察文化

第九编　文献辑录

第十编　检察人物

综 述

一

阳泉市郊区位于山西省东部，太行山中段西麓。地处北纬37° 47′ ~ 38° 05′，东经113° 19′ ~ 113° 43′。东面、南面与平定县相连，西面与寿阳县毗邻，北面与盂县交界，并且环抱阳泉市城区、矿区，总面积499.62平方公里，耕地12.2万亩，设3个镇、4个乡、147个行政村，户籍人口17.14万人，城镇化率达71.48%，属山西省城镇化率较高的地区之一。

阳泉市郊区最早成立于1947年7月。其时，阳泉全境在中国共产党领导下获得解放，境内设两个区。20世纪50年代初，域内曾增设三、四两个区。1956年3月，二区改称荫营区。1957年8月，荫营区、站上区合并为阳泉市郊区。1958年8月，平定县、阳泉市郊区合并，行政称谓上仍称作阳泉市郊区。并设立阳泉市郊区人民检察院，办公场所位于平定县城，司法检察辖区包括现在平定县和阳泉郊区全境。1961年4月，撤销阳泉市郊区，设市直人民公社。1963年2月，恢复荫营区。同年，阳泉市郊区人民检察院随着行政机关的撤并被撤销。

1969年1月，荫营区改称阳泉市郊区，治所位于荫营人民公社后沟生产大队（现后沟村），1973年迁至荫营公社下荫营生产大队（现荫营镇下荫营村）。根据1978年12月24日中共阳泉市委〔1978〕94号文件，郊区人民检察院于1979年7月开始筹建，1980年1月26日正式成立，内设机构有一室三科：办公室和一科（刑事检察）、二科（法纪检察）、三科（经济检察）。办公地址设于郊区招待所临时借租的三间平房，总面积不足30平方米。之后，该院办公场所几经搬迁，于2012年12月，迁至位于荫营江正大街新建技侦办公大楼，总建筑面积为9000余平方米。

至2016年底，全院设有办公室、政工科、反贪污贿赂局、反渎职侵权局、职务犯罪预防科、侦查监督科、公诉科、民事行政检察科、监所检察科、控告申诉检察科、法警大队、案件管理中心和检察委员会办公室。中国共产党派驻机构有党组、纪检组。全院有干警52人，其中，硕士研究生4人，本科学历32人，本科以上学历占全院总人数的72.72%，在阳泉市检察系统中，干警的学历水平、业务能力、政治素质均名列前茅。

2017年2月，根据上级部门关于司法体制和监察体制改革试点工作要求，阳泉市郊区人民检察院将反贪污贿赂局、反渎职侵权局、职务犯罪预防科，整建制置转隶新成立的阳泉市郊区监察委员会管理。截至2018年年底，阳泉郊区检察院内设五部：综合保障部、政治部、刑事检察部、民事行政检察部，检察业务监督管理部。中央政法编制为39人，实有在编干警34人，其中，中共党员26名，占干警总数的76.47%；硕士学历干警5人，本科学历干警24人，大学专科学历干警7人，员额检察官10人。至2018年底，上述干警、员额检察官等数据没有新的变化。

二

建院以来，阳泉郊区检察院始终不忘初心，牢记使命，以加强党建作为政治主题，充分发挥党组的政治领导作用、党支部的战斗堡垒作用和共产党员的先锋模范作用，把党的基层建设、政治建设、群众路线和党在各个重要历史发展阶段和不同时期的中心任务和政策方针，贯穿于具体的法律实施、法律监督和司法为民全过程，有效地提升检察公信力和群众满意度，为检察工作实现新跨越、新发展提供坚强的政治保障。在此基础上，阳泉市郊区人民检察院始终坚持政治立检、文化育检、科技强检、业务塑检原则，坚持以毛泽东思想、邓小平理论、“三个代表”重要思想、科学发展观、习近平新时代中国特色社会主义思想为指导，认真贯彻中共十八大、中共十九大精神，把习近平新时代中国特色社会主义思想贯穿于人民检察事业全过程，按照中共中央、山西省委与最高人民检察院、山西省人民检察院指示和部署，围绕“强化法律监督，维护公平正义”工作主题，确立“为人民服务、对人民负责、受人民监督、让人民满意”的检察工作发展战略，制定“以人为本，带好队伍；以法为本，抓好业务；以民为本，搞好服务”的工作思路，提出“建一流班子、带一流队伍、创一流业绩、做一流贡献”的工作目标，坚持以创建促进检察业务发展，在业务发展中共享创建成果，走出了一条抓业务、促创建，抓创建、促发展的新路子。特别是中共十八大、十九大以后，该院党组努力提升干警队伍拒腐防变能力，严格落实领导干部“两个责任”和“一岗双责”要求，全院党风廉政建设全面加强，干警队伍政治素质、业务素质全面提高，始终保持“政治过硬、业务过硬、责任过硬、纪律过硬、作风过硬”的良好精神风貌。建院40年来，数代检察人在历届检察院领导班子带领下，在履行法律监督职责、践行社会主义法治理念、维护社会公平正义、服务全区经济发展等方面，发挥了不可替代的检察保障作用，同时形成该院干警扎根山区、服务“三农”、忠诚使命、勇于探索、大胆创新、捍卫法治、积极进取、上进乐观的独特检察文化。为建设公正执法、纪律严明、形象良好、人民满意的机关、人民满意的公务员的高素质的检察队伍而努力，为构建和谐郊区营造公正高效的法治环境做出新的贡献。2003年，阳泉市郊区人民检察院被中共阳泉市委、阳泉市人民政府荣记集体二等功、被阳泉市劳动竞赛委荣记集体三等功；2004年、2005年，两度被山西省检察院授予“规范化管理示范院”称号；2005年、2006年，两度被山西省人民检察院授予“先进基层检察院”称号；2007年，被中共阳泉市委、阳泉市人民政府授予“模范单位”称号和“标兵文明单位”称号，2007年、2009年，被最高人民检察院授予“全国先进基层检察院”称号。2001年至2014年，连续13年荣获市级“文明单位”荣誉称号，2001年至2012年，连续11年荣获“区红旗单位”光荣称号。

三

阳泉市郊区人民检察院自恢复重建以来，秉承立检为公、执法为民宗旨，以公正效率为追求，以执法办案为中心，全面强化刑事诉讼监督力度，对侦查机关应当立案而不立案的，对应当逮捕而未提请逮捕、应当起诉而未移送起诉的；对不符合法定逮捕、起诉条件的，依法作出不批准逮捕决定；对确有错误的判决、裁定，依法提出抗诉。在办案过程中，既注意收集和审查有罪、罪重的证据，防止惩治不力，又注意收集和审查无罪、罪轻的证据，防止冤及无辜。对侦查、审判活动中侵犯诉讼参与人诉讼权利等违法情况，及时提出书面纠正意见书。

在依法惩治严重刑事犯罪、依法对侦查工作行使检察权的同时，积极查办贪污贿赂、渎职犯罪案件，为阳泉市郊区经济社会又好又快发展，营造和谐稳定的社会秩序，为全区人民生产生活和工作学习提供坚实的法律保障。

民事行政检察重点监督严重侵害社会公益的案件，因贪赃枉法、徇私舞弊导致裁判不公的案件，侵害群众、下岗职工利益的案件。在加强监督的同时，对不服正确裁判的申诉，做好息诉服判工作，维护司法权威。控告申诉检察，注重调整社会矛盾，始终把切实解决人民群众反映的实际问题作为控告申诉检察工作的重点，坚持检察长接待制度和控告申诉首办责任制，努力把问题解决在首次办理环节、解决在基层，对上访案件集中排查，逐案定人限时办结，妥善解决一大批久诉不息、久拖不决的涉检上访问题，有效地化解社会矛盾，促进社会和谐。

在刑罚执行和监管活动监督中，对不依法交付执行，违法减刑、假释、保外就医以及体罚虐待被监管人等依法提出监督意见或建议。为切实保障犯罪嫌疑人、被告人的合法权益，针对诉讼活动中超期羁押屡禁不止的情况，健全工作机制，集中开展清理纠正超期羁押专项活动，实现并保持零超期，依法保障在押人员合法权益，防范各类监管隐患，切实维护监管秩序和安全。

在长期的人民检察事业中，该院针对不同时期职务犯罪的特点和规律，不断加大查处和预防职务犯罪的力度，集中力量查办发生在党政机关、行政执法机关、司法机关、经济管理部门的职务犯罪大案要案，努力促进依法行政。先后查办荫营煤矿销售科科长潘某伟，阳煤集团华越机械公司党委书记、董事长冯某堂贪污贿赂案件，协助山西省纪检监察部门，侦办了山西省煤炭厅原副厅长杨某林、晋商银行原董事长上官某清等具有重大社会影响的职务犯罪案件。

在查办职务犯罪的过程中，充分发挥检察机关的职能优势，认真总结在查处职务犯罪过程中发现的问题和经验教训，积极开展预防职务犯罪工作，探索预防工作的新思路、新途径，努力开展个案预防、行业预防、专项预防，结合办案提出检察建议，帮助发案单位堵漏建制。深入案件多发行业，综合分析犯罪的原因和规律，提出预防犯罪的对策，促进有关行业建立健全监督制约机制。围绕重点工程建设和重要经济活动，加强招投标活动和工程质量的监督。在郊区李荫路、漾泉大道建设工程、新农村建设以及冀东水泥等域内工矿企业，积极开展法治宣传、警示教育和预防咨询，有针对性地提出堵塞漏洞、建立健全规章制度的各项措施，加强预防职务犯罪工作，提升国家工作人员提高法治意识，构筑拒腐防变的思想防线。2017 年 2 月，根据国家监察体制改革试点工作安排，反贪污贿赂、侵权渎职和职务犯罪和预防犯罪工作，转隶归阳泉市郊区监察委员会管辖。

四

1979 年阳泉市郊区人民检察院筹建之初，仅有 3 间临时用房、1 部摇臂电话和 10 余名干警。在简陋艰苦的办公条件下，老一代干警以坚定的意志和对法律的忠诚，克服重重困难，在多办案、办好案的前提下，走科技强检之路。在地方经济比较困难的情况下，坚持以作为求地位，积极争取上级部门和当地党委、人大、人民政府、政协及社会各界的理解和支持，使该院经费保障问题逐步得到改观，国家和地方逐年加大对检察经费的投入。2002 年，该院利用“两房”建设资金，对位于荫营东大街的技侦大楼进行了改建扩建，使办案和侦查技术用房由 2000 余平方米，增加到 3000 多平方米。随着检察业务的开展，检察队伍的壮大，更重要的是新时代对侦查办案工作提出的新要求，该院于 2009 年 8 月，在荫营江正大街举行新技侦大楼奠基仪式，并于 2012 年 12 月竣工投入使用，总建筑面积达 9000 多平方米，全院办案条件得到全面提升。在新技侦大楼建设中，该院把信息化建设纳入同步建设规划，计算机局域网工程和三级专线网全投入使用，干警的办公、办案环境，通信、交通条件，党建、文化建设实现根本提高，从而为人民检察事业发展、壮大提供坚强后勤保障。

大 事 记

1958 年

8 月 1 日 由榆次行政专署所辖的平定县划入阳泉市后，组建阳泉历史上第一个郊区人民政府，行政区划为今平定县全境和郊区全境，成立阳泉市郊区人民检察院（含平定）。院址在平定县城，检察长李种耕（另名：李仲根），副检察长贾正来。

11 月 30 日 阳泉市郊区建制被撤销，阳泉市郊区人民检察院随之被撤销。

1959 年

4 月 20 日 恢复阳泉市郊区人民检察院，司法管理区域为今平定县全境和郊区全境，院址仍在平定县城，检察长贾正来。

1960 年

6 月 3 日 梁成云被任命为副检察长。

1961 年

4 月 6 日 阳泉市、平定县建制分开，平定县重新划归晋中行政专署管辖，阳泉市郊区人民检察院被撤销。

1978 年

12 月 24 日 中共阳泉市委下发〔1978〕94 号文件，批准成立阳泉市郊区人民检察院。

1979 年

7 月 14 日 赵玉珍被任命为检察长，白玉华被任命为副检察长。

9 月 根据中央〔79〕14 号、〔79〕49 号文件和中共阳泉市委〔79〕93 号文件精神，开始筹建阳泉市郊区人民检察院。

1980 年

1 月 26 日 阳泉市郊区人民检察院正式办公，办公地点在区招待所，租用四间房，共 60 平方米。

3 月 13 日 中共阳泉市郊区下发阳郊发字〔1980〕第 11 号文件，决定成立阳泉市郊区人民检察院党组，赵玉珍、白玉华、甄秉铎为党组成员，赵玉珍任党组书记。

4 月 4 日 阳泉市郊区人民检察院办公室、一科（刑事检察）、二科（法纪检察 ）、三科（经济检察）、接待室正式启用印章。

5 月 17 日 郊区检察院下发阳郊检发字〔1980〕第 5 号文件，向郊区党委呈报《关于选聘建立不脱产人民检察通讯员队伍的请示报告》。

11 月 18 日 郊区检察院下发〔80〕郊检刑字 3 号文件，向市院、郊区党委作出确保年终无积案计划。

12 月 1 日 为适应新形势对郊区检察院工作提出的新要求，贯彻民主和改革精神，郊区检察院制定《各项暂行工作制度》。

1981 年

1 月 7 日 郊区检察院以阳郊检发字〔1981〕第 1 号文件，向阳泉市郊区革委会、阳泉市财政局呈报关于申请解决办公地点所需经费有关问题的报告。

1 月 22 日 郊区检察院下发阳郊检发字〔1981〕第 2 号文件，向区检察院各科室印发检察长赵玉珍 1 月 20 日业务学习会上《关于执行“两法”中的有关问题解答》的报告。

4 月 16 日 郊区检察院召集全院中共党员选举支部委员会。全院 12 名正式党员，参加选举的共 11 名，缺席 1 名，发出选票 11 张，产生 3 个支部委员。经无记名差额选举，赵玉珍任支部书记，白玉华、胡德珍任支部委员。

9 月 郊区第十九届人民代表大会选举赵玉珍为阳泉市郊区人民检察院检察长。

是月 白玉华、裴存祥被任命为副检察长。

是月　赵玉珍任党组书记，白玉华、裴存祥任党组成员。

1982年

1月　阳泉市郊区人民检察院一科更名为刑事检察科；二科更名为法纪检察科；三科更名为经济检察科。

3月8日　阳泉市郊区人民检察院根据全国人大常委会作出的《关于严惩严重破坏经济的罪犯的决定》开展严惩严重破坏经济犯罪活动的斗争，侦破王某福受贿案等8案18人。

3月29日　郊区检察院在全体干警大会上通过，并正式实施《财产管理试行制度》《枪支使用保管试行制度》《图书管理借阅试行制度》。

4月5日　郊区检察院制定机关各种人员岗位责任制和各项工作管理试行制度。

5月28日　郊区检察院下发阳郊检发字〔1982〕第11号文件，向各科室发出学习讨论宪法修改草案的安排意见。

11月6日　郊区检察院以阳郊检发〔82〕第20号文件，向中共阳泉市郊区委员会呈报《关于修建办公楼的请示报告》。

12月　副检察长白玉华被山西省委、省人民政府授予“全省政法系统先进个人”称号。

1983年

3月21日　阳泉郊区检察院以阳郊检发字〔1983〕第3号文件，向阳泉市人民检察院作出《关于对王希福、杨九功贪污、受贿一案延长办案期限的请示报告》。

8月26日　郊区检察院下发阳郊检发字〔1983〕第10号文件，任命刘双富、刘守忠、高海平、李礼存、王瑞明、史淑君6人为助理检察员。

9月　根据全国人大常委会《关于严惩严重危害社会治安的犯罪分子的决定》，在阳泉市郊区开展“严打”斗争。

1984年

3月24日　阳泉市郊区委组织部以阳郊组干字〔1984〕8号文件，下发《关于郊区检察院办公室领导班子的通知》，郊区人民检察院领导班子由检察长苏密生、副检察长史宝珠组成。

4月3日　郊区检察院制定《郊区人民检察院检察长接待来访和处理重要来信制

度》。

4月6日 中共阳泉郊区区委任命苏密生为郊区检察院党组书记，史宝珠、甄秉铎为党组成员。

4月8日 郊区检察院下发阳郊检办发字〔84〕第7号文件，任命李爱贤为郊区人民检察院助理检察员。

4月13日 郊区检察院以阳郊检发字〔1984〕第3号文件，向区委、区人民政府发出阳泉市郊区人民检察院关于机构设置与人员编制方案的请示报告。

5月30日 在阳泉市郊区第十届人民代表大会上，苏密生被选举为检察长。

10月15日 阳泉市郊区人大常委会下发阳郊人发〔1984〕27号文件，任命史宝珠为副检察长，苏密生、史宝珠、李爱贤、甄秉铎、石吉宾为检察委员会委员。

是年 阳泉郊区检察院由区招待所，搬迁至区委原址办公。

1985年

2月1日 郊区检察院以阳郊检发字〔1985〕第4号文件，向区委、区编委呈报《关于机构设置的请示报告》。

3月15日 郊区编委下发阳郊编字〔1985〕第2号文件，确定郊区检察院编制数为29人。

6月 党组成员甄秉铎被山西省委、山西省人民政府授予“全省政法系统先进个人”称号。

7月24日 经区编委批复，郊区检察院设立监所检察科。

8月28日 李生林被区人大常委会任命为阳泉市郊区人民检察院副检察长。

10月1日 郊区检察院制定《阳泉市郊区人民检察院关于进一步加强各项规章制度的暂行规定》。

1986年

2月28日 郊区检察院制定《打击经济犯罪实施方案》，开展严厉打击经济犯罪领域活动的斗争。

5月22日 共青团郊区委员会下发阳郊团发〔1986〕第8号文件，批准成立郊区检察院团支部，崔丽娟任团支部书记。

10月28日～11月2日 郊区检察院集中5天时间在全院开展“整纪刹风”教育。

11月10日 郊区检察院制定《关于整顿纪律，纠正行业不正之风的整改措施》。

1987 年

6 月 16 日 苏密生在阳泉市郊区第十一届人民代表大会第一次会议上作《郊区人民检察院报告》。为该院检察长第一次向同级人民代表大会作工作报告。

6 月 17 日 在郊区第十一届人民代表大会第一次会议上，苏密生再次当选检察长。

8 月 10 日 郊区检察院向郊区总工会提出筹建区检察院工会委员会的申请。

8 月 13 日 郊区检察院向区委呈报党组生活会报告，党组书记、检察长苏密生要求党组成员对照区委提出问题，联系实际，开展批评与自我批评。

9 月 25 日 高秉明被区人大常委会任命为副检察长、检察委员会委员。李生林离任。

11 月 撤销检察接待室，设立控告申诉检察科。

1988 年

1 月 10 日 郊区检察院以阳郊检〔1988〕第 3 号文件，下发《关于印发郊区检察院规章制度的通知》，内容涵盖全院所有工作岗位和所有人员工作责任。

8 月 15 日 郊区检察院设立经济、法纪罪案举报站，与控告申诉检察科合署办公，并公布举报电话。

1989 年

1 月 1 日 为加强内部制约，根据上级有关精神，刑事检察科分设两个科——刑事侦查检察科、刑事审判检察科。

2 月 3 日 郊区检察院成立综合档案室。

5 月 16 日 根据省、市检察院优秀公诉人表彰会议精神，阳泉市郊区人民检察院制定《关于开展评选优秀公诉人竞赛活动的实施方案》。

6 月 1 日 郊区检察院向各乡镇、驻地厂矿企业事业单位下发《关于进一步开展宣传贯彻省、市人大常委会〈关于加强法纪检察工作的决议活动〉的通知》。

7 月 20 日 郊区检察院下发阳郊检发字〔1989〕第 4 号文件，制定《阳泉市郊区人民检察院执法检查实施方案》。

8 月 7 日 郊区检察院下发郊检发字〔1989〕第 5 号文件，提出《关于进一步加强反贪肃贿工作的意见》。

8 月 15 日～10 月 31 日 郊区检察院开展学习、宣传、贯彻、落实最高人民法院、最高人民检察院《关于贪污、受贿、投机倒把等犯罪分子必须在限期内自首坦白的通告》精神的活动。

10月14日 副检察长高秉明带队对阳泉市公安局郊区分局执法情况进行交叉检查。

12月 郊区检察院被省检察室评为全省检察系统先进集体。

1990年

2月5日 郊区检察院开展党员整顿工作。

4月16日 副检察长高秉明调任西南舁乡党委书记。

5月10日 郊区检察院制定《保密工作实施细则》。

6月18日 阳泉市郊区第十二届人民代表大会第一次会议选举苏密生为阳泉市郊区人民检察院检察长。

8月4日 阳泉市第九届人大常委会第十八次会议批准任命苏密生为阳泉市郊区人民检察院检察长。

11月14日 阳泉市郊区第十二届人民代表大会常务委员会第三次会议，接受区人民检察院检察长苏密生的提请，任命李爱贤为区人民检察院副检察长。

11月19日 阳泉郊区检察院召开支部大会，选举石吉宾为党支部书记，史宝珠为组织委员，李爱贤为宣传、学习委员。

12月13日 阳泉郊区检察院下发阳郊检人字〔1990〕第12号文件，任命杨森斌为郊区工商局检察室助理检察员，陈守芳为郊区工商检查室书记员。郊区工商局检察室正式成立。

是年 郊区税务局检察室成立。

1991年

1月13日 阳泉郊区检察院某干警在家中不慎将“五四”式手枪丢失，子弹5发。盗枪人员刘某某在多次持枪抢劫村民后，于14日下午2时许被阳泉公安局郊区分局干警抓获。

1月22日 经阳泉市郊区档案局验收，郊区检察院档案管理达到省级三级标准。

2月22～25日 郊区检察院党组在全院开展组织纪律、作风整顿和制度再教育活动。通过整顿采取摆问题、找原因、查根源、定制度等方法，对个别干警存在的纪律松散，工作浮夸等问题开展批评与自我批评。

3月4日 郊区检察院党支部在全体党员中开展捐款活动，向扶贫点鸡洼村捐款300元。

是月中旬始 阳泉郊区检察院根据山西省和阳泉市及郊区区委统一部署，开展执法队伍整顿，历时5个半月。

4月23日 郊区检察院制定《郊区检察院规章制度（修订稿）》。

5月8日 举行郊区工商检察室挂牌仪式。

5月12日 在阳泉郊区十二届二次全会召开期间，郊区检察院检察长苏密生带领全院科室负责人到各代表团征求意见，听取人大代表对检察工作的建议。

5月28日 郊区检察院党支部组织党员干部开展纪念中国共产党建党七十周年系列活动。

7月1日 郊区检察院党组组织干警收看总书记江泽民在庆祝中国共产党成立七十周年大会上的讲话，并进行讨论，畅谈学习体会和感受。

是日至3日 郊区检察院集中3天时间，结合半年总结进行干警队伍整顿。

7月16日 根据7月9日山西省委电话会议、7月12日郊区整顿领导小组会议和中共阳泉市委整顿再动员大会精神，阳泉市郊区人民检察院就如何贯彻落实市、区委对整顿执法队伍的要求作出安排。

9月26日 郊区检察院开展副科级以上领导干部对照检查。

10月8～10日 河底镇人民政府、镇煤管站开办为期三天的安全生产培训班。特邀检察长苏密生、法纪科科长王瑞明讲授安全生产知识、上法制课。

10月15日 郊区检察院邀请区直有关部门和部分乡、镇、村以及乡镇煤管站的负责人，召开整纪座谈会。围绕郊区检察院整顿执法队伍工作和其他各项检察工作进行座谈，听取意见。

12月3日 李爱贤任院党支部书记，贾金祥、史宝珠、史先玲、高秀瑾任支部委员。

12月18日 区直属机关委员会下发阳郊直发〔1991〕第17号文件，任命李爱贤为检察院支部书记；贾金祥、史先玲、高秀瑾为支部委员。

1992年

1月9日 中共阳泉郊区委员会检查验收组到郊区检察院验收整顿执法队伍工作。

5月15日 郊区检察院制定《关于进一步引深检察队伍整顿的实施方案》。

是年 阳泉郊区人民政府批准区检察院兴建技侦大楼，筹备工作相继展开。

1993年

1月3日 检察长苏密生主持院务会议，宣布领导分工和科室负责人名单：检察长苏密生主持全面工作，分管控告申诉检察工作；副检察长史宝珠分管法纪检察、监所检察、办公室及财务工作；副检察长李爱贤分管批捕、起诉及经济检察工作。

是年初 为进一步提高执法意识和执法水平，更好地发挥检察职能，为经济建设服务，由检察长苏密生带队，到晋城市郊区检察院参观学习，借鉴兄弟检察院和其他部门好经验、好做法，促进自身建设。

2月22日 山西省人民检察院检察长左祥在阳泉市人民检察院检察长毛联银陪同下到郊区检察院调研指导，并就“检察机关如何为经济建设服务”进行座谈，区委书记张诚、区长王克恭及郊区检察院检察长苏密生、各科室负责人参加。

3月4日 高秉明任常务副检察长。

4月 根据中共阳泉郊区委4月3日会议精神，阳泉市郊区人民检察院召开民主生活会，针对个别干警从事第二职业问题，要求党员和干警必须严守纪律，不得经商和从事第二职业，通过整顿，干警的组织纪律性得到加强，工作效率进一步提高。

5月 组织干警观看《再铸警魂》党员教育录像带，要求每个干警撰写观后感，通过正反两方面的典型，使大家认识到严格执法的重要性，以增强干警从严执法和全心全意为人民服务的自觉性。

是月 在郊区第十三届人民代表大会第一次会议上，苏密生第四次当选为郊区人民检察院检察长。

6月18日 郊区检察院举办为免诉人员法制教育学习班，常务副检察长高秉明，副检察长史宝珠、李爱贤分别授课，15名被免诉人员参加学习。

7月15日 史先玲被区委组织部任命为政治协理员。

是日 郊区检察院以阳郊检字〔1993〕第7号文件，向阳泉市人民检察院检察长毛联银报请提请市人大常委会批准苏密生任郊区检察院检察长。

8月10日 郊区检察院开展以整顿办案纪律、工作纪律为主要内容的整顿执法队伍工作，至9月30日整顿工作结束。

是日 郊区检察院制定《整顿执法队伍实施方案》。

8月20日 郊区检察院制定《阳泉市郊区人民检察院廉政建设十项规定》。

9月9日 根据阳泉市人大常委会《关于组织部分人民代表对市人民检察院进行评议的通知》精神，阳泉市郊区人民检察院检察长苏密生，向区人大作检察工作汇报。

11月29日 郊区检察院检察长苏密生，代表区检察院向区十三届人大常委会第四次会议作《关于执法部门执法责任制情况的报告》。

12月 阳泉郊区检察院搬迁至荫营东大街中段，原郊区工商财贸大楼东部一层至六层，面积约1600平方米，产权归阳泉市郊区人民政府。

1994 年

1 月 5 日 郊区检察院设立民事行政检察科。

1 月 8 日 郊区检察院举行 1993 年度工作总结暨表彰大会，检察长苏密生作工作总结，政治协理员史先玲宣布授奖名单，对 3 个先进集体、12 名先进个人进行表彰。

1 月 9 日晚 郊区检察院干警刘守忠在夜间从事第二职业（出租车运营）时，被犯罪分子杀害。

3 月 20 日 阳泉郊区检察院侦结区公安分局民警韩某珠非法拘禁一案，并依法向区人民法院对韩某珠非法拘禁一案提起公诉。

5 月 针对看守所个别干警在为在押人员捎纸条、搞“家访”，以及在押人员与亲属互扔纸条等有关问题和违法情况，该院及时向中共郊区政法委、区人大法工委等有关部门汇报，纠正多起看守所干警违法乱纪案件。

12 月 26 日 按照阳检发证字〔1994〕第 49 号文件《关于检察队伍教育整顿安排意见》，开始对全院检察干警开展为期半个月的集中教育整顿。

12 月 31 日 根据中共阳泉郊区委员会《关于集中整顿政法队伍的实施方案》，开始对检察干警队伍分步骤分阶段进行集中整顿。

1995 年

1 月 10 日 郊区检察院下发阳郊检发字〔1995〕第 4 号文件，对在 1994 年度工作中成绩突出的 4 个先进集体、8 名先进个人予以表彰奖励。

1 月 14 日 郊区检察院下发阳郊检发字〔1995〕第 3 号文件，决定从 1994 年 12 月 31 日开始，按照中共阳泉郊区区委《集中整顿政法队伍的实施方案》，对检察干警队伍开展集中整顿。

4 月 16 日 郊区检察院以阳郊检发〔1995〕12 号文件，报请阳泉市检察院检察长毛联银，提请阳泉市人民代表大会常务委员会批准苏密生辞职。

4 月 20 日 郊区检察院制定《阳泉市郊区人民检察院追究错案责任暂行办法（试行）》。

是月 郭和被任命为区检察院党组书记、代检察长。

是月 阳泉郊区检察院会同区国税、地税局，联合成立打击偷、抗、骗税专门领导组。

5 月 23 日 郊区检察院制定《检察院廉洁自律十不准》。

是月 郊区检察院制定《财务管理暂行规定》。

是月 郊区检察院《制定关于深入开展侦破大要案件立功竞赛和争创“四优”活动的试行实施方案》。

7月1日 《中华人民共和国检察官法》施行，初任检察员、助理检察员考试暂行办法、检察官等级暂行规定等7个配套规定先后出台。

7月3日 在阳泉市郊区十三届人大三次会议上，郭和被选举为区检察院检察长。

7月4日 郊区检察院以阳郊检发字〔1995〕第17号文件，报请检察长毛联银提请阳泉市人大常委会予以批准郭和任阳泉市郊区人民检察院检察长。

8月25日 经市十届人大常委会第二十五次会议审议，郊区人大常委会下发阳郊人发〔1995〕14号文件，批准任命郭和为郊区人民检察院检察长。

9月4日 郊区检察院检察长郭和兼任中共阳泉市郊区政法委员会委员。

9月28日 撤销郊区工商局检察室。

1996年

1月2日 根据《中华人民共和国检察官法》和《检察官考评委员会组织章程》，阳泉郊区检察院决定设立阳泉市检察官考评委员会，检察长郭和任考评委员会主任。

1月12日 阳泉郊区人大常委会下发阳郊人发〔1996〕3号文件，任命史先玲、贾金祥为区检察院副检察长。

2月12日 郊区检察院晋CB-024号212吉普警车被盗。

2月27日 郊区检察院制定《检察委员会工作制度》。

4月12日 郊区检察院制定《关于开展“打团扫恶”行动的实施方案》，开展“打团扫恶”专项行动。

7月1日 郊区检察院下发阳郊检发字〔1996〕第5号文件，对1996年上半年工作进行总结。

9月19日 司机李建国因丢失警车，被给予警告处分，扣除当年奖金。

1997年

1月13日 郊区检察院制定《关于开展思想、纪律、作风整顿的实施方案》。

8月22日 郊区检察院制定《关于迎接党的十五大胜利召开确保安全稳定的实施方案》。

12月4日 郊区检察院制定《关于开展整纪整风教育的方案》。

12月25日 郊区检察院刑事审判检察科被山西省人民检察院记集体三等功。

是日 郊区检察院经济检察科科长王瑞明被山西省人民检察院记个人三等功。

1998年

2月10日　阳泉郊区检察院刑事审判检察科被授予“全市检察系统先进集体”称号，张文芳荣获“全市检察系统十佳检察官”称号。

5月7日　区委组织部下发阳郊组干字〔1998〕第20号文件，提名闫运城为郊区人民检察院检察长候选人，免去郭和郊区人民检察院检察长职务。

5月15日　区人大常委会任命闫运城为代理检察长。

6月10日　在郊区十四届人民代表大会一次会议上，闫运成当选为检察长。

6月23日　郊区检察院将几年来扣押的赃款赃物进行清理，除应退还原发案单位和个人外，另对现金38174.82元、电视机等9件赃物予以没收，上缴财政。

6月26日　经市十一届人大常委会第九次会议审议，批准任命闫运成为郊区检察院检察长。

7月14日　区委组织部下发阳郊组干字〔1998〕第28号文件，任命闫运成为郊区检察院党组书记，史先玲、贾金祥任党组成员。

9月2日　郊区检察院召开专门会议，贯彻落实全国检察机关宣传工作会议精神。成立宣传工作领导组，组长由副检察长贾金祥担任，副组长由办公室主任王来所担任。成员：段耀东、李建华、田长春、史保龙。

10月30日　郊区检察院成立禁毒领导组，组长由检察长闫运成担任，副组长由副检察长史先玲担任，成员有批捕科科长张文芳、起诉科科长田江华、办公室主任王来所，禁毒办公室设在院办公室。

1999年

1月　成立反贪污贿赂局，在健全办案制度、规范办案程序、明确执法责任等方面取得明显进步。

1月15日　经中共阳泉市郊区常委1月14日会议研究，区委组织部下发阳郊组干字〔1999〕第1号文件，任命王瑞明为反贪污贿赂局局长、党组成员。

是日　经郊区常委1月14日会议研究，区委组织部下发阳郊组干字〔1999〕第2号文件，任命刘双富为区检察院纪检组长、党组成员。

是日　经郊区组织部部务会议研究，下发阳郊组干字〔1999〕第11号文件，任命张福明、王权政为区检察院反贪污贿赂局副局长。

1月22日　举行反贪污贿赂局成立暨揭牌仪式。

1月27日　为巩固和深化教育整顿的成果，加强全院干部人事管理，改进工作作风，拓宽选人用人渠道，形成能上能下、能出能进的竞争激励机制，根据中共中央《关于党政领导干部选拔任用工作暂行条例》和中组部、人事部《关于党政机关推行竞争上岗的通知》精神，阳泉郊区检察院制定《关于中层干部竞争上岗一般干警双向选择、优化组合的实施方案》。

是年 对党支部进行改选，副检察长李爱贤兼任党支部书记。

2月9日 阳泉郊区人大常委会下发阳郊人发〔1999〕3号文件，任命刘双富为阳泉市郊区人民检察院检察员、检察委员会委员、副检察长；王瑞明为检察委员会委员。

3月17日 根据上级业务部门通知精神，阳泉郊区检察院成立反贪污贿路局，行使原经济检察科的职能。原刑事侦查检察科更名为审查批捕科；原刑事审判检察科更名为审查起诉科。审查批捕科、审查起诉科行使原刑事侦查检察科、刑事审判检察科的职能。并下发阳郊检发字〔1999〕第7号《关于启用反贪污贿赂局等三枚印章的通知》，自发文之日起，启用反贪污贿赂局、审查批捕科、审查起诉科3枚印章，原经济检察科、刑事侦查检察科、刑事审判检察科印章同时废止。

4月8日 郊区检察院开始实行诉讼当事人告知制度。

是月 郊区检察院开展争创“五好”“两满意”活动。

5月1日 是日开始，郊区检察院筹集资金整治办公环境，改善办公条件。

6月1日 山西省人民检察院检察长左祥签署晋检等级令〔1998〕第5号，该院有4名检察官被任命为四级高级检察官；6名检察官被任命为一级检察官；7名检察官被任命为二级检察官。

9月13日 阳泉市人民检察院检察长毛联银签署阳郊等级令〔1999〕第4号，该院有8名检察官被任命为三级检察官，2名检察官被任命为四级检察官。

9月14日 郊区检察院以阳郊检发字〔1999〕第15号文件，作出对一九九八年以来案件进行复查的实施方案。

11月 郊区检察院被区精神文明创建指导委员会授予“文明示范单位”称号。

12月10日 举行向中层干部颁发聘书暨签订任期目标责任状大会，检察长闫运成向12名中层干部颁发聘书，并与其签订《任期目标责任状》。

12月24日 山西省检察院“五好”验收组一行4人经严格打分评比，阳泉郊区检察院以89分的成绩，达到全省“五好检察院”标准，通过“五好检察院”验收。

2000年

1月 郊区检察院被山西省人民检察院授予“五好检察院”称号。该院办公室主任高秀瑾被山西省人民检察院授予“五好检察干警”称号。

2月18日　阳泉市人民检察院授予郊区检察院“五好检察院”称号，该院办公室被评为“学创先进集体”，干警杨培龙被评为全市检察系统人民满意的检察干警，李爱贤、史淑君、刘丙生被评为全市五好检察干警。

2月22日　在郊区区委、区人民政府1999年度总结表彰大会上，郊区检察院被评为先进集体，高秀瑾被评为“劳动模范”。

2月23日　根据在县级干部中开展“三讲”（讲政治、讲学习、讲正气）教育的精神，该院领导班子集中开展为期2个月的领导干部“三讲”教育。

是月　中共山西省委政治委员会授予高秀瑾“全省政法系统人民满意的政法干警”称号。

5月26日　郊区检察院召开全院干警大会，正式实施《检察工作业绩百分考核目标责任制》。会上，检察长闫运成同分管业务的副检察长、党组成员，签订《目标责任状》，分管领导与各科局室负责人签订《目标责任状》，中共阳泉郊区政法委书记王如生出席会议并讲话。

是月　郊区检察院被中共阳泉市委、阳泉市人民政府评为“学创工作先进集体”。

是月　郊区检察院被区社会治安综合治理委员会评为“郊区检察院社会治安综合治理达标单位”。

是月　高秀瑾被中共阳泉市郊区区委、区政府授予“人民满意的先进政法干警”称号。

6月26日　根据上级检察机关统一部署，郊区检察院抽调干警10人，开展全国检察机关第2个“举报宣传周”。

6月27日　阳泉市检察系统渎职侵权检察工作会议在郊区检察院召开，市检察院常务副检察长潘致、法纪检察处处长刘志刚和各县、区院法纪科科长参加会议，传达最高人民检察院《关于加强渎职侵权检察工作的决定》，分析研究全市渎职侵权检察工作存在的突出问题，交流办案经验。

是月　阳泉郊区检察院被阳泉市社会治安综合治理委员会授予“安全文明模范单位”称号。

9月22日　阳泉郊区人大第十四届人大常委会第十七次会议，听取并审议检察长闫运成《关于法律监督情况的报告》，与会常委对报告和区检察院的法律监督工作情况予以高度评价，报告获得全票通过。

11月16日　郊区检察院审查批捕科与荫营镇中学建立青少年法制教育联系点制度，校方聘任副检察长李爱贤为该校法制校长，史淑君、史保龙为法制兼职教师，定期开展法制讲座，以预防和减少青少年犯罪。

是月　最高人民检察院核心期刊《人民检察》2000年第11期刊载李建华《刑事司法解释授权规定质疑》一文，这是郊区检察院首次在中央级核心刊物上发表文章。

2001 年

1月5日　郊区下发阳郊人发〔2001〕3号文件，任命张贵深为阳泉市郊区人民检察院副检察长、检察委员会委员。

1月8日　阳泉郊区检察院党组对在2000年度作出优异成绩的3个“先进集体”、13名“先进个人”给予表彰、奖励。

是月　郊区检察院被阳泉市郊区精神文明建设指导委员会评为“文明单位”。

是月　郊区检察院被阳泉市人民检察院评为1999年度全市检察机关“学创”活动先进集体。

是月　郊区检察院被中共阳泉市委、阳泉市人民政府评为“先进集体”。

是月　郊区检察院被山西省人民检察院评为“五好检察院”，并连续三年被市、区综治委评为“社会治安综合治理优胜单位”。

2月13日　郊区检察院党组下发阳郊检党组字〔2001〕2号文件，决定成立政工科。

2月18日　郊区检察院制定《关于对档案工作人员实行奖惩的办法》《关于开展“三个代表”重要思想学习教育活动的实施方案》。

8月15日　郊区检察院制定《阳泉市郊区人民检察院预防职务犯罪工作方案》。

10月8日　郊区检察院制定《关于开展党的作风建设暨整风活动的实施方案》。

10月24日　郊区检察院制定《郊区检察院各门类档案管理办法》《关于印发郊区检察院档案各类文件材料归档与不归档范围及保管期限的通知》《关于调整档案领导组、鉴定组和健全档案工作管理体系的通知》《立卷归档制度》《档案保管制度》《档案利用制度》《档案保密制度》《档案鉴定与销毁制度》《档案人员岗位责任制》等六项制度。

2002 年

2月　高秀瑾任阳泉郊区检察院党组成员。

3月15日　中共阳泉郊区区委下发阳郊组干字〔2002〕15号文件，任命刘双富为郊区检察院副检察长。

3月18日　郊区检察院以阳郊检发字〔2002〕3号文件，下发《二〇〇二年度检察工作业绩百分考核实施方案》。

4月23日　郊区检察院下发阳郊检发字〔2002〕5号文件，增刻阳泉市郊区人民检察院党组、阳泉市郊区人民检察院党支部、阳泉市郊区人民检察院骑缝章等七枚公务印章，同时启用新的印章，原印章同时废止。

6月18日 郊区检察院下发阳郊检发字〔2002〕6号文件，王瑞明、高秀瑾、史淑君、田江华、王权政、张福明、王根贵晋升为一级检察官；史如斌、张满良、刘丙生、张培亮、贾俊敏晋升为二级检察官；王建文晋升为三级检察官。

6月25日 郊区检察院制定《预防职务犯罪工作方案》。

6月28日 郊区检察院党组下发阳郊检党组字〔2002〕12号文件，任命李爱贤为党支部书记；刘双富为院党支部副书记兼工会主席；贾金祥为院党支部纪检委员；李建华为院党支部宣传委员兼院团支部书记；史淑君为妇女联合会主任。

7月15日 郊区检察院制定《关于进一步开展深入学习贯彻“三个代表”重要思想活动的实施方案》。

7月25日 郊区区委下发阳郊组复字〔2002〕11号文件，增补张福明为郊区检察院党组成员。

7月30日 郊区人大常委会下发阳郊人发〔2002〕16号文件，任命高秀瑾、张福明、史淑君、田江华为郊区人民检察院检察委员会委员。

10月8日 郊区检察院制定《控申举报首办责任制实施方案》。

是年 阳泉郊区检察院首次获得市级文明单位称号，成立政工科。

2003年

1月10日 阳泉郊区检察院召开2002年度总结表彰大会，阳泉市检察院、郊区四大班子领导应邀出席。会议对2002年度涌现出的4个“先进集体”和12名“先进个人”进行表彰奖励。

1月22日 为响应省、市、区有关号召，郊区检察院开展“进千村、访万户、送温暖”捐款活动，共捐款960元，并派专人将捐款送到平坦镇李家山村。

是月 郊区检察院公诉检察工作围绕“严打”整治斗争，狠抓公诉规范化和公诉改革工作，办案效率和办案质量明显提高，成为全市检察系统的先进典型。

是月 阳泉市人民检察院监所处处长王功在郊区看守所检查指导工作时，对监管场所春节、元宵“两节”期间的安全工作提出明确要求，郊区检察院对此制定出如下措施：一是思想工作要到位；二是执行制度要坚决；三是隐患漏洞要消除；四是责任追究要认真；五是重点案犯要严管。

2月17日 郊区检察院继2002年被授予“红旗单位”称号之后，再次被郊区人民政府授予“十佳红旗单位”称号。

2月27日 最高人民检察院咨询委员会委员、山西省人民检察院原检察长、山西省人大常委会副主任刘砚青，在阳泉市人大常委会副主任王元寿，阳泉市人民检察院常务副检察长周光理，郊区人民政府区长王湜洲，郊区人大常委会主任余惠章，区委常委、政法书记王如生等领导陪同下，到郊区检察院调研。

3月　郊区检察院公诉部门与公安机关针对域内发生的一起特大撬盗保险柜案，多次深入公安办案一线引导侦查，该案顺利进入公诉程序。

4月20日　阳泉郊区检察院制定《防治非典型肺炎方案》，成立防治非典型肺炎领导组，检察长张建国任组长，并制定十条防治纪律。

5月8日　阳泉郊区检察院制定《检察工作业绩百分考核实施方案》。

5月18日　阳泉郊区检察院制定《预防职务犯罪工作方案》，并成立预防职务犯罪工作领导组。党组书记、检察长张建国任组长，党组成员、副检察长李爱贤、贾金祥、张贵深、刘双富任副组长。

5月29日　阳泉郊区检察院制定《“非典”防控工作的应急预案》。

是月　郊区检察院除加强自身的防范措施防控“非典”外，积极组织献爱心捐款活动，为全社会抗击“非典”贡献力量。39名干警共捐款1360元，该院筹集资金1100元，共2460元，送至抗击“非典”一线的白衣战士手中。

是月　为有效预防和控制非典型肺炎传播和漫延，确保监管场所的安全，郊区检察院加强驻看守所检察监督力度。

是月　郊区检察院按照上级检察机关的要求，一手抓防治“非典”工作，一手抓好各项检察工作统一部署，同时根据郊区工作实际，认真调整工作思路，着重办理针对6类案件，特别对影响“非典”防治工作的犯罪案件坚持及时提前介入，加快办案节奏，同时进一步打击贪污受贿，渎职侵权等危害防治“非典”工作正常进行的职务犯罪，确保防治“非典”工作有序进行。

6月19日　检察长张建国带领郊区检察院主要领导赴全区八个乡镇，向各乡镇人大主席颁发“特约监督员”聘书，送去《检务公开》小册子，并听取他们的意见和建议。

6月24日　郊区检察院召开“强化法律监督、维护公平正义”教育活动动员大会，传达高检院和省市检察院领导关于开展“强化法律监督、维护公平正义”教育活动的讲话，制定《开展“强化法律监督、维护公平正义”教育活动实施方案》，成立由检察长张建国为组长的教育活动领导组。

是月　阳泉郊区人民政府副区长郭少敏，区人大常委会副主任兼区总工会主席郭善祥，区总工会副主席刘玉珠等，受阳泉市劳动竞赛委员会的委托，向郊区检察院颁发集体“三等功”牌匾。

7月9日　阳泉郊区检察院制定《特约监督员工作规范》。

8月5～6日　全省政法队伍建设经验交流会在运城召开，阳泉郊区检察院在会上被授予“全省政法队伍建设先进集体”称号。

8月13日　山西省人民检察院副检察长段江风率领省院教育活动督导检查组，在郊区检察院检查指导工作，阳泉市人民检察院检察长张仲马陪同。

8月15日 检察长张建国联系郊区检察院自身实际，就“强化法律监督、维护公平正义”教育活动作转段动员，提出开展教育活动的各项任务。

8月22日 下午，郊区检察院侦查监督科在荫营二中举办法制讲座，侦查监督科史保龙讲课，听课学生共108名。

是日 全市民事行政检察工作郊区现场会在郊区检察院召开，传达贯彻2001年以来最高检、省检院有关民行检察工作会议的精神。省院民事行政检察处副处长李喜春、市院检察长张仲马，对全市民行检察工作提出相应的意见和要求。

9月1日 阳泉郊区检察院成立信息工作领导组，党组成员、副检察长刘双富任组长。党组成员、办公室主任张福明，办公室副主任李建华，任副组长和专职信息员。

9月8日 下午，在全市检察机关“强化法律监督，维护公平正义”演讲比赛中，郊区检察院牛慧、安娜2名选手获得三等奖。

是日 为进一步开展“强化法律监督，维护公平正义”教育活动和行风“双评”活动，召开特约监督员座谈会，向各位监督员通报全院开展“强化法律监督，维护公平正义”教育活动和行风“双评”工作情况，听取特约监督员的意见和建议。特约监督员对该院工作给予充分肯定，并对今后工作提出相应的意见和建议。

9月11日 下午，郊区检察院青少年维权岗检察官史保龙结合真实案例，为荫营二中师生讲授题为“求知上进、奋发图强、从小做起、从现在做起”的法制讲座。

9月12日 检察长张建国带领20余名干警走向街头，深入工矿企业和农村，发放宣传资料，向广大群众解答法律知识，了解相关情况，掌握第一手资料。本次举报宣传活动出动宣传车7部，行程100余公里，覆盖全区8个乡镇，发放宣传资料3000余份。

9月29日 郊区政法系统举行学习贯彻“三个代表”重要思想演讲比赛。郊区检察院参赛选手牛慧获得第一名。

是月 为进一步加强对反贪工作的领导，理顺领导体制和工作关系，郊区区委按照机构改革方案，批准郊区检察院反贪局规格由副科级升格为正科级。

是月 为贯彻落实中共十六大“反腐败要坚持标本兼治、综合治理方针”的要求，中共郊区区委下发由郊区检察院起草的《关于全区副科级以上领导干部开展预防职务犯罪工作的实施方案》，检察机关开展预防职务犯罪工作纳入全区反腐败工作的大格局中，形成由区委领导、各职能部门参加的全区预防职务犯罪的社会化网络。

10月14日 上午，中共阳泉市郊区区委召开全区预防职务犯罪工作会议。市人民检察院检察长张仲马，郊区区委书记荆东生，区委副书记、区纪检委书记王梦贺，区委常委、政法委书记王如生，副区长韩建军，区人大常委会副主任曹玉平，区检察院检察长张建国等有关领导出席会议。区委常委、政法委书记王如生传达中共郊区区委《关于全区副科级以上领导干部开展预防职务犯罪工作的实施方案》。区直、区属、驻区科级以上正职领导及执法单位共260余人参加。

10月31日 郊区检察院主持召开2003年检察、公安第三次联席会议。总结前两次联席会议以来的工作情况，针对办理刑事案件过程中存在的有关问题进行讨论，并提出相应的解决办法。

11月14日 上午，山西省人民检察院特约检察员、山西大学法学教授，硕士研究生导师董玉明，在省检察院监所处副处长贾文胜、市检察院政治部主任杨振田陪同下，在郊区检察院调研指导工作。

11月20日 郊区检察院与郊区法院召开检、法联席会议。会上就法院如何配合检察机关的公诉改革，两院达成五点共识。

12月2日 以山西省人民检察院警务科科长邱来军、综合科科长任保世为组长的检查组，到郊区检察院检查指导法警队工作。

是月 为强化法律监督，维护公平正义，郊区检察院与郊区法院联合出台《关于办理民事行政抗诉案件的若干意见（试行）》。

是月 为切实强化法律监督，维护公平正义，郊区检察院按照最高人民检察院关于"推行公诉改革"的内容和要求，在全市检察系统率先推出"公诉引导侦查、刑事案件普通程序简易审理、刑事案件审前证据展示、不诉案件公平审查"及《主诉检察官办案责任制》五项改革措施，公诉改革工作成为全市检察系统先进典型。

是月 为维护社会主义市场经济的正常运行程序，保护国有资产和社会公共利益不受侵犯，郊区人民检察院与郊区人民法院共同出台《关于办理民事、行政公诉案件的试行意见》，对涉及国有财产流失，侵害社会公共利益尚未构成犯罪的民事、行政案件，由检察机关代表国家进行公诉的尝试。

2004年

1月18日 阳泉市检察院检察长张仲马在副检察长闫运成、政治部主任杨振田陪同下，到郊区检察院对检察干警进行慰问。

是月 郊区检察院被山西省检察院授予"全省基层检察院规范化建设示范院"称号。

是月 郊区检察院按照省、市检察机关《宣传工作奖励办法》，结合自身工作实际，对2003年市级以上新闻媒体采用的稿件共计18篇作品的11名作者，给予表彰奖励。

是月 在全市检察系统业务考核中，郊区检察院各项业务均名列全市检察系统前茅。其中公诉科、民事行政检察科、渎职侵权监察科、监所检察科、办公室、法警队共6个科室获全市检察系统第一名。

是月 阳泉郊区检察院在全市检察机关率先开展人民监督员试点工作。

2月25日 郊区检察院对来自全区8个镇的20多名特约监督员、人大代表监督联络员进行法律知识培训，这是郊区检察院为特约监督员、人大代表联络员进一步了解、支持、监督检察工作，增强检察工作的透明度，落实立检为公、执法为民而采取的一项重要举措。

是月 为进一步落实公诉改革六项措施，郊区检察院、郊区公安分局就扩大推行刑事案件非刑罚化处理达成共识。

3月2日 郊区检察院应用多媒体示证系统，就郊区前龙峪村一起非法采矿向法庭举证。阳泉市检察院公诉处组织全市检察系统公诉部门的公诉人员进行现场观摩。区人大、区政法委、郊区公安分局等相关部门领导旁听观看整个示证过程。市院公诉处领导和兄弟院公诉部门，对观摩活动给予充分肯定。

3月5日下午 区检察院检察长张建国应邀为郊区工商分局干部职工，进行预防职务犯罪法治讲座。

4月22日上午 为推动“端正干警品行，强化内部管理”集中教育整顿取得实效，郊区检察院党组召开民主生活会，以于昌明、王某平为正、反两方面的典型，围绕在队伍建设和管理中存在的问题，深入查摆剖析，开展批评与自我批评。

4月23～25日 阳泉市郊区召开政协六届二次全会和阳泉市郊区第十五届人民代表大会第二次会议。会议期间，郊区检察院为进一步开展“端正干警品行，强化内部管理”集中教育整顿，贯彻市委政法委关于“开门整顿”的指示精神，由正、副检察长带队到各代表团住地，主动征求人大代表、政协委员对检察工作的意见和建议，受到与会代表、委员的好评。

是月 郊区检察院认真落实市检察院和郊区政法委的统一部署，以原城区检察院干警王某平包养情妇、行凶杀人案件为反面教材，安排部署开展“深刻反思、吸取教训，加强检察队伍管理”警示教育整顿活动。

是月 为杜绝超期羁押现象，郊区检察院根据《刑事诉讼法》关于对犯罪嫌疑人（被告人）法定羁押期限的规定，把羁押时限监督跟踪催告制度贯穿于刑事拘留、逮捕、起诉、审判、执行的全过程，有效杜绝超期羁押。

5月1日 是日起，郊区检察院监所科与郊区公安分局看守所，共同推行新的《在押人员合法权益告知制度》和《与在押人员家属联系制度》，标志着监所检察与看守所在保障在押人员合法权益，保障刑事诉讼顺利进行，进一步推行人性化执法方面迈出重要一步。

5月13日下午 中共阳泉市委政法委集中教育整顿活动验收组一行7人，到郊区人民检察院验收“端正干警品行，强化内部管理”集中教育整顿工作。

5月31日上午 郊区检察院20余名干警，在郊区中心广场举行“严肃查办国家机关工作人员利用职权侵犯人权犯罪专项活动”大型宣传活动，活动共出动警车6辆，展出宣传挂图16块，设立固定宣传站1个，流动宣传车6部，散发宣传材料6000余份，现场接待群众咨询20余次。

6月4日 按照区委、区人民政府《关于在全区开展推广文明用语活动》的要求，郊区检察院举行“说文明语言、做文明公民”签名活动，全院39名干警参加。

是日 郊区检察院召开“双评”活动再动员大会，并下发《关于深入开展评优评差活动的实施方案》。检察长张建国作动员讲话。

6月7日 党组全体成员分4路深入基层乡镇、企业，进行广泛的调查研究，通过现场走访、与群众座谈、发放调查问卷等形式，倾听群众呼声，了解掌握检察环节的行风问题。

6月8日 阳泉市精神文明建设指导委员会一行4人，在郊区区委常委、宣传部部长裴秀珍陪同下，对郊区检察院的精神文明创建情况进行审验。

6月9日 郊区检察院召开特约监督员座谈会，来自乡镇、政协、法院、公安和各新闻媒体的10名行风监督员，对郊区检察院在队伍建设、素质教育、检察业务和“双评”工作等方面提出宝贵的意见和建议。

6月15日 郊区检察院驻所检察室与郊区公安分局共同组织召开全体在押人员深挖犯罪再动员大会。公、检、法三机关的领导，就政法部门牢固树立人权保障观念，履行对在押人员合法权利告知义务，确实保障在押人员合法权益，为在押人员依法行使合法权益开辟绿色通道以及对在押人员如何落实、揭发、立功、自首等各项政策作详细的说明、解释、解答。会后，有4名在押人员主动找驻所检察干警汇报思想、提供犯罪线索。

6月18日 郊区检察院公诉科全体检察官，赴郑州市人民检察院和济南市人民检察院学习调研。这是郊区检察院深入贯彻最高人民检察院“六项公诉”改革措施，进一步提高公诉人员执法水平，学习先进经验、更新执法观念的重要举措。

6月24日 为纪念中国共产党建党83周年，郊区检察院党员和干警捐款2000元，分别送往扶贫点郊区平坦镇常家山村和郊区光荣院。

是月 郊区检察院印制200多份《“双评”活动征求意见卡》，连同预先贴付邮资、书写好回邮地址的信封，邮递至域内各乡镇和基层群众手中，以便于人民群众及时发现问题，随时反映情况，改进检察院工作作风。

7月2日 为进一步开展“强化法律监督，维护公平正义”教育活动，郊区人民检察院20名干警在郊区体育馆门前，举行“依靠群众 反腐倡廉”大型举报宣传活动，共展出宣传挂图14幅，散发宣传资料3000余份，现场接受群众咨询20余次，同时出动5辆流动宣传车赴开发区、平坦镇流动宣传。

是日 郊区检察院预防职务犯罪检察员为义井镇机关工作人员、镇属各村“两委”班子党员干部60余人讲授党课。

7月28日　郊区检察院与郊区工商分局联合举办国防教育报告会，邀请阳泉军分区参谋长、大校员自博授课。区委常委、政法委书记王如生，区委常委、武装部政委武小星，区武装部部长乔玉珍等领导，郊区检察院、郊区工商分局干部、职工100余人参加。

8月31日　郊区检察院、郊区公安分局召开联席会议，针对刑事诉讼中出现的有关问题、刑事案件质量、监所检察，以及完善轻微刑事案件非刑罚化处理工作达成共识。

9月17日　为贯彻《关于在全区副科级以上领导干部中开展预防职务犯罪工作的意见》，统一协调全区的预防职务犯罪工作，增强预防工作的权威和实效，区委决定从是日起，启用阳泉市郊区预防职务犯罪领导组办公室印章，并将该章交由郊区检察院反贪局综合科掌管。郊区预防职务犯罪领导组办公室印章的启用，标志着阳泉郊区在党委领导下的预防职务犯罪领导体制已经形成，预防职务犯罪作为反腐败斗争的重要组成部分，正式列入全区中共各级组织建设的重要议事日程。

9月23日上午　在郊区法院审理14名涉嫌聚众赌博犯罪一案中，郊区检察首次采用多媒体示证系统进行庭审示证。

9月24日　郊区检察院就全面推行人民监督员制度召开新闻发布会，来自不同岗位的9名人士被聘为首任人民监督员。

是月　郊区检察院对犯罪嫌疑人赵某文提起公诉，郊区法院以盗窃罪判处赵某文有期徒刑十三年，并处罚金十万元。

10月1日　郊区检察院根据上级检察机关的统一部署，试行人民监督员制度。

10月19日　阳泉市人大常委会副主任张清带队的市人大视察组一行7人，在阳泉市检察院副检察长郭隆文陪同下，对郊区检察院的民行检察工作进行视察和调研。区委副书记、纪检书记王梦贺，区委常委、政法委书记王如生，区人大常委会副主任曹玉平，副区长申彦杰等区领导一起参加座谈。

是月　郊区检察院对一起判处缓刑的暴力抢劫案件提起抗诉，经阳泉市中级人民法院二审作出改判，撤销一审法院判处被告人有期徒刑三年，缓刑五年，罚金8000元的判决。判处本案被告人有期徒刑三年，并处罚金2000元。

是月　郊区检察院按照最高人民检察院《关于实施主诉检察官办案责任制》精神，推行主诉检察官改革。经过组织推荐、笔试、政审等严格考试，4名干警被正式任命为首批主诉检察官。

11月　郊区检察院全面落实上级检察机关对贪污贿赂案件提出的“立得准、诉得出、判得了”要求，狠抓案件质量取得显著成效。

是月　郊区检察院开展预防职务犯罪工作注重社会化和群访群治，先后在郊区8个乡镇以及工商、税务、金融、保险、煤炭、建筑、医疗、教育等行业和单位建起

40个预防职务犯罪工作联络站。

是月 郊区检察院渎职侵权检察科立案侦查的税务干部张某新移送审查起诉。

12月3日 山西省人民检察院评选全省“先进检察院”考核组一行3人，会同阳泉市检察院，对郊区院各项检察工作情况进行考核。

12月4日，郊区依法治区领导组组织开展“弘扬宪法精神，增强法制观念”为主题的大型宣传活动。郊区检察院派人参加该次活动，共散发宣传资料3000余份，现场接受群众咨询18人次。

12月7日 以山西省检察院法警总队总队长马锐生为组长的省院评选全省“先进法警队”考核组一行4人，会同阳泉市检察院法警支队领导，对郊区院法警检察工作情况进行考核。

12月23日 郊区检察院举办人民监督员上岗培训班，来自全区乡镇的9名人民监督员参加培训。

是月 为切实保障民事诉讼当事人的合法权益，郊区检察院与山西世济、泽晋两家律师事务所认真协商，联合出台《关于建立民事、行政申诉案件律师代理制度的意见（试行）》。这一意见的出台拓宽了民事行政案件的受案渠道，为当事人进行民事行政申诉提供了便捷，进一步推动了民事行政检察业务的全面开展。

是月 郊区检察院反贪局按照“保证数量，提高质量，狠抓有影响的大案要案”的总体要求，加强组织领导，强化责任意识，提高办案质量，取得明显成效，荣获“全省检察系统先进集体”称号。

是年 郊区检察院将发展郊区经济这个中心作为检察工作的出发点和落脚点，民行检察部门发挥自身优势，立足于民行检察工作特点，积极服务经济建设取得成效。

2005年

1月 在春节和元宵节期间，郊区检察院通过手机发送预防腐败、预防职务犯罪等短信1600余条，提醒党员领导干部和国家工作人员预防腐败。

2月2日 上午，阳泉市检察院检察长张仲马到郊区检察院调研，指导检察工作。区委书记荆东生，区委副书记兼纪检委书记王梦贺，区委常委、政法委书记王如生陪同调研。

2月6日 郊区检察院召开保持共产党员先进性教育活动动员大会，检察长张建国作动员讲话，党组成员、政工科科长高秀瑾代表院党组宣读《保持共产党员先进性教育活动实施方案》。

2月23日下午，郊区检察院组织全体共产党员和入党积极分子，集中学习《中共中央关于加强党的执政能力建设的决定》《中共中央关于在全党开展以实践“三个代表”重要思想为主要内容的保持共产党员先进性教育活动的意见》，党组书记、检察长张建国讲话，党组成员、党支部书记、副检察长李爱贤主持集体学习。

2月24日　中共阳泉郊区区委、区政府召开劳模表彰大会，郊区检察院第四次被授予“红旗单位”称号。

2月28日　为进一步增强保持共产党员先进性教育活动学习阶段的效果，郊区检察院采用投影电视进行电视辅导，组织全院共产党员和入党积极分子集中收看中共中央党校专家、教授主讲的开展共产党员先进性教育活动专题辅导。

3月5日　根据区保持共产党员先进性教育活动领导小组的安排，郊区检察院党支部坚持集体学习和个人自学相结合、学习读本和专题辅导讲座相结合、学习思考和撰写心得体会及专题讨论提纲相结合，高标准、严要求，认真组织党员和入党积极分子的集中学习，保证人员落实、时间落实、内容落实、效果落实。

是日　郊区检察院党支部将《教育读本》17篇文章和中共中央党校五位教授的专题辅导讲座全部集中学习完毕，在职党员干部全部参加集中学习培训，为下一步专题讨论奠定扎实的基础。

3月8日　上午，中共阳泉市委督导组组长张王亮一行4人，在郊区区委组织部副部长武志明陪同下，对政法系统党委、重点对郊区检察院学习教育工作进行督查指导。市委督导组领导在听取工作汇报，对学习资料、学习笔记进行检查后，对前一阶段工作给予充分肯定，并对下一步工作提出要求。

3月12日　郊区检察院组织全体党员干警，到革命圣地西柏坡进行革命传统教育。

是日　下午4时，阳泉市检察院反贪局副局长范海生，把重大逃犯武某军可能藏匿的地点信息电话通知郊区检察院后，检察长张建国和一名法警、三名检察官，从西柏坡奔赴河北邯郸，当夜摸清武某军藏匿地点，将在逃人员武某军抓获，并连夜押回郊区看守所进行突审。

3月24日　郊区检察院和郊区法院联合召开座谈会，邀请检察机关人民监督员和审判机关行风监督员共13人，就进一步推进保持共产党员先进性教育活动深入进行座谈，征求意见和建议。

3月30日　为确保保持共产党员先进性教育活动第二阶段的工作取得成效，郊区检察院向100位人民代表发出征求意见函，广泛征求各个阶层、各界人士的意见和建议。

是月　郊区检察院党支部建立学习雷锋、焦裕禄、孔繁森、郑培民、任长霞、牛玉儒、方工等共产党员英模榜，用先进共产党员的英雄事迹，教育鼓励党员干部牢记中共宗旨，时刻保持共产党员的先锋模范作用。

是月　郊区院保持共产党员先进性活动领导小组办公室，建立学习园地专栏，把每位党员的心得体会张贴上墙，此专栏将根据分阶段学习要求进行内容更新。

是月　为落实中组部部长贺国强关于“要把反腐倡廉教育纳入保持共产党员先进性教育活动之中”的指示精神，由郊区检察院筹办，区预防职务犯罪领导组牵头，联合举办反腐倡廉警示教育大会。区公、检、法部门的党员干警，区委办、政府办、区税务、工商、煤运公司以及金融系统等党员干部，共计300余人，到阳泉第一监狱开展廉政警示教育。会上，三名在押服刑人员以他们各自的经历，讲述了他们如何从一个国家人员蜕变为犯罪分子，从共产党员堕落为腐败分子的历程，引起与会党员干部的震动。

3月　郊区检察院认真研究引深保持共产党员先进性教育活动“思想发动，学习教育”阶段学习方式和增强学习效果的有效途径，多方位查找对照检查，按照边学边思，边学边改的要求及时整改，取得明显效果。

3月　郊区检察院牢固树立“立检为公、执法为民”的指导思想，针对郊区私挖滥采日益严重的局面，积极开展严厉打击私挖滥采的“05春雷行动”。

4月20日　是日晚，潜逃嫌疑人赵某元被郊区检察院抓获归案，经连夜突审，案件取得重大突破，赵某元被依法逮捕。这是继3月12日将重大潜逃犯罪嫌疑人武建军抓捕归案后又一追逃成果。

5月18日　人民监督员首次在郊区检察院举行案件审查听证，审查由郊区检察院立案侦查并拟撤销案件的司法工作人员涉嫌枉法裁判案件。这是郊区检察院根据《最高人民检察院关于实行人民监督员制度》的规定，对拟撤销案件、拟不起诉案件、拟不捕案件等自侦案件实行人民监督员监督的首次审查听证。

5月21日　郊区检察院积极响应区委号召，认真组织开展“千名干部下基层，发挥党员先进性”活动，在职党员分赴旧街乡测石村、枣园村、路家庄村，分别走访了27个困难户，为困难群众捐资2800元。

是月　郊区检察院出台《2005年度检察工作业绩百分考核方案》，确定各项检察工作目标。上至院领导下至各位干警，各项工作有目标、各个岗位有要求、人人头上有责任，层层签订责任状，层层抓落实，有力地确保各项检察工作任务的完成。

6月15日，郊区检察院召开会议，安排部署规范执法行为，促进执法公正专项整改活动。会议由党组成员、副检察长李爱贤主持，党组成员、副检察长刘双富传达整改实施方案，党组书记、检察长张建国作动员讲话。

6月22日　郊区检察院组织20多名干警，到辖区8个乡镇和驻地单位，举行以“惩防并举、反腐倡廉”为主题的宣传活动。现场发放宣传资料3000余份，接待群众咨询20余次，宣传活动取得预期的效果。

6月23日　郊区检察院党支部组织在职党员分赴旧街乡测石村、枣园村、路家庄村和李家庄乡李家庄村，分别走访33个困难户，给他们带去价值2000元的食用油和夏凉被等，进一步密切检察机关同人民群众的联系，以实际行动纪念建党84周年。

6月24日　郊区检察院邀请人大、公安、法院等机关领导和本院行风监督员召开座谈会，就开展“规范执法行为，促进执法公正”专项整改活动，广泛征求意见和建议。

6月30日　郊区检察院干警利用白泉村传统庙会，深入该村和白泉工业园区，设立宣传站，开展民行检察宣传活动，为群众提供现场法律咨询服务，散发《民行检察业务范围》《申诉须知》等宣传材料2000余份。

是日　副检察长贾金祥在白泉工业园区，与有关领导职工进行座谈，以进一步贯彻落实“规范执法行为，促进执法公正”专项整改活动，加强民事行政检察工作力度。

是月　郊区检察院按照“规范执法行为，促进执法公正”专项整改方案，把各个阶段的主要工作任务、解决主要问题的重点、采取的方法和步骤，以及具体要求和时间安排等内容，以图表的形式制定成工作流程，印发给每一位干警，同时成立以检察长为组长的专项整改活动领导机构和工作机构，进一步明确领导分工和领导责任。

是月　根据上级机关指定管辖，郊区检察院以非法采矿罪，对盂县南娄镇旋坪村查获挖煤设备数台和非法开采煤炭8000余吨一案犯罪嫌疑人郭某全、史某怀，作出批准逮捕决定，同时加强了对在逃案犯姚某帅的追捕。此案被列为阳泉市“春雷行动”一号案件，审查批捕期间，阳泉市检察院多次召开会议研究案情，中共阳泉市委政法委就该案法律适用问题下发纪要。

7月4日　郊区检察院干警深入郊区李家庄中学，为即将开始暑假生活的400余名在校学生，举办预防未成年人犯罪的专题讲座。

8月5日　郊区检察院召开全体干警大会，传达贯彻全市检察长会议精神，落实下半年工作目标措施，传达最高人民检察院检察长贾春旺关于开展集中查办破坏社会主义市场经济秩序渎职犯罪专项工作的批示、山西省人民检察院检察长陈大豪在全省检察长会议上的讲话和市人民检察院检察长张仲马在全市检察长工作会议上的讲话精神。

8月31日　郊区检察院15名副科级以上干部深入白泉工业园区，观摩三期平台工业建设，参观荫营镇华岭耐火材料有限公司生产建设情况，并到郊区李家庄乡参观阳煤集团80万吨氧化铝项目。

是月　郊区院党组围绕“郊区大发展，我们怎么办”开展专题讨论，同时制定服务和支持区域发展的具体措施。

9月1日　郊区检察院侦查监督科干警史保龙为荫营中学初二年级两个班举办法制讲座。

是月　针对犯罪嫌疑人王某春、金某专门盗窃办公室案，郊区检察院侦查监督科检察官及时提前介入，通过审阅案卷、讯问犯罪嫌疑人、核实相关证据，提出完善证据的五条补充侦查意见。并针对一些机关单位内部治安管理松懈，防范意识不强等隐患，向案发单位发出检察建议，以加强治安管理工作，杜绝该类事件发生。

是月 针对张岩村王某引燃村林区山林，无力赔偿经济损失，当事人被判刑，可能影响家庭和女儿上学这一特殊情况，郊区检察院依法适用刑事案件非刑罚化处理，责令当事人以工代偿无偿植树三年，以弥补其行为造成的经济损失。此案作为阳泉郊区检察院依照宽严相济刑事政策处理的典型案例，曾被山西法制报等媒体多次报道。

是月 郊区检察院受上级指定管辖，查办盂县安监局韩某受贿一案，经缜密侦查，连带破获一起特大行贿案，涉韩斌受贿案一名犯罪嫌疑人赵某忠被依法逮捕。

10月19日 上午，山西省检察院副检察长文晓平，在市检察院检察长张仲马、市检察院政治部主任邓百福陪同下，在郊区检察院调研指导工作。

10月27日 阳泉郊区检察院在李家庄中学举办以“未成年人维权”为主题的法制讲座，近千名中小学生听取该次法制课。

10月28日 郊区中小学文化艺术节文艺汇演期间，郊区检察院民行科干警深入郊区荫营镇矾窑村开展民行检察宣传活动，向过往群众散发宣传资料300余份，现场向群众提供法律咨询10余次。

11月 郊区检察院对郊区国税、地税两部门2004年以来，税收执法案件涉及刑事案件的移送情况进行监督检查，共检查地税部门的行政案件112件，国税部门行政案件103件。

是月 郊区检察院按照最高人民检察院关于反渎职侵权工作的安排，先后深入郊区8个乡镇开展法制宣传，利用电台广播、电视新闻和宣传材料，向广大群众宣传高检院打击渎职侵权犯罪的工作部署。

是月 为进一步扩大《检察日报》影响，让更多的人了解和支持检察工作，该院为区委、区政府、区政协、人民监督员、预防职务犯罪工作联络点等部门，赠订《检察日报》。

是月 预防犯罪职能部门在荫营镇主要街道设立预防职务犯罪公益广告牌，深入机关、企事业单位举办法制讲座，组织有关人员现身说法开展警示教育。共制作预防职务犯罪宣传挂图2套46版，一套在区工商局设立专门的展览室长期展出，另一套则先后在区国税局、建行、信用联社、人寿保险等单位巡回展出，受教育人达1500人次。

12月21日，郊区检察院召开全院干警大会，集中观看警示教育系列电教片，以武某安、郭某花等反面典型为教材，开展警示教育，全体党员干部面向党旗进行廉政宣誓，院党组成员还分别签署《廉政承诺书》。

2006年

1月1日 郊区检察院法警队接到上级通知，对羁押在昔阳看守所的重大案犯韩某转押至平定县看守所，法警部门严格认真执行预案，圆满完成转押任务。

1 月 19 日 郊区检察院召开 2005 年度总结表彰大会。对 3 个先进集体和 15 名先进个人进行表彰奖励。

是月 春节、元宵“两节”来临之际，郊区检察院利用现代通信传递快、范围广的优势，通过手机发送预防腐败内容短信 1000 余条，提醒公职人员坚决遏制腐败现象的滋生和蔓延。

2 月 22 日 阳泉步林彩印包装有限公司不服郊区法院查封，向郊区检察院提出申诉，郊区检察院以维护企业正常生产经营为宗旨，建议郊区法院合理、妥善解决原告、被告之间经济纠纷。郊区法院采纳郊区检察院的意见，对当日查封财产进行解封。步林彩印公司得以恢复生产，并向阳泉郊区检察院赠送锦旗。

3 月 2 日 郊区检察院组织涉密人员进行保密工作培训，各部门第一负责人和内勤，以及有关涉密人员共 20 多人参加培训，主要学习《中华人民共和国保守国家秘密法》（以下简称《保密法》）、《人民检察院办案工作中的保密规定》《关于确定检察机关工作秘密的意见》《关于确定检察机关工作秘密的意见》和《检察工作中国家秘密范围的规定》。

3 月 8 日 山西省人民检察院政治部主任李勃、政治部基层处处长孙晋枝一行 4 人，在市人民检察院副检察长杨璋年、政治部主任邓百福的陪同下，在郊区检察院调研指导。

3 月 14 日 郊区检察院举行《2006 年工作目标责任状》签字仪式。

3 月 16 日 郊区检察院在全区政法综治工作暨“打黑除恶”专项斗争动员大会上，被授予“平安单位”称号。

3 月 23 日 中共阳泉市委政法委执法质量评查考核组一行 5 人，对郊区检察院 2004 年下半年至 2005 年年底所办理的案件进行质量考核。

是月 郊区检察院预防职务犯罪工作在实行网络化管理、建立预防档案，公职人员信息库的基础上，进一步加大力度，向行业预防和系统预防延伸。

4 月 13 日 上午，阳泉郊区在区检察院召开预防职务犯罪工作联席会议，区委预防职务犯罪工作领导组成员，及 40 个预防职务犯罪工作联络站的主要负责人参加会议。

4 月 25 日 凌晨 4 点，郊区检察院渎职侵权检察科检察官，在郊区煤矿管理中心将在逃人员杨某明抓获，及时移送郊区公安分局刑警大队处理。

是月 郊区检察院针对案件质量及案卷诉讼文书中存在的问题，出台《案件评查暂行办法》，实行专人专职定期评查。该项制度的出台，对杜绝各种不规范办案，提高案件质量，维护公平正义具有重要意义。

5 月 12 日 在郊区东梁庄传统庙会期间，郊区检察院派出干警 5 人，出动宣传车 2 辆下乡宣传，重点宣传人民检察院民事行政申诉案件受理的范围，散发宣传资料

600余份，接受群众咨询100余人/次。

5月16日　为进一步深化刑事侦查、公诉工作，郊区检察院与郊区公安分局召开工作联席会议，对轻微刑事案件非刑罚化处理运行情况进行回顾总结。分管领导和有关科、队负责人出席会议。

6月5日　郊区检察院召开全院干警大会，对开展社会主义法治理念教育进行再部署、再动员。

6月19日　郊区检察院开展“举报宣传周”活动。活动分两个部分：一是在郊区人民广场设立宣传站点，以“惩治职务犯罪，维护公平正义”为宣传主题，展出图板15幅，散发资料1700多份，接受群众咨询15人次。二是出动宣传车6辆，宣传人员20名，到驻地单位和8个乡镇巡回宣传，散发宣传资料1300余份，提供法律咨询10人次，宣传活动取得预期的效果。

6月30日　郊区检察院在荫营人民广场开展人民监督员制度宣传活动。本次活动以实行人民监督员制度的目的、意义，选任人民监督员的条件、选任方法，人民监督员职责和“三类案件”“五种情形”（三类案件具体指：一、犯罪嫌疑人不服逮捕决定的；二、拟撤销案件的；三、拟不起诉的。五种情形：一、当立案而不立案或者不应当立案而立案的；二、超期羁押的；三、违法搜查、扣押、冻结的；四、应当给予刑事赔偿而不依法予以确认或者不执行刑事赔偿决定的；五、检察人员在办案中有徇私舞弊、贪赃枉法、刑讯逼供、暴力取证等违法违纪情况的。人民监督员发现检察干警在查办职务犯罪中有以上“五种情形”的，可以提出意见）监督内容、提起公诉程序为主要宣传内容，邀请人民监督员到场进行现场咨询。活动共出动宣传车2辆，宣传人员26人，发放宣传资料1000余份，接受群众现场咨询17人次。

是月　郊区检察院利用互联网快捷方便的优势，协调网络管理部门，开通互联网举报平台。网民只需添加QQ网站404989325号，即可在网上举报或咨询法律问题。

是月　郊区检察院全面落实治理商业贿赂专项工作，出台《治理商业贿赂专项工作的实施方案》，成立治理商业贿赂专项工作领导组和办公室，检察长任组长，并设立举报电话，各职能部门按照方案要求，稳步推进治理商业贿赂专项工作。

是月　郊区检察院在法律监督工作中，认真践行社会主义法治理念，特别针对轻微刑事犯罪、未成年人犯罪和过失犯罪三类案件，推行轻微刑事案件的非刑罚化处理，取得良好的法律效果和社会效果。

7月　郊区检察院检察官到郊区李家庄乡中学，举办“杜绝校园伤害事故，提高自我保护意识”法制讲座，并组织该中学150余名同学，开展预防校园伤害事故，提高自我保护能力百题知识竞赛，以提高学生的法律意识。

8月3日　上午，郊区检察院召开中层干部竞争上岗演讲答辩大会，区委组织部副部长武志明、干部科科长黄瑞刚到会场监督指导。

8 月 22 日　太原理工大学阳泉学院职业技术学院“实习基地”挂牌仪式，在郊区检察院举行。

是月　郊区检察院侦查监督部门组织干警，对郊区国税、地税、质监三个部门上半年行政执法中移送涉嫌犯罪案件情况进行监督检查，监督检查采取专人逐案审卷，分管领导审核把关，典型案件座谈讨论的方式进行。

是月　由郊区检察院提起公诉的原盂县安监局局长韩某受贿、巨额财产来源不明案，一审法院作出有罪判决。

9 月 4 日　郊区检察院民事行政检察科检察官，为郊区李家庄中学入学新生举办预防发生校园伤害事故的法制课。

9 月 19 日　上午，为确保国庆、中秋两节安全，郊区检察院监所检察科和法警队联合对郊区看守所监区进行安全大检查。

10月　月初，郊区检察院全面总结“审查逮捕专项检查工作”，专项检查从8月开始，在两个月内重点检查2005年提请逮捕和决定逮捕的案件，共检查提请批准逮捕86人，批准逮捕81人，不批准逮捕5人。2005年，审查批捕合格率为100%，未发现有错捕、漏捕的情况。

是月　郊区检察院批捕一起重大盗窃汽车团伙主犯。

11 月 1 日　郊区检察院举行技侦大楼竣工典礼。市政协主席宋林岭，市委常委、政法委书记陈继光，市委常委、宣传部部长高全怀，市人大常委会副主任荆东生，市政协副主席李畴海、市人民检察院检察长张仲马，郊区区委副书记、区长杨勇等领导为技侦大楼竣工剪彩。

11 月 8 ~ 9 日　郊区检察院 8 名司法警察参加全市检察机关司法警察业务知识和技能比武，荣获擒敌拳第二名和队列表演第三名。

11 月 15 日　郊区检察聘请人民监督员，对狮头特种水泥有限公司原总经理助理张某挪用公款不服逮捕案进行案件听证，以确保案件质量。

是月　郊区检察院建立《驻所检察官约见在押人员制度》，被监管人员遇到困难和问题，可以随时与驻所检察官取得联系，检察官可根据实际情况，协调联系相关部门，妥善处理和解决被监管人员反映的各种问题和困难。

是月　郊区检察院办案检察官远赴黑龙江、吉林、内蒙古近百余家单位和个人的调查取证，终将张某挪用公款的事实查清，该案已侦查终结，移送公诉部门审查起诉。

是月　郊区检察院切实加强控告申诉工作基础设施建设，增设来访候谈室、接待室，配置空调、饮水机、消毒设备、电脑触屏等设施，控申接诉人员办公室还配备电脑、录用电话，开通网上举报信箱，为方便群众来访创造良好的环境。

是月　郊区检察院组织党组成员分赴郊区各大乡镇走访座谈，广泛征求各界人士意见，每到一处都认真宣传法律知识，耐心解答法律问题，进一步密切检察机关与人民群众的联系，展示新时期检察机关的精神风貌。

是月 郊区检察院紧密配合全市打击私挖滥采专项治理行动，对进入审判阶段的四起非法采矿案件指定专人负责审查起诉，指控犯罪事实清楚，证据确凿，定性准确，有罪判决率为100%。

11月23日 中共阳泉市委常委、政法委书记陈继光，在区委副书记、区长杨勇，区委常委、政法委书记王如生的陪同下，到郊区检察院检查指导工作，同行人员还有市政法委副书记吕誉耀、段俊富、安少杰。

12月4日 上午，郊区检察院工作人员走上街头开展“法制宣传日”活动，宣传活动以“五五”普法为主题，展出图版20幅，现场发放宣传资料5000余份，接受群众咨询45人次，宣传活动得到人民群众的支持和拥护，得到预期的效果。

是年 由于郊区检察院监所检察措施得力，检察及时，实现了17年无事故发生。

是年 郊区青少年维权岗的办案检察官，先后两次到郊区二中为学生举办法制讲座，并通过有关宣传资料和宣传版画专栏，增强宣传力度，强化宣传效果。

2007年

1月17日 为帮助困难群众特别是灾民解决安全过冬问题，阳泉市郊区检察院组织开展“送温暖、献爱心”捐助活动，进一步密切检察机关与人民群众的联系。

1月19日 阳泉市郊区检察院召开2006年度总结表彰大会。

1月25日 中共阳泉市委政法委在阳泉市郊区检察院召开贯彻“宽严相济刑事政策现场会”。阳泉市人民检察院检察长张仲马在会上发言，市委常委、政法委书记陈继光讲话。会议由市委政法委副书记安少杰主持，阳泉市直公、检、法及各县区政法部门和政法委约50人参加。

是日 阳泉市郊区检察院对利用邪教组织犯罪嫌疑人石某红作出批准逮捕决定。这是阳泉市郊区检察院批捕的第一例利用邪教组织实施犯罪的案件。

2月6日 阳泉市郊区人民检察院在全国检察机关电视电话会议上，被最高人民检察院通报授予“全国先进基层检察院”称号。

2月9日 郊区检察院荣获第二届“全国先进基层检察院”称号。

2月15日 阳泉市郊区检察院司法警察大队积极参加全市检察系统新年团拜会，选派的单口相声《事故的故事》和快板书《升国旗》，取得圆满的演出效果。

4月12日 冯某堂涉嫌贪污、受贿一案由阳泉市人民检察院侦查终结，指定郊区人民检察院审查起诉。

4月15日 阳泉市郊区检察院副检察长刘双富，提前介入一起重大涉嫌制造爆炸物品犯罪案，并大力协助侦查机关办案。

4月24日 阳泉市郊区检察院只用一天时间，快速审结一起故意杀人案，犯罪嫌疑人蔺某红被批准逮捕。

4月26日 阳泉市郊区检察院控申接待室被山西省人民检察院授予全省检察机关“文明接待室”称号。

4月28日 阳泉市郊区检察院驻所检察室会同郊区看守所、武警部门联合对看守所在押人员进行清理，对监号进行安全检查，摸排掌握在押人员的思想动态，加强督促检察工作，确保监所安全。

是月 法警大队协同监所科和看守所一同对关押案犯和监号进行一次安全检查，摸排掌握在押人员的思想动态，加强监督检察工作，确保监所安全。

5月16日 阳泉市郊区检察院召开“作风建设年、狠抓落实年”学习教育活动再动员大会。检察长贾建胜作《转变作风，狠抓落实，不断开创检察新局面》动员讲话。

5月17日 阳泉市郊区检察院以石某红组织利用邪教组织破坏法律实施罪向郊区人民法院提起公诉。

5月22日 阳泉市郊区检察院召集部分市、区两级人大代表举行座谈会，就全面开展各项检察工作征求意见。市人大代表、区人大常委会副主任张风英等人大代表，分别就职务犯罪案件查办等方面提出意见和建议。

5月24日 阳泉市郊区检察院快速批捕一起重大涉爆案件6名犯罪嫌疑人，并督促公安机关对在逃的犯罪嫌疑人抓捕归案。

是月 贾建胜当选为阳泉市郊区人民检察院检察长。

6月11日 阳泉市郊区检察院在郊区人民广场举行“群众参与，反腐倡廉，服务和谐”大型举报宣传活动。共出动警力30余名，宣传车7辆，展出宣传挂图20余幅，发放3000余份宣传资料，现场接受群众咨询40余次，同时在乡镇开展流动宣传。

是日 阳泉市郊区检察院通过中国移动公司信息网络，向4000余位用户发送检察业务宣传信息。

6月13日 阳泉市郊区检察院在郊区各乡镇点开展“反渎职侵权宣传活动”，向群众发放宣传资料2000余份，发放“公民举报渎职侵权犯罪”手册400余份。同时向相关部门主要领导赠送“反渎职侵权犯罪”手册及相关书籍。

6月19日 阳泉市郊区检察院在阳煤集团氧化铝项目筹建处，设立预防职务犯罪工作联络站，这是郊区检察院建立的第43个预防职务犯罪工作联系站。

6月22日 阳泉市郊区检察院组织全体检察干警进行社会主义法治理念考试。全院干警参加闭卷考试。

是日 阳泉市郊区检察院党组书记、检察长贾建胜，与干警签订《党风廉政建设目标责任状》。这是阳泉市郊区检察院换届以来，检察长首次与干警签订《责任状》。

6月23日 阳泉市郊区检察院组织党员和入党积极分子，在河北易县开展“弘扬党的传统，体验军营生活”为主题的党日活动。

是月 阳泉市郊区检察院针对某煤炭运销公司连续发生贪污、受贿、挪用公款等犯罪情况，有针对性地开展职务犯罪预防工作。一是加大个案预防工作力度，开展“五个一”工作法。二是帮助该公司建立和完善管理制度。三是针对特殊岗位人员开展警示教育。四是配合该公司建立警钟长鸣长效机制。

是月 阳泉郊区检察院围绕“群众参与、反腐倡廉、服务和谐”这一主题，开展反腐倡廉、预防职务犯罪宣传。

是月 阳泉郊区检察院检察长与分管副检察长，分管副检察长与被分管的业务部门第一责任人，分别签订年度《工作目标责任状》。

7月27日 阳泉郊区检察院公诉科副科长王建文在全市检察系统“以案析理”演讲比赛中，以全场最高分荣获一等奖。

是月 阳泉市郊区检察院驻所检察部门与监管场所联手，积极落实防暑降温措施，确保每一个在押人员安全度夏。

是月 上旬，阳泉市检察院侦查监督处与郊区院侦查监督科共同对近三年来郊区公安分局治安大队、平坦派出所、义井派出所、李家庄派出所、荫营派出所、河底派出所、郊区工商分局、郊区国土资源局、郊区地方税务局等行政执法部门各类行政执法案件645件进行监督检查。

8月14日 阳泉市郊区检察院出动宣传车辆和5名干警深入郊区荫营镇庙会现场开展法制宣传活动。重点宣传人民检察院的职能、受案范围，以及开展对民事行政审判活动实行法律监督的有关事项。

是日 全市控申检察工作座谈会在阳泉郊区检察院召开。

8月19日 阳泉市郊区检察院两名检察官作客阳泉市广播电台的《说法在线》栏目，进行现场直播，对拨打热线的听众提出的有关民事行政检察中的相关疑问进行解答。

8月20日 阳泉市郊区检察院召开党组（扩大）会议，传达学习高检院“加强作风建设研讨暨全国检察长座谈会”会议精神，听取各部门主要负责人前7个月的工作汇报和后5个月的工作计划。检察长贾建胜就今年后几个月的工作作出总体安排。

是月 阳泉市郊区检察院开辟多种渠道开展检察宣传，充分运用电话彩铃的特点开展检察宣传，把“强化法律监督，维护公平正义”构建和谐社会的检察工作目标及时传递到人民群众之中，受到人民群众欢迎。

9月19日 阳泉市郊区检察院全面审查犯罪嫌疑人贾某丰敲诈勒索一案时发现侦查机关定性不准，且遗漏一起抢劫犯罪事实，遂改变侦查机关对本案的定性，以抢劫罪提起公诉，避免一起重罪轻处案件的发生。

9月20日 阳泉市郊区检察院监所检察科科长贾俊敏做客阳泉人民广播电台《说法在线》直播栏目，现场解答听众提出的有关检察机关监所检察的业务问题，受到广大听众的好评。

是日 阳泉市郊区检察院公开招录聘用制工作人员报名工作开始。

9月21日 阳泉市郊区检察院公开招录聘用制工作人员报名工作如期进行。经过资格审查，共有168名符合招录条件的人员报名竞聘三个类别、11个工作岗位。

9月28日 郊区人民监督员首次对“五种情形”之一的“违法搜查、扣押、冻结”赃款赃物，进行审查监督。

9月29日 阳泉市人民检察院挂职副检察长张宏思、公诉处处长车建丽，到郊区检察院调研和检查指导工作。

是月 阳泉市郊区检察院针对近年金融行业不断发生职务犯罪现象，在辖区内金融行业举办警示教育法律讲座，开展职务犯罪预防工作。

是月 阳泉市郊区检察院李建华选送的《老姐俩》《寻访故里》两幅作品，入选第七届“平遥国际摄影节”大展。这是阳泉市检察系统也是阳泉市郊区检察院重建以来，首次干警作品入选国际摄影大展。

是月 阳泉市郊区检察院司法警察大队响应全市政法系统“抓基础、打基础、苦练基本功”的“三基”演练指示，克服人少、事多、工作任务重的困难，圆满完成“三基”汇报演练任务。

是月 阳泉郊区检察院根据最高人民检察院检察委员会议事规则，结合工作实际，重新修订《检察委员会议事规则》。

10月11日 阳泉市郊区检察院副检察长张贵深带领反贪局干警，深入中国铝业山东分公司阳泉矿，开展预防职务犯罪法律服务工作。

10月18日 阳泉市郊区检察院召开人民监督员聘任会议，杨海青等9人被聘为郊区人民检察院第二届人民监督员。

10月30日 阳泉市郊区检察院对胡某、刘某贪污、挪用公款案件，进行全程同步录像、录音的同时，邀请人民监督员参与进行跟踪监督。这是郊区检察对人民监督员开展“五种情形”监督活动的一项新措施，进一步强化社会各界人士对检察工作进行监督，促进法治文明和进步。

是月 由郊区检察院向区法院提起公诉的阳煤集团华越机械有限责任公司原董事长冯某堂贪污受贿一案，冯某堂不服一审的判决提出上诉，阳泉市中级人民法院二审终审判决，以贪污罪、受贿罪分别判处有期徒刑十三年和四年，合并执行有期徒刑十五年，并处没收财产30万元。

11月1日 为进一步加强和规范对管制、剥夺政治权利、缓刑、假释、暂予监外执行人员的脱管、漏管问题的监督管理，由阳泉郊区社会治安综合治理委员会办公室牵头，成立由区委常委、政法书记王如生为组长，法院、检察、公安、司法为成员单位的领导组，在检察院设立办公室承担日常工作。对上述脱管、漏管人员逐一归档管理，规范和落实管理措施。

11月16日 阳泉市郊区检察院召开第二届人大代表联络会议。检察长贾建胜向17名特聘联络员颁发聘书。

11月29日 针对荫营煤矿“10·22”隧道坍塌造成13人死亡和重大经济损失事故，山西省市司法、安监、检察等部门共同成立事故调查专案组。阳泉市郊区检察院侦查监督科及时与专案组取得联系，检察干警与专案人员共同分析案情，对证据材料进行反复推敲，对本次事故负有失职责任的5名涉案人员，依法刑事拘留。

是月 中共十七大结束后，阳泉市郊区检察院采取集中学习与个人自学相结合的形式，组织开展学习中共十七大精神，全方位、多角度、多渠道地保证学习效果。

12月4日 阳泉市郊区检察院组织干警在郊区人民广场开展第七个法制宣传日活动。现场接待群众法律咨询和提供法律服务121人，散发宣传单156分，展出板块10块，受到群众的一致好评。

12月14日 《郊区日报》综合新闻版以《检察官雪天助人受称赞》为题，对阳泉市郊区检察院干警史保龙、王艳明雪天助人的事迹进行专题报道。

是年 阳泉市郊区检察院坚持“惩防并举、注重预防”方针，为8家驻地单位挂牌设立预防职务犯罪联络站，成立联络站领导机构，对联络站的有关公职人员建立廉政档案。

2008年

1月9日 郊区检察院召开2007年度总结表彰大会，对2007年度工作成绩突出的3个先进集体和15名先进个人进行表彰奖励。检察长贾建胜回顾总结上年度工作取得的成就，安排部署2008年工作。

1月18日 郊区人民监督员监督审查阳泉市公路局郊区分局局长姚某军涉嫌贪污拟作存疑不起诉处理案件。人民监督员经审查在案相关证据后提出了质疑，经表决，与会的5名人民监督员意见一致，不同意对姚某军案作存疑不诉处理。

1月25日 检察长贾建胜带领全体干警参加义务献血活动，共献血6000毫升。

1月30日 郊区检察院司法警察大队在全市检察系统新年团拜会暨司法警察文艺汇演中获一等奖。

是月 郊区检察院新招录的4名司法警察正式上岗。

2月 在春节、元宵佳节来临之际，郊区检察院通过发送手机短信，向全区公职人员送去“两节”问候的同时，提醒广大公职人员要时刻不忘廉洁自律，预防职务犯罪。

2月28日 中共阳泉郊区区委组织部下发阳郊组干字〔2008〕13号文件，任命杨建民为郊区检察院党组成员，张福明为党组成员、纪检组组长，王权政为党组成员、反渎职侵权局局长。

3月7日 郊区检察院组织干警在人民广场开展社会治安综合治理宣传月活动。

3月24日 阳泉市院党组成员、挂职副检察长张宏思到郊区检察院检察指导工作，并提出三点新要求：一是加强人民监督员工作；二是进一步规范检委会工作。三是把预防职务犯罪工作落到实处。

3月29～30日 郊区检察院侦查监督科副科长史保龙，应邀做客阳泉市人民广播电台的《说法在线》栏目，就审查逮捕、刑事立案监督、侦查活动监督等内容向听众进行详细介绍，并对数起典型案例进行详尽讲解，直播现场回答20余位听众的提问。

是月 杨建民任郊区检察院党组成员、副检察长。

4月8日 郊区检察院法警大队组织全体法警学习《山西省检察机关工作纪律十条规定》，传达落实市院法警支队2008年工作要点。

4月25日 郊区检察院在全市“五一”表彰大会上，被市劳动竞赛委员会记集体二等功。

4月28日 郊区检察院召开“大学习、大讨论”活动动员大会。会上宣读《阳泉市郊区人民检察院“大学习、大讨论”活动实施方案》，检察长贾建胜作动员报告。

是日 郊区检察院召开全院干警大会，通报2007年全国检察机关发生的办案安全事故，及省院督查组的督查情况，组织干警学习高检院关于《执法过错责任追究制度》和省人民检察院出台的“十条规定”，并将“十条规定”发到干警手中。

是月 阳泉市郊区桃坡村原党支部书记兼村委会主任王致金，因涉嫌贪污土地补偿款被郊区检察院依法提起公诉。该案是郊区检察院查办的第一例村干部贪污土地补偿款的案件。

5月15日 郊区检察院开展“赈灾济难献真情”捐赠活动。全院干警为四川地震灾区紧急捐赠款项共计3930元。

5月20日 郊区检察院召开专题党组会议，传达学习山西省检察院柯汉民检察长在阳泉检察系统调研时的讲话精神，决定从“队伍建设”和“业务建设”两个方面重点开展工作，并取得突破性进展。

5月22日 郊区检察院全体党员在院党组倡导下，以缴纳特殊党费的形式，支援抗震救灾，共缴纳特殊党费9300元。

5月26日 郊区检察院党组组织开展以“以民为本、关注民生、共谋发展、共建和谐”为主题的结对帮扶活动。

5月27日 郊区检察院组织全体干警开展为四川汶川灾区检察机关的二次捐助活动，共捐助赈灾款3120元。

是月 针对阳泉市郊区安监局安监科副科长樊某涉嫌玩忽职守，郊区检察院公诉部门考虑到情节轻微，有悔罪表现，可以从宽处理。为教育本人，检察官到樊某所在的郊区安监局召开座谈会，公开宣读了不起诉决定，并针对该案暴露出的问题提出意见。樊某对不起诉决定无异议，并衷心感谢检察机关对他的宽大处理。

是月 5·12地震发生后，郊区检察院驻所检察官及时统计原籍四川和重庆的在押人员，摸清底数，并深入监区做好他们的思想工作。据统计，郊区看守所共押四川、重庆籍在押人员10人，无原籍在重庆灾区人员。

是月 5·12汶川地震发生后，郊区检察院监所科与郊区看守所领导，就监管工作立即部署并做好充分准备，确保被监管人员和民警安全。

是日 郊区检察院对本院专兼职驾驶员进行培训。

是日 郊区检察院法警大队对新录用的法警进行岗前培训。

6月23～24日 郊区检察院组织干警深入辖区乡镇，开展以"依靠群众、惩防并举"为主题的职务犯罪举报宣传活动。活动共出动车辆10台次，展示展板12块，向群众散发宣传资料3000余份。

7月9日 郊区检察院召开人民监督员会议，组织讨论《郊区人民检察院人民监督员监督"三类案件""五种情形"的实施规则》。

7月16日 郊区检察院召开党风廉政建设大会，组织干警观看警示教育片，对2007年度党风廉政建设工作进行总结，安排部署2008年度的党风廉政工作。检察长与分管领导，分管领导与各科室负责人分别签订《廉政责任状》。

7月17日 阳泉市人民检察院副检察长张宏思、民事行政检察处处长张存庆，到郊区检察院检察指导民事行政检察工作。

7月17～22日 郊区检察院驻看守所检察室建立起系统工作模式和监所检察业务即时工作、日工作、周工作、季工作、年工作系统化方案，及监所检察业务月报系统。

7月31日 中共阳泉郊区区政法系统党委会研究批准，郊区人民检察院新一届党支部成立，张贵深任党支部书记，高秀瑾任党支部副书记，史保龙任党支部组织宣传委员，张福明任党支部纪律检查委员，史淑君任党支部青年委员。

是月 郊区检察院组织全院各科室内勤集中进行业务培训。培训重点有统计报表填制要求、案件卷宗装订和归档管理，以及保密工作。

是月 郊区检察院驻所检察室把稳定当做头等大事来抓，积极会同公安、武警部门组成安全检查组，制定安全检查制度，要求在奥运会期间全方位安全大检查，为奥运会成功举办营造稳定、和谐的社会环境。

8月8日 郊区检察院驻所检察室联合公安、武警共同组织被监管人员集中收看北京奥运会开幕式。

8月12日 阳泉市人大常委会组织部分委员到郊区检察院就刑事侦查监督和刑事审判监督工作进行视察。视察组由市人大常委会副主任段存寿带队，阳泉市人民检察院检察长张仲马、副检察长闫运成陪同视察。区人大常委会副主任张凤英、法工委主任齐敏芝、区法院副院长任怀金、区公安分局副局长张广宏、郊区检察院党组成员、检委会专职委员、侦查监督科、公诉科负责人参加座谈。

8月17日 区人大执法检查组到郊区检察院，就贯彻执行刑事诉讼法的工作情况进行检查。

8月18日 院党组成员兵分两路，分别慰问参与奥运安保的干警及两名干警家属，对他们表示衷心感谢，并为派驻人员的家属送去水果、慰问金等物品，对他们的生活做出妥善安排，解除派驻人员的后顾之忧。

是日 郊区副检察长刘双富与区公安分局副局长刘新建、武警郊区总队负责人一同到郊区看守所实地检查奥运安保工作。在听取郊区看守所所长的情况介绍后，副检察长刘双富就奥运期间的监所检察工作提出具体要求。

8月22日 省人大执法检查组到郊区就贯彻执行刑诉法工作进行执法检查。郊区检察院检察长贾建胜向检查组汇报工作。省人大检查组听取汇报后，对郊区检察院的贯彻执行《刑事诉讼法》工作给予肯定，对今后的工作提出相应的要求和希望。

8月28日 郊区检察院召开推进“大学习、大讨论”活动再部署、再动员大会，传达全市检察机关继续引深大学习、大讨论活动暨检察长会议精神，组织干警观看《颜色革命警示录》教育片。

是月 史如斌任正科级检察员，检察委员会专职委员。

是月 为加强奥运会期间的安全保卫工作，根据上级检察机关关于加强机关安全保卫工作的紧急通知，郊区检察院法警大队立即安排部署具体安保措施。

9月2日 山西省院人民监督员办公室主任刘夏平、阳泉市检察院副检察长张宏思一行6人到郊区检察院调研。郊区检察院人民监督员办公室负责人汇报人民监督员工作情况以及今后的工作思路，6名人民监督员结合履行监督职责的经历，谈自己的感受。

9月17日 郊区检察院办案干警在河北省鹿泉市抓获犯罪嫌疑人李某月。

9月23日 郊区检察院党组中心组召开专题学习会议，集中学习最高人民检察院检察长曹建明《在新的历史起点上开创中国特色社会主义检察事业新局面》的专题文章，全体党组成员在通读全文的基础上进行讨论。

9月28日 郊区检察院组织全体干警举行“迎国庆，乒乓球、华牌、象棋”比赛，全院职工均踊跃参赛，12名选手分别获三个项目的冠、亚、季军。

是月 在教师节来临之际，郊区检察院响应区政府号召，组织干警捐资13430元，用于荫营中学的扩建工程以及郊区教育事业。

10月7日 郊区检察院召开重阳节老干部座谈会，院党组成员、专职委员与老干部们共同欢度重阳佳节。郊区政法委书记王如生、副区长郭斌参加座谈。

10月24日 郊区检察院组织党员参加全市纪念中共纪律检查机关恢复重建30周

年历程回顾暨书画摄影展。

10月31日　全省党政机关保密检查组莅临郊区检察院检查指导工作。区委副书记刘红霞、阳泉市保密局副局长刘彦忠、区委办主任潘钰、区委保密局副局长史信富陪同检查。对郊区检察院的保密工作予以表扬。

是月　郊区检察院分管反贪污贿赂工作的副检察长张贵深，应邀参加郊区安监局、煤管局召开的煤炭领域反腐败专项斗争大会。张贵深就开展煤炭领域反腐败斗争的重要性和紧迫性进行专题讲解，宣传中共中央和国家反腐倡廉的政策和法律，教育干部职工吸取教训，牢固树立廉洁从业的意识。

11月6日　山西省人民检察院检察长柯汉民一行就当前检察机关深入学习实践科学发展观到郊区检察院调研。阳泉市郊区区委书记赵峰介绍阳泉郊区经济和社会发展情况。郊区检察院党组书记、检察长贾建胜详细汇报郊区检察院近年来的工作情况。检察长柯汉民对郊区院的工作给予充分肯定和高度评价。山西省人民检察院办公室主任张世荣、检察长办公室副主任李晓勇、检察长办公室秘书郭全新、阳泉市委常委、市纪律检查委员会书记王民、阳泉市人民检察院检察长张仲马陪同调研。阳泉市郊区四大班子主要领导，郊区检察院党组成员、中层以上干部参加座谈会。

11月12日　阳泉市院副检察长张宏思、民行处处长张存庆在郊区检察院调研。

11月24日　郊区档案局对郊区检察院档案工作进行年度考核，通过对档案工作管理体系、基础设施、文件材料的形成与归档、档案科技管理、档案信息的开发利用、宣传教育等项目的审核验收，郊区检察院2008年度档案管理工作被评为优秀。

是月　郊区检察院发送短信6000余条，向辖区内的乡镇、企业、驻地单位等宣传民事行政法律知识。

是月　郊区检察院结合郊区区委部署，决定集中开展为期一个半月的纪律作风大整顿。

12月1日　郊区检察院检察长贾建胜主持召开反贪局案情分析会，听取案件初查情况汇报，着重对可信度高、有成案价值的举报线索进行分析评估。

12月4日　郊区检察院组织干警在郊区人民广场开展以“弘扬法制精神，服务科学发展”为主题的法制宣传活动。

12月10日　郊区检察院侦查监督科在李家庄中学建立法制教育基地，侦查监督科科长王学军被聘为该校法制校长。

12月15日　山西省院法警总队规范化建设考评组到郊区检察院考评。考评组实地察看郊区检察院办案工作区，认真查阅有关规章制度和资料，随后听取情况汇报。考评组对郊区检察院法警大队规范化建设给予充分肯定。

是月　为贯彻“从严治检”方针，进一步加强队伍建设，郊区检察院制定了集体活动考勤、检风检纪督查制度，由纪检部门对干警参加集体活动、值班、在岗、警车使用等方面进行督察，督察结果纳入年终考核。

是月　郊区检察院预防职务犯罪预防部门深入41个预防职务犯罪工作联络站，向领导干部，重要部门、关键环节岗位的国家工作人员宣讲《山西省预防职务犯罪工作条例》，发放《条例》150余册，为各联络站征订2009年度《检察日报》93份。

是年　郊区检察院出资近2万元，为18名联络员、9名人民监督员，赠订《检察日报》和《检察工作文件选》，为36名市人大代表赠订《检察日报》。

是年　郊区检察院被山西省检察院评为“人民监督员制度试点工作监督案件先进单位”。

2009年

1月12日　郊区院审查一起非法采矿案，这是郊区院办理的首例以国家名义向被告人追偿民事赔偿事件。

1月16日　郊区院召开2008年度总结表彰大会，对3个“先进集体”和20名“先进个人”进行表彰奖励，向从事检察工作25年以上的6人，代表最高人民检察院颁发荣誉勋章。检察长贾建胜总结回顾2008年的工作，对2009年的工作提出新的工作思路。

1月17日　在全省检察工作会议上，郊区检察院再次被山西省检察院授予“全省先进基层检察院”称号。

是月　阳泉两级人民法院开展“集中清理执行积案”活动后，郊区检察院民行科干警全面介入“集中清理执行积案”活动，并摸清2007年以前执行未结案底数，采取有力措施，在7天内，临场监督2起特困群众交通事故赔偿案件的执行。

是月　郊区院开展监外执行犯罪专项检查。对辖区公安机关监管的管制、剥夺政治权利、缓刑、假释、暂予监外执行罪犯进行检查，并为余刑在一年以上的留所服刑罪犯以及九类重点罪犯进行建档。

是月　为加强对监管场所的监督，维护看守所正常秩序，郊区院采取多种举措，确保春节、元宵节“两节”期间监管场所的安全与稳定。

2月11日　在全国基层检察院建设工作会议上，阳泉市郊区人民检察院被最高人民检察院授予“全国先进基层检察院”。

2月16日　阳泉市郊区人民检察院召开全体干警大会，学习贯彻全省检察长会议精神，传达市院《关于学习贯彻全省检察长会议精神的通知》，学习检察长柯汉民在全省检察长会议上的工作报告和省院常务副检察长王满春在会议结束时的讲话。

2月19日　全市控告申诉检察工作会议在郊区院召开，总结2008年度全市检察机关控申工作，对2009年工作进行安排部署。

是月　阳泉市郊区人民检察院在春节、元宵节“两节”来临之际，继续通过发送手机短信方式，警示领导干部廉洁过节：“把好自己的门，管好家里的人，做道清廉的菜，圆个吉祥的梦”。同时向全区公职人员送上节日祝福。

是月　阳泉市郊区人民检察院组织监所检察科干警参加高检院监所检察厅组织的“监所检察‘四个办法’”知识竞赛活动。

是月　阳泉市郊区人民检察院于2008年12月4日立案侦查的阳泉市郊区煤矿设备供应公司原任经理霍某金涉嫌贪污一案，侦查终结并移送审查起诉。这是全区煤焦领域反腐败专项斗争开展以来查办的具有较大影响的案件。该案的顺利侦破，推动了全区煤焦领域反腐败斗争，同时为郊区院2009年反贪工作的全面开展奠定基础。

是月　阳泉市郊区人民检察院会同公安、武警部门深入监区进行全面细致的检察监督，对安全防范工作不到位的地方提出检察建议，同时对驻所检察干警提出要求。

是月　阳泉市郊区人民检察院公诉科被中共阳泉市委政法委员会评为“执法为民先进集体”，并被阳泉市劳动竞赛委员会荣记“集体一等功”。

3月5日　中共阳泉市委政法委检查组，到阳泉市郊区人民检察院进行2008年度执法质量考评，检查组一行对阳泉市郊区人民检察院2008年度执法质量给予充分肯定，并就今后如何提高执法质量、创建全市公正执法星级单位提出了建议。

3月27日　阳泉市郊区人民检察院组织干警在区体育馆门前开展社会治安综合治理宣传月活动，利用精心制作的图板，宣传综合治理方针，宣传惩治犯罪、保护人民、维护社会治安、促进社会和谐的有力措施。共发放宣传资料300余份，接受群众咨询近百人。

是日　阳泉市郊区人民检察院召开学习实践科学发展观活动动员大会。中共阳泉郊区区委学习实践科学发展观活动第一指导检查组组长郭善祥出席会议，传达和贯彻落实区委学习实践科学发展观活动动员大会精神，对全院学习实践活动进行具体部署和动员。会议明确以“强化法律监督、维护公平正义”为学习实践活动主题，以“检察工作为全区经济社会发展保驾护航”为实践载体，院党组书记、检察长贾建胜作动员报告。

是月　针对税务工作人员李某滥用职权，造成税收损失80余万元的案件，阳泉市郊区人民检察院侦查终结移送审查起诉，该案是郊区院坚持“一个主攻方向，三个重点领域”工作思路，加大查处力度，强化侦查措施，查办的首例税务人员滥用职权犯罪案件。

是月　“三八”国际妇女节来临之际，郊区院举办庆“三八”系列活动。组织全院女干警观看区妇联组织的“建设杯”全民健身舞大赛，举行迎“三八”茶话会，共叙检察机关的发展变化。

是月　郊区院驻所检察室联合公安、驻所武警部队召开监所工作会议，通报发生在云南晋宁县看守所的“躲猫猫”事件，强调以该事件为鉴，强化监所干警安全防范意识，加强监所安全管理监督。会议决定从即日起，开展为期一个月的安全监管检察活动。

4月1日　阳泉市检察院代检察长胡克勤到郊区院进行调研，实地参观阳泉市郊区人民检察院的基础设施，并同全院副科级以上干警进行座谈，

4月8日　阳泉市郊区人民检察院职务犯罪预防部门检察官主动前往郊区国土资源局，为该局工作人员讲授法制知识。

4月10日　阳泉市郊区人民检察院召开人民监督员工作例会，通报郊区院2008年的工作情况，总结2008年人民监督员的工作，并对2009年人民监督员的工作提出新的要求。会议结束后，人民监督员到郊区看守所，对在押职务犯罪嫌疑人羁押情况进行实地检查。

4月24日　检察长贾建胜率部分党组成员，到某山林防火现场慰问派出干警。

是月　阳泉市郊区人民检察院按照中共阳泉郊区区委要求，紧紧围绕“强化法律监督，维护公平正义”的工作主题，深入开展学习实践科学发展观活动，并将该活动与2008年政法机关开展的“大学习、大讨论”活动紧密结合。

5月6日　阳泉市郊区人民检察院召开首例刑事申诉案件公开听证会，采用公开听证方式办理申诉案件。

5月9～10日　阳泉市郊区人民检察院侦查监督科科长王学军和书记员李世春应邀做客阳泉市人民广播电台开办的《说法在线》栏目。向听众详细介绍审查逮捕、刑事立案侦查、侦查活动监督等侦查监督部门具体承担的检察工作内容，与一同做客的律师，共同解答10余位听众咨询的相关法律问题。

5月25日　阳泉市郊区人民检察院职务犯罪预防部门检察官深入到旧街乡，为该乡17个村新一届的“两委”班子和理财小组成员进行专题法制讲座。

5月31日　在“六一”儿童节来临之际，阳泉市郊区人民检察院开展向贫困、孤残儿童捐资助学济困活动，共捐资4040元。院领导分别到河底镇南沟村小学和李家庄乡柳沟村幼儿园进行慰问。

6月10日　阳泉市人民检察院、公安局会同阳泉市郊区人民检察院开展监管执法专项活动突击检查。检查组成员深入监管场所，对看守所监控设施运行情况进行检查，检查督促事故隐患整改，全面排查、依法惩治看守所“牢头狱霸”的违法犯罪活动，逐一检查在押人员体表情况，维护在押人员合法权益。

6月23日　阳泉市郊区人民检察院在郊区体育馆门前举行以“反腐倡廉保民生，公平正义促和谐”为主题的大型举报宣传活动。该次活动共出动警力20余名，宣传车5辆，展出宣传版画18幅，发放宣传资料3000余份，现场接受群众咨询17人次。

6月24日　阳泉市郊区人民检察院组织中共党员到郊区荫营镇柳沟村集中开展结

对帮扶活动。党组成员、副检察长张贵深带队，深入生活困难的15户农民家庭中，在为他们送去3000元慰问的同时，结对的党员还对他们提供了法律服务，为困难群众联系致富门路，做到“进门”“解难”“办事”“暖心”，用实际行动迎接中国共产党建党88周年。

6月25日　阳泉市郊区人民检察院出动宣传车辆，深入荫营镇、荫营煤矿、义井镇、河底镇、平坦镇、白泉工业园区等乡镇，在主要街道进行巡回法制宣传。

7月3日　郊区区委政法委召开全区政法机关执法规范化建设会议。传达中央、省市和区政法委《关于政法机关执法规范化建设的指导意见》和《对执法不公突出问题进行专项治理的实施方案》。是日下午，阳泉市郊区人民检察院即向全院干警传达会议精神，出台《人民检察院关于对执法不公突出问题进行专项治理的实施方案》，并成立专项治理工作领导组，对专项治理工作提出明确要求。专项治理工作由院纪检部门具体负责实施，为广泛倾听社会各界呼声，郊区检察院设置专项治理活动举报电话：5153806。

7月22日　郊区院召开人民监督员监督评议会，案件承办人依据调查的事实和法律规定，向人民监督员进行详细解答，说明检察机关对一起涉嫌贪污的自侦案件不予立案的理由。经过评议，人民监督员作出同意检察机关不予立案的监督意见。该次不立案监督活动，系阳泉市检察机关人民监督员首次对不立案情形实施的监督。

7月31日　山西省委学习实践科学发展观活动第三指导检查组到阳泉市郊区人民检察院，就学习实践活动整改落实阶段的进展情况进行检查指导。

是月　郊区院认真坚持检察工作正确方向，积极做好舆论宣传工作。郊区报对阳泉市郊区人民检察院工作动态接连进行报道。

是月　由阳泉市郊区人民检察院牵头，联合阳泉市国土资源局郊区分局、区财政局、区农业局、区林业局和区水利局，共同出台《办理民事督促起诉案件的规定》，该规定表明，人民检察院发现国家和公共利益受到损失时，可以监督督促有关监管部门或国有单位向人民法院提起民事诉讼，以维护国家、集体和社会公共利益。

是月　阳泉市郊区人民检察院在全市刑事立案监督工作会议召开后，开展为期两个月的岗位练兵活动。该次活动按照“缺什么补什么，用什么学什么”的原则，突出“练为实战”的特点，着力打破制约立案监督工作发展的瓶颈，做到学以致用，促进监督工作取得新突破。

8月6日　由郊区院牵头召集工商局、国税局、地税局、国土局、审计局、安监局、文化局和食品药品监督局，共同召开刑事立案监督工作会议。

8月24日　郊区院技侦大楼奠基仪式在郊区荫营镇江正大街隆重举行。阳泉市人民检察院党组书记、检察长胡克勤及党组成员，郊区区委书记赵峰、区长杨勇、人大常委会主任王梦贺、政协主席要宜为、区委、区政府有关领导，公、检、法、司负责人及郊区院前任检察长和有关单位部门负责人参加了奠基仪式。郊区院技侦大楼总投资9000万元，建筑面积9000平方米，计划2010年年底建成使用。

是月　郊区院控申部门主动到辖区内重点单位和乡镇调查走访、调研座谈，与辖区单位共同探讨稳控措施，及时发现涉法、涉检群体性上访苗头，变接访为下访，努力将矛盾化解在萌芽状态。

9月15日　检察长贾建胜，深入监区进行突击检查，针对监控运行不正常的情况，当场提出口头检察建议，并督促限期进行升级改造。

是日　在检察长贾建胜陪同下，郊区十余位市级人大代表，到区看守所视察指导工作，实地察看看守所的监区、监控室、食堂等区域，详细询问在押人员的日常生活、就医就诊和郊区改造情况，并听取驻所检察室、看守所等有关负责人的工作汇报，对监所检察部门的工作给予充分肯定。

9月18日　郊区人大常委会召开第十六届人大常委会第十九次会议，听取审议郊区院检察长贾建胜所作的《关于煤焦、民生、执法领域反腐败工作情况的报告》。委员们对阳泉市郊区人民检察院开展煤焦、民生、执法领域反腐败工作表示满意，对存在的不足和今后的工作提出相应的建议和希望，会议通过阳泉市郊区人民检察院所作的专项工作报告。

是月　阳泉市郊区人民检察院法警大队聘请区档案局专业人员，对法警档案进行重新整理，并对档案管理人员进行培训。

是月　阳泉市郊区人民检察院就一起拟作不起诉的故意伤害案，首次启动《涉检信访风险评估与控制方法》。

是月　阳泉市郊区人民检察院出台《阳泉市郊区人民检察院涉检访风险评估与控制办法》，该制度的实施将对从源头上预防和减少涉检信访案件的发生，具有积极的作用。

是月　针对2009年7月郊区院组织人民监督员对一起不立案案件进行监督评议，郊区院第54期《检察情况反映》对监督评议情况进行反映，山西省检察机关人民监督员制度试点工作第63期简报全文转摘，系本年度郊区院《检察情况反映》第一次被省院采编。

是月　阳泉市郊区人民检察院法警大队对新招聘的两名司法警察，进行为期一个星期的培训。培训主要从业务知识和业务技能两个方面进行，要求做到“一熟、二懂、三会”。

是月　郊区看守所召开检察、武警、公安三方面联席会议，认真贯彻执行上级有关监管安全会议精神，切实做好庆祝新中国成立60周年安保工作，确保看守所的安全稳定。

10月15日　由阳泉市郊区人民检察院牵头，召集区公安分局、区人民法院和区国土局共同召开刑事工作联席会议。阳泉市郊区人民检察院检察长贾建胜对会议的召开表示祝贺，并向与会人员表示感谢，希望大家对新形势下刑事工作如何实现科学发展，以及司法行政部门加强协调配合进行充分沟通。

10月27日　阳泉市郊区人民检察院召开“深入农村、深入企业、深入社区”实践活动动员大会。会上，宣读《阳泉市郊区人民检察院“三深入”活动实践方案》。成立由院党组书记、检察长贾建胜任组长的“三深入”活动领导组，并对第一阶段的主要工作、调研内容、调研方式及有关要求作出具体安排。检察长贾建胜要求全院各部门按照上级检察机关的要求和该院制定的实施方案，迅速投入“三深入”活动中来，做好自己的工作。

11月26日　由阳泉市人民检察院反渎职侵权局局长刘志刚任组长、法警支队长黎广胜任副组长的执法安全检查组，对阳泉市郊区人民检察院办案工作区进行安全检查。

12月3日　阳泉郊区人民检察院与阳泉市第二人民医院正式签订《办案医疗救治合作协议》。阳泉市郊区人民检察院党组成员、纪检组组长张福明等9人，与市第二人民医院急诊室主任、副主任等5名大夫，组成医疗救治小组。医疗救治小组成员保持全天24小时通信畅通，保证在遇到办案中被询问人员发生突发性病情时，医护人员能够在第一时间到场实施救治，有效地保障涉案人员的生命健康，防止办案中意外事故的发生。

12月4日　阳泉市郊区人民检察院组织干警在郊区体育馆门前，采取“有奖竞答”、法律咨询、散发传单等方式，开展以“加强法制宣传教育，服务社会经济发展”为主题的法制宣传日活动。

12月25日　由山西省人民检察院法警总队总队长马锐生任组长办案安全检查组，对阳泉市郊区人民检察院办案安全工作进行专项检查，检查组希望阳泉市郊区人民检察院进一步强化干警的安全和责任意识，加强规范化管理，消除一切安全隐患，确保办案安全。

是年　阳泉市郊区人民检察院按照区委、区人民政府的统一部署，开展以煤焦为重点领域的专项斗争活动，一批发生在煤焦领域的职务犯罪案件被查处，11名犯罪嫌疑人被查处。

2010年

1月6日　阳泉市郊区人民检察院党组召开民主生活会。市人民检察院党组成员、政治部主任邓百福，党组成员、纪检组组长刘敬辉，区政法系统党委书记张锐，区纪检委常委荆洪泰参加会议。会上，郊区院党组成员总结各自思想作风及廉洁自律等方面的情况，积极开展批评与自我批评。

1月9日 中共阳泉市委学习实践科学发展观活动检查组到阳泉市郊区人民检察院，就学习实践活动整改阶段后续工作情况进行检查指导。检查组实地察看阳泉市郊区人民检察院学习实践活动相关资料和整改落实情况公示栏，听取检察长贾建胜的工作汇报，检查组组长、中共阳泉市委组织部副部长曾庆忠，对阳泉市郊区人民检察院整改落实工作给予充分肯定。

1月 阳泉市郊区人民检察院组织辖区内党政机关、国有企事业单位工作人员1100余人进行《山西省预防职务犯罪工作条例》知识考试。

1月 阳泉市郊区人民检察院响应阳泉市人民政府号召，由院领导带头，带领干警，向医院献血8000毫升。

1月 阳泉市郊区人民检察院反渎职侵权局被山西省检察院评为“基层办案先进单位”，李建华被省人民检察院授予“山西省基层院办案先进工作者”荣誉称号。

2月8日 阳泉市郊区人民检察院召开党组会议，检委会专职委员和办公室主任列席会议，传达全省检察长会议期间书记张宝顺和书记杜玉林对检察工作的重要指示，以及省人民检察院代检察长王建明和副检察长王满春的讲话和八个市县院的经验材料，对照《山西检察工作科学发展五年规划》和山西省检院2010年主要任务分解方案，制定郊区院2010年工作打算和今后五年发展规划。

是月 春节、元宵节前夕，副检察长组织干警开展包括中国华牌、百分、象棋、乒乓球和猜谜语等文体活动，活动由该院党支部、政工科和工会共同组织，全院干警报名参加，院领导人人参与。

3月2日 在郊区三级干部暨劳模表彰会上，郊区检察院被中共阳泉郊区区委、区政法委授予2009年度“红旗单位”称号，至此，阳泉市郊区人民检察院已连续9年获此殊荣。

是月 阳泉市郊区人民检察院出台《涉检信访突发事件处置预案》，针对办公场所周边和重大政治活动期间发生的涉检信访突发事件，详细规定工作细则、职责分工和级别响应，进一步健全应对涉检信访突发事件处置机制。

是月 阳泉市郊区人民检察院与郊区部分行政机关，共同探索有效推进职务犯罪预防工作的新方法、新途径，建立联席会议制度，积极开展预防调查分析，建立查办案件协调配合、行贿犯罪档案查询等制度，形成行之有效的预防职务犯罪工作新机制。

4月7日 阳泉市人民检察院副检察长闫运成一行到阳泉市郊区人民检察院，就市院在全市人代会上的《工作报告》征求意见。

是日 阳泉市郊区人民检察院召开检察委员会，讨论并通过《附条件不起诉案件实施办法（试行）》。

4月16日 阳泉市郊区人民检察院组织全体检察官举行“恪守检察职业道德，促进公正廉洁执法”主题实践活动宣誓仪式，全体检察官在副检察长张贵深领读下，面对国徽庄严宣誓。

是日 阳泉市郊区人民检察院组织全体干警收听收看了山西省人民检察院检察长王建明，在“恪守检察职业道德，促进公正廉洁执法”主题教育电视电话会议上的讲话。

是月 中共阳泉市委政法委对全市政法机关2009年度执法工作进行检查，在听取郊区院情况汇报后，按照考核方案，对郊区院工作进行逐项考评。

是月 阳泉市郊区人民检察院与阳泉市公安局郊区分局正式签订确保办案安全警务协作协议，这是郊区院继建立医疗救治绿色通道之后，落实办案安全工作的又一新举措。

是月 阳泉市郊区人民检察院制定《2010年民事行政检察专项监督工作实施方案》。

5月8日 郊区举行运动会。郊区院干警参加乒乓球、羽毛球、毽球、跳绳、大众广播体操、田径、背靠背夹球向前跑和4人齐心向前冲等项目。

5月10日 郊区院技侦大楼主体结构正式封顶。

5月14日 阳泉市人民检察院办案工作区达标验收工作领导组，对郊区院办案工作区进行检查。检查组通过听取汇报、翻阅资料，实地查看办案工作区，对郊区院办案工作区安全工作给予充分肯定，并提出相应的改进要求和希望。

5月23日 阳泉市郊区人民检察院召开科级以上领导干部会议，传达学习干部选拔任用四项监督制度的相关内容。会议由院党组书记、检察长贾建胜主持，副检察长高秀瑾宣读《党政领导干部选拔任用工作有关事项报告办法（试行）》《党政领导干部选拔任用工作有关事项报告办法（试行）》《地方党委常委会向全委会报告干部选拔任用工作并接受民主评议办法（试行）》《市县党委书记履行干部选拔任用工作职责离任检查办法（试行）》四项监督制度。

是月 阳泉市郊区人民检察院会同阳泉市郊区人民法院、郊区公安分局，联合出台《在押人员羁押期间表现纳入量刑情节暂行办法》。该办法对规范监所管理、促使在押人员认罪伏法将起到积极的促进作用。

是月 郊区院法警大队组织全体队员进行为期一个月的法警业务知识培训和体能技能训练。通过集训，提高司法警察队伍素质，增强处置各类突出事件的能力。

是月 阳泉市郊区人民检察院设立两名涉检网络舆情监控员，定期对网络中的涉检舆情进行跟踪收集。

是月 “六一”国际儿童节来临之际，阳泉市郊区人民检察院积极开展“关爱未来，助教助学”活动，筹款1000元，资助贫困儿童上学。

是月 阳泉市郊区人民检察院采取多项措施，着力服务“平安世博”。

6月1日 山西省人民检察院办案工作区达标验收工作领导组，对郊区院办案工作区进行检查验收。检查组通过听取汇报、翻阅资料、实地查看等形式，对办案工作区进行了仔细检查。经检查验收，郊区院办案工作区的设置和使用管理符合规定，基本达到最高人民检察院《人民检察院办案工作区设置和使用规定》的要求。

6月11日　郊区院召开学习贯彻《中国共产党党员领导干部廉洁从政若干准则》（以下简称《廉洁从政若干准则》）大会，传达最高人民检察院关于四川省眉山市检察院原检察长王新棱违法犯罪情况的通报。

6月21～25日　郊区院开展以“依靠群众、反腐倡廉、服务大局”为主题的举报宣传周活动。

6月23日　为扎实推进学习贯彻《廉洁从政若干准则》活动，郊区院贾建胜检察长带领全体干警参观阳泉市郊区廉政教育基地，以进一步增强干警廉洁自律意识，确保学习贯彻《廉洁从政若干准则》活动取得实效。

是日　郊区院召开中层以上干部联席会议，通报《廉洁从政若干准则》学习贯彻活动情况，传达落实《中国共产党党员领导干部廉洁从政若干准则》和《阳泉市郊区人民检察院学习贯彻〈廉洁从政若干准则〉工作流程》，检察长贾建胜希望全体干警，按照工作流程确定的时间和目标，高标准、高质量地将学习贯彻《廉洁从政若干准则》活动落到实处。

6月24日　郊区院召开案件集中管理工作推进会，会议由党组书记、检察长贾建胜主持，党组成员、检委会专职委员、部门负责人参加，副检察长高秀瑾介绍省院召开案件管理改革座谈会的情况，检察长贾建胜就推进案件集中管理工作作出具体部署。

7月5日　郊区院组织全体干警进行《中国共产党党员领导干部廉洁从政若干准则》集中考试。

7月9日　全市检察机关案件管理工作现场会在郊区院召开，阳泉市郊区人民检察院从案件管理中心筹备、运行及目前存在的困难和问题三个方面介绍经验，城区院、矿区院、平定院、盂县院、荫营地区院汇报各院案件管理筹备进展情况。

7月20日　阳泉市检察院法警支队体能、技能考核验收组到郊区院，对司法警察体能、技能进行考核验收。考核过程中，郊区院司法警察全部在规定时间内完成考核内容，受到市院法警支队领导的一致好评。

7月21日　山西省人民检察院副检察长文晓平到郊区院调研。省人民检察院反渎职侵权局副局长张晓丽、反贪污贿赂局干部赵战营，阳泉市检察院党组书记、检察长胡克勤，党组成员、副检察长、反贪局局长郭隆文，党组成员、政治部主任邓百福陪同调研。区委书记赵峰，区委常委、政法委书记王如生参加调研座谈会。

是月　阳泉市郊区人民检察院案件管理中心正式开始运行。

8月2日　阳泉市郊区人民检察院组织全体干警进行检察职业道德基本知识考试。

8月23日　阳泉市郊区人民检察院召开全体干警大会，传达全省全市检察长座谈会精神。检察长贾建胜重点强调工作纪律和执法作风等方面的问题。会后，组织全体干警观看《全国检察机关模范践行检察职业道德先进事迹山西巡回报告会》录像。

8月27日 阳泉市郊区预防职务犯罪警示教育基地在义井镇小河村正式挂牌成立。

是月 郊区首批社区矫正对象交接仪式在荫营镇举行。按照《最高人民法院、最高人民检察院、公安部、司法部关于开展社区矫正试点工作的通知》和《最高人民检察院关于在社区矫正试点工作中加强法律监督的通知》要求，郊区院监所部门对交接仪式进行现场监督。

是月 为鼓励人民群众积极举报职务犯罪，推动反腐败斗争的深入开展，根据《最高人民检察院举报工作规定》和《最高人民检察院奖励举报有功人员暂行办法》，郊区院制定出台《郊区人民检察院奖励举报有功人员办法》，同时下发《检察业务运行定期分析研判工作制度》。

是月 阳泉市郊区人民检察院批准逮捕7名生产销售有毒有害食品三聚氰胺含量严重超标奶粉案犯罪嫌疑人。

9月13日 阳泉市郊区人民检察院召开深入推进“反特权思想、反霸道作风”专项教育活动动员大会，同时下发《郊区人民检察院“反特权思想、反霸道作风”专项教育活动实施方案》，组织全院干警收听收看最高人民检察院召开的推进“反特权思想、反霸道作风”专项教育电视电话会议。

9月26日 阳泉市郊区人民检察院召开科长以上干部会议，学习贯彻阳泉市政风行风评议领导组办公室《关于对机关干部作风纪律和狠刹玩乐享受之风集中检查情况的通报》，以及新闻媒体曝光的4起严重违反“五个不准”规定的典型案件，并就严格请销假制度、国庆长假期间加强值班纪律和车辆管理等事项作出安排。

9月27日 阳泉市人大常委会和人大代表到阳泉市郊区人民检察院视察刑事立案监督工作。检察长贾建胜汇报2009年以来开展立案监督的工作情况。视察组对郊区院的工作给予充分肯定，同时指出在拓宽监督领域等方面存在的问题和不足，并对继续开展立案监督工作提出意见和建议。

11月19日 阳泉市郊区人民检察院邀请区人大代表、政协委员，以及来自机关和乡镇的20多名代表参加首次“检察开放日”活动。

11月25日 阳泉郊区人大常委会组织部分常委会委员和人大代表，对郊区院就立案监督工作情况进行会前视察。

11月27日 由阳泉市郊区人民检察院立案侦查的一起行贿案件犯罪嫌疑人，在潜逃4个月后投案自首。

11月30日 郊区人大常委会召开第十六届人大常委会第二十七次会议，听取和审议郊区院检察长贾建胜所作的《关于立案监督工作情况的报告》。

是月 郊区院邀请区人大常委会委员、人大代表和政协委员，视察反渎职侵权工作。

12月14日 阳泉市金福来乳业有限公司生产、销售三聚氰胺毒奶粉案，由郊区人民检察院向郊区法院提起公诉。

12月20日 郊区院党组成员、副检察长张贵深一行，应郊区平坦镇党委、政府的邀请，到该镇调研当前农村信访工作的特点等问题，并以“强化涉农资金管理，预防农村职务犯罪”为主题，给该镇干部及村财务人员讲授法制课。

12月22日 在全市反贪工作总结表彰会上，郊区院被授予“先进集体”荣誉称号。

是月 针对犯罪分子石某明在缓刑考验期内严重违法、收购赃物的情况，经郊区院依法监督，石某明被收监执行。这是郊区院监督的首例监外执行收监案件。

是月 阳泉市郊区人民检察院在对漾泉大道一期路基工程项目，开展行贿犯罪档案查询工中，发现一家参加投标的施工单位有行贿犯罪档案记录，不符合投标资质，及时将查询结果告知招标单位，保证工程招标投标工作的顺利进行。

2011年

1月20日 阳泉市郊区人民检察院召开2010年度总结表彰大会，对4个先进集体和21名先进工作者进行表彰奖励。检察长贾建胜总结回顾2010年的工作，安排部署2011年的工作目标。阳泉市人民检察院副检察长刘振斌希望郊区院继续发扬好的传统，再创佳绩。

2月19日 在郊区三级干部暨劳模表彰会上，阳泉市郊区人民检察院被中共阳泉郊区区委、区人民政府授予2010年度“红旗单位”称号，郊区院连续十年获此殊荣。

是月 为丰富干警文化生活，郊区院党支部、政工和工会，联合组织开展文体比赛活动。比赛项目有中国华牌、百分、中国象棋和乒乓球。

3月4日 阳泉市郊区人民检察院妇委会被区委宣传部、妇女联合会授予“巾帼文明岗”称号。

3月14日 全市检察机关职务犯罪预防工作会议在郊区院召开。阳泉市检察院副检察长郭隆文、各基层院职务犯罪预防工作负责人，及市院预防处全体干警参加会议，各基层院就开展预防职务犯罪工作，进行经验交流。郭隆文就如何做好职务犯罪预防工作作出安排部署。

3月18日 郊区院邀请人民监督员参加该院中层以上领导干部年度考评。

3月25日 郊区院党组召开严肃换届纪律保证换届风清气正专题民主生活会，集体学习中央、省、市相关文化内容，党组成员分别作表态发言，并作出遵守换届纪律承诺，以进行自我提醒和相互提醒。

是月 为纪念和庆祝 “三八”妇女节，郊区院组织女干警开展一系列活动，主要包括：一是召开全体女干警座谈会，畅谈妇女工作；二是开展向全体女干警“送温暖”活动；三是组织女干警进行娱乐活动。

是月 在第二届人民监督员任期届满之际，郊区院对本辖区人民监督员候选人，进行初步摸底，经过严格考察，向阳泉市检察院推选5人，作为人民监督员候选人。

是月 郊区院侦查监督科与区纪检、区人民法院、区打击非法采矿执法大队，联合组成打击非法采矿督察组，对郊区荫营镇、李家庄乡、平坦镇、杨家庄乡、义井镇、河底镇、西南舁乡7个乡镇涉及的31个村，共39处非法采矿点逐一进行排查。该次大排查对过去遗留的私采点进行彻底清理，对非法采矿行为起到遏制作用。

是月 为进一步提升执法办案质量，郊区院案管中心在全市率先建立“三书对比自查”工作机制。

4月1日 山西省人民检察院民行处副处长董玉明为领队的调研组，到郊区院就民行检察工作进行调研，与郊区院主管民行工作的领导副检察长杨建民和民行部门的检察人员进行座谈。副检察长杨建民重点介绍郊区院开展多元化监督的创新思路，调研组对郊区院的工作给予充分肯定。

4月13日 郊区院预防职务犯罪部门组织辖域内预防职务犯罪领导组成员单位的300余名党政干部及相关人员，参观“法制与责任——全国检察机关惩治和预防渎职侵权犯罪展览”山西巡展，区委书记赵峰、区长杨勇、区委政法委书记王如生和郊区院党组成员参观展览。

是月 阳泉市金福来乳业有限公司生产销售有毒奶粉案，由阳泉市中级人民法院作出驳回上诉，维持原判的终审判决。此案是今年来发生在阳泉市食品生产领域的首例刑事案件。

5月 王建明任阳泉市郊区人民检察院党组书记、副检察长、代检察长。

6月1日 郊区院组织全体干警收听收看全省检察机关“纪律作风专项督查情况通报电视电话会议”，并召开纪律作风专项整顿大会，郊区检察院代检察长王建明就当前加强纪律作风，以及严格执行考勤值班纪律、加强车辆管理和检务监察等事项作出具体安排。

6月9日 阳泉郊区检察院代检察长王建明，在区第十七届人民代表大会第一次会议上作工作报告，并当选为检察长。

6月20日 郊区院邀请市委中央党校教授刘海峰，为全体干警上党课。

6月20～24日 郊区院开展以“加强渎职侵权检察工作，促进依法行政与公正司法”为主题的“举报宣传周”活动。

6月28日 郊区院监所科与郊区看守所共同举办“红色伴我成长，红歌唱响监所”——庆祝建党90周年红歌合唱暨和谐阳泉摄影图片展，近百名在押人员以监区为单位，组成合唱方阵合唱爱国歌曲，阳泉市展览馆在监区展出近百福《和谐阳泉》

摄影图片，让在押人员了解感受阳泉改革开放30年发生的巨大变化。

是月 郊区院案件管理中心和侦查监督部门，对郊区质量技术监督局、郊区食品药品监督管理局，本年度以来的食品安全执法情况，进行专项执法检查。

7月7日 郊区院党组书记、检察长王建明主持召开党组中心组扩大会议，认真学习胡锦涛总书记在庆祝中国共产党成立90周年大会上的讲话。

是日 阳泉市人民检察院法警支队队长黎广胜一行，到郊区院就法警大队编队创建工作进行调研，与郊区院主管法警工作的领导和司法干警进行座谈。

7月11日 郊区院召开由科长以上干部参加的“维护群众合法权益，着力解决突出问题”专项检查活动推进会，会议由检察长王建明主持，纪检组组长张福明传达省、市院关于专项检查活动推进会的精神。检察长王建明就郊区院如何开展专项检查活动，进行安排部署。

是日 郊区院召开由科长以上干部参加的查办职务犯罪案件“百日大会战”动员会，会议由检察长王建明主持。副检察长张贵深传达市院“百日大会战”动员会精神。

是日 郊区院召开加强机关作风建设动员大会。会议由副检察长张贵深主持，传达贯彻《阳泉市郊区人民检察院关于加强机关作风建设的实施方案》。

7月21日 郊区院检察长王建明、副检察长刘双富到郊区看守所检查工作，郊区分局副局长刘新建陪同考察。检察长王建明一行先后考察看守所监房、监控室、食堂等场所，随后与驻所监察室和看守所干警进行座谈。

是月 郊区院案管中心采取三项举措，积极推进业务运行分析工作：一是提高统计人员对统计工作重要性的认识；二是强化统计人员的业务能力素质；三是加强案管中心与各业务部门的协调配合。

是月 郊区法院依法公开审理被告人杨某山等4人妨害公务、寻衅滋事、破坏生产经营一案，由于涉案人数较多，为做到万无一失，郊区院法警大队派出检察法警，协助法院法警维护庭审秩序，以保护公诉人员人身安全。

是月 为认真贯彻落实“维护人民群众合法权益，解决反映强烈突出问题”专项检查活动的工作部署和要求，郊区院对开特权车、霸道车、违规使用警车等问题进行专项整顿，重点对省院下拨的囚车在使用和管理上，进一步加以规范。

是月 郊区院组织全体干警签订《检察干警检风承诺书》。

是月 郊区院制定出台《执法办案风险评估预警实施办法》《刑事和解实施办法》《检委会议事工作规则》。

8月5日 郊区院邀请区部分人大代表和政协委员召开座谈会，就专项检查活动征求意见。区人大常委会副主任王可剑、区政协副主席王振涛参加座谈会。

8月8日 郊区院检察长王建明、副检察长张贵深，带领部分党员干部深入李家庄乡柳沟村，慰问看望部分老党员和儿童，并同该村“两委”班子座谈，共商全村发展大计。

是日 阳泉市人大常务委员会任命王建明为阳泉市郊区人民检察院检察长。

8月10日 全市检察机关案件管理改革现场会在郊区检察院召开。市院党组副书记、副检察长郭隆文、郊区院检察长王建明、各基层院案件管理中心分管领导、负责人及工作人员参加会议。会后，与会人员实地考察郊区院案件管理中心，观摩郊区院案件管理中心案件管理运作过程。

8月26日 人大常委会组织部分常委会委员和人大代表，到郊区院进行会前视察。检察长王建明向视察组汇报郊区院近三年关于加强反贪污贿赂工作的情况。

8月31日 郊区人大常委会召开第十七届人民代表大会常务委员会第一次会议，听取和审议郊区院检察长王建明所作的《关于加强反贪污贿赂工作情况的报告》。

是月 郊区院法警队参加阳泉市检察院法警支队组织的司法警察宣誓仪式。

9月27日 郊区看守所、监所科、武警中队召开安全工作紧急联席会议，通报阳泉市看守所在押人员脱逃事故的情况，看守所负责人及分管领导结合实际，列举了本所存在问题。郊区院监所负责人希望看守所全体民警，以该次警示教育为契机，深刻查找自身存在的问题和原因，同时提出了要求。

9月29日 重阳节前夕，郊区院邀请退休老干部回院座谈。

是月 郊区院组织召开院务会议，学习贯彻省、市两级检察长座谈会精神，通报中央政法委关于江西抚州市“5·26”爆炸案情况。

是月 应郊区财政局邀请，郊区院预防部门检察官在2011年区各乡镇农村的财会人员培训班上作预防职务犯罪专题讲座。

是月 郊区院组织全体干警进行《中国共产党党员领导干部廉洁从政若干准则》和《检察机关领导干部廉洁从检若干规定》有关知识测评考试。

10月13日 郊区院召开以“公正廉洁执法”为主题的专题民主生活会，检察长王建明针对班子建设问题，提出相应的希望和要求。

是月 阳泉市检察院案管中心主任吴珺等到郊区院，就队伍建设、制度建设和装备建设等工作进行调研。

11月2日 新疆生产建设兵团芳草湖垦区检察院检察长胡春丽、副检察长吴汝军、政工科科长李永辉、职务犯罪侦查局局长齐强文一行，在阳泉市人民检察院副检察长郭隆文，政治部主任邓百福，政治部副主任韩淑芳，民行处处长、援疆干部张存庆的陪同下，到郊区院观摩交流。座谈会上，检察长王建明介绍郊区经济发展概况和郊区院基本情况。检察长胡春丽介绍新疆生产建设兵团芳草湖垦区检察院的工作情况，同时感谢阳泉检察机关的支持和帮助。座谈会后，郊区院党组成员陪同新疆生产建设兵团芳草湖垦区检察院的领导们参观案管中心、办案工作区和新办公楼建设。

11月18日 为进一步增强检察工作的透明度，郊区院举办“检察开放日”活动。

邀请部分区人大代表、政协委员参加，还有来自机关、乡镇和农村的代表，驻工业团区民营企业的代表共20余人参加。

11月22日　由山西省人民检察院纪检组副组长宿永旺一行3人组成的检查组对郊区院“维护人民群众合法权益、反映强烈突出问题”专项检查活动进行检查指导。检察长王建明就郊区院开展“维护人民群众合法权益、反映强烈突出问题”专项检查活动作汇报。

12月2日　郊区院召开全院干警大会，学习贯彻山西省纪检委《关于进一步整肃工作纪律 狠刹不良风气》的通知，检察长王建明要求全院干警一定要严守“五个不准”，做廉洁奉公的检察官。

是日　郊区院监所科与郊区看守所共同举行特邀监督员聘请仪式，聘请市政协张亚辉，区人大代表张三虎、史永记，区报社李爱国，区法律援助中心律师苏晋平等5人为监所特约监督员，并向他们颁发聘书和监督员证。

是月　郊区院深入全区8个乡镇及两矿派出所，对监外执行罪犯监管工作情况进行调研，全区8个乡镇及两矿派出所，共有监外执行罪犯112人，针对存在的问题，郊区检察院向有关部门和单位，发出纠正违法通知书13份。

是月　郊区院深入贯彻落实阳泉市开展“纪律作风教育整顿月”活动精神，以“正风肃纪、创优环境”为主题，以加强教育为基础，以检务监察为重点，制定措施，整肃机关纪律，狠抓队伍的作风建设，确保教育整顿活动的扎实开展。

2012年

2月8日　在郊区三级干部暨劳模表彰会上，郊区院被中共阳泉郊区区委、区政府授予2011年度“红旗单位”称号，该院连续11年获此殊荣。

3月2日　郊区院召开2011年度总结表彰大会，传达省院检察长杨司在全省检察长会议上的讲话精神，总结上年度的工作，表彰奖励先进集体和个人，安排部署新一年的工作。

3月20日　郊区院召开“政法干警核心价值观”教育实践活动和“保持党的先进性”学习教育活动动员大会暨党风廉政建设大会，传达检察长胡克勤在全市检察长座谈会上的讲话，宣读《郊区人民检察院开展政法干警核心价值观教育实践活动实施方案》和《郊区人民检察院开展保持党的纯洁性学习教育活动实施方案》。检察长王建明就开展政法干警核心价值观教育实践活动和保持中国共产党纯洁性学习教育活动作动员讲话。

是月　郊区院深入辖区10个派出所，开展对“五种人”监外执行情况的全面检查活动。

是月　在全区综治工作会议上，郊区院被区社会管理综合治理委员会授予2011年度“社会治安综合治理工作先进集体”称号，公诉科被授予2011年度“执法为民先进集体”称号。

4月17日　齐齐哈尔市人民检察院副检察长郑志国一行6人，在山西省院案管中心领导及阳泉市院副检察长郭隆文等陪同下，到郊区院考察案件管理改革工作。

是月　郊区院案件管理中心建立另案处理专门台账，对另案处理人员进行定期跟踪，重点监督。

5月2日　郊区院召开中层以上干部参加的党组扩大会。党组书记、检察长王建明介绍郊区人民代表大会会议情况，及各小组汇报人大代表团分组审议区人民检察院工作报告情况。

5月4日　郊区院开展“千名干警联千村、法律服务到基层”活动，党组成员、专职委员和部分检察干警，分别到平坦镇龙门村等26个自然村进行走访和调研。

5月10日　阳泉市人民检察院党组书记、代检察长王守林到郊区院进行调研，同全院中层以上干部进行座谈。

5月15日　郊区院党组在广泛征求干警意见，深入进行谈话活动的基础上，召开“保持党的纯洁性，争先创优，迎接十八大”主题民主生活会。检察长王建明带头深刻分析自身和队伍建设方面存在的问题及原因。

是月　郊区院案管中心从三个方面对涉案款物进行规范化管理：一是设立专门登记台账；二是在不同诉讼阶段，依法及时作出妥善处理；三是进行不定期检查，发现问题及时上报。

6月25～29日　郊区院开展以“惩防并举、保障民生”为主题的“举报宣传周”活动。

是月　郊区院民事行政检察科开展民事督促起诉工作，在对辖区环保部门排污费用收缴情况进行检察监督，对9家累计欠缴2011年度排污费25万余元的企业。向郊区环保局发出《民事督促起诉书》。

7月　郊区院制定出台《关于服务和保障重点项目建设的实施意见》。

8月17日　郊区院召开院务会议，传达山西省委书记袁纯清在省人民检察院考察调研时的讲话要点、山西省政法委书记王建明对全省检察工作指示，以及《2012年上半年全市检察业务运行分析报告》和市人民检察院检察长王守林在全市检察长座谈会上的讲话。

8月29日　由山西省检察院案管中心副主任杨红卫带队组成的自侦案件涉案款物检查组，到郊区院检查指导工作。

是月　郊区院向社会公开承诺：一是自觉服务发展大局，不断强化法律职能；二是严格遵守办案纪律，严格执行省院规定；三是严格按照规定流程办理案件。

9月　为推进“双百”（百家单位争创无职务犯罪、百场法制宣讲）活动，郊区院职务犯罪预防部门为全区181个行政村、1000余名农村干部，寄发一封题为《努力从源头上预防涉农职务犯罪》的公开信。

10月19日　郊区院召开以“转变机关作风、促进工作落实”为主题的纪律作风集中整顿动员大会，颁发《关于开展“转变机关作风、促进工作落实”为主题的纪律作风集中整顿活动实施方案》，检察长王建明就如何开展纪律作风整顿活动作安排部署。

是日　郊区预防职务犯罪工作领导组第二次会议在郊区玉泉宾馆六楼会议室召开。区委常委、纪委书记、区预防职务犯罪工作领导组组长孙毅，副区长、区预防职务犯罪工作领导组副组长郭满仓、区人民检察院党组书记、检察长、区预防职务犯罪工作领导组副组长王建明出席，大会宣读并颁发《关于调整阳泉市郊区预防职务犯罪工作领导组组成人员的通知》《关于在全区开展预防职务犯罪工作“五进”实践活动的指导意见》。王建明通报2008年以来检察机关开展预防职务犯罪工作情况，对下一阶段全区预防职务犯罪工作进行部署。

10月26日　郊区院召开院务会议，传达《2012年1—9月检察业务运行分析报告》，案管中心通报1—9月全市检察业务预警考评情况。

是月　郊区院控申部门主动到辖区重点单位和乡镇调查走访、调研座谈，与辖区单位共同探讨稳控措施，及时发现涉法、涉检群体性上访苗头，变接访为下访，努力将矛盾化解在萌芽状态。

11月6日　山西省人民检察院调研组在郊区院调研，检察长王建明介绍2012年郊区院的检察工作，就基层检察工作发展提出相应的意见和建议。省院调研组对郊区院的工作给予充分肯定，表示将基层院的意见和建议带回省院，尽快帮助基层院解决实际问题，为基层院建设创造更好的条件。

11月28日　郊区院召开党组会议，传达最高人民检察院检委会副部级专职委员童建明和山西省人民检察院党组书记、检察长杨司，在全省检察机关贯彻实施修改后的《刑事诉讼法》观摩暨动员大会上的讲话，以及忻州市、晋中市和吕梁市等检察院贯彻实施修改后的《刑事诉讼法》的经验做法。

是月　按照省人民检察院“6·12”专案组通知要求和阳泉市人民检察院警务令，郊区院选派两名法警参与这起特殊案件的涉案对象看管和安全保障工作。法警队事先制定严密的应急预案，并圆满完成看押任务。

是月　为切实做好十八大安全维稳工作，郊区院驻所检察室联合看守所和武警中队，对监所内的安保工作进行大检查。

是月　郊区检察院在区体育馆门前开展社会治安综合治理宣传月活动，广大检察干警利用图板宣传综治方针，宣传检察机关的综治措施，散发宣传资料300余份。

是月 郊区院充分利用手机短信这一传递快、覆盖面广的现代传播技术，发送短信6000余条，向辖区内的乡镇、企业、驻地单位等宣传民事行政法律知识。

是月 郊区院开展监外执行罪犯专项检查，对辖区内公安机关监管的管制、剥夺政治权利、缓刑、假释、暂予监外执行罪犯进行检查，并为余刑在一年以上的留所服刑罪犯以及九类重点罪犯进行建档。

是月 郊区院会同公安、武警部门深入监区进行检察监督，对安全防范工作不到位的地方提出检察建议，同时对驻所检察干警提出要求。

12月4日 郊区院组织干警在郊区体育馆门前，开展以“加强法制宣传教育，服务社会经济发展”为主题的法制宣传活动。

是月 郊区院召开科长以上干部会议。检察长王建明要求检察干警以身作则、率先垂范，带头贯彻落实“五个不准”。

是月 检察长王建明带领全体干警参观阳泉市郊区廉政教育基地。

是月 郊区院党组召开民主生活会，党组成员总结各自思想作风及廉洁自律等方面的情况，重点查找理论学习、理想信念、宗旨观念、工作作风等方面存在的问题，并联系实际，进行党性分析，提出努力方向和改进措施。

是月 郊区院组织全体检察官举行政法干警核心价值观教育实践活动宣誓仪式。

是月 郊区院法警大队组织全体队员，进行为期一个月的法警业务知识培训和体能技能训练。

是月 郊区院党组成员、副检察长张贵深和控告申诉科科长田长春等干警，赴平坦镇调研当前农村信访工作的特点等问题，并以“强化涉农资金管理，预防农村职务犯罪”为主题，给该村干部及村财务人员讲授法制课程。

是月 郊区院运用检调对接机制，成功化解一起因家庭内部矛盾引起的轻伤害案件。

是月 阳泉市郊区人民检察院位于江正大街的技侦大楼竣工并投入使用，总建筑面积9000平方米。

2013年

1月9日 郊区院在新办公楼前举行迎新春检察官宣誓暨升国旗仪式。

3月29日 中共阳泉市郊区委员会组织下发阳郊组干字〔2013〕43号文件，任命刘双富为郊区检察院常务副检察长，贾俊敏为党组成员、纪检组组长、正科级检察员，王学军为党组成员、反贪污贿赂局局长，杨培龙为党组成员、反渎局局长，史保龙为党组成员、正科级检察员。

4月2～28日 在郊区召开人代会和政协两会期间，郊区检察院采用部门负责人分组包团方式，深入200多名人大代表和政协委员当中，听取代表和委员们对郊区检察工作的评议。其间，发放征求意见函200余份，收回意见近160条，共征求到对检察工作的意见和建议20多条。

5月6日 郊区院召开党风廉政建设大会，党组书记、检察长王建明与院领导签订《2013年党风廉政建设责任书》，分管领导与部门负责人、部门负责人与所在科室（局）干警，层层签订《党风廉政建设责任书》。

5月29日 郊区院检察长王建明带队深入陀岭头村进行走访调研，并与村支“两委”和部门村民代表座谈。

是月 为更好贯彻执行新刑诉法，案件管理中心积极推进辩护人和诉讼代理人接待工作，建立“律师电话预约服务”平台，通过公示律师电话预约专线、预留专职律师接待员联系电话等方式，为律师查询案件材料提供方便快捷的服务。

是月 月底在“六一”儿童节来临之际，郊区检察院干警为三所小学及幼儿园共捐款7000元。

6月5日 阳泉市人民检察院监所检察处处长岳虎平一行到郊区看守所检查指导工作。

6月24～28日 郊区院开展以“开展举报制度，加强举报人保护”为主题的“举报宣传周”活动。

6月28日 检察长王建明在“访知解”包点村——驼岭头村，对老党员和困难党员进行走访慰问活动。

7月1日 郊区院党支部召开以“谈理想、讲奉献”为主题的座谈会，10余名年轻党员和入党积极分子参加座谈。

7月22日 郊区人大常委会主任王梦贺、副主任王可剑，带领常委会组成人员和部分人大代表，到郊区院对反渎职侵权工作进行视察，副区长郭满仓陪同视察。

7月24日 郊区人大常委会召开第十七届人大常委会第二十一次会议，听取和审议郊区院检察长王建明所作的《关于加强反渎职侵权工作情况的报告》，委员们对该院开展的反渎职侵权工作表示满意，对工作中存在的不足和问题提出相应的建议，并高票通过郊区院《关于加强反渎职侵权工作情况的报告》。

是月 根据山西省和阳泉市检察院关于对公安派出所办理案件情况进行检查的统一安排，郊区院对辖区内两个派出所2012年以来办理案件情况进行检查。

8月6日 全市检察机关信息化工作现场会在郊区院胜利召开，山西省检察院技术处副处长王军、阳泉市人民检察院副检察长闫运成、郊区院检察长王建明、市院技术处处长鲁敏、各县区院信息化建设分管领导及负责人、技术员和集成商代表参加会议。会后，与会人员查看郊区院信息化建设的规章制度和涉密设备操作规程等资料，实地参观郊区院涉密机房、办案工作区等工作区域。

8月12日 郊区院组织全院干警观看“拒腐防变每月一课”系列警示教育光碟。

10月 由检察长王建明及班子成员带领的郊区院广播体操代表队，参加郊区职工“迎国庆”第九套广播体操比赛，获得二等奖。

11月15日 郊区院门户网站正式开通，涵盖郊区院机构设置、工作动态、阳光检察、法律法规、理论研究、预防天地、队伍建设、检察文苑等板块，该网站成为展现郊区院深化检务公开、介绍社会监督、实现“阳光检察”的新窗口。

11月19日 山西省保密局测评中心副主任与阳泉市院技术处处长一行5人，到郊区院对涉密信息系统分级保护工作进行调研和业务指导，按照国家保密局分级保护工作相关要求，郊区院涉密信息系统分级保护工作成功通过初验，为顺利通过省保密局测评奠定良好的基础。

是年 阳泉市郊区人民检察院率先完成集拼接屏显示、高清审讯、高清监控、审讯指挥和无线电干扰五大系统为一体的高标准办案工作区，成为全市信息化建设亮点单位。

2014年

1月 阳泉市人民检察院把本年度确定为全市检察机关的“阳光检察工程推进年”。

5月14日 下午，“为了明天”——阳泉市未成年人定向关护中心成立暨首次定向关护工作座谈会仪式在阳泉市郊区人民检察院举行。该中心为全省第一个未成年人定向关护中心，也是阳泉市推进全国青少年权益工作创新试点城市工作的具体举措。

5月 郊区检察院信息化建设工程顺利通过山西省保密局测评。

6月 郊区检察院副检察长张宝亮任阳泉市郊区打击传销工作领导组成员。

是年 阳泉郊区检察院率先完成律师电子阅卷系统，成为涉密信息系统分级保护工作的排头兵。

2015年

1月5日 下午，按照中共阳泉郊区区委“学习讨论落实活动”第八督导组统一部署，郊区检察院召开“学习讨论落实活动”第一次专题研讨会。院党组成员和中层领导干部分别就“如何在党风廉政建设过程中有效落实党委的主体责任和纪委的监督责任；在检察工作实践中，全院干警在执法理念、执行行为和执法作风方面存在的问题及改进措施”两个议题展开深入探讨，区人大环工委主任、区委第八督导组组长侯建强到会指导。

是月 阳泉郊区检察院侦办全区第一起城管执法领域共同受贿案，犯罪嫌疑人杨某恒被依法逮捕，并提起公诉。

2月13日 郊区院驻所检察室与看守所、武警中队联合，对监管场所进行集中安全大检查。

3月 阳泉郊区检察院门户网站正式开通运行。

是月 阳泉郊区检察院在审查阳泉市人社局，不予认定郊区电业电气安装公司李某属工伤死亡一案时，认为阳泉市人社局不予工伤认定不符合《工伤保险条例》有关规定，通过支持起诉工作，使这起民告官案件终获胜诉。该案成为阳泉市检察机关支持起诉的第一起行政诉讼案件。

4月28日 在全省检察机关案件管理工作会议上，郊区院被确定为“全省检察机关管理示范院”。为推动全省检察机关巡查管理工作实现均衡发展，省院决定确定13家基层院为案件管理工作联系点，郊区院是阳泉市唯一被确定为示范院的基层院。

5月13日 《检察日报》“基层采风”版刊载《让“阳光案管”成为品牌》，对阳泉郊区检察院案件管理工作的先进经验和做法进行报道。

5月18日 阳泉郊区检察院为了深入贯彻落实“党要管党，从严治党”要求，制定并下发《开展处置不合格党员试点工作的实施方案》。同日，为认真贯彻落实全省检察机关集中开展查办农民群众身边职务犯罪专项工作电视电话会议精神，该院根据《全省检察机关开展查办农民群众身边职务犯罪专项工作实施意见》，下发《关于开展查办农民群众身边职务犯罪专项工作实施意见》。

5月26日 阳泉郊区检察院为深入贯彻落实全面从严治党要求和习近平总书记系列重要讲话精神，进一步巩固和拓展党的群众路线教育实践活动成果，持续深入推进全院思想政治建设和作风建设，阳郊检发〔2015〕11号《深入开展“三严三实”专题教育实施意见》（严以修身、严以用权、严以律已、谋事要实、创业要实、做人要实）。

是月 阳泉郊区检察院制定并下发《党组会议“三重一大”议事规则》（“三重大”：重大决策、重要人事变动和奖惩、重大项目安排和大额资金使用）

是月 阳泉郊区检察院查办全区第一起因清明祭奠引发山火，造成山林大面积焚毁的护林员玩忽职守犯罪案件，两名护林员被取保候审。

6月9～11日 由阳泉郊区总工会和区广电局联合组织的阳泉市郊区第二届职工羽毛球比赛在山西工程技术学院羽毛球馆举行，郊区院被授予“优秀组织奖”。

6月23日 郊区院邀请区新闻中心、网络信息中心、电视台、广播电台、区报社等5家媒体以及全院干警，及群众和服务对象共40余人，召开“举报宣传周”新闻发布会。

是月 阳泉郊区检察院干警郑志明入选山西省人民检察院第一批全省检察机关统一业务应用系统应用人才库存。该人才库由全省17个业务条线的223名应用人才组成。

7月 上旬，由山西省人民检察院党组副书记、副检察长王国宏带队的规范司法行为专项整治工作组，对阳泉郊区院规范司法行为专项整治工作进行督导检查。

7月15日 经阳泉郊区编办批准，该院监所检察科更名为刑事执行检察科。

8月11日，阳泉市人大组织常委会组成人员和部分人大代表，对全市检察机关立案监督和侦查活动监督工作进行视察，并在郊区院召开座谈会，各县区院分管领导和侦查监督科负责人参加座谈会。

9月 中共阳泉市郊区人民检察院总支部成立。

11月 郊区院侦查终结并移送审查起诉一起税务机关工作人员涉嫌玩忽职守案，犯罪嫌疑人闫某任职期间，未严格履行职责，未依法按照国家规定征收土地使用税，致使少收土地使用税90余万元，被取保候审。

12月10日 阳泉郊区预防职务犯罪工作领导组办公室决定，在全区开展预防职务犯罪工作“进机关、进企业、进社区、进乡村、进学校”的“五进”实践活动。“五进”实践活动由郊区检察院职务犯罪预防科承办具体日常事务。

12月27日 阳泉郊区检察院完成《关于郊区涉农惠民领域职务犯罪预防工作专项报告》。

是年 阳泉市郊区人民检察院档案管理通过省级验收。

是年 郊区检察院在全市率先启动电子证据实验室建设，并将科技强检工作作为重要抓手，强化制度机制和基础设施建设。

2016年

1月 全省检察机关科技强检先进院评选结果揭晓，郊区院获“全省科技强检先进院”荣誉称号，是全市唯一获此殊荣的基层检察院。

3月7日 为纪念中国共产党建党95周年，郊区人民检察院依托当地的红色文化资源，组织全体党员到娘子关保卫战红色教育基地，追寻革命红色记忆，接受爱国主义教育、革命传统教育和精神洗礼。

3月29日 上午，为深入贯彻落实区委、区政府关于开展“冬季行动”的要求，强化渎职犯罪警示预防教育，促进依法行政、公正执法，郊区院组织区直机关负责人召开以“权力不可任性”为主题的渎职犯罪警示预防教育会议。

5月 严志勇任阳泉郊区检察院党组书记、代检察长。

6月15日 郊区检察院党组中心组召开扩大会议，以“讲政治、有信念”为主题开展学习讨论，班子成员和各部门负责人参加会议，会议由院党总支书记、办公室主任史保龙主持。

6月16日 阳泉市郊区人民检察院组织召开自侦工作推进会。院党组书记、代检察长严志勇，副检察长杨建民、王权政和反贪局、反渎局全体干警参加会议。会上，分管反贪、反渎的副检察长和反贪、反渎局局长，分别就上半年的工作情况进行汇报，剖析工作中存在的问题及不足，提出下一步的工作目标和重点。

6月20～24日　阳泉市郊区人民检察院举办第十八个“举报宣传周”活动，活动的主题是“加强举报人保护，惩治群众身边腐败”。

7月12日　上午，郊区检察院召开党组扩大会议，传达学习中共山西省委书记骆惠宁，省委副书记、省长李小鹏，省委常委、省纪委书记黄晓薇讲话精神，并就贯彻落实省委领导重要讲话精神，结合郊区检察工作实际制定相应措施。

6月28日　郊区检察院邀请离退休老干部举行迎“七一”座谈会，庆祝中国共产党建党95周年，共谋检察事业科学发展，部分班子成员和党总支成员参加座谈。

7月12日　阳泉市郊区人民检察院以创建“平安郊区”为载体，以化解社会矛盾为主线，为妥善处理涉检信访工作，做好检察环节维稳工作，防止发生非正常上访事件和群体性事件，维护全区社会的和谐稳定，细化职责分工，明确维稳责任，强化联动联调，形成维稳合力，制订《关于安全稳定隐患风险排查整治工作实施方案》。

8月1日　阳泉市郊区人民检察院为认真贯彻落实全国司法体制改革推进会和检察长杨司的讲话精神，迎接即将在全省检察机关推开的司法试点工作，按照山西省人民检察院有关尽快成立强有力的司法体制改革领导机构的要求，决定成立司法体制改革领导组。组长为常务副检察长刘双富，副组长为副检察长杨建民，党组成员、办公室主任史保龙，专职委员田江华。

是日　郊区人民检察院邀请市委党校经济管理研究室主任、讲师、经济学硕士研究生赵锐敏作“两学一做”专题党课。党课由党总支书记史保龙同志主持，院全体干警参加党课。

8月22日　阳泉市郊区十八届人大一次会议，选举严志勇为阳泉市郊区人民检察院检察长。

是日　为贯彻落实《山西省人民检察院关于完善人民检察院司法责任制的若干意见》，进一步明确各类司法主体的办案责任，完善检察业务运行机制，推进司改试点工作，阳泉郊区检察院出台《关于院领导司法一线办案实施意见》，对院领导办案作出明确规定。

是日　阳泉郊区检察院制定《业务运行定期分析研判工作制度》。

8月26日　阳泉市第十四届人民代表大会常务委员会第三十九次会议批准，任命严志勇为阳泉市郊区人民检察院检察长。

8月29日　阳泉郊区检察院下发《关于调整院保密委员会机构成员的决定》，保密委员会主任由原检察长王建明调整为检察长严志勇。

是月　下旬，为增进中央国家机关青年干部对基层工作的了解，增强群众工作本领，锻炼工作作风，同时深入开展向基层学习、向先进学习的活动，由中央国家机关团工委组织的“根在基层——中央若干项重大政策落实活动”调研实践活动一行11人，走进阳泉市郊区人民检察院开展为期一周的调研实践。

9月23日　为落实最高人民检察院、山西省人民检察院《关于充分发挥检察职能依法保障和促进非公有制经济健康发展的意见》《关于充分发挥检察职能依法保障和促进科技创新的意见》，及中共阳泉市委、阳泉市人民政府《关于加快民营经济发展的实施意见》精神，实现检察机关保障和促进非公有制经济健康发展的责任目标，制定《关于加强保障和促进民营经济发展工作的通知》。

9月27日　阳泉郊区检察院全体党员干警集中观看“党员先锋行”先进人物事迹报告会，并交流学习心得体会。

9月30日　阳泉市郊区检察院检察长严志勇和班子成员，带领全体干警，在郊区刘备山公墓，参加全区烈士纪念日公祭活动。

10月21日　郊区人民检察院举办“检察开放日”活动，邀请下千耐火、三来食品、中创陶粒、鑫盛瓷业、桃林旅游等15家全区规模以上非公企业相关负责人到院座谈，就检察机关如何服务和促进民营经济持续健康发展征求意见和建议。座谈会由常务副检察长刘双富主持，郊区民营企业服务中心局局长李武贤出席。

11月3日　根据省、市检察机关司法体制改革推进会的统一安排和部署，按照市检察院《阳泉市检察机关司法体制改革全面试点工作方案》有关精神，阳泉市郊区检察院下发《司法体制改革试点工作方案》。

11月8日　根据《山西省检察机关全面推开司法体制改革试点检察官首批遴选工作实施方案》和《山西省检察官遴选办法（试行）》的要求，结合院各项检察工作实际和检察队伍现状，阳泉郊区检察院制定《检察官首次遴选业绩考核方案》。

11月30日　阳泉市郊区人民检察院制定《“严肃纪律、整顿作风、树立良好形象”专项活动方案》。

12月19日　根据最高人民检察院关于强化对生态环保领域预防职务犯罪工作的安排部署，紧紧围绕省委“一个指引、两手硬”的重大思路和要求，结合山西向东开放桥头堡、晋东区域中心城、转型发展先行市、城乡统筹示范区的建设，充分发挥检察机关的职能作用，在环保系统建立健全惩治和预防职务犯罪的体系，从源头上遏制和减少职务犯罪的发生，阳泉郊区检察院、阳泉郊区环境保护局联合制订《加强对环保领域开展职务犯罪专项预防工作的实施方案》。

2017年

1月9日　郊区院党组书记、检察长严志勇深入扶贫点旧街乡簸箕掌村开展访贫问寒工作，旧街乡党委书记要秀宇陪同。

1月19日 郊区检察院举行首批员额制检察官宪法宣誓仪式，检察长严志勇领誓，17名员额制检察官高举右手向宪法庄严宣誓。

1月25日 郊区院党组召开“两学一做”学习教育专题民主生活会。阳泉市人民检察院政治处副处长杜志远等到会进行指导，党组书记、检察长严志勇主持会议，全体班子成员出席会议。

是日 郊区院召开党组会，认真传达学习省十一届纪委第二次全体会议、全市政法机关“严肃纪律、整顿作风、树立良好形象”专项活动总结大会和区委九届二次全体会议精神，并就贯彻落实会议精神作出安排部署。

2月10日 上午，郊区院召开2016年度总结表彰大会，检察长严志勇回顾总结上年度工作，并安排部署2017年工作重点，会上表彰4个“先进集体”和25名“先进工作者”。

2月20日 在阳泉市郊区第十八届人民代表大会第二次会议上，郊区人民检察院检察长严志勇所作的工作报告获全票通过。

2月24日 为进一步规范党组工作，加强和改善中共领导，提高中共执政能力，更好地发挥中共总揽全局、协调各方的核心作用，郊区人民检察院召开党组扩大会，专题学习《中国共产党党组工作条例（试行）》。

2月 根据上级部门关于司法体制和监察体制改革试点工作要求，阳泉市郊区人民检察院将反贪污贿赂局、反渎职侵权局、职务犯罪预防科，整建制转隶新成立的阳泉市郊区监察委员会管理。

3月2日 郊区人民检察院制定并下发《车辆集中管理暂行办法》。

3月15日 郊区院召开2017年度检察工作会，学习贯彻省、市检察长会议精神。

3月20日 根据山西省人民检察院《关于在全省各级人民检察院落实司法责任制全面实行新的办案机制的紧急通知》，所有案件和法律监督事项，一律由员额检察官按照最高人民检察院和省人民检察院关于落实司法责任制相关文件规定的权限、程序和要求依法进行，未入额检察官不再承接案件，该院成立9个独任检察官办案机构、2个员额检察官办案工作组，全面落实司法责任制。

3月22日 上午，郊区院召开“破坏环境资源犯罪专项立案监督活动”和“危害食品药品安全犯罪专项立案监督活动”（以下简称“两个专项立案监督活动”）专门会议进行动员，对开展“两个专项立案监督活动”进行全面部署。严志勇检察长主持会议并讲话。

3月28日 郊区院召开党风廉政建设和反腐败工作会议，总结回顾2016年党风廉政建设和反腐败工作，安排部署2017年工作任务。严志勇检察长与班子成员签订《2017年党风廉政建设责任书》。

3月30日　阳泉市郊区人民检察院开展“破坏环境资源犯罪专项立案监督活动”和“危害食品药品安全犯罪专项立案监督活动”。

是月　在首次全国百佳检察门户网站评选中，阳泉郊区检察院被评为首次“全国百佳检察门户网站”。

是月　为加强党风廉政建设，深化“两学一做”学习教育，营造风清气正的检察氛围，郊区院党组邀请市委党校马克思主义理论教研室主任、副教授李玉萍讲授《关于新形势下党内政治生活的若干准则》（以下简称《准则》）和《中国共产党党内监督条例》（以下简称《条例》）专题党课。

4月11日　下午，阳泉市人民检察院党组副书记、常务副检察长范海生，到郊区院调研指导工作，就全市检察长会议精神落实情况和第二季度的工作进行督导，办公室主任姚建强陪同。

4月14日　郊区院案管部门牵头组织开展第一期学习研讨会，学习阳泉市人民检察院下发的《阳泉市人民检察院关于落实司法责任制的实施意见》《检察委员会权力清单》等司法改革文件。

是月　根据上级检察机关关于开展破坏环境资源犯罪立案监督专项活动的要求，郊区人民检察院对发生在郊区平坦镇辛兴村一起土地污染犯罪案件持续进行立案监督，涉案人员被依法批准逮捕。

5月5日　上午，郊区人民检察院党组召开专题会议，学习《山西省各级人民代表大会常务委员会监督司法工作办法》。办法规定，人大常委会对人民法院、人民检察院以及人民政府、公安、国家安全、司法行政等机构的十二项工作职责进行监督。

5月10日　上午，根据区委巡察工作领导小组《第二轮巡察工作方案》的统一安排，中共阳泉郊区区委第二巡察组对郊区检察院工作进行政治巡察。

是日　郊区院组织全体干警召开“执法司法规范化建设年”活动动员大会，检察长严志勇作动员讲话。会议由党组副书记、常务副检察长刘双富主持。

5月12日　阳泉郊区检察院检察委员会通过《内设机构改革实施方案（试行）》。根据该方案，全院由内设机构改为5个：综合保障部、政治部、刑事检察部、民事行政检察部、检察业务管理监督部。

5月15日　郊区检察院召开案卷管理工作会，对案卷归档工作进行规范化部署。

5月16日　郊区院举办“互联网＋阳光百姓工程”数据报备员培训，参加培训的人员包括区财政局各股室人员、区农委、区住建局、区教育局、区民政局、区七个乡镇30多家单位数据报备人员和民行检察干警。

5月17日　阳泉郊区检察院印发《检察委员会权力清单（试行）》《担任院领导职务的检察官权力清单（试行）》《法律政策研究业务类检察人员权力清单（试行）》和《侦查监督业务类检察人员权力清单（试行）》《公诉业务类检察人员权力清单（试

行）》《未成年人检察业务类检察人员权力清单（试行）》《刑事执行检察业务类检察人员权力清单（试行）》《民事行政检察业务类检察人员权力清单（试行）》《控告申诉检察业务类检察人员权力清单（试行）》《案件管理业务类检察人员权力清单（试行）》。

是日 阳泉郊区检察院制定并下发《检察人员分类管理办法》。

5月26日 下午，郊区院妇委会组织20余名女干警开展“包粽子、话传统、迎端午”活动。

5月31日 为提高司法办案质量，经阳泉市郊区人民检察院第八届检察委员会第十九次会议审议通过，该院制定并下发《检察官联席会议制度》。同日，下发《阳泉市郊区人民检察院担任院领导、业务部门负责人的检察官直接办案制度》《业务管理监督指导意见》。

6月7日 阳泉郊区检察院制订《关于开展维护核心、见诸行动主题教育和推进“两学一做”学习教育常态化制度化示范点建设的实施方案》。

6月8日 上午，郊区院组织召开全院干警大会，安排部署维护核心见诸行动主题教育、推进“两学一做”学习教育常态化制度化示范点建设。会议由院党组成员、常务副检察长刘双富主持。党组书记、检察长严志勇作动员讲话。

是日 为深化“两学一做”学习教育常态化制度化建设，打造过硬检察队伍，迎接中国共产党建党96周年，郊区院党组书记、检察长严志勇以“懂团结是大智慧、会团结是大本事、真团结是大境界”为主题，为全院干警讲授党课，要求大家要团结互助、奋发向上，不忘初心、砥砺前行。

6月9日 郊区院开展以“防治校园欺凌，护航未成年人成长”为主题的检察开放日活动，主动接受监督，深入推进阳光检察，深化未成年人检察工作，增强社会各界对未成年人检察工作的知晓度和认同感，增强学生自我保护的法律意识。

6月14日 上午，按照山西省人民检察院关于检察系统内巡视巡察工作的安排部署，阳泉市人民检察院党组第一巡察组在郊区院召开巡察工作动员会，正式启动对该院为期一个月的巡察工作。阳泉市人民检察院巡察组组长王军义一行六人出席动员会，郊区院党组书记、检察长严志勇主持会议，全体干警参加会议。

6月22日 阳泉郊区检察院成立防范和处理邪教问题领导小组，组长由党组书记、检察长严志勇担任，副组长由党组成员常务副检察长刘双富担任。

6月27日 上午，中共阳泉郊区区委政法委在郊区检察院举办阳泉市郊区政法系统法治教育暨国学文化大讲堂。大讲堂由山西青少年阳泉传媒中心主任记者、山西青年报中华优秀讲师孟存田主讲，区委政法委书记张斌武、副书记刘润宝、王书波以及郊区院全体干警现场聆听讲座。

是日 中共阳泉市委常委、政法委书记杨自明就深化司法体制改革、全面正确履行法律职责、执法办案场所规范化工作，到郊区检察院进行调研。区委常委、区人民政府常务副区长梁海昌，区委常委、政法委书记张斌武，区人民政府副区长、区公安分局局长韩文明，区政法委副书记王书波陪同调研。

6月30日 郊区检察院与郊区纪委监委共同举办迎“七一”主题党日系列活动，两个机关的中共党员和入党积极分子参加活动，并开展乒乓球、羽毛球、台球等联谊比赛。

7月5日 郊区检察院召开党组扩大会议,传达学习习近平考察山西重要讲话精神，和省委书记骆惠宁在全省干部大会上，就深入学习贯彻习近平总书记考察山西重要讲话精神的讲话，对贯彻落实工作进行安排部署。

7月6日 为进一步加强和改进意识形态工作，落实党管意识形态原则，明确党组领导班子、领导干部的意识形态工作责任，郊区院制定下发《党委（党组）意识形态工作责任制》。

是日 阳泉郊区检察院制定《领导干部外出报备制度》。

7月15日 为纪念建党96周年，践行“两学一做”学习教育，郊区院党总支组织全体党员和入党积极分子奔赴革命圣地——武乡县八路军太行纪念馆参观学习。

7月26日 阳泉市人民检察院党组书记、检察长王廉允，对郊区检察院通过立案监督取得重大进展的、发生在平坦镇辛兴村的一起土地污染犯罪案件作出批示：“此案系郊区检察院办理行政执法与刑事司法衔接的典型案件，体现了检察机关服务民生的责任担当，应进一步做好审查起诉等相关工作。”

8月7日 上午，阳泉市人民检察院党组副书记、常务副检察长范海生一行到郊区院调研指导五个专项活动和诉讼监督工作情况。

8月16日 郊区院召开党组扩大会，专题研究党风廉政建设工作。

8月29日 阳泉市人民检察院党组第一巡察组到郊区院召开巡察工作意见反馈会。

9月8日 郊区院全体干警参加全省检察机关公益诉讼工作电视电话会议。公益诉讼是检察机关拓展法律监督职能的新领域，是建设法治政府的新要求，各级检察机关务必要将这项工作作为一把手工程来抓。

9月15日 上午，阳泉市国土资源局郊区分局组织该局行政执法人员及相关干部，参加国土资源部组织的由最高人民检察院副检察长张雪樵主讲的公益诉讼专题视频讲座，郊区人民检察院民事行政检察部门干警参加讲座学习。

9月27日 为切实做好会议期间的信访维稳工作，有效预防和避免会议期间发生涉检赴省进京信访事件，阳泉郊区检察院制定《关于党的十九大期间涉检信访工作的应急预案》。

是月 阳泉郊区检察院党组和党总支认真组织干警学习《习近平总书记的成长之路》和《习近平的七年知青岁月》。

10月10日　阳泉郊区检察院制定下发《检察官、检察辅助人员、司法行政人员绩效考核及奖金分配实施细则（试行）》。

10月17日　郊区院邀请资深礼仪专家高岚，为全院干警作“检察干警职业形象与职业礼仪”讲座。

10月23日　郊区院召开党组中心组贯彻落实中共十九大精神学习研讨会，专题学习习近平总书记在中国共产党第十九次全国代表大会上所作报告。党组书记、检察长严志勇主持会议。

10月25日　郊区人大常委会召开第十八届人大常委会第十三次会议，会议审议并通过郊区人民检察院关于民事行政检察工作的报告。

11月23日　郊区人民检察院党总支举办中共十九大精神宣讲会，邀请区委党校常务副校长罗树宏到院作中共十九大精神宣讲报告。

是月　阳泉郊区检察院检察长严志勇作为全市检察系统代表，在上海参加“激发保护企业家精神、促进企业依法合规经营”法治论坛，并在会上作《依法维护民营企业权益、服务民生事业》的交流发言。

12月　郊区人民检察院被中共阳泉郊区区委、区人民政府授予“十佳精神文明单位”荣誉称号。

2018年

1月1日起　阳泉郊区检察院正式上划为省一级预算单位，预算执行统一纳入省级国库集中支付系统。

1月30日　阳泉市郊区荫营镇火石岩村村委会为感谢郊区检察院民事行政检察部依法纠正的一起民事生效判决案，向该院赠送写有“依法监督彰正义、秉公执法为人民”字样的锦旗。

是月　中共阳泉市郊区委员会下发阳郊干字〔2018〕1号文件，任命王艳明为郊区检察院党组成员、区纪委监察派驻第十一纪检检察组组长（试用期一年）。

2月1日　阳泉市郊区人民检察院、阳泉市国土资源局郊区分局联合下发阳郊检发〔2018〕1号《关于加强协作推进行政公益诉讼的意见》，以进一步贯彻落实检察机关行政公益诉讼工作的推进制度，促进法治国土建设。

2月5日　阳泉郊区检察院为解决年轻女干警后顾之忧，由妇委会牵头负责，成立了郊区人民检察院干警子女托管班。创阳泉市检察机关“带娃上班”先例。托管班招收3岁以上具有自理能力的儿童，以六楼会议室作为学习教室，一楼开放式图书馆为阅览室，八楼文体中心为活动室。

2月24日　中共阳泉郊区检察院党组下发〔2018〕2号文件，任命盂秀红为政治部副主任，主持工作，郑志明为检察业务管理监督部副部长，决定免去王艳明政治部部长和孟秀红综合保障部副部长职务。

3月1日　十三届全国人大一次会议，全国政协十三届一次会议召开前夕，阳泉郊区检察院制订《关于全国“两会”期间涉检信访工作的应急预案》，对涉检信访工作作出安排部署。

3月10日　为掀起学习贯彻落实中共十九大精神高潮，推动检察文化建设健康发展，共同奏响新时代伟大旋律，阳泉市郊区检察院举办以“走进新时代，检情颂党恩”为主题的才艺展示联欢会。

3月14日　阳泉郊区检察院印发党组书记、检察长严志勇《在2017年度工作总结表彰会议暨党风廉政建设和反腐败工作会议上的讲话》，要求各部位和全体干警认真学习，做到从廉治检，警钟长鸣。

3月19日　阳泉郊区检察院党组召开党组会议，讨论通过有关独任检察官办案组组成人员及统一业务应用系统配置问题，根据工作需要，对原检察官办案组组成人员进行调整，其中，独任检察官为严志勇、刘双富、王权政、张保亮、史保龙、田长春、段耀东、魏振泽、聂玲莉、邵鹏芳。

3月19日至3月31日　纪检监察组对郊区检察纪律作风情况进行专项检查。

4月2日　阳泉郊区检察院制订《支持和服务企业家创新创业营造良好法治环境工作方案》。同日，成立“阳泉市郊区人民检察院支持和服务企业家创新创业营造良好法治环境”工作领导小组，党组成员、常务副检察长刘双富任组长。

4月26日下午　山西省人民检察院民行处王稼瑶处长、刘志坚副处长一行，在阳泉市人民检察院检委会专职委员付利保、民事检察处处长岳华的陪同下，到阳泉郊区检察院调研民事检察工作。

5月上旬　阳泉市郊区检察院党总支组织全体党员，赴左权麻田八路军总部纪念馆廉政教育基地，进行党风廉政教育和革命传统教育。

5月14日　为落实阳泉市人民检察院公益诉讼宣传月活动的安排，进一步提高群众对公益诉讼的认知度，拓宽公益诉讼线索来源，推进公益诉讼工作扎实有效开展，阳泉郊区检察院下发阳郊检发〔2018〕8号《公益诉讼宣传月活动实施方案》，决定从5月15日—5月31日，开展公益诉讼宣传。以提高群众对公益诉讼的认知，扩大公益诉讼影响力，激发群众对公益诉讼的参与热情，树立“检察官是公共利益的代表”理念。

5月15日　阳泉市郊区检察院在荫营文化广场开展以“保护社会公共利益，服务郊区发展大局”为主题的公益诉讼宣传活动，中共阳泉郊区区委常委、政法委书记张斌武，区检察院党组书记、检察长严志勇，及区检察院干警向群众发放宣传资料，详细讲解公益诉讼制度确定的背景，公益诉讼案件受案范围以及办理程序。

5月18日　阳泉郊区检察院制订《关于开展扫黑除恶专项斗争的实施方案》。党组书记、检察长严志勇任扫黑除恶领导小组组长。同日，为深入贯彻落实中共中央、省、市和区政法委关于开展扫黑除恶专项斗争的工作精神，依法惩治黑恶势力犯罪，充分发挥检察机关法律监督职能，确保扫黑除恶工作的政治效果、法律效果和社会效果，阳泉市郊区人民检察院成立“扫黑除恶专项斗争工作专班”。

5月31日　“六一”国际儿童节来临之际，阳泉郊区检察院举行主题为“关爱祖国未来，擦亮‘未检’品牌”（未检：未成年人关护检察官，全书同，编者注）的检察开放日活动，邀请区实验小学50多名小学生到院聆听法治教育专题讲座。

6月12日　阳泉郊区检察院下发阳郊检发〔2018〕11号文件《关于开展打击破坏生态环境违法犯罪专项行动工作方案》，并成立专项行动领导小组，负责专项行动的组织领导，组长由党组书记、检察长严志勇担任。

6月20日　阳泉郊区检察院和郊区工商业联合会共同协商联合下发阳郊检发〔2018〕1号文件《关于加强检察机关与工商业联合会联系协作共同服务企业家创新创业营造良好法治环境相关工作的安排》，以共同做好服务民营企业家创新创业营造良好法治环境工作。

6月27日　阳泉郊区检察院成立“大学习、大调研、大落实、大提升”活动（以下简称“四大活动”）领导组，组长严志勇，副组长刘双富、杨建民、王权政、张保亮、史保龙、田江华、王艳明、张福明，成员为各内设机构负责人。成立“四大活动”办公室，办公室主任由史保龙兼任，副主任为魏振泽、邵鹏芳、孟秀红，成员为王文燕、高洁。

6月28日　阳泉郊区检察院下发阳郊检发〔2018〕12号文件《关于贯彻落实全市检察机关公益诉讼“1+5”工作机制的实施意见》。“1+5”制度体系是指以中共阳泉市委办公厅、市政府办公厅出台的《关于支持检察机关依法开展公益诉讼工作的意见》为统领，《阳泉市人民检察院公益诉讼专家辅助人参与公益诉讼活动管理办法》《关于在检察机关开展公益诉讼工作中加强协作配合的意见》《关于办理行政公益诉讼案件相关问题的意见》《关于公益诉讼案件线索移送反馈机制的意见》《阳泉市检察机关行政公益诉讼一体化工作办法》5个配套制度组成的制度体系。

7月2日　为庆祝中共建党97周年，阳泉郊区检察院组织召开表彰大会暨党课讲座，8名优秀共产党员受到表彰，党组书记、检察长严志勇以“学习贯彻十九大精神、深刻把握新时代新要求”为主题，为全院干警讲授党课。

7月4日　阳泉郊区检察院下发阳郊检发〔2018〕14号文件《关于开展深入贯彻习近平新时代中国特色社会主义思想“大学习、大调研、大落实、大提升”活动的实施方案》。方案的实施期限从2018年到2022年，每一年为一个阶段。

同日　阳泉郊区检察院制订出台的《关于贯彻落实全市检察机关公益诉讼“1+5”

工作机制的实施意见》，引起中共阳泉郊区区委领导高度重视，区委书记和区人大主任分别对此项工作作了批示。王明厚书记批示："开展公益诉讼上级有部署，实现城乡统筹示范区有需要，区检察院工作开展有力有序，找准了切入点和着力点，请全区各单位大力支持配合，并以此为契机，推动我区依法行政，严格执法工作健康发展。"王如生主任批示：郊区人民检察院积极推进公益诉讼工作，是依法履职的新走向和新突破，具有典型意义，希望区人民检察院紧紧围绕宪法定位，聚焦法律监督主业，进一步推动依法行政和维护公共利益工作，为全区经济社会发展提供坚强的司法保障。

7月6日　山西省人民检察院党组成员、政治部主任郭普，到阳泉市郊区人民检察院就开展"大学习、大调研、大落实、大提升"活动进行调研。阳泉市人民检察院党组书记、检察长王廉允，政治部主任王刚，郊区区委政法委书记张斌武陪同调研。

7月10日上午　阳泉市郊区人民检察院组织召开推进"四大活动"（"大学习、大调研、大落实、大提升"活动）新闻发布会，对开展"四大活动"相关情况进行通报，现场回答记者提问。山西法制报、阳泉日报、阳泉电视台、阳泉郊区电视台等多家媒体参加发布会。

7月10日　山西省人民检察院"扫黑除恶"专项斗争督导组到阳泉郊区检察院督查指导工作，督导组由省院刑事执行检察局副局长蔺春带队，在查阅郊区院制度文件、案件卷宗、工作资料，听取该院专项斗争领导组的汇报后，对郊区院成立工作专班、依法批捕一批涉及恶势力犯罪的嫌疑人，严格依法审查起诉等，给予充分肯定和高度评价。

7月18日　阳泉郊区检察院下发阳郊检发〔2018〕15号文件《2018年度"大学习"工作实施方案》和〔2018〕16号文件《2018年度"大调研"工作实施方案》，及《2018年度开展"大学习活动"开设"领导干部讲党课微信讲堂"任务分解方案》，对全面贯彻落实阳郊检发〔2018〕14号文件作了具体安排。

7月19日　阳泉市郊区检察院举办普通话培训讲座，院班子成员及全体干警参加了普通话培训。

7月31日上午　阳泉市人民检察院党组副书记、常务副检察长范海生、刑事检察一部部长马全有等一行四人，对郊区院扫黑除恶工作进行调研。

8月7日　员额检察官档案建立。

8月13日　阳泉郊区检察院下发阳郊检发〔2018〕18号文件《2018年度检察官入额遴选工作实施方案》。

8月14日　阳泉市郊区人民法院召开审判委员会，讨论研究一起解除强制医疗案件，区检察院检察长严志勇列席会议并发表意见，这是区检察院检察长首次列席区法院审委会会议。

8月20日　阳泉郊区检察院召开党组会，传达学习中央政法委秘书长、全国扫黑办主任陈一新在全国扫黑办第二次主任会议上的讲话，通报全市“扫黑除恶”专项行动进展情况，对近期扫黑除恶专项斗争进行了再部署，以推动扫黑除恶专项斗争不断向纵深发展。

8月22日　中共阳泉郊区检察院党组下发阳郊党组字〔2018〕8号文件，决定副检察长杨建民分管公诉工作和未成年人检察工作，副检察长张保亮不再分管公诉工作，其他分工不变。

8月　在最高人民检察院检察技术信息研究中心开展的“第二届全国检察机关信息化网上轻应用作品征集”活动中，阳泉郊区检察院开发的检察笔录系统成功通过审核，成为全省唯一入选团队。

9月4日　中共阳泉郊区检察院党组下发阳郊党组字〔2018〕9号文件，决定副检察长杨建民不再分管控申工作，党组成员史保龙负责控申工作；段耀东不再负责控申具体工作，调至刑事检察部办理普通刑事案件，控申具体工作由郑志明负责。

9月5日　阳泉郊区检察院下发阳郊检发〔2018〕19号文件《队伍集中整肃专项活动实施方案》，并成立集中整肃专项适动领导小组，党组书记、检察长严志勇任组长。专项活动从2018年8月份开始，至2018年12月底结束。

9月5日　阳泉郊区检察院下发阳郊检发〔2018〕20号文件，制订并实施《会议纪律制度》。

9月7日　中共阳泉市郊区委员会下发阳郊干字〔2018〕29号文件，决定免去张福明郊区检察院党组成员职务。

9月11日　阳泉郊区检察院下发阳郊检发〔2018〕21号文件，制订并实施《公益诉讼案件线索举报奖励办法》和22号文件《公益诉讼案件联席会议办法》。

9月20日　根据中央第二督导组反馈意见和省、市扫黑除恶专项斗争督导反馈的意见和建议，阳泉郊区检察院下发阳郊检发〔2018〕23号文件，制订并实施《落实督导意见整改方案》。

9月20日　中共阳泉市委组织部下发阳组干字〔2018〕36号文件，任命孟秀红为阳泉郊区检察院政治部主任。

9月29日　阳泉郊区人大常委会下发阳郊人发〔2018〕13号文件，任命聂玲莉为郊区检察院检察委员会委员，免去贾俊敏郊区检察院检察委员会委员职务，免去田江华专职检委职务。

10月24日　阳泉郊区检察院召开集中整肃专题民主生活会，党组书记、检察长严志勇和班子成员按照《阳泉市郊区人民检察院检察队伍集中整肃专项活动实施方案》中“八查八整”的内容，开展批评与自我批评，深入查找问题，分析问题根源，明确整改方向。区委政法委书记张斌武、副书记王书波到会指导。

11月23日　中共阳泉市郊区委员会下发阳郊干字〔2018〕39号文件任命孟秀红

为郊区院检察党组成员。

11月29日　为认真贯彻落实习近平新时代中国特色社会主义思想和中共十九大精神，贯彻落实中共中央、最高检、省市检察院关于开展警示教育的指示精神，阳泉郊区检察院召开警示教育大会，共同接受警示教育，本次警示教育为期一个月，目标是把检察队伍的纪律作风严起来、紧起来，让检察队伍强起来、硬起来。并下发阳郊检发〔2018〕27号《集中开展警示教育活动方案》。

是月　阳泉郊区检察院代表全市检察系统参加山西省庆祝改革开庭40周年暨检察机关恢复重建40周年文艺汇演，小提琴独奏《鸿雁》和旗袍秀《水墨兰亭》获得好评。

12月5日　在山西省检察机关先进集体和先进个人表彰大会上，阳泉市郊区人民检察院被评为“山西省检察机关先进集体”，成为阳泉市基层检察院唯一入选的先进集体，是郊区院第五次荣获全省先进集体光荣称号。

12月10日　中共阳泉郊区检察院党组按照省纪委监委《关于推荐审查调查专业人才的通知》，推荐王艳明（纪检组长）为审查调查专业人才。

是年　阳泉郊区检察院分别被山西省人民检察院和中共阳泉郊区区委授予“党建工作创新单位”和“十佳精神文明单位”荣誉称号。

第一编

组织机构

第一章　阳泉市郊区人民检察院

第一节 概述

阳泉市郊区人民检察院是国家的法律监督机关，依法行使下列职权：对直接受理的国家工作人员利用职权实施的犯罪案件进行侦查；对同级公安机关侦查的案件进行审查，决定是否逮捕起诉，或者不起诉。对侦查机关的侦查活动是否合法，实行监督；对刑事案件提起公诉，支持公诉；对同级人民法院的刑事判决、裁定是否正确和审判活动是否合法实行监督；对监狱、看守所等执行机关执行刑罚的活动是否合法实行监督；对同级人民法院的民事审判活动实行法律监督，对同级人民法院已经发生效力的判决、裁定发现违反法律、法规规定的，依法提出抗诉；对行政诉讼实行法律监督。

1958 年 8 月 1 日，因机构改革，平定县改称阳泉市郊区，辖区为现平定县全境和现阳泉市郊区全境，组建阳泉市郊区人民检察院。同年 11 月 21 日，阳泉市郊区建制撤销，恢复平定县建制，阳泉市郊区人民检察院被撤销。

1959 年 4 月 20 日，阳泉市郊区人民检察院恢复。7 月 23 日，根据阳泉市编制委员会编制草案，设立郊区人民检察院分院。

1961 年 4 月 6 日，阳泉市郊区人民检察院再度被撤销。首任检察长由李种耕担任，之后由贾正来担任。

1978 年 12 月 24 日，根据中共阳泉市委〔1978〕94 号文件精神，重建阳泉市郊区人民检察院（全文简称阳泉郊区人民检察院，或郊区检察院）。

1979 年 7 月，阳泉郊区检察院内设机构设置为二室三科，即办公室、接待室、一科、二科、三科。

1980 年 1 月，阳泉市郊区检察院正式挂牌办公，办公地点在荫营东大街政府招待所内。

1981 年 9 月，阳泉市郊区检察院成立党组。

1982 年年初，阳泉市郊区检察院一科更名为刑事检察科，二科更名为法纪检察科，三科更名为经济检察科。

1985 年 7 月 24 日，阳泉市郊区检察院增设监所检察科。

1986 年 7 月 25 日，根据上级指示，中共阳泉市郊区委员会下发阳郊发〔1986〕21 号文件，郊区区委决定成立郊区严厉打击经济犯罪活动郊区战区指挥部，办公室设在郊区检察院。

1987年11月，撤销接待室，设立控告、申诉检察科。

1988年8月15日，成立经济法系罪案举报站（后改称举报中心），日常业务由控告申诉检察科负责。是年年底，办公地址迁至原区人大常委会办公楼。

1989年1月，为增强内部制约机制，撤销刑事检察科，一分为二，设立刑事侦查检察科、刑事审判检察科。2月3日，成立综合档案室，隶属于院办公室。

1990年，在郊区税务局设立税务检察室。

1991年5月8日，驻郊区工商局检察室挂牌成立。

1994年1月，设立民事、行政检察科。至此，郊区人民检察院内设机构共有一室七科，即办公室、刑事侦查检察科、刑事审判检察科、经济检察科、法纪检察科、监所检察科、控告申诉检察科、民事行政检察科；另有两个派出检察机构：税务检察室、工商检察室。办公地址迁至荫营东大街财贸大楼。

1995年9月28日，撤销工商检察室。

1997年12月，撤销税务检察室。

1999年1月22日，经济检察科升格更名为反贪污贿赂局。3月17日，郊区人民检察院下发阳郊发字〔1999〕7号文件，决定启用反贪污贿赂局、审查批捕科、审查起诉科三枚印章，原经济检察科、刑事侦查检察科、刑事审判检察科三枚印章同时废止。

2000年8月，成立法警队。

至2000年年底，该院内设机构共有一室一局六科一队，即办公室、反贪污贿赂局、审查起诉科、审查批捕科、法纪检察科、监所检察科、控告申诉检察科、民事行政检察科、法警队。

2002年，部分内设机构名称变更：审查批捕科更名为侦查监督科，审查起诉科更名为公诉科，法纪检察科更名为渎职侵权检察科。成立政工科。

2007年11月，反渎职侵权检察科更名为反渎职侵权局。

2008年，为建立健全惩治和预防腐败体系，成立职务犯罪预防科。

2010年5月29日，阳泉郊区机构编制委员会办公室以阳郊编办发〔2010〕20号文件，批准郊区人民检察院成立案件管理中心。郊区院选派5名政治业务素质较好的干警充实案件管理中心。7月，案件管理中心开始正式运行。

2015年7月15日，经阳泉郊区编办批准，该院监所检察科更名为刑事执行检察科。

同年9月，根据阳郊发〔2015〕15号、阳郊组通字〔2015〕9号文件精神，中共阳泉市郊区人民检察院总支委员会成立，原党支部书记张贵深任总支书记、原党支部副书记史保龙任副书记。

2016年8月16日，阳泉郊区检察院下发阳郊检党组字〔2016〕第5号文件《关于机构调整和人员任免的决定》，根据工作需要，将检务中心同控审科合署办公。

至2016年年底，阳泉郊区人民检察院内设机构为七科二局一室。公诉科、侦查监督科、民事行政检察科、刑事执行检察科、控告申诉检察科、政工科、职务犯罪预防科、反贪污贿赂局、反渎职侵权局，办公室（法警大队、人民监督员办公室）。编制为41名。

2017年5月12日，为进一步优化检察职能和检力资源配置，强化法律监督、自身监督和队伍建设，提高法律监督能力和执法公信力，阳泉郊区检察院根据《山西省县级人民检察院内设机构改革实施方案》，制定《内设机构改革实施方案（试行）》，全院内设机构改为5个：综合保障部、政治部、刑事检察部、民事行政检察部、检察业务管理监督部。原职务犯罪预防科、反贪污贿赂局、反渎职侵权局，转隶新成立的阳泉市郊区监察委员会。反贪反渎和预防部门转隶后，该院重新核定的政法专项编制39名，是年，实有工作人员34名，具有检察官资格的13名（含检察长、副检察长），首批检察官遴选入额9名（其中，以院领导身份入额4名、以普通身份检察官入额5名），内设机构5个，院领导班子成员9人（其中，党组书记1人、党组成员6人、非党组成员副检察长1人、专职委员1人）。

是年9月，新增普通员额检察官1人。

2018年，内设机构5个：综合保障部、政治部、刑事检察部、民事行政检察部、检察业务管理监督部。并根据机构改革和反贪反渎及预防犯罪部门转隶后，检察机关面临的职能情况，对班子成员分工作了相应调整。

历届检察长任期情况一览表

表 1-1

届　期	姓　名	任职时间	籍　贯
（治所在平定）	李种耕	1958.8 ~ 1958.11	山西盂县
（治所在平定）	贾正来	1959.4 ~ 1961.4	山西平定
1979.7 ~ 1984.5	赵玉珍	1979.7 ~ 1984.5	山西平定
1984.6 ~ 1990.5	苏密生	1984.6 ~ 1987.6	河北栾城
1987.6 ~ 1990.5	苏密生	1987.6 ~ 1993.5	河北栾城
1990.5 ~ 1993.5	苏密生	1990.5 ~ 1993.5	河北栾城
1993.5 ~ 1998.5	苏密生	1993.5 ~ 1995.5	河北栾城
	郭　和	1995.5 ~ 1998.5	山西平定
1998.5 ~ 2003.4	闫运成	1998.5 ~ 2003.4	山西盂县
2003.5 ~ 2007.4	张建国	2003.5 ~ 2007.4	山西平定
2007.5 ~ 2016.8	贾建胜	2007.5 ~ 2011.8	河北石家庄
2011.5 ~ 2016.5	王建明	2011.8 ~ 2016.8	山西盂县
2016.5 ~	严志勇	2016.5 ~	河北行唐县

历任副检察长任职情况一览表

表 1-2

姓　名	任职时间	备　注	姓　名	任职时间	备　注
贾正来	1958.1 ~ 1959.4	治所在平定	史先玲	1996.1 ~ 1999.1	
梁成云	1960.3 ~ 1962	同上	贾金祥	1996.1 ~ 2008.3	
白玉华	1979.7 ~ 1983	治所在荫营	刘双富	2002.3 ~	2013.7，任常务副检察长
裴存祥	1981.9 ~ 1987.8	荫营，下同	张贵深	2001.1 ~ 2013.4	
史宝珠	1984.3 ~ 1996.1		高秀瑾	2008.3 ~ 2011.4	
李生林	1985.8 ~ 1987.9		杨建民	2008.3 ~	
高秉明	1987.9 ~ 1990.4	调外单位挂职	张保亮	2013.4 ~	
李爱贤	1990.11 ~ 2008.3		王权政	2013.4 ~	
高秉明	1993.3 ~ 1995.4	常务副检察长			

历任检察委员会委员一览表

表 1-3

姓　名	任职时间	姓　名	任职时间
苏密生	1984.10 ~ 1995.5	史如斌	2008.8 ~ 2017.3
史宝珠	1984.10 ~ 1996.1	王建明	2011.5 ~ 2016.5
李爱贤	1984.10 ~ 2008.2	贾俊敏	2013.4 ~ 2018.9
甄秉铎	1984.10 ~ 1987.8	田江华	2002.7 ~ 2018.9
石吉宾	1984.10 ~ 1991.12	杨建民	2008.3 ~
高秉明	1987.9 ~ 1995.4	王权政	2008.3 ~
史先玲	1996.1 ~ 1999.1	张保亮	2013.4 ~
贾金祥	1996.1 ~ 2008.2	王学军	2013.4 ~ 2017.2
刘双富	1999.3 ~	杨培龙	2013.4 ~ 2017.2
王瑞明	1999.2 ~ 2008.2	史保龙	2013.4 ~
张贵深	2001.1 ~ 2013.4	王建文	2013.12 ~ 2017.3
张福明	2002.7 ~	李建华	2014.3 ~ 2017.2
高秀瑾	2002.7 ~ 2011.4	王巨民	2014.3 ~ 2017.2
史淑君	2002.7 ~ 2013	田长春	2014.3 ~ 2017.2
张建国	2003.5 ~ 2007.4	严志勇	2016.5 ~
贾建胜	2007.5 ~ 2011.8	魏振泽	2017.3 ~
		聂玲莉	2018.9 ~

第二节 检察机构

一、2017 年 5 月 12 日阳泉郊区检察监察体制改革后内设机构

（一）综合保障部：合并行使办公室、行政装备科、检察技术科职能

1. 负责协助院领导处理检察政务，组织协调院重要工作部署、重大决策的贯彻实施，组织安排院机关重要会议和重大活动；负责文件起草，处理检察信息，编发内部刊物；处理机要文电；负责人大代表联络工作；负责档案管理、保密工作；负责机关办公秩序管理和机关日常值班等职责。

2. 负责办案装备及基本建设经费的管理；负责检察技术装备、交通通信装备、检察服装的统筹计划和管理；负责机关和事业单位经费及基本建设经费等各项经费的

申请、核算和管理及各种装备物资的政府采购等职能。

3. 负责本院检察技术和信息化工作的管理；负责本院通信、计算机网络、信息安全、信息化应用的日常管理、维护和保障工作；负责检察技术和信息化专业人员的管理和培训工作；承担本院信息安全工作，组织落实国家有关信息安全政策与法规等职能。

部门负责人配备：部长 1 人暂空缺，副部长 1 人（由原案管中心副主任孟秀红担任）。

党组成员史保龙兼管综合保障部工作。

2017 年 5 月 26 日，阳泉郊区检察院党组下发阳郊检党组字〔2017〕第 8 号文件，决定党组成员史保龙兼管综合保障部，孟秀红任综合保障部副部长。

（二）政治部：合并行使政治处和司法警察大队职能

1. 负责检察机关党的建设和队伍建设工作；开展具有检察特点的思想政治工作；承担本院机构编制工作以及专业技术职称、工资津贴和奖励工作，制定检察机关有关干部管理规定并组织实施，负责宣传和干部教育培训工作等职能。负责互联网门户网站、“两微一端”的日常管理。

2. 贯彻落实中共中央、国务院有关离退休干部工作的方针、政策；组织离退休干部阅读、学习文件等活动；负责离退休干部的生活福利、休养、用车和文体活动等管理和服务工作职能。

3. 负责对司法警察的管理、培训、考核工作，组织司法警察配合本院业务部门履行职责等职能，负责武器弹药的管理。

部门负责人配备：部长 1 人由党组成员、副检察长杨建民担任，副部长 2 人分别由原政工科副科长王艳明、原法警队队长张培亮担任。

2017 年 5 月 26 日，阳泉郊区检察院党组下发阳郊检党组字〔2017〕第 8 号文件，党组成员史保龙兼管政治部，王艳明任政治部主任，张培亮、史丽芳任政治部副主任。2018 年 2 月 24 日，孟秀红任政治部副主任，主持工作。王艳明调离。9 月 20 日，孟秀红任政治部主任。

（三）刑事检察部：合并行使侦查监督科、公诉科、未成年人刑事检察科和刑事执行检察科职能

1. 负责审查批准或者决定逮捕犯罪嫌疑人；复议、复核公安机关不服不批准（不予）逮捕的案件；批准（决定）延长侦查羁押期限；批准侦查部门重新计算侦查羁押期限，对于公安机关重新计算侦查羁押期限的案件进行备案监督；监督公安机关的办案期限是否合法；监督侦查机关（部门）的立案活动；监督侦查机关（部门）的侦查活动；审查办理报请核准追诉的案件等职能。

2. 负责对侦查机关（部门）侦查终结移送审查起诉或者不起诉的案件，审查决

定是否提起公诉或者不起诉；负责对侦查机关（部门）的侦查活动是否合法实行监督等职能。出席公诉案件法庭，代表国家履行公诉职责和审判监督职责；审查人民法院的刑事判决、裁定，对确有错误的刑事判决、裁定，依法提出抗诉；审查报请核准追诉的案件；刑事特别程序赋予公诉部门的审查、监督职责；结合办案参与社会治安综合治理等职能。

3. 负责犯罪嫌疑人是未成年人或者以未成年人为主的共同犯罪案件、被害人是未成年人的案件；实行捕、诉、监（法律监督）、防（犯罪预防）一体化，负责未成年人犯罪的审查批捕、审查起诉、诉讼监督和预防帮教，保护救助未成年被害人，教育感化挽救涉罪未成年人，预防未成年人犯罪，维护未成年人合法权益；积极参与涉及未成年人的社会综合治理工作。

4. 负责对人民法院、公安机关和监狱、看守所、社区矫正机构等执行机关执行刑罚活动和人民法院执行没收违法所得及其他涉案财产的活动是否合法实行监督；对减刑、假释、暂予监外执行的提请、审理（包括减刑、假释案件的出庭）、裁定、决定、执行活动是否合法实行监督；对监管被刑事拘留、逮捕和指定居所监视居住的犯罪嫌疑人、被告人的活动是否合法实行监督；对犯罪嫌疑人、被告人的羁押期限是否合法实行监督；对被逮捕的犯罪嫌疑人、被告人进行羁押必要性审查；对刑事执行机关的监管活动是否合法实行监督；对罪犯又犯罪案件审查逮捕、审查起诉、出庭公诉，对罪犯又犯罪案件的立案、侦查、审判活动是否合法实行监督；对刑罚交付执行和变更执行活动实行监督；对社区矫正执行活动实行监督；对强制医疗执行实行监督；受理刑事被执行人及其法定代理人、近亲属、辩护人、诉讼代理人的控告、举报和申诉；对刑事被执行人合法性权益予以保障等职能。

部门负责人配备：部长 1 人由党组成员、常务副检察长刘双富担任，副部长 2 人分别由原侦查监督科科长田长春、原公诉科科长魏振泽担任。

2017 年 5 月 26 日，阳泉郊区检察院党组下发阳郊检党组字〔2017〕第 8 号文件，刘双富任刑事检察部部长，田长春、魏振泽任刑事检察部副部长。同年 11 月 28 日，经郊区院党组会议研究决定，任命聂玲莉为刑事检察部副部长。

（四）民事行政检察部：行使民事行政检察职能

负责对人民法院已经发生法律效力的，确有错误的民事、行政判决、裁定或者损害国家利益，社会公共利益的民事、行政调解书，按照审判监督程序规定，向人民法院提请抗诉或者再审检察建议；办理民事、行政审判程序中审判人员违法行为监督和民事、行政执行监督案件；按照最高人民检察院部署，办理民事、行政公益诉讼案件和在履行职责中发现的行政机关违法行使行政职权或者怠于履行职责的监督案件，以及对侵害公民人身、财产权益的行政强制措施进行法律监督的案件；办理跟进监督案件和复查案件；为维护国家利益、社会公共利益和弱势群体合法权益，办理督促起诉、支持起诉案件；对在履行职责中发现的职务犯罪或者其他犯罪线索移送职能机关（部门）查处等职能。

部门负责人配备：部长1人由副检察长张保亮担任，副部长1人由原民事行政检察科科长邵鹏芳担任。

2017年5月26日，阳泉郊区检察院党组下发阳郊检党组字〔2017〕第8号文件，张保亮任民事行政检察部部长，邵鹏芳任民事行政检察部副部长。

（五）检察业务管理监督部：合并行使案件管理、法律政策研究、控告申诉、检委办、监察和检务督察职能

1. 负责案件受理、审查、流转和结案审核；负责办案流程监控；负责涉案财物的监管；负责以本院名义制发的法律文书的监管；负责接待辩护人、诉讼代理人；统一负责组织并参与办案质量评查；负责检察业务统计、分析；对执法办案风险评估预警工作进行组织协调和督促检查；负责统一业务应用系统的使用和管理；负责案件信息公开管理；负责电子卷宗制作和使用管理等职能。

2. 负责调查研究国家公布的与检察工作有关的法律、法规、政策的执行情况，提出意见和建议；负责检察应用理论研究工作；负责检察工作法制建设的调研；编辑检察工作应用法律、法规文件和检察工作年鉴等职能。

3. 负责处理来信来访，统一受理报案、控告、举报、申诉和犯罪嫌疑人投案自首，初核举报线索，办理有关控告案件，开展举报奖励工作，进行法律宣传和咨询活动，保护公民、法人及其他单位的合法权益，促进司法公正，维护社会稳定；负责不服人民检察院因犯罪嫌疑人没有犯罪事实，或者符合《中华人民共和国刑事诉讼法》第15条规定情形作出的不批准逮捕决定的申诉；不服人民检察院不起诉决定的申诉；不服人民检察院撤销案件的申诉；不服人民检察院其他诉讼终结的刑事处理决定的申诉；不服人民法院已经发生法律效力的刑事判决、裁定的申诉；统一办理人民检察院作为赔偿义务机关的刑事赔偿案件；办理国家司法救助案件等职能。

4. 承办检察委员会日常工作等职能。

5. 负责检查检察机关及其所属内设机构、直属事业单位在遵守和执行法律、法规和最高人民检察院、上级人民检察院的决定、规定中的问题；负责受理对检察机关及其所属内设机构、直属事业单位和检察人员违反纪律、法律的控告、检举；调查处理检察机关及其所属内设机构、直属事业单位和检察人员违反纪律、法律的行为；受理检察人员不服纪律处分决定的申诉；有关法规、文件规定由监察部门履行的其他职责。

6. 对本院工作人员依法履行职责、行使职权、遵章守纪、检风检容的情况进行督察；对司法办案活动中遵守办案程序和办案纪律的情况进行督察、对重大案件的办理情况进行专项督察和个案跟踪；检察人员遭受不法侵害时，实施维权活动；收集有

关检察机关和检察工作社情民意，为院党组决策提供客观依据；完成检察长或上级督察机构交办的其他督察事项等职能。

部门负责人配备：部长1人，由党组成员、副检察长王权政担任，副部长2人，由原控告申诉科科长段耀东担任，专职委员田江华兼管法研工作和检委办工作。

2017年5月26日，阳泉郊区检察院党组下发阳郊检党组字〔2017〕第8号文件，王权政任检察业务管理监督部部长，段耀东任检察业务管理监督部副部长。2018年2月24日，郑志明任检察业务管理监督部副部长。

此外，根据阳泉郊区检察院党组2017年5月26日下发的阳郊检党组字〔2017〕第8号文件，田江华兼管法律政策研究和检委办工作。

二、2017年5月12日阳泉郊区检察监察体制改革前内设机构及历史沿革

（一）侦查监督科

职责：负责对全区刑事犯罪案件（包括人民检察院直接受理侦查的国家工作人员贪污贿赂、国家机关工作人员渎职侵权等犯罪案件）犯罪嫌疑人的审查批准逮捕、决定逮捕和立案监督、侦查活动监督工作；承办应当由本院办理的审查批准逮捕、决定逮捕案件；承办对公安机关要求复议的不批准逮捕案件的审查工作。

历任侦查监督科科长、副科长一览表

表1-4

科　长	任职时间	副科长	任职时间
史淑君	1999.1 ~ 2008.6	史保龙	2006.9 ~ 2008.6
王学军	2008.6 ~ 2013.4	周秀萍	2008.6 ~
魏振泽	2016.1 ~ 2017.4	魏振泽	2013.4 ~ 2015.12
田长春	2017.3 ~		

（二）公诉科

负责对全区刑事犯罪案件（包括人民检察院直接受理侦查的国家工作人员贪污贿赂、国家机关工作人员渎职侵权等职务犯罪案件）的审查起诉、出庭公诉、抗诉工作；负责对区人民法院刑事审判活动实行监督工作。承办应由本院审查起诉和提请市人民检察院抗诉的案件；对提起公诉的案件，出庭支持公诉。负责对同级侦查机关、审判机关的侦查活动和审判活动是否合法进行监督的工作。

历任公诉科科长、副科长一览表

表 1–5

科 长	任职时间	副科长	任职时间
杨培龙	2007.1 ~ 2013.4	史如斌	1996.12 ~ 1999.2
田长春	2013.4 ~ 2017.3	王建文	2006.9 ~ 2008.6
魏振泽	2017.3 ~	王学军	2006.9 ~ 2008.6

历任刑事检察科科长、副科长一览表

表 1–6

科 长	任职时间	副科长	任职时间
李爱贤	1984.4 ~ 1992.1	王永志	1984.4 ~ 1985.4
张文芳	1994. ~ 1996.	张文芳	1988.6 ~ 1993.12
田江华	1996.2 ~ 2007.1	史如斌	1999.1 ~

（三）反贪污贿赂局

内设：侦查一科、侦查二科、综合科。负责对本院直接受理的贪污、贿赂等犯罪案件的侦查、预审工作；负责研究分析贪污、贿赂等经济犯罪的特点、规律和惩治、预防决策，为领导决策提供依据。

历任反贪污贿赂局局长（政委）、副局长一览表

表 1–7

局长（政委）	任职时间	备注	副局长	任职时间	备 注
王瑞明	1999.1 ~ 2008.2		王权政	1999.1 ~ 2008.2	
张福栓	2008.2 ~ 2011.12		王权政	2002.7 ~	兼一科科长
王学军	2013.3 ~ 2017.2		张福栓	2002.7 ~ 2008.2	兼二科科长
王巨民	2013.4 ~ 2017.2	政委	张福明	1999.1 ~ 2002.7	
			王权政	2004.3 ~	
			张福栓	2004.3 ~ 2008.2	
			王巨民	2008.6 ~ 2013.4	
			张保亮	2008.6 ~ 2013.3	

历任反贪污贿赂局各科科长（副科长）一览表

表 1–8

科　长	任职时间	备注	副科长	任职时间	备　注
贾俊敏	1999.2 ~ 2002.7	一科			
刘丙生	1999.2 ~ 2002.7	二科			
史如斌	1999.2 ~ 2002.7	综合科			
王权政	2002.7 ~ 2008.3	一科			
张福栓	2002.7 ~ 2008.2	二科	周秀萍	2006.9 ~ 2008.6	一科
刘丙生	2002.7 ~ 2013.4	综合科	王巨民	2006.9 ~	二科
穆爱民	2013.4 ~ 2017.2	综合科	段耀东	2006.9 ~ 2008.6	综合科

附：

历任经济检察科科长、副科长一览表

表 1–9

科　长	任职时间	副科长	任职时间	备　注
甄秉铎	1984.4 ~	郝致祥	1984.4 ~	
李爱贤	1990.1 ~ 1990.11	杨建民	1996.12 ~ 1999.2	
王瑞明	1996.1 ~ 1999.1			

（四）反渎职侵权局

负责对本院直接受理的国家机关工作人员渎职犯罪和国家机关工作人员利用职权实施的侵犯公民民主权利、人身权利犯罪案件的侦查、预审工作。

历任反渎职侵权局（法纪检察科）局长（政委、科长）副局长（副科长）一览表

表 1-10

局　长（政委、科长）	任职时间	备　注	副局长（副科长）	任职时间	备注
郑奎英	1984.4 ~ 1985.1	法纪科科长			
王瑞明	1985.1 ~ 1987.9	外出学习	王瑞明	1990.1 ~ 1994.1	续任
王瑞明	1996.1 ~ 1999.1	复任			
杨建民	1999.2 ~ 2008.2	法纪科科长	王建文	2008.6 ~ 2010.7	
杨培龙	2013.3 ~ 2017.2	局长	张保亮	2006.9 ~ 2008.6	渎职侵权检察科
李建华	2013.4 ~ 2017.2	政委	李建华	2008.5 ~ 2017.2	

（五）监所检察科

负责由本院管辖的对执行刑罚的活动，减刑、假释、保外就医等变更执行和对监狱、看守所、劳动教养机关的监管活动是否合法以及对超期羁押监督工作；负责对刑罚执行和监管改造过程中发生的虐待被监管人案、私放在押人员案、失职致使在押人员脱逃案、徇私舞弊、减刑、假释、暂予监外执行案的立案侦查；负责对刑罚执行和监管改造过程中贪污、贿赂及其他渎职侵权案件的初查；负责对服刑人员和劳教人员的重新犯罪案件的审查批捕和起诉；受理被监管人员及其家属提出的有关刑罚执行和监管改造中监管人员违法犯罪行为的控告和举报；受理并复查被监管人员及其家属不服已生效判决、裁定的申诉。

历任监所检察科（刑事执行检察科）科长、副科长一览表

表 1-11

科　长	任职时间	备　注	副科长	任职时间	备　注
张文芳	1999.2 ~ 2002.7	监所检察科	刘守忠	1988.6 ~ 1994.1	监所检察科
贾俊敏	2002.7 ~ 2013.4	监所检察科			
崔丽娟	2013.4 ~ 2016.1	监所检察科			
田长春	2016.8 ~ 2017.4	监所检察科（兼）			
田长春	2017.4 ~	监所检察科（兼）			

（六）民事行政检察科

依法受理公民、法人不服人民法院已发生法律效力的民事、经济、行政案件的判决或者裁定的申诉案件；对人民法院的民事、经济、行政审判活动以及作出的判决、裁定是否合法实行监督；对确有错误的民事、经济、行政判决裁定，报请市人民检察院依法抗诉；对人民法院在审理民事、经济、行政案件过程中审判人员的职务犯罪线索进行初查，或配合其他自侦部门共同侦查。

历任民事行政检察科科长、副科长一览表

表 1–12

科　长	任职时间	副科长	任职时间
王瑞明	1994.1 ~ 1999.2	段耀东	2006.9 ~ 2013.4
史淑君	1996.1 ~ 1999.1	田长春	2006.9 ~ 2013.4
崔丽娟	1999.2 ~ 2013.4	赵　瑾	2013.4 ~
魏振泽	2016.8 ~ 2016.12（兼）	邵鹏芳	2016.12 ~ 2017.3（主持工作）
邵鹏芳	2017.3 ~		

（七）控告申诉检察科（举报中心、刑事赔偿办公室）

负责本院控告、举报、刑事申诉、刑事赔偿工作。受理公民的报案、举报、控告和申诉；受理服刑人员及其法定代理人、近亲属的申诉；对举报线索进行分类管理；对检察机关管辖的性质不明、难以归口处理的举报案件线索进行初查；综合反映控申举报、刑事申诉和刑事赔偿工作情况；依法办理检察机关管辖的刑事申诉案件，督促检查有关部门查报结果；承办检察机关的刑事赔偿事项。

历任控告申诉检察科科长、副科长一览表

表 1–13

科　长	任职时间	副科长	任职时间
王根贵	1991 ~ 1994	田长春	2008.6 ~ 2010.7
王瑞明	1994.1 ~ 1999.2	牛　慧	2013.4 ~ 2016.9
张福栓	1999.2 ~ 2002.7	史丽芳	2017.3 ~
史如斌	2002.7 ~		
田长春	2010.7 ~ 2013.3		
段耀东	2017.3 ~ 2018.9		
郑志明	2018.10 ~		

（八）案件管理中心

对检察机关办理的案件实行统一受理、流程监控、案后评查、统计分析、信息查询、综合考评等，对办案期限、办案程序、办案质量等进行管理、监督、预警，规范执法行为，提高办案质量和效率。统一受理侦查机关移送的审查逮捕、审查起诉、延长侦查羁押期限、申请强制医疗、申请没收违法所得、提出或者提请抗诉、提请制定管辖等案件。负责对办案流程进行动态管理、过程监控。对本院办理案件的羁押期限和办案期限进行监督。对于纳入流程监控范围的案件，负责对执法办案风险评估预警工作进行组织协调和督促检查。对以本院名义制发的法律文书实施监督管理。涉及人身、财产等权利的法律文书，由案管中心集中保管、统一开具。负责对扣押的涉案财物进行保管，并对查封、扣押、冻结、处理涉案财物工作进行监督管理，对违反规定的行为提出纠正意见；对构成违法或者严重违纪的行为，移送纪检监察部门处理。辩护人、诉讼代理人向人民检察院提出有关申请、要求或者提交相关材料的，案件管理中心应当接受并及时移送相关办案部门或者与相关办案部门协调、联系。负责对本院各业务部门办理的案件组织定期评查；对投诉本院有关业务部门办案质量问题的案件，组织个案评查。负责对各业务部门报送的案件登记卡审核汇总。完成检察长或检委会交办的其他工作任务。

历任案件管理中心主任一览表

表 1–14

主　任	任职时间	副主任	任职时间
王建文	2010.7 ～ 2017.3	史丽芳	2010.7 ～ 2017.3
孟秀红	2017.3 ～ 2018.2		
郑志明	2018.2 ～		

附：早期其他科室任职情况

历任审查批捕科科长、副科长一览表

表 1–15

科　长	任职时间	副科长	任职时间
王瑞明	1993.1 ～ 1994.1	史淑君	1993 ～ 1996.1
张文芳	1994.1 ～ 1994.3	崔丽娟	1998. ～ 1999.2
张文芳	1996.2 ～ 1999.1	史保龙	2008.4 ～ 2008.6
王学军	2008.6 ～ 2013.4		

历任审查起诉科科长、副科长一览表

表 1–16

科　长	任职时间	副科长	任职时间
杨大举	~ 1984.3	刘守忠	1991.1 ~ 1994.1
张文芳	1994.3 ~ 1996.1	王瑞明	1990.1 ~ 1994.1
田江华	1999.2 ~ 2007.7	史淑君	1993 ~ 1996.2
		杨培龙	1999.2 ~ 2007.1

（九）检察委员会办公室

对提交检察委员会讨论的案件和事项材料是否符合要求提出意见；对提交讨论的事项和案件提出法律意见；对提交讨论的有关检察工作的规定、规则、细则、办法、实施意见等，提出审核意见；对提交检察委员会讨论的议案材料进行统一印刷；负责会议记录，编写会议纪要及归档工作；对检察委员会讨论决定事项进行督办；检察长、检察委员会交办的其他事项。并负责对检察应用理论研究工作；承办本院检察委员会日常工作并提出意见和建议；开展各项执法检查工作。负责本院有关专题报告、工作总结等文字材料的撰写，努力完成好上级检察机关及本院下达的调查研究、宣传工作任务。

阳泉市郊区人民检察院检察委员会权力清单
（试行）

一、职能范围

检察委员会是人民检察院在检察长主持下的业务决策机构，主要任务是按照民主集中制的原则，讨论决定重大案件和其它重大检察业务问题。

（一）事项类议题范围

1. 在检察工作中贯彻执行国家法律、政策的重大业务问题；

2. 贯彻执行区人民代表大会及其常务委员会决议的有关工作报告、专项报告，拟提交区人民代表大会及其常务委员会的工作报告、专项业务报告和议案；

3. 贯彻执行市人民检察院业务工作部署、决定的重大问题，总结检察业务工作经验，研究检察业务工作中的新情况、新问题；

4. 检察机关重要的业务规范性文件，包括：长期性业务工作规划、全局性业务工作计划、涉及两个业务部门（含）以上工作的重要业务规范性文件、拟与其他机关会签的重要业务规范性文件、涉及业务工作运行机制的检察改革文件；

5.本院重大业务工作部署和重大专项业务工作情况报告；

6.其他应当提请检察委员会讨论决定的重大业务事项。

（二）案件类议题范围

1.决定检察长或者公安机关负责人回避的；

2.对职务犯罪嫌疑人拟作不起诉处理、拟提出适用缓刑、免予刑事处罚量刑建议的；

3.对重大、疑难、复杂、敏感的刑事、民事、行政案件拟提请抗诉的；

4.对民事、行政案件拟提出再审检察建议，对民事、行政执行活动拟提出检察建议的；

5.错案复查、调查报告以及对本院办理错案的确认；

6.对重大、复杂的国家赔偿、国家赔偿监督案件审查终结的处理意见；

7.拟向市人民检察院请示的案件；

8.拟对市人民检察院检察委员会关于案件的决定提请复议的；

9.公安机关提请复议的案件；

10.其他应当提请检察委员会讨论决定的重大案件。

二、检察长的权力

（一）决定议题是否提请检察委员会审议；

（二）审定检察委员会办事机构报送的会议议程和列席人员名单；

（三）讨论案件时，决定本院检察委员会委员等人员应否回避；

（四）主持检察委员会会议，对议题发表个人意见，对审议情况进行总结，组织表决，宣布表决结果和决定；

（五）当委员意见分歧较大时，可以决定暂不作出决定、另行审议；

（六）讨论重大案件时，不同意多数委员意见的，可以报请市人民检察院决定；讨论重大问题时，不同意多数委员意见的，可以报请市人民检察院或者区人民代表大会常务委员会决定；

（七）审签检察委员会会议纪要和决定事项通知书。

三、副检察长、检察委员会专职委员的权力

（一）对议题发表意见并表决；

（二）向检察委员会提出议题；

（三）受检察长委托，主持检察委员会会议；

（四）受检察长或者检察委员会指派，对本院检察委员会决定事项的落实情况进行督促检查。

四、其他检察委员会委员的权力

（一）对议题发表意见并表决；

（二）向检察委员会提出议题；

（三）受检察长或者检察委员会指派，对本院检察委员会决定事项的落实情况进行督促检查。

五、列席人员的职责

（一）参加检察委员会会议，经主持人准许可对议题发表意见，但无表决权；

（二）遵守检察委员会议事规则及其他工作制度。

六、检察委员会办事机构的职责

（一）对提请检察委员会讨论的事项或者案件的范围及材料是否符合要求进行审核；

（二）对提请讨论的案件进行全面审查，提出法律意见；

（三）对提请审议的业务规范性文件提出研究意见；

（四）负责检察委员会会议记录、会议纪要起草及会议材料归档工作；

（五）负责督办检察委员会决定的事项；

（六）完成检察委员会和检察长交办的其他工作。

七、检察委员会决定的效力与复议

对于检察委员会的决定，提请部门、检察官应当正确、及时的执行。

三、2017 年 5 月 12 日阳泉郊区检察监察体制改革前内设行政机构

（一）办公室

职责：协助院领导处理检察政务，组织协调重要工作部署、重大决策的贯彻实施；负责起草报告、计划、总结等文件；负责检察统计工作和编发《检察信息》：负责组织全院性会议，对各部门承办的会议给予配合协助；做好文秘、督查、机要、档案、保密、收发、通信、文印工作：加强内外联系协调，作好外来人员的接待服务工作。负责本院的物资技术装备、交通通信工具、武器弹药警戒具、服装的统筹计划、申报、分配工作，负责本院的行政事务、装备管理、财务管理、固定资产管理、交通安全、机关卫生、基本建设和干警的福利工作。

历任办公室主任、副主任一览表

表 1–17

主任	任职时间	副主任	任职时间
石吉宾	1984.4 ~ 1991	高秀瑾	1992.4 ~ 1999.2
史先玲	1991 ~ 1992.4	李建华	2002.7 ~ 2008.6
王来所	1992.4 ~ 1999.2	张亚东	2013.4 ~
高秀瑾	1999.2 ~ 2002.7		
张福明	2002.7 ~ 2008.6		
史保龙	2008.6 ~ 2017.5		

（二）政工科（政治部）

政工科是该院检察官考评委员会的办事机构。

协助院党组搞好本机关中共基层组织建设和队伍建设工作：开展具有检察特点的思想政治工作；承办有关干部考核、考察和任免事项；负责本机关机构编制和有关干部人事管理工作：负责本院检察官的等级评定、晋升和司法警察的警衔评定、晋升工作；负责机关离退休人员的管理和服务工作；负责本院的理论、文化建设、检察宣传、精神文明建设和争先创优工作，承办表彰奖励工作；负责本院新闻发布会；负责本院干部教育培训工作，组织制定本机关中长期教育培训规划，组织管理检察官的任职资格培训、岗位职务培训、学历教育、继续教育工作。

历任政治部（政工科）部长（科长、副科长）一览表

表 1–18

部 长	任职时间	备注	副部长	任职时间	备注
高秀瑾	2002.1 ～ 2013.2	科长	王艳明	2013.4 ～ 2017.5	副科长
杨建民	2013.3 ～ 2017.3	科长	张培亮	2017.5 ～	副部长
史保龙	2017.3 ～ 2017.5	科长	史丽芳	2017.5 ～	副部长
王艳明	2017.5 ～ 2018.2	部长	孟秀红	2018.2 ～ 2018.9	副部长
孟秀红	2018.9 ～	部长			

（三）法警大队

依法承担本院管辖的侦查案件的现场保护、搜查、传唤传讯、提审押解工作；负责侦查案件的犯罪嫌疑人、被告人的看管工作；负责送达法律文书、公诉人出庭保卫工作；负责本院的安全保卫工作。

历任法警队队长（副大队长）、教导员（指导员）一览表

表 1–19

大队长	任职时间	备 注	副大队长	任职时间	备 注
张满良	1999.2 ～ 2013.4				
张培亮	2013.4 ～				

（四）检务中心

历任检务中心主任一览表

表 1–20

主任	任职时间	备注	副主任	任职时间	备注
牛慧	2015.2 ～ 2016.9				
段耀东	2016.9 ～ 2017.3				

阳泉市郊区人民检察院内设机构情况（一）

表 1–21

时间	内设机构数	内设机构名称	说明
1979.7	5	办公室、审查批捕科、审查起诉科、法纪检察科、反贪污贿赂局、监所检察科、控告申诉检察科、民事行政检察科、法警队	新设法警队
1982.	5	办公室、侦查监督科、公诉科、渎职侵权检察科、反贪污贿赂局、监所检察科、控告申诉检察科、民事行政检察科、法警队、政工科	新设政工科，审查批捕科更名侦查监督科、审查起诉科更名公诉科、法纪检察科更名渎职侵权检察科
1985.7	6	办公室、侦查监督科、公诉科、反渎职侵权检察局、反贪污贿赂局、监所检察科、控告申诉检察科、民事行政检察科、法警队、政工科	渎职侵权检察科更名反渎职侵权局
1987.11	6	办公室、侦查监督科、公诉科、反渎职侵权检察局、反贪污贿赂局、监所检察科、控告申诉检察科、民事行政检察科、法警队、政工科、职务犯罪预防科	新设职务犯罪预防科
1989.7	7	办公室、侦查监督科、公诉科、渎职侵权检察科、反贪污贿赂局、监所检察科、控告申诉检察科、民事行政检察科、法警队、政工科、职务犯罪预防科、案件管理中心	新设案件管理中心
1990.	8	办公室、侦查监督科、公诉科、渎职侵权检察科、反贪污贿赂局、监所检察科、控告申诉检察科、民事行政检察科、法警队、政工科、职务犯罪预防科、案件管理中心	监所检察科更名刑事执行检察科
1991.5	9	办公室、刑事侦查检察科、刑事审判检察科、法纪检察科、经济检察科、监所检察科、控告申诉检察科、驻税务局检察室、驻工商局检察室	新增驻工商局检察室
1994.1	10	办公室、刑事侦查检察科、刑事审判检察科、法纪检察科、经济检察科、监所检察科、控告申诉检察科、民事行政检察科、驻税务局检察室、驻工商局检察室	新增民事行政检察科
1995.9	9	办公室、刑事侦查检察科、刑事审判检察科、法纪检察科、经济检察科、监所检察科、控告申诉检察科、民事行政检察科、驻税务局检察室	撤销驻工商局检察室
1997.12	8	办公室、刑事侦查检察科、刑事审判检察科、法纪检察科、经济检察科、监所检察科、控告申诉检察科、民事行政检察科	撤销驻税务局检察室

阳泉市郊区人民检察院内设机构情况（二）

表 1–22

时间	内设机构数	内设机构名称	说明
1999.1	8	办公室、审查批捕科、审查起诉科、法纪检察科、反贪污贿赂局、监所检察科、控告申诉检察科、民事行政检察科	经济检察科更名为反贪污贿赂局、刑事侦查检察科更名为审查批捕科、刑事审判检察科更名为审查起诉科
2000.8	9	办公室、审查批捕科、审查起诉科、法纪检察科、反贪污贿赂局、监所检察科、控告申诉检察科、民事行政检察科、法警队	新设法警队
2002.	10	办公室、侦查监督科、公诉科、渎职侵权检察科、反贪污贿赂局、监所检察科、控告申诉检察科、民事行政检察科、法警队、政工科	新设政工科，审查批捕科更名侦查监督科、审查起诉科更名公诉科、法纪检察科更名渎职侵权检察科
2007.11	10	办公室、侦查监督科、公诉科、反渎职侵权检察局、反贪污贿赂局、监所检察科、控告申诉检察科、民事行政检察科、法警队、政工科	渎职侵权检察科更名反渎职侵权局
2008.	11	办公室、侦查监督科、公诉科、反渎职侵权检察局、反贪污贿赂局、监所检察科、控告申诉检察科、民事行政检察科、法警队、政工科、职务犯罪预防科	新设职务犯罪预防科
2010.5	12	办公室、侦查监督科、公诉科、渎职侵权检察科、反贪污贿赂局、监所检察科、控告申诉检察科、民事行政检察科、法警队、政工科、职务犯罪预防科、案件管理中心	新设案件管理中心
2015.7	12	办公室、侦查监督科、公诉科、渎职侵权检察科、反贪污贿赂局、监所检察科、控告申诉检察科、民事行政检察科、法警队、政工科、职务犯罪预防科、案件管理中心	监所检察科更名刑事执行检察科
2017.5	5	综合保障部、政治部、刑事检察部、民事检察部、检察业务管理部	反渎职侵权检察局、反贪污贿赂局、职务犯罪预防科整建制转隶新成立的阳泉市郊区监察委员会

第二章　中共阳泉市郊区人民检察院党组织

第一节　党组

1980年3月13日，中共阳泉市郊区下发阳郊发字〔1980〕第11号文件，决定成立郊区检察院党组，赵玉珍、白玉华、甄秉锋为党组成员，赵玉珍任党组书记。

附：

中共阳泉市郊区人民检察院党组职责和会议制度

1991年8月2日

为了充分发挥检察机关的职能作用，保证党的路线、方针、政策和国家法律、法令的正确实施，结合我院的实际情况，制定本制度。

一、党组的职责

1．在执行党中央路线、方针、政策和国家法律、政令的前提下，对我院和派驻检察室实行政治领导；

2．认真贯彻区委、市检察院和区人大对检察工作的指示、决议的贯彻实施；

3．讨论决定检察工作的全年计划，各个时期的工作重点和改革的重要措施，讨论通过预决算，提交检察委员会批准；

4．经常进行党的路线、方针、政策和党风、党纪、政纪、法纪教育，改善和加强思想政治工作。

5．协调各科室的活动，保证各项检察任务的完成。

6．研究决定各科正、副科长，正、副主任的任免名单，向区委推荐副检察长人选，讨论检察长向区人大常委会提请任免名单，讨论通过检察长对助理检察员和书记员的任免名单，讨论决定干警和工勤人员的调出调入。

二、党组会议的召开

1．党组会议每半月召开一次，特殊情况另行安排；

2．党组会议由党组书记主持，党组会议执行民主集中制，有半数以上人参加；

3．党组成员和各科室需要提交党组研究讨论的问题，会前要交政治协理员汇总，然后提交党组书记安排；

4．党组会议可邀请与议题有关人员列席；

5．党组生活会每月召开一次，党组成员编入党小组，参加党组织活动。

三、党组会议内容的办理

1．凡党组会议讨论决定的问题未经会议许可，与会人员一律不得私自传达、扩散；

2．负责党组会议记录的同志要认真做好会议记录，会议讨论决定的事项和需通知有关科室了解或办理，由办公室拟稿并经党组书记审查后通知和负责催办，催办情况及时向党组有关成员汇报；

3．党组会议决定的事项，主办单位要抓紧办理，并及时报告办理情况。

1958–2018 年阳泉市郊区人民检察院历任党组书记、副书记、党组成员一览表

表 1–23

序号	书 记	任职时间	备注	党组成员	任职时间	备注
1	李种耕	1958.8 ~ 958.11		白玉华	1980.3 ~ 1983	
2	贾正来	1959.4 ~ 1961.4		甄秉铎	1984.4 ~ 1987.8	
3	赵玉珍	1980.3 ~ 1984.6		高秉明	1987.8 ~ 1990.4	
4	苏密生	1984.6 ~ 1995.4		李爱贤	1990.11 ~ 2008.2	
5	闫运城	1995.7 ~ 1995.4		高秉明	1993.3 ~ 1995.4	
6	郭 和	1995.4 ~ 1998.5		贾金祥	1998.7 ~ 2008.2	
7	张建国	2003.5 ~ 2007.4		史先玲	1998.7 ~ 1999.1	
8	贾建胜	2007.5 ~ 2016.8		王瑞明	1999.1 ~ 2008.2	
9	王建明	2016.8 ~ 2016.4		刘双富	1999.1 ~	
10	严志勇	2016.4 ~		张福明	2002.3 ~ 2018.9	
11				高秀瑾	2002.2 ~ 2011.5	
12				胡爱锦	2002.4 ~ 2008.2	党组副书记
13				杨建民	2008.2 ~	
14				张福栓	2008.2 ~ 2011.12	
15				王权政	2008.2 ~	
16				张贵深	2001.1 ~ 2013.3	
17				贾俊敏	2013.3 ~	
18				杨培龙	2013.3 ~	
19				王学军	2013.3 ~ 2017.2	
20				史保龙	2013.3 ~	
21				王艳明	2018.1 ~	
22				孟秀红	2018.11 ~	

第二节 党总支（支部）

党总支是人民检察机关中的基层组织，是实现党对检察工作绝对领导、团结广大党员和干警完成各项检察工作任务的战斗堡垒。主要负责本部门各支部工作，协助、支持、保障行政部门完成任务、改进工作。具体任务：

1. 宣传和执行党的路线、方针、政策，贯彻执行中共中央、上级党组织的决定、指示和本支部的决定，教育党员发挥先锋模范作用，团结、组织党内外干警和职工，圆满完成本部门所担负的各项工作任务。

2. 组织中共党员认真学习马克思列宁主义、毛泽东思想、邓小平理论、“三个代表”重要思想和科学发展观，学习党的路线、方针、政策以及决议，学习党的基本知识，学习科学、文化和检察业务知识，不断提高政治和业务素质。

3. 对党员进行教育、管理和监督。认真落实党的组织生活制度，切实增强党员意识、党性意识，维护和执行党的纪律，督促党员切实履行义务，保障党员的权利不受侵犯。

4. 密切联系群众，了解和掌握党内外干警和职工的思想动态，反映他们的意见和要求，努力帮助解决工作和生活中的实际困难，做好思想政治工作。

5. 充分发挥党内外干警和职工的工作积极性、创造性，发现、培养和推荐优秀人才，鼓励、支持他们在本职岗位上建功立业。

6. 对入党积极分子进行教育、培养和考察，做好发展党员工作，重视吸收优秀青年入党。

7. 按时、足额收缴党费。

8. 监督党内外干警和职工严格遵守国家法律和上级检察机关各项规定，不得侵占国家、集体和群众的利益。

历任党总支（支部）书记一览表

表 1–24

书记	任职时间	备注	副书记	任职时间	备 注
赵玉珍	1981.4.17 ～		白玉华	1981.4. ～	支委
石吉宾	1990.11. ～ 1991.12		胡德珍	1981.4. ～	支委
李爱贤	1991.12 ～		刘双富	2002.6. ～	副书记
张贵深	2008.7 ～				
史保龙		总支书记			

第三节 纪检组

纪检组职责：协助党组抓好党风廉政建设决策部署的贯彻落实；检查本院内设机构在遵守和执行法律、法规和上级检察院的决定、规定中的问题；受理对本院内设机构和检察人员违反纪律、法律行为的控告、检举，必要时进行调查处理；受理检察人员不服纪律处分决定的申诉；协助党组抓好党组中心组理论学习，做好领导干部和部门负责人个人重大事项报告；健全院领导和部门负责人廉政档案；落实好"一表三卡"制度；做好对罪犯保外就医的同步监督；对纪律作风及其他日常工作进行督察。

历任纪检组组长一览表

表 1–25

纪检组组长	任职时间	备注
刘双富	1999.1 ~ 2008.2	
张福明	2008.2 ~ 2013.3	
贾俊敏	2013.3 ~ 2017.12	
王艳明	2018.1 ~	

第三章 群团组织

第一节 工 会

1987 年 8 月 10 日，为了维护职工的合法权益，加强对职工的思想政治教育和文化技术教育，建设一支有理想、有道德、有文化、守纪律的职工队伍，充分发挥工人阶级在社会主义两个文明建设中的主力军作用，根据《中国工会章程》和全院拥有 30 名干警、职工的实际，郊区检察院向郊区总工会提出筹建“检察院工会委员会”的申请。并设立筹建组，组长由史宝珠（副检察长）担任，成员由石吉宾（办公室主任）、郑魁英（监所检察科科长）、贾金祥（经济检察科负责人）、崔丽娟（会计）组成。

1987-2018 年阳泉市郊区人民检察院历任工会主席、副主席一览表

表 1-26

主 席	任职时间	副主席	任职时间	备 注
刘双富	2002.6 ~ 2015.9			
张福民	2015.10 ~			

第二节 团委（团支部）

1980 年 12 月 1 日，阳泉市郊区人民检察院制定《党团活动制度》，规定每星期一下午召开一次团员生活会，就团的生活互相之间开展谈心活动，交流思想统一认识。对各自思想上、工作上存在的问题要从团结的愿望出发，对照《准则》坦率诚恳地开展批评与自我批评，以便坚持真理，修正错误，取长补短，共同进步。每季度召开一次团员大会，吸取入团积极分子参加，结合中心工作任务上团课，进行中共传统教育和党、团基本知识教育，以提高每个团员和入团积极分子思想觉悟和政治责任感，充分发挥团员和入团积极分子在“四化”建设中的突击队作用。

1986 年 5 月 22 日，共青团阳泉市郊区委员会下发阳郊团发〔1986〕第 8 号《关

于郊区检察院团支部班子的批复》，批准成立郊区检察院团支部，同时任命崔丽娟为团支部书记。

第三节 妇委会（妇女联合会）

妇委会职责：

在区妇联领导下，按照检察院党组提出的工作要求，将妇女工作贯穿于检察工作之中，不断加强女检察官队伍建设，努力提高女检察官的法律监督能力和水平；团结带领女干警职工在工作岗位上尽职尽责、建功立业，共同完成全院检察工作任务；结合检察工作实际，积极引导妇女干警有新作为，不断探索机关妇女工作的新思路，引导全院女干警职工以饱满的热情和坚定的信念，扎实工作、尽职尽责；加强学习，注重实效，不断提高妇女干警整体素质；关心和体贴妇女干警职工的成长，组织开展健康有益的文体活动，在丰富妇女干警职工的精神文化生活的同时，提高女干警队伍凝聚力。

阳泉市郊区人民检察院历任妇委会主任、副主任一览表

表 1-27

主　任	任职时间	副主任	任职时间	备　注
史淑君	2002.6 ~ 2013.8			妇女联合会
王建文	2013.9 ~ 2018.2			
邵鹏芳	2018.3 ~			

第二编

刑事检察

第一章　刑事检察

第一节　概述

1979年，阳泉郊区检察院开始筹建，是年共审查批捕7件、12人，起诉7件、10人。其中，阳泉市人民检察院移交的4件、4人，出庭支持公诉2件、3人。

1980年1月，阳泉郊区检察院正式开始办公，设立一科（刑事检察），负责对公安机关提请逮捕、移送起诉的案件进行审查，并对公安机关的侦查活动和人民法院的审判活动进行监督，全年审查公安机关提请批捕的各类刑事案件30件、64人，受理移送起诉案件43件、79人。

1981年，阳泉郊区检察院受理移送提请批捕刑事案件53件、93人，经审查批准逮捕杀人、放火、强奸、抢劫和其他严重破坏社会秩序刑事案件52件、93人，不批准逮捕1件、2人。受理移送起诉案件58件、100人，经审查决定提起公诉54件、82人。免予起诉1件、8人，不起诉1件、1人。

1982年，阳泉郊区检察院认真贯彻执行中共中央“关于从重从快打击六类刑事犯罪分子的决定”精神，公、检、法三机关互相配合，依法惩治一批刑事犯罪分子，挽救了一部分违法乱纪的青少年，全区社会治安有了明显好转。批准逮捕犯罪嫌疑人比上年同期下降7.5%，青少年犯罪也呈下降趋势。

1983年，阳泉郊区检察院积极配合郊区公安分局和区人民法院开展“严打”斗争，及时查证核实提请逮捕、起诉案件的案情罪证，依法从快作出审查决定。逮捕犯罪嫌疑人比上年度上升117%，起诉犯罪嫌疑人比上年度上升104%，其中，青少年犯罪占74.6%，重点惩治的案件占49%。

1984年，阳泉郊区检察院进一步开展“严打”斗争，受理公安机关提请批捕各类案件41件、61人，批准逮捕36件、48人，不批准逮捕4件、7人。受理起诉案件47件、67人，提起公诉37件、46人，免予起诉3件、9人，不起诉3件、5人。

1985年，阳泉郊区检察院坚决贯彻“依法从重从快、一网打尽”的工作方针，坚持统一行动与集中惩治相结合，稳、准、狠惩治刑事犯罪分子，尤其在“准”字上下功夫，做到不纵不枉，案件质量明显提高。全年提起公诉的刑事案件70件、94人。

1986年，阳泉郊区检察院受理公安机关提请批捕的各类刑事案件5件、73人，批准逮捕44件、58人。受理移送起诉案件48件、78人，依法向人民法院提起公诉43件、63人。

1987年，阳泉郊区检察院在开展各项检察工作中，特别注意对国家、集体以及“两户一体”的保卫，重点惩治盗窃、侵吞、哄抢、破坏国家和集体财产的犯罪分子。决定批准逮捕62件、128人，不批准逮捕6件、16人，提起公诉53件、102人，决定免予起诉4件、6人。依法批捕8名拦路抢劫犯，增强人民群众的安全感。

1988年，阳泉郊区检察院深入开展查禁赌博和维护夏季治安秩序专项斗争。全年受理批捕各类刑事案件65件、112人，批准逮捕56件、92人，其中七类重大刑事案件占45%，不批准逮捕7件、17人。起诉62件、103人，免予起诉4件、16人，出庭支持公诉64次。

1989年，阳泉郊区检察院根据最高人民检察院《关于加强内部制约机制的改革方案》，撤销刑事检察科，分设为刑事侦查检察科（批捕科）、刑事审判检察科（起诉科），同时建立制约制度和制约程序，使刑事检察内部制约机制趋于规范化。全年受理批捕的各类刑事案件114件、221人，与1988年相比，净增件、49109人。受理的案件数增加75%，人数增加97%。

1990年，阳泉郊区检察院与公安部门和人民法院互相制约、密切配合，坚持对重大案件提前介入，依法惩治各种刑事犯罪分子。批准逮捕72件、138人，不批准逮捕7件、22人，提起公诉105件、202人，决定免予起诉18件、25人。

1991年，阳泉郊区检察院根据上级安排部署，在继续推进“严打”斗争中，开展“反盗窃”专项行动。对重大刑事案件提前介入，及时了解案情，严格把关，快审快诉，全年提起公诉的刑事案件164件、318人，其中，盗窃案件占刑事案件总数的41%。

1992年，阳泉郊区检察院积极投入“严打”斗争，坚持提前介入、突出重点，批准逮捕184人，提起公诉175人，免予起诉37人。

1993年，阳泉郊区检察院与郊区公安分局、郊区法院相互配合，开展惩治车匪路霸等严重刑事犯罪专项斗争，共批准逮捕车匪路霸等七类严重刑事犯罪分子30人，起诉27人。全年受理公安机关提请逮捕案件83件、184人，经审查，依法批准逮捕66件、140人；受理公安机关移送起诉案件87件、133人。

1994年，阳泉郊区检察院认真贯彻中共山西省委、山西省政府《关于打击刑事犯罪、维护稳定的决定》，继续把维护稳定作为重要政治任务，对影响社会稳定和危害人民群众生命财产安全的严重刑事犯罪，坚决予以惩治。全年批准逮捕各类刑事犯罪分子198人，提起公诉113件、191人，免予起诉29件、40人。是年，受理的批捕案件比上年度增加40件、80人，起诉案件比上年增加35件、67人，受理案件数突破进院以来的最高纪录。

1995年，阳泉郊区检察院充分发挥刑事检察职能和综合治理的总体功能，依法惩治各种刑事犯罪活动，受理提请逮捕的各类刑事案件105件、191人，审查后，批准逮捕86件、142人，不批准逮捕8件、23人，退回公安机关补充侦查14件、29人。受理移送起诉的案件138件、229人，审查后，提起公诉118件218人，免予起诉19件26人，不起诉1件、1人。是年，根据“严打”斗争需要，该院对严重危害社会稳定和人民群众生命财产安全的严重刑事犯罪，坚持“两个基本”的办案原则，坚持提前介入，依法快捕快诉。共批捕重大刑事案件罪犯59人，起诉重大刑事案件被告人59人，批捕团伙犯罪案件27件、102人。起诉团伙犯罪案件27件、102人，批捕准确率达100%，起诉准确率100%。

1996年，阳泉郊区检察院深入开展“打团扫恶”专项斗争，依法惩治各种刑事犯罪活动，促进全区社会治安稳定。全年受理提请逮捕各类案件115件、196人，经审查，批准逮捕96件、155人，不批准逮捕7件、17人，退回补充侦查12件、24人。受理移送起诉案件143件、216人，经审查，提起公诉115件、192人，免予起诉32件、37人，不予起诉1件、2人，移送阳泉市人民检察院2件、4人，退回公安机关补充侦查3件、5人，其中，团伙犯罪案件18件、74人。

1997年，阳泉郊区检察院坚持不懈开展“严打”斗争，全力促进域内社会治安好转。全年受理公安机关提请逮捕的各类案件80件、134人，经审查批准逮捕65件、106人，依法作出不批准逮捕15件、28人。

1998年，阳泉郊区检察院继续推进“严打”斗争，适时提前介入，依法快捕快诉。全年受理移送审查批准逮捕各类刑事案件89件、141人，经审查批准逮捕62件、102人。受理移送审查起诉案件106件、190人，经审查提请公诉81件、141人。

1999年，阳泉郊区检察院积极开展冬季“严打”、惩治入室盗窃、抢劫等专项斗争，依法惩治各种危害社会治安和稳定的严重犯罪活动。受理移送审查批准逮捕各类刑事案件83件、133人，经审查批准逮捕65件、105人。受理移送审查起诉案件113件、181人，经审查提请公诉80件、125人。

2000年，阳泉郊区检察院依法惩治杀人、抢劫、强奸、爆炸等严重暴力犯罪，重大盗窃、带黑社会性质的团伙犯罪，危害农村社会治安、破坏农业生产的各种犯罪和称霸一方的流氓恶势力。受理公安机关提请批捕的各类刑事犯罪73件、110人，批准逮捕59件、87人，受理公安机关移送审查起诉案件101件、169人，提起公诉73件、111人。

2001年，开始全国第三次“严打”斗争，阳泉郊区检察院按照“从重从快打击严重刑事犯罪分子”的要求，坚持在法律规定的定罪量刑幅度内对犯罪分子从重处罚。阳泉郊区检察院审查批准决定逮捕刑事案件75件、107人，其中，批准逮捕“三类”重点案件49件、66人，提起公诉101件、141人。起诉“三类”重点案件54件、88人，依法出庭支持公诉70次。

2002年，阳泉郊区检察院深入开展严打整治斗争，受理移送审查批准逮捕各类刑事案件96件、144人，经审查，批准、决定逮捕各类刑事案件68件、95人，其中，批准逮捕“三类”重点案件49件、80人，提起公诉106件、151人。

2003年，阳泉郊区检察院继续深入开展严打整治斗争。共批准、决定逮捕46件、155人，不批准逮捕4件、7人，提起公诉98件、140人，不起诉1件、7人。

2004年，阳泉郊区检察院积极构建“打、防、控”一体化长效机制，建立检察引导侦查机制，全年受理移送审查批捕案件69件、101人，与上年相比分别上升23%和28%，经审查，批准、决定逮捕61件、90人。

2005年，阳泉郊区检察院深入开展创建“平安县（区）”活动，继续坚持“严打”方针，认真履行批捕、起诉职能，进一步加大对严重刑事犯罪的惩治力度，全年受理各类提请逮捕案件61件、91人，经审查，批准和决定逮捕56件、85人，受理移送审查起诉案件105件、157人，提起公诉77件、112人，有力地维护社会稳定。

2006年，阳泉郊区检察院围绕构建和谐郊区的目标，从重从快惩治严重暴力犯罪，黑恶势力犯罪，盗窃、抢劫、抢夺等多发性犯罪和毒品犯罪，共批捕杀人、抢劫等暴力犯罪案件16件、26人，提起公诉28件、72人，同时对重特大案件提前介入37件。

2007年，阳泉郊区检察院受理提请逮捕案件87件、144人，批准和决定逮捕73件、124人，受理移送审查起诉案件117件、218人，提起公诉88件、154人。

2008年，阳泉郊区检察院以奥运安保和村委会换届为重点，全力维护社会和谐稳定。共受理移送审查批捕案件90件、137人，经审查批准和决定逮捕79件、120人，不批准逮捕11件、17人，受理移送起诉案件126件、195人，经审查提起公诉96件、152人，不起诉5件、5人。

2009年，阳泉郊区检察院认真贯彻落实中共阳泉郊区区委《关于国庆安保和维护社会和谐稳定的安排部署》，依法履行批捕起诉职责，全年受理移送审查批捕案件71件、95人，经审查批准和决定逮捕62件、85人。受理移送起诉案件102件、153人，经审查提起公诉98件、140人。同时继续坚持“严打”方针不动摇，始终保持对严重刑事犯罪的高压态势，重点打击杀人、绑架等严重暴力犯罪、黑恶势力犯罪和“两抢一盗”等多发性犯罪，共批捕“三类”重点犯罪案件37件、56人，占批捕总人数的66%，并全部移送起诉。

2010年，阳泉检察院受理移送审查批捕案件96件、164人，经审查批准和决定逮捕71件、135人，不批准逮捕25件、29人，受理移送起诉案件154件、262人，经审查提起公诉116件、185人，不起诉15件、32人，非刑罚化处理轻微刑事案件4件、4人。所办案件均在法定期限内向人民法院提起公诉。

2011年，阳泉郊区检察院认真履行批捕、起诉等职责，保持对严重刑事犯罪的高压态势，全年受理各类提请批准和决定逮捕案件92件、154人，经审查，批准和决定逮捕 84 件、128 人，不批准和决定不捕 14 件、26 人，受理移送审查起诉 144 件、220 人，经审查，提起公诉 119 件、155 人，不起诉 15 件、33 人。

2012 年，阳泉郊区检察院依法惩治严重刑事犯罪，共批准逮捕各类犯罪案件 92 件、152 人，提起公诉 118 件、202 人。积极开展“扫黑除恶”、“扫黄打非”、惩治侵犯知识产权和制售假冒伪劣商品等专项行动，共办理该类案件 55 件、67 人。对重特大刑事案件提前介入，掌握案情，引导侦查取证，形成工作合力，确保检察环节的惩治力度。对轻微犯罪依法落实从宽政策，作出不批准逮捕决定 25 人，不起诉决定 14 件、32 人，建议公安机关撤销案件 14 件。

2013 年，阳泉郊区检察院准确贯彻宽严相济刑事政策，依法严惩严重刑事犯罪，促进社会和谐稳定，批准逮捕各类犯罪案件 77 件、114 人，提起公诉 119 件、194 人。突出打击严重暴力犯罪、黑恶势力犯罪以及“两抢一盗”等多发性侵财犯罪，共批捕 41 件、62 人、起诉 67 件、93 人。对轻微犯罪依法落实从宽政策，作出不批准逮捕决定 44 人、不起诉决定 46 人、建议公安机关撤销案件 18 件。积极推进刑事和解工作，运用检调对接机制妥善和解 8 起轻微刑事案件，取得较好的法律和社会效果。

2014 年，阳泉郊区检察院进一步完善行政执法和刑事司法衔接机制，全年批准逮捕各类刑事犯罪案件 64 件、84 人，提起公诉 157 件、241 人。同时认真贯彻宽严相济刑事和解政策，对初犯、偶犯、过失犯以及邻里纠纷引发的轻微刑事案件予以从宽处理。共对 55 人作出不批捕决定，对 45 人作出不起诉决定。

2015 年，阳泉郊区检察院深入开展打黑除恶专项行动，与公安、法院等部门密切配合，依法惩治严重暴力犯罪、黑恶势力犯罪、多发性侵财犯罪和毒品犯罪，受理审查逮捕案件 103 件、144 人，批准逮捕 71 件、92 人；受理审查起诉案件 185 件、258 人，提起公诉 155 件、207 人。其中，办理严重暴力犯罪、黑恶势力犯罪、多发性侵财犯罪和毒品犯罪案件 69 件。同时认真落实宽严相济刑事政策，促进社会和谐，作出不批准逮捕决定 45 人，作出不起诉决定 31 人。推进检调对接工作机制，解疑释惑，化解矛盾，促成刑事和解案件 2 件、2 人。推行轻刑案件快办机制，提高司法效能，适用快办机制办理案件 25 件。

2016 年，阳泉郊区检察院认真履行批捕、起诉职能，共批准逮捕各类刑事犯罪案件 69 件、86 人，提起公诉 184 件、253 人。同时认真落实宽严相济刑事政策，对构成犯罪但无社会危险性的，决定不批捕 62 人，不起诉 25 人。同时认真做好未成年人犯罪的服务管理工作，对 15 名涉嫌轻罪在校生作出附条件不起诉决定，并开展帮教。

2017 年，阳泉郊区检察院受理公安机关移送审查逮捕案件 78 件、86 人，批准逮捕 61 件、68 人。共受理公安机关移送审查起诉案件 208 件、254 人，提起公诉 178 件、210 人。

2018 年，阳泉郊区检察院批准逮捕各类刑事犯罪案件 61 件 103 人，提起公诉

118 件 174 人。同时认真贯彻宽严相济的刑事政策，共对 26 件 34 人作出不批捕决定，对 23 件 30 人作出不起诉决定。

第二节 刑事案件审查

1979 年，根据中共十一届三中全会、四中全会和五中全会精神，按照全国人大常委会委员长彭真在上海、广州两次讲话要求，筹建中的阳泉市郊区人民检察院，认真开展刑事检察工作，在同刑事犯罪分子作斗争的过程中，全面贯彻“从重从快”和“形势决定工作”的方针、政策和原则，在批捕犯罪嫌疑人，审查起诉工作中，做到不枉、不纵，成功地支持了出庭公诉。审查批捕 7 件、12 人；起诉 7 件、10 人；其中，包括市院移交的 4 件、4 人，出庭支持公诉 2 件、3 人。

1980 年 1 月，设立一科（刑事检察），负责对公安机关提请逮捕，移送起诉的案件进行审查。是年，审查批捕、审查起诉、出庭支持公诉等刑事检察工作，密切配合郊区公安分局和区人民法院，全面加强社会治安整顿，对杀人、放火、抢劫、强奸和其他严重破坏社会秩序的“五类犯罪”，坚持“从快、从重、从严”政策，对公安机关的侦查活动和人民法院的审判活动进行监督，刑事检察工作实现了“两全、两防、两及时、两严格”的目标。

“两全”：全面开展刑事检察业务工作，树立长期作战思想。对侦查监督和审判监督工作要大胆实践，大胆探索，总结经验，提高业务水平；凡法院通知出庭的案件全部出庭支持公诉，保证案件质量，促进业务建设，提高出庭案件质量和公诉水平。

“两防”：防错、防漏。防错应着重解决审查批捕，提起公诉中宁“左”毋右的思想，彻底肃清极左流毒和影响；防漏应着重解决审查批捕、提起公诉中心慈手软，心有余悸，不敢打击，轻敌麻痹思想。

“两及时”：及时批捕、及时起诉。在审查批捕中，提高办案质量，全面掌握法律规定的逮捕犯罪嫌疑人条件，对“五类”案件的犯罪分子，只要人头不错，就立即批准逮捕；在审查起诉中，凡是决定起诉的案件，必须是犯罪事实已经查清，证据确实充分，并依法应当追究刑事责任的。免予起诉的案件，必须符合法律规定的条件，防止不适当滥用。两者均须做到及时。以保护人民，教育群众，惩治犯罪，震慑敌人。

“两严格”：严格按照法律程序办案，严格掌握批捕条件。着重强调在办案实践中，注意纠正忽视被告在诉讼中的权力和执行批捕条件时以言代法，以感情代替政策的现象，保证做到有法必依，执法必严，违法必究，防止冤假错案的发生。

全年受理公安机关提请批捕各类刑事案件 30 件、64 人。经审查，发还补充侦查 3 件、5 人；批准逮捕 30 件、63 人，取保候审 1 人。其中，强奸 6 件、7 人；流氓 2 件、

3人；抢夺1件、2人；伤害4件、9人；盗窃11件、25人；诈骗2件、2人；交通肇事1件、1人；扰乱社会秩序1件、5人；赌博2件、9人。批捕的63人中，直接提请批捕43人，拘留后提请批捕20人。均在法定时限内作出批准逮捕决定。受理移送起诉案件共43件、79人（包括荫营矿加刑案9件、11人和市院交办的4件、4人），经审查发还补充侦查3件、5人，提起公诉43件、26人（其中，有罪未捕、追诉2人，免予起诉5人）。实现全年无积案。在上述案件中，至年底，法院正在审查的5件、20人，作出有罪判决37件、53人。有罪免予追究刑罚1人，无罪释放1人，撤诉1件、1人；出庭支持公诉8件、16人。发表公诉词6次，旁听群众达3000余人次。充分发挥刑事检察的职能作用，及时、准确、合法地惩治敌人，揭露犯罪，宣传法制，教育群众，有效地维护社会治安。

1981年，刑事检察继续坚持依法“从重从快”打击六类犯罪分子方针，在积极参加整顿社会治安工作中，密切配合公安、法院，通过审查批捕、审查起诉、出庭支持公诉，依法从重从快打击和处理了一批刑事犯罪分子。全年共受理郊区公安分局提请批捕的各类案件52件、92人，郊区法院移送批捕的1件、1人，共计53件、93人。经审查，批准逮捕52件、93人（含批捕在案犯2人）。其中：杀人3件、3人；抢劫7件、18人；强奸6件、6人；奸淫幼女3件、3人；爆炸1件、2人；盗窃15件、30人；诈骗2件、4人；流氓1件、6人；伤害7件、12人；投机倒把1件、1人；买卖子弹1件、2人；交通肇事3件、4人；其他2件、2人。不批准逮捕1件、2人。在审查批捕中，从六类重大案件和青少年犯罪情况看，批准逮捕六类重大案件21件、32人，占受理案件总数的39.6%，犯罪嫌疑人总数的34.4%，六类重大案犯的100%，批准逮捕的犯罪嫌疑人65名，占受理提请批捕犯罪嫌疑人的70%。其中，涉及荫营煤矿的案件11件、18人，占受理案件的19.2%，犯罪嫌疑人占19.3%。在受理移送起诉案件58件、100人中，郊区公安分局移送46件、87人，郊区法院移送2件、2人，阳泉市检察院移送交办荫营矿加刑案10件、11人。经审查决定并提起公诉的54件、82人，其中：杀人2件、2人；抢劫4件、9人；强奸7件、7人；奸淫幼女2件、2人；爆炸1件、2人；盗窃11件、9人；诈骗2件、2人；伤害12件、21人；投机倒把1件、1人；买卖子弹1件、1人；虐待1件、1人；交通肇事5件、6人；流氓3人；脱逃4件、4人；破坏生产1件、2人；移送市检察院2件、3人；免予起诉1件、8人；不起诉1件、1人。受理起诉案件中，仅荫营矿各类案件21件、29人，占受理起诉案件的36.2%，人数的29%，占刑事检察工作量的三分之一。

全年出庭支持公诉59件、91人。其中，正、副检察长出庭支持公诉5件，发表公诉词24篇，做到领导带头亲自办案，凡区法院通知出庭的案件，郊区检察院全部出庭支持公诉。有效地运用检察职能，使旁听案件审理的群众和当事人普遍受到法制教育，增强法制观念。

1982年，认真贯彻执行中共中央“关于从重从快打击六类刑事犯罪分子的决定”精神，公、检、法三机关互相配合，依法惩治一批刑事犯罪分子，挽救一部分违法乱纪青少年，全区社会治安有了明显好转。批准逮捕犯罪嫌疑人比上年同期下降7.5%，青少年犯罪也呈下降趋势。

1983年，阳泉郊区检察院及时查证核实案情罪证，依法从快作出审查决定。全年受理公安机关提请逮捕的犯罪嫌疑人279人。经审查，批准和决定逮捕239人；不批准逮捕33人；退回发还公安机关补充侦查10人；公安自行撤回1人；决定起诉221人；免予起诉22人；不起诉12人；积存5人；追诉1人。起诉到人民法院218人。从批捕、起诉情况分析，逮捕的犯罪嫌疑人比上年上升117%，起诉的犯罪嫌疑人比上年上升104%，其中，青少年犯罪率占74.6%，七类重点打击的案件犯罪嫌疑人占49%。

根据第六届全国人民代表大会常务委员会第二次会议通过、中华人民共和国主席颁布第3号主席令公布施行《关于严惩严重危害社会治安的犯罪分子的两个决定》，对下列六类严重危害社会治安的犯罪分子，进行严厉打击，“可以在刑法规定的最高刑以上处刑，直至判处死刑”：

1. 流氓犯罪集团的首要分子或者携带凶器进行流氓犯罪活动，情节严重的，或者进行流氓犯罪活动危害特别严重的；

2. 故意伤害他人身体，致人重伤或者死亡，情节恶劣的，或者对检举、揭发、拘捕犯罪分子和制止犯罪行为的国家工作人员和公民行凶伤害的；

3. 拐卖人口集团的首要分子，或者拐卖人口情节特别严重的；

4. 非法制造、买卖、运输或者盗窃、抢夺枪支、弹药、爆炸物，情节特别严重的，或者造成严重后果的；

5. 组织反动会道门，利用封建迷信，进行反革命活动，严重危害社会治安的；

6. 引诱、容留、强迫妇女卖淫，情节特别严重的。

阳泉郊区检察院根据上级部署和要求，全力以赴开展严打斗争。积极主动地配合公安机关调查摸底，分类排队，收审犯罪嫌疑人，及时迅速依照法律程序，调整办案力量，组成5个审查批捕、审查起诉小组，投入全员2/3检察力量，参加联合办案，审查批捕、审查起诉各类“严打”案件，确保所有案件均在法定时限内办结，及时交付执行和审判。8月至12月25日，共审查批捕235人，批准逮捕197人，不批准逮捕29人，比同年前七个月批捕的总人数净增155人；审查起诉161人；比前七个月净增101人，摧毁流氓团伙15个、79人。其中，属七类重点惩治对象的46件、118人。

在其后的几年间，刑事案件发案率呈下降趋势，在坚决贯彻“依法从重从快、一网打尽”工作方针的基础上，尤其在“准”字上下功夫，做到不纵不枉，案件质量明显提高。1983年～1986年“严打”斗争中，共受理移送提请审查逮捕案件278件、

465人，批准逮捕案件271件、457人，不批准逮捕案件7件、8人，受理移送提请公诉298件、420人，决定提起公诉283件、465人，不起诉5件、5人，免予起诉6件、9人。

1984年，受理公安机关提请批捕的各类案件41件、61人，通过进一步调查、取证、审查，批准逮捕36件、48人。按类型分为：流氓6件、13人；放火1件、1人；抢劫2件、2人；强奸11件、12人；伤害4件、6人；盗窃11件、13人；诈骗1件、1人；不批准逮捕4件、7人；积存1件、6人。受理公安机关移送起诉47案67人。通过审查，向法院提起公诉37件、46人；免予起诉3件、9人；不起诉3件、5人；退回补充侦查3件、5人，积存1件、2人。审查批捕起诉的案件，全部在法定时限内结案，并及时交付执行和审判。从批捕、起诉的情况分析，逮捕、起诉的犯罪嫌疑人比上年下降幅度较大。但青少年的犯罪率、“二进宫”、“三进宫”的犯罪嫌疑人比率占较大比重。

1986年，阳泉郊区检察院受理提请逮捕的案件52件、73人。审查后，作出批准逮捕决定的44件、58人，作出不批准逮捕的5件、11人，批捕人数占提请数的79.4%。全年受理移送起诉的案件48件、78人，经审查，向区法院提起公诉的43件、63人，作出免予起诉决定的2件、12人，作出不起诉决定的1人，提起公诉的人数占移送起诉人数的80.6%；不起诉人数占移送人数的1.28%；免予起诉人数占起诉人数的10.2%。在提起公诉的案件中，作出有罪判决的52人，免予刑事处分的2人，有罪判决率达100%。

1987年，注重对国家、集体以及“两户一体”（个体户、承包户、经济联合体）的保卫，重点打击盗窃、侵吞、哄抢、破坏国家和集体财产的犯罪分子，决定批准逮捕62件、128人，不批准逮捕6件、16人，提起公诉53件、102人，决定免予起诉4件、6人，依法批捕了8名拦路抢劫犯，打掉了一批抢劫团伙，配合公安机关在三都传统庙会上进行了公开逮捕，维护了社会稳定，增强人民群众安全感。

1988年，阳泉郊区检察院受理提请逮捕各类刑事案件66件、112人，经审查，批准逮捕59件、95人，其中，七类重大刑事案件27件、33人，不批准逮捕7件、17人；受理移送起诉的各类刑事案件69件、118人，经审查，起诉62件、97人，免予起诉3件、14人，出庭支持公诉67次，发表公诉词67份。是年，该院按照中共阳泉郊区委员会安排部署，与区公安分局、区人民法院紧密配合，开展查禁赌博和维护夏季治安秩序等专项斗争，对重大案件提前介入，积极参与现场勘查，参与预审工作，主动了解案情，及时提出侦查取证意见，提高工作效率，缩短办案时间。同时对公安机关移送的案件进行认真审查，主动调查补充证据。对有争议的案件，及时与其他政法部门交换意见，统一认识，做到快批捕、快起诉。全年自行补充证据14份，提出建议25次，与区公安分局、区法院就案件中的问题交换意见17次，提请逮捕案件和移送起诉案件，均在法定时限内提前办结。

1989年，阳泉市郊区检察院贯彻依法从重从快的方针，坚持对重大案件提前介入，实行跟踪办案，与公安、法院互相制约，紧密配合，依法惩治各种严重危害社会治安的犯罪活动，全年受理批捕的各类刑事案件114件、221人，与1988年相比，净增49案109人。受理案件数增加75%，人数增加97%。审查后，作出批准逮捕决定的104件、192人，比1988年增加48件、100人，增长率分别为86%和109%；作出不批准逮捕决定6件、20人。受理移送起诉和免诉的案件119件、219人，其中，自侦部门移送的案件17件、20人，公安机关移送的案件102件、199人，比1988年增加53件、100人，增长率分别为80.3%和84%。审查后，起诉99件、166人，免予起诉15件、38人，不起诉3人，出庭支持公诉82次，杜绝了漏捕、漏诉、错捕、错诉现象。

1990年，阳泉郊区检察院受理公安机关和该院自侦部门移送起诉或免诉的案件131件、236人，其中，经审查提起公诉105件、203人。免予起诉18件、25人，撤案1件、1人，起诉准确率为100%，出庭支持公诉79次，发表公诉词79篇；出庭率达100%。

1992年，郊区检察院严厉打击杀人、抢劫、强奸、爆炸、流氓滋扰、重大盗窃及盗窃破坏工农业生产设施和物资等犯罪活动，积极参加各项专项打击斗争，共批准逮捕犯罪分子184人，提起公诉175人，免予起诉37人。该院坚持提前介入，突出打击重点犯罪，特别是“在严打斗争中”，为加快办案速度，确保案件质量，在审查批捕和审查起诉两个环节上，分别提前介入重特大案件53件次和56件次，各占提请逮捕案件和提请起诉案件总数的45%和40%，提前介入工作初步走上制度化的轨道，提高了刑事检察工作的质量和效益，使依法从重从快的方针得到了落实。

1993年，阳泉郊区检察院继续把维护社会稳定作为重要政治任务，与公安机关、人民法院密切配合，严惩严重破坏社会治安的严重刑事犯罪分子，努力为改革开放和经济建设创造良好的社会环境。全年受理公安机关提请逮捕案件83件、184人，经审查，依法批准逮捕66件、140人；受理公安机关移送起诉案件87件、133人，提起公诉82件、121人，决定免予起诉6件、12人。

是年，在严厉打击严重刑事犯罪活动方面，一是根据上级的统一部署，开展集中围歼“车匪路霸”、打击流氓犯罪团伙和整治农村社会治安的专项斗争，并成立打击车匪路霸领导组，实行“三保证”“三优先”，即组织保证、人员保证、车辆保证，优先受理、优先审查、优先研究。共批捕和决定起诉车匪路霸犯罪分子8人。7月份以后，根据山西省委、山西省人民政府统一部署，集中开展整治社会治安、打击流氓犯罪团伙的专项斗争，7–12月，共批准逮捕流氓团伙案犯38人，提起公诉48人，使全区农村社会治安得到改善。

二是突出打击重点犯罪，在积极开展专项斗争和集中打击行动的同时，始终把斗争方向确定为杀人、抢劫、强奸、爆炸、抢劫作案、流氓滋扰、重大盗窃及破坏盗窃工农业生产设施和物资等七类严重刑事犯罪分子，突出严厉打击内外勾结、称霸一方和带有黑社会性质的流氓犯罪团伙。

三是继续坚持和实行对重大案件提前介入制度，坚持“两个基本”办案原则，抓住战机，快捕快诉，批捕案件的时间为：刑事拘留案为 2 天，收审及其他案件为 10 天，其中，赵某军等 13 人的“车匪路霸”案件，仅用 1 天即作出批准逮捕决定；起诉案件平均时间 7.5 天。李某宝等 3 人跨越三区两县作案 36 起，盗窃价值 2.3 万余元的重大盗窃案件，仅用 9 天时间，即移送法院起诉。全年批捕起诉七类严重刑事犯罪分子 65 人，依法起诉 65 人，实现了稳、准、狠、快打击犯罪的目标。

1994 年，阳泉郊区检察院认真贯彻中共山西省委、山西省人民政府《关于打击刑事犯罪、维护稳定的决定》，继续把维护稳定作为重要政治任务，与公安机关、人民法院密切配合，对影响社会稳定和危害人民群众生命财产安全的严重刑事犯罪，采取有力措施，坚决予以惩治。全年批准逮捕各类刑事犯罪分子 198 人，提起公诉 113 件、191 人，免予起诉 29 件、40 人，批捕案件比上年增加 40 件、80 人，起诉案件比上一年增加 35 件、67 人，为维护社会稳定，保障国家、集体和公民合法权益发挥了积极作用。在“严打”斗争中，该院继续坚持“两个基本”的办案原则，坚持提前介入重特大刑事案件的制度，积极参与专项斗争，突出惩治了杀人、抢劫、强奸、爆炸、流氓、重大盗窃等严重刑事犯罪分子和团伙犯罪，在检察环节上快捕、快诉，不贻误战机，有力地惩治刑事犯罪，有效地遏止恶性案件和团伙案件的发生。

1995 年，阳泉郊区检察院一是坚持把维护稳定作为重要政治任务，充分发挥刑事检察职能和综合治理的总体功能，依法惩治各种刑事犯罪活动。全年受理提请逮捕的各类刑事案件 105 件、191 人，审查后，批准逮捕 86 件、142 人，不批准逮捕 8 件、23 人，退回公安机关补充侦查 14 件、29 人。共受理移送起诉的案件 138 件、229 人，审查后提起公诉 118 件、218 人，免予起诉 19 件、26 人，不起诉 1 件、1 人。二是与郊区公安分局、郊区人民法院密切配合，开展各种集中整治和专项打击。对严重危害社会稳定和人民群众生命财产安全的严重刑事犯罪，坚持“两个基本”的办案原则，坚持提前介入，依法快捕、快诉。共批捕和起诉重大刑事案件 59 人，批捕和起诉团伙犯罪案件 27 件、102 人，从重从快惩治刑事犯罪，维护社会稳定。三是注重办案质量，严格执行个人承办、集体讨论、检察长或检察委员会决定的制度，严把案件质量关，并制定错案追究责任制，提高办案人员的责任心，使批捕和起诉准确率达 100%。

1996 年，阳泉郊区检察院深入开展“打团扫恶”专项斗争，依法惩治各种刑事犯罪活动，促进全区社会治安稳定。全年受理提请逮捕的各类案件 115 件、196 人，经审查，批准逮捕 96 件、155 人，不批准逮捕 7 件、17 人，退回补侦的 12 件、24 人。

受理移送起诉的案件143件、216人，经审查，提起公诉的115件、192人，免予起诉32件、37人，不予起诉1件、2人，移送阳泉市人民检察院2件、4人，退回公安机关补侦3件、5人，其中，团伙犯罪案件18件、74人。

从是年4月开始，该院根据山西省、阳泉市及郊区关于开展“打团扫恶”专项斗争的一系列指示，成立领导组，并制定工作方案，使“团伙犯罪”案件和涉黑涉恶案件批捕不过夜、起诉不过周，加快审查起诉时间，有力地打击了罪犯。如：4月24日下午3时，该院批捕科接到郊区公安分局移送提请批捕刑事拘留犯罪嫌疑人孟某文特大盗窃案后，立即组织干警审查，在查清事实，证据确凿，符合逮捕条件的情况下，当天下午即签发《批准逮捕决定书》，并于5月10日由分管副检察长亲自办理，向郊区人民法院依法提起公诉。为确保办案质量，该院严格执行个人承办、集体讨论、分管领导把关，重大疑难案件检察委员会研究的工作方法，并制定相应的《岗位责任制》《个人办案责任制》《错案追究责任制》等制度，提高办案人员责任性，依法惩治各类刑事犯罪，促进社会稳定。

1997年，阳泉郊区检察院坚持不懈开展“严打”斗争，在省、市、区统一领导下，协同有关部门开展围歼“反盗禁赌”“扫黄打非”“三打三禁”系列集中打击和专项斗争，依法惩治严重刑事犯罪分子，为全区跨入山西省治安状况最好的县区之一做出积极贡献。全年受理公安机关提请逮捕的各类案件80件、134人，经审查批准逮捕65件、106人，依法作出不批准逮捕15件、28人，受理移送起诉的案件95件、131人，经审查提起公诉的61件、86人，依法不诉的19件、30人，报送市院办理1件、1人，移送矿区院办理1件1人，退回公安补充侦查9件9人，积存4件、4人。在所起诉的被告人中，抢劫案犯24人，强奸案犯8人，重大盗窃案27人，流氓团伙罪犯27人；犯罪集团成员10人。同时认真贯彻依法从重从快的方针，重点打击团伙犯罪、流窜犯罪、流氓恶势力、重点盗窃犯罪集团，对集中打击和专项斗争高度重视，加强组织领导，强化工作措施，加快工作节奏，增强了严打声威和效果。

1998年，阳泉郊区检察院继续严厉打击严重刑事犯罪，努力维护全区社会稳定。全年受理移送审查批准逮捕案件89件、141人，经审查批准逮捕62件、102人，不批准逮捕27件、39人（其中，构成犯罪无逮捕必要的8件、10人，事实不清退回补侦13件、20人，不构成犯罪6件、9人）。受理移送审查起诉案件106件、190人（含上年积存4件、4人），经审查提起公诉81件、141人，纠正错案2件、4人，撤销案件2件、2人，退查15件、33人，移送市院1件、4人。在具体刑事检察执法中，该院把严厉打击刑事犯罪和办案中切实保障公民合法权益相统一，在审查和固定证据上下功夫，通过严格审查，正确把握，纠正错案2件、4人，建议自侦部门撤销案件2件、2人。对公安机关移送起诉的付某敏诈骗一案，经过认真审查，认为其定性不准，通过调查补侦，固定证据，确定该案符合票据诈骗罪后，以票据诈骗罪提起公诉，区法院一审判处付某敏有期徒刑十年。在依法追诉一起公安交通肇事案件中，由于肇事单位担心牵涉赔偿和承担行政责任，故唆使肇事者和案件相关人出具假证，使案件形成张冠李戴、有罪之人逃脱法律责任、无罪之人承担法律罪责。经该院严格依法检察审查，使错案得到及时纠正。3月28日，郊区辛兴乡桑掌村大南沟山上发生一起失火案，造成2人死亡，1人重伤，直接经济损失12700余元，阳泉郊区检察院分管检察长和批捕科干警，放弃公休日，加班加点提审犯罪嫌疑人，在3月30日收到案卷的当天上午，即作出批准逮捕决定，有力地配合了全区加强安全防火工作形势，取得较好社会效果。

1999年，阳泉郊区检察院把维护社会治安秩序稳定作为重要任务，认真履行检察职能，共受理移送审查批捕案件83件、133人，经审查，批准逮捕65件、105人，不批准18件、28人，受理移送审查起诉案件113件、181人，经审查，提起公诉80件、125人，不诉5件、6人，退查26件、46人，移送阳泉市检察院2件、4人。是年，该院一是继续贯彻执行“从重从快”方针，严厉打击杀人、抢劫、强奸、爆炸等严重暴力犯罪和重大盗窃罪、带黑社会性质的团伙犯罪，以及危害农村社会治安、破坏农业生产的各种犯罪和称霸一方的流氓恶势力案件，对上述案件做到快捕快诉，不枉不纵，案件准确率均达100%，准确及时有力地打击了犯罪，维护了农村社会稳定。二是坚持打防并举，积极开展社会治安综合治理工作，把依法惩治犯罪，同依法实行监督结合起来，把专门办案，与开展综合治理结合起来，深入社会有关单位，走访当事人，宣传法制，开展检察建议活动，全面落实在检察环节上的综合治理措施。三是严格把关，确保案件质量，对批捕、起诉案件，严格实行专人审查，部门集体讨论，分管检察长把关，重大疑难和建议不批准逮捕与不起诉案件，均提交检察委员会决定的办案制度，提高检察干警业务水平，保证案件质量。

2000年，阳泉郊区检察院认真履行检察职能，紧紧围绕工作大局，维护社会稳定，全年受理各类移送审查批捕案件73件、110人。经审查，批准逮捕59件、87人，不批准逮捕14件、23人。受理移送审查起诉101件、169人（含上年度积存）。经审查，提起公诉73件、111人，不起诉12件、17人，依法出庭支持公诉50次，发表公诉词50篇，适用简易程序案件22次，自行补证50余次，抓捕逃犯1人，抗诉1件、7人。

是年，该院一是继续贯彻执行从重从快的方针，依法惩治各种严重刑事犯罪。打击重点是杀人、抢劫、强奸、爆炸等严重暴力犯罪，重大盗窃犯罪，带黑社会性质的团伙犯罪，危害社会农村社会治安，破坏农村，生产的各种犯罪和称霸一方的流氓恶势力，在办案中做到快捕快诉，不枉不纵，准确及时依法惩治犯罪，维护社会稳定。二是始终坚持对批捕、起诉案件严格实行专人审查、部门集体讨论、分管检察长把关、重大疑难和不批准逮捕与不起诉案件，均提交检察委员会决定的办案制度，严格把握案件质量，确保公正执法。三是建立案件质量反馈制度，对案件进行质量跟踪监督，并把坚持证据复核、坚持快审快办、坚持提前介入具体落在实处。

2001年，阳泉郊区检察院认真履行检察职能，全年受理侦查机关和自侦部门各类移送审查批捕案件93件、137人，比上年增长26%，经审查，批准、决定逮捕75件、107人，其中，批捕三类案件49件、66人，人数占受理总人数的48.1%；不批准逮捕18件、30人。受理移送审查起诉案件138件、198人，经审查，提起公诉101件、141人。其中，提起公诉三类案件54件、88人，人数占受理总人数的44.4%，不起诉12件、20人，依法出庭支持公诉70次，发表公诉词70篇，适用简易程序案件30件，适用普通程序简易审理案件6件，案件办结率分别为100%和99%。

是年，为切实保证严打整治斗争取得成效，该院把强化干警法律监督意识、责任意识、大局意识，当作基础性工作来抓。一是引导干警从确保社会稳定，维护法律尊严、实施依法治国的高度，深刻认识搞好严打整治斗争的重要性、紧迫性，不断增强搞好刑事检察工作的责任感和使命感，树立责任重于泰山的敬业精神。二是检察委员会实行议事水平考核，部门、科室实行工作业绩百分考核，层层签订责任状，层层抓落实。并建立案件质量反馈制度，对案件质量进行跟踪监督，把坚持证据复核，坚持快审快办，坚持提前介入具体落实在实处。三是根据突出打击重点，依法惩治三类严重刑事犯罪：有组织犯罪，带黑社会性质的团伙犯罪，车匪路霸和流氓恶势力犯罪；爆炸、杀人、抢劫、绑架等严重暴力犯罪；盗窃、抢夺等严重影响群众安全的多发性犯罪，把打击抢劫、伤害、盗窃犯罪，确定为全区相当一段时期内“严打”斗争的重点，并与公安机关、人民法院密切配合，开展“缴枪缉暴”专项斗争，办理涉枪涉暴案件4件、6名，有力打击了犯罪分子的嚣张气焰。四是强化措施，加快办案速度，提高办案效率，坚持在法律规定的定罪量刑幅度内，给犯罪分子以从重从快处罚，在审查批捕环节，制定快审、快捕七条措施，并按照上级检察机关要求，对审查批捕案件的办案方式进行改革，将原审查案件报告，改为制作《审查逮捕案件意见书》，在审查起诉环节，与郊区公安分局召开联席会议，联合制定《关于提高案件诉讼效率、保障刑事案件诉讼质量的实施措施》。与郊区人民法院共同协商，制定《刑事普通程序简易审理的措施》，如：发生在郊区侯家沟村的路某伟杀人案，郊区检察院从受理该案到作出批捕决定仅用一天时间。张某金、陈某国盗窃、破坏公用电信设施案，该院适用普通程度简易审理，在被告人认罪的前提下，在讯问、质证、举证、辩论等环节采用简便方式处理，缩短庭审时间，提高公诉效率。

2002年，阳泉郊区检察院认真贯彻落实全国治安工作会议精神关于“实现两年内社会治安明显进步”的目标和任务，紧紧围绕工作大局，全力维护社会稳定。共受理公安机关和职务犯罪侦查部门各类移送审查批捕案件96件、144人，案件比上年增长3%，人数比上年增长5%。经审查，批准、决定逮捕68件、95人，案件比上年下降10.7%，人犯比上年下降11.3%，其中，批捕“三类”案件49件、80人，人数占受理总人数的46%，不批准逮捕17件、29人。受理移送审查起诉案件129件、190人，案件数比上年度下降0.7%，人数比上年下降0.4%。经审查，提起公诉106件、151人，案件比上年度增长5%，人数比上年增长7%。其中，提起公诉“三类”案件55件、91人，人数占受理总人数的47.9%，不起诉7件、7人，全年依法出庭支持公诉85次，发表公诉词85篇，适用简易程序案件21件，适用普通程序案件58件，适用普通程序简易审查案件29件、批捕、起诉案件准确率为100%，办结率为100%和99%。

是年，该院刑事检察工作全面强化责任意识，严格办案制度，促进办案质量，积极开展打击双抢（抢劫、抢夺）等专项斗争，全年办理“双抢”批捕案件11件，逮捕犯罪嫌疑人18人，办理“双抢”起诉案件13件，提起公诉14人，建立检察引导侦查工作方案和机制，设立检察引导侦查办公室，每周有2天的时间，抽专人对公安侦查机关的重特大案件进行引导取证，保证证据的质量，提高工作效果。

2003年，阳泉郊区检察院全面贯彻“打防结合、预防为主”方针，努力构建“打、防、控”一体化长效机制，全力维护社会稳定。全年受理公安机关和职务犯罪侦查部门移送审查批捕案件53件、73人，案件比上年下降44.8%，人数比上年下降49.3%，经审查，批准、决定逮捕46件、62人；批捕案件比上年下降32.3%，人数比上年下降34.7%，不批准逮捕4件、7人。受理移送审查起诉案件124件、184人，案件数比上年下降3%，人数比上年下降3.1%。经审查，提起公诉98件、140人，案件比上年下降7.5%，人数比上年下降7.2%，不起诉1件、7人。依法出庭支持公诉68次，发表公诉词68篇，提起抗诉改判1件、1人。

2004年，围绕创建平安郊区的具体目标，把维护社会稳定、保护公民、法人的合法权益、实现公平正义，作为刑事检察工作的出发点和落脚点，开展“严打”整治斗争，构建“打、防、控”一体化长效机制，受理移送审查批捕案件69件、101人，与上年度相比，上升23%和28%，经审查，批准、决定逮捕61件、90人；受理移送审查起诉案件102件、168人，与上年相比，下降22%和9.5%，经审查，提起公诉88件、141人。是年，该院积极推进检察改革，围绕提高案件质量和执法水平，公诉案件起诉率占86%，有罪判决率为100%，案件退查率比上年下降88%，批捕、起诉案件准确率、办结率均为100%。

2005年，阳泉郊区检察院把维护社会稳定、创建平安郊区作为首要任务，与公安、法院等部门密切配合，切实履行批捕、起诉职责，对重特大案件适时介入，引导侦查，依法快捕快诉。全年受理各类提请逮捕案件61件、91人，批准和决定逮捕56件、85人，受理移送审查起诉案件105件、157人，提起公诉77件、112人。在具体的检察实践中，一是继续把惩治杀人、抢劫、绑架等严重暴力犯罪和盗窃、抢夺等多发性犯罪作为惩治重点，共批捕各类侵犯人民人身权利、财产权利犯罪案件38件、60人，提起公诉57件、86人，分别占全年批捕、起诉案件总数的67.9%和74%。二是继续深化公诉改革，贯彻宽严相济的刑事政策。积极尝试公诉案件量刑建议改革，加大对审判量刑环节的监督力度，对6件、14人提出量刑建议，90%的建议被法院采纳。三是继续推行轻微刑事案件的“非刑罚化”处理，对未成年人犯罪坚持教育、感化、挽救的方针，对主观恶性小，社会危害不大的犯罪，特别是初犯、偶犯和因邻里纠纷引起的轻伤害案件，在被告人和受害人就赔偿问题达成协议及相互谅解的基础上，建议公安机关撤案，先后共办理此类案件10件、11人，既节约了诉讼资源，又有效化解了社会矛盾。

2006年，围绕构建和谐郊区的目标，从重从快惩治严重暴力犯罪，黑恶势力犯罪，盗窃、抢劫、抢夺等多发性犯罪和毒品犯罪，对重点案件实行落实责任、专案专办，确保办案的进度和效果。共批捕杀人、抢劫等暴力犯罪案件31件、48人，提起公诉56件、144人，提前介入重特大案件94件，向区公安机关提出检察引导侦查意见150余条，有效遏制暴力犯罪高发势头，维护社会稳定。

同年6月，郊区检察院全面落实治理商业贿赂专项工作，出台《治理商业贿赂专项工作的实施方案》，成立治理商业贿赂专项工作领导组和办公室，检察长亲自任组长，设立举报电话，稳步推进治理商业贿赂专项工作。

2007年，阳泉郊区检察院以强化法律监督为主线，切实履行宪法和法律赋予的职责，坚持“立检为公、执法为民”，围绕全区工作大局，加大各项检察工作力度，取得明显成效，批捕、起诉工作进一步加强，特别是从影响社会稳定和人民群众生命财产安全的突出问题入手，依法从重从快打击杀人、抢劫、绑架等严重暴力犯罪、黑恶势力犯罪、毒品犯罪和盗窃、抢夺等多发性犯罪，全年共批捕杀人、抢劫等暴力犯罪案件15件、22人，所办案件全部在法定期限内办结。对重特大案件提前介入45件，向公安机关提出检察引导侦查意见100余条，做到快审快结，依法惩治严重刑事犯罪，有效遏止严重犯罪高发势头，维护了社会稳定，人民群众的安全感有了明显提升，取得良好的社会效果，保证了依法、准确、有力地惩治犯罪。是年，共受理提请逮捕案件87件、144人，批准和决定逮捕73件、124人，受理移送审查起诉案件117件、218人，提起公诉88件、154人。同年10月，阳泉市郊区检察院针对犯罪嫌疑人谢某军强奸妇女的事实清楚，证据充分，经过快速审查，一天之内作出批捕谢某军的决定。

2008年，阳泉郊区检察院以奥运安保和村委会换届为重点，全力维护社会和谐稳定。一是密切关注社会治安新动向，及时调整惩治重点和工作措施。对杀人、绑架等严重暴力犯罪，“两抢一盗”等多发性犯罪，黑社会犯罪、涉毒涉枪涉爆以及非法采矿犯罪等各类影响社会稳定大局、影响民生的严重刑事犯罪，依法快审快结、快捕快诉，严厉打击。共受理移送审查批捕案件90件、137人，经审查批准和决定逮捕 79 件、120 人，不批准逮捕 11 件、17 人，受理移送起诉案件 126 件、195 人，经审查提起公诉 96 件、152 人，不起诉 5 件、5 人。二是严格依法履行刑事检察职能，批捕案件均随案下达《提供法庭证据意见书》。公诉工作积极尝试普通程序简易审、庭前证据交换、庭审量刑建议等改革措施，完成市院交办案件 13 件，其中在全市有较大影响的案件有：平定县委原常委、宣传部部长梁某平受贿 158 万、489 万元巨额财产来源不明案，荫营煤矿隧道塌方死亡 13 人和杨家庄兴通爆竹有限公司东厂区爆炸死亡 11 人两起重特大事故案。《检察日报》出版《荣光》专刊，刊登区检察院公诉工作和公诉干警的先进事迹。三是认真贯彻宽严相济刑事政策，最大限度地减少不和谐因素，全年对 17 人作出不批准逮捕决定，对 5 人作出不起诉决定。四是继续推进轻微刑事案件非刑罚化处理工作，共非刑罚化处理轻微刑事案件 9 件、10 人，均取得良好的政治、法律和社会效果，达到有效化解社会矛盾、提高诉讼效率、促进社会和谐的目的。

2009 年，阳泉郊区检察院认真贯彻落实中共阳泉郊区区委《关于国庆安保和维护社会和谐稳定的安排部署》，依法履行批捕起诉职责，全年受理移送审查批捕案件 71 件、95 人，经审查批准和决定逮捕 62 件、85 人。受理移送起诉案件 102 件、153 人，经审查提起公诉 98 件、140 人。继续坚持“严打”方针不动摇，始终保持对严重刑事犯罪的高压态势，重点打击杀人、绑架等严重暴力犯罪、黑恶势力犯罪和“两抢一盗”等多发性犯罪，共批捕“三类”重点犯罪案件 37 件、56 人，占批捕总人数的 66%，并全部移送起诉。在认真坚持“严打”方针的同时，注重把握宽严相济刑事政策，努力减少社会对立，积极促进社会和谐。本着“区别对待、严格依法、注重效果”的原则，积极推行未成年人犯罪案件专人办理制度，健全完善轻微刑事案件和解及快速办理机制，继续推进轻微刑事案件非刑罚化处理工作，并使之逐步实现制度化、规范化。全年共对 9 件、10 人做出不批准逮捕决定，对 6 件 8 人作出不起诉决定。

2010 年，阳泉检察院受理移送审查批捕案件 96 件、164 人，经审查批准和决定逮捕 71 件、135 人，不批准逮捕 25 件、29 人，受理移送起诉案件 154 件、262 人，经审查提起公诉 116 件、185 人，不起诉 15 件、32 人，非刑罚化处理轻微刑事案件 4 件、4 人。所办案件均在法定期限内办理完毕。刑事检察认真坚持宽严相济刑事政策，密切关注社会治安动向，批捕起诉了西南异“7・2”特大杀人案、骗取 15 名受害者 290 余万元诈骗案、专门盗销农用三轮车一条龙团伙案等一大批严重刑事犯罪以及“10・30”西南异特大交通事故案、金福来有限责任公司生产销售有毒奶粉案等。在依法惩治严重刑事犯罪的同时，刑检部门积极落实捕前诉前调解措施，主动调解多起因民事纠纷引发的轻刑案件，及时修复社会关系，化解社会矛盾，取得较好的法律和社会效果。是年 2 月，对某中学一名高三在校生毁坏他人财物案，作出非刑罚化处理决定，使该学生能够安心学业，并顺利参加 6 月举行的全国统一高考。

2011年，阳泉郊区检察院认真履行批捕、起诉等职责，保持对严重刑事犯罪的高压态势，推进社会矛盾化解、社会管理创新，重视解决影响社会和谐稳定的突出问题，一是依法严厉打击严重刑事犯罪，全年受理各类提请批准和决定逮捕案件92件、154人，经审查，批准和决定逮捕84件、128人，不批准和决定不捕14件、26人，受理移送审查起诉144件、220人，经审查，提起公诉119件、155人，不起诉15件、33人。严厉打击严重暴力犯罪、多发性侵财犯罪以及私挖滥采、坑农害农等破坏环境资源和社会经济秩序犯罪。从重从快批捕和起诉该类案件44件、68人。其中，有郊区首例制造冰毒案、阳泉市工商银行郊区分行ATM机被盗案、煤炭资源破坏价值总额达700多万元的3起非法采矿案等。确保了在检察环节对刑事犯罪的惩治力度，提升社会公众的安全感。二是结合办案积极化解社会矛盾，坚持把化解矛盾贯穿于执法办案始终，制定《执法办案风险评估预警办法》，在拟作出不立案、不批捕、不起诉等决定时，评估是否可能引发或激化矛盾，及时制定防范措施，防止因执法不当产生新的矛盾。三是充分体现宽严相济刑事政策，严格掌握批捕和起诉条件，作出无逮捕必要和不构成犯罪不批捕决定6件、11人，作出不起诉决定的15人，刑事和解3件、3人。经回访调查，上述三类案件的发案单位和当事人双方，均对检察机关的决定表示认同，取得较好政治效果、社会效果和法律效果。

2012年，阳泉郊区检察院依法贯彻宽严相济刑事政策，维护社会和谐稳定依法惩治严重刑事犯罪，共批准逮捕各类犯罪案件92件、152人，提起公诉118件、202人。一是积极开展“扫黑除恶”、“扫黄打非”、惩治侵犯知识产权和制售假冒伪劣商品等专项行动，共办理该类案件55件、67人。二是配合其他政法机关参与对学校、医院等重点地区和治安突出问题进行专项整治，保障人民群众的生命财产安全。凡重特大案件均派员提前掌握案情，引导侦查取证，形成工作合力，确保检察环节的惩治力度。三是对轻微犯罪依法落实从宽政策，作出不批准逮捕决定25人，不起诉决定14件、32人，建议公安机关撤销案件14件。注重化解社会矛盾，制定刑事和解检调对接工作办法，进一步规范刑事和解的范围和程序。

2013年，阳泉郊区检察院准确贯彻宽严相济刑事政策，依法严惩严重刑事犯罪，促进社会和谐稳定，批准逮捕各类犯罪案件77件、114人，提起公诉119件、194人。突出打击严重暴力犯罪、黑恶势力犯罪以及“两抢一盗”等多发性侵财犯罪，共批捕41件、62人，起诉67件、93人。对轻微犯罪依法落实从宽政策，作出不批准逮捕决定44人、不起诉决定46人、建议公安机关撤销案件18件。积极推进刑事和解工作，运用检调对接机制妥善和解8起轻微刑事案件，取得较好的法律和社会效果。

2014年，阳泉郊区检察院按照“六项整治”“六安联创”（“六项整治”：对全区城乡接合部、城中村、工矿区、“九小场所”、出租房屋、校园及周边进行集中排查整治，净化社会风气；“六安联创”：以平安家庭、平安村、平安单位、平安矿区、平安学校、平安乡镇为主要内容的平安创建活动）活动要求，突出惩治黑恶势力犯罪、严重暴力犯罪以及“两抢一盗”等严重影响人民群众安全感的犯罪，积极开展破坏环境资源、危害食品药品安全等专项立案监督活动，进一步完善行政执法和刑事司法衔接机制，突出打击黑恶势力犯罪、严重暴力犯罪以及“两抢一盗”等严重影响人民群众安全感的犯罪，全年共批准逮捕各类刑事犯罪案件64件、84人，提起公诉157件、241人。同时认真贯彻宽严相济刑事和解政策，对初犯、偶犯、过失犯以及邻里纠纷引发的轻微刑事案件予以从宽处理。共对55人作出不批捕决定，对45人作出不起诉决定。在此基础上，认真贯彻宽严相济刑事和解政策，对初犯、偶犯、过失犯以及邻里纠纷引发的轻微刑事案件予以从宽处理。共对55人作出不批捕决定，对45人作出不起诉决定。

2015年，阳泉郊区检察院受理审查逮捕案件103件、144人，批准逮捕71件、92人；共受理审查起诉案件185件、258人，提起公诉155件、207人。深入开展打黑除恶专项行动，与公安、法院等部门密切配合，依法惩治严重暴力犯罪、黑恶势力犯罪、多发性侵财犯罪和毒品犯罪，全年共办理该类案件69件。

2016年，阳泉郊区检察院认真履行批捕、起诉职能，共批准逮捕各类刑事犯罪案件69件、86人，提起公诉184件、253人。依法惩治暴力犯罪、黑社会性质犯罪等严重影响人民群众安全感的犯罪活动，努力增强人民群众安全感。围绕脱贫攻坚、安全生产、信访稳定、征地拆迁、环境保护等工作，惩治一批破坏环境资源和社会管理秩序的罪犯。突出打击非法吸收公众存款、集资诈骗等涉众型经济犯罪案件，审查起诉在阳泉市有较大社会影响的山西融尚家居产业有限公司20余名被告人骗取贷款系列案，为国家挽回经济损失5500余万元。认真落实宽严相济刑事政策，对构成犯罪但无社会危险性的，决定不批捕62人，不起诉25人。同时积极做好未成年人犯罪的服务管理工作，对15名涉嫌轻罪在校生作出附条件不起诉决定并开展帮教，使他们与大多数孩子一样回归正常的校园生活。

2017年，阳泉郊区检察院成立防范和处理邪教问题领导小组，组长由党组书记、检察长严志勇担任，副组长由党组成员常务副检察长刘双富担任。成员为刑事检察部、检察业务监督管理部门负责人，领导小组办公室设在刑事检察部，统一负责反邪教工作的组织协调、具体实施，办公室主任由田长春担任。

是年，阳泉郊区检察院依法严厉打击侵害人民群众生命财产安全的故意杀人、抢劫等暴力犯罪和盗抢骗等多发性侵财犯罪，全力遏制黑恶势力、涉爆涉枪、制贩毒品、侵犯妇女儿童权益等犯罪，维护良好的社会治安环境。全年受理公安机关移送审查逮捕案件78件、86人，批准逮捕61件、68人。受理公安机关移送审查起诉案件208件、254人，提起公诉178件、210人。在严厉打击犯罪的同时，坚持罪责刑罚相适应原则，依法对无逮捕必要的不批准逮捕，对情节轻微的不起诉，不批准逮捕22件、28人，不起诉21件、36人，减少社会对立，实现惩治犯罪与保障人权的统一，为阳泉郊区的和谐稳定提供良好的司法保障。

2018年，阳泉郊区检察院以强烈的政治责任担当深入推进专项斗争工作，一是严把案件事实关、证据关、程序关和法律适用关，加强与公安、法院和其他有关部门的配合协作，深挖背后的“关系网”“保护伞”，坚决铲除黑恶势力生长的土壤，坚决摧毁黑恶势力经济基础。二是开展扫黑除恶专项斗争以来，共受理审查逮捕恶势力案件12件35人，全部依法批准逮捕，受理审查起诉恶势力案件9件48人，对其中6件34人提起公诉。通过立案监督追诉6人、漏罪5起、追捕涉恶人员6人，在审查黄某某一案时，针对其涉恶资产提出追缴检察建议，强化“打伞断血”，捣毁其经济基础。全年批准逮捕各类刑事犯罪案件61件103人，提起公诉118件174人，对26件34人作出不批捕决定，对23件30人作出不起诉决定，为全区经济社会稳定发展提供坚强的司法保障。

第二章 公诉刑事案件

第一节 公诉反革命犯罪

反革命犯罪是以推翻人民民主专政政权和社会主义制度为目的的危害中华人民共和国的行为。反革命犯罪是危害国家的犯罪，是性质最严重、社会危害性最大的一类犯罪。

从 1947 年 5 月阳泉解放，经过新中国成立初期的数次镇压反革命运动，特别是新中国成立之后，经过各个旨在巩固社会主义制度的政治运动的锻炼，阳泉市郊区作为革命老区，人民群众和各党政机关、域内各厂矿企业，坚定拥护中国共产党领导，拥护社会主义革命和社会主义制度，对这一期间取得的建设成就有目共睹、感同身受，因此，从 1947 年阳泉解放到 1979 年郊区人民检察院成立，域内发生的反革命案件大幅下降，基本呈零星状态。

1979 年，阳泉郊区检察院建院之初，主要是配合阳泉市人民检察预防和打击域内反革命犯罪，打击各人民公社、生产大队或厂矿企业反革命分子的破坏活动，包括对五类分子（地主分子、富农分子、反革命分子、坏分子分子、右派分子）进行管制监督，维护全区生产秩序、生活秩序、工作秩序、教学科研秩序和人民生活秩序的安全稳定，保障域内社会主义现代化建设的顺利进行。

1980 年，阳泉郊区检察院在中共阳泉郊区区委、区革命委员会领导下，协助各人民公社和驻地企业，对“五类分子”（包括反革命分子）进行“摘帽”甄别，取消针对域内“五类分子”的政治管制，反革命犯罪在域内基本消失。

从 1980 ~ 1982 年，阳泉郊区域内各人民公社、生产大队和厂矿企业，未发生以反革命为目的的刑事案件。

1983年5月11 ~ 13日，山西省阳泉第一监狱（时称山西省第二劳动改造管教支队，下同）发生“5·11”反革命持械暴乱，从河南省调入山西省阳泉第一监狱的河南籍罪犯相互勾结、制造事端，发动暴乱，造成直接经济损失 27000 余元、间接经济损失 76000 余元。暴乱被平息后，郊区人民检察院配合阳泉市人民检察院，参与对该事件的平暴和公诉，于 9 月 5 日，在阳泉第一监狱召开宣判大会，对刘某等 20 名持械、唆众发动暴乱的反革命分子，进行公开宣判，其中，7 人被判处死刑立即执行；1 人被判处死缓；6 人被判处无期徒刑；另外 6 人被加重刑罚；另有 6 名参与暴乱的罪犯；

未按“反革命持械暴乱罪”进行处罚。

1989年，为贯彻最高人民法院和山西省高院《关于审理动乱、暴乱期间反革命案件的有关规定》，阳泉郊区检察院配合阳泉市人民检察院审理北京春夏之交政治风波期间发生在阳泉第一监狱在押犯阎拴龙书写反动标语，煽动在押犯闹监的反革命煽动犯罪案件，阎犯被加重刑罚2年。并对山西医学院实习生于文康反革命煽动案，向郊区人民法院提出公诉，有力打击了现行反革命犯罪活动，对反对动乱、保持稳定，发挥了积极的作用。

1991年，配合阳泉市人民检察院对阳泉第二监狱（当时名称为“山西省第十三劳动改造管教支队”，下同）在押人员李某翔张贴反革命标语、煽动在押罪犯闹监的“反革命宣传煽动犯罪”一案提起公诉，李某翔被加重刑罚两年，剥夺政治权利一年，及时有力地打击了在押罪犯中反革命分子的破坏活动。

至1997年《中华人民共和国刑法》（以下简称《刑法》）正式取消反革命罪，阳泉郊区域内没有新发生的反革命案件，反革命犯罪成为一个历史名称，作为特定历史背景下的犯罪行为成为刑事审判历史。

第二节 公诉和惩治邪教犯罪

20世纪50年代初期，阳泉市全面取缔反动会道门组织之后，由于各类政治运动频繁，阳泉郊区反动会道门组织一度停止活动，到20世纪80年代中期，由于农村党组织、行政建制和治保工作受到削弱，在广大农村尤其是山区，开始出现有组织的利用邪教会道门活动迹象。

20世纪90年代初以后，阳泉郊区偏僻农村出现参与人数众多、社会危害重大，甚至直接导致受蒙蔽群众死亡的以邪教“法轮功”为代表的形形色色的邪教组织。该类邪教组织分布在各个乡村和工矿企业的头目，公开进行反对中国共产党、反对中国政府的活动。特别是“法轮功”邪教组织，冒用宗教、气功或者其他名义建立、神化首要分子，大搞教主崇拜，利用制造、散布迷信邪说等手段蛊惑、蒙骗他人，发展控制成员，从事违法犯罪活动，危害人民群众生命财产安全和经济发展，严重影响了社会稳定，必须坚决依法惩办。

根据1997年《刑法》第300条，对“邪教组织”作出明确规定，即冒用宗教、气功或者其他名义建立，神化首要分子，利用制造、散布迷信邪说等手段蛊惑、蒙骗他人，发展、控制成员，危害社会的非法组织。

1999年10月30日，最高人民法院、最高人民检察院下发《关于办理组织和利用邪教组织犯罪案件具体应用法律若干问题的解释》，对人民检察院受理（含人民法院）公诉（审判）邪教犯罪作出规定。

2000年11月5日，为贯彻全国人大常委会《关于取缔邪教组织、防范和惩治邪教活动的决定》，最高人民检察院专门出台司法解释，据此，阳泉郊区检察院针对依法打击组织和利用邪教组织犯罪案件，特别是"法轮功"邪教组织犯罪案件作出具体部署，把依法受理组织和利用邪教组织犯罪案件，作为一项重要政治任务，向人民法院移送起诉此类案件。同时坚持预防与惩治并重原则，进一步落实人民检察院参与社会治安综合治理的各项措施，坚决防范域内邪教组织的滋生和发展。通过典型案件，教育广大群众提高公民的法治观念，使广大群众认识邪教组织反科学、反人类、反社会、反政府、危害社会的实质，增强自觉反对和抵制邪教组织的意识。

2001年《关于办理组织和利用邪教组织犯罪案件具体应用法律若干问题的解释（二）》（以下简称《解释》），再次对法、检两院处理邪教案件进行法律细化。在依法受理组织和利用邪教组织犯罪案件中，阳泉郊区检察院按照《解释》的规定要求，严格依法办案，正确适用法律，依法审查组织和利用邪教组织犯罪案件，坚决依法打击"法轮功"等邪教组织的犯罪活动。坚持教育与惩罚相结合，把不明真相参与邪教活动的人同组织和利用邪教组织进行非法活动、蓄意破坏社会稳定的犯罪分子区别开来；把一般邪教"法轮功"练习者同极少数违法犯罪活动的策划者、组织者区别开来；把正常的宗教信仰、合法的宗教活动同"法轮功"等邪教组织的活动区别开来。重点惩治组织和利用邪教组织进行犯罪活动的组织、策划、指挥者和屡教不改的骨干分子。对有自首、立功表现的，可以依法从轻、减轻或者免除处罚；对于受蒙蔽、胁迫参加邪教组织并已退出和不再参加邪教组织活动的人员，不作为犯罪处理。

2007年，阳泉郊区检察院公诉邪教类案件1件、1人。是年1月10日下午，被告人石某红携带"法轮功"宣传品到荫营煤矿（阳泉第一监狱）进行散发。当地居民在阳泉一监10区2号家属楼发现邪教"法轮功"邪教宣传资料，并发现被告人石某红可疑后，遂向公安机关报案，公安人员遂将被告人石某红抓获。查获被告人石某红随身携带的"法轮功"邪教宣传资料234份（本），护身符11块，博朗电子书1个及MP3一个（内容为"法轮功"邪教讲义），随后在对其住所进行搜查时，又查获邪教"法轮功"宣传资料140张（本），及有邪教"法轮功"讲义内容的MP31个。加上被告人当天在荫营煤矿散发的部分邪教"法轮功"宣传品，共查获该犯罪嫌疑人邪教"法轮功"宣传品374份（本），其中，传单类302份、书刊类72本。另还查获写有宣传邪教"法轮功"话语的人民币3张。7月2日，阳泉郊区检察院以被告人石某红犯"利用邪教组织破坏法律实施罪"提起公诉后，经开庭审理，郊区人民法院判处被告人有期徒刑四年，并没收所扣押的"法轮功邪教组织"宣传资料374份（本）、护身符11块、博朗电子书1个、MP32个及写有宣传"法轮功邪教组织"话语的二元人民币一张、一元人民币二张。

从2008年到2016年，由于邪教组织始终受到阳泉郊区政法机关的严厉打击，阳泉市郊区范围内，邪教活动受到限制，域内未发生组织、利用会道门等邪教组织、利用迷信破坏法律实施罪。

2017年1月25日，最高人民法院、最高人民检察院下发《关于办理组织、利用邪教组织破坏法律实施等刑事案件适用法律若干问题的解释》，再次规范针对邪教犯罪活动的法律界限。同年6月22日，阳泉郊区检察院成立防范和处理邪教问题领导小组，组长由党组书记、检察长严志勇担任，副组长由党组成员常务副检察长刘双富担任。成员为院领导和刑事检察部、检察业务监督管理部门负责人，领导小组办公室设在刑事检察部，统一负责反邪教工作的组织协调、具体实施。一是组织干警学习中共中央总书记习近平关于打击和防范邪教工作的重要批示精神及省、市、区领导批示精神，学习《刑法修正案（九）》对《刑法》第300条的修改内容和最高人民法院、最高人民检察院《关于办理组织、利用邪教组织破坏法律实施等刑事案件适用法律若干问题的解释》，进一步增强全院干警对反邪教工作性质地位的认识。二是要求广大干警自觉站在讲政治的高度谋划工作，用社会治理和群众工作的方法防范和处理邪教问题，始终把维护国家安全和社会和谐稳定作为根本底线，把维护人民群众切身利益作为最终落脚点。三是组织开展反邪教法律实务大培训，提升检察队伍依法打击能力和防范处置能力，确保检察干警具备专业思维、专业素养、专业方法。四是突出工作重点，掌握反邪教工作的主动权，找准反邪教工作与检察业务的契合点，准确发力，依法惩治邪教活动。五是对立案侦查的反邪教案件，适时介入侦查环节，主动了解案情，针对不同的个案特点，加强同公安机关的沟通，发挥检察机关在固定证据、引导侦查、调查取证方面的优势，提出相关检察建议，确保准确，有力地惩治邪教犯罪。六是统一执法思想，用好用足法律，收集固定证据，对邪教案件依法提起诉讼，确保惩治力度。七是密切关注邪教人物在控告申诉环节的诬告滥诉新动向，严防以申请信息公开、信访等方式，将变相诬告滥诉导入正常司法程序，严把案件“入口关”，防止邪教“由信变访”“由访变闹”，以防止发生规模性聚集滋事事件，坚决消除邪教活动现实危害和潜在风险，避免邪教组织诬告滥诉现象进入检察环节。

第三节 公诉破坏社会主义经济秩序犯罪

破坏社会主义市场经济秩序罪是指违反国家经济管理法规，严重危害国民经济的行为。

1979年郊区检察院筹建之初，主要受理域内投机倒把、偷税抗税等破坏域内农村市场秩序和经济秩序的案件。同年，《中华人民共和国刑法》《中华人民共和国刑事诉讼法》颁布实施，农村集贸市场逐渐恢复，商品流通渠道出现多样化苗头，阳泉郊区检察院受理公诉的破坏社会主义经济秩序犯罪，主要是投机倒把和破坏集体生产案件。

1981年，阳泉郊区检察院提起公诉的赌博和投机倒把犯罪案件3件、10人（当时，赌博犯罪，列入经济犯罪范畴）。

1982年4月13日，中共中央、国务院颁布《关于打击经济领域中严重犯罪活动的决定》，阳泉郊区检察院依法惩治涉及犯罪的合同欺诈、投机倒把、伪造票证等严重破坏社会主义经济秩序的行为。是年，受理并公诉破坏生产案1件、2人。

1983年，中共中央办公厅下发《关于"严厉打击刑事犯罪活动的决定》，全国人大常委会颁布《关于严惩严重危害社会治安的犯罪分子的决定》和《关于迅速审判严重危害社会治安的犯罪分子的程序的决定》，"严打"斗争开始。全年阳泉市郊区人民检察院受理并公诉贪污、受贿、投机倒把案件5件14人。

1984年，阳泉郊区检察院继续贯彻从重从快打击刑事犯罪方针，进一步加大对集体财物的保护力度，受理并公诉毁坏公私财物案1件、1人。

1985年，阳泉郊区检察院按照"严打"斗争要求，根据域内盗窃企业物资严重的实际，对盗窃公共财物案件数额特别巨大的李某才等4名被告人和破坏集体生产案件1件、1人，毁坏公物案件1件、1人，依法提起公诉。

1986年，阳泉郊区检察院公诉破坏生产秩序案件1件、1人，重大责任事故3件、5人。

1987年9月17日，为加强对经济活动的监督管理，保护合法经营和正当竞争，制裁投机倒把活动，保障经济体制改革的顺利进行，国务院发布《投机倒把行政处罚暂行条例》（以下简称《条例》），对轻微的投机倒把行为，授权由工商行政管理机关依照该《条例》规定予以处罚。对情节严重，构成犯罪的投机倒把行为，可移送司法机关依法追究刑事责任。为此，阳泉郊区检察院把打击破坏社会主义经济秩序犯罪的重点，放到合同诈骗、非法经营、票据诈骗、假冒注册商标、非法持有使用假币和金融凭证诈骗等方面。

1989年，对倒卖国家计划票证、重大责任事故、妨害公务、敲诈勒索、抗税、毁坏公共财物等破坏社会主义经济秩序犯罪的有9件、12人，其中，毁坏公共财物犯罪案件3件、3人，向郊区人民法院提起公诉，均被郊区法院作出有罪判决。

1990年，随着改革开放的深入，国家由计划经济向社会主义市场经济转变，域内破坏社会主义经济秩序犯罪出现新的特点，从盗窃域内厂、矿企业物资和财产、毁坏公共财产为主，转为合同诈骗和倒卖国家计划内物资。是年，经郊区检察院起诉的诈骗公共财产案件仅1件、2人（当时，诈骗犯罪，属于经济犯罪范畴）。

1991年以后，破坏社会主义经济秩序犯罪主要表现为盗窃和诈骗域内厂、矿企业财物，在司法统计中，除合同诈骗罪外，分别统一划归盗窃案和诈骗案件类别，由人民检察院向人民法院提起公诉。

1993年12月13日，国务院颁布第134号令《中华人民共和国增值税暂行条例》。《增值税专用发票》由国家税务总局监制设计印制的，只限于增值税一般纳税人领购使用的，既作为纳税人反映经济活动中的重要会计凭证，又是兼记销货方纳税义务和购货方进项税额的合法证明；是增值税计算和管理中重要的决定性的合法的专用发票。此后，涉及增值税的犯罪开始在郊区工矿企业中出现，但增值税发票实施初期，针对此类犯罪的刑罚尚不明显，涉案事件多由税务部门以罚代管进行处理。

进入21世纪后，阳泉郊区经济社会进一步发展，域内虚报注册资本、合同诈骗、伪造倒卖虚开增值税专用发票等破坏社会主义经济秩序案件明显增多，尤其是增值税犯罪，开始逐渐出现多发、常发现象。

2008年，阳泉郊区检察院提起公诉的破坏社会主义经济秩序犯罪案件2件、2人，其中，信用卡诈骗犯罪案件1件、1人，非法经营犯罪案件1件1人。此后，此类犯罪呈上升态势。

2009年，阳泉郊区检察院公诉的破坏社会主义经济秩序犯罪案件2件、2人，均为合同诈骗案件。较为典型案件的有：阳泉市通晨煤炭洗选有限公司犯虚报注册资本罪，判处罚金200000元。被告单位阳泉市仁爱康复医院犯合同诈骗罪，判处罚金100000元。被告人王某龙犯合同诈骗罪，经郊区检察院向郊区法院提起公诉后，被郊区法院判处有期徒刑一年，缓刑二年，并处罚金10000元，同时追缴被告单位——阳泉市仁爱康复医院违法所得157837.13元。

从2010年开始，破坏社会主义经济秩序罪的犯罪现象呈上升趋势，不仅作案人数大幅增加，而且触犯的刑法条款数量也在日渐增多。涉案领域也从增值税犯罪、信用卡、合同诈骗，发展到销售假冒注册商标的商品罪等较为复杂的犯罪领域。全年公诉的破坏社会主义经济秩序犯罪案件4件、4人。其中，合同诈骗犯罪案件2件、2人，偷逃税犯罪2件、2人。

是年，经阳泉郊区检察院对阳泉市金福来乳业有限公司和被告人王某刚生产、销售有毒、有害食品犯罪案件提起公诉，作出有罪判决，被告单位阳泉市金福来乳业有限公司犯生产、销售有毒、有害食品罪，判处罚金80万元。被告人王某刚犯生产、销售有毒、有害食品罪，判处有期徒刑四年零六个月，并处罚金60万元。被告人梁某国犯生产、销售有毒、有害食品罪，被判处有期徒刑四年零三个月，并处罚金40万元。被告人王某进犯生产、销售有毒、有害食品罪，判处有期徒刑三年零六个月。并处罚金30万元。被告人王某国犯生产、销售有毒、有害食品罪，判处有期徒刑三年零六个月，并处罚金30万元。被告人霍某美犯生产、销售有毒、有害食品罪，判处有期徒刑三年零六个月，并处罚金30万元。被告人马某军犯生产、销售有毒、有害食品罪，判处有期徒刑三年，并处罚金30万元。被告人梁某成犯生产、销售有毒、有害食品罪，判处有期徒刑三年，并处罚金20万元。追缴涉案所扣押的含有三聚氰胺的奶粉并予以销毁。是年，李某生则犯合同诈骗罪，被郊区法院判处有期徒刑三年，并处罚金50000元。是年，李某瑞犯合同诈骗罪，被判处有期徒刑三年，缓刑五年，并处罚金50000元。

2011年，阳泉郊区检察院提起公诉的破坏社会主义经济秩序犯罪案件4件、10人。其中，生产销售有毒、有害食品犯罪案件1件、7人，虚假出资、抽逃出资犯罪案件1件、1人，信用卡诈骗犯罪案件1件、1人，虚开增值税专用发票、用于骗取出口退税、抵扣税款犯罪案件1件、1人。对虚开增值税专用发票6份、税额共计77453.46元的阳泉市华耀耐火材料有限责任公司法定代表人余某苍，郊区检察院以其犯虚开增值税专用发票罪提起公诉后，被郊区人民法院判处有期徒刑二年，缓刑三年，并处罚金100000元。

2012年，阳泉郊区检察院提起公诉的破坏社会主义经济秩序犯罪案件5件、8人。其中，虚报注册资金犯罪案件1件、2人，持有、使用假币犯罪案件1件、2人，虚开增值税专用发票、用于骗取出口退税、抵扣税款犯罪案件1件、2人，合同诈骗犯罪案件2件、2人。对被告人刘某英，以犯虚报注册资本罪提起公诉后，被郊区法院判处有期徒刑二年，缓刑三年。对被告人李某伟，以犯持有假币罪提起公诉后，被区法院判处有期徒刑三年，缓刑四年，并处罚金20000元。被告人王某侠犯持有假币罪公诉后，被区法院判处有期徒刑三年，缓刑四年，并处罚金20000元。对李某瑞犯合同诈骗罪提起公诉后，被区人民法院判处有期徒刑三年，缓刑五年，并处罚金50000元。

2013年，公诉破坏社会主义经济秩序犯罪4件、4人。其中，生产销售伪劣产品犯罪案件1件、1人，合同诈骗犯罪案件1件、1人。典型案例为杜某仁假酒案。2012年10月中旬，杜某仁购进大量酒水后，存放于其租住在郊区义井镇义东沟村圪台293号的二层小楼内，欲在阳泉市进行销售。2013年1月11日，阳泉市公安局郊区分局，配合阳泉市工商局城区分局，在该处对杜某仁所购酒水进行查扣，一部分酒水为假冒注册商标的产品，价值247912.8元。另一部分酒经阳泉市质量技术监督检验测试所鉴定，均为不合格产品，价值计170098.8元。阳泉郊区检察院以被告人杜某仁犯销售假冒注册商标的商品罪，向郊区人民法院提起公诉，杜某仁被判处有期徒刑一年，并处罚金15万元。李某在挖掘机买卖中犯合同诈骗罪，提起公诉后，被郊区法院判处有期徒刑五年，并处罚金60000元，追缴其违法所得150000元。

2013年，对阳泉地区具有较大影响的赵某、余某房地产合同诈骗案提起公诉。被告人赵某作为阳泉市郊区平坦镇前庄村治保主任，负责协助阳煤集团房地产分公司从事前庄村的拆迁安置工作。被告人余某系阳煤集团房地产分公司员工。在拆迁安置过程中，赵某借职务之便，同另一被告人共同作案，通过伪造虚假的拆迁补偿安置协议等手段，骗取阳泉煤业集团房地产分公司新建楼房4套，郊区人民法院以赵某犯职务侵占罪，判处其有期徒刑七年；以合同诈骗罪，判处有期徒刑四年，处罚金100000元，合并执行有期徒刑十年，处罚金100000元。

2014年，经阳泉郊区检察院提起公诉的破坏社会主义经济秩序犯罪5件、10人，其中，生产、销售不符合安全标准的产品罪1件、2人，隐藏、故意销毁会计凭证、会计账簿、会计报告罪1件、4人，非法制造、出售非法制造的发票罪2件、3人，合同诈骗罪1件、1人。

2015年，阳泉郊区检察院对1件、2人破坏社会主义经济秩序犯罪提起公诉。

2016年，阳泉郊区检察院受理破坏社会主义经济秩序犯罪案件38件、52人，经审查，对其中的29件、41人提起公诉。

2017年，阳泉郊区检察院受理破坏社会主义经济秩序犯罪案件27件、34人，经审查，对18件、26人提起公诉。

2018年，阳泉郊区检察院受理破坏社会主义经济秩序犯罪案件13件、14人，经审查，对9件、12人提起公诉。

附1：阳泉市金福来乳业有限公司生产、销售有毒、有害食品犯罪案

2009年，河北省赵县裕康乳业有限公司法定代表人杨某珠，将生产于2008年5月以前、未经检验的30余吨含有三聚氰胺的奶粉，抵顶所欠被告单位阳泉市金福来乳业有限公司的23万余元货款。之后，被告单位阳泉市金福来乳业有限公司法定代表人、被告人王某刚，被告单位阳泉市金福来乳业有限公司工作人员、被告人梁某国、王某进、王某国、霍某美，于2009年12月16日至2009年12月21日，在阳泉市金福来乳业有限公司车间，用明知是从石家庄裕康乳业有限公司处顶账回来的30吨三聚氰胺超标的奶粉和从太原个体户许林某处购得的鲜奶作为原料，生产含有三聚氰胺并且超标的全脂奶粉约27.6吨。2009年年底，在被告人王某刚的安排和被告人梁某国的联系下，将明知三聚氰胺含量超标的重新加工的奶粉通过配货站经石家庄转运，以每吨20000元的价格分两次卖给湖南个体户张某440袋，共计11吨。

2010年7月12日，湖南长沙警方在长沙市芙蓉区东南雅苑小区张某租用的车库内依法扣押了其中的257袋（每袋25公斤）奶粉，另外一袋销往长沙市雨花区康乐佳冷饮食品厂（企业尚未使用，现已扣押），另外5袋销往怀化市华美食品饮料厂，另50袋销往郴州市银利乐食品厂，其余的127袋在第二次到货时因遇雨被打湿，张某和梁某国协商后，由货运站赔偿3000元，而后由张某将奶粉全部倒在浏阳河里进行了销毁。

2010年7月6日，同样由被告人王某刚安排，被告人梁某国联系河北省正定县罗曼林冷饮食品配料厂的老板即被告人马某军及被告人梁某成欲销售奶粉，在明知阳泉市金福来乳业有限公司的奶粉三聚氰胺超标的情况下，被告人马某军安排被告人梁某成以20万元的价格从

该公司购得664袋（每袋25公斤）奶粉。被告人马某军的姐姐马某敏将10多袋已变质、损毁的奶粉倒掉，其余涉案的16.3吨（共计647袋）奶粉已被公安人员全部查获。

2010年8月12日，经山西省食品质量监督检验中心检验：河北省正定县扣押回的奶粉抽样7份，其中三聚氰胺含量依次为67.7mg/kg、65.6mg/kg、72.1mg/kg、56.4mg/kg、78.6mg/kg、51.4mg/kg、47.9mg/kg；河北省赵县顶账回的奶粉抽样3份，其中三聚氰胺含量依次为44.0mg/kg、107.4mg/kg、53.6mg/kg；湖南省长沙市扣押的奶粉抽样6份，其中三聚氰胺含量依次为72.7mg/kg、70.2mg/kg、94.3mg/kg、74.9mg/kg、＜2mg/kg、＜2mg/kg（后两样为被告人梁某国及张某从长沙超市购买的合格奶粉）。郊区法院经审理后，依法作出有罪判决。

附2：赵某合同诈骗案

被告人赵某作为阳泉市郊区平坦镇前庄村治保主任，负责协助阳煤集团房地产分公司从事前庄村的拆迁安置工作。被告人余某系阳煤集团房地产分公司员工。2008年6月，阳煤集团房地产分公司承担三矿沙坪棚户区改造工程时，涉及阳泉市郊区平坦镇前庄村部分土地和房屋的拆迁工作。2008-2009年，被告人余某作为阳煤集团房地产分公司的预算员，受公司指派，从事前庄村被拆迁范围房屋的丈量、测绘、协议的起草等工作。经事先合谋，被告人余某、赵某利用各自的职务便利，于2009年3月，通过伪造虚假的拆迁补偿安置协议等手段，骗取阳泉煤业集团房地产分公司沙坪35号楼5单元3号、35号楼2单元1号、35号楼1单元8号共三套拆迁安置房，共计价值人民币350759.232元。被告人赵某将其中35号楼5单元3号住房一套据为己有，其余两套由被告人余某介绍，分别以17万元和10万元价格变卖给郭某召和郭某刚。2009年8月，被告人赵某利用其协助阳泉煤业集团房地产分公司在阳泉市郊区平坦镇前庄村进行沙坪棚户区改造负责拆迁安置的职务便利，以李某羊（非前庄村民）为拆迁户的名义，通过伪造虚假的拆迁补偿安置协议等手段，骗取阳泉煤业集团房地产分公司沙坪35号楼2单元4号拆迁安置房一套，价值116919.744元，并将其以20万元的价格变卖给李某羊，扣除李某羊交付阳泉煤业集团房地产分公司的34826.07元后，被告人赵某非法获利165173.93元。另查明，阳泉煤业（集团）有限责任公司原系国有独资企业，2008年8月企业改制后，企业性质变更为国有控股公司，股东分别为山西省国资委、中国信达资产管理公司、中国建设银行三家，其中山西省国资委持股比例为54.03%。阳泉煤业（集团）有限责任公司房地产分公司系阳泉煤业（集团）有限责任公司分支机构，不具备法人资格。诉讼过程中，被告人余某家属退赔190000元。郊区法院以被告人赵某犯职务侵占罪，判处有期徒刑七年；犯合同诈骗罪，判处有期徒刑四年，并处罚金100000元；决定合并执行有期徒刑十年，并处罚金100000元。

第四节 公诉侵犯公民人身权利和民主权利犯罪

一、公诉故意杀人犯罪案件

1980 年 1 月，阳泉市郊区人民检察院正式成立，设立一科，受理审查和公诉刑事犯罪案件，其中，依法惩治非法剥夺他人生命、严重侵犯公民人身民主权利、性质极其恶劣的犯罪，是政法机关打击的最主要、危害性极大的犯罪行为。

1981 年，阳泉郊区检察院认真学习贯彻落实《刑法》《刑事诉讼法》，经审查并提起公诉的故意杀人犯罪案件 1 件、1 人。

1983 年，中共中央办公厅下发《关于“严厉打击刑事犯罪活动，实现社会治安根本好转”宣传纲要》。9 月 2 日，全国人大常委会颁布《关于严惩严重危害社会治安的犯罪分子的决定》和《关于迅速审判严重危害社会治安的犯罪分子的程序的决定》，对故意杀人、伤害致人死亡的犯罪分子及流氓犯罪以及流氓犯罪等十几种犯罪，“可以在刑法规定的最高刑以上处刑，直至判处死刑”。据此，郊区检察院以“公、检、法党内联合办公”方式，以法律为武器，以事实为准绳，对故意杀人的犯罪分子和强奸、抢劫、爆炸等严重暴力犯罪，开展为期三年三个战役的“严打”斗争。通过贯彻落实“严打”精神，有效地遏制了域内杀人犯罪案件的发生。

1986 年，公诉故意杀人犯罪案件 2 件、2 人。1989 年，公诉故意杀人犯罪案件 2 件、2 人。1990 年，公诉故意杀人犯罪案件 2 件、2 人。1991 年，公诉过失杀人案件 1 件、1 人。经过连续数年的严打斗争，特别是经过 1985 年到 1986 年连续三年三个战役严打，域内故意杀人犯罪案件明显下降，全区社会治安形势严峻的局面得到转变。但到 20 世纪 90 年代初，阳泉郊区的故意杀人犯罪和伤害致死人命案件出现抬头现象。

故意杀人犯罪作为最严重的侵害公民人身安全的罪行，由于情节特别严重，特别是故意杀人并致人死亡的犯罪案件，手段残忍，案件复杂，加之公诉及审判安全要求较高，根据法律规定，公诉该类案件至阳泉市人民检察院，审判工作则由阳泉中院作为一审法院审理。

其时，阳泉郊区检察院审查起诉和提起公诉的故意杀人案件，多为故意恶性和行为人后果严重但不足以判决十年以上有期徒刑的案件。如 2008 年 1 月，该院针对闫某军追打致被害人李某摔成重伤，且不予救助，造成李某死亡的严重后果，认为其行为已触犯《中华人民共和国刑法》第 232 条规定，遂以故意杀人罪向郊区法院提起公诉，经郊区法院开庭审理，以故意杀人罪判处闫某军有期徒刑五年。

二、公诉故意伤害罪

故意伤害罪是指故意非法损害他人身体健康的行为。在阳泉郊区，故意伤害犯罪是侵犯公民人身权利中，较为常见的一种犯罪行为。

1980年1月，根据1979年7月1日颁布的《刑法》和《刑事诉讼法》有关要求，阳泉郊区检察院成立一科，开始受理、审核和公诉刑事案件。是年，经受理审查后，向郊区人民法院提起公诉的伤害案件5件、8人。1981年，针对郊区故意伤害案件常发、多发的特点，该院进一步加强对故意伤害公民人身权益的犯罪分子的依法惩治，全年受理、审查公诉该类案件12件、19人。

1982年，阳泉市郊区检察院一科更名为刑事检察科，继续依法惩治故意伤害他人人身安全的犯罪行为，全年查核、受理并公诉该类案件4件、9人，分别比上年度净下降8件、10人，下降幅度为76.7%和48.4%，故意伤害案件大幅度下降。

1983年8月25日，中共中央发出《关于严厉打击刑事犯罪的决定》。1983年9月2日，全国人大常委会通过《关于严惩严重危害社会治安的犯罪分子的决定》，阳泉郊区检察院会同郊区公安分局、郊区人民法院依法惩治一大批严重危害社会治安和人民生命财产安全的犯罪分子，全年受理、公诉的故意伤害案件为13件、18人。

1984年，阳泉郊区检察院提起公诉的故意伤害案10件、11人。1985年，公诉故意伤害案15件、15人。1986年，公诉故意伤害案23件、30人，是严打斗争中公诉该类犯罪案件最多的一年。本年度公诉的故意伤害案件中，惯犯、累犯和狱内重新犯罪案件数量有所增加。阳泉第一监狱（时称山西省第二劳动改造管教支队，企业名称为山西省阳泉荫营煤矿）、阳泉第二监狱（时称山西省第十三劳动改造管教支队，企业名称为山西省阳泉固庄煤矿）在押罪犯中，在押罪犯人值星员以故意伤害罪被起诉的人数，占郊区全部伤害案件的35%。

此后，故意伤害他人人身安全的犯罪行为得到有效遏制。1989年公诉的故意伤害犯罪案件下降至11件、18人，比1986年案件绝对数减少12件，犯罪分子减少12人。李某军因犯故意伤害罪，被起诉至人民法院后，被判处有期徒刑二年，缓刑四年。高国某、高永某、高万某故意伤害（致人死亡）一案，被该院起诉后，郊区法院完全采纳郊区检察院起诉意见，对被告人高国某以故意伤害（致人死亡）罪，判处有期徒刑十一年；对被告人高永某以故意伤害（致人死亡）罪，判处有期徒刑八年；对被告人高万某以故意伤害（致死）罪，判处有期徒刑三年，缓刑四年。

1990年，由于企业改革开始推进，之前较为固定的社会关系和劳动关系发生重大改变，故意伤害案件的发案率在阳泉郊区开始呈多发状态，是年，郊区检察院提起公诉的该类案件达26件、51人。尤其是集团性故意伤害案件，上升幅度较大。经依法惩治，到1991年，故意伤害犯罪呈较大幅度下降态势，全年公诉至人民法院的故意伤害案件11件、11人，绝对数比上年度分别下降15件、40人，集团性故意伤害犯罪下降明显。

1993年，公诉故意伤害犯罪案件13件、14人。

1997年，公诉该类犯罪案件8件、9人。

1998年，发生在郊区的故意伤害案件，再次急剧上升，从1997年的8件、9人，跃升至1998年的32件、46人。为此，郊区检察院坚持从重从快打击故意伤害犯罪与确保案件公诉质量相结合，坚持打击与预防故意伤害犯罪相结合，坚持惩治故意伤害犯罪与教育群众相结合，强化公诉职能、强化监督职能、强化打击效果，使域内故意伤害犯罪案件得到有效遏制。到1999年，域内伤害案件下降为19件、19人，分别比上年度下降11件、25人。此后，故意伤害犯罪开始出现下降趋势，到2002年，故意伤害犯罪案件下降至12件、12人。

从2003年开始，由于阳泉地区及郊区域内各乡镇企业大力推进改革、改制、重组进程，许多区、镇（乡）办企业和农村集体企业在改革、重组过程中，劳动关系出现剧烈变更，下岗、失业现象增加，加之新农村建设、旧村改造和城中村建设步伐加快，农民和乡镇企业职工切身利益受到侵害，故意伤害犯罪案件开始出现新的动向，无因果和突发性故意伤害案件频发，群体性打架斗殴造成的故意伤害案件成为这一时期此类刑事犯罪的主要形式。2004年，郊区检察院公诉该类案件31件、45人，成为1998年后，公诉故意伤害犯罪最高的一个年份。

2007年，郊区检察院根据辖区出现针对村、支“两委”干部生命财产故意伤害犯罪案件频发的实际情况，把这类案件作为惩治的重中之重，全年公诉故意伤害犯罪案件26件、41人。先后对余某红、张某明、余某鑫绑架矾窑村干部，王某平、张某涛、史某飞故意伤害神峪村干部等案件提前介入侦查，及时提起公诉，依法惩治犯罪分子。

2008年，阳泉郊区检察院提起公诉的故意伤害案件16件、22人。如因非法采矿引发的张某田故意伤害罪：2008年5月21日，被告人张某田、郎某明及王某文、某军（二人另处）等人以被害人任某明、郭某平在西南舁乡大西庄村某矾石厂（被告人张某田与王某文共同经营）偷矾石为由，在大西庄村委会院里及王某文住的房屋非法限制被害人任某明、郭某平人身自由。其间，被告人郎某明、张某田及同案王某文、某军等人对被害人任某明、郭某平实施殴打行为，并要求两个被害人“拿钱”，致被害人受伤。郊区检察院以郎某明犯故意伤害罪，向区法院提起公诉后，被判处有期徒刑三年又六个月。被告人张某田犯故意伤害罪，判处有期徒刑三年，缓刑四年。

2009年，公诉故意伤害案件26件、27人。被告人王某因故意伤害未成年学生，经郊区检察院提起公诉后，被区法院判处拘役六个月，缓刑一年。

2010年，公诉故意伤害案件25件、26人。赵某忠驾驶213吉普车，伙同同案人葛某如、刘某洋、荆某明、赵某、王某、郝某刚等，携带镐把到河底镇龙光峪村附近，因争占私挖滥采场地与他人发生争执，致使张某旺驾驶的铲车玻璃被砸毁，被害人梁某明、张某旺被打伤。郊区检察院以赵某忠犯故意伤害罪，向区人民法院提起公诉，赵某忠被判处有期徒刑四年。其余犯罪嫌疑人均获有罪判决。

2011年，阳泉郊区私采滥挖煤炭、铝矾土矿现象严重，因抢占资源造成的故意伤害犯罪案件大幅上升，全年公诉该类案件44件44人。成为阳泉市郊区建区、阳泉郊区检察院建院后故意伤害犯罪案件最多的一年。

2012年，故意伤害犯罪案件得到有效遏制，全年公诉故意伤害案件26件、41人。

2013年，公诉故意伤害案件27件、32人。

2014年，公诉故意伤害案件24件、25人。2014年2月16日16时许，被害人许某与秦某红在阳泉市燕竹花园小区内因错车问题发生争执，乘坐秦某红车辆的被告人赵某在拉架过程中，用脚踢打许某，致使许某右胸第9、第10、第11肋骨骨折。郊区检察院以故意伤害罪，对赵某向区法院提起公诉，该赵被判处拘役四个月，缓刑六个月。是年3月21日9时，在甄家庄村工地，被告人杨某因捡拾废旧钢筋与该村联防队员陈某元发生争执后，杨某用铁棍将陈某元右手打伤。郊区检察院以故意伤害罪，将杨某起诉至区人民法院，杨某被判处拘役六个月，缓刑一年，附带民事赔偿4393.45元、护理费650元、误工费3000元、交通费200元、鉴定费800元，共计9043.45元，同时驳回附带民事诉讼原告人的其他诉讼请求。故意伤害致人死亡的嫌疑人韩某虎，被起诉后，郊区法院判处其有期徒刑十年零六个月，并赔偿附带民事诉讼原告人王某娥、杨某明、杨某亮因被害人杨某双死亡造成的丧葬费22118元、交通费1000元，共计23118元。阳泉第一监狱在押罪犯李某华在服刑犯故意伤害罪，由郊区检察院起诉至郊区法院后，被判处有期徒刑十一个月，于前罪尚未执行完毕的余刑六年六个月零七天，合并执行有期徒刑七年，处罚金30000元，并于判决生效后30日内，一次性赔偿给附带民事诉讼原告人任某（同为该监狱服刑人员）造成的物质损失500元。

2015年，阳泉郊区检察院公诉故意伤害犯罪19件27人。

2016年，阳泉郊区检察院公诉故意伤害犯罪16件16人。

2017年，阳泉郊区检察院公诉故意伤害犯罪12件14人。

2018年，阳泉郊区检察院公诉故意伤害犯罪16件22人。

三、公诉强奸、流氓犯罪

强奸罪是指违背妇女意志，使用暴力、胁迫或者其他手段强行与妇女发生性交的犯罪行为。阳泉郊区人民检察院在依法严惩故意杀人、故意伤害等严重侵犯公民人身权利、民主权利犯罪的同时，对有强奸、奸淫幼女、强制猥亵、侮辱妇女、猥亵儿童等恶劣犯罪，重点予以打击，有力地保障了妇女、少女、幼女和儿童的人身权利。20世纪80年代以前，阳泉郊区域内发生的强奸案件较为少见，强奸案件在民风纯朴的阳泉郊区地区，从历史上看，均属偶发、少发案件。

1980年，阳泉郊区检察院公诉的强奸案件仅4件、4人。1981年，郊区检察院贯彻中共中央6号文件，开展从重从快打击杀人、抢劫、强奸、放火、爆炸以及严重破坏社会秩序“六种犯罪”运动。强奸犯罪和流氓犯罪被列入必须严厉打击的严重犯罪。是年，公诉强奸案10件、10人，比上年度净增加6件、6人。

1982年，阳泉郊区检察院审查、公诉强奸案18件、18人，比上一年度净增加8件、8人，并公诉流氓犯罪案件1件、1人。

1983年8月25日，中共中央发出《关于严厉打击刑事犯罪的决定》。9月2日，全国人大常委会颁布《关于严惩严重危害社会治安的犯罪分子的决定》和《关于迅速审判严重危害社会治安的犯罪分子的程序的决定》，强奸犯罪和流氓犯罪被列入“可以在刑法规定的最高刑以上处刑，直至判处死刑”的严重犯罪行为。

1983年，阳泉郊区检察院根据中共中央和全国人大常委会关于严厉打击刑事犯罪分子的决定，进一步加大对强奸犯罪和流氓犯罪的惩治力度。全年公诉强奸犯罪案件19件、23人，公诉流氓犯罪案件7件、28人，强奸犯罪是本次“严打”斗争中罪行严重、民愤极大、手段恶劣的犯罪，按照全国人大常委会《关于迅速审判严重危害社会治安的犯罪分子的程序的决定》，9月，阳泉郊区检察院对杨某生、石某生、王某生抢劫、强奸集团案9名被告提起公诉，其中3人被判处死刑。这是阳泉郊区检察院提起公诉后，被人民法院判处的第一例死刑案件。

全国人大常委会通过《关于严惩严重危害社会治安的犯罪分子的决定》等三个重大决定，对强奸、流氓罪等十几种犯罪“可以在刑法规定的最高刑以上处刑，直至判处死刑”的规定，在全社会产生了巨大震慑力，这一时期，强奸犯罪和流氓犯罪案件基本上均按照人大常委会的决定和刑罚条款顶格处理。1984年，公诉强奸犯罪案件12件、13人，流氓犯罪案件11件、16人，奸淫幼女犯罪案件4件、4人。1985年，公诉强奸犯罪案件10件、10人，流氓犯罪案5件、9人。1986年，公诉强奸犯罪案件11件、12人，奸淫幼女案件4件、5人。

1986～1989年，由于受到政法机关的依法惩治，发生在阳泉郊区的强奸案件和流氓案件，均呈现大幅下降趋势。如1988年，阳泉郊区检察院全年提起公诉的强奸犯罪案件仅3件、5人，流氓犯罪案件1件、1人。1989年，公诉的流氓犯罪案件为4件、5人，强奸犯罪案件实现了零的目标。

1990年，阳泉郊区检察院刑事检察工作贯彻落实中共中央“稳定压倒一切”的精神和继1983年至1986年“严打”后，中央和省、市关于开展第二次“严打”的要求，继续按照“从重从快”的方针，严厉打击强奸等重大犯罪活动。一是对重大强奸刑事案件提前介入，与郊区公安分局、郊区人民法院等政法机关紧密配合，及时了解、掌握案件在侦破、预审等各阶段进展情况，做到严格审查。二是坚持在法定的量刑幅度及期限内，对重大强奸犯罪案件及时提起公诉。三是突出打击重点，对强奸犯罪的首恶分子、强奸惯犯、累犯和情节恶劣的强奸犯罪分子和流氓犯罪分子严惩不贷。从5月第二次“严打”至10月，郊区检察院把积极参加确保亚运会、国庆40周年庆典安全，作为刑事检察工作的重中之重，全年公诉强奸犯罪案件（包括奸淫幼女）23件、30人，流氓犯罪案件3件、7人。其中，公诉的强奸犯罪案件，比上年度净增加19件、25人。如赵某雨、赵某建抢劫、强奸案。1989年12月2日，犯罪嫌疑人赵某雨和同乡赵某建，闻知河底煤矿赵某某丈夫上夜班后，商定到其住处实施强奸、抢劫。作案后，赵某建用麻绳捆住赵某某手脚，赵爱雨用头巾，将赵某某的嘴塞住后二人潜逃，被公安机关抓捕归案后，郊区检察院提前介入侦查阶段，及时掌握犯罪证据，以犯抢劫判和强奸罪，将赵某雨、赵某建公诉至人民法院，2人均被人民法院作出有罪判决。其中，对赵某雨，以抢劫罪判处有期徒刑五年，以强奸罪，判处其有期徒刑四年，两罪合并判处有期徒刑八年。

经政法机关依法惩治，到1991年，阳泉郊区境内的强奸犯罪和流氓犯罪案件大幅度下降，全年公诉强奸犯罪案件3件、3人，流氓5件、13人，比上年度分别下降14件、12人。

1993年，公诉强奸犯罪案件5件、6人，案件数与虽然与上年持平，但犯罪人数下降7人，轮奸犯罪下降态势较为突出。之后，发生在阳泉市郊区的强奸案件，基本上保持在低发状态。

1996年公诉的郭某强奸幼女一案，突出了对未成年人的保护。郭某年龄尚不足16周岁，系初犯，根据有关规定，可不按犯罪论处，但检察人员在审查预审卷时，发现重大疑点和隐情，受害人可能是特殊受害主体，经司法精神病学鉴定：该幼女属智愚，从而明确了罪与非罪的界限，依法对郭某提起公诉后，郭某被判处有期徒刑二年。

1997年，阳泉郊区检察公诉强奸犯罪案件7件、9人。1999年，公诉奸淫幼女案1件、1人。2002年，公诉强奸犯罪案件2件、2人。2003年，该院以张某和犯强奸幼女罪，向人民法院提起公诉，被依法判处有期徒刑八年。2006年，郊区检察院以王某刚犯强奸罪，向郊区法院提起公诉，经审理，王某刚被判处有期徒刑四年。

2007年，经过郊区政法机关连续数年的严厉打击，全区强奸犯罪案件再度大幅下降，全年公诉的强奸犯罪案件仅1件、1人。之后，强奸犯罪在阳泉市郊区始终保持了较低的案发状态。2008年，公诉强奸犯罪案件3件、3人。2009年，公诉强奸犯罪案件1件、2人。

2010年，经阳泉郊区检察院公诉强奸犯罪案件4件、4人，为近年来强奸犯罪案件较多的一年。2011年，该院公诉强奸犯罪案件4件、4人，与上年持平。是年，公诉猥亵儿童犯罪案件2件、2人，猥亵儿童犯罪案件是阳泉市郊区范围内出现的较为罕见的犯罪行为。较为典型的强奸犯罪案件如李某红强奸案。2009年下半年，被告人李某红在阳泉市郊区杨家庄乡小西庄村的寺庙，用“和尚”身份，以能给被害人王某某看病为由，强行与被害人王某某多次发生性关系。之后，又多次强奸作案，致使吴某女、贾某女受到不法性侵害。经郊区人民检察院审查后，以强奸罪向人民法院提起公诉，人民法院判处李某红有期徒刑十三年，剥夺政治权利三年。是年，被告人韩某德强奸精神发育迟滞人赵某某一案，经阳泉郊区检察起诉，人民法院以强奸罪判处该韩某德有期徒刑三年五个月。

2012 年，郊区检察院公诉强奸犯罪案件 2 件、2 人。

2013 年，公诉强奸犯罪案件 3 件 3 人，强制猥亵、侮辱妇女犯罪、抢劫犯罪案件 1 件、1 人。以强制猥亵、侮辱妇女罪和抢劫犯罪，将梁某东向人民法院提起公诉后，梁某东被人民法院以强制猥亵、侮辱妇女罪，判处有期徒刑三年；以抢劫罪，判处有期徒刑三年，并处罚金 1000 元；以强奸（中止）罪，判处有期徒刑一年又六个月，决定合并执行有期徒刑六年，并处罚金 1000 元。

2014 年，阳泉郊区检察院公诉强奸案件 4 件、4 人。陈某亮等强奸罪犯受到依法惩治。2013 年 11 月 2 日 7 时许，被告人陈某亮窜至阳泉市郊区荫营镇东垴村史某某家中，趁被害人史某某的丈夫出门上班，史某某一人在家之机，采取暴力手段图谋不轨，因被害人推挡抗拒未能得逞，被告人陈某亮犯强奸罪（未遂），被郊区检察院提起公诉后，被人民法院判处有期徒刑二年。是年，该院还公诉猥亵、侮辱妇女犯罪案件 1 件、1 人。

2015 年，阳泉郊区强奸犯罪、猥亵儿童、猥亵和侮辱妇女犯罪控制到零。

2016 年，阳泉郊区检察院公诉强奸案件 3 件、3 人。猥亵儿童犯罪案件 1 件、1 人。

2017 年，阳泉郊区检察院公诉强奸案件 3 件、3 人。

2018 年，阳泉郊区检察院公诉强奸案件 1 件、1 人。

第五节 公诉侵犯财产犯罪

一、公诉盗窃犯罪

1980 年阳泉市郊区人民检察院建院之初，全区所属人民公社及各生产大队，包括各驻地工、矿企业和居民家庭，盗窃公私财物的案件极少发生。这一时期，域内盗窃案件多为构不成犯罪之小偷小摸行为，盗窃案件之当事人，通常由生产大队和乡镇企业中共各级基层组织，及驻地各国营企业车间或劳资部门，给予相应的批评教育。针对盗窃犯罪涉案数额相对严重的犯罪分子，亦多以“监督劳动改造”的形式，交由其所在的生产大队或工矿企业，给予一定的管制教育，工作、工资（农村生产大队为工分）同工同酬，当事人通常不承担刑事责任，基本政治权利不受影响，但参加中国人民解放军、加入中国共产党或加入中国共产主义共青团组织等，受到极为严格的考查，管制期间，盗窃案件当事人多从事公益性事务，如清扫村、镇街道，或学校、厂矿企业厕所等，经过数月、或一年到三年不等的由工人和农民的监督劳动教育后，管制即可解除。

1979 年，阳泉郊区检察院筹建期间，积极参与郊区政法机关组织的各类打击刑事犯罪活动。多次协助组织区委、区革命委员会在有关村、镇或驻地工矿企业召开的针对刑事犯罪分子的公审公判大会。

1980 年 1 月，郊区检察院正式开始办公，依据《刑法》《刑事诉讼法》，负责域内刑事案件的审查批捕的公诉。全年公诉盗窃案件 16 件 27 人。

1981 年，阳泉市郊区各人民公社和生产大队，按照安徽省凤阳县小岗村模式改革，实行包产到户，新中国成立后，参加集体化生产的农民开始出现自由职业者，农村生产大队解散，各行政村对农民的管理日渐放松，青年农民中盗窃犯罪现象日渐增多。是年，阳泉郊区检察院公诉盗窃犯罪案件 14 件、19 人。1982 年，公诉盗窃案件 7 件、13 人，团伙性盗窃案件出现上升态势。

1983 年，阳泉郊区农村人民公社乡镇化改造基本完成，人民公社建制取消，在原人民公社基础上，成立乡、镇人民政府，所属原农村生产大队实行村民委员会改革，原来由生产小队组织农民进行集体耕作的土地，全部实行包产到户，农民中自由择业者进一步增多，发生在阳泉郊区的盗窃犯罪现象日趋严重。是年 8 月 25 日，中共中央发出《关于严厉打击刑事犯罪的决定》，9 月 2 日，全国人大常委会通过《关于严惩严重危害社会治安的犯罪分子的决定》，郊区检察院根据上级检察机关和区委、区政府整体部署，着重打击区内发生的杀人、抢劫、强奸、放火、抢劫、盗窃、爆炸和其他严重破坏社会秩序犯罪，盗窃犯罪被列入从重从快打击之列，尤其是针对团伙盗窃犯罪，更是被列为从重从快严厉惩治的目标，是年共公诉盗窃案 49 件、93 人。之后，随着严打斗争进一步深入，在郊区范围内活动的几个重大盗窃团伙被一网打尽，发生在郊区的盗窃犯罪有所下降。

1984 年，阳泉郊区检察院公诉重大盗窃犯罪案 1 件、1 人，公诉一般盗窃犯罪案件 17 件、21 人，一般盗窃案件比上年度下降 32 件、72 人。

1985 年，郊区检察院公诉盗窃犯罪案件 23 件、37 人。盗窃案件反映出两个特点：一是盗窃案件比例大，占全部公诉刑事犯罪案件的 32%，比上年的 17 件增长 27%；二是盗窃犯罪分子中，“两劳”（劳改、劳教）人员、刑满就业人员和农民无业青年所占比重较大。

1986 年，郊区域内盗窃犯罪案件再度出现上升趋势，区检察院全年公诉盗窃犯罪案件 32 件、48 人，比上年度绝对数分别增加 9 件、11 人。在全年审查、公诉的盗窃犯罪案件中，一是抢劫、盗窃等财产性犯罪活动猖獗，该类犯罪案件达 36 件、57 人，占 37%，其犯罪侵害的主要目标是公共财物，特别是生产资料和高档商品。也有侵害个体户、专业户的盗窃案件，多数罪犯采取撬门挖锁、翻墙入室手段，有的地区甚至形成盗窃、窝赃、运送、销赃的“一条龙”流行作业。二是青少年犯罪案件明显增长，在公诉后被区法院作出有罪判决的153名案犯中，有99名罪犯为青少年，占64%。青少年盗窃、抢劫犯罪案件，分别占83%和100%。

1988年发生的李某才盗窃案，是一起以盗窃集体财产为主的典型案件。1988年10月1日凌晨一时许，犯罪嫌疑人李某才窜至河底镇兴华水泥厂财务室破窗入室，在未撬开保险柜的情况下，打开财务人员办公桌抽屉，盗走人民币11131.4元。1987年和1988年7月、8月间，犯罪嫌疑人李某才先后窜至河底镇小固庄食堂、木材加工厂办公室、河底镇耐火厂、兴华水泥厂，同样采取破窗入室、撬门挖锁等手段，盗窃诸如洗衣机、吹风机、圆桌、椅、平车、木材、白面、香烟等物品，价值1058.83元。郊区检察院根据《刑法》第152条、《全国人大常委会关于严惩严重破坏经济犯罪的决定》第1条第一款规定，以盗窃罪对李某才提起公诉，李某才被判处有期徒刑十二年。

1989年，郊区范围内盗窃犯罪案件再次呈现上升势头，全年公诉该类案件61件、97人，自1979年该院筹建以来盗窃犯罪案件最多的一年。其中，惯盗、集团性盗窃团伙作案成为最重要的特征。

1990年，阳泉郊区检察院根据中共中央和山西省委、省人民政府等上级机关关于“稳定压倒一切”的精神，结合为亚运会顺利举行和国庆40周年系列庆祝活动保驾护航，继续贯彻依法“从重从快”方针，突出惩治重大盗窃、团伙盗窃活动，对首要分子、惯犯、累犯和情节恶劣的犯罪分子严惩不贷，惩治域内团伙盗窃犯罪活动。如郭某小四人团伙盗窃案，采取团伙作案、撬门挖锁手段，共进行盗窃犯罪10余次，价值2800元，属数额巨大，郊区检察院将主犯郭某小以盗窃罪起诉至人民法院后，被判处有期徒刑六年，其他三被告因年龄不满18周岁，有法定从轻或减轻情节，故从轻判处从犯郭某毛有期徒刑二年，判处郭某明、赵某生各一年有期徒刑，缓刑二年。

1991年，阳泉郊区检察院继续依法惩治严重刑事犯罪活动，与区公安分局、区人民法院共同深入开展反盗窃斗争，对严重盗窃犯罪案件提前介入、掌握案情、严格把关，全年公诉盗窃犯罪案件盗窃45件、73人，占全年所判决的刑事案件总数的41%。人民法院均作出有罪判决。

1992年，阳泉郊区检察院公诉盗窃犯罪案件32件、58人。经过1991年、1992年的“严打”，盗窃犯罪案件出现下降趋势，但团伙犯罪案件不降反升，作案手段升级，暴力型盗窃案件时有发生，严重危害着人民生命财产和安全。为此，郊区检察院与区公安分局、区法院、区司法等政法机关密切配合，进一步加强各个环节上的衔接，对有重大社会影响的案件、盗窃团伙案件，特别是对累犯、犯罪团伙的主犯，以及盗窃破坏电器、水利、设备的犯罪分子，加快办案进度，及时提起公诉。

1994年，阳泉郊区307国道出现拦截车辆、殴打司机、抢劫、盗窃财物犯罪猖獗的情况。3月份，郊区检察院会同郊区公安分局、郊区人民法院开展惩治车匪路霸的专项斗争，其间，共公诉该类罪犯25名。下半年，又根据区内盗窃案件居高不下的情况，继续会同公安、审判部门开展“反盗窃”斗争，共出庭公诉盗窃犯罪案件32件，打掉盗窃犯罪团伙3个，59名盗窃犯罪分子被人民法院作出有罪判决，为集体和国营企业挽回经济损失12.5万元。特别是根据中共中央关于《整治农村社会治安的决定》，郊区检察院继续坚持“严打”方针不松懈，依法公诉32起盗窃犯罪案件的主犯，人民法院均依法作了重判重罚，维护了社会的稳定。

1996年，阳泉郊区检察院继续坚持依法从重从快惩治严重刑事犯罪的方针，突出开展“打团扫恶”专项斗争，以打击“恶势力”流氓集团为主，把打击矛头指向那些民愤大、危害大、影响大的恶性盗窃案件的主犯、累犯、惯犯以及横行乡里、无恶不作、危害一方的流氓恶势力，有效地遏制了重特大盗窃案件的上升势头，确保专项斗争高效运行，共打掉域内盗窃、流氓团伙39个，87名盗窃和流氓犯罪分子被公诉后，人民法院均作出有罪判决。

1997年，新修订的《刑事诉讼法》和《刑法》颁布实施。阳泉郊区检察院根据新的《刑事诉讼法》和《刑法》，出庭公诉盗窃犯罪嫌疑人21件、29人。

1998年，在坚持从重从快与确保案件质量相结合、惩治与预防犯罪相结合、惩治犯罪与教育群众相结合的前提下，出庭公诉盗窃犯罪案件20件、42人。1999年，出庭公诉盗窃犯罪案件25件、46人。

进入21世纪以后，盗窃犯罪得到遏制，盗窃犯罪案件呈下降态势。2002年，郊区检察院继续贯彻“严打”方针，不断强化惩治力度，并根据社会治安状况，及时组织严打整治专项斗争，把重大盗窃等严重刑事犯罪和带有黑社会性质的犯罪团伙作为惩治重点，依法从重惩处了一批重大盗窃犯、盗窃惯犯，对盗窃团伙的首要分子，均给予严厉惩处，全年公诉重大盗窃犯罪案件15件、20人，人民法院均作出有罪判决。

2003年，郊区检察院公诉的武某珍案，是一起少见的女性盗窃案，属家庭内部盗窃犯罪。是年12月20日上午11时许，武某珍乘其公公王某生不在家之际，盗得王某生现金3000元。是日，武某珍去寿阳张净村，将所盗现金挥霍一空。郊区检察院根据《刑法》规定，对犯罪嫌疑人武某珍以盗窃罪提起公诉，武某珍被判处其有期徒刑一年，并处罚金2000元。

2004年，阳泉郊区检察院公诉盗窃犯罪案件27件、42人。

2005年，依法从重惩处一批惯犯、累犯和团伙犯罪的主犯，对张某红、王某明、李某东等10名抢劫、盗窃、非法拘禁致人死亡的犯罪分子提起公诉，被依法判处十年以上有期徒刑。

2006年，阳泉郊区检察院根据域内盗窃案犯罪案件以盗窃煤矿物资为主这一特点，开展专项惩治，较典型的是公诉一起涉少数民族犯罪分子盗窃未遂案件。2005

年 12 月 23 日晚 23 时许，犯罪嫌疑人阿韦某沙、桥某军、地比某格、莫洛某尔、期沙某鲁伙同阿竹某再（另案处理）、金牛某机（另案处理），在程庄村煤矿井下盗窃电缆，除阿竹某再、金牛某机脱逃外，其余人被当场抓获。被砍断的电缆经估价金额 21540 元。经郊区检察院公诉后，区法院判处被告人阿韦某沙有期徒刑三年，处罚金 10000 元。判处桥某军有期徒刑三年，处罚金 10000 元。判处地比某格有期徒刑三年，处罚金 10000 元。判处莫洛某尔有期徒刑三年，处罚金 10000 元。

2007 年，阳泉郊区检察院公诉盗窃犯罪案件 21 件、39 人，盗窃犯罪案件有所增加，再次出现有女性参与的盗窃犯罪。王某翔、李某斌、姬某荣团伙多次在柳沟村工地盗窃电缆线，阳泉郊区检察院以盗窃罪提起公诉，区法院经公开审理，判处王某翔有期徒刑一年，缓刑二年，处罚金 5000 元；判处张某犯有期徒刑六个月，缓刑一年，处罚金 3000 元；对李某斌，以盗窃罪单处罚金 3000 元。是年，被告人荆某，伙同他人多次窃取集体财物（坐便器），且数额较大，郊区检察院依照《中华人民共和国刑法》第 264 条、第 25 条第一款规定，向郊区法院提起公诉，荆某被判处有期徒刑二年零六个月，并处罚金 5000 元。

2008 年，郊区检察公诉盗窃犯罪案件 14 件、23 人。

2009 年，公诉盗窃犯罪案件 18 件、27 人。其中，较典型的有犯罪嫌疑人朱某、刘某荣身穿尼姑服，先后在阳泉煤业集团二矿、郊区平坦镇石卜咀村、龙凤沟村、义井镇白羊墅村、杨家庄乡小西庄村、高垴庄村谎称被害人或被害人家属有病，需要花钱祛灾，行窃共 13612.05 元。该案件由郊区人民检察院以盗窃罪，将犯罪嫌疑人起诉至区法院后，朱某被判处有期徒刑三年，缓刑四年，并处罚金 10000 元。刘某荣被判处有期徒刑三年，缓刑四年，并处罚金 10000 元。

2010 年，阳泉郊区检察院公诉盗窃犯罪案件 21 件、54 人，团伙性盗窃犯罪呈主要犯罪形式。区法院根据起诉意见书认定的事实和适用法律，对偷窃藏獒谋利的被告人高某文判处拘役五个月，并处罚金 3000 元，另一被告人高某刚，被判处拘役四个月，缓刑十个月，并处罚金 2000 元。

2011 年，经阳泉郊区检察院审查公诉的盗窃犯罪案件 18 件、36 人。2010 年 8 月中旬某天晚上 22 时至次日凌晨 3 时左右，犯罪嫌疑人赵某明，雇佣程某明、程某强、程某柱、程某所、程某所、程某芳、许某龙，及挖掘机司机 8 人，在郊区旧街乡新庄窝村新楼附近蔺某珍果园内盗挖阳泉市深港水务有限公司所有的 DN 250 铸铁供水管，共盗走 70 米。在盗挖水管过程中，蔺某珍果园内的杏树和苹果树共 63 株被毁，被毁果树总价值 16286.4 元。郊区检察院以盗窃罪，对犯罪嫌疑人赵某明提起公诉，赵某明被判处有期徒刑二年零六个月，并处罚金 15000 元。

2012 年，阳泉郊区检察院出庭公诉盗窃犯罪案件 19 件、21 人。区法院根据区检察院起诉意见书认定的事实和引用的法律条款，及对专门偷盗柴油的盗窃团伙王某兵、荆某、高某利、王某兵一案进行公开审理，被告人王某兵犯盗窃罪，最终被区人民法院判处有期徒刑六个月，处罚金6000元。其他罪犯也分别受到相应的惩处。对专门盗卖摩托车的犯罪嫌疑人胡某、胡某冬、胡某平、王某刚等人以盗窃罪起诉后，区法院判处胡某有期徒刑二年又六个月，并处罚金30000元，胡某冬、胡某平、王某刚等人另案处理。

2013年，阳泉郊区检察院公诉盗窃犯罪案件28件、44人。以盗窃罪将李某龙起诉至人民法院后，李某龙被区法院判处有期徒刑一年又八个月，并处罚金10000元。

2014年，阳泉郊区检察院出庭公诉盗窃犯罪案件32件、49人。如王某伟伙同路某强、路海平盗窃案，经区检察院以盗窃罪起诉后，王某伟被判处有期徒刑八个月，缓刑一年零六个月，处罚金6000元。被告人路某强犯盗窃罪，判处有期徒刑七个月，缓刑一年，并处罚金6000元。被告人路某平犯盗窃罪，判处拘役三个月，缓刑六个月，并处罚金5000元。此外，在审查、公诉被告人刘某盗窃犯罪一案中，发现失主于某国丢失的矾石（铝钒土矿石），系在郊区马庄村及南垴村非法开采所得。根据于某国陈述，仅存放在南垴村南岭山上的矾石，就达2000 ~ 3000吨。为依法严惩非法采矿、破坏性采矿犯罪活动，保护国家矿产资源，郊区检察院下发检察建议，督促区公安分局对于卫国的非法采矿行为进行深入侦查。

2015年，阳泉郊区检察院出庭公诉盗窃犯罪案件22件、33人。

2016年，阳泉郊区检察院出庭公诉盗窃犯罪案件24件、37人。

2017年，阳泉郊区检察院出庭公诉盗窃犯罪案件14件、18人。

2018年，阳泉郊区检察院出庭公诉盗窃犯罪案件14件、16人。

附：朱某、刘某荣假尼姑盗窃案

2008年9月21日13时30分许，被告人朱某、刘某荣身穿尼姑服到阳泉市矿区二矿菜市被害人史某波家中，谎称史某波家中有灾，要为其消灾，需要钱财。后以调包的方式盗窃史景波现金1400元，黄金戒指一枚（价值1575元）。

2008年9月25日10时30分许，被告人朱某、刘某荣身穿尼姑服到阳泉市郊区平坦镇石卜咀村村民王某孩家中，谎称王某孩家中有灾，要为其消灾，需要3600元。后王某孩到其儿子家取钱，二人离开。当天16时左右，二被告人返回王某孩家，将王某孩放在柜子中的3600元现金盗走。

2008年11月11日上午，被告人朱某、刘某荣身穿尼姑服到阳泉市郊区义井镇白羊墅村村民被害人王某梅家中，谎称王某梅家中有灾，要为其消灾，需要4200元。王某梅把3300元现金及黄金耳环一枚（价值723.65元）、黄金戒指一枚（价值713.4元）交给朱某、刘某荣，后被二人以调包的方式盗走。

2008年11月18日中午，被告人朱某、刘某荣身穿尼姑服到阳泉市郊区平坦镇龙凤沟村村民被害人荆某桂家中，谎称荆某桂家有灾，要为其消灾，需要金钱做镇物。荆某桂将700元现金和黄金戒指一枚（价值615元），黄金耳环一枚（价值615元）、白银戒指一枚（价值50元）交给朱某、刘某荣，后被二被告人以调包的方式盗走。

2008年11月23日15时许，被告人朱某、刘某荣身穿尼姑服到阳泉市郊区杨家庄乡小西庄村村民被害人李某梅家中，谎称李某梅家中有灾，要为其消灾，需要钱物，后二人以调包方式盗走李东梅现金200元。

2008年11月24日12时许，被告人朱某、刘某荣身穿尼姑服到阳泉市郊区杨家庄乡高垴庄村村民被害人刘某堂家中，谎称刘某堂家中有灾，要为其消灾，需要5100元及“三金”。刘某堂将120元现金交给二被告人，后被以调包的方式盗走。赃款已被追回。

上述盗窃价值共计13612.05元。虽然告人朱某、刘某荣家属将赔偿被害人的款项全部交至郊区人民法院，其盗窃罪成立，故郊区法院以被告人朱某犯盗窃罪，判处有期徒刑三年，缓刑四年，并处罚金10000元。被告人刘东某犯盗窃罪，判处有期徒刑三年，缓刑四年，并处罚金10000元。

二、公诉抢劫犯罪和抢夺犯罪

20世纪80年代以前，阳泉郊区辖区内发生抢劫犯罪行为较为少见，抢夺犯罪则是伴随着新农村建设和城镇化的推进，到20世纪末，才开始出现的一种新型犯罪现象。

1980年，阳泉郊区检察院根据1979年《刑法》和《刑事诉讼法》，开始受理审查和公诉刑事犯罪案件。其中，抢劫犯罪是该院始终坚持严惩不贷的极其严重的犯罪行为。

1981年，该院针对极少数杀人、抢劫、强奸、爆炸等严重破坏社会秩序的犯罪分子，坚持从重从快惩处方针，全年提起公诉的抢劫犯罪案件4件、12人。

1982年，阳泉郊区检察院认真贯彻执行《刑法》《刑事诉讼法》，准确运用法律武器，惩治各种严重危害人民群众生命财产安全的犯罪活动，维护社会秩序，保护国家和人民利益。全年公诉各类刑事案71件，其中，公诉抢劫案犯罪案件2件、2人。在对罪犯扬某光、靳某敏、张某抢劫一案审理时，虽然该案性质严重，但靳某敏因有投案自首行为，张某随同作案，情节轻微，故对二被告人提出从轻判处、免予刑事处分的意见。是年，抢劫犯罪活动比上年度下降50%，抢劫犯罪分子绝对人数净下降10人，抢劫犯罪行为在全区受到有效遏制。

从1983年8月开始，阳泉郊区检察院根据中共中央办公厅下发《关于严厉打击刑事犯罪活动，实现社会治安根本好转》和1983年9月2日全国人大常委会颁布《关于严惩严重危害社会治安的犯罪分子的决定》以及《关于迅速审判严重危害社会治安犯罪分子的程序的决定》，会同区公安分局、区人民法院，针对杀人、强奸、抢劫、爆炸、重大盗窃、重大伤害、流氓7类严重犯罪行为，开展“为期三年三个战役”的严打斗争。在中共阳泉市郊区区委统一领导下，在全区开展依法惩治严重刑事犯罪运动。在“严打”斗争中，依据中央政法委指示精神，阳泉郊区检察院根据授权公诉可能判处死刑的刑事案件。9月，根据从快从重的原则，出庭公诉郊区辛兴乡一带横行霸道的所谓“夜袭队”杨某生、石某生、王某生抢劫、强奸集团案件，对9名被告抢劫、强奸一案，依法向人民法院提起公诉，其中，建议对杨某生、石某生2名罪行极其严重、民愤极大的被告人判处死刑。郊区人民法院采纳区检察院的公诉意见，对杨某生、石某生两被告判处死刑，对王某生判处无期徒刑。这是阳泉市郊区人民检察院公诉的第一例要求人民法院依法判处被告人死刑的案件，也是郊区法院判处的第一例死刑案件。在审查该抢劫、强奸集团犯罪案件中，刑事检察人员反复查阅案卷，认真核对口供，并亲自到现场实地进行查证勘验，在掌握充分证据后，依法向区人民法院提起公诉。此后，可能被判处死刑的公诉权限，被收归阳泉市人民检察院。

之后，发生在郊区的抢劫案件大幅度下降。1984年～1985年，虽然“严打”斗争仍处于高潮阶段，经郊区检察院公诉的抢劫案仅2件、3人。1986年，抢劫犯罪案件有所上升，郊区检察院公诉的该类案件为4件、9人，区法院对9名被告全部作出有罪判决。

从1989年开始，抢劫犯罪案件出现较大幅度上升态势，郊区人民检察院按照稳定压倒一切的精神，对抢劫犯罪这种直接危害人民群众生命和财产安全的犯罪，依法给予严厉打击，全年公诉抢劫犯罪案件7件、14人。如冯某涛抢劫一案。1989年8月27日下午3时许，被告人冯某涛酒后窜至李家庄村电石厂财务室无理取闹，遭到该厂领导李某寿制止，在制止冯某涛滋事行为中，双方发生扭打，李某寿被冯某涛用拳头打伤左眼。10月19日晚12时许，被告人冯某涛酒后，窜至李家庄村边公路上，先后拦截王某贵、韩某清、王某兵、王某刚等人，采用暴力胁迫等手段，抢劫现金103元，全国粮票7.5公斤。案发后，被追回抢劫款共73元，全国粮票7.5公斤。郊区检察院以故意伤害罪和抢劫罪，对被告人张某涛并案提起公诉，经区法院公开审理，冯某涛故意伤害罪（轻伤），被判有期徒刑一年六个月；以抢劫罪，被判有期徒刑六年，合并执行有期徒刑七年。

1990年之后，阳泉郊区乡镇企业、区办企业及村办企业开始改制，很多企业出现破产、停产和工人下岗现象，农民完全成为自主择业者，就业环境发生巨大变化，发生在郊区的抢劫犯罪案件进一步上升，社会治安情况严重恶化，人民群众安全感受到威胁。为此，郊区检察院进一步加大对抢劫犯罪的惩治力度，全面贯彻“从重从快”方针，依法惩治严重刑事犯罪活动，对重大刑事案件提前介入，与公安机关、审判机关紧密配合，做到严格审查，快审快诉；同时坚持在法定的量刑幅度和司法期限内，对重大刑事犯罪案件及犯罪分子提起公诉，对首要分子、惯犯、累犯和情节恶劣的犯罪分子严惩不贷。从5月新一轮“严打”斗争开始，至国庆期间，郊区检察院积极参与确保亚运会顺利召开和国庆40周年安全保卫专项斗争，抓紧审理各类刑事案件，凡是基本事实清楚、证据充分的案件，坚持在法定期限内起诉，全年出庭公诉各类刑事犯罪案101件、282人，其中，出庭公诉抢劫犯罪案件22件、58人。

如程某平、霍某平、程某平抢劫案。1989年10月10日下午6时许，被告人程某平、霍某平、程某平窜到阳泉市郊区燕龛乡程庄煤矿，钻入停在煤场正在装煤的河北省石家庄地区运输公司曹某云驾驶的解放牌汽车驾驶室内。程某平趁司机不注意，将放在工具箱内黑皮夹（内装现金975元）盗出藏在衣服里。后将皮夹交给程某军携赃款逃走。当司机发现装现金的皮夹被盗后，捉住霍某平不放。其时，程庄煤矿保卫科人员赶到现场，将被告人程某平、霍某平抓获，但在送往派出所时二人逃跑。第二天，二人在其亲属带领下，到公安派出所投案自首。郊区检察院依法以抢劫罪，将被告人程某平、霍某平起诉至人民法院，以盗窃罪，将程某军并案起诉，并出庭参加了公诉，最终，区法院采纳了公诉意见，以抢劫罪判处程某平有期徒刑五年；以抢劫罪判处霍某平有期徒刑三年零六个月；以盗窃罪，判处程某军有期徒刑一年零六个月。

1991年，阳泉郊区域内抢劫犯罪仍然处于高发阶段，全年向人民法院提起公诉的抢劫犯罪案件21件、38人。

经过从1989～1992年新一轮的为期三年的依法惩治和综合治理，1993年，郊区域内的抢劫犯罪案件才有所下降。1993年，郊区检察院以创造良好社会治安环境、保障人民群众安居乐业为着眼点，不断加大惩治力度，加快办案节奏，继续贯彻从重从快的方针，从严惩治抢劫犯罪，全年出庭公诉抢劫犯罪案件14件、18人，18名抢劫犯罪被告人被区人民法院作出有罪判决。

1994年，阳泉郊区检察院贯彻中共中央《关于整治农村社会治安的决定》，继续坚持“严打”方针，保持“严打”声势，特别是根据群众反映大、呼声高的治安混乱问题，针对郊区307国道拦截车辆、殴打司机、推动财物、犯罪猖獗的情况，会同区公安分局、区人民法院，积极开展“惩治车匪路霸”专项斗争，共起诉抢劫犯罪被告人25名，区法院依法重判14件抢劫案的主犯，有效地防止抢劫犯罪活动在郊区的蔓延。

此后，境内抢劫犯罪行为数量有所下降。

1997年，中共山西省委根据全省治安状况，安排部署在全省开展以“三打一禁”为目标的专项斗争。阳泉郊区检察法院认真贯彻落实山西省委安排部署，始终保持快速反应和大打、猛打、狠打凌厉攻势：一是惩治重点突出，惩治力度不减。二是对恶性大、犯意深、后果重的犯罪分子，以及民愤大、危害大、影响大的犯罪团伙，坚决给予严惩。全年依法从重从快公诉各类严重刑事犯罪分子46人，其中，公诉抢劫犯罪案件16件、27人，均被区法院依法给予重判。

由于始终保持了对抢劫犯罪分子的严打态势，到1998年，该类案件开始下降，全年出庭公诉抢劫犯罪案件4件、5人，是近十年抢劫犯罪案件和犯罪人数最低的一年。如1998年5月11日晚22时许，抢劫犯罪被告人尹某文、杨某明同马某军、荆某升、尹某兵在阳泉玩耍时合谋抢劫。当晚23时许，被告人尹某文、杨某明及马某军、尹某兵乘坐由荆某升驾驶的出租车，窜到四矿南马路，拦截两辆路经该地的外地拉焦炭货车，尹某文、尹某兵、马某军殴打司机，抢劫司乘人员现金150元。1998年5月12日凌晨2时许，被告人尹某文、杨某明同马某军、尹某兵又乘坐荆某升驾驶的出租车，窜到307国道大西庄路段，拦截路经此地的河北省鹿泉市铜冶镇南张庄村司机全某恩、李某会驾驶的冀A–08813号解放142拉焦炭货车，尹某兵、尹某文、马某军持千斤杆、手电等工具对李某会、全某恩进行威胁和殴打，杨某明负责看住司机，抢劫现金175元。被告人尹某文逃逸，被告人杨某明被公安机关抓获，在采取取保候审强制措施后逃逸。郊区检察以被告人尹某文、杨某明犯抢劫罪，向区人民法院提起公诉，区法院采纳了公诉意见，尹某文判处有期徒刑四年，并处罚金1000元。杨某明犯抢劫罪，判处有期徒刑三年，并处罚金1000元。同案犯尹某文、尹某兵、马某军亦受到相应处罚。

1999年，阳泉郊区检察院根据全区社会治安形势特点，继续坚持从重从快与确保案件质量相结合、惩治犯罪与预防犯罪相结合、惩罚犯罪与教育群众相结合原则，全年出庭公诉抢劫犯罪案件13件、24人。

2002年，在依法惩治严重刑事犯罪的斗争中，根据社会治安状况，及时开展严打整治专项斗争，把抢劫、重大盗窃等严重刑事犯罪和带有黑社会性质的犯罪团伙作为惩治重点，依法从重惩处一批有影响的重大抢劫主犯，特别是对抢劫团伙的首要分子给予严厉惩处。全年公诉抢劫案7件、8人。

2003年，经过依法惩治，抢劫犯罪开始下降，仅发生一起情节较轻的抢劫案。被告人兰某采用威胁等手段，在多次殴打后逼迫被害人白某回家取钱，非法占有其1000元现金，鉴于被告人兰某作案时年龄未满18周岁，郊区检察院以抢劫罪将兰某起诉至区人民法院，兰某最终被判处有期徒刑三年，缓刑五年，并处罚金人民币2000元。

2004年，阳泉郊区检察院继续依法惩治抢劫犯罪，对抢劫未遂的王某朝、梁某提起公诉，王某朝、梁某分别被区法院判处有期徒刑二年，缓刑三年，并处罚金6000元。

2005年，阳泉郊区检察院继续坚持严打方针，把抢劫、强奸、故意伤害、重大盗窃等严重刑事犯罪作为惩治重点，依法惩治一批惯犯、累犯和团伙犯罪的主犯，如对张某红、王某明、李某东等10名抢劫、盗窃、非法拘禁致人死亡的犯罪分子，依法提起公诉，10名罪犯均被判处十年以上有期徒刑。被告人刘某斌被判处有期徒刑四年零六个月，并处罚金1000元，其余罪犯分别被判处有期徒刑。出庭公诉张某旺、张某龙犯抢劫一案，区法院采纳了公诉人的起诉意见，张某旺被判处有期徒刑三年，并处罚金5000元；张某龙被判处有期徒刑二年，缓刑三年，并处罚金5000元。阳泉郊区检察院针对域内发生的严重危害人民群众生命财产安全的抢劫犯罪，始终保持强大的刑罚惩治力和法律威慑力。

2006年，阳泉郊区检察院依法惩治团伙抢劫犯罪。是年6月27日晚，被告人史某军与刘某森事先预谋，欲抢出租车司机。次日中午，二人在阳钢幼儿园附近打乘女司机郗某云驾驶的出租车，行至郊区北异村附近一偏僻处时，刘某森用事先准备好的枕头套套住郗某云的脖子将其拖到车后座，二人实施抢劫，共抢得人民币200余元和科健K680手机一部。在实施抢劫期间，刘某森欲对郗某云实施强奸，因郗某云称自己有妇科病，故刘某森未实施强奸。之后二人将郗某云扔到盂县东回里路段，将该出租车抢走，经鉴定，车辆价值为24375元。郊区检察院以抢劫罪，将史彦军起诉至区人民法院，史某军被判处有期徒刑十三年，并处罚金3000元。

2007年，阳泉郊区检察院继续把绑架、抢劫、强奸、盗窃等严重危害人民生命财产安全的犯罪案件作为惩治重点，依法从重惩处了一批惯犯、累犯和团伙犯罪的主犯。特别是针对辖区中出现的危害村支“两委”干部生命财产暴力犯罪频发的实际，把该类案件作为惩治的重中之重，依法从重从快对抢劫犯罪分子予以严惩，有力惩治了犯罪分子的嚣张气焰，全年公诉抢劫犯罪案件10件、20人。

2008年，阳泉郊区检察院公诉抢劫犯罪案件12件、29人。

2009年，公诉抢劫犯罪案件6件、15人。武某忠、王某冬、郝某建、张某、王某隆、高某团伙抢劫案受到依法惩治。2008年8月2日凌晨1时，该团伙对下章召村石某一家进行抢劫，抢劫现金18600元，诺基亚推盖6270型手机一部，价值1120元。此外，2007年11月28日，郝某建、武某忠、张某、郝某建、谷某玉等对被害人张某芳实施抢劫，抢劫现金11000余元和一个5000元存折。郊区检察院以武某忠等犯抢劫罪，杨某程犯窝藏罪，起诉至区人民法院，武某忠被判处有期徒刑十三年，并处罚金20000元；张某被判处有期徒刑十一年，并处罚金20000元；郝某建被判处有期徒刑八年，并处罚金10000元。王某冬被判处有期徒刑七年，并处罚金8000元；王某隆判处有期徒刑六年，并处罚金8000元；高某判处有期徒刑五年，并处罚金8000元。杨某程被判处有期徒刑一年。

2010年，经阳泉郊区检察院审查并提起公诉的抢劫犯罪案件7件、10人，建议对专门针对女性实施抢劫犯罪的郑某杰、魏某欣、周某、王某明（另案处理），依法给予惩治，郑某杰被判处有期徒刑十年，并处罚金3000元。魏某欣被判处有期徒刑六年，并处罚金3000元。周某被判处有期徒刑三年，并处罚金2000元。

2011年，抢劫案件有所上升，出庭公诉抢劫犯罪案件11件、18人。

2012年，出庭公诉抢劫犯罪案件8件、13人。2013年，发生在郊区的抢劫仍然十分猖獗，全年出庭公诉抢劫犯罪案件9件、17人，案件绝对数较上年度净增加1件，犯罪人数净增加 4 人，而且多为团伙抢劫犯罪。

2014 年，抢劫犯罪在郊区范围内大幅度下降。是年，阳泉郊区检察院出庭公诉该类案件 2 件、2 人。孔某春多次抢劫出租车司机犯罪受到法律严惩。从 2013 年 6 月 11 日上午 11 点开始，到 6 月 20 日短短 9 天内，被告人孔某春持仿真手枪、尖刀抢劫出租车司机 6 起，共抢得现金 1350 元、手机 4 部、照相机 1 台，郊区检察院以抢劫罪公诉，区法院依法对孔某春被判处有期徒刑十三年，并处罚金 10000 元。

2015 年，阳泉郊区检察院出庭公诉抢劫犯罪案件 3 件、7 人。

2016 年，阳泉郊区检察院出庭公诉抢劫犯罪案件 3 件、3 人。

2017 年，经过阳泉郊区检察院严厉打击，阳泉郊区域内抢劫犯罪案件得到有效控制，发案率实现了零目标。

2018 年，阳泉郊区检察院出庭公诉抢劫犯罪案件 1 件、1 人。抢劫犯罪发案保持在较低水平。

附 1：杜某、李某东、史某亮、李某聪、李某明抢劫案

被害人高某给甄某克打有 5 万元的“借条”，后甄某克将该借条丢失。2004 年 11 月初，李某辉（已判）持甄某克丢失的该 5 万元借条要求杜某（已判）帮助要账，并答应付给费用提成。杜某找到李某东（已判），李某东又找到史某亮（已判）、李某聪（已判）及本案被告人李某明。作案之前，杜某、李某东、史某亮、李某聪及被告人李某明五人先后去被害人高某在开发区住处及盂县路家村等地等待高某，因未找见高某，李某辉带领杜某、李某东、史某亮、李某聪及被告人李某明等人去盂县路家村辨认高某所在的具体地址。

2004 年 11 月 21 日上午，杜某、李某东、史某亮、李某聪及被告人李某明等人携带三把砍刀，租乘李某亮驾驶的一辆面包车前往盂县路家村，在路家村附近公路上遇到被害人高某后，李某东、史某亮、李某聪及被告人李某明等人便下车强行将被害人高某拽上汽车，并对高某进行殴打，被害人高某的手被刀划伤。随后，杜某、李某东、史某亮、李某聪及被告人李某明等人将被害人高某带至本市义白路附近一偏僻处，杜某在面包车上等待，李某东、史某亮、李某聪及被告人李某明等人手持三把砍刀，对被害人进行拳打脚踢，还用刀背砍被害人高某的胳膊，其间，向被害人高某出示了“借条”原件，向被害人高某索要 5 万元“债务”，被害人高某被迫往家中打电话让家人准备钱款。

作案过程中，李某聪从被害人高某处取得现金 2750 元，被害人高某还被抢走一条皮带，李某聪将赃款 2750 元交于杜某，杜某、李某东、史某亮、李某聪及被告人李某明，将该款项瓜分。因杜某、李某东、史某亮、李某聪及被告人李某明等“见要不到钱”，又恐事情败露，遂将被害人高某放走。被害人高某伤情经阳泉市郊区法医鉴定所鉴定，高某左手刀砍伤现肢体遗留有疤痕累计长 10.4 厘米，为轻微伤。另查明，被告人李某明于 2011 年 8 月 7 日主动

到公安机关投案并如实供述了犯罪事实。郊区法院以被告人李某明犯抢劫罪，判处有期徒刑三年，缓刑五年，并处罚金10000元。

附2：郑某杰、魏某欣专门针对妇女抢劫案

2009年11月18日晚10时40分左右，被告人郑某杰、魏某欣及同案王某明（另案处理）在阳泉市大宇商务会馆背后马路上共同实施抢劫犯罪。被告人郑某杰、魏某欣、同案王某明将被害人王某平（女）、陈某推倒在地后，采用殴打暴力行为，抢劫被害人陈某现金310元、三星手机一部，抢劫被害人王某平耳环一副（价值80元）、女式提包一个、暖宝一个，被抢耳环追回并发还被害人。2009年11月10日晚9时左右，被告人郑某杰及同案王某明（另案处理）在阳泉市八中附近共同实施了抢劫行为，被害人王某珠（女）被推倒在地，被告人郑某杰、同案王某明抢劫被害人王某珠现金50元和价值150元的诺基亚3100手机一部。该手机追回后发还了被害人。2009年11月15日晚10时左右，被告人郑某杰、魏某欣、周某在阳泉市南山公园后门附近共同实施抢劫行为，被告人郑某杰、魏某欣、周某到正在路边打电话的一女子身旁，将被害人按倒在地，强行抢走金某价值320元的手机一部，之后，该手机被追回。郊区法院以抢劫罪，判处郑某杰有期徒刑十年，并处罚金3000元。判处魏某欣有期徒刑六年，并处罚金3000元。判处周某有期徒刑三年，并处罚金2000元。

随着阳泉市城市化建设的发展和经济繁荣，一种新型犯罪方式——抢夺犯罪，开始在城市出现，而且呈不断上升趋势。这种以非法占有为目的，乘人不备，公开夺取公私财物的犯罪活动，虽然不是常发、频发案件，但同样是一种严重危害人民群众财产安全的严重暴力犯罪。这一犯罪形式从20世纪90年代末，开始在城市出现，而且呈上升趋势。但发生在阳泉市郊区的抢夺犯罪，则出现在21世纪初。2006年，曾某阳抢夺案：2006年6月28日上午11点50分许，被告人曾某阳与杨某、王某、阿某（均另案处理）骑两辆摩托车在阳泉市郊区李家庄村公路上，见一女子单独行走，遂起抢夺之意，经商量后，由王某和阿某骑一辆摩托车作掩护，曾某阳和杨某骑一辆摩托车实施抢夺，抢得王某云金项链一条，价值2985元，后逃至阳泉市红太阳烧烤城附近时，被告人曾某阳被抓获。郊区法院以被告人曾某阳犯抢夺罪，判处有期徒刑一年零六个月，并处罚金2000元。

2007年，阳泉郊区检察院向区法院提起公诉的抢夺犯罪案件1件、1人。2008年为1件、2人。

2009年、2010年，2011年，全区范围未发生抢夺案件。

2012年，阳泉郊区检察院公诉抢夺犯罪案件2件、3人。较典型的是6月～10月份发生的程某欣抢夺犯罪。6月19日，被告人程某欣伙同被告人韩某军、杨某（另

案处理），在阳泉市郊区荫营镇姜香莲的阳光小超市，趁姜某莲不备之际，抢夺该店两条软中华香烟。7月，被告人程某欣伙同被告人韩某军，在阳泉市郊区平坦镇辛兴村石喜生的小卖部，趁石某生不备之际，抢夺该店两条软云香烟。

8月14日，被告人程某欣伙同被告人韩某军，在阳泉市城区南外环和义居戚梅芝的泉鑫便利店，抢劫该店一条硬中华香烟。8月15日，被告人程某欣伙同被告人韩某军，在阳泉市郊区河底镇河底村张变梅的融浦商店，趁张某梅不备之际，抢夺该店一条软中华香烟、一条硬中华香烟。8月16日，被告人程某欣伙同被告人韩某军、杨某明到阳泉市郊区河底镇韦泊村周某林便民商店，趁周某林不备之际，抢夺该店一条硬中华香烟，两条软云香烟。8月18日，被告人程某欣伙同被告人张某、郭某龙、杨某明，在阳泉市郊区河底镇河底村郭某红的佳鑫商店，抢劫该商店两条软云香烟、一条玉溪香烟。8月19日，被告人程某欣伙同被告人张某、郭某龙、杨某明，在阳泉市郊区荫营镇淑华园小区李某军的好邻居生鲜便利店，趁李某军不备之际，抢夺该店三条软中华香烟。8月28日，被告人程某欣伙同杨某明，在阳泉市郊区荫营镇史某丽的慧丰超市，趁史某丽不备之际，抢夺该店两条软中华香烟。9月29日，被告人张某伙同被告人荆某平、杨某、"老大"，在阳泉市郊区工商银行对面公路上，趁刘某伟不备之际，抢夺刘某伟黄金项链一条，价值8525.5元。10月6日，被告人张某伙同被告人荆某平，在阳泉市郊区李家庄乡桑堰新村村口公路上，趁冯某平不备之际，抢夺冯某平金项链一条，价值7055元。10月9日，被告人张某伙同被告人荆某平、杨某、"老大"，在阳泉市郊区荫营镇农村信用社附近公路边，趁赵某不备之际，抢夺赵某黄金项链一条，价值11989.35元。10月11日，被告人张旭某伙同被告人荆某平、杨某、"老大"（该二人均另案处理），在阳泉市郊区邮电局车站附近，趁王某平不备之际，抢夺王某平黄金项链一条，被抢夺黄金项链价值4980元。

该抢夺团伙还先后在阳泉郊区、盂县、平定县、阳泉市开发区、城区、矿区多次合伙抢夺，郊区检察院以抢夺罪和抢劫罪提起公诉，区法院经公开审理，分别对4名被告依法作出有罪判决：被告人程某欣犯抢夺罪，判处有期徒刑十年，并处罚金30000元；犯抢劫罪，判处有期徒刑四年，并处罚金3000元，决定合并执行有期徒刑十三年，并处罚金33000元。被告人韩某军犯抢夺罪，判处有期徒刑九年，并处罚金30000元；犯抢劫罪，判处有期徒刑三年，并处罚金2000元，决定合并执行有期徒刑十一年，并处罚金32000元。被告人张某犯抢夺罪，判处有期徒刑三年，并处罚金20000元；犯抢劫罪，判处有期徒刑二年，并处罚金2000元，决定合并执行有期徒刑四年，并处罚金22000元。被告人荆某平犯抢夺罪，判处有期徒刑三年，并处罚金20000元。追缴被告人各自的犯罪所得。作案工具车牌为晋CD2827比亚迪轿车和晋C85425松花江小型普通客车予以没收。

2013年，共公诉抢夺犯罪案件1件、2人。

2014 年，发生在郊区的抢夺犯罪案件同上年持平，但抢夺犯罪人数有所增加，全年经郊区检察院公诉的抢夺犯罪案件 1 件、5 人，比上年净增加 3 人。

经过阳泉郊区检察院严厉打击，从 2015 年到 2018 年，抢夺犯罪发案率控制到零。

三、公诉诈骗犯罪

以非法占有为目的，用虚构事实或者隐瞒真相的方法，骗取数额较大的公私财物的行为，即为诈骗罪。

阳泉市郊区作为农村和乡镇占区域面积较大的行政区域，自古以来民风淳朴、民情敦厚，相邻关系和睦，村民多为数家同姓大户居住，属有着数代人情交往的乡里乡亲，因而诈骗犯罪案件的发案率一向很低，诈骗对象多为人民公社或生产大队的集体财产，如 1981 年，仅有诈骗犯罪案件 2 件、2 人。

1982 年，阳泉郊区检察院提起公诉的诈骗犯罪案件 1 件、1 人，为白金贵诈骗集体财产犯罪。白金贵，男，是年 31 岁，系阳泉市水利局供应站采购员，于 1979 年至 1981 年，先后六次以给郊区山头、后洼、东梁庄、南窑庄等生产大队买汽车，推销耐火材料为名，签订假合同，伪造对方姓名、伪造单据，信件等手段，共诈骗郊区所属乡镇五个生产大队的集体经济 5608.40 元。此外，该犯还借这些生产大队现金 678.10 元，由于该犯采取诈骗手段，这些生产大队付给该犯的车旅生活费和大队干部外出寻找该犯花用的车旅生活费用共 2650.74 元，总共使集体经济损失 3502.23 元。经郊区检察院公诉后，区法院依法判处被告人白某贵有期徒刑五年。

1983 年是郊区检察院审查和出庭公诉诈骗犯罪案件较多的一年，共 10 件、12 人。1984 年，下降为 2 件、3 人。1985 年，诈骗犯罪案件下降至 1 件、1 人。

1986 年，阳泉市郊区针对企业的合同诈骗、金融诈骗开始增多，是年，郊区检察出庭公诉的诈骗犯罪案件 5 件、7 人。

至 1987 年，针对各类不同所有制企业的诈骗犯罪出现新的变化。如 1987 年 12 月至 1988 年 2 月期间的路某伟诈骗案。犯罪嫌疑人路某伟先后窜至阳泉市园林处华盛商行南山门市部、省阳泉汽运公司劳动服务公司小卖部、阳泉市平坦新区三小区黄定生小卖部、阳泉市金属回收公司小卖部、阳泉市公园路赵某爱个体小卖部、旧街供销社赛鱼分店等 11 家商店，以“李军”“李叶文”“黄志明”等化名在行骗地附近信用社存少量现金，然后涂改存折金额。利用书画社图章，冒充阳泉书画社和检察院以及运输公司工作人员，为单位购买物品，谎称忘带现金和支票，以存折作抵押，骗取卖主信任。涉案标的为 7346.02 元。郊区检察院以诈骗罪将其向郊区法院提起公诉后，路某伟被判处有期徒刑四年。

1989 年，郊区检察院出庭公诉诈骗案件 2 件、2 人。

1990 年，公诉诈骗犯罪案件 1 件、2 人。

1991 年，发生在郊区的诈骗犯罪开始增多，郊区检察院公诉该类犯罪案件 6 件、

7 人。经过依法惩治，从是年开始，连续数年阳泉郊区域内未发生诈骗犯罪。

1997 年，阳泉郊区检察院公诉诈骗犯罪案件 1 件、1 人，招摇撞骗犯罪案件 1 件、1 人。1999 年，为 2 件、2 人，诈骗犯罪一直控制在较低的发案水平。

进入 21 世纪后，随着中国市场经济的发展，诈骗犯罪也日益多样化、复杂化，而以帮助就业、帮助借贷、帮助销售、帮助购置紧俏物资、帮助催要货款等形式的诈骗活动，成为主要形式。

2007 年，阳泉郊区检察院出庭公诉诈骗犯罪案件 3 件、3 人。较为典型的案件是于某永与龚某武、李某、侯某明利用事先伪造好的易拉罐“金奖”拉环及 96000 元的中奖卡，骗取王某鱼现金 9000 元案（2002 年）和与张某亮事先预谋用仿金小金佛骗钱未遂案，区法院采纳区检察院的公诉意见，判处被告人于某永有期徒刑一年又十个月，并处罚金 12000 元。

2008 年，阳泉郊区检察院提起公诉的诈骗犯罪案件 2 件、7 人，团伙诈骗为主要犯罪形式。如以配货站为主要诈骗对象的郑某强、胡某利、胡某鹏等团伙诈骗案。再如被告人翟某福、周某林掩饰、隐瞒犯罪所得、犯罪所得收益案等。

2009 年，由于阳泉郊区企业改革、转制重组后，原村办企业、乡镇或区直集体企业，转制为民营企业，面对青壮年就业压力增大，一些不法分子盯上了安排工作这个被许多家长和孩子同样关注的问题。不少急于通过非正常渠道安排孩子就业的家长被骗，少则几万元多则十几万元，滋生出了以借帮人招工为名诈骗钱财的犯罪现象。阳泉郊区检察院提起公诉的此类案件 4 件、9 人。被告人胡某拴谎称自己曾是阳泉市公安局某部门科长，现内退，能帮助史某万的女儿、女婿办理工作为名，分别于 2009 年 1 月 10 日、2009 年 8 月 23 日两次骗走史某万人民币 50000 元，被告人胡某拴被判处有期徒刑一年零六个月，缓刑二年，并处罚金 30000 元。

2010 年，阳泉郊区检察院公诉诈骗犯罪案件 6 件、7 人。以帮助招工为名实施诈骗的犯罪形式，成为阳泉郊区频发、高发案件。如郭某文诈骗案。2008 年夏天至 2009 年 3 月 5 日，被告人郭某文，以为郭某祥（阳泉市郊区河底镇上章召村人）的儿子郭某健办理工作为由，先后骗走郭某祥人民币 2240 元。2010 年 2 月 20 日 8 时左右，郭某文到阳泉市郊区荫营镇西落菇堰村王某明家中，以为王某明的儿子王某斐办理工作为由骗走人民币 5000 元。2010 年 2 月 25 日中午。被告人郭某文再次去王某明家行骗时，被阳泉市公安局郊区分局荫营派出所民警当场抓获，追回赃款 1955 元。经郊区检察院提起公诉，区法院依法判处被告人郭某文犯诈骗罪，判处有期徒刑一年，并处罚金 10000 元，并责令被告人郭某文退赔被害人郭某祥、王某明被骗款项人民币分别为 2240 元、3045 元。被告人任某以帮助别人领养孩子为幌子，在郊区人民医院诈骗他人钱财 5000 元，被告人段某军、张某，以介绍对象和找工作为名，诈骗他人钱财，均经阳泉郊区检察院公诉，受到法律严惩。

2011年，阳泉郊区检察院公诉诈骗犯罪案件3件、3人。从2007年4月起，犯罪嫌疑人余某，以帮人买低价房和买基金获利为名，大肆实施诈骗犯罪，2010年案发，骗取多人钱财达数百万元。经郊区检察院出庭公诉，区法院以诈骗罪判处余某有期徒刑十一年，并处罚金300000元，并追缴被告人余某违法所得。

2012年，阳泉郊区检察院公诉诈骗犯罪案件5件、6人。被告人车某安明知自己不能为他人办成正式工的情况下，以阳煤集团多营公司招收两名女工，一年后办成正式工为名进行诈骗，被判处有期徒刑一年，缓刑二年，并处罚金20000元。

2013年，阳泉郊区域内诈骗犯罪案件出现高发频发现象，阳泉郊区检察院公诉诈骗犯罪案件10件、10人，比上年增加一倍，是近十年间郊区域内诈骗犯罪案件较多的一年。2012年3月至8月，被告人路某生以给邓家峪村的被害人任某苟索要铲车为由，先后两次骗取任某苟现金5800元和10000元，案发后，被告人路某生家属退赔给被害人经济损失10000元，被判处有期徒刑八个月，并处罚金10000元。

2014年，阳泉郊区检察院公诉诈骗犯罪案件12件、16人。公诉合同诈骗案件1件、1人。从2012年5月16日～2013年12月，被告人王某兴伙同他人共同作案，或单独作案，以贩煤、跑工地租车等幌子，先后在阳泉市汽车租赁市场租得各型轿车6台，又转手抵押、典当他人，共诈骗钱财26.75万元，用于个人挥霍消费，被判处有期徒刑七年，并处罚金50000元，并责令被告人王某兴退赔各被害人损失。

2015年，阳泉郊区检察院公诉诈骗犯罪案件11件、13人。

2016年，阳泉郊区检察院公诉诈骗犯罪案件7件、11人。1月，经阳泉郊区检察院审核查明，1990年9月13日出生的被告人周晓X（女），于2014年8月至2015年12月，冒用王某某（王某）的身份通过QQ在网上与被害人李某某处对象，在此期间以调动工作、交学费为由多次诈骗李某某现金总计177800元。2014年5月至2015年10月，冒用王某某（王某）的身份，通过QQ在网上与被害人李某处对象，在此期间以调动工作为由，多次诈骗李某现金总计27500元。2014年10月至2015年6月，冒用王某某的身份，通过QQ在网上与被害人刘某某处对象，在此期间，以调动工作等理由，多次诈骗刘某某现金总计14500元。2014年8月至2015年年初，冒用王某某的身份，通过QQ在网上与被害人刘某处对象，在此期间以生病做手术等理由，多次诈骗刘某现金总计3000元。共实施诈骗4起，诈骗数额计222800元。法院依据《中华人民共和国刑法》第266条、第61条、第64条之规定，以周晓X涉嫌诈骗犯罪，批准将其依法逮捕，并于5月18日，向区法院提起公诉。经区法院公开审理，认为公诉机关指控成立，依法判处周晓X有期徒刑六年，并处罚金20000元，追缴被告人违法所得共计222800元，返还各被害人。

2017年，阳泉郊区检察院公诉诈骗犯罪案件8件、8人。

2018年，阳泉郊区检察院公诉诈骗犯罪案件8件、20人。

附1：郑某强、胡某利、胡某鹏以配货名义诈骗案

2008年1月27日，被告人郑某强、胡某利、胡某鹏共谋诈骗后，到阳泉市郊区荫营镇三江配货站，以配货的方式，骗取该配货站的配货票后，从阳泉市郊区荫营镇街上煤矿，用三辆拉煤车骗走价值12414.6元的低硫混煤37.62吨，后卖至河北省井陉县一个煤场，得款10000余元。

2008年2月15日，被告人郑某强、胡某利、胡某鹏共谋诈骗后，到阳泉市郊区荫营镇林里村三水配货站，以配货的方式骗取该配货站的配货票后，从阳泉市郊区大西庄煤矿用四辆拉煤车骗走价值46488元的特号混煤89.4吨，后卖至河北省井陉县一煤场，得款30000余元。

2008年4月23日，被告人郑某强、胡某利、王某军共谋诈骗后，到阳泉市东恒配货站，以配货的方式，从阳泉市郊区河底镇牵牛镇村煤矿，用两辆拉煤车骗走价值30885.3元的丈二过筛面煤66.42吨，后卖至河北省井陉县一煤场，得款28000元左右。

2008年4月11日，被告人胡某鹏预谋诈骗后，到阳泉市全兴钢模租赁站，以租赁钢管为由诈骗该租赁站价值9620元的钢管140根，其中包括6米长的钢管90根，4米长的钢管50根。之后，被告人胡某鹏通过被告人周某林以5720元的价格将该钢管卖至阳泉市郊区河底镇苇泊村被告人翟贵福的废品收购站，胡某鹏得款5240元，周某林获利480元。

郊区检察院向区法院提起公诉后，区法院采纳公诉意见，以被告人郑某强犯诈骗罪，被判处有期徒刑三年零六个月，并处罚金20000元。被告人胡某鹏犯诈骗罪，被判处有期徒刑三年零六个月，并处罚金20000元。被告人胡某利犯诈骗罪，被判处有期徒刑三年，缓刑五年，并处罚金40000元。被告人王某军犯诈骗罪，被判处有期徒刑三年，缓刑四年，并处罚金20000元。被告人翟某福犯掩饰、隐瞒犯罪所得、犯罪所得收益罪，被判处有期徒刑一年零六个月，缓刑二年，并处罚金10000元。被告人周某林犯掩饰、隐瞒犯罪所得、犯罪所得收益罪，被判处有期徒刑一年零六个月，缓刑二年，并处罚金10000元。

附2：梁某敏、冯某国诈骗案

2013年4月17日16时许，被告人梁某敏、冯某国以冯某国掉落装有假钱的牛皮纸信封袋，梁某敏与被害人捡钱分钱的方式，在阳泉市郊区荫营广场后草坪的两块大石处，诈骗被害人李某娥黄金耳环一对。后被告人梁某敏、冯某国将诈骗所得黄金耳环卖至被告人叶某英处。经阳泉市郊区价格认证中心鉴定：被害人李某娥被诈骗黄金耳环价值1794.5元。2013年五六月，被告人梁某敏、冯某国以相同方式，在阳泉市郊区荫营镇政府西侧小广场后台阶处诈骗被害人范某梅黄金戒指一枚。后被告人梁某敏、冯某国将诈骗所得黄金戒指卖至被告人叶某英处。经阳泉市郊区价格认证中心鉴定：被害人范某梅被诈骗的黄金戒指价值2040.5

元。2013年6月1日11时许，被告人梁某敏、冯某国以相同方式，在阳泉市郊区荫营邮政储蓄后面，诈骗被害人赵某妮黄金项链一条。后被告人梁某敏、冯某国将诈骗所得黄金项链卖至被告人叶某英处。经阳泉市郊区价格认证中心鉴定：被害人赵某妮被诈骗的黄金项链价值3531.6元。

2013年6月27日9时许，被告人梁某敏、冯某国以相同方式在阳泉市郊区荫营广场后面一条小路的树后，诈骗被害人王某兰黄金项链一条、黄金戒指一枚。后被告人梁某敏、冯某国将诈骗所得黄金项链、黄金戒指卖至被告人叶某英处。经阳泉市郊区价格认证中心鉴定：被害人王某兰被诈骗的黄金项链价值5616.8元、黄金戒指价值996.2元。2013年7月31日9时许，被告人梁某敏、冯某国以相同方式，在阳泉市郊区荫营镇政府西侧小广场处诈骗被害人王某娥黄金戒指一枚。后被告人梁某敏、冯某国将诈骗所得黄金戒指卖至被告人叶某英处。经阳泉市郊区价格认证中心鉴定：被害人王某娥被诈骗的黄金戒指价值2269.8元。

2013年8月5日，被告人梁某敏、冯某国以相同方式，在阳泉市郊区荫营工商银行背后树林中，诈骗被害人史某英黄金手镯一个、黄金戒指一枚。后被告人梁某敏、冯某国将诈骗所得黄金手镯、黄金戒指卖至被告人叶某英处。经阳泉市郊区价格认证中心鉴定：被害人史某英被诈骗黄金手镯价值11634.2元、黄金戒指价值1056.2元。2013年9月18日17时许，被告人梁某敏、冯某国以相同方式，在阳泉市郊区荫营广场背后草坪处，诈骗被害人王某连黄金耳环一对。后被告人梁某敏、冯某国将诈骗所得黄金耳环卖至被告人叶某英处。经阳泉市郊区价格认证中心鉴定：被害人王某连被诈骗的黄金耳环价值948.1元。

2013年9月26日9时许，被告人梁某敏、冯某国以相同方式，在阳泉市郊区荫营广场背后草坪处诈骗被害人刘某花黄金戒指一枚、黄金耳环一对。后被告人梁某敏、冯某国将诈骗所得黄金戒指、黄金耳环卖至被告人叶某英处。经阳泉市郊区价格认证中心鉴定：被害人刘某花被诈骗的黄金戒指价值1397元、黄金耳环价值837.5元。

2013年3-9月，被告人叶某英在阳泉市兴隆街其开的梦祥银饰店内，多次低价收购被告人梁某敏、冯某国诈骗所得的黄金饰品，价值32122.4元。阳泉郊区检察以诈骗罪，向区法院提起公诉，区法院经公开审理，并完全采纳公诉意见，以诈骗罪判处梁某敏有期徒刑二年，并处罚金10000元，判处冯某国有期徒刑一年零十一个月，并处罚金10000元。叶某英犯掩饰隐瞒犯罪所得罪，判处有期徒刑六个月，缓刑一年，并处罚金10000元（已缴纳）。

附3：余某诈骗案

2007年4月，被告人余某以能为王某明在义东沟低价买房为由，分三次骗取王某明125060元，至案发前归还20000元。2007年4月和2010年2月，被告人余某以能为石某泉在义东沟低价买房为由，分两次骗取石秀泉62000元。2007-2008年，被告人余某以能为刘某涛低价买房和买基金获取红利为由，分别骗取刘某涛35000元和14000元。

2009年，被告人余某以能为商某买基金获取红利为由，骗取商某13000元。2008-2010年年初，被告人余某以能为郭某龙买基金获取红利为由，骗取郭传龙200000元；2008年年初，被告人余某以能低价买房为由，骗取郭某龙360000元。2008-2010年，被告人余某以能为杨某华低价买房和买基金获取红利为由，分别骗取杨某华70000元和15000元。2008-2010年，被告人余某以能为王某峰买基金获取红利为由，骗取王某峰110000元。

2008-2010年，被告人余某以能为刘某元买基金获取红利为由，骗取刘某元5000元。2008-2010年，被告人余某以能为赵某花低价买房和买基金获取红利为由，分别骗取赵某花368000元和130000元。2009-2010年，被告人余某以能为张某生买基金获取红利为由，骗取张某生148000元。被告人余某以能为田某寿买基金获取红利为由，骗取田某寿5000元。被告人余某以能为杜某洁买基金获取红利为由，骗取杜某洁49000元。

2009年，被告人余某以能为邓红某跃买基金获取红利为由，骗取邓某跃86000元。2009年，被告人余某以能为陈某串买基金获取红利为由，骗取陈某串14000元。2009年，被告人余某以能为刘某元买基金获取红利为由，骗取刘某元99000元。2009-2010年，被告人余某以能为吴某凤买基金获取红利为由，骗取吴某凤217000元。2009年到2010年，被告人余某以能为唐某平买基金获取红利为由，骗取唐某平90000元。2009-2010年，被告人余某以能为梁某启买基金获取红利为由，骗取梁某启140000元。2010年1月，被告人余某以能为王某生买基金获取红利为由，骗取王某生130000元。郊区检察院以诈骗罪，对余某提起公诉，余某被判处有期徒刑十一年，处罚金300000元，追缴其违法所得。

第六节　公诉毒品犯罪

20世纪80年代初，毒品犯罪在阳泉市郊区范围内基本处于绝迹状态。20世纪80年代中期以后，涉毒犯罪活动开始在阳泉地区"死灰复燃"。特别是进入21世纪之后，随着阳泉地区贩毒、吸毒犯罪呈上升趋势，从2008年开始，郊区走私、贩卖、运输、制造毒品犯罪和非法持有毒品犯罪活动开始出现。

2008年，阳泉郊区检察院公诉走私、贩卖、运输、制造毒品犯罪案件1件、1人。2007年9月1日，被告人付某勃以营利为目的，以900元的价格从阿勇（另案处理）处购得15小包土制海洛因。后以每小包100元的价格分别卖给吸毒人员张某国3小包，又送其2小包；卖给朱某祥5小包，其中2小包是朱某祥用手机交换；卖给王某、王某各1小包。在2007年9月18日下午，付某勃与朱某祥进行毒品交易后不久，付某勃即被公安人员抓获，当场从其身上查扣3小包毒品，公安人员又从朱某祥处扣押2小包毒品。经郊区检察院公诉，被告人付某勃犯贩卖毒品罪，被判处有期徒刑十个月，并处罚金2000元，同时没收被告人付某勃供犯罪所用的诺基亚2610手机一部及被告人付某勃违法所得的手机模型诺基亚 N73 一部。

2009 年，全区无毒品犯罪。

2010 年，郊区毒品犯罪主要体现在制毒、贩毒，非法持有毒品、容留他人吸毒等刑事犯罪案件上。阳泉郊区检察院公诉走私、贩卖、运输、制造毒品犯罪案件 1 件、1 人。

2012 年，阳泉郊区检察院公诉走私、贩卖、运输、制造毒品犯罪案件 1 件、3 人，非法制造毒品 1 件、1 人。被告人曹某瑜于 2011 年通过网络认识了被告人杜某静，同年 8–9 月，二被告人共谋制造毒品，由被告人杜某静提供制造毒品原料“康泰克”的购买渠道及制造毒品技术，被告人曹某瑜提供资金购买制造毒品的原料及工具，后又纠集被告人吕某阳及“厨子”“阿龙”，在阳泉市郊区荫营镇南窑庄村被告人吕某阳家的老排房内制造冰毒 57.35 克。经公安部鉴定，甲基苯丙胺含量为 79.7%。案发后，被告人吕某阳于 2011 年 11 月 11 日投案。郊区检察院以被告人杜某静、曹某瑜、吕某阳犯制造毒品罪提起公诉，分别被判处有期徒刑十五年和十二年。

2013 年，审查并出庭公诉容留他人吸毒犯罪案件 1 件、5 人。

2014 年，公诉容留他人吸毒犯罪案件 9 件、11 人，是阳泉郊区有史以来此类犯罪最多的一年。2013 年 6 月 5 日 16 时许，被告人郭某丽（1990 年生）在阳泉市郊区西南舁乡北舁村其家中，容留吕某然、王某国、闫某琴进行吸毒，被郊区公安分局民警当场查获，并当场从王某国身上搜出毒品一包。经山西省公安厅公安司法鉴定中心检验鉴定，所送检材中检出甲基苯丙胺成分，重量为 1.71 克。该案经郊区检察院公诉，郭某丽犯容留他人吸毒罪，被判处拘役三个月，并处罚金 10000 元。被告人乔某磊在阳泉市郊区河底镇河底村景然小区 1 号楼 2 单元 101 室张某英开设的旅店内租住，其间，多次容留葛某忠（绰号：葛贼）吸食毒品。郊区检察院以被告人乔某磊犯容留他人吸毒罪提起公诉，被判处有期徒刑八个月，并处罚金 2000 元。

这一时期，阳泉郊区检察院对发生在域内的涉毒案件进行了总结，主要呈现以下特点：一是毒品种类较为单一。涉案毒品 90% 以上为甲基苯丙胺（冰毒），该类毒品价格较低、使用简便、致幻效果强烈，渐成主要吸食对象。二是屡次涉毒者比例较大，涉毒案件中多数人为屡次涉毒或两次以上，因涉毒被强制戒毒或起诉的，也占绝大多数。三是隐形操控成规避风险主要手段。贩毒人员大多操纵吸毒人员贩卖毒品，提供免费毒品吸食，由其独自担责，犯罪行为十分隐蔽。四是青年涉毒者居多。

经阳泉郊区检察院专题调查，认为在域内发生此类案件的主要原因是：

一是贩卖毒品的巨大利润是涉毒案件不断增长的主要原因。毒品纯利润一般为 40% ~ 50%，有的甚至可达 100%，非法暴利使众多价值观偏失者铤而走险。

二是“以贩养吸”的普遍存在与扩大成为毒品泛滥的温床。涉毒人员绝大部分本身就吸毒，吸毒与贩毒两者相互刺激、恶性循环。

三是家庭教育的缺失是涉毒人员剧增的客观原因。涉毒人员的父母大多自身素质较低，有些常年在外经商、务工或沉迷于赌博，特别是单亲家庭子女较多，忽视家庭教育和引导，对子女犯罪完全不知情。

四是部分吸毒人员精神空虚，染上毒瘾后，因无法承受高昂的毒品费用，遂采取“以贩养吸”或者通过盗抢敛财等方式满足自身的毒品需求。吸毒人员犯罪率明显加大。

五是下岗或就业对青壮年的困扰。由于没有正常稳定的职业，涉毒人员较稳定从业者心理压力较大，收入极不规律，极易受到家庭成员或社会群体的歧视，固意志薄弱者选择吸毒缓解压力、排泄情绪。

为此，阳泉郊区检察院在加强对涉毒犯罪的预防和加大惩治力度的同时，提出针对涉毒案件频发、多发和的七项强化措施：一是加强娱乐场所管理，积极开展娱乐场所的专项整治，遏制毒品的蔓延趋势；二是加大对贩毒犯罪的惩治力度，对作为线人的吸毒人员予以强制戒毒；三是深挖案件线索，斩断运作网络；四是对癌症晚期或需要镇定或麻醉缓解疼痛的绝症病人建立医疗档案，加强麻醉品管理，避免供病患使用的缓解疼痛药物或针剂流向社会；五是刑罚和行政处罚合并执行，震慑吸毒、贩毒人员；六是加大禁毒宣传工作力度，开展禁毒宣传教育，以各种形式进社区、进农村、进学校，让广大群众特别是青少年了解毒品的危害性，提高全民禁毒意识；七是加强农村青年、壮年的就业培训和对闲散人员的就业安置，建立健全就业保障体系。

2015 年，阳泉郊区检察院出庭公诉走私、贩卖、运输、制造毒品犯罪 9 件 9 人，其中，公诉非法持有毒品犯罪案件 2 件、2 人，公诉引诱、教唆、欺骗他人吸毒犯罪 1 件、1 人，容留他人吸毒犯罪 6 件、6 人。

2016 年，阳泉郊区检察院出庭公诉走私、贩卖、运输、制造毒品犯罪 10 件 11 人，其中，公诉走私、贩卖、运输、制造毒品犯罪 3 件、4 人，公诉容留他人吸毒犯罪 7 件、7 人。

2017 年，阳泉郊区检察院出庭公诉走私、贩卖、运输、制造毒品犯罪 24 件 24 人，其中，公诉走私、贩卖、运输、制造毒品犯罪 5 件、5 人，公诉非法持有毒品犯罪案件 1 件、1 人，公诉容留他人吸毒犯罪 18 件、18 人。

2018 年，阳泉郊区检察院出庭公诉走私、贩卖、运输、制造毒品犯罪 8 件 11 人，其中，公诉非法持有毒品犯罪案件 3 件、人，公诉容留他人吸毒犯罪 5 件、6 人。

附：杜某静、曹某瑜、吕某阳制造毒品罪案

被告人曹某瑜于2011年通过网络认识了被告人杜某静，同年8-9月，二被告人共谋制造毒品，由被告人杜某静提供制造毒品原料“康泰克”的购买渠道及制造毒品技术，被告人曹某瑜提供资金购买制造毒品的原料及工具,后又纠集被告人吕某阳及“厨子”(另案处理)、“阿龙”（另案处理）在阳泉市郊区荫营镇南窑庄村被告人吕某阳家的老排房内制造冰毒57.35克，经中华人民共和国公安部鉴定，甲基苯丙胺含量为79.7%。

案发后，被告人吕某阳于2011年11月11日投案。

阳泉郊区人民检察院以杜某静、曹某瑜、吕某阳犯制造毒品罪，向同级人民法院提起公诉，区法院采纳公诉意见，判处杜某静有期徒刑十五年。被告人曹某瑜犯制造毒品罪，判处有期徒刑十五年。被告人吕某阳犯制造毒品罪，判处有期徒刑十二年。

第七节 公诉私挖滥采犯罪和破坏环境资源犯罪

私挖滥采犯罪是指以单位名义取得采矿权滥采、超许可范围开采、擅自进入封闭的井口开采、滥采的；未取得采矿权擅自开采滥采的，以非法采矿或破坏性采矿罪定罪处罚，或个人临时性纠集、采取隐秘手段，私自打开或另行开口进入已封闭井口盗采煤炭，数额较大的；未取得采矿证，擅自采矿的，擅自进入国家规划矿区、对国民经济具有重要价值的矿区和他人矿区采矿的；擅自开采国家规定实行保护性开采的特定矿种的犯罪行为。根据《刑法》及最高人民法院《关于审理非法采矿、破坏性采矿刑事案件具体应用法律若干问题的解释》的规定，私挖滥采严重行为犯非法采矿罪。非法采矿或破坏性采矿罪的主体可以是单位，也可以是自然人。惩治非法采矿违法犯罪行为的专项斗争不仅是一个重大的社会问题，也是一个重大的政治问题，不仅关系到生态发展、可持续发展，更涉及人民群众的民生福祉。

在阳泉市郊区，针对煤炭资源的私挖滥采违法行为，20世纪80年代集体经济和国营煤矿占主导地位的情况下，主要表现为农村生产大队和人民公社所属煤矿，越界开采或偷采、盗采国营煤矿资源的现象时有发生。至20世纪90年代，集体经济陆续被私营、民营经济替代，大规模私挖滥采国家煤矿资源犯罪成为域内较为多发的犯罪行为，针对当时的该类犯罪案件，本志散记于刑事检察、肃贪反渎等编章。从21世纪初开始，发生在阳泉郊区的私挖滥采犯罪，由以往单一的煤炭，发展到非法开采矾石（铝矾土，黏土）、硫铁矿等域内储量较大的矿物品种等重要国家资源方面。为此，阳泉市郊区人民检察院充分发挥检察职能，依法惩治私挖滥采犯罪和破坏环境资源犯罪。

2004年10月，在甄家庄村委会未取得矿山开采许可证的情况下，时任甄家庄村委会主任、村党总支书记的被告人白某军召开村民代表大会形成决议后，代表甄家庄村委会，与陈某发、张某业、潘某明、杨某等人签订《复垦造地协议》，进行非法采煤，由甄家庄村委会收取部分复垦费，甄家庄村委会共收取费用56万元。其中，陈某发、张某业、潘某明、杨某四人，非法开采炭窑沟一带煤炭，造成矿产资源破坏总量为19026吨，矿产资源破坏价值总额为2885200元。其间，阳泉市郊区国土资源局向甄家庄村委会下达责令停工通知书，但甄家庄村委会拒不停止。为此，阳泉郊区检察院以被告单位——阳泉市郊区李家庄乡甄家庄村村民委员会犯非法采矿罪提起公诉，被处罚金10000元，追缴违法所得56万元。被告人白某军犯非法采矿罪，免予刑事处罚，处罚金20000元。该案为郊区检察院审查起诉后，由人民法院受理并判决的首例私挖滥采犯罪案件。

2004年，阳泉郊区检察院对2名私挖滥采、破坏矿产资源的犯罪分子提起公诉，陈某发被判处有期徒刑三年，缓刑五年，处罚金60万元；潘某明被判处有期徒刑二年，缓刑三年，处罚金20000元。

2005年，阳泉郊区检察院与区人民法院、区公安分局密切配合积极开展惩治私挖滥采的“春雷”行动，共审查起诉该类型案件6件，判处该类犯罪分子6人，如李某珍，被郊区检察院以非法采矿（铝矾土矿）罪和非法持有爆炸物罪提起公诉，被判处有期徒刑三年、缓刑四年。

2006年3月，阳泉郊区检察院针对陈某发、杨某二人私挖滥采，严重破坏国家煤炭资源的行为涉嫌构成非法采矿罪。4月，对潘某明、张某业涉嫌非法采矿犯罪，向审判机关提起公诉。10月，针对村主任路某玉，横加阻止郊区国土局工作人员现场检查私挖滥采，严重干扰惩治私挖滥采专项工作的正常进行的情况，以涉嫌妨害执行公务罪依法批准逮捕，在审查该案时，办案检察官发现，犯罪嫌疑人路某玉还涉嫌伪造国家机关印章罪，而侦查机关未予立案，11月，郊区检察院向郊区公安分局发出《要求证明不立案理由通知书》。是年，郊区检察院紧密配合全市惩治私挖滥采专项治理行动，对进入审判阶段的四起非法采矿案件指定一专人负责审查起诉。上述四起非法采矿案提起公诉后，指控犯罪的事实清楚，证据确凿，定性准确，有罪判决率为100%。如史某福非法采矿案。2006年，史某福与史某元签订租赁协议书，租赁荫营镇桥上村原型煤厂场地在煤场一个旧洞挖煤，因其非法采煤，直接破坏可采总量为15813吨的煤炭资源，价值总额679．96万元。郊区检察院以被告人史某福犯非法采矿罪，起诉至区人民法院，经郊区法院公开审理，判处其有期徒刑三年，并处罚金30000元，被告人王某小犯非法采矿罪，判处有期徒刑三年，处罚金2000000元，犯非法买卖、储存爆炸物品罪，判处有期徒刑十年，数罪并罚，决定合并执行有期徒刑十二年，处罚金200000元。

2007年，阳泉郊区检察院继续深化“春雷”行动，对私挖滥采国家资源和非法买卖爆炸物品等违法犯罪活动给予依法惩治。会同郊区法院、郊区公安分局等部门，出警21次，及时审查起诉破坏国家资源等犯罪案件4件，打掉非法买卖爆炸物团伙2个。

2008年，被告人蒋某国共购买炸药140箱，每箱16公斤，共计2240公斤，全部用于非法采矿，经阳泉郊区检察院提起公诉，郊区法院以被告人蒋某国犯非法买卖爆炸物罪，被判处其有期徒刑十四年。被告人赵某忠于2008年2月18日19时左右，伙同同案犯葛某如、刘某洋、荆某明、赵某、王某、郝某刚、“小老虎”携带镐把，在河底镇龙光峪村附近争占私挖滥采场地时与他人发生争执，将梁某明、张某旺打伤（重伤），经阳泉郊区检察院提起公诉，区法院以故意伤害罪，全部被判处有期徒刑。

2009年，郊区检察院办理首例以国家名义向被告人追偿民事赔偿的案件。5月21日，郊区院干警出席出庭公诉，以非法采矿、非法买卖、储存爆炸物品案，被告人均被判处有期徒刑并处罚金，同时判令被告人赔偿给国家造成的经济损失。同年，阳泉郊区检察院审查起诉非法采矿犯罪案件2件、5人。如史某青非法采矿案。2009年9月，史某青在阳泉市郊区荫营镇桥上村其居住的院内，雇佣他人非法采煤，经阳泉郊区检察院审查起诉后，郊区法院以非法采矿罪，判处其有期徒刑三年，缓刑五年，并处罚金20000元，并赔偿国有煤炭资源损失435.60万元。同年10月27日，郊区检察院对高某旺非法采矿案，向郊区法院提起刑事附带民事诉讼。这是郊区院办理的第二起以国家名义向被告人追偿损失的民事赔偿案件。

2010年，阳泉郊区检察院提起公诉的非法采矿犯罪案件6件、8人。6月4日，中共阳泉郊区区委政法委、区人民检察院、区人民法院、区公安分局联合召开公处大会，依法从重从快对涉及非法采矿及重大责任事故犯罪人员进行公开处理，被告人赵某柱犯重大责任事故罪，被判处有期徒刑一年零六个月，缓刑二年，赔偿被害人家属经济损失21万元。甄某华、陈某奕因非法采矿和聚众斗殴犯罪，被判处其有期徒刑三年，缓刑五年。

2011年，阳泉郊区检察院继续依法惩治非法采矿犯罪，以及由此引发的盗窃、抢劫、寻衅滋事、妨害公务、非法买卖爆炸物品等案件。全年共审查该类案件27件，其中，向区法院提起公诉的非法采矿犯罪案件2件、3人。8月26日下午，阳泉市国土资源局郊区分局执法队工作人员，在阳泉市郊区义井镇南庄村山上，发现一辆涉嫌非法采矿的铲车，正在逃离非法采矿现场，即依法对其拦截查扣，铲车司机赵某刚驾驶铲车逃跑途中，将国土资源局执法车辆撞坏。被告人赵某明、杨某顺在驾车找寻赵某刚时，又将市国土资源局执法队工作人员杜某青殴打致伤。郊区检察院以犯妨害公务罪提起公诉，赵某明被判处有期徒刑六个月，杨某顺被判处有期徒刑六个月。

2012年，阳泉郊区检察院进一步加大涉及破坏环境和资源犯罪案件的处罚力度，全年共审查涉及非法采矿，以及由此引发的盗窃、抢劫、寻衅滋事、妨害公务、非法买卖、运输爆炸物品等案件15件。其中，非法采矿犯罪案件6件、7人。

2013年，阳泉郊区检察院对非法采矿犯罪，继续加大惩处力度，共审查该类犯罪案件，及由该类案件引发的其他案件13件。其中，审查起诉非法采矿犯罪案件4件、4人，均被人民法院判处实刑，并对阳煤集团三矿麻地巷非法采矿中的滥用职权等三案被告人，依法作出严肃处理。史某寿非法采矿历经时间13年之久，是郊区检察院审查起诉的犯罪时间最长的私挖滥采犯罪案件。史某寿于2000年到2012年6月期间，在未取得采矿许可证的情况下，雇佣工人在阳泉市郊区荫营镇南坳村浅水壕挖开山体并用镐、撬棍等工具，以人工开采的方式非法开采矾石。经山西省国土资源厅鉴定，被告人史某寿非法采出耐火黏土矿资源量共计4838吨，造成耐火黏土矿资源破坏价值总额为1790060元人民币。经区检察院提起公诉，被告人史某寿犯非法采矿罪，被判处有期徒刑四年，并处罚金30000元。

2014年，阳泉郊区检察院审查起诉非法采矿案件6件、9人。刘清明组织人员和机械在阳泉市郊区义井镇南庄村研石山非法采矿，盗采国家煤炭资源，经郊区检察院审查提起公诉后，区法院以非法采矿罪，判处刘某明有期徒刑二年六个月，并处罚金50000元。

2015年，阳泉郊区检察院审查非法采矿犯罪案件3件、5人，比上年度减少40%。2012年冬天至2014年3月，被告人张某强在阳泉市郊区义井镇泊里村自家房后，以洞采的方式，利用铁锹、镐等工具进行非法采煤。经山西省国土资源厅鉴定：张某强非法开采及破坏煤炭资源量1559吨，非法采煤点开采煤炭资源破坏价值265030元。经阳泉郊区检察院审查提起公诉，被告人张某强犯非法采矿罪，被判处有期徒刑一年，并处罚金2000元。

2016年，破坏环境资源保护犯罪案件及非法采矿犯罪案件、滥伐林木犯罪案件在阳泉市郊区域内被控制到零。

2017年，阳泉郊区检察院出庭公诉破坏环境资源保护犯罪案件3件3人。1月份，最高人民检察院与环保部、公安部联合出台《环境保护行政执法与刑事司法衔接工作办法》，阳泉郊区检察院充分发挥检察机关法律监督职能作用，将法律监督重点放在对生态环境和资源领域的保护上，进一步加大对破坏环境资源犯罪的惩治力度，督促行政机关依法行政。4月，根据上级检察机关《关于开展破坏环境资源犯罪立案监督专项活动》的要求，按照阳泉市检察院对发生在平坦镇辛兴村一起土地污染犯罪案件持续进行跟踪调查和立案监督的批示，启动立案监督程序，确定“统筹协调快、引导侦查勤、监督程序严”的工作思路，根据《环境保护行政执法与刑事司法衔接工作办法》的要求，向环保部门发出《建议移送涉嫌犯罪案件函》，建立刑事司法与行政执法工作协调机制，先后五次召集专门会议进行安排部署，会同区环保局、区公安分局组成专门工作小组，研究制定侦查取证工作。为夯实案件证据基础，郊区检察院多次派遣检察人员实地查看，妥善解决委托鉴定、危险物处置、证据保全等问题，2017年6月，涉案人员赵某被依法批准逮捕，专项活动取得初步成效。涉案人员赵某系暂住于阳泉市郊区平坦镇辛兴村的吕梁市文水县人，从2016年8月起，赵某违反国家规定，在该村建立的废品收购站，在未取得任何环保手续，无危险废物经营许可证的情况下收购废旧油桶，并自行对油桶进行拆解，拆解过程中未采取有效防渗措施，部分废油倾倒至厂区渗坑内，部分废油随雨水流至厂区外水渠，部分渗入土壤，对环境造成极大污染，经山西省环境污染损害司法鉴定中心鉴定，该收购站非法倾倒的油状物质确属危险废物，共计造成公私财产损失180余万元，后果严重。

在承办该案的过程中，郊区检察院认真贯彻学习习近平总书记关于生态文明建设重要战略思想，深刻认识生态环境保护的艰巨性、紧迫性，把保护国家利益和社会公共利益作为检察工作的着眼点。该次环境污染犯罪案件作为阳泉市近年来首例环境领域案件，阳泉市人民检察院和郊区区委十分重视，有关领导多次对案件进展作出指示。郊区检察院与公安、环保部门共同发力，共同协作，充分发挥刑事司法与行政执法有效衔接的作用，为案件的顺利侦破奠定了坚实的基础，也为阳泉市政法战线开展环保战役打响了第一枪，在社会上引起较大反响，7月18日、7月24日，《山西法制报》《阳泉日报》分别对该案作了专题报道。7月26日，阳泉市检察院党组书记、检察长王廉允作出批示：该案系郊区检察院办理行政执法与刑事司法衔接的典型案件，体现检察机关服务民生的责任担当，应进一步做好审查起诉等相关工作。郊区院党组高度重视检察长王廉允的重要批示，组织全院干警传达学习批示内容，严志勇要求广大干警，围绕检察长王廉允指示精神，以市院党组提出的“五抓”和“三个显著提升”为目标，努力推动郊区检察工作：一是进一步突出重点，强化“两法”衔接工作，要加强组织保障，不断强化行政执法与刑事司法相衔接工作力度，探索建立行政案件抽查制度，通过不定期走访行政执法机关，进一步了解和熟悉行政机关的执法依据和流程，增强检察机关监督的能力。对行政机关备案材料的审查重点要放在处罚工作上，从中捕捉立案监督信息。二是进一步规范司法行为，强化服务民生措施，巩固和提高“规范化建设年”活动成效，继续深化执法规范化建设，狠抓各项措施落实，努力提高整体执法水平，更好地维护社会和谐稳定，同时密切关注民生领域犯罪活动新动向，依法惩治“两抢一盗”常发性案件，重点盯住非法集资、非法吸收公众存款，和危害食品药品安全等涉案金额大、容易引起群体性实践的犯罪活动，有效维护人民群众生命财产安全。三是以该案效果为核心，做好审查起诉工作，在继续完善证据条件的同时，密切关注土地修复工作，通过办理案件达到教育警示的作用，还百姓一方净土、一片蓝天，充分体现法律效果和社会效果的统一。

2018年，阳泉郊区检察院公诉破坏环境资源保护犯罪案件1件2人。

第八节 公诉危险驾驶犯罪

2013年始，阳泉市郊区人民检察院对危险驾驶案件进行审查起诉。全年审查起诉危险驾驶犯罪案件4件、4人。2013年8月30日，阳泉市郊区三郊村赶庙，被告人史某乐于是日中午在三郊村朋友家喝酒后，当日21时30分许，驾驶车牌为晋CB2850夏利牌灰色小型轿车回家途中被执勤民警查获，其案发现场呼气检测酒精含量87mg / 100ml，血液检出酒精含量为12mg / 100ml，构成危险驾驶犯罪。经阳泉郊区检察院提起公诉，史某乐被判处拘役一个月，并处罚金2000元。

2014年，阳泉郊区检察院审查起诉危险驾驶犯罪案件20件、20人，比上年净增16件、16人，危险驾驶犯罪案件成为域内增速最快的犯罪行为。该院依法向区法院提起公诉后，19件、19人在本年度被郊区人民法院依法作出生效判决，其中，11人受到拘役处罚，8人被判处缓刑，18人被并处罚金。

2015年，阳泉郊区检察院受理危险驾驶犯罪案件37件、37人，其中，提起公诉的危险驾驶犯罪案件再次呈现急速上升态势，达36件、36人，比上年度净增16件、16人，增幅达到185%。其中，36人受到刑事拘役处罚、26人被判处缓刑，37人均被并处罚金。

2016年，阳泉郊区检察院受理危险驾驶犯罪案件30件、30人，其中，提起公诉的危险驾驶犯罪案件29件、29人。

2017年，阳泉郊区检察院提起公诉的危险驾驶犯罪案件再次呈现急速上升态势，达48件、48人，比上年度净增18件、18人，增幅达到160%。

2018年，阳泉郊区检察院提起公诉的危险驾驶犯罪案件有所下降，为36件、36人。危险驾驶犯罪成为新型犯罪中，对人民群众生命财产危害性较大的犯罪行为，受到阳泉郊区检察院严肃查处和严厉打击。

第三编

肃贪反渎

第一章 反贪污贿赂案件

第一节 概述

1980年，阳泉郊区检察院设立三科（经济检察科），依法查处经济犯罪案件。根据1979年《刑法》第三章《破坏社会主义经济秩序罪》，人民检察院查办或起诉的“经济犯罪”，主要包括的犯罪形式有走私、套汇、投机倒把、盗窃公共财物、诈骗、盗卖珍贵文物和索贿、受贿、贪污，以及偷税、抗税、挪用公款或救灾物资等。是年，该院受理经济案件4件。以案件来源和性质分类，由中共阳泉郊区区委和阳泉市人民检察院交办的经济案件3案，其中，贪污1案、私分抗税1案、其他1案。经立案侦查，向郊区人民法院提起公诉的贪污案件2件，对此，郊区法院均作出有罪判决。

1981年，阳泉郊区检察院为开辟自侦案件线索来源，组织检察干警深入阳泉市属重工局、阳泉供销社等7个局、11个基层单位和区属部分厂矿、企事业单位、农村人民公社和生产大队，包括区直机关等部门，进行调查摸底工作。

1982年，阳泉郊区检察院经济检察科、法纪检察科，深入基层合署办公，挖出贪污、诈骗、受贿等多条经济犯罪线索，审查立案、决定提起公诉8件、23人，免予起诉11人，其中，万元以上大案2件、14人，为国家挽回经济损失8.9万元。

1983～1985年，阳泉郊区检察院根据第五届全国人大常委会第二十二次会议通过的《关于严惩严重破坏经济犯罪的决定》，把打击经济犯罪活动作为重要任务，具体工作中，采取“三定一保”的方法，即定人员、定时间、定要求，保证办案质量，依法惩治各种类型的经济犯罪。其中，1983年自行立案侦查4件、4人；向人民法院提起公诉2件、4人（含上年立案侦查的案件）。在查处经济犯罪的过程中，办案人员对发案单位进行回访调查，协助建立健全各项规章制度，从机制上堵塞漏洞。

1984年，阳泉郊区检察院结合阳泉郊区地处煤炭之乡，经济往来比较活跃的实际，进一步加强对域内经济犯罪分子活动的惩治力度，办理经济检察案件3件。其中，立案侦查贪污犯罪案件1件、1人。

1985年，查办起诉贪污犯罪案件1件、1人。经济犯罪案件处于低发案状况。

1986年，山西省公安厅、山西人民检察院、山西省高级人民法院、山西省司法厅联合下发《关于督促经济犯罪人员限期投案的公告》，阳泉郊区检察院通过广泛宣传，政策攻心，先后敦促40名经济犯罪人员主动投案自首，并依法对其作出相应的从宽处理。

1987年，阳泉郊区检察院在全区开展惩治偷税、抗税、投机诈骗、贪污、受贿等经济犯罪专项斗争，采取公开处理典型案件、印发宣传资料、出动宣传车等方式进行法制宣传，取得较好社会效果，不少欠漏税的单位和个人主动到税务机关补交税款。全年受理经济案件10件，其中，立案侦查6案，决定不立案4件。

1988 ~ 1990年，阳泉郊区检察院认真贯彻执行中央关于加强廉政建设、坚决惩治腐败的指示，坚持“一要坚决、二要慎重、务求标准”的原则，把反贪污贿赂斗争作为惩治经济犯罪的首要工作，反贪污贿赂工作得到平稳和较快发展。

1988年，该院受理各类经济案件24件、30人，查处14件、16人。1989年，该院受理各类经济犯罪案件49件、53人，受案数比1988年增加157.8%，其中，贪污受贿案件37件，占受理总数的75.5%。贪污、贿赂案件呈多发状况。

1990年，受理各类经济犯罪案件27件，调查20件。经过严肃查处和依法惩治，以贪污贿赂为主的经济犯罪案件较上一年度有明显下降，发案总量净减少22件，降幅达到55%。

1991年，阳泉郊区检察院不断强化侦查意识，努力提高侦查技能，做到信息反馈快、线索排查快、初查出击快、讯问取证快，共立案查处经济犯罪案件15件，其中，受贿案1件、1人。经济犯罪案件比上年度再次下降55%。

1992年，阳泉郊区检察院重点查处严重危害国家和经济企业管理秩序的贪污贿赂类犯罪案件，共立案侦查贪污贿赂等案件28件，偷税案7件，受贿案1件，为国家和集体挽回经济损失20余万元，收缴税款9万余元。贪污贿赂案件出现高发案、多人数、大金额现象。

1993年，阳泉郊区检察院在举报线索下降的情况下，查处经济案件仍保持较强的力度。全年共受理各种经济犯罪案件31件，立案查处19件、21人。其中，贪污案7件、7人，挪用公款案4件、6人，派驻郊区税务检察室协助税务机关协税护税查获的偷税、抗税案件8起，其中，偷税案6件、6人，抗税案2件、2人。

经统计，从1980阳泉郊区检察院成立开展工作至1993年，该院共立案侦查各类经济犯罪案件115件，追回赃款78.7万元，为国家挽回经济损失220.5万元。

1994年，阳泉郊区检察院围绕改革、发展、稳定三大任务，继续深入开展域内反贪污贿赂斗争，依法惩治各种类型的经济犯罪分子，共受理各类经济犯罪线索25件、27人，立案侦查13件、15人，其中，贪污案7件、7人，偷税案2件、3人，挪用公款案4件、5人。

1995年，阳泉郊区检察院坚持把查处贪污贿赂等经济犯罪案件放在检察工作的首位，加大惩治力度，进一步推动反腐败斗争，全年受理各类经济犯罪案件46起，立案侦查15件、17人，其中，贪污6件、7人，挪用公款2件、2人，偷税7件、8人。与上年度相比，立案案件上升13.3%。立案查处万元贪污大案2件、2人，并对9件涉嫌经济犯罪案件进行了初查。通过办案，追缴赃款赃物价值25万余元，协税护税追缴税款114万余元，为国家和集体挽回经济损失240万元。

1996年，阳泉郊区检察院强化领导，突出重点，与纪检、审计、税务等部门密切合作，集中开展惩治偷税、抗税、骗税犯罪专项战役。全年受理各类经济举报案件线索46件、52人，经审查，立案10件、11人。其中，侵犯企业资金2件、3人，挪用企业资金案2件、2人，偷税6件、6人。查获一起村办煤矿矿长与会计连续8年截留销煤款，合伙侵占集体财产16.8万元的重大犯罪案件。

1997年，阳泉郊区检察院以“严格执法，狠抓办案，强化监督”为方针，积极应对《刑法》《刑事诉讼法》修改后，检察机关受案范围缩小的实际情况，加强同纪检委、审计局、工商局、税务局等部门配合联系，积极推动反腐败斗争深入开展。全年立案侦查经济案件7件、8人，为国家经济集体挽回经济损失90余万元。查处“三机关一部门”（党政机关、行政执法机关、司法机关，经济管理部门）案件有了新的突破，依法查处阳泉郊区党政机关内1名正科级干部涉嫌经济犯罪案件。

1998年，阳泉郊区检察院依法查处贪污贿赂、挪用公款等经济犯罪案件，促进反腐败斗争深入开展。全年受理各类经济举报案件23件、23人，经过案前审查8件、8人，其中，立案侦查3件、3人，均为挪用公款犯罪案件。

1999年1月，阳泉郊区检察院成立反贪污贿赂局，在健全办案制度，规范办案程序，明确执法责任等方面取得明显进步。全年受理各类经济犯罪案件举报案件18件、20人。其中，贪污案11件、13人，受贿案3件、3人，挪用公款案4件、4人。

2000年，全国人大常委会对《刑法》第93条第二款作出立法解释，检察机关自侦部门受案范围进一步缩小。为此，阳泉郊区检察院主动加大出击力度，全年立案查处经济犯罪案件4件、8人，为国家挽回经济损失20余万元。

2001年，阳泉郊区检察院举办两次大规模的举报宣传活动，牵头组织8个乡镇纪检、监察、审计、信访、行政执法等部门召开举报宣传提供线索座谈会，建立定期工作联系制度，全年立案侦查贪污贿赂案件5件、5人。

2002年，阳泉郊区检察院按照山西省人民检察院工作部署，深入开展查办职务犯罪“百日大会战”专项行动。在市、县两级检察院密切协调下，一举查获了阳泉太湖石材料总厂11名副科级以上领导干部集体腐败案。全年共立案侦查贪污贿赂13件、13人，其中，科级以上干部职务犯罪案件8件、8人，5万元以上大案3件、3人。

2003～2008年，阳泉郊区检察院按照上级检察院关于“稳定数量、保证质量、狠抓大案要案”的总体要求，先后开展反贪“百日大会战”、治理商业贿赂犯罪、危害社会主义新农村建设和煤炭领域反腐斗争等专项行动，查办贪污贿赂案件工作呈现强劲发展势头。

2003年，查获经济犯罪线索14件、14人，立案侦查贪污贿赂案件4件、3人，查处科级干部2人。

2004年，初查线索10件、11人，立案侦查贪污贿赂案件5件、5人，其中5万元以上大案1件，“三机关一部门”案件3件。

2005年，初查线索10件、11人，立案侦查贪污贿赂案件4件、4人，其中贪污贿赂案件3件3人。

2006年，初查线索10件、12人，立案侦查贪污贿赂案件7件、7人。

2007年，初查线索7件、8人，立案侦查贪污贿赂案件6件、6人，所立案件全部为大要案件和“三机关一部门”案件。

2008年，初查线索11件、12人，立案侦查贪污贿赂案件11件、12人，所办案件均为大要案件。查办的荫营煤矿原销售科科长潘某卫及其妻张某福共同受贿750万元，巨额财产1200万元来源不明案，成为阳泉建市以来涉案金额最大的一起经济犯罪案件。

2009年，按照“初查精确、立案准确、结案正确”的办案要求，查办职务犯罪部署早、动手快，立案查处职务犯罪案件9件、9人，其中，贪污贿赂类案件5件、5人，渎职案件3件、3人，侵权案件1件、1人。

2010年，阳泉郊区检察院按照上级检察机关“积极办案、坚决办案、办好案件”的要求，侦办职务犯罪案件10件、10人，同比增长11%，其中，贪污贿赂类案件8件、8人，渎职侵权类案件2件、2人，所办案件均为大要案件，并于年底前全部提起公诉。本年度，人民法院作出一审有罪判决8件、8人。

2011年，按照“系统抓、抓系统”工作方法，抓大案、挖窝案、查串案，立案查处职务犯罪案件10件、13人，其中，查办贪污贿赂案件8件、8人，查办渎职案件2件、5人。共查办5万元以上大案3件、3人，科级干部6人，“三机关一部门”人员5人。

2012年，阳泉郊区检察院认真贯彻中共十八大精神，标本兼治、综合治理、惩防并举、注重预防的方针，积极参与整顿和规范市场经济秩序，依法保障各种所有制经济健康发展，平等保护各类市场主体合法权益，准确把握法律政策界线，依法惩治犯罪者，挽救失误者、支持改革者。全年共立案查处职务犯罪案件7件、15人，立查人数同比上升15.38%，其中，贪污贿赂类案件5件、11人，渎职侵权类案件2件、4人，全部侦查终结，并提起公诉，至年底前，作出有罪判决6件、11人，法院正在审理1件、4人。

2013年，阳泉郊区检察院按照中共十八大精神和中央对反腐工作“老虎、苍蝇一起打”的要求，以领导机关和领导干部为重点，立案查处职务犯罪案件12件、16人。

侦办贪污贿赂案件 8 件、12 人，立案人数为历年新高，其中，查办大要案件 4 件、6 人，占立案案件的一半。查办渎职案件 4 件、4 人。

2014 年，立案查处职务犯罪案件 14 件、21 人。其中，侦办贪污贿赂案件 9 件、14 人，起诉 6 件、1 人。侦办渎职案件 5 件、7 人，起诉 3 件、4 人。

2015 年，阳泉郊区检察院深入贯彻上级机关关于反腐败斗争的决策部署，坚持“老虎”“苍蝇”一起打，努力促进干部清正、政府清廉、政治清明。全年侦办各类职务犯罪案件 9 件、16 人，其中，贪污贿赂案件 6 件、13 人，起诉 4 件、8 人。

2016 年，坚决贯彻落实中央关于反腐败斗争的决策部署，共查办各类职务犯罪 6 件、11 人，其中，贪污贿赂类案件 5 件、9 人，渎职侵权类案件 1 件、2 人，为国家挽回经济损失 60 余万元。协助上级纪检监察和检察机关查办山西省煤炭厅原副厅长杨某林、晋商银行原董事长上官某清等重大职务犯罪案件。

2017 年，山西省被列为国家监察体制改革试点地区，全省各地、市、县试点成立监察委员会，将人民检察院查处贪污贿赂案件部门、反渎职犯罪部门和职务犯罪预防部门，统一划归新成立的同级监察委员会，与同级中共纪律检查委员会合署办公。

第二节 查处贪污贿赂犯罪

1979 年，筹建中的阳泉市郊区人民检察院，认真开展经济检察工作，对全区范围内的工农业基本核算单位，进行了基本情况调查摸底。

1980 年，该院受理经济案件 4 件。其中，由中共阳泉郊区区委和阳泉市人民检察院交办的经济案件 3 案，包括贪污 1 案、私分抗税 1 案、其他 1 案。经郊区检察院查办的经济案件为：河底信用社苇泊服务站代办员张某寿贪污案；荫营煤矿固庄大队机电仓库保管员刘某贤贪污案；荫营公社后沟大队小煤窑重大责任事故案；荫营公社南窑庄大队社员王某存检举揭发的两个经济问题案。经立案侦查，向郊区法院提起公诉 2 件、2 人，郊区人民法院均作出有罪判决，其余 2 件，经立案侦查未追究刑事责任。

1981 年，阳泉郊区检察院正确贯彻“依靠群众，深入调查，实事求是”原则，准确执行党和国家各项方针、政策，以事实为依据，严格依法办案，既确保犯罪嫌疑人的合法权益受到法律的尊重和保护，又体现“稳、准、狠”惩治贪污犯罪的目的。刘某贤案最初由荫营煤矿调查，以刘某贤贪污 2034.69 元，构成犯罪，报请该院逮捕法办，并有关证明、证言一并移送该院。检察院依照法律规定重新进行立案侦查，经过广泛深入群众，调查核实，耐心细致听取有关人员的意见，反复分析研究被告对自己问题的不同辩解，多次到现场查看，从中发现，由于被告住宿在仓库外间，库、宿一体，部分工业材料存放在宿舍，故该部分东西不被认定为被告所贪污之赃物，另外，荫营煤矿在计算赃物价值上，把一些本已报废回收的废旧材料，一并按新价格计算赃物价值，并把一些过去价值较低的物品，以现行价值较高的同类物品进行计算，同时还将被告一些个人财物作为贪污赃物查处，据此，本着实事求是原则，经再三核实，作出相应纠正。如：1975 年被告贪污工业毛毡 9.5 公斤，该矿却以 1980 年工业材料计划价格予以折价，每公斤 24 元，总款合计为 228 元，对此，该院会同荫营煤矿财会人员，经过反复查阅材料库 1971 至 1980 年账目，查清了该种工业毛毡价格为每公斤 16 元，共计 152 元，而非移交案卷时的 228 元，最终认定刘某贤贪污赃物总价值为 1059.80 元，与荫营煤矿移交案卷时认定的贪污数额相差 974.89 元，此外，在查处此案中，郊区检察院发现荫营煤矿在对被告审查期间，曾有违背法律规定行为，如对被告进行非法住宅搜查等，对此，郊区检察院发挥法律监督职能，以口头和书面形式，对荫营煤矿办案人员进行纠正。

郊区河底信用社苇泊信用服务站张某寿贪污一案，是由上级检察院阳泉市市院交办审查起诉，原认定的主要事实是，被告张某寿从 1979 年 5 月起，共贪污储蓄金 2400 余元。为查清事实，郊区检察院在进行深入细致查对的同时，聘请具有一定经验的银行财会专业人员，查阅张某寿担任代办员期间的全部账目单据，从中发现张某寿的贪污行为，早在 1975 年 7 月即已开始，并持续不断，最后以被告贪污储蓄金 3090 余元为认定事实，向人民法院提起公诉。

1982 年，阳泉郊区检察院根据“态度要坚决、惩治要有力、重点要明确、步骤要稳妥、工作要细微”原则，结合郊区经济案件实际，积极开展经济检察工作。对上级领导机关交办的案件，阳泉郊区“打办”和各级纪委移送的案件，以及群众检举揭发的案件，对事实清楚，证据确实充分，能迅速打开缺口的案件，积极受理，及时组织力量查证落实，在掌握主要犯罪事实后，由检察委员会讨论决定，并及时报请区委和政法书记，在区委领导下，慎重地立案。如根据群众检举揭发，反映白羊墅货站收料组长杨某生有贪污、受贿 2290 余元，诈骗 22000 余元的问题，迅速组织力量进行调查，在基本掌握杨的主要犯罪事实后，检察委员会及时作出立案侦查的决定，对杨某生采取了收审措施。而对于一些虽有犯罪事实，但证据不够充分，经审查不够追究刑事责任的案件，即交由发案单位纪委进行查处，既避免放纵犯罪，又防止扩大化。

1982 年，发生在阳泉郊区的经济犯罪有四个基本特点：

一是涉及面广，党员、干部数量多，如徐世龙诈骗案，涉及五省三市十几个单位，涉及工厂、商店、贸易货站、公社领导干部及采购、会计 20 多人。杨贵生贪污、受贿、诈骗案，涉及三省一市五县十几个单位 40 余人，涉及郊区的厂、矿、大队就有 8 个，涉及的人员有支部书记、大队主任、大队分管副业的主任、财务会计出纳、采矿员采购员等 30 余人。从掌握的实事材料看，每个大案要案均涉及党员干部，甚至是领导干部。二是违法犯罪人员成分复杂，手段繁多，数量巨大，有劳改、劳教释放就业人员，有党员、干部和职工。徐某龙曾经被判处5年徒刑，杨某生原是太原铁路局民警，曾经被开除路籍。涉及郊区的涉案区、社队干部中，普遍存在"只要为集体，怎干怎有理"的错误思想，有的同犯罪分子勾结在一起同流合污，有的受小恩小惠上当受骗，有的甚至被拖下水，有的为拉关系，放弃原则，明拿暗偷，行贿受贿，投机倒把，走私贩私，如社队局行政科科长、共产党员郝某杰即是反面典型，有的竟出卖账户提供资金，不计后果，从中谋利。三是巧立名目伪造单据，订立攻守同盟，掩盖事实真相，包庇犯罪。窑沟大队就是一个典型例子，杨某生1981年7月用窑沟村的账户，收购和盗卖矿石。其中贪污的巨款，在杨某生授意下，由窑沟汇往昔阳，昔阳给杨某生提现金2700余元，分三次交给杨。1982年4月，在惩治经济犯罪活动运动中，杨担心败露，即通过窑沟村副业主任梁某用窑沟村三张收据，再通过村主任于胡某，让采购王某海承担收杨贵生1711.7元的证人，并安排出纳下了一笔空头账，于胡宽又让副业主任梁某伪造借款条，让梁某承担1711.7的责任，杨某生同于胡某、梁某、王某海订立攻守同盟，从账面或单据上看，似乎比较完整的，但经过该院办案干警认真查证和反复宣讲中央政策，于胡某等人彻底交代订立攻守同盟的全部事实，案件最终真相大白。但本次惩治经济犯罪活动中，确有一些单位和个人犯包庇罪，有的单位不接待办案人员，不准查账，不给饭吃，阻止有关人员接受询问，不介绍情况，不写证明材料，或写伪造陷害他人。甚至出现殴打、谩骂办案检察干警的行为。四是经济管理不严，制度不健全，账户混乱，给犯罪分子以可乘之机，内部人员也浑水摸鱼，有内部监守自盗的，也有内外相互勾结起来共同作案的等。

1983年，继续把惩治经济犯罪活动当作重要任务，同各种经济犯罪分子展开坚决斗争。全年自行立案侦查4件、4人；向人民法院提起公诉2件、4人（含上年立案侦查的案件）。免诉1件、1人，年底前仍在侦查的案件2件、2人；撤销1件、1人。其中：万元以上的经济案件1件；千元以上的经济1件；5000元以上的经济案件1件；追回赃款11819.96元；另有11000余元，结案后一并追回。在查处经济犯罪案件中，该院严格区分罪与非罪的界限，认真贯彻"坦白从宽、抗拒从严"的政策，注重"打防"并举，多次召开群众大会，依法惩治经济犯罪，如公开宣布了对白泉公社段家庄大队出纳郭某兰贪污公款1000余元作出的免诉决定。

1984年，紧紧围绕中共这一时期的总任务、总目标，坚决贯彻执行全国人大常委会《关于严厉打击经济犯罪分子的破坏活动的决定》，重点是结合阳泉郊区地处煤炭之乡，犯罪分子的破坏活动较为猖獗这一实际，加强对经济检察工作的领导。全年办结经济检察案件3件，其中，本年度立案侦查贪污犯罪1件、1人；起诉上年度余案2件、2人。三案中提起公诉的1件、1人，免于起诉的2件、2人，免诉案件追回赃款赃物折款计2397元，通过对3省11市、县、区30多个单位，100余人次的侦查取证，于2月26日侦结阳泉市汽运二公司刘锁贵贪污、受贿一案，并起诉至郊区人民法院。对郊区野沟煤矿供销股股长李某余贪污案、河底镇任家裕信用社任某贵挪用公款案进行查处。在查处的一起预谋私分集体款项的案件中，为集体追回经济损失35000余元。对提起公诉涉及经济问题的1件、1人，虽经郊区法院判决，犯罪嫌疑人被免予刑事处分，但该院依法提出抗诉。

此外，本年度，阳泉郊区检察院配合有关部门对两起涉及经济问题的案件进行调查，其中一案涉及金额达17500多元，采取冻结其银行存款的措施予以保全。

1986年2月28日，阳泉郊区检察院制定出台《打击经济犯罪活动实施方案》，以邓小平1月17日在中央政治局会议上的讲话精神为指导，认真贯彻山西省委和阳泉市委关于惩治严重经济犯罪活动的指示和部署，采取“抓系统、系统抓”和专门机关与群众路线相结合的方法，广泛调查案件线索，重点查处大案要案，以促进全区党风和社会风气根本好转，保卫经济体制改革和经济建设顺利进行。一是先后召开党组会、院长办公会和全体干警动员会，深入地传达贯彻、学习领会邓小平讲话精神和省、市委关于惩治经济犯罪活动的指示和部署，以提高检察干警的思想认识。二是从人力、物力、精力上，保障惩治经济犯罪的需要。人力上，从法纪检察、刑事检察、控告申诉、办公室抽调6人和2名待分配干警，充实到经济检察队伍，使经济检察人员由原来的5人，增加到13人。物力上，从车辆使用到办案经费，首先保证经济检察需要。精力上，要求从检察长到每位干警，都要把精力集中在办理经济案件上，全力以赴突破经济犯罪案件。三是加快正在办理的旧街乡姚某政诈骗、贪污案和云香饭店赵某贪污案，以及初步掌握线索的四个经济案件侦办、起诉步伐，为从重从快惩治经济犯罪打开局面。四是注重克服孤立办案倾向，积极向党委请示汇报，取得党委支持，并紧紧依靠纪检、“打办”、工商、审计、税务等部门和发案单位，主动配合，协同办案，加快办案速度。五是充分发挥检察职能，坚决排除各种阻力干扰，对阻挠、干扰或破坏查办经济案件，严重影响办案质量与进度的人或领导干部，更要秉公执法，追究其刑事责任。六是加强调查研究，广泛开辟案源，切实纠正经济犯罪案件中“以罚代刑”，以党纪、政纪处分代替法律处埋的倾向。

1986年，受理各类型经济案件52件、60人。其中，阳泉市检察院交办案件12件，郊区打击经济领域犯罪活动办公室移送5件，该院受理35件。经依法调查后，立案侦查11件、16人，其中，向区法院提起公诉的3件、4人，作出免予起诉决定的6件、6人，不起诉的2件、3人，交有关单位作其他处理的37件、41人，挽回经济损失118866.79元。

是年7月15日，山西省公、检、法、司下发《关于严厉惩治经济犯罪、敦促经济犯罪人员投案自首的联合通告》，经过广泛宣传发动，先后有40名各类经济违法犯罪人员向政法有关部门投案自首，交代其犯罪事实，郊区检察院依法作出从宽处理决定。

1987年，进一步强化经济检察工作，受理经济案件10件，其中，立案侦查6件，决定不立案4件；侦查终结后，起诉2件、2人；免予起诉2件、2人；至是年年底仍在侦查的1件、2人；撤销1件、1人；在办案中建立起12个经济案件联系点，对有关单位提出检察建议40余条，追回赃款（赃物）67000元，追回拖欠款项135000元。

1988年8月13日，为进一步适应改革和全面开放的新形势，加强检察机关与人民群众联系，根据山西省人民检察院关于“各级人民检察院设立经济、法纪罪案举报机构”的指示精神，阳泉郊区检察院制定《关于设立经济、法纪案件举报机构的实施方案》，及时发现和严惩经济、法纪犯罪活动，促使国家机关及其工作人员保持廉洁。举报站的主要任务：一是受理公民对检察机关管辖的刑事犯罪案件的控告和检举。二是接受犯罪分子投案自首。三是接受人民群众和各企业、各单位对贪污案、贿赂案、国家工作人员挪用公款案、非法所得案、偷税、抗税案、假冒商标案、玩忽职守案、非法拘禁案、刑讯逼供案、诬告陷害案、报复陷害案，以及泄露国家重要机密等刑事案件的举报。为此，阳泉郊区检察院专门责成一名副检察长（史宝珠）负责举报接受、处置事宜，设立一部专用电话供群众电话举报，同时接受信函举报和当面举报，对于举报核实有功者，将根据案情大小给予一定的精神和物质奖励。此外，该院在各乡镇和企业、厂矿，聘请兼职检察联络员，在有条件的乡镇设立检察室，作为检察机关的派出机构和派出人员，加强与人民群众的联系。

是年，根据阳泉市郊区第十一届人民代表大会第三次会议关于“检察院要在坚决严厉惩治严重刑事犯罪活动的同时，抓紧惩治严重经济犯罪活动”的要求，该院把惩治经济犯罪活动作为检察工作的重要任务，针对查处经济案件取证难、阻力大、影响广等特点，明确提出办理经济案件要坚持“抓准、抓细、抓实”。抓准，即在调查的基础上，把犯罪比较明显的，问题比较严重的线索作为突破口，查一案成一案；抓细，即认真收集和审查证据，以严密的证据逻辑证实犯罪；抓实，即抓住主要犯罪事实，以防在细枝末节上纠缠而影响主罪的认定。同时，主动邀请审计部门，对群众举报或查处案件中发现的财务制度混乱，账目不清的单位进行司法审计，扩大案件来源，为抓准抓实案件证据提供可靠依据。全年共受理各类经济案件24件、30人，查处14件、16人，其中，立案侦查5件、9人；提起公诉1件、1人，免予起诉4件、8人；追缴赃款（赃物）价值8.6万余元，追回涉案拖欠款49万元，为国家、集体挽回经济损失近60万元。

1989年，阳泉郊区检察院认真贯彻执行中共中央加强廉政建设，坚决惩治腐败的指示，按照上级检察院的部署，把反贪污、贿赂斗争列为惩治经济犯罪的重点工作，全年受理各类经济犯罪案件49件、53人，受案数比1988年增加157.8%，其中，贪污受贿案件37件，占受理总数的75.5%。立案查处14件、19人，占受理总数的28.4%，立案数比1988年增加180%，立案人数增加55.6%。立案查处贪污案件12

件、18人，占立案数的85.7%。其中，万元以上的重大贪污案件4件，占立案总数的28.5%，已结案11件、11人，结案率为78.5%。其中，移送起诉4件、4人，免诉5件、5人，撤案2件、2人。全年共追回赃款15.1万元，为国家集体挽回经济损失73.3万元。

在反贪肃贿斗争中，该院一是注意选择查案突破口，针对财务管理制度混乱，群众反映强烈的杨家庄乡南村轧钢厂和区属千亩坪黏土厂及阳泉市第一钢铁厂，从举报线索和投案自首的线索入手，集中力量，立案查处6件、7人，对4件、5人根据情况作出相应的司法和党纪政纪处理，追回赃款132000余元。二是抓住有利时机，推动反贪肃贿斗争深入开展。最高人民法院和最高人民检察院《关于贪污、受贿、投机倒把等犯罪分子必须在限期内自首坦白的通告》（以下简称《通告》）发布后，该院在区委的领导和有关部门配合支持下，从8月15日至10月31日，集中人力物力，有针对性地认真落实《通告》，在全区掀起学习宣传、贯彻执行《通告》和惩治严重经济犯罪活动的高潮，群众举报经济犯罪的积极性明显提高，举报线索明显增多，从8月15日至10月31日，收到举报信函16件，8名犯罪分子投案自首，对其中的4人公开给予免诉处理，追缴赃款3.2万元。三是注意提高侦查和预审水平，依照案情发展，及时调整侦破方案，从薄弱环节入手，攻破整个案件。如在侦办杨家庄南村轧钢厂厂长李某宝等人贪污案中，根据群众举报和阳泉市第一钢铁厂供销科副科长刘某瑞等人的交代，及时调整侦破方案，查封有关账簿，同时从询问有关证人和调取物证入手，查清了该厂副厂长贾某宝、阳泉市第一钢铁厂采购员张某生、长治钢铁厂采购员宋某生等人内外勾结合伙贪污的犯罪事实。从而对李某宝形成强大政治攻势，促使其投案自首，坦白交代了贪污公款10000多元的犯罪事实。

1990年，阳泉郊区检察院继续贯彻执行中共中央和上级检察机关有关依法惩治经济犯罪的文件精神，围绕全区经济建设大局，持续开展反贪污、贿赂斗争，坚持一手抓惩治，一手促稳定，紧紧依靠广大人民群众，查处一批经济违法犯罪案件。全年受理各类经济犯罪案件27件，调查20件，其中，有5件经调查不构成犯罪，不予立案。有15件经调查构成犯罪，予以立案侦查，现已办结10件（其中，移送起诉3件、移送免诉7件）。通过办案，追缴赃款、赃物折合人民币5.6万元，为国家集体挽回经济损失12.5万元。

是年，该院在反贪污贿赂斗争中，一是克服就案办案、单纯办案倾向，注重提高办案效率，按照“一要坚决、二要慎重、务求搞准”原则，把稳定大局、保障和促进经济发展，作为查处经济犯罪案件的根本出发点，对侵吞国家、集体财产、破坏经济建设的犯罪分子坚决依法惩治，对举报或反映基层领导干部违法犯罪的案件，注意严格掌握政策界限，查明事实，依法保护被错告或诬告的基层领导干部。二是注重挖“窝”抓“串”，深挖犯罪，在查办东村乡办煤矿原矿长周某成重大贪污案件时，发现该矿财产管理制度混乱，矿领导随意处分集体财产经常发生，造成大量集体财产流失于个人，顺藤摸瓜，查出两名副矿长以3000元的价格，变卖两辆属于该矿集体财产的三辆摩托车，并将赃款据为己有，构成贪污罪，依法追究了二被告的刑事责任，追缴了全部赃款，同时查办了另一名副矿长贪污煤矿录音机、坑木等财物的犯罪案件。通过对周某成贪污12000余元公款犯罪案件的侦办，查办了长期危害东村乡集体经济的4名违法犯罪分子，追回赃款赃物及部分涉案款物共12万元，为保障东村乡经济的健康发展清除了障碍，受到东村乡干部群众的普遍好评，在全区工矿企业中引起震动，取得了良好的社会效果。三是严格依法区分罪与非罪的界限，坚持重证据、重调查研究，依法保护被举报人的合法权益。如接到群众举报查办李家庄乡下五渡村党支部书记和村主任，利用职权贪污受贿一案中，该院办案组先后三次到下五渡村进行调查，最后证实，该村两位主要负责人的"犯罪事实"，是举报人出于个人目的，恶意诬陷编造的假案，为此，该院向李家庄乡党委和政府通报了案件查处情况，并在下五渡村召开由村、支"两委"参加的座谈会，为两位村干部正名，鼓励他们放下包袱，轻装上阵，团结一致，为下五渡村繁荣稳定做贡献。并约见举报人，指出其举报失误的错误，要求他们从中吸取教训。即保护了村干部，解除了他们工作的后顾之忧，也稳定了该村局势，保证了该村经济的发展。

1991年，阳泉郊区检察院不断强化为经济建设服务的指导思想，始终把查处严重危害经济发展的贪污、贿赂犯罪和侵权、渎职犯罪案件放在突出位置，不断强化侦查意识，努力提高侦查技能，将反贪污、贿赂斗争和查处侵权、渎职犯罪工作引向深入。一是把快速反应作为侦查工作的首要环节，做到信息反馈快，线索排查快，初查出击快，询问取证快，及时查获有力证据，使犯罪分子无机可乘，在短时间内破获了一批经济、法纪罪案。二是多管齐下，广辟案源。是年，在举报线索数量较上年度减少的情况下，该院变过去"坐等办案的老做法"，为"多条腿走路""多渠道收集案源"的新思路，大力开展举报贪污贿赂等经济案件的宣传，充分发动群众举报，"挖窝抓串"，使一案变多案，同时精准捕捉信息，使"传言变案源"，有效遏制案源减少的不利局面，保证查处经济犯罪案件顺利进行。三是责任到人，包案到组，实行定人、定案、定时间、定质量的办案责任制，充分调动全体干警的工作积极性和主动性，杜绝推托敷衍、草率办案的不良风气，保证案件的数量和质量。四是善于指导，搞好协调，院党组不断加强对反贪污贿赂斗争和侵权、渎职案件查处工作的领导，及时对侦查工作进行协调，较大的经济犯罪案件由检察长亲自部署，具体侦查工作由分管检察长跟踪指导，做到"年有规划、月有安排、案有计划"，使侦查工作减少盲目性。五是注重积极引导，发现不正确的思想苗头，及时开展针对性思想工作，消除畏难厌战，盲目乐观情绪，及时表扬先进，激励后进，每办一案，均召集办案人员总结经验，探索规律，用以指导其他同类案件的侦办。六是加强经费、车辆等后勤保障，先后为经济检察科、法纪检察科固定了各自的办案用车。全年仅经济检察科即受理贪污、贿赂等各类经济犯罪案件18件，展开调查15件，立案侦查15件，比上年同期增加3件，案件增幅达20%。结案6件，其中，起诉2件、2人，免予起诉3件、3人，通过办案，追缴赃款赃物折合人民币3.3万余元。法纪检察科受理各类侵权、渎职犯罪案件40件，立案侦查19件，比上年度净增2件，增幅达12%。侦查终结后，起诉6件、2人，免予起诉5件、8人。

1992年，阳泉郊区检察院把惩治贪污贿赂犯罪列为惩治经济犯罪的第一位工作，一是坚决惩治各种危害经济建设的犯罪活动，改进侦查方法，维护正常的工作秩序，保护经济建设。在具体的侦办经济案件中，初查案件一般采取秘密调查的方法，防止在未查清事实和罪与非罪之间，引起不必要的思想混乱，影响有关单位职工情绪和正常工作秩序。如查办义井乡运管站站长颉某利受贿案中，该院采取便装侦查，不坐警车，坐公共汽车或徒步，不到发案单位吃饭，坚持整个侦查工作在绝对保密中进行，从而避免给发案单位造成影响，保证了该单位正常工作。二是进一步提高侦查意识，掌握侦查技能，提高办案水平。随着改革开放和经济的发展，经济犯罪分子越来越隐蔽狡猾，手段越来越巧妙，为此，该院拿接一份举报，均进行认真研究，并根据提供的线索，集思广益，群策群力，制订侦查计划和办案方案，之后分头行动，并根据侦查情况及时调整侦查方案，在掌握一定证据后，对依法达到立案标准的犯罪嫌疑人，及时立案；在传讯被告时，坚持用政策攻心，促使其老实交代认罪；在进一步取证时，坚持做好知情人的工作，以检举新的犯罪事实，扩大战果。三是抓住战机，快速行动，提高办案效率，特别是根据经济案件犯罪痕迹较好隐匿，且极易串供、毁灭证据、转移赃物等特点，在“快”字上做文章，接到举报或发现线索，即刻行动，全力以赴，查账询问、取证同时进行，取得较好侦查效果。如1月办理的东村乡红土岩村贪污案，该院干警数九寒天，往返百余里路程，查账、取证同时分头进行，奋战两昼夜，破获2起贪污案，及时把赃款、赃物随车带回，做到速战速决。

是年，该院相继侦破李某英贪污公款15万元，挪用公款4万余元和2起重大贪污案件和1件受贿案，查办7起偷税案件和3起挪用公款案件，使一批经济犯罪分子受到了法律的严厉制裁，保证了经济建设的顺利进行。全年受理各类经济犯罪案件28件，立案侦查17件。其中，贪污案6件，受贿案1件，偷税案7件，挪用公款案3件，办结17件（包括上年度遗留案5件）。为国家、集体挽回经济损失20余万元，收缴税款9万余元。

1993年，阳泉郊区检察院按照统一部署，把查办贪污贿赂等经济犯罪案件特别是大案要案作为反腐败的重要任务，摆在检察工作的首位，坚持不懈地惩治各种危害经济建设的犯罪活动。全年共受理各种经济犯罪案件31件，立案查处19件、21人。其中，贪污案7件、7人，偷税案6件、6人，抗税案2件、2人，挪用公款案4件、6人，逮捕案犯4人，结案10件、10人。向人民法院提起公诉2件、2人。决定免予起诉5件、5人，追缴赃款赃物价值人民币20万余元。通过办案为国家挽回经济损失31余万元。

是年，该院惩治经济犯罪工作有三个特点：一是立案侦查的贪污贿赂等经济犯罪案件与上年同期相比，上升近12%。二是立案侦查的贪污贿赂等重大经济犯罪案件有较大幅度的增加，全年共查处万元以上大案8件，与上年相比，上升60%；其中，重大贪污案件4件，与上年同期相比，增长了一倍；三是经济案件的成立明显提高，撤案率进一步下降，与上年度相比，撤案率下降42.4%；四是举报工作得到进一步加强，全年受理群众举报线索31件，占受理案件总数的100%，立案侦查的案件全部来自群众举报。

在惩治贪污贿赂等经济犯罪的斗争中，该院主要采取以下做法：

一是采取有力措施，确保经济案件的查处不“滑坡”。针对年初经济犯罪举报线索减少，该院党组及时向中共阳泉郊区区委进行汇报，郊区区委迅速召开全区反腐败斗争动员大会，号召全区人民积极检举经济犯罪分子，要求检察部门集中力量，查办起诉一批重大经济犯罪分子，掀起反腐败斗争的新高潮。在侦办西南舁乡青山铝矾土矿采购员高某平贪污案件时，即是由该院检察干警下班搭乘他人汽车回家途中，不失时机开展对惩治贪污贿赂犯罪的宣传，增强了该矿领导运用法律武器保护集体财产意识，举报了高某平的贪污犯罪活动，并通过内查外调，仅用3天时间，将该案破获，被告人高某平因贪污公款34000余元，被判处有期徒刑六年，受到了法律制裁。二是集中力量查办大案，加强反贪污贿赂斗争。为将反贪污贿赂斗争引向深入，该院党组及时组织干警，认真学习江泽民重要讲话和上级检察院有关指示精神，教育引导干警用党中央反腐败的指示精神统一思想，增强干警的使命感、责任感和紧迫感，并把多办案和办大案要案，作为衡量检察工作的主要标准，鼓舞干警斗志，为反贪污贿赂斗争的深入开展，奠定了坚实的思想基础。三是集中优势兵力打歼灭战。在查办白泉乡西落姑堰村原耐火厂厂长郗某贤一案时，针对该厂领导不力，管理混乱，账目不清、亏损严重的情况，郊区检察院聘请区审计部门协同作战，通过查账发现线索和疑点后，集中力量，抓住疑点和线索，一方面深入当地展开详细侦查，另一方面派检察干警分赴太原、长治、河北等地调查取证，通过深挖细查，抓获5名贪污犯罪分子，其中，贪污万元以上的重大案犯2名，使长期危害集体经济的犯罪分子受到法律制裁，保证该村经济健康发展。四是加强对大案要案查处工作的领导，检察长和分管经济检察的副检察长，对每一件重大线索都亲自研究，与经济检察科共同制定初查工作计划，亲自参与大案要案的查处工作，对重大问题的决策和大要案的查处，均须经过检察委员会集体研究，避免和减少失误，使经济案件的成案率明显提高，撤案率大幅度下降。进一步加强与纪检、监察、审计、工商、税务等部门的联系，互通情况，协调行动，保证惩治贪污、贿赂等经济犯罪斗争的顺利进行。

1994年，阳泉郊区检察院坚持以邓小平建设有中国特色的社会主义理论为指导，认真贯彻中共十四届三中、四中全会精神，围绕改革、发展、稳定三大任务，继续深入开展反贪污贿赂斗争，全年受理各类经济犯罪线索25件、27人，立案侦查13件、15人，其中，贪污案7件、7人，偷税案2件、3人，挪用公款案4件、5人。通过办案，追缴赃款赃物折价10万元，为国家、集体挽回经济损失28万余元，有力地促进了全区经济建设和廉政建设。

在开展反贪污贿赂斗争中，该院一是把多办案、办大案、办要案，作为衡量检察工作的主要标准，在人员少、案件多的情况下，努力提高侦查水平和办案效率，立案侦查13件，结案12件，并办结历年积压的贪污贿赂案件19件，结案数为历年来最多的一年。二是坚持把主要精力，放在查处经济犯罪大要案件和发生在重点部门的经济犯罪上，排除来自各个方面的干扰和阻力，依法查处各类案件，确保反贪污贿赂斗争进一步深入，全年共立案查处重大经济犯罪案件8件，占立案总数的61.5%；立案查处科级以上领导干部经济犯罪案件和党政机关工作人员经济犯罪案件各1件，实现零的突破。5月，接到群众揭发原白泉中学校长郭某唐经济犯罪的举报信后，由副检察长带队，抽调精兵强将，会同阳泉市及阳泉郊区纪检和审计部门，组成专案组开展侦查，在账外账被销毁，原始证据灭失严重的情况下，排除干扰和阻力，通过深挖细查，最终查清了郭某唐贪污的犯罪事实和证据，并将郭某唐依法逮捕，提起公诉。三是根据群众举报，查办两个村的村干部挪用公款的经济问题，并帮助这两个村建章立制，健全财务制度，堵塞漏洞，开展法制教育，制止了个别人寻衅闹事的不法活动，帮助一个村收回2万余元涉案款项。

1995年，阳泉郊区检察院坚持把查处贪污贿赂等经济犯罪案件放在检察工作的首位，进一步推动反腐败斗争，全年共受理各类经济犯罪案件46起，立案侦查15件、17人，其中，贪污6件、7人，挪用公款2件、2人。在反贪污贿赂斗争中，该院注重加强干警的侦查意识，集思广益，利用各种有效手段，获取和固定证据，并注重发现案中案，以扩大反贪污贿赂斗争战果。在办理潘某阳重大贪污案时，涉及外地取证的情况，且案情较为复杂，加之经费紧张，如派人前去取证，不但耗费财力，且可能贻误战机。鉴于此，分管检察长发动干警出主意、想办法，决定用电话录音的方式，向东北证人询问，迅速获取证人证言，不仅加快办案速度，节省人力、财力，而且“堵死”被告伙同证人串供的途径，有效地提高办案效率。在办理该案同时，该院特别注重以案带案，扩大战果，发现疑案，紧追不放，破获了原友谊煤矿会计李某生利用职务之便，侵吞公款4000元的贪污款。

1996年，阳泉郊区检察院坚持把反腐败查处贪污贿赂经济犯罪放在检察工作的首位，组织干警学习有关内容，不断提高对反腐败、查处贪污贿赂经济犯罪案件的重要性的认识，连续查获河底镇苇泊村煤矿、杨家庄供销社、开发区下五渡村、郊区煤检站等案件。4月，接到举报，河底镇苇泊村煤矿领导有重大经济问题的线索，该院当即研究制定侦查方案，分管检察长亲自带领干警分赴该村，克服重重困难，经过4天4夜调查侦查，一举查获原煤矿矿长郭某昌和原会计胡某清，自1989以来采取收入不记账，多次截留销煤款，合伙侵占16.8万余元的犯罪事实。全年受理各类经济举报案件线索46案52人，经审查，立案10案11人。其中，侵犯企业资金2案3人，挪用企业资金案2案2人，偷税6案6人。查处万元以上大案2件，追缴税款157万元，追缴赃款赃物价值36万余元，直接为国家挽回经济损失200余万元。与此同时，该院坚持办案与预防犯罪相结合的原则，根据办案中发现的问题，组织检察干警和发案单位管理人员，共同分析产生贪污贿赂犯罪的原因，有针对性地提出检察建议3份，帮助发案单位堵漏建制，加强法制宣传教育。如在办理郊区供销社黑土岩门市部负责人王某财挪用企业资金一案时，及时向该单位提出检察建议并帮助建章立制，追回外流资金5万余元，受到发案单位好评。

1997年，阳泉郊区检察院认真查办贪污贿赂大案要案，积极推动反腐败斗争。全年受理各类经济举报案件11件12人，立案侦查7案8人，并全部侦查终结。其中，贪污2案2人，受贿1案1人，挪用企业资金1案2人，侵占2案2人，偷税1案1人。追缴税款66.9万余元，为国家、集体挽回经济损失90余万元。

是年，该院一是把依法查办经济犯罪案件摆在各项检察工作首位，检察长及分管检察长不仅组织指挥、督促检查，而且带头办案，亲自查办有影响的大案要案。如，在办理辛兴乡芦湖村原乡党支部书记荆某基一案中，检察长和分管检察长亲自赴辛兴乡与乡党委联系，积极排除查办案件中的阻力，并亲自制定侦查计划，指挥办案，一举破获荆树某侵占公款15万余元的重大案件。为此，芦湖村委代表村民给向该院赠送“执法如山，为民除霸”的牌匾。二是加大侦查力度，提高办案效率，新年伊始，该院即集中精力、集中兵力、集中时间，破获三泉村硫铁矿矿长涉嫌侵占犯罪案、区人民医院收款员涉嫌贪污犯罪案件。同时为适应新《刑事诉讼法》要求，坚持“一要坚决、二要慎重，务必搞准”的原则，强化证据观念，加大初查力度，提高初查案件的成案率。如在查处王某银侵占企业资金案中，依法扩大初查范围，对每一条可疑线索进行彻查，最终将王某银侵占企业资金犯罪事实查清。三是加强协调配合，突出惩治重点。在办案中坚持做到抓好内部协调工作，对大要案件的查处，不在自身环节上贻误战机；抓外部协调配合，加强同纪检、审计、工商、税务等部门以及兄弟省、市、区检察机关联系，协同作战，积极推动反腐败斗争的深入开展。如在接到群众举报和山东省淄博市淄川区检察院移送的阳泉郊区土地局党支部书记程某三受贿案卷材料后，院领导及时研究并亲自安排部署，抽调人员到山东调查取证，固定证据，并及时传讯犯罪嫌疑人程某三，抓住犯罪嫌疑人多年担任领导职务又爱面子的心理，对其进行政策攻心，促使其交代了受贿1.5万元的全部犯罪事实，从立案、采取强制措施到结案，仅用7天时间即移送起诉。

侦办贪污贿赂等腐败案件，阳泉郊区检察院有五个新特点：一是领导重视，思路明确。二是案件初查起步早、速度快、成案率高。三是“三机关一部门”的案件有新的突破，依法查处郊区党政机关的1名正科级干部受贿案。四是查办大要案保持良好势头，万元以上大案占立案数的86%。五是侦办案件的种类上突破上年单一侵占案件，贪污贿赂案件受到依法惩治。

1998年，阳泉郊区检察院依法查处贪污贿赂、挪用公款等经济犯罪案件，促进反腐败斗争深入开展。全年受理各类经济举报案件23件、23人，其中，立案侦查3件、3人，不予立案4件、4人，因改变管辖移送公安机关1件、1人。立案侦查的3件、3人，均为挪用公款，全部侦查终结，移送人民法院起诉，为国家和集体挽回经济损失13万余元。在查处阳泉市酒厂白酒分厂销售员张某富挪用公款案件中，面对庞大复杂的证据链条，检察人员先后到和顺、昔阳、平定等六个县区调查，取证80人次，书面证词和证人证言600余份，经多次反复向证人调查了解，最后固定证据，使张某富涉嫌挪用公款案件得以顺利侦破。此外，该院坚持标本兼治，服务经济建设的原则，对办理经济案件中发现的问题，及时分析犯罪成因，开展法制宣传教育，全年有针对性地向发案单位发出检察建议4份，口头建议40余次，帮助发案单位堵漏建制，收到明显的社会效果。

1999年，阳泉郊区检察院进一步加大查办贪污贿赂、渎职等职务犯罪的工作力度，大力推进反腐败斗争深入开展。共受理各类经济犯罪案件举报案件18件、20人。其中，贪污案11件、13人，受贿案3件、3人，挪用公款案4件、4人。受理后初查13件、13人。经审查，决定立案侦查4件、4人，不立案5件、5人。其余4件、4人为未结案件。同时受理举报案件11件、14人，初查10件、13人，查结8件、10人，未结案件2件、3人，为国家和集体挽回经济损失34万元。

是年，该院惩治职务犯罪的重点，是查处国家工作人员贪污贿赂和渎职犯罪，一是健全机构，理顺体制。年初，即成立反贪污贿赂局，专职从事查处贪污贿赂犯罪，并根据工作需要，组建3个职能科室，工作人员由原来的6人增加至8人，实现反贪污贿赂工作机制正规化，反贪队伍专业化。二是健全反贪污贿赂办案制度，规范办案程序。以执法责任制、侦查工作制度规程为核心，强化依法办案观念，强化依法侦查意识，规范办案程序，把执法责任制的具体要求，纳入案件的受理、初查、立案、结案以及调查取证等各个环节，确保公正执法、依法办案。三是合理调度，统一指挥。该院以服从服务于全区经济建设为出发点和落脚点，以反贪污贿赂局成立为契机，以优化组合形成的查处职务犯罪队伍为骨干，坚持数量与质量并重，质量为本，在确保案件质量的前提下，狠抓办案数量，并车辆调度、经费保障、检察干警配置等方面，优先保障反贪污贿赂案件的侦办，全年反贪污贿赂案件初查率为72.2%，结案率为

69.2%，法纪案件初查率为90.9%，结案率为80%。四是继续坚持“一要坚决，二要慎重，务必搞准”原则，对贪污贿赂案件仔细审查，不留死角，扩大线索，深挖罪犯，如在初查义井镇王家峪村财务时，发现与该村有企业往来的义井镇电费站原站长石某岐（史某琪）有贪污公款之嫌疑。办案人员经过进一步调查取证，查清了史某琪以采取编造假工资表手段与对方单位结算，从中贪污公款7700元的犯罪事实，即对其立案侦查。五是打防并举、标本兼治，服务全区经济建设。在加大查处职务犯罪案件力度的同时，该院认真研究治理腐败和职务犯罪的有效途径，把开展预防职务犯罪与检察工作实际结合起来，标本兼治，综合治理，办案在哪里，法制宣传就开展到哪里，适时为发案单位举办法制讲座，解答法律咨询，向发案单位提出检察建议，帮助有关单位和部门整章建制，防微杜渐，预防和减少犯罪，全年通过办案向有关单位发书面检察建议5份，口头建议15次。

2000年，阳泉郊区检察院受理各类经济犯罪举报案件13件、14人，其中，贪污案件8件、8人，受贿案件2件、2人，挪用公款案件3件、4人，受理案件和人数比上年度分别下降28%和30%。受理后初查14件、15人（包括1件自行发现的案件），占受理数的107.1%，占全年考核指标数的93.3%。初查后，立案侦查4件、8人，不予立案12件、12人（含上年度积存3件、3人），正在初查的有2件、2人。结案率为85.7%。占初查案件数的85%，受理渎职侵权案件6件，初查6件，初查后立案侦查民事枉法裁判案1件、1人，其余案件均不构成犯罪，全部审查终结，初查率和结案率均为100%。通过办案为国家和集体挽回经济损失20余万元。

是年，《刑事诉讼法》重新修订及全国人民代表大会常务委员会对《刑法》第93条第二款作出立法解释后，检察机关自侦部门受案范围相对缩小，面对案源渠道窄，案件数量相对减少的局面，改坐等办案为主动出击，深入基层，深入实际调查研究，通过走访乡村、机关企业等单位，以及筛选以往举报线索的方法，多方面寻找新的案源，与此同时，为贯彻落实最高人民检察院、公安部等十部门联合下发的《关于在查办渎职案件中加强协调配合建立案件移送制度的意见》精神，该院积极建立横向联系，与有关行政执法机关的纪检、监察部门加强协调配合，定期不定期的召开信息通报及座谈会，研究案件的查处工作，使案件移送制度得到有效落实。

2001年，阳泉郊区检察院把根除腐败，查办贪污贿赂、渎职侵权等职务犯罪案件，作为重要职责，受理贪污贿赂举报案件12件、13人。其中，贪污案件6件、6人，受贿案件2件、3人，挪用公款案件4件、4人，受理后初查13件、14人（含上年度结存两案），占受理数的108.3%，立案侦查5件、5人，占初查数的38.5%，立案案件移送起诉2件、2人，移送不起诉2件、2人，撤案1件、1人，初查案件不予立案10件、11人（含上年度结存2案）；受理渎职侵权案件7件，初查5件，立案侦查2件，移送有关部门2件，不立案1件。立案、侦查的案件全部移送审查起诉。通过办案自侦部门为国家和集体挽回经济损失 100 余万元。

在查办职务犯罪案件中，该院一是根据举报线索明显下滑的情况（反贪部门收到的举报信件只有 3 件，法纪部门只有 1 件），认真分析全区职务犯罪现状，加大举报宣传力度，由办公室、控申科牵头，会同有关部门抽调专人进行 2 次规模较大的举报宣传活动。二是将全区 8 个乡镇纪检、监察、审计、信访、行政执法等部门的领导和纪检书记，请到检察院召开举报宣传，提供线索座谈会共商对策。三是主动与区纪委监察、审计部门联系，搜集案件线索，深挖案中案，拓宽案件线索，反贪局仅自行发现的线索就有 5 件，占受理数的 41%，改变了只靠举报线索办案的被动局面，为案件查办创造了有利条件打下了扎实基础。在此基础上，该院采用集体行动，统一指挥，专人负责的方法，选准突破口，快速出击，加快办案节奏，并根据案件具体情况，采用相应侦查措施，查办大要案件，如在查处李某平贪污一案时，该院根据区煤炭运销公司举报线索，检察长亲自组织指挥，反贪局全体干警统一行动，当日受理，当日即迅速赶赴事发现场，在初步掌握犯罪嫌疑人的主要犯罪证据后，果断立案侦查，并连夜对犯罪嫌疑人李某平在霍树头村的住处进行搜查，查获了大量赃款，一举破获阳泉郊区近年来罕见的贪污 26 万余元公款的特大案件。

2002 年，阳泉郊区检察院查办职务犯罪取得新突破，反腐败斗争取得重大进展。全年受理贪污贿赂案件 16 件、16 人，其中，贪污案件 7 件、7 人，受贿案件 5 件、5 人，挪用公款案件 1 件、1 人，行贿案件 2 件、2 人，介绍贿赂案件 1 件、1 人。受理后初查 1 6 件、16 人，初查率占受理数的 100%，立案侦查 13 件、13 人，占初查数的 81.25%，大要案数占立案数的 84.62%，立查 13 件案件中，正处级 1 人，副处级 1 人，正科级 4 人，副科级 2 人，5 万元以上大案 3 件、3 人。分别为阳泉太湖耐火材料总厂原厂长谷某朋贪污案（正处）、中行副行长刘某受贿案（副处）、中行正科级稽核员李某祥受贿案、中行分险管理部主任曹某胜受贿案、原太湖耐火材料总厂特种耐火材料厂原厂长孙某国贪污案。阳泉建筑总公司筑炉公司经理陶某军介绍贿赂案，中行业务部副主任尹某珠受贿案，太湖耐火材料总厂技术科副科长赵某盛贪污案。个体户王某华行贿案、福建南安忠诚石业公司山西代理人陈某约行贿案。立案侦查的 13 件案件全部终结，其中，移送公诉部门 11 件、11 人，移送市检察院 1 件、1 人，移送相对不起诉 1 件、1 人（2002 年年底前，有 6 件、6 人被一审法院作出有罪判决），通过办案为国家和集体挽回直接经济损失 150 余万元。同时还受理渎职侵权案件 2 件、3 人，初查 2 件、3 人，初查率为 100%，初查后立案侦查 2 件、3 人，占初查数的 100%，立案数与上年度持平，大案数占立案数的 50%。

是年，该院在反贪污贿赂斗争中，一是主动出击，深入基层调查研究，努力拓宽案件线索渠道，深入基层走访群众，掌握第一手案件线索，如阳泉太湖材料总厂集体腐败案，郊区国税局段某铭、郭某文玩忽职守案，郊区法院李某斌民事行政枉法裁判案等案件，均是干警通过搜集线索，调查研究发现办理的隐蔽性较强的经济犯罪案件。二是坚持上下“一盘棋”思路，深挖腐败小团体。该院紧紧依靠全市职务犯罪侦查指挥中心，充分发挥广大干警聪明才智，集体行动，统一指挥，侦破多起职务犯罪案件。在查阅阳泉太湖耐火材料总厂财务账目时，发现该厂私设小金库，乱支乱花140余万元，涉嫌重大合伙贪污，在市检察院统一协调指挥下，一举侦破太湖耐火材料总厂集体腐败窝案，立案查处11件副科级以上领导干部职务犯罪案件，取得查办职务犯罪“百日大会战”的重大收获，打出了检察机关的声势和威望，受到省、市领导的表扬和肯定。三是针对案件线索，快速出击、快速取证、快速固证、快速立案、快速起诉的严打方针策略，使一大批职务犯罪分子受到了法律的制裁。在立案侦查的13件、13人职务犯罪案件中，有11件、11人是在初步掌握有关犯罪证据后，在24小时内作出立案决定的，有6件、6人从立案侦查到侦查终结、移送起诉均不满一个月。

2003年1月，郊区检察院成功破获2起贪污犯罪案件，犯罪嫌疑人岳某成、朱某华被立案侦查。

2003年，阳泉郊区检察院继续贯彻执行“一要坚决，二要慎重，务必搞准”的原则，切实加大初查力度，所受理的贪污贿赂案件和渎职侵权案件，其初查率均达100%。

是年，该院进一步加强初查案件严格审批程序，对重大、疑难案件进行认真研究，在此基础上，依靠上级检察机关侦查指挥中心的作用和威力，充分利用与纪检委联合办案机制，迅速有效的突破案件关键环节，如办理郊区地税局税管人员涉嫌徇私舞弊不征、少征税款案和玩忽职守案时，阳泉市检察院职务犯罪侦查指挥中心大力支持，积极协助，排除干扰，迅速查清了案件事实，为国家和集体挽回经济损失230余万元。初查阳泉市教委前任个别领导与区教委前任个别领导涉嫌贪占专项建设资金为自己购买住房的案件，由于涉及两名县级干部和三名科级干部，查处难度较大，在中共阳泉市纪委和阳泉市检察院协调下，连续奋战7昼夜，将高某、赵某等5名领导干部占用郊区40万元专项教工住房补助资金和占用阳泉市教委7.1万元资金案件查清，并移送至中共阳泉市纪委，5人均受到党纪、政纪处分。12月10日，郊区检察院根据举报，对大阳泉营业站站长武某军涉嫌挪用公款进行初查，为进一步查清犯罪嫌疑人武某军挪用公款的犯罪事实，郊区检察院成立专案组对其进行立案侦查。

2004年，阳泉郊区检察院按照上级检察机关“保证数量，提高质量，狠抓有影响大案要案”的总体要求，全面落实上级检察机关对贪污贿赂案件提出的“立得准、诉得出、判得了”要求，认真履行检察职能，积极查办各类职务犯罪案件，共受理贪污贿赂案件10件、11人，受理后初查10件、11人，初查率为100%。初查后，不予立案5件、6人；立案侦查5件、5人。其中，司法行政机关干部1件，医疗系统干部案件2件。立案案件5万元以上大案1件，大案、要案和“三机关一部门”案件分别为40%和60%。立案案件有4件、4人，被一审法院作出有罪判决，有罪判决率达100%。有1件、1人继续侦查；结案率为80%，移送起诉率80%，无撤案、错案、超期羁押，无发生任何办案安全事故。受理渎职侵权案件2件，初查2件，初查率为100%，初查后立案侦查2件，立案数与去年持平，两案均侦查终结，张某新案移送审查起诉。

是年，该院查办职务犯罪工作呈三个特点：

一是转变执法思想，创新办案思路，增强执法效果。郊区检察院牢固树立为发展这一执政兴国的第一要务服务的观念，克服和破除单纯办案，为办案而办案的思想，自觉地把查办职务犯罪工作纳入全党工作大局和反腐败工作大局。年初即制定《关于创优发展环境，服务经济建设的十八条措施（意见）》，查办案件严格依照法律规定，紧紧围绕小康建设目标，认真对待和解决经济体制改革出现的新情况、新问题，正确区分和把握罪与非罪的界限，依法保护各方来郊区依法投资办厂、办企业、提供技术服务，进行知识投资的高科技人员的合法权益，保障企业改制和其他经济活动的顺利进行。二是认真开展专项治理，切实加大初查力度，严把案件质量关。深入开展严肃查办国家机关工作人员利用职权侵犯人权犯罪和贪污贿赂犯罪专项活动。受理案件的初查率均达100%，对初查案件严格审批程序，对重大、疑难案件加强研究和请示汇报，紧紧依靠上级检察机关侦查指挥中心的作用和威力，充分利用好与纪检委联合办案的有利条件，迅速有效地突破案件，如在办理郊区河底卫生院原院长王某声贪污案、郊区卫生局原局长任某民受贿案、市劳教所干警武某寿受贿案等，在有关部门的配合下均在2日内侦破。三是注重治本，多方位开展职务犯罪预防工作。牢固树立为党和政府工作大局服务的指导思想，坚持一手抓办案，一手抓预防，积极寻找检察工作服务经济建设的最佳结合点，切实为全区的改革开放和经济发展提供良好的法制环境。

2005年，阳泉郊区检察院依法查办和预防职务犯罪，深入推进反腐败斗争，全年共受理各类举报线索10件，初查10件，初查率为100%。初查后，不予立案6件，立案侦查4件、4人。其中贪污贿赂案件3件、3人，渎职侵权案件1件、1人，批捕在逃职务犯罪嫌疑人2名（提起公诉后二犯均被判处有期徒刑）。9月，郊区检察院受上级指定管辖，查办盂县安监局韩某受贿一案，经缜密侦查，连带破获一起特大行贿案，韩某受贿案中，一名犯罪嫌疑人赵玉忠被依法逮捕。全年通过办案为国家和集体挽回经济损失300余万元。同年10月，原郊区交通征费稽查所孔某海受贿一案，由郊区检察院立案侦查，犯罪嫌疑人孔某海被采取强制措施。

2006年6月，阳泉郊区检察院利用互联网快捷方便的优势，协调网络管理部门，开通了互联网举报平台。实现在网上举报有关职务犯罪线索或咨询有关法律问题，检察机关也可以向举报人反馈相关信息。网上举报，保密性强，工作效率高，方便快捷。是年，受理贪污贿赂案件8件，立案处理6件、6人。9月2日，郊区检察院反贪局经过缜密侦查，立案侦查一起向法官行贿案。9月，阳泉狮头特种水泥有限公司经理助理张某利用职务之便，挪用公款，给企业造成重大经济损失被立案侦查。11月，段某孩涉嫌行贿被检察机关立案侦查后，经检察官的耐心教育、疏导，思想上发生了转变，不但认识到自己的犯罪行为，还主动向检察机关，检举他人的犯罪事实，经查证检举揭发事实，可认定有立功表现。同月，阳泉郊区法官靳某阳在执法过程中涉嫌贪污、受贿、枉法裁判犯罪，该案由阳泉市人民检察院指定郊区检察院侦查终结，并移送审查起诉。

2007年，阳泉郊区检察院继续按照查办职务犯罪“稳定数量，提高质量，狠抓大要案”的总体要求，在提高办案质量上下功夫。共受理贪污贿赂举报线索7件，初查7件，初查率100%。初查后，立案侦查6件、6人，不予立案1件、1人，所立案件全部为大要案件和“三机关一部门案件”。立查渎职案件4件、4人，其中，要案2件、2人，重大案件2件、2人，初查率、结案率、移送起诉率均为100%。通过办案，为国家、集体挽回直接经济损失587余万元。

是年，为把案件查办工作提高到一个新水平，该院开展反贪办案“百日大会战”、治理商业贿赂犯罪案件专项行动和反渎职侵权宣传月专项行动。在查办案件过程中，紧紧依靠党委和上级部门，把握正确的侦查方向，力排干扰因素，加强院内各部门协作，实现优势互补，增强查办合力，发挥整体效果，加快办案节奏。同时强化激励机制，严格执行办案程序，层层落实岗位职责，严把案件质量关，提高办案效率和办案质量。立案侦查的案件全部移送起诉，有7件、7人被法院作出有罪判决。对重点案件专案专办、责任到人，确保办案进度和办案质量。7月12日，根据群众举报，郊区检察院对阳泉市第一监狱机修厂个别人员涉嫌经济犯罪进行初查，对司法警察胡某玲涉嫌贪污犯罪立案侦查，胡某玲被刑事拘留。9月20日，同案嫌疑人阳泉第一监狱司法警察刘治国，因贪污公款涉嫌贪污犯罪被取保候审，立案侦查。12月27日，阳泉市郊区检察院人民监督员针对桃坡村村委会主任王某金涉嫌索贿受贿不服逮捕的情况，对其进行监督审查。通过审查，人民监督员经过表决，同意检察机关对嫌疑人的逮捕决定。

2008年，阳泉郊区检察院认真贯彻中共十七大关于加强反腐倡廉建设的新要求和郊区区委反腐败工作的总体部署，以推进反腐倡廉建设为目标，依法查办和预防职务犯罪，进一步加大查办和预防职务犯罪工作力度。全年受理职务犯罪线索11件、12人，初查11件、12人，立案11件、12人（其中，贪污贿赂犯罪案件6件、7人，渎职侵权犯罪案件5件、5人），所办案件均为大要案件，初查率和立案率均为100%。通过办案为国家挽回经济损失3000余万元。

本年度，该院针对近年来职务犯罪案件举报线索下滑的状况，采取积极措施，开展多种形式的举报宣传活动，拓宽案件线索来源渠道。一是按照山西省检察院“一个主攻方向，三个重点领域”的部署，结合社会热点，先后开展治理商业贿赂犯罪、危害社会主义新农村建设和煤炭领域反腐斗争等专项行动。二是组织干警认真学习贯彻修改后的《律师法》，努力改进办案方式方法，办案中严格执行办案程序，强化质量意识和工作责任，层层落实岗位职责，严把案件质量关，执法水平和办案质量有了新提高。所有职务犯罪案件均实行全程同步录音录像，有效地提高了证据的合法性、可靠性。三是充分发挥侦查一体化机制，集中骨干力量，增强办案合力，深挖案中案。在查办全区第一起村干部王某金受贿案和阳泉市涉案数额最大的潘某卫受贿和巨额财产来源不明2000余万元案时，分别挖出受贿和行贿两起案件。8月，郊区检察院对涉嫌受贿的犯罪嫌疑人潘某决定逮捕，潘某不服逮捕决定，要求重新审查。阳泉市人民检察院指定城区院四名人民监督员和郊区检察院五名人民监督员组成案件监督小组进行监督评议，在认真听取侦查监督部门办案干警的案情汇报后，经过投票表决，9名人民监督员一致同意，维持对潘某的逮捕决定。

同年3月21日，针对阳泉市玉泉中学食堂微机操作员兼收款员史某芝侵吞教职工和学生生活费共计9万元的行为，郊区检察院立案侦查，犯罪嫌疑人史某芝被刑事拘留。4月18日 根据某在押犯罪嫌疑人的举报线索，阳泉市自来水公司营业五所所长白某云有受贿嫌疑，郊区检察院反贪局仅用六天时间，就查清了白某云利用职务之便受贿10800元的事实，并及时移送公诉部门。该案的公诉审判结果对相关案件的定性处理具有示范意义。8月26日，郊区检察院决定对犯罪嫌疑人李某月涉嫌行贿立案侦查。8月份，联合查办一起司法系统工作人员，利用煤炭销售审批权，收受他人贿赂的案件。并对涉嫌受贿的郊区环保局局长赵某民、涉嫌共同受贿的山西省阳泉荫营煤矿销售科科长潘某卫，和山西省阳泉荫营煤矿原干警张某福（潘某卫妻）立案侦查。是年9月，针对犯罪嫌疑人郑某刚在职期间，非法侵吞金额高达100余万元的行为，郊区检察院依法快审快捕，对郑某刚作出批捕决定，确保案件侦查活动的顺利进行。10月10日，郊区检察院举行第三次交叉监督评议会议，对涉嫌行贿的犯罪嫌疑人李某不服逮捕一案进行监督评议，盂县四名人民监督员与郊区检察院四名人民监督员听取案情汇报后，一致同意维持对李某的逮捕决定。10月，郊区检察院反贪局干警加班加点，仅用一个月时间，将“7·18”行贿案件顺利侦破，并移送审查起诉。李某月行贿案的查办，有力地震慑了煤焦领域不法经营者，维护了煤炭市场的正常供销秩序。12月4日，郊区检察院对犯罪嫌疑人霍某金涉嫌贪污立案侦查，5日，对霍某金采取拘留的强制措施。12月，立案侦查一起税务干部受贿案，对阳泉市郊区国税局河底税务所副所长李某涉嫌滥用职权罪立案侦查。

是年，阳泉郊区检察院认真贯彻中共中央《建立健全惩治和预防腐败体系2008—2012年工作规划》，努力从源头上遏制和预防职务犯罪的发生，将职务犯罪预防纳入反腐败工作总体格局。一是成立职务犯罪预防科，制定《郊区人民检察院预防职务犯罪工作实施细则》，建立由各职能部门组成的预防犯罪工作协调机制。二是大力开展预防犯罪的教育和宣传，认真贯彻预防职务犯罪联席会议制度，先后为金融、煤运、税务等部门进行预防职务犯罪法制讲话6次，向有关单位发放《山西省预防职务犯罪工作条例手册》150本，使全区预防职务犯罪工作步入法制化轨道。三是加强与有关单位协调联系，新增预防职务犯罪联络点3个，使预防职务犯罪联络点达到48个，形成涵盖行政执法、大型国有企业以及8个乡镇的预防职务犯罪网络体系，预防职务犯罪工作取得了明显成效。

2009年，阳泉郊区检察院反贪部门变被动地依赖举报线索，为主动地发现案件线索，积极拓宽案源，提高成案率。一是强化干警深挖线索的意识和能力，从资金起落、作案手段等角度获取线索；二是成立案件初查小组，深入相关单位寻找线索，特别是对涉农专项资金进行摸排；三是认真分析本院科室提供的线索，对符合立案标准的及时提请初查、立案。同年3月，郊区院在市检察院侦查指挥中心的指挥配合下，查获一起医务工作人员涉嫌贪污的案件。4月，该院干警从社会渠道获悉，郊区人寿保险公司1名会计，将50余万元保费私自借给他人的消息后，立即派员核实，一举查获2名业务员挪用公款的犯罪事实。同年9月4日，郊区检察院反贪局根据群众举报，对原南煤机械制造有限公司总经理申建巍涉嫌挪用公款展开初查，在检察长亲自指挥下，全局干警齐心协力，侦查监督科提前介入，在12小时内成功告破该案，同日，郊区院决定正式立案。6月，郊区院对保险公司工作人员黄某周涉嫌挪用公款案，蔡某珍涉嫌挪用公款、贪污案分别立案侦查。同年12月，经阳泉市人民检察院指定管辖，郊区院立案侦查一起国企副经理贪污案。

2009年，阳泉郊区检察院根据全省检察机关惩治职务犯罪统一部署，继续坚持“一个主攻方向，三个重点领域”的工作思路，坚持打防并重并举，扎实推进反腐倡廉建设。一是以查办大要案为重点，突出查办重点领域职务犯罪、专项资金犯罪和人民群众反映强烈的职务犯罪案件，全年立案查处职务犯罪案件9件、9人，其中，贪污贿赂类案件6件、6人，渎职侵权类案件3件、3人。查办大要案件7件、7人，占立案侦查案件的77.77%。二是按照“初查精确、立案准确、结案正确”的办案要求，查办职务犯罪部署早、动手快，其中，仅用4天时间，即立案侦查完毕郊区煤矿设备供应公司原经理霍宝全贪污案和郊区国税局河底税务所原所长赵某良受贿案，12小时侦破南煤机械制造有限公司原总经理申巍挪用公款案。三是充分认识职务犯罪的主体是国家工作人员，查处这类案件面临的干扰多、阻力大、处理难的现实，大力提高秉公办案能力，反贪反渎部门坚持在经营线索和强化侦查谋略上下功夫，练听力，走出机关捕捉线索；修内力，注意在已有线索中挖掘案中案。借外力，依托上级优势形成惩治合力。四是查办职务犯罪工作中，该院紧紧依靠上级党委和检察机关的正确领导，增强办案合力，同时认真坚持重大事项及时向人大请示报告制度，争取人大支持，实现成案率100%的目标。

2010年，阳泉郊区检察院以加强反腐倡廉建设为中心，按照上级检察机关“积极办案、坚决办案、办好案件”的要求，认真查办职务犯罪案件，全年立案侦查职务犯罪案件10件、10人，同比增长11%，其中，贪污贿赂类案件8件、8人，渎职侵权类案件2件、2人，所办案件均为阳泉市有影响的大要案件，至年底，全部提起公诉，一审法院作出有罪判决8件8人。在查办职务犯罪过程中，坚持依法独立办案的原则，依托侦查一体化机制，整合办案资源，强化侦查谋略，同时加强部门之间以及与纪检监察机关的协调配合，确保了查办职务犯罪工作的顺利进行。在所查办的贪污贿赂案件中，有一半以上案件线索来源于纪检监察机关移送。2起职务犯罪线索由该院自行侦监和预防机构，向反贪、反渎部门移送，均立案查处，4月8日，郊区院预防部门在进行预防调查中发现，郊区荫营镇坪上村党总支副书记赵某军，有利用职权非法获取国家退耕还林补偿款的嫌疑，立即将该案移交反贪部门，立案侦查。4月19日，郊区荫营镇党委副书记（正科级）兼坪上村党总书记史某义，因贪污受贿被郊区院立案侦查。4月，郊区院还侦破一起涉农职务犯罪案件。同年11月27日，通过耐心细致的思想工作，1名行贿犯罪嫌疑人投案自首。

2011年，阳泉郊区检察院认真贯彻上级检察机关和区委关于加强新形势下，反腐倡廉建设的决策部署，加大查办职务犯罪工作力度，更加重视预防工作，努力从源头上遏制和减少职务犯罪。全年查办贪污贿赂类案件8件、8人，渎职侵权案件2件、5人，全部侦查终结并移送起诉，一审均作出有罪判决。二是按照上级检察机关的安排部署，认真组织开展查办职务犯罪“百日大会战”行动，成立大会战领导组，各部门领导靠前指挥，牢牢掌握办案的主动权，提高对办案工作组织协调、快速突破的整体能力，强化办案质量和安全意识，侦、捕、诉各个环节密切配合，共同完善证据，形成办案合力，同时制定和完善办案安全防范制度和预案，以规范的执法行为保证办案安全。努力做到办案力度、质量、效果和安全的有机统一。三是查办职务犯罪工作中，紧紧依靠中共郊区区委和上级检察机关的正确领导，按照“系统抓、抓系统”工作方法，抓大案、挖窝案、查串案，共查办5万元以上大案3件、3人，科级干部6人，“三机关一部门”人员5人。连续挖出6起利用汽车以旧换新，贪污自家补贴款的案件。8月，郊区院对阳泉日报社广告部副主任，兼阳泉日报社所属漾宝文化传媒中心法人张某刚涉嫌贪污案立案侦查，在查办张某刚贪污案时，挖出1名正处级干部贪污受贿线索，郊区检察院及时向阳泉市检察院提供有价值的案件情报。同年10月，郊区院以涉嫌贪污罪，依法对山西煤炭运销集团阳泉郊区有限公司后勤服务中心主任赵某新依法立案侦查。是年，在对郊区工行ATM机被盗案深入调查取证的基础上，查办以阳泉市公安局二处经保科科长李某武为副组长的专家组4名专家滥用职权窝案。

2012年，阳泉郊区检察院认真学习贯彻中共十八大精神，根据标本兼治、综合治理、惩防并举、注重预防的方针，深入查办和预防职务犯罪，促进反腐倡廉建设，全年共立查职务犯罪案件7件、15人，立查人数同比上升15.38%，其中，贪污贿赂类案件5件、11人，渎职侵权类案件2件、4人，全部侦查终结，并提起公诉。在查办职务犯罪工作中，一是紧紧依靠中共阳泉郊区区委和阳泉市人民检察院的领导，抓大案、挖窝案、查串案，共立查5万元以上案件4件、9人，科级干部4人，查办大要案件占86.67%。二是按照最高人民检察院部署，开展集中查办涉农领域职务犯罪专项行动，查办5起贪污国家征地拆迁款案，引起社会强烈反响。三是进一步加强反渎职侵权工作，着力克服发现难、立案难、查证难、处理难的问题，突出查办危害安全生产重大责任事故和危害三农利益背后的渎职犯罪案件，不仅为国家和集体挽回重大经济损失，也依法促进国家机关工作人员正确履职。

是年4月，郊区检察院以涉嫌共同贪污罪，依法对犯罪嫌疑人胡某锁、张某林、赵某祥立案侦查。5月，该院立案查处一起村干部利用职权骗取国家征地拆迁补偿款的涉农案件。8月22日，该院反贪局立查一起村委会主任与拆迁组组长共同贪污征迁补偿款案。10月，郊区院以涉嫌受贿罪，对一起利用主管公路建设征迁职权，收受贿赂的涉农领域职务犯罪案件进行立案侦查。

2013年，阳泉郊区检察院以中共十八大精神为指导，按照中央对反腐工作“老虎、苍蝇一起打”要求，以领导机关和领导干部为重点，坚决查处腐败犯罪。立查贪污贿赂犯罪案件8件、12人，立案人数为历年新高，其中查办大要案件4件、6人，占立案案件的一半。立查的原阳泉市中级人民法院民三庭副庭长正县级审判员李华受贿案，成为阳泉市历年来查办的司法系统级别最高的职务犯罪案件。同时着力加强反渎职侵权工作。立查渎职侵权犯罪案件4件、4人，立案数同比增加50%，其中重特大案件3件、3人，占立案总数的75%，办案力度明显加大。努力提高侦查水平和办案质量，查办的职务犯罪全部被法院作出有罪判决。同年6月，郊区检察院立查一起法官涉嫌受贿案，该案由阳泉市人民检察院交办，犯罪嫌疑人、阳泉市中级人民法院离任庭长（副处级）李华被刑事拘留，同时侦查终结一起公安协警涉嫌滥用职权、受贿案件。7月份，郊区院立查一起三名村干部合伙贪污案。犯罪嫌疑人孙金元、李润川均为阳泉市郊区东南沟村村委会副主任，宋晓良为该村报账员。

2014年，阳泉郊区检察院继续深入贯彻落实中共十八大精神，把反腐肃贪引入深入。全年查办职务犯罪案件9件、15人，其中，贪污贿赂类案件6件、11人。并依托侦查一体化机制，办理指定管辖案件3件、4人，即平定县锁簧镇原党委书记张石明受贿案、矿区公安分局巡警大队教导员闫智军、副大队长张建立受贿案、山西维东建设项目管理有限公司会计郭凤萍贪污案。是年8月，阳泉市地税局稽查局稽查一科科长张建新涉嫌滥用职权罪和受贿罪，被郊区检察院立案侦查；9月，阳泉市劳教所民警武栓寿涉嫌受贿案，经阳泉郊区检察院反贪部门侦查终结，并向区人民法院提起公诉。

2015年，阳泉郊区检察院深入贯彻上级机关关于反腐败斗争的决策部署，坚持“老虎”“苍蝇”一起打，全年共立查各类职务犯罪案件9件、16人，其中贪污贿赂案件6件、13人，努力促进干部清正、政府清廉、政治清明。

是年，该院反贪工作克服双线作战、案多人少的困难，在大部分业务骨干被上级部门调走的情况下，查办贪污贿赂犯罪案件力度不减，查办案件犯罪嫌疑人比上年增加2人，同比增加18%。一是查办大要案效果突出，高度重视惩治民生领域贪腐行为，以发生在领导机关和领导干部中的职务犯罪为重点，集中查办一批大要案，查办涉案金额在100万元以上反贪案件4件，占立案总数的45%，查办案件大案数创历年新高。二是积极参与上级部门执法办案，协助中共山西省纪委、山西省检察院和阳泉市检察院，查处了山西省环保厅原厅长、山西省委巡视一组组长刘某东和山西国信投资集团有限公司原董事长、党委书记上官某清两名厅级干部贪污贿赂案件，成为阳泉郊区检察院建院以来，查办涉嫌贪污贿赂案件中犯罪嫌疑人级别最高、涉案金额最多、案件情节最为复杂的两起职务犯罪案件，为全院日后查办大要案件积累办案经验。三是不断提高办案能力，查办贿赂案件取得新突破，贿赂案件由于触及领域广、犯罪手段隐蔽性强，历来存在发现线索难、调查取证难等困难，在查办职务犯罪案件中所占比例很小，是年，该院积极拓宽案件线索来源渠道，共查办贿赂案件5件，占反贪污贿赂案件总数的83%，有力地惩治了“围猎干部”和为违法犯罪活动充当“保护伞”的行为。四是积极争取上级部门支持，紧紧依托侦查一体化机制，整合各种优势资源，努力完成上级交办任务，全年办理市院交办案件6件、7人，占查办职务犯罪案件总数的66.7%。交办案件的犯罪发生地大多在异地，通过异地办案，开阔了侦查视野，拓宽了办案思路，进一步锻炼了队伍，提高了办案水平。五是加强案件线索管理，建立线索分类评估制度和举报线索归口管理机制，特别是根据线索的特点和轻重缓急筛选具有成案价值的线索，提高案件查处成功率，如预防、公诉、批捕等部门在办理案件中发现线索及时进行移交，强化纪检、控申部门对自侦工作的监督职能，认真做好跟踪、督办、催办工作等。

是年1月，该院侦办了全区第一起城管执法领域共同受贿案。犯罪嫌疑人杨某恒，男，汉族，出生于1976年9月，阳泉市开发区上五渡人，群众，高中文化，阳泉市郊区城市管理执法大队义井中队中队长。犯罪嫌疑人袁某波，男，汉族，出生于1990年3月，平定县人，群众，中专文化，任阳泉市城市管理执法大队义井中队协管员。经侦查查明：犯罪嫌疑人杨某恒在担任阳泉市郊区城市管理执法大队义井中队队长期间，利用职务便利，与犯罪嫌疑人袁某波共同收受辖区商贩贿赂，并为其谋取利益，其行为涉嫌受贿罪。2名犯罪嫌疑人被该院决定逮捕后提起公诉。

2016年，阳泉郊区检察院坚决贯彻落实中央关于反腐败斗争的决策部署，突出加强侦查能力建设，进一步完善纵向指挥有力，横向协作紧密的侦查一体化机制，严格落实侦查预审、全程同步录音录像、职务犯罪案件审查逮捕上提一级等制度，确保所办案件立得住、诉得出、判得了。严格落实办案风险预警机制，加强办案安全和舆论引导工作，努力实现办案的法律效果和社会效果的有机统一。全年查办各类职务犯罪6件、11人，其中，贪污贿赂类案件5件、9人，为国家挽回经济损失60余万元。协助上级纪委和检察机关查办了山西省煤炭厅原副厅长杨某林、晋商银行原董事长上官某清等重大职务犯罪案件。与此同时，该院突出查办民生领域的职务犯罪，把关注和服务民生作为检察工作的出发点，推动反腐败斗争向基层延伸。坚决惩治发生在群众身边的腐败问题，共查办农村基层组织人员职务犯罪2人。坚持以服务民生为中心，在查办职务犯罪案件中，集中查处发生在群众身边的易发多发领域的腐败案件，共查办该类案件4件、5人，占贪污贿赂类案件的80%。

本年度，该院还立案侦查一起医疗领域受贿案，该案由阳泉市人民检察院交办，犯罪嫌疑人杨某虎被批准逮捕。犯罪嫌疑人杨某虎，男，1965年11月9日出生，汉族，大专学历，中共党员，山西省晋中市太谷县人，案发前为山西省荣军医院医疗设备科科长。经查：杨某虎利用自己担任山西省荣军医院医疗设备科科长的职务便利，为他人谋取利益，收受贿赂2.6万元，据为己有，已涉嫌受贿罪。杨某虎利用其哥哥杨某林担任西山煤电集团董事、常务副总经理和汾西矿业集团董事长的职务影响力，为他人谋取利益，收受贿赂53万元，并据为己有，涉嫌利用影响力受贿罪。

2017年2月，根据上级部门关于司法体制和监察体制改革试点工作要求，阳泉市郊区人民检察院将反贪污贿赂局、反渎职侵权局、职务犯罪预防科，整建制转隶新成立的阳泉市郊区监察委员会。

附：潘某卫、张某福受贿、巨额财产来源不明一案

2008年5月初，一份举报信摆到阳泉郊区检检察院领导的面前。被举报人系荫营煤矿销售科科长潘某卫与其前妻张某福受贿、巨额财产来源不明、伪造国家机关公文、证件、印章案，就这样进入了该院的视线。接到群众举报后，院领导高度重视，当机立断，决定派可靠精干人员立即联合展开初查。经初查发现，举报情况属实。随后，根据案情，决定正式立案侦查。经过数月的紧张工作，郊区检察院三名干警轮换驾车，五天行程一万多公里，饿了就在车上吃方便面，困了就在车上打瞌睡，上北京、奔山东、赴河北、到太原，艰苦作战，穿越层层迷障，完成调查取证100多份，终于将这起我市目前涉案金额最大的经济犯罪案件成功查办。

经查，潘某卫在担任销售科科长一职后，利用职务之便，从2006年6月至2008年7月，短短2年多的时间里，与其前妻张某福相互勾结大肆索取收受煤炭用户代理人员贿赂共计755.344万元，构成受贿罪。被告人潘某卫、张某福有巨额财产合计价值为人民币22750534.97元、美元10681.5元及至2009年7月15日资产市值为2858191.90元人民币的

股票。扣除两人受贿所得、合法收入和经商收入以及合法利息和孳息共12324222.38元，其余10426312.59元、10681.5美元及张某福购买所持股票资金，不能说明其合法来源，其行为又构成巨额财产来源不明罪。

另查：张某福，原北京锐意浩博营销策划有限公司法人代表，在与前夫潘某卫共同合谋收受贿赂的同时，为实现其调入北京的目的，张某福伪造阳泉荫营煤矿、山西省高级会计师职称评审委员会、山西省财政厅厅长等公私印章数十枚以及相关批文和证书。在其办理工作调动过程中，将伪造的批文及证书作为个人档案提供给用人单位，犯罪事实清楚，证据确凿。

最终法院依法判处潘某卫有期徒刑19年，张某福有期徒刑6年。

此案为阳泉郊区检察院建院以来查办的涉案金额最大的职务犯罪案件。

第三节 公诉职务犯罪案件

阳泉市郊区人民检察院成立于1979年，虽然全区各人民公社、各生产大队均有相当雄厚的集体经济和规模较大、数量较多的社队企业，但贪污贿赂案件一向较少。1979年9月郊区人民检察院开始筹建，到1980年1月正式成立，贪污贿赂犯罪属偶发案件，在过往相当长的历史阶段，长期保持零发案状态。

1982年4月13日，根据《中共中央、国务院关于打击经济领域中严重犯罪活动的决定》，贪污作为严重破坏社会主义经济的犯罪行为受到严厉惩治。阳泉郊区检察院在具体的审判实践中，正确掌握政策界限，严格区分和处理两类不同性质的矛盾，严格区分工作失误同贪污犯罪的界限，划清经济工作中的不正之风同贪污犯罪的界限，划清贪污犯罪同实行对外开放、对内搞活经济政策中由于某些制度、办法不完善而发生的问题的界限，划清个人贪污犯罪同化大公为小公的界限，运用法律武器，严厉惩治贪污犯罪。是年，经审查立案、决定提起公诉的经济犯罪8件、23人，其中，万元以上大案2件、14人。免予起诉11人。如尹某亮、米某盈贪污案，根据二人的犯罪事实和情节，人民法院采纳郊区检察院的公诉意见，均作出有罪判决。全年提起公诉的经济犯罪案件9件、19人，到年终，人民法院全部审结。

1983年，公诉贪污、受贿、投机倒把案5件、14人，人民法院均作出有罪判决。其时，贪污、受贿、投机倒把作为经济犯罪范畴受到人民检察院严厉惩治。1984年，公诉贪污犯罪案件3件、5人。

1985年，公诉贪污犯罪案件1件、1人。

从20世纪80年代中期开始，随着社会主义市场经济模式的确立和发展，特别是伴随着资产阶级自由化思想侵蚀，发生在国家工作人员和全民所有制、集体所有制企业管理人员中的贪污案件呈增长态势，阳泉郊区检察院依法对贪污犯罪予以严格查处和依法惩治。

1986 年，被该院提起公诉的贪污犯罪案件 6 件、8 人。

1989 年，被该院提起公诉的贪污犯罪案件 2 件、2 人。

1991 年，向人民法院提起公诉的贪污犯罪案件 1 件、1 人。

1993 年，阳泉郊区检察院重点惩办贪污、贿赂、偷税、抗税等经济犯罪分子，运用刑罚武器及时惩治腐败分子，公诉经济犯罪案件 31 件、55 人，犯罪数额在万元以上的 2 人，为国家、集体挽回经济损失 16.57 万元。如被该院提起公诉的高某平贪污一案，为实现法律标准和社会效果的统一，在提起公诉后 20 日内审理完毕，审判结果由中共郊区区委政法委和区公、检、法领导亲自到被告人所在单位实地宣判，有关领导到会讲话，以案说法，就案件进行法制宣传。

1997 年，新《刑法》实施，贪污罪、行贿罪、受贿罪和挪用公款罪，统一归类于贪污贿赂罪。为促进反腐败斗争深入开展和社会主义市场经济的健康运行，根据中共中央关于反腐败工作的部署，阳泉郊区检察院即按 97 版《刑法》关于贪污贿赂罪之规定，依法严惩贪污贿赂犯罪。

20 世纪 90 年代中后期，随着改革开放进一步深入，特别是在国有企业改革和改制过程中贪污犯罪大案、要案频发，为此，阳泉郊区检察院全面加强针对贪污犯罪的侦办惩治力度。1999 年，提起公诉的贪污犯罪案 2 件、2 人，挪用公款犯罪案 2 件、2 人。

2000 年以后，由于企业改革、破产、改制、重组，阳泉市郊区乡镇企业密集和发达地区，职务犯罪呈逐年上升，涉案金额越来越大，涉案人员职务越来越高，村、支“两委”（村民委员会和村支部委员会）主任和驻地企业经理涉嫌贪污贿赂案件更加突出，如 2003 年阳泉市工交资产经营公司原副总经理陆某增借企业改制，将价值 1200 元摄像机，价值 13874.28 元化验用铂金坩埚（两项财产价值计 15074.28 元）据为已有，阳泉郊区检察院以贪污罪向郊区人民法院提起公诉后，陆某增被判处其有期徒刑一年，缓刑二年，并追缴非法所得。

2004 年，阳泉郊区检察院向郊区人民法院提起公诉的贪污、贿赂、职务侵占等犯罪分子 5 件、5 人，有力推动了反腐败斗争的深入开展。建设银行阳泉市住房城建支行原行长李某英挪用公款 320.5 万元，用于营利活动和个人使用，数额巨大，情节严重，构成挪用公款罪；山西省煤炭运销总公司阳泉分公司郊区公司大阳泉营业站原站长武某军，先后采取从该营业站财务人员及磅房人员手中提取煤炭基金，以及从煤炭客户张斌手中收取煤炭基金不交财务的手段，挪用公款煤炭基金共计 827461 元，用于赌博或个人使用，被阳泉郊区检察院起诉至区人民法院后，均获得有罪判决。其中，武某军被判处有期徒刑十年六个月。

同年 7 月，郊区法院就郊区检察院立案侦查，并提起公诉的郊区荫营镇财政所所长任某祥受贿一案作出判决，判处任某祥有期徒刑一年，缓刑二年。是月，郊区法院就郊区检察院立案侦查提起公诉的郊区河底镇中心卫生院原院长王某声贪污公款一案作出判决，被告人王某声被判处有期徒刑三年，缓刑五年。8月份，阳泉郊区公安分局义井派出所所长王某怀因贪污贿赂及枉法犯罪，经公诉后，被判处有期徒刑三年，缓刑五年。

2005年，依法查办和预防职务犯罪，深入推进反腐败斗争，全年共受理各类举报线索10件，初查10件，初查率为100%。出查后，不予立案6件，立案侦查4件、4人。其中贪污贿赂案件3件、3人，批捕在逃职务犯罪嫌疑人2名（提起公诉后二人均被判处有期徒刑）。9月，山西省煤炭运销总公司阳泉分公司郊区公司大阳泉营业站原站长武某军挪用公款一案被郊区检察院依法提起公诉。通过办理职务犯罪案件，为国家和集体挽回经济损失300余万元。

2006年，经阳泉市人民检察院指定管辖，阳泉郊区检察院对盂县安监局原局长韩某受贿、巨额财产来源不明一案依法进行查办。经查，2003年5月至2005年4月，被告人韩某、乔某香夫妇拥有银行存款4988400.79元，银行卡6张，余额180758.23元，购有住房两套，价值人民币14.2万元，共计财产总值5311157.02元，其中有1610588.91元不能说明其合法来源。被告人韩某受贿319万元，其行为触犯《中华人民共和国刑法》第385条第一款、第395条第一款之规定，犯罪事实清楚，证据确实充分，起诉至阳泉郊区人民法院后，郊区法院以受贿罪、巨额财产来源不明罪，追究其刑事责任，数罪并罚，被判处有期徒刑十五年。9月，郊区检察院立案侦查提起公诉的阳泉市城区人民医院院长朱某权受贿一案，一审法院开庭审理后作出判决，被告人朱某权犯受贿罪，判处有期徒刑三年，缓刑四年。11月，阳泉郊区法官靳某阳在执法过程中涉嫌贪污、受贿、枉法裁判犯罪，该案由阳泉市人民检察院指定郊区检察院侦查终结，并移送审查起诉。

2007年，阳泉郊区检察院进一步加大对职务犯罪和经济领域犯罪活动的惩治力度，适时开展专项整治活动，全年侦办贪污贿赂犯罪案件4件、6人，其中，贪污案件2件、2人，挪用公款案件1件、1人，受贿案件1件、3人。被提起公诉后，均作出有罪判决。阳泉华越机械有限责任公司原董事长冯某堂，因贪污、贿赂、职务侵占、挪用公款一案数罪并罚，一审被判处有期徒刑十五年，因冯某堂不服一审判决提起上诉，经阳泉市中级人民法院二审终审，以贪污罪、受贿罪分别判处有期徒刑十三年和四年，合并执行有期徒刑十五年，并处没收财产30万元。郊区国税局河底税务所原所长赵某良，以受贿罪判处有期徒刑二年六个月，追缴违法所得41200元。

同年10月，阳泉市郊区检察院控申检察部门初查并立案侦查的阳泉一监（阳泉荫营煤矿）机修厂厂长刘某国贪污、挪用公款案；工资员胡某玲涉嫌贪污公款案，侦查终结，两案并案移送审查起诉。11月15日，由阳泉郊区检察院向区法院提起公诉的山西省煤炭运销总公司阳泉郊区分公司公路管理部主任孙某利，挪用公款罪和受贿罪两罪名成立，判处有期徒刑五年。

该时期，阳泉郊区村、支“两委”干部等基层村干部，利用职务，侵占集体财产、收受贿赂的犯罪案件增多，且集体犯罪情况居多。2007 年 1 月 22 日，阳泉市郊区赛鱼村村民委员会原主任任某林，收取与该村签有租赁合同的山西龙泉驾驶员培训学校有限公司（以下简称龙泉学校）20000 元场地租赁费，却未交村财务，阳泉郊区检察院以职务侵占罪起诉至郊区法院，被判处其有期徒刑一年，缓刑二年，退赔现金 20000 元。阳泉市郊区李家庄乡桃坡村原党支部书记兼村委会主任王某金，郊区检察院以职务侵占罪将其起诉，被判处有期徒刑一年，非法所得 26800 元予以追缴。郊区平坦镇东西畛村村委会主任王某秀，被郊区检察院以职务侵占罪提起公诉，被判处有期徒刑五年，追缴其所侵吞的款项 117000 元。

2008 年，阳泉郊区检察院根据“一要坚决，二要慎重，务必搞准”的原则，对贪污、贿赂、职务侵占等职务犯罪进行依法惩治。全年提起公诉的贪污贿赂案件 11 件、16 人。其中，贪污犯罪案件 4 件、5 人，受贿犯罪案件 4 件、5 人，单位行贿犯罪案件 1 件、4 人；行贿犯罪案件 1 件、1 人。如原平定县委常委、宣传部部长、平定县第十四届人大代表梁某平受贿案，阳泉郊区检察院根据阳泉市人民检察指定管辖决定，经缜密侦办查明，梁某平在担任平定县冠山镇党委书记、中共平定县委常委、宣传部部长期间，利用职务之便，在工程承包、煤矿安检、干部提拔等方面，为他人谋取不当利益，受贿数额达 144.7 元，另有不能说明其合法来源的家庭财产数额为 437 余元。阳泉郊区检察院遂以受贿、巨额财产来源不明罪，将其起诉到郊区人民法院，数罪并罚，梁岗平最终被依法判处有期徒刑十三年，追缴其非法所得 6205680.28 元。同年 10 月 9 日，阳泉郊区检察院立案侦查的阳泉市国土局监察科科长张某珍和矿山纠察队队长张某礼涉嫌渎职犯罪侦查终结，被移送审查起诉。

同年 4 月，阳泉市郊区桃坡村原党支部书记兼村委会主任王某金，因涉嫌贪污土地补偿款被郊区检察院依法提起公诉。该案是郊区检察院查办的第一例村干部贪污土地补偿款的案件。7 月，因贪污土地征用赔偿款被郊区检察院依法提请公诉的被告人王某金，被郊区法院判处有期徒刑二年零六个月。

2009 年，阳泉郊区检察院继续依法严厉查处职务犯罪，净化社会风气，全年公诉贪污贿赂犯罪案件 8 件、12 人。其中，贪污犯罪案件 3 件、4 人，挪用公款案件 2 件、3 人，受贿案件 2 件、3 人，巨额财产来源不明案件 1 件、2 人，原山西省阳泉荫营煤矿销售科科长潘某卫贪污贿赂案件被提起公诉。同年 2 月，阳泉郊区检察院于 2008 年 12 月 4 日立案侦查的阳泉市郊区煤矿设备供应公司原任经理霍某金涉嫌贪污一案，侦查终结并移送审查起诉，这是全区煤焦领域反腐败专项斗争开展以来查办的具有较大影响的案件，该案的顺利侦破，推动了全区煤焦领域反腐败斗争，同时为郊区院2009年反贪工作的全面开展奠定了基础。同年3月，针对犯罪嫌疑人李某在职期间，滥用职权造成税收损失80余万元的行为，郊区检察院侦查终结，并移送审查起诉，该案是郊区院坚持“一个主攻方向，三个重点领域”工作思路，加大查处力度，强化侦查措施，查办的首例税务人员滥用职权犯罪案件，同时也是查处行政执法重点领域渎职犯罪的一个突破。9月，由郊区检察院于2008年立案侦查的霍某金涉嫌贪污案、赵某良涉嫌受贿案，经郊区人民法院一审公开审理，均作出有罪判决。其中，霍某金被判处有期徒刑两年零六个月，赵某良被判处有期徒刑两年，缓刑三年。

2010年，阳泉郊区检察院公诉贪污贿赂犯罪案件11件、11人，其中，贪污犯罪案件7件、7人，受贿案件2件、2人，行贿案件1件、1人，单位行贿案件1件、1人。1月，被郊区院立案侦查并提起公诉的郊区国税局平坦分局原副局长李某滥用职权一案，一审被判处有期徒刑一年，缓刑两年。同年5月4日，由郊区检察院向郊区法院提起刑事附带民事诉讼的赵某东非法采矿一案，在郊区文化广场公开宣判，赵某东被判处其有期徒刑四年，处罚金20万元，赔偿国有煤炭资源损失464.55万元人民币。阳泉市郊区义井镇西峪村村委会主任杨某恺，郊区检察院以犯职务侵占罪提起公诉，被判处有期徒刑九年六个月，追缴违法所得669540元。以贪污罪将陆某增起诉至郊区法院，被该院判处有期徒刑一年，缓刑二年，并追缴其违法所得现金6000元人民币、铂金坩埚1个、摄像机1台。

该期间，发生在阳泉郊区的“村干部”违法犯罪案件，经阳泉郊区人民检察院调研，并通过大量同类案件分析归纳，大体呈现四个特点：一是集体侵占，一般是通过设立账外资金，以各种名目私分款项；二是私分的款项大多是属于集体所有的征地补偿款或宅基地收入、土地租金和存款利息等；三是犯罪的隐蔽性强，一般是根据群众举报线索而调查后才被发现的；四是集体犯罪多是以侵占集体款项为主，犯罪主体是拥有管理权的特定范围的人。其主要原因有五：一是个别“村干部”法治观念和法治意识淡薄，不知道其行为的违法性；二是没有树立正确的权利观和金钱观，以权谋私；三是有的缺乏自律，甚至染上“黄、赌、毒”等恶习，最后走向犯罪深渊；四是村民集体款项管理使用制度不规范、不严格，村务特别是财务使用情况不公开，群众没有知情权，容易滋生腐败；五是农村村委会或居委会等基层组织，“村干部”尤其是主要负责人权力过分集中，随意性大，监督制约措施不健全、不到位，使“村干部”违法犯罪难以被及时发现。

阳泉郊区人民检察院在进行专题调查分析后，提出相应的预防措施：一是加强对村民自治组织的管理和监督，防止村委员会权力过分集中，特别是要限制“一把手”的权力，加强集体领导，健全民主集中制的决策机制。二是加强村民自治组织的自身建设，包括组织建设、制度建设、监督体制建设，推进村民普选、直选，让群众选择自己拥护信任的带头人；制定完善村居管理规章制度，强化管理，堵塞漏洞，切断犯罪的通道。三是深入推行政务公开、财务公开，增加村委会工作的透明度，增强群众的知情权、参与权、决策权，让村干部的工作置于人民群众的监督之中。四是加强对基层支部党员的教育，使“村干部”自觉树立正确的世界观、价值观、人生观和权力观、地位观、金钱观，自觉抵制腐朽思想的侵蚀，全心全意为群众服务。

2011 年，阳泉郊区检察院提起公诉的贪污贿赂犯罪案件 14 件、14 人，其中，贪污犯罪案件 10 件、10 人，受贿案件 2 件、2 人，行贿案件 1 件、1 人，巨额财产来源不明犯罪案件 1 件、1 人。均被郊区法院作出有罪判决。

2012 年，阳泉郊区检察院提起公诉的贪污贿赂犯罪案件 6 件、8 人。其中，贪污犯罪案件 4 件、6 人，受贿案件 2 件、2 人。如中共阳泉市委宣传部副部长、阳泉日报社社长郭某寿贪污、受贿案。经郊区检察院审理查明：被告人郭某寿利用职务之便，明知是用报社广告费支付费用的物品而据为己有，数额达到 67771.8 元，且侵吞公款 30000 元，其行为已构成贪污罪。收受本单位职工财物 99000 元，其行为已构成受贿罪。且其家庭、个人财产明显超过合法收入，差额较大，已构成巨额财产来源不明罪。依照《中华人民共和国刑法》第 382 条第一款、第 383 条、第 385 条、第 386 条、第 395 条、第 69 条、第 64 条之规定提起公诉，被判处有期徒刑六年，犯受贿罪，判处有期徒刑五年又六个月，犯巨额财产来源不明罪，判处有期徒刑六个月，数罪并罚，决定合并执行有期徒刑九年，同时追缴其贪污、受贿违法所得 196771.8 元和巨额财产来源不明的财产差额 539117.52 元。

2013 年，阳泉郊区检察院公诉的贪污贿赂犯罪案件 8 件、15 人，其中，贪污案件 3 件、9 人，挪用公款案件 2 件、3 人，受贿案件 2 件、2 人，巨额财产来源不明案件 1 件、1 人。在公诉的贪污贿赂案件中，李某受贿案较为典型。李华，男，汉族，1955 年 3 月 27 日出生，大专文化，阳泉市郊区人，中共党员。1997 年 11 月，任阳泉市中级人民法院副处级审判员；2002 年 6 月，任阳泉市中级人民法院民事审判三庭副庭长；2012 年 2 月，被免去阳泉市中级人民法院副处级审判员职务，同月提前离岗，享受正县级非领导职务待遇。根据阳泉市人民检察指定管辖决定，郊区检察院经侦查查明，被告人李某身为国家审判机关工作人员，违反法律规定，利用审理案件的职务便利，在明知行贿人目的在于要求其利用权力来谋取利益而非法收受当事人贿赂 191165 元，其行为侵犯国家廉政制度，违背国家工作人员廉洁履行职务的要求，构成受贿罪。鉴于李某有坦白情节和立功表现，且能积极退赃，阳泉郊区检察院依照《中华人民共和国刑法》第 385 条第一款，第 386 条，第 383 条第（一）项，第 68 条第一款，第 64 条和最高人民法院《关于处理自首和立功具体应用法律若干问题的解释》第 4 条、第 5 条之规定，及《中华人民共和国刑事诉讼法》第 195 条第（三）项之规定提起公诉，被判决处有期徒刑六年。

2014 年，阳泉郊区检察院坚决贯彻上级检察机关和区委关于反腐倡廉的决策部署，充分发挥反腐败的职能作用，以“零容忍”的态度，以发生在领导机关和领导干部中的职务犯罪为重点，集中力量查办大案要案，共查办涉案金额五万元以上大案8件，查办科级以上干部要案4人，查办职务犯罪案件数和大要案数分别同比上升10%和14.3%，均创历年新高。全年查办职务犯罪案件9件、15人，其中，贪污贿赂类案件6件、11人。并依托侦查一体化机制，办理指定管辖案件3件、4人，即平定县锁簧镇原党委书记张某明受贿案，矿区公安分局巡警大队教导员闫某军、副大队长张某立受贿案，山西维东建设项目管理有限公司会计郭某萍贪污案。

较为典型的案件如公安人员张某立、闫某军受贿案，根据阳泉市人民检察指定管辖决定，经郊区检察院侦办查明：2011年12月12–20日，时任阳泉市公安局矿区分局巡警大队副大队长的张某立、教导员闫某军到重庆，调查刘某辉、刘某明（刘某辉哥哥，小名刘某波）故意伤害案件有关情况。12月15日，刘某明为了涉案受伤人员刘某川、殷某用不被张、闫二办案人员带回阳泉，在重庆将2万元现金送给张某立，该张将其中1万元分给闫智军。张、闫二人故未将刘育川、殷泽用带回阳泉，也未对刘某川、殷某用做任何调查取证。案发后被告人闫某军如实供述犯罪事实，主动将其收受赃款1万元上交至阳泉市郊区人民检察院。2012年2月29日，在刘某辉、刘某明涉嫌故意伤害、寻衅滋事案移送阳泉市矿区检察院审查起诉的当日，涉案当事人刘某明为了让作为案件主办人的被告人张某立，在办案中对其一方进行照顾，在张某立办公室将装有3万元现金的纸袋放到该张办公桌抽屉，被告人张某立未予推辞将该3万元收下。另查明，被告人张某立于2014年12月15日退赃款10000元。郊区检察院以张某立犯受贿罪，将其起诉至郊区法院，被判处有期徒刑五年。被告人闫某军犯受贿罪，免予刑事处罚。涉案赃款2万元予以没收，上缴国库。

是年，阳泉郊区检察还侦结一起单位受贿案件。阳泉市郊区经营管理办公室系事业单位。被告人王某武在担任该单位法定代表人的2010年至2013年期间，利用被告单位对外委托会计师事务所进行村级财务审计的工作便利，先后收受阳泉宏兴会计事务所有限公司给付的129000元，收受山西大恒会计帅事务所有限公司给付的10000元，共计139000元，用于该单位人员账外补助、福利等支出。郊区检察院遂以单位受贿罪，将其起诉至郊区法院，终判处罚金100000元。被告人王某武犯单位受贿罪，免予刑事处罚，涉案款项139000元予以追缴。

同年，郊区院侦查终结并移送审查起诉一起涉农领域基层组织负责人共同贪污案，立查的一起涉农领域三名农村基层组织负责人，涉嫌共同贪污案已侦查终结并移送审查起诉。经该院侦查：3名犯罪嫌疑人郭某（1）、郭某（2）、郭某（3）分别在担任阳泉市郊区河底镇上章召村村委会主任、党总支书记、党总支副书记期间，合伙利用管理上章召村征地补偿款的职务便利，采取在村财务先打欠条或不打欠条借款日后虚开、多开发票报销入账的手段，共非法套取使用大额上章召村征地补偿款。

与此同时，该院进一步加强涉案财物和办案安全管理，保证查办职务犯罪工作依法进行，特别是在办理案件过程中，郊区院坚持严格执法，严格规范询问、讯问工作，严格执行强制措施规定，严格落实办案安全措施，严格遵守涉案款物管理规定，切实保证办案质量和办案安全。

2015年，阳泉郊区检察院审查并决定起诉职务犯罪案件7件11人。其中，贿赂犯罪案件4件8人，玩忽职守犯罪案件3件3人。2016年，审查职务犯罪案件9件17人，决定起诉7件10人。其中，贪污贿赂犯罪5件6人，玩忽职守犯罪2件4人。

2017年2月，根据上级部门关于司法体制和监察体制改革试点工作要求，阳泉市郊区人民检察院将反贪污贿赂局、反渎职侵权局、职务犯罪预防科，整建制转隶新成立的阳泉市郊区监察委员会。是年，该院审查职务犯罪案件2件6人，决定以贪污贿赂犯罪起诉1件2人。

2018年，阳泉郊区检察院审查，并决定起诉职务犯罪案件1件2人，为贪污贿赂犯罪。

附：贪官冯某堂的戏剧人生：从权力巅峰跌到罪恶深渊

从好人到坏人，有时仅有一念之差。

从有贡献的领导干部到阶下囚，也只是一步之遥。

对山西阳泉华越机械公司原党委书记、董事长冯某堂来说，从企业领导的巅峰跌入犯罪深渊的人生轨迹，就颇具戏剧色彩。

就在“山西省功勋企业家”“山西省有突出贡献的领导干部”等一项项荣誉接踵而至的时候，2006年6月14日，冯某堂突然被侦查人员从他的住处带走，住宅内近百万元现金被查封，其妻李某兰随后被刑事拘留。冯某堂东窗事发，使整个企业上下震惊，职工家属一片哗然。

那么，是什么“成就”了冯某堂的“戏剧”人生？

现年57岁的冯某堂，这位几乎天天教育他人反腐倡廉的干部，却因为贪污受贿站在了被告人席上。没有了往日的趾高气扬，满头银发的他目不转睛地聆听审判长宣读对他的终审判决：“被告人冯某堂，在其任职期间，利用职务之便，共计将2171398.75元公款非法占有，构成贪污罪，依法判处有期徒刑13年，并处没收财产30万元；收受他人贿赂47670.36元，构成受贿罪，依法判处有期徒刑4年，数罪并罚，决定执行有期徒刑15年……”

严格财务管理制度成虚设

2004年春天，时任阳泉华越公司党委书记、董事长的冯某堂，以闯市场、跑项目需要钱为名，安排该公司财务科原科长张某某尽快筹钱。

张某某找到华越公司的下属单位——新耐铸造公司经理魏某某，让其开具70万元的领款单。魏某某先后分5次从新耐铸造公司开出70万元领款单，送交华越公司财务。张某某将这70万元现金提出后交给冯某堂。而后来的事实证明，这笔钱到冯某堂手上后，并不是用于公务，而是被他全部非法占有。

这是冯礼某高达217万余元的贪污簿上的首笔款项。

一个疑问是，国有企业有着严格的财务管理制度，冯某堂为何能将这笔现金据为己有？新耐铸造公司的财务账目又是如何处理的呢？

2004年夏天，山西省审计厅到该公司履行审计时，冯某堂似乎早已忘记了这笔款项的存在。在审计人员进入华越公司前，财务科原科长张某某私下提醒冯某堂说，赶快想法平了70万元的账，以防审计出事。

这时，冯某堂不仅没有如数交回这笔非法所得，反而召集公司总工程师兼科技开发中心主任任某某、财务科原科长张某某、销售二科科长李某某商量对策。最后，按照冯某堂的安排，以科技开发中心给新耐铸造公司开具70万元开发费的名义，抵平了之前华越公司与新耐铸造公司往来的70万元。然后由销售二科给科技开发中心提取20万余元现金和开具47万余元的发票，弄虚作假平了账。

那么，销售二科这笔70万元子虚乌有的亏空账又将如何处理呢？精明老道的冯礼堂还有“更绝”的招数。他安排销售二科科长李某某等人，先后西上太原，东去北京，又在阳泉黑市购买了数张假发票，回公司编造项目名称，自己填写后下了账，最终抵平了亏空。

家人推波助澜“功不可没”

在冯某堂“江边湿鞋”的背后，家人的推波助澜可谓是“功不可没”。家人站台前，冯某堂居幕后，“前门办事，后门收钱”的好戏就这样一幕幕上演。

2003年7月的一天，冯某堂以内弟媳的名义，注册成立了阳泉市城区凯得利工矿配件经销处，向华越公司供应工矿配件。后经一审、二审法院查明，凯得利公司既没有资金，也没有经营能力，实际上没有真正从事过任何一笔工矿配件购销业务，但却“曲线”为冯某堂提供了大量敛财的机会。从2003年夏天凯得利公司成立到2004年11月，短短一年多时间，双方共发生业务往来470余万元，冯某堂以各种手段先后贪污50余万元。

2004年1月，冯某堂对公司总工程师兼科技开发中心主任任某某说:“赶快给我提10万元，我有事急用。”“心领神会”的任某某从财务提出10万元现金后，用报纸包好，交给了冯妻李某兰。后经法院审理查明，这10万元被冯某堂用于他的新别墅的装修。

2005年4月，华越公司收到一笔1035万元的货款。冯礼堂安排销售二科科长李某某，以售后提成款的名义，两次共计提取44万余元。李某某将其中的20万元当面交给冯某堂，此后，又在由冯某堂开办的金足园足疗中心，将15万元交给了冯妻李桂兰。

一个好端端的企业被折腾来折腾去，没几年就彻底垮了。直至今日，元气大伤的华越公司仍未彻底摆脱往日的阴影。在回顾华越公司的这段发展经历时，该公司一位负责人不无忧虑地说："华越公司之所以由兴旺走向衰败，不是天灾，而是人祸。而这一灾难性后果，令几茬人都挥之不去"。

从量变到质变的人生轨迹

从山西和顺县农村招工到阳泉华越公司参加工作后，冯某堂从工人做起，一步步走上领导职位。客观地讲，冯某堂起初在各方面都不是一名很差的干部，在他的基因里，仍然保留着农民的憨厚与纯朴。那么，质变又是怎么发生的呢？

2001 年 1 月，可以说是冯某堂人生的一个转折点。此时，原阳煤集团机电修配厂改制为阳泉华越公司，冯某堂出任党委书记、董事长。

按说权力大了，环境变了，就更应该通过不断学习提高自己的综合素质，但冯某堂很少参加上级组织的学习。在他的办公室书架上有成堆的书籍，但也只是装门面的摆设，有的书几年都没动过。拒绝接受学习，导致了他是非难辨，久而久之满脑子只剩下私欲。一次，冯某堂到太原出差，逛商场时偶然发现柜台上有几千元一双的名牌皮鞋，他兴致一来，一买就是几双。看到自己的桑塔纳 2000 不气派，马上更换成一辆奥迪。不几天，他又嫌不豪华，于是又换了一台排量更大、更加舒服的高档奥迪。他在阳泉矿区本来就已拥有超出处级干部住房规定的多套住房，但他仍不满足，又购置了一套豪华别墅。

如果说贪婪自私是冯某堂堕入深渊的主观原因，那么，他所面对的客观环境，则是他走向犯罪的又一重要根源。

华越公司的上级——阳煤集团曾组织专门人员下来测评。当时，公司内部对冯某堂微词颇多，测评结果出来后，冯某堂在十余名班子成员中排名倒数第二。然而，冯某堂的"官儿"照样当得稳稳当当的。

冯某堂原所在单位的一位领导干部说："对冯某堂的腐败问题，公司不是没有察觉，但在当时冯某堂大权独揽、人人都在明哲保身的环境下，有谁愿意给自己找麻烦？"

2007 年 5 月 19 日，在一审法院的被告人席上，冯礼堂在陈述他的犯罪事实时，仿佛还是在昔日的主席台上讲话一样，骄横跋扈，几乎全部否认他在侦查阶段的有罪供述，对已形成证据体系，可以相互印证、证据确凿的事实，也一一狡辩否认。

一位从事二十余年审判工作的资深法官说："我从未见过哪一位被告人像冯礼堂这样，把铁证如山的犯罪事实说成无罪，把自己已经在侦查阶段不止一次供认了的犯罪行为，推给他人。"

（原载：中国网，作者：郭建珍、岳万科）

第二章 反渎职侵权犯罪和打击玩忽职守犯罪

第一节 概述

1979年前，法纪检察案件由阳泉市人民检察院统一办理。1980年1月，阳泉郊区检察院设二科，从事法纪检察工作。1982年，二科更名为法纪检察科，具体职能是对刑法规定的刑讯逼供、诬告陷害、破坏选举、非法拘禁等13种侵犯公民人身权利、民主权利犯罪和国家工作人员渎职犯罪案件的直接受理侦查。

1983年11月，阳泉郊区检察院将重大责任事故、玩忽职守和部分重婚案件，划归法纪检察部门直接受理。1980–1982年，该院以整顿社会治安为中心，共查处各类法纪案件5件。

1984年，阳泉郊区检察院针对郊区小煤窑多、违章作业多、恶性死亡事故多的特点，从查处重大责任事故入手，共查处重大责任事故案件22件、27人，提起公诉2件、3人。

1985年，阳泉郊区检察院重点打击侵权类渎职犯罪，查处重大责任事故和刑讯逼供案件3件。

1986年，阳泉郊区检察院采取打破县区界限集中力量办案的做法，把办案着眼点和主要精力放在大要案上，立案查处法纪案件3件、5人。1987年，以查处侵权、渎职、重大责任事故“三类”案件为重点，共立案侦查6件、8人。对一起公安干警刑讯逼供侵权案件进行公开处理，在社会上造成声势。

1988年，阳泉郊区检察院大力宣传全国、省、市纪检工作会议精神，增强法纪检察工作的透明度。出动宣传车9辆次，印发宣传材料5000份，印发法规500册，深入全区各乡镇村广泛宣传。立案侦查法纪案件11件、16人，提起公诉3件、4人，免予起诉8件、12人，全部案件公开宣布。

1989年，阳泉郊区检察院加强法纪检察工作，办案能力明显增强。法纪检察科充实了2名专业人员，投资购置勘查箱等侦查设备，立案查处法纪案件20件、23人，办案数量明显上升。

1990年，阳泉郊区检察院立案查处渎职案件22件，结案18件，立案和结案数都达到了历史最好水平。为扩大办案效果，利用广播、板报、传统庙会等形式积极宣传法纪检察工作。

1991 年，阳泉郊区检察院立案侦查渎职侵权案件 22 件，严肃查处一批渎职侵权和重大责任事故犯罪案件。

1992 年，阳泉郊区检察院坚持多办案、办大案的方针，立案侦查 25 件，其中，发生在矿山、冶金、建筑等企业的重特大责任事故案件占 90%。

1993-1994 年，共立案侦查重大责任事故、非法拘禁等法纪案件 36 件。

1995 年，阳泉郊区检察院立案侦查法纪案件 15 件、15 人，其中重大责任事故案件 12 件 12 人。为遏止重大责任事故上升势头，起到震慑的社会作用，召开公处大会，公开处理一批重大责任事故案件责任人。

1996 年，阳泉郊区检察院立案查处法纪案件 9 件、9 人，其中，重大责任事故 7 件、7 人，失职造成重大责任事故 1 件、1 人，矿山企业主管人员失职造成重大伤亡事故 1 件、1 人。为配合全区安全整顿，对区人大指定案件进行调查核实。

1997 年，阳泉郊区检察院立案侦查法纪案件 10 件、11 人。以执法人员违法犯罪案件为重点，查办了郊区公安分局某派出所指导员非法拘禁案。根据修改后的《刑法》和《刑事诉讼法》有关规定，从 7 月 1 日起，重大责任事故案不再由检察机关管辖，检察机关受案范围大幅减少。

1998 年 ~ 1999 年，初查法纪案件线索 14 件，立案侦查刑讯逼供 1 件、1 人。

2000 年，阳泉郊区检察院贯彻落实高院、公安部等十部门联合下发的《关于在查办渎职案件中加强配合建立案件移送制度的意见》，加强与有关部门的横向联系。初查法纪案件线索 6 件，立案侦查民事枉法裁判案件 1 件、1 人。

2001 年，阳泉郊区检察院面对渎职侵权案件举报线索下滑的局面，省、市、区三级检察院密切配合，主动出击，进行大量初查调查摸底工作。立案侦查法纪案件 2 件，移送有关部门 12 件。

2002 年，阳泉郊区检察院法纪检察科，更名为渎职侵权检察科，立案侦查渎职侵权案件 2 件、3 人。

2003 年，阳泉郊区检察院按照上级检察机关“保证数量、提高质量，狠抓有影响大案要案”的总体要求，努力改变渎职侵权案件线索少、立案难、查处难的状况，积极推行“以事立案”的改革措施。初查线索 9 件、9 人，立案侦查 3 件、1 人，其中以事立案 2 件。

2004 年，阳泉郊区检察院开展严肃查办国家机关工作人员利用职权侵犯人权犯罪专项活动，初查渎职侵权案件线索 7 件，立案侦查 2 件。

2005 年，阳泉郊区检察院在集中查办渎职侵权犯罪的专项工作中，重点查办影响恶劣和严重损害人民群众切身利益的案件。积极参与市、区两级开展的打击私挖乱采“05 春雷”专项行动。共出动警车 10 余台次，警力 40 余人，查封私挖乱采地点、售煤站点 20 余处，查扣煤炭 10 余万吨。立案查处一起郊区公安分局派出所副所长滥用职权、私挖乱采煤炭资源渎职案件。协调法院为一个村民追回讨要两年之久的被执行款，该村民给检察院赠送一面“心系百姓，神速办案”的锦旗表达谢意。

2006年，阳泉郊区检察院继续加大查处力度，查处渎职侵权案件2件、2人。8月16日，阳泉市公安局矿区分局马家坪派出所所长荆某喜，因涉嫌滥用职权犯罪，被郊区检察院立案侦查。

2007年，阳泉郊区检察院渎职侵权检察科更名为反渎职侵权局。是年，该院提起公诉的渎职犯罪案件1件、2人，为玩忽职守犯罪。即原阳泉市国土资源局执法监察科科长张荣珍、阳泉市矿山纠察队原队长张某礼玩忽职守一案。7月30日，张某珍、张某礼涉嫌玩忽职守犯罪被阳泉市郊区人民检察院立案侦查。

是年10月，阳泉市郊区河底镇煤管站驻康裕实业公司煤矿专职包矿安监员史某文和阳泉郊区煤管局安监科副科长樊某征，因涉嫌渎职犯罪，被立案侦查。11月29日，针对荫营矿隧道坍塌造成13人死亡和重大经济损失事故，山西省市司法、安监、检察等部门共同成立事故调查专案组。阳泉市郊区检察院侦查监督科及时与专案组取得联系，检察干警与专案人员共同分析案情，对证据材料反复推敲，对造成此次事故负有失职责任的5名涉案人员，依法予以刑事拘留。

2008年，阳泉郊区检察院提起公诉的渎职犯罪案件3原5人，其中，玩忽职守2件、4人，徇私枉法犯罪案件1件、1人。典型案件如康某洋、苗某义、田某波玩忽职守案。同年7月，针对驻矿安监员史某贵和包矿安监员余某明在工作中不负责任，对矿上违法违章行为监管不力，使上级的停产指令得不到有效落实，对事故发生负有重要责任，该院认为，其行为已触犯《中华人民共和国刑法》第397条规定，涉嫌玩忽职守，故决定对其分别立案侦查。

2009年，阳泉郊区检察院公诉的渎职犯罪案件4件、7人，其中，滥用职权犯罪2件、2人，玩忽职守犯罪2件、5人。同年3月，郊区院根据群众举报，对一起因非法采矿致人死亡案件背后的渎职犯罪案件进行立案侦查。典型案件如史某贵、余某明玩忽职守案。10月20日，由阳泉市检察院指定管辖的梁某红和杨某军因涉嫌徇私枉法罪一案，经郊区检察院监督，梁某红和杨某军被刑事拘留，立案侦查。

2010年，阳泉郊区检察院公诉渎职犯罪案件2件、4人，均为玩忽职守犯罪，如史某文玩忽职守案，经郊区人民法院公开审理，被判处有期徒刑二年，缓刑三年。

2011年，阳泉郊区检察院提起公诉的渎职案件4件、10人，其中，滥用职权犯罪案件2件、5人，玩忽职守犯罪案件1件、2人，失职致使在押人员脱逃犯罪案件1件、3人。

2012年，阳泉郊区检察院提起公诉渎职案件3件、5人，其中，滥用职权犯罪2件、4人，徇私舞弊减刑、假释、暂予监外执行犯罪案件1件、1人。6月，该郊院以涉嫌玩忽职守，依法对犯罪嫌疑人郭某、王某军、冯某立案侦查。

2013 年，阳泉郊区检察院提起公诉渎职案件 1 件、2 人，为玩忽职守犯罪。

2014 年，阳泉郊区检察院公诉玩忽职守犯罪案件 3 件、4 人。如未来城电梯事故造成施工人员坠落电梯井死亡案。

2015 年，阳泉郊区检察院查办渎职侵权案件 3 件、3 人。

2016 年，阳泉郊区检察院突出惩治不作为乱作为，聚焦整治为官不为、为官乱为现象，严肃查办渎职侵权犯罪案件，进一步拓展办案领域，率先查办了国税部门工作人员重大案件 1 件、2 人，在全市国税系统起到警示示范作用，并介入重大安全生产责任事故调查，挖掘事故背后的职务犯罪。

2017 年 2 月，根据上级部门关于司法体制和监察体制改革试点工作要求，阳泉市郊区人民检察院将反贪污贿赂局、反渎职侵权局、职务犯罪预防科，整建制转隶新成立的阳泉市郊区监察委员会。

2017 年 ~ 2018 年，阳泉郊区检察院审核起诉的渎职和玩忽职守犯罪为零。

第二节 公诉渎职和玩忽职守犯罪

1978 年 12 月，中共十一届三中全会召开，国家整体工作转入以经济建设为中心，阳泉郊区检察院根据国家中心工作的转移，进一步开展和加强对转型过程中各类渎职犯罪的审判。1980 ~ 2000 年，20 年内，阳泉市郊区的渎职犯罪为低发期。这一时期，对渎职犯罪的认识发生了一定的变化，渎职犯罪不再是单列的一种犯罪，而成为数种犯罪行为的集合名称。

1979 年，筹建中的阳泉郊区检察院逐步展开法纪检察工作，查证具有一定影响的荫营公社下荫营大队社员王某孩被诬陷一案，经多方核实，窦某珠诬陷案未构成刑事责任，到 1980 年移交中共阳泉市郊区纪检委处理。

1980 年，侦办并查处严重违法乱纪案件 4 件。辛兴公社龙门大队党支部书记吕某岳非法拘禁案，河底公社中佐大队保管员高某所非正常死亡案和西南舁公社大西庄大队社员高某金被逼死亡案，以及荫营公社下荫营大队团支部书记窦某珠诬陷他人案。辛兴公社龙门大队党支部书记吕某岳非法拘禁案，为阳泉市郊区检察院第一个自侦案件。在侦办该案时，遇到来自各方面的干扰和阻力，对此，郊区检察院坚持秉公执法，依法办案。阳泉市检察院领导多次进行办案指导，郊区区委要求“依法办事”，坚定了该院办案干警有法必依，执法必严的决心，办案人员不畏艰险，不辞辛苦，爬山越岭，徒步往返 80 余华里，进行深入细致的调查研究，圆满完成侦查任务，依法向人民法院提起公诉，并出庭支持公诉，在人民法院开庭审判此时，组织部分大队书记和公社负责人约 150 人参加旁听。从而揭露了犯罪，宣传了法制，教育了人民，该案的依法侦办，在全区干部群众中产生很大影响。

是年，以事实为依据，以法律为准绳，严格区分罪与非罪的界限，查办了河底公社中佐大队保管员高某所非正常死亡一案的直接责任人。9月，对造成郊区河底公社中佐大队保管员高某所非正常死亡一案的责任人，依法进行查证。高某所因丢失雷管及本人工作中存在的一些问题，被大队治保主任赵某锁进行谈话，该大队同时撤销了高的保管职务，查封库房，高一时想不开投水死亡。郊区检察院在排除刑讯逼供，查明案情的基础上，对该大队治保主任赵某锁在处理问题上“拍桌子、瞪眼睛”等方法简单、措施不当的行为，建议有关部门给予必要的党纪、政纪处分。

1980年，郊区检察院对荫营公社后沟大队小煤窑因责任事故造成人身死亡一案进行查办，检察员杨某华经过反复了解情况，认真听取有关部门意见，详细询问当事人及有关知情人，在分清事故责任的情况下，郊区检察院考虑到该次事故发生的多种因素和主要责任人坑务员任存保，能认真深刻地检查认识自己的问题，主动承担责任，有诚恳悔改之意，同时后沟大队也给了必要的行政处分，故提出不再追究其刑事责任的主张，最终一致同意不予追诉。

1989年，阳泉市劳教所干警荆某喜殴打劳教人员，郊区检察院以体罚虐待被监管人罪提起公诉，荆某喜被判处免予刑事处分。

由于阳泉郊区属乡镇企业密集区，尤其是乡镇煤矿和民营煤矿较多，管理方面存在较大漏洞，因管理人员违反规定规程指挥生产，造成的安全责任事故较多，故玩忽职守犯罪的发案率较高。

1995年3月20日，阳泉郊区检察院侦结区公安分局民警韩某珠非法拘禁一案，经侦查查明：被告人韩某珠在处理西垴村一起民事案件当中，对原告王某进行驱赶以致发生纠纷，并违反戒具使用规定，用手拷住王某，非法限制其人身自由，并用电警棍电击王某。其行为构成非法拘禁罪，依法向区人民法院对韩某珠非法拘禁一案提起公诉。

2003年8月，阳泉市郊区人民法院就郊区检察院立案侦查提起公诉的段某铭玩忽职守案，作出一审判决，判处段某铭有期徒刑三年，缓刑五年。

2007年，阳泉郊区检察院提起公诉的渎职犯罪案件1件、2人，为玩忽职守犯罪。即阳泉市国土资源局执法监察科原科长张某珍、阳泉市矿山纠察队原队长张某礼玩忽职守一案，张某珍未履行扣押非法采矿设备、进行现场勘查、调查取证等查处、制止无证开采的职责，未监督地方政府对坑口进行取缔，致使私挖滥采点继续非法开采，2007年2月11日凌晨，该私挖滥采点坑下发生冒顶（塌方）事故，1人死亡，是年，郊区检察院以犯玩忽职守罪，将张某珍、张某礼向郊区人民法院提起公诉，经公开审理，被免予刑事处罚。

2008年，阳泉郊区检察院提起公诉的渎职犯罪案件3件、5人，其中，玩忽职守2件、4人，徇私枉法犯罪案件1件、1人。如康某洋、苗某义、田某波玩忽职守案。康某洋，阳泉市郊区杨家庄乡经发办原主任，苗某义，阳泉市郊区安全生产监督管理局原副局长；田某波，阳泉市郊区安全生产监督管理局综合科原科长。2007年11月28日16时许，阳泉市兴通烟花有限公司发生重大爆炸事故，造成11人死亡、8人受伤，直接经济损失192万元。被告人康某洋、苗某义、田某波对该企业负有安全监管职责，但未能正确履行职责，致使生产中的安全隐患长期存在未能及时排除，导致事故发生。阳泉郊区检察院根据《中华人民共和国刑法》第397条第一款、第37条、第72条第一款、第73条第二、第三款之规定，以玩忽职守罪，将康某洋、苗某义、田某波3名犯罪嫌疑人起诉至郊区人民法院，经郊区法院公开审理，判处康某洋有期徒刑二年，缓刑三年。苗某义、田某波犯玩忽职守罪，免予刑事处罚。是年5月，针对阳泉市郊区安监局安监科副科长樊某涉嫌玩忽职守，郊区检察院公诉部门考虑到情节轻微，有悔罪表现，可以从宽处理。为教育本人，检察官到樊某所在的郊区安监局召开座谈会，公开宣读不起诉决定，并针对该案暴露出的问题提出意见。樊某对不起诉决定无异议，并衷心感谢检察机关对他的宽大处理。

2009年，经阳泉郊区检察院公诉的渎职犯罪案件4件、7人，其中，滥用职权犯罪2件、2人，玩忽职守犯罪2件、5人。如史某贵、余某明玩忽职守案。被告人史某贵，原为阳泉市郊区鑫坪魏家沟煤矿驻矿安监员。被告人余某明，原为该矿煤矿包矿安检员，荫营镇煤管站副站长。两人因工作不负责任，监管缺位，使该矿违法违规行为没有得到有效监管，停产指令没有得到有效落实，特别是停产整顿期间，对该矿监督检查不到位。2008年7月2日，阳泉市郊区鑫坪煤矿负责人赵某孩，违规安排史某军组织工人将北部非法越界开采区域的设备回撤，当晚9时40分许，该矿井下发生较大顶板事故，造成当班工作人员王某明、史某明、孔某成死亡，白某山、宋某祥受轻伤，直接经济损失达350万元。经郊区检察院侦办查明，被告人史某贵负本次事故主要责任，被告人余某明负本次事故重要责任，二被告人不履行、不正确履行职责，均构成玩忽职守罪（赵某孩构成重大责任故事罪，另案处理）。故依据《中华人民共和国刑法》之规定，将史某贵、余某明向郊区人民法院提起公诉。3月23日，经郊区法院公开审理，史某贵犯玩忽职守罪，判处有期徒刑一年六个月，缓刑二年。余忠明犯玩忽职守罪，免予刑事处罚。

是年，阳泉郊区检察院出庭公诉山西省阳泉荫营煤矿2007年“10·22”涵洞垮塌责任事故一案。经郊区检察院缜密侦查查明：2007年10月22日凌晨1时50分许，荫营煤矿扩洞工程隧道南部发生坍塌事件，隧道坍塌面积约700平方米，隧道顶部5户居民的10间单位公房和15间自建房塌陷毁坏，造成荫营煤矿职工和家属13人死亡，2人受伤。事故直接经济损失约583万元，其中，工程直接损失约281万元，抢险费用约12万元，伤亡人员费用约290万元。荫营煤矿该工程管理人员张某亮、张某银、任某生在发现隧道顶部居民房屋出现裂缝险情后，在未查清原因的情况下，听信施工方“洞打过去就没有事了”的说法，未采取有效措施及时排除质量隐患，致使洞顶房屋塌陷，给公共财产和人民利益造成重大损失，张某亮、张某银对此该事故负主要责任，任海生对此次事故负主要领导责任，其不履行职责或不正确履行职责的行为，均构成玩忽职守罪。郊区检察院依据《中华人民共和国刑法》之规定，以玩忽职守罪，将张某亮、张某银、任某生起诉至郊区人民法院，经该院公开审理，判处张某亮有期徒刑三年，缓刑四年。张某银有期徒刑一年六个月，缓刑二年六个月。任某生犯玩忽职守罪，判处有期徒刑一年，缓刑二年。该案公开宣判后，三被告人同时提出上诉，经阳泉市中级人民法院审判，对被告人任某生改判为犯玩忽职守罪，免予刑事处罚。

2010年，阳泉郊区检察院公诉渎职犯罪案件2件、4人，均为玩忽职守犯罪。被告人史某文，男，阳泉市郊区人，住阳泉市郊区燕龛村，阳泉市郊区河底镇煤管站安监员，在担任阳泉市康峪实业公司煤矿包矿安监员期间，严重不负责任，不认真履行职责，其在发现所包煤矿——康峪实业公司煤矿生产存在严重安全隐患的情况下，虽已提出纠正措施，但监督落实不力，玩忽职守，导致使事故发生，致使集体财产和人民生命安全遭受重大损失，根据《华人民共和国刑法》之规定，郊区检察以玩忽职守罪，将其向郊区人民法院提起公诉，经公开审理，郊区法院判处史某文有期徒刑二年，缓刑三年。

2011年，公诉渎职案件4件、10人，其中，滥用职权犯罪案件2件、5人，玩忽职守犯罪案件1件、2人，失职致使在押人员脱逃犯罪案件1件、3人。

2012年，公诉渎职案件3件、5人，其中，滥用职权犯罪2件、4人，徇私舞弊减刑、假释、暂予监外执行犯罪案件1件、1人。

2013年，公诉渎职案件1件、2人，为玩忽职守犯罪。

2014年，阳泉郊区检察院公诉玩忽职守犯罪案件3件、4人。如未来城电梯事故，造成施工人员李某晓，在安装施工作业过程中，坠落电梯井死亡一案，郊区检察院以犯玩忽职守罪，将王某峻向郊区人民法院提起公诉，经审理，王某峻被免予刑事处罚。在侦办公诉该案过程中，阳泉郊区检察院发现相关单位责任人涉嫌重大责任事故犯罪、重大劳动安全事故犯罪，为依法严惩重大责任事故、重大劳动安全事故犯罪活动，保障生产、作业安全，特向有关部门提出检察建议，特向阳泉市郊区人民检察院提出司法建议：敦促相关部门，尽快对相关责任人员在本案中，违反有关安全管理规定，有关单位安全生产设施和安全生产条件不符合国家规定，导致李某晓坠井死亡的重大伤亡事故行为进行查处。与此同时，在“12·18”大阳泉非法采矿导致重大伤亡事故发生后，该院立即同步介入，深挖私挖滥采背后的职务犯罪，及时查办了负有监管不力职责的原大阳泉村书记黄某创、副书记张某渤和支部委员冯某胜玩忽职守案。

2015年，阳泉郊区检察院查办渎职犯罪案件3件、3人。如孔某明、高某保玩忽职守案。2014年孔南庄村委换届，被告人孔某明被选为副主任，由于村委没有主任，2015年2月9日西南舁乡政府决定由副主任孔某明主持村委会工作。2015年3月14日上午9时30分，阳泉市郊区西南舁乡孔南庄村村民高某贵兄妹四人为其父亲举行一周年祭祀，其父坟地位于孔南庄村东山一带。上午11时许，高某贵在坟头放鞭炮引发山火，火势蔓延至平定岔口乡食足村和马上固村地界，过火面积达130余亩，是日下午3时许发现高某贵被火烧死在火场。烧毁苹果树46株，赔偿数额合计13800元。被告人孔某明当天11时许得到发生火情的消息后赶回村中，组织相关人员参加救火。被告人高某保当天中午在家准备做饭时发现山上有烟，马上赶到山上参加救火。2015年11月26日，阳泉市郊区人民法院判处被告人孔某明犯玩忽职守罪，免予刑事处罚。

闫某春玩忽职守案。2012年5月，时任李家庄地税所所长翟某明和税收管理员被告人闫某春到浩普华鑫公司检查该公司土地使用税征收情况，将该公司原来认定的计税面积33933平方米变更为41524平方米，直至该公司于2015年6月移交阳泉市地方税务局经济技术开发区分局。被告人闫某春担任税收管理员期间，在征管档案中存放“山西浩普华鑫电气股份有限公司厂区界址点测量工程”成果资料的情况下，且国土部门有遥感监测影像资料，以及太原理工大学阳泉学院于2012年10月19日办理土地证书后，被告人闫某春仍未对该公司实际占用的土地面积进行核实，致使该公司85926平方米的土地使用税902222.51元不能依法征收。2015年12月22日，被告人闫某春因犯玩忽职守罪，免予刑事处罚。

2017年2月，根据上级部门关于司法体制和监察体制改革试点工作要求，阳泉市郊区人民检察院将反贪污贿赂局、反渎职侵权局、职务犯罪预防科，整建制转隶新成立的阳泉市郊区监察委员会。

2017年～2018年，阳泉郊区检察院审核起诉的渎职和玩忽职守犯罪为零。

附：关于对后沟大队小煤窑发生重大责任事故有关责任人员的处理决定

关于对后沟大队小煤窑发生重大责任事故
有关责任人员的处理决定

阳郊检经字〔1980〕第1号文件

一九八〇年五月七日，荫营公社后沟大队小煤窑发生了一起重大伤亡事故，造成死亡二人的严重后果，事故发生后，有关人员要求司法部门对造成此次事故的责任人应依法追究。我院经过深入细致的调查研究，反复征求有关部门的意见，耐心听取各方面及事故有关人员的反映，据所获材料认定这一事故的发生，是由于该队有关领导官僚主义作风，煤窑具体领导失职，煤窑社员违章作业所造成的，是一起严重的责任事故。

经我院一九八〇年十二月十九日会议研究，特对事故的有关责任人员作出如下决定：

一、坑务员任某保，在事故发生之日，擅离工作岗位，是严重失职，并且在事前安排工作时，未就生产中的安全问题提出具体要求和注意事项，表现了对安全工作的不负责任。但是，考虑到事故发生的多种因素和本人能够诚恳的检查认识，有关部门已经进行了必要的处分，故根据《中华人民共和国刑法》第一百九十二条之规定，决定不再追究任存保的刑事责任。

二、大队分管领导兼矿长刘某和，对工作不认真负责，马马虎虎，当坑务员任某保告知其通知“二组社员明早三点半上班做巷口”后，其并未按照此广播，而通知成了“安排了的社员明早三点半上班”。这一通知上的错误与事故的发生有着客观上的联系，但还不是必然的内在因素。因而刘的行为是一严重的过失错误，给其一定的组织处分是完全必要的。

三、安全员刘某孩，身负安全要职，在其入坑后，已知史某小、刘某红先行入坑，但其寻找一翻未见，便放弃了找人，这一行为没有尽到一个安全员应尽的职责，因而对此次事故的发生应承担一定的责任，建议有关部门责令其作出检查。

四、二组组长史某小，带领社员刘某红，违反安全规章制度，擅自决定到2号处险区作业，未能被人及时发现，致使二人因二氧化碳中毒死亡，对这一事故的发生有一定责任，但是，人已丧生，故不承担任何责任。

特此决定

1980年12月20日

附1：关于孔某明、高某保玩忽职守案件的案例分析

一、发案情况

被告人孔某明，男，1963年7月16日出生，汉族，高中，政治面貌党员，阳泉市郊区西南舁乡孔南庄村村民委员会副主任，主持村民委员会工作。户籍所在地山西省阳泉市郊区，住阳泉市郊区西南舁乡孔南庄村020号。因涉嫌玩忽职守罪，经阳泉市郊区人民检察院决定，于2015年5月8日被阳泉市公安局郊区分局取保候审。2015年11月26日，阳泉市郊区人民法院判处被告人孔某明犯玩忽职守罪，免于刑事处罚。

被告人高某保，曾用名高某宝，男，1952年4月14日出生，汉族，小学，阳泉市郊区西南舁乡护林员，户籍所在地山西省阳泉市郊区，住山西省阳泉市郊区西南舁乡孔南庄村202号。因涉嫌玩忽职守罪，经阳泉市郊区人民检察院决定，于2015年5月8日被阳泉市公安局郊区分局取保候审。2015年11月26日阳泉市郊区人民法院判处被告人孔某明犯玩忽职守罪，判处拘役三个月，缓刑六个月。

经审理查明，2014年孔南庄村委换届，被告人孔某明被选为副主任，由于村委没有主任，2015年2月9日西南舁乡政府决定由副主任孔某明主持村委会工作。2015年3月14日上午

9时30分，阳泉市郊区西南舁乡孔南庄村村民高某贵兄妹四人给其父亲举行一周年祭祀，其父坟地位于孔南庄村东山一带。上午11时许，高某贵在坟头放鞭炮引发山火，火势蔓延至平定岔口乡食足村和马上固村地界，过火面积达130余亩，当日下午3时许发现高某贵被火烧死在火场。烧毁苹果树46株，赔偿数额合计13800元。被告人孔某明当天11时许得到发生火情的消息后赶回村中，组织相关人员参加了救火。被告人高某保当天中午在家准备做饭时发现山上有烟，马上赶到山上参加了救火。

二、犯罪特点

（一）涉案人员文化水平普遍偏低，法律意识淡薄。孔某明作为郊区西南舁乡孔南庄村村民委员会副主任，高某保作为郊区西南舁乡的护林员，其文化水平皆在高中以下学历，且忽视继续学习和增强法律意识的重要性。

（二）不作为现象严重。被告人孔某明作为郊区西南舁乡孔南庄村村民委员会副主任，主持村民委员会工作，在乡政府下达护林防火工作方案及签订森林防火责任状后，具有协助人民政府开展森林防火的职责，是护林防火第一责任人，且案发地段孔南庄村东山一带由被告人孔某明包片，在护林防火特险期，其未认真履行护林防火工作职责；另外，被告人高某保作为负责阳泉市郊区西南舁乡孔南庄村的护林防火人员，未能按照上级要求认真履行护林防火工作职责，此二人均未认真履行工作职责，是严重不负责任，组织排查不到位，监管不到位导致发生火灾致使公共财产和人民利益遭受重大损失，从而一定程度上造成了此次重大事故的发生。

三、原因分析

（一）思想认识不足，工作责任心不强。极少数负责监管工作的工作人员没有真正意识到日常监管的重要性，思想意识、大局意识、宗旨意识、责任意识、法律意识淡薄。查办的2名涉案人员，孔某明是西南舁乡护林防火工作第一责任人，高某保是西南舁乡孔南庄村的护林防火人员，其二人的思想麻痹，作风涣散，不作为的现象，是导致发生火灾的重要原因。

（二）制度执行不严，内部监督不力。在调查中发现，涉案的单位及部门均不同程度地存在监管制度执行不到位、不规范现象，且缺乏严密的内部监督措施。在该案件中，相关工作人员也曾多次进行护林检查，但他们对具体的防火安排部署只是“走过场”，对发现的安全隐患没有跟踪监督整改措施的落实，“检查的点过多，工作量过大”是其推卸责任的借口，乡政府及上级监察部门内部均没有实行有效的责任追究和内部查处机制，表面管理、监督乏力，搞形式、走过场，终造成危害人民利益和危害公共财产的重大责任事故。

（三）学习教育滞后，法律意识淡薄。农村基层工作人员的法律法规学习及勤政廉政、职业道德教育抓得不紧，尤其是对重点岗位、重点基层工作人员的学习教育流于形式。查处的涉案人员法制观念淡薄，在案发后，多次以“检查的点过多，工作量过大”借口来掩盖自己工作中存在的失误，是严重的缺乏法律常识的修养。

（四）村内规章制度不健全，工作随意性大。本案中，西南舁乡孔南庄村村民委员会和护林工作组未形成一套比较完善的工作规章制度，孔某明作为护林防火第一责任人和主要负责防火人员没有形成相应的具体工作规范，没有建立健全联防工作制度，工作浮于表面，对村内的防火工作未进行全面的、系统的排查，起到应有的监督作用。

四、对策建议

（一）加强安全责任的思想教育工作。区政府、村组织机构等有关单位要结合实际，通过在人流量集中的地方张贴公告、组织相关人员开展相关的护林防火知识的宣传教育，增强基层工作人员的安全意识，切实加强各项专业技能培训，进一步提高安全防范意识。

（二）建立预防网络。预防重大安全事故的渎职犯罪工作是一项系统的社会工程，仅靠检察机关一家的力量很难达到预防的目的。因此，各有关单位要互相配合，建立和健全预防重大安全责任事故渎职犯罪的长效工作机制。

（三）严打渎职犯罪，加强对农村干部职业道德教育。一要加强对农村工作人员的职业纪律和职业道德教育，针对各职能部门的工作性质和具体工作，结合实际，做好经常性的思想政治工作。强化宗旨意识，重点解决“为谁履职”、“为何履职”等问题，教育其充分认识履行职责和代表国家、政府履行职责的意义和责任，常修履职之德，筑牢思想道德防线。二要加强对农村反渎职侵权的宣传教育。定期开展预防渎职侵权犯罪专项宣传，集中通过村民赶集场所等地，发送有关法律书籍，宣传资料，提高村民反渎职犯罪的意识和能力。村组织机构要与检察机关相互配合，进行反渎职侵权专题培训，针对本地农村发生的典型案例，举办警示教育课，以案释法，最大限度地减少和预防渎职侵权犯罪行为。

（四）健全村务管理各项规章制度。要从本村的实际出发，进一步建立和完善起一套防范失职渎职的规章制度，把权力真正置于制度的规范约束之下。一方面认真落实有关廉洁自律的规定，把领导干部的政治荣誉与个人的廉洁情况挂起钩来。另一方面，针对工作人员在履职过程中容易产生懈怠的重点岗位和关键环节，进一步建立、健全联防等各项规章制度，建立工作监察机制，多方检查，规范工作流程，全面实现用制度管人、管事、管物，使制度真正发挥作用。

阳泉市郊区人民检察院

2016 年 10 月 24 日

附 2：关于闫某春渎职案件的案例分析

一、发案情况

被告人闫某春，男，1982 年 3 月 28 日生，汉族，大学本科，山西省阳泉市郊区地方税务局科员，户籍所在地山西省阳泉市郊区，住阳泉市燕竹花园 10-3-301。因涉嫌犯玩忽职守罪，经阳泉市郊区人民检察院决定，2015 年 8 月 26 日被阳泉市公安局郊区分局取保候审，于 2015 年 11 月 2 日向阳泉市郊区人民法院提起公诉，2015 年 12 月 22 日被告人闫某春因犯玩忽职守罪，免予刑事处罚。

经审理查明，2006年12月，山西浩普华鑫电气股份有限公司占用太原理工大学阳泉学院学生实习、实训科研基地土地用于生产经营，当时双方约定占用土地200亩。在2010年至2014年度，阳泉市国土局郊区分局的遥感监测影像图显示太原理工大学阳泉学院学生实习、实训科研基地，面积为127450.1平方米。在浩普华鑫公司地税征管档案基础信息类卷宗中，存放有该公司2011年3月19日测量的厂区面积资料，该份资料显示厂区边界所围面积为124572.4324平方米。太原理工大学阳泉学院于2012年1月20日通过划拨取得该地的使用权，且所占地块面积为127450.1平方米，同年10月19日阳泉市国土资源局郊区分局准予注册登记，颁发证书。该公司所占地块每年应按照土地使用面积127450.1平方米征收城镇土地使用税。

2012年5月，时任李家庄地税所所长翟某明和税收管理员被告人闫某春到浩普华鑫公司检查该公司土地使用税征收情况，将该公司原来认定的计税面积33933平方米变更为41524平方米，直至该公司于2015年6月移交阳泉市地方税务局经济技术开发区分局。被告人闫某春担任税收管理员期间，在征管档案中存放“山西浩普华鑫电气股份有限公司厂区界址点测量工程”成果资料的情况下，且国土部门有遥感监测影像资料，以及太原理工大学阳泉学院于2012年10月19日办理土地证书后，被告人闫某春仍未对该公司实际占用的土地面积进行核实，致使该公司85926平方米的土地使用税902222.51元不能依法征收。

二、犯罪特点

（一）涉税金额巨大，危害后果严重。本案被告人闫某春作为李家庄地税所税收管理员，其在职期间，因疏忽大意而未核实浩普华鑫公司实际土地使用面积，致使该公司土地使用税902222.51元不能依法征收，其行为涉税金额巨大，致使国家税源大量流失，在社会上造成了不良影响，严重损害了税务机关的形象。

（二）基层税务执法人员易滋生职务犯罪行为。案中被告人闫某春作为一线基层地税所税收管理员，工作当中直接面对纳税人，直接掌管业务，处于利益的分配点上，又加之税收人员少，管户多，任务重等原因，容易引发滋生税务人员职务犯罪行为。

（三）“不作为”引起的失职渎职犯罪现象严重。依据现行税收体制，基层税务执法人员负有征收、管理、以及稽查纳税户所需纳税的税款的职责，闫某春作为阳泉市郊区地方税务管理员，期间，在浩普华鑫公司自测的用地图纸已在征管档案存放，国土部门每年均有遥感监测资料的情况下，且2012年浩普华鑫公司实际使用土地已由国土部门颁发土地证书，闫某春负有核实纳税户城镇土地使用税计税面积的职责，应当能够发现浩普华鑫公司实际使用土地面积和计税面积之间存在差异，但其不作为的渎职行为，一定程度上造成国家税收不能依法征收。

三、原因分析

（一）思想原因。从思想根源来看，职务犯罪的滋生源于行为人价值观念的错位。本案中具体表现有：1.为公无过心理。被告人闫晓春头脑中存在“只要为公，自然无过”的认识，在这种心理支配之下，认为自己主观上不存在过失，且可以追征回流失的税款，未造成国家税收流失就不构成犯罪的认识，这种“没有为了自己”的理直气壮的辩解，使国家和人民的根本利益没受到有效地保护。2.不为无罪心理。案中闫晓春存在“不为自然无罪”的心态，存在着只要不贪污受贿就不会犯罪的不正确认识。其实，在日常的税收征管查过程中不履行或不认真履行自己的管理职责，致使国家税款大量流失、公私财产遭受重大损失或造成人身伤亡的严重后果也构成犯罪。

（二）制度原因。各级税务机关在规范行政管理权和税收执法权的行使方面制定了比较规范和完善的规章制度，但有的单位和个人就是不能全面落实，对自己有利的就落实，对自己不利的就不去落实，该公开的内容不公开，该走的程序不走，致使工作人员在工作中存在职务犯罪的隐患。本案中，被告人闫某春身为地税所税收管理员，未严格按照《中华人民共和国城镇土地使用税暂行条例》《山西省实施〈中华人民共和国城镇土地使用税暂行条例〉办法》等执法依据执法，致使土地税 902222.51 院不能依法征收，其失职渎职问题是显而易见的。

（三）机制原因。监督机制弱化是职务犯罪的重要诱因。税务系统内部监督中存在上级“鞭长莫及”无法监督、下级怕“穿小鞋”不敢监督、同级之间怕得罪人不愿监督的问题，个别存在“一荣俱荣、一损俱损”的利害关系，往往是“拔出萝卜带出泥”，造成内部监督制约流于形式、走过场。在外部，由于税务公开的透明度还不够高，社会各界对监督的内容、形式等还不甚了解，无法实施有效监督，同时纳税人也常常因怕打击报复而不敢监督，造成外部监督制约乏力、刚性不足。于是，没有制约的权力就导致了腐败，失职渎职也便成了必然。

四、对策建议

预防税务人员职务犯罪，必须坚持以人为本，以规范税收执法权和行政管理权的“两权”行使为重点，标本兼治、综合治理。

（一）加强思想教育。“物必先腐，而后虫生”。职务犯罪案件的发生，首先来源于执法人员本身思想道德和价值观念的质变。因此，每个单位都要根据自己实际情况，进行经常性的思想政治教育和法律知识宣传教育，使广大税务干部树立正确的世界观、人生观、价值观和正确的权力观、地位观、利益观，解决好人该怎么做、法该怎么执、权该怎么用的问题，加强自律，增强拒腐防变意识，筑牢预防职务犯罪的思想防线。

（二）严格制度落实。要建立健全以岗责体系为基础，以工作规程为标准，以考核评议为手段，以过错追究为保障的执法责任制。要加大暗访和突击检查力度，真实掌握各项制度的落实状况，并督促制度落实。要坚持查办职务犯罪是预防职务犯罪的主要方式，要认识到没有打击的预防，是软弱无力的预防，只预防不打击，则会出现防不胜防。

（三）建立风险防范机制。要经常对税务工作各环节进行风险排查，针对暴露出来的苗头性问题和薄弱环节，认真剖析原因，举一反三，及时制定规范，堵塞漏洞，做到未雨绸缪。

同时针对税收政策执行中存在的普遍问题和漏洞，加强税收政策的研究、改进和完善，避免执法风险。

阳泉市郊区人民检察院

2016年10月20日

第三节　法纪检察

1979年前，阳泉市郊区行政区划内的法纪检察案件，由阳泉市人民检察院统一办理。

1980年1月，阳泉郊区检察院设二科从事法纪检察工作。是年，该院法纪检察工作紧紧围绕建设四化、实现四化、保卫四化这个中心工作任务，严格按照法律赋予的检察职能，开展法纪检察和经济检察工作。全年侦办法纪案件4件，其中，建议有关部门处理的法纪案件2件；提起公诉的法纪案件2件。

1981 ~ 1982年，阳泉郊区检察院以整顿社会治安为中心，共查处各类法纪案件5件。

1982年，更名为法纪检察科，具体职能是对刑法规定的刑讯逼供、诬告陷害、破坏选举、非法拘禁等13种侵犯公民人身权利、民主权利犯罪和国家工作人员渎职犯罪案件的直接受理侦查。

1983年，全年受理各类法纪案件17件、20人，经侦查终结提起公诉的法纪案件1件、2人；免予起诉1件、1人；不予追究刑事责任的10件、10人；年底前仍在查处的法纪案件5件、7人。对提起公诉的1件、2人，人民法院均作出有罪判决。通过办理法纪案件，惩处了国家工作人员中的违法犯罪分子，保证了国家财产和公民的人身权利、民主权利不受侵犯，增强了党员干部的法制观念。

此外，根据上级安排和统一部署，从1983年11月开始，重大责任事故、玩忽职守和部分重婚案件，划归法纪检察部门直接受理。

1984年，针对郊区小煤窑多、违章作业多、恶性死亡事故多的特点，从查处重大责任事故入手，共查处重大责任事故案件22件、27人。其中，立案侦查3件、5人；提起公诉2件、3人；经法院审理均作出有罪判决，免予起诉2人，不起诉1人。其余案件阳泉郊区检察院通过调查，认为构不成犯罪，未予立案。是年，调查一起刑讯逼供案件，并向人大提出了专题报告，当事人受到党纪政纪处分。

1985年，阳泉郊区检察院根据不枉不纵的原则，认真实施法律监督，重点打击侵权类渎职犯罪，全年查处重大责任事故和刑讯逼供案件3件。如燕龛乡镇煤矿矿长王某华玩忽职守一案，该王某华为矿长，严重不负责任，不认真检查采掘工作面，对工作面不作具体安排，敷衍应付，甚至擅自离工作岗位，造成死亡2人的重大责任事故。对此，检察干警经过反复调查，认为其构成玩忽职守罪，但基层单位及领导认为王某华是为了生产，并非有意造成事故，希望通过罚款处罚的方式予以减轻责任。为澄清此类模糊观念，阳泉市郊区人民检察院检察委员会认为，全年煤炭企业管理多存在该矿的粗放型问题，应抓住该案，对全区煤矿企业进行一次法制教育，检察长苏密生亲自带领检察干警三次到该煤矿进行实地调查，用掌握的第一手资料和事实，具体分析其中的利害关系，并依法对王某华玩忽职守给予立案，决定追究其刑事责任。

1986年，阳泉郊区检察院法纪检察工作从维护公民人身权利和民主权利的角度出发，加强同各类渎职犯罪作斗争，取得较好的社会效果。全年受理各类法纪案件21件、32人，其中，重大责任事故20件、31人。本年度，郊区检察院根据上级检察院“打破县、区界限，集中力量办案”要求，把查办法纪案件的着眼点和主要精力放在大案要案上，全年立案查处法纪案件3件、5人。向郊区法院提起公诉2件、4人，免予起诉的1件、1人；其他案件交有关部门作行政处理。

1987年，以查处侵权、渎职、重大责任事故“三类”案件为重点，全年受理各类法纪案件20件；其中，立案侦查6件、8人；向法院提起公诉2件、2人；免予起诉4件、5人。不起诉1人；提起公诉的2件、2人，郊区法院均作出有罪判决。在调查、侦查中，向14个单位发出有针对性的检察建议书14件、60余条，大部分被相关部门采用，促进工作的改善。对一起公安干警刑讯逼供侵权案件进行公开处理，在社会上形成良好反响。

1988年，阳泉郊区检察院认真贯彻山西省和阳泉市人大常委会先后作出的《关于加强法纪检察工作的决议》（以下简称《决议》），一是结合官僚主义给国家和人民生命财产造成的损失，分析其社会危害性。二是结合郊区工矿企业多，且发生重大事故也多的特点，充分认识与渎职犯罪作斗争的长期性和促进安全生产的必要性。三是结合部分公民法律意识差，侵权案件时有发生的状况，充分认识搞好法纪检察，对于保护公民人身权利、民主权利的重要性。四是结合学习贯彻《决议》，充分认识克服官僚主义，对维护正常的生产秩序、生活秩序，保障公民的正当权益具有的重要现实意义。与此同时，为贯彻落实《决议》要求，该院提出“三个优先”的措施：一是优先集中领导精力和办案力量办理法纪案件。二是优先保证办理法纪案件的车辆与其他后勤服务。三是在全面承担16种法纪案件的前提下，优先查处侵犯公民人身权利和民主权利的案件、重大责任事故案件和玩忽职守案件。为此，该院印发宣传材料5000余份和法规500册，出动宣传车，在全区各乡镇巡回宣传，利用区有线广播进行专题宣传，使广大干部群众充分了解《决议》精神，以增强对法纪检察工作的认识。

在查处法纪案件中，该院特别注重把好“两关”：一是注意把好立案关。每受理一起案件，均从案件的发案原因和危害结果上，分析其应承担的责任，确定是否立案，在此前提下，抓住重点案件进行侦查，二是注重把好起诉、免诉关，案件侦查终结后，根据犯罪的事实和证据及社会危害程度，结合责任人的悔罪表现，依照法律，正确运用起诉、免诉等惩罚手段，在打击犯罪的同时，教育干部群众。在立案侦查的11个案件中，玩忽职守6案，重大责任事故3案，非法拘禁1案，重婚罪1案，其中，三类案件占立案数的91%。

1989年，郊区检察院组织干警认真学习中共十三届四中全会文件和上级检察院关于大力加强法纪检察工作的指示精神，教育引导干警结合渎职犯罪给国家和人民生命财产造成的损失，充分认识其社会危害性，结合本年度重大责任事故频繁的特点，充分认识与渎职犯罪作斗争的长期性和必要性，结合侵权案件时有发生的状况，充分认识搞好法纪检察对于保护公民人身权利、民主权利的重要性，促使干警深刻领会法纪检察工作是民主政治、法治建设的一项重要任务，也是惩治腐败、促进廉政建设的一项重要内容，从指导思想上确立法纪检察工作只能加强，不能削弱，只能常抓不懈，不能麻痹松劲的观念，从而增强干警强化法纪检察工作的自觉性和责任感。与此同时，为进一步加强法纪检察，专门调配1名法律专业、1名煤炭专业的专业人员充实法检工作，并从紧张的经费中挤出7000多元，购置勘察箱等侦查设备，以保证法纪检察工作顺利开展。

是年，该院法纪检察工作"以提高认识为先导，以创造环境为辅助，以突出侦查办案为重点"，改变过去"一竿子插到底"的做法，实行侦查与批捕、起诉双分离的检察体制，进一步增强内部制约机制，全年共受理法纪案件43件、51人，立案查处20件、23人，立案数比上年度增加82%，建议起诉2件、2人。免诉案件9件、11人，所办案件无一错案。在全市法纪系统评比中，立案查处案件数居全市三区两县之首，占全市法纪案件立案总数的三分之一。是年，为掌握法纪检察主动权，该院一方面加大宣传声势，发动群众举报法纪案件线索，一方面通过办理典型案件，惩戒隐瞒案件的错误做法。1月，某村办企业发生一起死亡一人的责任事故，郊区检察院办案干警赶到现场后，罹难矿工的尸体已经下葬，现场遭到破坏，知情人在基层干部唆使下拒不说明情况。为此，该院请技术人员对现场进行复原勘察，绘制了事故现场图，认为这是一起责任事故，应立案查办，在事实面前，知情人亲自到检察院说明情况。在掌握了全部事实真相后，该院会同郊区安全生产管理部门，将本次隐瞒不报的矿难事故向全区作出通报，并对隐瞒事故真相的单位领导给予重罚。7月，阳泉郊区检察院接到杨家庄乡派出所合同民警段某某刑讯逼供，致受害人王某轻伤的报案后，副检察长高秉明带领法纪干警迅速赶到发案地，当即扣押了打人凶器，对现场进行勘察拍照，对被告人进行讯问，经过20余天深入调查，将该案移送起诉。

是年，阳泉郊区河底镇邓家峪村发生一起轻微盗窃案，几个十二三岁的小学生，盗窃村供销社几瓶罐头，被供销社负责人路某某抓到办公室进行拷问毒打，长达3小时。之后，又被关到村车库 5 小时至 6 小时，被脱掉衣裤，由多人用皮带、水管抽打，直到深夜 2 点左右才被放回家。郊区检察院接到报案后，迅速赶到邓家峪村，收集被告人证词，对受害人伤情进行拍照保存，经现场勘察和详细侦查，取得打人凶手供销社职工路某和村治保主任杨某的证据，依法追究二人的法律责任。

1990 年，阳泉郊区检察院受理各类法纪犯罪案件 45 件，经调查，立案侦查 22 件，立案数比上年度增加 10%。结案 18 件，其中，移送起诉 4 件，移送免诉 19 件，结案率为 82%，立案和结案数都达到历史最高水平。

1991 年 5 月 8 日，阳泉郊区检察院驻区工商行政管理局检察室举行挂牌仪式。参加挂牌仪式的有工商行政管理局各（股）所长，郊区区委、区政府、区人大领导出席会议，阳泉市检察院检察长李庆荣、副检察长周光理到会讲话，区检察长苏密生宣布检察室主任、副主任的任命决定，提出工商检察室的性质、任务，即把检察室办成依法行政、打击经济犯罪的前沿阵地，更好地为经济建设服务。

1992 年，阳泉郊区检察院不断深化对法纪检察工作重要性的认识，加强对公民民主权利和人身权利的法律保护，认真履行法纪检察工作，为经济建设保驾护航的职责，全年受理各类法纪案件 43 件，立案侦查 25 件。在法纪检察工作中，该院一是把查处“侵权”、渎职案件放在突出位置，坚持多办案，办大案，共查处重大责任事故案 23 件，非法拘禁案 1 件，玩忽职守案 1 件，逮捕案犯 3 人，提起公诉 4 人，决定免予起诉 17 人。二是大力开展各种预防犯罪工作，向发案单位发放《检察建议》50 余份，帮助他们建章立制，完善管理。三是利用办案时机，对有关管理人员进行安全生产和法制宣传教育，采取街头咨询，发放传单，与市检察院法纪处、市人民广播电台联合举办法纪检察知识讲座等形式，宣讲法纪检察工作的重要性，提高人民群众同侵权、渎职犯罪作斗争的积极性。通过打防结合，法纪检察取得明显成效，与上年相比，法纪案件的发案率下降 12%。重特大案件发案率下降 50%，矿山、冶金建筑等企业事故发案率下降 2%，侵犯公民人身权利的非法拘禁案件下降 200%，为全区经济建设的健康发展做出贡献。

1993 年，阳泉郊区检察院以狠抓“五类”案件为重点，依法惩治侵权、渎职犯罪，全年受理各类法纪案件 27 件、28 人，立案侦查 19 件、20 人。其中，重大责任事故 17 件、17 人，非法拘禁 1 件、1 人，玩忽职守 1 件、2 人，办结 15 件、15 人，其中，重大责任事故案 14 件、14 人，非法拘禁案 1 件、1 人，同时办结 1992 年积存案件 20 件、21 人。经起诉部门审查，向人民法院提起公诉 7 件、7 人，决定免予起诉 12 件、12 人，另有 16 件、16 人作撤案处理。在法纪检察工作中，该院一是始终把查处群众反映强烈的徇私舞弊、刑讯逼供、非法拘禁、玩忽职守、重大责任事故五类案件作为重点。年初，针对有些单位隐瞒事故问题，向域内企业及时发出《关于查处重大责任事故的通知》，并依法查处了数起隐瞒的重大责任事故案件，刹住了隐瞒事故的歪风。二是把预防犯罪作为服务经济建设的重要手段，先后在李家庄、大阳泉、荫营召开现场会，以案说法，大张旗鼓进行法纪知识教育。三是同区属各企业建立服务联系，定期进行法纪咨询，听取有关安全生产方面的信息，并把河底镇作为安全生产扶持对象，有效地减少了这一地区的重大责任事故，促进了经济建设的发展。

1994 年，阳泉郊区检察院充分发挥法纪检察职能，依法查处“侵权”、渎职犯罪案件。全年受理各类法纪案件 21 件、21 人，立案侦查 17 件、17 人，其中重大责任事故 15 件、15 人，非法拘禁案 2 件、2 人。办结 20 件、20 人（含 1993 年积存案 4 件、4 人），结案率为 95%。在法纪检察工作中，除抓好全区易发的重大责任事故犯罪外，把查处侵犯公民人身权利、民主权利案件放在重要位置来抓，在区委、区人大有力监督支持下，排除干扰，依法查处 1 起公安人员非法拘禁案件，保障了公民人身权利、民主权利不受侵犯。

1995 年，阳泉郊区检察院法纪检察工作受理法纪案件 17 件、17 人，立案侦查 15 件、15 人，其中重大责任事故案 12 件、12 人，玩忽职守案 1 件、1 人，非法拘禁案 2 件、2 人，结案 14 件、14 人，并办结 1994 年积案 1 件、1 人，其中移送起诉 11 件、11 人，移送免诉 4 件、4 人。本年度，阳泉郊区相继发生区办红土岩煤矿煤气爆炸事故、汉河沟村煤矿恶性透水事故、区办野沟煤矿冒顶事故，造成 9 名矿工死亡，造成直接经济损失 20 余万元。为遏制重大责任事故上升的势头，该院一方面及时立案，召开公处大会，对事故责任人给予严肃查处，依法追究有关责任人的刑事责任。另一方面针对事故成因向案发单位发放《检察建议》，责令其建章立制，完善管理，强化干部职工的安全生产教育和法制教育，全年共发放《检察建议》7 份，通过严肃认真的法纪检察，全区重大责任事故发案得到明显抑制，与上年相比，重大责任事故发案率下降 21.4%，有力地促进了经济建设的健康发展。与此同时，该院还立案查处 2 起非法拘禁案件，保障了公民的合法权益不受侵犯。

1996 年，阳泉郊区检察院法纪检察工作受理法纪案件 13 件，经审查，对构成犯罪的立案 9 件、9 人，其中，重大责任事故 7 件、7 人，失职造成重大责任事故 1 件、1 人，矿山企业主管人员失职，造成重大伤亡事故 1 件、1 人，并对郊区人大常委会指定办理的案件作调查核实，针对事故成因提出《检察建议》9 条，有力配合全区开展的安全生产秩序整顿。

1997 年，阳泉郊区检察院在法纪检察工作中，重点查办“三机关一部门”违法乱纪案件和国有企业国家工作人员职务犯罪案件，全年受理各类法纪案件 17 件，其中，立案侦查 10 件、11 人。特别是以执法人员违法犯罪案件为重点，加强监督力度，查办了杨家庄乡派出所指导员非法拘禁案和阳泉市市属燕龛煤矿副矿长玩忽职守案。

从 1997 年 7 月 1 日起，根据新修改后的《刑法》和《刑事诉讼法》有关规定，重大责任事故案不再由检察机关管辖，检察机关受案范围大幅减少。

1998年，阳泉郊区检察院在法纪检察工作中，为全面贯彻刑事诉讼法，特别是最高人民检察院《关于人民检察院案件管辖范围的决定》，全力查办国家机关工作人员渎职案件，及利用职权侵犯公民权利和权益案件，从主动出击抓战机、重视证据办铁案、强化素质练内功三方面入手，立案侦查郊区公安分局1名公安人员涉嫌刑讯逼供案，并侦查终结移送起诉。全年依法决定不立案2件、4人，其中1件，为受害人控告公安人员非法拘禁案。

1999年，阳泉郊区检察院受理法纪举报案件11件、14人，初查10件、13人，查结8件、10人，未结2件、3人，待查1件。

2000年，阳泉郊区检察院贯彻落实高检院、公安部等10部门联合下发的《关于在查办渎职案件中加强配合建立案件移送制度的意见》，加强与有关部门的横向联系。初查法纪案件线索6件，立案侦查民事枉法裁判案件1件、1人。

2001年，阳泉郊区检察院面对渎职侵权案件举报线索下滑的局面，省、市、区三级检察院密切配合，主动出击，进行大量出差调查摸底工作。立案自查法纪案件2件，移送有关部门12件。

2002年，阳泉郊区检察院法纪检察科更名为渎职侵权检察科，立案侦查渎职侵权案件2件、3人。

2003年，阳泉郊区检察院按照上级检察机关“保证数量、提高质量，狠抓有影响大案要案”的终极要求，努力改变渎职侵权案件线索少、立案难、查处难的状况，积极推行“以事立案”的改革措施。初查线索9件、9人，立案侦查3件、1人，其中以事立案2件。

2004年，阳泉郊区检察院开展严肃查办国家机关工作人员利用职权侵犯人权犯罪专项活动，初查渎职侵权案件线索7件，立案侦查2件。

2005年，阳泉郊区检察院在集中查办渎职侵权犯罪的专项工作中，重点查办影响恶劣和严重损害人民群众切身利益的案件，积极参与市、区两级开展的打击私挖乱采“05春雷”专项行动。查封私挖乱采地点、售煤站点20余处，查扣非法开采的煤炭10余万吨。立案查处了一起郊区公安分局派出所副所长滥用职权、私挖滥采煤炭资源渎职案件。协调区法院，为一位村民追回了讨要两年之久的被执行款，该村民给检察院赠送“心系百姓，神速办案”的锦旗表达谢意。2006年，继续加大查处力度，查处渎职侵权案件2件、2人。

2007年，阳泉郊区检察院渎职侵权检察科更名为反渎职侵权局。2007–2008年，积极开展多种形式的专项活动，积极拓宽案件线索来源，共立案侦查渎职侵权案件9件、9人，所办案件均为大要案件。

关于法纪检察，本志仅记载至2008年阳泉郊区检察院相关方面的案件查处和违纪违法事件的纠正，2008年之后，统一归于本志本编《第二章·反渎职侵权案件》。

第三章　职务犯罪预防

一、1979 ~ 2000 年职务犯罪预防

1979 年，阳泉郊区检察院设立三科（一科为刑事检察科，二科为法纪检察科，三科为经济检察科），在依法查处域内经济犯罪案件的同时，制定相应的制度，采取措施，开展经济犯罪预防。

1982 年，阳泉郊区检察院根据 1982 年 4 月 13 日《中共中央、国务院关于打击经济领域中严重犯罪活动的决定》，将贪污作为严重破坏社会主义经济的犯罪行为，在查处和侦办此类案件中，正确掌握政策界限，严格区分和处理两类不同性质的矛盾，严格区分工作失误同贪污犯罪的界限，划清经济工作中的不正之风同贪污犯罪的界限，划清贪污犯罪同实行对外开放、对内搞活经济政策中由于某些制度、办法不完善而发生的问题的界限，划清个人贪污犯罪同化大公为小公的界限，在依法惩治的前提下，进行超前预防。本年度，该院经济检察科、法纪检察科合署办公，两科干警分别深入全区各基层单位，采取集中打击和分化瓦解相结合的方法，深挖贪污、诈骗、受贿等多条经济犯罪线索，打击和预防经济犯罪。

1983 年，阳泉郊区检察院根据第五届全国人大常委会《关于严惩严重破坏经济犯罪的决定》，结合郊区为产煤区、经济繁荣，经济犯罪分子活动猖獗的特点，结合全国性“严打”形势，会同阳泉市公安局郊区分局、阳泉郊区人民法院召开 5 次公判大会，对经济犯罪分子和刑事犯罪分子进行公开宣判，震慑和预防域内经济犯罪。

1984 年，阳泉郊区检察院把对经济犯罪分子和刑事犯罪分子的公判工作与宣传社会主义法制相结合，会同郊区公安分局、郊区人民法院分别在荫营、河底、义井等乡镇召开公判大会，对发生在郊区的数起重大经济犯罪案件和刑事犯罪案件进行公开宣判，在宣传社会主义法制的同时，对全区各重点厂矿企业、产煤集中地区广大农村的经济犯罪，进行超前预防。

1985 年，阳泉郊区检察院继续会同区公安分局、区人民法院，有组织、有计划、有准备地召开 4 次规模较大的宣判大会，对 18 件、24 人的严重犯罪案件，进行公开宣判。其中，包括 1 例贪污贿赂案件，参加宣判大会的群众累计达到 9 万余人次。

1986 年，山西省公安厅、山西人民检察院、山西省高级人民法院、山西省司法厅联合下发《关于督促经济犯罪人员限期投案的公告》，阳泉郊区检察院根据全区经济犯罪案件实际，一是制定《打击经济犯罪实施方案》，在广泛宣传、深入侦办、认

真查处经济犯罪案件，严厉打击经济犯罪分子的同时，深入全区各重点厂矿企业，认真贯彻“一手抓打击、一手抓综合治理”方针。二是针对办案中发现的在管理制度方面存在的漏洞、隐患，及时提出整改建议，帮助发案单位制定措施，建立健全规章制度，加强规范防范工作。三是把经济承包责任制和经济检察责任制建立健全起来，有效控制重大经济犯罪活动的发生。四是结合办案，揭露犯罪，弘扬法律，教育群众，并利用典型案例，开展各种形式的法制宣传活动，以案论法，增强干部群众的法治观念和遵纪守法的自觉性。

1987年，阳泉郊区检察院在继续开展打击严重经济犯罪活动“总体战”的基础上，认真落实山西省委提出的“党委领导、检察院主管、政法各部门密切配合、各单位自查自清”的要求，不断研究新时期经济犯罪的规律，积极协助有关单位，搞好自查自清，建立完善预防经济犯罪承包责任制，开展预防经济犯罪责任制和经济承包责任制相结合的试点工作，加强经济犯罪预防。

1988年8月13日，为进一步适应改革和全面开放的新形势，加强检察机关向人民群众的联系，从根本上开辟案源渠道，发动和依靠广大群众，同经济领域中的违法犯罪活动和国家工作人员，破坏国家的政策、法律统一实施的犯罪行为作斗争，建立廉洁政府，取信于民，根据山西省人民检察院关于各级人民检察院设立经济、法纪罪案举报机构的指示精神，阳泉郊区检察院制定《关于设立经济、法纪案件举报机构的实施方案》，及时发现和严惩经济、法纪犯罪活动，促使国家机构及其工作人员保持廉洁。其中，鼓励群众举报以贪污贿赂为主的经济犯罪，预防经济犯罪活动在各单位蔓延，举报站的主要任务：一是接受经济犯罪分子的投案自首。二是接受人民群众和各企业、各单位，对贪污案、贿赂案、国家工作人员挪用公款案等。为此，该院专门责成一名副检察长（史宝珠）负责举报接受、处置事宜，设立一部专用电话，供群众电话举报，同时接受信函举报和当面举报，对于举报核实有功者，将根据案情大小给予一定的精神和物质奖励。此外，该院决定在各乡镇和企业、厂矿聘请兼职检察联络员，在有条件的乡镇设立检察室，作为检察机关的派出机构和派出人员，加强与人民群众的联系。

是年，该院根据阳泉市郊区第十一届人民代表大会第三次会议关于检察院要在坚决严厉打击严重刑事犯罪活动的同时，要抓紧打击严重经济犯罪活动的要求，在严厉打击严重刑事犯罪的同时，把打击和预防经济犯罪活动作为检察工作的重要任务，针对查处经济案件取证难、阻力大、影响广等特点，明确提出办理经济案件必须坚持“抓准、抓细、抓实”的原则。抓准，即在调查的基础上，把犯罪事实比较明显，经济问题比较严重的线索，作为突破口，查一案成一案；抓细，即认真收集和审查证据，以严密的证据逻辑证实犯罪；抓实，即抓住主要犯罪事实，以防在细枝末节上纠缠而影响主罪的认定。

1989年，阳泉郊区检察院根据最高人民法院和最高人民检察院8月15日发布的《关于贪污、受贿、投机倒把等犯罪分子必须在限期内自首坦白的通告》(以下简称《通告》)精神，在中共郊区区委领导下，同有关部门密切配合，从8月15日至10月31日，集中精力，人力物力，及时、广泛、深入、有针对性地认真落实《通告》，在全区掀起学习宣传、贯彻执行《通告》和打击严重经济犯罪活动的高潮，取得良好效果，群众举报经济犯罪的积极性明显提高，举报线索明显增多，从8月15日至10月31日，即收到举报信函16件，8名犯罪分子投案自首。

1990年，阳泉郊区检察院继续贯彻执行中共中央和各级检察机关有关严厉打击经济犯罪的文件精神，按照“一要坚决、二要慎重、务求搞准”原则，坚持一手抓打击，一手抓预防，持续开展反贪污、贿赂斗争和预防经济犯罪活动，对举报或反映基层领导干部经济犯罪的案件，注意严格掌握政策界限，查明事实，严格依法区分罪与非罪的界限，坚持重证据、重调查研究，依法保护被错告或诬告的基层领导干部，把帮助基层单位整章建制，堵塞管理漏洞，预防贪污贿赂工作落到实处。

1991年，阳泉郊区检察院在突出打击经济犯罪的同时，努力做好预防犯罪工作。该院结合办案实际，认真贯彻“打击、防范、教育、管理、建设、改造”方针，一方面加强法制宣传，扩大办案效果，起诉案件案案都有公诉词，免诉决定件件公开，重大案件的处理次次都有报道，以增强广大群众的法制观念，提高他们同犯罪行为作斗争的信心和勇气。另一方面，认真贯彻执行山西省人民检察院《关于检察工作要为经济建设服务的通知》精神，正确处理办案与服务的关系，寓服务于办案之中，利用检察建议的形式，帮助企业堵漏建制，完善管理，促进企业经济效益的提高和发展，并先后5次派人到20余个企业征求意见，探讨和研究检察工作如何进一步为经济建设服务，并充分利用检察建议的形式，帮助发案单位堵漏建制，消除治安隐患，防止和避免犯罪发生。

1992年，阳泉郊区检察院认真学习贯彻邓小平视察南方重要讲话，学习贯彻中共十四大精神，坚持一手抓惩治腐败，一手抓经济犯罪预防，结合办案实际，深挖经济建设“蛀虫”的同时，帮助企业分析造成犯罪的原因，找出管理制度上的漏洞，建立健全有关规章制度，促进企业管理、预防减少犯罪，从而促进经济发展。如在办理市建材局耐火材料厂厂长王某明贪污案时，立案后即及时向主管部门发出检察建议书，使该厂迅速调整了领导班子，与此同时，该院检察干警先后数次帮助新任领导召开会计、劳资、供销等人员参加的座谈会，帮助该厂查问题、定措施、建章立制，一方面，强化经济犯罪预防，另一方面，积极为经济建设服务。

1993年，阳泉郊区检察院改进工作办法，积极开展横向联系，与郊区纪检、监察、审计、税务、工商等部门通力合作，努力预防计划经济向市场经济转轨的新形势下，经济犯罪分子打着发展经济的幌子，钻改革开放空子，破坏社会主义市场经济秩序，进行着侵吞国家财产的犯罪，一是利用《检察建议》的形式，帮助发案单位堵漏建制，预防犯罪，先后对发案村和域内厂矿企业发放建议20余条，帮助村和企业建章立制，健全财务制度，堵塞管理漏洞。二是借办理经济案件之机，广泛开展法制宣传，分别在义井煤矿、大阳泉煤矿宣传法纪检察工作、经济检察和安全生产的重要性，以强化基层单位预防经济犯罪和职务犯罪的意识。三是深入基层，调查研究，努力探讨新形势下检察工作为经济建设服务的新路子，由检察长亲自带队，先后3次到基层单位，与厂（矿）长和经理座谈，并撰写2篇关于基层生产经营等经济部门预防职务犯罪和经济犯罪预防的调研报告，受到上级检察机关的重视。

2000年，阳泉郊区检察院一手抓办案，一手抓预防，积极开辟治理职务犯罪新途径，反贪部门主动与纪检监督、审计等部门联系，认真研究预防职务犯罪的方法和措施，通过办案和开展检察建议活动，先后发出书面检察建议11份，口头建议30余次，并对落实情况进行回访，帮助发案单位堵漏建制，预防犯罪，把综合治理措施真正落在实处。

二、2001 ~ 2010年职务犯罪预防

2003年5月18日，阳泉郊区检察院为认真贯彻中共中央关于反腐败要坚持标本兼治，综合治理，努力从源头上遏制腐败现象滋生蔓延的要求和最高人民检察院《关于进一步加强预防职务犯罪工作的决定》精神，努力实践“三个代表”重要思想，服从服务于党和国家工作大局，在打击职务犯罪的同时，大力加强预防职务犯罪工作，遏制和减少职务犯罪，制定《预防职务犯罪工作方案》，并成立预防职务犯罪工作领导组，党组书记、检察长张建国任组长。党组成员、副检察长李爱贤、贾金祥、张贵深、刘双富任副组长。

预防职务犯罪预防目标和任务：紧紧围绕全区经济建设中心，按照“教育是基础，法制是保证，监督是关键”的精神，充分发挥法律监督职能作用，建立起有效的预防职务犯罪工作机制和工作机构，在中国共产党领导下，把专门预防、系统预防和社会预防相结合，有效遏制和减少职务犯罪。

预防职务犯罪的原则有五：一是坚持标本兼治的方针。对职务犯罪实行综合治理，惩治于既然，防患于未然。二是坚持中共领导，依靠社会力量和群众参与，在党和国家反腐败斗争和综合治理总体格局中，在党委领导、人大监督和政府支持下，依靠有关部门和社会力量的支持、配合、参与，积极开展预防职务犯罪工作。三是立足检察职能，紧密结合查办职务犯罪案件和履行各项检察监督职能开展预防职务犯罪工作，把预防职务犯罪工作贯穿于检察工作全过程，落实在检察业务工作的各个环节。四是坚持服务党和国家工作大局。增强全局观念，紧紧围绕经济建设中心，结合深化改革，发展社会主义市场经济和实施依法治国方略，及时确定和调整预防职务犯罪工作思路和措施，为党和国家以及本区重大战略部署和决策的顺利实施服务。五是坚持实事求

是。注意结合本区情况和本院检察工作实际，自觉贴近社会生活、经济活动和政府机关的公务活动，及时发现和分析倾向性问题，加强治本力度，努力从体制、机制、制度和管理监督方面提出预防对策，积极协助有关部门、单位建立内部防范机制。

预防职务犯罪重点为：一是在推进经济结构战略调整和体制创新等重大战略部署和决策实施过程中全区发生的职务犯罪；行政执法和司法人员的职务犯罪；金融证券、国有企业、重大建设项目等关系国计民生的重要领域内的职务犯罪；二是同走私、骗汇、制假售假、偷税骗税、经济诈骗等违法犯罪分子相勾结，严重破坏经济秩序的职务犯罪；群体性的、智能化的职务犯罪，以及对社会公共利益可能造成严重危害的职务犯罪。

预防职务犯罪的方式为：一是开展个案预防。每查办、审查一起案件，均向发案单位通报有关情况，发出相应检察建议，并同发案单位共同分析案件发生的原因，总结案情，以案释法，提出防范对策帮助其堵漏建制。二是开展系统预防、加强与金融证券、国企、煤炭、税务、建筑、司法、工商、医院、农村等行业和经济领域的联系和配合，建立预防职务犯罪协会，建立综合治理联系点，共同做好系统预防职务犯罪工作。三是开展同步预防。与有关部门加强联系，及时参与重大工程项目招投标活动，建立提前介入预防机制，参与监督行政审批、财务管理、资金监管等活动。四是开展社会预防。向郊区区委提出《在区委领导下构筑预防职务犯罪的整体格局报告》，成立由区委、区政府“一把手”挂帅的预防职务犯罪机制，逐步构筑职务犯罪社会预防体系。

预防措施有五：一是加强对职务犯罪发生原因、特点和规律的专题调研。准确揭示产生职务犯罪的深层次原因和条件，提高对职务犯罪发展变化的规律性的认识，提高及时发现、预防职务犯罪的预警能力；加强预防职务犯罪对策研究，积极提出建立健全工作机制和管理监督制度等防范和遏制职务犯罪的决策和建议，制定措施，推广预防经验：加强预防职务犯罪的法律政策研究，提出完善立法和落实配套措施的建议，推进预防职务犯罪的法治化建设。二是加强预防职务犯罪信息系统建设，建立预防工作信息库。研制开发职务犯罪案件统计分析、发案规律及发展变化趋势预测等方面的信息系统，广泛收集利用同预防、揭露职务犯罪有关的信息资料，对典型案例和特定事项实行分类建档管理。三是加强预防职务犯罪的专业化建设。充分发挥检察机关预防职务犯罪机构和各业务部门的职能作用，推进检察机关预防职务犯罪工作的专业化发展，逐步形成业务内容完整，工作措施有效，运作程序顺畅，专业水平较高的专门预防犯罪工作机制，该院设立预防职务犯罪检察员，反贪局综合科专职从事预防职务犯罪工作。四是加强职务犯罪主体动态监控预防。建立国家工作人员廉政档案管理制度，以廉政档案管理的方式，对辖区内主体对象基本情况进行登记备案管理，对辖区内国家工作人员，重点部门领导、财会人员，以及需重点监控的职位和人员的基本情况、变动情况，逐项分类进行规范化备案管理。五是充分发挥检察机关预防职务犯罪的主导作用，积极主动建立由有关单位、部门参加的预防犯罪组织，形成预防职务犯罪的网络。加强与纪检监察、政法机关、行政执法机关、行业主管部门的联系，建立联席会议制度，及时交流信息，加强工作沟通和协调，广泛联系社会各界共同开展预防职务工作。六是加强检察建议工作，不断提高检察建议质量。进一步规范检察建议，增强针对性、实效性和权威性。结合办案，积极提出有内容、有分析、有措施的检察建议，并对相关单位适时回访，了解落实情况，对检察建议没有及时落实的，应当向其上级主管部门通报情况。预防职务犯罪检察建议，由职务犯罪预防部门负责归口管理，有关办案部门具体承办，检察长审核签发。七是加强预防职务犯罪的理论研究、政策研究和宣传、教育、咨询工作，充分重视舆论监督的作用，广泛利用各种新闻媒体，以生动鲜活的方式，揭露职务犯罪的危害性，促进国家工作人员树立良好职业道德，严格自律。

为切实把职务犯罪预防目标和预防任务、预防措施落到实处，《预防职务犯罪工作方案》要求：一是加强队伍建设，严明预防工作纪律，在开展预防职务犯罪工作中，要求做到“四个不准”，不准借口预防干预有关部门、单位的正常管理活动；不准利用预防掩盖有关部门、单位存在的问题或者包庇违法犯罪活动；不准干预市场主体的经济行为；不准利用开展预防谋取个人和单位私利。二是建立预防犯罪工作组织协调制度。预防职务犯罪部门和其他业务部门在开展预防职务犯罪工作中，应当加强协调与配合。建立由检察长协调各有关业务部门参加的会议制度，组织、部署和落实检察机关预防工作。对于典型职务犯罪案件，适时组织协调职务犯罪预防部门派员介入案件的侦查、起诉活动，共同研究犯罪原因、手段和发案规律。三是建立预防职务犯罪项目管理制度。职务犯罪预防部门和其他业务部门进行重大预防活动，应当立项并报检察长审批。职务犯罪预防部门统一掌握预防项目，主动做好配合与协调工作。四是建立预防职务犯罪工作总结报告制度。定期总结预防工作的经验和做法，分析研究工作中遇到的新情况、新问题；定期向上级检察机关报告开展预防工作情况。主动向同级党委、人大报告开展职务犯罪预防工作的情况。五是坚持“打防并举，标本兼治，综合治理”“教育是基础，法制是保证，监督是关键”工作方针，强化职务犯罪预防，在历年预防职务犯罪工作的基础上，建立由中共阳泉郊区区委统一领导下的预防职务犯罪工作机制，形成全社会搞预防的工作格局，以区委名义，下发由该院起草的《关于全区副科级以上领导干部开展预防职务犯罪工作的实施方案》，使检察机关开展预防职务犯罪工作纳入全区反腐败工作的大格局中，形成了由区委领导，各职能部门参加的全区预防职务犯罪的社会化网络。该院开展的预防职务犯罪工作，成为一项系统性、社会化的事业。六是推行“五个一”工作方法，开展个案预防。即每办一案，向发案单位发出一份检察建议，在发案单位召开一次座谈会分析成因或举行一次法制讲座，要求发案单位写出一份整改措施方案，要求犯罪嫌疑人写出一份悔过书，承办人和发案单位人员填写一份落实检察建议和整改措施回访表。如亚美建工公司结合企业重组的实际，将原计划处财务统一划归公司计财部管理，对犯罪嫌疑人岳某成给予党内严重警告、行政记大过处分，对犯罪嫌疑人朱某华给予行政记过处分。阳泉市盲聋哑职业学校根据检察建议，用近一个月时间，分四个阶段进行整改，组织职工细算政治前途账、经济收入账、家庭幸福账和人生自由账，使每个职工都认识到遵纪守法的重要性和违法违纪的危害性。郊区通信公司针对财产管理和财务管理方面存在的问题，组织公司员工召开专题会议进行学习、讨论，进行认真整改，对原公司领导自行处理的两辆摩托车重新列入公司财产帐，并进一步修订完善财务管理制度。郊区广播电视局对财务工作制定 7 项整改措施。郊区民政局实行政务公开，把科室职责、办公程序、规定期限，公开收费的标准和内容，各科室收费的项目、收费的依据、收费的标准用图板形式上墙公示，向群众公开，并强化制度，明确责任，健全和完善财务制度，严格收费程序，对凡属收费项目明确规定必须到财务室交款后方可办理，有效防止了管理漏洞。阳泉市公安局郊区分局保安公司，根据检察建议，对个别违法违纪行为的干警，进行严肃的批评教育，并开展队伍整顿，公司财务人员公款私存的行为得到坚决纠正处理。检察建议的有效落实，促进了发案单位各项管理工作的法治化、制度化、规范化的建设，既宣传了法制，又使发案单位的领导和群众增强了依法行政的意识。全年共发出书面检察建议 9 份，口头建议 20 多次，讲授法制课 4 次，每办一案，教育一大片，收到了较好的预防效果。七是建立公职人员预防职务犯罪档案和信息库。特别是根据郊区实际，统一对全区公职人员的情况调查摸底，重点对国家机关、国有企业、事业单位、社会团体以及工商、税务、金融、煤炭等行业部门的公职人员共 132 个单位、670 人建立起档案信息库，并把建立档案信息库的工作延伸到全区 8 个乡镇、146 个农村基层组织中从事公务活动的 430 名公职人员中，形成了较完整的公职人员信息库。为进一步深入开展预防职务犯罪工作打下坚实基础。

2004 年 3 月 5 日，阳泉郊区检察院检察长张建国应邀为郊区工商分局 100 余名干部、职工进行预防职务犯罪法制讲座。检察长张建国从开展预防职务犯罪的重要意义，当前职务犯罪的特点和成因，进行了分析和讲授，并对在行业开展预防职务犯罪工作提出了要求。7 月 2 日，在纪念中国共产党建党 83 周年之际，郊区检察院预防职务犯罪检察员为义井镇机关工作人员、镇属各村“两委”班子的党员干部 60 余人，讲授别开生面的党课。党课围绕党史和现代化建设历程，从依法治国的高度，阐述开展预防职务犯罪的重要意义。党员、干部对检察机关利用党课教育开展法制宣传和预防职务犯罪工作予以高度赞扬。

是年，为贯彻《关于在全区副科级以上领导干部中开展预防职务犯罪工作的意见》，统一协调郊区的预防职务犯罪工作，增强预防工作的权威和实效，中共阳泉郊区区委同意从2004年9月17日起，启用“阳泉市郊区预防职务犯罪领导组办公室印章”，并将该章交由郊区检察院反贪局综合科管理，“郊区预防职务犯罪领导组办公室印章”的启用，标志着阳泉郊区在中共阳泉郊区区委领导下的预防职务犯罪领导体制基本形成，预防职务犯罪作为反腐败斗争的重要组成部分，列入全区中共政治、组织、作风、思想等各项建设的重要议事日程。

与此同时，为了把个案预防继续引向深入，促进发案单位各项管理工作的法治化、制度化、规范化的建设，使发案单位领导和群众增强依法行政的意识。阳泉市郊区人民检察院进一步扩大和建立综合治理联系点，开展系统预防。在国有企业、行政执法部门，建立3个综合治理联系点，先后与金融、保险、国有企业、税务、工商等经济管理部门和行政执法部门建立起横向联系，多次召开座谈会研究探讨治腐、防腐措施。检察长、分管检察长重点对税务干部、交通局等部门管理人员，进行预防职务犯罪教育和法制讲座13次，并聘请阳泉市检察院法制研究室专家，对区属和驻区单位的领导干部和敏感行业部门的部分干部，进行法制讲座和警示教育，收到良好社会效果。

在此基础上，该院进一步加强预防机制网络化建设，推行社会预防。2004年11月，郊区检察院开展预防职务犯罪工作注重社会化和群访群治，先后在全区8个乡镇以及工商、税务、金融、保险、煤炭、建筑、医疗、教育等行业和单位建起40个预防职务犯罪工作联络站，制定工作联系制度，使行业预防职务犯罪工作进一步走上系统化、制度化、规范化轨道。与此同时，在区政府所在地设立警示公益广告11块，利用手机发送预防职务犯罪短信1500余条，扩大了警示空间，使预防职务犯罪工作成为一项系统性、社会性的事业。与此同时，进一步加强对职务犯罪原因、特点和规律的专题调研和预防职务犯罪宣传教育。组织人员深入基层收集资料，对以往的案件进行深入的分析，加强预防职务犯罪的对策研究，提出遏制职务犯罪的决策和建议，先后有2篇预防职务犯罪专题论文被《阳泉检察》采用刊发。

2005年，阳泉郊区检察院积极开展预防职务犯罪工作。春节、元宵节期间，该院通过手机发送有关廉洁自律、预防职务犯罪等内容的短信4000余条，“忠告”公职人员从自身做起，坚决抵制利用节日之际送钱、送物和接受钱物等腐败现象，受到有关部门充分肯定，对此，《检察日报》专门进行专题报道。为增强预防职务犯罪工作的现实性，郊区检察院组织区公、检、法部门的党员干警，区委办、政府办、区税务、工商、煤运公司以及金融系统等全区敏感岗位有关党员干部300余人，到阳泉第一监狱接受警示教育，通过服役人员的现身说法，教育警示广大党员干部提高廉洁自律的主动性。并结合办案工作和典型案例，向有关单位和部门提出检察建议，帮助其整章建制，堵塞漏洞。区委副书记、纪委书记、区预防职务犯罪领导组组长王梦贺，区委常委、政法委书记、区预防职务犯罪领导组副组长王如生，参加会议并讲话，要求广大共产党员，特别是领导干部，自觉投入先进性教育活动之中，真正在内心深处筑起一道反腐防变的堤坝。

是年，郊区检察院还举办预防职务犯罪法制讲座15次，向有关单位巡回展出宣传挂图2套，在郊区主要街道设立长期反腐公益广告牌11块，对预防职务犯罪的发生发挥了积极作用。同年8月5日，郊区检察院召开全体干警大会，传达最高人民检察院检察长贾春旺《关于开展好集中查办破坏社会主义市场经济秩序渎职犯罪专项工作的批示》、山西省人民检察院检察长陈大豪在全省检察长会议上的讲话和市检察院检察长张仲马在全市检察长工作会议上的讲话精神。

2006年4月13日上午，阳泉郊区在区检察院召开预防职务犯罪工作联席会议。中共阳泉市郊区区委预防职务犯罪工作组领导成员，以及40个预防职务犯罪工作联络站的主要负责人参加会议。会议回顾总结了2014–2016年开展预防职务犯罪工作的情况，安排部署了今后一个时期开展预防职务犯罪工作的总体要求。区检察院检察长、区委预防职务犯罪工作领导组副组长张建国，在会上作预防职务犯罪工作报告。郊区区委副书记、区纪检委书记、区委预防职务犯罪工作领导组组长王梦贺作讲话，并提出五点工作要求。阳泉市人民检察院副检察长、反贪局长郭隆文对进一步做好预防职务犯罪提出具体指导意见。

2007年，阳泉郊区检察院立足检察工作职能，深化职务犯罪预防，建立健全预防工作内外部协作机制，注重对犯罪形态的分析，加强对职务犯罪预防对策的研究，把预防职务犯罪工作，纳入全区反腐败工作的大格局中，形成由区委领导，各职能部门参加的全区预防职务犯罪的社会化网络。先后为本院人民监督员、区煤运公司、区信用联社以及驻地国企等单位举办预防职务犯罪法制讲座和警示教育28次，受教育人员达2000余人次；为辖区的有关单位订阅《检察日报》100余份，对48个单位制定出预防职务犯罪工作措施；先后在电台、电视台、报纸开辟专版、录制专题节目16次；向全区的公职人员发送廉洁自律的短信1000余条；为辖区的近1000名公职人员建立廉政档案；为新增的8个预防职务犯罪联络站进行挂牌，建立了相应的办事机构；在此基础上，有针对性地开展个案预防，对区重点工程，如瑞丰花园、梅花园组团工程等开展专项预防，预防犯罪工作落在实处，收到较好的预防效果。

同年6月，阳泉郊区检察院针对某煤炭运销公司连续发生贪污、受贿、挪用公款等犯罪情况，有针对性地开展职务犯罪预防工作。一是加大个案预防工作力度，开展“五个一”工作法。二是帮助该公司建立完善的管理制度。三是针对特殊岗位人员开展警示教育。四是配合该公司建立警钟长鸣长效机制。

2008年2月，在春节、元宵佳节来临之际，阳泉郊区检察院通过发送“声誉重于生命，定能严于律己；私欲高于道德，必将滑入陷阱”的手机短信，向全区领导送去“两节”问候的同时，也提醒广大公职人员要时刻不忘廉洁自律，预防职务犯罪。郊区检察院连续三年采用现代化的通信手段，以发短信的方式引导和教育公职人员廉洁自律，开展预防职务犯罪工作。

2008年10月，该院分管反贪污贿赂工作的副检察长张贵深，应邀参加郊区安监局、煤管局召开的煤炭领域反腐败专项斗争大会。张贵深结合近年来查处的煤炭系统或与煤炭系统有关的行政执法部门的职务犯罪案件，就开展煤炭领域反腐败斗争的重要性和紧迫性作了讲解，宣传中国共产党和国家反腐倡廉的政策和法律，教育干部职工举一反三，吸取教训，牢固树立廉洁从业的意识，与会者受到很大触动。

2009年6月23日，阳泉郊区检察院在郊区体育馆门前举行以“反腐倡廉保民生，公平正义促和谐”为主题的大型举报宣传活动。该次活动共出动警力20余名，宣传车5辆，展出宣传版画18幅，发放宣传资料3000余份，现场接受群众咨询17人次。6月25日，郊区院再次出动宣传车辆，深入荫营镇、荫营煤矿、义井镇、河底镇、平坦镇、白泉工业园区等乡镇主要街道进行巡回宣传。整个活动中心突出、形式多样、内容丰富，宣传活动取得良好的社会效果。

是年，该院严格按照《人民检察院预防职务犯罪工作规则》和《山西省预防职务犯罪工作条例》开展工作，按照“系统抓、抓系统”的方法，对金融、税务、交通、国土等重点单位和部门开展系统预防，建立预防职务犯罪联席会议制度，新增预防职务犯罪工作联系点3个，使预防职务犯罪联系点增加为51个，形成预防职务犯罪的社会化网络。针对郊区实际，开展各种形式的送廉下乡活动，在全区乡镇进行法制巡回宣传，发放宣传资料3000余份。对部分乡镇的村支两委进行法律和预防职务犯罪知识培训，增强农村基层工作人员的抵抗力和免疫力。

2010年1月，郊区院组织辖区内党政机关、国有企事业单位1100多名工作人员，进行《山西省预防职务犯罪工作条例》知识考试，营造职务犯罪预防工作的浓厚氛围，普及职务犯罪预防工作知识，提高辖区内国家工作人员的法制意识，为职务犯罪预防工作的顺利开展奠定了基础。

2010年3月，阳泉郊区检察院与郊区交通局联合，共同探索有效推进职务犯罪预防工作的新方法、新途径。除上法制课外，郊区院与交通部门还将建立联席会议制度，针对行业特点，共同查找引发职务犯罪案件的诱因，研究制定切实可行的预防对策。同时积极开展预防调查分析，建立查办案件协调配合、行贿犯罪档案查询等制度，争取形成一套行之有效的预防工作新机制。

阳泉郊区检察院开展“依靠群众、反腐倡廉、服务大局”为主题的“举报宣传周”活动。2010年6月中旬，在《郊区报》登载“举报宣传周”专题文章，重点介绍举报的相关知识，并对郊区院的举报电话、举报地址以及检察长接待日程安排进行了公示。6月21日至6月25日，在郊区体育馆门前设立宣传点1个，有副检察长1人、检察干警15人参加宣传，宣传周活动设置宣传展板10块，发放宣传资料和宣传手册1000余份，检察长现场接待8人，提供法律咨询26人次，受理控告案件2件。派出宣传活动车6辆，采取集中宣传和分组宣传的方式，前往辖区河底镇、义井镇、李家庄乡、固庄矿、荫营矿等多地进行巡回宣传，发放宣传资料近千份。

2010年8月，为鼓励人民群众积极举报职务犯罪，推动反腐败斗争的深入开展，根据《最高人民检察院举报工作规定》和《最高人民检察院奖励举报有功人员暂行办法》，阳泉郊区检察院制定出台《郊区人民检察院奖励举报有功人员办法》。该《办法》的出台使奖励工作更趋规范化、制度化，有利于提高人民群众举报职务犯罪案件的积极性，为查办职务犯罪，推动反腐败斗争提供良好的制度保障。

是年，阳泉郊区检察院预防职务犯罪工作突出重点，注重实效，对48个预防点领导组进行了调整，在30个重点单位举办预防职务犯罪讲座，在郊区小河村建立预防职务犯罪警示教育基地，组织全区千余名公职人员参加预防知识考试，并完成李荫路“11·17”、西南舁路段“10·30”特大交通事故的预防调查报告。此外，为配合新北区建设，该院及时对重点工程展开专项职务犯罪预防，从招标投标、合同签订、材料采购、资金结算等方面，全方位、全过程提前介入，堵塞职务犯罪漏洞和隐患。与此同时，该院全面开展行贿犯罪档案查询，共查询行贿犯罪档案68例，查询数量在全市检察机关名列前茅，在对漾泉大道一期工程进行行贿犯罪档案查询中，发现某投标单位有行贿犯罪记录，不符合投标资质，及时将查询结果告知招标单位，从而保证该工程招投标工作的顺利进行。

三、2011 ~ 2018年职务犯罪预防

2011年3月14日上午，阳泉市检察机关职务犯罪预防工作会议在郊区院召开。市院副检察长郭隆文，各基层院职务犯罪预防工作负责人，及市院预防处全体干警参加会议。市院预防处处长石文亮对2010年度全市预防工作进行总结，并对是年的预防工作作出具体安排。市院预防处工作人员对行贿犯罪档案查询及报表工作进行了培训，各基层院还就开展预防职务犯罪工作进行经验交流。副检察长郭隆文就做好今后职务犯罪预防工作提出三点要求：一是要进一步加强开展预防工作的力度，增强责任感、使命感；二是要认真贯彻《山西省预防职务犯罪工作条例》，加大宣传力度；三是要树立争先创优意识，预防工作要争创全省工作一流水平。

2011年4月13日上午，阳泉郊区检察院预防部门组织辖区内预防职务犯罪领导组成员单位的300余名党政干部和相关人员参观“法制与责任——全国检察机关惩治和预防渎职侵权犯罪展览”山西巡展，巡展以典型案例和生动事实来教育和警示领导干部防微杜渐、举一反三，依法正确行使人民赋予的权力，不断提高法治意识、责任意识。不少单位和参观人员认为，举办这次巡展活动非常必要，是一个很好的警示教育课堂，进一步增强了广大党员干部特别是领导干部反腐倡廉的意识，提高了拒腐防变的能力。

2011年6月20日至6月24日，阳泉郊区检察院开展以“加强渎职侵权检察工作，促进依法行政与公正司法”为主题的“举报宣传周”活动。检察长王建明进行专题电视讲话，向全区广大群众介绍检察机关加强渎职侵权检察工作，服务郊区经济发展的工作要点和落实举报奖励制度、保护举报人权益措施，以及方便群众举报等情况。并在郊区体育馆前设立宣传点，副检察长张贵深现场接待群众，并接受区电视台记者采访，举报中心、反渎局等六个部门共同组织开展本次宣传。

是年7月11日上午，阳泉郊区检察院召开由科长以上干部参加的“查办职务犯罪案件百日大会战”动员会，会议由检察长王建明主持。副检察长张贵深传达阳泉市检察院“百日大会战”动员会精神，检察长王建明提出四项工作要求：一是统一思想，提高认识，确保实现市院确定的办案目标并力争提前完成或超额完成办案任务。二是加强领导、落实责任，注重从重点领域和重点环节上突破。三是强化两个意识，保证办案质量和办案效率。四是严格防范、确保安全，认真落实安全责任制和安全预案。

2011年，阳泉郊区检察院按照惩防并举，注重预防的要求，深入开展职务犯罪预防工作。一是将预防工作纳入全区反腐败工作的总体格局当中，形成由中共阳泉郊区区委领导、检察机关牵头的预防职务犯罪大格局，本年度新增预防职务犯罪联络点3个，全区预防职务犯罪联络点总数达到53个。二是积极开展预防宣传和预防分析，达到办理一案，教育一片的警示作用。组织辖区内预防职务犯罪领导组成员单位的300余名党政干部参观“法制与责任——全国检察机关惩治和预防渎职侵权犯罪展览”阳泉巡展，检察干警到有关行业、单位和乡镇，举办预防讲座75次，受教育的党员干部达2000余人次。针对二手车交易市场暴露出来的利用汽车以旧换新，贪污国家补贴款案开展预防调查，分析发案成因，提出预防对策。三是根据郊区基建项目和外来企业不断增多的情况，不断完善重大项目和重要部位的预防监督制度，特别是把行贿犯罪档案查询，作为开展重大建设项目招投标、市场主体监管的必经程序，以有效防范违规违纪行为，对规范市场举序，加快建立社会信用体系发挥积极作用。

2012年6月25日–6月29日，阳泉郊区检察院开展以“惩防并举、保障民生”为主题的“职务犯罪举报宣传周”活动。在郊区体育馆前设立宣传点，检察长王建明、副检察长张贵深带领反贪局、反渎局、控告申诉、民事行政、预防职务犯罪及政工部门检察干警，在现场接待群众，并对群众提出的问题一一进行解答。阳泉市检察院副检察长郭隆文、控申处处长刘艳萍，在现场进行宣传指导。本次活动现场设置宣传展板10余块，发放宣传资料和宣传手册2000余份，提供法律咨询20余次，“职务犯罪举报宣传周”期间，该院另出动6辆宣传车，到全区各乡镇进行巡回宣传。

同年10月19日，阳泉市郊区预防职务犯罪工作领导组第二次会议在郊区玉泉宾馆六楼会议室召开。中共阳泉郊区区委常委、纪委书记、区预防职务犯罪工作领导组组长孙毅，副区长、区预防职务犯罪工作领导组副组长郭满仓，区检察院党组书记、检察长、区预防职务犯罪工作领导组副组长王建明出席会议。会议由区人大常委会副主任、区预防职务犯罪工作领导组副组长王可剑主持。全区53个单位和部门的预防职务犯罪工作负责人参加会议。会议下发《关于调整阳泉市郊区预防职务犯罪工作领导组组成人员的通知》和《关于在全区开展预防职务犯罪工作“五进”实践活动的指导意见》（开展预防职务犯罪工作“进机关、进企业、进社区、进乡村、进学校”实践活动）。区检察院党组书记、检察长、区预防职务犯罪工作领导组副组长王建明，通报2008年以来检察机关开展预防职务犯罪工作情况，并对下一阶段全区的预防工作作出部署。区委常委、纪委书记、区预防职务犯罪工作领导组组成孙毅对预防工作提出五点要求。

2013年，阳泉郊区检察院进一步强化职务犯罪预防，一是认真贯彻执行《山西省预防职务犯罪工作条例》和全区预防职务犯罪工作会议精神，对全区48个预防工作联系点组成人员进行调整，加强预防工作社会化网络。二是针对征地拆迁、农机补贴、农合医疗以及新农村建设等重点领域开展预防调研，深入剖析职务犯罪发案原因，形成预防调查报告22份，案例分析8份，为区委、区政府决策提供参考，特别是该院提出的设立农村专项资金专户管理的检察建议，受到区委、区政府领导的高度重视，为区委、区政府决策提供参考。三是加强警示教育和宣传工作，开展预防职务犯罪工作“五进”活动，选择20多个重点单位举办警示教育和法制讲座，向全区181个行政村“两委”干部寄送廉政公开信，并深入18家企事业单位，开展预防讲座28次，下乡巡回宣传活动22场，为有关单位提供行贿犯罪档案查询357件次，廉政宣传教育片被省检察院评为优秀奖。四是实现行贿犯罪档案查询与高检院联网，为有关单位提供查询98例。

2014年，阳泉郊区检察院继续认真落实《山西省预防职务犯罪工作条例》，着力推动预防工作规范化发展。在国有企业、金融、教育、行政执法等行业开展专项调查，形成专项调查预防报告6份，结合办案进行案例分析7件次，开展警示教育宣讲和预防讲座40余次，开展行贿犯罪档案查询362件次，提出预防犯罪检察建议并被有关单位采纳10件，收到良好的社会效果。在充分调研的基础上，认真撰写预防职务犯罪年度报告，为区委、区政府推进反腐倡廉建设提供决策依据。

2015年，认真落实《山西省预防职务犯罪工作条例》，着力推动预防工作深入开展。一是深入开展涉农惠农领域专项预防，先后对西南舁乡和河底镇部分农村“三资”管理情况进行预防调查，针对“三资”管理使用中存在着制度不健全、监督管理不到位等问题，有针对性地提出预防措施，形成预防调查报告3份。二是积极开展“五进”活动，努力构建预防职务犯罪体系。在广泛开展预防调查、预防咨询和预防宣传工作的基础上，以预防职务犯罪为重点进机关，与区发改委等部门建立联席会议、信息互通、执法监管联防工作机制。以促进企业健康发展为目标进项目，根据山西省人民检察院关于在全省重点工程项目开展“十百千”（阳泉市郊区人民检察院为继续深化推进全省检察机关预防职务犯罪十个领域、百个项目、千个联络站点）专项活动的要求，在生态新城起步区、阳泉生活垃圾焚烧发电等重点工程项目中建立预防职务犯罪联络点，推动全区综改攻坚、创新驱动、项目见效工作。以宣传教育为目的进农村，以土地征用、涉农惠民补贴、资金管理使用等发生在群众身边的职务犯罪案例为警示内容，开展警示教育宣讲和预防讲座15次，引导农村基层组织工作人员廉洁奉公、勤政为民，推动农村反腐倡廉制度建设。三是加强预防职务犯罪工作研判。对全院查办的基层党员干部违法违纪情况进行汇总和梳理，对西峪掌村原村主任吕某、村民委员会原报账员吕某华等人合伙贪污案和大阳泉村原党总支书记黄某创玩忽职守案2起典型案件进行重点分析，深入剖析犯罪成因，提出预防改进对策，促进有关部门加强监管和完善制度。四是充分发挥行贿犯罪档案查询平台作用。对工程建设、项目招投标、政府采购等项目开展行贿犯罪档案查询631件次，发现有行贿犯罪记录的单位2例，有行贿犯罪记录的个人6人，切实发挥行贿犯罪档案查询系统在项目准入方面的拦截功能以及对社会诚信体系建设的促进作用。区委、区政府对该院预防工作高度重视，主要领导批示郊区院报告总结分析当前阳泉郊区职务犯罪原因，起到警示广大农村干部廉洁奉公的作用，有力推动了全区职务犯罪预防工作。

是年6月23日～26日是全国检察机关第17个“举报宣传周”，根据最高人民检察院的统一部署，主题是“落实举报规定，推进反腐倡廉和规范司法”。在本次举报宣传周期间，郊区院共组织开展四项活动：一是召开“举报宣传周”新闻发布会。二是到乡村、社区、机关、企业、学校设点宣传。三是举办检察长接待日，共接待来访群众12人次。四是到重点单位、乡镇、社区等进行巡回宣传。

是年12月27日，郊区检察院完成《关于郊区涉农惠民领域职务犯罪预防工作专项报告》。

2016年3月29日，为深入贯彻落实区委、区政府关于开展“冬季行动”的要求，强化渎职犯罪警示预防教育，促进依法行政、公正执法，郊区院组织区直机关负责人召开以“权力不可任性”为主题的渎职犯罪警示预防教育会议。会上播放了渎职犯罪警示预防教育专题片《权力不可任性》，并对省院出台的《关于充分发挥渎职侵权检察职能作用，依法服务和保障我省经济社会发展的意见》征求与会单位的意见。郊区院反渎局局长杨培龙介绍三年来查办和预防渎职犯罪案件情况以及渎职犯罪的特点和危害。2012–2015年，郊区院共立案侦查渎职侵权犯罪案件10件、11人，其中，大要案6件、7人，占立案数的60%，均做出有罪判决。区国土局、国税局负责人作为代表分别作表态发言，表示要从思想上强化对权利的敬畏，牢固树立审慎用权的理念，坚决防范权利滥用，正确履职，依法行政，杜绝渎职。通过召开本次会议使全区国家机关工作人员充分认识渎职犯罪的严重性、危害性，让广大党员干部在警示预防教育活动中受警醒、明底线、知敬畏，在服务全区经济社会发展中不失职、不渎职，努力营造“马上就办，真抓实干”的良好氛围。

2016年6月16日，郊区院组织召开自侦工作推进会。院党组书记、代检察长严志勇、副检察长杨建民、王权政和反贪局、反渎局全体干警参加会议。会上，分管反贪、反渎的副检察长和反贪、反渎局局长分别就上半年的工作情况进行汇报，剖析工作中存在的问题及不足，提出下一步的工作目标和重点。严志勇代检察长对上半年自侦部门取得的成绩和干警们付出的努力予以肯定，对当前排名相对靠后、案件数量下滑等落后原因进行了客观分析，就如何做好下一步工作提出五点要求：一是要加强组织领导，自侦工作是团队性很强的工作，自侦部门的领导要以上率下、靠前指挥，亲自参与办案，要善于凝聚人心、团结协作，上下形成合力。二是要努力扩大案源，针对当前有价值的案件线索存量较少的情况，自侦部门要加强与纪检、公安和院各部门的联系，注意深挖案源，要根据郊区实际，结合以往经验开展工作，以点带面，深挖查串，弥补案源不足。三是要加大办案力度，始终保持高压态势，抓重点领域，盯紧重点环节，尤其要加大对扶贫领域职务犯罪案件的侦查力度。四是要加强部门之间的配合，自侦部门要加强与其他科室之间的通力协作，全院各部门也要把协助自侦工作当分内事，要本着认真、负责的态度通力合作，全院上下都要有“一盘棋”的思想。五是要注重办案质量和安全。在抓案件数量的同时更要保证质量，要做好案件的评查和总结工作，不断提升办案经验和水平。办案过程中要强化安全意识，强化办案纪律和安全防范措施，牢固树立安全第一的理念，以规范的执法行为保证办案安全。

是年，郊区院紧紧围绕中央扶贫开发重大决策部署，把查办和积极预防扶贫领域职务犯罪是检察机关服务和保障扶贫开发工作的重要举措，立足扶贫领域职务犯罪基本特点，以专项工作为抓手，率先加强与扶贫开发部门协作配合，并积极与区农委联合制定《关于我区在扶贫开发领域职务犯罪工作中加强联系配合的实施方案》，建立扶贫开发领域预防职务犯罪领导小组，制定联席会议制度，形成预防扶贫开发领域职务犯罪工作“上下统一、内外整合、总体统筹”的工作机制，有力保障了扶贫政策和资金的落实到位。

是年，为扎实推进“两学一做”学习教育，提高基层党组织书记开展党务工作的能力，中共阳泉郊区区委举办基层党支部书记培训班，区检察院专职委员、职务犯罪预防科科长史如斌受邀，对参加培训的近400人进行预防职务犯罪专题讲座，一是介绍近年来郊区职务犯罪的现状，分析当前职务犯罪呈现出的特点；二是结合多年办案经验，从如何正确看待腐败，预防职务犯罪的必要性、怎样预防和遏制腐败，如何抓好反腐倡廉工作等方面进行分析。三是从多年办案经验出发，以真实案例和发人深省的教训告诫大家，一定要从思想上提高认识，时刻敲响警钟，加强教育和学习，遵守国家的法律法规，正确对待自己手中的权力，好好珍惜目前的工作和生活，避免重蹈覆辙。增强了全区党员领导干部的法律意识、忧患意识和责任意识，使听课干部深刻认识到职务犯罪的危害性和预防职务犯罪工作的重要性。

是年，阳泉郊区检察院更加注重发挥预防作用，在继续深入贯彻落实《山西省预防职务犯罪工作条例》基础上，全面强化检察环节的职务犯罪预防，在全区行政机关开展以“权力不可任性”为主题的渎职犯罪警示教育活动，受教育人数达 1200 余人次。积极开展涉农、扶贫领域预防职务犯罪分析研究，形成预防职务犯罪专项报告 6 份，提出预防建议 7 件。区委、区政府主要领导对该院预防工作调查报告作出重要批示，为推进全区廉政建设提供决策依据。

2016 年 12 月 19 日，根据最高人民检察院关于强化对生态环保领域预防职务犯罪工作的安排部署，紧紧围绕省委“一个指引、两手硬”的重大思路和要求，结合山西向东开放桥头堡、晋东区域中心城、转型发展先行市、城乡统筹示范区的建设，充分发挥检察机关的职能作用，在环保系统建立健全惩治和预防职务犯罪的体系，从源头上遏制和减少职务犯罪的发生，阳泉郊区检察院、阳泉郊区环境保护局联合制定《加强对环保领域开展职务犯罪专项预防工作的实施方案》。本次专项预防活动主要结合国家环保部约谈提出问题的整改落实，结合阳泉郊区环保系统发生的职务犯罪及违法违纪案件所暴露出来的问题，一是深化改革各项措施落实，以《阳泉市环境保护工作职责规定（试行）》《阳泉市环境保护督察实施方案（试行）》《在全市开展环境保护大检查的通知》等的贯彻落实情况为目标，推动廉洁勤政制度落实，防止不作为、乱作为现象发生。二是针对环保部约谈提出的问题，以环保部约谈提出的 15 个问题为主要内容，对环境保护综合整治“冬季行动”，“七大环保攻坚战”完成情况考核工作开展预防调查，及时提出问题，提出检察建议。三是突出大气污染防治，以《阳泉市 2016 年大气污染实施方案》实施情况为主要内容，对 2015 年、2016 年“控煤、治污、管车、降尘”任务完成情况考核工作开展预防调查，及时发现问题，提出检察建议。四是狠抓水环境治理，以《阳泉市水污染防治 2016 年行动计划》落实情况为主要内容，对水污染防治专项资金、项目、工程运行情况开展预防调查；对跨界断面生态补偿机制完善方案、重点行业专项整治方案落实情况开展预防调查。五是推进土壤治理，以对重点区域土壤环境质量监测风险点位布设工作情况，土壤污染修复试点示范工作情况，全区废弃工业企业场地排查和动态更新情况，重点污染场地环境风险评估和修复工作情况等开展专项预防调查。六是统筹推进城乡生态环境，针对全区以矿区、自然保护区、风景名胜区等为重点的各类开发建设、企业生产经营中存在的环境问题以及各类环境风险源等排查情况、采煤沉陷区生态治理情况及《山西省采煤沉陷区治理试点工作矿山生态环境详细调查实施方案》实施情况，推进农村生活污水治理工作情况，开展专项预防调查。七是加强环境监管执法，以违法违规建设项目清理整顿、加强环境保护综合督查开展情况为重点，对环境监测、行政处罚、信访办理、环境影响评价、案件移送等各个环节进行专项预防调查，增强环保工作人员的法制意识，杜绝职务犯罪行为的发生。

2017年2月，根据上级部门关于司法体制和监察体制改革试点工作要求，阳泉市郊区人民检察院将反贪污贿赂局、反渎职侵权局、职务犯罪预防科，整建制转隶新成立的阳泉市郊区监察委员会管理。

附：《关于郊区涉农惠民领域职务犯罪预防工作专项报告》

随着中国农村改革的深入发展和社会主义新农村建设不断推进，中央和地方相继出台一系列支农惠农政策和措施，截留农村基础设施建设和拆迁改造、农村土地征用开发、支农惠农专项款，骗取农村教育和医疗卫生资金等涉农贪污贿赂、渎职侵权等职务犯罪也日益突出。为更好的预防涉农惠民领域职务犯罪，进一步规范农村专项资金使用情况，阳泉市郊区人民检察院对郊区涉农惠民领域开展了专项预防工作，并有针对性地提出了预防对策。

一、郊区涉农惠民总体情况

近年来（2012-2014年），阳泉市郊区年各项涉农惠民资金财政预算安排数为139396.86万元。其中：农民补贴、补偿资金26101.11万元；农业生产发展资金28650.49万元；农业生态修复和治理资金8671.98万元；农村社会事业及公共服务资金74386.26万元；扶贫开发资金1080.06万元；其他类投入资金506.96万元。通过实地走访、调阅资料，从整体看，我区涉农惠民专项资金工作运行比较平稳，虽然我区经济发展相对滞后，但在财政紧张的情况下，仍然保证了爱民、惠民工程等各项涉农资金的正常拨付，从而保障了郊区农业的平稳发展和各项涉农惠民政策的落实，对发展郊区农村经济，提高农民生活水平和保持农村和谐稳定起到了良好作用。

二、涉农惠民领域职务犯罪的特点

随着国家对“三农”问题的日益重视，危害民生民利职务犯罪的打击力度在不断加大，涉农惠民领域有渐趋规范的趋势，但通过我院查办的涉农领域职务犯罪案例，窥探出涉农领域职务犯罪案件具有以下一些特点。

（一）犯罪主体基层化，村干部犯罪高发，且犯罪主体蔓延。涉农职务犯罪主体主要是农村基层党支部书记、村委会主任、财务人员等，具有一定的人、财、物支配权和管理权，而且大多数涉案人员学历层次较低，法制观念淡薄。

（二）窝案、串案增多。从作案手段来看，横向主要是村支书、村主任、村会计合谋作案，左右串通，共同贪污；纵向主要是村干部在取得上级资金拨付过程中，与乡镇及上级职能部门有关公职人员上下串通，弄虚作假，贪污贿赂。

（三）犯罪领域随着新农村建设涉及面广而逐渐拓宽，基础设施建设和国家各种补贴中的职务犯罪较为突出。

（四）犯罪手段复杂多样。少数村惠农资金政策执行不到位，发生村干部相互勾结，利用手中职权为自己谋私利，采取虚开发票、虚列支出等形式，以工程建设的名义向国家“乱要钱，多要钱”，开“大头票”，涉及工程款项的实际支出少而入账报销多，将多余款项非法占为己有，甚至没有支出也虚造支出，开具假发票入账，非法占有国家资产。

三、涉农惠民领域职务犯罪的原因

从近年来查处的涉农职务犯罪来看，导致案件频发的因素是多方面的。主要包括：

（一）群众信息获取不对称。现在农村许多村民不关心村务，对国家和政府的惠农补贴政策不甚了解，更谈不上知情、参与和监督。由于缺乏受益人、利害关系人的监督，村务公开、财务公开制度得不到有效执行，人民群众切实相关的经济热点问题公示不全面、不及时，群众一般难以了解个中内情，客观上使得“村务公开”变成了写在纸上，挂在墙上，应付上级检查的口号。

（二）为官动机不纯，法制观念淡薄。从查处的涉农基层干部职务犯罪案件来看，大多都是曾经在基层组织中起过带头作用的干部，究其走上职务犯罪道路的主要原因，在于放松了政治理论和法律法规的学习，对自身的作用和责任缺乏清醒的认识，理想信念动摇，公仆意识淡薄，一旦面对享乐主义、拜金主义的侵蚀，则无法抵挡住腐朽思想的刺激和诱惑。

（三）项目渠道多、资金量大。财政支农资金是中央、省、市、区为促进农民增收、农业增效，从提高农民种粮积极性和减轻农民负担出发，专门设立的具有专门用途的资金。基层工作千头万绪，村干部既是补贴发放的执行者，又是管理者，面对国家众多扶植农村的项目和大量的资金易出现偏差。例如我区存在一些村干部文化低、法律意识不强，面对经手的大量资金的诱惑，易产生占为己有的思想。例如某村村委会主任、会计等人相互串通，在“户户通”工程中采取了非法手段，贪占专项资金，给本村的发展和村民的生产生活带来严重的危害。

（四）涉案点多面广，预防合力难成。涉农职务犯罪涉及农村基础设施建设过程、农村土地开发征用及征地补偿款管理、社会保障改革、镇村政权选举过程，以及抢险、救灾、移民等款物的管理和使用等过程，涉及领域和环节十分广泛。但是有些涉农职能单位和部门对涉农职务犯罪预防工作的重要性及紧迫性认识不够，对开展涉农职务犯罪预防工作不够主动深入，预防工作整体合力难以形成。

（五）主管部门监管不到位。村干部在受政府委托处理“三农”工作中，虽处于政府权力的最基层，但在新农村建设中，对一些涉农资金的使用、发放及农村基层设施建设都拥有一定的决定权。个别村级财务制度不完善、会计手续不齐备，还有个别白条下账、虚开发票、单据凭证不全、账目不清、做账报账不及时。虽然实行了“村财乡管”，但在有些乡镇对村级账目审查不严，收据发票来源与款项的去向难以核实，审批“走过场”，对具体事项的监督还处于不力状态，给村干部的职务犯罪留下了一定的空间。

四、涉农惠民领域职务犯罪的预防对策

涉农惠民领域职务犯罪一定程度上阻碍了城乡统筹发展进程，为预防和减少涉农职务犯罪，我区以科学务实的态度，根据我区农村的特点和发展要求，提出了针对性的预防措施。

（一）强化宣传力度。要加强对村干部的警示预防教育，预防下乡村，法律进农家。经常深入农村一线上法制课，对基层干部，特别是村干部注入“防腐疫苗”，用身边的事教育身边人，用真实案例提升村干部“拒腐防变抗体”。检察机关要深入开展预防宣传、警示教育、预防调查、监督检查等活动，把社会化大预防网络触角延伸到村，消除预防涉农资金职务犯罪盲区。帮助涉农单位建章立制、堵塞漏洞，针对存在的问题，发出检察建议要求相关单位整改，并结合检查情况，要求涉农资金管理部门在项目公开、审核把关、资金使用、流程监控，进一步加大工作力度。

（二）扩大公开范围。一是要确保公开的内容全面有效。公开的内容包括党的涉农政策、使用条件、使用范围、资金额度，项目实施情况，按照每个单项工程单列明细的原则进行账务处理，严禁多个项目同列一个明细，严禁用现金支付万元以上工程款。特别是对扶贫、救济、救灾、农村低保、五保供养补贴、粮食补贴、失地补贴、惠残民生工程、乡村清洁工程等涉农资金的流程、分配过程和发放过程全面公开。让广大村民和利害关系人直接参与监督工作。二是要在公开的形式上下功夫。加强涉农政策宣传，要通过广播电视台、政府网站，镇、村墙报宣传栏对社会公开，尽最大可能保证群众参与的广泛性，村级公开形式不能只张贴在村部墙上，要向居民集中居住区延伸，扩大宣传范围。主管部门要“重心前移、服务上门”主动进社区、下基层、入农户，扩大社会和群众的知情权，同时还要根据公开的对象，适时创新公开形式，加强公开效果。

（三）实行动态管理。一是要明确监管主体，成立责任小组。我区应充分发挥农委农村经营管理办公室的作用，统一负责涉农资金领域的监管活动，加强信息化建设，建立统一的涉农项目、资金信息管理系统，做到用数据说话。二是要财政局等单位深入调研，确保各项数据的准确性。这要求有关单位要加强与基层村委会的联系，及时对相关工程款项数额、资金用途进行监管，核实效对，确保涉农资金真实、准确。除此之外还要对单位涉及钱权重点岗位上的重点人员的权力进行分解，将权力分化，形成相互配合、互相制约的工作机制，必要时对重要岗位进行轮岗以避免职务犯罪的发生。

（四）建立长效监管机制。建立长效合作机制，充分发挥涉农资金职务犯罪专项行动小组的作用。对项目申报、立项、审批、招投标、工程实施、质量验收、资金拨付、预决算全部环节，按照“谁主管谁负责”、“谁签字谁负责”、“谁出问题追究谁”的原则。对上年度涉农资金的使用情况，采取开展专项检查，召开联席会议和建立信息互通平台的方式，对查出问题的对象，绝不姑息。并结合检察、纪检办理涉农案件，财政专项检查，年度会计审计，全方位、全系统的对涉农资金长效监管。涉农资金的监管力量要成为检察机关、纪检监察机关，审计机关的重要工作。

（五）惩防一体，加大涉农职务犯罪查处力度，发挥威慑与预警作用。检察机关要充分发挥职能作用，始终保持“严打”态势，发现一案，查办一案，坚决遏制涉农职务犯罪。（1）多渠道拓宽案源。在做好传统的从举报线索中评估有价值的犯罪线索、从社会生活中捕捉犯罪线索、从办案中挖掘犯罪线索的前提下，要突出重点，结合本地实际，把获取线索的重心转移，放在区党委政府支农惠农的重大工程项目上，瞄准农村基础建设、土地征用、房屋拆迁等领域；（2）加大对重点领域涉农职务犯罪的查处力度。充分发挥检察机关查办职务犯罪的职能作用，重点查处妨碍社会主义新农村建设大局、人民群众反映强烈、社会影响恶劣、区党委政府关注的大案件；重点查处在支农惠农专项资金流动、土地经营管理、征地补偿、土地租赁、农村基础设施建设等过程中出现的职务犯罪。通过打防并举，加大腐败惩治力度，使预防涉农职务犯罪工作得到有效增强，做到打击与预防同步进行，治标与治本有机结合，实现“要你预防”到“我要预防”的转变，使涉农职务犯罪从源头上、制度上和机制上得到有效预防，积极为城乡统筹发展营造一个廉洁高效、风清气正的政务环境。

阳泉市郊区人民检察院

二零一五年十二月十七日

第四编

检察监督

第一章　审查批捕和审查起诉

1981年1月20日，阳泉郊区检察院根据检察长赵玉珍讲话录音，下发阳郊检发字〔1981〕第2号文件《关于印发赵玉珍检察长关于执行“两法”中的有关问题解答的通知》。其中，对审查、批捕的工作作出原则性阐述：

一、审查批捕案件首先必须分清罪与非罪的界限，认真贯彻执行惩办与宽大相结合和捕人要少（当前除“五类”案件：杀人、放火、抢劫、强奸和其他社会危害极大的外）坚持可捕可不捕的，坚持不捕的政策，坚持有反必肃，有错必究的方针，力争做到防错、防漏，不枉、不纵。

二、审查批捕时首先要根据事实审查确定哪些情况可捕，哪些情况不捕，哪些情况需要复还（即退回，当时用语，笔者注，全书同）侦查。

针对具体涉案人审查和批捕监督，根据《刑事诉讼法》第40条和《中华人民共和国逮捕拘留条例》第3条的规定，须具备以下三条方可批准逮捕：一是主要犯罪事实已经查清；二是可能判处徒刑以上刑罚的犯罪嫌疑人；三是采取拘传、取保候审、监视居住等方法，尚不足以防止发生社会危害性而有逮捕必要的。但是对于应当逮捕的犯罪嫌疑人，如果患有严重疾病，或者是正在怀孕、哺乳自己婴儿的妇女，可以采用取保候审、监视居住的办法。

具有下列情形之一的不批准逮捕：一是作为逮捕根据的犯罪事实失实的或根据已经查明的主要事实，依据法律的有关规定，不能构成犯罪的（含可能判处管制、拘役、罚金、剥夺政治权利、没收财产）。二是犯罪情节轻微或投案自首，坦白立功，依据法律及政策规定，不可能判处徒刑以上刑罚的。三是采取拘传、取保候审、监视居住等措施，可以防止发生社会危害性而无拘捕必要的。四是对患有严重疾病的犯罪嫌疑人，或者正在怀孕及哺乳自己婴儿的妇女。

具有下列情形均可复还侦查：一是对于主要犯罪事实尚未查清，证据不足的；二是各种证据中有明显矛盾而又无法认定犯罪的。

1981年，阳泉郊区检察院严格按照法律时限审查批捕和审查起诉，对六类重大案件随到随办，均未超出法律时限，对已拘留提请批捕的犯罪嫌疑人，加班审查，均在3天内作出是否批准逮捕的决定。其中，当天和1天内批准逮捕的案件，占受理拘留提请批捕人犯的48.6%；3天内批捕的直捕犯罪嫌疑人，占受理职务犯罪嫌疑人的86%。审查起诉平均每案用时16天，在10天内作出是否提起公诉的案件占受理移送起诉案件的45%，其余案件最长用时43天，均无超过法律时限问题，及时有力地打击了各种刑事犯罪分子的破坏活动，有力地维护了全区社会治安，巩固和发展了安定团结的政治局面。

1983年，阳泉郊区检察院积极贯彻落实《关于严惩严重危害社会治安的犯罪分子的两个决定》，对六类严重危害社会治安的犯罪分子，进行严厉打击，全年受理公安机关提请逮捕的犯罪嫌疑人279人。经审查：批准逮捕235人；不批准逮捕33人；发还公安机关补充侦查10人；公安部门自行撤回1人；经区检察院审查，决定追捕4人，共逮捕239人。受理公安机关移送起诉268人。经审查：决定起诉221人；免予起诉22人；不起诉12人；返回公安8人；积存5人；检察院追诉1人，共决定起诉22人。其中，起诉被告人218人。从批捕、起诉的情况分析，本年度决定逮捕的比上年上升117%；起诉的被告人比上年上升104%；其中，青少年犯罪率占74.6%；七类重点打击的案件犯罪嫌疑人占49%。

1984年，在声势浩大的"严打"斗争第二个战役中，阳泉郊区检察院坚持依法办事、实事求是、有错必纠原则，认真把好批捕关。一是每一案件均须经"三长"会议研究，承办人审查，集体讨论，检察长把关，重大疑难案件由检察委员会决定。二是党内联合办公与办案制度相结合，承办人意见和领导意见相结合，犯罪事实与法律依据相结合，同时兼顾承办人意见。在审查批捕梁某会强奸一案中，公安机关曾三次提请批捕，三长会议讨论三次，均同意批捕，但承办此案的检察干警三次均不同意批捕，其理由是梁某会在三泉（阳泉郊区荫营镇所属一行政村）开饭店时，于8月17日，从河北雇一个妇女帮忙，当晚两人发生两次性关系，在8月17日"严打"斗争第一仗开展后，即被民兵查获收审，口供属于通奸，女方的证据有逼供现象，不能认定梁某会犯强奸罪。退回补充侦查后，公安机关再去河北与女方核实证据时，女方连通奸都拒绝承认。故对梁某会作出不批捕决定，避免一起错捕案的发生。

是年，该院还纠正一批错捕、错诉案件。对"严打"斗争第一仗、第二仗中批捕的16人，对13人作出不起诉决定，如蔡某平、赵某强奸案，由于审查批捕起诉中没有询问报告，出庭前询问被告人时发现，蔡、赵二人属诱供、逼供，被迫承认犯罪事实，后根据蔡、赵二人提供的线索，将真正的罪犯——蔡的弟弟蔡某平、赵的朋友李某生抓获归案，对蔡某平、赵某"强奸"一案，依法作出纠正和相应的善后救助工作，防止错案、冤案的发生。

造成上述错捕错诉的原因主要二：一是"严打"刚开始，检察干警人手少，力量弱，案件多，只注意从重从快，忽视扎扎实实，在"准"字上下功夫，对依法"从重从快、一网打尽"要求理解得不深。二是所有案件均由"三长会议"决定，承办人有依赖思想，不认真审查，办案程序有走过场之嫌。如在"严打"斗争高潮阶段，某科干警一晚上加班即写出27份起诉书，将案件诉至法院，没有时间认真审查案情。三是大多错捕案件为盗窃案和隐私案。如在“严打”斗争开展之前，郊区区委规定盗窃 100 元以上者一律逮捕，所以，在审查起诉时，刑事检察干警认为区委规定不符合法律要求，故作出免诉处理。

此外，造成错捕的8名强奸犯中，在审查批捕中，有的未搞清责任年龄即予以批捕，审查起诉时发现没有责任能力。有的为通奸与强奸界限划分不清，把通奸误认为强奸批捕。造成错捕的主要原因有：一是办案人员业务素质差，对强奸与通奸界限不清，加之有依赖领导意见的思想，如王某祥强奸案，本案证据与证据，证据与口供均存在很大矛盾，且无法排除无罪证据，实质上属于事实不清，即予起诉，后被法院建议撤回案卷，最终作不起诉决定。二是没有严格按照诉讼程序和办案制度办理所有案件。在严打高潮中，由于时间紧，案件多，讯问被告工作做得不够，甚至不核实证据，违背诉讼程序。

全年受理公安机关提请批捕的各类案件 41 件、61 人，通过进一步调查、取证、审查，批准逮捕 36 件、48 人。按类型分为：流氓 6 件、13 人；放火 1 件、1 人；抢劫 2 件、2 人；强奸 11 件、12 人；伤害 4 件、6 人；盗窃 11 件、13 人；诈骗 1 件、1 人；不批准逮捕 4 件、7 人；积存 1 件、6 人。受理公安、法院移送起诉 47 件、67 人。通过审查，向法院提起公诉 37 件、46 人；免予起诉 3 件、9 人；不起诉 3 件、5 人；发还补充侦查 3 件、5 人，积存 1 件、2 人。审查批捕起诉的案件，全部在法定时限内结案，并及时交付执行和审判。从批捕、起诉的情况分析，逮捕、起诉的犯罪嫌疑人、被告人比上年度下降幅度较大。但青少年的犯罪率、再次犯罪、多次犯罪的犯罪嫌疑人比率仍将占很大比重。

1985 年，在审查区公安分局报捕的外包工梁某鹿强奸一案时，作出了不批准逮捕的决定，防止一起错捕案件的发生。原报捕案卷中，认定梁某鹿某天晚上在被害人阎某家，对于阎某做伴的张某（14 岁）进行了奸淫，对阎某进行了猥亵，后被人发现，挨打后逃走，构成奸淫幼女罪。检察干警阅卷后发现疑点：一是二女同居一室，均没有反抗；二是被告人供词中只承认调戏、猥亵，不承认强奸；三是被害人证据之间有矛盾。针对疑点，副检察长史宝珠、刑事检察科科长李爱贤带人到发案地点进行调查访问，查明被告人与被害人早已认识，常在一起戏耍打闹，由于此次被人发现，害怕其养父责骂，遂二人共同编造了统一的口供，欺骗过侦查人员。该案经检察委员会研究后，作出不批准逮捕的决定，防止一起错捕案件。

在受理的由区法院自诉转公诉的毕某增伤害一案中，案卷证据证实被告人毕某增，用木棒两次把被害人左右上肢手腕打断，造成重伤。检察干警亲自到阳泉市第一人民医院核实该院出具的主要伤势证明，在核证中发现，被害人两上肢手腕虽然确有断裂痕，但右手腕裂痕有骨痂，左腕裂痕无骨痂，经骨科医师从生理角度和医学科学方面解释，有骨痂的裂痕是骨折后经半年以上愈合期方能形成，由此认定，两腕伤势并不是同一次断裂。经提审被告人和第二次请教骨科医师，以及请医学专家共同复查X光片，确认被告人伤害的确为受害人之左手腕，遂向法院提起公诉，法院亦作出实事求是的判决，原告、被告双方在充分的证据面前，均心服口服。

1986年，郊区检察院在审查起诉赵某伟诈骗一案时，检察干警通过审查，发现赵的胞兄赵某伟有共同作案嫌疑，而郊区公安分局只移送审查起诉赵某伟，为此，该院积极协同郊区公安分局干警先后两次前往榆次调查，最终查清了案件真相，使二被告均受到法律制裁。

1987年6月，在审查批捕某矿合同工郑某虎杀人一案中，检察干警通过认真细致的调查了解发现，案件起因为郑与其妻生活不协调而发生争吵，郑一时性起，用石头击打其妻脑袋致使昏迷。经慎重调查，认为其夫妻感情并未破裂，而且郑的妻子即将临产。为此，该院干部从社会效益出发，认为本案不宜追究刑事责任，应促其夫妻和好。并对郑的过失致人重伤和侵犯人权的行为给予严厉批评，郑表示认罪悔罪，其妻也表示原谅郑的过失行为，遂作出不批捕决定。郑获释后，立即赶到医院，服侍其妻养伤坐月，使面临分裂的家庭破镜重圆。

1988年，在审查批捕和审查起诉工作中，对情节显著轻微、构不成犯罪或不符合逮捕条件的17人，作出不批准逮捕决定。对情节较轻的27人，作出免予起诉决定。对起诉案件均出庭支持公诉，并对庭审活动进行有效监督。

1989年，阳泉郊区检察院始终坚持以事实为依据，以法律为准绳的原则，突出一个“准”字，狠抓一个“快”字，严把事实证据关，做到从重从快、不纵不枉。是年，该院与公安分局紧密配合，提前介入23件重大或疑难案件的侦查和预审活动，提前与公安、法院共同研究讨论案件50多件、70多人，缩短了办案时间，加快办案速度。是年12月，河北唐县外包工赵某雨、赵某见合谋将某受害人强奸，并随后将受害人捆绑在床上，抢劫现金420元逃离现场。赵某雨被抓获后，该院及时参与预审，审查有关证据材料，掌握第一手材料，公安机关呈报批捕后，即在24小时内作出批准逮捕赵某雨的决定。在保证案件及时处理的同时，郊区检察院十分注重案件质量，审慎确认罪与非罪、此罪与彼罪的界限，对该逮捕、起诉的，坚决逮捕、起诉，不使一人漏网，全年共追捕犯罪嫌疑人3名；追诉案犯7名。对不构成犯罪或构成犯罪无逮捕必要的坚决不捕，不符合起诉条件的坚决不起诉，使无罪之人不受法律追究。是年，对公安提请逮捕的20人作出不予逮捕决定，占提捕总人数的9.1%，对33人作出免予起诉决定，对3人作出不起诉的决定，对公安机关案件定性不准，适用法律条文不准的4案12人，作了变更和改正。对证据不力的案件，主动补充证据50多份。是年，该院批捕准确率和起诉准确率均达100%。

1990年，阳泉郊区检察院坚持“以事实为根据，以法律为准绳”，受理公安机关和该院自侦部门移送起诉或免诉的案件131件、236人，其中，经审查提起公诉

105件、203人。免予起诉18件、25人，撤案1件、1人，起诉准确率为100%，出庭支持公诉79次，在严打斗争中，严格依法办案，严把案件质量，严格批捕起诉程序，对构成犯罪但公安机关漏捕的4名犯罪嫌疑人，及时发出书面或口头建议，建议公安机关予以追捕。对公安机关漏诉的3名人犯，予以及时追诉。与此同时，对不构成犯罪，或构成犯罪无逮捕必要的依法不予逮捕，对不符合起诉条件的不予勉强起诉，切实保证办案质量。如在审查公安机关提请逮捕的王某红盗窃一案时，经审查，确认王某红虽盗窃价值3850元的摩托车一辆构成犯罪，但在其舅父规劝下，及时将摩托车归还失主，并到郊区公安分局投案自首，确有悔罪表现，因此，该院作出不批准逮捕的决定，并建议公安采用其他强制措施予以惩戒。是年，该院先后对不构成犯罪或构成犯罪无逮捕必要的22名人犯作出不批捕决定，占公安机关提请逮捕犯罪嫌疑人总数的12.5%，对公安机关移送起诉的3名犯罪嫌疑人，作了免予起诉或不起诉决定，既坚持依法办案，又有利于教育改造和分化瓦解犯罪分子，收到良好的社会效果。在审查批捕和审查起诉工作中，对公安机关定性不准、适用法律条文有误的13个案件，作出变更或改正，对证据不足的案件，除依法退回公安补充侦查外，主动补充证据20多份。全年批捕准确率和起诉准确率均达100%。

1991年6月10日，经阳泉郊区检察院审查决定，将5月30日晚发生在西南舁乡王家庄村非法拘禁致死人命一案主犯王某拴、王某贵、王某贵，由公安机关执行逮捕。7月19日，经该院进一步审查，认为王某拴等人另犯有故意伤害（致死人命）罪，案情重大，根据《刑事诉讼法》有关案件管辖的规定，将该案移送阳泉市人民检察院审理。

1992年，郊区检察院与区公安、法院、行政司法等部门相互配合，依法惩治杀人、抢劫、强奸、爆炸、流氓滋扰、重大盗窃及盗窃破坏工农业生产设施和物资等犯罪活动，积极参加各项专项打击斗争，共批准逮捕犯罪分子184人，提起公诉175人，免予起诉37人。

1993年，阳泉郊区检察院继续把维护社会稳定作为重要政治任务，与公安机关、人民法院密切配合，严惩严重破坏社会治安的严重刑事犯罪分子，努力为改革开放和经济建设创造良好的社会环境。全年受理公安机关提请逮捕案件83件、184人，经审查，依法批准逮捕66件、140人；受理公安机关移送起诉案件87件、133人。经审查，提起公诉82件、121人，决定免予起诉6件、12人。

1994年，阳泉郊区检察院继续把维护稳定作为重要政治任务，对影响社会稳定和危害人民群众生命财产安全的严重刑事犯罪，采取有力措施，坚决予以打击。全年批准逮捕各类刑事犯罪分子198人，提起公诉113件、191人，免予起诉29件、40人。本年度，该院受理的批捕案件比上年增加40件、80人，起诉案件比上年增加35件、67人，受理案件数突破建院以来的最高纪录。

1995年，阳泉郊区检察院坚持把维护稳定作为重要政治任务，充分发挥刑事检察职能和综合治理的总体功能，依法惩治各种刑事犯罪活动。全年受理提请逮捕的各类刑事案件105件、191人，审查后，批准逮捕86件、142人，不批准逮捕8件、23人，退回公安机关补充侦查14件、29人。共受理移送起诉的案件138件、229人，审查后，提起公诉118件218人，免予起诉19件、26人，不起诉1件、1人。

1996年，阳泉郊区检察院深入开展“打团扫恶”专项斗争，依法惩治各种刑事犯罪活动，促进全区社会治安稳定。全年受理提请逮捕的各类案件115件、196人，经审查，批准逮捕96件、155人，不批准逮捕7件、17人，退回补侦的12件、24人。受理移送起诉的案件143件、216人，经审查，提起公诉的115件、192人，免予起诉的32件、37人，不予起诉的1件、2人，移送阳泉市检察院2件、4人，退回公安机关补侦的3件、5人，其中，团伙犯罪案件18件、74人。

1997年，阳泉郊区检察院协同有关部门开展围歼“反盗禁赌”“扫黄打非”“三打三禁”系列集中打击和专项斗争，全年受理公安机关提请逮捕的各类案件80件、134人，经审查批准逮捕65件、106人，依法作出不批准逮捕15件、28人，受理移送起诉的案件95件、131人，经审查提起公诉的61件、86人，依法不诉的19件、30人，报送市院办理1件、1人，移送矿区院办理1件、1人，退回公安补充侦查9件、9人，积存4件、4人。使严重刑事犯罪分子及时受到严惩。

1998年，阳泉郊区检察院继续依法惩治严重刑事犯罪，努力维护全区社会稳定。全年受理移送审查批准逮捕案件89件、141人，经审查批准逮捕62件、102人，不批准逮捕27件、39人（其中，构成犯罪无逮捕必要的8件、10人，事实不清退回补侦13件、20人，不构成犯罪6件、9人）。受理移送审查起诉案件106件、190人（含上年积存4件、4人），经审查提起公诉81件、141人，纠正错案2件、4人，撤销案件2件、2人，退查15件、33人，移送市院1件、4人。对重特大刑事案件适时介入。3月28日，郊区辛兴乡桑掌村大南沟山上发生一起失火案，造成2人死亡，1人重伤，直接经济损失12700余元，阳泉郊区检察院分管检察长和批捕科干警，放弃公休日，加班加点提审犯罪嫌疑人，在3月30日收到案卷的当天上午，即作出批准逮捕决定，有力地配合了全区召开安全防火工作会议，取得很好社会效果。

1999年，阳泉郊区检察院认真履行检察职能，共受理移送审查批捕案件83件、133人，经审查，批准逮捕65件、105人，不批准18件、28人，受理移送审查起诉案件113件、181人，经审查，提起公诉80件、125人，不诉5件、6人，退查26件、46人，移送阳泉市检察院2件、4人。

2000年，阳泉郊区检察院紧紧围绕工作大局，继续贯彻执行从重从快的方针，严厉打击各种严重刑事犯罪。打击的重点是杀人、抢劫、强奸、爆炸等严重暴力犯罪，重大盗窃犯罪，带黑社会性质的团伙犯罪，维护社会稳定，全年受理各类移送审查批捕案件 73 件、110 人。经审查，批准逮捕 59 件、87 人，不批准逮捕 14 件、23 人。受理移送审查起诉 101 件、169 人（含上年度积存）。经审查，提起公诉 73 件、111 人，不起诉 12 件、17 人，依法出庭支持公诉 50 次，发表公诉词 50 篇，适用简易程序案件 22 次，自行补证 50 余次，抓捕逃犯 1 人，抗诉 1 件、7 人。

2001 年，阳泉郊区检察院受理侦查机关和该院自侦部门各类移送审查批捕案件 93 件、137 人，比上年增长 26%，经审查，批准、决定逮捕 75 件、107 人，其中，批捕三类案件 49 件、66 人，人数占受理总人数的 48.1%；不批准逮捕 18 件、30 人。受理移送审查起诉案件 138 件、198 人，经审查，提起公诉 101 件、141 人，其中，提起公诉三类案件 54 件、88 人，人数占受理总人数的 44.4%，不起诉 12 件、20 人，依法出庭支持公诉 70 次，发表公诉词 70 篇，适用简易程序案件 30 件，适用普通程序简易审理案件 6 件，批捕、起诉案件准确率为 100%，案件办结率分别为 100% 和 99%。

2002 年，阳泉郊区检察院受理公安机关和职务犯罪侦查部门各类移送审查批捕案件 96 件、144 人，案件数比上年增长 3%，人数比上年增长 5%。经审查，批准、决定逮捕 68 件、95 人，案件比上年下降 10.7%，人犯比上年下降 11.3%，其中，批捕“三类”案件（三类案件即：有组织的犯罪、带黑社会性质的团伙犯罪和流氓恶势力犯罪；爆炸、杀人、抢劫、绑架等严重暴力犯罪；盗窃等严重影响群众的安全的多发性犯罪）49 件、80 人，人数占受理总人数的 46%，不批准逮捕 17 件、29 人。

是年，该院根据本地实际，把惩治抢劫、伤害、盗窃犯罪确定为全区严打斗争重点，与公安、法院配合，积极开展打击“双抢”（抢劫、抢夺）等专项斗争，全年办理“双抢”批捕案件 11 件，逮捕犯罪嫌疑人 18 人。

2003 年，阳泉郊区检察院对移送审查逮捕的 4 件、7 人，作出依法不批准逮捕决定，经复议维持不捕决定 3 件、4 人。其中，构成犯罪无逮捕必要的 2 件、3 人；事实不清、证据不足的 1 件、2 人；不构成犯罪的 1 件、2 人。批捕环节改变侦查机关定性 2 案，追捕漏犯 2 人，向涉案单位提出检察建议 1 次，纠正违法通知 1 次，口头发出纠正违法通知 43 次，办理重特大案件提前介入 35 次，办理立案监督案件 5 件。其中，李家庄村民郝某在得知该院实施立案监督权，要求侦查机关立案侦查后，向该院赠送“弘扬正气，公正执法”的锦旗，《阳泉日报》（晚报版）也对此进行报道，取得良好的社会效果和法律效果。对 1 件、7 人依法决定不起诉。其中，相对不诉 1 件、5 人，绝对不诉 2 人，改变定性起诉的 5 件、6 人。

2004 年，该院进一步引深“严打”整治斗争，构建“打、防、控”一体化长效机制，受理移送审查批捕案件 69 件、101 人，与上年相比上升 23% 和 28%，经审查，批准、决定逮捕 61 件、90 人；受理移送审查起诉案件 102 件、168 人，与上年度相比，下降 22% 和 9.5%，经审查，提起公诉 88 件、141 人。是年，该院积极推进检察改革，围绕提高案件质量和执法水平，公诉案件起诉率占86%，有罪判决率为100%，案件退查率比上年下降88%，批捕、起诉案件准确率、办结率均为100%。

2005年，阳泉郊区检察院受理各类提请逮捕案件61件、91人，批准和决定逮捕56件、85人，受理移送审查起诉案件105件、157人，提起公诉77件、112人。同时继续推行轻微刑事案件“非刑罚化”处理，对未成年人犯罪坚持教育、感化、挽救的方针，对主观恶性小，社会危害不大的犯罪，特别是初犯、偶犯和因邻里纠纷引起的轻伤害案件，在被告人和受害人就赔偿问题达成协议及相互谅解的基础上，建议公安机关撤案，先后共办理该类案件10件、11人，既节约了诉讼资源，又有效化解了社会矛盾。

2006年，阳泉郊区检察院坚持从重从快打击严重暴力犯罪、黑恶势力犯罪、盗窃、抢劫、抢夺等多发性犯罪和毒品犯罪，共批准逮捕杀人、抢劫等暴力犯罪案件31件、48人，提起公诉56件、144人，提前介入重特大案件94件，向区公安机关提出检察引导侦查意见150余条，有效遏制暴力犯罪高发势头，维护社会稳定。

2007年，阳泉郊区检察院以强化法律监督为主线，受理提请逮捕案件87件、144人，批准和决定逮捕73件、124人，受理移送审查起诉案件117件、218人，提起公诉88件、154人。其中，依法批捕杀人、抢劫等暴力犯罪案件15件、22人，所办案件全部在法定期限内办结。

2008年，阳泉郊区检察院以奥运安保和村委会换届为重点，全力维护社会和谐稳定，受理移送审查批捕案件90件、137人，经审查批准和决定逮捕79件、120人，不批准逮捕11件、17人，受理移送起诉案件126件、195人，经审查提起公诉96件、152人，不起诉5件、5人。同时贯彻宽严相济刑事政策，最大限度地减少不和谐因素，全年对17人作出不批准逮捕决定，对5人作出不起诉决定，非刑罚化处理轻微刑事案件9件、10人，取得良好政治、法律和社会效果。同年4月13日，阳泉市郊区平坦镇庙上村吕某清与妻肖某莲发生争执，肖某莲用木凳砸伤吕的头部，后又将吕掐死，肖某莲因涉嫌故意杀人罪被依法逮捕。

是年6月，针对某村数名同学到同学家中索要钱财，郊区公安分局将其中3名已达刑事责任年龄的未成年犯罪嫌疑人，以抢劫罪向郊区检察院提请批捕。院检察委员会在了解案情的基础上，依法对3名未成年犯罪嫌疑人，作出不批准逮捕决定。随后召集未成年嫌疑人的家长、学校和村民委员会负责人进行座谈，对不捕后的帮教措施提出了具体意见。3名未成年犯罪嫌疑人的家长，给郊区检察院赠送了感谢信和锦旗。同年7月，郊区检察院对阳泉市公安局郊区分局提请逮捕的犯罪嫌疑人张某涉嫌盗窃一案作出了不批准逮捕的决定。同年7月，针对犯罪嫌疑人范某、武某、谢某大肆抢劫外地货运司机，社会影响极其恶劣的行为，郊区检察院受理该案后，认真审查案件证据，仅用两天时间就对三名犯罪嫌疑人依法作出批准逮捕的决定。

2009年，阳泉郊区检察院受理移送审查批捕案件71件、95人，经审查批准和决定逮捕62件、85人。受理移送起诉案件102件、153人，经审查提起公诉98件、140人。其中，共批捕杀人、绑架等严重暴力犯罪、黑恶势力犯罪和“两抢一盗”等多发性犯罪案件37件、56人，占批捕总人数的66%，全部移送起诉。在认真坚持“严打”方针的同时，积极推行未成年人犯罪案件专人办理制度，继续推进轻微刑事案件非刑罚化处理工作，全年共对9件、10人作出不批准逮捕决定，对6件、8人作出不起诉决定。

2010年，阳泉检察院受理移送审查批捕案件96件、164人，经审查批准和决定逮捕71件、135人，不批准逮捕25件、29人，受理移送起诉案件154件、262人，经审查提起公诉116件、185人，不起诉15件、32人，非刑罚化处理轻微刑事案件4件、4人。

2011年，阳泉郊区检察院继续保持对严重刑事犯罪的高压态势，依法严厉严重刑事犯罪，全年受理各类提请批准和决定逮捕案件92件、154人，经审查，批准和决定逮捕84件、128人，不批准和决定不捕14件、26人，受理移送审查起诉144件、220人，经审查，提起公诉119件、155人，不起诉15件、33人。其中，严厉打击严重暴力犯罪、多发性侵财犯罪以及私挖滥采、坑农害农等破坏环境资源和社会经济秩序犯罪案件44件、68人。本年度，该院制定《执法办案风险评估预警办法》，在拟作出不立案、不批捕、不起诉等决定时，评估是否可能引发或激化矛盾，及时制定防范措施，防止因执法不当产生新的矛盾。充分体现宽严相济刑事政策，严格掌握批捕和起诉条件，作出无逮捕必要和不构成犯罪不批捕决定6件、11人，作出不起诉决定的15人，刑事和解3件、3人。

2012年，阳泉郊区检察院依法惩治严重刑事犯罪，共批准逮捕各类犯罪案件92件、152人，作出不批准逮捕决定25人，不起诉决定14件、32人，建议公安机关撤销案件14件，提起公诉118件、202人。积极开展“扫黑除恶”、“扫黄打非”、打击侵犯知识产权和制售假冒伪劣商品等专项行动，共办理该类案件55件、67人。

2013年，依法严惩严重刑事犯罪，共批准逮捕各类犯罪案件77件、114人，提起公诉119件、194人。突出打击严重暴力犯罪、黑恶势力犯罪以及“两抢一盗”等多发性侵财犯罪，共批捕41件、62人，起诉67件、93人。对轻微犯罪依法落实从宽政策，作出不批准逮捕决定44人、不起诉决定46人、建议公安机关撤销案件18件。积极推进刑事和解工作，运用检调对接机制妥善和解8起轻微刑事案件，取得较好的法律和社会效果。

2014年，阳泉郊区检察院共批准逮捕各类刑事犯罪案件64件、84人，提起公诉157件、241人。同时认真贯彻宽严相济刑事和解政策，对初犯、偶犯、过失犯以及邻里纠纷引发的轻微刑事案件予以从宽处理，共对55人作出不批捕决定，对45人作出不起诉决定。

2015 年，全年共受理审查逮捕案件 103 件、144 人，批准逮捕 71 件、92 人；共受理审查起诉案件 185 件、258 人，提起公诉 155 件、207 人。深入开展打黑除恶专项行动，与公安、法院等部门密切配合，依法严厉打击严重暴力犯罪、黑恶势力犯罪、多发性侵财犯罪和毒品犯罪，全年共办理该类案件 69 件。认真落实宽严相济刑事政策，促进社会和谐，作出不批准逮捕决定 45 人，作出不起诉决定 31 人。推进检调对接工作机制，解疑释惑，化解矛盾，促成刑事和解案件 2 件、2 人。推行轻刑案件快办机制，提高司法效能，适用快办机制办理案件 25 件。

2016 年，阳泉郊区检察院认真履行批捕、起诉职能，共批准逮捕各类刑事犯罪案件 69 件、86 人，提起公诉 184 件、253 人。同时认真落实宽严相济刑事政策，对构成犯罪但无社会危险性的，决定不批捕 62 人，不起诉 25 人。同时认真做好未成年人犯罪的服务管理工作，对 15 名涉嫌轻罪在校生作出附条件不起诉决定，并开展帮教。

2017 年，阳泉郊区检察院依法惩治影响社会大局稳定、侵害人民群众生命财产安全的故意杀人、抢劫等暴力犯罪和盗抢骗等多发性侵财犯罪，坚决惩治黑恶势力、涉爆涉枪、制贩毒品、侵犯妇女儿童权益等犯罪，维护良好的社会治安环境。全年受理公安机关移送审查逮捕案件 78 件、86 人，批准逮捕 61 件、68 人。受理公安机关移送审查起诉案件 208 件、254 人，提起公诉 178 件、210 人。同时坚持宽严相济政策，在依法惩治犯罪的同时，坚持罪责刑相适应原则，依法对无逮捕必要的不批准逮捕，对情节轻微的不起诉，不批准逮捕 22 件、28 人，不起诉 21 件、36 人，实现惩治犯罪与保障人权的统一，为全区和谐稳定提供良好的司法保障。

2018 年，阳泉郊区检察院着力推进扫黑除恶专项斗争和整治群众身边腐败问题专项活动，以中共中央重大决策和省、市、区安排部署统一干警思想，以强烈的政治责任担当深入推进专项斗争工作，严把案件事实关、证据关、程序关和法律适用关，加强与公安、法院和其他有关部门的配合协作，深挖背后的“关系网”“保护伞”，坚决铲除黑恶势力生长的土壤，坚决摧毁黑恶势力经济基础。开展扫黑除恶专项斗争以来，全院受理审查逮捕恶势力案件 12 件 35 人，全部依法批准逮捕，受理审查起诉恶势力案件 9 件 48 人，到年底提起公诉 6 件 34 人。通过立案监督追诉 6 人、漏罪 5 起、追捕涉恶人员 6 人，在审查黄某某一案时，针对其涉恶资产提出追缴检察建议，强化“打伞断血”，捣毁其经济基础。

第二章　侦查监督

1981年1月20日，阳泉郊区检察院下发阳郊检发字〔1981〕第2号关于印发《赵玉珍检察长关于执行“两法”中的有关问题解答》的通知。其中，对侦查工作进行监督的主要内容为：注意掌握侦查人员在拘留、逮捕、侦查预审、收集证据的活动中，有无违法行为，对于一般违法行为可采取口头或书面纠正，但对情节严重，构成犯罪的，要依照法律追究刑事责任。

是年，对公安在侦查活动中的违法行为，依照法律进行监督，坚持公、检、法三机关互相配合、互相制约的制度，以口头形式纠正公安机关在侦查活动中的违法行为3次，有效地发挥了检察监督职能。

1983年，在“严打”斗争中，阳泉郊区检察院依法开展侦查监督，对公安机关侦查活动中的违法行为，提出书面纠正1次，口头纠正2次，引起该局高度重视，并在侦查实践中采取相应措施进行改正。

1987年，在审查案件的同时，对公安机关在侦查活动中的违法行为，提出7条纠正意见。

1988年，对阳泉郊区公安分局侦查中证据不足的案件，提出25次建议，对构成犯罪应追究刑事责任的1人，作出批捕决定。

1989年10月14日，阳泉郊区检察院由副检察长带队，一行3人对阳泉市公安局郊区分局执法情况进行交叉检查。一是听取郊区公安分局自查情况汇报。二是与局主要领导史福田、常书林、谢贵元，以及分局法研室、信访科、办公室等有关科室的公安干警进行座谈。三是对李家庄乡派出所执法情况和治安案件处理情况进行检查。四是通过检查，对该分局存在的问题，如个别干警违法违纪，看守所执行制度不严，以致发生两起在押人员逃跑和一起严重串供案件等，要求该分局领导限期整改。

是年，在办案过程中，阳泉郊区检察院充分发挥法律监督职能，注重依法保护受害人的合法权益和被告人的合法权益，注意纠正公安机关在刑事过程中的违法问题。在审查起诉史某才损坏公共财物一案时，办案干警发现被告所在地派出所，曾扣押史某才等人现金4000元，对这一不符合法律规定的行为，给予坚决纠正，促使该派出所将扣押款退还给被告人。全年帮助受害人提起附带民事诉讼37件，挽回损失2.3万元。对公安机关在侦查过程中的违法问题，发出书面纠正违法通知书2份，向公安分局和区人民法院提出口头建议40多次，有效地保证案件的依法处理。

1990年，阳泉郊区检察院充分发挥法律监督职能，全面加强侦查监督，对公安机关侦查活动中出现的违法问题，提出书面或口头建议40多条，及时予以纠正。

1992年，阳泉郊区检察院进一步加强侦查监督，强化制约功能，确保惩治质量的重要环节。针对侦查活动中出现的违法情况提出纠正违法意见52件次，对32人作出不批准逮捕决定。对5人作出不起诉决定；追捕案犯6名、追诉漏犯7名，追捕漏罪5件；对定性不准的8件、21人作出纠正；对人民法院确有错误判决提出抗诉2件，维护法律的尊严。

1993年，阳泉郊区检察院在严厉打击严重刑事犯罪活动的同时，不断增强监督意识，认真履行侦查监督，一是认真纠正打击不力的现象，对公安机关存在的该立不立、该捕不捕、该诉不诉，以罚代刑等现象进行了监督纠正。全年追捕各类刑事犯罪分子12人，对构成犯罪应当追究刑事责任，对被公安机关作出劳教、治安处罚或其他处理的3名刑事犯罪分子进行追诉；对应当起诉而免于起诉的6件、6人依法提起公诉，对移送起诉的3件、7人作出免诉处理，依法追诉漏罪2件。二是坚决纠正错案，通过审查公安机关的案件，对不构成犯罪的4件、9人，作出不批捕决定。对定性不准的7件、16人进行了改正，建议撤案1件、2人。三是依法纠正侦查中违法行为，发出书面《纠正违法通知书》6份，提出口头纠正意见20余次。

1994年，阳泉郊区检察院认真开展侦查监督工作，通过审查案件，建议公安机关追捕漏捕罪犯18名；对构成犯罪应当追究刑事责任的2人依法追诉；对不构成犯罪或构成犯罪无逮捕必要的13案36人，作出不批准逮捕决定。对6人作出不起诉决定。

1995年，阳泉郊区检察院认真履行刑事侦查监督职能，切实纠正打击不力的问题。对不构成犯罪或构成犯罪无逮捕必要的8件、23人，作出不批准逮捕的决定，追捕漏犯4件、7人，追诉漏犯10人，追诉漏罪19件，不起诉1件、1人，改变公安定性不准的案件24件，改变公安免诉意见为起诉的2人，同时对公安、法院的违法问题提出纠正35件次。

是年，该院侦查监督以纠正有案不立为重点，积极开展立案监督工作。在立案监督审查中发现，郊区辛兴村王某、刘某、赵某等4人于1995年4月21日在旧街乡晋川饭店酗酒，无故殴打外籍民工张某等人，并借口张某打伤了王某，敲诈张某现金4000元。同年9月21日晚，王某、胡某、樊某3人在旧街乡另一饭店又碰见张某时，持刀对其进行威逼，索要现金2200元。案发后，受害人张某到郊区公安分局旧街派出所报案。1995年11月，郊区公安分局对王某等3人收容审查；12月，对该3人解除收审。此后，郊区公安分局一直未予立案。郊区检察院经审查认为：王某等人的行为已构成抢劫罪，且情节严重，根据《刑事诉讼法》的有关规定，作出立案监督的决定，遂通知郊区公安分局立案侦查，防止了罪犯逃避打击，继续危害社会现象的发生。与此同时，积极追诉漏犯、漏罪。如在办理胡某明团伙盗窃案件中，发现同案行为人胡某明、胡某生有犯罪嫌疑，而侦查机关未作认定，经退补侦查后追溯胡某明、胡某生 2 人为被告人，一并提起公诉，二被告均被判处有期徒刑。在杨某杰、金某辉抢劫一案中，杨、金二被告共谋向被害人叶继伦抢劫钱财，并携带匕首、口罩等作案工具，窜至叶某伦住处，翻墙入院，切断电源入室作案时，被户主叶某伦发觉，叶某伦当即进行抵抗。随后杨某杰持刀连捅叶某伦两刀，致使叶某伦胸壁、腹壁被刀刺伤，构成轻伤。郊区公安分局以二犯罪嫌疑人涉嫌故意伤害罪移送郊区检察院审查起诉（轻伤害的法定刑为三年以下有期徒刑）。该院经审查认为，杨某杰、金某辉事先预谋蒙面持刀并使用暴力入户抢劫的行为构成抢劫罪，遂纠正定性，以抢劫罪依法提起公诉。杨、金二被告被依法分别判处有期徒刑十一年和十年六个月，各处罚金 2000 元。郭某平抢劫、强奸妇女被追诉案中，被告人郭某平系郊区河底镇苇泊村农民，因 3 次抢劫女出租车司机现金 490 余元被逮捕归案。郊区公安分局以抢劫罪移送郊区检察院审查起诉。经该院审查，发现被告人郭某平抢劫犯罪的同时，另有强奸妇女的犯罪嫌疑，经补充侦查证实，郭雪平在其中的一次抢劫犯罪后，曾对女司机实施强奸，因被害人奋力反抗，被告人郭某平强奸女司机的犯罪行为未得逞。该院认为该郭之行为已构成抢劫罪、强奸罪，应数罪并罚。遂以抢劫罪，强奸罪（未遂）一并向郊区法院提起公诉，法院一审以被告人郭某平犯抢劫罪，判处有期徒刑十一年，并处罚金 2000 元，犯强奸罪（未遂）判处有期徒刑二年，合并执行有期徒刑十三年，罚金 2000 元。被告人郭某平抢劫、强奸妇女，严重危害人民群众人身安全的犯罪行为，得到应有惩罚。

1996 年，认真履行刑事侦查监督职能，既切实纠正打击不力的问题，又注意防止错逮错判。是年，对构成犯罪无逮捕必要的 7 件、15 人和不构成犯罪的 2 人，作出不批准逮捕的决定，追捕漏犯 4 人，追诉漏犯 3 人，不起诉 3 人，改变定性 2 件、3 人。同时，向区公安分局提出纠正意见 3 次。

1997 年，阳泉郊区检察院针对执法活动中存在的有法不依、执法不严、违法不究的问题，依法强化监督力度，既注重打击不力问题，又防止错捕错判现象，对 15 件、28 人作出依法不批准逮捕的决定。其中，构成犯罪无逮捕必要的 4 件、13 人，不构成犯罪 2 件、5 人，因事实不清、证据不足退回公安机关补充侦查的 9 件、10 人。对公安机关应当立案而没有立案的 1 件、1 人通知公安机关立案，对 1 人进行追捕。同时，对公安机关在侦查活动中存在的问题下发书面纠正违法通知书 8 份，提请逮捕犯罪嫌疑人建议书 1 份，纠正提请逮捕书检察建议 2 份。追诉漏犯 1 人，漏罪 1 起，改变罪性 11 件、14 人。还对公安机关办结的刑事、治安案件是否存在“有罪不究，以罚代刑”和“有案不立，以罚代刑”的问题，检查刑警队、预审科、荫营、义井等 7 个派出所，共查阅 88 案，通过检查，对不同程度地存在执法偏轻、偏重的问题，向公安提出建议，依法严格履行监督职责。

1998 年，阳泉郊区检察院为维护国家法律统一正确实施，既注意纠正打击不力的问题，又注重防止错捕错判问题。对 27 件、39 人，依法作出不批准逮捕的决定，依法不起诉 6 件、8 人。纠正错案 2 件、4 人，改变定性 8 件、11 人，追诉漏犯 1 人，追诉漏罪 2 起。向公安机关发出郑某文过失重伤害一案《说明不立案理由通知书》1 份，下达《纠正违法通知书》4 份，并对公安机关在执法活动中存在的问题，提出相应的口头纠正意见和书面检察建议。此外，对郊区公安分局 8 个派出所全年办结的治安案件是否存在“有罪不究，有案不立，以罚代刑”问题进行全面检查，共查阅 74 案，对存在的各类问题，向公安机关提出检察建议，依法准确履行检察机关职责。

1999 年，阳泉郊区检察院充分发挥刑事侦查监督职能，对 18 件、28 人，作出依法不批准逮捕决定。其中，构成犯罪无逮捕必要的 3 件、6 人，事实不清，证据不足的 12 件、18 人，不构成犯罪的 3 件、4 人。并办 1 起立案监督案件，在侦查监督中，追捕案犯 1 人，依法不起诉 5 件、6 人，依法建议公安撤销案件 8 件、13 人。

2000 年，阳泉郊区检察院注重立案监督，对 14 件、23 人作出依法不批准逮捕决定。其中，构成犯罪无逮捕必要的 3 件、5 人；事实不清，证据不足的 10 件、13 人，不构成犯罪的 1 件、5 人。办理立案侦查案件 2 件，向公安提出书面检察建议 9 次，发出纠正违法通知书 3 次，提前介入重特大案件 24 次。依法决定不起诉案件 10 件、15 人，（其中相对不诉 4 件、6 人，存疑不诉 5 件、5 人，绝对不诉案件 1 案 4 人），依法纠正公安错案 1 件、3 人，纠正定刑 4 件、8 人，追诉漏犯 3 起，追加罪名 1 起，抓捕逃犯 1 人，依法抗诉 1 件、1 人。

2001 年，阳泉郊区检察院强化刑事检察职能，增强监督实效，依法维护司法公正，对 18 件、30 人作出依法不批准逮捕决定。其中，构成犯罪无逮捕必要的 3 件、3 人，事实不清，证据不足的 8 件、16 人，不构成犯罪的 7 件、11 人；批捕环节改变公安机关定性 3 案，追捕漏犯 2 人，向公安提出书面检察建议 1 次，发出纠正违法通知书 1 次，办理重大案件提前介入 36 次，办理立案监督案件 16 件、26 人，其中，有 9 件作出有罪判决或处理，有 2 件正在审查起诉，有 5 案公安机关正在侦查当中。对 12 件、20 人依法决定不起诉，其中相对不诉 5 件、6 人，存疑不诉 3 件、4 人，绝对不诉 4 件、10 人；退回侦查机关补充侦查 8 件、13 人，移送市院 5 件、6 人，追诉漏罪 4 起，追诉漏犯 1 案，起诉环节改变公安定性 3 件、7 人，改变强制措施 2 人，依法抗诉 1 件、1 人。与此同时，侦查监督以纠正有案不立为重点，采取“走出去、请进来”，提前介入等方法，积极开展立案监督。如郊区公安分局义井派出所所长王某怀滥用职权一案，侦查监督部门提前介入，集中审查义井派出所近 3 年 200 余起案件，对构成犯罪的 14 起案件进行立案监督，使 20 余名犯罪分子受到了法律追究。所长王某怀、副所长程某军涉嫌渎职犯罪被立案侦查，移送法院审判。

2002 年，阳泉郊区检察院强化刑事侦查，对 17 件、29 人作出依法不批捕逮捕决定。其中，构成犯罪无逮捕必要的 3 件、6 人，事实不清、证据不足的 5 件、8 人，不构成犯罪的9件、15人。批捕环节改变公安机关定性1案，追捕犯罪嫌疑人2人，向涉案单位提出书面检察建议2次，发出纠正违法通知1次，办理重特大案件提前介入20次，对郊区8个派出所的450件案件进行专题案件审查，办理立案监督案件3件。对7件、7人依法决定不起诉，其中相对不诉2件、2人，存疑不诉4件、4人，绝对不诉1件、1人；退回公安机关补充侦查21次，移送市检察院1件、2人，追诉漏罪4件、4人，起诉环节改变公安定性4件、7人，向公安机关发出纠正违法通知1次。

2003年，阳泉郊区检察院强化刑事侦查、审判监督。对移送审查逮捕的4件、7人作出了依法不批准逮捕决定，批捕环节改变侦查机关定性2件，追捕漏犯2人，向涉案单位提出检察建议1次，纠正违法通知1次，办理立案监督案件5件，取得良好的社会效果和法律效果。对1件、7人依法决定不起诉，其中，相对不诉1件、5人，绝对不诉2人，审查起诉改变定性的5件、6人，不构成犯罪或依法不认为是犯罪，并建议撤销案件的15件、22人，发出检察建议16份。

2004年，阳泉郊区检察院围绕快捕、快诉要求，认真贯彻中共中央、中共山西省委、中共阳泉市委和上级检察机关“严打”整治斗争系列部署，建立健全检察引导侦查机制，推行主诉检察官办案责任制，进一步强化责任，全年公诉引导侦查27次，对公安部门侦查工作提出指导意见90余条，提出引导侦查意见61条，保证案件质量，批捕、起诉案件准确率、办结率均为100%。与此同时，进一步强化侦查监督职能，依法维护公民权利，维护司法公正。对公安机关移送审查逮捕的案件，有8件、11人因事实不清、证据不足，不构成犯罪和无逮捕必要，依法作出不批准逮捕决定，不批准逮捕率12.1%；追捕漏犯2人，提出纠正违法通知1次，口头纠正违法7次，提前介入郊区公安分局刑事案件20件，发出说明不立案理由通知书4件，其中公安机关立案侦查1件。对1件、2人依法决定不起诉，改变定性起诉的2件、3人，撤销案件3人，追诉漏罪1件，追诉漏犯3人。是年10月，针对靳某荣、王某明将男青年冯某劫持、殴打一案，郊区公安机关以涉嫌抢劫罪，移送郊区检察院审查起诉。郊区检察院公诉部门认真审查案件事实和证据，认为靳某荣、王某明之行为符合《刑法》关于绑架罪的犯罪构成要件，遂改变罪名以绑架罪对二人提起公诉。郊区法院以绑架罪对二人进行判处。

2005年，在立案监督案件上升200%的情况下，阳泉郊区检察院进一步强化对公安侦查工作的检察监督，重点开展以纠正刑讯逼供为重点的侦查监督专项活动，对侦查机关应当立案而不立案的案件，发出《说明不立案理由通知书》10件，发出《立案通知书》8件，在立案监督案件中，有3人被作出批准逮捕决定。对侦查机关违反法定程序等问题发出《纠正违法通知书》14件次，提出检察《引导侦查意见》81条（次），不批准逮捕5件、6人，批准犯罪，批捕犯罪嫌疑人1人，追诉漏犯1人，追诉漏罪3条。不起诉案件4件、5人，改变错误定性3案。9月，针对犯罪嫌疑人王某春、金某专门盗窃办公室案，郊区检察院侦查监督科检察官及时提前介入，通过审阅案卷、讯问犯罪嫌疑人、核实相关证据，提出完善证据的5条补充侦查意见。该案反映出一些机关单位内部治安管理松懈，防范意识不强，给不法分子留下可乘之机。对此，郊区检察院向案发单位发出检察建议，要求加强治安管理工作，杜绝该类事件发生。

2006年4月，阳泉郊区检察院针对犯罪嫌疑人杨某明潜逃八年未予归案的情况，向郊区公安分局下达《应当逮捕犯罪嫌疑人意见书》和《纠正违法通知书》，要求公安机关提请批捕犯罪嫌疑人杨某明，同时查明造成杨某明潜逃的原因。6月，针对犯罪嫌疑人何某军案件跨度时间较长，涉及较强的专业知识和相关行政法规，取证工作进展困难的情况，郊区检察院及时启动检察引导机制，侦查监督科办案干警多次与公安办案人员分析案情，逐步完善证据链条，何某军被逮捕。

同年11月，针对史某红涉黑犯罪团伙三起伤害他人案件的情况，郊区检察院依法对前述三起故意伤害案件实施立案监督。为此，阳泉市公安局郊区分局成立史某红涉黑犯罪专案组，以郊区检察院审查批捕认定的一起重伤和立案监督的三起伤害案件为重点，对史某红团伙的其他违法犯罪进行并案侦查，该团伙有8人被缉拿归案。同月，犯罪嫌疑人路某玉因涉嫌妨害执行公务罪，被郊区检察院依法批准逮捕。在审查该案中，办案检察官发现犯罪嫌疑人路某玉还涉嫌伪造国家机关印章罪，而侦查机关未予立案，郊区检察院已向郊区公安分局发出要求证明不立案理由通知书。

2007年，阳泉郊区检察院坚持有罪追究、无罪保护、严格依法、客观公正的原则，完善监督机制，狠抓薄弱环节，加强刑事立案监督，组织开展“立案监督专项行动”，审查郊区公安分局近600件治安案件，向侦查机关发出《不立案理由通知书》5件，公安机关均立案侦查。发出《纠正违法通知书》3件，口头纠正违法20余次，提出书面《检察建议》4份，对证据不足不批准逮捕的案件及相关人，均发出《补充侦查提纲》，同时提前介入侦查机关重大刑事案件49件，提出检察引导侦查意见100余条。办理不起诉案件4件、5人，改变定性11件，退回补侦9件、27人，追诉被告4人，追加犯罪事实7起。是年7月，针对公安机关未把杜某某等三人敲诈案件及其在河底村、下荫营村、李家庄村等处发生的聚众赌博等四起案件列为刑事案件，阳泉市郊区检察院依照立案监督程序，向郊区公安分局发出“要求说明不立案理由通知书”。同年8月10日，阳泉市郊区检察院依照立案监督程序，通知公安机关就李某生涉嫌交通肇事犯罪进行立案侦查。

2008年，阳泉郊区检察院按照最高人民检察院提出的“坚决、慎重、准确、及时”的要求，坚持有罪追究、无罪保护、严格依法、客观公正的原则，坚持打击犯罪与保障人权并重，提高法律监督效能，以立案监督为重点，强化侦查监督。全年向公安机关发出《说明不立案理由通知书》8份，向公安机关说明不立案理由4案，立案侦查4案。在办理自侦案件中，该院注重发挥立案监督职能，2008年7月，在查处一起玩忽职守案时，督促公安机关立案侦查2名重大责任事故嫌疑人。

2009年，阳泉郊区检察院刑事检察工作：一是准确把握法律关、事实关、证据关，在全市“无罪案件”出现大幅度上升的情况下，继续保持无错捕、无错诉的严谨办案作风。二是积极延伸职能，加大监督力度，全年办理立案监督案件11件、15人，其中，立案监督荫营煤矿一起万元盗窃案，牵出南煤机械制造有限公司原总经理申建巍挪用公款和义井派出所原所长梁某红徇私枉法案。三是积极探索和建立刑事司法与行政执法相衔接的长效机制，该院于2009年8月，召集全区8家行政执法单位，召开立案监督工作会议，拟定检政联系定期化、执法检查制度化、法律监督实质化等工作内容，为完善行政与刑事司法衔接机制起到积极的促进作用。

2010年，阳泉郊区检察院共立案监督郊区公安分局刑事案件11件，立案数位居全市检察机关前列。其中，1起拐卖儿童案被判十年有期徒刑，成为全省立案监督被判刑期最高的案件。是年，对郊区公安分局近三年办理的3000余件治安和刑事案件进行专项执法检查。

2011年，阳泉郊区检察院认真贯彻落实山西省人大常委会《关于加强人民检察院对诉讼活动法律监督工作的决定》，以及山西省人民检察院会同有关政法部门配套出台的四个规定，完善监督机制，提高监督能力，加强刑事立案和侦查活动监督，监督公安机关应立不立刑事案件16件、19人，不应立而立刑事案件10件、10人。依法纠正漏捕15人，监督撤案8件。强化对违法调查取证问题的监督，纠正侦查活动违法70件次。同时，建立刑事司法与行政执法相衔接机制，与全区8家主要行政执法单位，共同制定移送刑事案件工作办法》，维护司法公正。

2012年，阳泉郊区检察院监督公安机关立案12件、22人，纠正漏捕14人，监督撤案14件，提出纠正侦查活动违法19件次，纠正漏诉6人，纠正漏罪25起。6月，郊区院案件管理中心在受理郊区公安机关提请批准逮捕的吴某故意伤害一案时，经审查案卷，发现其以流窜作案为由延长拘留期限至30日，理由错误。为此，郊区院依法下达《纠正违法通知书》，对公安机关的违法行为进行纠正。

2013年，阳泉郊区检察院全面加强立案和侦查监督，积极开展危害民生民利立案监督专项行动，发现并纠正不当立案案件18件，监督公安机关立案26件38人，纠正漏捕15人。

2014年，阳泉郊区检察院加强刑事立案和侦查监督，对辖区派出所2013年以来办理的200余件案件进行立案监督检查，监督公安机关立案4件，监督撤案2件，建议行政机关移送公安机关立案侦查3件，立案监督后起诉22人，法院作出有罪判决20人。严格适用逮捕条件，纠正漏捕8人，提出纠正侦查活动违法意见23件次。

2015年，高度重视社会对实现司法公正的迫切要求，进一步加强刑事立案和侦查监督，努力让人民群众在每一起案件中都感受到公平正义，全年共监督公安机关应当立案而未立案2件，不应当立案而立案1件，纠正漏捕犯罪嫌疑人2人，纠正漏诉同案犯17人，纠正漏诉罪行21起，监督行政机关移送犯罪案件3件、3人，对侦查活动中的违法行为提出书面纠正意见12份，有效防止有案不立、有罪不究、以罚代刑、侵犯当事人人身权利等问题。

2016年，阳泉郊区检察院强化源头监督，构建新型检警关系。完善介入命案工作机制，提前介入引导侦查14次，提出取证意见和建议20余次。在区公安分局设立侦查监督检察室，实现检警信息共享和对侦查活动监督的全覆盖。强化立案监督，对公安机关应当立案而不立案的监督立案5人，不应当立案而立案的监督撤案2人。

2017年3月22日上午，阳泉郊区检察院召开"破坏环境资源犯罪专项立案监督活动"和"危害食品药品安全犯罪专项立案监督活动"（以下简称两个专项立案监督活动）专项动员大会，对开展"两个专项立案监督活动"进行全面部署，检察长严志勇主持大会并讲话，要求与会人员：一是要求相关职能部门充分认识"两个专项立案监督活动"是检察机关落实中央要求，回应人民群众期待所开展的一项重要专项工作，全院干警必须要高度重视，切实把"两个专项立案监督活动"作为今年、明年两年检察机关的一项重点工作来抓。二是要求院领导必须统一思想，亲自过问，安排部署，分管领导必须亲力亲为，带头落实，衔接协调，精心组织。三是要求侦监部门要主动出击，积极作为，其他部门要密切配合，通过专项行动建立和完善快速反应、"两法"衔接和内部工作联动常态化工作机制，查办一批有影响、效果突出的典型案件，探索总结强化侦查监督特别是立案监督的方法、措施和经验，为建设和谐稳定的社会环境做出检察机关应有的贡献。同时，下发该院《关于开展"破坏环境资源犯罪专项立案监督活动"和"危害食品药品安全犯罪专项立案监督活动"的实施方案》。"破坏环境资源犯罪专项立案监督"和"危害食品药品安全犯罪专项立案监督"成为该院检察监察体制改革后开展的两项重点检察监督工作。

同年，阳泉郊区检察院加强刑事立案和侦查监督，严把案件事实、证据和法律适用关，强化证据审查力度，切实维护司法公正。继续开展破坏环境资源、危害食品药品安全等专项立案监督活动。监督公安机关立案5人，立案监督后起诉3人，被法院作出生效判决4人，监督行政机关移送犯罪案件1人，移送起诉1件，法院作出有罪判决2人，监督纠正公安机关侦查活动违法案件3件次。

是年，该院扎实开展"发挥侦查监督职能、优化营商环境"专项活动，摸排出线索6件，涉及郊区国土部门3件，林业部门1件，食品药品监督部门2件。并会同区环保局、区公安分局，对重点区域重点领域开展排查活动，建议行政机关移送刑事案件1件1人，立案监督阳泉市首例环境领域犯罪案件，为此，阳泉市检察院和中共阳泉郊区区委十分重视，阳泉市人民检察院检察长王允廉批示：此案系郊区检察院办理行政执法与刑事司法衔接的典型案件，体现了检察机关服务民生的责任担当，应进一步做好审查起诉等相关工作，该案由一审法院作出判决。

2018 年，阳泉郊区检察院监督公安机关立案 2 件 3 人，监督行政机关移送犯罪案件后提起公诉 1 件 1 人，法院作出有罪判决 1 人，监督纠正公安机关侦查活动违法案件 5 件次。

第三章 审判监督

1979年，监督阳泉郊区法院开庭宣判翟某毛盗窃一案。

1980年，阳泉郊区检察院根据中发〔79〕64号文件指示精神和《人民检察院组织法》赋予的检察职权。开展刑事、法纪、经济检察工作。对照“两法”总结检查实施“两法”的情况，在运用《刑法》同一切犯罪分子作斗争过程中，根据“两法”规定，在处理与公、法的关系时，始终坚持互相配合，互相制约的制度。从刑事检察工作看，对于公安机关提请批准逮捕和移送起诉的案件，按照《刑事诉讼法》规定，全面实施审查批捕和审查起诉职责，对于人民法院决定开庭审判的公诉案件，做到案案出庭支持公诉，保证独立行使检察权，坚持以事实为根据，以法律为准绳的办案原则，按照“两法”规定准确地认定罪名，严格按照法定的诉讼程序和法定时效，及时地办结案件。

1981年1月20日，阳泉郊区检察院下发阳郊检发字〔1981〕第2号关于印发《赵玉珍检察长关于执行“两法”中的有关问题解答》的通知。其中，对审判工作进行监督的要点有五项：一是法庭组成人员是否合法；二是审理案件是否依照法律程序进行；三是当事人的诉讼权利是否交代清楚和得到保障；四是庭审调查，审理有无逼供行为违法行为或造成后果（如果是一般问题可在闭庭后提出纠正意见）如果这种违法行为确实可能影响法庭作出公正判决时，应当当庭提出纠正，或者建议法庭延期审理。五是对于人民法院作出的判决、裁定，经审查，如果认定事实或者适用法律上有错误时，人民检察院应当在接到判决书之日起十日内（接到裁定书的五日内）向上级法院提出抗诉，抗诉书要通过同级法院移送，同时将抗诉书抄送上一级人民检察院，如果抗诉理由不当，应由上一级人民检察院撤回抗诉。

是年，该院始终坚持公、检、法三机关互相配合、互相制约的制度，对人民法院在审判活动中的违法行为，依照法律进行监督，对法院在审判活动中的违法行为给予书面形式纠正共1次，口头形式纠正共2次，抗诉郊区人民法院作出判决的案件2件、4人，有法必依，执法必严，违法必究原则，在监督审判活动中得到较好贯彻。

此外，该院对本年度审判监督中存在的问题，向上级人民检察院作出书面汇报：一是改判不当，重罪轻判。李某荣、李某光用刀具捅人致受害重伤案。区法院按照《刑法》第134第二款判处主犯李某荣有期徒刑四年。李某光无罪释放，对此，郊区检察院提出意见，阳泉市检察院提起抗诉，但省检察院尚未对下级检察院给予明确答复。二是该科处的没有科处（科处：当时用语，全书同，编者注），此罪与彼罪混淆，如石某，区法院依照《刑法》第160条判处被告人石某有期徒刑四年。被告上诉后，阳泉中院改为无罪释放。三是严重畸形的张某明、贾某贵两起拦路抢劫案，依照《刑法》第150条，应判有期徒刑三年以上十年以下，虽然两名犯罪嫌疑人具备《刑法》第14条第三款、第16条和第20条第二款之规定，但不至减到科处六个月或四个月徒刑与拘留，刑罚太轻，但未提出抗诉。四是不该科处的给予处罚。区法院违背法律程序，将区检察院依照法律规定免予起诉的盗窃从犯葛喜全，科处六个月拘役。韩某魁盗窃2000余元案件中的从犯周某莲，在案中起歇足点、转赃站作用，甚至分得少量赃物，但区法院经审理后，给予无罪释放。五是该数罪并罚的未并罚，在案犯陈某良，1976年因政治诈骗判刑20年，剥夺政治权利6年，1979年保外就医，在保外就医期间，从1981年开始，冒充国家工作人员招摇撞骗，伪造公章、证件，本该加重刑罚，区法院判处其有期徒刑五年，郊区检察院及时口头向区法院提出纠正，要求以数罪并罚从重处理，但区法院改判为有期徒刑七年，为此，郊区检察院提出抗诉。

1983年，依法开展审判监督，对郊区人民法院在审判活动中存在的违法问题，及时作出口头纠正，对该院量刑畸轻的案件，依法提出抗诉1件、8人，为此，郊区人民法院均依法作出相应的改判。

1984年，阳泉郊区检察院提起公诉后，经阳泉郊区法院判决免于刑事处分的涉及经济犯罪的1件、1人，依法提出抗诉。

1990年，对郊区人民法院判决适用法律不当、定性不准的3个案件，依法进行抗诉，准确履行检察机关的职能作用。

1992年，阳泉郊区检察院强化审判监督，加强监督制约，对人民法院2件确有错误判决提出抗诉，维护法律的尊严，确保生效判决不纵不枉。

1993年，阳泉郊区检察院进一步强化法律监督职能，对区人民法院确有错误的判决，依法提出抗诉1件、3人，并对审判中的违法行为，发出书面《纠正违法通知书》6份，提出口头纠正意见20余次。

1994年，阳泉郊区检察院针对审判活动中的违法行为，提出纠正意见40余（条）次。

1995年，阳泉郊区检察院在公诉活动中，发表公诉词101篇，提出纠正审判工作意见35件次。

1996年，阳泉郊区检察院向区人民法院提出口头检察建议5次，对区法院一审判决不当的被告人潘某阳贪污一案，依法提起抗诉。

1997年，阳泉郊区检察院向区人民法院提出检察建议和纠正违法建议5次，依法严格履行审判监督职能。

2001年，阳泉郊区检察院审判监督以追诉漏犯、漏罪，有罪判无罪，重罪轻判，枉法裁判为重点，突出抗诉案件的办理。如犯罪嫌疑人李某华，为了使犯有重大盗窃罪的未婚夫袁某其逃避法律追究，指使引诱他人出具伪证，并向法庭提供自己编造的虚假证据材料，借以推翻袁远其盗窃 86800 余元的重大犯罪事实，造成了袁某其案件的被迫休庭延期审理。经郊区检察院审查核实，李某华故意向法庭提供伪造的证据是包庇犯罪的行为，严重妨害司法机关的正常诉讼活动，涉嫌构成包庇罪，遂建议公安机关对李某华立案侦查，该院依法对其提起公诉后，犯罪嫌疑人李某华被判处拘役六个月。在审理刘某斌抢劫（未遂）案中，该犯在犯罪中持刀抢劫造成被害人轻伤，依法应判处三年以上十年以下有期徒刑，但法院一审减轻判处被告人有期徒刑一年六个月，属量刑畸轻。郊区检察院依法提出抗诉后，二审法院改判刘鹏斌有期徒刑三年，维护了法律的尊严。

2003 年，阳泉郊区检察院进一步强化审判监督，高某红抢劫案一审法院以寻衅滋事罪判处被告人有期徒刑四年，经该院依法提起抗诉后，二审法院予以改判，该案抗诉成功后，社会反响强烈，市、区两级人大领导给予高度评价。

2004 年，阳泉郊区检察院对区法院判决中量刑畸轻的 2 件、2 人提出抗诉，并获得法院改判。10 月，郊区检察院对一起判处缓刑的暴力抢劫案件提起抗诉，经阳泉市中级人民法院二审作出改判，撤销一审法院判处被告人有期徒刑三年，缓刑五年，罚金 8000 元的判决。判处被告人有期徒刑三年，并处罚金 2000 元。

2005 年，阳泉郊区检察院检察官列席郊区人民法院审判委员会会议 11 次，对一审作出无罪判决的 1 件、1 人及时提出抗诉，该案被二审法院改为有罪判决。9 月，郊区检察院对申诉人孔某明因与被申诉人郑某保债务纠纷，不服阳泉市中级人民法院终审判决提出申诉一案结案，申诉人与被申诉人就判决书的执行达成和解协议。

2006 年 2 月 22 日，域内阳泉步林彩印包装有限公司不服法院查封决定，向郊区检察院提出申诉，郊区检察院以维护企业正常生产经营为宗旨，建议郊区法院合理、妥善解决原、被告之间经济纠纷。郊区法院采纳郊区检察院的意见，对当日查封财产进行解封。步林彩印公司得以恢复生产，郊区检察院一封检察建议救活一个企业。

2007 年，阳泉郊区检察院强化审判监督，提供《法庭证据意见书》65 份，提请抗诉案件 2 件，改判 2 件。同年 2 月 5 日，阳泉市中级人民法院全部采纳阳泉市郊区检察院认为一审法院对张某庆重伤害、入户抢劫案判决不当提出的抗诉意见，并对该案作出终审判决。同年 11 月，郊区检察院对一起 16 名被告人盗窃、非法买卖爆炸物品案提出抗诉，2008 年 11 月，阳泉市中级人民法院改判。2009 年 12 月，最高人民法院核准，此案成为全市检察系统提起抗诉一次性改判人数最多的案件之一。

2008 年，阳泉郊区检察院准确把握抗诉条件，重点加强对重罪轻判、有罪判无罪的监督，有 1 件、2 人一审判无罪，经抗诉，二审法院均作出有罪判决。是年 4 月，针对李某明不服阳泉市中级人民法院作出的二审判决，申诉至阳泉市人民检察院。该案根据指定管辖原则，转至郊区检察院受理后，经立案侦查，认定其基本事实证据不足，判决赔偿有误，显失公平，应予纠正，遂依法建议阳泉市人民法院提请抗诉，并将本案报送上级检察院。

2010年4月，阳泉郊区检察院制定《2010年民事行政检察专项监督工作实施方案》（以下简称《方案》），规定专项监督工作的指导思想和组织领导，按照该《方案》，郊区院对郊区法院近年来办理的六类民行案件进行重点检察监督：（1）涉及民生、涉农等领域的民事行政申诉案件；（2）因行政干预和地方保护主义、贪赃枉法、徇私舞弊等行为导致裁判不公的案件；（3）针对损害国家、集体和社会公共利益开展民事督促起诉、刑事附带民事诉讼的案件；（4）人民群众反映强烈的、确有问题的民事执行活动的案件；（5）对调解结案而又暴露出问题的案件；（6）虚假诉讼的案件。

2010年，阳泉郊区检察院积极介入法院“集中清理执法积案活动”，监督执结一起特困群众交通事故赔偿案和一起保险待遇纠纷案。以国家名义向三起非法采矿刑事案件被告人追偿民事赔偿1300多万元，对四家耐火企业拖欠排污费进行民事督促起诉，追缴排污费13万元。是年，在刑事审判监督工作中，该院成功抗诉1起16名被告人盗窃、非法买卖爆炸物品案，成为该院提起抗诉后一次性改判人数最多的案件。

2011年，阳泉郊区检察院进一步加强刑事审判监督，全面规范审判裁量权，积极推进量刑建议改革，重点加强对有罪判无罪、重罪轻判以及枉法裁判的监督。纠正漏诉人员11名，改变案件定性6件，依法提起刑事抗诉5件。同时认真执行职务犯罪判决报上一级检察院同步审查规定，促进审判裁量权规范行使。是年6月，郊区院案管中心通过“‘三书’对比自查”方式，发现被告人张某荣等5人盗窃、掩饰隐瞒犯罪所得一案，审判机关认定其中两名被告有自首情节，与郊区院起诉书事实不符，所判决的5名被告人适用缓刑不当，案管中心将该情况上报分管检察长和检察长，经检委会研究决定，对该案依法提起抗诉。同年7月，郊区检察院提起公诉的被告人赵某军贪污一案，于6月30日由郊区法院作出判决。郊区检察院经认真审查后认为，该判决认定事实错误，定性不准，量刑畸轻，依法向市中级人民法院提出抗诉。

2012年，阳泉郊区检察院针对审判工作存在的问题，提起抗诉3件、3人，全部获得法院改判，纠正审判活动违法10件次。3月2日，阳泉市中级人民法院以〔2012〕阳刑终字第13号刑事判决书，作出撤销阳泉市郊区人民法院〔2011〕阳郊刑初字第102号刑事判决，上诉人王某小犯交通肇事罪，判处有期徒刑三年三个月。该案是经郊区检察院提起抗诉，阳泉市中级人民法院改判的一起刑事抗诉案。同年10月，由郊区院提起抗诉的一起强奸未遂案二审改判，阳泉市中级人民法院终审判决被告人刘某何犯强奸罪，判处有期徒刑二年十个月，连同前罪故意伤害罪所判刑罚有期徒刑三年，数罪并罚，决定执行有期徒刑五年。

2013年，阳泉郊区检察院进一步加强审判监督，积极开展量刑建议工作，共提出量刑建议 80 条，被依法采纳 76 条。准确把握抗诉条件，提起刑事抗诉 5 件，法院采纳 3 件，正在审理 2 件，抗诉成功率在全市处于领先位置。

2014 年，阳泉郊区检察院积极开展量刑建议工作，全年提出量刑建议 217 条，被依法采纳 198 条。进一步强化程序意识和证据意识，提出纠正审判活动违法意见 7 件次。同时，准确把握抗诉条件，提起刑事抗诉 4 件、4 人，采纳 3 件、3 人。

2015 年，加强刑事审判活动监督。积极开展量刑建议工作，共提出量刑建议 219 条，被依法采纳 189 条，采纳率为 86%，同比增加 10%。进一步强化程序与实体并重意识，提出纠正审判活动违法意见 5 件次，准确把握抗诉条件，提起刑事抗诉 5 件 9 人，有效维护司法公正。

2016 年，阳泉郊区检察院进一步强化配合制约，构建新型检审关系。积极适应以审判为中心的诉讼制度改革，严把证据关、事实关、程序关，严格执行非法证据排除规则。完善出庭指控犯罪工作机制，切实承担证明责任，公诉案件有罪判决率达 100%。强化刑事审判监督，提出刑事抗诉 4 件、8 人，对法院审判活动提出纠正违法意见 3 件次。

是年，该院按照全国检察机关开展财产刑执行专项检察活动的要求和山西省及市检察院安排部署，对郊区人民法院 2013 年以来生效刑事案件中判处罚金、没收财产、责令退赔等由法院执行的相关事项进行核查清理，对郊区人民法院在财产刑执行中存在的各类问题依法予以监督纠正，促进财产刑执行活动依法公正、规范进行。

2017 年，阳泉郊区检察院加强刑事审判活动监督，积极开展量刑建议工作，共提出量刑建议 281 条，被依法采纳 261 条。进一步强化程序和实体并重意识，提出纠正审判活动违法意见 2 件次。准确把握抗诉条件，提起刑事抗诉 4 件。

是年，该院扎实开展“公益诉讼专项活动”，主动加强与环保局、林业局、国土局、食药局等行政机关的联系，积极开展走访调查，重点审查生态环境、资源保护、食品药品安全、国有财产保护、国有土地转让权、土地出让金等重点领域存在的问题。建立公益诉讼案件线索的梳理、移送、办理、反馈制度，整合力量资源、形成工作合力，共摸排出阳泉市国土资源局郊区分局怠于履行职责监督案、阳泉市郊区环境保护局怠于履行职责监督案和赵宏涉嫌污染环境刑事附带民事等 4 起公益诉讼案线索并全部办理完结。在办理公益诉讼案件过程中加强与审判机关、行政机关和诉讼代理部门律师的沟通，争取通过公益诉讼构建新型检法、检政、检律关系，确保公益诉讼案件经得起检验，取得实实在在的效果。

2018 年，阳泉郊区检察院积极开展量刑建议工作，共提出量刑建议 76 条，被依法采纳 65 条。同时准确把握抗诉条件，提起刑事抗诉 3 件。

同年 8 月 14 日，阳泉市郊区人民法院召开审判委员会，讨论研究一起解除强制医疗案件，阳泉郊区检察院检察长严志勇列席会议并发表意见，这是区检察院检察长首次列席区法院审委会会议。检察长列席同级人民法院审判委员会，既是法律赋予检察机关的一项十分重要的法律监督职能，也是深入推进司法体制改革的重要步骤，有利于提高司法决断的透明度和公正性。审判机关与检察机关在司法活动中加强交流，积极探索审判监督多元化发展的有效途径，对此后司法工作具有标志性意义。

第四章 监所监督

1983年，阳泉郊区检察院监所监督工作主要有三：一是协助荫营地区检察院办理大量加刑案件。二是协助荫营地区检察院、阳泉市人民检察院、阳泉市中级人民法院和阳泉第二劳动改造管教支队（阳泉第一监狱）平息调犯闹监的反革命持械叛乱事件。三是对区看守所存在的问题提出报告和纠正意见，促进监规的执行和管理秩序的改进，防止脱逃、体罚、死亡现象的发生。

1985年7月，区人民检察院设立监所检察科，行使监所检察职能，办理在押犯重新犯罪案件，受理在押犯及其家属的控诉、申诉，对被判处缓刑、管制、假释、监外执行、剥夺政治权利5项罪犯的情况进行实时监督。

1986年，根据郊区看守所初创时期的特点，着重从制度建立、在押人员管理、管教人员素质等方面进行监督检察，重点加强监所检察规范化，初步建立健全起各项规章制度。本着"及时预防、及时发现、及时处理、预防为主"的原则，对1983年"严打"以来的刑满、解除劳教人员进行摸底调查，进一步完善帮教措施。对郊区看守所作出书面检察建议2份，口头建议11次。

1987年，阳泉郊区检察院对该区看守所联合进行170余天驻所检察，进行安全、卫生大检查7次，在在押人员中进行法制宣传教育5次；向看守所提出检察建议34条，被采纳28条，发现并排除事故隐患3起。

1988年，在对看守所监管活动的监督中，一是依法查处被看押人员脱逃案1件、1人，依法加刑2年。二是加强对保外就医人员和缓刑人员的监督，对5名保外就医、4名缓刑人员逐一进行审查。三是加强对在押人犯的政策攻心，挖出各种犯罪线索14件。四是针对看守所在管理秩序、卫生状况、生活条件、防范措施等方面存在的问题，向看守所提出相应建议26条；对即将到期的被羁押人员，积极建议有关部门做好处理准备工作，保证看守所无超期羁押和违法关押的人员。五是摸清自1986年以来全区刑满释放人员底数，掌握郊区籍在押犯和接茬帮教人员的情况，对免予起诉的犯罪嫌疑人进行回访考察。

1989年，充分发挥监所检察职能，贯彻"教育、感化、挽救"的方针，进一步加强对保外就医和缓刑罪犯的审查和监督，对不具备保外和缓刑条件的人员，及时向有关部门提出建议，解除或变更原决定，避免增加社会的不安定因素。针对看守所存在的在押人员与家属串供、在押人员逃跑等管理上的问题，及时发出书面检察建议5

份，口头建议40多条，督促主管部门认真改进，以保证刑事诉讼活动的正常进行。在对区看守所依法进行监督的同时，监所检察人员配合办案人员积极对在押人员宣传政策，动员他们交代罪行，揭发同伙的犯罪行为，巩固严打成果，保证社会治安秩序持续稳定。

1990年，阳泉郊区检察院按照经常化、制度化的标准，进一步加强对看守所工作的检察监督，全年入监检察240余次，积极协助看守所堵漏建制，办理逃脱案1件，对看守所存在的有关问题及时提出书面或口头建议40余次，消除不安全隐患，保证正常的监管秩序。开展对保外就医、缓刑罪犯专项检察活动，对其中不具备或丧失条件的，及时建议有关部门解除或变更原决定，避免增加社会不安定因素。

1991年，阳泉郊区检察院监所监察按照“四勤”“四重”标准，进一步强化监管场所的安全稳定。“四勤”：勤跑腿，勤往监房跑，特别是有问题监号；勤观察，对看守所监房内外勤观察；勤检查，对监管工作的每一环节勤检查；勤建议，对检查中发生的问题，并勤向领导汇报，及时向主管部门建议。并抓住“四个重点”，消除监所隐患。一是抓重点部位。即抓易出现安全隐患和漏洞的部位，对监所内有可能造成人犯逃跑、自杀的部位，及时建议和帮助主管部门加强安全防范措施和补救措施，保证监管安全。如在检查中发现监房内厕所外墙的高度，极有可能造成逃跑事件的发生。对此，该院驻监所检察干部及时建议看守所加高围墙，避免在押人员逃跑。二是抓重点问题，即抓带有全局性倾向性的问题。9月份，驻监所干警发现看守所在押人员中发生传染性疥疮，患者56人，当即向区人大、政法委等作了汇报，并联系区防疫部门，隔离病人，采取积极的预防和治疗措施，使这一传染性疾病得到了有效控制并根治。从而保证了在押人员的身体健康，稳定了思想情绪。三是抓重点人员，对有逃跑、行凶、自杀、闹事等危险分子进行重点防范，采取得力措施，做好思想疏导工作，防止重大事故的发生。四是抓重要时间，即节假日的安全防范工作。在传统节、假日，除监所科干警进行重点检查外，该院领导亲自深入监房进行检查，会同主管部门强化安全防范，有力地保证了郊区看守所监管秩序的稳定，实现了无逃跑、无死亡、无串供、无混关混押的“四无”目标。

1992年，郊区检察院监所检察在协助主管部门维护看守所安全稳定的前提下，认真加强对看守所执法活动的监督，对收押、提审在押人员、服刑劳改犯投改是否符合法定条件，法律手续是否完备进行审查监督，对无证关押、应投入劳改（移送监狱劳动改造）而未及时移送监狱的问题及时予以纠正。4月，对本院单独一名干警提审在押人员讯问的问题，当即提出不予提审在押人员的意见，两名检察干警全部到齐后，方准予提出在押人员进行讯问，并向办案科室和有关领导作汇报，以引起全院重视，杜绝了单独一名干警提审人犯现象。6月，对某派出所无证押送1名涉嫌刑事案件当事人至看守所进行拘留的行为，立即向区公安分局提出纠正意见，指出手续不完备，无证关押不符合法律规定，并不予收监。直到该派出所各项法律手续完备之后，才准予将在押人员收监。

1992年，阳泉郊区检察院继续加强对区看守所执法活动的法律监督，一是对无证关押、一人提审、超期羁押等违法问题，及时向有关部门提出纠正意见。二是加强安全防范检查，驻所检察中，严密注视和掌握监管人员的思想动态，发现漏洞和隐患，及时同主管部门沟通情况予以解决，防止事故发生。三是开展对监外执行犯和“两劳”释放人员的检察监督，先后考查缓刑犯9人，保外就医人员2人，“两劳”释放人员450人，召开有关人员参加座谈会落实帮教，促进“两劳”人员的思想转化。四是积极创造条件，完成监所规范化的基础设施建设。五是积极配合有关部门开展政治攻势，促使在押人员交代余罪、揭发同伙，有力地配合了惩治贪污贿赂犯罪斗争和依法惩治严重刑事犯罪的斗争。

1993年，阳泉郊区检察院监所检察工作认真纠正监管场所的违法现象，针对区看守所超期羁押在押人员比较严重问题，向有关单位发出纠正违法通知，及时清理超期羁押在押人员13人，以实际行动落实山西省委《关于抓紧清理超期羁押问题》的指示精神，坚持常年驻所检查，发现安全隐患和管理漏洞，及时同主管部门反映情况，提出纠正意见，全年提出建议24条（次），有效地保证了监管场所的安全和正常秩序。

1994年，阳泉郊区检察院以纠正看守所违法问题为重点，开展监所检察工作。针对看守所羁押严重的问题，该院多次向有关部门提出纠正意见，向上级机关反映情况，推动清理超限羁押工作的进行，使区看守所超期羁押在押人员的问题得到纠正。针对看守所个别干警在给在押犯捎纸条、搞“家访”，以及在押人员与亲属互扔纸条等有关问题和违法情况，及时向中共郊区区委政法委、区人大法工委等有关部门汇报，认真办理干警违法违纪案件。全年提出各种建议50条（次），使有关问题得到纠正，有效地维护了看守所的安全稳定。

1995年，阳泉郊区检察院坚持每日驻所检察和节假日重点检查，注意掌握在押人员的思想动态，积极帮助看守所堵塞漏洞，消除安全隐患。先后对6名保外就医人犯和5名缓刑罪犯进行了监督考察，并对11名劳教不归人员进行了调查了解，有效地防止了重新犯罪。并针对看守所超期羁押的问题，向有关部门提出纠正，推动清理工作的进行。对收押释放、提审在押人员、服刑劳改是否符合法定条件，法律手续是否完备进行审查监督，对无证关押、应投改未投改，单人提审在押人员的违法行为予以纠正，全年共提出各种建议50余条（次），确保看守所的安全稳定。同时积极配合“严打”，对在押人员宣讲法律政策，敦促在押人员揭发同伙，交代余罪。因盗窃犯罪被判处死刑的人犯郝某中，揭发其同伙的犯罪线索，扩大“严打”成果，收到良好的社会效益。

1996年，阳泉郊区检察院注重掌握在押犯思想动态，积极帮助看守所堵漏建制，消除安全隐患，特别是对超羁押问题，及时向有关部门提出建议。5月，在发现郊区公安分局仅用1名公安民警提审人犯的违法现象，及时予以纠正。与此同时，对监外服刑的罪犯，进行“四见面”（本人、保人、家属、单位领导）实地考察，根据具体情况依法进行处理。

1997年，阳泉郊区检察院继续加强对看守所执法活动的法律监督，坚持每日驻所检察和节假日重点检察，并根据山西省检察院监所处通知精神，对郊区看守所进行执法情况实地考察，对1名不符合保外就医规定保外的情况，向区看守所提出纠正意见。

1998年，阳泉郊区检察院在看守所执法活动中，驻所检察260次，提出合理化建议45条，口头纠正违法15次，同犯罪嫌疑人、在押犯教育谈话60人次。对管制、剥夺政治权利、缓刑、假释、暂予监外执行（保外就医）五种人，进行不间断的走访、考察，考察中，坚持“三见面”（保人、家属、单位领导）四到位（暂予监外犯、犯人家长或保人、公安管教人员、检察院驻所人员）原则，在发现盂县盗窃犯某富保外就医有近一年的脱管现象后，同盂县公安局联系，重新将周某富收监处理。对监所设施、管教措施、羁押人员的思想、生活、卫生等进行实地考察，提出8条改进完善意见，6份留所服刑犯的不完备手续进行纠正，对超期羁押刑事犯进行清理，确保看守所安全稳定和相关法律法规的执法。

1999年，阳泉郊区检察院进一步强化监所检察职能，建立健全驻所（驻看守所）检察工作制度，加强对刑法执行情况和监管执行活动的监督检察。对个别公安干警执法活动中存在的违法违纪情况，提出口头纠正意见13次，口头检察建议26次，书面检察建议2次，书面纠正违法通知书1次，专题报告2份，同监所干警联合安全检查34次，自行检查154次，同犯罪嫌疑人、被告人、留所服刑犯谈话98次，随时了解和掌握在押人员的思想动态，确保了看守所安全稳定。5月18日，根据监外执行人员管理监督有关规定，同阳泉公安局郊区分局看守所，对暂予监督外执行保外就医的邱某斌、任某十、郗某贤、史某孩4人，分别进行手续审查和身体检查，以确认其是否符合保外就医的法律手续和身体状况。通过审查和检验，依法履行检察监督的职责，教育他们从思想上真正做到认罪服法，自觉接受改造。

2000年，阳泉郊区检察院加强对刑罚执行情况的监督检察，强化对监管执行活动的监督。对2名暂予监外执行人员进行体格条件检验和手续审查，对个别干警违纪情况提出口头纠正意见10次，口头检察建议15次，会同公安联合安全检查32次，自行安全检查140余次，同在押人员谈话50余次，实现监所全年无重大责任事故和在押人员脱逃事故的发生。与此同时，检察干警还走访公安派出所和有关乡镇村，对缓刑人员进行跟踪考察监督，随时了解和掌握监外执行人员的思想动态，确保看守所安全稳定和缓刑人员的安定服刑。是年，该院建立并完善驻所检察工作制度，驻所检察室达到山西省三级检察室标准。

2001 年，阳泉郊区检察院严格执法、依法监督，保障在押人员合法权益，对在押人员生活、伙食、定量标准等情况进行不定时检查，对留所服刑人和保外就医人员进行体格检查，对 1 件、3 人超级羁押问题予以上报，及时得到解决。在配合“严打”整治斗争，加强监所检察的同时，积极开辟“第二战场”，深挖被监管人员的余罪。先后与在押人员进行谈话 50 余次，走访公安派出所、有关乡、镇、村，对缓刑人员进行跟踪考查监督，及时掌握监外执行人员的思想动态。同时加强对监管执法活动的监督，对个别干警违纪情况提出口头纠正意见 4 次，口头检察建议 15 次，会同公安联合安全检查 38 次，自行安全检查 130 次，纠正公安采取强制措施不当 1 件、1 人，确保看守所安全稳定和监管活动的有序进行。

2002 年，该院监所检察一是突出执法监督重点，坚决纠正超期羁押。实行案件到期提醒工作法，对 5 件、8 人即将到期羁押的案件提醒在规定的期限内办结。二是依法加强对刑罚执行活动有效监督。加强对保外就医人员的手续审查，坚决防止了“前门进、后门出”的现象发生。三是认真落实安全防范制度，清除事故隐患，维护监所的安全稳定。全年会同公安、武警联合检查 83 次，自行检查 130 余次，消除隐患 3 件次，发出检察建议 2 份，口头建议 100 余次，同在押人员谈话 120 次，讲授法制课 6 次。四是积极配合严打整治斗争，开辟第二战场，深挖被监管人员的余罪。共获取检举违法犯罪线索 7 条，对查证属实的 2 条，向有关部门作了移送处理。

2003 年 1 月，阳泉市人民检察院监所处处长王功到郊区看守所检查指导工作，对监管场所春节、元宵“两节”期间安全工作提出明确要求，郊区检察院对此制定出如下措施：一是思想工作要到位；二是执行制度要坚决；三是隐患漏洞要消除；四是责任追究要认真；五是重点案犯要严管。

是年，阳泉郊区检察院在监所检察工作中，一是坚决防止超期羁押、确保刑事诉讼各阶段的顺利进行。对在押人员实行羁押到期提醒工作法，提醒 3 件、5 人在期限内办结。二是依法对刑罚执行活动是否合法，进行有效监督，对在押人员全部进行分类登记，分段管理，把监督工作贯穿于取保候审、拘留、逮捕、起诉、审判、执行等环节，改变了以往监督滞后的被动局面。该院撰写的“体现人文关怀，为死刑犯治病”的信息，受到山西省和阳泉市检察院高度重视，被山西法制报采用刊登。三是认真落实安全防范制度，清除事故隐患，全年会同公安分局、武警部门联合检查 52 次，自行检查 210 余次，发现排查安全隐患 6 件（次），发出口头检察建议 100 余次，同在押犯谈话 190 次，为在押人员讲授法制课 4 次，确保了国家重要庆典和重要政治活动期间监管场所的安全与稳定。四是积极配合严打整治斗争，开辟第二战场，通过谈话深挖犯罪线索 3 条，并将查证属实的 2 条犯罪线索移送有关部门处理。

2004 年，进一步强化监所检察职能，严防超期羁押，确保监管场所的安全稳定。

一是实行案件《到期提醒催告制度》《在押人员权利义务告知制度》和《与在押人员家属联系制度》，杜绝超期羁押。是年4月开始，郊区检察院根据《刑事诉讼法》对犯罪嫌疑人（被告人）法定羁押期限的规定，把羁押时限监督跟踪催告制度贯穿于刑事拘留、逮捕、起诉、审判、执行的全过程，同时开展以“加强监管执法，加强法律监督，保障刑事诉讼顺利进行、保障在押人员合法权益”为内容的双保障、双加强活动，监所检察室对每一案件的在押人员建立羁押情况登记，在办案时限将满的前一周内实行分阶段跟踪催告，提醒办案单位注意办案时限，约束承办单位严格按照法律规定办理。该制度实施后，案件承办单位有了紧迫感，缩短了办案周期；司法人员加强了工作责任心，提高了工作效率，保障了在押人员的合法权益，连续五年来未发生超期羁押案件，维护了在押人员的合法权益。二是认真落实安全防范制度，针对在押人员普遍存在的悲观、畏惧、迷惘、抱怨等心理，从4月份起，郊区检察院监所工作施行人性化管理，检察官通过宣读法律政策，谈心谈话等形式，加强在押人员的教育转化，使在押人员感到了自己的人格得到了尊重，权益得到了保障，全年有40多名在押人犯主动与驻所检察官汇报思想动态，咨询和了解有关的法律知识，请求和接受检察人员的法律帮助，人性化管理收到明显成效。三是采取会同公安、武警联合检查、自行检查、口头检察建议、同在押人犯谈话、为在押人员讲授法制课等方式，排除安全隐患，确保国家重大庆典和重大政治活动期间监管场所的安全与稳定。同时郊区检察院积极配合严打整治斗争，开辟第二战场，通过谈话深挖犯罪线索38条，查证属实的11条已移送有关部门处理。四是开展旨在保障在押人员合法权益的“双加强、双保障”活动，6月15日，郊区检察院驻所检察室与郊区公安分局，共同组织召开全体在押人员深挖犯罪再动员大会。公、检、法三机关的领导就政法部门牢固树立人权保障观念，履行对在押人员合法权利告知义务，确实保障在押人员合法权益，为在押人员依法行使合法权益开辟绿色通道，以及对在押人员如何落实、揭发、立功、自首等各项政策做了详细说明、解释、解答。

2005年，阳泉郊区检察院坚持推行“羁押到期提醒工作法”，督促办案单位办理到期羁押案件4案6人，羁押嫌疑人案件全部在法定期限内办结，全年无一例超期羁押案件。同时认真落实监所安全防范制度，清除各类事故隐患，采取自行检查、会同武警和公安干警联合检查，同在押人员谈话、讲授法制课等形式，排除了安全隐患，确保了监管场所的安全与稳定。

2006年9月19日，郊区检察院为确保国庆、中秋两节安全，监所检察科和法警队联合对郊区看守所的一、二监区进行了安全大检查。共检查在押人员48名，监房10间，对在押人员生活区的门窗背后、被褥下面、电视机吊架等每一个角落进行认真排查。经检查，未发现金属器具、玻璃制品和绳子等存在重大安全隐患的物品。

同年11月，郊区检察院监所科建立驻所检察官约见在押人员制度，被监管人员遇到困难和问题可以随时与驻所检察官取得联系，检察官可以根据实际情况，协调联系相关部门，妥善处理和解决被监管人员反映的各种问题和困难。

2007年，阳泉郊区检察院进一步加强刑罚执行监督，坚持推行羁押到期提醒工作法，全年无一例超期羁押案件。同时认真落实安全防范制度，清除事故隐患，为在押人犯上法制课4次。针对监督活动中的违法行为，提出书面检察建议2件，口头纠正违法意见16次。按照上级部门的部署，积极开展清理纠正脱漏管监外罪犯专项行动，对辖区内的管制、假释、缓刑、暂予监外执行人员底数进行摸排、归档管理，规范落实管理措施。

2008年，阳泉郊区检察院继续推行羁押到期提醒工作法，有效杜绝郊区看守所超期羁押案件的发生。同时针对监管活动中存在的问题，开展清理纠正脱漏管监外罪犯专项行动，对辖区内管制、剥夺政治权利、缓刑、暂予监外执行人员重新排查建档，落实监管措施。同年3月，该院驻郊区看守所检察室，被最高检授予“二级规范化检察室”。5月12日，四川汶川发生特大地震灾害后，郊区检察院驻所检察官及时统计原籍四川和重庆的在押人员，摸清底数，并深入监区做好他们的思想工作。据统计，郊区看守所共押四川、重庆籍在押人员10人，无原籍在重庆灾区人员，这部分人员情绪稳定，监管场所秩序井然。在汶川地震发生后，郊区检察院监所科与看守所领导立即部署并做好充分准备，防止被监管人员越狱，确保被监管人员和民警安全。同年7月，为确保奥运会期间监管场所安全，郊区检察院驻所检察室把稳定当做头等大事来抓，积极会同公安、武警部门组成安全检查组，制定安全检查制度，要求在奥运会期间全方位安全大检查，为奥运会成功举办营造稳定、和谐的社会环境。为加强奥运会期间的安全保卫工作，根据上级检察机关关于加强机关安全保卫工作的紧急通知，郊区院法警大队立即安排部署具体安保措施。8月18日，郊区检察院副检察长刘双富与区公安分局副局长刘新建、武警郊区中队负责人，一同到郊区看守所实地检查奥运安保工作，确保奥运期间看守所监管安全。

2009年，元旦前夕，阳泉郊区检察院驻看守所检察室及时与看守所、武警部门召开工作联席会，听取狱所情况，共商应对措施。三部门组织联合安全大检查，排除隐患、堵塞漏洞，采取民警双人值班备勤、驻所武警进监巡视、驻所检察官24小时坚守岗位互通信息等措施，确保元旦期间看守所安全稳定。

1月份，郊区检察院为加强对监管场所的监督，维护看守所正常秩序，一是经常性开展由武警参加的联合安全大检查，加大监所安全检查力度。二是切实加强防病防疫、食品卫生管理、努力减少在押人员伤病事件的发生。三是开展监室执行大整顿，进一步规范管理秩序和内务卫生秩序，确保监区环境整洁。四是积极开展文化活动，通过在押人员自编自演、管教与民警同台出演等方式，丰富在押人员的生活，确保春节、元宵节期间，监管场所的安全与稳定。

2月份，组织监所检察科干警，参加最高人民检察院监所检察厅组织的《监所检察“四个办法”》知识竞赛活动，干警对竞赛题目进行认真分析和讨论，结合工作实践反复推敲其中的难点问题，为进一步提高自身专业素质、切实履行监所检察职能奠定了良好的理论基础。并会同公安、武警部门，多次对看守所监区进行全面细致的检察监督，对安全防范工作不到位的地方提出检察建议，同时对驻所检察干警提出五点要求：一是从易发生问题的在押人员管理入手，维护监管场所的安全。二是做好在押人员特别是重刑犯的教育转化工作。把各种隐患消灭在萌芽状态。三是要重视在押人员的健康状况，备齐药物器材。四是严格遵守值班制度、在押人员请假和会客制度。五是要严格执法程序，遵守工作纪律，保证自身安全。

3月份，阳泉郊区检察院驻所检察室，联合公安、驻所武警部队，召开监所工作会议，通报发生在云南晋宁县看守所的“躲猫猫”事件，强调以该事件为鉴，强化监所干警安全防范意识，加强监所安全管理监督。会议决定，从即日起，开展为期一个月的安全监管监察活动，具体采取四项措施：一是认真检查各项监管设施。二是就“躲猫猫”案件对在押人员进行宣教，惩治“牢头狱霸”现象，增强在押人员遵规守纪、服从管教意识。三是与在押人员进行沟通谈话，了解其思想动态，将不稳定因素消除在萌芽状态。四是协助看守所查找日常监管中的漏洞和薄弱环节，采取有效措施加以改进和完善。

是年6月，阳泉市人民检察院、阳泉市公安局，会同郊区检察院，开展监管执法专项活动突击检查。检查组成员深入监管场所，对看守所监控设施运行情况进行检查，检查督促事故隐患整改，全面排查、依法惩治看守所“牢头狱霸”的违法犯罪活动，逐一检查在押人员体表情况，以维护在押人员合法权益。检查组要求严格按照全市看守所监管执法专项执法活动的要求，扎实做好专项执法活动，对本次检查中发现的问题要及时予以整改。

2009年，郊区检察院驻所检察室不断强化和开展对郊区看守所的安全隐患专项检查，特别是针对检查过程中发现的监室内形成监控死角等安全隐患，向看守所发出检察建议书，要求采取切实有效措施予以整改。郊区公安分局对此高度重视，对监区、监舍及公共设施中存在的安全隐患，进行全面排查。经过多次实地考察、讨论，郊区看守所硬件实施改造方案逐步形成，并与是年12月初，全面完成了改造工程。工程共投入50余万元，对8个监区、32个监室进行了改建，确保每个在押人员的活动均处于实时监控之中，切实维护了监管场所的安全和稳定。

是年，该院刑罚执行监督工作继续推行羁押到期提醒工作法，未发生一例超期羁押案件，针对监管活动中存在的问题，开展打击“牢头狱霸”和监外执行罪犯专项检查，对辖区内管制、剥夺政治权利、缓刑、假释、暂予监外执行人员以及余刑一年以下的留所服刑罪犯和九类重点罪犯重新排查建档，落实各项监管措施。

2010年5月，阳泉郊区检察院根据新形势下监管安全出现的新情况、新问题，积极探索根治监管隐患、保障监管安全的新办法、新措施、新手段，会同郊区法院、郊区公安分局，联合制定《在押人员羁押期间表现纳入量刑情节暂行办法》。规定在押犯罪嫌疑人、被告人，如有法定从轻、减轻或其他法定酌量情节的，由看守所提出书面评定意见，报驻所检察部门审查。驻所检察部门同意后，将评定意见移送郊区检察院公诉部门。公诉部门将结合案情，对符合不起诉条件的上报郊区院，提请作出不起诉决定；对于提起公诉的案件，将评定意见作为量刑建议，向法庭宣读出示并移送。办法对羁押人员表现情节作了详尽规定，该办法对规范监所管理、促使在押人员认罪伏法将起到积极的促进作用。

同年，该院监所检察认真落实各项监管措施，整顿监管场所秩序，组织开展惩治“牢头狱霸”、纠正“脱漏管”等多项整治活动。积极加强监外执行监督，纠正1起刑期误算判决，监督1名有严重违法情形的缓刑罪犯收监执行，依法对郊区首批社区矫正交接仪式进行现场监督。驻所监察室被最高人民检察院授予“二级规范化监察室”称号。

2011年6月28日上午，阳泉郊区检察院监所科与郊区看守所共同举办“红色伴我成长，红歌唱响监所”庆祝建党90周年红歌合唱暨和谐阳泉摄影图片展，近百名在押人员以监区为单位，组成合唱方阵，合唱曲目有《保卫黄河》《没有共产党就没有新中国》《中国、中国鲜红的太阳永不落》等，数名在押人员即兴演唱《母亲》《我的中国心》等歌曲。阳泉展览馆在监区展出近百福《和谐阳泉》摄影图片，使在押人员了解阳泉30年发生的巨大变化。

同年7月21日下午，郊区院检察长王建明、副检察长刘双富，会同郊区公安分局副局长刘新建到郊区看守所检查工作。检察长王建明一行先后对看守所监房、监控室、食堂等场所进行检查，并与驻所监察室检察干警和看守所公安民警进行座谈。座谈会上，监所科和看守所负责人分别介绍各自的工作情况。检察长王建明对驻所监察室的工作给予充分肯定，提出三点要求：一是维护监管场所的安全与稳定；二是维护好监管场所的监管秩序；三是监所科继续创新特色，做好升级申报工作。

9月27日下午，阳泉郊区检察院监所科、郊区看守所、武警中队召开监所安全工作紧急联席会议。会议首先通报阳泉市看守所在押人员脱逃事故的情况，看守所负责人及分管领导结合实际列举本所存在的一些问题。郊区院监所科负责人希望区看守所全体民警，以本次监所安全工作紧急联席会议警示教育为契机，深刻查找自身存在的问题和原因，同时提出四项检察建议：一是今后在押人员出所检查病情必须加戴戒具，并有武警陪同。二是加强在押人员的内务管理，严禁给在押人员捎、买、带物品。三是严格管理在押人员，严禁办案单位单人提审。四是在日常工作中，要严格按照看守所各项规章制度执行，值班期间不要疏忽大意。

是年，该院全面加强刑罚执行活动监督，认真开展监管执法专项检查活动，纠正减刑、假释、缓刑、保外就医、暂予监外执行等监管违法和不当问题23件，促进依法文明监管，维护被监管人合法权益。

2012年，阳泉郊区检察院刑罚执行监督工作，共纠正监管活动存在问题41件次，改进监管意见31件次，审查并纠正羁押必要性案件28件次，纠正脱管漏管检察意见36件次，审查暂予监外执行不当案件1件，促进监管工作规范运行。

2013年6月5日，阳泉市人民检察院监所检察处处长岳虎平等到郊区看守所检查指导工作，郊区院常务副检察长刘双富、监所科科长崔丽娟、阳泉市公安局郊区分局副局长赵仁鹏参加检查。岳虎平听取所长张文华和监所科科长崔丽娟的工作汇报后，深入监区实地察看监所基础设施建设、监内各项管理制度的落实情况，现场抽查个别监室，了解了在押人员一日生活秩序、内务卫生和伙食情况，并对监所安全管理工作提出明确要求。

2014年，阳泉郊区检察院加强刑罚执行监督。深入开展减刑、假释、暂予监外执行专项检察活动，对监外执行情况进行摸底排查，监督纠正监外执行活动违法情形28件次，纠正暂予监外执行案件2件次。加强对监管活动的日常监督，监督纠正监管场所活动违法情形71件次，促进监管工作规范开展。

2015年2月13日，郊区院驻所检察室与看守所、武警中队联合，对监管场所进行集中安全大检查。是年，阳泉郊区检察院加强对监管活动的日常监督，纠正监管场所活动违法情形33件次，纠正监外执行活动违法情形10件次，纠正指定居所监视居住案件1件。扎实开展社区矫正专项巡视检察活动，深入各乡镇对社区矫正工作逐人逐档进行检查，积极防止脱管漏管和又犯罪案件的发生。开展羁押必要性审查，综合在押人员在押期间的具体表现，对犯罪情节轻微、认罪悔过表现突出的在押人员，依法向办案机关提出变更强制措施建议，进一步体现检察机关司法公正的法律监督职能定位。

2016年，强化刑罚执行监督，构建新型人权司法保障机制。以加强对“三类人员”的减刑、假释、暂予监外执行等问题的监督为重点，严格落实同步监督机制，加强对社区矫正的检察监督，对137名社区矫正人员建立检察台账。开展集中清理判处实刑罪犯未实际执行、财产刑执行、监外执行等专项检察活动。对监外执行活动提出纠正意见31次，监督收监执行7件，监督纠正财产刑执行不当6人次，纠正刑罚执行活动不当51人次。

2017年，阳泉郊区检察院扎实开展驻所检察工作，加强羁押必要性审查，推行羁押到期提醒工作法，未发生一例超期羁押案件。针对监管活动中存在的问题，开展清理纠正脱漏管监外罪犯行动，纠正监外执行案件10件，纠正监管场所违法案件9件，纠正财产执行违法案件3件，纠正强制医疗案件1件。对辖区内管制、剥夺政治权利、缓刑、暂予监外执行人员排查建档，落实监管措施，建立刑事强制措施执行检察档案51件、交付执行检察档案555件、监外执行检察档案133件、刑罚执行检察档案98件、财产刑执行检察档案677件、监禁刑执行检察档案12件，强制医疗执行检察档案2件。

2018年，阳泉郊区检察院监督纠正刑罚执行和监管改造场所违法4人次，对监外执行罪犯的监管情况提出书面意见并纠正2件次，监督纠正强制医疗执行违法1件。审查羁押必要性案件4件。

第五章 民事行政检察

1993年之前，阳泉郊区检察院民事和行政检察工作，由法纪检察、控申检察部门代理，民事和行政检察案件，由法纪和控申部门受理或转办。

1994年1月，为全面开展执法监督工作，阳泉郊区检察院设立民事、行政审判检察科，积极开展民事、行政审判检察工作，并对有关人员进行岗位培训，制定相应的工作职责和受案范围，积极受理不服法院民事、行政判决的申诉，审查民事行政判决是否合法，为开展民事审判、行政审判活动的法律监督进行积极探索。

1995年，阳泉郊区检察院积极开展民事行政审判检察业务的宣传和相关案件的办理工作，受理案件2件，其中，不服公安行政处理案1件，不服法院民事判决案1件，结案1件，调解处理民事赔偿案1件，对人民法院民事行政的调解、判决书，审查85件/次，向区法院提出检察建议5次，纠正判决意见2次。民事、行政审判检察工作初步走上轨道。

1996年，阳泉郊区检察院受理民事行政申诉案7件，对1起案件向郊区人民法院提出异议，对另外2起案件，由郊区人民法院通过院长监督程序，重新组成合议庭进行审理。

1997年，阳泉郊区检察院在民事、行政审判检察工作中，积极开展宣传咨询和相关案件的办理工作，监督人民法院审理直至审结民事、行政申诉案件5件。

1998年，阳泉郊区检察院积极开展宣传咨询和相关案件的办理工作。全年共办理该类案件4件，除阳泉市水利局债务纠纷一案提请阳泉市检察院不予抗诉外，其余3件均通过协调息诉。3月1日，该院在郊区人民广场开展“法纪及民事行政检察法律”宣传活动，利用板报、广播、咨询、散发宣传资料等形式，宣传有关法律，共散发宣传资料3000余份。民事行政检察工作日渐成为该院执法监督的重要组成部分。

1999年，阳泉郊区检察院积极开展民事行政检察工作，全年受理民事申诉案件6件，经审查后立案2件，息诉1件，转送有关部门1件，未结案件1件。通过审查民事申诉案件，纠正1起人民法院审判程序严重违反程序法造成的错案。与此同时，该院民行检察工作积极开展法律咨询，并利用各种有利时机、场合、形式，开展民行检察工作宣传，全年发宣传材料2250余份，接待咨询58人次，制作板报2期。

2000年，阳泉郊区检察院受理民事申诉案件19件，经审查，立案5件，其中，提请上级院抗诉1件，建议上级院提起再审1件，向郊区人民法院下达《纠正违法通知书》3件，其余14件对申诉人作出服判息诉处理，案件准确率达100%。与此同时，进一步加大民行检察工作宣传力度，拓宽工作思路，积极开辟案源，全年发放宣传资料3000余份，提供法律咨询服务80人次，张贴宣传资料180余份。

2001年，阳泉郊区检察院民行检察监督突出纠正有法不依，违法办案情形，全年受理民事申诉案件9件，经审查立案4件，其中，建议提请上级院抗诉1件，达成协议2件，1件属案情复杂案件，至年底仍处于审查之中。其余5件，对申诉人作出服判息诉处理，案件准确率为100%。在审查介休市陶瓷建材有限责任公司不服郊区法院因介休市陶瓷厂与郊区千亨实业总公司销售合同纠纷一案时发现，介休市陶瓷建材有限责任公司与介休市陶瓷厂均为独立的企业法人，两者的关系是出租方与承租方的关系，对其债权债务各自独立承担民事责任。经郊区检察院审查认为，郊区法院裁定追加该申诉人为被执行人属适用法律条款错误，故依法向郊区法院下达纠正违法通知书。

2002年,阳泉郊区检察院积极开展民事行政检察工作,共受理民事申诉案件16件,比上年上升88.9%，经审查，立案4件，比上年上升200%，立案案件提请抗诉的1件，建议提请抗诉2件，终止审查2件（含上年度未结案件），其余12件均作出息诉处理，准确率达100%，民行检察工作通过法制宣传，提高办案质量，提高知名度，树立良好形象，为顺利开展民事行政监察奠定基础。

2003年12月1日，为维护社会主义市场经济的运行秩序，保护国有资产和社会公共利益不受侵犯，根据《中华人民共和国宪法》《中华人民共和国民事诉讼法》《中华人民共和国行政诉讼法》《中华人民共和国人民检察院组织法》有关规定，结合阳泉郊区实际，阳泉郊区人民检察院和阳泉郊区人民法院联合制定《关于办理民事、行政公诉案件的试行意见》（以下简称《意见》），决定在全区试行由检察机关代表国家，对涉及国有资产流失、侵害社会公共利益尚未构成犯罪的民事、行政违法行为支持或提起民事、行政公诉的试点工作。

《试行意见》规定，区检察院在民事行政检察工作中，须把侵犯国有资产、社会公共利益的重大案件作为监督重点，对人民法院作出的依法保护国有资产、社会公共利益的正确裁判中止审查；对损害国有资产和社会公共利益的错误民事、行政裁判，依法予以抗诉。其中，对侵犯国有资产和社会公共利益的民事、行政违法行为，由区检察院依照《中华人民共和国民事诉讼法》第15条的规定，支持享有诉权的法人或其他组织向人民法院起诉：一是一方当事人以欺诈、胁迫手段订立合同，造成国有资产流失或社会公共利益受到损害的；二是双方当事人恶意串通侵犯国家利益和社会公共利益的；三是当事人以合法形式掩盖非法目的；四是人民检察院认为应当支持起诉的其他案件。

《试行意见》同时规定：人民检察院支持起诉的民事行政案件，须制作《支持起诉意见书》，并在当事人递交起诉状时，将支持起诉意见书及相关证据材料送达人民法院。区法院审理检察机关支持起诉的民事、行政案件，须于开庭审理3日前，通知区检察院派员出庭支持公诉。区法院对区检察院支持起诉的案件所作的裁判，须送达人民检察院。

《试行意见》还确定区检察院对侵犯国有资产、社会公共利益的违法民事、行政行为提起民事、行政诉讼的条件，共5项：一是当地被支持起诉的法人或其他组织及有关行政管理部门无正当理由拒不起诉的；二是有诉权的法人或其他组织在结构改革和机制转换中被撤并而丧失诉讼权利能力，对其存续期间的不法民事行为导致国有资产流失，承受其权利义务的法人或其他组织放任国有资产流失，拒不提起诉讼的；三是受害人为分散、不特定的多数人群体的；四是诉讼主体处于弱势地位无诉讼行为能力的；五是其他应当提起民事行政诉讼的情形。

《试行意见》特别规定，区人民检察院提起诉讼的案件，可免交诉讼费用，人民法院判决检察机关胜诉的由败诉方负担，检察机关败诉的不承担诉讼费用。

同日，阳泉郊区检察院和郊区法院联合制定《关于办理民事行政抗诉案件的若干意见》，规定区检察院依法对区法院民事审判活动、行政诉讼活动实行法律监督，区检察院对已经发生法律效力的民事行政判决、裁定，认为可能有错误的，应当由作出该生效判决、裁定的人民法院的同级人民检察院决定审查。区检察院立案审查的民事、行政案件，立案后5日内，告知区法院，区法院已受理同案申诉的，先由人民法院处理。区检察院调阅审判卷宗，须持调卷函到案卷所在地人民法院调阅，并留置调阅函。除依法提请抗诉的案件外，区检察院调阅卷宗，在3个月内归还人民法院。检察院对区法院已经发生法律效力的民事、行政判决、裁定，经审查，发现有下列4种情形之一的，按照审判监督程序提出抗诉：一是原判决、裁定认定事实的主要证据不足的；二是原判决、裁定适用法律确有错误的；三是人民法院违反法定程序，可能影响案件正确判决、裁定的；四是审判人员在审理该案件时有贪污受贿、徇私舞弊、枉法裁判行为的。

此外，区检察院出庭检察人员发现庭审活动违法的，可建议休庭，在休庭后向审判长提出纠正意见。对庭审调查有异议时，在法庭辩论终结前提出。是否恢复法庭调查，由审判长决定。而区检察院依当事人申诉提出抗诉的案件，申诉人经传唤无正当理由拒不到庭，又不委托代理人出庭的，除原判决严重损害国家利益和公共利益以外，区检察院须撤回抗诉，人民法院应当准许。而区检察院拟抗诉的民事、行政案件，除涉及渎职案件外，须与区法院沟通，达成一致意见的，由检察院发检察建议，由法院依职权启动再审程序。有证据证明有下列3种情形之一时，区检察院向人民法院提出检察建议：一是原生效判决、裁定虽然符合抗诉条件，但经人民检察院与作出生效裁判的人民法院协商一致，人民法院同意立案审查的；二是原生效民事调解书明显损害国家利益和社会公共利益的；三是人民法院作出的诉讼保全、先予执行裁定或者在执行程序中作出的裁定有错误，可以采用裁定更正或其他方式予以纠正的。而区法院收到检察建议后，须认真研究审查，按照下列2种情形，分别处理：一是认为人民检察院对个案提出的检察建议正确，符合再审立案条件的，根据法律依职权启动再审程序；二是认为人民检察院对审判工作提出的检察建议正确的，及时改进工作。人民法院对人民检察院提出的检察建议予以采纳的，应在六个月内将处理结果书面告知提出检察建议的人民检察院，未采纳的，亦应在六个月内说明其理由。

与此同时，阳泉郊区检、法两院，须建立健全人民民事、行政抗诉案件科长（庭长）联络制度和检察长（院长）协调制度，区法院审理涉及重大国资流转的案件、集团诉讼案件，以及在域内有重大影响的民事案件和行政诉讼案件，须在开庭前3日通知区检察院，由检察院派检察人员到庭旁听。而区检察院办理民事、行政申诉案件中，当事人自愿和解的案件，允许申诉人依法撤回申诉。

12月20日，根据最高人民法院《关于当前审判监督工作若干问题的会议纪要》的精神和最高人民检察院《人民检察院民事行政抗诉案件办案规则》的规定，阳泉郊区检察院和郊区法院联合制定《关于在民事、行政诉讼中应用检察建议的意见（试行）》，规定区人民检察院在履行民事、行政诉讼法律监督职能活动中，认为人民法院审理民事、行政案件存在需要纠正的问题，依法可以向人民法院提出检察建议。

2003年，阳泉郊区检察院一是积极开展民事行政检察，全年受理民事申诉案件9件，比上年下降43.7%，立案审查8件，比上年上升100%，提请市院抗诉1件，终止审查6件，息诉处理1件，纠正法院违反程序审理案件1件，审查结案率为100%，准确率为100%。二是承办了全市民事行政检察工作现场会，向与会兄弟单位介绍了民事行政工作经验，民事行政检察工作受到大会充分肯定。三是出台《关于办理民事行政抗诉案件的若干意见（试行）》《关于办理民事、行政公诉案件的试行意见》《关于在民事行政诉讼中应用检察建议的意见》三个文件，有力地推动了民行检察工作深入开展，为民事行政检察工作的制度化、规范化奠定了基础。

2004年，阳泉郊区检察院努力开拓民行检察工作新局面，全年受理民事申诉案件17件，比上年度增加88%，立案审查8件，比上年增加33%，提请市院抗诉4件，息诉处理9件，纠正法院违反程序审理案件1件，发出检察建议2件，出席再审法庭3次，审查结案率为100%，准确率为100%。为切实保障民事诉讼当事人的合法权益，该院与山西世济、泽晋两家律师事务所认真协商，联合制定《关于建立民事、行政申诉案件律师代理制度的意见（试行）》，规定律师所代理的民事诉讼案件中，对人民法院已生效的民事、行政判决、裁定，发现确有错误或程序违法、有失公平的案件，经当事人同意，可直接代理当事人，向人民检察院申诉。同时，还对人民检察院办理律师代理的民事、行政申诉案件的具体工作要求，进行细化和规范，从而拓宽民事行政案件的受案渠道，为当事人进行民事行政申诉提供便捷，进一步推动了民事行政检察业务的全面开展。

是年，阳泉郊区检察院把发展郊区经济这个中心，作为检察工作的出发点和落脚点，民行检察部门发挥自身优势，立足于民行检察工作特点，积极服务经济建设取得成效。一是解放思想，更新和转变执法思想，克服单纯办案，为办案而办案的执法观念，提高服务意识，增强大局观念。二是办理民事行政申诉案件，树立大民行观念，注重办案的政法效果、法律效果和社会效果的统一，办理民事申诉案件重视息诉工作，及时排解矛盾，维护社会稳定。三是积极探索民事公诉工作方式，选择公害案件，弱势群体权益保护案件进行民行公诉尝试。四是积极开展社会治安综合治理工作。五是多方位为市场主体提供法律服务，从规范合同管理，防止合同陷阱，防止关键技术和商业秘密泄漏，保护知识产权，进一步防治污染等方面进行指导和服务，受咨询的企业认真整改落实后，企业步入快速发展轨道。

2005 年，阳泉郊区检察院认真开展行政执法机关移送涉嫌犯罪案件线索专项检察，先后审查郊区国税局、地税局机关行政案件 150 件，探索建立行政执法与刑事、司法相衔接工作机制，惩治破坏社会主义市场秩序犯罪。与此同时，进一步加强民事行政诉讼监督，大力开展对弱势群体民事案件的支持起诉和提请抗诉工作，立案审查民事申诉案件 17 件，建议提请抗诉 3 件，执行和解 2 件，支持民事起诉 5 件，建议市检察院向审判机关提出检察建议 2 件，终止审查 6 件，充分运用检察机关的法律监督权维护公平和正义。

2007 年，阳泉郊区检察院切实加大民事行政申诉案件办案力度，组织民行检察业务宣传活动 3 次，受理民事行政申诉案件 28 件，立案审查 28 件，提请抗诉 1 件，建议提请抗诉 2 件，支持民事起诉 18 件，息诉处理 4 件，出席抗诉案件再审法庭 5 件，抗诉案件改判 4 件。

2008 年 7 月 17 日、11 月 12 日，阳泉市人民检察院副检察长张宏思、民事行政检察处处长张存庆，先后两次到郊区院检察指导民事行政检察工作。7 月 17 日，张宏思在郊区院检察指导民事行政检察工作时，给予高度评价，并提出三点指导意见：一是加大对审判人员在审理案件时贪污受贿、徇私舞弊、枉法裁判犯罪案件的查处力度；二是对法院的民事行政执行案件进行监督；三是对民事行政案件的审判程序加强监督。11 月 12 日，张宏思和张存庆第二次到郊区院调研，在听取郊区院 2008 年民行检察工作情况的介绍后，张宏思就做好民行工作，再提三点要求：一是突出重点，加强对职务犯罪和国有资产流失案件的突破。二是坚持依法办案，加大对民事案件的和解、息诉工作。三是创新机制，强化与兄弟院民行部门的沟通配合。

是年，阳泉郊区检察院进一步加大、加强公益诉讼办案力度，受理民事申诉案件 16 件，立案 15 件，提请抗诉 2 件，支持民事起诉 8 件，其中，支持起诉案件在民行部门的努力下，3件调解、1件自动履行、2件判决结案。

2009年1月，全国各级人民法院广泛开展“集中清理执行积案活动”，阳泉市郊区检察院民行科全面介入“集中清理执行积案活动”，迅速摸清2007年以前执行未结案底数，针对人民法院在执行程序上存在的问题，分别下达《督促执行建议书》和《检察建议书》，并采取有力措施，在7天之内临场监督2起特困群众交通事故赔偿案件的执行。

同年，该院民事行政监督以公益诉讼为重点，受理民事申诉案件26件，立案25件，提请抗诉1件，支持民事起诉1件，执行监督10件，民事督促起诉8件。此外，为从根本上担负起维护国家和公共利益的法律监督职责，2009年7月，在全市检察系统率先出台《办理民事督促起诉案件规定》，并办理阳泉市检察机关首例以国家名义追偿被告人民事责任赔偿案。

2010年4月，阳泉郊区检察院制定《2010年民事行政检察专项监督工作实施方案》，规定专项监督工作的指导思想和组织领导，按照该方案，郊区院对郊区法院近年来办理的六类民行案件进行重点检察监督：（1）涉及民生、涉农等领域的民事行政申诉案件；（2）因行政干预和地方保护主义、贪赃枉法、徇私舞弊等行为导致裁判不公的案件；（3）针对损害国家、集体和社会公共利益开展民事督促起诉、刑事附带民事诉讼的案件；（4）人民群众反映强烈的、确有问题的民事执行活动的案件；（5）对调解结案而又暴露出问题的案件；（6）虚假诉讼的案件。

是年，该院继续加强行政执法监督。2010年12月，由郊区院牵头，召集辖区公安、国税、地税、工商、国土、质监、卫生、食药、安监、环保、审计、文化12家主要行政执法单位，共同召开立案监督工作会议，会议拟定检察机关与行政执法机关联系定期化、执法制度化、监督具体化等措施，初步构建起检察机关与行政执法机关工作衔接长效机制。与此同时，民事行政监督以公益诉讼为重点，进一步加强民事行政诉讼监督，全面加大工作力度，全年办理民事申诉案件32件，提请抗诉1件，支持起诉9件。为从根本上担负起维护国家和公共利益的法律监督职责，以国家名义向3起非法采矿刑事案件被告人追偿民事赔偿1300多万元，对4家耐火企业拖欠排污费进行民事督促起诉，追缴排污费10万余元。

2011年，认真贯彻落实省人民检察院制定出台的《加强和改进民事行政检察工作意见》和《办理民事督促起诉案件规则》文件精神，建立以抗诉为中心和以监督实效为目的的民事行政监督格局，对认为确有错误的民事行政裁判提请和建议提请抗诉5件。注重对公共财产和公共利益的司法保护，支持和督促起诉案件16件，督促农行郊区支行清收6户未按时归还的小额贷款共计24万元。

2012年，阳泉郊区检察院受理审查民事、经济和行政申诉案件24件，支持社会弱势群体起诉10件，法院全部采纳。办理民事督促起诉19件，其中，针对9家拖欠排污费的企业和10户拖欠农行贷款的贷款户，向有关部门发出督促起诉意见书，为国家追缴排污费35万余元，收回拖欠贷款50万元。

2013年，阳泉郊区检察院民事行政监督工作受理审查民事、经济和行政申诉案件103件，建议提请抗诉2件，提出再审检察建议1件，纠正程序违法案件49件次，办理执行监督案件64件次。开展以国有土地管理为重点的督促起诉专项活动，督促国土部门催收土地出让金4830多万元，追缴非法采矿罚金23400元。维护弱势群体利益，支持起诉案件8件，均被人民法院采纳。

2014年，阳泉郊区检察院受理各类民事行政申诉案件96件，监督纠正行政机关不当履行职责33件。支持弱势群体利益，办理支持起诉案件12件，被法院采纳11件，督促执结2起久拖不决债务案。维护司法权威，耐心做好释法说理工作，息诉民事行政纠纷案件11件。

2015年，阳泉郊区检察院受理各类民事行政申诉案件76件，息诉民事行政纠纷案件6件。监督纠正审判机关不当履行职责50件，办理支持起诉案件18件，全部被法院采纳。3月，该院在审查阳泉市人社局不予认定郊区电业电气安装公司李某属工伤死亡一案时认为，阳泉市人社局不予工伤认定不符合《工伤保险条例》有关规定，通过支持起诉工作，使这起民告官案件终获胜诉。该案也成为阳泉市检察机关支持起诉的第一起行政诉讼案件。

2016年，阳泉郊区检察院强化民事行政检察监督，构建新型权益保障机制，不断完善多元化民事行政诉讼监督格局，受理各类民事行政类案件59件，对民事行政审判活动提出监督意见22件，监督并纠正法院执行行为违法3件。加大对弱势群体的司法保护力度，提出支持起诉意见22件全部被采纳，同比上升18.2%。促成2件不服法院生效民事行政裁判申请监督案件和3件执行监督案件息诉。

2017年，阳泉郊区检察院进一步加强民事行政检察监督，畅通案件来源渠道，完善多元化监督格局，有效维护司法权威。共受理各类民事行政申诉案件39件，支持弱势群体利益，采纳支持起诉意见14件。维护司法权威，耐心做好释法说理工作。

2018年，阳泉郊区检察院受理各类民事行政申诉案件3件，支持弱势群体利益，采纳支持起诉意见6件。

同年1月30日，为感谢郊区检察院民事行政检察部依法纠正的一起民事生效判决案件，阳泉市郊区荫营镇火石岩村村委会将写有“依法监督彰正义、秉公执法为人民”字样的锦旗，赠送给郊区检察院。2011年，荫营镇火石岩村使用国家财政拨款实施“村村通”工程，委托河南省豫兴建筑安装有限公司进行街巷硬化，工程竣工后，河南省豫兴建筑安装有限公司以火石岩村拖欠工程款为由，将其诉至郊区人民法院，法院判决火石岩村村委会给付工程款1691140元。判决生效后，火石岩村因不服一审判决，向阳泉郊区检察院提出申诉。该院民事行政部干警多次到火石岩村了解实际情况，走访村民，发现河南省豫兴建筑安装有限公司实施的街巷硬化工程存在虚报工程量的情况，认为该案存在损害国家利益的情形，遂向郊区人民法院发出再审检察建议，经郊区法院再审，对原判决依法进行了纠正。

附：郊区检察院出庭支持起诉一起民告官不服行政行为案

2015 年 1 月 22 日，郊区检察院民事行政检察科检察官出庭支持马某状告阳泉市人力资源和社会保障局行政诉讼案件。

马某的丈夫李某亮生前是阳泉市郊区电业电气安装公司技术部部长，2014 年 8 月 15 日下午，李某亮在单位主持召开公司会议，突感身体严重不适，下班后其妻子马某将其送至阳泉市第一人民医院，虽然经过医生的全力抢救，但终因病情十分严重，于当晚 22 点 30 分经抢救无效死亡。

2014 年 9 月 2 日，阳泉市郊区电业电气安装公司依法向阳泉市人力资源和社会保障局提出了对李某亮死亡事宜给予工伤认定的申请。阳泉市人力资源和社会保障局认为李某亮的情况不符合《工伤保险条例》第三章第十五条第一款的规定，于 2014 年 10 月 11 日对李某亮作出不予工伤认定决定书。马某因不服该决定书，2014 年 12 月 30 日，向郊区检察院申请支持起诉，被告为阳泉市人力资源和社会保障局，郊区检察院经审查认为，李某亮的情况符合《工伤保险条例》第三章第十五条第一款的规定：“在工作时间和工作岗位，突发疾病死亡或者在 48 小时之内经抢救无效死亡的，视同工伤。”据此，郊区检察院作出支持起诉意见决定，支持当事人向郊区人民法院起诉，维护自己的合法权益，并出庭支持该起行政诉讼案。

该案是阳泉市检察机关支持起诉的第一起行政诉讼案件。

第六章　控告申诉检察

1979 年，筹建中的阳泉市郊区人民检察院，配备专人分管信访接待工作，受理来信 5 件，其中，一般违法 1 件，民事纠纷 1 件，其他 3 件。来访 2 人，重复信访 2 人、6 次。检察干警认真办理信访案件，自办 1 件，转请有关部门处理的 3 件，存查 1 件。

1980 年，认真接待人民群众来访来信工作，建立健全信访工作登记、审批手续制度，受理来信来访 66 件次，（含重复信访 11 件次），其中，受理来信 49 件；来访 17 人次。除重复信访 11 件次外，该院直接查办的信访案件 10 件，转请有关部门处理 33 件，直接答复 5 件，存查 7 件，共计 55 件次。从信访案件分类看，检举控告侵犯民主权利 2 件次，贪污 1 件，申诉不服判形 5 件次，民事纠纷 9 件次，一般违法行为 10 件次，破坏社会经济秩序 2 件，错案平反 1 件，其他 25 件次，对重大、疑难案件和复杂的问题，坚持领导亲自接待、批阅制度，做到件件有着落、事事有结果。

1981 年，阳泉郊区检察院坚持院领导主管、重要信访亲自接待查处制度，全年共受理来信来访 44 件次（含重复信访 6 件次），与上年相比净减少 22 件，降低 34%。其中来信 31 件，来访 7 人次。包括人民群众检举控告贪污犯罪 4 件，侵犯民主权利 3 件，其他刑事犯罪案件 2 件，司法人员一般违法 3 件，其他工作人员一般违法 5 件，申诉不服拘留 1 件，判刑 3 件，不服劳教 3 件，民事纠纷 4 件，其他 10 件。在来信来访案件中，除重复信访 6 件次外，自行查办 8 件，转各级检察院 2 件，转有关部门处理 13 件，直接答复 3 件，存查 12 件，截至年底，实现无信访积案。对重要信访案件，该院主管部门和院领导亲自接待，并积极配合有关部门处理，有效地防止和减少了社会不安定因素，避免了人民内部矛盾的激化，维护了社会稳定。

1983 年，阳泉郊区检察院始终坚持专人接待人民群众来访制度和院领导亲自审批查处制度。全年受理来信来访 35 件次。其中，立案侦查 5 件；复查刑事案件申诉 1 件；作其他处理的 2 件；转有关部门处理的 27 件，实现及时、热情和件件有回音的承诺。

1984 年 4 月 3 日，阳泉郊区检察院制定《郊区人民检察院检察长接待来访和处理重要来信制度》，规定每星期二检察长（副检察长或党组成员）须有 1 人用半天时间，接待来访群众。如轮值检察长（副检察长）有特殊情况不能接待时，由另一位检察院领导接待。要求检察长须亲自详细审阅，及时作出处理意见。

1986 年，从方便群众，为群众排忧解难出发，接待来信来访 60 余人次。经审查，转至有关部门处理回复的信访案件 29 件，由该院自行调查处理的信访案件 6 件，其中，立案侦查的3件，查获犯罪事实的3件。此外，本年度还向群众提供法律咨询25人次。11月24日，郊区检察院干警接待荫营镇下烟村群众来访中发现，该村纸箱厂因拖欠晋中地区文水县永胜草板厂的货款，在提货时被文水厂方扣押车辆和人员两个多月。为此，该院于11月26日派检察干警前往文水，在当地检察机关协助下，使被害人恢复了自由，并将案件定性为“严重侵犯公民人身权利和民主权利”的非法拘禁案件，移交文水县人民检察院立案侦查，使这一案件及时得到处理。

1987年，阳泉郊区检察院全年受理来信来访33人次，办理上级机关转办信访案件6件，当面解答来访群众疑问的10件次，转有关单位办理的20件次，自行调查处理的3件，从中发现并提供经济犯罪线索3件。其中，正、副检察长亲自接待10次，批阅20件次。

1988年，受理来信来访77案次，其中，接待来访人员43人，按照分级负责，归口办理的原则，基本上做到了随接随查。同时坚持检察长接待制度，对重大问题，院领导亲自接待。全年重点查处4件申诉案件，维护了法律的尊严。

1989年，受理人民群众来信来访44件次、35人，其中，由接访干警直接处理17件，转各职能科室处理16件，转有关部门处理11件，纠正历史遗留的错捕、错诉案件2件。与此同时，修订完善了《检察长接待日制度》和《控告申诉办案规程》等制度，努力做好控申老户的息诉工作，使重复信访率大幅度下降。

1990年，阳泉郊区检察院受理人民群众来信来访75件次，其中，当即给予回复的51件次，移交其他部门处理24件次。受理举报经济犯罪的案件线索27件，受理举报反映犯罪的案件线索3件。

1992年，阳泉郊区检察院充分发挥控告、申诉检察的窗口和纽带作用，共受理控申案件23件次，接待来访群众56人次，尽最大努力消除社会不安定因素。

1993年，阳泉郊区检察院开展文明接待活动，受理人民群众的来信来访37件次，其中，转交有关部门处理25件，自行处理9件，并办理重婚案件1件，检察长带头开展文明接待，亲自处理重大来信来访，积极疏导矛盾，有效地发挥了控申工作作为联系人民群众的窗口作用。

1994年，阳泉郊区检察院以查处控告申诉案件为重点，开展控告申诉检察工作。全年受理人民群众来信来访28件次。其中，转交有关部门处理23件，复查终结不服判刑和决定的案件2件2人，立案侦查重婚案件1件、1人。同时积极疏导矛盾，防止矛盾激化，化解越级上访和集体上访12人次。

1996年，阳泉郊区检察院受理群众来信87件，其中，转交人民法院有关科室办理的46件，转至其他部门办理的30件，由本院存查办理的11件。在接待信访人过程中，收受经济举报线索4件。5月上旬，根据山西省检察院安排，该院广泛利用报纸、电台等新闻媒体，开展举报经济犯罪宣传周活动，并在检察院门口安装举报箱，设立举报电话，坚持文明接待群众来信来访，实行院领导挂牌接待信访群众制度，受到人民群众好评。

1997年，继续完善文明接待制度，坚持院领导挂牌接待群众来访，全年受理群众来信247件，接待群众来访79人次。其中，检察长接待来访81人次，批阅来信206件，全部移送各科室和其他部门办理，为化解信访矛盾，维护社会稳定，奠定了基础。

1998年，阳泉郊区检察院控告申诉检察工作中，受理群众来信44件，属于该院管辖的33件，属公安、纪检和阳泉市检察院管辖的11件，除该院受理的信访案件外，全部转交有关部门处理。与此同时，该院继续完善文明接待制度，坚持每月5日、20日检察长挂牌接待日，共接待群众来访255人次，以了解民情民意，注重化解矛盾，防患于未然，努力使控申部门成为检察机关的文明窗口。此外，还根据上级院统一部署，为纪念举报工作10周年，利用广播、电视、报刊等宣传工具，开展为期一周的举报宣传活动，共发放宣传材料1500余份，出动宣传车5辆次。3月1日，在郊区人民广场开展“法纪及民事行政检察法律”宣传活动，利用板报、广播、咨询、散发宣传资料等形式，宣传有关法律，共散发宣传资料3000余份。通过宣传，进一步增强检察工作透明度。

1999年，阳泉郊区检察院认真履行控告申诉检察职能，受理群众举报信件57件，接待来访45人次，所受理的信访案件除4件留查外，其余全部做分流处理。并依照法律规定，对留查的案件进行初步调查。依法受理并敦促审结1起刑事赔偿案件，维护法律的尊严和当事人的合法权益。

2000年，阳泉郊区检察院受理人民群众来信来访113件次，其中，来访72人次，接访检察干警全部予以当面答复；来信41件，全部做归口转办处理。同时办理初查案件3件，办结率为100%。

2001年，阳泉郊区检察院围绕“责任重于泰山，依法惩处渎职犯罪”主题，加强举报宣传，广辟案件来源，出动宣传车辆到7个乡镇巡回宣传，散发各种资料5000余份，现场接待过往群众咨询140余人次，当场接受群众申诉2件。同时，继续坚持完善检察长接待日制度，加强接待窗口的制度建设，做到制度上墙，文明服务，接待有登记、有分流、有反馈。全年共受理群众来信来访102件次，比上年下降10%，其中，来访72次，来信30件，比上年下降26.8%，对来访全部予以当面答复，对来信全部做了归口转办处理。此外，控申部门还办理初查案件4件，其中，复查案件1件，刑事申诉案件2件，要求退还扣押物品案件1件，办结率为100%。

2002年，阳泉郊区检察院接待群众来信来访110人次。其中，来访83人次，来信27件，对来访人员该院全部作出当面答复，所来信件均做了归口移送有关部门。是年，受理刑事申诉案件8件，立案复查4件，息诉4件，结案率为100%。围绕“预防职务犯罪大家来参与”主题，开展丰富多彩的富传活动，设立临时宣传站，出动2台机动宣传车，散发宣传资料1500条份，现场接待群众咨询23人次。文明接待窗口建设有了全新进展，《检察长接待日制度》行之有效，5名正、副检察长共接待来访群众32人次，对3件、12人的上访案件，及时开展有关人员的思想工作和法制宣传，维护社会政治稳定。

2003年，阳泉郊区检察院共接待群众来信来访85次，其中，来访群众57人次，来信28件，来信来访全部作出答复，并归口移送有关部门办理。同时，受理刑事赔偿案件1件，办理初查案件3件，结案率为100%。控申接待围绕“强化法律监督、维护公平正义”主题，深入开展举报宣传活动，设立临时宣传站4个，出动机动宣传车12台次，散发宣传资料3000余份，现场接待群众咨询20人次，正、副检察长共接待来访群众37人次。首办责任制得到进一步落实，处置集体上访、进京上访、越级上访事件措施得力，确保辖区信访、上访人员的思想稳定，维护改革开放的大局。

2004年，阳泉郊区检察院认真履行控告申诉检察职能，妥善处理群众诉求，及时化解社会矛盾，全年接待群众来信来访78次，其中，群众来访64人次，来信14件，包括举报贪污的2件，徇私枉法2件，民事申诉2件，其他8件。初查署名举报和匿名举报事件结案率为100%，首办责任制得到进一步落实。

2005年，阳泉郊区检察院继续落实信访工作首办责任制，按照开展“规范执法行为，促进执法公正”活动要求，充分履行控告申诉检察职能，全面开展涉检大接访专项活动，及时审查办理各类控诉申诉案件。全年接待群众来信来访65人次，接访信件全部按时办结，并通过排查，对往年3件涉法上访案件进行有效化解，以说服教育指导方式，息诉了一批涉法信访案件，有效化解了社会矛盾。是年，郊区检察院控申部门对3件举办线索进行初查，并终结前述3个控申案件，初查率为100%。

2006年11月，郊区检察院新建立的来访候谈室、接待室投入使用，并配置空调、饮水机、消毒设备、电脑触屏等设施，控申接诉人员办公室配置电脑、录音电话，开通网上举报信箱，为方便群众来访创造良好的环境。在加强硬件建设的同时，进一步落实首办责任制，落实各级领导责任和工作责任，全年接待来信来访70件次，初查8件，立案4件，移送起诉3件，办理上级交办案件3件，没有一起因处理不公或处理不当而越级上访的案件，实现检察环节的零上访，为构建和谐郊区做出应有的贡献。

2007年，阳泉郊区检察院继续落实“首办责任制”和检察长接待日制度，建立完善处理涉检涉法上诉案件长效机制，对各类申诉案件，及时审查办理。全年接待来信来访58人次，其中人民群众来访38人次，来信20件，初查案件3件，初查后立案2件。

同年8月14日，阳泉市控申检察工作座谈会在郊区人民检察院召开。阳泉市人民检察院领导对全市上半年的工作进行回顾总结，对下一阶段的工作进行安排布置，要求各基层院做好如下四项工作：一是加大涉检上访案件排查、消化工作力度，确保不发生和少发生涉险上访情况，为中共十七大胜利召开营造良好的法治环境；二是进一步开展下访寻访联系点工作，有案办案，无案开展法律宣传、法律咨询，为全市经济建设创造和谐氛围；三是认真对待人民群众的来信来访，最大限度地解决人民群众的合理诉求，真心实意为人民群众办事。四是进一步规范完善控申的各项工作制度和办案制度，为争创全国文明接待室创造条件。

2008 年，阳泉郊区检察院依法妥善处理涉检信访问题，及时解决群众合理诉求，全年受理来信来访 46 件，初查案件 5 件，立案 4 件，办理刑事申诉案件 1 件，刑事赔偿案件 1 件。信访接待室被山西省人民检院授予“省级文明接待室”称号。认真做好涉检信访案件排查化解工作，北京奥运会期间未发生涉检信访案件，实现连续三年涉检零上访。

2009 年 2 月 19 日上午，阳泉市检察系统控告申诉检察工作会议在郊区检察院召开。总结 2008 年度控申工作，对 2009 年全市控申工作作出安排。阳泉市检察院副检察长杨璋年对 2009 年控告申诉检察工作提出四点要求：一是认真搞好来信来访接待工作是控申工作的首要任务；二是认真办理好每一起案件是控申工作的重中之重；三是办案过程中要牢牢把握“三个效果”的统一；四是把提高控申检察干警的整体素质作为今后的主要任务。

同年 5 月 6 日上午，阳泉郊区检察院召开首例刑事申诉案件公开听证会。申诉人王某因不服郊区法院刑事判决，向郊区检察院提出申诉，郊区院决定立案复查，并召开听证会，专门聘请三名人大代表、人民监督员担任听证员。会上，原案件承办人针对申诉人的申诉理由，阐述了提起公诉的事实和法律依据。复查案件的承办人出示了申诉人提供的新证据。听证员就案件事实向案件承办人和申诉人分别进行了提问，随后进行评议，提出听证意见。采用公开听证方式办理申诉案件，是郊区院结合检察工作实际落实科学发展观，深化检务公开，积极化解社会矛盾的一项重要举措。

是年，该院依法妥善处理涉检信访问题，继续坚持首办责任制、领导包案和检察长接待日制度，积极参加市、区、检三级大接访活动。全年接待来信来访 63 人次，办结 63 件，办结率为 100%。以国庆维稳为重点，从源头和机制两方面积极搭建处理涉检涉法信访工作平台。一是深入乡镇厂矿下访巡访，实地了解信访案情，及时进行矛盾排查化解。二是制定处置突发重大上访事件预案，做到底数清、有对策。三是在全市检察机关率先制定出台《涉检信访风险评估与控制办法》，有针对性地加强和改善息诉罢访工作，连续多年实现涉检零上访的目标。

2010 年 3 月，阳泉郊区检察院出台《涉检信访突发事件处置预案》，针对办公场所周边和重大政治活动期间发生的涉检信访突发事件，详细规定工作细则、职责分工和级别响应，进一步健全应对涉检信访突发事件处置机制，从六个方面着力提高处理信访突发事件应急反应能力和灵活处理能力：一是强化组织领导、统一指挥。二是提高思想认识、加强协作。三是明确工作责任、完善机制。四是畅通信访渠道、加强沟通。五是用心服务群众、为群众办实事。六是加强检务保障、定期演练。

在此基础上，继续一是认真落实信访工作首办责任制和检察长接待制度，推行原承办人参与接访制度，不断完善信访程序，共接待群众来信来访61件，受理控申案件13件，以国家名义向3起非法采矿刑事案件被告人，追偿民事赔偿1300多万元，对4家耐火企业拖欠排污费，进行民事督促起诉，共追缴排污费13万元。二是积极开展排查信访积案和刑事被害人救助工作，在定纷止争解决群众法律诉求的同时，帮助解决民生诉求，办理刑事被害人救助案件5件，向被害人发放救助金3000余元。三是多措并举，开展下访巡访活动，选择重点乡镇建立联络点。四是举办“举报宣传周”和“检察开放日”等活动，派出警力80多人次，出动车辆31台次，发放宣传资料5000余份，公布检察长接待日程，公布网上QQ号，方便群众举报和查询，引导群众据实举报有效举报。

2011年，阳泉郊区检察院扎实做好涉检信访和检调对接工作，依法解决群众协法诉求。共接待群众来信来访60件，全部得到妥善处理。办理刑事诉讼案件8件，全部息诉结案。特别是配合中共阳泉郊区区委和区政府做好重要时期的信访、维稳工作，在国庆、两会和山西省市党代会期间，该院均都抽调专人，派出专车，投入专项资金，积极参与信访安保工作，并制定了信访维稳工作预案，把重要时间节点的信访维稳工作确实落到实处。

2012年，阳泉郊区检察院进一步完善涉检信访接待制度，积极参与区委区政府组织的“大信访、大接待”活动，依法妥善处理群众诉求。全年，共受理群众来信来访70件，办理刑事申诉案件11件，全部息诉结案。积极推进刑事被害人救助工作，对7名生活陷入困境的刑事被害人进行经济救助。

2013年，阳泉郊区检察院积极参与社会大调解工作，定期参加区委组织的接访活动。坚持检察长接待制度，进一步完善涉检信访接待工作，依法妥善处理群众诉求，全年共受理并妥善处理群众来信来访63件。

2014年，阳泉郊区检察院进一步落实和坚持检察长接待制度，班子成员定期参加区信访接待活动，妥善处理涉检信访案件。同时认真开展涉法涉诉信访积案清理专项工作，坚持开展“清积案、化信访”活动，全年共受理举报、控告、申诉案件110件，做到“案结事了、息诉罢访、群众满意”。在此基础上，积极推进司法救助，对10名生活陷入困境的涉法涉诉信访当事人进行经济救助。

2015年，阳泉郊区检察院继续坚持检察长接待制度，班子成员定期参加区信访接待活动，妥善处理涉检信访案件，全力维护社会和谐稳定。在此基础上，认真开展“清积案、化信访”涉法涉诉信访积案清理专项工作，全年共受理举报、控告、申诉案件116件，接待群众来访68件、196人，做到“案结事了、息诉罢访、群众满意”，实现涉检信访案件为零。更加注重检察环节的有效预防，积极开展“举报宣传周”系列活动，通过设置宣传展板、发放资料、巡回宣讲、设立咨询点等方式，重点就检察机关惩治和预防职务犯罪、举报控告申诉和法律援助等内容向群众进行广泛宣传，发放宣传资料5000余份，现场接受群众咨询1800余人次，努力提高人民群众的法律意识。本年度，该院积极推进司法救助工作，对1名生活陷入困境的涉法涉诉信访当事人进行了经济救助。

2016年7月12日，阳泉市郊区人民检察院以创建“平安郊区”为载体，以化解社会矛盾为主线，为妥善处理涉检信访工作，做好检察环节维稳工作，防止发生非正常上访事件和群体性事件，维护全区社会的和谐稳定，细化职责分工，明确维稳责任，强化联动联调，形成维稳合力，制定《关于安全稳定隐患风险排查整治工作实施方案》，并坚持在法治轨道上解决信访矛盾纠纷，建立涉法涉诉信访导入、纠错、退出机制。全年受理群众举报、控告、申诉案件33件。同时进一步加强检察环节社会关系修复，促成5件轻微刑事案件达成和解，对3名生活困难的刑事被害人实施司法救助。

2017年9月27日，为切实做好会议期间的信访维稳工作，有效预防和避免会议期间发生涉检赴省进京信访事件，阳泉郊区检察院制定《关于党的十九大期间涉检信访工作的应急预案》（以下简称《预案》）。该《预案》规定：一是对已发生的群体性上访事件，一定要认真对待，做到有访必接，有关领导一定要亲自出面做工作，及时提出处理意见，防止矛盾激化，把上访群众稳控在当地。二是坚决劝阻非正常赴省进京上访，对已赴省进京非正常上访的群众，立即安排人员，尽快接回并做好疏导工作。三是对自身处境艰难，失去生活信心，有轻生或危害社会倾向的上访人员要耐心开导，稳定他们的情绪，并积极联系有关方面解决问题，必要时，报请有关机关采取应急措施。四是对多年上访的老户，坚持属地管理的原则，在摸清主要问题的前提下，采取“请上来”或“走下去”的方式，提前与稳控领导和稳控责任人见面对接，研究解决办法，将其稳控在当地。

是年，阳泉郊区检察院依法开展控告申诉工作，一是切实抓好涉法涉诉信访工作，全年受理控告申诉案件76件，做到件件案结事了。同时做好释法说理工作，实现办理一件、息诉一件。二是开展司法救助工作，对生活陷入困境的5名当事人进行国家司法救助，发放救助金4.5万元，充分体现司法人文关怀。三是坚持化解社会矛盾不懈怠，将两会和重要时间节点的安保和处理涉法上访作为工作重点，积极搭建处理涉检涉法工作平台。四是坚持首办责任制和检察长接待制度的基础上，本着有案办案、无案宣传、化解矛盾、维护稳定的原则，多次深入乡镇实地查验案情，加强“一站式”服务平台建设，开通了远程视频接访、案件信息公开平台等便民服务设施，受理群众来信来访。五是严格落实联合接访、诉访分离等措施，全年参加联合接访51次，所有问题均依法妥善处理。

2018年3月1日，十三届全国人大一次会议、全国政协十三届一次会议召开前夕，阳泉郊区检察院制订《关于全国“两会”期间涉检信访工作的应急预案》，对涉检信访工作作出安排部署：一是坚持24小时值班和领导带班、领导接访。值班人员须严守岗位，手机保持24小时开机，遇特殊情况，在妥善处置的同时，及时向值班总负责人报告。二是检察业务管理监督部等有关部门对日常工作中发现的信访风险，做好排查、梳理、汇总工作，制定执法办案风险预警评估机制，对非正常上访的人员进行释法说理和说服教育工作。三是遇涉检信访人员赴省、进京上访，及时负责劝返、接回。全年受理控告、申诉案件4件，实现了“案结事了、息诉罢访、群众满意”目标。

第七章　复查纠正冤假错案

1980年，阳泉郊区检察院平反错案1件。

1986年4月，对1983年8月开始开展的“严打”斗争中存在的冤假错案进行复查纠正。从1983年8月“严打”开始至1986年3月底，阳泉郊区检察院共受理公安提请逮捕的案件192件、368人，批准逮捕的171件、314人。由于各种原因，造成错捕8件、12人，分别占批捕案犯的4.8%和3.8%。共受理起诉案191件、357人，审查起诉至人民法院158件、280人，其中，错诉案件6件、7人，分别占起诉案犯的3.8%和2.5%。在错诉案中，该院撤诉另作处理的4件、5人，人民法院作出无罪判决的2件、2人。在错捕、错诉的8件、12人中，强奸案犯占7件、10人，抢劫案1件、2人。

造成错捕、错诉的原因主要有三：

一是对“严打”斗争认识不足，注重从重、从快，忽视“稳”和“准”。上述错捕、错诉案件均发生在“严打”开始到1984年3月前，这一期间是“严打”斗争的高潮阶段，呈捕、呈诉案件成批处理，全院组织干警加班加点，突击办案，曾经出现一夜加班起诉27个案件的情况。只注重及时从重打击，未严格按办案制度审查、把关，导致错捕、错诉案件连续发生。

二是借调人员办案。如被告人郝某锁强奸一案。原审查认定：1982年7月的一天下午5时许，河底公社固庄大队女青年张某花去固庄煤矿洗澡，碰到固庄煤矿刑满就业工人郝某锁，郝以代张保管手表为名，夺去张的手表。张洗完澡去郝的宿舍取表时，被郝强奸。该案从批捕到起诉，均系借调人员亲自办理。起诉到人民法院后，经法院调查核实，在取得大量证据的情况下，认定郝与张早已来往，属通奸关系，为此，阳泉郊区检察院撤回起诉，作出不起诉决定。

三是仅凭受害人描述，不全面查证和分析案情，草率批捕起诉。主要表现在强奸案件当中。由于此类案件查证困难，检察干警在办案时，仅审查公安分局呈报的案件材料，偏向受害人的控告和陈述，深入调查核实不够，致使此类案件错捕、错诉情况突出。如张某生强奸案。原审查认定，张某生于1983年2月8日趁义井大队张某苏4岁的女儿王某琴去其家中玩耍，张给王一把瓜子后将王奸淫。该案仅有受害人陈述，被告人拒不供认。郊区检察院干警受理审查后，未讯问被告，也未询问受害人，批捕后起诉到法院，法院以证据不足退回郊区检察院。后经反复调查，多方了解认定：

年过半百的被告人张继生，因身边无儿女，出于亲爱之心，只在王某琴腮上吻了一下，无确实证据证实该犯有奸淫幼女罪，故作出不起诉决定。又如荆某明、吴某所抢劫案。原认定两被告在1983年6月10日晚八时许，在荫营菜市房前，将荫营煤矿供销科工人胡某生截住，用暴力抢走现金20元。此案虽有受害人胡某生报案材料，但二被告供认不一，阳泉郊区检察院受理后，以抢劫罪批捕起诉。阳泉郊区人民法院以抢劫罪作出有罪判处，荆某明提出申诉后，法院以院长监督程序，对该进行重新审理，经核实后认定：荫营煤矿就业人员胡某生因多次调戏妇女，曾被公安机关处以拘留处分。6月10日，荫营煤矿职工荆某明发现胡调戏妇女后，邀约吴某所一同去打了胡某生，在互相拉扯中，将胡口袋里装的几角钱掉在地上，并拽断了胡的表带，荆、胡根本没有抢劫之目的，也未抢去胡的现金，此案纯属错案。被告人无罪释放。

四是公、检、法对证据和法律认识不一致。如张某谋强奸案，经审查认定，张某谋于1983年7月9日中午一时许，趁铝矾土矿行政科食堂会计张某在办公室午休之际，闯入室内将张强奸。1983年8月1日中午一时许，张宏谋再次闯入张玲办公室，欲行强奸时，被张玲之父刘立功发现并报案。受理此案后，由于公、检、法认识不一致，曾多次提请区政法委和市政法委研究讨论，最终郊区法院以强奸罪，对张宏谋作出有罪判决。张提出上诉后，阳泉市中级人民法院以“事实不清，证据不足”，发还郊区法院重审。在没有任何新证据证明张宏谋无罪的情况下，郊区法院以无罪改判。为此，阳泉郊区检察院认为，该案事实清楚，证据确实充分，足以证实张某谋之行为已构成强奸罪。郊区人民法院的改判不当，故提出抗诉。

1988年9月、10月，阳泉郊区检察院根据上级检察机关关于执法大检查的安排，抽调专人，用1个多月时间，对全院1987年以来所办的案件和执法情况，进行认真细致的自查。在省、市检察院重点抽查的44件起诉案件、15件免诉案件中，没有一件冤假错案，该院办案件质量受到上级检察机关的充分肯定。

1998年9月，按照最高人民检察院《关于在全国检察机关开展执法大检查的通知》，阳泉郊区检察院积极开展执法大检查。一是精心组织，建立案件评查制度。二是成立机构，组成案件评查组。三是对1996年、1997年办理的全部案件进行重点检查。

一、犯罪嫌疑人吴某红伤害一案，公安机关1997年2月26日刑事拘留，3月10日提请逮捕，超期羁押9天；犯罪嫌疑人窦某林诈骗一案，公安机关1997年2月5日刑事拘留，3月7日提请逮捕，超期羁押23天，吴某红和窦某林均不属流窜、结伙、多次作案性质，但对公安机关没有进行有效监督。

二、对不起诉人白某才、白某怀重大责任事故案，造成5人死亡，1人重伤，直接经济损失15.6万元，犯罪情节属于“情节特别恶劣”，但以“情节较轻，态度好，有悔罪表现”，作出相对不起诉决定是不妥当的。

三、犯罪嫌疑人付某敏诈骗案，犯罪嫌疑人付某敏之行为涉嫌诈骗，事实清楚，证据充分，公安机关提请批捕付某敏，应对付某敏之行为确定是否构成犯罪，能否批准逮捕，至于同案涉及的赵某之行为是否构成犯罪，事实不清，证据不足，不应作为对付某敏不批准的理由。

1999 年 9 月 14 日，开展全院“争创人民群众满意的检察院，争创人民群众满意的检察官”活动，规范执法人员的执法活动，提高执法水平，解决和清除司法腐败问题，根据中共阳泉市委政法委阳政法〔1999〕13 号文件《关于对九八年以来案件复查的实施方案》，阳泉郊区检察院下发阳郊检发字〔1999〕第 15 号《关于对九八年以来案件进行复查的实施方案》，对复查案件工作进行安排部署。要求 8 月底开始，认真贯彻中共中央政法委书记罗干在全国政法系统开展“双创”活动电视电话会议和中共山西法委政法书记张秉法关于“学创”汇报会上的讲话精神，并以提高检察机关的执法水平，促进严肃公正执法为目标，以发现和纠正错案主要内容，以查处违法违纪执法人员为重点，通过案件复查，发现和解决人民群众对政法机关反映强烈的一些层次问题，推动检察队伍建设，树立检察机关的良好形象。为此，成立案件复查工作领导组，由副检察长李爱贤任组长。纪检组组长刘双富任副组长，抽调反贪局局长王瑞明，办公室主任高秀瑾，起诉科科长田江华、批捕科科长史淑君和检察干警杨培龙、史保龙、崔丽娟、张保亮组成复查案件工作组，对 1998 年至 1999 年 6 月底以前办结的案件进行复查，重点复查群众反映强烈、当事人多次上访、久拖不决和上级批办的案件。并对复查出来的问题，进行认真分析研究，依法进行彻底整改，进一步健全并落实错案追究责任制度和执法责任制。

2004 年 7 月 17 日，阳泉郊区检察院本着实事求是、有错必纠的原则，对赔偿申请人张某、徐某昌作出赔偿决定，保护当事人的合法权益，维护公平正义。

2006 年 4 月，郊区检察院针对案件质量及案卷诉讼文书中存在的问题，出台《郊区检察院案件评查暂行办法》，实行专人专职定期评查，将一年一度的案件评查工作改为按季度评查，评查的范围为各职能部门每季度所办理的全部案件，重点从实体上审查自侦案件中的不立和撤销案件，审查批捕、审查起诉案件中的不捕不诉和建议撤销案件，提起抗诉案件、刑事申诉案件、民事行政案件和刑事赔偿案件；从程序上重点评查诉讼文书是否规范，卷宗归档是否及时，卷宗法律文书是否齐全等。评查工作实行评查通报和台账备案制度，评查结果与科室、部门考核结合，实行利益奖惩。此制度的出台，对杜绝各种不规范办案，进一步促进严格执法，提高案件质量，维护公平正义具有重要意义。

2006 年 8 月，郊区检察院侦查监督部门组织干警对郊区国税、地税、质监三个部门今年上半年行政执法中及时移送涉嫌犯罪案件情况进行监督检查，其中国税 60 案、地税 4 案、质监 10 案，监督检查采取专人逐案审卷，分管领导审核把关，典型案件座谈讨论的方式进行，经检查没有发现应当移送司法机关的涉嫌犯罪案件。

从2006年8月起，郊区检察院全面开展了审查逮捕专项检查工作，重点检查2005年提请逮捕和决定逮捕的案件，共检查提请批准逮捕86人，批准逮捕81人，不批准逮捕5人。批准逮捕案件中，检察机关自侦部门移送审查逮捕2人，决定逮捕2人，公安机关提请逮捕79人，批准逮捕79人；不逮捕案件中，有2人无逮捕必要，3人事实不清，证据不足；另有3人被批准逮捕后，公安机关未执行均为在逃案犯。2005年审查批捕合格率为100%，未发现有错捕、漏捕的情况。这次检查，郊区检察院侦查监督科和郊区公安分局法制科密切配合，坚持边查边改，认真做好各项专项检查情况和数据的统计。

2011年4月，阳泉郊区检察院接到阳泉市人民检察院《关于对2010年全市检察机关办案质量进行评查的通知》后，高度重视，积极安排部署：一是加强组织领导，落实责任。二是认真抓好落实，增强实效。三是通过此次案件质量评查，进一步强化内部监督，促进检察业务制度的落实，规范执法行为。

2013年，阳泉郊区检察院开展办理职务犯罪案件专项检查活动，对近3年办理的职务犯罪案件进行"回头看"，认真整改存在的突出问题，进一步规范查办职务犯罪执法活动。

2016年，根据山西省检察院和阳泉市检察院关于《全省检察机关职务犯罪侦查预防部门深化规范司法行为专项整治工作方案》《全市检察机关职务犯罪侦查预防部门深化规范司法行为专项整治工作方案》文件部署要求，阳泉郊区院结合本单位实际，及时动员、安排部署、组织开展规范司法行为专项整改"回头看"工作，一是及时走访相关联系单位，开展规范司法行为监督预防工作活动，确保预防工作流程化、透明化、规范化。二是在全院开展自查自纠活动，结合本部门工作实际，对照条令检查日常司法实践过程中是否存在违反禁令的苗头性、倾向性行为，找出自查中发现的问题，对照查摆问题清单，提出相关的整改实施方案。三是紧密结合"两学一做"学习教育活动，把全院深化专项整治工作与职务犯罪预防业务相结合，注重统筹，协调推进，确保郊区专项整治工作落到实处。

是年，该院按照全国检察机关开展财产刑执行专项检察活动的要求和山西省及市检察院安排部署，对郊区人民法院2013年以来生效刑事案件中判处罚金、没收财产、责令退赔等由法院执行的相关事项进行核查清理，对郊区人民法院在财产刑执行中存在的各类问题依法予以了监督纠正，促进了财产刑执行活动依法公正、规范进行。

2017年，阳泉郊区检察院扎实开展"发挥公诉职能，推进产权保护，优化营商环境专项活动"，一是根据山西省检察院《两个意见》和阳泉市检察院《方案》要求，对2016年以来所办案件进行"回头看"，共涉及产权保护案件32件、43人，主要有非法吸收公众存款案4件、4人，信用卡诈骗案13件、13人，贷款诈骗案4件、10人，职务侵占案5件、10人，污染环境案1件、1人，非法采矿案4件、4人，滥伐林木案1件、1人，并全部办理完结。二是扎实开展“对贪污贿赂案件刑事审判监督专项检查活动”，对2015年11月后办理的贪污贿赂案件10件、20人，全部完成审查起诉任务，除1件、4人作存疑不起诉处理外，其余案件均起诉至法院。其中，1件、1人撤案，其余案件均作出有罪判决。三是扎实开展“服务营商环境民事行政执行检察监督专项活动”。在阳泉市检察院牵头组织下，对郊区法院执行款案情况进行全面梳理，对涉企合同中存在的申请执行案件法院拖延立案、职务不廉洁等行为进行监督排查，立案审查执行活动监督案件7件，促成当事人达成和解2件，发出检察建议7件，被全部采纳。

第八章　税务及工商检察

1987年，阳泉郊区检察院开展打击偷税抗税专项活动，根据揭发线索，及时立案查处工商税务联合移交的交易员张某某贪污税款问题，把打击偷税抗税活动进一步引向深入，全区共补交税款200余万元，出现了很多主动申报营业税、主动申请向上浮动经营定额的集体和营业户。

1988年，该院加强同经济执法部门的联系，广辟案源，积极追赃，在区税务局建立了税务检察室，并配合工商、税务、财政、审计、物价等部门，进行财税、物价大检查。本年度，根据税务检察室提供的线索，有重点地查处了2起偷、抗税案件，追回偷抗税款5000元。

1991年，郊区检察院驻郊区税务局检察室成立。

同年5月8日，阳泉郊区检察院驻郊区工商行政管理局举行“郊区工商检察室”挂牌仪式。

1992年，该院工商检察室积极会同区工商行政管理机关，开展打击制售假冒伪劣商品的违法犯罪活动。在荫营镇“两会一节”期间，印发传单3万余份，陈列假冒伪劣商品，讲解辨识伪劣知识，开展街头宣传咨询，并公开销毁价值4万元的假冒伪劣商品，抑制了制售假冒伪劣商品违法犯罪行为的蔓延，为维护消费者利益，保障商品经济的健康发展做出了成绩。

1992年，阳泉郊区检察院税务检察室在检察院党组领导下，坚定不移地坚持中共基本路线，充分发挥税务检察室的职能作用，在税务机关密切配合下，共查办7起偷税案，使一批涉税经济犯罪分子受到法律制裁。

一、组织全室干部认真学习税收政策和检察业务，研究分析偷、抗税案件特点、规律和侦查对策，掌握偷、抗税案件概念及立案标准，特别是认真学习理解《刑法》第121条的含义，通过学习，提高税务检察干警的业务素质和工作水平，掌握刑事法律和办案程序，以及税收法规、查账技巧，使之成为一支通晓业务、精干高效的税务案件专门侦查队伍。

二、集中精力抓好办案工作。注意发现案件线索，克服“坐等办案”的消极态度，采取多种形式广辟案源，加强与税务机关的联系，建立健全涉税案源信息网络，掌握税务机关查处的涉税案件线索，并提前介入，及时审查，开展行业和区域专项斗争，集中打击涉税犯罪分子。3～4月，即对个体工商业户进行不同行业的摸底、调查。

对修理修配行业抽查3户，立案1户。对贩卖粮食行业抽查4户，立案3户。对蔬菜行业抽查2户，立案1户。对审查不予立案的移交税务机关处理，对已立案并结案的4件、4人，追缴税款30000余元。

三、加强抽查和秘密调查，及时立案，并采取必要强制措施，提高预审水平，瓦解涉税罪犯的反侦查心理，在办理集贸税务所辖区的个体业户偷税案时，发现大部分个体运输户有长年不缴税、不办税务登记证的现象。为此，组织稽查、检查、集贸市场管理人员，对个体运输业户采取秘密调查方法，发现运输户74户，其中，无证运输户25户，1991度应缴税款173400元，实缴55146元，偷漏税占68.19%，其中，缴10个月的1户，缴9个月的2户，缴8个月的2户，缴7个月的4户，缴6个月的7户，缴5个月的1户，缴4个月的6户，缴3个月的7户，缴2个月的2户，缴1个月的8户，全年未缴的34户。偷漏税款占到应征税款的60%，并对3家个体运输业户进行立案侦查。

四、注重办理效果，对认罪补税比较好的偷税户，可以不逮捕，坚持追究犯罪同时追缴税款的原则，不能只追究刑事责任，不追缴税款；或只追缴税款，不追究刑事责任。在查办赵某珩、张某安、孙某才、李某朝偷税案时，由于其认罪认罪态度好，积极补缴偷漏缴税款，移送刑事审判后，被免予起诉。

五、结合涉税案件侦办，加强综合治理。在办理涉税案件的同时，积极同税务机关和有关职能部门密切配合，采取多种形式宣传税收法制，教育公民增强依法纳税观念，以震慑犯罪、预防犯罪。如办理赵某珩偷税案中，采取法律手段，对其经营场所依法进行搜查，并对其有关财产依法进行扣押，并为其讲解偷税的危害性及其偷税行为为什么构成犯罪，并指明其应负的法律责任，使在场的公民受到教育，犯罪分子赵某珩对自己的涉税犯罪有了新的认识，主动将偷漏税款全部补齐。

六、对发案单位在税收经营工作中存在的问题，及时提出《检察建议》，促使其堵漏建制，消除滋生发展的隐患，在办理偷税案时，发现税务机关存在对部分工商个体户纳税申报定额偏低、工商个体户未填写纳税申报表和对贩卖粮食个体户计算纯收益偏高等问题，及时向税务机关提出相关建议，促进税收法规的贯彻落实。

七、突出重点，宣传落实《中华人民共和国税收征收管理法》，是年第四季度，郊区驻区税务局检察室在集中力量、集中精力、集中时间，对运输个体户和屠宰个体户进行全面清理调查落实的基础上，为防错防漏，确保质量，以各乡镇张贴布告的形式，宣传税收征收管理法，提高个体运输户和屠宰户依法纳税的自觉性，共张贴整顿运输个体户布告200张，印发依法纳税、加强征收管理、整顿个体运输户的教育宣传材料1500份，并一一送在不正常按时纳税的和有偷税逃税行为的个体工商户手中。与此同时，开展对屠宰业户的清理整顿，对义井乡（现为义井镇）36家个体屠宰户，加大宣传法律和税收政策的力度，重点打击偷、抗税者和拒不接受检察机关、税务机关检查管理的个体户和偷、抗税钉子户、大难户、关系户，全年依法追究刑事责任7人，移送税务部门行政处罚的31件、31人，挽回税款损失92477.44元。

八、建立完善税务检察室各项工作制度，逐步实现业务工作制度化、规范化。建立健全《偷、抗税案件备案移送制度》。税务检察室对达到立案标准的案件及其线索均应进行备案。对已经受理或立案的重大案件，进行逐级报送上级税务检察室备案制度，对税务机关移送的达到立案标准案件，制作《移送案件意见书》，并连同有关案件材料，一并移送税务检察室的制度。理顺了税务检察室办案内部工作程序，确立了税务检察部门为专门业务机构的地位，在检察机关实行内部制约的工作体制下，税务检察室可自行决定对所受理的案件进行立案前审查，立案与否由主管检察长批准的制度。同时完善了税务检察室《内部业务工作管理制度》《档案资料管理制度》《岗位责任制管理制度》。

1993年，是国家颁布《税收征收管理办法》的第一年，阳泉郊区检察院驻税务局检察室在严厉打击偷、抗税犯罪分子工作中，一是将星期六确定为学习日，组织干警认真学习《税收征收管理办法》和本年度全国人大常委会关于惩治偷、抗税犯罪的新的《补充规定》，提高业务素质，掌握定案尺度，强化办案意识，增强税务检察工作的严肃性。二是认真研究新形势下偷税犯罪的新情况、新特点、新手段，发现案件线索，及时调查取证，迅速掌握第一手材料，提高立案侦查的准确性。同时加强社会影响较大的涉税案件进行严肃查处，形成纳税人主动认税、积极纳税的“小气候”，如查任某英银行账时发现，其账面收入1992年为30余万元，经检察干警认真核实，该收入是他人借用账户所为，从中发现个体运输户中6户有偷税犯罪问题，为此，检察干警亲赴发案地取证、调查、核实，先后赴河北省众市县和各煤矿等地，行程一万余里，给偷税人送传票，做讯问记录，核算税收，统计数字，将涉税犯罪偷漏掉的税收征收入库。全年受理偷税案件线索74件、74人，抗税材料1件、人，经调查落实，决定立案侦查7件、7人，经审查，不够立案退缴税务机关处理的68件、68人，追补回税款98348.98元，罚款9852.76元，共计108201.74元，接受上级检察机关移交案件1件、1人，有力地打击了偷、抗税犯罪行为，为促进财税收入，起到了协税护税作用。三是充分发挥检察职能，为集贸税务所拔掉不缴、少缴税的个体运输“钉子户”62户、62人，清回税款59348.98元，为河底税务所拔掉“难缠户”1户、1人，清回税款39000元。四是加强税法宣传，为个体户宣传税收征收“管理法”，并发放“征管法”和个体工商户纳税知识手册60余本，不但遏制了偷、抗税犯罪分子的猖獗势头，同时强化了个体户的纳税意识。如下荫营个体运输户刘某红了解到税务检察室正在查处偷税问题时，主动来讲明其在经营期间漏交税的情况，并将所漏税款3382元交到税务检察室。

1995年4～6月，按照山西省和阳泉市安排部署，阳泉郊区检察院与郊区国税局、郊区地税局紧密配合，多次召开联席会议，制定了专打方案，集中开展为期3个月的打击偷税、抗税、骗税犯罪的专项战役，并出动宣传车辆2辆，组织有关人员上街宣传，设立税法宣传咨询点，印发宣传材料，发布通知、张贴标语，通过新闻媒介宣传的方式，开展税法宣传活动，同时制定发放《关于奖励举报税务案件有功人员暂行办法》，号召群众检举揭发，敦促违法犯罪人员投案自首。在强劲的宣传活动中，域内一些企业共主动缴税52.5万元。与此同时，该院充分履行税务检察职能，加大对涉税犯罪的打击力度，4–6月，立案侦查万元以上偷税案件4件、5人，为国家、地方挽回税款近23万元。在取得阶段性成果之后，该院乘胜追击，再次侦破偷税案件3件，同时加强综合治理，积极协税护税，初步建立起协税护税网络，全年共追缴税款57.5万元，协税护税34.3万元，累计为国家挽回经济损失144.3万元，有效地打击了涉税犯罪活动，维护了正常的税收秩序。

是年，该院根据郊区实际，一是配合税务机关开展检查，共查出工商业户2246户，补交税款17.2万元。二是严厉打击偷、抗税行为，配合税务机关组织进行了为期一个月的重点专项检查，并协同税务机关深入到问题较多，情况复杂的企业和个体经营户中间核实账目，清查库存，了解经营，掌握第一手资料，共查出各类问题6类25项，仅此一项，补缴入库税金29.3万元。三是严厉打击偷、抗、骗税犯罪，在税务部门移送的涉税案件少、群众举报案件少的情况下，检察干警会同税务机关工作人员深入建筑企业、耐火企业和白泉至娘子关公路沿线的餐饮业进行重点抽查，在抽查的18户建筑企业中，3户有偷税行为，对问题较重的2户进行立案侦查，其中1户补缴税款3.8万元。4月，对千亩坪粘土矿检查时发现承包人任满才三年仅上缴营业税3万余元，经调查，查实任某才偷税5.2万元的问题。本年度，共主动寻找犯罪线索8件，立案侦查5件、6人，为国家、地方挽回税款229489.14元，维护了税收秩序。四是建立协税护税网络13个，经过与企业联系，为税务部门追缴税款34.2万元，充分发挥了税检监督职能，保证了国家财政收入。全年区内欠税企业主动到税务机关补缴欠款54.2万元。

1995年9月28日，阳泉郊区检察院撤销工商检察室。

1996年，阳泉检察院驻税务局检察室干警，采取摸底、普查等多种形式，主动出击，加大打击力度，对全区税收问题较多的建筑市场进行调查，6月，税务检察干警协同郊区城建部门，对税收问题较多的建筑市场进行调查，先后走访30余户，发现多起利用商业发票和在建筑结算中撕开空白发票，不要发票下账等手段偷漏税款总计130多万元的问题。根据《税法》有关规定，对4个单位立案查处，全部追缴了税款。是年，受理偷税犯罪线索6件，立案侦查6件、6人，结案6件、6人，为国家、地方挽回税款182444.30元，其中，罚款1507.62元。同时帮助木材市场清理旧欠税款25万元。全年侦查终结上年度未结涉税案件1件、1人，撤销了上年度未结涉税案件1件、1人，对上半年退补的2件、3人进行补侦。通过“协税护税”，为郊区地方税务局清回税款110万元，检查增值税票40户，补缴税款42000元。全年发现偷漏税案件50余件，经审核侦查，立案6件、6人，直接追缴税款1574444.30元。促进了全区税收任务的完成，为维护课税征收秩序，发展全区经济，做出积极贡献。

1997年，阳泉郊区检察院税务检察在查办涉税犯罪案件的同时，深入开展税法宣传教育，强化公民的纳税意识，同时积极开展促产增收，为企业排忧解难工作，在辛兴乡坡头村三产招商引资中，帮助他们解决了20万元贷款资金，使企业恢复生产，增加税款税收12万元。

1998年之后，涉税检察交由税务部门处置，涉及刑事犯罪的重大偷漏税案件及增值税案件，由税务部门移交公安部门侦查后，由人民检察院审查、公诉至人民法院接受审判。

第五编

政治和组织工作

第一章　干部管理

第一节　领导班子

1980年3月23日，正式建立中共阳泉郊区检察院党组，确立临时党支部，以加强班子工作。

1981年，阳泉郊区检察院建立检察委员会。

1984年3月24日，中共阳泉市郊区委员会组织部下发阳郊组干字〔1984〕8号文件，任命苏密生为检察长，史宝珠为副检察长，并由苏密生、史宝珠组织郊区人民检察院领导班子。

1984年9月11日，阳泉市郊区第十届人民代表大会常务委员会第三次会议，接受区人民检察院检察长苏密生关于检察院组成人员、检察委员会组成人员和检察员的提请：史宝珠任区人民检察院副检察长；苏密生、史宝珠、李爱先、甄秉铎、石吉宾为检察委员会委员，组成郊区人民检察院检察委员会。

1984年10月15日，阳泉市郊区人大常务会下发阳郊人发〔1984〕27号《关于郊区人民检察院史宝珠等人的任命通知》予以任命。

1990年4月28日，根据《中华人民共和国人民检察院组织法》第二十三条规定，经苏密生检察长提议，因工作需要，免去高秉明副检察长、检察委员会委员的职务。

1990年6月18日，阳泉市郊区第十二届人民代表大会第一次会议选举苏密生为阳泉市郊区人民检察院检察长。

1990年11月14日，阳泉市郊区第十二届人民代表大会常务委员会第三次会议，接受区人民检察院检察长苏密生的提请，下发阳郊人发〔1990〕29号文件，任命李爱贤为区人民检察院副检察长。

1993年1月3日，检察长苏密生主持院务会议，宣布领导分工和科室负责人名单：检察长苏密生主持全面工作，分管控告申诉检察工作；副检察长史宝珠分管法纪检察、监所检察、办公室及财务工作。副检察长李爱贤分管批捕、起诉及经济检察工作。同年3月4日，高秉明任常务副检察长。

1995年4月6日，因检察长苏密生工作调动，阳泉市郊区第十三届人民代表大会常务委员会第十二次会议，根据《地方组织法》第22条规定，决定接受苏密生辞去检察长职务，报请检察长毛联银提请阳泉市人民代表大会常务委员会批准。同时，郭和被任命为区检察院党组书记、代检察长。

同年 7 月 3 日，在阳泉市郊区十三届人大三次会议上，郭和被选举为区检察院检察长。7 月 4 日，郊区检察院以阳郊检发字〔1995〕第 17 号文件，报请检察长毛联银提请阳泉市人大常委会予以批准郭和任阳泉市郊区人民检察院检察长。8 月 25 日，经阳泉市十届人大常委会第二十五次会议审议，中共阳泉郊区委员会下发阳郊人发〔1995〕14 号文件，批准任命郭和为郊区人民检察院检察长。

同年 9 月 4 日，郊区检察院检察长郭和，兼任中共阳泉市郊区政法委员会委员。

1995 年 11 月 3 日，中共阳泉郊区委员会组织部下发阳郊组干字〔1995〕51 号文件，经区委常委会 10 月 26 日研究决定，检察院副检察长史宝珠、李爱贤，检察院政治协理员史先玲，按正科配备，享受正科级政治、经济待遇。

1996 年 1 月 12 日，阳泉郊区人大常委会下发阳郊人发〔1996〕3 号文件，任命史先玲、贾金祥为郊区检察院副检察长。1 月 15 日，中共阳泉市郊区区委组织部下发阳郊组干字〔1996〕13 号文件，任命史宝珠任检察院政治协理员（正科级），免去史先玲政治协理员职务。

1998 年 5 月 7 日，中共阳泉郊区委员会组织部下发阳郊组干字〔1998〕第 20 号文件，提名闫运成为郊区人民检察院检察长候选人。免去郭和郊区人民检察院检察长职务。5 月 15 日，郊区人大常委会任命闫运成为代理检察长。6 月 10 日，在郊区十四届人代会一次会议上，闫运城当选为检察长。7 月 14 日，中共阳泉郊区委员会组织部下发阳郊组干字〔1998〕第 28 号文件，任命闫运成为郊区检察院党组书记，史先玲、贾金祥任党组成员。

1999 年 1 月 15 日，中共阳泉市郊区委员会组织部下发阳郊组干字〔1999〕第 2 号文件，任命刘双富为郊区检察院纪检组组长、党组成员。4 月 40 日，阳泉区十四届人大常委会第七次会议根据检察院检察长闫运成 4 月 29 日提请，下发阳郊人发〔1999〕28 号文件，免去史先玲郊区检察院副检察长、检察委员会委员职务。

1999 年 2 月 9 日，根据阳泉郊区检察院检察长闫运城提请，区第十四届人民代表大会常务委员会第五次会议 1999 年 2 月 5 日通过，阳泉郊区人大常委会下发阳郊人发〔1999〕3 号文件，任命刘双富为阳泉市郊区人民检察院检察员、检察委员会委员、副检察长；王瑞明为阳泉市郊区人民检察院检察委员会委员。免去史宝珠的阳泉市郊区人民检察院检察员、检察委员会委员职务。

2001 年 1 月 5 日，根据检察长闫运成提请，区第十四届人民代表大会常务委员会第十九次会议 2001 年 1 月 5 日审议通过，下发阳郊人发〔2001〕3 号文件，任命张贵深为阳泉市郊区人民检察院副检察长、检察委员会委员。

2001 年 1 月，副检察长李爱贤，兼任郊区检察院党支部书记。

2002 年 7 月 25 日，中共阳泉郊区区委组织部下发阳郊组复字〔2002〕11 号批复，增补张福明为郊区检察院党组成员。

2002 年 7 月 30 日，根据检察长闫运成提请，阳泉郊区十四届人大常委会第三十次会议于 2002 年 7 月 30 日下发阳郊人发〔2002〕16 号文件，任命高秀瑾、张福明、史淑君、田江华为阳泉市郊区人民检察院检察委员会委员。

2003 年，张建国当选为阳泉郊区人民检察院检察长。

2008 年 2 月 28 日，中共阳泉郊区区委组织部下发阳郊组干字〔2008〕13 号《关于马成兵等同志任免职务的通知》，任命杨建民为郊区检察院党组成员，张福明为纪检组组长。同年 8 月，史如斌任正科级检察员，检察委员会专职委员。

2013 年 3 月 29 日，中共阳泉市郊区委员会组织部下发阳郊组干字〔2013〕43 号文件，任命刘双富为郊区检察院常务副检察长，贾俊敏为党组成员、纪检组组长、正科级检察员，王学军为党组成员、反贪污贿赂局局长，杨培龙、史保龙为党组成员、正科级检察员。免去张贵深党组成员职务。同年 4 月，张保亮任副检察长、正科级检察员、检察委员会委员。

2015 年，根据阳郊发〔2015〕15 号、阳郊组通字〔2015〕9 号文件精神，中共阳泉市郊区人民检察院总支委员会成立，原党支部书记张贵深任总书记、原党支部副书记史保龙任副书记。贾俊敏、王建文、王艳明、孟秀红任委员。党总支下设两个支部，第一支部为在职党员支部，书记由王艳明担任，第二支部为离退休党员支部，书记由王建文担任。

2016 年 5 月，严志勇任阳泉郊区检察院党组书记、副检察长、代检察长；8 月 22 日，阳泉市郊区十八届人大一次会议，选举严志勇为阳泉市郊区人民检察院检察长；8 月 26 日，阳泉市第十四届人民代表大会常务委员会第三十九次会议批准，任命严志勇为阳泉市郊区人民检察院检察长。

2017 年 3 月 2 日，阳泉郊区检察院党组召开扩大会议，经研究，对班子成员进行了分工安排。检察长严志勇负责全面工作。常务副检察长刘双富分管侦监工作、案管工作、食堂工作。副检察长杨建民分管控申工作、政工工作。副检察长王权政分管刑事执行检察工作、法警工作。副检察长张保亮分管公诉工作、民行工作、综治工作。党组成员张福明分管技侦大楼运行维护工作、保洁工作、工会工作、妇联工作，协调与区监察委员会办公场所事宜。纪检组组长贾俊敏分管纪检工作。党组成员、办公室主任史保龙分管办公室工作、财务工作、行装工作、技术工作。检察委员会专职委员田江华分管检委办工作、法研工作，协管案件管理工作。

2018 年 1 月，中共阳泉市郊区委员会下发阳郊干字〔2018〕1 号文件，任命王艳明为郊区检察院党组成员、区纪委监察委派驻第十一纪检检察组组长（试用期一年）。

2 月 24 日，中共阳泉郊区检察院党组下发〔2018〕2 号文件，任命孟秀红为政治部副主任，主持工作，郑志明为检察业务管理监督部副部长，决定免去王艳明政治部部长和孟秀红综合保障部副部长职务。

8月22日，中共阳泉郊区检察院党组下发阳郊党组字〔2018〕8号文件，决定副检察长杨建民分管公诉工作和未成年人检察工作，副检察长张保亮不再分管公诉工作，其他分工不变。

9月4日，中共阳泉郊区检察院党组下发阳郊党组字〔2018〕9号文件，决定副检察长杨建民不再分管控申工作，党组成员史保龙负责控申工作。

9月7日，中共阳泉市郊区委员会下发阳郊干字〔2018〕29号文件，决定免去张福明郊区检察院党组成员职务。

9月20日，中共阳泉市委组织部下发阳组干字〔2018〕36号文件，任命孟秀红为阳泉郊区检察院政治部主任。

9月29日，阳泉郊区人大常委会下发阳郊人发〔2018〕13号文件，任命聂玲莉为郊区检察院检察委员会委员，免去贾俊敏郊区检察院检察委员会委员职务，免去田江华专职检委职务。

11月23日，中共阳泉市郊区委员会下发阳郊干字〔2018〕39号文件任命孟秀红为郊区检察院党组成员。

第二节 人事管理和编制

1979年，在中共十一届三中全会确定的政治路线和五中全会精神指引下，从9月开始，郊区检察院筹建工作正式展开。一是抓人员调配培训，二是抓办公设施的购置配备。到年底，共调入干警15名，占原计划调配20人的72%，其中，从阳泉市选调8人，郊区选调7人，缺员5人。与此同时，中共阳泉郊区区委任命8人为代理检察员，并临时确定几名科室负责人，开展日常业务工作。

1980年，按照“ 室二科”编制，任命8名干警任代理检察员（年底又因工作需要调走2名，实有6名），确定各科室临时负责人。此外，慎选2名工人，按以工代干模式进入干警行业，并配齐法警、打字员。同时按照《人民检察院组织法》规定，任命了1名助理检察员，1名代助理检察员，4名书记员。此外，郊区检察院为加强法纪、经济检察工作，先后调配8名干警充实法纪、经济检察工作，并经院党组研究决定，法纪科和经济检察科合署办公，由副检察长白玉华重点分管，从而为加强法纪、经济检察工作的开展奠定了良好的基础。本年度，在1979年15人的基础上，新增5名干警，全院干警人数达20人。

是年12月1日，根据中央山西省委晋发〔1980〕123号和山西省财政厅〔80〕晋财行字第285号文件，以及山西省检察院、阳泉市检察院相关要求，阳泉郊区检察院向郊区区委、区革命委员会呈报阳郊检发字〔1980〕第8号《关于全面实施“两法”需要抓紧解决的几个问题的报告》，提请内设机构为“一室四科”，办公室、刑事检察科、法纪检察科、经济检察科、监所检察科。由20人，增加检察干警编制至55人。其中，干部48人，法警、工勤人员7人。

1981年，阳泉郊区检察院按照选拔干部的“三条标准”，协助中共郊区委员会考核任命了1名办公室主任、2名科长、3名副科长、7名检察员、1名助理检察员，做到人尽其才，合理安排，调动了干警的工作积极性，为建设一支团结战斗的检察队伍奠定了基础。

1982年2月2日，根据《中华人民共和国人民检察院组织法》第三章第二十七条规定，经检察长提议，中共阳泉郊区检察院党组研究决定，李礼存任经济检察科书记员；王瑞民任法纪检察科书记员；高海平任刑事检察科书记员兼技术员；刘守忠任办公室行政干事。4月14日，经检察长提议，中共阳泉郊区检察院党组研究决定，石吉宾任助理检察员兼秘书；刘双富任书记员。5月29日，史润福任经济检察科助理检察员。

1982年上半年，为强化经济检察，严厉打击经济领域犯罪活动，阳泉郊区检察院打破科室界限，全面加强打击经济犯罪第一线力量，办理经济案件的检察干警，由原来的7人，增加到13人。

1982年9月9日，阳泉郊区检察院向郊区计划委员会呈报〔1982〕第19号文件，拟将建院时以集体所有制工人身份借调至该院，且占用该院编制的贾秋云、史淑君、王瑞明三人，转为全民所有制人员。

至1982年年底，阳泉郊区检察院工作人员增加至25人。

1983年8月26日，根据《中华人民共和国人民检察院组织法》第27条规定，阳泉市郊区检察院下发阳郊检发字〔1983〕第10号《关于刘双富等同志任职的通知》，赵玉珍检察长决定任命刘双富、刘守忠、高海平、李礼存、王瑞明、史淑君六人为助理检察员。

1984年3月20日，根据《中华人民共和国人民检察院组织法》第三章第二十七条之规定，经赵玉珍检察长提议，阳泉市郊区检察院下发阳郊检发字〔1984〕第6号《关于贾金祥、张福明等同志任职的通知》，决定任命贾金祥为郊区人民检察院助理检察员；张福明为郊区人民检察院书记员。

1984年4月8日，根据《中华人民共和国人民检察院组织法》第三章第27条之规定，经赵玉珍检察长提议，阳泉市郊区检察院下发阳郊检办发字〔1984〕第7号《关于李爱贤同志任职的通知》，决定任命李爱贤为郊区人民检察院助理检察员。

1984年9月11日，阳泉市郊区第十届人民代表大会常务委员会第三次会议，接受区人民检察院检察长苏密生关于检察员的提请：李爱贤、甄秉铎、石吉宾为区检察院检察员。1984年10月15日，阳泉市郊区人大常委会下发阳郊人发〔1984〕27号《关于郊区人民检察院史宝珠等人的任命通知》，正式予以任命。

1984年11月28日，阳泉市郊区第十届人民代表大会常务委员会第四次会议，于1984年11月28日，接受区人民检察院检察长苏密生提请，下发区郊人发〔1984〕第28号《关于甄秉铎等人的任命通知》，任命甄秉铎、郑魁英、郝致祥为区人民检察院检察员。

1984年12月30日，中共阳泉郊区组织部下发阳郊组干字〔1984〕26号《关于郊区人民检察院下属科、室领导成员的通知》，经区委组织部部务会议1984年4月5日讨论决定，郊区检察院下属领导班子成员由下列人员组成：石吉宾任办公室主任；甄秉铎任经济检察科科长；李爱贤任刑事检察科科长；郑奎英任法纪科科长；郝致祥任经济检察科副科长；王永志任刑事检察科副科长。

1985年1月17日，根据《中华人民共和国人民检察院组织法》第27条规定，经检察长苏密生提议，阳泉郊区检察院下发阳郊检发字〔1985〕第2号《关于刘双富等同志任职的通知》，任命刘双富、刘守忠、高海平、王永志、张变花、李礼存、史淑君、贾秋云、贾金祥、王瑞明、张福明11人为助理检察员。贾军敏为书记员。

是年3月14日，阳泉市郊区第十届人民代表大会常务委员会第六次会议，接受检察长苏密生提请，下发阳郊人发〔1985〕6号文件，任命张变花、李礼存为区人民检察院检察员。

6月28日，因检察员张变花调离郊区检察院，6月25日举行的郊区第十届人大常委会第八次会议，接受检察长苏密生提请，下发阳郊人办〔1985〕16号文件，免去张变化郊区人民检察院检察员。

同年12月31日，根据《中华人民共和国人民检察院组织法》第27条之规定，经检察长苏密生提议，阳泉郊区检察院下发阳郊检发字〔1985〕第6号文件，任命王怀牛、张文芳、高秀瑾为助理检察员；张满良、王权政、张培亮为书记员。

是年，阳泉郊区编办下发阳郊编字〔1985〕第2号《关于区公、检、法、司行政机关编制意见的通知》，确定区检察院编制为29人。

1986年3月18日，根据《中华人民共和国人民检察院组织法》第27条之规定，经检察长苏密生提议，阳泉郊区检察院下发阳郊检发字〔1986〕第3号文件，任命张满良为助理检察员。

1986年，经公开招考，阳泉郊区检察院新录入检察干警5人，经批准，新调入检察干警2人，正式在编人数，由上年度的25人，增加到32人。此外，因侦办经济案件需要，另从区直其他单位借调3人。

1987年3月7日，根据《中华人民共和国人民检察院组织法》第二十七条之规定，郊区检察院下发阳郊检发〔1987〕第2号文件，任命王权政、史先玲、贾军敏为助理检察员；程军、段江涛为书记员。

1987年8月4日，中共阳泉市郊区区委组织部下发阳郊组干字〔1987〕24号文件，任命石吉宾、刘守忠、张文芳、史淑君、刘双富、张福民、李爱贤、史先玲、王瑞民、郑魁英、贾金祥、李礼存、王怀牛为科员；杨建民、崔丽娟、王权政、田江华、石炳忠、张晓琴、高秀瑾为办事员；裴存祥享受主任科员待遇；杨万华任主任科员；甄秉铎任主任科员。

1988年6月11日，中共阳泉市郊区区委组织部下发阳郊组干字〔1988〕7号文件，任命刘守忠为郊区检察院监所检察科副科长;张文芳为郊区检察院刑事检察科副科长。

1988年12月30日，中共阳泉市郊区区委组织部下发阳郊组干字〔1988〕17号文件《关于区检察院检察业务人员确定职级报告的批复》，同意确定高秉明、史宝珠、郑奎英为正科级检察员；李爱贤、石吉宾、李礼存、贾金祥、刘守忠、张文芳为副科级检察员。

1988年，阳泉郊区检察院在编人员为32人。

1989年1月21日，根据《中华人民共和国检察院组织法》第27条之规定，经检察长苏密生提名，郊区检察院下发〔1989〕阳郊检发字第2号文件，任命史瑞来、宋宏亮为助理检察员；李素琴为书记员。

1990年1月11日，郊区检察院下发阳郊检发〔1990〕第2号文件，任命王根贵为阳泉市郊区人民检察院助理检察员；杨建民为阳泉市郊区人民检察院助理检察员。

1990年12月13日，根据《中华人民共和国人民检察院组织法》第二十七条之规定，阳泉郊区检察院下发阳郊检人字〔1990〕第12号文件，任命杨森斌为郊区工商检察室助理检察员，陈守芳为郊区工商检查室书记员。郊区工商局检察室正式成立。

1991年，刘双富任刑事侦查检察科科长；刘守忠任刑事审判检察科科长；贾金祥任贪污、贿赂检察科科长；张福明任贪污、贿赂检察科副科长；王瑞明任法纪检察科科长；王根贵任控告、申诉检察科科长；郑魁英任监所检察科科长；史先玲任办公室主任。

1992年4月7日，中共阳泉郊区区委组织部经部下发阳郊组干字〔1992〕14号文件，任命王来所为区检察院工商检察室主任，高秀瑾为区检察院办公室副主任。4月30日，办公室主任史先玲调任区综治办副主任。6月30日，郊区检察院下发阳郊检发〔1992〕第7号文件，任命史如斌、刘丙生、杨培龙、张福拴、张培亮等为郊区人民检察院助理检察员。

1996年1月2日，根据《中华人民共和国检察官法》和《检察官考评委员会组织章程》，阳泉郊区检察院决定设立阳泉市“检察官考评委员会”，检察长郭和任考评委员会主任，副检察长史宝珠、李爱贤，政治协理员史先龄任副主任。

是年1月12日，阳泉郊区十三届人大常委会第二十次会议根据检长郭和的提请，任命王来锁、王权政、史如斌、张福拴、杨建明、崔丽娟为阳泉市郊区人民检察院检察员。任职时间从 1995 年 12 月 15 日执行。

2 月 8 日，中共阳泉郊区委员会组织部下发阳郊组干字〔1996〕24 号文件，任命王瑞明为经济检察科科长；张文芳为刑事侦查检察科科长；田江华为刑事审判检察科科长；高秀瑾为法纪检察科科长；史淑君为民事行政检察科科长；王权政为控告申诉检察科科长；王来所为办公室主任。

同年 11 月 13 日，根据《中华人民共和国检察院组织法》第二十七条之规定，经检察委员会议研究决定，任命石玉栋、李建国、段耀东、李建华、王巨民、田长春、周秀萍、王学军、张保亮、史保龙为郊区人民检察院书记员。12 月 24 日，中共阳泉市郊区委员会组织部下发阳郊组干字〔1996〕70 号文件，批复同意史如斌任刑事审判检察科副科长，崔丽娟任刑事侦查检察科副科长，杨建明任经济检察科副科长，张福栓任法纪检察科副科长。

1996 年，该院检察干警 36 名。

1997 年 8 月 25 日，根据《中华人民共和国检察官法》第十二条之规定，经郭和检察长提请，党组会议研究决定，下发阳郊检组字〔1997〕8 号文件，任命王建文为郊区人民检察院助理检察员。12 月 30 日，根据检察长郭和的提请，区第十三届人民代表大会常务委员会第三十二次会议下发阳郊人发〔1997〕7 号文件，任命贾俊敏为阳泉市郊区人民检察院检察员。

1997 年，该院共有检察干警 37 名。

1998 年 3 月 13 日，郊区检察院下发阳郊检发字〔1998〕第 3 号文件，任命安娜为书记员。

1998 年，该院共有检察干警 42 名。

1999 年 1 月 15 日，经中共阳泉郊区常委会 1 月 14 日会议研究，区委组织部下发阳郊组干字〔1999〕第 1 号文件，任命王瑞明、王权政为贪污贿赂局副局长。

1999 年 1 月 15 日，经区委常委 1 月 14 日会议研究，区委组织部下发阳郊组干字〔1999〕第 6 号任职通知，确定：贾金祥、张文芳、王来所、李礼存为区检察院正科级检察员；张福明、王权政、高秀瑾、田江华、史淑君、崔丽娟、杨建明、史如斌、王根贵、张福栓为副科级检察员。

同年 2 月 24 日，根据《中华人民共和国人民检察院组织法》第 27 条之规定，经院党组 2 月 24 日会议研究决定，并下发阳郊检发字〔1999〕第 6 号文件，任命王巨民、王学军、田长春、史保龙、李建华、张保亮、周秀萍、段耀东为郊区检察院助理检察员。

1999 年 3 月 17 日，根据上级业务部门通知精神，阳泉郊区检察院成立反贪污贿赂局，行使原经济检察科职能。原刑事侦查检察科更名为审查批捕科；原刑事审判检察科更名为审查起诉抖。审查批捕科、审查起诉科行使原刑事侦查检察科、刑事审判检察科的职能。并下发阳郊检发字〔1999〕第7号《关于启用反贪污贿赂局等三枚印章的通知》，自发文之日起，启用反贪污贿赂局、审查批捕科、审查起诉科三枚印章，原经济检察科、刑事侦查检察科、刑事审判检察科印章同时废止。

是年11月3日，中共阳泉郊区委员会组织部下发阳郊组干字〔1999〕第73号文件，任命高秀瑾为郊区检察院办公室主任，史淑君为审查批捕科科长，田江华审查起诉科科长，杨建民为法纪检察科科长，张文芳为监所检察科科长，张福栓为控告申诉检科长，史如斌为反贪局综合科科长，张满良为法警队队长，杨培龙为起诉科副科长。任职时间以1999年2月为起算日期。

12月28日，根据区人民检察院检察长闫运成提请，经郊区第十四届人民代表大会常务委员会第十一次会议审议通过，任命张培亮、王建文为检察院检察员。

2000年10月12日，根据晋检等级令字〔2000〕第3号命令，经山西省人民检察院检察长左祥批准，阳泉市人民检察院下发阳检政字〔2000〕60号文件，刘双富为二级检察官。12月4日，根据区人民检察院检察长闫运成的提请，经郊区第十四届人民代表大会常务委员会第十八次会议于2000年11月29日通过，下发阳郊人发〔2000〕7号文件，任命李建华、王巨民、王学军、田长春、史保龙、张保亮、段耀东、周秀萍为检察员。

2001年10月22日，阳泉郊区检察院根据阳泉市检察院《关于对警力、干警作风建设等有关问题进行调研的通知》，抽专人对上述问题进行调研，警力（人员）不足问题较为严重。精简前，该院干警在编总数43人，占当地人口的万分之1.8。按照机构改革精简在编人数的要求，精简后，该院实有在编人数为39人。

2001年年底，阳泉郊区检察院编制39人，其中公务员编制34人，工勤人员编制5人。

2002年，阳泉郊区检察院成立政工科。同年7月24日，中共阳泉郊区区委组织部下发阳郊组干字〔2002〕38号《关于张福明等同志任免职务的通知》，任命张福明为郊区检察院办公室主任，史如斌为控告申诉科科长，贾俊敏为监所检察科科长，王权政为反贪污贿赂局副局长兼侦查一科科长，张福栓为反贪污贿赂局副局长兼侦查二科科长，刘丙生为反贪污贿赂局综合科科长，李建华为办公室副主任。

2003年6月26日，中共阳泉郊区组织部下发阳郊组干字〔2003〕54号文件，任命翟彦文、刘波、要文洁、赵小军、史丽芳为科员。

2004年3月8日，中共阳泉郊区区委组织部下发阳郊组干字〔2004〕15号《关于张福明等同志任免职务的通知》，任命张福明、史淑君为郊区检察院正科级检察员，王权政、张福栓为反贪污贿赂局副局长，刘丙生、贾俊敏、杨培龙、李建华、张满良为副科级检察员。

2006年9月27日，中共阳泉郊区区委组织部下发阳郊组复字〔2006〕49号《关于王巨民等同志任职的批复》，同意王巨民任阳泉郊区检察院反贪局二科副科长，王建文、王学军任公诉科副科长，田长春任民事行政检察科副科长，史保龙任侦查监督科副科长，张保亮任渎职侵权检察科副科长，周秀萍任反贪局一科副科长，段耀东任反贪局综合科副科长，其所任职务为内部机构职务，级别为股级。

2007年，阳泉郊区检察院在郊区区委和区政府大力支持下，招录11名聘任制书记员和法警。

2008年，阳泉郊区检察院成立职务犯罪预防科。同年2月28日，中共阳泉郊区区委组织部下发阳郊组干字〔2008〕13号《关于马成兵等同志任免职务的通知》，任命杨建民为郊区检察院党组成员，张福明为纪检组组长，张福栓为党组成员、反贪污贿赂局局长，王权政为党组成员、反渎职侵权局局长，史如斌为正科级检察员。6月16日，中共阳泉郊区区委组织部下发阳郊组干字〔2008〕28号《关于王巨民等同志任免职务的通知》，任命王巨民、张保亮为郊区检察院反贪污贿赂局副局长（副科级）；李建华、王建文为反渎职侵权局副局长（副科级）；史保龙、段耀东、周秀萍、田长春、王学军为副科级检察员。张培亮为副主任科员。同年6月23日，中共阳泉郊区区委组织部下发阳郊组干字〔2008〕33号文件，任命王学军为郊区检察院侦查监督科科长，史保龙为办公室主任，田长春为控告申诉检察科副科长，周秀萍为侦查监督科副科长，段耀东为民事行政检察科副科长。10月27日，中共阳泉郊区区委组织部下发阳郊组干字〔2008〕44号《关于魏振泽等同志任免职务的通知》，魏振泽、穆爱民为郊区检察院科员。

2010年7月6日，中共阳泉郊区区委组织部下发阳郊组干字〔2010〕22号文件，任命田长春为郊区检察院控告申诉检察科科长，王建文为案件管理中心主任，史丽芳为案件管理中心副主任。

2011年8月10日，中共阳泉市郊区委员会组织部下发阳郊组干字〔2011〕95号《关于赵杨瑞等同志任职的通知》，赵杨瑞、刘保荣、聂玲莉、孟秀红、范红亚、马岗峰任郊区检察院科员。

2013年3月27日，中共阳泉市郊区委员会组织部下发阳郊组干字〔2013〕42号《关于刘浩等8名新录用公务员转正定级的通知》，同意郊区检察院刘浩、郑志明、薛雪霞正式转正定级，任科员。2013年3月29日，中共阳泉市郊区委员会组织部下发阳郊组干字〔2013〕43号文件，任命杨建民为政工科科长，张保亮为正科级检察员。

同年4月22日，中共阳泉市郊区委员会组织部下发阳郊组干字〔2013〕67号文件，任命王巨民为郊区检察院反贪污贿赂局政委，李建华为反渎职侵权局政委，崔丽娟为监所检察科科长，田长春为公诉科科长，段耀东为控告申诉检察科科长，张培亮为司法警察大队大队长，王艳明为政工科副科长，张亚东为办公室副主任，穆爱民为反贪污贿赂局综合科科长，魏振泽为侦查监督科副科长，赵瑾为民事行政检察科副科长，牛慧为控告申诉检察科副科长。

2014年9月19日，中共阳泉市郊区委员会组织部下发阳郊组干字〔2014〕29号《关于田瑶等同志任职的通知》，同意田瑶、王立丽、谢文向3人正式转正定级，任郊区检察院科员。

2015年6月18日，根据《人民检察院组织法》第27条和《检察官法》第12条之规定，郊区院党组任命郑志明为助理检察员。同年8月31日，按照《阳泉市检察机关全面推进提前介入命案侦查工作的实施方案》要求，根据《人民检察院组织法》第27条第一款、第二款和《中华人民共和国检察官法》第13条第一款之规定，经郊区院党组研究，决定任命戎健为代理检察员。11月9日，经郊区院党组会议研究，决定任命杨万亮、郭贵斌、张晓琴为助理检察员；刘威为书记员。

2016年1月20日，阳泉郊区检察院下发阳郊检党组字〔2016〕第1号文件，任命魏振泽为侦查监督科科长；免去崔丽娟刑事执行检察科（原监所科）科长职务。

5月9日，中共阳泉市郊区委员会组织部下发阳郊组干字〔2013〕67号《关于杨万亮等同志任职的通知》，杨万亮、张晓琴、刘威、郭贵斌为郊区检察院科员。

8月16日，阳泉郊区检察院下发阳郊检党组字〔2016〕第5号文件，检务中心与控申科合署办公，任命田长春兼任监所科科长，魏振泽兼任民行科科长。

9月19日，阳泉郊区检察院下发阳郊检党组字〔2016〕第6号文件，任命段耀东为检务中心主任，免去牛慧检务中心主任职务。

同年12月16日，根据《中华人民共和国人民检察院组织法》第27条和《中华人民共和国检察官法》第12条之规定，经阳泉郊区检察院党组研究决定，任命邵鹏芳为助理检察员，郭云丽为代理检察员。同日，阳泉郊区检察院下发阳郊检党组字〔2016〕第9号文件，决定由邵鹏芳主持民行科工作，免去魏振泽民行科科长（兼）职务。

2017年1月19日，郊区检察院举行首批员额制检察官宪法宣誓仪式，17名员额制检察官向宪法庄严宣誓，检察长严志勇作为首批员额制检察官领誓。

同年3月3日，阳泉郊区检察院下发阳郊检党组字〔2017〕第2号文件，决定田长春任侦查监督科科长、刑事执行检察科科长（兼），魏振泽任公诉科科长，邵鹏芳任民事行政检察科科长，史丽芳任控告申诉检察科副科长，孟秀红任案管中心副主任（主持工作）。同时免去田长春公诉科科长职务，魏振泽侦查监督科科长职务和史丽芳案件管理中心副主任职务。

同年5月12日，阳泉郊区检察院检察委员会根据《山西省县级人民检察院内设机构改革实施方案》，制定并通过《内设机构改革实施方案（试行）》。根据该方案，全院内设机构改为五个：综合保障部、政治部、刑事检察部、民事行政检察部、检察业务管理监督部。原反贪污贿赂局、反渎职侵权局和职务犯罪预防部门转隶新成立的阳泉郊区监察委员会后，政法编制干警为39名，实有34名。

同年5月26日，阳泉郊区检察院下发阳郊检党组字〔2017〕第8号文件，决定刘双富任刑事检察部部长，王权政任检察业务管理监督部部长，张保亮任民事行政检察部部长，史保龙兼管政治部和综合保障部工作，田江华兼管法律政策研究和检委办工作，王艳明任政治部部长，田长春任刑事检察部副部长，段耀东任检察业务管理监督部副部长，张培亮任政治部副部长，史丽芳任政治部副部长，魏振泽任刑事检察部副部长，邵鹏芳任民事行政检察部副部长，孟秀红任综合保障部副部长。院领导原工作分工不变。

2018年2月24日，中共阳泉郊区检察院党组下发〔2018〕2号文件，任命孟秀红为政治部副主任，主持工作，郑志明为检察业务管理监督部副部长，决定免去王艳明政治部部长和孟秀红综合保障部副部长职务。

同年9月4日，阳泉郊区检察院党组下发阳郊党字〔2018〕9号文件，段耀东不再负责控申具体工作，调至刑事检察部办理普通刑事案件。郑志明负责控申具体工作。

同9月20日，中共阳泉市委组织部下发阳组干字〔2018〕36号文件，任命孟秀红为阳泉郊区检察院政治部主任。

1979～2019年编制及实际在职人数一览表

序号	年份	编制人数	实有人数	备 注
1	1979	20	15	恢复重建时期
2	1980	20	20	
3	1981	55	20	计划编制，干部，48；工人，7
4	1982		25	
5	1985	29	29	
6	1986		32	
7	1988		32	
8	1996		36	
9	1997		37	
10	1998		42	
11	2001	39	39	因机构改革增加编制，其中，干部34，工人5
12	2004		42	
13	2005		43	
14	2006	41	42	
15	2007		42	
16	2008		43	
17	2009		41	
18	2010		41	
19	2011		41	
20	2012		47	
21	2013		47	
22	2014		47	
23	2015		44	
24	2016		45	
25	2017	39	42	监察体制改革，部分干警转隶郊区监察局
26	2018	39	33	
27	2019		36	

第二章 组织工作

第一节 班子建设

1980年3月23日，阳泉市郊区人民检察院正式建立中共阳泉郊区检察院党组，确立临时党支部，以加强中共基层组织工作。

1980年12月1日，阳泉市郊区人民检察院制定《人与人之间的称呼和工作关系制度》《党团活动制度》。《人与人之间的称呼和工作关系制度》明确规定：全院“实行集体领导的制度”。主要内容包括：坚持集体领导，充分发扬民主，对重大原则问题，必须由集体讨论决定，不允许以任何借口，强调情况特殊，有个人擅自决定。各级领导和广大干警，须树立维护集体领导的组织观念，反对和防止“一言堂”“封建主义家长制”“个人包办”“个人专断的、无政府主义的、违反组织原则的倾向”发生。《党团活动制度》规定：每月召开一次支部委员会，研究解决支部工作存在的问题，安排部署下月工作，掌握了解党团员和建党对象在“四化”建设中的思想状况和工作表现，针对性地开展政治思想工作，加强思想建设，促进业务工作的顺利完成。

1982年9月，该院按照阳泉市检察院的意见，结合实际开展领导班子整顿，按照坚持党性，杜绝派性的原则，集中解决领导班子的软弱涣散问题，并通过整顿，分清思想上的是非，解决实践中问题，贯彻任人唯贤干部路线，达到团结同志，搞好工作的目的。

1987年8月12日下午，阳泉检察院党组召开组织生活会，就机关作风纪律整顿进行分析讨论，中共阳泉市郊区委员会“整纪办公室”派人列席会议。党组书记、检察长苏密生要求党组成员，对照区委动员报告中提出的4个方面的问题，联系全院实际，做到“四个结合”：一是谈自己的问题与摆全院的问题相结合；二是谈干警之间的问题与领导的问题相结合；三是谈下面的问题与党组整体领导的问题相结合；四是谈问题摆现象与提高认识相结合。并揭摆出四个方面问题：

一、政治上的自由主义主要表现在：对上级党委和上级检察机关的指示、要求，分析理解不深，传达贯彻不及时，再结合院里的实际上分析引导少，贯彻执行的措施不给力。对骨干的思想工作抓得不够及时，解决得不深透，以致思想不稳定，议论多，对干警在政治上的要求标准低。

二、作风上的官僚主义主要表现在：为人民服务的宗旨树立得不够扎实，事业心、责任心不强，办事拖拉，效率不高。工作布置多，检查少。对疑难案件了解不深透，第一手资料掌握不及时，办案中缺乏政法部门“一盘棋”的整体观念，互相之间沟通少。

三、思想上的个人主义主要表现在：少数干警贪图安逸，怕吃苦，思想上不求上进，钻研精神差，标准低。对评定职称议论多，某种程度上还表现出好人主义，怕得罪人，怕关系搞僵。

四、纪律松弛主要表现为：在基层办事有白吃现象；午休期间打扑克超过办公时间；办案纪律不严，有讲人情、讲关系现象。

同时，对党组书记、检察长苏密生个人存在的问题提出诚恳批评，苏密生主动承担责任，并作自我批评。

1990 年 11 月 19 日，根据党章有关规定，阳泉郊区检察院召开支部大会，选举石吉宾为党支部书记，史宝珠为组织委员，李爱贤为宣传、学习委员。

1991 年 7 月 6 日，阳泉郊区检察院党组成员召开组织生活会，该院各科室科长、办公室主任参加会议。一是对照江泽民“七一”讲话和《关于党内政治生活的若干准则》，以及最高人民检察院提出的“八要八不准”和中共郊区委员会关于整顿执法队伍提出的具体要求，一查党组成员认真学习马克思列宁主义毛泽东思想和中共方针政策，模范执行上级规定怎么样；二查在检察工作当中是否依法办事，秉公执法；三查在办案前、办案中、办案后，有没有白吃、白拿、白要、白收的现象；四查党组成员是否带头执行院里制定的各项规章制度。二是党组成员通过批评与自我批评，对新班子成立后，工作协调不够紧、工作作风不够深入、问题处理不够及时以及办案中存在的廉政问题进行了分析和检讨。

1991 年 1 月 31 日，中共十三届七中全会闭幕后，该院党支部一是组织在岗在位干警学习公报全文；二是组织结合人员外出办案多，不易集中的职业特点，印发检测题，选择重点内容，发至全体党员干部以答题的形式进行学习，使全体干警切实掌握七中全会的主要精神内容，三是党支部班子利用学习日进行集体学习，教育引导干警领会“十年规划”和“八五计划”内容，以及今后十年和“八五”时期国家经济建设的重点，并结合检察工作实际，组织干警对如何使检察工作更好地为经济建设服务进行讨论。

是年春节前夕，阳泉郊区检察院党领导在白泉乡鸡洼村慰问该院扶贫工作队队员时，了解到该村集体经济脆弱，甚至村委、学校冬季取暖和办公费用都难以解决的问题后，全体党员积极响应党支部关于为该村捐款的号召，19 名共产党员、11 名非党干部，为鸡洼村捐款 300 元。

同年 7 月 6 日，阳泉郊区检察院召开党组生活会，党组成员就本年度以来工作、思想状况做汇报，并坦诚进行批评与自我批评，消除误会，解开疙瘩，增进团结。该院各科室科长（主任）参加会议，并进行当场评议。12 月 8 日，中共阳泉郊区委员会区直党委下发阳郊直发〔1991〕第17号文件，任命李爱贤为郊区检察院党支部书记；贾金祥、史先玲、高秀瑾为党支部委员，同时免去石吉宾党支部书记职务。

1993年，阳泉郊区检察院坚持“一课三会”制度，按照区直机关党委要求，每次会议均进行记录，按照“坚持标准，保证质量，改善结构，慎重发展”的方针，狠抓入党积极分子的培养教育和党员纳新工作，对每一名预备党员严格按标准进行考察和民主评议，由支部大会讨论决定转正，同时组织入党积极分子上党课，加强中共知识、历史和党性原则教育。是年，在广泛听取党内外群众意见基础上，将6名入党积极分子列为发展对象，其中3人，被列为重点发展对象进行培养。

1995年，为进一步加强新形势下基层支部建设，阳泉郊区检察院党组和党支部，一是认真落实中共十四届四中全会提出目标和任务，坚持贯彻民主集中制原则，坚持完善政治生活会制度，坚持一课三会制度，严格党内生活，严肃政治纪律，不断增强凝聚力和战斗力。二是加强对预备党员和入党积极分子的培育教育，对重点培养对象从严要求，成熟一个，发展一个，7名入党积极分子中，有2人加入中国共产党，另有2名人递交了入党申请书。三是积极参加区直机关党委“争先创优夺红旗”竞赛活动，争创先进支部、红旗支部。重点在开展侦破大要案件立功竞赛和创四优活动中，争创优秀公诉人、优秀侦查员、优秀检察员、优秀工作者。五是坚持学习制度，定期召开民主生活会，按照省、市、区廉洁自律的有关规定，认真开展批评与自我批评，尤其是党支部一班人，充分发挥战斗堡垒作用，事事处处做模范做表率，成为党性强、风气正、团结战斗、奋发向上、有生气、有活力、带领广大党员完成各项任务的坚强领导集体，保证和促进了各项检察业务的顺利进行。

是年，该院检察长轮换到任后，即把增强班子团结放在首要位置来抓，要求新一届党组领导成员必须做到“三坚持、四带头”，即坚持共产主义理想，坚持为人民服务的宗旨，坚持为中共事业无私奉献的精神；带头努力学习，带头积极工作，带头遵守纪律，带头搞好团结。健全了党组民主生活会制度、议事制度和学习制度，并利用民主评议党员的时机，发动干警给党组成员提意见、提建议，通过开展批评与自我批评，进一步增强了班子的团结和凝聚力。

1996年，阳泉郊区检察院领导班子一是认真学习江泽民总书记“关于讲政治”的重要讲话，进一步建立健全《党组学习制度》《民主生活会制度》《党组议事制度》，努力提高领导班子的整体素质。二是坚持讲政治、讲团结、树正气，以身作则，坚持严格要求自己。三是发扬民主作风，积极开展批评与自我批评，利用民主评议党员的机会，发动干警提意见，找差距，不断改进工作。四是坚持领导班子成员之间诚恳谈心，不断交流思想，做到相互支持，密切配合，自觉执行院党组的决议，对各自分管的工作尽职尽责，从而形成团结奋进的良好工作团队。

与此同时，该院党支部进一步加强党建工作，组织干警对中共党员进行民主评议，对干警提出的问题，及时进行整改。全年有5名积极要求进步的青年干警，向党组织递交《入党申请书》，1名干警纳新为预备中共党员，1名干警转正为中共正式党员。

1997年，阳泉郊区检察院党组一班人一是坚持认真学习江泽民总书记“大力发扬艰苦奋斗的精神”、在中共中央党校省部级干部毕业典礼班上的讲话和中共十五大报告等重要政治文献，并坚持学习“廉政准则”“中国共产党纪律处分条例”等条规，坚持学理论、学党章，并参加了中共阳泉郊区区委组织的“双学”考试。二是按照最高人民检察院《关于加强检察机关领导班子建设的意见》要求，进一步健全《党组学习制度》《民主生活会制度》《党组议事制度》，努力提高领导班子的整体素质。三是要求班子成员坚持讲政治、讲学习、讲正气，以身作则，严于律己，带头改进工作作风，带头执行民主集中制，带头开展批评与自我批评，把个人置于组织和全院干警的监督之下，努力成为全院干警信赖的带头人，促进了班子成员团结。

1998年，阳泉郊区检察院突出领导班子建设，以增强凝聚力和战斗力。本年度换届选举后，按照最高人民检察院《关于加强检察机关领导班子建设的意见》，重新调整充实了党组成员，进一步健全党组学习制度、生活会制度、议事制度，提高领导班子的整体素质，班子成员的思想理论水平和领导检察业务工作的能力得到提升，班子成员成为以身作则，严于律己，带头改进工作作风，坚定执行民主集中制的和开展批评与自我批评的表率，形成了“做政治上的明白人、工作上的实干家、办案的带头人、严格执法的模范、廉政勤政的先锋”的良好工作氛围。

1999年，阳泉郊区检察院以建成“讲学习，讲政治，讲正气，团结勤政，廉洁高效，具有凝聚力、战斗力的坚强领导集体”为目标，一是严格按照最高人民检察院《关于加强检察机关领导班子建设的意见》，全面加强领导班子的思想建设、组织建设和作风建设。进一步完善党组每月两次学习制度、每年两次生活会制度、日常议事制度，以提高领导班子成员整体素质，提高班子成员思想理论水平和领导检察业务工作的能力。二是班子成员进一步加强政治理论学习，提高领导水平，以身作则，严于律己，带头改进思想作风和工作作风，带头执行民主集中制，并认真开展批评与自我批评，坚持做政治上的明白人，工作上的实干家，办案的带头人，严格执法的典范，廉政勤政的表率。三是健全机构，优化领导班子，把培养和使用中青年干部放在突出地位。年初，在配齐党组班子、检察委员会、纪检组组长等班子成员的同时，对党支部重新进行改选。领导班子配备1名35岁左右的年轻干部，大专以上学历和法律大专学历，均比分别达到两个100%。班子成员的年龄结构和知识结构得到优化。四是注重后备干部的培养和使用，根据选拔德才兼备青年干部的标准，向地方组织部门推荐2名青年为后备干部人选，为进一步优化领导班子奠定了基础。

2000年4月27日，根据“三讲”（讲政治、讲团结、讲学习）教育中，揭摆出的问题和社会各界反馈的意见，对政治理论学习不够、世界观改造较差、班子成员自律不严、表率作用发挥不强、公朴意识不到位、工作作风漂浮拖拉、队伍建设不严，从严治检力度不大等问题，进行了深刻剖析，并以邓小平理论和江泽民关于加强政法干部队伍建设的指示为指针，按照“依法管理，从严要求，切实保障”的政法队伍建设方针和“公正执法、加强监督、依法办案、从严治检、服务大局”检察工作方针，以及最高人民检察院《检察队伍建设三年规划》，制定《班子建设整改方案》，对上述问题进行整改，以进一步强化检察院领导班子的思想、组织、作风建设，大力提高班子的整体素质和战斗力，使之成为整体素质优良、成员优势互补的坚强集体，达到政治坚定、执法公正、廉政勤政、开拓进取、结构优化、团结高效的要求。

其班子建设整改的主要措施有五：

一、加强政治理论学习，不断提高班子成员思想政治素质。按照中共中央《关于在全党深入学习邓小平理论的通知》要求，认真学习邓小平理论和中共十五大精神，在全面、正确地理解和掌握邓小平理论科学体系和精神实质上下功夫，提高从政治和全局上观察处理检察工作重大问题的能力。健全和完善党组中心组学习制度，每月十五日为党组中心组学习日，由党组书记拟定学习篇目，组织班子成员进行学习。除坚持党组中心组学习外，各班子成员须参加每周五下午的科室政治业务学习，并鼓励班子成员参加理论进修和自学。为避免流于形式，该院建立了学习考核制度，班子成员须每月至少写出一篇学习心得体会，每季党组会上进行一次学习交流，严格学习签到登记制度，并将学习情况每半年向干警通报一次，接受群众监督。通过学习，努力提高班子成员的基本理论素养，树立正确的人生观、世界观、价值观，增强政治敏锐性和鉴别力，坚定不移地在政治上同中共中央保持一致。

二、认真贯彻民主集中制原则，增强班子领导班子凝聚力和战斗力。一是健全和落实党组议事规则，健全集体领导与个人分工负责相结合的制度。凡是涉及全局性或干部任免等重大问题，必须经党组集体讨论决定，并确定一名党组成员具体负责落实，落实情况须及时向党组或党组书记通报。二是开好民主生活会，提高民主生活会质量。严格执行中共各项政治纪律，严格班子成员双重组织生活制度，党组民主生活会至少每半年召开一次，班子成员须事先撰写发言提纲，会前邀请区委和上级检察机关派员指导，会后向区委及全院干警通报民主生活会情况。通过开展批评与自我批评，切实提高班子解决自身矛盾和问题能力，增强团结，凝聚合力。同时，党组成员要自觉参加所在党小组的每季民主生活会，通过这种形式，密切同普通党员的联系，了解党员的思想状况，接受党员监督。

三、继续深入开展“三讲”教育，切实加强班子廉政建设和纪律作风建设。一是根据最高人民检察院的部署，将“三讲”教育作为班子建设的一项长期工作，不断以整风的精神开展党风党纪教育，认真解决班子及其成员在党性党风方面存在的突出问题。二是对班子成员进行经常性反腐倡廉教育，增强班子成员的自我防范意识，认真落实党风廉政建设责任制，为每个班子成员建立廉政档案，把党风廉政建设纳入班子及其成员目标管理。三是党组成员须从小事做起，从自身做起，不断强化政治纪律、工作纪律、办案纪律和保密纪律，率先垂范，严于律己，要求干警做到的，自己必须首先做到，禁止下级不做的，自己首先不做，不仅一级讲给一级听，更重要的是一级做给一级看，一级带着一级干。三是班子成员向广大干警郑重承诺“以我为标准，向我看齐”，做遵章守纪的带头人。党组书记须勇于承担起第一责任人的责任，不仅严以律己，同时要求班子成员严格遵守各项规章制度，对违反纪律制度者敢于批评，执纪必严。通过班子成员的模范作用和良好形象带动干警的言行，推动全院整体作风改变。

四、牢固树立以人为本观念，切实加强对检察队伍建设工作的领导。一是检察长以队伍建设第一责任人的身份，对检察队伍建设负总责，坚持把队伍建设、重点是班子建设作为自己工作的重心，做好经常性的思想政治工作，努力改进工作方法，全面提高领导水平。二是各班子成员均须履行一岗双责的责任，切实担负起分管部门的队伍建设之责任，积极做好分管部门干警的思想政治工作，推进各项规章制度在分管部门的落实，不但要搞好分管部门的业务工作，更要搞好分管部门的队伍建设。三是充分发挥政工、纪检、监察在队伍建设中职能作用，切实履行职责，通力协作，严肃查处违法违纪，从严落实各项规章制度，形成抓队伍建设的合力。四是党组与每个班子成员签订一岗双责目标责任状，明确各自的职责、任务，一月一交账，年终交总账。使党组成员人人有担子，人人有任务，人人有风险，考核情况存入档案，报区委组织部、政法委，作为考核干部的重要内容。对完成任务成绩突出的要给予奖励，对成绩不大的通报批评，对完不成任务的，要在党组会上解剖分析，予以警告。连续三年考核完不成任务的，建议组织部门采取组织措施调离或免职。所分管部门出现重大违法违纪案件的，追究分管领导的连带责任。五是各分管领导要按照所分管部门的职责和任务，按德、能、勤、绩分解量化，与所分管科室的中层干部签订工作目标责任状，把任务具体到每个科室，每个中层干部及干警身上，加强全面管理，做到纵不断线，横不漏项、时时有人管、事事有人抓，管则必严，抓则必实，全面推动各项检察工作的落实。继续深入开展“严打”斗争，深入查办贪污贿赂、渎职犯罪工作，加强诉讼监督，全面履行各项监督职能，使各项工作再上新台阶。

五、完善领导班子监督管理制度，强化班子成员的责任意识。一是不断强化班子成员的思想、组织、作风建设，逐步建立完善班子成员任期目标考核、收入申报和个人重大事项报告等监督管理制度。二是以“三讲”精神，搞好班子成员年度民主测评和评议工作，强化班子成员的责任意识，逐步推广实行领导干部引咎辞职制度、诫勉制度、谈话制度等干部监督方面的经验，逐步形成制度，规范领导干部的行为。三是增强自觉接受中共各级党委领导意识，坚持重大事项向区委请示汇报制度，自觉接受区委的领导，坚决贯彻区委的各项决策。四是增强自觉接受人大及其常委会监督的意识，认真向区人大报告工作，主动邀请人大代表对检察工作进行评议、检查，积极落实人大常委会对检察工作的议案和批示，并按时办结上报。五是增强公仆意识，自觉接受人民群众和新闻舆论监督，进一步深化检务公开制度，完善检察长接待日制度，对群众反映的问题，确定专人、确定目标、确定时间及时办结，给人民群众一个满意的答复，取信于民。六是增强工作责任意识，从讲政治的高度认识检察工作的重要性，恪尽职守，积极进取，带好队伍，做好工作，完成中共和人民赋予的神圣使命。

2002年，阳泉郊区检察院班子建设以“团结勤致、廉洁高效、与时俱进、开拓创新，具有凝聚力、战斗力的坚强领导集体”为目标，狠抓领导班子的思想作风建设，从制度上完善领导决策机制，从运行上规范领导行为，先后通过“三讲”、“三个代表”重要思想教育和党风建设的整顿教育，提高班子成员的马克思列宁主义修养，进一步健全了党组每周学习制度，每年两次生活会制度，以及日常议事制度，积极参加省、市检察院举行的领导干部培训教育，班子成员整体素质和工作能力普遍增强。

2003年，阳泉郊区检察院以“三个代表”重要思想为指导，深入开展“强化法律监督、维护公平正义教育活动和“优化发展环境、评优评差”双评活动。两项教育活动紧密结合检察工作实际，围绕检察工作中心，突出服务第一要务，把建设团结勤政、廉洁高效、与时俱进、开拓创新，具有凝聚力，战斗力的坚实领导集体作为我们不懈追求的目标，抓班子思想作风建设，党风廉政建设，从制度上完善领导决策机制和规范领导行为。把造就政治素质高、业务能力强、思想作风硬，政绩突出，群众认可的检察干部队伍作为我们不懈追求的目标，抓学习、提素质、抓规范、转作风、抓落实、促业绩。通过教育活动，进一步加深对“三个代表”重要思想的认识和理解；深化“强化法律监督，维护公平正义”实质内涵，统一了执法思想、规范了执法行为、增强了服务意识、转变了工作作风，促进了各项检察工作的顺利开展。

2004年4月22日上午，为推动“端正干警品行，强化内部管理”集中教育整顿取得实效，郊区检察院党组召开民主生活会，以于某明、王某平为正、反两方面的典型，围绕在队伍建设和管理中存在的问题，深入查摆剖析，开展批评与自我批评。市检察院政治部副主任石文亮、区政法委副书记康永胜、区纠风办主任赵果、区委组织部干事高成堂等领导应邀列席会议。

2008年7月31日，中共阳泉郊区政法系统党委会研究批准，郊区人民检察院新一届党支部成立，张贵深任党支部书记，高秀瑾任党支部副书记，史保龙任党支部组织宣传委员，张福明任党支部纪律检查委员，史淑君任党支部青年委员。新一届党支部决定：紧紧围绕中共路线、方针和政策，加强思想、组织和作风建设，充分发挥战斗堡垒作用，为促进郊区院各项检察事业的发展提供坚强有力的组织保证。

是年9月23日，郊区检察院党组中心组召开专题学习会议，集中学习最高人民检察院检察长曹建明撰写的《在新的历史起点上开创中国特色社会主义检察事业新局面》专题文章，全体党组成员在通读全文的基础上展开讨论，检察长贾建胜提出三点要求：一是通过学习检察长曹建明的专题文章，充分认识并深入贯彻胡锦涛总书记《在全国政法工作会议代表和全国大法官、大检察官座谈会上的讲话》的重要性，扎实开展“大学习、大讨论”教育活动，坚定走中国特色社会主义道路的信念；二是正确把握检察工作的前进方向，努力坚持和完善中国特色的检察工作制度；三是全面加强和改进检察工作，确保本年度各项工作指标顺利完成。

2010年1月6日，郊区院党组召开民主生活会。阳泉市检察院党组成员、政治部主任邓百福，党组成员、纪检组组长刘敬辉，区政法系统党委书记张锐，区纪检委常委荆洪泰参加会议。会上，郊区院党组成员总结了各自思想作风及廉洁自律等方面的情况。党组成员之间推心置腹、坦诚相见，积极开展批评与自我批评，达到了相互勉励、共同提高的目的。

是年5月23日，郊区院召开科级以上领导干部会议，传达学习干部选拔任用四项监督制度的相关内容。会议由院党组书记、检察长贾建胜主持。副检察长高秀瑾宣读《党政领导干部选拔任用工作有关事项报告办法（试行）》《党政领导干部选拔任用工作有关事项报告办法（试行）》《地方党委常委会向全委会报告干部选拔任用工作并接受民主评议办法（试行）》《市县党委书记履行干部选拔任用工作职责离任检查办法（试行）》四项监督制度。

是年，阳泉郊区检察院党组认真坚持党组中心组学习制度和民主集中制，把党风廉政建设与自身反腐败工作紧密地联系起来，并采取5项举措，确保党风廉政建设取得实效。一是按照一岗双责的要求，党组成员、部门负责人和干警之间层层签订责任状，把党风廉政建设与检察业务同部署、同检查、同奖惩。二是制定廉政建设实施方案，细化量化工作指标，明确规定实施步骤。三是对照廉政准则“八个方面，52个不准”向社会征求意见，发放征求意见表52份，针对廉洁从检方面存在的问题进行自查自纠。四是人手一本廉政准则学习读本，为干警原原本本学习创造条件。五是签订检风承诺书，增强干警的自律意识。

2011年，阳泉郊区检察院积极加强和改进检察机关中共组织和作风建设，由党支部牵头组织创先争优活动，在庆祝建党90周年期间，组织开展专题党课教育、表彰优秀共产党员、慰问老党员等活动，增强党支部和党员的责任意识和政治意识。

2012年5月15日，阳泉郊区检察院党组在广泛征求干警意见，深入进行谈话活动基础上，召开“保持党的纯洁性，争先创优，迎接十八大”主题民主生活会，党组成员和专职委员参加会议。阳泉市检察院纪检监察室主任张建平，政治部副主任杜志远，郊区区委政法委副书记兼政治处主任郗文卿，郊区纪检委副科级检查员郑喆到会指导。民主生活会对前一阶段收集到的意见和建议进行了归纳和梳理，并按照“六查六看”的要求，开展批评与自我批评，与会成员自揭问题不护短，相互批评以诚相见。检察长王建明带头深刻分析自身和队伍建设方面存在的问题及原因，提出相应的整改措施和整改规划及目标。到会指导的市院领导和区领导，对郊区院的这次民主生活会给予肯定。

2013年8月15日，阳泉郊区检察院召开以“廉洁从政、拒腐防变”为主题的民主生活会，阳泉市人民检察院政治部副主任谷开元，纪检组副组长刘伟，郊区政法委副书记王书波出席会议，郊区院党组成员参加会议，副检察长张保亮列席会议。会议由党组书记、检察长王建明主持。该次民主生活会旨在进一步强化党员领导干部的宗旨意识，提高党性修养，增强拒腐防变能力。会上，党组成员紧紧围绕主题，交流观点，对照专题民主生活会要求的六个方面进行自我剖析，认真开展批评与自我批评，并提出有针对性的整改措施。在听取党组成员的发言后，阳泉市人民检察院政治部副主任谷开元和郊区政法委副书记王书波，均对本次民主生活的认真、纯朴、真诚和坦诚气氛给予较好评价。检察长王建明表示，要以该次民主生活会为契机，进一步完善整改措施，为郊区实现“四带”战略发挥检察机关积极的作用。

是年，阳泉郊区检察院始终把班子和队伍建设放在首位，一是坚持党组中心组学习制度，加强对上级精神的领会学习，提高把握大局的能力，定期召开民主生活会，积极开展批评与自我批评，切实增强班子的合力。二是在充分考量政治素质、业务能力以及年龄梯次等因素的基础上，充实领导班子和检察委员会，及时调整了中层干部。三是始终坚持正确的用人标准，营造风清气正的氛围，受到上级机关和广大干部群众的充分肯定，全院上下呈现出积极进取、昂扬向上的新风貌。

2014年，阳泉郊区检察院党组一是深入学习贯彻中共十八大、十八届三中、四中全会精神和习近平总书记系列重要讲话精神，强化理想信念教育，确保检察工作正确的政治方向。二是深入开展中共群众路线教育实践活动，强化宗旨意识和群众观念，着力纠正“四风”问题。三是认真贯彻执行中共中央八项规定、廉洁从检十项纪律和“九个不准”等规定，按照全面从严治党的要求大力加强党风廉政建设，从严落实“两个责任”，重点解决班子成员和中层干部在党性、党风、党纪和司法作风方面的突出问题。四是认真开展“增强党性、严守纪律、廉洁从政”专题教育活动，引导检察人员加强党性修养、强化纪律意识、树立法治观念、坚守职业良知、永葆清廉本色。坚持党组中心组学习制度，坚持民主集中制原则，坚持重大事项报告、述职述廉和廉政谈话等制度，不断增强班子的凝聚力和战斗力。

2015年，阳泉郊区检察院把坚定政治方向放在班子建设首位，充分发挥把方向、管大局、保落实的带头作用，构建“三严三实”（严以修身、严以用权、严以律已，谋事要实、创业要实、做人要实）的领导班子。一是坚持党组中心组学习制度，始终把握中共的领导这一根本要求，班子成员率先垂范，自觉在廉洁自律上追求高标准。

二是认真贯彻执行中央八项规定、廉洁从检十项纪律和“九个不准”等规定，大力加强党风廉政建设，全面落实党组主体责任和纪检监督职责，深入推进党风廉政建设工作。三是加强廉政风险防控，针对人、财、物管理重新确定了党组成员分工，形成“副职分管、正职监管、集体领导、民主决策”的权力运行机制。按照“六权治本”的要求，梳理整理了各类制度、规定、办法67项，使各部门和干警依法用权、制度约权、阳光行权，做到有规章和制度可依。四是重新制定完善了《党组会议“三重一大”议事规则》（三重：重大决策、重要人事变动和奖惩、重大项目安排和大额资金使用）、《检委会议事规则》，使决策运行更加科学化、民主化。

《党组会议“三重一大”议事规则》，重大决策包括：1. 本院中长期发展规划的制定和调整；2. 年度总体工作计划和年度工作目标的制定；3. 重大改革方案和改革措施的制定；4. 重大事件的应对方案；5. 制定和出台涉及全院的规章制度；6. 涉及全体干警切身利益的重要事项；7. 领导班子成员的分工；8. 涉及全院的其他重要事项。

重要人事变动和奖惩包括：1. 本院中层干部的任免；2. 本院人员的调进和调出；3. 推荐院领导后备人选；4. 对本院干警的奖励；5. 对违犯党纪政纪的干警的处理意见。

重大项目安排包括：1. 重大工程新建、改建与装修；2. 大宗办公设备的购置；3. 组织开展大型活动经费使用意见。大额资金使用包括：一次性使用资金（经费）50000元以上。

《党组会议“三重一大”议事规则》规定：凡属“三重一大”事项，除遇重大突发事件和紧急情况外，应由院党组会议集体讨论决定，不得以传阅会签或个别征求意见等方式代替集体决策。院党组决策“三重一大”事项，应做到规范化、制度化、程序化，以保证决策过程的科学民主和结果的公正合理。

2016年6月15日，郊区检察院党组中心组召开扩大会议，以“讲政治、有信念”为主题开展学习讨论，班子成员和各部门负责人员参加了会议，会议由院党总支书记、办公室主任史保龙主持。讨论会上，与会人员围绕“讲政治、有信念”这一主题，联系各自工作实际进行了坦诚交流和充分讨论，纷纷表示要做一名合格的共产党员，就要把“讲政治、有信念”铭刻在思想上，今后无论在工作上还是生活中，都要始终以党章党规来规范自己的言行举止。在听取了大家的发言之后，院党组书记、代检察长严志勇作总结发言，他首先从“是什么、为什么、做什么”三方面与大家共同交流了对“讲政治、有信念”的学习心得和体会，并指出：“讲政治、有信念”是共产党人的精神支柱，作为一名党员领导干部，一定要自觉加强党性修养，坚定理想信念，自觉地在思想上政治上行动上同以习近平同志为总书记的中共中央保持高度一致，坚决维护中共中央权威，坚决维护中共领导，坚定中国特色社会主义的道路自信、理论自信、制度自信。“讲政治、有信念”绝不能仅仅停留在思想上、口头上，而要以知促行、知行合一，落实到干事创业的具体工作中。可以看出与会人员对这次学习讨论非常重视，态度端正，发言诚恳，联系实际紧密，学风会风严谨。但全院队伍在整体精神状态方面，仍存在作风不够扎实、工作效率不够高、有疲倦懈怠心理等问题。就今后如何抓好“两学一做”学习教育和后半年工作，严志勇代检察长提出三点要求：一是要“学”得深入，“做”得扎实。二是要以上率下，起到表率作用。三是要从严从实，促进业务工作。各部门要切实以“两学一做”学习教育为工作动力，以马上就办、真抓实干的工作作风，以实实在在的工作业绩来体现“讲政治、有信念”的效果，体现“两学一做”学习教育的成效。

2016年7月12日，阳泉郊区检察院举行党组扩大会议，专题学习习近平总书记在庆祝中国共产党成立95周年大会上的重要讲话精神，并对贯彻落实工作进行安排部署。党组书记严志勇从习总书记的讲话中梳理出30个要点进行导读，重点对习总书记提出的“不忘初心、继续前进”八个方面的要求、谈党建工作、谈反腐工作、谈青年工作等作了详细解读。习近平总书记在庆祝中国共产党成立95周年大会上的重要讲话，站在历史和全局的高度，全面回顾了中国共产党95年来走过的光辉历程，鲜明概括了中国共产党为中华民族做出的三个伟大历史贡献，深刻阐明了近代以来中国社会发展的规律性认识，深刻阐明了中国共产党的执政理念和执政方略，深刻阐述了面向未来、面对挑战必须“不忘初心、继续前进”的八个坚持，科学展望了中国共产党和人民事业发展的光明前景，是中共的重要理论创新成果，是指引中国共产党奋力推进中国特色社会主义伟大事业和全面推进中共建设的新的伟大工程的纲领性文献。严志勇强调，学习习总书记“七一”重要讲话，既是一次把握历史、把握规律、把握未来的理论学习，又是一次坚定理想、坚定信仰、坚定方向的党性教育。全体中共党员和干部要把学习重要讲话作为当前和今后一个时期的一项重要政治任务来抓，作为“两学一做”学习教育的重要内容抓好落实，要把学习“七一”重要讲话同检察工作的具体实际结合起来，增强学习实效，推动工作发展。

是年7月12日，在郊区检察院召开的党组扩大会议上，该院传达学习了中共山西省委书记骆惠宁，省委副书记、省长李小鹏，省委常委、省纪委书记黄晓薇重要讲话精神，并就贯彻落实省委领导重要讲话精神，结合郊区检察工作实际制定五项措施：

一是牢固树立服务大局意识保障经济健康发展。主动适应转型跨越发展对检察工作的新要求，坚持把检察工作纳入全区大局中谋划和推进，坚持“三个慎重”，注意区分“六个界限”，树立平等保护理念，确保各种所有制企业诉讼地位、诉讼权利和法律保护平等，避免因办案对企业造成负面影响。

二是加大查办和预防渎职犯罪工作力度。围绕郊区社会稳定大局，积极开展查办安全生产渎职犯罪案件专项工作，突出查办煤矿安全生产责任事故。在依法查办案件的同时，积极开展渎职犯罪预防工作。坚持以办案促预防，以预防促管理，从办理每一起渎职犯罪案件入手，大力开展预防调查、预防检察建议、预防警示教育等工作，促进发案单位及时堵塞漏洞、健全制度、加强管理，消除安全隐患，取得“办理一案，教育一片”的预防效果，从源头上预防和减少渎职犯罪的发生。

三是有效化解社会矛盾创建“平安郊区”。对涉检不稳定因素和信访积案进行“拉网式”清理。进一步完善安全稳定风险评估制度，对重要案件可能产生的涉检信访进行定性定量分析，对具有上访苗头、动态的案件及时采取措施化解矛盾，把化解矛盾贯穿检察执法办案的全过程；对涉及民生的重点涉检信访案件，依托党委及政府相关部门，积极联系沟通，妥善予以化解。

四是加强廉洁从检和纪律作风建设。严格执行中央八项规定、廉洁从检十项纪律和“九个不准”等规定，制定纪律作风实施方案和工作人员8小时之外管理规定，持续整治“四风”突出问题。认真贯彻党风廉政建设责任制要求，层层签订廉洁从检责任状和廉洁从检承诺书，从严落实两个责任。按照“六权治本”的要求，编制权力清单和责任清单，使干警依法用权、阳光行权有规章和制度可依。不断修订完善机关管理制度，让制度“笼子”扎得更紧。

五是强化从严治检打造过硬检察队伍。深入践行“三严三实”要求，切实增强干警政治意识、大局意识、核心意识、看齐意识，扎实开展“两学一做”学习教育，积极开展教育培训，着力提高检察干警思想政治素质、业务工作能力、职业道德水准。深化和巩固规范司法行为专项整治成果，使公正司法、严格执纪成为检察干警的思想自觉和行为习惯。健全内外部监督制约机制，坚持把纪律挺在前面，把从严治检贯穿于中共组织建设、队伍建设和业务建设各个方面。

同年8月5日，该院党组中心组继续举行扩大会议，组织学习《中国共产党问责条例》，中层以上干部参加会议。会议由院党组书记、代检察长严志勇主持。严志勇要求与会人员要全面深刻认识中共中央颁布问责条例的重大意义，准确领会主要内容和精神实质，知责明责、有责必问、问责必严，筑牢全面从严治党，从严治检主体责任。参学人员逐条学习了条例全文，回顾了习近平总书记关于落实条例的重要讲话精神。《中国共产党问责条例》是中央继《中国共产党廉洁自律准则》《中国共产党纪律处分条例》之后出台的又一项党规，再一次彰显了党中央管党治党、从严治党的坚定决心和坚强信念，为进一步严肃党内政治生活、净化党内政治生态提供了重要保障。党组扩大会议就落实《问责条例》和抓好今后检察工作作出五项安排：一是要牢固树立“四种意识”。全院干警要深刻理解和全面把握条例的精神实质和内涵、主要内容和基本要求，力求学深学透，入脑入心。要牢记有权必有责，有责要担当，失责必追究的要求，坚持依法依纪办案办事的原则，真正让全体党员干部警醒起来，增强担当精神，履好职，尽好责。二是要狠抓执行力建设。院党组和各部门负责人要率先垂范，以上率下，敢于较真碰硬，层层传导压力，让失责必问、问责必严成为常态，以问责推动院党组各项决策部署的落实。三是要以廉政问责助推“两学一做”。紧紧围绕“两学一做”学习教育，结合郊区检察工作实际，进一步细化贯彻落实办法，力争使“两学一做”学习教育创出亮点、形成特色。四是要拓展宣传载体强化导向。积极利用网站、微信、宣传栏、显示屏等平台，广泛宣传条例内容，对条例的精神意义进行多方位解读，壮大舆论声势。五是要躬身自省从严执纪。全院干警要对照条例要求严格规范自身行为，严肃纠正和查处“四风”和司法作风等突出问题，真正做到敢管敢严、真管真严、长管长严。要结合党风廉政建设落实情况，把监督检查、目标考核、责任追究抓起来，形成全面从严治检的氛围。

8月22日，为贯彻落实《山西省人民检察院关于完善人民检察院司法责任制的若干意见》，进一步明确各类司法主体的办案责任，完善检察业务运行机制，推进司改试点工作，阳泉市郊区人民检察院下发《关于院领导司法一线办案实施意见》，对院领导办案作出明确规定。担任院领导职务的检察官，每年应当直接承办一定数量的案件，并带头办理重大、疑难、复杂和新类型案件。重点办理案件的范围和办案方式，遵照高检院《关于各级人民检察院检察长、副检察长直接办理案件的意见》（高检发（2007）13号）执行。检察长年度直接办理案件量一般不低于上年度本院检察官人均办案量的10%，或者不少于2件。副检察长一般不低于上年度本院检察官人均办案量的30%，或者不少于5件。分管和负责自侦工作的院领导直接参与案件办理，不再另行计算办案数量。

是年，阳泉郊区检察院进一步加强班子纪律作风建设，坚持以更高境界、更高标准，带头遵守纪律规矩，带头依法秉公廉洁用权，按照党要管党、从严治党的政治要求，认真履行党风廉政建设主体责任和监督责任。开展“把纪律挺在前面”和“严肃纪律、整顿作风、树立良好形象”专项活动，用身边事、身边人教育干警心有所畏、行有所止，保持廉洁从检的政治清醒。

2017年1月25日，按照“两学一做”学习教育安排，郊区院党组召开“两学一做”学习教育专题民主生活会。阳泉市检察院政治处副处长杜志远等到会进行指导，党组书记、检察长严志勇主持会议，全体班子成员出席会议。检察长严志勇代表党组班子作对照检查，着重查摆理想信念、政治纪律和政治规矩、作风、组织生活、落实全面从严治党责任等方面存在的突出问题，如政治理论学习不系统、理想信念不够坚定、在权利观和政绩观的问题上定位不够准确、为民服务的根本宗旨意识有所弱化、制度执行力不够强、坚持民主集中制有差距，组织生活质量不高等，并提出坚持“学”“做”结合，以知促行，进一步强化理想信念教育，在“三观”改造上狠下功夫；认真履行主体责任，严格落实各项部署要求；做“四讲四有”合格党员、确保学习教育实效；忠于职守保持事业激情、增强抓工作的责任心使命感。班子成员紧密联系个人思想、工作、生活和作风实际，针对自身存在的问题进行了对照检查。市院政治处副主任杜志远对本次专题民主生活会给予充分肯定，认为会前准备充分，剖析深刻入理，批评与自我批评态度认真，整改目标与措施扎实具体，希望郊区努力践行“两学一做”学习教育，增强从严治党意识，强化党员干警队伍建设，狠抓执法规范化建设，推进郊区检察事业进一步科学发展。

同年2月24日，为进一步规范党组工作，加强和改善党的领导，提高党的执政能力，更好地发挥党总揽全局、协调各方的核心作用，郊区检察院召开党组扩大会，专题学习《中国共产党党组工作条例（试行）》。与会人员一致认为《条例》的颁布填补了党内法规空白，规范了党组议事程序，对党组工作作出全面规范，也为党组决策提供了制度依据。检察长严志勇就学习贯彻《条例》提出四点要求：一是要从从严治党、制度治党、依规治党的战略高度充分认识加强和改进党组工作的重要性和紧迫性。把全面从严治党与《条例》和实际工作结合起来，切实把思想行动统一到上级的决策部署上来。二是要把遵守党的政治纪律和政治规矩放在首位，在实践中做到知行合一，内化于心、外化于行，切实提高党组依法行政水平。三是要加强党风廉政建设，依法依规，廉洁办事，抵住诱惑，守住底线，严格遵守廉洁从政制度，警钟长鸣，防止出现廉政问题。四是要进一步加强纪律教育，引导党员干部对党规党纪和法规制度心存敬畏，做到敬畏誓言、敬畏组织、敬畏党纪、模范遵守、坚守底线，做政治上的明白人。

5月31日，为落实担任院领导、业务部门负责人的检察官在司法一线办案的要求，根据《最高人民检察院关于完善人民检察院司法责任制的若干意见》《山西省人民检察院关于落实司法责任制的实施意见（试行）》和《阳泉市人民检察院关于落实司法责任制的实施意见（试行）》，经阳泉市郊区人民检察院第八届检察委员会第十九次会议审议通过，下发《阳泉市郊区人民检察院担任院领导、业务部门负责人的检察官直接办案制度》，要求院领导和业务部门负责人带头办理重大、疑难、复杂、敏感案件、职务犯罪案件、涉外案件、在本地区有重大影响的案件、新类型案件和在法律适用方面具有普遍指导意义的案件。院领导直接办理案件，是指直接承办案件及其他法律监督业务具体事项（以下统称案件），亲自经历特定检察业务类型或者业务环节的全部或主要流程，办理应当由本人亲自承担的办案事项，制作重要法律文书和工作文书，在职权范围内依法依规作出决定或者提出处理意见，同时承担相应的司法责任。并规定：检察长年度直接办理案件量一般不低于本院检察官人均办案量的10%，或者不少于3件、5件；副检察长、检察委员会专职委员等担任院领导职务的检察官一般不低于本院检察官人均办案量的30%，或者不少于5件、8件。院领导和业务部门负责人直接办理案件严格按照司法亲历性要求，履行检察官职责，并对办案质量负责。

7月5日，郊区检察院召开党组扩大会议，传达学习习近平总书记视察山西重要讲话精神和省委书记骆惠宁在全省干部大会上，就深入学习贯彻习总书记视察山西重要讲话精神的讲话，对贯彻落实工作进行安排部署。严志勇检察长代表党组，希望全院上下要把贯彻落实习近平总书记视察山西重要讲话精神和省委书记骆惠宁的讲话精神，作为当前最重要的政治任务，深刻领会重要讲话的深刻内涵，切实把思想和行动统一到讲话精神上来，确保党的路线方针政策在检察机关得到不折不扣的贯彻落实，开拓进取，奋勇争先，在服务大局中取得新成绩，在做强做大监督主责主业上实现新突破，以优异的成绩迎接中共十九大胜利召开。并提出五点要求：一是坚决贯彻习总书记关于扎实推进经济发展方式转变的要求，充分发挥打击、预防、监督、教育、保护等职能作用，为郊区经济转型发展提供坚强的法律保障和优质的法律服务。二是坚决贯彻总书记关于扎实推进“三农”工作和精准扶贫的要求，把服务精准扶贫战略作为检察机关的一项重要政治任务，全面推进“互联网＋阳光百姓工程”，努力打造服务民生、保障精准扶贫的“数据智库”。三是坚决贯彻总书记关于扎实推进生态文明的要求，继续深化破坏环境资源专项立案监督活动，认真做好环境资源保护、国有土地使用权出让等领域提起公益诉讼的准备工作，服务保障生态文明建设。四是坚决贯彻总书记关于扎实推进改革的要求，巩固和深化已经取得的改革成果，认真做好内设机构改革、人员分类管理改革、落实司法责任制等工作，全面推进各项改革工作。五是坚决贯彻总书记关于严肃党内政治生活的要求，牢固树立“四个意识”，全面加强党建工作，坚决维护以习近平总书记为核心的党中央权威，确保检察工作坚定正确的政治方向。

同年 7 月 6 日，郊区检察院为进一步严肃工作纪律，改进工作作风，确保党组及时掌握了解情况，处理紧急事项和重大突发事件，保证检察机关良好工作秩序，制订并下发《领导干部外出报备制度》。报备范围为：党组成员、检委会专职委员、各内设机构负责人（副部长以上职务）。该《制度》规定：党组成员、检委会专职委员，因出差、探亲、休假，或其他事由离开本市 1 天以上的，须向检察长报告，经批准后，向院政治部报备；内设机构负责人，因出差、探亲、休假，或其他事由离开本市 1 天以上的，须向分管院领导报告，3 天以上的须向检察长报告，经批准后，向院政治部报备。报备内容为：外出人员、事由、时间、地点、联系方式，以及在此期间代其主持工作的负责人员姓名、职务及联系方式。报告外出事项时要以书面形式报送院政治部。

本年度 10 月 23 日，郊区院召开党组中心组贯彻落实中共十九大精神学习研讨会，专题学习习近平总书记在中国共产党第十九次全国代表大会上所作报告。党组书记、检察长严志勇主持会议。就如何学习贯彻中共十九大精神，严志勇提出四点要求：一要加强学习。要从思想上高度重视对中共的十九大会议精神的学习，原原本本学习报告原文，认认真真领悟会议精神，自觉地从思想上政治上行动上同中共中央保持高度一致。二要做好表率。身为检察干警首先要做政治上的明白人，要带头学，学好、学深、学透，领导干部不仅要身体力行带头学，还要抓好分管部门的学习，全院上下要掀起学习十九大报告精神的高潮。三要加强督查。要加强对干警学习情况的督查，确保学习效果。四要统筹推进。要学以致用，把此次研讨作为学习贯彻十九大精神的开端，会后研究制定长期性的学习计划，在各部门展开系统地学习研讨，并紧密结合郊区检察工作实际，努力把中共十九大精神贯彻在执法办案、司法体制改革和检察队伍建设等工作当中，为建设平安郊区做出新贡献。与会人员表示，一定认真学习贯彻中共十九大精神，时刻听从中共指挥，更加坚定永远跟中共走的决心和信心，更加坚定共产主义理想信念，矢志不渝地做中国特色社会主义事业的建设者、捍卫者。要坚持用习近平新时代中国特色社会主义思想武装党员干部、指导检察活动、推动法治工作、落实好司法体制改革要求，为开创郊区检察工作的新局面贡献自己的一分力量。

本年度，阳泉郊区检察院以习近平新时代中国特色社会主义思想为引领，坚持全面从严治党、治检，从党组一班人着手，牢固树立“四个意识”，推进“两学一做”学习教育常态化制度化。一是毫不动摇地坚持中共领导，提高政治站位，强化理想信念教育、政治规矩教育，确保检察队伍忠诚可靠。二是以最严肃最认真的态度，接受市院和区委的政治巡察，牢牢把握巡察整改的根本遵循，针对巡察领导组提出的中国共产党领导弱化、建设缺失、从严治检不力等 3 个方面、11 个问题，立行立改、强化措施，加大从严管理力度。三是坚持领导班子和领导干部带头，形成齐心协力抓整改落实的整体合力，党组班子成员坚持把自己摆进去，一手抓自身整改，一手抓分管部门和工作整改。四是坚持标本兼治，健全制度规范，巩固和深化巡察整改工作成果，制定整改方案和“三个清单”，重新制定和修改完善了党组议事规则、加强和改进意识形态工作、严格落实“两个责任”、严格组织生活会和民主生活会以及领导干部外出报备、干警八小时以外行为规范、吸纳党员、党费收缴、财务和车辆管理等十一项工作制度和办法，从制度层面确保整改效果，班子建设得到全面加强。

2018 年，阳泉郊区检察院继续贯彻落实中共十九大精神，制订出台《开展“大学习活动”开设“领导干部讲党课微信讲堂”任务分解方案》，通过“院领导带头学、带头讲”，掀起习近平新时代中国特色社会主义思想大学习热潮，同时围绕最高人民检察院检察长张军提出的“十二字”要求，认真开展“四大活动”“两学一做”学习教育等活动，加强班子成员党性修养，强化纪律意识，树立法治观念。坚持党组中心组学习制度，坚持民主集中制原则，坚持重大事项报告和述职述廉等制度，不断增强班子的凝聚力和战斗力。加强廉政风险防控，重新确定了党组成员分工，完善权力运行的监督机制。把领导班子的政治建设摆在首位，抓住领导班子成员这个关键少数，建立完善规章制度，严格遵守政治纪律、政治规矩，认真履行主体责任，大力加强检察机关党的政治建设、思想建设、组织建设、作风建设、纪律建设，用习近平新时代中国特色社会主义思想武装头脑，坚定政治信念、提高理论素养，提高辨证思维能力、学会科学工作方法、掌握创新发展思路，推动全院“四大活动”取得实效。

第二节 检察党建

1980年12月1日，阳泉市郊区人民检察院制定《党团活动制度》，规定每星期一下午召开一次党员生活会，就中共组织生活，互相之间开展谈心活动，交流思想统一认识。对各自思想上、工作上存在的问题要从团结的愿望出发，对照《准则》坦率诚恳地开展批评与自我批评，以便坚持真理，修正错误，取长补短，共同进步。每季度召开一次党员和入党积极分子大会，结合中共中心工作任务上党课，进行中共传统教育和基本知识教育，以提高每个党员和入党积极分子的思想觉悟和政治责任感，充分发挥党员和建党对象在社会主义“四化”建设中的先锋模范作用。

1981年4月16日下午，阳泉郊区检察院召集全院中共党员，选举支部委员会。12名正式党员，参加选举的11名，缺席1名，经选举产生3个支部委员。本次选举实行差额直接选举，选举前不提候选人，参加选举的每个正式党员，发一张无记名空白选票，每人可直接投票，提名4名正式党员（每票投4名或少于4名的为有效票，超过4名的为无效票）。选举共发出选票11张，收回11张选票，全部有效。应得票数44票，实得票数44票。其中，赵玉珍得10票、白玉华得9票、胡德珍得8票、甄秉铎7票、郑魁英得5票、杨大巨得4票、史润福得1票。实行差额选举，超过支部全体党员半数以上的多数票当选的原则，赵玉珍、白玉华、胡德珍当选为支部委员。经4月17日第一次支委会讨论决定，赵玉珍任党支部书记，白玉华任组织委员，胡德珍任宣传委员。

是年，阳泉郊区党支部获得区机关先进党支部称号。

1987年，阳泉郊区检察院进一步巩固整党成果，坚持“一课三会”制度，坚持进行经常性的党课教育，使每一名共产党员了解中国共产党在新时期的总任务，不断加深对中共路线、方针、政策的理解。对积极申请加入中国共产党的干警，进行重点培养教育，增强他们对中共历史、中国共产党知识和新时期的任务、目标的理解。对违纪违规的中共党员，给予严肃认真的批评和适当的政治行政处分，使全院组织建设有了新的变化，进一步巩固和发展整党成果。

1990年，阳泉郊区检察院以党员骨干队伍的思想建设为重点，把党员队伍建设放在重要议事日程，一是年初组织党员参加全区整党、对党员进行党风党纪教育。二是开展对中共十三届六中全会决议和有关文件精神的学习，教育引导党员对照自己的工作进行检查，确立全心全意为人民服务的思想。三是“七一”前夕，利用新党员宣誓和举办中共知识竞赛的形式，安排全体党员重温入党誓词，坚定为共产主义奋斗的信念。四是利用民主评议党员时机，组织群众对党员进行评议，在党内开展批评与自我批评，并按照党员标准对照检查，寻找差距，进行自我教育，以充分发挥共产党的先锋模范作用。通过上述活动，有效地激发了党员队伍的积极性，党员素质不断提高，并在各项工作中发挥表率作用，从而带动其他干警的工作积极性。

1991年5月28日，阳泉郊区检察院党支部积极组织党员干部开展各种有意义的活动，以实际行动纪念中共成立70周年。一是组织全体党员参加区委组织部、宣传部、纪检委、区报社举办的中共基本知识、党规党纪、社会主义理论知识竞赛；二是开展向燕居谦学习活动，教育大家干一行、爱一行、专一行；三是在全国“助残日”活动中，该院党组成员带头，向区残联捐款81元，是继本年度春节后向贫困山区鸡洼村捐款300元之后的第二次捐款。

1993年，阳泉郊区检察院在区直机关党委领导下，认真学习贯彻中共十四大精神和八届全国人大一次会议精神，一是抓党员和干部思想建设，用邓小平建设有中国特色的社会主义理论和中共十四大精神武装干警头脑，并把学习贯彻十四大精神和八届全国人大一次会议精神作为主要任务，写入工作计划，组织干警系统进行学习，教育引导干警紧密联系思想和工作实际，把学习同解决思想认识问题相结合，通过学习解决个别干警存在的单纯办案思想，使全体干警牢固树立为经济建设服务的思想。二是解决个别干警存在的“一提服务，就不敢大胆办案”问题，教育引导干警树立打击犯罪就是对经济建设最重要、最直接、最好的服务的观念，并为干警购买《检察干警经济读本》，号召干警不但要学习政治理论，钻研业务，而且要努力学习经济知识，使检察工作紧紧围绕中共中心任务，更好地为经济建设服务。

1995年，阳泉郊区检察院全体党员围绕全区经济再上新台阶、农村整体达小康的“123518”工程总目标，认真贯彻中共各项方针、政策，坚持“严格执法，狠抓办案”的工作方针，在突出查办贪污贿赂案件、依法从重从快严厉打击刑事犯罪活动中，积极带头，坚持做先锋模范，为郊区政治稳定、社会安定创造良好法律环境，作出了突出贡献。该院党支部一是抓思想建设、组织建设和制度建设，坚持用邓小平建设有中国特色的社会主义理论，武装全体党员的头脑，使全体党员进一步坚定共产主义理想，坚持全心全意为人民服务的宗旨，勤奋工作，秉公执法。二是狠抓全体党员的政治思想教育，进行文明执法、廉洁勤政教育，结合全院实际，如刘某忠违反禁令，业余从事第二职业夜间开出租汽车失踪未归事例，组织党员认真学习中央政法委提出的“三条禁令”和省政法委提出的“四条禁令”，提高对贯彻落实禁令的重大意义及必要性和违反禁令的严重性、危害性的认识。对个别干警利用工作之便从事第二职业的行为和思想，起到了及时“刹车”的作用，进一步提高了全体党员贯彻落实“禁令”的主动性和自觉性。三是强化制度检查落实，对违反禁令的中共党员严肃处理，要求中共党员切实贯彻执行《检察人员纪律》，自觉地用“八要八不准”规范自己的行为，并将“秉公执法，廉洁奉公，无私奉献”作为党员的座右铭。四是组织党员认真学习

《人民检察院政治工作纲要》，要求全体党员必须做到“三坚持，四带头”，即坚持共产主义理想，坚持为人民服务的宗旨，坚持为革命无私奉献的精神，带头努力学习，带头积极工作，带头遵守纪律，带头搞好团结，取得了实效。在党员带领下，全院团结一致，努力工作，打击罪犯，创造出充满生机、严谨有序的良好工作氛围，同时带动一批积极要求入党的干警递交了入党申请书，并坚持从思想上、工作上、行动上，严格按照党员的标准要求自己，积极向党组织汇报思想、工作中积极肯干，受到一致好评。

2001 年 10 月 8 日，为认真学习贯彻中共十五届六中全会《关于加强和改进党的作风建设的决定》，进一步引深学习江泽民“七一”重要讲话精神，根据区委和上级检察机关的安排部署，阳泉郊区检察院制定《关于开展党的作风建设暨整风活动的实施方案》。决定从 10 月初开始到年底，在全院开展中共作风建设暨整风活动。为此，成立了以检察长闫运城为组长的领导组。

整风活动的指导思想为：以江泽民“七一”重要讲话为指导，以贯彻落实十五届六中全会精神为契机，以解决领导班子和领导干部作风建设中存在的突出问题为切入点和突破点，全面推进党的思想、政治、组织、作风建设，确保党的基本理论、基本路线、基本纲领的贯彻落实，确保区委和上级检察机关重大部署的贯彻落实。

整风活动的范围为：全院党员和党员领导干部，国家干部和在编职工。

整风活动内容为：院领导班子和中层领导干部的思想作风、工作作风、领导作风、学风和生活作风建设的现状，积累的经验，存在的突出问题和形成原因以及对加强和改进党的作风建设的意见、建议和具体措施。

整风活动分四个阶段：一是引深学习、广泛动员。二是深入调研、掌握情况。三是分析原因，明确责任。四是抓住重点，解决问题。五是整章建制，巩固成果。

整风活动的主要目标有五：一是克服纠正在思想作风方面存在的安于现状、固步自封、不思进取、无所作为等问题和现象，进一步解放思想，更新观念，与时俱进，开拓创新，创造性地开展各项工作。二是克服和纠正在工作作风方面存在的脱离群众、脱离实际、工作漂浮、主观臆断、浮夸虚假、欺上瞒下、不负责任等问题和现象，进一步强化全心全意为人民服务的宗旨意识。三是克服和纠正在领导作风方面存在的违反民主集中制原则、组织观念、纪律观念淡薄、好人主义，自由主义严重等问题和现象，进一步增强党的领导的自觉性。四是克服和纠正在学风方面存在的理论和实际脱节、徒有虚名、囫囵吞枣、浅尝辄止、不求甚解等问题和现象，进一步明确目的、端正态度，提高公正执法的能力和水平。五是克服和纠正生活作风方面存在的铺张浪费、以权谋私、贪图享乐、骄奢淫逸等问题和现象，进一步增强自律意识，廉洁从政。

2005 年 2 月 6 日，郊区检察院召开保持共产党员先进性教育活动动员大会。张建国检察长作动员讲话，中共阳泉郊区委员会常委、政法委书记王如生对开展教育活动提出具体要求。会上，政工科长高秀瑾代表郊区院党组宣读《保持共产党员先进性教育活动实施方案》。2月23日下午，郊区检察院组织全体共产党员和入党积极分子，集中学习《中共中央关于加强党的执政能力建设的决定》和《中共中央关于在全党开展以实践“三个代表”重要思想为主要内容的保持共产党员先进性教育活动的意见》。党组书记、检察长张建国，党组成员、党支部书记、副检察长李爱贤分别主持集体学习。为进一步增强保持共产党员先进性教育活动学习阶段的效果，2月28日，郊区检察院采用投影电视方式进行理论辅导和映像讲解。全院共产党和入党积极分子集中收看了中央党校专家教授主讲的开展共产党员先进性教育活动专题辅导。经过一段时期的集中学习和电视辅导，郊区院共产党员对开展保持共产党员先进性教育活动有了深刻认识和理解，每位党员均撰写了读书笔记和学习心得体会，在此基础上，院保持共产党员先进性活动领导小组办公室，将每位党员的心得体会张贴上墙，建立了学习园地专栏，此专栏将根据分阶段学习要求，进行相应的内容更新，为下一步开展专题讨论奠定了扎实的基础。

同年3月8日上午，中共阳泉市委督导组组长张王亮一行四人，在郊区区委组织部副部长武志明陪同下，重点对郊区检察院前一段保持共产党员先进性学习教育工作进行督查指导，在听取工作汇报，对学习资料、学习笔记进行检查后，对前一阶段工作给予充分肯定，并对下一步工作提出四点要求：一是要进一步提高认识，加强领导。二是政法系统在先进性教育活动中责任重大，构成和谐社会，体现公平正义，政法部门肩负着尤为重要的责任和使命。三是要牢记树立立党为公、执法为民的思想。四是希望政法各部门通过先进性教育，抓好队伍建设、自身建设，进一步提高干警的政治素质。

2008年3月17日，阳泉郊区检察院党组召开会议。检察长贾建胜对新一届班子成员提出五点要求：一是统一思想，提高认识。二是强化责任，平稳过渡，处理好新老交替的各项工作，确保各项检察工作任务的圆满完成。三是各负其责，抓好落实，每位党组成员要根据分管的任务特点，尽快完善相关的制度和措施，完善制度化建设。四是提高素质，增强领导能力和水平，新进入班子的同志要尽快转变工作角色，适应新的岗位和担当新的工作任务。五是树立大局意识，服务意识，提高思想觉悟，从政治、业务、廉洁、学习等方面当好表率。

同年7月31日，中共阳泉郊区区政法系统党委会研究批准，郊区人民检察院新一届党支部成立，张贵深任党支部书记，高秀瑾任党支部副书记，史保龙任党支部组织宣传委员，张福明任党支部纪律检查委员，史淑君任党支部青年委员。

是年，该院按照检察长贾建胜提出的“五点要求”，进一步加强领导班子建设，继续坚持领导干部年度述职测评制度，并推行一岗双责，形成级级明责任、层层抓落实的工作体系。通过机制创新、强化责任，形成了团结合作、共谋发展的良好风气，在中共阳泉市郊区区委组织的领导班子年度考核中，该院党组被评为“优秀班子”。

2009年，阳泉郊区检察院狠抓班子建设，认真坚持党组中心组学习制度、民主集中制和党风廉政建设各项规定，班子成员发挥带头作用，认真学习积极调研，共形成调研报告30余份。同时针对党员占全体干警五分之四的特点，坚持以党建带队建，用中共最新理论成果武装干警头脑。为每位干警配齐了学习资料，制定了出勤、请假、补课等各项制度，确保学习参与率达100%。先后制作宣传版面15块，设置学习园地5处，编发简报25期，营造了良好的活动氛围。通过组织学习实践活动，使班子成员和广大党员及干警，更加坚定地树立起中国特色社会主义信念和正确的执法为民观。

同年6月24日 郊区检察院组织党员到郊区荫营镇柳沟村集中开展结对帮扶活动。党组成员、副检察长张贵深带队，深入到生活困难的15户农民家庭中，在为他们送去3000元慰问金的同时，结对的党员还对他们提供了法律服务，为困难群众联系致富门路，做到“进门”“解难”“办事”“暖心”，用实际行动迎接中共建党88周年。

2010年1月6日，阳泉郊区检察院党组召开民主生活会。阳泉市人民检察院党组成员、政治部主任邓百福，党组成员、纪检组组长刘敬辉，郊区政法系统党委书记张锐，郊区纪检委常委荆洪泰参加会议。会上，郊区院党组成员就各自的思想作风及廉洁自律等方面的情况，作汇报。同时，党组成员之间推心置腹、坦诚相见，积极开展批评与自我批评，相互勉励、共同提高。郊区院党组书记、检察长贾建胜，要求党组成员要具备“四个过硬素质”。与会的领导都在会上发了言，希望全院在新的一年里，狠抓好队伍建设，提高办案质量，加强队伍管理，多出工作亮点，促进各项检察工作再上新台阶。

2011年3月25日，中共阳泉郊区检察院党组召开“严肃换届纪律保证换届风清气正专题民主生活会”。集体学习中共中央、山西省委省政府和阳泉市委市政府相关文件内容，党组成员分别表态发言，进行自我提醒和相互提醒，并作遵守换届纪律的承诺。会议由党组书记、检察长贾建胜主持，中共阳泉郊区委常委、政法委书记王如生、区纪检委副书记赵红卫参加会议。

是年7月1日上午，阳泉郊区检察院党支部召开以“谈理想、讲奉献”为主题的座谈会，会议由支部书记张贵深主持，10余名支部年轻党员和入党积极分子参加座谈。大家紧紧围绕座谈会的主题，结合自身的工作实际，阐述了对中国共产党性质和宗旨以及理想信念等方面的理解，并就如何改进当前工作谈了打算。7月7日上午，阳泉郊区检察院党组书记、检察长王建明主持召开党组中心组扩大会议，认真学习胡锦涛总书记《在庆祝中国共产党成立90周年大会上的讲话》。与会人员畅谈各自学习讲话的切身体会，一致认为，胡锦涛总书记的重要讲话，深刻总结了中国共产党90年的伟大历程和宝贵经验，明确提出在新的历史条件下提高中共建设科学化水平的目标和任务，具有重大而深远的意义。检察长王建明就学习贯彻精神提出五点要求：一是把握讲话要义，深刻理解讲话的科学内涵和精神实质，树立“三个不动摇”。二是提高党性修养，以更加奋发有为的精神状态投身于检察工作，推进“两个建设”。三是践行为民宗旨，把学习讲话与正在开展的三大活动结合起来。四是忠实履行职责，把讲话精神落实到各项法律法规监督职能中去。五是率先垂范，党员干部要成为学习、工作和遵章守纪的模范。

2012年12月，该院党组召开民主生活会，党组成员总结各自思想作风及廉洁自律等方面的情况，重点查找理论学习、理想信念、宗旨观念、工作作风等方面存在的问题，并联系实际进行党性分析，明确提出今后的努力方向和改进措施。郊区院党组书记、检察长王建明，要求党组成员必须具备“四个过硬素质”，希望全院在2013年抓好队伍建设，提高办案质量，加强队伍管理，多出工作亮点，促进各项检察工作再上新台阶。

2014年，阳泉郊区检察院党建工作，坚持把加强政治学习、提高政治认识贯穿始终，坚持领导带头学、联系实际学、创新方式学，做到学习教育既有深度，又有广度，保证人员、时间、内容、效果四落实。一是创造学习条件，做到有序推进，认真编制学习教育活动计划，统筹安排学习时间，采取集中学与自学相结合，做到学习工作两不误、两促进。二是院党组坚持党组中心组学习制度，支部和党小组多次组织集中学习，逐篇学习习总书记的系列讲话精神、毛泽东、邓小平、江泽民和胡锦涛等领导人关于群众路线的相关论述和中共十八大、十八届三中全会报告等20多篇规定篇目。党组中心组和全体党员累计集中学习200多个学时，撰写学习讨论发言提纲40篇，学习心得120篇，观后感80篇，院领导调研报告10篇。三是开展警示教育，接受思想洗礼，集中收看《四风之害》《焦裕禄》《周恩来的48小时》和《苏联亡国亡党20年祭》等一系列警示教育片，使全体党员深刻接受思想精神洗礼，进一步坚定正确的政治方向，提高政治敏锐性。五是邀请市委党校原副校长巩树青到院作中共群众路线教育专题党课辅导，进一步提高全体党员对群众观点、群众路线重要意义的认识，进一步增强对“四风”危害性的认识。五是观摩先进典型，对照查找差距，组织全体党员赴平坦镇枣园村，聆听全国劳动模范、省人大代表，枣园村党支部书记马玉田《用心撑起一片蓝天》先进事迹报告会，进一步坚定理想信念，密切联系群众，真正做到对党忠诚，无私奉献。通过多种形式、多种层次的学习教育，使党员干部观念受到了洗礼、思想得到了升华、党性得到了增强。

2015年5月18日，阳泉市郊区检察院为了深入贯彻落实“党要管党，从严治党”要求，进一步巩固拓展党的群众路线教育实践活动成果，健全完善处置不合格党员制度机制，根据省、市、区委处置不合格党员试点工作的文件精神，制订并下发《开展处置不合格党员试点工作的实施方案》。《方案》要求，从2015年5月上旬开始到6月中旬，通过试点，对党员开展一次中国特色社会主义理论体系教育、党章党性党风和法治教育、党的路线方针政策和形势任务教育和新形势下省情、市情、区情和院情的教育，以提高党员思想政治素质，强化党员党性观念，增强党员工作能力，促进党员先锋模范作用发挥，以不断提升党员教育管理工作水平，努力建设一支信念坚定、素质优良、规模适度、结构合理、纪律严明、作用突出的党员队伍，进一步建立健全党员定期分析、党员登记、民主评议党员制度，形成不合格党员认定、不合格党员退出、党员申诉、不合格党员转化等工作机制，探索建立党员经常性管理教育行之有效的方式方法，包括：党员定期登记、从严管理党员、及时处置不合格党员、党员晋级升格等办法，重点解决党员教育管理工作中的难点问题，即开展党员经常性教育难、不合格党员格次评定难，不合格党员处置难、流动党员管理难等，努力提高党员管理教育的水平。同时规定：处置不合格党员试点工作按照“四评两定一处置”方法进行，“四评”，即群众参评，领导点评、个人自评、党员互评；“两定”，即：组织定格、不合格党员定处；“一处置”，即对限期改正的不合格党员进行转化，对退出党组织的不合格党员进行处置。《方案》规定，采取指定专人帮、“一对一”结对帮、定期回访帮等方式，教育引导不合格党员虚心诚恳地接受组织处置，转变思想难念，提高政治觉悟，在一定时期内转化为合格党员，最终达到“处置一个、警醒一批、教育一片”的效果。

同年5月26日，阳泉郊区检察院为深入贯彻落实全面从严治党要求和习近平总书记系列重要讲话精神，进一步巩固和拓展党的群众路线教育实践活动成果，持续深入推进全院思想政治建设和作风建设，根据中共阳泉郊区区委《关于在全区县处级以上领导干部开展“三严三实”专题教育工作方案》，下发阳郊检发〔2015〕11号《深入开展“三严三实”专题教育实施意见》（严以修身、严以用权、严以律已、谋事要实、创业要实、做人要实），要求全院干警，尤其是领导干部，要把深入开展“三严三实”专题教育，作为中共群众路线教育实践活动的延展深化，作为加强思想政治建设和作风建设的重要举措，作为严肃政治生活、严明政治纪律和政治规矩的重要抓手，作为全院“学习讨论落实”活动的强化提升，作为全面推进“六权治本”，严格执行党纪党规“先走一步”的重要契机，紧紧围绕区委“五个战略”的推进实施，对照“严以修身、严以用权、严以律已、谋事要实、创业要实、做人要实”的要求，聚集对党忠诚、个人干净、敢于担当，着眼解决检察工作和检察队伍中存在的“不严不实”突出问题。教育引导全体干警特别是领导干部切实做到心中有党不忘恩、心中有民不忘本、心中有责不懈怠、心中有戒不妄为，努力在深化“四风”整治、巩固和拓展党的群众路线教育实践活动上见成效，在守纪律讲规矩、营造良好政治生态上见成效，在维护公平正义，促进社会和谐稳定上见成效。

2016年6月，为纪念中国共产党建党95周年，扎实推进“两学一做”学习教育，进一步增强中共基层组织凝聚力和战斗力，郊区检察院依托当地的红色文化资源，组织全体党员到娘子关保卫战红色教育基地，追寻革命红色记忆，接受爱国主义教育、革命传统教育和精神洗礼。在娘子关保卫战纪念碑前，广大党员在党旗下庄严宣誓，重温入党誓词，接受心灵洗礼，教育党员不忘入党初心、永葆党员本色，切实增强党性意识，提高党性修养。活动结束后，党员们纷纷表示，要珍惜当前来之不易的幸福生活，把对先烈的缅怀和追思转化为做好工作的不竭动力，立足本职岗位，强化责任担当，争做“四讲四有”的合格党员，切实发挥党员模范先锋作用，以更加饱满的热情、昂扬的斗志投入到工作中去，推动各项检察工作再上新台阶。

2016年5月25日，阳泉郊区院组织召开全院干警大会，安排部署“两学一做”学习教育活动。会议首先传达省、市、区各级纪检工作会议精神，宣读《郊区人民检察院“两学一做”学习教育活动的实施方案》。党总支书记史保龙就如何开展好该项活动提出三点要求：一是要借“两学一做”的东风提高郊区院党建工作水平。二是要认真按照“两学一做”实施方案的要求完成规定动作。三是要上下同心促“两学一做”学习教育活动扎实开展。党组书记、代检察长严志勇要求：在全区上下正处于换届期间，各个部门都在积极投入两会的筹备工作，经济发展、社会稳定的任务十分繁重，检察机关要抓准定位，主动作为，把当前检察工作做好的同时，也要扎实开展好“两学一做”学习教育活动，希望全院干警一要讲政治顾大局识大体，要有全院一盘棋思想和大局意识；二要扑下身子狠抓检察业务工作；三要加强纪律作风建设，树立良好的社会形象。同时要求党员干警要树立作为一名党员的光荣感和自豪感，不能等同于普通老百姓，要在日常工作中能看出来，到关键时刻能站出来。要有集体荣誉感，要有一荣俱荣、一损俱损的观念，把自己置身于全局中看待问题。要求党组织作为“两学一做”学习教育活动的落实主体，坚决按照区委和院党组的统一安排部署，组织安排全院的学习活动。要求下设的两个党支部要充分发挥好其作用，把党员的教育管理监督抓在手上，以支部、以小组为单位扎实开展学习教育活动，争取在较短的时间在全院掀起一个“两学一做”活动的学习高潮。

同年8月1日，郊区人民检察院邀请市委党校经济管理研究室主任、讲师、经济学硕士研究生赵锐敏讲“两学一做”专题党课。党课由党总支书记史保龙主持，全体干警参加了党课。党课以《当前我国经济形势分析》为主题，从经济结构存在的问题、当前国内经济发展面临的挑战、当前经济发展面临的国际矛盾等方面进行了深入浅出的分析，授课主题鲜明、内容丰富，既有客观、理性的分析，又有具体生动的阐述说明，形象生动，剖析到位，使全体党员和干警深受教育和启发。党总支要求全体干警要学用结合，从身边的小事做起、从细节做起，学在日常，做在经常，学做统一。要积极履职尽责、干干净净做事、老老实实做人，以更加昂扬的精神状态，更加扎实的工作作风，全力推进郊区检察工作健康发展。

同年9月27日，郊区人民检察院从“学、改、研、用”四方面，进一步深入推进“两学一做”学习教育。自“两学一做”学习教育开展以来，郊区人民检察院认真贯彻落实市院、区委关于开展“两学一做”学习教育部署要求，超前谋划、高效起步、精心组织、周密部署、上下联动、搞好结合，以“学”为基础，以“做”为关键，不断丰富内容，突出特色，取得了阶段性成果，近日，郊区院对学习教育开展以来的所“学”所“做”进行了“回头看”，对深入推进“两学一做”学习教育工作作了再部署。党组书记、检察长严志勇在听取了党总支书记对“两学一做”学习教育开展情况的汇报后，对深入推进下一步“两学一做”学习教育，提出四点要求：一要抓学习，切实深化思想认识。党总支作为学习教育的主体，要继续按照学习计划扎实开展学习与实践，防止出现两张皮现象。要全面落实从严治党主体责任，特别是要严肃党内政治生活，以加强党建工作推进学习教育深入开展，确保责任落地生根。二要抓整改，切实解决问题。带着问题学，针对问题改，开展“回头看”认真查摆和整改。要把落实整改解决问题贯穿学习教育全过程，把“做”的要求真正落到实处，为检察事业科学发展提供坚强保障。三要抓研讨，切实发挥示范带头作用。班子成员要带头上党课、带头开展专题讨论，带头结合工作抓好“两学一做”学习教育，做出成效。四要抓结合，切实做到统筹兼顾。要把学习教育的目的和效果最终体现在推动落实工作、推进检察工作发展上。要把开展学习教育与做好检察业务工作结合起来，确保业务运行情况稳步推进。

同年10月21日，为推进“两学一做”学习教育深入开展，取得实效，区检察院于召开“两学一做”学习教育推进会，总结前一阶段“两学一做”学习教育的经验、成果，查找存在的不足和问题，对下一阶段的“两学一做”学习教育提出新的要求：一是进一步夯实学习效果。“两学一做”学习教育是一项长期的活动，要克服畏难和懈怠思想，坚持以务实作风为核心，深化“做一名合格党员”的实践，巩固教育基础，力求学透行到。二是切实抓好“回头看”。要创新形式，跟踪学习成果，开展自查自纠，对照资料清单，坚持缺什么补什么的原则，认真进行查摆，党总支要适时进行督察，限时整改，确保全院“两学一做”学习教育“回头看”工作取得实效。三是进一步发挥先进典型模范作用。深入学习先进典型事迹，努力挖掘身边先进人物，“立标尺、补短板”，以先进促队建。四是进一步加大宣传工作力度。充分利用“两微一端”“互联网+”等媒体形式，对全院开展学习教育的做法和成果进行宣传。五是要结合检察工作开展学习教育。坚持把学习教育与推动各项检察业务工作结合起来，与深化规范司法行为专项整治工作结合起来，与司法体制改革工作结合起来，与深入推进信访积案化解工作结合起来，与完成好本部门工作任务结合起来，统筹协调，整体推进。

同年11月30日，为认真贯彻中共十八届六中全会关于“全面从严治党”的要求，进一步严明政法系统各项铁规禁令，切实将“把纪律挺在前面”专项活动引向深入，针对当前检察队伍中存在的突出问题，经院党组研究决定，阳泉市郊区人民检察院制订《“严肃纪律、整顿作风、树立良好形象”专项活动方案》。针对政治敏锐性不强、纪律意识淡化、知纪违纪、执法违法犯法的问题，进行专项整改。一是执行政治纪律方面。主要针对党员“四个意识”树得不牢，缺乏看齐意识和核心意识，在责任和担当上跟不上形势需要；在落实全面从严治党主体责任上不具体、不深入、不能见人见事，以上率下、传导压力不够，层层递减的问题比较突出，没有把主体责任作为政治责任，党员的先锋模范作用和党组织的战斗堡垒作用发挥不够进行专项整改。二是执行组织纪律方面。主要针对党组织制度的笼子扎得不紧、刚性约束不够，民主集中制原则、重大事项请示报告制度、干部选拔任用规定等执行得不够严格。党内政治生活不严肃，好人主义现象严重，对同志身上存在的问题缺点不敢指出、不敢提醒、不敢批评，批评与自我批评这个武器运用得不好进行专项整改。三是执行廉洁纪律方面。主要针对落实中央“八项规定”精神不够严格，超标准、超范围接待，公务用车不够规范等“四风”隐形变异问题仍然存在；一些干警还没有从过去的不良风气中解脱出来，沉溺于吃吃喝喝、人情世故之中，甚至还有极个别干警为涉黄、涉赌、涉毒的歌厅、洗浴、桑拿、游戏厅充当“保护伞”，利用职务影响谋取不当利益等进行专项整改。四是执行群众纪律方面。主要针对党组织全心全意为人民服务的宗旨意识还树得不牢，在工作中总是浮在上面、遥控指挥，文山会海、不求实际，而在真正深入基层、深入群众，深入矛盾纠纷突出和治安状况复杂的地区解决问题方面做得不够，不能有效地把对上负责和对下负责有机统一起来；一些干警衙门作风较重，习惯于高高在上，在群众面前要特权、抖威风，冷硬横推、感情淡漠，服务态度差。还有一些干警群众工作能力不足，执法办案，简单粗暴，不能兼顾法律效果、政治效果、社会效果相互统一，容易导致群众对立情绪进行专项整改；五是执行工作纪律方面。主要针对党组织担当意识不强、碰硬精神不够，对上级安排的工作任务落实不力，特别是面对疑难复杂问题时，存在推诿扯皮、能躲则躲的现象；一些干警工作作风疲沓、精神状态不佳、警容风貌不整，上班迟到早退、在岗不谋工作，甚至泄露工作秘密，严重违反工作纪律。有的干警甚至办“人情案、关系案、金钱案”进行专项整改。六是执行生活纪律方面。主要针对党组织对干警队伍八小时以内管得紧，八小时以外管得松，存在对干警工作时间以外的思想、婚姻、家庭、生活状况了解不深、掌握不够、放松检点的问题；一些干警生活情趣不健康，贪图享受、奢侈浪费，朋友圈、社交圈、生活圈鱼龙混杂，存在不良嗜好，极易被腐朽思想侵蚀等进行专项整改。从而使队伍纪律作风进一步好转，执法司法公信力进一步提高，人民满意度进一步提升。

2017 年 3 月，为加强党风廉政建设，深化“两学一做”学习教育，营造风清气正的检察氛围，郊区院党组邀请阳泉市委党校马克思主义理论教研室主任、副教授李玉萍讲授《关于新形势下党内政治生活的若干准则》（以下简称《准则》）和《中国共产党党内监督条例》（以下简称《条例》）专题党课。课上首先传达中央关于印发《准则》和《条例》的通知精神，之后，教授李玉萍就《准则》和《条例》的修订背景、主要内容、重大意义和如何贯彻执行作了深入解读。通过专题党课学习，广大党员和全体干警更加坚定了理想信念，坚定了政治立场，增强了看齐意识，对《准则》和《条例》有了更全面、更深入的认识，进一步明确了把“两学一做”与推动检察工作有机结合起来，提高自身修养，树立标杆，履职尽责，争做合格党员的意义和基层中共党员的责任，党员干警表示，一定以更加昂扬的精神状态、更加扎实的工作作风，为郊区检察事业贡献自己的力量。

同年6月7日，为认真贯彻落实全面从严治党的要求，全面开展“两学一做”学习教育，落实全市检察机关“抓改革、抓创新、抓基层、抓严管、抓落实”，实现检察业务、队伍素质和基层基础建设“三个显著提升”的工作思路和要求，进一步发挥“两学一做”学习教育示范点的引领作用，阳泉郊区检察院制度《关于开展维护核心、见诸行动主题教育和推进“两学一做”学习教育常态化制度化示范点建设的实施方案》。6月8日，为深化“两学一做”学习教育常态化制度化建设，打造过硬检察队伍，迎接中共建党96周年，郊区院党组书记、检察长严志勇以《懂团结是大智慧、会团结是大本事、真团结是大境界》为主题，为全院干警讲授党课，要求大家要团结互助、奋发向上，不忘初心、砥砺前行。该次党组书记讲党课是郊区院开展维护核心见诸行动主题教育和推进“两学一做”学习教育常态化制度化活动的进一步深化。从懂团结、会团结、真团结三方面全面阐述了团结的重要性、团结的做法和如何做到真正团结、如何做到敢于担当，鼓励全体干警进一步凝聚士气、振奋精神，团结协作，勇于担当，结合自身工作实际，充分发挥检察职能，为全区走好“三条路”提供强有力的司法保障。

6月下旬至7月初，为纪念建党96周年，阳泉郊区检察院开展一系列庆祝和纪念活动，一是于6月30日，同郊区纪委监委共同举办迎“七一”主题党日系列活动，两机关的党员和入党积极分子参加了活动。中共党员在领誓人的带领下，重温誓词：“我志愿加入中国共产党，拥护党的纲领，遵守党的章程，履行党的义务，执行党的

决定，严守党的纪律，保守党的秘密，对党忠诚，积极工作，为共产主义奋斗终生，随时准备为党和人民牺牲一起，永不叛党。”通过主题党日系列活动，进一步增强了中共基层党员干部对中共性质、宗旨的认识，使党员干部思想得到再次升华。中共党员表示，一定要牢记使命，不忘初心，以实际行动践行党员职责，以饱满的精神、扎实的作风、勤奋的工作，为党旗增光添彩。二是为全面贯彻新时期中共党建工作要求，发挥共产党员先锋模范带头作用，共同推动郊区检察事业实现新跨越，以实际行动迎接中共十九大胜利召开，郊区院党总支于7月10日，在全院党员干部中组织开展“为党和人民的事业增添正能量”承诺活动，全体中共党员和干部签订了《十项公开承诺书》：1. 提高政治站位，树立“四个意识”，始终保持一名共产党员应有的政治觉悟和政治清醒，为党和人民的事业奋斗终生。2. 履行党员义务，遵守党章党规，带头抵制不良风气、言行和政治有害言论，做一名合格的共产党员。3. 带头学习，勤于思考，牢固树立正确的人生观，争做学习型党员。4. 敬业担责，乐于奉献，努力干好本职工作，圆满完成各项工作任务。5. 廉洁自律，秉公办事，严守《准则》《条例》和工作纪律，时刻保持党员干部的清廉形象。6. 团结同志，坚持原则，勇于开展批评与自我批评，努力在合作共事中增进友谊。7. 为人谦虚、以德修身，保持良好的道德情操和健康的兴趣爱好，倡导弘扬社会正气。8. 团结友爱，诚实守信，弘扬中华民族传统美德，养成良好的文明道德习惯。9. 热心公益，以德润人，遵守社会规范和公序良俗，拥有良好家庭邻里关系和社会美德。10. 崇尚节约、不讲奢侈，不涉足高消费场所和不大操大办婚丧喜庆事宜，不违规从事任何业外活动。通过开展党员承诺活动，明确了工作目标，增强了党员的党性观念和政治责任感，激发了党员干部更好地立足本职岗位，争创一流，争当先进，为郊区检察事业的健康发展提供了坚强的思想保证和组织保证。三是由该院党总支组织全体党员和入党积极分子，赴革命圣地——武乡县八路军太行纪念馆参观学习，教育引导干警牢记革命先烈的丰功伟绩，传承先辈铸就的太行精神，践行“两学一做”学习教育。

11月23日，郊区人民检察院党总支邀请中共阳泉郊区区委党校常务副校长罗树宏到院作了主题为《新时代、新思想、新征程》的中共十九大宣讲报告。11月29日，山西省人民检察院党组成员、副检察长秦文峰在阳泉，向全市检察干警宣讲中共十九大精神，报告会以电视电话会议形式召开，郊区人民检察院组织全体干警在本院分会场参加报告会。上述两场专题报告从时代背景、大会主题、新的亮点，以及中共十九大主题、主要成果、习近平新时代中国特色社会主义思想、过去5年的历史性成就和历史性变革、中国特色社会主义进入新时代等方面，深刻阐述中共十九大的重大意义和历史性贡献，全面梳理中共十九大报告的重大理论观点、重大战略思想和重大工作部署，深入解读中共十九大提出的一系列新思想新论断新目标新任务。

是年，阳泉郊区检察院党总支创建“党建＋服务＋扶贫＋研讨＋走基层”等工作模式，广泛运用网络媒体进行党建知识推送、网络竞答，使党建工作形式更多样、内容更精彩。在庆祝建党96周年之际，阳泉郊区检察院与区监察委员会共同举办迎“七一”重温入党誓词和文体联谊赛等主题党日系列活动，以推动司法改革后，干警转隶工作深度融合。

2018年5月上旬，阳泉市郊区检察院党总支组织全体党员，赴左权麻田八路军总部纪念馆廉政教育基地，进行党风廉政教育和革命传统教育。通过对廉政教育基地的参观，聆听抗战英雄事迹，目睹抗战实物，重温入党誓词，参观人员深深领悟到八路军将士和根据地人民不怕牺牲、英勇无畏的伟大革命精神，共同缅怀老一辈革命家在抗战中的领袖风采和不朽功勋，接受爱国主义和革命教育的洗礼。

为庆祝建党97周年，7月2日，该院召开庆祝建党97周年表彰大会暨党课讲座，党组书记、检察长严志勇结合检察工作实际，以“学习贯彻十九大精神、深刻把握新时代新要求”为主题，重点围绕中共十九大精神及最高检张军检察长的“十二字”要求进行详细讲解，教育引导干警进一步深刻领会十九大的精神实质和“十二字”要求的具体内涵，同时要求全院干警按照提升理论素养、增强政治认知力；坚定“四个自信”、增强政治鉴别力；强化责任担当，增强政治执行力；严肃作风纪律，增强政治防范力的要求，紧密联系工作实际，找到检察工作新的着力点，更加自觉地把工作融入十九大提出的新发展方略中，以十九大提出的新目标、新方略推动和指导检察工作向前发展。会议对田江华、王艳明、田长春、段耀东、魏振泽、邵鹏芳、郑志明、石玉栋等8名优秀共产党员给予表彰。

在本年度党建工作中，该院严格执行“三会一课”制度，把“两学一做”纳入“三会一课”，作为基本内容固定下来，党总支以“三会一课”为主要形式，通过专题讨论、学习交流、专题党课、在线学习等形式，组织党员有步骤不间断地开展学习。组织党员持续引深学习习近平总书记系列重要讲话精神和治国理政新理念新思想新战略，不断增强“四个意识”，把抓在日常、严在经常的要求落到实处。认真开好民主生活会和组织生活会，不断增强发现和解决自身问题的能力。创新基层党建工作方式，利用微信方便、灵活、快捷、传播速度快、覆盖面广的特点，开通郊区人民检察院微信公众号，建立“党建互动微信群”，打造指尖上的课堂。在党建微信群开辟“四大活动”开展情况及“两学一做”学习教育专栏。组织党员有效利用“碎片化”时间开展线上学习、互动交流。及时推送上级机关关于“两学一做”学习教育的新部署新要求，及时传递最新信息和先进做法，集中展示先进党员风采，定期更新学习资料，力促“两学一做”学习教育深入开展。坚持把主题党日作为党员思想教育和党风廉政教育的重要形式之一，作为开展“不忘初心、牢记使命”主题教育活动的重要内容，在不断丰富主题党日活动内容的同时，更加注重思想性、针对性和实际性，使每月一次的主题党日活动更加贴近工作、深入人心。利用“两微一端”平台和院内大屏幕滚动播放党建工作微视频短片—阳郊检版《人民的检察官》，展示郊区检察新形象。党总支定期不定期对学习教育开展督查，对督查中存在的问题进行及时整改，确保“两学一做”学习教育示范点建设有特色、有亮点、有成效。第三是强化主体责任。院党总支将“两学一做”学习教育纳入全院检察工作百分考核责任制，将“两学一做”、“四大活动”与业务工作同谋划、同部署、同检查，将压力层层传导，让主体责任落细落小。

第三节　干部考核任用

20 世纪 70 年代末、80 年代初，阳泉市郊区人民检察院干部的考核任用，由中共阳泉郊区区委组织统一管理。司法检察工作系列岗位上的干部，如检察员、助理检察员、副检察长等，根据检察长提请，由区人大常委会按法律程序任命。行政岗位上的干部，如办公室主任、政工科长以及各部门行政负责人，同样由检察长提请，呈报郊区区委组织部考察任命。人事档案，市属干部由阳泉市委组织部保存管理。区属干警由郊区区委组织部或人事局保存管理。但具体的考勤、考核、思想政治工作等日常管理，则由该院党组负责。这一模式，一直延续至现在。

20 世纪 90 年代后期，干部的日常管理权限，如考勤、奖金、职业道德考察、工作业绩考核等，由郊区检察院按规定，掌握一定的管理权限。

1997 年，为使全院各科室工作职责和任务落到实处，建立激励机制，促进规范化管理，确保工作目标的实现，阳泉郊区检察院制定《工作目标考核办法》及《实施细则》。其工作目标考核实行定人员、定任务职责，以科室考评的办法，从德、绩、能、勤四方面进行考核。第一部分为“考德”，共 40 分，其中，廉洁执法 8 分，保密工作 8 分，值班 8 分，公物管理 8 分，办公室卫生 8 分；第二部分为“考绩”，共 40 分，将每个科室的业务工作细化至不同分值，按工作实绩进行打分评绩，对每名检察干警的奖罚（奖金）按分值分配和管理。第三部分为“考能”，共 10 分；第四部分为“考勤”，共 10 分。其《实施细则》规定：考评后的奖惩，以科室为考核单位，85 分为基数，不奖不惩，每超 1 分，奖励 2 元；少 1 分，则惩罚 1 元。并特别规定：本考核办法及实施细则，适用于 1996 年全年工作。

1999 年 1 月 27 日，为巩固和深化教育整顿的成果，加强全院干部人事管理，改进工作作风，促进依法办案、文明办案，拓宽选人用人渠道，形成能上能下、能出能进的竞争激励机制，营造能者上、庸者下、平者让、劣者出的富有生机和活力的用人氛围，根据中共中央关于《党政领导干部选拔任用工作暂行条例》和中组部、人事部《关于党政机关推行竞争上岗的通知》精神，围绕建设一支“政治坚强、公正清廉、业务精通、纪律严明、作风优良”的高素质的专业化检察队伍的目标，以邓小平理论和中共十五大精神为指导，坚持公开，平等，竞争，择优的原则，阳泉郊区检察院制定《关于中层干部竞争上岗一般干警双向选择、优化组合的实施方案》。并成立了以检察长闫运城为组长的领导组。

一、中层干部竞争上岗一般干警双向选择、优化组合的基本原则有六：

1. 坚持党管干部的原则。本次人事制度改革在中共郊区区委组织部、区委政法委、区人大法工委和阳泉市检察院政治处支持、参与配合下，在该院党组和改革领导组统一领导下进行。

2. 坚持干部队伍“四化”方针和德才兼备的原则。

3. 坚持公开、平等、竞争、择优的原则。

4. 坚持民主集中制的原则，反对拉关系、走后门等非组织活动。

5. 坚持依法竞争的原则。凡涉及《检察官法》，须严格依照法律规定的条件和程序办理。

6. 坚持群众参与和群众公认的原则。

二、中层干部竞争上岗一般干警双向选择、优化组合的方法有四：

1. 按照《检察官法》和干部管理的有关规定，本次人事改革及职务任免，不涉及法律职务和行政职级。

2. 全院中层领导干部选聘实行五公开，即竞争岗位公开，竞争职数公开，竞争程序公开、竞争岗位目标公开，竞争结果公开。

3. 实行检察长聘任制。检察长对竞争上岗的中层领导干部实行聘任制，凡竞争上岗并经聘任的干部，试用期半年，称职者报区组织部批准任命，不称职者予以解聘。

4. 实行双向选择制。中层干部确定之后，按照全院实有员额，将编制分解至各科、局、室，实行干警双向选择。根据双向选择结果，由领导组审定。

三、竞争上岗的职位范围

全院办公室设主任、副主任各一名；起诉科设科长、副科长各一名；批捕科、法纪科、民行科、控申科、监所科、反贪一科、反贪二科、综合科各设科长一名。

四、竞争上岗的条件

1. 有较好的政治素质具有良好的工作作风和生活作风，坚持原则、执法严明、爱岗敬业、工作扎实、公道正派、清正廉洁、服从命令、团结同志、无违法违纪行为。

2. 有较强的组织指挥和协调能力，有胜任职务所必需的组织领导、协调指挥、综合决策能力、能调动干警的工作积极性，团结协作，开拓进取，能创造良好的工作环境。

3. 有较高的业务水平，熟悉检察业务，有履行职责所必需的执法水平，有相应的文化知识、文字写作、语言表达能力。

4. 身体健康，精力充沛。

5. 有合格的竞争条件。凡竞争上岗者，必须是在编的正式干警，具备检察员资格，年龄在50周岁以下，从1996年实行检察官年度考核后，连续被评为称职以上者。竞争部门正职，一般为担任部门副职2年以上的干部，少数优秀青年干部也可参加正职竞争。

五、竞争上岗的程序

1. 公布职位。根据中层领导干部年龄、 年度考核等情况所出现的职位缺额，公布竞争上岗职位数。

2. 自荐。根据确定的竞岗职位数，凡符合条件者均可报名填写《竞争岗位意向表》选择2个志愿，必须填写服从组织分配，不服从分配者取消竞岗资格。竞岗报名结果予以公布。凡竞岗者均有一次重新选择志愿的机会。

3. 资格审查。根据自荐情况审查竞岗人员资格，确定竞岗人员后，公布名单。

4. 竞职演讲。演讲人须亲准备书面材料，一是简要介绍本人的工作简历，主要工作成绩和縈誉。二是阐述竞岗动机、目的和工作措施及任期目标。三是对竞岗结果的态度。

5. 民主评议。组织全体干警对参加竞岗的人从德、能、勤、绩、廉五个方面，以无记名投票方法进行评议。

6. 党组审定。根据民主评议情况，按照德才兼备的原则，以得票多少，择优确定聘任对象。

7. 颁发聘书。召开全体干警大会，由检察长向受聘者颁发聘任书并签订任期目标责任书。

8. 所聘任上岗的中层领导试用期为半年，聘期为三至五年，期间不能换任期目标责任书完成任务，不胜任本职工作或因违法违纪受党纪政纪处分的应予解聘。

六、双向选择

1. 中层领导确定后，其他干警须填写《双向选择意向表》填报2个志愿必须填写服从组织分配，否则以落聘对待。

2. 部门负责人选择干警，各部门负责人填写《选聘干警意向表》按规定数额选择聘用部门工作人员。

3. 党组审定。根据双向选择情况，在尊重个人意向的基础上，经党组审查后，确定每个部门组成人员予以公布。

4. 凡经双向选择聘用的人员应尽心尽力履行职责。否则，经部门负责人提议，院党组决定可以解聘或待岗、下岗。

5. 在双向选择中落聘的人员，待岗培训半个月，期满后由党组指定一个部门试用三个月，试岗仍不胜任工作的，下岗三个月进行培训，期间停发岗位津贴。三个月后仍未被聘用的，由院党组会同区组织人事部门处理。

6. 专业较强的岗位人员（会计员）不参加双向选择。凡年龄在50周岁以上，不愿参加双向选择的人员，由党组酌情予以安排。

1999年，阳泉郊区检察院积极推进检察队伍的正规化、法制化建设。一是依法科学管理队伍。坚持党管干部原则，积极探索依法管理检察官队伍的办法和措施，认真执行《检察官法》落实法律规定的队伍管理措施，严格对检察官进行年度考核，并使考核工作制度化。二是严格把好进人关口和晋升关口。坚持凡进人晋职必考的原则。先后有10人通过考核，晋升了法律职务，为15名干警解决了行政职级待遇。三是积极探索主诉检察官、主办检察官制度。在全市检察系统尚未全面推开此项制度之时，该院即组织有关人员从组织形式，实施方式，权利、责任等方面进行研究、探讨，并参照其他地区先进经验，提出初步构想和初步方案，为全面推行该制度奠定了基础。四是推行副职分管工作轮换制。院党组对副检察长所分管的工作进行了调整，调整后的格局更趋合理、完善，各项检察业务都有不同程度的变化提高，效果明显好于以前。

在此基础上，该院以改革的精神推行中层干部竞争上岗，一般干警双向选择制度。院党组围绕建设一支“政治坚定、公正清廉、业务精通、纪律严格，作风优良”的专业化检察队伍，在坚持公开、公平、竞争、择优的原则下，制定了中层干部竞争上岗，一般干警双向选择的实施方案。12名干警通过自愿报名，组织审核，个人竞职演讲，群众评议，当场公布竞选结果等程序，走上中层干部岗位。一般干警通过双向选择、优化组合，找准了自己的工作位置。同时积极推行与之相配套的中层干部任期目标责任制，使全院的人事制度改革走在全市检察系统前列，受到山西省检察院和阳泉市检察院的表扬和肯定。

2000年2月28日，为贯彻落实高检院加强基层人民检察院建设的要求，继续把开展“创建人民满意的检察院，人民满意的检察干警活动”引向深入，阳泉郊区检察院紧紧围绕“抓队伍廉洁、抓规范管理、抓案件查处”的工作思路，制定《关于下发检察工作业绩百分考核实施方案的通知》，并成立检察工作业绩百分考核领导工作组，组长由党组书记、检察长闫运成担任，下设考核办公室。

该方案以1999年11月制定的《岗位责任制度》《执法责任制》《办案工作制度》《队伍建设制度》《机关管理制度》《内外监督与制约制度》为依据，考核内容和奖惩项目的考核方式，主要查看案卷、法律文书、原始资料、专门记录、统计报表、考勤表、部门总结等。考核内容分为两部分：第一部分为队伍建设和综合管理，内容所占分值为40分，部门科室一律同等对待。第二部分为工作业务实绩，所占分值为60分，按部门科室分别设立。两部分总分值为100分。其中，科室得分＝业务实绩得分＋队伍建设和综合管理得分；分管领导得分＝分管部门总得分 ÷ 分管部门分数；检察长得分为全院平均得分。考核结果分优秀、良好、差三个档次。90分以上为优秀，80分至89分为良好，79分以下为差等，得分多少直接和经济效益挂钩， 考评后的奖惩，则以科室为单位进行考核。

2003年5月8日，阳泉郊区检察院以邓小平理论和“三个代表”重要思想为指导，以贯彻落实高检院加强基层人民检察院建设的要求为主线，以实现公平和正义为宗旨，建设一支政治坚定、业务精通、作风优良、执法公正的司法队伍为目标，建设高标准规范化检察化，全面落实2003年工作计划，重新修订《检察工作业绩百分考核实施方案》，并成立检察工作业绩百分考核工作领导组和考核办公室。检察长张建国任组组长。副检察长李爱贤、贾金祥、张贵深、刘双富任副组长。考评办公室设在院政工科，高秀瑾任主任。

该方案规定：其考核依据以2002年10月第二次重新修订的《岗位责任制度》《执法责任制》《办案工作制度》《队伍建设制度》《会议制度》《机关管理制度》《内外监督与制约制度》为依据，考核方式主要查看案卷、法律文书、原始资料、专门记录、统计报表、考勤表、部门总结、实际效果等。考核内容分两部分，第一部分为队伍建设和综合管理，内容所占分值为40分，部门科室一律同等对待。第二部分为业务工作实绩，内容所占分值为60分，按部门科室分别设立。其中，科室得分=业务实绩得分+队伍建设和综合管理得分。分管领导得分=分管部门总得分÷分管部门数，检察长得分为全院平均得分。

同时设立一定基数的奖金兑现，得分多少直接和经济效益挂钩。考评后的奖惩，以科室为考核单位，考核结果分为优秀、良好、差等。90分以上为优秀，80分至89分为良好，79分以下为差等。其百分考核的奖励，优秀以上的科室可参加先进集体的评选。科室工作业绩排列全市系统最后一名的部门，院党组将解聘该科室第一责任人职务。对差等部门第一责任人提出黄牌警告，给其六个月时间进行整改，如没有扭转被动局面，院党组将解聘该科室第一责任人职务。科室以最后考核得分领取兑现奖金部门另行分配。被评为差等的部门不得奖。

2006年8月3日上午，郊区检察院召开中层干部竞争上岗演讲答辩大会。中共阳泉郊区区委组织部副部长武志明，干部科科长黄建刚，到会监督指导。经过报名、资格审查，符合基本条件和主体资格的8名干警参加了演讲答辩。他们分别从工作经历、工作业绩和工作设想三个方面进行演讲。主持答辩的检察长张建国分别就如何搞好检察业务、如何做好中层领导副职等问题进行了现场提问，竞职人员即席答辩。郊区区委组织部副部长武志明对竞争上岗给予高度评价，同时希望大家再接再厉，提高自身素质，争做合格人才，以出色的成绩回报党和人民。

2007年9月20日至21日，阳泉市郊区人民检察院公开招录聘用制工作人员报名工作如期进行。此项举措是郊区检察院为解决长期困扰检察工作的人员短缺、年龄老化、信息化知识欠缺等问题，进一步规范临时用工的聘用和管理，积极推进队伍建设、业务建设和信息化建设三位一体长效机制试点工作，而推出的一项新举措。此举得到了郊区区委、区政府的大力支持，党委、政府主要领导亲自过问，亲笔批示，亲自审定录用人数、录用条件、录用程序及录用人员工资待遇，并责成区委组织部牵头，有区委政法委、区人事局、区编办、区检察局等部门负责人共同组成招录工作领导组，协同搞好这次招录工作。招录程序参照国家公务员录用程序，分报名、考试、考察、体检等阶段，面向全市，公开招录，吸引了众多优秀人才前来报名，报名人数与录用人数之比平均达 15 ∶ 1，其中，书记员为 21 ∶ 1，协勤法警为 9 ∶ 1，网路管理员为 8 ∶ 1，大学专科以上学历的报考人员占总报名人数的 91%。30% 以上的人员具有大学本科学历，并有 13 名中共党员。为了保证报名工作如期进行，法警队抽调了四名司法警察参与现场维持秩序和防范处置突发事件。经过精心组织和安排，法警队员克服时间紧，任务重，人手少的困难，按照详细的工作安排、人员分工、现场维护措施和应急预案，定人定岗，各司其职，保证了报名工作的顺利进行。经过资格审查，共有 168 名符合招录条件的人员报名竞聘三个类别、11 个工作岗位。

2011 年 9 月，该院召开院务会议，认真学习贯彻山西省和阳泉市“两级检察长座谈会”精神。传达山西省检察院检察长王建明和阳泉市检察院检察长胡克勤在省、市两级检察长座谈会上的讲话，以及中共中央政法委《关于江西抚州市“5·26”爆炸案的情况通报》。该院案管中心通报了本年度 1 月 –7 月业务运行情况，8 个业务部门负责人汇报 2011 年以来各项工作进行情况及下一步打算和具体措施，各分管领导对分管部门和科室的工作作了点评。检察长王建明要求大家：一是认清形势，多从主观上去找原因。二是抓紧时间工作，保持良好的精神状态。三是掌握方法，考核的重点就是工作的重点。四是突出重点，全力搞好“百日大会战”。五是明确责任、奖优罚劣，强化责任建立问责机制。

2011 年 10 月 13 日上午，阳泉郊区检察院召开以“公正廉洁执法”为主题的专题民主生活会。检察长王建明针对班子建设问题提出六点要求：一是讲党性。二是讲廉洁。三是讲团结。四是抓落实。五是讲责任。六是作表率。结合检察长王建明提出的六点要求和民主生活会上揭摆出的问题，郊区院制定五方面措施，对现在的不足之处进行整改：一是加强领导，提高素质。二是身体力行，率先垂范。三是加强调研，以点带面。四是落实责任，廉洁自律。五是提高认识，狠抓落实。

2012 年 11 月 28 日上午，阳泉郊区检察院召开党组会，传达最高人民检察院检委会副部级专职委员童建明和山西省检察院党组书记、检察长杨司，在全省检察机关贯彻实施修改后《刑事诉讼法》观摩暨动员大会上的重要讲话，介绍忻州市、晋中市和吕梁市等检察院贯彻实施修改后《刑事诉讼法》的先进经验和具体做法，检察长王建明要求党组成员一定要深入学习和领会上级检察机关领导同志讲话精神，全院工作一定要认真借鉴各地市特别是太原市检察院的经验做法，并抓好贯彻落实：一是把中共十八大精神落实到检察工作、强化法律监督和队伍建设上。二是学习修改后《刑事诉讼法》中有关各自分管的业务知识。三是检委会专职委员负责组织检委会成员学习最高检刑诉法诉讼规则。四是立即推进全院各部门和全体干警，有针对性的学习借鉴先进经验，推进和完善本院相关工作的开展和深化。

2016年8月1日，阳泉市郊区人民检察院为认真贯彻落实全国司法体制改革推进会和检察长杨司的讲话精神，迎接即将在全省检察机关推开的司法试点工作，按照山西省检察院有关尽快成立强有力的司法体制改革领导机构的要求，决定成立司法体制改革领导组。组长为常务副检察长刘双富，副组长为副检察长杨建民，党组成员、办公室主任史保龙，专职委员田江华，全院司法改革工作正式开始。

2016年是司法体制改革的攻坚年，阳泉郊区检察院认真落实改革主体责任，不断完善改革方案和推进措施，11月8日，根据《山西省检察机关全面推开司法体制改革试点检察官首批遴选工作实施方案》和《山西省检察官遴选办法（试行）》的要求，结合全院各项检察工作实际和检察队伍现状，阳泉郊区检察院制定《检察官首次遴选业绩考核方案》。为保证业绩考核工作顺利进行，成立郊区人民检察院业绩考核工作领导小组，党组书记、检察长严志勇任组长。

遴选工作指导思想是：紧紧围绕中共中央和高检院关于深化司法体制改革的总体部署，以建设公正高效权威的社会主义司法制度为目标，坚持以中央、高检院和省司法改革精神为指导，以上级院对各业务部门的基本考核项目为基准，结合本院其他公共考核项目等检察工作实际，通过科学严谨的程序，对本院报名参加首次检察官遴选同志在规定期间的工作，进行全方位业绩考核，力争为首次遴选员额检察官提供客观、公正的业绩考核数据。

遴选原则有五：公开、公平、公正原则；不同业务部门综合平衡原则；专业业务考核与综合业务考核协调兼顾的原则；统计数据和群众评价相结合的原则；德、能、勤、绩、廉综合考察、整体评价的原则。

业绩考核重点围绕参加遴选对象的德、能、勤、绩、廉五个方面进行。其中，“德”的考核占25分，评价等次计分标准分别为：优秀25分，良好15分，合格5分，不合格0分，每项评价优秀等次不得超过16人；“能”的考核占25分，评价等次计分标准分别为：优秀25分，良好15分，合格5分，不合格0分。每项评价优秀等次不得超过16人；“勤”的考核点5分，近3年病、事假累计不超过30天计5分，每超过10天减1分，未休年假的可折抵事、病假天数。属于国家规定法定休息情形的不减分，最高减分不超过5分。“绩”的考核占40分，对参加遴选对象的“绩”进行考核，采用个人业绩考核项和加、减分项相结合的方式进行；廉的考核占5分，对参加遴选对象的“廉”进行考核，采取征询纪检监察部门意见的方式进行，无违法违纪现象的计5分，因受到党纪政纪处分且处分期未满的记0分。德、能、勤、绩、廉五项得分总和，即为被考核人“业绩考核”的最后得分。

是年，阳泉郊区检察院以“司法体制改革攻坚年”为契机，认真落实改革主体责任，不断完善改革方案和推进措施，全面实施员额制改革，共有17名政治素质高、纪律作风好、具有独立办案能力的检察官进入员额，圆满完成了首批遴选工作。同时严格落实司法责任制，坚持科学放权与强化监督相结合，落实司法责任制实施意见和检察官权力清单，严格做到谁办案谁负责，谁决定谁负责，强化了办案检察官的责任，为提高办案质量、提升办案效率奠定了基础。

2017年1月19日，郊区检察院举行首批员额制检察官宪法宣誓仪式，17名员额制检察官高举右手向宪法庄严宣誓。检察长严志勇作为首批员额制检察官领誓。检察长严志勇要求每一位员额检察官，要担负起新时期检察官的荣耀和尊严，担负起检察机关的责任与担当，担负起人民群众的希望与重托，担负起推进国家法治进步的未来和梦想，坚定理想信念，维护公平正义，敢于担当作为，筑牢清廉底线，自觉肩负起维护宪法法律权威、捍卫宪法法律尊严，保证宪法法律实施的神圣职责，争做一名无愧于党和人民、无愧于法律的人民检察官。该院首批员额检察官表示：集体宣誓仪式使自己经受了一次精神洗礼，在日后的工作中必将加倍珍惜组织的信任、人民的期盼，带头树立宪法意识，恪守宪法原则，履行宪法使命，努力让人民群众在每一个司法案件中都能感受到公平和正义。

本次员额检察官宣誓的誓词为：“我宣誓：忠于中华人民共和国宪法，维护宪法权威，履行法定职责，忠于祖国、忠于人民，恪尽职守、廉洁奉公，接受人民监督，为建设富强民主文明和谐美丽的社会主义现代化强国努力奋斗！”

根据山西省人民检察院《关于在全省各级人民检察院落实司法责任制全面实行新的办案机制的紧急通知》，从2017年3月20日起，阳泉郊区院所有案件和法律监督事项，一律由员额检察官按照高检院和省院关于落实司法责任制相关文件规定的权限、程序和要求依法进行，未入额检察官不再承接案件，为此，成立了9个独任检察官办案机构、2个员额检察官办案工作组，全面落实司法责任制。

是年，阳泉郊区检察院推进检察体制改革，一是全面实行人员分类机构整合，坚持组织安排和个人意愿相结合，将检察人员划分为员额制检察官、检察辅助人员和司法行政人员三类。通过严格考核，共有9名检察官进入员额队伍，圆满完成了首批遴选任务。按照全省基层检察院内设机构改革方案，将原来的13个内设机构精简至5个，对人员分工进行了重新调整，办案程序更加严谨，办案效率更加提高。二是严格落实司法责任制要求，按照“谁办案谁负责、谁决定谁负责”的原则，依法授权，严格监督，确保检察官依法独立公正行使职权，成立10个独任检察官办案机构和2个员额检察官办案组，明确了员额检察官办案职责。制定《关于落实司法责任制的实施意见》《检察委员会权力清单》《担任院领导职务的检察官权力清单》《法律政策研究业务类检察人员权力清单》和《 业务类检察人员权力清单》，对包括院领导在内的全部员额检察官、司法辅助人员办理检察业务权限进行了详细分配，保障司改责任制的落实。三是配合搞好监察体制改革试点工作，按照监察体制改革工作的要求，顺利完成办公区域划分、资产移交和人员“转隶”工作。高度重视案件办理工作，成立了专门承办监委移送案件办案组，由检察长指定员额检察官负责承办。共办理郊区监委移送3起职务犯罪案件，平均办案审结期限比普通刑事案件用时缩短60%。

2017年5月12日，阳泉郊区检察院检察委员会为进一步优化检察职能和检力资源配置，强化法律监督、自身监督和队伍建设，提高法律监督能力和执法公信力，根据《山西省县级人民检察院内设机构改革实施方案》（以下简称《方案》），讨论并通过并《内设机构改革实施方案（试行）》。根据该《方案》，全院内设机构由10年改为5个：综合保障部、政治部、刑事检察部、民事行政检察部、检察业务管理监督部。原职务犯罪预防科、反贪污贿赂局、反渎职侵权局，转隶新成立的阳泉市郊区监察委员会。反贪反渎和预防部门转隶后，该院重新核定的政法专项编制40名，是年实有34名，具有检察官资格的13名（含检察长、副检察长），首批检察官遴选入额9名（其中：以院领导身份入额4名，以普通身份检察官入额5名），内设机构10个，院领导班子成员9人，其中，党组书记1人、党组成员6人、非党组成员副检察长1人、专职委员1人。

根据该《方案》，原内设机构及职能划转合并情况：办公室整合为综合保障部；政工科、法警队整合为政治部；侦查监督科、公诉科、刑事执行科整合为刑事检察部；民事行政检察科整合为民事行政检察部；案管中心、控告申诉科、检委办整合为检察业务监督管理部。3名以领导身份入额的副检察长，分别担任刑事检察部部长、民事行政检察部部长、检察业务监督管理部部长。5名以普通身份入额的检察官，分别配备在刑事检察科3名、检察业务管理监督部2名。党组成员、办公室主任史保龙，兼管综合保障部，行使部长职权；党组成员、副检察长杨建明任政治部部长；党组成员、常务副检察长刘双富任刑事检察部部长，民事行政检察部；副检察长张保亮任民事行政检察部部长；党组成员、副检察长王权政任检察业务管理监督部部长。

2017年5月17日，为贯彻落实中央、高检院和省委关于司法体制改革有关指示精神，科学划分检察人员类别，扎实推进检察队伍专业化、职业化建设，阳泉郊区检察院制定并下发《检察人员分类管理办法》（以下简称《办法》）。根据该《办法》，司法体制改革后，检察人员是指纳入中央政法专项编制，依法履行检察、检察辅助、司法行政职能，由国家财政负担工资福利，在编在职的除工勤人员以外的人员，检察人员具体分为检察官、检察辅助人员、司法行政人员。

一、检察官是指纳入员额管理的检察长、副检察长、检察委员会委员、检察员等依法行使国家检察权，以及法律规定的其他职责的人员。

二、检察辅助人员是指协助检察官履行检察职责的检察官助理、书记员、检察技术人员和司法警察。

三、检察官助理在检察官的指导下协助检察官审查各类案件、草拟案件审查报告和有关法律文书，完成法律规定的其他职责。

四、书记员承担案件的记录工作，负责案件的收转登记、归档和法律文书的收发转递以及检察官交办的其他事项。

五、检察技术人员对检察官承办案件中的某些专门性问题进行鉴定，完成检务信息化建设、运维保障等工作。

六、司法警察保护出席法庭的检察人员的安全，送达有关法律文书、案卷，预防、制止妨碍检察活动的违法行为，处置涉检突发事件，维护检察工作秩序等，保证检察工作的顺利进行。

七、司法行政人员是指负责各级人民检察院政工党务、行政事务、纪检监察、后勤管理等工作的人员。

各类人员的比例测算，以本院中央政法专项编制为基数。检察官、司法行政人员分别控制在中央政法专项编制总数的39%、15%以内，检察辅助人员要达到中央政法专项编制的46%以上，并实现“按类定岗、职责明晰、结构合理、管理规范的人员分类管理制度，激发队伍活力，保障公正高效履行检察职能”的目标。

同年5月31日，为提高司法办案质量，根据《最高人民检察院关于完善人民检察院司法责任制的若干意见》《山西省人民检察院关于落实司法责任制的实施意见（试行）》和《阳泉市人民检察院关于落实司法责任制的实施意见（试行）》等有关规定要求，经阳泉市郊区人民检察院第八届检察委员会第十九次会议审议通过，该院制定并下发《检察官联席会议制度》。检察官联席会议制度是检察官司法办案的辅助机制，主要任务是对重大、疑难、复杂、敏感案件、职务犯罪案件、涉外案件、在本地区有重大影响的案件和新类型案件，以及重要司法业务事项进行讨论，就法律适用问题向检察官提供参考意见和处理建议。检察官联席会议讨论案件的具体范围主要包括刑事诉讼法及司法解释规定的拟不批准逮捕、拟不起诉、附条件不起诉、撤诉、抗诉、提请抗诉、提出再审检察建议以及诉讼监督活动中书面纠正违法、重大涉检信访等情形。检察官联席会议由独任检察官、主任检察官提请，业务部门负责人同意后召开。检察官联席会议由业务部门全体入额检察官参加，一般应有3名以上检察官参会。参会检察官在检察官联席会议上发表的意见，供承办检察官决定时参考，不承担司法责任。但检察官参加联席会议及发表意见情况，纳入检察官业绩考核的评价内容。

10月10日，阳泉郊区检察院制定下发《检察官、检察辅助人员、司法行政人员绩效考核及奖金分配实施细则（试行）》。其中规定：

一、履职情况评价是对司法办案、业务管理、业务指导等工作的数量、质量、效率、效果情况进行评价；司法技能评价是对参加素能培训、岗位练兵、业务竞赛，撰写调研报告、信息简报等情况进行评价；职业操守评价是对职业道德、遵章守纪、廉洁自律等方面的表现进行评价；外部评价主要是根据岗位职责不同，听取与检察官、检察辅助人员履职有密切联系的审判人员、侦查人员、监管民警以及上级检察院相关部门的评价。

二、履职情况评价每季度进行一次，司法技能、职业操守和外部评价每年度评价一次。检察官、检察辅助人员、司法行政人员绩效考核实行量化评分。

三、绩效考核包括履职情况评价、司法技能评价、职业操守评价和外部评价四个部分，分别占 70 分、10 分、10 分、10 分。绩效考核结果分为优秀、称职、基本称职、不称职四个等次。

四、绩效考核奖金分为基础性绩效考核奖金和奖励性绩效考核奖金两个部分，分别占绩效考核奖金总量的 40% 和 60%。基础性绩效考核奖金按人均分配，按月随工资发放；奖励性绩效考核奖金按绩效考核情况年终一次性发放。

五、检察官（检察辅助人员、司法行政人员）基础性绩效考核奖金数额，按月随工资发放，计算公式为：奖金每月金额 = 本院检察官（检察辅助人员、司法行政人员）绩效考核奖金总量 ×40% ÷ 检察官（检察辅助人员、司法行政人员）总人数 ÷12。

六、员额内检察长、副检察长、检察委员会专职委员等院领导的奖励性绩效考核奖金，按照本院检察官奖励性绩效考核奖金平均数发放。

七、奖励性绩效考核奖金数额，年终一次性发放。以优秀等次的奖励性绩效考核奖金为计算基准，考核结果为称职的比优秀的低 10%，考核结果为基本称职、不称职的进行相应扣减。

该院《检察官、检察辅助人员、司法行政人员绩效考核及奖金分配实施细则（试行）》的颁颁实施，进一步落实司法责任制，建立与工作职责、工作业绩相联系的绩效奖金分配机制，有效地调动了全院干警的工作责任心和积极性，促进了检察队伍健康发展和办案质量稳步提高。

2018 年 8 月 13 日，阳泉郊区检察院根据《山西省检察院 2018 年度检察官入额遴选工作实施方案》，下发阳郊检发〔2018〕18 号文件《2018 年度检察官入额遴选工作实施方案》，遴选范围为全院中央政法专项编制在职在岗公务员，通过公开遴选，全院增加 4 个员额检察官名额。遴选基本原则是：党管干部；德才兼备、以德为先、注重实绩、群众公认；民主、公开、择优。遴选条件有六：

一是具备良好的政治素质、检察职业素养以及较高的法律政策水平和独立办案等司法能力。二是具有大学本科以上学历或者取得续职资格专门培训结业证书。三是任助理检察员以上职务的满 3 年，且在业务岗位参与办案满一年以上。四是办案骨干调入非办案部门五年以上的，需回到办案岗位参与办案满一年以上。五是近三年年度考核结果均为称职以上等次。六是具备正常履行司法办案职责的身体条件。其中，副检察长、专职委员入额的，一般为分管检察业务工作或具备三年以上（含三年）办案经历（包括作为检察委员会委员研究案件的工作经历），并按照统一的遴选标准、程序参加考核考试。同时有适当比例院领导专司行政管理工作，不进入员额。

第三章 队伍建设

第一节 纪律作风建设

1980年，阳泉郊区检察院为加强干警管理和组织纪律，根据全院工作实际和机关工作特点，建立《考勤、考核、评比制度》，对干警实行以日为计算单位的考勤，分别以出勤、事假、病假、无故、工休情况列表，由科室负责人逐日填写进行考勤。

1981年，阳泉郊区检察院坚持不懈开展纪律作风整顿，大力消除改革开放初期社会上各种不良风气对检察干警的负面影响。前半年，根据苗头性出现的松散现象，院党组及时召开由党组成员和支部委员、各科室领导参加的党组扩大会议，首先从领导干部开始，狠抓纪律作风整顿，并在全体干警中开展思想教育，同时严格考勤制度，加强组织纪律管理。下半年，根据郊区机关贯彻市委工作会议精神，全面整顿各级干部思想存在的涣、散、软、弱状态，该院又在副科长以上的干部中，在党组成员中，以党组织生活会的形式，运用批评和自我批评的武器，从思想根源上进行整顿，解决了科室管理干部中一度出现的“办事拖拉”“不敢管”“不敢抓”现象，促进干部纪律作风的改变。

1982年，阳泉郊区检察院根据新时期对检察工作的要求，按照无产阶级先锋队标准，本着实事求是的态度，存在什么问题，整顿什么问题的精神，采取边工作，边整顿，边教育，边提高的方法，认真开展干警队伍整顿，全面加强队伍建设，努力使干警队伍建设实现全国政法工作会议提出的五个做到：一是努力学习马克思列宁主义、毛泽东思想，坚持思想基本原则，坚定地执行中共路线、方针、政策和国家的法律、法令，在政治上同中共中央完全保持一致；二是密切联系群众，全心全意为人民服务，不占国家的便宜；三是保护好人好事，反对坏人坏事，机智勇敢地同犯罪分子作斗争，为保卫国家的安全和人民的利益不惜牺牲个人的生命；四是懂得法律和政策，关心经济建设的全局，学习科学技术，熟悉本行业务，做好本职工作；五是坚持实事求是，调查研究，不粗枝大叶，不主观臆断，不刑讯逼供，不违法乱纪，以建设一支能文能武，又红又专的检察队伍。

1984年，该院进一步强化规章制度的落实，克服纪律松弛，作风拖拉的现象，并通过纪律作风整顿，充分调动检察干警积极参加、参与严打斗争的积极性和主动性，保障了严打斗争第二战役目标的实现，促进了全区社会治安形势的进一步好转。

1985年10月1日，为进一步加强检察院的组织纪律性，阳泉郊区人民检察院下发《关于进一步加强各项规章制度的暂行规定》，要求从10月1日起，全院各科室负责人须认真填写《干警逐日工作登记表》，并作为发放工资及各种补助的凭证，每月5日前报办公室汇总。规定每日上午8时30分前，下午4时40分前，为正常上班时间，对上、下班时间未到岗者，视为迟到、早退；迟到、早退累计三次者，扣发其山区补助的10%。同时要求加强全院检察干警请假制度，各科室批假权限为1天。2天以上，由院领导批准。事假累计5天以上者，扣发当月山区补助，3天以上者，扣发当月山区补助的50%。病假期间不发放山区补助。无故1天者，扣发当月山区补助的50%。

1986年，为进一步加强全院检察干警队伍自身建设，全面改进工作作风，进一步端正业务指导思想，提高广大干警遵纪守法的自觉性，使全院工作更好地服从与服务于中共这一时期工作的总任务、总目标，建立作风硬、业务精的检察队伍。阳泉郊区人民检察院根据阳泉市人民检察院〔1986〕52号文件精神，制定《关于整顿纪律，纠正行业不正之风的整改措施》，从10月28日开始，到11月2日，该院集中5天时间，开展“整纪刹风”的教育。

一是组织干警认真学习《中共中央关于社会主义精神文明建设指导方针的决议》、中纪委〔1986〕2号文件，及阳泉市检察院指定学习贯彻的文件和有关文献。从10月30日－至11月2日，将全院干警分为4个小组，按照阳泉市检察院提出的“七查七看”，结合存在的问题，进行摆、查、议。

二是围绕“七查七看”，实事求是摆问题、查危害、寻根源。在揭、摆、议的过程中，围绕政治纪律、组织纪律、工作纪律、办案纪律，摆出全院存在的6种不良风气：1.思想涣散，组织纪律差；2.迟到早退，工作纪律差；3.工作拖拉，挑肥拣瘦，办案纪律差；4.个别干警工作时间办私事，爱占小便宜，私心杂念较重；5.少数干警，个人利益第一，闹无原则纠纷，自由主义严重；6.个别干警不积极参加集体活动，缺乏全局观念。形成上述问题的主要原因就：某些党员党性不纯，某些干警纪律观念差，受社会上不正之风影响严重，部分干警不注重思想的改造，不注重学习，领导政治思想工作做得少，要求不严，制度不落实等。

三是积极采取措施，制定一系列规章制度。1.对问题较多的干警，进行领导谈心，加强教育，促使其改正错误，纠正歪风。2.广泛听取群众意见，对原有制度的不足之处进行全面修订，根据实际，制定新的制度加强管理，建立健全各种规章制度。3.坚持定期开展党、团组织活动，要求党、团员在工作中起模范带头作用。4.进一步加强经常性政治、业务学习和组织纪律教育。5.对组织纪律建设实行领导“值班制”，即各科室负责人，要每天检查科室人员的出勤、工作情况，加以记录，将检查情况作为全面考核评比的重要依据。

经过“整纪刹风”，全院实现三大变化：一是检察干警学习气氛浓厚，闲聊天的少了；二是认真研究案件，严格把关的多了；三是打扑克、下象棋的绝迹了，深入基层的多了；四是办私事的少了，谋事业的干警多了。

1987 年，阳泉郊区检察院结合“坚持四项基本原则，反对资产阶级自由化教育”和职业道德教育，以“改进工作作风，提高工作效率”为目标，深入开展作风纪律整顿。一是严格要求检察干警时刻不忘为人民办案，为人民服务的宗旨，认真解决好为什么办案和靠什么办案的问题。二是严格要求干警既要克服松劲情绪，又要克服急躁情绪，认真吸取个别干警在办案中出现违法的教训，既要坚持文明办案，又要努力提高工作效率。通过整顿教育，干警的精神状态有了明显进步：一是纪律性增强了，坚持了正常的作息制度，迟到早退的少了。三是办案效率提高了，刑事检察科在只有 4 名干警办案的情况下，完成了相当于上年度同期 6 个人完成的工作量，法纪科仅上半年即侦查终结 4 案，创历年同期结案最好成绩。四是法纪观念增强了，杜绝了训斥、刑讯犯罪嫌疑人等现象。

是年，该院根据郊区机关整顿总体安排，认真开展“七查七看”活动，并制定七条整改措施，认真开展组织纪律整顿。同时重新修订了各项规章制度和岗位责任制，对个别违反组织纪律的干警，严格按制度进行惩罚，从而增强了干警的纪律观念，如有的干警在下乡办案中，严格按伙食标准交费，而配偶和亲属在农村的干警，则妥善处理农忙季节的事务，坚持正常上下班制度。在全院形成了遵章守纪、廉洁从事检察工作的良好工作氛围。

1988 年 7 月 7 日，阳泉郊区检察院根据中共郊区区委、区政府《关于奖金发放的有关规定》，结合该院实际，制定《奖金发放细则》，加强检察干警纪律作风建设。凡服从命令，听从指挥，工作积极负责，遵纪守法，模范遵守各项规章制度，每月出勤 26 天以上者，为一等奖。凡工作积极，能够完成任务，遵纪守法，无旷工，月出勤 24 天以上者，为二等奖。凡对能基本完成任务，无违法乱纪，无旷工，月出勤 22 天以上者，为三等奖。对无故旷工 2 天或事假超过 5 天，病假超过 7 天者，停发当月奖金；连续三次不值班者，停发当月奖金；受党纪、政纪、法纪处分的人员，停发 1 年奖金；超计划生育者，在受罚期间不享受奖金；离职学习 2 年以上工作人员，不享受奖金。“三五”干部病假 7 天者，每月 7.5 元奖金；事假 5 天以内、病假 7 天以内者（不含“三五”干部），扣发每月奖金的 10% ~ 60%，晚婚晚育、独生子女产假，从请假之日起，可享受半年产假。享受奖金。哺乳期从小孩出生之日算起为 1 年。

1991 年 4 月中旬开始，至 9 月底，阳泉郊区检察院根据山西省和阳泉市及郊区区委统一部署，开展执法队伍整顿。一是成立以检察长苏密生为组长，党组成员为组员的整顿领导组，由政治协理员专门负责整顿工作的具体指导，制定整顿实施方案，在工作整顿两不误的基础上，开展纪律作风整顿，其间，全院共进行 24 大集中整顿，

7天以上科干部小集中整顿，保证了整顿工作顺利进行。二是开展自查自纠，党组成员带头学习整顿文件，中层干部（科室负责人）根据党组要求，组织开展本部门学习，形成党组成员促进环节干部，环节干部带动全体干警，促进执法队伍整顿的新局面。同时根据各科室不同职能和任务，确定各自揭摆的重点，具体办案的部门重点揭摆吃请受礼，索贿受贿，以案谋私、徇私枉法的问题，行政部门重点揭摆作风拖拉、办事推诿等问题，做到各有侧重，突出重点。执法队伍纪律作风整顿中，发放征求意见卡110余份，走访基层单位24个，召开座谈会4次，促进自查自纠的深入开展。三是边整边改，该院党组先后2次召开民主生活会，揭摆党组存在的问题，如班子成员工作协调不够紧密，科室之间配合不够密切，工作作风不够细致，问题处理不够及时，重视业务工作，对自身的政治学习抓得不紧，等进行了批评与自我批评。对干警劳动纪律松弛，工作效率低；办案作风不扎实，为人民服务，为经济建设服务的观念和意识不强等问题，进行大力整改。四是建立健全各项规章制度，重新修订各类人员岗位责任制6项，完善各种规章12项，新建制度2项，并实行一月一评定的监督措施，有效地克服了无章可循、有章不循的不良现象。

是年9月，该院围绕中共阳泉郊区区委关于“区级机关整风对照检查”六个要求，采取背靠背群众评议活动和当众亮相自我总结相结合的方法，对副科级以上干部逐条对照检查、评议，找出存在的问题和差距：一是以经济建设为中心的指导思想在实际工作中落实得不够好，存在重惩罚、轻服务的倾向。对如何在打击犯罪的同时搞好服务缺乏一个总体方案。二是领导班子在民主作风和工作作风上还存在问题，有些重大问题交群众讨论不够深入调查研究情况不够，工作方法、工作作风粗糙，关心干警不够，干警面临的实际生活问题，如住房、子女就业、办公用房等，没有得到很好的解决，挫伤了部分干警的工作积极性。

通过执法队伍整顿，全院不思进取，得过且过混日子的人少了，要求进步，不甘落后的人多了；消极怠工，串科室闲聊乱串的人少了，积极工作，勤奋学习，钻研业务的人多了；“难”以律已，迟到早退，无组织无纪律的人少了，严于律已，严格遵章守法的人多了；下乡办案，白吃白喝的人少了，按章办事的人多了。“明知不对，少说为佳”搞自由主义的人少了，敢于开展批评与自我批评的人多了；互相拆台闹不团结的人少了，互相帮助，团结友善的人多了，全院形成了积极向上、团结互进的良好工作氛围。

1993年，阳泉郊区检察院为防止和纠正执法过程中的脱节问题和失误现象，全面提高办案质量和执法水平，一是实行“以人定案、分级审查”的办案责任制，每办理一个案件，先由办案人认真审查，拿出意见，在此基础上，由科长、科务会、主管检察长、检察长、检察委员会层层把关，分级审查，办案人、科长、主管检察长、检察长和科务会、检察委员会两个层次，都有明确的责任规定和审办案件时限，在哪个环节上出现问题，由哪个环节负责，层次责任分明，形成了一种硬性的责任机制，以此来保证办案质量。并在办理案件中，实行五对照：即事实与证据对照、事实与口供对照、证据与证据对照、证据与口供对照、口供与口供对照（一次口供与多次口供、一人口供与多人口供）。把好“五关”：犯罪事实关、认定证据关、法律文书关、办理程序观、认罪定性关，同时要看社会效果和经济效果，从而有效地防止了冤、假、错案的发生，保证了办案质量。

二是建立并实行案件质量检查和办案总结评议制度，确保案件质量。为此，该院每月以科室、每季以检察委员会或分管检察长，对干警所办案件进行一次“回头看”，严格进行质量检查，提高办案质量。同时，科内每季、院里每半年，对干警所办案件的数量和质量进行评议，要求干警取长补短，提高业务素质和办案水平。此外，该以一年一度的执法大检查为契机，对办案情况开展自查自纠，并邀请有关部门对执法工作批评指正。

三是建立和实行内部衔接、制约制度。首先建立健全侦、补、诉三科室衔接介入制度，自侦部门经过初查，立案侦查时，批捕部门就派员提前介入侦查活动；批捕人犯后，起诉部门就派员介入，既加快了办案速度，又保证了办案质量。其次，建立健全科室交叉检查制度，规定各有关制约科室，每季交叉检查一次执法情况，以互相监督、互相制约，形成严密的办案机制，避免管理脱节和执法失误。

四是建立实行双向延伸，对外衔接制约制度，向前延伸，即提前介入公安机关对重特大案件的刑事侦查活动，通过参与公安机关的侦查、预审活动，及时掌握案件和证据，为快捕快诉做准备；向后延伸，即提前和法院分析研究疑难案件，做好移送起诉前的衔接工作，便于法院掌握案情，及时审判，从而有效地避免扯皮现象，防止案件久拖不决。同时严格履行法律监督职责，充分发挥《检察建议》和《纠正违法通知书》的作用，深入公安、法院调查了解情况，发现问题，当即提出纠正意见，对确有错误的判决，及时进行抗诉，进一步增强侦查监督和审判监督工作。

通过实行上述执法责任制，取得了明显效果：

一是干警的工作责任心积极性主动性明显增强。二是干警遵守纪律和制度的自觉性明显提高。全院干警月月出满勤，请、销假制度严格执行，杜绝了打骂犯罪嫌疑人和上班迟到、早退现象。三是办案质量有新的提高。全年批捕案件准确率和起诉案件准确率，均达到百分之百。四是工作效率进一步提高。经济检察科共立案查处经济犯罪案件 15 件，比上年上半年增加了 87.5%；法纪检察科共立案 12 件，比上年同期增加了 20%；批捕案件审结时间比上年同期平均缩短 1 天，起诉案件审结时间比去年同期平均缩短 3、5 天。五是法律监督进一步深化。如批捕科变“坐堂”审查的“静态”监督方式，为提前介入的“动态”监督方式，建立提前介入制度，使侦查监督深入化。六是内外协调配合更加紧密，各科室之间形成了互相配合、协调行动、联合作战的新风尚。同公安分局、区法院的联系、沟通进一步加强，杜绝了因公、检、法认识不统一和互相推脱，造成久拖不决的案件，保证了及时、有力的打击犯罪。

1993年，阳泉郊区检察院组织全体党员及干警，传达学习山西省委政法委晋政法〔1993〕7号文件，以临猗县“1·21”事件为教材，进行纪律作风整顿：一是要求各科室进行对照检查，检查每个干警有无以权压法，以言代法，超越法律，不严格依法办事的问题；二是进一步严格各项办案制度，堵塞漏洞，防止违法违纪问题的发生；三是通过整顿，吸取教训，切实加强检察队伍的思想、作风建设，增强全体干警全心全意为人民服务的意识，树立严格依法办事的观念，提高执法水平，真正做到“有法必依，执法必严，违法必究”。并根据中共阳泉郊区委4月3日会议精神，阳泉郊区检察院召开民主生活会，进一步扩大整风的效果，针对个别干警从事第二职业问题，要求党员和干警必须严守纪律，不得经商，不得从事第二职业，通过整顿，干警的组织纪律性得到加强，工作效率进一步提高，院内一度时期严重的打麻将和经商现象得到克服。5月，组织干警观看《再铸警魂》党员教育录像带，要求每个干警撰写观后感，通过正、反两方面的典型，使大家认识到严格执法的重要性，以增强干警从严执法和全心全意为人民服务的自觉性。

1995年，阳泉郊区检察院认真开展“集中整顿政法队伍”活动，1月10日，院党组召开各科室负责人及副科长以上领导干部会议，党组书记苏密生要求与会人员发挥骨干带头作用，真抓实干，模范执行各项规章制度，提出认识上做到“三个树立”，即一是树立高度的责任心，使命感，切实转变工作作风；二是树立全局观念，改变有令不从，有禁不止的无政府主义状态；三是树立严格依法办事的观念，提高执法意识。行动上做到“三个带头”“八个不准”，即带头学习邓小平建设有中国特色的社会主义理论和十四届三中、四中全会精神，落实区委（扩大）会议精神；带头执行高检院、省委及区委廉洁自律的有关规定；带头执行好本院的各项规章制度。一不准拉山头搞宗派；二不准为犯罪分子说情；三不准办案收受礼品；四不准徇私枉法；五不准搞赌博；六不准搞第二职业；七不准到发案单位报销个人票据；八不准参加发案单位的宴请、庙会。在揭摆问题、查找根源的同时，边整边改，一是继续开展批评教育，打麻将赌博的干警，均在干警大会上公开做检查，并取消参与打麻将赌博干警的评先资格，从此之后，对参与赌博的检察干警一律开除。二是全面完善各项规章制度，明确各类检察人员的工作职责，修订各科目标管理责任制和办案责任制，对值班制度，签到制度，请销假制度，各种会议制度，财务管理制度，事务管理制度，赃款赃物管理制度等作了修改和补充，积极从制度上堵塞漏洞，特别是针对工作情况与奖惩相脱节，干好干坏一个样的教训，制定并完善了工作目标、考评办法及实施细则，实行定人员、定任务、定奖惩，工作情况与奖惩直接挂钩的考核办法，从业务工作、政治表现、工作作风、工作纪律诸方面全面考评，同个人经济挂起钩，奖优罚劣，激励全体干警搞好工作，争先创优。

通过集中整顿，取得了比较明显的成效，一是干警的精神面貌有所改观，全局观念进一步增强，全体干警纷纷为全院制度建设和改变院风院貌献计献策，过去那种事不关己，高高挂起的态度不见了；二是纪律观念增强了，迟到、早退现象少了，无故旷工的人没了，打麻将赌博现象绝迹了；三是工作作风有改进，关心集体，认真工作的人多了，敷衍塞责，得过且过的人少了。

1996年，阳泉郊区检察院全面加强队伍建设，进一步提高干警的政治素质。一是组织干警学习《检察人员纪律》《检察官法》、江泽民《关于讲政治》和中共十四届六中全会决议等重要内容，坚持联系实际，落实行动。二是根据中共郊区区委、区委政法委安排，于4月开展“加强政法队伍建设，搞好整纪刹风”工作，并成立领导组，制定“整纪刹风”方案，安装举报箱，发出“征求意见卡”40余份。三是开展“清、堵、查、改”工作，“清”，即清退外单位借用人员4名；“堵”，即堵塞各种影响安全的漏洞四处，加强安全防范措施；“查”，即开展自查自纠，自觉检查问题，纠正错误，每个干警遵照院党组提出的“十对照”自觉地进行了自查，收回自查书32份。“改”，即制定整改措施，建章立制，对学习、值班等7项制度进行修订。五是认真贯彻落实十四届六中全会精神，院党组要求每个干警联系思想实际，做政治可靠、品德高尚、业务精通、作风过硬、纪律严明的检察官。并要求检察干警锤炼“六种品德”：一是坚持党性，忠于人民的政治品格；二是实事求是，坚持真理的理性修养；三是秉公执法，无私无畏的职业追求；四是勤奋敬业，开拓创新的进取精神；五是艰苦奋斗，自强不息的创业意志；光明磊落，廉洁奉公的人格情操来规范自己的言行。

1997年年初，阳泉郊区检察院按照上级检察机关部署，在全院干警中开展思想、纪律、作风、整顿工作，并结合整顿工作，开展理想、宗旨、职业道德教育。年末，根据中共郊区区委12月3日会议精神和区委政法委《关于汲取黎城、潞城公安交警乱罚款事件教训，切实加强警风警纪教育的通知》要求，对全院干警认真进行整纪整风教育。全体干警对照各项规章制度有关条规找差距、摆问题，撰写自查自纠材料。此外，该院还向有关单位和个人发出征求意见卡30份，征求他们对检察工作的意见和建议。在此基础上，对查摆出的问题和反馈回来的意见进行梳理，分析原因，寻找症结，制定出针对个人或科室的整改进措施边整边改，使干警进一步树立正确的世界观、人生观和价值观，使院风院貌有了明显改观。

是年，阳泉郊区检察院为全面加强干警管理，一是继续建立健全各项规章制度并汇编成册，分为政治、业务、后勤管理3部分、26项、20000余字，全院管理实行了规范化、制度化管理。二是实现《目标责任状》管理办法，年初，院主要领导即与各科室负责人签订全年《工作目标管理责任状》，年终进行实绩考核和奖惩兑现。三是进一步强化精神文明建设力度，制定了《精神文明建设的实施意见》，制作了有关

《检察官法》、中共知识等精神文明建设方面的宣传专栏，在干警中广泛深入开展职业道德，在党员干警中开展党规党纪教育。

1998年2月，根据最高人民检察院、省、市人民检察院《关于开展教育整顿的通知精神》和中共阳泉郊区区委《关于集中整顿政法队伍的决定》，郊区检察院决定3月至8月，对全院干警进行一次思想、作风、纪律组织整顿。本次思想、作风、纪律整顿的指导思想为：坚持高举邓小平理论伟大旗帜，认真贯彻落实中共十五大精神及中纪委二次全会和全国、全省政法工作会议精神，深刻认识在改革开放和现代化建设进程中开展反腐败斗争的极端重要性，坚持“依法建院，从严治检”的方针，围绕群众反映强烈的问题，以整顿执法活动中存在的消极腐败问题为重点，以提高干警政治、业务素质为核心，抓住班子、队伍和纪律作风三个环节，按照“调整充实、教育提高、整顿纯洁”的要求，通过集中教育、揭摆问题、案件检查、严肃查处违法违纪等活动，在较短时间内有效解决群众反映强烈的问题，使全院检察队伍的政治素质、执法风貌和执法水平有明显提高。

一、思想整顿，主要是在全院干警中开展理想信念、宗旨、为民执法、艰苦创业教育，克服特权思想、倡导艰苦奋斗、爱岗敬业精神，密切同人民群众的联系为重点，重点有五：一是遵守政治纪律，执行中央、省委和上级检察院指示，接受区委领导，破除地方和部门保护主义情况；二是执行人大常委会决议，接受人大监督情况；三是增强群众观点，尊重群众、依靠群众和服务群众的情况；四是抵制个人主义、拜金主义和享乐主义影响的情况；五是与政府、法院及其他司法部门的联系等。

二、纪律、作风整顿，主要是认真检查以下三种形象：

1. 有无“办三案”（金钱、关系、人情）、“搞三同”（办案中的吃住行都靠当事人支付）的现象。同时，以查处检察人员利用职权、违法违纪案件为重点，着重开展五个方面的检察：一是执法中有法不依，执法不严、违法办案，甚至贪赃枉法、索贿受贿、挪用扣押款物的案件；二是泄露案件秘密，为案件当事人说情甚至出谋划策、伪证包庇、徇私枉法和徇私舞弊的案件；三是耍特权、逞威风，乱用枪支、乱抓人、乱施械具和刑讯逼供的案件；四是接受定案单位和案件当事人及代理人的吃请、礼物、通讯交通工具和娱乐活动，让企业等单位支付请客送礼和其他活动费用的案件；五是滥用职权，越权办案，私自办案和非法插手经济纠纷，对一些案件该立不立，该查的不查，不该查的乱查以及乱收费、乱罚款、乱拉赞助等违法创收和奢侈浪费的案件。

2. 有无参与经营歌舞厅、赌场或充当保护伞的现象。

3. 着重检查三种不良作风：一是纪律松弛、迟到、早退、无故旷工；二是工作时间从事私人活动、不服从领导安排、擅自行动造成严重后果；三是不思进取、工作不负责任、追逐名利、金钱至上、个人主义享乐主义严重等现象。

三、组织整顿。以依法清理、整顿、纯洁检察官队伍为重点，并着重清理检查以下几种情况：

1. 1995年7月1日《检察官法》实施以来，违法任命检察官的情况。

2. 依照《检察官法》的规定，应当免除检察官职务，实行撤职回避，给予惩罚或者辞职、辞退的情况。

3. 违反规定录用检察人员、严重超编的情况，重点清理1992年以来，不适合从事检察工作的人员和临时执法人员。

为切实保障整顿工作顺利开展，该院成立以检察长郭和为组长的整顿工作领导组，副组长由院党支部书记史宝珠、副检察长李爱贤、史先玲、贾金祥担任，下设整顿工作办公室。为便于教育整顿工作的开展，整顿工作领导组将全院干警分为三个小组：批捕、起诉、民行科干警为第一小组；经济、控申科干警为第二小组；办公室、法纪、监所科干警为第三小组。各整顿小组均设组长、副组长，分别组织开展整顿工作。同时设立面向全社会的教育整顿举报电话和举报箱，恳请社会举报监督。

为了切实推进思想、纪律和作风整顿，阳泉郊区检察院先后于3月31日、4月13日、5月19日、6月24日召开全院整顿大会，传达上级整顿会议精神，组织干警学习最高人民检察院检察长韩杼滨、山西省检察院检察长左祥等领导在整顿工作会议上的重要讲话，要求全院干警把统一执法思想作为重点，坚持解放思想、实事求是的思想路线，转变执法观念，克服模糊认识，切实达到执法思想的统一，促进检察工作健康发展，更好地为党和国家的工作大局、改革开放和经济建设服务。同时要求全体检察干警必须牢固树立四种观念：一是牢固树立为全党、全国工作大局服务的观念。二是牢固树立坚持和依靠党对检察工作领导的观念。三是牢固树立自觉接受人大和人民代表监督的观念。四是牢固树立办案质量是检察工作生命线的观念。

通过教育整顿，取得了明显成果：

一、通过学习讨论，明确了两个关系，转变了一个执法观念。即检查工作同党和国家工作大局的关系，检察工作一定要围绕中国共产党中心工作，更好地为党和国家的工作大局，为改革开放和经济建设服务；独立办案与中共领导的关系，检察机关独立行使检察权一定要在上级党委的领导下，按照党对检察工作的要求开展工作。转变了过去存在的重实体法、轻程序法的执法观念。

二、最高人民检察院关于“九条”“卡死”的硬性规定（《检察干警办案纪律的九条禁令》）落到实处。一是制作“九条”规定的牌板和黑板报，加强学习宣传，并接受公众监督，二是建立健全各项规章制度，确保九条规定的贯彻落实。如：扩大检察委员会对案件把关的范围，进一步完善案件审批手续和赃款赃物管理制度，实行一案一账、一物一卡等。同时做到：1. 不超越管辖范围办案；2. 不对证人采取任何强制措施；3. 立案前不对犯罪嫌疑人采取任何强制措施；4. 不超期羁押；5. 不把检察院的讯问室当成羁押室，询问一般在看守所进行，在检察院询问室进行时严格执行还押制度；6. 不违反规定使用技术侦查手段；7. 不搞刑讯逼供；8. 坚持秉公执法，杜绝因玩忽职守、非法拘禁、违法办案等致人死亡问题。9. 不截留、挪用、私分扣押款物。

三、形成了与人大代表经常密切联系制度，自觉接受人大监督情况。一是认真贯彻落实人大的有关决议，经常向人大及其常委会报告工作，积极查办人大交办的各类案件，及时报告查办结果。二是聘请 9 名区人大代表为特约监督员，并颁发了证书，经常听取他们对检察工作的意见。三是召开征求意见座谈会，汇报教育整顿情况并征求意见。

四、违法违纪案件受到查处。在整顿中，严肃查处了该院司机李某国工作严重失职，将警车丢失一事和私自出车造成交通事故一事，于本年度 4 月清调出检察机关。

五、暂扣款物管理得到加强、收支两条线得到落实。对暂扣款物进行清理，实行一案一帐、一物一卡。共清理出 1996 年、1997 年随案移送赃款 53222.78 元，其中：退回发案单位 44722.78 元。上交国库 8500 元。共清理出赃物 1 件，已随案移送法院。

六、中纪委制止奢侈浪费八条规定得到贯彻，电话使用管理更加严格，节省了话费。汽车修理费和油耗费用比上年度有较大幅度下降。同时减少了会议费及接待费。

七、克服了官僚主义现象。组织全院干警收看山西省委反对官僚主义动员大会实况，并结合全院实际和整顿工作，要求每个领导干部和检察干警，严格按照“反对官僚主义斗争的要求”，对照检查自己的工作，并将每月 5 日、20 日定为检察长接待日，进一步密切同人民群众的联系，倾听群众听声，解决群众提出的问题，及时向来访群众提供法律政策咨询。

1999 年，根据阳泉市人民检察院“阳检发〔1999〕31 号”《关于在全市检察机关开展执法专项治理的实施方案》，阳泉郊区检察院从 6 月中旬起，认真开展执法专项治理。一是制定《执法专项治理实施方案》，成立以检察长闫运成为组长的执法专项治理领导组，成员分别由党组成员担任，下设办公室具体实施。二是分别召开各部门负责人参加的院务会和全院干警大会，认真学习中共中央 6 号文件和有关领导的讲话，对执法专项治理工作进行安排部署，并从讲政治的高度，认识开展执法专项治理，从争创“两满意”“五好检察院”的高度，认识执法专项治理的重要性、紧迫感。三是工作实际，针对检察工作和队伍建设中存在的突出问题和群众反映强烈的重点、难点和热点问题，严格开展执法专项治理。

经过对照检查和自查自纠，自侦部门检讨纠正了对新形势下职务犯罪的特点和规律研究不深不透，主动侦查意识和整体侦查水平不适应形势发展，主动行使法律监督意识差、坐等办案倾向严重等问题。起诉部门针对公诉案件质量方面的问题和刑事审判监督不力的问题，进行了认真整改，一是稳定公诉人队伍；二是全院普遍开展岗位练兵活动和争当优秀公诉人活动，以提高干警整体公诉水平；三是积极试行主控检察官制度；四是完善不起诉案件公开审查制度。以此保证案件质量。批捕部门对

1998年以来的不批捕案件进行了全面分析，对立案监督、侦查监督意识不强、力度不够等问题，作出自我批评。同时向全区13个乡镇和198个行政村发放宣传材料，并借区政府驻地——荫营镇传统庙会期间流动人员多、持续时间长等特点，开展集中宣传活动，积极寻找案源，力争办几件“能捕、能诉、能判”的立案监督案件，打开立案监督和侦查监督工作的局面。

为确保执法专项治理不走过场、不流于形式，该院一是继续深化检务公开制度。与区电台、电视台联系，开辟专栏，宣讲“检务公开”，在本院门厅设置检务公开栏，将“检务十公开”内容全部上墙；设立监督台，将全院干警姓名、照片、编号予以公示，便于群众监督；全面落实告知制度，将犯罪嫌疑人、被告人、证人及举报人的权利、义务内容打印成文，在口头告知的同时，书面告知其权利、义务，以维护其合法权益。推行不起诉案件公开审查制度，允许被告人、受害人及其代理人当场质证，不起诉结论在一定范围内公开宣布，建立有效外部监督制约机制，确保公正执法。二是制定各科（局）室工作制度，确保高检院《关于完善人民检察院侦查工作内部制约机制的若干规定》的贯彻执行。三是严格执行执法责任制，根据年终执法情况，奖惩兑现；对办理错案的，严格按《错案责任制追究制度》查办。

2000年4月20日，阳泉郊区检察院在“三讲”教育中，通过自己揭摆问题和听取社会各界反馈意见，深刻剖析队伍建设方面存在的问题和产生的原因：一是干警的责任心、事业心不强，作风浮夸拖拉。二是组织纪律性松弛、廉洁自律差。三是公正执法观念树立的不牢、服务意识淡薄。四是队伍整体素质不高，落后于形势发展的要求。五是激励机制不健全，队伍缺少生机活力。六是落实各项制度不到位。为此，该院党组以邓小平理论和江泽民《关于加强政法干部队伍建设的指示》为指导，按照“依法管理，从严要求，切实保障”方针，以提高检察队伍的整体素质和战斗力为重点，本着着眼当前，立足长远，把建设高素质检察队伍当作一项长期的战略任务常抓不懈，通过实施人本战略工程，不断深化检察改革，加强队伍教育，优化机制管理，强化全员培训，严格依法监督，并从维护和确保社会、政治稳定，实施依法治区战略，促进全区经济发展高度出发，制定《队伍建设的整改方案》，切实加强检察队伍建设，在较短的时间内，首先解决群众反映强烈的突出问题，杜绝干警违法违纪和腐败现象的发生，使全院检察队伍整体素质得到明显提高，检察官形象明显好转，以建设一支政治坚定、纪律严明、公正清廉、业务精通、作风优良的中国共产党和人民群众满意的高素质专业化检察队伍。

主要措施有十项：

一、坚持持之以恒，落实学习制度。一是落实好经常性的政治理论学习。用马列主义、毛泽东思想、特别是邓小平理论武装干部队伍头脑，提高干部队伍思想政治素质。二是落实好专项性的政治理论学习，学会和掌握用毛泽东、邓小平、江泽民中共三代领导集体核心关于政治理论工作的经典著作，指导具体司法实践。三是落实切实可行的学习内容和学习计划。坚持每周五下午半天的集体学习制度，每月学习不得少于三次，并由政工人员拟定学习计划，学习篇目，由各分管领导人督促检查学习情况，干警学习笔记每月不少于一篇，科室要有学习记录。四是注重学习效果，着力“一个提高”、培养“两个能力”、处理“三个树立”、解决“四个到位”（“一个提高”：提高理论水平、修养；“两个能力”：分析问题的能力和解决问题的能力；“三个树立”：树立正确的世界观、人生观、价值观；“四个到位”：事业心到位，责任心到位，使命感到位，荣誉感到位）。

二、严字当头，落实好各项规章制度。一是坚持依法建院，从严治警的要求，以高标准、严要求继续完善各项规章制度，突出制度的严密性。对原有的82项规章制度中较为笼统、不易操作的部分或内容已不能适应形势要求的统一进行修改。二是加大学习宣传规章制度的力度，使每个干警人手一册新修订的《工作制度汇编》，对《岗位职责》《工作责任制》《检务公开》等制度，实行排版化管理，同时在每周五的学习日，确定规定必须有规章制度方面的学习内容。三是推行领导干部逐级负责制，检察长向区委人大负责；党组成员、副检察长向检察长负责；科室主任、科长、局长向分管领导负责；干警向科领导负责，年终考核时，逐级向上述职。领导干部向全院干警述职，接受民主评议，满意率达到85%以上。四是严格执行力度，推行干部检讨制度，对因严重官僚主义，用人失察导致违法违纪问题发生，对造成不良影响的干部要追究责任，并上追一级，同时检察长要向区委、人大检讨责任，还要向上级检察院检讨责任。五是强化纪检、督察部门的监督职能作用，实行挂牌上岗，廉政建设督查卡制度，办案工作回访制度、设立举报箱、举报电话，聘请廉政建设监督员，并建立科学的联系反馈制度。六是监督关口前移，确保检察人员权力行使到哪里，监督的措施就实行到那里。七是继续强化检察队伍政治纪律、组织纪律、劳动纪律和廉洁自律的教育，严格执行高检院《廉洁从检十不准》《九条硬性规定》，对泄露案情或当事人打探案情，私自办案或干预案件，私自会见案件当事人及其委托人或者接受上述人员的宴请、礼物和提供的娱乐活动，一律调离检察官工作岗位，并视情节追究相应的责任。并严格按照廉政责任状所规定的要求，考核每位干警。

三、严格《办案责任制》《执法责任制》和《错案责任制》，按照谁办案，谁负责的原则，强化工作责任制，尽力缩短办案周期，保证办案质量，努力做到快侦快结，快捕快诉，一般自侦案件，初查须在30日内结束，重大复杂案件不得超过50日，立案侦查期限不得超过一个月，刑事案件杜绝错捕、错诉、漏捕、漏诉问题的发生。

四、改进工作作风，突出工作业绩。遵照江泽民“严格执法、热情服务”要求，牢固树立“公正执法”的思想和为民服务的意识。一是全面实行检察工作业绩百分考核，干部实行任期目标考核和干警实行全员量化考核。考核内容分为两部分：第一部分为队伍建设和综合管理，内容所占分值为40分。考核项目为七个方面，1.坚持政治理论学习制度；2.坚持廉洁自律、秉公执法；3.落实各项机关管理制度情况；4.杜绝发生重大责任事故；5.坚持团结协作，严守工作秘密；6.全面完成党组安排的各项任务；7有关集体形象和集体荣誉。第二部分业务实绩，所占分值为60分，考核办案率、结案率、准确率、诉讼监督、综合治理、检察宣传，成立以纪检组组长牵头的工作督察组，建立完善工作督查制度，定期（特殊情况随时）回访当事人和发案单位，征求他们对办案人员的意见，发现违法违纪的问题及时查处。同时抓整纪，转作风，开展经常性干警队伍教育整顿工作，刹住对待群众态度生硬、蛮横以及门难进、面难见、脸难看、话难听、事难办的衙门作风；刹住吃、拿、卡、要等特权粗暴作风；刹住久拖不决、久侦不破、久查未果以及执法不严现象。开展以“勤奋立业，爱岗敬业，艰苦创业”为内容的作风教育，改进队伍的工作作风和思想作风，增强敬业精神。

五、切实加强和改进检察干部队伍的政治思想工作。实行党支部、党小组和中层干警为骨干的全方位思想政治工作机制。政工部门每月定期分析干警的思想动态，着重抓好一人一事的思想政治工作，把思想政治工作落实到办案第一线，延伸到八小时之外。通过开展为“党旗争光”、为“检察添彩”、“一帮一”活动，把党支部建设纳入检察工作的运行轨道,真正发挥党支部战斗堡垒作用和党员先锋模范带头作用。每季度上一次党课，开一次党员大会，每月一次支部会，建立起党风党纪监督员制度，使党员、领导干部的思想作风有根本转变。

六、深化学创活动。继续开展以“好班子、好机制、好队伍、好业绩、好形象”为内容的“争创人民满意的检察院，争创人民满意的检察官”活动。把“群众满意不满意、拥护不拥护、赞成不赞成”作为工作的立足点和出发点，从人民不满意的事情改起，从人民满意的事情做起。在“五好检察院”的基础上向“模范检察院”迈进，力争在三年内取得突破。

七、转变执法观念，提高执法意识。按照依法治国方略的要求，牢固树立检察工作为中共中心工作服务的要求，认真履行职责，增强服务意识、监督意识，坚持党领导下的反贪污贿赂工作机制，与纪检、监察、公安、法院以及有关行政部门密切配合，通力协作，形成合力，推动郊区反腐败斗争的深入开展。

八、抓好干部培训，把好用人关口，提高全员素质。一是积极推行主诉检察官，主办检察官办案制度，改变长期以来办案工作环节多，权责不明晰，错案追究制难以落实的现状，真正赋予检察官责、权、利，造就高素质的优秀公诉人和检察官。二是实行中层干部竞争上岗，一般干部双向选择机制。形成能者上、庸者让、劣者汰的机制。真正把优秀干部充实到中层干部领导岗位。使每个干警找到适合于自己的工作岗位，充分发挥他们的工作积极性和创造性。三是把干部培训放在突出地位。实现从学历教育向岗位培训的转变；从基础法律教育向高层法律教育的转变；从知识型法律教育向能力型、素质型法律教育的转变；培养一批精通法律专业和有丰富实践经验的专家型检察官。力争三年内全院干警普遍培训一次。同时适时通过知识竞赛、技术比武、司法文书展评和岗位练兵等活动，提高队伍的综合素质。四是在进人用人上要全面推行公开选拔制度。严格执行《检察官法》的有关规定，坚持“条件、标准、程序、考核、结果”五公开，推行“凡进必考”“凡升必考”的制度，真正使那些忠于职守、耿直不阿、清正廉洁、克己奉公、庄重文明具有良好品德的人员充实到检察官队伍中来；使那些党性强、作风正、业务精的检察官走向领导岗位，使全院队伍整体素质有质的飞跃。同时对不适合做检察工作的人员进行清退，纯洁执法队伍。

九、进一步深化检务公开。在认真落实“检务公开”的基础上，逐步建立起检察工作情况通报制度，定期向社会通报检察工作的重大情况，查办的重大案件。规范权利义务告知制度，建立起民事行政抗诉案件、刑事不起诉案件和申诉案件公开审查制度。进一步完善检察长接待日制度、办事承诺制度。

十、坚持中共各级党委对检察工作领导，坚持人大监督，保证队伍建设的正确方向。始终不渝地坚持党管干部的原则，增强自觉接受党委领导的意识，坚持重大事项和重要案件向区委请示汇报制度，坚决贯彻区委的各项决策，同时，增强自觉接受人大及其常委会监督的意识，认真向区人大报告工作，主动邀请人大及其代表对检察工作进行评议、检查，积极落实人大常委会对检察工作的议案和批示，并按时办结上报，并且通过其他形式，自觉接受社会各方面的监督，促进队伍建设措施得到全面落实。

2001年，为贯彻落实高检院加强基层检察院建设的要求，阳泉郊区检察院继续实行工作业绩百分考核，强化竞争激励机制，把争创“五好、两满意”活动引向深入，向“省级人民满意的检察院”迈进，全院上下围绕院党组年初制定的工作思路，层层签订责任状，实行谁分管谁负责，一级抓一级，一级向一级负责的工作负责制，并重新修订《检察工作业绩百分考核实施方案》，把队伍建设、工作业绩、综合管理等20项内容确定为考核内容，以百分考核量化管理的形式分解到科室直至每个干警的身上，使每项工作既有质的内容，又有量的要求，既有硬件建设指标，又有软件达标要求，有力地促进了各项检察工作整体上台阶。

2002年，阳泉郊区检察院把造就“政治素质高，业务能力强，思想作风硬，政绩突出，群众认可的检察干部队伍”作为队伍建设目标，坚持每周五的学习制度，组织干警学政治、学经济、学文化、学业务，提高干警的综合素质。同时以机构改革为契机，建立健全思想政治工作机构，成立政工科，调整充实了党支部、工会、青年团工作机构。设立和配合了专职的思想政治工作人员，开展丰富多彩的思想政治工作，从依法治国和建设社会主义法治国家的战略高度，把依法治检，从严治检落到了实处。

2003年6月23日，为认真贯彻落实最高人民检察院和山西省、市检察院《关于开展“强化法律监督、维护公平正义”教育活动的工作部署》，切实解决执法活动中存在的突出问题，促进全院更好地履行法律监督职责、维护社会公平正义，阳泉郊区检察院以邓小平理论和“三个代表”重要思想为指导，深入学习贯彻中共十六大精神和十届全国人大一次会议精神，以强化法律监督职能、维护社会公平正义为主线，以提高检察队伍的整体素质和执法水平为重点，教育广大检察干警在以胡锦涛为总书记的中共中央领导下，忠实履行宪法和法律赋予的职责，重视并切实解决人民群众反映强烈的执法活动中的突出问题，为更好地履行法律监督职责，促进在全社会实现公平与正义，为全面建设小康社会提供政治保障，制定《开展“强化法律监督、维护公平正义”教育活动实施方案》。

本次教育活动分为五个阶段进行，历时半年左右。具体的目标任务有三：一是进一步深化对“三个代表”重要思想的认识和理解，增强实践“三个代表”重要思想的自觉性和坚定性。通过学习，使全体检察干警在对“三个代表”重要思想的时代背景、实践基础、科学内涵、精神实质和历史地位的认识上达到新的高度，按照“三个代表”的要求总结回顾自身工作，找出存在差距，明确努力方向，自觉把“三个代表”重要思想贯彻到检察工作全部执法活动中，体现在检察业务工作的各个方面。二是进一步统一执法思想，增强为全面建设小康社会服务的意识。树立符合“三个代表”重要思想要求的执法思想，推动检察理论创新，准确理解和把握检察机关的性质地位和职能，增强政治意识、宗旨意识、法律意识和责任意识，牢固树立执法为民思想，正确履行检察职责，为全面建设小康社会服务。三是进一步规范执法工作，加大执法力度，提高办案质量。认真查找和解决执法办案中存在的突出问题，健全各个办案环节的规章制度，规范执法行为，树立良好的执法作风，严肃执法纪律，加强司法文明建设。进一步加大工作力度，提高办案质量，增强执法能力，推动打击严重刑事犯罪、查办职务犯罪案件和诉讼监督等各项工作的深入开展，实现公平与正义。

“强化法律监督、维护公平正义”教育活动的目标主要有七：一是广大检察干警贯彻“三个代表”重要思想的自觉性和坚定性进一步增强，执法思想得到进一步统一。二是广大检察干警的大局意识、服务意识进一步增强。三是广大检察干警严格执法、公正执法、文明办案意识进一多增强，执法作风明显好转。四是广大检察干警履行法律监督职能意识进一步增强，办案水平和办案质量不断提高，执法力度明显加大。五是检察机关内部监督制约机制进一步健全和完善，并得到有效落实。六是检察机关干警违法违纪案件得到严肃查处，错案得到及时纠正，干警执法纪律进一步严明。七是对教育活动中查找出来的问题，特别是群众反映强烈的突出问题得到认真解决和纠正，群众满意率进一步提高。

2004年，阳泉郊区检察院组织专项教育活动，强化干警思想作风建设。一是开展“端正干警品行，强化内部管理”集中教育整顿，以原城区检察院干警王某平包养情妇、故意杀人一案为反面教材，围绕在队伍建设和管理中存在的突出问题，深入查摆剖析，组织学习讨论，增强干警自我教育、自我约束的自觉性，提高防微杜渐、拒腐防变的能力，并针对查摆发现的突出问题和薄弱环节，制定《党组定期分析干警思想动态制度》、《定期走访干警家属及其居住地征求意见制度》，立足于以制度上防范违法违纪。通过集中整顿、落实整改措施，有效发挥了警示教育的作用。二是继续深化“强化法律监督、维护公平正义”主题教育活动，集中开展对扣押、冻结款物的专项检查、纠正违法插手经济纠纷、执法大检查等专项治理工作，从群众反映强烈的问题上查源头，从办理的每个案件中查找漏洞，一项一项检查，一件一件清理，进一步规范执法行为，防范执法违规，提高执法水平。三是开展“做人民公仆，树文明形象”活动，以任长霞、于昌明等政法战线英雄模范为榜样，用身边的人和事教育检察干警，深刻查摆纠正不文明执法行为，牢固树立宗旨意识，组织开展“说文明用语，做文明公民”签字活动，推进文明执法。四是继续推进行风“双评”活动，通过走村入户专访、发放征求意见卡、召开行风监督员座谈会等形式，查找存在的问题，进一步加大打击和预防职务犯罪的力度，加大对检察干警的教育管理制度，加大对检察工作的宣传力度，增强为全局“四走四变四集中”战略服务的意识，促进了干警作风的转变。

与此同时，该院进一步加强规范化建设力度，积极推进检察管理机制建设。继续推进和逐步完善以工作业绩和百分考核为核心内容的制度、责任、考核“三位一体”规范化管理机制，逐级签订年度工作目标责任状，严格年终奖惩兑现，形成一级抓一级，层层抓落实的管理机制。在此基础上，该院全面推进各项业务改革，实行检察引导侦查、多媒体示证、庭前证据交换、不起诉案件公开审查、普通程序简易审理、轻微刑事案件非刑罚化处理、主诉检察官办案责任制、人民监督员制度等改革措施，有效提高了办案质量和工作效率。

2005年，阳泉郊区检察院坚持教育、监督、管理并重，检察队伍建设得到进一步加强。一是认真组织开展保持共产党员先进性教育活动，组织广大党员干警认真学习邓小平理论和“三个代表”重要思想，从理想信念、宗旨意识、纪律作风等方面进行深入剖析，树立“立检为公，执法为民”的执法观；二是对各项业务工作制度进行全面清理，新建制度14个，修订制度8个，通过制定严密的办案工作流程和执法规程，杜绝和减少执法随意性及执法不规范行为；三是从严治检，对有具有苗头性的损害检察工作声誉和形象的相关责任人，及时进行责任追究，通过先进性教育活动和专项整改，检察队伍的整体素质和执法水平有进一步提高。

同年6月15日，郊区检察院召开会议，安排部署规范执法行为，促进执法公正专项整改活动。会议由党组成员、副检察长李爱贤主持，党组成员、副检察长刘双富传达了整改实施方案。检察长张建国在动员讲话中对开展专项整改活动提出四点要求。

全体干警参加了会议。为切实把专项整改活动搞得扎实有效，郊区检察院按照开展“规范执法行为，促进执法公正”专项整改方案内容，把各个阶段的主要工作任务、解决主要问题的重点、采取的方法和步骤以及具体要求和时间安排等内容，以图表的形式制定成工作流程，印发给每一位干警，同时成立了以检察长为组长的专项整改活动领导机构和工作机构，明确了领导分工和领导责任，使专项整改活动一开始就进入规范化轨道。

2007年，阳泉郊区检察院以公正执法为核心，以专业化为方向，以提高检察官整体素质为目标，努力建设政治坚定、业务精通、作风优良、执法公正的检察队伍。根据上级检察院安排部署，认真组织开展“作风建设年，狠抓落实年”学习教育活动和纪律作风整顿，全面加强思想政治建设和纪律作风建设。5月16日，该院召开“作风建设年、狠抓落实年”学习教育再动员大会，就学习教育第二阶段的工作进行了具体安排。贾建胜检察长作题为《转变作风，狠抓落实，不断开创检察新局面》的动员讲话，对检察队伍在思想作风、工作作风、领导作风、生活作风方面存在的问题作了深刻剖析，要求全院干警以学习教育活动为契机，从“三个入手”即从抓领导干部作风入手，从树正气、御歪风入手，从依法办案入手出发，来推进检察工作的落实，进一步提升检察形象。该院采取集中学习与专个人自学相结合的形式，组织干警开展学习中共十七大精神，全方位、多角度、多渠道的保证学习效果，扎实组织开展专项教育活动，强化干警思想道德修养。院党组充分发扬民主，认真落实党组中心组学习制度，开好党内民主生活会，经常性地开展批评与自我批评，推进决策的民主化和科学化，不折不扣地贯彻党风廉政建设责任制，班子凝聚力、战斗力进一步增强，“立检为公，执法为民”的意识进一步强化，公正司法、和谐司法的能力进一步提高。

2008年4月8日，阳泉市郊区检察院法警大队召开队务会议，组织全体法警学习《山西省检察机关工作纪律十条规定》，传达落实阳泉市人民检察院法警支队2008年工作要点，要求全队按照市检工作总体思路及任务要求，不断加强执法规范化，队伍专业化、管理科学化建设，为检察业务工作提供有力的警务保障。并对法警大队作出具体安排：在奥运会举办之际，一定要严肃执勤纪律，确保机关安全。4月28日，该院召开全院干警大会，通报2007年全国检察机关发生的数起办案安全事故，以及山西省人民检察院督查组的督查情况，组织干警学习最高人民检察院下发的《执法过错责任追究制度》和山西省人民检察院出台的“十条规定”，并将“十条规定”印发到每位干警手中，引导干警强化责任意识，在工作上务实进取。通过教育引导，加强作风建设成为全院干警的共识和自觉行为，机关纪律和精神面貌都发展了很大变化，形成了爱学习、讲贡献、比业绩、争第一的良好风气。

同年5月20日，该院召开专题党组会议，传达学习山西省人民检察院柯汉民检察长在阳泉调研时的讲话精神，对日后工作做了进一步部署，党组决定从“队伍建设”

和“业务建设”两个方面重点突破：在队伍建设方面，要以“大学习、大讨论”活动为切入点，从集中学习、专题讨论、查摆整改和总结成果四个方面入手，不断加强干警的业务素质和思想作风建设。在业务建设方面，要以抓办案为切入点，一是加快侦查一体化进程，各业务部门加强配合，协调作战。二是公诉部门要充分运用多媒体示证系统出庭支持公诉，加强检察工作的科技含量。三是各相关业务部门要尽快开展新《律师法》的学习和研讨，要制定具体的措施，保证案件质量。

是年11月，为深入贯彻检察长柯汉民在郊区院调研时的讲话精神，更好地把握今后检察工作科学发展的方向，阳泉郊区检察院结合中共阳泉市郊区区委部署，决定从本月中旬起至年底，集中为期一个半月的纪律作风大整顿。本次纪律作风整顿工作在院党组统一领导下进行，党组书记、检察长总负责。整顿工作分集中学习提高认识、查摆问题剖析原因和整改提高完善制度三个阶段。一是制订《纪律作风整改实施方案》。二是召开纪律作风整顿全院动员大会，动员干警充分认识开展纪律作风整顿目的和意义。三是全员签订《2008年度检察干警检风承诺书》。与此同时，该院专门召开煤焦领域反腐败斗争民主生活会，党组成员和专职委员参加了会议。

2009年7月3日上午，中共阳泉市郊区区委政法委召开全区政法机关执法规范化建设会议，传达中共中央、山西省市委和阳泉郊区区委政法委《关于政法机关执法规范化建设的指导意见和对执法不公突出问题进行专项治理的实施方案》。下午，阳泉郊区检察院向全院干警对上述会议进行传达贯彻，并出台《区人民检察院关于对执法不公突出问题进行专项治理的实施方案》，成立专项治理工作领导组，专项治理工作由该院纪检部门具体负责实施，为广泛倾听社会各界呼声，郊区检察院设置了专项治理活动举报电话：5153806。

2009年，该院始终把队伍建设作为检察工作的战略任务来抓，坚持从严治检与从优待检相结合，积极探索和建立队伍管理的长效机制。在学习实践科学发展观活动中，院党组按照“深入剖析突出问题，理清科学发展思路”的要求，以加强和改进检察工作为目标，以“为全区经济社会发展保驾护航”为实践载体，提出“抓落实、促发展、上台阶”的整体工作思路，坚持用制度和机制培育人，努力提高队伍整体素质，该院从检察工作和全院实际出发，不断探索队伍管理的新方法新举措，在以百分考核为主要内容的一体化考核机制基础上，先后制定《集体活动考勤制度》《检风检纪督察制度》和《干警八小时以外行为规范》等43项规章制度，从全方位规范干警的言行，在全市五个基层检察院中，该院被阳泉市人民检察院向最高人民检察院推荐为“唯一无违法违纪基层院”。队伍建设得到进一步加强。

2010年4月16日上午，阳泉郊区检察院组织全体检察官举行“恪守检察职业道德，促进公正廉洁执法”主题实践活动宣誓仪式，全体检察官在副检察长张贵深的领读下，面对国徽庄严宣誓。宣誓仪式结束后，大家纷纷表示要以这次主题实践活动为契机，以实际行动捍卫检察官职业道德。同日，郊区院组织全体干警收听收看山西省人民检察院检察长王建明在“恪守检察职业道德，促进公正廉洁执法”主题教育电视电话会议上的讲话。电视电话会议结束后，郊区院党组就学习贯彻检察长王建明的讲话作出安排部署。

同年8月23日下午，该院召开全体干警大会，传达全省全市检察长座谈会精神。检察长贾建胜重点强调了工作纪律和执法作风等方面的问题，提出两点要求：一是振奋精神，全力以赴做好下半年的各项工作，争取在年终考核中取得好的成绩；二是加强自我约束、自我把关，不该做的事情不做，不该说的话不说，不该去的地方不去，慎重对待手中的权力。会后，组织全体干警观看《全国检察机关模范践行检察职业道德先进事迹山西巡回报告会》录像，广大干警表示，要以张章宝等五位模范为楷模，认真践行检察职业道德，扎实工作，严格执法，努力塑造公正廉洁的检察官形象。

9月13日下午，郊区院召开深入推进“反特权思想、反霸道作风”专项教育活动动员大会，党组成员、纪检组组长张福明宣读《郊区人民检察院“反特权思想、反霸道作风”专项教育活动实施方案》，并组织干警收听收看最高人民检察院召开的推进“反特权思想、反霸道作风”专项教育电视电话会议。

是年，该院进一步加强执法规范化建设，严格执行《“一案三卡”制度》，建立健全一线检察官执法档案，并定期进行回访调查和执法质量评比。同时由案管中心牵头，全面规范执法办案环节的流程和细则，对近三年可能存在涉检信访风险的30件案件进行重新评查。并要求检察干警离岗或外出办案、办事，一律在办公室门前悬挂载明手机号码的离岗告示牌，以方便群众联系，提升文明指数。

2011年1月，为做好新的一年的工作，郊区院把加强队伍自身建设作为一项基础工程，坚持从严治检不放松，本着无愧于组织，无愧于群众的态度，利用最高人民检察院通报的重庆市检察机关4名领导干部违法犯罪案件，向全院干警进行通报，用发生在检察人员身边的人和事，开展纪律作风教育。要求广大干警清醒认识检察队伍存在的问题，深刻领会强化自身监督与强化法律监督的关系，做到“惩前毖后，治病救人”。以警示自己，防微杜渐，警钟长鸣。

2011年3月18日上午，阳泉郊区院邀请人民监督员参与该院中层以上领导干部年度考评工作。会上，人民监督员对干部德能勤绩表现情况，进行了客观公正的评价。邀请人民监督员参与年度考评工作，可有效地提高干部测评过程的独立性和透明度，对改进干部工作作风起到促进作用。

同年6月1日上午，该院组织全体干警收听收看“全省检察机关纪律作风专项督查情况通报”电视电话会议，并召开纪律作风专项整顿大会。代检察长王建明就当前加强纪律作风建设，抓好作院纪律作风工作提出三点要求：一是深刻领会当前这一时期开展纪律作风建设的目的和意义，认真学习上级关于改进工作作风以及廉政自律各项规定，培养干警树立良好的职业道德。二是要正视当前队伍建设中存在的问题，深入剖析找症结。三是领导干部要率先垂范，把加强作风建设各项工作落到实处。会议还就严格执行考勤值班纪律、加强车辆管理和检务监察等事项作出具体安排。

2011 年 7 月 11 日，阳泉郊区检察院召开加强机关作风建设动员大会，党组成员、纪检组长张福明宣读《阳泉市郊区人民检察院关于加强机关作风建设的实施方案》。该院成立“加强机关作风建设领导组”及办公室，党组书记、检察长王建明任组长。王建明要求全体干警一是要充分体会在特殊时期加强机关作风建设的重要性和紧迫性。二是确保加强作风建设工作落到实处，围绕四个重点，强化五种意识，解决四种问题，达到四个促进。三是加强领导，重点突出，确保该项活动取得实效。

是年，阳泉郊区检察院以“正风肃纪、创优环境”为主题，以加强教育为基础，以检务督察为重点，狠抓作风建设，要求领导干部首先起带头示范作用，遵章守纪、以身作则、廉洁自律，为干警做出勤政廉洁的表率。并重新修订干警考勤、值班、会议等制度，进一步规范机关的日常管理。在此基础上，围绕方案的实施和制度的落实，经常性地开展检务督察，加大督促检查的力度，切实抓好纪律作风整顿工作。

2012 年 10 月 19 日，阳泉郊区检察院召开以“转变机关作风、促进工作落实”为主题的纪律作风集中整顿动员大会，制订并下发《郊区人民检察院关于开展“转变机关作风、促进工作落实”为主题的纪律作风集中整顿活动实施方案》，检察长王建明就如何开展纪律作风整顿活动提出三点意见：一是充分认识抓纪律作风整顿的必要性。二是如何抓纪律作风整顿。三是抓纪律作风整顿着重搞好“四个结合”。

2012 年 12 月，阳泉郊区检察院召开科长以上干部会议，检察长王建明要求大家继续深入开展纪律作风整顿，以身作则，率先垂范，带头执行并抓好“五个不准”的贯彻落实，并将当前整肃工作和各项规定和精神，迅速传达到每位干警，确保全院干警队伍建设再上新台阶。

2013 年，阳泉郊区检察院一是严格执行中央“八项规定”、反对“四风”和省院“十个严禁”等各项规定，认真组织开展纪律作风整顿活动，使每一位干警在思想上受到触动，作风上得到改进，行为上更加规范。二是重新修订纪律、会议、公务接待、车辆管理以及干警八小时以外行为规范等制度，干警外出一律实行离岗告示，进一步规范日常管理工作。三是狠抓勤俭节约，严格控制“三公”经费，财务支出实行联签制度。积极清退办公用房和规范公务用车，严格执行警车出警规定。纪律作风建设明显增强。

2014 年，阳泉郊区检察院针对日常管理工作中存在的纪律松弛，作风拖沓等问题，坚持从规范检容检纪、清理办公用房、加强公车管理、严格请销假制度等细节入手，抓“早”抓“小”，加大检务督查力度，促进存在问题的解决。

是年，郊区院坚持将学习教育与查摆问题相结合，边学边查边改，搭建互动平台，并召开中共群众路线教育实践活动征求意见座谈会，邀请区人大代表、政协委员、区直机关、乡镇村“两委”委员以及律师代表等30余人进行座谈，向社会各界以及全院干警发放征求意见函。在检察院显著位置设立意见箱，共收集到各类意见和建议500余份。与此同时，围绕聚焦“四风”，通过群众说、同事提、自己找，领导点等形式，认真查摆自身存在的四风问题，设立问题台账，列出问题清单，针对问题原因，制定整改措施。

2015年，阳泉郊区检察院按照“五个过硬”的要求，努力打造信念坚定、执法规范、清正廉洁，让党和人民满意的检察队伍。一是加强思想和作风建设，把坚定政治方向放在班子建设首位，充分发挥把方向、管大局、保落实的带头作用，构建“三严三实”的领导班子。二是坚持从规范检容检纪等细节入手，加大检务督查力度，着力解决干警在党性、纪律、作风等方面存在的突出问题。三是开展警示教育系列活动，邀请市委党校专家来院讲授党课，院领导为全院党员干警讲授了题为“深入开展‘三严三实’专题教育活动，落实严明纪律和规范执法的内在要求”的专题党课，组织全院干警收看“作风建设永远在路上”警示教育片，及时通报领导干部违法违纪案件。四是加强对干警“八小时以外”活动的监督，及时掌握干警业余时间的生活圈、社交圈、娱乐圈，争取做到防患于未然。四是阳泉郊区检察院按照规范司法行为专项整治工作的要求，紧紧围绕人民群众反映强烈、严重损害执法司法公信力的突出问题，采取下基层调研、各部门自查、上门征求意见等形式，广泛听取社会各界的意见和建议，从中梳理出干警政治敏锐性不强、法律监督不力、执法不规范等三个方面、13个具体问题，从提高思想认识、增强行动自觉、强化办案责任和内部监督制约等方面进行整改，定期开展案件质量评查活动，将案件质量评查工作常态化，督促引导办案工作规范开展。

同年5月26日，阳泉郊区检察院为深入贯彻落实全面从严治党要求和习近平总书记系列重要讲话精神，进一步巩固和拓展党的群众路线教育实践活动成果，持续深入推进全院思想政治建设和作风建设，下发阳郊检发〔2015〕11号《深入开展“三严三实”专题教育实施意见》，以解决干警队伍中存在的三个问题：一是着力解决理想信念动摇、信仰迷茫、精神迷失、宗旨意识淡薄、忽视群众利益、漠视群众疾苦，党性修养缺失、不讲党的原则等问题。二是着力解决滥用权力、设租寻租，官商勾结、利益输送，不直面问题、不负责任、不敢担当，顶风违纪还在搞“四风”、不收敛不收手等问题。三是着力解决无视党的政治纪律和政治规矩，对党不忠诚，做人不老实，阳奉阴违，自行其是，心中无党纪、眼中无国法等问题。要求全体干警，尤其是领导干部，联系个人思想、工作、生活和作风实际，联系个人成长进步经历，联系教育实践活动中个人整改措施落实情况，开展“六对照六反思”（对照严以修身的要求，反思是否做到从严锤炼党性、坚定思想信念、增强政治定力、自觉抵制歪风邪气；对照严以用权的要求，反思是否做到秉公用权、依法用权、为民用权，任何时候都不搞特权、不以权谋私；对照严以律己的要求，反思是否做到心存敬畏、遵纪守法，慎独慎微、为政清廉；对照谋事要实的要求，反思是否做到坚持实事求是，尊重客观规律，不好高骛远，不脱离实际；对照创业要实的要求，反思是否做到真抓实干、敢于担当，勇于直面矛盾，善于解决问题；对照做人要实的要求，反思是否做到始终对党、对组织、对人民、对同志忠诚老实，襟怀坦白、公道正派），列出“两个清单”（列出问题清单、列出整改清单），开展自我批评和相互批评，抓好各项专项整治活动的落实，实现“三严三实”制度化、常态化、长效化。

2016年11月30日，为认真贯彻中共十八届六中全会关于“全面从严治党”的要求，进一步严明政法系统各项铁规禁令，切实将“把纪律挺在前面”专项活动引向深入，针对当前检察队伍中存在的突出问题，经院党组研究决定，阳泉市郊区人民检察院制订《“严肃纪律、整顿作风、树立良好形象”专项活动方案》。针对政治敏锐性不强、纪律意识淡化、知纪违纪、执法违法犯法的问题，进行专项整改。

2017年5月10日，为深入推进执法司法规范化建设，全面提升司法公信力和人民群众满意度，郊区院组织全体干警召开“执法司法规范化建设年”活动动员大会，检察长严志勇作动员讲话。党组副书记、常务副检察长刘双富主持会议。党组成员、政治处主任、办公室主任史保龙宣读《关于组织开展执法司法规范化建设年活动的实施方案》，方案分为指导思想、工作目标、主要内容、方法步骤、组织领导及工作要求六个部分，每个部分均列出时间表、路线图，明确责任人、责任部门和方法步骤。检察长严志勇要求全体干警充分认识开展“执法司法规范化建设年”活动是适应推进司法体制改革的要求，是切实解决一批群众反映强烈的执法司法突出问题和纠正一批执法司法不规范问题、构建执法司法规范化长效机制的有效途径。要求全体干警一是要统一思想，提高认识，切实增强推进执法司法规范化建设的责任感和紧迫感。二是要突出重点，聚焦难点，推动执法司法规范化建设年活动深入开展。三是要加强领导，强化执行，确保执法司法规范化建设各项工作的全面落实。希望全院上下坚定信心，锐意进取，坚持不懈地深入推进执法规范化建设，不断提升执法公信力和群众满意度，以不断提升业务能力，规范自身执法司法行为，提高执法司法规范化的水平，为郊区检察事业不断向前发展，做出自己应有的贡献。

2018年9月5日，为深入推进检察队伍全面从严治党、从严治检，集中整肃检察队伍存在的突出问题，切实加强检察队伍思想和纪律作风建设，建设过硬检察队伍，根据山西省高级人民检察院及阳泉市人民院《检察队伍集中整肃专项活动实施方案》，阳泉郊区检察院出台《队伍集中整肃专项活动实施方案》，成立集中整肃专项适动领导小组，党组书记、检察长严志勇任组长。专项活动从2018年8月份开始，至2018年12月底结束。重点做到“八查八整”：一查思想涣散问题，重点整肃理想信念不坚定。包括对习近平新时代中国特色社会主义思想学习不深入、理解不透彻、把握不准确，

"四个意识"不强，"四个信念"不坚定，传播政治谣言、小道消息，对党不忠诚、不老实，为民意识不强，奉献意识淡薄；自由主义严重，丧失政治立场，阳奉阴违，弄虚作假，面对歪风邪气，不敢亮剑、不愿斗争、听之任之等问题。二查纪律松弛问题，重点整肃作风纪律松散。包括有令不行、有禁不止，规矩意识不强，上下班迟到早退，有事不请假、外出不报告，工作自由散漫、脱岗漏岗；仪容仪表不庄重，言行举止不注意：与社会人员乱交往、乱许诺，去不该去的地方、做不该做的事情，大错误不犯，小错误不断等问题。三查作风不良问题，重点整肃特权思想衙门习气。包括漠视群众需求，侵害群众利益，办事拖拉、工作效率低、服务质量差，衙门习气严重；对群众求助和信访敷衍塞责、推诿扯皮，不作为、乱作为、慢作为，不给好处不办事给了好处乱办事，粗暴野蛮执法等问题。四查担当不够问题，重点整肃履职尽责不到位。包括不落实上级决策部署，工作不推不动、得过且过、不思进取；主责意识淡薄，对组织、对工作、对同志不负责，揽功诿过，推卸责任，无原则、无底线：对待工作避重就轻，特别在急难险重任务面前，能躲则躲，缺乏啃硬骨头、挺身上前的勇气和决心，见困难就退、见问题就推、见矛盾就躲，该决策不决策、该推进不推进、该落实不落实，"软、懒、散、推、拖、绕"现象等问题。五查执法不严问题，重点整肃法律监督责任履行不力。包括履行法律监督责任不力，不依规依法办理案件，该捕不捕、该诉不诉、随意退查、久拖不结，以及对侦查机关立案、侦查、强制措施适用，对法院判决、执行活动，对刑罚执行中保外就医、减刑假释等环节监督不力等问题。六查司法不廉问题，重点整肃司法办案不公正。包括利用职务便利干预司法活动、插手具体案件，打探案情、泄露案件秘密，对干预司法活动、插手案件办理的行为不记录、不报告；不当接触交住案件当事人，办人情案，关系案、金钱案；违规经商办企业、从事营利性活动、兼职取酬、入股分红、索贿受贿、赌博放贷、权钱交易，以及其他职务违法和犯罪等问题。七查扫黑不力问题，重点整肃专项斗争不作为。包括消极对待扫黑除恶专项斗争，认识不到位、工作不主动、机制不完善、开展不深入、落实不积极；对黑恶线索及其"保护伞"不积极受理、不认真排查，不愿打、不敢打、不真打、不深打；为黑恶势力说情或打探消息、提供帮助，甚至参与犯罪，纵容包庇犯罪等问题。八查监督缺失问题，重点整肃主体责任不落实。包括班子建设软弱散，成员不团结、作用不明显、群众威信不高；领导干部履行主体责任意识不强、工作不到位，党的领导弱化，党内监督乏力，不作为、不履责、不尽责，好人主义思想严重缺乏健康的同志关系，称兄道弟；党组织作用发挥不好，从严管党治党不力，对队伍教育、管理、监督流于形式，对"关键少数"、重点岗位、重要环节的监督发力不够精准；缺乏正确的用人导向，任人唯亲、迁就照顾、不讲原则，干部队伍建设缺乏活力，群众不满意等问题。

第二节 干警培训

1979年，阳泉郊区检察院选调干警15人开始筹建阳泉市郊区人民检察院。调配到岗人员的政治质量，绝大多数是党员和机关、厂矿企业的中层领导骨干，政治觉悟较高，思想比较稳定，钻研业务，积极肯干，热爱检察业务工作。除1人外，均参加阳泉市人民检察院举办的《刑法》《刑事诉讼法》等法律学习，通过学习，在法律知识和办案能力上均有一定程度的提高。

1980年，郊区检察院根据成立之初“人员新、业务生、难度大、不懂法”这一特殊实际，狠抓法律知识的学习，一是按照全院统一学习计划，确保每位干警准时参加全院集体学习，并结合具体案件，加深对法律知识的理解。三是坚持每星期五业务学习制度和定期进行的“两法”学习辅导制度。特别是在法律时限要求紧、办案任务重的情况下，该院组织干警抓空隙、挤时间，或参加集体学习，或进行个人阅读，全年除按照计划学习《刑法》《刑事诉讼法》《人民检察院组织法》等必读法律外，还结合工作实际学习《经济立法》《经济司法》《森林法》《选举法》《地方小煤窑暂行管理细则条例》《法制报》《人民检察》《人民司法》等有关资料。涌现出一批学习法律知识的模范，高海平、刘艳萍、刘守忠、王瑞明等干警，为尽快提高法律知识水平，向知识化、专业化迈进，除完成各自的本职工作外，坚持天天学法律的自学制度，一方面锻炼说写技能，一方面为加深记忆，坚持抄写“两法”，通过学习专业知识，有力地推动了全院检察工作顺利开展。

12月1日，为全面加强检察业务建设，增长干警业务知识，提高业务技能和政策水平，阳泉郊区检察院制定全院业务学习制度，作出三项规定：一是每星期五全天为业务学习日，集中解决司法业务实践中遇到的具体问题，以“两法”为教材，结合自己的司法实践，深钻细研法律条文，掌握法律知识。二是每半个月结合业务学习中提出的难题，轮流分别由科以上领导和学习好的干警作一次学习辅导。三是每季度开一次业务学习体会和司法实践经验交流会，坚持贯彻“百花齐放，百家争鸣”的方针，开展法学讨论，并要求干警在业务讨论中互相尊重，不同观点，不同认识，各抒己见，取长补短，以便互相学习，辨明是非，共同提高。

与此同时，在干警培训上，阳泉郊区检察院实行以老带新“传帮带”、“能者为师”并存，造就人才的制度。要求新干警和年青干警，无论在政治上、思想上、作风上、工作上、业务技能上，要虚心向老干警学习，认真听取他们的意见，力戒骄傲自满，老干警须带头恢复和发挥优良传统和作风，把自己革命多年来积累的好思想、好经验、好方法，毫不保留传下去，帮助新干警、带领新青年，支持他们做好工作，茁壮成长，力戒保守，在全院形成尊老爱幼、尊师爱友的好风尚。

1981年，阳泉郊区检察院继续坚持要求广大干警“结合办案自学业务制度”，主要学习《刑法》和《刑事诉讼法》，以提高广大干警业务素质和办案能力，确保在业务活动中，同中共中央保持一致。

1982年5月28日，阳泉郊区检察院根据中共山西省委、山西省人民检察院《关于认真学习和讨论宪法修改草案的通知》精神，下发阳郊检发字〔1982〕第11号文件，对学习和讨论宪法修改草案作出安排部署：以《宪法修正案草案》和彭真《关于宪法修正修改草案的说明》为主要内容，结合1975年、1978年宪法，逐条逐段进行学习讨论。5月下旬以自学为主，从5月31日至8月15日，每周星期一抽半天时间进行学习讨论。并对学习方法作出详细规定：采取自学和集体组织相结合的方法，集体学习分别以院和科室为单位，轮流组织。即第一周由院组织，第二周由科室组织，并依次轮流组织，要求全体干警要把学习《宪法修正案草案》和彭真《关于宪法修改草案的说明》结合起来，对照学习1975年、1978年宪法，理解草案的指导思想、基本精神，并提出修改意见。

1984年，阳泉郊区检察院结合严打斗争实际，突出加强检察干警的业务训练和文化学习，坚持两项学习一起抓，大力支持干警报考函授学校和自学考试，在经济上给予适当的补助，在时间上给予相应保障，较好地坚持了“星期六业务学习日”制度，使参加学习的干警，无后顾之忧，能精力集中，参与各种文化和业务方面的学习考试。本年度，检察长苏密生亲自带头参加了山西省人民检察院组织的法律培训班，推荐一名干警赴省城学习二年。其他有一定文化基础的干警，则参加郊区组织的大专班、高中班文化补习，1名干警参加自学考试，有力地提高了检察干警的业务能力和文化水平，拓展了干警的知识面，取得了较好效果：一是法律文书的制作更加细致、准确了，改变了过去语句不通，言不达意，冗长繁琐的文风。二是在办案中能够运用学到的知识进行有理有据的分析，能够抓住案件的要害问题，在诉讼过程中进行剖析。三是检察干警所承办的案件，其适用法律条文的能力进一步增强，特别是一些有影响案件，法律界限把握精准，受到广大人民群众的普遍赞扬。

1986年，阳泉郊区检察院采取“选送干警外出长期学习和短期培训相结合、鼓励支持自学”的形式，进一步强化干警业务培训。全年派至相关院校进行长期学习的2人，本年度毕业1人，进行短期培训的2人，本年度均全部已毕业。参加函授学习的44人，参加自学考试的2人，通过各种形式的学习培训，全院干警的业务素质得到显著提高。

1987年，为全面提高检察业务素质，阳泉郊区检察院采取函授学习与自学考试相结合的方式，鼓励干警参与各种类型的学历学习和专业知识学习。本年度，全院报考人文函大的14名干警进行毕业考试。参加自学考试的7名干警，在第一次两门课程的考试中，有十一门课程结业，受到山西省检察院的表彰。与此同时，该院特别注重干警的业务能力提高，组织起学习指导组，对干警开展业务学习进行全面辅导，并在考试之前，给予一定的时间进行总复习。在日常工作中，广泛开展专业讲评和交流指导，提高和增强干警学以致用的能力。

1988 年，进一步加强干警文化知识培训和业务能力提高。在学习形式上，根据全院干警知识结构情况和年龄，结合业务工作，继续采取在职自学与脱产进修相结合，函大、电大学习与自学考试相结合的方式，鼓励干警自学成才。为此，专门由一名副检察长负责全院干警的学历教育和业务学习，一是组织学习指导小组，对干警的学习进行辅导。二是领导带头参加学历教育和业务培训，形成良好的学风。三是注意理论联系实际，强化学以致用，促进各项检察工作依法、文明开展。与此同时，认真开展评选优秀公诉人活动，通过组织观摩出庭公诉，进一步提高办案人员的应辩能力，熟练掌握同刑事犯罪分子斗争的技巧，更好地运用法律武器打击犯罪，锻炼办案人员的实际工作能力。通过业务学习和锻炼，检察干警的专业知识结构和工作能力有了较大提高，办案质量、法律文书制作、公诉水平有了明显进步，夯实了检察工作的基础。

1989 年，阳泉郊区检察院继续狠抓提高干警业务知识水平的提高，积极支持干警参加北京人文函授大学、电大和山西省高等教育自学考试等法律专业的学习，是年，全院有 4 名干警取得法律大专毕业证书，16 名干警参加自学考试法律专业的学习，6 名干警参加电大法律专业证书学习。通过学习，干警的法律知识水平普遍提高，有力地提高办案能力和公诉水平。

1989 年 8 月，为进一步提高办案质量，郊区检察院组织干警，对照阳泉市人民检察院推荐的优秀公诉词，结合该院执法检查中查出的问题和市院文书备案审查中发现的问题，对本年度以来全院法律文书进行全面检查和评比，教育引导干警们寻找差距和不足，学习先进经验，促进法律文书质量的提高。

1989 年，郊区检察院为培养干警提高出庭公诉的良好素质，有计划地组织了 2 次大型观摩法庭公诉活动，组织干警进行观摩学习，并派人到兄弟县区观摩取经。与此同时，不定期召开案件研讨会，组织干警对疑难案件进行讨论，让大家敞开思想，各抒己见，大胆展开辩论，引导干警从多方面、多角度全面分析案情。通过这些活动，增强了干警的反应能力、辩论能力和严谨的逻辑思维能力。此外，为进一步改进出庭工作中存在的问题，该院全面加强了庭后评议工作。一是由评委跟庭考查，庭审结束后，对出庭干警的公诉水平进行评论。二是主动征求法院和辩护律师的意见，根据他们提出的建议，认真对照分析，不断改进出庭中的失误。本年度，共组织出庭人员与审判人员、辩护律师征求意见 16 次，收集意见 24 条，促进全院公诉水平的提高。

本年度，郊区检察院坚持“专人审查，集体讨论，检察长或检察委员会审决定”的办案制度，对每一个公诉案件，先由案件承办人在全面了解案情和审查证据的基础上，对案件的定性和适用法律条文拿出意见，之后，由科长组织干警集体讨论，再报分管检察长审定。对重大、复杂、疑难案件，须经检察委员会集体研究决定。对决定起诉的案件，则由承办人制作起诉书、公诉词和答辩提纲，并经科长和分管检察长把关，对庭审中可能出现的各种问题进行集体讨论，以避免出庭中的出现的失误，如史淑君在办理高某寿三兄弟故意伤害（致死人命）一案时，本人写公诉词，全科干警进行详细推敲，由科长和分管检察长进行慎重修改，共同研究庭上律师可能提出的问题，由于准备充分，有的放矢，公诉质量好，答辩有理有据，既惩罚了犯罪，也教育了群众，收到了良好的效果，成为全院出庭公诉和培训干警撰写公诉词的示范样本。

1990 年，阳泉郊区检察院全面强化干警的业务建设，一是继续鼓励干警积极参加山西省高等教育自学考试法律专业的学习和电大法律（检察）专业证书的学习，本年度，该院参加自学考试的干警有 3 人取得法律大专毕业证书，占参加自学考试总人数的 20%，另有 70% 的干警，取得半数以上的单科结业证书。参加法律（检察）专业证书学习的干警经过两次考试，成绩均达到专业证书的要求。二是建立健全岗位培训制度，继续选派干警参加山西省和阳泉市检察院举办的各种业务培训班，以培养思想素质高、工作能力强的业务人才。通过文化学习和业务培训，检察干警的业务素质进一步增强，办案质量和出庭答辩水平全面提高，经本年度执法检查，未发现一起冤假错案，办案时限缩短，办案质量符合要求，干警的文化教育和业务培训工作，受到山西省检察院和阳泉市检察院的肯定和表彰。

1992 年，阳泉郊区检察院高度重视提高干警的文化业务素质，继续组织干警参加适合各自文化结构的年龄结构的在职教育，全年参加自学考试的 11 名干警中，有 4 人领取了法律大专毕业证书。参加电大法律（检察）专业证书学习的四名干警有 2 人领取了结业证，还有 3 名干警领取了山西省委党校函授部的大专毕业证，使全院大专或相当于大专文化程度的干警达到 15 人，占全院总人数的 54%，整体文化结构发生了质的变化。在有关科室开展优秀侦查员、优秀公诉人评比竞赛活动，进一步锻炼和提高了干警的业务素质。

1993 年，阳泉郊区检察院继续开展多形式、多渠道检察业务培训，在进一步加强学历教育的同时，鼓励干警参加适合自己年龄特点的短训和岗位职务培训，有 10 名干警参加省高等教育自学考试，8 名干警参加第二期检察专业证书培训，3 名院领导参加中国高级检察官函授学习，1 名干警取得法律大专文凭。是年，全院 50% 的干警通过自学取得大专学历，进一步改善了检察队伍的知识结构，提高了干警的业务素质，保证了各项检察业务的开展。

1995 年，阳泉郊区检察院认真学习贯彻《检察官法》，组织干警用检察官的标准对照检查，增强责任心和荣誉感。特别是为迎接《检察官法》的实施，该院利用张贴标语、出动宣传车等形式，通过电视、广播、报纸等新闻媒介，在全区范围内广泛宣传《检察官法》，同时结合贯彻《检察官法》，配合阳泉市检察院和人事部门开展增编补充录用检察人员工作。并按照平等竞争、择优选拔的原则，经过严格考试、考核，选拔6名助理检察员申报晋升检察员。

1996年，阳泉郊区检察院继续坚持多种形式、多种渠道，开展对干警学历教育和业务培训，全年有3人取得高级检察官结业证书，15人取得最高人民检察院检察专业证书学习结业证，18人获得法律专业自学考试大专毕业证书，5人继续参加法律自考大专学习，6人参加法律自考本科学历学习，全体干警均参加了阳泉市检察院组织的新《刑事诉讼法》专题培训，并参加了市院组织的《刑事诉讼法》业务考试，60%的干警取得优秀成绩，40%成绩良好，无一人不及格，成为全市检察系统新《刑事诉讼法》专题培训培训成绩最好的基层检察院。此外，该院还分期、分批组织干警参加阳泉市人大常委会、阳泉市人民政府组织的《行政处罚法》专题学习，从而进一步提高了干警的业务素质。经过多年的学历教育和业务培训，全院具有大专以上学历的干警达36人，占全院人数的90%。

1997年，阳泉郊区检察院进一步狠抓干警业务培训和学历教育，提高干警的业务素质和办案能力，检察长及各科室负责人均参加了山西省检察院组织的新《刑法》培训班，全院干警都参加了阳泉市检察院组织的新《刑法》培训，与此同时，该院坚持每月一次全院干警业务学习制度，批捕科和起诉科干警，为顺利实施修改后的《刑法》，8–10月份，坚持每天下午下班后两个小时集中学习，加强新、旧《刑法》条文的对比和《刑法》内容的变更与补充，探索办理各种案件的方法和路子。通过多年的学历教育，到本年度底，全院总共有37名干警取得大专以上毕业文凭，占干警总数的90%以上。

1999年，阳泉郊区检察院强化干警业务培训和学历教育，通过开展业务知识竞赛、模拟法庭、业务论文和司法文书展评等岗位练兵活动，提高干警的业务能力和办案能力。与此同时，鼓励检察干警通过党校、电大函授和高等教育自学考试等渠道学知识、学业务，提高自身素质。

2000年，阳泉郊区检察院通过开展业务知识学习、法律知识学习，不断提高干警综合素质，先后有20名干警得到培训，全院大专以上学历的干警占全院干警总人数的90%以上。

2001年，阳泉郊区检察院把学历教育和基本素质教育，放在突出地位，采取多种形式，不断提高干警素质，坚持每周五半天的学习制度，组织干警学政治、学业务、鼓励干警自学成才，支持干警参加各种形式的业务培训，把提高干警的政治业务水平集中到不断提高执法水平上。并通过开展业务知识学习、法律知识学习、不断提高干警综合素质。除2名长期养病的干警外，全部参加了全国检察人员基本素质考试，干警的素质普遍有了提高，全院大专以上学历的干警已占到全院干警总人数的90%，其中，本科以上10名、在读硕士2名。

2002年，阳泉郊区检察院狠抓干警业务培训，组织全院干警参加了全省严打整治斗争知识考试，计算机等级培训考试，主诉检察官资格考试，同时以培养提高检察官演讲口才能力为目的，组织中层以上干部轮流走上讲台，讲授相关业务知识，进行授课练兵。同时，该院特别注重对检察官实际工作能力的提高，要求每位检察官撰写工作经验总结和调研文章，检察干警的整体素质明显提高。

2003年，阳泉郊区检察院为迎接新世纪对检察队伍提出的新挑战，进一步加大干警培训力度，一是继续鼓励干警，通过各种渠道提高自身的学历；二是重点对计算机的操作技能进行培训；三是对中层以上不达本科学力的干部送到省院进行续职培训；四是积极参加高检、省检组织的其他业务培训。全年有5名干警通过自学，取得本科学历，1名干警通过研究生班结业，2名中层干部进行了续职培训，7名干警通过了初级计算机技能培训，4名干警参加了上级检察机关组织的有关组织的业务培训。

2004年，阳泉郊区检察院为迎接新世纪对检察队伍提出的新挑战，按照“懂法律、懂计算机操作、会驾车”的要求，加大干警的培训力度，一是继续鼓励干警通过各种渠道提高自身的学历；二是重点对计算机的操作技能进行培训；三是对中层以上不达本科学历的干部，送至山西省人民检察院进行续职培训；四是积极参加高检院、省检院组织的其他业务培训。全年共有5名干警通过参加自学考试取得本科学历，对2名中层干警进行了续职培训，有22名干警参加了初级计算机技能培训，有21名干警进行了汽车驾驶员培训，并取得了驾驶执照。全院拥有驾驶执照干警占到91%，另有4人参加了上级检察机关组织的专项检察业务培训。

2005年，阳泉郊区检察院先后组织干警通过培训、考核、考试、岗位练兵等形式，全面系统地学习业务技能，提高执法能力，干警培训率达100%。

2006年3月2日，阳泉郊区检察院组织涉密人员进行保密工作培训，各部门第一负责人和内勤，以及有关涉密人员共20多人参加。主要以《保密法》《人民检察院办案工作中的保密规定》《关于确定检察机关工作秘密的意见》《关于确定检察机关工作秘密的意见》和《检察工作中国家秘密范围的规定》为培训内容，副检察长、该院保密委员会办公室主任刘双富主持培训工作，办公室主任、该院保密委员会副主任张福明向参加保密工作培训的干警讲解人民检察中保密工作的重要性和政治意义。

2006年10月，阳泉市检察系统司法警察业务知识和技能比武在即，为积极备战，郊区检察院精心组织，周密部署，进一步加大集训力度，从时间、人员、经费、装备等各个方面保证集训的高标准、高质量。一是院领导高度重视此项工作，检察长张建国专门召开会议进行动员，要求全体参训人员要充分认识到这次比武的必要性和重要性，强调任何人不准无故缺勤，有事、有病要直接和他本人请假。二是聘请了郊区看守所的驻地武警作为教官，借用了郊区看守所武警培训基地作为集训场地。三是为每一个参训人员都购置了统一的集训服装。

2007年，阳泉郊区检察院狠抓队伍专业化建设，积极推进检察人员基本素质教育，注重人才培养，支持干警参加学历教育和全国统一司法考试，有1人通过司法考试。特别是针对新时期检察工作面临的新课题，该院从提高干警业务能力入手，坚持用先进的技术装备武装全体干警，通过在岗学习、学历教育、专题辅导等形式，让广大干警学得会、用得上，公正司法的能力明显增强。尤其是信息化人才得到充实，提高了干警运用和驾驭现代信息技术的意识和能力，干警队伍的学历层次和专业结构进一步改善。

2008年，阳泉郊区检察院大力加强队伍专业化建设，一是围绕检察机关的主要业务工作，以提高检察干警的业务技能和执法水平为核心，不断加大培训力度，突出培训重点，把专项业务培训与岗位练兵紧密结合，使干警在实践中找到差距，经受锻炼、增长才干。二是以加快检察官后备队伍建设为目标，制定激励措施，支持干警参加全国司法统一考试和在职学历教育，实现了干警学历教育和业务培训的双促进、双提高、双增强。

是年6月19日，郊区检察院对全院专、兼职驾驶员进行培训。培训过程中，传达了最高人民检察院《关于去年以来全国检察机关发生的交通事故的通报》，组织学习《机动车、驾驶员管理制度》，并配备专人，对专、兼驾驶员进行强化教育管理，提高干警安全意识，以杜绝事故发生，从而有效保障各项检察工作顺利开展，确保检察人员生命安全。同日，郊区检察院法警大队对新录用的法警进行岗前培训，分管领导和法警队负责人详细讲解了司法警察职责，法警大队采取“一带一”的办法，帮助新录用法警熟悉业务，切实提高安全保卫技能，为日后更好地履行法警职责奠定了基础。7月，该院组织全院各科室内勤集中进行了业务培训，重点讲解统计报表填制要求，进一步规范了案件卷宗的装订和归档管理，同时分析了内勤保密工作存在的问题，对下一步保密工作提出了要求。同年10月，根据山西省检察院安排，郊区检察院派出张培亮、史丽芳，参加全省检察机关第四期司法警察授衔、晋衔培训。培训结束后，2人因成绩突出，被评为“优秀学员”。

2009年7月，在全市检察系统刑事立案监督工作会议召开后，郊区检察院开展了为期两个月的岗位练兵活动。活动按照“缺什么补什么，用什么学什么”的原则，突出“练为实战”的特点，着力打破制约立案监督工作发展的瓶颈。活动中制订了详细学习计划，深入学习相关法律、法规，做到学以致用，主动到立案监督工作开展较好的检察院参观学习，向业务骨干现场取经，查找工作中的不足，制定整改措施，促进监督工作取得新突破。到年底，郊区院共办理立案侦查监督案件10件、14人，与上年相比增加25%。向有关行政执法机关发出建议移交刑事案件意见书两份；向本院反贪局发出建议报请立案侦查意见书一份，均属郊区院首次。此外，该院还初步建立了行政执法与刑事司法相衔接的工作机制，为深入开展立案侦查监督工作打下了坚实基础。

2009 年 9 月，阳泉郊区检察院法警大队，对新招聘的两名司法警察进行为期一个星期的培训。培训主要从业务知识和业务技能两个方面进行，要求做到“一熟、二懂、三会”。通过培训，新法警初步掌握了司法警察的业务知识和业务技能，并从思想上牢固树立“立检为公、执法为民”的理念，为今后的工作打下了坚实的基础。

是年，该院坚持把教育培训与执法实践结合起来，通过专家培训、远程教育、集中学习、案件讨论、岗位练兵等形式，多方位、多渠道推进人才教育培训工作，组织全院 8 个业务部门干警，参加全国检察机关岗位素质全员培训，选派 4 人参加晋升高级检察官资格培训，均顺利结业，干警魏振泽经过刻苦努力，以全省检察机关和全市最高分通过司法考试。

2010 年年初，阳泉郊区检察院党组提出“业务抓创新、管理加力度、保障上水平、形象争一流”的工作思路，高度重视提升干警的素质能力，以领导素质培训、任职资格培训、专项业务培训和岗位技能培训为抓手，大力加强检察业务培训力度。2 月 8 日上午，该院召开党组会议，检察委员会专职委员和办公室主任列席会议。会议由党组书记、检察长贾建胜主持，传达贯彻全省检察长会议期间，山西省书记张宝顺和政法委书记杜玉林对检察工作的重要指示，以及山西省人民检察院代检察长王建明和副检察长王满春的重要讲话，包括 8 个市县院的经验材料。代检察长王建明全面总结了过去一年的工作，准确分析了山西省检察工作面临的形势和任务，提出今后五年全省检察工作的总体思路。会议对照《山西检察工作科学发展五年规划》和山西省检察院 2010 年主要任务分解方案，结合全市检察工作目标和郊区院实际，制定了 2010 年工作打算和主要指标。会后，院党组向郊区人大常委会汇报了全省检察长会议情况和 2010 年工作打算，当天下午，即向全院干警传达了全省检察长会议精神。

同年 5 月，该院法警大队组织全体队员进行为期一个月的“法警业务知识培训”和“体能技能训练”。此次培训和训练按照最高人民检察院“一熟、二懂、三会”和《公安民警提高训练达标标准》进行，具体科目有理论、警械具使用、微机操作、擒敌拳和体能测试。通过集训，提高了司法警察队伍素质，增强了处置各类突出事件的能力。7 月 20 日，阳泉市人民检察院法警支队“体能、技能”考核验收组在郊区院对司法警察“体能、技能”进行考核验收。考核工作继续按照高检院“一熟、二懂、三会”和《公安民警提高训练达标标准》，对司法警察进行理论、警械具使用、微机操作、擒敌拳和体能测试，该院司法警察动作规范、操作熟练，全部在规定时间内完成考核内容，受到市院法警支队领导一致好评。

本年度，阳泉郊区检察院按照《基层检察院建设实施纲要》和全省检察人员“351”人才培养战略，以领导干部和一线检察官为重点，以领导素质培训、任职资格培训、专项业务培训和岗位技能培训为抓手，大力加强检察业务培训力度。4月，选派1名党组成员赴江苏参加中央政法委和最高人民检察院组织的“政法系统网络舆情应对高级研讨班”学习，5月、6月和11月，分别选派3名党组成员参加山西省人民检察院组织的“市、县两级院领导班子成员领导素质培训”，反渎部门、自侦部门全员参加了山西省人民检察院组织的大练兵、大比武比赛，各职能部门分别组织开展了“学、练、赛、用”相结合的岗位练兵，7名新招干警完成了上岗前培训工作。通过全方位多渠道的培训工作，有效地促进了各项检察业务的健康发展，在上年度全市检察工作13个考评项目中，取得7项第一的好成绩，3名干警立功受奖。通过全方位多渠道的培训工作，有效地提升了检察干警的执法水平。

2012年，阳泉郊区检察院以领导干部和办案一线检察人员为重点，积极推进教育培训工作，集中开展修改后《刑事诉讼法》《民事诉讼法》远程教育网络学习，为每位干警订购学习书籍，院领导轮流带头讲学有关内容。

2013年，阳泉郊区检察院以领导干部和办案一线检察人员为重点，积极推进专业教育培训工作。集中开展远程教育、检察业务统一软件应用、执法工作基本规范等网络培训学习，累计培训检察人员200余人次，7名检察干部分别被评为全省检察机关办案标兵和能手。

2014年，阳泉郊区检察院紧紧围绕实现“十二五”时期山西检察工作发展规划纲要，以领导干部和业务一线检察人员为重点，积极开展检察业务技能培训和岗位练兵，70%的检察人员参加各级各类培训。同时进一步加强检察业绩考核管理，建立检察业务运行定期分析机制，细化责任分工，完善压力传导机制，促进工作任务落实。在2014年度全市基层检察院年度考核中，郊区检察工作取得六个单项第一，综合业务排名第二的好成绩。

2015年，阳泉郊区检察院干警培训工作，一是认真贯彻《人民检察院基层建设纲要》，围绕培养素质过硬、业务精通这一目标，坚持从源头和基础抓起，着力提升执法办案、信息化应用、机关管理和新媒体时代社会沟通能力。二是以领导干部和办案一线检察人员为重点，积极推进教育培训工作，选派29名干警分别参加了司法体制改革、检察业务和侦查办案技能等检察工作培训，全院干警全部参加远程教育网络学习。三是投资三万余元为干警订购各类业务书籍，积极开展检察理论研讨，使法学理论素养内化为干警的职业思维，推动干警成长为专家型人才。本年度，在最高人民检察院举办的“全国检察机关统一业务应用系统理论与实务研究”征文活动中，阳泉郊区院干警荣获优秀奖。6月份，郊区院干警郑志明入选山西省人民检察院第一批全省检察机关统一业务应用系统应用人才库存，该人才库由全省17个业务战线的223名应用人才组成。

2016年，阳泉郊区检察院把能力建设作为基础性工程来抓，组织干警参加各类业务培训120余人次，使干警在学习研究中开阔视野、增长见识、提升能力。

2017年5月16日，郊区院举办“互联网+阳光百姓工程”数据报备员培训，参加培训的人员包括区财政局各股室人员、区农委、区住建局、区教育局、区民政局、区七大乡镇等30多家单位数据报备人员和民行检察干警。“阳光百姓工程”是市、县、乡三级公示平台和数据报备与分析平台，民事行政检察部门在完成“互联网+阳光百姓工程”交接工作后，通过摸清本地实际运行情况，掌握工作动态，结合在全区开展“阳光百姓工程”行政检察监督工作衔接中可能出现的新情况、新问题，由技术人员就系统升级后的功能及业务流程，对项目公示平台、数据报备与分析平台的具体操作，进行演示和现场指导、解答疑问，为全区深化“阳光百姓工程”工作奠定良好基础。

同年9月15日上午，阳泉市国土资源局郊区分局组织该局行政执法人员及相关干部，参加国土资源部组织的由最高人民检察院副检察长张雪樵主讲的公益诉讼专题视频讲座，郊区人民检察院民事行政检察部门干警参加了讲座学习。张雪樵通过对公益诉讼的存在意义、立法精神、具体内容、存在问题、解决对策、提出建议等相关内容，以及国土执法中可能产生的问题一一进行详细讲解，重点讲解了刑事附带民事公益诉讼、行政公益诉讼和民事公益诉讼，以及检察机关在公益诉讼工作的支持和重视。与会人员认真聆听、仔细笔记，并就国土执法过程中产生的问题作了深入交流。通过学习研讨，郊区院干警深刻认识到提起公益诉讼制度的正式建立和全面实施，是进一步加强国家利益和社会公共利益保护、促进依法行政的重要举措，是健全完善检察机关法律监督职能的重要内容，检察机关作为国家利益和社会公共利益的捍卫者必须有所作为，而检察官作为公共利益的代表，必将肩负起守护社会公共利益的重大责任。

年度，阳泉郊区检察院把提升干警基本素质、业务水平和执法能力作为培训目标，依据岗位素能基本标准，分层分类开展“学、训、赛、考”活动，强化岗位实战练兵。一是开展“执法司法规范化建设年”活动，按照“干什么、练什么，缺什么、补什么”的原则，选派业务骨干参加省市院组织的刑事检察业务、民事行政业务、行贿犯罪档案查询等业务知识培训17人次，4名干警进修硕士研究生，5名干警分别入选全市检察机关案件质量评查人才库和检察理论调研人才库。二是对业务部门负责人和内勤，进行案件卷宗装订规范化培训，使干警增长见识、提升能力，为办案规范化奠定基础。三是强化执法教育，以理念创新促进规范化，组织领导干部轮流上党课，邀请党校老师和高校专家讲党史、讲国学、讲职业道德、讲检察礼仪，组织干警观看警示教育片、赴红色基地接受革命传统教育，提高干警政治和职业素养。在教育培训观念上，突出前瞻性，加快培养业务后备人才，注重新老之间“传、帮、带”，涌现出一批“通理论、精实务、善研究”的检察业务后备人才。

2018年，阳泉郊区检察院以领导干部和业务一线检察人员为重点，积极开展检察业务技能培训和岗位练兵，推进信息化与司法办案的深度融合，提升干警运用信息化资源支撑平台办公办案的能力。同时加强检察业绩考核管理，建立检察业务运行定期分析机制，细化责任分工，完善压力传导机制，促进工作任务落实。

同年7月19日，为深入推进检察文化建设、执法司法规范化建设，扎实开展“四大活动”，进一步深化文明创建工作，切实提高检察干警普通话水平、提升语言素养和机关文明形象，阳泉市郊区检察院特邀阳泉广播电视台资深播音主持人温晓文，举办普通话培训讲座，院班子成员及全体干警参加普通话培训，一是讲述普通话在生活和工作中的重要性和必要性，二是讲解口腔结构、声母、韵母的发音方法，以及如何运用普通话规范检察用语，三是通过以全体干警试读绕口令的方式，生动地传授了讲好普通话的技巧，并为参训干警指出不足，纠正错误。

第三节 思想政治工作

1980年，郊区检察院坚持按照中共郊区区委规定的每星期一下午的政治生活会和政治学习制度，组织全体干部和党员学习邓小平关于《目前的形势和任务》的讲话；中共十一届三中全会公报；《准则》；《党章修改草案》。并结合学习五届人大三次会议文件（称五三会议文件），在全体干警中进行“三化”（革命化、知识化、专业化）教育，提高广大干警的政治责任性和向知识化、专业化进军的学习自觉性。参加全区机关政治考试的18名干警，平均得分91.17分，名列全区11个党支部第二名。参加本院学习“两法”业务考试的19名干警，每人平均得分91.8分，取得了政治、业务“双优秀”的好成绩。在实际工作中涌现出一批热爱检察工作，学习勤奋，工作踏实的干警。

1981年，为培养一支革命化的检察干部队伍，适应形势和全面实施“两法”的需要，阳泉郊区检察院狠抓检察队伍革命化建设，在思想业务建设方面，以“每周两个半天集体组织学习政治业务”的方式，集中开展中央〔1981〕1号、2号、21号、30号、39号文件，及中共六中全会决议的学习，并同干警队伍整顿结合起来，加大政治学习的力度，确保广大干部在政治上，同中共中央保持一致。

1982年上半年，在打击经济犯罪活动中，该院认真学习中央“紧急通知”和中央、省、市委关于打击经济领域犯罪活动的一系列文件、讲话，首先从提高认识入手，使干警的思想认识统一到中央通知精神上，同中共中央保持一致：一是充分认识打击严重破坏经济犯罪活动的重大意义，激发大家对经济犯罪活动的义愤，克服畏难情绪。二是充分认识经济犯罪活动对党和国家在政治上、经济上造成的危害，增强对开展这一斗争必要性的理解。三是充分认识在打击经济犯罪活动中检察机关所处的地位，坚定把这一斗争进行到底的决心。为使广大干警从上述三个方面提高对打击经济犯罪活动的认识，阳泉郊区检察院采取“摆、看、学、交”的方法，全面强化干警政治思想认识。“摆”，就是摆中共三中全会以来，国家在经济上实行对外开放，对内搞经济的政策和各种形式的生产责任制后，一部分犯罪分子打着各种各样的旗号和幌子，大肆进行贪污、盗窃、侵吞国家、集体财产、行贿受贿、投机倒把、走私贩私活动在阳泉郊区的表现。“看”，就是教育引导干警，深刻了解经济犯罪活动直接破坏国家的经济建设，使国家财产受到严重损失，破坏党风、政风，损坏中共和政府威信，给安定团结的大好形势造成的危害。“学”，就是进一步组织广大干警认真学习中共中央的“紧急通知”，最高人民检察院《关于贯彻紧急通知的通知》和“两个决定”，以及中央17号文件。“交”，就是组织副科以上党员干部，交自己和家属、子女，以及本单位职工在经济方面的问题，做到轻装上阵。通过这些方法，使大家对经济犯罪活动深恶痛绝，激发了大家的斗争积极性，看到了打击经济犯罪的迫切性，充分认识到打击经济犯罪活动是检察机关义不容辞的责任，从而使检察干警看到中共中央的决心和人民群众的强烈愿望，上下一条心，积极投入这一斗争。

1982年9月10日至11日，阳泉郊区检察院召开全体干警会议，传达贯彻《全国政法工作会议纪要》和中共阳泉市委《关于贯彻全国全省政法工作会议精神的意见》、刘寰在全市政法工作会议上的讲话，以及阳泉市检察院根据全国和省、市政法工作会议精神提出的三个意见（讨论稿），并组织干警进行认真讨论，深刻领会文件和会议精神。要求各业务科室密切联系工作实际，总结检查过去在政法工作指导思想上存在的“就案办案”“就事论事”“经济建设与已关系不大”的片面倾向，和工作上存在的“议而不决”“决而不行”的拖拉作风，统一干警思想，提高干警认识，进一步明确政法工作在新的历史时期所处的特殊重要的战略地位、特别重要的作用和根本任务，端正了在新的历史时期，做好政法工作的指导思想。广大全体干警充分认识到：一是在新的历史时期，随着中共工作重点转移向经济建设为中心的社会主义现代化建设方向的转变，政法工作必须相应地同时转移到为经济建设服务上来，根据中共工作重点转移后阶级斗争出现的新特点，政法工作必须坚持用马克思主义阶级斗争的观点和阶级分析的方法，观察和处理当前国家出现的某些新的社会现象和社会矛盾。二是在人民民主专政国家的社会主义国家和改革开放初期，政法部门的专政职能只能加强，不能削弱，政法部门的担子不是轻了，而是越重了。三是政法部门的工作与搞好经济建设的关系不是不大，而是关系极大，从而使整个政法工作，做好在政治、经济、文化社会生活各个领域中同各种敌对分子做长期斗争的准备。

与此同时，阳泉郊区检察院狠抓精神文明建设，促进机关作风的转变。重点结合和正在开展的打击经济领域的严重犯罪活动的斗争，在广大干警中普遍进行反对资产阶级思想腐蚀的教育。为此，该院进一步落实和完善《关于开展文明礼貌活动试行标准》，及各项行政管理制度和工作岗位责任制，充分发挥制度的应有作用，不断调整、改善上下之间、部门之间、相互之间的关系，积极组织广大干警开展比学帮超竞赛活动，使灿烂的精神文明之花开出丰满的物质文明之果。

1983年，阳泉郊区检察院根据“严打”斗争实际，组织全体干警认真学习《邓小平文选》《陈云文稿》及《党的三中全会以来的重要文献》，学习中共十二大文献，学习《宪法》，确保全体干警在政治思想上，同中共中央保持高度一致，同第六届全国人民代表大会常务委员会第二次会议通过、中华人民共和国主席颁布第3号主席令公布施行的《关于严惩严重危害社会治安的犯罪分子的两个决定》保持高度一致，同中央和省、市委，及上级检察机关关于“严打”斗争系列安排部署的高度一致，在紧张的“严打”斗争中，广大检察干警团结一致，相互协作，共同对敌，夜以继日，加班加点，突击审查，克服人员少、任务重、条件差等困难，依法、及时、准确完成了“严打”斗争第一战役检察干警肩负的审查起诉和逮捕犯罪嫌疑人的任务。

1984年6月底、7月初，组织干警学习贯彻6月22日召开、26日结束的“全省法纪检察工作会议”精神。一是在向区委、区政法委员会汇报的基础上，召开党组会，传达“全省法纪检察工作会议”精神，分析阳泉郊区法检工作面临的新情况，研究贯彻落实“全省法纪检察工作会议”精神的具体措施。二是召开全院干警大会（6月30日），继续传达学习省法纪检察工作会议精神及有关文件材料，着重学习检察长刘砚青关于《努力开创法纪检察工作新局面，更好地为党的总目标、总任务服务》的讲话精神，使广大干警统一了思想，振奋了精神，鼓舞了斗志，总结了法检工作经验和教训，明确了进一步加强法检工作的方向，为更好地使法纪检察工作服从、服务于中共中心工作，努力开创全院法纪检察工作的新局面，奠定了思想基础。

是年，阳泉郊区检察院结合“严打”斗争中，干警思想上出现的松劲情绪、打击不力、拖拉作风，以及“左”的思想的影响，注重对干警开展政治思想教育，教育引导检察干警，充分认识打击刑事犯罪和经济犯罪的重要性、迫切性，确保检察院每一位干警的思想认识，同中共中央、全国人大常关于严打斗争的安排部署保持一致，同促进全区经济建设、社会稳定保持一致。与此同时，结合彻底否定“文化大革命”的思想教育，进一步肃清“左”倾思想影响，教育引导检察干警克服用中共十一届三中全会以前的方法处理问题，用“阶级斗争”的眼光看待事物的问题，克服因循守旧思想，牢固树立三个观念：一是牢固树立着眼全局的观念，本着“识大事，懂全局，管本行”的精神，紧紧围绕改革这件牵动全局的大事，充分履行法律监督的职能。二是牢固树立各项检察业务自觉服从于、服务于中共总任务、总目标的观念，认真分析各类案件所侵害的社会关系，使办案与改革紧密联系起来。三是牢固树立扩大办案政治效果的观念，把办案同进行综合治理的各项措施结合起来。

1986年，阳泉郊区检察院一是以《中共中央关于社会主义精神文明建设指导方针的决议》为指针，进一步加强干警思想政治工作。院党组专设一人，负责全院思想政治工作，并开展经常性党课教育、政策教育和理想教育。规定每星期六下午，为全院政治学习日，组织全体干警学习中共中央及山西省、阳泉市及郊区的有关文件和政策，实现了全院政治教育、理想教育制度化、经常化，通过广泛深入的思想政治工作，广大干警牢固树立检察工作必须服从、服务于经济建设和经济体制改革的观念，牢固树立为中共不同时期总任务、总目标服务的观念，牢固树立为人民服务的观念。

二是狠抓中共中央关于政治、经济体制改革的“两个决定”的学习，使广大干警进一步明确中国改革开放的指导思想、内容、形式，并联系检察职能，明确检察机关在国家体制改革中的地位和作用。

三是结合“整党”，狠抓“文化大革命”遗风的清除，肃清“左”的思想影响，教育广大干警从思想上汲取“文化大革命”遗风的危害性，深刻认识“左”的思想影响的顽固性，以此认识检察工作必须实行改革和树立真正保卫改革、服务改革的观念的客观必然性。通过广泛深入的思想政治工作，教育引导干警在正确、依法履行检察职能中，树立自觉保卫和促进经济建设的观念，树立自觉联系经济建设认识检察职能的作用和地位的观念。为全区经济建设、改革开放服务。

1987 年，阳泉郊区检察院根据上级安排，认真组织干警、党员，传达学习中共中央关于“坚持四项基本原则、反对资产阶级自由化”的文件，一是教育引导干警联系中国几十年的历史过程，进一步明确坚持四项基本原则的核心，就是坚持中国共产党的领导，离开中国共产党领导，国家就会出现四分五裂的局面，只有坚持中国共产党的领导，坚持社会主义制度，才是立国之本。二是教育引导干警联系社会上出现的资产阶级自由化思潮，进一步明确鼓吹资产阶级自由化，就是要反对中共领导，否定社会主义制度就是要全盘西化，把国家引向资本主义道路。三是教育引导干警联系全院实际，进一步明确作为国家上层建筑的检察机关，是国家的专政工具，其工作性质，直接关系国家政治、经济秩序的稳定。四是教育引导干警深刻领会中央关于反对资产阶级自由化的一系列文件精神和领导讲话，提高干警坚持四项基本原则，抵制资产阶级自由化的自觉性。五是教育干警开展正规化理论学习，把坚持四项基本原则和坚持改革开放搞活两个基本点，作为开展各项工作的立足点，把保卫坚持社会主义制度及其公有制，作为检察工作的最重要的职能，从而克服单纯办案的错误倾向，充分运用专政职能，同各种敌视和破坏社会主义制度的犯罪分子作不懈的斗争，为维护社会主义制度的稳固发展，发挥积极的保证作用。六是组织干警认真学习中共十三大精神，增强干警对社会主义初级阶段理论的认识，并联系检察工作实际，深刻认识检察工作服务于经济建设这个中心、促进经济建设的发展、促进生产力的发展的重要性，从而使全院干警对社会主义初级阶段理论有了新的认识，服务全区经济工作的自觉性普遍增强。

1988 年，狠抓全体干警对中共十三大文件的学习，以提高干警对社会主义初级阶段理论的认识，增强了检察干警为改革开放和经济建设服务的责任感。

1989年，进一步加强干警政治思想教育，努力提高干警的政治思想素质。一是针对全院中共党员人数多的特点，特别注意抓好党员和骨干队伍的思想建设，增强党组织的战斗力和凝聚力，努力发挥中共政治优势，通过党员的模范作用，激励和带动其他干警做好本职工作。二是实行多层次多角度教育方法，使政治思想工作做到解决思想问题和解决实际生活问题相结合、思想工作和奖惩手段相结合、说服教育和执行纪律相结合、领导干部言传与身教相结合。三是，认真开展没有共产党就没有新中国和同中共中央保持一致教育，组织干警认真学习有关文件，教育引导干警不信谣、不传谣，自觉维护安定团结的政治局面。

1990年，阳泉郊区检察院政治思想工作主要是对全院干警进行“四个教育”：一是四项基本原则教育，引导干警通过回顾历史，认识在中国实行社会主义制度和坚持共产党领导的历史必然性和现实重要性,从而增强大家维护四项基本原则的自觉性。二是为检清廉教育，引导干警通过实际案例，正确认识得与失的辩证关系，从而提高干警清正廉明、无私奉献的自觉性；三是集体荣誉感教育，引导大家认识个人荣誉与集体荣誉的内在联系，激发干警将个人行为自觉纳入集体利益之中，增强为集体增光添彩的自觉性和荣誉感；四是遵纪守法教育，引导干警自觉遵守纪律，严格执行法律，对中共事业和个人成长的极端重要性，从而增强干警遵纪守法、秉公执法的自觉性。在进行政治思想教育的同时，该院党组从日常工作、学习、生活上，关心关怀每个干警，解决他们的实际问题，以加增强思想政治工作的说服力和凝聚力，干警队伍的整体思想素质有了新的提高。

1991年7月1日，郊区检察院党组组织干警收看江泽民总书记“在庆祝中国共产党成立七十周年大会上的讲话”，通过学习，该院干警深刻认识到，在世界风云动荡变幻，国际共产主义运动面临严峻考验的情况下，中国共产党组织建设的重要性，教育引导共产党员和干警牢记历史使命，从我做起，从现在做起，自觉投身革命事业，为祖国的现代化建设做出贡献。

1992年，阳泉郊区检察院在国家经济体制重大变革的新形势下，一是组织干警认真学习邓小平南方视察重要讲话,学习中共十四大文件和江泽民在中央学校的讲话，对干警进行马克思主义、毛泽东思想的基本理论和有中国特色的社会主义理论及中共基本路线教育，引导干警紧密结合工作实际，领会实质，适应转变，提高干警为经济建设和改革开放服务的自觉性。并组织干警就新形势下如何发挥检察机关的职能作用，如何积极为郊区经济建设服好务进行认真的研究和讨论,要求全体干警自觉转变观念，消除左的影响，确立为市场经济服务的新观念。并为干警购买《检察干部经济知识读本》，组织干警学习经济理论，了解和掌握社会主义市场经济的基本特点和运行规律，把履行检察职能和经济建设紧密结合起来，积极主动地为全区经济建设服务。二是进一步引深执法队伍整顿和民主评议党员活动，及时解决工作和生活中存在的问题，通过查根源、议危害、帮助有缺点错误的干警认识改正错误，推动整个院风院貌的改观。三是积极组织干警参加各种有益健康的活动，先后开展爱民便民、向“希望工程”捐款和争先创优活动，进一步激发了干警的为人民服务的思想和工作热情，涌现出了一批好人好事，为各项工作开展奠定了良好的思想基础。

1997 年，阳泉郊区检察院积极组织干警参加区里的各项活动，一是发动全院干警捐款 1100 余元，帮助扶贫点曹里村兴办养兔专业点。二是“七一”前夕，开展“双学双助”活动，为贫困户、残疾人捐款 500 余元。同时还举行了中共知识、香港回归知识竞赛。三是组织全院干警参加中共郊区区委政法系统 10 月中旬举办的运动会和阳泉市检察系统“检察杯”篮球赛。本年度，该院 3 名干警参加无偿献血活动。

1999 年，阳泉郊区检察院一是建立健全政治理论学习制度，坚持用马克思列宁主义、毛泽东思想，特别是邓小平理论武装全体干警，党组成员每月组织干警进行政治学习一次，每次不少于半天，各科室每周组织干警政治学习一次，每次不少于半天。教育引导干警牢固树立正确的世界观、人生观、价值观，树立为人民服务，为社会政治稳定服务的思想。二是以职业道德教育为重点，加强检察官队伍的精神文明建设，并按照中共十五大精神和江泽民总书记提出的“严格执法，热情服务”要求，开展“学习临汾公安局先进经验，争创人民满意的检察院，争创人民满意的检察官”活动，以树立爱民为民思想，树立文明执法的形象。三是建立健全思想政治工作机构，开展丰富多彩的思想政治工作。如建立健全党支部、中层干部和党小组为主的思想政治工作骨干队伍，设立和配备专职的思想政治工作人员，定期分析干警的思想动态，总结思想政治工作经验，开展“为谁执法，为谁服务”讨论，组织干警学政治、学业务，以及开展健康向上的歌咏比赛等活动，陶冶干警的情操。

2000 年 10 月 16 日，根据最高人民检察院和山西省人民检察院关于“今明两年（2000 年和 2001 年）在全国、全省检察机关和全体检察干警中开展‘理想信念、公正执法、艰苦奋斗’三个教育活动”的安排，为保证“三个教育”深入开展，进一步加强和改进检察思想政治工作，全面推进新时期检察工作和队伍建设，阳泉郊区检察院以江泽民总书记“三个代表”重要思想为指针，以学习贯彻中央宣传思想政治工作会议和《中共中央关于进一步加强政法干部队伍建设的决定》为契机，制定《深入开展“三个教育”活动的实施方案》。“三个教育”目标是打牢检察干警思想基础，强化职业道德，弘扬检察正气，提高整体素质。具体措施有三：一是在理想信念教育方面，通过对马克思列宁主义、毛泽东思想、邓小平理论和江泽民总书记“三个代表”重要思想的贯通学习，增强广大干警在纷繁复杂的情况下判断是非、明辨真伪的能力，增强政治敏锐性和政治鉴别力，牢记最高理想，坚定共同理想，实践职业理想。培养检察干警与实施依法治国方略的要求相适应、与人民检察官特殊使命相一致的人生观和价值观，牢固树立全心全意为人民服务的观念，切实解决“为谁执法”的问题。二是在公正执法教育方面，通过对邓小平法制思想，江泽民依法治国的有关论述的学习，培养爱岗敬业品德和忠于法律的职业道德，在执法中做到不唯权、不唯情、不唯钱，自觉加强纪律约束，做到警钟长鸣，坚决执行中政委“四条禁令”高检院九条“卡死”的硬性规定和廉洁从检十项纪律等规定。三是在艰苦奋斗教育方面，通过毛泽东、邓小平、江泽民关于艰苦奋斗、艰苦创业的一系列讲活、论述的学习，在检察机关弘扬艰苦奋斗的优良传统，培养干警艰苦奋斗的作风，自觉做到工作中不畏艰苦，办案中顽强刻苦，生活中勇于吃苦，以检察官特有的职业作风迎接各种挑战。

为使“三个教育”扎实有效，该院成立“三个教育”活动领导组，组长为党组书记、检察长闫运成。

本年度，阳泉郊区检察院根据上级安排部署，在全院开展的“讲政治、讲团结、讲学习”教育中，一是针对群众反映的该院在查办经济犯罪案件中，存在“作风漂浮，办事拖拉”的问题，院党组及时召集有关部门研究整改，及时出台《关于对查处经济案件存在问题的整改措施》，确定整改的近期目标和中远期目标，制定整改措施，确立负责反贪工作副检察长为整改责任人，把每个案件具体落实到每个主办者身上，用10 ~ 20天时间，将4个案件初查结束，并将初查结果，通知发案单位及举报人，迅速扭转了办案效率低、案件查处周期长的问题。与此同时，进一步强化办案责任制，一般案件的初查必须在1个月内办结，复杂案件不得超过50天，实行定时间、定任务、定质量的办案责任制，实行工作业绩百分考核制度。为此，反贪局长与每位干警签订《工作目标责任状》，形成内部监督制约机制和激励机制，做到奖有政绩，罚有依据，责权分明，从制度上保证了案件查处工作扎实、有效进行，办案效率明显提高。

二是精心组织，持之以恒抓学习。从5月开始，该院党组把组织干警政治理论和业务知识的学习作为工作的一个切入点，重申坚持每周五下午半天的集中学习，由办公室每月初拟定具体的学习内容，订出每月学习计划，每位干警人手一份，每次学习由党组成员轮流担任主持人，办公室负责学习的考勤和学习记录，要求每位于警做好学习笔记，每月至少写出一篇学习心得作为考核内容，组织干警学政治、学业务、学各种工作制度，重点学习江泽民关于“三个代表”的重要论述，《“三讲”教育学习问答100题》以及高检院关于落实“三个代表”重要思想、加强检察机关思想政治工作和队伍建设的有关决定及指示精神。通过学习，着力提高干警的理论水平和思想修养，培养干警分析问题和解决问题的能力，引导干警树立正确的世界观、人生观、价值观。通过几个月的集中学习，干警的精神面貌焕然一新，学习空气蔚然成风。

三是整风肃纪，突出重点抓教育。针对“三讲”教育中，社会各界对检察院党组提出的批评和建议，如队伍建设抓的不严，从严治检力度不大等。该院党组进一步落实各项整改方案，在中层干部中开展“三讲”集中教育，把中层干部管理教育作为队伍建设的重中之重来抓，作为推动队伍建设的落脚点，从4月26日起至5月10日，进行为期半个月的集中教育整顿，组织中层干部集中学习“三讲”教育学习资料，提高中层干部对“三讲”教育的认识，并教育引导中层干部在学习和提高认识的基础上，紧密联系自身思想和工作实际，认真撰写民主生活会发言材料，5月10日，召开中层干部民主生活会，以批评与自我批评的形式，开展积极的思想斗争，使中层干部看到自己的不足，明确努力方向。通过集中教育，进一步增强了中层干部的工作责任心和事业心。

四是明确目标，强化责任促业绩。特别是针对过去工作中存在责任不明、落实不力的问题，该院党组将整改方案中的各项措施，逐一落实到每个成员身上，实行党组成员向党组负责，党组书记负总责的队伍建设责任制，并层层签订责任状，强化责任意识，一月一交账，年底总交账，明确了分管领导与中层干部实行一岗双责责任制，把业务工作和思想政治工作的具体任务，落实到每个科室和各个干警身上，做到纵不断线，横不漏项，时时有人管，事事有人抓。在此基础上，全面实行检察工作业绩百分考核制，将队伍建设、综合管理、业务实绩等内容，按各科室的职责、任务分解量化，实行全员量化考核，年终奖惩兑现，彻底改变“干与不干一个样、干多干少一个样”的大锅饭弊端，将竞争激励机制引入工作的各个方面，极大地调动干警的工作积极性，各项工作稳步推进，干警思想觉悟和工作水平有了较大提高。

2001年2月18日，根据中央、省、市、区委和上级检察机关开展“三个代表”重要思想学习教育活动的实施方案部署，结合全院检察工作实际，阳泉郊区检察院制定《关于开展“三个代表”重要思想学习教育活动的实施方案》，教育引导检察干警充分认识江泽民关于“三个代表”的重要思想，是新形势下加强中国共产党建设的伟大纲领，是推进改革开放和社会主义现代化建设的行动指南，是中国共产党迎接新世纪、经受新考验、赢得新胜利的强大思想武器。该《方案》决定从2月下旬起，用3个月左右的时间，从在广大干警中，有计划、有步骤开展“三个代表”重要思想的学习教育活动。这是该院深入贯彻落实中共十五大和十五届三中、五中全会精神，努力实践江泽民关于“三个代表”的重要思想，提高广大干警素质，增强基层党组织的凝聚力和战斗力的一项重大决策，是加强党对检察工作的领导，推动各项检察工作上台阶的一项重要举措。《方案》要求全体检察干警，一定要提高认识，把思想统一到中央和省、市、区委及上级检察机关的重大决策上来，把“三个代表”学习教育活动作为一件大事抓紧、抓好。并紧紧围绕全区改革、发展和稳定的大局，进一步提高干警素质，增强党组织的凝聚力和战斗力，为郊区改革、发展、稳定提供坚强有力的思想和组织保证。

“三个代表”学习教育活动的基本原则有三：一是坚持理论联系实际。把学习理论与总结经验，推动各项检察工作结合起来，不能脱离实际工作就学习教育抓实学习教育，也不能简单地用解决具体问题来代替学习教育。二是坚持正面教育，自我教育为主。把集中学习同个人自学结合起来，紧密联系自己的思想和工作情况，边学习、边思考，切实把自己摆进去，开展批评与自我批评，进行自我改进，自我提高，并以各种方式听取群众的意见，接受群众监督。三是点面结合，标本兼治，综合治理。对学习教育活动中反映出来的突出问题，分析原因，制定措施，落实解决，综合提高。最终实现两个目标：一是案件查处工作取得新进展，全院检察工作必须用办案统领检察业务工作的全局，必须从关系党和国家生死存亡的高度，持之以恒地加强查办职务犯罪工作，用实际行动来努力实践“三个代表”思想。二是领导干部和干警的思想作风要有明显改进，通过学习教育活动，重点增强“五个意识”，牢固树立“五种作风”：增强责任意识，树立极端负责的工作作风；增强大局意识，树立团结进取的工作作风；增强奉献意识，树立艰苦奋斗的工作作风；增强作为意识，树立真抓实干的工作作风；增强创新意识，树立开拓创新的工作作风。

为切实保证“三个代表”学习教育活动顺利开展，该院成立以检察长闫运城为组长的领导组，下设办公室，由院办公室主任高秀瑾担任“三个代表学习教育活动”办公室主任。

“三个代表”学习教育活动学习的主要内容为中组部编印的《干部学习“三个代表”重要思想文献汇编》以及上级有关文件。

参加“三个代表”学习教育活动的人员为全院干警职工。

“三个代表”学习教育活动的形式有三：一是发扬中共密切联系群众的优良作风，采取个别谈话，召开座谈会、深入群众、接近群众，倾听群众意见，真正了解群众在想什么，盼什么，要求干部做什么，从而找准各自工作中存在的突出问题。二是认真对照检查，写出书面材料，重点是对照“三个代表”的要求，对照群众提出的意见，对照自己反思出来的问题，进行理性思考，找准自己在思想、工作、纪律、作风等方面存在的问题和原因，写出实事求是的检查材料。对照检查既不夸大，也不缩小。要以事实为依据，实实在在摆问题，明明白白讲不足，毫不掩饰抓根源。三是召开民主生活会，开展批评与自我批评。领导班子成员之间要充分开展谈心活动，写出发言提纲，经上一级对发言提纲进行审查同意后召开民主生活会。中层干部要组织各部门召开民主生活会。衡量民主生活会质量高低的标准，主要看能否开展批评与自我批评。从团结的愿望出发，讲党性，讲原则，讲真理，促进工作作风转变，促进工作成效提高。

对“三个代表”学习教育活动中揭摆出地问题，一是制定整改方案，班子成员、中层干部均须有个人整改措施。把总体安排，分步实施，近期整改、中长期整改结合起来，明确时限，落实领导责任。二是落实整改措施。对整改中制定的规章制度和改进措施，要有正式文件或其他形式公布于众。并对学习教育活动全过程遇到的问题及时加以解决。三是认真总结“三个代表学习教育活动”经验，完善相关制度，巩固学习教育成果。

2002年，阳泉郊区检察院进一步加强加深政治思想工作，为每位干警配备了被、褥、被罩、凉席、配备了办公室窗帘，发放了牛奶、茶叶、节日补贴、过冬蔬菜，同时为干警进行了体检，建立了健康档案，做到了夏季不怕晒、冬季不怕冷，健康有保证，工作无后顾之忧。关心干警、服务干警、从优待警和政治思想工作落到了实处。

2005年，郊区检察院认真组织开展保持共产党员先进性教育活动，组织广大党员干警认真学习邓小平理论和江泽民“三个代表”重要思想，从理想信念、宗旨意识、纪律作风等方面进行深入剖析，树立“立检为公，执法为民”的执法观。3月12日，该院组织全体党员和干警，到革命圣地西柏坡进行革命传统教育。通过革命传统教育，党员干警进一步增强了党性意识，巩固了前一阶段的学习教育成果，激发了自身投身先进性教育活动的积极性和主动性。为使保持共产党员先进性教育活动扎实有效进行，郊区检察院党支部建立了雷锋、焦裕禄、孔繁森、郑培民、任长霞、牛玉儒、方工等共产党员英模榜，用先进共产党员的英雄事迹教育和鼓励党员干部牢记中共宗旨，时刻保持共产党员的先锋模范作用。郊区检察院认真研究引深保持共产党员先进性教育活动“思想发动，学习教育”阶段的学习方式和增强学习效果的有效途径，多方位查找对照检查，按照边学边思，边学边改的要求及时整改，取得了明显效果。

2006年6月5日，郊区检察院召开全院干警大会，对开展社会主义法治理念教育进行再部署、再动员。会议集中传达市、区动员会议精神，张建国检察长紧密结合干警思想和检察工作实际作了动员部署，一是要求干警统一思想、提高认识；二是抓住关键，准确把握社会主义法治理念六个必需的本质要素；三是明确内涵，牢固树立“依法治国、执法为民、公平正义、服务大局、中国共产党领导”的社会主义法治理念；四是讲求实效，扎实开展社会主义法治理念教育，在学习培训上下功夫。

2007年，中共“十七大”结束后，郊区检察院党组按照上级的统一安排，积极组织，精心部署，采取集中学习与个人自学相结合的形式，在严格督促以科室为单位的每日两学时集中学习以及个人不定时自学的同时，先后组织党组成员和业务骨干分别参加了市政法系统和市检察院组织的十七大代表、市中级人民法院党组成员、执行局长于昌明作的十七大专题报告，组织副科级以上领导干部参加了区委组织的十七大专题辅导，组织一般干警参加了区政法系统组织的十七大精神专题宣讲。在此基础上，该院购置了中央新闻出版署出版的《和谐创新的伟大时代》（“十七大”辅导讲座光碟），采用投影教学的形式，组织全体干警每周五下午进行四个学时的强化学习，全方位、多角度、多渠道的保证了学习范围、学习内容和学习时间，取得了良好效果。

2008年，阳泉郊区检察院以“大学习、大讨论”活动为契机，按照“以班和带院和，以内和促外顺”的工作思路，全面落实队伍建设的各项措施，大力加强思想政治建设，深入开展大学习、大讨论活动，使广大检察人员进一步坚定了中国特色社会主义的政治信念，强化了大局意识和责任意识，检察队伍的整体素质有了新的提高。

2008年4月28日，阳泉郊区检察院召开“大学习、大讨论”活动动员大会，宣读了《阳泉市郊区人民检察院“大学习、大讨论”活动实施方案》。8月28日，郊区检察院召开推进“大学习、大讨论”活动再部署、再动员大会。会议传达了全市检察机关继续开展大学习、大讨论活动暨检察长会议精神，观看了《颜色革命警示录》教育片。通过引深大学习、大讨论活动，进一步统一干警思想，把大学习、大讨论活动的效果体现到推进各项检察工作再上新台阶上。

是年8月18日，该院党组成员分两路，分别慰问参与奥运安保的干警及两名干警家属，对他们的奉献表示衷心感谢，并为派驻人员的家属送去水果、慰问金等物品，对他们的生活做了妥善安排，解除了派驻人员的后顾之忧，思想政治工作落到实处。

2009年3月27日下午，阳泉郊区检察院召开学习实践科学发展观活动动员大会。中共阳泉市郊区区委“学习实践科学发展观活动”第一指导检查组组长郭善祥出席会议，传达和贯彻落实区委学习实践科学发展观活动动员大会精神，对全院学习实践活动进行具体部署和动员，明确要求检察工作要以“强化法律监督、维护公平正义”为学习实践活动主题，以“检察工作为全区经济社会发展保驾护航”为实践载体。该院党组书记、检察长贾建胜作动员报告。指导检查组组长郭善祥要求该院要充分认识和把握学习实践活动的正确方向，充分认识学习实践活动的重大意义，进一步加强组织领导，采取有力措施，确保学习实践活动取得实效，并希望郊区院在学习实践中探索出新思路、新举措，创造出好方法，为全区的学习实践活动提供有益借鉴。

2009年6月12日，阳泉郊区检察院召开全院干警大会，学习贯彻中共阳泉市委书记白云、中共阳泉市委政法委书记陈继光、阳泉市人民检察院检察长胡克勤，在全市检察长会议上的讲话精神。检察长贾建胜在组织学习胡克勤《深入学习实践科学发展观 强化法律监督 服务全市大局 为实现“五新”目标而努力奋斗》的讲话后，提出三点要求：一是振奋精神再鼓干劲，以奋发有为的新风貌狠抓落实。二是围绕工作目标，把握重点，以有力的举措狠抓落实。三是求真务实，精心组织抓落实。

2009年10月27日，该院召开“深入农村、深入企业、深入社区”实践活动动员大会，宣读下发了《阳泉市郊区人民检察院“三深入”活动实践方案》，成立由院党组书记、检察长贾建胜任组长的“三深入”活动领导组，并对第一阶段的主要工作、调研内容、调研方式及有关要求作出具体安排。检察长贾建胜要求全院各部门，按照上级检察机关的要求和本院制定的实施方案，迅速投入“三深入”活动中来，做好自己的工作。

同年，该院进一步加强和探索思想政治工作的实效性，在从严治检的同时，一是注重落实从优待检各项措施，把为干警办实事、办好事，作为凝聚队伍的活力和源泉和开展思想政治工作的新途径，把真诚和关怀延伸到干警工作生活的方方面面。二是在日常工作中，院党组积极与上级部门沟通联系，创造组织条件，争取倾斜政策，并把这些政策用在提高干警政治职级待遇、改善干警物质福利上。三是要求领导班子成员坚持做到“三必到”（“干警婚丧嫁娶必到、干警生病住院必到、干警家有困难必到”）。四是组织干警年度体检，建立干警健康档案。五是进一步落实公务员带薪休假制度，统筹安排好公务员带薪休假工作。政治上的关心、工作上的关怀、生活上的关爱，一方面使每一位干警处处感到“家”的温馨，另一方面，使每一位干警都感到“能干的干部有作为，实干的干部不吃亏”，由此激发干警的凝聚力、向心力，催生干警以院为家、院荣我荣的热情。通过正确的思想引导，科学的管理机制，积极的教育培训，全院各项检察业务取到新进展，队伍建设得到新加强，检察形象得到新提升。

2010年，阳泉郊区检察院认真组织开展“三项重点工作”“主题实践活动”“反特权思想、反霸道作风”专项斗争和创建学习型党组织、学习型检察院等活动，在组织开展学教活动中，该院一方面注重用中共最新理论成果武装干警头脑，在思想上筑牢“三个至上”（中共利益至上，宪法法律至上，人民利益至上）和“四个在心中”。一方面根据自身实际、突出实践特色，在行动上做到两结合，以此带动检察队伍思想和班子建设、素质和能力建设、道德和文化建设。为使各项学教活动真正做到领导重视、组织有力、扎实有效，该院以宣传工作为先导，先后制作宣传版面和宣传条幅70余幅，设置5块学习园地，为干警配齐学习用具，组织交流学习心得，定期公示整改措施，制定全院学习计划，使学教活动真正做到把握实质深入学，领导垂范带头学，联系实际带着问题学，推进了学教活动的开展。

为把思想政治工作落到实处，该院始终坚持从严治检与从优待检相结合，从严做到风气正、队伍硬、自身净，从优做到政治上关心、工作上关怀、生活上关爱，以此凝聚人心，集聚合力，激发活力，为参加学历教育和司法考试的干警提供充裕的学习时间，为获得本科学历和通过司法考试的干警解决学杂费用，全面落实了公务员带薪休假制度，为41名干警晋升了职务和级别工资，为聘用制人员上浮一档工资，为3名干警申报晋升检察官等级，为全院干警缴纳意外伤害保险。与此同时，工会牵头组织了商品房团购，“九九重阳节”前，召开了老干部座谈会，元旦和春节期间，院党组向每位干警寄送贺年卡送达新年祝福，在“主题实践”活动期间，组织全体检察官举行了宣誓仪式。

2011年，为增强思想政治工作的实效性，阳泉郊区检察院为每位干警缴纳最高保额3万元的意外伤害保险等，使干警切实感受到集体大家庭的关怀和温暖，以此增强队伍的凝聚力和向上力，促进各项工作和谐健康发展。

同年6月20日下午，该院邀请中共阳泉市委党校教授刘海峰，为全体干警上党课。刘海峰的宣讲内容分为《在党爱党》《在党言党》《在党忧党》《在党为党》四个部分。针对当前社会诱惑负面因素加大，经济转型矛盾凸显的新情况，刘海峰从七个方面阐述了加强党性修养的重要性。干警表示，通过此次党课教育，更加坚定了热爱党、拥护党、跟党走的决心和信心，要充分发挥党员先锋模范作用，为推进检察事业科学发展做出自己的贡献。

2011年8月2日上午，郊区院组织召开科长以上干部会议，认真学习中央领导关于检察工作的重要指示，贯彻落实第十三次全国检察工作会议精神。检察长王建明就如何学习贯彻“十三检”会议精神，提出三点要求：一是把当前各项检察工作做好，尤其是要抓好各项业务工作。二是把当前开展的“百日大会战”查办职务犯罪工作抓出实效。三是深入开展主题教育实践活动和专项检查活动，使之富有成效。

本年度，该院思想政治工作紧紧围绕“发扬传统，坚定信念、执法为民”主题教育实践活动，加强对干警的核心价值观教育，用“六观”和“六个有机统一”武装干警头脑，领会实质、理解内涵，牢固树立正确的发展理念和执法理念。二是组织开展“维护人民群众合法权益、解决反映强烈突出问题”和“反特权思想、反霸道作风”专项检查活动，从执法思想、执法行为、执法作风等方面查找不足、认真整改。

2012年3月20日下午，阳泉郊区检察院召开“政法干警核心价值观”教育实践活动和“保持党的先进性”学习教育活动动员大会。一是传达阳泉市检察院检察长胡克勤《在全市检察长座谈会上的讲话》。二是下发《郊区人民检察院开展政法干警核心价值观教育实践活动实施方案》和《郊区人民检察院开展保持党的纯洁性学习教育活动实施方案》。三是就开展政法干警核心价值观教育实践活动和保持中共纯洁性学习教育活动进行宣传动员和安排部署。

是年，该院认真组织开展“政法干警核心价值观”“保持中共纯洁性”学习教育实践活动，开展了表彰优秀共产党员、庆祝建党91周年系列活动，引导全院干警进一步增强宗旨意识和群众观念，牢固树立正确的发展理念和执法理念。同时积极借鉴先进兄弟院的经验做法，不断更新执法观念，规范执法行为，提高法律监督水平。

2014年，阳泉郊区检察院组织干警深入学习贯彻中共十八大、十八届三中、四中全会精神和习近平总书记系列重要讲话精神，强化理想信念教育，确保检察工作正确的政治方向。

2015年，阳泉郊区检察院继续巩固群众路线教育实践和“增强党性、严守纪律、廉洁从检”专题教育活动成果，扎实开展“三严三实”专题教育实践活动，引导全体干警进一步坚定理想信念、坚守职业良知，确保检察干警严守政治纪律和政治规矩，始终做到清正廉洁。

2016年8月11日，阳泉郊区检察院召开“大战一百天，开创业务建设新局面”大会，分析上半年业务建设的总体情况，查找当前存在的问题，分析问题原因和研究改进措施，会议由刘双富常务副检察长主持，全体干警参加了会议。常务副检察长刘双富传达全市检察业务推进会的有关精神，并对郊区院上半年各项业务运行情况进行了通报，业务部门负责人分别作了表态发言。代检察长严志勇作工作点评，并提出三点要求：一是坚定信心、迎难而上。在业务任务繁重与人员严重短缺的矛盾相当突出的情况，更需要全体干警进一步统一思想，克服困难，利用当前正在开展的“两学一做”学习教育活动，提振士气，面对落后不气馁，提高紧迫感和责任感。要坚定信心、齐心协力，以昂扬的斗志和务实的作风迎难而上，真正使郊区检察业务工作能够打开新局面。二是内部挖潜、强化措施。在提出改进办法的同时，重点抓好落实，制定相应措施，特别是在全院警力十分紧张的情况下，对部分机构和人员进行重新调配，缓解人力严重短缺的情况。三是勇于担当、争先创优。领导干部要在其位、谋其政，要靠前、要沉下去，要亲自办案，亲自参加各项法律监督，要站在全局的角度看待和分析问题，既学会抓全部又学会抓局部来看待问题，要敢于担当、勇挑重担，在群众中树立榜样、树立威信，通过这次会议吹响开创业务建设新局面的号角，全院干警都要行动起来，以本次会议为契机，真抓实干、马上就办，用实实在在的业绩体现“两学一做”的教育成果。

同年 9 月 30 日，为缅怀革命先烈，弘扬烈士精神，阳泉市郊区人民检察院检察长严志勇，带领全体干警在郊区刘备山公墓，参加了全区烈士纪念日公祭活动。上午 9 点 30 分，公祭活动正式开始。在雄壮的国歌声中，所有在场人员向革命烈士默哀，深切缅怀在此安息的革命烈士。默哀结束后，少先队员唱响中国少年先锋队队歌 ---《我们是共产主义接班人》，表达他们继承革命先辈光荣传统、当好接班人的远大志向。伴随着深情的《献花曲》，英姿挺拔的礼兵迈着铿锵有力的步伐将花篮护送到纪念碑前。参加公祭活动的所有人员缓步绕行，瞻仰烈士纪念碑，给革命烈士献花，追思革命先烈的丰功伟绩，感受今天来之不易的幸福生活。

是年，阳泉郊区检察院以筑牢政治根基，塑造从严治检新形象为目标，深入学习中共十八大、十八届三中、四中、五中、六中全会精神和习近平总书记系列重要讲话精神，扎实开展“两学一做”学习教育，通过开展专家授课、专题研讨、接受革命传统教育等活动，教育和引导全体检察人员牢固树立“四个意识”，特别是核心意识和看齐意识。并组织干警学习“全国优秀共产党员”李培斌等先进人物事迹，激发检察人员立足本职、干事创业的奋斗热情。建立涉检网络舆情应对协调机制，加大检察工作正面报道力度，在国家、省、市、区四级媒体上发表宣传郊区检察工作文章 110 余篇。

2017 年 6 月 8 日上午，郊区院组织召开全院干警大会，安排部署维护核心见诸行动主题教育、推进“两学一做”学习教育常态化制度化示范点建设。会议由院党组成员、常务副检察长刘双富主持。党组书记、检察长严志勇作动员讲话。会议传达学习习近平总书记对推进“两学一做”学习教育常态化制度化的重要指示和刘云山、赵乐际在推进“两学一做”学习教育常态化制度化工作座谈会上的讲话精神。并宣读《郊区人民检察院开展维护核心、见诸行动主题教育和推进“两学一做”学习教育常态化制度化示范点建设的实施方案》。党组书记检察长严志勇作动员讲话，希望全体党员干警尤其是“关键少数”，要牢固树立抓好党建是最大政绩的理念，严格落实主体责任，强化督查检查，做好统筹兼顾，把开展主题教育和推进“两学一做”学习教育常态化制度化与改革发展稳定结合起来，为加快建设和谐郊区做出新的更大贡献，以开展维护核心见诸行动主题教育和推进“两学一做”学习教育常态化制度化的新成效，迎接党的十九大胜利召开。

同年 6 月 27 日上午，中共阳泉郊区区委政法委在郊区检察院举办阳泉市郊区政法系统法治教育暨国学文化大讲堂。大讲堂由山西青少年阳泉传媒中心主任记者、山西青年报中华文化讲师孟存田主讲，区委政法委书记张斌武、副书记刘润宝、王书波以及郊区院全体干警现场聆听了讲座。孟存田以翔实的历史人文资料介绍了国学热的背景，系统讲述了国学的丰富内涵和核心内容，生动讲解了国学文化对传承中华文明、提升文化核心竞争力、强化文化认同和民族认同的重要作用，深刻阐述了国学中蕴藏着的人生智慧、国学的力量，以及如何将国学的智慧运用到生活中去。课后干警们表示，一定要加强对国学文化知识的学习，感悟传统文化思想精髓，树立“理性、平和、文明、规范”执法理念，进一步坚定理想信念，恪守“忠诚、公正、清廉、文明”的检察职业道德，推动检察工作科学发展。

同年 7 月 6 日，为进一步加强和改进意识形态工作，落实党管意识形态原则，明确党组领导班子、领导干部的意识形态工作责任，根据高检院《关于进一步加强和改进检察机关意识形态工作的指导意见》《山西省人民检察院党组贯彻落实〈党委（党组）意识形态工作责任制〉落实细则》和《阳泉市人民检察院党组贯彻落实〈党委（党组）意识形态工作责任制〉工作办法》，郊区院制订下发《党委（党组）意识形态工作责任制》，明确规定：院党组承担意识形态工作的主体责任，党组书记、检察长为第一责任人，要旗帜鲜明地站在意识形态工作第一线，带头抓意识形态工作，重要工作亲自部署、重要问题亲自过问、重大事件亲自处置。为此，专门成立意识形态工作领导小组，加强对意识形态工作的统一领导，党组书记、检察长任组长。具体工作安排有四：一是强化理论学习教育，增强意识形态教育影响力，认真组织学习中共路线、方针、政策，深入学习中国特色社会主义理论体系和习近平总书记系列重要讲话精神，引导广大检察干警牢固树立“四个意识”，坚定听党话、跟党走的理想信念。二是加强基层党组织建设，创新基层党建工作，充分发挥基层党组织推动发展、凝聚人心、促进和谐的重要作用，教育引导检察干警坚定道路自信、理论自信、制度自信、文化自信，坚持把推进维护核心、见诸行动主题教育和“两学一做”学习教育常态化制度化作为加强和改进意识形态工作的战略性、基础性工程，营造风清气正、健康向上的和谐氛围。三是健全检察职业道德监督评价机制，综合运用教育引导、舆论宣传、文化熏陶、典型示范、实践养成、制度保障等措施，落实检察官入职初任晋级宣誓制度，完善检察职业荣誉制度，大力践行检察官职业道德基本准则。四是做大做强检察正面思想舆论，紧紧围绕检察中心工作，坚持团结稳定鼓劲、正面宣传为主，充分展示检察工作新成效、检察改革新进展和检察队伍新形象，传播法治正能量。五是维护网络安全，加强对检察信息网络管理，建立健全管用防并举的制度体制，强化涉检网络舆情信息搜集、分析、研判、报送工作，牢牢掌握网络意识形态主导权。

从是年9月中旬开始，阳泉郊区检察院党组和党总支，认真组织党员和干警学习《习近平总书记的成长之路》《习近平的七年知青岁月》，党员和干警通过书籍、报纸、网络、微信等灵活多样的形式，认真阅读、深刻领悟、积极交流，该院党组和党总支要求广大干警，深入学习贯彻习总书记系列重要讲话精神和治国理政新理念新思想新战略，并把学习《习近平总书记的成长之路》《习近平的七年知青岁月》与学习习总书记“7·26”重要讲话、视察山西重要讲话等结合起来，切实增强“四个意识”，坚定“四个自信”，把忠诚核心、拥戴核心、维护核心作为最大政治，真正做到情感认同、内心崇敬、衷心爱戴，以优异成绩迎接中共十九大胜利召开。

10月17日，为深入推进检察文化建设、执法司法规范化建设，进一步深化文明创建工作，切实提高检察干警文明礼仪素养，提升机关文明形象，郊区院邀请资深礼仪专家高岚老师，为全院干警举办“检察干警职业形象与职业礼仪”讲座。高岚以其丰富的礼仪知识、扎实的理论功底，结合真实案例，以现场互动、实际模拟演练的讲课方式，对微笑的作用及意义、形体礼仪标准和着装服饰规范等职业礼仪知识，进行详细深入的讲解。并结合检察工作实际，重点围绕检察干警执法中的着装、用语、行为细节等，进行全方位礼仪知识培训，使与会干警深切直观地了解文明礼仪规范执法的具体要求，同时真切体会到，每个人都是自己的活广告，每个人都是自己的名片，从工作角度看，每一位工作成员对外都是一个宣传口、一个展示台，代表着单位的整体形象。大家表示，在执法办案中一定要注重礼仪，努力做到仪表得体、举止优雅、语言文明，把“理性、平和、规范、文明”执法落到实处，保持良好的职业操守和风范，维护检察官良好形象。

是年，阳泉郊区检察院创新政治思想工作，一是认真开展主题教育、政法干警核心价值观教育，深化“两学一做”学习教育，加强党性教育和执法为民教育，挖掘和弘扬先进典型，引导干警努力践行忠诚、为民、担当、公正、廉洁的检察职业道德。二是组织检察官宣讲、签订党员承诺书以及举办形式多样的纪念建党等活动，坚持以文化创新活跃思想政治工作，使文化建设成为干警的内在需求和自觉行动。三是开辟网络党建阵地，建立党建微信群，打造指尖课堂，由传统的“面对面”灌输式教育转变为新条件下的“键对键”互动式交流，使网上党建成为党员的“阳光驿站”和“干警之家”。在党建微信工作群、门户网站、微信公众号等网络媒体推送党建知识155条，上传检察工作信息210条，刊登检察文稿82篇。定期组织干警体检、开展谈心交流等形式多样的人文关怀，使干警时刻保持良好精神状态和身心健康。与此同时，该院从硬件建设入手，全面优化检察工作环境，在原有基础设施基础上，先后改造完善了办案工作区、远程视频接待室、案件管理中心、检务接待中心、电子阅卷室、电子证据审查室、网络管理中心、文体活动室、电子阅览室，新建了开放式图书室、文化走廊、院史陈列室、荣誉室等，把政治思想工作融入文化元素和具体的办公办案环境之中。

2018 年 2 月 5 日，阳泉郊区检察院为解决年轻女干警暑、寒假期间照看孩子方面的后顾之忧，由妇委会牵头负责，成立郊区人民检察院干警子女托管班，创阳泉市检察机关“带娃上班”先例。托管班招收 3 岁以上具有自理能力的儿童，以六楼会议室为学习教室，一楼开放式图书馆为阅览室，八楼文体中心为活动室，每天有 5 至 6 名儿童被母亲带到检察院“托管”，并由一名干警负责照顾孩子们，该院拥有绘画、音乐、剪纸特长的干警为儿童上课，既能帮忙“托管”儿童按时完成作业，又使他们的假期丰富多彩，受到全院干警的广泛称赞，成为该院思想政治工作中一项具体实在的“暖心工程”。

同年 7 月 4 日，为深入学习贯彻习近平新时代中国特色社会主义思想特别是政法思想，全面贯彻高检院、省院、市院的重大决策部署，确保中共十九大精神在全院落地生根，推动检察工作在新时代持续健康发展，创造一流检察业绩，阳泉郊区检察院出台《关于开展深入贯彻习近平新时代中国特色社会主义思想“大学习、大调研、大落实、大提升”活动的实施方案》，方案的实施期限从 2018 年到 2022 年，每一年为一个阶段。《方案》要求全院干警以习近平新时代中国特色社会主义思想特别是政法思想为指导，认真贯彻中共十九大精神，坚持中共对检察工作的绝对领导。认真贯彻高检院、省院、市院重大决策部署，积极落实山西省人民检察院“坚守底线、勇攀高线、争创一流业绩”和阳泉市人民检察院“五抓”“三个提升”工作思路，围绕强化检察监督办案主业，以大学习为引领，以大调研为基础，以大落实为关键，以大提升为标准，探索形成新时代郊区检察工作创新发展的一系列新理念、新模式、新制度、新机制，全面提升检察工作发展水平，切实承担起维护国家政治安全、确保社会大局稳定、促进社会公平正义、保障人民安居乐业的神圣使命，为全区实现政治生态持久的风清气正、经济转型持久的强劲态势提供更加有力的司法保障。

同年 7 月 18 日，为进一步贯彻落实《开展深入贯彻习近平新时代中国特色社会主义思想“大学习、大调研、大落实、大提升”活动的实施方案》，该院制订《2018 年度“大学习”工作实施方案》，通过开展习近平新时代中国特色社会主义思想大学习，教育引导检察人员以习近平新时代中国特色社会主义思想武装头脑，坚定政治信念、提高理论素养，提高辨证思维能力、学会科学工作方法、掌握创新发展思路，坚持以习近平新时代中国特色社会主义思想统揽检察工作全局，确保中央、高检院和省市委决策部署得到不折不扣的贯彻落实，为全区经济社会发展提供司法保障。

第四节 廉政建设

1980年，阳泉郊区法院开展以学《准则》、照镜子，联系思想和工作实际的“四查四看”活动。广大干警自觉查思想，看自己的思想路线是否端正，政治上和中国中央保持一致；查工作，看自己在保卫“四化”中是否尽职尽责，起到模范带头作用；查作风，看自己在工作中是否带头恢复和发扬了中共优良传统和作风；查纪律，看自己的言行是否符合《准则》和《党章》的要求。从而提高广大干警和全体党员的政治觉悟，激发干警干“四化”、保卫“四化”的积极性。

1988年，郊区检察院制定为检清廉“八不准”，对全院干警开展为检清廉教育，组织干警进行对照检查，增强全院干警为检清廉的意识。

1989年9月，郊区检察院开展执法情况检查。首先由各科室进行自查，各科科长和内勤对本年度以来所有案件，进行全面普查和回顾分析，全院共翻阅各类档案76册，对有疑义的案件12件提交执法检查领导组和检察委员会讨论、分析。其次，根据反映的问题，全院开展四查四看：一是查群众有反映，内部有分歧的案件和复核、复议、当事人不服申诉的案件，看有无错捕，错诉，错漏，漏诉的情况；二是查违法违纪情况，看有无有法不依，执法不严，有错不纠，违法不究，甚至以言代法，以权压法，贪赃枉法的人和事；三是查办案期限，看从重从快的执法情况，有无办案超时限；四是查案卷，看案件诉讼材料是否完备，法律手续是否合法，文书质量，装卷次序是否符合要求。在自查的同时，先后召开有关部门参加的案件研讨会和座谈会5次，收集到基层单位提出的批评建议17条。9月15日至10月13日，分别接受市检察院的检查和区法院的互查。通过检查，全院检察执法基本做到了以事实为根据，以法律为准绳，依法办事，秉公执法。

1989年，郊区检察院注重对干警进行理想、纪律教育和为检清廉教育，引导干警把远大理想和工作实际相结合，秉公执法，清正廉洁，做遵纪守法的模范。

1991年4月2日，阳泉郊区检察院制定《廉政建设制度》，一是要求干警认真学习马克思列宁主义、毛泽东思想及老一辈无产阶级革命家关于廉政、勤政的教导，从理论和社会实践的高度认识，廉政反腐防变的重要性和现实意义，特别是院领导要做廉政、勤政、反腐防变的带头人。二是要求干警坚决执行高检院下发的《检察人员纪律》和省委政法委制定的廉政建设“八不准”的规定。三是坚决纠正行业不正之风，严格遵守办案制度，不得以权谋私，贪赃枉法。四是坚决制止利用职权违背当事人及其亲属，打听案情，通风报信，说情，找“门路”、开“绿灯”坚决不办人情案，禁止接受发案单位和当事人的馈赠和宴请，禁止向发案单位索要物品。五是严格执行高检院和省、市院有关免诉案件的规定和备案审批制度，不得任意扩大免予不起诉的范围。六是不以任何形式和借口，为经济纠纷当事人追款讨债。七是对案件中扣押的赃款赃物严格管理，专人负责，集中保管，严格禁止私用赃款赃物。

1991 年 4 月中旬至 9 月底，根据山西省和阳泉市及郊区区委关于执法队伍整顿的安排，21 日，该院党组针对执法整顿发现的问题，对全院干警提出四项要求：一是要求每个党员、每个党员干部、每个干警从我做起，严格禁止在机关内部打麻将，严格禁止各种形式的变相赌博。二是不准在发案单位大吃大喝，严格禁止饮酒，坚持四菜一汤标准，按规定交纳伙食费。三是严格禁止在发案单位乱拿乱要，杜绝各种形式的礼品馈赠，一旦发现，均给予纪律处分。四是凡涉及个人问题，绝不允许以检察机关的名义签字担保，严格禁止打集体旗号办私事。至 9 月底，经过为期 5 个半月的执法队伍整顿，解决了下乡办案办事白吃白喝的问题，院领导先后拒绝三十余个单位的剪彩、庙会等邀请，并规定了两条纪律：凡传统庙会或剪彩的邀请一般不会参加；凡下乡办案在基层单位就餐者，必须交纳伙食费，从而有效地纠正本院一定程度上存在的“吃喝风”。在整顿中对个别干警私用赃物问题进行了严厉的批评教育，并将所有赃物全部收缴入库。与此同时，还针对工作中存在的制度不完善，执行不严格等问题，狠抓了立章建制和制度落实等工作。

1993 年，阳泉郊区检察院开展阶段性纪律作风整顿，提高干警严格执法观念。1 月、3 月、5 月和 8 月份，该院先后开展四次集中整顿，组织干警学习《政法机关为政清廉的“八不准”规定》《检察人员纪律》《山西省人民检察院关于加强廉政建设的意见》，以及山西省委、山西省政法委《关于临猗县公安局宋海德徇私枉法案件的通报》等，观看《再铸警魂》教育录像带，紧密联系本院实际，要求干警认真对照检查，提高认识，突出解决两个问题：一是遵守办案纪律，严格执法的问题；二是遵守工作纪律，完成各项任务的问题。并按照要求，开展“三查三看”：一查思想认识，看法制观念树立得牢不牢；二查工作态度，看是否尽职尽责；三查办案纪律，看是否秉公执法，依法监督，有无违法办案现象。在干警队伍集中整顿的基础上，建立健全检察人员办案纪律和廉政建设等制度，并向有关部门、基层单位予以通报，恳请监督执行，进一步提高了全体干警遵纪守法的自觉性。

是年 8 月 20 日，为进一步加强检察机关的廉政建设，阳泉郊区检察院制定廉政建设十项规定：

一、不准以权谋私。院领导都必须树立廉洁奉公的思想，严格要求自己，正确运用手中的权力为人民服务，当好人民的公仆，不准利用职权为自己或亲人谋取不正当利益。

二、不准以案谋私。每个检察干警必须严格依法办案，决不能借办案之机，为自己谋取不正当的利益，不准以办案为名，到发案单位办私事或接受发案单位的奖金、福利、酬谢礼品、纪念品等财物，不准到发案单位索要财物、报销应由个人支付的各种费用。

三、不准以检察机关的名义假公济私，败坏检察机关的名誉。

四、不准以调查取证或参观学习为借口到外地游山玩水，走亲访友。

五、不准经商办企业或从事第二职业，不准从事有偿的中介活动，不准利用职权为配偶、子女和亲友经商办企业提供任何优惠条件，也不能参与亲友经商或参与私营企业入股分红。

六、不准挪用院办案中收缴的赃物、赃款或调换、侵吞、私分和扣押物件。

七、不准用公款大肆请客送礼，铺张浪费和滥发奖金、福利。

八、不准违反财务制度，挪用公款或长期占用公物。

九、不准在工作时间或下乡办案时办私事、玩耍、严禁赌博。

十、不准接受案件当事人或亲友的宴请、馈赠，不准为亲友说情，开脱罪责，办“人情案”、“关系案”，更不准泄露案情机密、贪赃枉法、徇私舞弊。

在要求全体干警严格执行的同时，该院党组恳请全区党政机关、企业、事业单位和全区人民予以监督，欢迎广大党员、群众举报检察人员违法违纪行为，欢迎对检察工作提宝贵意见。

1993 年，阳泉郊区检察院始终把自身的思想作风建设和反腐败工作放在突出位置来抓，紧密结合干警的思想和工作实际，先后开展 4 次整风，在整顿中，组织干警学习中共十四大精神和上级党委及检察机关的有关指示，观看《再铸警魂》《大地的回声》等教育录像带，严格按照省委、省政府的“十不准”和“检察人员纪律”，认真进行自查自纠，针对个别干警纪律松散、经商做买卖等问题，开展批评与自我批评。与此同时，广泛征求其他执法部门和社会各界的意见，建立“廉政档案”，把检察工作置于人民群众的监督之下，以改进检察工作，通过整顿，有效地增强了干警严格执法，廉洁奉公的观念，组织纪律性进一步加强，组织效率进一步提高，院风院貌有了进一步改观。

1995 年，阳泉郊区人民检察院贯彻落实 中央政法委提出的《三条禁令》和山西省委政法委提出的《四条禁令》。

附：山西省委政法委《四条禁令》

山西省委政法委《四条禁令》

1．绝对禁止利用职务之便，向人民群众吃、拿，卡、要；

2．绝对禁止利用办案搞创收；

3，绝对禁止执法人员与律师串通，不公正办案；

4．绝对禁止政法干警经商办企业、搞第二职业，或者借经营据点之名，假公肥私。

1995年5月23日，为认真贯彻执行中央、省、市、区委及上级检察机关关于加强党风建设的各项规定，真正使全院检察干警公正廉洁、严于律己，以身作则、维护法律的尊严，带头同腐败现象作斗争，认真完成党和人民赋予的法律职责，阳泉郊区检察院重新修订颁布《检察干警廉洁自律十不准》：

1．不准以权谋私。院、科室领导必须公道正派，以身作则，带头办案，严于律己，正确运用手中的权力，要求干警做到的自己首先做到。

2．不准以案谋私，每个干警必须廉洁奉公，严格依法办案。

3．不准以办案为名到发案单位索要财物，报销应由个人支付的各种费用。

4．不准接受案件当事人或亲友的宴请，馈赠。

5．不准挪用、调换、截留、丢失损坏办案中收缴的赃物、赃款。

6．不准违反财务制度擅自动用公款和长期占用公物。

7．不准办案人员个人保管赃款赃物。对案件中扣押的赃款、赃物要按时如实归库管理。

8．不准以检察机关的名义擅自使用正在办理案件单位的车辆。

9．不准泄漏案件机密，为亲友说情，开脱罪责，办“人情案”，办“关系案”。

10．不准经商或从事第二职业。

与此同时，郊区院进一步狠抓干警廉政勤政教育，组织干警认真学习《人民检察院政治工作纲要》和《检察人员纪律》，重申中央政法委的“三条禁令”和山西省委政法委提出的《四条禁令》，提高对贯彻落实禁令重大意义的认识。以个别干警违反纪律，无故旷工和贪占便宜等事例为典型，开展纪律整顿，开展批评与自我批评，进一步增强了干警的纪律观念和廉政观念。

1998年6月20日，最高人民检察院发布《检察干警办案纪律的九条禁令》，阳泉郊区检察院结合正在开展的思想、纪律、作风整顿，作了相应的安排部署。一是制作“九条规定”牌和黑板报，加强学习宣传，并接受公众监督，二是建立健全各项规章制度，确保《九条规定》贯彻落实。如：扩大检察委员会对案件把关的范围，进一步完善案件审批手续和赃款赃物管理制度，实行一案一账、一物一卡等。并对发生在该院的违法违纪案件进行严格查处，严肃查处了该院司机李某国工作严重失职，将警车丢失一事和私自出车造成交通事故一事，于是年4月清调出检察机关。对暂扣款物进行清理，实行一案一帐、一物一卡。共清理出1996、1997年随案移送赃款53222.78元，其中：退回发案单位44722.78元。上交国库8500元。共清理出赃物1件，已随案移送法院。同时认真贯彻中纪委关于制止奢侈浪费的八条规定，电话使用管理更加严格，节省话费。汽车修理费和油耗费用比上年有较大幅度下降。同时减少了会议费和接待费。

附：《检察干警办案纪律的八条禁令》

一、严禁超越管辖范围办案。

二、立案前不得对犯罪嫌疑人采取强制措施。

三、严禁超期羁押。

四、不得把检察院的讯问室当成羁押室。讯问一般应在看守所进行，必须在检察院讯问室进行的，要严格执行还押制度。

五、不得违反规定使用技术侦查手段。

六、凡在办案中搞刑讯逼供的，先停职，再处理。

七、因玩忽职守、非法拘禁、违法办案等致人死亡的，除依法依纪追究直接责任人员外，对于领导失职渎职的一律给予撤职处分。

八、严禁截留、挪用、私分扣押款物。

以上八条禁令，从现在起，必须严格遵循，违反者要毫无例外地受到追究。

一九九八年六月二十日

1999年，阳泉郊区检察院进一步健全和完善反腐败机制，在全面加强思想政治教育的同时，对领导班子和领导干部严格要求，严格管理，严格监督，实行《领导干部述职制度》《民主评议考核制度》《个人重大事项报告制度》《干部和干警廉政责任连带制度》。与此同时，按照中共中央关于廉政建设的规定和检察官廉政建设要求，党组第一责任人与每一位干警签订《廉政责任状》，规范干警言行，增强廉洁自律的自觉性，以消除特权思想，树立为民爱民新风尚。

2000年2月24日，为贯彻落实最高人民检察院关于加强基层检察院建设的要求，把依法建院、从严建院、内强素质、外树形象措施落在实处，阳泉郊区检察院制定《关于建立办案工作督查制度的实施方案》，决定建立办案工作督查制度，成立办督察组，以及时征求社会各界意见，及时发现和处理有关问题，保证检察干警廉洁自律、确保公正执法，培养造就政治素质高、业务能力强、思想作风硬、政绩突出，形象良好的优秀检察官，为全面开创检察工作新局面而服务。

办案工作督察组由纪检、政工、控申等部门负责人组成，组长为党组成员、纪检组长刘双富。工作职能有四：一是督察办案人员落实办案工作制度情况。二是督察办案人员落实检风检纪制度情况。三是调查回访发案单位和有关当事人，征求他们对郊区院办案人员的综合评价意见。四是接受社会各界对本院干警有关问题的反映，并负责调查核实。为此，办案工作督察组必须坚持每月下旬定期考查、回访发案单位和有关当事人，特殊情况随时考查、回访，并及时发放征询意见卡，向发案单位和有关当事人征询意见，同时组织办案人员学习有关办案工作制度。

2001年，阳泉郊区检察院建立健全《廉政建设监督卡制度》《办案工作回访督查制度》《推行廉政从检责任制》，检察长同每位干警签订廉政责任状，并按责任状的内容要求，考核每位干警，思想政治工作实行一岗双责，中层以上领导既抓业务，又抓思想政治工作。坚持每周五的学习制度，坚持把思想建设放在首位，组织干警深入学习中共路线、方针、政策，学经济、学业务、学法律，坚持用马列主义、毛泽东思想、邓小平理论和江泽民“三个代表”的重要思想武装干部的头脑，学习和思想教育活动，做到有组织，有计划、有落实、深入实际，调查研究，讲求工作实效。

2002年，阳泉郊区检察院进一步健全廉政建设机制，强化检察干警职业道德教育，党组书记同每位干警都签订了廉政责任书，并实行廉政建设连带处罚机制，同时健全干警8小时以外行为监管制度，注重干警职业道德教育，以杜绝检察干警违法违纪案件的发生。

2003年7月9日，为进一步强化外部监督机制，推动全院检务公开、党风廉政建设和队伍建设，树立“立检为公、执法为民”的观念，规范执法制度，改进执法作风，严格执法纪律，提高执法水平，经该院党组研究决定，向社会各界聘请特约监督员17名，对执法行为、办案纪律、工作作风，贯彻落实“行风双评”、《阳泉市政法干警十条禁令》、党风廉政建设、“两错”责任追究制，深入开展“强化法律监督、维护公平正义”教育活动等方面进行广泛监督，以优化郊区发展环境，树立检察机关的良好形象。为此，阳泉郊区人民检察院制定《特约监督员工作规范》（以下简称《规范》）。

特约监督员具备的条件有四：一是坚持四项基本原则，遵守宪法和法律；二是了解、关心、支持检察工作和检察队伍建设，具有一定的政策水平、法律知识和较丰富的工作经验；三是实事求是，坚持原则，作风正派，办事公道，具有广泛的群众基础，善于听取和敢于反映群众意见；四是身体健康，年龄一般不超过55周岁。特约监督员主要从区人大、区政协、区政法委、区纪检委、各乡镇人大主席团及社会各界中聘请。政工部门要配合其所在单位严格把关，并审查备案。特约监督员经征得其所在单位和本人同意后，由郊区检察院颁发聘书和《阳泉市郊区人民检察院检风检纪监督证》；特约监督员的聘任期限为三年，聘任期满后，根据工作需要，并征得本人及其所在单位同意后可以续聘。

特约监督员的职责一是反映人民群众对检察工作和队伍建设的建议、意见和要求；二是参与检察机关组织的检察事务、廉政建设和队伍建设有关的会议和活动；三是持《检风检纪监督证》对全院及其检察干警履行职责、执法等情况实施检查和监督，现场检查、监督、纠正检察干警的违法违纪行为；四是协助办理检察机关委托的其他监督事项。

特约监督员持《阳泉市郊区人民检察院检风检纪监督证》，只能从事与监督检察事务、廉政建设、检风检纪工作有关的事项，须公正严明地履行职责，自觉维护检察机关的威信和形象。未经许可，不得擅自披露检察工作和违法违纪案件调查工作的有关情况，严格遵守国家法律、法规和工作纪律，保守国家和检察机关的秘密。

《规范》要求全院干警一是必须自觉接受特约监督员的监督，并努力为他们开展工作提供必要的条件。对特约监督员履行现场检查、监督不得置之不理、不得刁难阻挠，更不得打击报复。二是特约监督员就检察工作具体问题进行调查和询问时，在不泄露检察机密的情况下，有关检察人员必须如实反映情况，并做出答复解释。三是特约监督员反映的检举、控告和申诉，相关检察人员须做好登记、转办、督办和反馈等工作，对提供的信息及时综合上报有关领导。四是特约监督员反映的问题，检察机关须按部门职责分工，转送有关职能部门认真调查处理，并将进展情况及时反馈特约监督员。与此同时，对阻挠特约监督员依照本规范履行监督职权，拒不接受监督或打击报复的，由该院纪检部门依照有关法律和纪律予以严肃处理；对特约监督员提出的对全院建设有重大影响或经查证属实，并为国家挽回损失的意见、建议，给予相应的表彰和奖励。

阳泉郊区检察院首届特约监督员一览表

表 5-1

序号	姓 名	单位及职务
1	张宏元	荫营镇人大主席
2	张成林	河底镇人大主席
3	程秀春	平坦镇人大主席
4	荆建明	义井镇人大主席
5	刘玉珍	李家庄乡人大主席
6	王永平	西南舁乡人大主席
7	刘王文	杨家庄乡人大主席
8	张成文	旧街乡人大主席
9	姜秀英	政法系统党委书记
10	安福宝	区人大法工委主任
11	王周成	区政协秘书长
12	高志强	区纪委常委
13	鲍计良	区公安分局副政委
14	张丽花	区法院纪检组长
15	郭彦珑	区司法局副局长
16	夏先贵	郊区电视台新闻部主任
17	周素刚	郊区报社记者

2005 年 3 月，为落实中组部部长贺国强关于“要把反腐倡廉教育纳入保持共产党员先进性教育活动之中”的指示精神，由郊区检察院筹办，区预防职务犯罪领导组牵头，联合举办了反腐倡廉警示教育大会。区公、检、法部门的党员干警，区委办、政府办、区税务、工商、煤运公司以及金融系统等党员干部，共计 300 余人参加大会，区委副书记、纪委书记、区预防职务犯罪领导组组长王梦贺，区委常委、政法委书记、区预防职务犯罪领导组副组长王如生，参加会议并讲话。会上，三名在押服刑人员以他们各自的经历，讲述了他们如何从一个国家人员，蜕变为犯罪分子，从共产党员堕落为腐败分子的典型案例。三名服刑人员的现身说法，引起了与会党员干部的极大震

动。通过这次保持共产党员先进性教育活动，在心中筑起一道反腐防变的堤坝。

同年12月21日，郊区检察院召开全院干警大会，集中观看廉政建设警示教育系列电教片，以武保安、郭金花等为反面典型教材，开展警示教育。会上，全体党员干部面向党旗郑重进行了廉政宣誓，该院党组成员分别签署《廉政承诺书》，进一步营造反腐倡廉氛围，使全体党员特别是领导干部牢固树立正确的权力观、利益观、地位观，增强立党为公，执政为民的廉政勤政理念，筑牢拒腐防变的思想道德防线。

是年，阳泉郊区检察院注重检察干警中出现的苗头性问题，并及时进行处理，对有关责任人员及时进行责任追究，实现从严治检。

2007年，阳泉郊区检察院把廉政建设的重点，放在建立管理教育监督制约的长效机制上，激励全院干警自觉践行“忠诚、公正、清廉、严明”的职业道德规范。与此同时，全面强化对执法办案内部制约机制，制定和完善了业务部门执法办案流程规则，严格执行程序规定，使每一个执法环节都做到有章可循，杜绝违法办案行为。同时实行查办职务犯罪案件实行“一案三卡”制度，所有自侦案件都要适用办案告知卡、廉洁自律卡、回访监督卡，认真落实执法过错责任追究制，加强对检察人员在执法办案中履行监督职责、遵守纪律等情况的监督，保证严格、公正执法。

2008年7月16日，阳泉郊区检察院召开党风廉政建设大会，一是组织全体干警认真观看警示教育片。二是对2007年度党风廉政建设工作进行全面总结，并安排部署2008年度的党风廉政工作。三是检察长与分管领导、分管领导与各科室负责人，分别签订《廉政责任状》。院党组书记、检察长贾建胜强调，要从夯实教育基础、健全制度保障、突出监督重点三个方面，推进全院党风廉政建设和自身反腐败工作，要求全体干警坚持“立检为公、执法为民”的检察工作理念，全面履行检察职责，为检察事业的发展打下坚实基础。与此同时，该院进一步强化内部监督制约机制，全面规范内部分工，加强侦、捕、诉内部横向制约机制，坚持和完善办案监督责任制、“一案三卡”制度和《回访调查制度》，增强查办职务犯罪的透明度。在此基础上，认真落实人民监督员制度，制定了对“三类案件”“五种情形”的实施细则，用刚性制度，切实保障人民监督员的知情权，全年组织人民监督员评议案件9件，有效保证了查办职务犯罪的健康进行。三是认真落实《山西省检察机关工作纪律十条规定》，推行廉政提醒谈话制度，积极开展检务督察工作，严明检察纪律，促进廉政建设。

2009年，阳泉郊区检察院进一步加强廉政建设，先后制定《集体活动考勤制度》《检风检纪督察制度》《干警八小时以外行为规范》等43项规章制度，形成了以百分考核为内容的一整套比较成熟的考核机制，从全面、全方位、全过程规范干警言行，在全市五个基层院中，该院被阳泉市人民检察院向最高人民检察院推荐为唯一“无违法违纪基层院”。

2010年5月23日，郊区院召开科级以上领导干部会议，传达学习干部选拔任用四项监督制度的相关内容。会议由院党组书记、检察长贾建胜主持。副检察长高秀瑾宣读《党政领导干部选拔任用工作有关事项报告办法（试行）》《党政领导干部选拔任用工作有关事项报告办法（试行）》《地方党委常委会向全委会报告干部选拔任用工作并接受民主评议办法（试行）》《市县党委书记履行干部选拔任用工作职责离任检查办法（试行）》四项监督制度，会议要求各分管检察长及部门负责人要带头学习，深入研究四项监督制度的全文内容。之后，把会议精神传达到每位干警，使全院干警充分了解四项监督制度的具体内容和要求，做到心中有数，模范执行。

同年6月11日，阳泉郊区检察院召开学习贯彻廉政准则大会，传达最高人民检察院《关于四川省眉山市检察院原检察长王新棱违法犯罪情况的通报》，制定下发学习贯彻《廉政准则》工作方案。为扎实推进学习贯彻《廉政准则》活动，6月23日，该院贾建胜检察长带领全体干警，参观阳泉市郊区廉政教育基地，对全面增强干警廉洁自律意识、确保学习贯彻《廉政准则》活动取得实效，起到积极的促进作用。同日，该院召开中层以上干部联席会议，通报学习贯彻《廉政准则》活动的阶段情况，就下一阶段深入贯彻落实《廉政准则》活动作出具体部署。会议重温《中国共产党党员领导干部廉洁从政若干准则》和《阳泉市郊区人民检察院学习贯彻（廉政准则）工作流程》，要求全体干警要按照工作流程确定的时间和目标，高标准、高质量地将学习贯彻《廉政准则》活动落到实处。7月5日下午，郊区院组织全体干警进行《中国共产党党员领导干部廉洁从政若干准则》集中考试。

9月26日，该院召开科长以上干部会议，纪检组长张福明宣读阳泉市政风行风评议领导组办公室下发的《关于对机关干部作风纪律和狠刹玩乐享受之风集中检查情况的通报》，以及新闻媒体曝光的4起严重违反"五个不准"规定的典型案件。检察长贾建胜要求广大检察干警一是要以身作则、率先垂范，带头执行并抓好"五个不准"贯彻落实。二是要以当前整肃工作的各项规定严格要求干警，确保队伍建设不出问题。三是严格请销假制度，并对国庆长假期间加强值班纪律和车辆管理等事项作了安排。

2010年，阳泉郊区检察院始终坚持党组中心组学习制度和民主集中制，把党风廉政建设任务与检察业务同部署、同奖惩。对照《廉政准则》"八个方面、52个不准"，向社会征求意见，对廉洁从检中存在的问题进行自查自纠。并及时向广大干警通报发生在全国的政法干部违法违纪情况，用典型事例教育和警示干警防微杜渐。同时制定《检察干警工作时间以外行为管理规定》，将监督触角延伸到八小时以外，确保检察队伍坚决不出大事，绝对不出丑事。

2011年1月，郊区院为警示自己，防微杜渐，警钟长鸣，本着无愧于组织，无愧于群众的态度，开展严肃而认真的警示教育。该院把加强队伍廉政建设作为一项基础工程，坚持从严治检不放松，利用最高人民检察院通报的重庆市检察机关四名领导干部违法犯罪案件，向全院干警进行通报，用发生在检察人员身边的人和事，开展纪律作风和反腐倡廉教育。教育广大干警清醒认识检察队伍存在的问题，深刻领会强化自身监督与强化法律监督的关系，做到“惩前毖后，治病救人”。

是年，阳泉郊区检察院把自觉加强内部监督，作为廉政建设的重要抓手，按照检察机关“把强化自身监督与强化法律监督放在同等重要的位置”的工作要求，进一步强化对检察权运行的监督制约。一是坚持实行查办职务犯罪案件“一案三卡”制度，严格执行讯问职务犯罪嫌疑人全程同步录音录像规定，认真落实逮捕职务犯罪嫌疑人报上一级检察院审查决定制度。二是以案件管理改革为契机，积极构建“源头控制、全程管理、动态监督、案后评查、综合考评”的案件管理模式，对近三年可能存在涉检信访风险的案件，从证据条件、法律适用、执法效果等方面重新进行了评查。三是制定出台《刑事和解案件办案程序》，进一步规范轻微刑事案件的办理程序和不捕不诉案件的监督审查，从机制和体制上全面规范执法办案各个环节。四是从机制和制度入手，将党风廉政责任制进行层层分解，把廉政风险防范管理与“一岗双责”、廉政信用档案管理工作紧密结合起来，班子成员、中层干部以及普通干警层层签订责任状，全体检察人员签订廉洁从检“检风承诺书”，重新建立和完善了检察官执法档案和领导干部廉政档案，两个档案的建立，既是对执法过程合法性的真实记录，又是对领导干部廉洁自律的监督强化。五是重新修订《郊区人民检察院工作人员 8 小时之外管理规定》等制度，从各方面规范干警的行为。六是同干警家属签订《廉洁自律保证书》，要求干警家属在生活上多一份关心，工作上多一分支持、廉洁上多一道监督、学习上多一层督促，让干警家属多吹“耳边风”，把干警家庭构筑成温馨、幸福、廉洁的“安全港”。

2012 年，阳泉郊区检察院突出抓好自身反腐倡廉和作风建设，一是始终教育引导全院干警，严格遵守检察官职业道德基本准则和职业行为基本规范，院领导带头认真执行《党员领导干部廉洁从政若干准则》等各项规定，对 2012 年度党风廉政建设工作任务进行了细化分解。二是纪检部门创造性地开展工作，3 月 20 日下午，该院召开“政法干警核心价值观”教育实践活动和“保持党的先进性”学习教育活动动员大会暨党风廉政建设大会。王建明检察长与党组成员和检委会专职委员，签订《党风廉政建设责任书》，为保证干警廉洁自律，加设了家庭防火墙。三是认真组织开展纪律作风整顿活动，有针对性地抓好日常管理工作，切实做到整顿纪律作风与建立长效机制相结合，与十八大维稳工作相结合，与保持党的先进性学习教育活动相结合，与促进检察业务工作相结合，促进各项检察工作的顺利开展。四是加强内部监督制约，强化案件集中管理机制，深入推进执法规范化建设，不断完善执法制度、规范执法行为、提高执法质量。

2013 年 5 月 6 日上午，阳泉郊区检察院召开党风廉政建设大会，总结 2012 年全院党风廉政建设工作进行，并对 2013 年纪检工作进行部署。党组书记、检察长王建明与院领导签订《2013年党风廉政建设责任书》，并就郊区院2013年党风廉政建设工作，强化自身监督作了安排，希望干警严格按照“一岗双责”的要求，全力抓好督促落实，促进规范公正廉洁执法，维护好检察队伍形象。会后，分管领导与部门负责人、部门负责人与所在科室（局）干警，层层签订《党风廉政建设责任书》。

同年8月12日，阳泉郊区检察院组织全院干警观看《拒腐防变每月一课》系列警示教育片，使全院干警受到一次深刻的警示教育，深化了通过参加各项专项活动及学习检察道德规范和各项廉政准则所取得的效果。干警表示，在工作中秉公执法，在生活中简朴低调，清正廉洁，以过硬的作风、良好的工作成效牢固树立检察机关在人民群众中的良好形象，为郊区的经济发展提供坚实有力的司法保障。从8月开始，该院将每周一下午，确定为廉政教育活动日，定期组织干警进行廉政教育活动。

是年，该院严格执行中央“八项规定”、反对“四风”和省院“十个严禁”等各项规定，认真组织开展纪律作风整顿活动，使每一位干警在思想上受到触动，作风上得到改进，行为上更加规范。重新修订了纪律、会议、公务接待、车辆管理以及干警八小时以外行为规范等制度，干警外出一律实行离岗告示，进一步规范日常管理工作。狠抓勤俭节约，严格控制“三公”经费，财务支出实行联签制度。积极清退办公用房和规范公务用车，严格执行警车出警规定。

2014年，阳泉郊区检察院廉政建设一是认真贯彻执行中共中央八项规定、廉洁从检十项纪律和“九个不准”等规定，按照全面从严治党的要求大力加强党风廉政建设，从严落实“两个责任”，重点解决班子成员和中层干部在党性、党风、党纪和司法作风方面的突出问题。二是进一步加强廉政风险防控，针对人、财、物管理，重新确定了党组成员分工，完善权力运行的监督机制，切实把权力关进制度的笼子里。三是全面强化对干警“八小时以外”活动的监督，及时掌握干警业余时间的生活圈、社交圈、娱乐圈，争取做到防患于未然。四是努力提高干警执法规范化水平，实行办案质量终身负责制和错案责任倒查问责制，进一步规范检察权的运行。五是突出抓好自身监督制约，认真落实检察官职业行为规范和检察机关执法工作基本规范，严格执行《人民检察院执法办案内部监督规定》，规范干警的执法行为，并以执法办案的重点岗位、关键环节为重点，建立健全执法廉政档案记录。严格执行“一案三卡”制度和调查回访制度，对2014年办理的反贪反渎案件逐一进行回访，以防止干警在办案中发生侵权和违法违纪行为。六是坚持“边学边改、边查边改、边整边改，把整改问题贯穿活动始终”，着力解决群众反映强烈的突出问题。七是进一步落实班子建设和党风廉政建设各项措施，根据新时期党建工作的新要求，坚持“一岗双责”和领导干部个人重大事项报告、述职述廉、民主评议、诫勉谈话等制度。根据党组成员职责分工，对2014年度党风廉政建设工作任务进行了细化和分工，全院上下层层签订《党风廉政建设责任书》和《干警家属廉洁自律责任书》。八是认真梳理问题，及时整改落实，根据广泛征求到的意见建议，按照中央八项规定有关要求，结合郊区检察工作实际情况，院党组在深入剖析的基础上，制定整改措施，落实整改责任，及时督促落实。九是开展办公用房、公车问题自查自纠和纪律作风问题集中整顿，严格办公用房标准，对全院办公用房进行了腾退清理，全部整改到位，所有公务用车实行非工作时间，集中停放和外出派遣审批，人员外出办案、办公在办公室门口悬挂离岗告示牌。通过扎实开展教育实践活动，着力解决检察工作各环节存在的各种不规范问题。

2015 年，阳泉郊区检察院廉政建设一是认真贯彻执行中央八项规定、廉洁从检十项纪律和“九个不准”等规定，大力加强党风廉政建设，全院自上而下层层签订廉洁自律责任状，制定出台《郊区人民检察院关于落实党风廉政建设“两个责任”的实施意见》，全面落实党组主体责任和纪检监督职责，深入推进党风廉政建设工作。为加强廉政风险防控，院党组针对人、财、物管理，重新确定了党组成员分工，形成了“副职分管、正职监管、集体领导、民主决策”的权力运行机制。二是把强化自身监督放在与强化法律监督同等重要的位置来抓，不断提升干警严格、规范、文明司法水平。三是认真遵守检察官职业行为规范和检察机关执法工作基本规范，严格执行《人民检察院执法办案内部监督规定》，以执法办案的重点岗位、关键环节为重点，建立健全执法廉政档案记录。四是严格执行“一案三卡”制度和调查回访制度，对 2015 年办理的职务犯罪案件逐一进行了回访，重点考察自侦部门执法行为是否规范，是否有徇私舞弊、索贿受贿、滥用职权等违法违纪情况，当事人均反映该院在办案中，无侵权和违法违纪行为。

2016 年 3 月初，郊区检察院召开党风廉政建设和反腐败斗争工作大会，总结 2015 年党风廉政建设和反腐败斗争工作，对 2016 年党风廉政建设工作进行安排部署，会议要求，全院干警一定要清醒地认识到检察机关党风廉政建设和反腐败工作的严峻性和复杂性，正视自身存在的突出问题，切实增强政治意识、忧患意识、责任意识，从以下三方面大力加强自身党风廉政建设和反腐败工作：一是充分认识检察机关开展党风廉政建设和反腐败工作的重大意义，切实增强推进检察机关党风廉政建设和反腐败工作的责任感和使命感。二是把党风廉政建设和自身反腐败工作贯穿检察工作全过程，扎实推进检察机关自身反腐倡廉各项工作。三是加强组织领导，确保党风廉政建设和自身反腐败工作落到实处。同时，会议强调：做好党风廉政建设和反腐败工作，意义重大、使命光荣，全院干警一定要振作精神、坚定信心、扎实工作，以严明的纪律、昂扬的斗志和优良的作风，不断推进党风廉政建设和自身反腐败工作取得新的成效，努力开创反腐倡廉建设工作新局面。

2016 年 10 月，中纪委宣传部与中央电视台联合制作的电视专题片《永远在路上》开播前夕，郊区人民检察院纪检组及时通知全体干警按时收看该片，要求大家要把收看专题片《永远在路上》作为一项政治学习任务，进一步强化廉洁从检意识，加强作风建设，确保“四风”问题不反弹，形成作风建设新常态。同时引导党员干部以典型案例为镜、为戒、为鉴、为训，严守中共政治纪律和政治规矩，严守党章和各项党内法规，推动全面从严治党向基层延伸。同时，要把收看《永远在路上》与学习习近平总书记系列重要讲话精神，与学习中国共产党党章、廉洁自律准则、纪律处分条例、问责条例等结合起来，认真做好记录，撰写好观后心得体会。

是年，阳泉郊区检察院进一步加强廉政建设，构建自身监督新格局，严格落实《关于新形势下党内政治生活的若干准则》和《中国共产党党内监督条例》，着力提高领导班子的政治定力。按照中央“作风建设永远在路上”的要求，落实好中央八项规定，针对“四风”隐性变异的新动向，抓好重要时间节点的督查，严防司法腐败问题。重新修订了党组议事和检委会议事规则，进一步提高决策的科学化水平，不断完善集体领导和分工负责相结合的工作机制。层层签订党风廉政建设责任书，强化监督执纪问责，正确运用“四种形态”，建立健全纪律作风状况经常性分析研判和对人民群众反映问题及时核查机制。严格执行职务犯罪侦查工作八项禁令和违法行使职权行为纠正、记录、通报及责任追究等制度规定，坚决整治队伍自身的不正之风。建立检察业务运行定期分析研判工作机制，及时发现和解决执法办案中遇到的困难和问题，推动检察工作科学发展。不断加强纪检监察、案件管理的实时同步监督，加强案件流程监督，开展案件评查活动，增强执法办案监督的实效性。严格执行一案三卡制度，完善一线检察官执法档案，对2016年所办职务犯罪案件全部进行回访调查。严格执行检察机关执法工作规范化规定，切实保障“公正文明规范执法”理念深入人心。

2017年8月16日，郊区院召开党组扩大会，专题研究党风廉政建设工作。纪检组组长贾俊敏总结回顾上半年党风廉政建设工作情况，安排部署下半年党风廉政建设工作。严志勇检察长提出四点要求：一要狠抓主体责任落实，强化院党组管党治党政治责任。院党组要牢固树立抓好党建是本职，不抓党建就是失职的主业意识，坚持守土有责、守土尽责，把党建工作作为一项全局性工作，深度融入各项检察工作，与检察业务、检察队伍、检务保障等工作一同研究部署、一同检查落实，同时把党建工作放在心上、扛在肩上、抓在手上，敢于担当，敢抓敢管，旗帜鲜明支持纪检监察部门依法依纪履职，领导班子其他成员和各部门负责人对职责范围内的党建责任“不甩手”“不缩手”，认真履行“一岗双责”，管好班子、带好队伍。二要狠抓“关键少数”，充分发挥领导干部的带头示范作用，始终不放松对领导干部的监督，真正把党内政治生活严起来、实起来，实现党内政治生活常态化、制度化、规范化，同时要在加强党内监督上做文章、下功夫，深化巡视巡察监督，发挥好检务督察、专项检查等监督手段作用，抓好“八小时外”监督，从具体问题管起，见物见人见细节，促使领导干部养成良好的工作和生活习惯，在此基础上，注重发挥领导干部示范带动作用，自觉把讲政治贯穿于党性锻炼全过程，不忘初心、坚守本色，带头接受监督，正确对待监督，习惯在监督下行使权力，坚持依法用权、公正用权、规范用权，确保权力不偏轨、不逾矩，加强道德修养，践行社会主义核心价值观，以高尚的人格力量感化身边人。三要狠抓巡察问题整改，推动全面从严治检走向严紧硬，进一步提高政治站位，增强政治自觉，把巡察整改工作作为一项重大政治任务抓紧抓好，既要紧盯需要长期坚持的整改事项，也要防止老问题屡改屡犯、边改边犯，防止一些深层次问题暂时缓解却未得到根本解决，确保巡察成果得到充分运用和转化，切实抓好巡察反馈意见的整改落实，促进党风廉政建设提升到一个新的水平。四要狠抓问责追责，确保党风廉政建设各项任务落到实处，纪检监察部门要运用好监督执纪“四种形态”，按照《中国共产党纪律处分条例》关于政治纪律、组织纪律、廉洁纪律、群众纪律、工作纪律、生活纪律等规定衡量检察人员的行为，注重咬耳扯袖、红脸出汗，加强学习宣传教育，认真贯彻廉洁自律准则和纪律处分条例，引导广大检察人员牢固树立“高线”意识和“底线”思维。坚持把纪律和规矩挺在前面，重点管好党员干部言行的“第一关口”，抓早抓小，防微杜渐，及时发现问题，纠正偏差。同时认真贯彻《中国共产党问责条例》，严格执行“一案双查”，全面落实责任倒查追究制度，严肃查处检察人员违法违纪案件，坚决清除害群之马。

是年，阳泉郊区检察院抓住“关键少数”，加强党风廉政建设，全面推进主体责任层层落实，建立健全并完善“一把手”负总责，分管领导各负其责，班子成员齐抓共管的领导体制和工作机制。3 月 28 日，该院召开党风廉政建设和反腐败工作会议，总结回顾 2016 年党风廉政建设和反腐败工作，安排部署 2017 年工作任务，在严志勇检察长与班子成员签订《2017 年党风廉政建设责任书》基础上，全院上下层层签订《党风廉政建设责任书》，班子成员充分发挥“第一责任人”表率作用，将党风廉政建设与分管业务工作同研究同部署，强化责任意识、落实工作任务，切实解决重业务办案、轻教育监管的问题。坚持在“常”“长”二字上下功夫，院党组专题研究党风廉政建设和作风建设工作 28 次，先后 9 次组织党员干部集体学习党章、廉洁自律准则和纪律处分条例，认真落实全面从严治党各项规定，驰而不息反“四风”，严格落实“一岗双责”“一案双查”，做到真管真严、敢管敢严、长管长严，坚持把纪律挺在前面，坚持对自身腐败和执法不规范问题“零容忍”，保持了违法违纪“零纪录”的目标。与此同时，该院从廉洁从检教育入手，定期开展廉洁自律教育活动，逢节假日发送一条“廉政短信”等，强化廉政建设，筑牢拒腐防变底线。

本年度，检察长严志勇特别要求全院干警，一是要全面贯彻中共十八大和历次中央全会精神，深入学习贯彻习近平总书记系列重要讲话精神和治国理政新理念新思想新战略，保持战略定力和政治定力，坚持全面从严治党、全面从严治检。二是要以强化政治意识、推进标本兼治、落实主体责任为重点，全面加强党风廉政建设和反腐败工作，努力营造风清气正的政治生态，推动检察事业不断取得新进步。三是坚持以深度的忧患意识把握形势，进一步增强政治责任感和工作紧迫感，并以深化司改为重点，统筹推进检察队伍建设。

2018 年 3 月 14 日，阳泉郊区检察院印发党组书记、检察长严志勇《在 2017 年度工作总结表彰会议暨党风廉政建设和反腐败工作会议上的讲话》，要求各部位和全体干警认真学习，做到从廉治检，警钟长鸣：一是坚持中共对检察工作的绝对领导。要求全院干警始终高举中国特色社会主义伟大旗帜，始终将检察工作置于中共的绝对领导之下，自觉维护习近平在全党、在党中央的核心地位，自觉维护以习近平为核心的党中央权威和集中统一领导，自觉在思想上政治上行动上同以习近平为核心的党中央保持高度一致，永葆检察干警绝对忠诚的政治本色。二是坚持服务大局、保障大局。要求干警紧跟阳泉市检察院党组和中共阳泉郊区区委重大工作部署，找准服务大局的着力点、切入点，制定具体措施，全力抓好落实，确保检察工作与中心工作深入融合，同向发力。三是坚持以人民为中心的发展思想。要求干警不忘初心，牢记使命，永远把人民对美好生活的向往作为奋斗目标。牢牢把握人民性这一本质属性，主动适应社会主要矛盾的转化，把人民满意不满意作为检验检察工作成效的唯一标准，不断满足人民群众日益增长的公平正义需要，不断增强人民群众的获得感、幸福感、安全感，努力让人民群众在每一个司法案件中感受到公平正义。四要坚持维护社会发展稳定观。要求干警牢记职责使命，毫不动摇地把维护国家安全和社会稳定作为新时代检察工作的首要任务，坚决打击危害国家安全犯罪和严重刑事犯罪，有效防范化解政治安全风险，为“平安郊区”建设作出积极贡献。五是坚持宪法定位不动摇。要求干警充分认识检察机关作为国家法律监督机关的宪法定位，进一步强化法律监督，全力维护政治安全、社会稳定，保障人民安居乐业，不断增强监督的公正性、权威性。六是坚持全面从严治党治检。要求党组把政治建设摆在首位，建立完善规章制度，抓住领导班子成员这个关键少数，严格遵守政治纪律、政治规矩，认真履行主体责任，大力加强检察机关党的政治建设、思想建设、组织建设、作风建设、纪律建设。七是大力提升检察队伍履职能力。要求干警按照习近平总书记提出的增强“八种本领”的要求，把职业化正规化专业化建设摆到更加重要的位置来抓，着力培育专业能力和专业精神。八是持之以恒正风肃纪。要求干警坚持始终中央八项规定精神及上级检察院有关规定的落实，持之以恒整治“四风”，强化政治纪律和组织纪律，严肃廉洁纪律、群众纪律、工作纪律、生活纪律，深化运用监督执纪“四种形态”，强化日常教育监督管理，营造检察机关风清气正的良好政治生态，以“零容忍”的态度，严肃查处检察人员腐败问题。

3 月 19 日至 3 月 31 日，阳泉郊区检察院纪检监察组对检察纪律作风情况进行专项检查，对专项检查中涉及的 7 名干警进行约谈，对其中 3 名科级干部进行通报批评，责令其作出书面检查，要求全院干警通过此次专项检查，思想上高度重视，在行动上抓好落实，以高度的政治责任感抓好“回头看”工作：一是要切实增强全体干警的纪律观念，一级抓一级，层层传导压力，切实解决“最后一公里”问题。二是要深化监督力度，按照全面从严治党和全面从严治检的要求，进一步健全各项制度，从制度层面解决纪律作风问题。三是要坚持问题导向，继续推进纪律作风整顿活动，对此次通报的问题，有关部门和人员要深刻反思，剖析原因，杜绝此类问题反复出现。

是年，阳泉郊区检察院认真贯彻执行中央八项规定，按照全面从严治党的要求大力加强党风廉政建设，从严落实“两个责任”和“一案双查”。坚持从规范检容检纪、整合办公用房、加强公车管理、严格请销假制度等细节入手，抓“早”抓“小”，加大检务督查力度，促进存在问题的解决。加强对干警“八小时以外”活动的监督，争取做到防患于未然。

第五节　制度建设

1980 年 12 月 1 日，本着有利于各项检察业务工作和“两法”的实施，为适应新形势对检察工作提出的新要求，在全院造成既有民主又有集中，既有纪律又有自由，既有统一意志，又有个人心情舒畅的生动活泼、安定团结的政治局面，制定《考勤、考核、评比制度》《办案、行文签发、打印、签章制度》《文件收发，传阅、归档制度》《保密工作制度》《党团活动、业务学习制度》《会议制度》（院务会议、科务会、各科行政生活会、检察委员会、全院职工大会），以及《办公用品的领发制度》《工作请示、报告、汇报制度》《人与人之间的称呼和工作关系制度》等规章制度。实现人人有章可循、个个照章办事，团结一致，同心同德，做好工作的良好工作氛围。

1982 年 4 月 5 日，为全面加强检察院内务管理，阳泉市郊区人民检察院下发机关各种人员《岗位责任制》和各项工作管理试行制度。其中包括 2 月 15 日扩大的检察委员会通过的《检察长、副检察长岗位责任制》《郊区人民检察院检察员岗位责任制》《内勤（书记员）岗位责任制》（试行稿）《阳泉市郊区人民检察院机关工作暂行制度》《检察委员会会议制度》《院、科室办公会议制度》《政治工作会议制度》《全院干警大会制度》《请示、报告、汇报制度》《学习制度》《值班制度》《办公用品领发制度》《郊区人民检察院办公室工作岗位责任制》，此外，还包括 3 月 29 日在全体干警会议上通过的《阳泉市郊区人民检察院机动车辆管理试行制度》《阳泉市郊区人民检察院财产管理试行制度》《阳泉市郊区人民检察院枪支使用保管试行制度》《阳泉市郊区人民检察院图书管理借阅试行制度》。

1984 年 4 月 3 日，为全面开展检察业务工作，切实转变领导作风，进一步密切检察机关和人民群众的联系，使信访工作真正成为打击敌人、保护人民联系群众的桥梁和纽带。阳泉市郊区人民检察院制定《检察长接待来访和处理重要来信制度》。

1986年，阳泉郊区检察院实行“全院统一考勤制”，由办公室全面负责，对坚守岗位、按时上下班、出色完成工作任务的干警，及时给予表扬。对迟到早退、工作马马虎虎的干警，及时进行批评，限期责令其改正。与此同时，按照“奖勤罚懒”原则，对每月凡无故1天者，扣除当日工资和当月奖金的50%；事假超过3天（含3天）以上者，扣除当月山区补助；超过2天（含2天）者，扣除当月山区补助的50%；超过10天以上（含10天）者，扣除当月山区补助和奖金。对病假超过5天以上，扣除1个月山区补助的50%；超过10以上者，扣除全月山区补助，超过20天以上者，扣除全部山区补助和奖金（以上假期不含国家规定的婚丧假，农忙假由院领导集体研究批准，不受此限）。

1988年1月，阳泉郊区检察院重新修订下发阳郊检〔1988〕第3号《关于印发本院规章制度的通知》，分别为《检察员岗位责任制》《科长（主任）岗位责任制》《内勤（书记员）岗位责任制》《会计（统计）岗位责任制》《档案管理员岗位责任制》《打字员岗位责任制》《驾驶员岗位责任制》和《机关工作制度》等，其中，《机关工作制度》包括《会议制度》《请示汇报制度》《请假制度》《考勤制度》《补助报销制度》《物资、赃物、赃款管理制度》《档案管理制度》《学习制度》《工作守则》《保密制度》《机动车辆管理制度》《奖金发放细则》12项。

1991年4月23日，阳泉郊区检察院在原有管理制度基础上，进行重新修订，下发《郊区检察院规章制度（修订稿）》，有《婚、丧、产、探亲及计划生育的若干规定》《值班制度》《报销补助规定》《考勤请销假制度》《环境卫生工作制度》《廉政建设制度》《财务管理试行制度》《机动车辆使用管理制度》《关于汽车使用管理的规定》《院务会职责和会议制度》《检察院检察委员会职责和会议制度》《检察长办公会职责和会议制度《党组职责和会议制度》。

1993年8月20日，阳泉郊区检察院制定《廉政建设十项规定》。

1995年，阳泉郊区检察院制定《追究错案责任试行办法》《廉洁自律十不准》《财务管理规定》和《考勤值班制度》四项制度，规范干警言行，保证和促进各项检察业务的顺利进行。其中，《追究错案责任试行办法》分总则、错案范围、错案责任的划分与追究、错案追究程序和附则，共五章、十七条。

1996年2月27日，郊区检察院重新修订下发《检察委员会工作制度》。

1998年，阳泉郊区检察院针对整顿中发现的问题和开展检察工作的需要，结合区人大安排，推行执法责任制，进一步加强制度建设，积极推进规范化管理和制度化管理，重申干警考核制、干警进出口管理、司法公开、便民利民等制度，补充修订执法责任制、案件研究等制度，扩大检察委员会对案件把关的范围，完善案件审批手续，制度化建设和规范化管理初见成效。8月10日，为加强对司机的管理教育，确保司乘人员的安全，避免国家财产损失，保证工作顺利进行和维护检察机关声誉，阳泉郊区检察院制订并同司机签订《汽车司机工作责任状》。

是年，阳泉郊区检察院按“德能勤绩”制定并同各科室签订《工作目标管理责任书》。总分为100分，共四部分：一是“考德”，40分；二是“考能”，40分；三是“考勤”，10分；四是“绩”，10分。《工作目标管理责任书》涵盖了全院各科室、各岗位每个检察干警的政治思想表现、工作职责履行情况和工作任务完成情况。85分为《工作目标管理责任书》考核分界线，84分以下，每扣1分扣罚奖金1元；86分以上，每增加1分，增发奖金1元。目标化管理成为该院较为有效的管理形式，在全院推开加强。

1999年，阳泉郊区检察院坚持“以法为本，以人为本，以管人为核心”理念，把管人、管案、管物、管事有机结合起来，建立健全各项规章制度100余项，全院干警人手一册，完善并规范干警言行。一是以岗位目标管理为主要内容，完善了目标责任制管理制度，使每位工作人员目标明确、职责清晰，人人有事做，事事有人做。二是以执法责任制为主要内容，完善了办案制度，错案责任追究制度，内部监督制度，确保了依法办案，保证办案质量。三是以民主集中制为主要内容，完善了领导班子制度建设，保证了决策机构依法管理，民主决策。四是以队伍建设为中心内容，完善了政治理论学习，业务培训，廉洁自律、检察官考核，人事管理，奖惩等制度，保证了“从严治检”有章可循。五是以机关事务管理为内容，完善了财务、文书档案，车辆卫生，安全保卫等制度，使机关工作步入正规化管理渠道。六是以内外监督为内容，完善了党委领导，人大监督，政协和公众舆论监督制约机制，促进各项检察事业健康发展。

2001年10月24日，阳泉郊区检察院根据《档案法》和高检院，省、市院关于加强检察机关档案工作建设的有关文件精神，对《立卷归档制度》《档案保管制度》《档案利用制度》《档案保密制度》《档案鉴定与销毁制度》《档案人员岗位责任制》进行重新修订，下发阳郊检发〔2001〕第15号《关于印发档案管理六项制度的通知》，印发执行。

是年，建立健全《廉政建设监督卡制度》《办案工作回访督查制度》《推行廉政从检责任制》，检察长同每位干警签订廉政责任状，并按责任状的内容要求对干警进行考核。

2002年，阳泉郊区检察院为使各项检察工作在“依法建院”的运行机制下发挥最大工作效益，抽专人深入实际调查研究，全面健全和完善100余项规章制度，建立了以检察工作计划为主线，以落实制度建设为核心，以部门量化考核和检察委员会议事质量考核为手段，以全员责任目标为保障的规范化建设方法（方案），健全了相关的表册及管理办法，全面实行了目标化管理，保证了检察工作的顺利开展。规范化建设迈出了坚实的一步，受到了上级检察机关的表扬和肯定。

2003年，阳泉郊区检察院大力加强规范化建设，积极推进“全省基层检察院示范院建设活动”，在上年度建立健全和完善100余项规章制度基础上，制定了《部门和科室月报工作制度》和《2003年工作责任分解表》。同时对统计、档案、信息、宣传、人大联络等工作进行了规范，制定了相应的措施，进一步完善了规范化建设内容，在全省“示范检察院”验收中，以优异成绩顺利通过省检察院的检查验收。

2004年，阳泉郊区检察院制定并开始实行案件《到期提醒催告制度》《在押人员权利义务告知制度》和《与在押人员家属联系制度》，杜绝超期羁押。

2005年，阳泉郊区检察院以职务犯罪侦查、公诉、侦查监督、民事行政检察和控告申诉检察等执法环节为重点，对各项业务工作制度进行全面清理，新建各项管理制度14个，重新修订其他制度规范8个，通过制定严密的办案工作流程和执法规程，杜绝和减少执法随意性及执法不规范行为。

2006年6月，郊区检察院全面落实治理商业贿赂专项工作，出台《治理商业贿赂专项工作的实施方案》，成立治理商业贿赂专项工作领导组和办公室，检察长亲自任组长，设立举报电话，各职能部门正按照方案要求稳步推进治理商业贿赂专项工作。

2008年，成立职务犯罪预防科，制定《郊区人民检察院预防职务犯罪工作实施细则》，建立了由各职能部门组成的预防职务犯罪工作协调机制。

2009年，阳泉郊区检察院进一步加强制度建设，先后制定《集体活动考勤制度》《检风检纪督察制度》《干警八小时以外行为规范》等43项规章制度，形成了以百分考核为内容的一整套比较成熟的考核机制，从全面、全方位、全过程规范干警言行。

2010年3月，阳泉郊区检察院制定《涉检信访突发事件处置预案》，针对办公场所周边和重大政治活动期间发生的涉检信访突发事件，详细规定了工作细则、职责分工和级别响应，进一步健全了应对涉检信访突发事件处置机制，从六个方面着力提高处理信访突发事件应急反应能力和灵活处理能力：一是强化组织领导、统一指挥。二是提高思想认识、加强协作。三是明确工作责任、完善机制。四是畅通信访渠道、加强沟通。五是用心服务群众、为群众办实事。六是加强检务保障、定期演练。

同年5月，阳泉郊区检察院会同郊区法院、郊区公安分局，联合制订《在押人员羁押期间表现纳入量刑情节暂行办法》。规定在押犯罪嫌疑人、被告人，如有法定从轻、减轻或其他法定酌量情节的，由看守所提出书面评定意见，报驻所检察部门审查。驻所检察部门同意后，将评定意见移送郊区检察院公诉部门。公诉部门将结合案情，对符合不起诉条件的上报郊区院，提请做出不起诉决定；对于提起公诉的案件，将评定意见作为量刑建议，向法庭宣读出示并移送。办法对羁押人员表现情节作出详尽规定，该办法对规范监所管理、促使在押人员认罪伏法将起到积极的促进作用。

2010年5月29日，郊区机构编制委员会办公室以阳郊编办发〔2010〕20号文件，批准郊区人民检察院成立案件管理中心。根据上级精神、结合兄弟市院经验和本院司法工作实际，制定《案件管理中心案件评查办法（试行）》《案件管理工作实施办法（试行）》和《案件管理中心运作规程》，并全部汇编成册，案件管理实现了制度化、规范化、标准化目标。6 月 24 日上午，郊区院召开案件集中管理工作推进会，会议由党组书记、检察长贾建胜主持，党组成员、检委会专职委员、部门负责人参加会议。高秀瑾副检察长首先介绍了山西省检察院召开案件管理改革座谈会的情况，贾建胜检察长就推进案件集中管理工作进行了具体部署。6 月 25 日，该院召开由区公安分局、区人民法院有关领导和部门负责人参加的协调会，通报全省检察机关实施案件集中管理改革工作的目的和意义，介绍案件集中管理工作实施办法和运作规定。2010 年 7 月，郊区院案件管理中心开始正式运行。

2010 年 5 月，阳泉郊区检察院召开科级以上领导干部会议，传达学习《党政领导干部选拔任用工作有关事项报告办法（试行）》《党政领导干部选拔任用工作有关事项报告办法（试行）》《地方党委常委会向全委会报告干部选拔任用工作并接受民主评议办法（试行）》《市县党委书记履行干部选拔任用工作职责离任检查办法（试行）》干部选拔任用四项监督制度。

同年 9 月 13 日下午，制定《郊区人民检察院“反特权思想、反霸道作风”专项教育活动实施方案》，并下发执行。是年，该院制定《检察干警工作时间以外行为管理规定》，将对干警的管理延伸至八小时以外。

是年，该院全院各部门结合自身工作，在建章立制上动脑动手，不断探索改进检察工作的新途径新办法，为依法建院奠定了良好的制度基础。共修订、制定出台 48 项规章制度。公诉、控申、监所、民行部门，在全市检察系统率先制定出台《附条件不起诉实施办法》《量刑建议实施办法》《处置突发重大信访事件预案》《举报奖励有功人员办法》《涉检信访风险评估与控制办法》《在押人员羁押期间表现纳入量刑建议办法》《民事督促起诉规定》等；反贪、预防和纪检部门，制定《职务犯罪预防工作制度》和《实施细则》《重点岗位和人员述职述廉、诫勉谈话、质询制度》。反渎部门汇编了《反渎职侵权工作手册》，政工和办公室制定《服务农村和企业发展推进检力下沉工作方案》，整理汇编“三项重点”工作、“主题实践”和创先争优活动学习资料。

2011 年 7 月，阳泉郊区检察院制定出台《执法办案风险评估预警实施办法》《刑事和解实施办法》《检委会议事工作规则》。三项制度分别规定：案管中心对执法办案中的风险预估预警实施备案管理，对有分歧意见的刑事和解和不捕不诉案件进行审查。三项制度的出台为案管工作探索实体监督搭建一个有效的平台。

2013 年，阳泉郊区检察院重新修订《执法办案风险评估预警实施办法》，对 109 起案件进行预警评估，起到良好的预警效果。对全院纪律、会议、公务接待、车辆管理，以及干警八小时以外行为规范等制度，也作出完善补充，要求干警外出，一律实行离岗告示，进一步规范日常管理工作。同时汇编《“阳光检察”联络员工作手册》，定期组织“阳光检察”联络员开展活动。制定出台《推进“阳光检察”工作实施方案》《检务中心管理办法》等制度，严格执行诉讼权利义务告知程序，积极规范执法档案，及时向群众和社会各界公开执法依据、办案程序和执法结果。

2014年，阳泉郊区检察院先后制定出台《推进“阳光检察”工程深化检务公开工作办法》《实施“阳光检察”工程暨开展“争创职业道德模范”活动实施方案》，以提高检察工作透明度和检察执法公信力，确保检察权在阳光下运行。为进一步强化工作责任，制定出台《侦查信息查询方法》《侦查信息查询保密守则》《内设机构处理信访事项分工办法》和《信访事项首办责任制实施办法》，以积极规范侦查工作方法，提高办理信访工作的质量和效率。为进一步提升检察形象，制定《检察宣传工作实施办法》和《信息工作管理规定》，以宣传检察工作取得的新进展和成效，使广大群众切实感受到郊区检察工作发生的新变化和新面貌。为进一步加强内部管理，制定出台《党组议事规则》和《民主生活会制度》，进一步完善党组内部的议事决策机制。

2015年，阳泉郊区检察院按照“六权治本”的要求，梳理整理了各类制度、规定、办法67项，使各部门和干警依法用权、制度约权、阳光行权，做到有规章和制度可依。坚持从规范检容检纪等细节入手，加大检务督查力度，着力解决干警在党性、纪律、作风等方面存在的突出问题。

2016年8月22日，阳泉郊区检察院制定《业务运行定期分析研判工作制度》《关于院领导司法一线办案实施意见》。是年，为认真贯彻落实“三重一大”工作制度，重新制定完善《党组会工作规则》《检委会议事规则》，使决策运行更加科学化、民主化。

2017年5月12日，为推动郊区检察工作向前发展，进一步优化全院检察职能和检力资源配置，强化法律监督、自身监督和队伍建设，提高法律监督能力和执法公信力，根据《山西省县级人民检察院内设机构改革实施方案》，阳泉郊区检察院检察委员会通过《内设机构改革实施方案（试行）》。根据该方案，全院由内设机构改为五个：综合保障部、政治部、刑事检察部、民事行政检察部、检察业务管理监督部。

同年5月17日，阳泉郊区检察院印发《检察委员会权力清单（试行）》《担任院领导职务的检察官权力清单（试行）》《法律政策研究业务类检察人员权力清单（试行）》和《侦查监督业务类检察人员权力清单（试行）》《公诉业务类检察人员权力清单（试行）》《未成年人检察业务类检察人员权力清单（试行）》《刑事执行检察业务类检察人员权力清单（试行）》《民事行政检察业务类检察人员权力清单（试行）》《控告申诉检察业务类检察人员权力清单（试行）》《案件管理业务类检察人员权力清单（试行）》。对包括院领导在内的全部员额检察官、司法辅助人员办理检察业务权限，进行了详细分配，保障司改责任制的落实。同日，制订下发《检察人员分类管理办法》。

5 月 31 日，为提高司法办案质量，根据《最高人民检察院关于完善人民检察院司法责任制的若干意见》《山西省人民检察院关于落实司法责任制的实施意见（试行）》和《阳泉市人民检察院关于落实司法责任制的实施意见（试行）》等有关规定要求，经阳泉市郊区人民检察院第八届检察委员会第十九次会议审议通过，该院制订并下发《检察官联席会议制度》。同日，该院下发《阳泉市郊区人民检察院担任院领导、业务部门负责人的检察官直接办案制度》《业务管理监督指导意见》。

7 月 6 日，为进一步加强和改进意识形态工作，落实党管意识形态原则，明确党组领导班子、领导干部的意识形态工作责任，根据高检院《关于进一步加强和改进检察机关意识形态工作的指导意见》《山西省人民检察院党组贯彻落实〈党委（党组）意识形态工作责任制〉落实细则》和《阳泉市人民检察院党组贯彻落实〈党委（党组）意识形态工作责任制〉工作办法》，郊区院制订下发《党委（党组）意识形态工作责任制》。

10 月 10 日，阳泉郊区检察院制定下发《检察官、检察辅助人员、司法行政人员绩效考核及奖金分配实施细则（试行）》。

是年，该院在网络安全和管理方面，还建立《信息系统应急恢复预案》《两微一端管理办法》《涉密信息系统驻场运维人员管理规范》和《互联网门户网站管理办法》四项制度，不断加强和改进信息系统保密工作制度化常态化机制建设。

2018 年 9 月 5 日，阳泉郊区检察院制订出台《会议纪律制度》，规定党组会议、检察长办公会议、检察委员会会议、院务会会议、全院大会，由检察长召集，或由检察长委托副检察长或有关部门召集。党总支会议、工会会议，由支部书记、工会主席召集。部门会议，由各部门负责人召集。同时要求参会人员提前 10 分钟入场，不得无故迟到、早退、旷会。与会人员须规范着检察制服参会。

同年 9 月 11 日，为加强对国家和社会公共利益的保护，促进行政机关依法行政、严格执法，引导、鼓励社会公众依法向检察机关举报公益诉讼案件线索，根据《全国人民代表大会常务委员会关于修改 < 中华人民共和国民事诉讼法 > 和 < 中华人民共和国行政诉讼法 > 的决定》正式建立检察机关提起公益诉讼制度的精神，结合阳泉市郊区检察工作实际，制订《公益诉讼案件线索举报奖励办法》。奖励方式为荣誉奖励和奖金奖励。荣誉奖励包括颁发奖状、证书等。同时根据所举报线索的性质、情节和举报线索的价值，以及为国家集体挽回经济损失等因素确定奖励金额，每案奖金数额一般在 500 元～ 5000 元。

是日，该院制订《公益诉讼案件联席会议办法》。公益诉讼联席会议是指检察机关业务部门组织召开的，由检察机关与各行政机关、各乡镇共同参与研究，为维护社会公共利益，服务郊区发展大局，落实公益诉讼工作的专门会议。联席会议由区检察院召集，原则上每半年召开一次，也可根据实际工作需要，由区检察院提议召开专题会议，专题会议以专题业务座谈会、疑难问题分析研讨会、应急事件研判会等形式召开。公益诉讼联席会议职责主要有两项：一是区检察院向行政机关通报、交流的事项。二是行政机关向区检察院通报、交流的事项。联席会议达成的一致意见或基本一致意见，须形成联席会议纪要，印发相关成员单位供内部参考。

第四章　老干部工作

20世纪80年代中期，阳泉郊区检察院开始出现离、退休干部，由阳泉市郊区人民政府老干部工作局负责管理。

进入21世纪后，该院随着离退休人员增多，虽然其个人档案、退休金发放及各项政治、经济、福利待遇等，仍由郊区政府老干部工作局负责，但该院党组始终保持了对老干部的关怀。重大节日，如重阳节、春节、七一等，均有党组成员负责，对退休老干部进行慰问。

2008年10月7日上午，郊区检察院召开重阳节老干部座谈会，院党组成员、专职委员与老干部共同欢度重阳佳节。座谈会上，郊区院党组书记、检察长贾建胜代表院党组，向各位老干部表示节日的问候，同时向老干部们通报了一年来全院的各项工作情况，恳请老干部对郊区院的工作多提宝贵意见，继续为郊区检察事业发展发挥余热。老干部们结合自身经历，畅谈30年来检察事业的发展变化，对郊区院的工作感到非常满意。郊区政法委书记王如生、副区长郭斌参加座谈。

2016年6月28日，严志勇检察长、刘双富副检察长与老党员老干部座谈

2016年6月28日，郊区院邀请离退休老干部举行迎“七一”座谈会，庆祝中国共产党建党95周年，共谋检察事业科学发展，部分班子成员和党总支成员参加了座谈。

座谈会上，党组书记严志勇首先代表全院干警欢迎老干部们的到来，并对老干部们曾经为郊区检察院各项检察工作的发展所做的贡献表示崇高的敬意和衷心的感谢，随后向各位老干部汇报了郊区院2016年以来各项检察工作的开展情况，征求老干部们的意见建议。

老干部在听取了全院工作介绍后，对各项工作取得的成绩给予充分肯定，对本年度以来郊区院依法履行法律监督职责，各项工作开展到位，实现了检察工作的全面科学发展表示满意。与此同时，老干部们畅谈了中国共产党建党95周年以来的变化，回顾了郊区检察院的发展历程，以亲身经历和切身感受，畅谈检察工作的发展历史，传授工作经验、方法和优良作风，对在职干部寄予了厚望。大家纷纷表示：院领导在工作繁忙的情况下抽出时间召开座谈会，充分体现了郊区院对老干部的尊重和对老干部工作的高度重视，今后，他们将继续心系检察工作，积极发挥余热，继续为郊区检察事业的发展贡献自己的力量。

党组书记严志勇在谈到老干部工作时，对大家曾经为郊区检察事业做出的无私奉献表示感谢，同时要求有关部门，一是要进一步落实老干部的政治待遇，体现对老干部在政治上的关心和照顾，从7月开始，为全部退休老干部征订各类报纸，给他们的政治学习提供资料。二是要继续重视老干部工作，认真为老干部办实事，帮助解决老干部的实际困难，切实把中央关于老干部的各项政策措施落到实处。三是要不仅考虑老干部的今天，还要考虑今后老干部面临的困难；不仅要对老干部政治和生活上关心，更重要的是尊重他们的精神文化追求。四是请老干部们继续发挥余热，一如既往地支持检察院的工作，积极建言献策，共同为推动郊区检察工作再上新台阶贡献力量。座谈会上，老干部签订《为党和人民的事业增添正能量承诺书》，党总支为每位老干部发放《习总书记系列讲话》等“两学一做”学习教育资料。

2016年6月28日，严志勇检察长、刘双富副检察长与老党员老干部合影

第六编

行政管理

第一章　检察文秘

第一节　检察文书

1980 年 12 月 1 日，阳泉郊区检察院制定《行文签发、打印、签章制度》，规定全院行文须符合职权规定，即“只有在领导人职权范围内的有关文件，才有权签发，文件经签发才能生效，签发时应用钢笔和毛笔签全名，并注明年、月、日，以明确责任”。其中，17 种审查批捕、提起公诉的法律文书和自侦案件法律文书，其制作、书写、校对、分发、存档，由各业务科办理。书记员或承办人书写、起草，科领导核稿，院主管领导或检察长签发。请示、报告、通知、工作总结、安排、简报等全院性的行政文书，由办公室起草；属于业务科室职权范围内的业务性文件，由业务科室起草，统一用该院文件头分别编号行文，校对、分发、存档，由办公室统一办理。核稿、签发按院领导职权分别进行。

法律文件或行政文件经机关领导人签发后，送办公室安排打印，打字员须按规定的公文格式打印，经认真校对后，按规定的印制份数打印，由拟稿人带签发文稿，交监印人按签发份数盖印。

1982 年 2 月 15 日，阳泉郊区检察院全院大会通过《行文和审批制度》，规定法律文书的书写、校对、分发、存档，由各业务科办理，科领导核稿，分管检察长签发；行政文件由办公室起草，属业务科室业务性文件，由业务科室起草，统一用本院文件头分别编号，行文、打印、校对、分发、存档由办公室办理，核稿、签发应按职权分别进行。文件经院领导签发后，送办公室安排打印。打字员须按规定的公文格式打印，打印后由领导人带签发文稿，到办公室按签发份数盖章。

同日，会议还通过《办公室工作岗位责任制》，规定秘书和内勤负责各种会议的记录，及全院性文字工作，做到草拟文稿及时，材料来源可靠，反映问题真实，观点鲜明准确，符合政策和有关领导指示精神；负责文件的收发、保管、传阅、归档和保密工作，确保各类文件及时传阅，不积压，妥善保管不失密，做好各类法律资料和日常工作产生的有关文字资料、统计资料及各类数据的积累和整理。与此同时，要求规定打字员对所打印材料做到：坚持登记制度，非经本院有关领导批准不得给任何单位和个人打印材料；根据文稿的密级，做好打印期间的保密工作；保质保量按时完成各类文稿之打印任务；搞好打字机的保管、维修，使用要严格按照操作规程进行；节约用纸、用油，不断提高打字技术，做到精益求精。

上述制度在此后数十年中，始终得到坚持，并在长期的检察工作得到不断创新。

第二节 检察统计

1988 年 1 月，阳泉郊区检察院制定《会计（统计）岗位责任制》，对两个岗位的工作人员岗位职责作出明确规定，其中，统计负责全院司法统计报表，做到数据准确，报送及时；承担领导交办的其他行政事务。在此后的数十年中，统计工作严格审批把关制度，未出现迟报、虚报现象，保障统计工作的及时性和准确性。

1999 年 6 月 14 日，阳泉郊区检察院根据山西省检察院晋检办发〔1999〕9 号文件，经检察长办公会议研究，成立以纪检组长刘双富为组长、办公室负责人高秀瑾为副组长的统计执法检查领导组，同时召集全院各科（局）、室负责人及其内勤传达最高人民检察院和山西省检察院有关文件精神，学习《统计法》、中办和国办《关于坚持反对和制止在统计上弄虚作假的通知》，以及最高人民检察院《关于加强统计工作的决定》，并对 1998 年后实施新的《统计报表》和《统计案卡》、《统计台账》执行情况进行回头看。经对全院统计执法情况进行全面检查，检察统计进展顺利：一是各科室均全面执行最高人民察检院制定的《统一案件登记卡》和《统计台账》。二是《统计台账》填写准确、及时、完整清晰，记录情况真实。三是各科《案件登记卡》《统计台账》《统计报表》的填写、审核、整理、汇总、归档，初步建立起一套行之有效的规章制度，即：各科的《案件登记卡》由案件承办人员负责填写，经科长审核后，交由各科内勤统一保管以供核查；《统计台账》《统计报表》由内勤填写、整理汇总，经各科室负责人审核后，每月 25 日至 26 日报院统计员进行汇总、整理，统计报表一式两份，由办公室主任审核签字后上报阳泉市检察院 1 份，留存 1 份归档。四是全院《案件登记卡》《统计台账》和《统计报表》卡账相符，账表一致，杜绝虚报瞒报、弄虚作假、篡改统计数据、虚假数字以及超越权限或超越管辖范围办案等问题。

2001 年 9 月 4 日，根据山西省人民检察院《关于在全省检察系统开展统计执法大检查的通知》精神，阳泉郊区检察院对 1999 年 7 月以后的统计工作进行自查，经验查，没有发生统计违法行为，即无虚报、无瞒报、无伪造、无篡改统计资料；无拒报、无屡次迟报统计资料的；无未经法定程序，擅自制发统计调查表现象。

2003 年 7 月 1 日，阳泉郊区检察院召开全院统计工作会议，传达学习最高人民检察院、山西省人民检察院下发的关于《填报案件登记卡和统计报表中出现问题的解答》及《关于下一阶段统计报表案卡填报工作中需注意的若干问题》的通知精神，通报了 2003 年上半年统计工作情况，针对郊区检察院统计工作，制定了五项措施提高统计报表质量。

第三节 检察印鉴

1980年12月1日，阳泉郊区检察院制定《行文签发、打印、签章制度》，其中，对使用“阳泉市郊区人民检察院印鉴”“阳泉市郊区人民检察院财务专用章”“阳泉市郊区人民检察院院长”印鉴，或其他专用印鉴，以及印《阳泉市郊区人民检察院》字样的文件头、公函和《介绍信》等作了明确规定：凡需出具该院公函和《介绍信》，并加盖该院印章的公函和《介绍信》，监印人须凭院领导的签字盖印。

此制度在长期的检察印信管理中得到贯彻落实，从1980年到2018年，在40年的检察印信管理中，从未发生印信差误。

第四节 检察档案和保密工作

1980年12月1日，阳泉郊区检察院制定《行文签发、打印、签章制度》和《文件收发，传阅、归档制度》，对17种法律文书和日常行政文书，作出明确规定“凡经领导签发打印的文件，均需留足3份，随同文稿一并存放”，以便立卷归档。

1. 上级机关或其他部门来文，由办公室机要员或收发员统一拆封、编号、登记，除院领导和机要人员外，他人不得拆封。

2. 文件登记后，统一由办公室送院领导阅批，并严格按院领导批示，分别送交有关部门阅处，不得随意扩大传阅范围。所有查存、传阅和借阅的文件，均需履行签字手续，以防丢失。

3. 所有未经机要或收发登记的来文，每年年底都均须同各科室进行核对和清退，对平时由各业务科装订、立卷、归档的法律文书案卷，年底统一送办公室保存。

1982年2月15日，阳泉郊区检察院全体干警会议通过《文件收发、传阅、归档制度》，规定来文均由办公室机要收发统一拆封，编号、登记、除院领导和机要人员外，他人不得拆分；文件登记后，由办公室送院领导阅批，并严格按照领导的批示分别送有关部门阅处，不得随意扩大传阅范围，无论查存、传阅、借阅的文件，均需履行签字手续，以防丢失；凡进收发登记的来文，每年底都要和科室进行一次核对清退工作，对平时由各业务科装订、立卷、归档的法律文书案卷，年底统一送办公室保存。

1988年1月，阳泉郊区检察院制定《阳泉市郊区人民检察院档案管理员岗位责任制》，规定档案管理员在办公室主任领导下工作，主要负责全院文书档案、诉讼档案的分类、整理、保管。建立完整的档案管理体系；文件、报纸、信件的收发、传阅、保管，并健全借用、借阅登记手续；协助指导各科室内勤整理装订诉讼档案，及时统一编号归档；负责各类资料的整理、剪贴工作，及时提供各类决策信息，并承担领导交办的后勤行政事务。

1989 年 2 月，阳泉郊区检察院设立综合档案室。

1990 年 3 月 4 日，因郝某琪多次申诉，阳泉市检察院控告申诉检察处与郊区法院联合调阅了郝某琪强奸案案卷，均认为郊区检察院指控郝某琪犯强奸罪事实清楚、定性准确，区法院作出不予改判的决定，后郝某琪再未申诉。

1990 年 5 月 10 日，根据《中华人民共和国保守国家秘密法》及有关法律规定，阳泉郊区检察院制定《保密工作实施细则》，规定涉密文件为：有关案件材料；研究讨论案件记录；上级党政机关、权力机关、业务部门下发的，在一定时间内仅限于一定范围人员知悉的事项和文件，属于国家秘密。

1990 年 8 月 26 日，郊区纪检委因李某宝贪污，拟给予其党纪处分，遂派靳富兴到本院档案室调阅了李某宝贪污案的案卷，复制了案件相关材料，区纪检委给予李某宝开除党籍处分。12 月 1 日至 27 日，办公室主任史先玲查阅该院及市、区有关机构设立、人员任命文件，在掌握大量第一手资料基础上，编写了《阳泉市郊区人民检察院组织沿革（1978 ~ 1990）》。查阅全院 1990 年前文书卷，编写了《阳泉市郊区人民检察院大事记（1984–1990）》。查阅该院文书卷中的会议记录，编写了《郊区人民检察院会议简介》。查阅了本院档案室中 1986 年至 1990 年的统计档案及 1980 年至 1985 年的文书档案，编制了《郊区人民检察院基础数据汇编》，为 1991 年本院档案管理达省三级标准奠定了基础。

1990 年，阳泉郊区检察院整理档案 1010 卷，对建院开始形成的各类诉讼档案、文书档案全部立卷归档。

1991 年，阳泉郊区检察院档案工作经阳泉市和郊区档案管理考评组验收，达到省三级标准，全院档案管理工作初步走上规范化管理的轨道。

1992 年 12 月 13 日，姚保政不服阳泉郊区检察院起诉决定，多次申诉，阳泉市检察院控告申诉检察处联合复查了姚某政贪污案的案卷，撤销了该院免予起诉决定，按有关规定给姚某政落实政策，后姚某政再未申诉。

1993 年 5 月 20 日，办公室主任高秀瑾为阳泉市人民广播电台与阳泉市人民检察院法纪处和郊区检察院联合举办的《法纪检察知识讲座》组稿，查阅法纪案卷 58 册，编写系列讲稿 17 篇，该讲座在市广播电台连续播出后，在全市引起很大反响，社会各界反映良好。

1993 年 6 月 11 日，刑事审判检察科科长刘守忠查阅 1991 年、1992 年刑事审判检察科免诉案卷 24 册，为 15 名被免诉人员进行法制教育。

1994年6月9日，办公室主任高秀瑾因上级检察院部署的执法检查需要案件复查，在档案室调阅全院1993年度208册诉讼案卷，经案件复查小组认真复查，为正确把握和分析全院办案质量提供了依据。

1995年8月15日，办公室主任高秀瑾为编撰《阳泉市郊区志》准备史料，在院档案室查阅了该院文书卷45册，并根据档案中提供的史料，编写了《阳泉市郊区志》政法编第二章检察部分，圆满完成了中共阳泉郊区区委、区政府为该院下达的修志任务。

是年度，阳泉郊区检察院档案工作还完成了对1992年至1994年度各类诉讼档案、文书档案的清理归档工作，共整理诉讼档案1500余册，文书档案600余册，为档案的有效利用打下了良好基础。

1996年，阳泉郊区检察院配备1名专职档案管理员和8名兼职档案管理人员，并组织专、兼职档案管理人员，认真学习《档案法》《档案法实施办法》和《山西省档案管理条例》，以提高档案管理人员的思想认识和业务素质，增强依法管理档案的责任感。

1998年5月，阳泉郊区检察院进一步加强档案管理，一是设置专门的档案库室，改变了办公室与档案库同在一室的问题；二是确定了档案管理机构和兼职档案管理员；三是选派档案管理员参加全省档案管理员培训班,使管理人员的业务素质得到了提高;四是积极探讨全院档案达标升级问题，提出2001年年底达到省一级标准的规划。

1999年2月10日，阳泉郊区检察院向区委组织部报送郊区人民检察院组织史资料一套。2月29日，控告申诉检察科科长张福栓因审查郭某发申诉要求刑事赔偿一案，调阅郭某发诈骗案案卷，认为郭某发申诉理由充分，符合《国家赔偿法》的有关规定，经检察委员会研究后，对郭某发诈骗案作出刑事赔偿决定。3月29日，郊区法院梁德广因冯某云伤害案中的被害人张某娥提起民事诉讼，调阅了该院档案室中有关冯某云伤害案案卷，为该案确定诉讼时效提供了法律依据。3月31日，根据山西省检察院《关于今年开通三级密码传真网的通知》，经检察长办公会研究后，决定投资购买传真设备，设置传真机房，配备传真员，年底，经山西省人民检察院验收，被评为密码传真一级标准。4月19日，郊区工商局派员查阅复制马某秀盗窃案案卷材料，为区工商局给予其行政处分提供了依据。同日，郊区纪检委调阅复制程某三受贿案案卷，为给予程志三党纪处分提供了事实依据。8月10日，因荆某明故意伤害案中的被害人张某转，不服该院对荆某明不起诉的决定多次申诉，控告申诉检察科科长张福栓查阅荆某明故意伤害案案卷，根据在案证据和有关法律对其进行解释规劝，该案被告人张某转从此未再申诉。8月11日，为落实区人大常委会交办案件审查处理情况，审查起诉科查阅冯某云伤害案案卷，该院作出的原不起诉处理认定事实清楚、适用法律正确的决定，报告人大常委会后息诉。8月12日，办公室主任查阅王怀军伤害案案卷，15日，根据掌握的案件材料，将《关于王某军伤害一案的情况报告》向区人大常委会上报。

2000年4月5日，审查起诉科调阅反贪局立案侦查的余某新贪污案有关证据材料，为公安分局侦查余某新职务侵占案提供了有力证据。5月26日，民事行政检察科查阅并复制窦某林诈骗案有关证据，提请阳泉市人民检察院按民事诉讼再审程序提起抗诉。10月9日，办公室主任高某瑾因阳泉市人大代表视察郊区检察院工作准备汇报材料，查阅了1999年至2000年1月至9月的审查批捕卷。通过查阅案卷材料，对刑事案件中存在犯罪嫌疑人在逃的案件和人数作了统计分析。10月18日，检察长闫运成作了汇报后，引起了到院视察工作的人大代表的高度重视。11月3日，审查批捕科助理检察员史某龙因为荫营镇中学与郊区检察院组织法制讲座而准备讲稿、案例，查阅1997年至1999年审查批捕卷36册，精心制作讲稿。在2000年11月16日举办的讲座上，由于该讲稿以案说法，翔实生动，给在校青少年学生上了一堂生动的法制教育课，受到该校师生一致好评，使讲座取得圆满成功。

2000年，阳泉郊区检察院机要传真机室达到山西省级一级标准，统计、档案、会计、后勤管理都实行了规范化管理，保证各项工作顺利进行。

2001年，阳泉郊区检察院设有兼职档案管理员1名，档案库面积45平方米，库存档案3720册，其中，诉讼档案3390册，各种文书档案315册，统计档案15册。档案管理进一步规范化，一是应当归档的各种公文每年能收集齐全，分类符合规定，发文稿纸符合国家标准格式，项目的填写基本齐全、规范。二是所起草文件、法律文书底稿，以及领导签字、批示，基本上使用碳素及蓝黑墨水，使用不耐久字材料的现象属个别情况。三是各门类诉讼档案的排列、归档及管理基本符合有关规定。四是奖品照片档案开始筹建，2000年之前奖品，均已拍成照片，尚待进行建档登记。四是历年来党组、检委会、院务会会议记录，及干警花名册，均已归档。五是统计档案自1996年之后均已归档，1994年的会计档案均已交由郊区档案馆保管，1995年之后的会计档案尚待归档，科技档案尚待建立。六是档案的查阅、借阅均有登记，各种检索簿册齐全，档案检查记录、接待档案利用的情况基本建立，档案库温度登记有待进一步完善。七是院存档案得到较好开发利用，机关日常警务活动中发生的大事，有《大事记》予以记载，向郊区区委和区人民政府提供了翔实的《组织沿革》《基础数字汇编》《发文汇编》等档案史料。

是年，阳泉郊区检察院为实现档案管理现代化，调整了档案室用房、档案员办公用房和档案阅览室用房。档案管理用房达65平方米。其中，档案库房32平方米，档案员办公用房16.5平方米，阅览室16.5平方米。与此同时，进一步加强安全设施建设，确保档案安全，先后投入资金6万余元，购置5列4组档案专用密集柜、电脑及管理软件，配备了铁门、铁窗、铁柜、避光窗帘、灭火器、温湿度计、防虫药，吸尘器，完善了防火、防盗、防光，防潮、防鼠、防尘、防虫等设施，确保了档案室的安全。并在郊区档案局专家指导下，对建院以来的各类档案进行全面整理，按类编号排列、分类装盒上架。此外，还编制了三种以上检索工具，购置了计算机软件检索系统，实现了档案的计算机存贮与检索，档案的科学化、现代化、管理手段明显提高。

10月24日，为系统完整的保存各个时期各项检察活动中形成的具有保存价值的各种文件材料，促进文书档案科学管理，更好地为检察工作服务，阳泉郊区检察院根据《档案法》和高检院，省、市院关于加强检察机关档案工作建设的有关文件精神，下发阳郊检发〔2001〕第11号《关于印发我院档案各类文件材料归档与不归档范围及保管期限的通知》，对文件材料归档与不归档范围作出重新规定。同时对《立卷归档制度》《档案保管制度》《档案利用制度》《档案保密制度》《档案鉴定与销毁制度》《档案人员岗位责任制》进行重新修订，下发阳郊检发〔2001〕第15号《关于印发档案管理六项制度的通知》，印发执行。同日，该院下发郊检发〔2001〕第12号《关于调整档案领导组、鉴定组和健全档案工作管理体系的通知》，成立机关档案领导组、档案鉴定组，并建立档案工作管理体系，组长由刘双富担任，高秀瑾为副组长。

11月27日，根据国家档案法第二章第九条和《山西省机关档案工作定级、升级标准》实施方案第一款第七条考核内容，为了充分调动档案工作人员的积极性，切实提高全院的档案管理水平，尽快实现依法治档，大力开发档案信息资源，服务检察工作，该院下发阳郊检发〔2001〕第13号《关于对档案工作人员实行奖惩的办法》，对档案工作做出显著成绩的档案工作人员（包括兼职档案员）给予奖惩；对不按规定归档、不按期移交档案及违反《档案保密制度》造成本院档案损失的，视情节轻重给予处分。

是年，该院按照时间顺序，以档案利用过程中形成的典型材料反馈信息为依据，编写《档案利用效果实例汇编》《大事记》《组织沿革》《发文汇集》《晋升一级实证材料》《基础数字汇编》，真实反映阳泉市郊区人民检察院档案利用的情况和取得的社会效益。并将1990年以前的诉讼档案1156卷，向郊区档案局进行移送管理。

本年度，阳泉郊区检察院为实现档案管理标准化，参照山西省《机关档案工作业务建设规范》和最高人民检察院有关规定，以及该院《各种文件材料的归档和不归档范围的要求》，向省一级档案管理目标奋斗，投入资金6万余元，购买了新档案密集柜、电脑及管理软件，并对现存档案进行整理，编辑六种档案编研成果，共整理出文书、诉讼、统计、科技、会计、声像、实物七大档案5600余卷。在此基础上，邀请档案专家对全部档案进行鉴定和自查，卷内文件材料齐全完整，案卷组合正确，卷内目录、备考表封面填写规范，题目简明扼要，卷内无金属物、无折叠现象，装订整齐、美观、牢固，案卷质量合格率在95%以上，文书档案，会计档案、科技档案、照片档案符合规范要求。

是年，该院档案共藏档案5234卷。其中，文书档案1000卷，诉讼档案3756卷，会计档案320卷，统计档案80卷，声像档案3册（卷），科技档案1 5卷（件），实物档案60件。所有档案符合规范要求，档案管理水平明显提高，达到省一级标准，档案现代化建设迈上新台阶。

2008年10月31日上午，山西省全省党政机关保密检查组到郊区检察院检查指导工作。中共阳泉市郊区区委副书记刘红霞，阳泉市保密局副局长刘彦忠，郊区区委办主任潘钰，郊区区委保密局副局长史信富陪同检查。刘红霞介绍全区党政机关开展保密工作的情况，郊区院纪检组长张福明汇报了郊区检察院保密工作情况。检查组仔细查看郊区院电脑机房、档案室、办案工作区等涉密部位以及电子阅览室，对档案管理、文书传递、涉密电脑管理使用，以及各项保密工作制度执行情况，进行了认真检查。山西省保密局康焕玉处长、山西省保密局技术检查中心主任姚宇韧、山西省保密局技术处副处长赵计生，均作了具体讲话。当天下午，保密检查组结束在郊区的检查工作，郊区区委保密委员会向郊区院发送专题传真，对该院保密工作给予表扬。

2013年11月19日，山西省保密局测评中心副主任与阳泉市人民检察院技术处处长一行5人，到阳泉郊区检察院对涉密信息系统分级保护工作，进行调研和业务指导。调研组首先听取郊区院关于涉密信息系统分级保护项目建设情况的汇报，从网络安全、电磁泄漏发射防护、安全域边界保护、身份鉴别、保密管理机构与制度等五个方面，进行现场指导。调研组对郊区院的保密工作给予充分肯定，同时对该院分级保护中涉及的某项保密内容，提出进一步改进意见。并按照国家保密局分级保护工作相关要求，对郊区院涉密信息系统分级保护工作进行初验，认为达到实验标准，为下一步该院顺利通过山西省保密局测评奠定了基础。

2016年8月29日，阳泉郊区检察院下发《关于调整院保密委员会机构成员的决定》，保密委员会主任由前任检察长王建明，调整为新任党组书记、检察长严志勇。副主任为党组成员、常务副检察长刘双富，成员有党组成员、副检察长杨建民、王权政，副检察长张保亮，党组成员张福明，党组成员、纪检组长贾俊敏，党组成员、反贪污贿赂局局长王学军，党组成员、反渎职侵权局局长杨培龙，党组成员、办公室主任史保龙。保密委员会设办公室，主任史保龙。

2017年5月15日，为深入贯彻省委政法委关于在全省政法系统组织开展执法司法规范化建设年活动的精神和大力开展落实司法责任制的工作要求，郊区检察院在召开案卷管理工作会，把规范司法行为和落实司法责任制的主要着眼点，放在提高具体案件质量上，从小处着眼，从细微处着手，对案件卷宗从立卷到归档过程，作出四项安排一是体现规定新要求，2017年案件卷宗归档除执行最高检新的卷宗装订归档要求外，每件案件均要填写案件归档质量评查表。二是体现司法责任新要求，案件装订和归档要求体现落实司法责任制，“谁办案、谁负责”的要求，明确到具体承办的检察官及司法助理个人。三是体现审查新要求，案件归档要经部门负责人、案管中心两级审查，再由案件质量评查组审核后，方可归档。四是体现奖惩新要求，建立案件卷宗归档质量评查个人司法档案盒年度案件质量评查档案，个人案件质量与绩效奖励挂钩，体现奖优罚劣的奖励机制。

第二章 后勤服务

第一节 基本建设和办公用房

1979 年，中共阳泉市和阳泉市郊区区委，选配 15 人筹建郊区检察院。暂时安排在区招待所三间房子办公。

1980 年，阳泉郊区检察院 20 名干警，在区招待所办公，全年租金近 5000 元。配备每人 1 张办公桌，椅 1 套，全院共有文件柜 3 个，铅字打字机 1 台，电话 1 部，三轮摩托车 1 车。

1981 年 1 月 7 日，根据中共山西省委晋发〔1980〕123 号和省财政厅，〔80〕晋财字第 285 号文件以及省、市院指示精神，为解决办公用房及租房办公经费问题，阳泉郊区检察院向区革委和阳泉市财政局，呈报阳郊检发字〔1981〕第 1 号《关于申请解决办公地点所需经费有关问题的报告》，一是按全院 1981 年度基本建设预算计划，拟兴建 1200 平方米办公楼一栋，建设资金预算 144000 元。二是在现已租用区招待所 4 处客房的情况下，另行增租郊区招待所客房 6 间，所需房租费用按每间每日 3 元计，全年共需房租费用 10950 元。

由于该院建院以来，办公未能得到有效解决，暂借郊区招待所 6 间客房办公，且办公住宿合用，对办案造成一定的干扰和影响，1982 年 11 月 6 日，阳泉郊区检察院向中共阳泉郊区区委呈报阳郊检发〔82〕第 20 号《关于修建办公楼的请示报告》，计划在 1983 年由财政拨款 111320.00 元，修建 900 平方米的办公楼，100 平方米的车库。

阳泉市郊区人民检察院办公用房规划表

表 6-1

项　别	间	面积（平方米）	造价（元）	项　别	间	面积（平方米）	造价（元）
检察长室	1	22	2530	收发	1	22	2530
副检察长室	2	44	5060	资料	1	44	5060
办公室	2	44	5060	预审室	2	44	5060
刑检科	3	66	7590	证人室	1	22	2530
经检科	3	66	7590	监检科	2	44	5060
法检科	2	44	5060	法警室	1	22	2530
控申科	1	22	2530	司机室	1	22	2530
文印室	1	22	2530	车库	4	88	10120
档案室	1	22	2530	政治科	2	22	2530
技术室	1	22	2530	体育室	1	22	2530
会议室	1	66	7590	宿舍	4	88	10120
仓库	4	88	10120	合计	42	968	111320

1984 年，阳泉郊区检察院由区政府大院，搬迁至郊区粮食局原址办公，建筑面积 1900 平方米。

1986 年 6 月 5 日，郊区检察院办公楼多处出现裂缝，向郊区政府呈报《关于调整办公用房的请示报告》，请求在雨季来临之前，调整办公用房，确保办公安全。

1987 年，阳泉市人民检察院、阳泉市计划委员会批准阳泉郊区检察院修建独栋办公楼，但未落实到位。1987 年 12 月 17 日，郊区检察院办公楼出现的多处裂缝呈明显加宽趋势，最宽处达到 2 厘米，且有继续下沉的迹象。为此，该院再次向郊区人民政府呈报《关于办公楼连续下沉的特急报告》，恳请区政府给予调整。

1988 年，由于阳泉郊区检察院办公用房短缺拥挤，居住分散，不便管理，需修建办公楼，故山西省人民检察院拨款 20000 元补助修建。因压缩工程，阳泉市计划委员会下发计委〔88〕第 216 号文件，将该院办公楼建设更改为缓建项目。

1992 年 2 月 24 日，阳泉市郊区人民政府批准该院修建办公楼，建筑面积为 800 平方米，为此，郊区检察院向阳泉市人民检察院呈报专项文件，请上级检察院协调山西省和阳泉市，给予相应的资金补助。但未获批准，仍在原郊区粮食局旧址办公。

1994年，阳泉郊区检察院搬迁至荫营东大街中段，原郊区工商财贸大楼东部一至六层，面积约1600平方米，产权归郊区人民政府。

1999年10月10日，阳泉郊区检察院办公场所因年久失修，墙皮脱落，门窗陈旧，地面凹凸不平，水、电、暖等设施老化，急需维修资金30万余元。多次向区政府申请拨款，因地方财政困难，资金不能到位，故向阳泉市计划委员会呈报阳郊检字〔1999〕第16号文件《关于维修办公楼拨款的申请》。

2003年，阳泉郊区检察院向上级有关机关呈报建设技侦大楼的报告，拟于2004年在现办公大楼后院，建设技侦大楼，拟建设大楼为3层框架结构约2000平方米，计划投资400万元。资金来源主要是申请山西省和阳泉市计委的国债投资贷款，以及阳泉郊区人民政府财政拨款一部分，另自行筹措一部分款项。工程建设期限计划为一年，该工程获得规划部门批准，阳泉市和郊区计委正式立项，批准建设。

2005年，阳泉郊区检察院加大科技强检步伐，千方百计筹措资金，对技侦大楼进行了改扩建，更新部分办公设备和办案设施，检察工作中的科技含量进一步增强。

2006年11月1日，郊区检察院隆重举行技侦大楼竣工典礼。阳泉市政协主席宋林岭，中共阳泉市委常委、政法委书记陈继光，市委常委、宣传部长高全怀，阳泉市人大常委会副主任荆东生，阳泉市政协副主席李畤海、阳泉市人民检察院检察长张仲马，郊区区委副书记、区长杨勇等省、市领导为技侦大楼竣工剪彩。郊区检察院张建国检察长致辞，区委副书记、区长杨勇讲话。市人大、市政协、市委政法委、市纪检委、市计委、市直有关部门、公安、法院、检察院、司法行政部门的有关领导、区直有关部门、企事业单位的代表以及郊区检察院全体干警共200余人参加竣工典礼。郊区检察院从2003年开始对现有技侦大楼进行改扩建设计、选址，2004年7月，由区政府协调有关部门对新选地址和周边建筑物进行拆迁，10月进行奠基开工建设。经过一年的紧张施工，总投资500余万元的六层技侦大楼竣工，彻底解决办公、办案用房紧张的被动局面，为进一步开展各项检察工作创造有利条件。

同年11月，郊区检察院新建立的来访候谈室、接待室投入使用，并配置了空调、饮水机、消毒设备、电脑触屏等设施，控申接诉人员办公室还配置了电脑、录音电话，开通了网上举报信箱，为方便群众来访创造了良好的环境。在加强硬件建设的同时，进一步落实首办责任制，落实各级领导责任和工作责任，没有一起因处理不公或处理不当而越级上访的案件，实现了检察环节的零上访，为构建和谐郊区做出了应有的贡献。

2009年8月24日上午10时，阳泉郊区检察院集公办、办案、信息化于一体的新技侦大楼奠基仪式，在郊区荫营镇江正大街隆重举行。阳泉市人民检察院党组书记、检察长胡克勤及党组成员，郊区区委书记赵峰、区长杨勇、人大常委会主任王梦贺、政协主席要宜为、区委区政府有关领导，公检法司负责人及郊区院前任检察长和有关单位部门负责同志参加了奠基仪式。奠基仪式首先由郊区院党组成书记、检察长贾建胜致辞。阳泉市人民检察院副检察长刘振斌，郊区人民政府区长杨勇，在奠基仪式上讲话。施工单位——阳泉市志远工程有限公司董事长、总经理王志作表态发言。郊区院技侦大楼总投资1600万元，建筑面积9000平方米，预计2010年年底建成使用。

2010年，阳泉郊区检察院新建技侦大楼工程经过一年半紧张施工，基本完成建筑工程和主体外装修，主要设备选型和采购，全部完成了招投标工作。工程建设以来，郊区领导和上级检察机关领导，多次视察工地，在项目审批、资金落实等方面给予充分支持。

第二节　车辆、通讯和办公侦查设施

1979年，新成立的阳泉市郊区人民检察院，购置配备文件柜3个，办公桌9张、椅子19把、打字机1台。

1980年4月4日，随着检察业务工作陆续开展，鉴于全区司法管辖区域较大、交通不便，公安机关和立案单位移送的赃款、赃物及案卷陆续增多，特别是鉴于现金和其他贵重物品的移交和接受的运输安全，向郊区财政局呈报阳郊检发字〔1980〕第3号文件，拟购置三轮摩托车1辆，保险柜1个，总金额6000元。到年底，办公设施中，新增电话1部，三轮摩托车1辆亦落实到位。

1982年3月29日，在全院干警大会上通过《财产管理试行制度》和《机动车辆管理试行制度》。《财产管理试行制度》规定该院所有财产，由办公室统一管理，并设专人负责。各科室所使用的财产、技术器材、设备等，同样须确立专人监管，定人定物包干管理。对于新购入或上级配发的固定财产、技术器材、设备或车辆零配件等，须统一交保管验收、编号、入账、入库，妥善保管，做到账账相符（账务账和财产账），账物相符。发至各科室的固定财产，非经办公室批准，不得互换和乱拿乱用。《机动车辆管理试行制度》，规定所有机动车辆由办公室统一管理，由办公室会同有关人员，定期组织司机检查车辆的使用和维修保养情况，要求司机认真履行自己的职责，严格按规定制度办事，爱护车辆，使自己分管和驾驶的车辆，处于良好工作状态，保证服务质量，其中，轿车由办公室负责安排，院领导用车，需事前或事后通知车辆管理人员，业务科室使用轿车，由科室负责人申请用车；需用摩托车，则由所在科室负责人直接派遣。

与此同时，根据国务院〔1980〕6号文件精神，本着节约用车原则，依照《机动车辆管理试行制度》规定，该院所属之北京吉普车为行政用车，在业务车辆缺少的情况下，除保证院领导用车外，优先科室领导因公用车，其他人员因公用车，须在三人以上（特殊情况例外），负责管理车辆的领导，须严格控制出车的使用范围，按规定派车。摩托车属业务用车，由所在科室管理使用，特殊情况下办公室可直接调遣。《机动车辆管理试行制度》还对车辆的维修保养也作出原则规定：严格技术检查制度，按时进行保养维修；每月保证有一天对车辆进行维修、检查和保养；一级、二级保养项目由驾驶员完成，复杂的保养项目须组织有关人员协助实施；一级保养项目为汽车行驶2500公里进行，摩托车行驶1000公里。二级保养项目为汽车行驶10000公里，摩托车行驶2000公里。

1982年6月24日，根据基层检察院办案工作特点，为解决远途干警加班后不能回家休息及值班休息问题，阳泉郊区检察院向区政府申请购置15张休息用床。为进一步加强档案管理，申请为信访接待和两位副检察长配备文件柜（木制）2只，其中，床每张55元，文件柜每只90元，共需1005.00元。

1984年6月30日，为加强赃款赃物管理，保证财务工作安全，确保随案贵重物品和现金、支票安全存放，阳泉郊区检察院向区政府、区财政局呈报阳郊检办发字〔84〕第5号阳郊检发字〔1984〕第5号《关于购置保险柜的请示报告》，请示批准购置保险柜1台。

1984年7月24日，为全面开展检察业务工作，确保检察干警现场勘察及保存相关影像资料，阳泉郊区检察院向区政府、区财政局呈报阳郊检办发字〔84〕第9号《关于购买照相器材的请示报告》，请示批准专用经费1500元，购置放大机1台、照相机1台。

1986年6月24日，阳泉市人民检察院下发阳检行字〔1986〕26号《关于下达囚车的通知》，将阳泉市人民检察院所属一台633型囚车（车号04-23675），调配到郊区检察院。

1987年10月，山西省人民检察院为阳泉郊区检察院调拨囚车1台。

1988年1月，阳泉郊区检察院重新修订下发《机动车辆管理制度》，规定吉普车作为行政用车，囚车为业务用车，统一归办公室管理。特别要求车辆由本车司机驾驶，严禁随意教别人驾驶，严禁非驾驶人员开车，如有特殊情况不能出车时，由领导指定替班司机。

1991年7月24日，阳泉郊区检察院重新修订《机动车辆使用管理制度》，要求司机必须坚守岗位，按派遣时间出车，实行谁用车谁签字，严禁无命令行车，除一台伏尔加车，其他车辆除特殊情况外，每晚一律停放在院内，由值班员负责照看。车辆油料由办公室统一购买，建账管理，领用签字，做到账票相符。同时要求司机对机动车辆必须做到勤保养、勤维修，保持车辆的清洁卫生，安全行车，礼貌待人，服务周到。汽车配件、修理，须事先请示分管办公室和财务工作的领导，经批准方可购置或修理。停车检修或需送修理厂修理的车辆，须由技术员负责与车辆司机共同检验应修部分，作出预算，按预算到指定修理厂修理。此外，该院建立车辆统一档案，包括车辆指标、购车凭证、挂牌、交税、免费、保险凭证等，由司机管理，改为办公室统一管理。发生车辆事故时，司机须保护现场，报告有关部门及领导，讲清事故经过，等候处理，并根据责任检察院付款数额（含保险公司给郊区检察院赔款），扣除司机1%～3%的修理费，并根据情况扣除当月奖金或给予纪律处分。私自出车发生事故时，后果由责任司机自负。

1998年4月，结合全院开展的思想、纪律、作风整顿，阳泉郊区检察院严肃查处了司机李某国工作严重失职，将警车丢失一事和私自出车造成交通事故一事，并清调出检察机关。是年8月10日，为加强对司机的管理教育，确保司乘人员的安全，避免国家财产损失，保证工作顺利进行和维护检察机关声誉，阳泉郊区检察院制订并同司机签订《汽车司机工作责任状》。要求司机一是必须加强学习，树立检察干警的良好形象和为全局服务的思想，遵纪守法，严格执行交通规则，加强工作责任心，坚守岗位，尽职尽责，热情服务，爱护车辆，精心保养，经常检查，主动维修，做到文明安全驾驶。二是违章作业造成事故，经交警部门鉴定后，视责任由司机承担相应的经济损失。三是司机必须保证车辆存放安全，防止丢失。四是严禁司机酒后驾车，凡因饮酒造成事故，除按第二条承担经济损失外，一律清退。五是维修车辆或购置配件，必须事先制定计划，经分管办公室检察长同意到指定地点维修。

2002年，阳泉郊区检察院以科技强检为目标，筹措资金70万元整治办公设施，改善办公条件，整治了门厅门面，整新了餐厅和一楼干警休息室，建立了新的审讯室，厨房茶炉用具实行了电气化。新购置9台联想奔腾4高配置电脑和1套新统计软件，以及复印件、打印机、摄像机、电视机、影碟机各1台，另配置了15部新电话，其中，录音电话1部，配备了2台新警车，为科技强检奠定了坚实的基础，有力地保证了各项检察工作的顺利进行。

2003年，阳泉郊区检察院在经费十分紧张的情况下，筹措资金对危险办公用房进行了改造，新建了餐厅、新购置了餐桌椅，改善了就餐饮水条件。新购置了警车7台，电脑8台，购置了笔记本电脑、扫描仪、光盘刻录机、投影机、打印机、手提复印机、照相机等高科技设备，检务公开实行了电子屏显示，干警的通信联络实行小灵通管理，庭审监督实现了电子监督管理，庭审质证实现了多媒体示证。

2007年，阳泉郊区检察院不断加强硬件建设，在财力有限的情况下，筹资50万元购置电脑，建成了机关局域网、检察系统内网和电子阅览室，完善了检察信息通道。

2008年8月，阳泉郊区人民政府为郊区检察院反贪污贿赂局和反渎职侵权局，专门配置两辆办案车辆，为郊区检察院检察事业的发展，奠定了坚实的物质基础。

2010年7月，最高人民检察院印发《2009—2013年全国信息化发展规划纲要》，山西省人民检察院出台《全省检察机关信息化建设总体规划》。阳泉郊区检察按照“全省信息化建设的具体要求和推进措施”，制定“全员电脑操作达一级标准培训计划”，制定了《省院下拨设备管理和使用制度》，建立了设备台账，与内网连接的电脑全部进行加密，从各方面为办公、办案自动化创造基础条件。同时将信息化建设的重点，放到新建技侦大楼项目上，制定了《技侦大楼信息化建设实施方案》，信息化建设取得了突出成效。

2013年，阳泉郊区检察院案管中心代表全市基层检察院，参加全省检察机关统一业务应用系统三极联网测试，三极联网应用工作走在全市前列。

同年，该院率先完成了集拼接屏显示、高清审讯、高清监控、审讯指挥和无线电干扰五大系统为一体的高标准办案工作区，成为全市信息化建设亮点单位。

同年11月15日，阳泉郊区检察院门户网站正式开通。它涵盖了郊区院机构设置、工作动态、阳光检察、法律法规、理论研究、预防天地、队伍建设、检察文苑等板块，是展现郊区院深化检务公开、介绍社会监督、实现“阳光检察”的新窗口。社会各界可以通过登录网站了解郊区检察院的性质、职能、工作举措、工作动态等方面的情况。同时，网上举报栏目的开通及举报电话的公布，更加方便了群众举报。此网站开通标志着郊区院信息化建设和检务公开工作均迈上一个全新的台阶，促进了检察权在阳光下运行，真正使广大人民群众了解检察工作有了新渠道，检察机关强化法律监督和自身监督有了新途径，检察机关接受社会各界监督有了新平台。

2014年5月，阳泉郊区检察院信息化建设工程顺利通过山西省保密局测评。检察信息化建设是新时代科技强检的核心内容，是山西省院确定的2013年全省检察机关着力抓好的六项重点工作之一，为切实贯彻杨司检察长提出的在三年内，力争使山西省检察信息化建设在中部处于领先位置，在全国达到一流水平的指示精神，2013年初，阳泉郊区检察院将信息化建设作为亮点工作，全院上下鼎力推动此项工作，倾心打造这一品牌。截至2014年年初，郊区院与阳泉市检察院签订的《2013年亮点工作目标责任书》所确定的工作任务全部完成。

郊区院一是完善制度和长效机制建设，确保人员机构经费三到位。成立信息化建设领导组，定期研究部署信息化建设工作。针对岗位责任，设备管理，工作程序，网络安装等方面制定80多项制度和70多项规程，确保操作规范。报经区编办批准成立检察技术科，专门负责规划、技术、装备、建设等工作，确保责任落实。在年度预算中，设立信息化建设专项资金，确保经费到位。

二是建成高标准办案工作区和网络管理中心，实现“四位一体”管理平台。郊区人民检察院办案工作区严格按照最高检和省院的规定进行建设，建成了拼接屏显示、高清审讯、高清监控、审讯指挥、无线电干扰五大系统，达到了无缝衔接高清同步录音录像标准。省院验收组对郊区人民检察院办案工作区进行实地考察后认为，无论是功能设置还是硬件设施都处在全省领先水平。建设了网络管理中心，成为集专线网络管理、数字审讯指挥、视频会议控制、办公楼内外监控为一体的网络管理平台，为全国检察业务统一软件应用提前做好了准备。

三是先行完成分级保护工作，夯实网上办案硬件基础。按照国家对保密工作的要求，检察机关局域网必须通过国家级涉密系统分级保护测评，才能接入全省检察机关专线网，是实现网上办公办案的一项基础性工作。郊区人民检察院严格按照省院要求组织招投标工作，先后完成了系统定级、方案设计和市级初审。分级保护是一项专业性很强的工作，通常需要抽调众多技术力量，准备一年或者更长的时间，但郊区院仅靠自己的能力，用半年时间就筹备就绪。2013 年 8 月，全市信息化建设工作现场会在郊区人民检察院召开，会上推广了郊区院分级保护工作经验。2013 年 11 月，山西省保密局专家在郊区院对分级保护进行调研和业务指导，并成功通过初验。2014 年 5 月，顺利通过山西省保密局测评。

是年度，郊区院率先完成律师电子阅卷系统，成为涉密信息系统分级保护工作的排头兵。

2015 年 3 月，阳泉郊区检察院依托正义网丰富的信息资源优势和强大技术支持管理的网站开通，该网站设置有检察长信箱、检察要闻、网上举报专题等 15 个栏目，充分发挥网络宣传主阵地作用，以权威、快捷、高效、准确的网络宣传，标志着郊区检察工作进入了向社会公众全面开放的新阶段,从而使郊区检察宣传工作有了新平台，广大人民群众了解检察工作有了新渠道，检察机关强化法律监督和自身监督有了新途径。

2015 年，阳泉郊区检察院率先启动电子证据实验室建设，并将科技强检工作作为重要抓手，强化制度机制和基础设施建设。同年，阳泉郊区检察院档案管理通过省级验收，统一业务应用系统运行维护顺畅。并在全市率先完成电子证据实验室建设招标工作，投资 30 余万元更新了办案装备。

2016 年 1 月 4 日，为适应全区车辆改革形势，进一步加强全院车辆管理工作，确保合理调度和有效使用车辆，确保安全行车和车辆维护，郊区人民检察院修订下发《车辆集中管理办法（试行）》，基本原则为“分层分级管理、执法部门相对固定、必要时统一调配”：

一、配置车辆的执法部门为反贪污贿赂、反渎职侵权局、公诉科、侦监科、民行科、控申科、监所科、预防科共八个业务部门，每部门配备一辆工作用车。

二、各部门须加强车辆的日常维护保养，确保车辆车况完好、车容整洁，要教育驾驶人员遵守交通规则，确保行车安全，业务部门负责人为车辆管理的第一责任人。

三、各部门车辆工作用油应到指定加油站加油，并办理加油手续。

四、车辆外出要严格遵守公车使用和车辆管理有关规定，严禁违规使用公车和公车私用现象。

五、除应急和机要公务外，在阳泉市郊区、城区、矿区和开发区区域的一般公务活动，原则上不安排公车。

六、执法部门如需增加工作用车，应由分管领导在分管范围内进行调剂。如无法调剂时，申请办公室解决。

七、申请增加工作车辆应提前一天办理申请用车手续，由部门负责人和分管领导签字。

八、因工作需要需在外过夜车辆，应经纪检部门和检察长批准。

九、所有车辆外出均应经过审批，填写《公务用车派车单》，科室人员外出办案用车经部门负责人和分管领导批准，院领导外出办案用车报办公室备案。凡车辆外出离开本市报办公室和纪检组备案。

十、办公室将定期对车辆管理使用情况进行公示，接受广大干警的监督。

2017 年 3 月，阳泉郊区检察院门户网站在 2016 年度全国检察门户网站考评中成绩优异，被评为“全国百佳检察门户网站”，正义网、检察日报社网络信息中心，为该院颁发荣誉证书。

2018 年，阳泉郊区检察院信息化建设取得新成就，建成电子证据审查室。自 2015 年通过分级保护测评后，该院办公办案都在内网上运行，公安机关移送案件的电子证据不能导入内网电脑，办案工作十分不便。电子证据审查系统的投入使用，可有效恢复提取送检手机、硬盘、U 盘、数码摄像机等存储介质中的相关数据，为办案人员审查案件提供便利，提高办案效率。

是年，为进一步提升检察工作职能化水平，根据高检院和省院关于到 2018 年底前全面建成检察工作网的要求，该院党组高度重视，把检察工作网建设纳入重要日程，严格按照高检院和省院的统一安排部署，加强对检察工作网建设的组织领导，强化各部门协调配合，明确责任分工，抓好工作落实，为全面履行检察职责、全面深化检察改革和全面推进依法治国提供有力支撑。到 12 月底，圆满完成局域网机房建设和综合布线建设，并在全市检察系统基率先完成申报分级保护许可。

第三节 财会工作和经费管理

1980 年 3 月 8 日，阳泉郊区检察院以阳郊检发字〔1980〕第 1 号文件，向市检察院和郊区财政局发出《关于一九八〇年度检察业务费开支预算的请示报告》，拟订 1980 年度检察业务费用开支预算款项达 50233 元。

1980 年 12 月 1 日，根据中央山西省委晋发〔1980〕123 号和山西省财政厅〔80〕晋财行字第 285 号文件，以及山西省检察院、阳泉市检察院相关要求，阳泉郊区检察院向郊区区委、区革命委员会呈报阳郊检发字〔1980〕第8号文件，以落实1981年检察业务经费69220元和基本建设及办公设施购置经费320510元，三项经费总计389730元。

1980年阳泉市郊区人民检察院检察业务费开支预算明细表

表6–2

开支项目部	数量	金额（元）	备　注
一、检察费	合计	5753	
法律文书印刷费	50种	1233	在审查批捕、逮捕、起诉、出庭公诉中所需法律文书印刷费（已印）
证据、证物开支费用	预计100案	300	在出庭案件中使用证据、证物所需指纹、摄影、录音等开支，平均每案以3元计算
调查案件中旅差费	预计100案	3000	不论外省外县、本省、本市平均每案30元计算
检举人、证人、代诉人到案费用	预计40案	720	预计40%的案件需要检举人、证人、代诉人到案，以每案3元，误工两天，每人每天费用3元计算
来访、申诉人食宿路费		200	解决生活确实困难者在采访、申诉时的食宿补助和路费。
办案补助费		300	解决因协助办案而本人受到损失的必要补助
二、检验费	合计	400	
检验所需物品购置费		100	用于检验用的第一只小型工具和工作服、检验药品、材料等购置
生活补贴招待费		300	用于办案时聘请的技术人员鉴定案件的招待和不脱产人员的生活补贴
三、业务设置购置消耗费	合计	36480	
交通设备费		28640	用于购置小汽车1辆，三轮、两轮摩托车各一辆，自行车10辆
侦查检验器械设备费		1860	用于购置照相器材1000元，录音机1台600元；侦察箱一套180元；侦察包一套80元
武器弹药档案柜购置费		1900	用于购置54式手枪4支和所需装备弹；案件档案柜4套（五节铁皮档案柜）。
保养修理燃料费		4080	用于购置汽油1.5吨，1080元；保养、修理车辆预计3000元
四、宣传教育费		2000	用于开展检察业务所需的专业书籍，刊物、报刊、物资规章的编辑、印刷和购置，以及宣传栏、意见箱的设置费
五、检察通讯员业务通讯费	120人	5600	用于召开检察通讯员会议以及业务训练使用一年10天分两次进行，每人每天以4元计算（包括食宿旅差费）4800元；破案有功人员奖励费800元
总　计		50233	

1981年1月7日，为解决办公用房及租房办公经费问题，阳泉郊区检察院向区革委会和阳泉市财政局，呈报阳郊检发字〔1981〕第1号《关于申请解决办公地点所需经费有关问题的报告》，请阳泉市财政局将该院1981年开支经费列入预算，统筹解决或另外解决。

1982年年初，阳泉郊区财政下达的检察行政经费包干指标为21000元，其中，个人部分17388元；公用部分3612元（包括暂不能动用的公用节约部分以20%计算910元以内）。全年行政经费公用部分为：在册人数23人，每人每月按国家规定公务费标准10元计算，全年公务费用为2760元。其时，该院配备吉普车、三轮摩托车、二轮摩托车各1辆，按国家规定标准燃油费（包括中小修在内）小车每月160元、三轮摩托每月80元、二轮摩托每月20元，全年燃料费在正常情况下应为3120元。仅此两项开支（不包括检察业务费在内），预算应为5860元，而实际下拨的公用部分经费（包括一切公用开支在内），仅3612元，每人平均157元，公用部分经费（包括公用开支）明显不足。

1982年4月17日，阳泉郊区检察院向市检察院、区政府财政科呈报阳郊检发字〔1982〕第8号《关于增补两项经费的请示》。一是根据打击经济领域的犯罪活动和继续搞好整顿社会治安两项中心工作，深入贯彻“从重从快”打击六类刑事犯罪活动的需要，增拨检察业务经费6000元。主要依据有四：1.根据年平均办理刑事案件50案，每案平均旅差费40元这一实际，需增拨2000元；2.经济案件预计办理5案，根据经济案件涉及面广，外调任务大和自侦案件特点，按每案平均旅差费400元计算，需增拨2000元；3.为保证法律秩序的正常诉讼，需增加法律文书印刷费用500元；4.根据办案需要，需购置放大机1台及照相器材配件等，预计1500元。二是请求按照国家规定标准，增拨正常行政经费的差额部分2268元。总计需增拨8268元。

1982年5月12日，由于该院一季度超支640元，二季度仍将超支700元左右，在全年的经费尚不能应付正常工作需要的情况下，阳泉郊区检察院向郊区政府呈报《关于维修摩托车所需经费请示函》，特请区政府帮助解决摩托车维修用款500元。

1983年11月，在办理阳泉市酒厂王某福、杨某功受贿一案中，因案情涉及6省16市、县、区进行外调，侦查任务较大，所需经费较多，中共阳泉市委“打办”指示，与轻工局协商后，在酒厂暂借现金1500用于办案。

1984年6月30日，阳泉市郊区人民检察院向区政府、区财政局呈报阳郊检发字〔84〕第8号《关于归还阳泉酒厂经费的报告》，请示补拨业务经费1500元，用于归还1983年11月向该厂暂借的办案费用。

1986年5月14日，鉴于域内经济案件和重大责任事故频繁发生，阳泉郊区检察院向郊区财政局呈送增加专项办案经用的报告，请求增拨办理经济案件和重大责任事故案件经费4000元。6月30日，阳泉郊区检察院向中共阳泉市郊区区委呈报《关于增拨办理经济案件经费的报告》，请求增拨 5300 元，用于查办经济案件所需之技术勘察费、文书资料费、鉴定费、旅差费、油料费等项开支。7 月 15 日，根据郊区审计局审计报告，阳泉郊区检察院将 1985 年罚没款 947.70 元上缴区财政。9 月 16 日，阳泉郊区检察院向区财政局呈送报告，请求拨付 3565.99 元，用于干警服装用费支出。

1986 年，阳泉郊区检察院预算包干经费 25 人计，共 50000 元。2 月，经全省公开招考，新考入检察干警 5 人，经郊区有关部门批准，调入检察干警 2 人。在打击严重经济犯罪活动中，从区直单位抽调 3 人，鉴于包干经费严重不足，11 月 3 日，该院向郊区财政局呈报专项报告，请求增拨相关经费 7000 元。

同年 11 月 10 日，阳泉郊区检察院向区卫生局呈送报告，请求拨付 4000 元，用于支付干警的住院医疗费用和平时的医药费用报销。

1987 年 7 月 2 日，为加强档案管理，改善档案保管条件，提高管理质量，阳泉郊区检察院向区财政局申请增拨购置档案柜经费 3000 元。

1987 年 10 月，山西省人民检察院为阳泉郊区调拨囚车 1 台，总价值 35000 元。为此，该院向郊区财政局申请增拨款 4000 元，以支付车辆附加费 3500 元，保险费及其他费用 500 元。

1988 年 1 月，阳泉郊区检察院制定《会计（统计）岗位责任制》，对两个岗位的工作人员岗位职责，作了明确规定，其中，会计负责全院经费的划拨，使用及其账务处理；会计必须严格按照《会计法》规定办事，做到账目清楚简洁，日清月结；负责该院赃款的保管、划拨和财务处理。

1995 年 5 月，阳泉郊区检察院根据《中华人民共和国会计法》、《现金管理暂行规定》，严格财经纪律，保障检察业务顺利开展，实现财会管理科学化、制度化，制定《财务管理暂行规定》：财务工作由办公室具体管理，由一名院领导分管，办公室设专职会计 1 人，负责：现金的管理和使用；账务的记载与处理；工资、奖金、补助、职工福利的预算和分发；固定资产的登记和管理；领取和发放节日供应票证以及办理职工生活等方面的事项；开、发医疗介绍信，核算医疗费用；核算本院其他收支；财会人员及主管人员须按照规定使用现金，各项开支经分管检察长批准支付；严格掌握核定的库存现金数额，所有现金及财务票证必须入柜上锁，确保安全；因工作所需借款，50 元以下由会计负责，50 元以上，经分管领导批准。同时，根据会计制度，会计凭证、会计薄账、会计报表及其他会计资料，必须做到准确、真实、完整，各种报销凭证，须根据审批权限，经批准后下账；各种账目须做到日清月结，保证账目清楚，手续完备。

20 世纪 90 年代中期至 21 世纪初，由于公务员工资大幅度上调，以及汽燃费价格增高等因素的影响，致使该院公用经费及办案经费在综合预算中的比重逐年下降，公用经费入不敷出，办案经费严重短缺，不得不靠缩减维持日常开支，造成外欠增大，有差不能出，有案不能办，制约了检察工作进一步开展。

1999年，阳泉郊区检察院各项经费总数63.72万元，其中，年度预算经费55万元，商请区政府解决部分历年拖欠和当年部分经费缺口8.72万元，比1998年递增19.24万元，递增幅度为43.2%。其中，因调整个人工资部分增加5.13万元，同比增幅为15.8%；公用经费部分增加14.11万元，同比增幅为117.5%。

2000年，该院各项经费总数为76.18万元，其中，年度预算经费58.6万元，商请区政府解决部分历年拖欠和当年部分经费缺口17.58万元。比1999年递增12.46万元，递增幅度为19.6%。其中，因调资个人工资部分13.56万元，同比增幅为36.1%；公用经费部分减少1.1万元，同比减幅为4.2%。

1999–2000年，阳泉市郊区人民检察院累计拖欠工资9.162万元，外借办案款项9万元，干警垫支差旅费等1.5万元，1999年，因维修办公楼，至2001年，仍有外欠基建尾款7万余元。

2001年2月21日，为落实中共中央有关“保证政法机关皇粮够吃”和“检察机关经费比行政机关经费翻一番”的精神，切实保障检察机关经费支出，阳泉郊区检察院向区政府及区财政局呈报《关于2001年度经费预算计划的报告》，其中，个人部分依据现有干警和职工人数计算，全年总共需财政拨款53万元。公用部分包括两项：一是公务费，总共需款17万元，含全年办公费、邮电费、水电费、差旅费，车辆费用共计6.5万元，会议费、临时工工资、其他等费用共需10.5万元，以及购置印刷机和电脑费用3万余元。二是业务费用，含印刷费、办公用品、办案差旅费和清理外欠等费用需18万元。总计经费支出计划为91万元。

同年10月24日，该院向郊区政府呈报《关于解决经费不足的申请报告》，申请增拨经费6万元，用于创建“省级人民满意单位”，偿还车辆、办公楼维修、档案柜更新，以及印刷、招待等费用。

2008年8月，阳泉市郊区人民政府财政专门拨付10万元经费，用于查办“7·18”煤焦领域发生的李某月行贿案。

2009年8月24日上午10时，郊区院技侦大楼奠基仪式在郊区荫营镇江正大街隆重举行。郊区院技侦大楼总投资9000万元，建筑面积9000平方米，预计2010年底建成使用。

2015年，在当前经济下行的压力下，郊区检察院经费保障得到加强，全年争取到基建化债款1100多万元，技侦大楼拖欠款问题得到根本解决，全院各方面统筹协调能力进一步提升。

第七编

社会监督

第一章　地方党组织的领导和监督

1980年，新成立的阳泉市郊区人民检察院坚持重大疑难案件，向中共郊区区委请示报告制度，正确处理执行坚持中共领导和不畏权势依法办案，独立行使检察权的关系。一是耐心听取和具体案件有联系的区、乡两级中国共产党领导机关意见，取得思想认识上的一致。如办理辛兴公社龙门大队原支部书记吕某岳非法拘禁公民案件时，就遇到了来自各方面的意见和看法。公社个别领导甚至亲临该院说情，以“处理吕某岳，大队无人当书记，工作损失怎么办”为由，多次向办案人员提出不要追究被告的刑事责任。被告吕某岳也四处奔跑，以赔情道歉为名，在公社食堂备下酒菜，招待被害人。说服被害人撤回申诉，使自己免受法律制裁。阳泉郊区检察院在坚持“法律面前人人平等”和有法必依、执法必严、违法必究原则基础上，及时向区委领导作了汇报，在区委支持下，一方面认真听取与吕有正常联系的各方意见，另一方面，深入群众调查研究，根据侦查中所获证据材料，查实了吕某岳构成非法拘禁罪的事实，顺利处理了该案。

1980年，该院查处8起法纪、经济案件，均坚持向区委或公社党委汇报制度，既坚持各级党委对检察工作的领导，又保证独立行使检察权。

1981年，阳泉郊区检察院按照阳泉市政法会议精神，本着有利于对案件统一思想认识、有利于取得郊区区委支持、有利于郊区区委对检察工作的领导和监督的原则，建立健全自侦案件、重大疑难案件和六类刑事案件向郊区党委《报告卡》，坚持重大问题向郊区区委和分管政法工作的区领导汇报制度，及时交换意见，正确处理坚持党委领导和独立行使检察权的关系。

1982年，阳泉郊区检察院继续坚持依靠党委领导的原则，正确处理和认识独立行使检察权与党委领导的关系：一是定期或不定期地向党委汇报工作情况和执行政策中的问题；二是对党委交办的案件认真查处，做到件件有安排，案案有着落；三是凡大要案、疑难案、涉及干部案件，均及时向党委请示汇报，在党委支持下，争取办案主动权。如在侦破姜某英贪污案中，郊区区委书记听取汇报、掌握案情的进展、指挥作战，使该案抓得准，搞得稳，办得快。

在贯彻中共中央“紧急通知”精神，中共中央〔82〕17号文件，全国人大常委会《关于严惩严重破坏经济的犯罪的决定》、中共中央、国务院《关于打击经济领域中严重犯罪活动的决定》和阳泉市委、郊区区委有关指示精神，深入开展打击经济犯罪活动中，该院坚持在党委统一安排部署下，积极主动推进案件侦查，对有关方针、政策问题和重大、疑难案件，及有分歧、有争论的案件，及时向区委请示报告，对区委、区纪委、市检察院交办的案件，认真查证落实，依照相关法律及时侦办，特别是一些有影响的重大、现行案件，以及与国家机关、企业、事业有关的案件，采取定案件，定时间，定领导，定人员的“四定”办案方法，在区和、纪委和区政法委领导下进行。分别于7月20日前起诉了白某贵，8月20日前起诉了杨某生这两起涉案金额5000元以上的案件，并按照中共阳泉市委指示，加强对煤炭、矾石、销运、外包工、知青点发现的综合问题的调查和涉及经济领域犯罪案件的侦办，自觉接受党委领导和监督。

1992年，阳泉郊区检察院认真贯彻中共路线、方针、政策，坚决执行区委和上级检察院党组的各项重要指示，在重大工作部署、执法情况和办案中遇到的重大法律政策界限问题，以及检察队伍建设的情况，均坚持及时向中共郊区区委报告，自觉将检察工作置于中共郊区党委的领导之下，以取得党委的重视和支持，从而保证检察工作的顺利开展。

1995年1月14日，阳泉郊区检察院向中共郊区区委呈报阳郊检发字〔1995〕第3号文件，就开展“集中整顿检察队伍”情况作汇报。一是召开党组会议、院务会和全院干警大会，进行学习动员，组织干警学习中央、省、市、区委的有关文件和中共十四届四中全会决定，重温“八要、八不准”检察人员纪律。二是针对部分干警对整顿存在的信心不足，松劲厌战，与己无关等不正确态度，分组进行学习讨论，列举该院存在的问题，对照文件精神，引导干警从整顿要求和自身不足的反差中，充分认识整顿的重要意义。三是回顾反思年年搞整顿、年年有问题的症结所在，认为院领导决心不大，整顿措施不力，整顿工作没有持久开展，造成整与不整一个样，大整大动，小整小动，不整不动的现象。四是在提高认识的基础上，党组成员各自揭摆自己存在的问题，发动全院干警提意见，提建议，使干警看到领导的决心。同时组织各科室负责人认真学习，克服整顿是院领导的事，与己无关等不正确认识，促进环节干部针对本科室存在的问题，带头开展整顿。

在揭摆问题、查找根源的同时，边整边改，一是继续开展批评教育，重点整顿打麻将赌博等歪风，取消参与打麻将赌博者评先资格，从此之后，对参与赌博者一律开除。二是全面完善各项规章制度，明确各类检察人员的工作职责，修订各科室目标管理责任制和办案责任制，对值班制度、签到制度、请销假制度、各种会议制度、财务管理制度、事务管理制度、赃款赃物管理制度等作修改和补充，从制度上堵塞漏洞，特别是针对工作情况与奖惩相脱节，干好干坏一个样的教训，制定并完善了工作目标、考评办法及实施细则，实行定人员、定任务、定奖惩的“三定”考核办法，从业务工作、政治表现、工作作风、工作纪律诸方面全面考评，同个人经济挂钩，奖优罚劣，激励全体干警搞好工作，争先创优。

2004年9月17日，为贯彻《关于在全区副科级以上领导干部中开展预防职务犯罪工作的意见》，统一协调全区的预防职务犯罪工作，增强预防工作的权威和实效，经中共阳泉郊区区委批准，启用“阳泉市郊区预防职务犯罪领导组办公室印章”，并将该章交由郊区检察院反贪局综合科管理，“郊区预防职务犯罪领导组办公室印章”的启用，标志着阳泉郊区在中共阳泉郊区区委领导下的预防职务犯罪领导体制基本形成，预防职务犯罪作为反腐败斗争的重要组成部分，纳入全区反腐工作的重要议事日程。

2006年3月23日，以中共阳泉市委政法委执法监督科科长王富民为组长的“执法质量评查考核组”一行5人，对郊区检察院2004年下半年至2005年年底所办理的案件进行质量考核。评查考核组共抽查各类案件26件，占被查案件总数的8.9%，郊区检察院副检察长刘双富就开展“规范执法行为，促进执法公正”专项整改活动，特别是开展执法质量评查工作情况向市委政法委“执法质量评查考核组”作汇报。评查考核组通过听汇报、查案卷、查看资料等方式，对郊区检察院执法质量给予较好评价。

2006年11月23日，中共阳泉市委常委、政法委书记陈继光，在郊区区委副书记、区长杨勇，区委常委、政法委书记王如生陪同下，到郊区检察院检查指导工作，检察长张建国就2006年以来各项检察工作进行汇报，陈继光对郊区检察院工作特色、工作成绩给予较好评价，希望该院今后紧紧围绕建立和谐社会的目标，加强和改进各项检察工作，锻炼培养造就一支过硬的检察官队伍，确实担当起维护公平正义的重任。市政法委副书记吕誉耀、段俊富、安少杰陪同考察调研。

2009年1月9日，中共阳泉市委学习实践科学发展观活动检查组到郊区院，就学习实践活动整改阶段后续工作情况进行检查指导。检查组在听取郊区院检察长贾建胜对学习实践活动整改阶段后续工作的情况汇报后，检查组组长、市委组织部副部长曾庆忠，对郊区院整改落实工作给予充分肯定。检查组还实地察看了郊区院学习实践活动相关资料和整改落实情况公示栏，区委常委、组织部部长王振杰，区委学习实践活动第一指导检查组组长郭善祥，区政法系统党委书记张锐陪同检查。同年3月5日上午，中共阳泉市委政法委检查组到郊区院进行2008年度执法质量考评。在听取汇报、查看资料和案卷后，检查组一行对郊区院2008年度执法质量给予充分肯定，并就今后如何提高执法质量、创建全市公正执法星级单位，提出四点建议：一是坚持“三个至上”，坚持用社会主义法制理念指导检察工作；二是不断增强执法的大局意识和责任意识；三是继续强化控申工作，主动化解社会矛盾；四是继续抓案件标准，把每件案件都办成公正案、和谐案、铁案。同年3月27日，郊区院召开学习实践科学发展观活动动员大会。中共阳泉郊区区委学习实践科学发展观活动第一指导检查组组长郭善祥出席会议，传达和贯彻落实区委学习实践科学发展观活动动员大会精神，对全院学习实践活动进行具体部署和动员。会议明确以“强化法律监督、维护公平正义”为学习实践活动主题，以“检察工作为全区经济社会发展保驾护航”为实践载体。院党组书记、检察长贾建胜作动员报告。

是年7月31日上午，山西省委学习实践科学发展观活动第三指导检查组，到阳泉郊区检察院，就学习实践活动整改落实阶段的进展情况进行检查指导。检查组在听取了郊区院检察长贾建胜对学习实践活动整改落实阶段的情况汇报后，对郊区院学习实践活动进展情况给予肯定。检查组组长王祥瑞，对郊区院开展整改活动取得的成就给予较好评价。王祥瑞组长一行还参观了郊区院学习实践活动学习园地，郊区区委组织部部长王振杰、区委学习实践活动第一指导检查组组长郭善祥、区政法系统党委书记张瑞陪同检查。

2010年1月6日，阳泉郊区检察院党组召开民主生活会。阳泉市人民检察院党组成员、政治部主任邓百福，党组成员、纪检组组长刘敬辉，郊区政法系统党委书记张锐，郊区纪检委常委荆洪泰参加会议。会上，郊区院党组成员就各自的思想作风及廉洁自律等方面的情况作汇报。同时，党组成员之间推心置腹、坦诚相见，积极开展批评与自我批评，相互勉励、共同提高。郊区院党组书记、检察长贾建胜要求党组成员要具备“四个过硬素质”。与会的领导都在会上发言，希望全院在新的一年里，狠抓好队伍建设，提高办案质量，加强队伍管理，多出工作亮点，促进各项检察工作再上新台阶。

是年1月9日上午，中共阳泉市委“学习实践科学发展观活动”检查组到郊区检察院，就学习实践活动整改阶段后续工作情况进行检查指导。检查组在听取郊区院检察长贾建胜对学习实践活动整改阶段后续工作的情况汇报后，检查组组长、市委组织部副部长曾庆忠，对郊区院整改落实工作给予充分肯定，同时实地察看郊区院学习实践活动相关资料和整改落实情况公示栏，中共阳泉郊区区委常委、组织部部长王振杰，区委学习实践活动第一指导检查组组长郭善祥，区政法系统党委书记张锐陪同检查。

是年4月，中共阳泉市委政法委在对全市政法机关2009年执法工作进行检查时，检查组听取郊区院情况汇报，并按照考核方案对郊区院工作进行逐项考评。考评范围包括执法办案质量、涉法涉诉信访、执法规范化建设、对执法不公突出问题进行专项治理和社会评价等五个方面。经过全面考评，检查组对该院2009年度执法质量工作表示满意，检查组王富明组长对郊区院工作给予高度评价，并提出三点建议：一是要进一步转变执法观念，要围绕三项重点工作来办案。二是执法规范化建设的目标和任务要尽量细化和具体化。三是检察机关在化解社会矛盾上大有作为，要实实在在的抓落实。

2015年1月5日下午，按照中共阳泉郊区区委“学习讨论落实活动”第八督导组统一部署，郊区检察院召开“学习讨论落实活动”第一次专题研讨会。院党组成员和中层领导干部分别就“如何在党风廉政建设过程中有效落实党委的主体责任和纪委的监督责任和执法理念、执行行为、执法作风方面存在的问题及改进措施”两个议题展开深入探讨，区人大环工委主任、区委第八督导组组长侯建强到会指导。郊区检察院党组成员及中层干部依次就如何有效落实“两个责任”，查摆全院干警在执法理念、执行行为和执法作风方面存在的不敢为、不作为、权责不清、推诿扯皮、有章不循以及慵懒散等问题，认为明确“两个责任”是开展好该次活动的前提，全院干警要深刻领会习近平总书记系列重要讲话、中央对山西工作的重要指示要求以及省委书记王儒林的讲话精神，进一步强化政治意识，提高思想认识，加强党性修养，做到不抵触、不排斥、不回避、不推诿，切实把自己摆进去，针对性地拿出解决问题的措施和办法，力求在规范执法能力建设上有所提升。检察长王建明就落实“两个责任”、执法规范化建设提出四点要求：一是厘清责任，明确分工，明确班子成员在党风廉政建设中的职责分工，纪检组切实担负起监督职能，将监督责任落到实处。二是强化监督，严肃执纪问责，敢于监督，善于监督，重点监督党组班子成员、部门负责人、关键部门、重要岗位，防微杜渐，防患于未然。三是筑牢执法规范化思想基础，强化执法规范化建设，执法办案严格依据高检院《检察机关执法工作基本规范》《人民检察院刑事诉讼规则（试行）》及《刑事诉讼法》有关规定，切实做到程序合法。四是加强作风建设，做到文明执法。侯建强对该院提出四点希望：一是要做到真学习、真讨论、真落实，出成果、见成效。二是要深刻反思剖析，切实把自己摆进去，并就存在的问题提出切实可行的整改措施。三是要从大处着眼、小处着手，求真务实，真抓实干，切忌泛泛而谈。四是要充分发挥检察机关监督职能，加大查处职务犯罪的力度。

2017 年 5 月 10 日上午，根据中共阳泉郊区区委巡察工作领导小组《第二轮巡察工作方案》的统一安排，区委第二巡察组对郊区人民检察院工作进行巡察。中共阳泉郊区纪检委副书记赵红卫作动员讲话，要求大家深刻认识巡察工作的重要意义，统一思想，端正态度，认真贯彻区委巡察工作部署，以该次巡察监督为契机，不折不扣抓好各项工作落实。并提出四点要求：一是要提高认识，自觉接受巡察组的监督。二是要积极主动，认真配合巡察工作。三是要严明纪律，维护巡察队伍形象。四是要加强宣传，做好协调保障工作。巡察组组长张志刚详细介绍巡察内容和方式，希望被巡察单位积极配合巡察，统筹兼顾合理安排各项工作，共同把巡察工作做好。该院党组书记、检察长严志勇作表态发言，一是要深刻认识巡察工作的重大意义，二是积极主动接受监督，三是全力支持配合巡察工作，努力改进各项工作。该次巡察的主要对象是郊区人民检察院党组领导班子及其成员、内设机构主要负责人。主要内容是：郊区检察院党组领导班子及其成员特别是主要负责人执行《中国共产党章程》和其他党内法规，遵守政治纪律、组织纪律、廉洁纪律、群众纪律、工作纪律、生活纪律情况，落实党风廉政建设主体责任和监督责任情况，省委巡视、市委巡察反馈意见整改和移交事项办理情况及区委要求了解的其他情况。巡察组将主要采取听取汇报、个别谈话、受理信访、抽查核实、向有关知情人询问情况、调阅或复制资料、召开座谈会、进行民主测评、问卷调查等方式方法进行。

同年6月27日，中共阳泉市委常委、政法委书记杨自明就深化司法体制改革、全面正确履行法律职责、执法办案场所规范化工作到郊区人民检察院进行调研。区委常委、区政府常务副区长梁海昌，区委常委、政法委书记张斌武，区政府副区长、区公安分局局长韩文明，政法委副书记王书波陪同调研。

听取了郊区院党组书记、检察长严志勇的汇报后，杨自明对全院工作给予充分肯定：郊区检察院是老先进单位，是全市检察系统唯一一家两次获得全国先进的基层检察院，连续13年保持市级文明单位称号，连续11年被区委区政府授予“红旗单位”。特别是2016年新一届党组成立后，站在新的起点上，紧紧围绕服务社会大局、监督主职主业、司法体制改革和队伍以及作风建设，找准了关注民生新的切入点、检察业务新的增长点、办案机制新的契合点、素质形象新的提升点和严明纪律新的强化点，使郊区检察工作迈上了新台阶。杨自明希望，百尺竿头更进一步，一是认真贯彻落实中央、省、市委决策部署，紧紧围绕“让人民群众在每一个司法案件中感受到公平正义”的工作目标，牢牢把握司法为民、公正司法工作主线，忠实履行职责，牢牢守住廉洁自律工作底线，确保各项工作取得新实效、新进展，为全郊区乃至全市社会管理、经济发展和维护社会稳定作出应有贡献。二是不断增强“四个意识”特别是核心意识和看齐意识，树立起郊区检察官的良好形象。三是一定要守住底线，所办每一件案件不仅要体现宪法精神，而且还要体现具体的法律精神，这是优化办案质量的具体保证。四是一定要在工作中做到坚持原则、坚持法律精神毫不含糊，对每一件案件要深入仔细的研究，注意案件的内涵与外延，确保案件的法律效果。同时提出四点要求：一是履行好党风廉政建设的主体责任，做好检察官的廉洁自律工作，坚持从严治检，进一步加强队伍建设。二是紧紧围绕十九大安保主线，狠抓工作落实，着力提升社会治理能力和水平，坚决打好维护政治稳定、维护社会稳定、维护治安平稳、维护公共安全的主动仗。三是牢固树立改革创新意识，进一步深化司法体制和监察体制改革工作，全面正确履行司法职责。四是强化党建引领，抓住关键少数，提升队伍建设新水平。领导干部要讲政治、讲规矩、讲原则，加强自身党风廉政教育，严格律己，做好表率作用。加强基层党组织建设，改变党建工作弱化的现象，充分发挥基层党组织的战斗堡垒作用，为培养青年干警营造良好的成长环境。

检察长严志勇表示，杨书记此次来郊区院检查指导工作，是对郊区检察工作莫大的鼓励和鞭策，杨自明提出的四点要求，将成为郊区院今后工作的指导方针，院党组将严格按照杨书记的指示精神，全面抓好各项工作，努力实现全市检察工作“五抓”和“三个显著提升”目标，努力创造一流工作业绩和创建一流检察队伍，为促进郊区经济社会发展、迎接党的十九大胜利召开营造良好的法治环境。

是年，阳泉郊区检察院以习近平新时代中国特色社会主义思想为引领，坚持全面从严治党、治检，从党组一班人着手，牢固树立“四个意识”，推进“两学一做”学习教育常态化制度化，毫不动摇地坚持中共领导，提高政治站位，强化理想信念教育、政治规矩教育，确保检察队伍忠诚可靠，并以最严肃最认真的态度，接受市院和区委的政治巡察，牢牢把握巡察整改的根本遵循，针对巡察领导组提出的中共领导弱化、中共建设缺失、从严治检不力三个方面11个问题，立行立改、强化措施，加大从严管理力度。

第二章 人大和政协监督指导

从1984年10月15日起，阳泉郊区检察院检察长、副检察长、检察委员会委员、检察员等检察职务，由阳泉市郊区人大常委会任命。此前，均由中共阳泉市郊区委员会组织部任命。

1984年，阳泉郊区检察院对一起刑讯逼供案件进行了调查，并向郊区人大常委会进行专题报告，当事人受到党纪政纪处分。

1988年，阳泉市郊区第十一届人民代表大会第三次会议提出："检察院要在坚决严厉打击严重刑事犯罪活动的同时，要抓紧打击严重经济犯罪活动。"为此，该院按照大会决议，在严厉打击严重刑事犯罪的同时，把打击经济犯罪活动作为检察工作一项重要任务。全年共受理各类经济案件24件、30人，查处14件、16人，其中，立案侦查5件、9人；提起公诉1件、1人，免予起诉4件、8人；追缴赃款（赃物）价值8.6万余元，追回涉案拖欠款49万元，为国家、集体挽回经济损失近60万元。

1988年，阳泉郊区检察院检察长苏密生向区第十一届人民代表大会第四次会议报告工作，在报告成绩的同时，对存在的问题进行了剖析，请人大代表进行监督。表示在本次大会闭幕后，一是认真落实贯彻落实大会决议，紧紧围绕"治理经济环境，整顿经济秩序，全面深化改革"和党政机关廉洁从政主题，充分发挥法律监督职能，以中央领导关于"必须把主要力量放在反贪污、反受贿问题上"的批示为指导，继续开展依法从严惩处以贪污、受贿犯罪为重点打击经济犯罪活动，同时积极协同有关部门，使反贪肃贿斗争取得明显效果。二是继续开展依法从重从快打击严重刑事犯罪活动，主动配合，开展专项打击，保障全区社会治安秩序持续稳定好转。三是认真落实最高人民检察院关于队伍建设的六条标准，进一步加强队伍建设。四是全面开展检察业务，加强侦查工作，继续依法查处侵犯公民人身权利、民主权利和渎职犯罪案件。并按照中共阳泉郊区委和区政府关于社会治安综合治理的要求，全面加强检察工作，为郊区经济建设和廉政建设创造良好的社会环境和法制环境。

1991年5月12日，在阳泉郊区十二届二次全会召开期间，郊区检察院检察长苏密生带领全院各科室负责人到各代表团征求意见，听取人大代表对检察工作的建议。区人大代表对该院虚心倾听群众呼声，自觉接受人大监督表示赞赏，对全院历年来的工作给予充分肯定，对日后进一步加强侦查、审判监督工作，继续为全区经济建设服务，以及对该院队伍建设等方面，提出许多建设性的建议和意见。检察长苏密生代表该院表态，一定要把人民代表的支持和鼓励作为前进的动力，在今后工作中，更加自觉地接受人民代表和广大群众的监督，不断改进工作作风，努力做好各项检察业务，准确履行宪法赋予检察机关的职责。

1991年11月13～18日，阳泉郊区人大常委会对区检察院1900年以来办理的经济案件、法纪案件、刑事案件，以及廉政建设等工作进行检查和评议，评议组本着高度负责的精神，从维护法律统一、正确实施的大局出发，认真查阅案卷，全面听取各方意见，充分肯定了该院检察工作取得的成绩，同时指出工作中存在的不足和失误，提出许多建设性的建议和意见。

1992年2月27日，在郊区第十二届人大常委会第十三次会议上，郊区检察院检察长苏密生针对1991年11月13–18日人大代表对检察工作评议中提出的意见和建议作专题汇报，自觉接受人大代表监督：

一、针对内部法律文书质量不高，有些工作卷未按规定顺序和规定材料装订等问题，检察长苏密生做了诚恳检讨，一是从领导到办案人员普遍存在注重对外文书质量，忽视内部文书质量的思想，二是对内部文书尤其是自侦科室的文书质量要求不高，把关不严，致使有的文书用词不严谨，个别的引用法条不当，甚至出现作案时间、地点、认定不准的问题。三是对平时案卷材料装订工作，缺乏应有的检查监督制度，致使一部分办结案件的工作卷没有及时装订或装订不符合标准。为此，该院从院领导到普通干警，普遍进行了一次提高文书质量，加强案卷材料管理重要性的教育和案卷文书工作规范化教育，各科室针对自己的工作特点及法律文书规范化的要求，对办案人员进行了文秘文书业务培训，组织科室领导对1990年以来的文书和案卷材料进行检查，对评议发现的不规范文书和材料进行改正。并从1991年12月起，实行文书检查监督制度。每季初由分管检察长和办公室有关人员对上季度的文书制作装订情况进行全面检查，使办案人员形成严守规范、一丝不苟的良好习惯。

二、针对案件手续不完备、办案程序不规范等案件证据方面存在的问题等，采取三条纠正措施：一是完备审批手续，经济、法纪案件的受理和立案与否，必须报经分管检察长审批，必要时报请检察长或检察委员会研究决定。受理的案件要一一填写受理案件登记表，立案或不予立案要填写审批表，由分管检察长审签。对过去受理后不予立案的案件全部复查补充有关手续，并立卷归档备查。二是进一步加强办案责任心教育。三是组织干警认真开展业务培训和经验交流，不断增强办案能力和业务水平。

三、针对人大代表对十个案件提出的复查要求，苏密生检察长作详细汇报：

（一）经济案件

1. 关于张某铭贪污案：该院曾查侦张某铭贪污1200余元，经研究作免予起诉处理。在山西省检察院在免予起诉案件检查中，认为张某铭行贿480元，挪用公款500元的问题，只是一种违法行为，贪污数额较小，尚不构成犯罪，不宜作犯罪处理，指示郊区院撤案处理，根据有关规定，郊区院检察委员会决定维持对张某铭的撤案处理决定。

2. 关于吴某林挪用公款案：人大代表评议认为吴某林挪用公款数额13624元，数额较大，应予起诉，免予起诉决定处理太宽。经复查：1984年4月4日，虎桥中学将12000元基建款付于吴某林，5月初，吴某林将850元退还校办工厂，此外，吴某林任校办工厂法人代表期间，其支付的看场费、电费、工资等款项共2090元，不应认定为挪用公款，所以，吴挪用公款的数额为9060元，加上其挪用公物折价1642元。其实际挪用公款金额为10702元，案卷中有被告人吴某林的交代和证人甄某忠的证言。虽然吴某林挪用公款数额较大，达到挪用1万元的立案起点，但鉴于吴在案发后能主动交代自己的全部犯罪事实，积极退赔全部赃款认罪态度较好，确有悔罪表现，故该作出对吴某林免予起诉的决定。

3. 关于刘某小重大责任事故案：代表评议认为该案撤案决定处理不当，且案件缺少应有证据。经复查：刘某小虽非事故的直接责任者（直接责任者已死），但却负有不可推卸的领导责任，决定对其定罪免诉，根据有关免诉程序，该院在报请市检察院批准后作免予起诉，市检察院作出撤案决定，故对刘某小一案，维持了撤案决定。

4. 关于郭某苍非法拘禁案：经请示市检察院，市院作出不构成犯罪，撤销案件的决定。

5. 关于郗某周重大责任事故案：评议认为此案应立案侦查，经进一步调查取证，证实郗某周确已构成重大责任事故罪，评议组的意见正确，故对郗所周重大责任事故案立案侦查。

6. 关于张某盗窃案：张某盗窃价值2400余元，案发时不满16岁。该院经审查起诉后，区法院发函要求补充侦查，经请示市检察院后，市院根据最高人民检察院关于青少年犯罪的有关规定指示免诉，故决定维持免予起诉的处理意见。

7. 关于霍某义诈骗案：经审查，霍某义虽然在客观上借款给被告人蒋某华，致使蒋行骗既遂，但霍在主观上，并无共同行骗之故意，客观上也未与蒋共同行骗。因此，霍成义的行为构不成犯罪，决定不起诉。

8. 王某红交通肇事一案：此案造成一死一伤，其后果严重，理应逮捕，但在审查此案过程中，被告人认罪态度好，且对死者及伤者家属作了积极赔偿，尤其是其案发后，主动到公安交警队投案自首，确有悔罪表现，鉴于此，作出已构成犯罪无逮捕必要的决定，经再次审查，符合对过失犯罪和自首案犯的处理规定。

9. 关于张某如等8人抢劫拖拉机一案：张某如等人抢劫一案，经审查，其主观上并没有非法占有他人财产的故意，是其在买卖交往中使用了不正当手段，系违法行为，不构成犯罪。故作出不批准逮捕决定，阳泉市人民检察院维持了该院的不批捕决定。

10. 关于田某山强奸案：受理此案后，该院对整个案卷材料进行了审查。其一，被告人与被害人系同学，案发前，被害人有求于被告人；其二，被告作案时从时间、地点、环境上分析，被害人有摆脱被告人不法侵害的条件；其三，整个作案过程无明显的暴力行为及反抗情节，经询问被害人，提审被告人，认定田某山强奸罪证据不力，故作出不批准逮捕决定。

四、针对廉政建设方面的问题

针对检查评议组提出的该院干警下乡办案吃喝、打扑克、下象棋，以及讲话态度不好、不注意方法等问题，检察长苏密生诚恳接受批评，并专门召开全院干警会议，有此类问题的干警在会议上进行检查，并组织干警讨论。在此基础上，重申《廉政建设六项制度》，决定从 1992 年起，对发案单位实行定期回访制度，一看办案效果，二访办案人员有无吃喝拿要等违法违纪现象；三问对检察院的意见要求，同时在有关单位聘请廉政监督员，建立外部监督机制，使之与内部监督制约机制相配套、相协调，保证检察人员廉洁执法、文明执法，对违反规定，危害基层和群众的人和事，一经发现，严肃处理。

1993 年 9 月 9 日，根据阳泉市人大常委会《关于组织部分人民代表对市人民检察院进行评议的通知》精神，检察长苏密生向区人大作检察工作汇报。

1993 年 11 月 29 日，阳泉郊区检察院检察长苏密生代表该院向区十三届人大常委会第四次会议作《关于执法部门执法责任制情况的报告》，坦诚执法活动中存在不尽人意的地方：一是自身执法活动中，办案质量，尤其是自侦案件的办案质量存在一些问题；二是个别干警纪律松弛，上班迟到、早退的现象屡屡发生，还有个别干警存在推打、变相体罚犯罪嫌疑人的现象；三是工作上吃“大锅饭”的问题未得到彻底解决，部分干警不思进取，工作主动性差；四是自侦、批捕、起诉各部门之间配合衔接和监督制约存在差距；五是刑事诉讼过程中，与公安、法院配合、制约有脱节和失误现象，有些案件由于公、检、法认识分歧，各抒己见，造成案件久拖不决，影响案件及时处理；对公安、法院执法活动中的违法行为，存在该纠未纠，该抗未抗和口头纠正多、书面纠正少等监督不力现象。

苏密生对上述问题症结作了深刻剖析，提出整改措施：一是按照最高人民检察院“依法建院，以严治检”方针，认真落实区委、区政府关于依法治区的决定和区人大常委会关于开展部门执法责任制试点工作的决议，结合全院实际，总结历年来执法的经验教训，进一步提高执法意识和执法水平，充分发挥检察职能，为经济建设服务，由检察长苏密生带队，到晋城市郊区检察院参观学习，借鉴兄弟检察院和其他部门的经验和做法，促进自身建设。二是进一步建立健全和落实《检察干警岗位责任制》，确定工作职责，使干警知道自己是“干什么”的；确定党组、检察委员会、院务会和各科室工作职责，并根据业务范围，实行以科定人、以人定岗，增强工作责任感。三是确定工作目标，使干警明确工作方向和工作任务，要求干警定奋斗目标和方向，创一流检察院、创一流科室、创一流成绩；定工作任务，实行以科定人、以人定案、以人定事、以人定绩的方法，把全年任务分解到每个干警身上，做到千斤重担众人挑、人人身上有指标；四是确定工作效益，即规定案件要在法定时限内办结，并注意办案的社会效益，办案要在规定时间内按质完成，使每个干警都知道干多少、干到什么程度、干到什么水平。五是确定工作责任，把办案、办事各项规定落实到具体的职责人头上，做到各司其职，谁领导谁负责，谁办案谁负责，谁办事谁负责。六是通过实行岗位责任制，干警思想品德的优与劣、出勤人数的多与少、办案水平的高与低、工作成绩的大与小，德、勤、能、职四样上墙，有效调动干警工作的责任心、积极性和主动性，提高干警遵守纪律和制度的自觉性，解决工作上吃大锅饭的问题。

1995年3月30日，阳泉郊区检察院对区公安分局民警韩某珠非法拘禁一案，向区人大常委会进行专题汇报，经侦查查明：被告人韩某珠在处理西垴村一起民事案件当中，对原告王某进行驱赶以致发生纠纷，并违反戒具使用规定，用手拷拷住王某，非法限制其人身自由，并用电警棍电击王某，其行为构成非法拘禁罪。1995年3月20日，依法向区人民法院对韩某珠非法拘禁一案提起公诉。

1996年，阳泉市人大常委会和郊区人大常委会领导分别组织人大代表对该院监所监察、法纪监察等项工作进行检查监督指导，提出相应的意见和建议，该院根据人大代表提出的意见和建议进行全面整改，促进了检察工作的发展和完善。

1997年，阳泉郊区检察院继续坚持经常性向人大及其常委会报告工作制度，积极查办区人大常委会交办的各类案件，及时报告查办结果。将检察工作严格置于区人大常委会及其人民代表监督之下，该院每个科室均聘请1名区人民代表为特约监督员，为9名特约监督员颁发了证书，保持经常性联系，促进检察工作发展。

1998年，开展思想、纪律和作风整顿工作，实行开门整顿制度，进一步加强与人大代表联系，自觉接受人大监督。一是认真贯彻落实人大的有关决议，经常性地向人大及其常委会报告工作，积极查办人大交办的各类案件，及时报告查办结果。二是聘请9名区人大代表为特约监督员，并颁发证书，经常听取他们对检察工作的意见。三是实行开门整顿，由检察长亲自带队，深入郊区各个乡镇及公安、法院等单位和部门了解情况，设立举报电话，安装举报箱，发放征求意见卡80余份，向发案单位、有关部门和区人大代表广泛征求意见，召开两次征求意见座谈会，由检察长汇报教育整顿情况，对提出意见和具体要求，全面强化整改落实。

2001年1月7日，阳泉郊区检察院向区人大专题汇报2000年度反贪污贿赂问题。2000年，受理各类经济举报案件14件、15人。其中：贪污5件、5人；受贿2件、2人；挪用公款7件、8人。初查案件14件、15人，与上年度同期相比持平；初查率为100%。经初查，立案侦查4件、8人；其中，贪污1件、1人；受贿1件、1人；

挪用公款2件、6人。立案案件与上年度同期相同；年终积存案件2件、2人；立案侦查的案件均全部终结。作撤案处理的2件、5人。通过办案为国家和集体挽回经济损失20余万元，为发案单位堵漏建制提出书面建议11份，口头建议30次，发出检察建议4份。

其主要做法有三：

一、以“三讲”教育为动力，在反贪队伍建设上下硬功。一是以“三讲”为契机，狠抓整风肃纪。在“三讲”教育中，该院党组针对外界反馈意见和自身揭摆出来的问题，深刻剖析反贪工作中存在的作风拖拉、吃喝拿要等问题，查原因，议危害，开展批评与自我批评，并及时出台反贪局存在问题的整改方案，确定了每项整改的责任人，限期落实。二是开展中层干部集中教育，反贪局的5名中层干部受到教育，提高了认识，各项整改措施如期落实，反贪干警的工作作风和纪律作风有了明显改观。三是狠抓制度落实，强化竞争激励机制。检察长与每位干警层层签订目标责任状，制定了反贪工作目标百分考核办法，形成了人人身上有指标，项项工作有考核的格局，有效地激发了干警的工作热情。四是制定和建立督查回访制度，由纪检组组长牵头组成案件督察组，通过专人调查、发放征求意见卡等形式，定期咨询办案单位和群众的意见，加强监督制约，有效地防止了以案谋私、吃拿卡要等问题的发生。五是加强业务培训和学习，提高反贪队伍的业务水平和办案技能。坚持周五的集中学习，组织干警学政治、学业务，在经费紧张的情况下，组织反贪干警积极参加市检察院举办的业务培训，同时鼓励干警积极参加自学考试，走自学成才的道路。使干警的业务素质有了进一步提高。

二、拓宽案源渠道，加大初查力度。一是利用举报宣传周活动，大力发动群众举报，将立案标准公之于众，承诺“匿名举报，件件答复”，通过巡回宣传，发放宣传材料等形式，有效地激发了群众的举报热情，受理的一批举报线索；二是从历年积存的举报信中挖线索，检察长亲自同分管检察长、反贪局长一起研究分析举报，进行筛选评查、选出了一些具有查办价值的线索；三是发动反贪干警深入基层走访调查，通过深挖案中案，改变了过去坐等举报线索的积习。通过以上措施，有效地遏制了举报下滑的势头，弥补了案件线索的不足，为查办贪污贿赂案件打下了基础；四是加大案件初查力度，加快案件初查速度。要求贪污贿赂案件初查时间一般案件不超过1个月，重大复杂案件不超过50天。至年底，共查出各类经济犯罪案件14件、15人，初查率达100%，立案4件、8人，初查结案率达86%，办案周期大幅缩短，工作效率大幅度提高。

三、加强预防工作，参与综合治理。一是采取主动与纪检监察、审计等部门联系，通过办案发现违犯财经法律的采取发书面和口头检察建议的形式，帮助发案单位堵漏建制，为发案单位提供法律咨询服务。全年通过向办案规范单位，以及上级主管部门或纪检监察等部门，发出检察建议11份，口头建议30余次。二是采取打防并举，加强经济犯罪的预防工作，为国有企业热情服务，搞好社会综合治理，在辖区内的国有企业中建立综合治理联系点1个，积极推进国有企业经济健康发展。三是采取边办案边宣传法制的方式，以案说法、以法教人，2000年6月26日，开展为期一周的举报宣传活动，取得较好效果。

2001年9月26日，检察长闫运城向阳泉市郊区十四届人民代表大会常务委员会第24次会议作《关于刑事检察工作情况的报告》，请大会审议，并请列席会议的其他人员提出宝贵意见。2000年以来，一是按照刑事诉讼法的规定与公安法院等部门密切合作，严厉打击各种刑事犯罪，对公安侦查机关提请批准逮捕的案件进行审查，决定是否批准逮捕，并对侦查活动立案情况进行法律监督。二是对需要追究刑事责任的案件依法向人民法院提起公诉，并对法院的审判活动进行法律监督。三是对经审判交付执行的案件进行法律监督。

一、刑事批捕检察工作自2000年以来，截至2001年8月底，共受理侦查机关移送审查批捕案件149案226人。批准逮捕120案176人，是年前八月的受理数、批捕数已超过上年度全年数，为76案116人、61案89人。不批准逮捕29案50人，其中，事实不清，证据不足不批捕的17案28人，不构成犯罪不批捕的7案15人，构成犯罪无逮捕必要的5案7人，办理重特大案件提前介入45案，办理立案监督案件18件，逮捕漏犯2名，改变定性2案2人，对公安机关的侦查活动有针对性地发出检察建议2份，发出纠正违法通知书3次，案件审结率为100%。

二、刑事起诉检察工作自2000年以来，全院共受理侦查机关移送审查起诉案件208案333人，其中，公安机关移送案件198案318人，自侦案件10案15人，受理后，提起公诉144案211人，不起诉19案27人。其中，绝对不诉7案11人，相对不诉7案11人，存疑不诉5案5人。退回侦查机关补充侦查50余案次，移送市检察院4案5人，纠正侦查机关错误定性7案11人，撤销案件3案3人，追诉漏罪3起，追诉漏犯5案5人，抓捕逃犯1名，依法抗诉3案3人，出庭支持公诉95次，发表公诉词95篇，依照法律规定适用简易程序42案42人，提出书面检察建议2份，发出纠正违法通知书2份。

全院刑事检察工作根据中共中央的部署，始终坚持“从重从快”严打方针，严厉打击三类严重刑事犯罪：一是有组织犯罪、带黑社会性质的团伙犯罪、车匪路霸和流氓恶势力犯罪；二是爆炸、杀人、抢劫、绑架等严重暴力犯罪；三是盗窃、抢夺等严重影响群众安全的多发性犯罪。如：发生在郊区郝家沟村的路某伟杀人案，郊区检察院仅用一天时间，就完成了从受理此案到作出批准逮捕的决定。

三、强化刑事检察职能，增强监督实效。在办理郊区公安分局义井派出所所长王某怀滥用职权案时，侦查监督部门提前介入，发动全院力量集中审查了义井派出所近三年来的200余起案件，对构成犯罪的15起案件进行立案监督，使20余名犯罪分子受到法律追究。郊区公安分局义井派出所所长王某怀、副所长程某军涉嫌滥用职权，非法拘禁，收钱放人，长期压案不办的渎职犯罪行为进行查处，对基层派出所存在的问题，向郊区公安分局发出了书面检察建议和口头建议，王某怀、副所长程某军因涉嫌渎职犯罪，被立案侦查，移送法院审判。

四、审判监督以追诉漏犯、漏罪，有罪判无罪，重罪轻判，枉法裁判为重点，突出抗诉案件的办理。如犯罪嫌疑人李某华，为了使犯有重大盗窃罪的未婚夫袁某其逃避法律追究，指使引诱他人出具伪证，并向法庭提供虚假证据材料，借以推翻袁远其盗窃 86800 余元的盗窃重大犯罪事实，造成了袁某其案件的被迫休庭延期审理。经郊区检察院审查核实，李某华故意向法庭提供伪造的证据是包庇犯罪的行为，严重妨害了司法机关的正常诉讼活动，涉嫌构成包庇罪，遂建议公安机关对李某华立案侦查，该院依法对其提起公诉后，犯罪嫌疑人李某华被判处了拘役六个月刑罚。在审理刘某斌抢劫（未遂）案中，该犯在犯罪中持刀抢劫造成被害人轻伤，依法应判处三年以上十年以下有期徒刑，但法院一审减轻判处被告人有期徒刑一年六个月，属量刑畸轻。郊区检察院依法提出抗诉后，二审法院改判刘某斌有期徒刑三年，维护了法律的尊严。

五、坚持打防并举，积极开展社会治安综合治理工作。坚持“打防结合，预防为主”方针，严厉打击各种严重刑事犯罪，狠抓社会治安综合治理各项措施的落实。一是把综合治理工作纳入检察工作重要议事日程，制定预防职务犯罪的实施措施，各部门按照开展综合治理工作的具体要求，建立 6 个综合治理联系点。二是坚持不懈深入开展检察建议活动，并以新闻发布会、广播、电视、报纸、流动宣传车、固定宣传站、检察长接待日等形式，进行法律宣传、法律讲座、法律咨询，全面落实检察环节上的综合治理措施，1–8 月，出动宣传车 4 次，设立固定宣传站 4 个，接待群众来访 120 余次，悬挂宣传图报 15 块，发放宣传资料 5500 余份，并在荫营镇中学建立青少年维权岗，校方聘请该院副检察长李爱贤为名誉校长、2 名检察官为兼职教师，定期向在校学生讲授法律常识，并撰写案例分析宣传材料 20 篇，以案说法，进行法制教育，开展综合治理。

针对人大代表提出的三个主要问题：一是干警整体素质和执法水平仍需进一步提高，服务大局的意识有待进一步强化。特别是在法律监督方面，部分干警存在怕得罪人，怕影响与有关部门的关系等畏难情绪。二是立法上的不完善，致使部分刑事检察工作缺乏可操作性，影响了工作实效。如提前进入，检察引导侦查，立案监督等。三是公安、法院部分执法人员对刑事检察和法律监督的地位和作用存在片面认识，对刑事检察监督工作不理解，甚至有抵触情绪。检察长闫运城向人大代表承诺：一是继续牢固树立“稳定压倒一切”的思想，深入开展“严打”整治斗争，加大刑事检察工作的力度，认真落实检察环节的综合治理措施，全力维护社会稳定。二是着力提高干警的综合素质，继续抓好“三个代表”重要思想学习教育，理想信念，公正执法，艰苦奋斗教育，检察人员基本素质教育，夯实开展刑事检察工作基础。三是继续完善制度建设，依法依章开展各种刑事检察工作。四是完善内外监督机制，自觉接受党委领导，人大监督，坚持重特大案件，向党委汇报情况，向人大报告工作。五是加强硬件建设，着力改善刑事检察工作的必需装备。

2003 年 10 月 28 日，为增强与人大代表联络工作，提高接受人大监督的自觉性，更好发挥检察机关法律监督职能，根据宪法和上级检察机关的要求，阳泉郊区检察院制定《加强与人大联络 接受人大监督制度》，一是定期向区人大及其常委会报告工作。二是认真听取区人大常委会及人大代表对检察工作提出的批评、建议和意见，及时改进工作方法，及时报告执行和落实情况。三是自觉接受区人大常委会及有关专门委员会的执法检查，并主动邀请人大常委会有关领导和人大代表参加本院的一些重要会议和重要活动。四是对区人大常委会和人大代表提出的质询、提案，责成专人进行登记，责成有关科（局）、室部门限期办理，并将办理情况及时反馈。五是对区人大常委会批示交办的各类信访案件，依法及时查处，并负责报告查处结果，必要时，应向区人大常委会专题进行汇报。六是自觉接受区人大常委会及专门委员会视察，实事求是汇报工作，严肃对待视察中提出的意见和建议，并在限期内报告整改和执行情况。七是对检察工作中的重要部署、重大举措、贯彻执行人大的决议和查处大要案情况、执行情况以及队伍建设等情况，及时报告人大及其常委会。八是主动向人大常委会报送检察工作计划、实施方案、专题报告和工作总结、信息、简报等，如实向区人大常委会汇报拟提请任免的检察要员的政治表现、工作实绩等情况。九是定期组织相关人员向人大常委会的述职，主动接受人大常委会的监督。

是年，该院先后聘请行风监督员 17 名、人大代表兼联络员 16 名，召开座谈会 4 次，办理人大代表议案 1 件，首次向人大常委会提交的反贪污贿赂专题报告，并获得较好价评。

2004 年 4 月，郊区检察院认真落实阳泉市检察院和区政法委统一部署，以原城区检察院干警王某平包养情妇，行凶杀人案件为反面教材，积极部署开展“深刻反思、吸取教训，加强检察队伍管理”警示教育整顿。为进一步开展“端正干警品行，强化内部管理”集中教育整顿，4 月 23–25 日，阳泉市郊区政协六届二次全会和阳泉市郊区第十五届人民代表大会第二次会议召开期间，区检察院贯彻市委政法委关于“开门整顿”的指示精神，由正、副检察长亲赴各代表团，主动征求人大代表、政协委员对检察工作的意见和建议，受到与会代表、委员的好评。

2004 年，阳泉郊区检察院主动邀请郊区四套班子领导和人大代表视察指导工作，并定期向区委人大报告工作，认真听取人大代表、政协委员及社会各界的意见建议，广泛接受监督指导和批评意见，促进各项检察工作。并建立人民监督员制度，聘请的 9 名人民监督员于 10 月上旬正式到岗履行职务。同时先后对聘请的 17 名行风监督员、

16名人大代表联络员，9名人民监督员进行了法律专业知识培训，4次召开座谈会，听取有关人士的意见和建议，办理人大代表议案1件。

同年10月19日，阳泉市人大常委会副主任张清带队的市人大视察组一行七人，在市检察院副检察长郭隆文的陪同下，对郊区检察院民行检察工作进行视察和调研。郊区检察院检察长张建国，就近年来民行检察工作的开展情况，向市人大领导作工作汇报。副主任张清对郊区民行检察工作所取得的成绩给予高度评价，并对日后的民行检察工作提出新的要求。区委副书记、纪检书记王梦贺，区委常委、政法委书记王如生，区人大副主任曹玉平，副区长申彦杰等区领导一起参加座谈。在认真听取视察组的意见和建议后，检察长张建国表示，将借人大视察民行工作的东风，总结经验，克服缺点，从三个方面入手，推广郊区民行检察年年上一个新台阶：一是坚信民行检察大有可为，加大投入，强化装备；二是采取措施，培养专门人才队伍；三是加强监督力度，特别是对行政诉讼活动的监督。

2007年11月16日，阳泉市郊区人民检察院召开第二届人大代表联络会议。检察长贾建胜向17名特聘联络员颁发聘书，要求全院干警一是对人大代表转交案件要热情接待，积极受理；二是对交办案件要认真办理；三是依法办理，保证质量；四是及时向代表反馈办理结果；五是对处理结果与代表意见不一致的要回访代表，重新办理。郊区人大法工委主任齐敏芝在会上讲话。各位联络员表示一定当好人民群众与检察机关的联络员，为郊区经济社会各项事业发展保驾护航。

2008年8月12日，阳泉市人大常委会组织部分委员到郊区检察院就刑事侦查监督和刑事审判监督工作进行视察。视察组由市人大常委会副主任段存寿带队，市人民检察院检察长张仲马、副检察长闫运成陪同视察。视察组参观郊区检察院电子阅览室，随后召开座谈会，会议由市人大法工委主任杨喜平主持。郊区检察院检察长贾建胜就2007年以来刑事侦查监督和刑事审判监督工作向视察组进行了汇报。视察组一致认为郊区检察院侦查监督和审判监督职能履行到位，措施得力，效果明显。段存寿、张仲马、闫运成发表讲话。区人大常委会副主任张凤英，法工委主任齐敏芝，区法院副院长任怀金，区公安分局副局长张广宏，郊区检察院党组成员、检委会专职委员，侦查监督科、公诉科负责人参加座谈。

8月17日上午，郊区人大执法检查组，到郊区检察院，就贯彻执行刑事诉讼法的工作情况进行检查。郊区检察院检察长贾建胜向检查组做了工作汇报。郊区院分管公诉、侦查监督的副检察长，反渎、反贪和公诉、侦监部门的负责人也就各自的工作向检查组作汇报。检查组在听取汇报、审阅案卷后一致认为：多年来，郊区院认真履行检察职责，充分发挥法律监督作用，工作扎实而富有成效，不愧是郊区连续多年的先进单位。非刑罚工作是亮点，是重大创新，要不断总结经验，在实际中不断完善。检查组希望郊区院在今后的工作中，继续坚持立检为公、执法为民的理念，认真贯彻执行各项法律法规，以实际行动迎接省人大常委会的执法检查。

8月22日，山西省人大执法检查组到郊区就贯彻执行刑诉法工作进行执法检查。郊区院检察长贾建胜紧紧围绕“强化法律监督、维护公平正义”的检察工作主题，向检查组汇报了该院贯彻执行《刑事诉讼法》12年来，牢固树立实体与程序并重的现代刑事司法理念，严格履行法律监督职责的做法和经验，同时认真剖析了工作中存在的问题。山西省人大检查组听取汇报后，对该院的贯彻执行刑事诉讼法工作给予肯定，希望在日后的工作中，进一步加大监督力度，努力促进法律的正确统一实施。执行组还专门到郊区院视察了电子阅览室和办案工作室。

是年，阳泉郊区检察院自觉接受人大及其常委会的监督，不断加强和改进检察工作，一是认真贯彻《各级人民代表大会常务委员会监督法》，通过向区人大常委会报告工作、召开人大代表座谈会、邀请人大代表视察工作等形式，自觉地把检察工作置于人大及其常委会的监督之下，进一步增强接受人大监督的意识。二是对人大及其常委会转交办的案件，全部列为督办案件，严格落实承办部门和责任人，及时反馈办理结果，全部办结。三是进一步完善接受政协民主监督的形式，建立健全向政协通报检察工作制度，认真办理政协委员提案。四是为增强同郊区人大的联络，以及同人大代表的密切联系，制定出台同人大代表联系工作制度。五是把为人大代表订阅报刊列入制度内容，使之规范化、制度化、长期化，出资近两万元，为18名联络员、9名人民监督员，增订《检察日报》和《检察工作文件选》，为36名市人大代表，赠订《检察日报》。

2009年9月15日上午，在阳泉郊区检察院检察长贾建胜陪同下，阳泉郊区10余位市级人大代表到郊区看守所视察指导工作。人大代表实地察看了看守所的监区、监控室、食堂等区域，详细询问了在押人员的日常生活、就医就诊和监区改造情况听取驻所检察室、看守所有关负责人的工作汇报。人大代表视察后认为，在监所检察部门和看守所的共同努力下，郊区看守所工作制度非常规范，管理严密，驻所检察充分履行了法律监督职责，采取多项措施切实保护在押人员合法权益，工作中体现了以人为本理念，在群众中树立了良好的社会形象。为维护郊区社会治安稳定，创建“平安郊区”做出了积极贡献。

同年9月18日上午，阳泉市郊区人大常委会召开第十六届人大常委会第十九次会议。会议听取和审议郊区院检察长贾建胜所作的《关于煤焦、民生、执法领域反腐败工作情况的报告》。检察长贾建胜在报告中介绍了全区开展煤焦、民生、执法领域反腐败工作的进展情况，向代表们保证要把检察机关的反腐职能用足用好，全面完成全年各项任务，为实行郊区区委提出“打造阳泉新北区，建设荫营明珠城”和“走好五条路子，实现五个突破”的战略提供有力的司法保障，以优异的成绩，向新中国成立60周年献礼。代表们对郊区检察院开展煤焦、民生、执法领域反腐败工作表示满意，也对工作存在的不足和今后的工作提出了建议，会议高票通过了检察长贾建胜所作的专题工作报告。

2010年2月8日下午，阳泉郊区检察院召开党组会议，检察委员会专职委员和办公室主任列席会议，传达贯彻全省检察长会议精神和山西省书记张宝顺和政法委书记杜玉林对检察工作的重要指示，以及山西省人民检察院代检察长王建明和副检察长王满春的重要讲话。会后，该院党组即向郊区人大常委会汇报了全省检察长会议情况和全院学习贯彻情况和2010年工作打算。

2010年9月27日下午，阳泉市人大常委会和人大代表到郊区院视察刑事立案监督工作。检察长贾建胜汇报2009年以来开展立案监督的工作情况。视察组对郊区院的工作给予了充分肯定，同时指出在拓宽监督领域等方面还存在的问题和不足，视察组对下一步开展立案监督工作提出意见和建议。检察长贾建胜表示，要按照视察组提出的意见和建议，努力改进工作，进一步加大立案监督工作的力度，不断提高法律监督的质量和水平，为更好的构建和谐社会、促进经济社会发展服务。

同年11月19日，阳泉郊区检察院邀请区人大代表、政协委员，以及来自机关和乡镇的20多名代表，首次举办“检察开放日”活动。“检察开放日”活动主要有两项内容，一是组织座谈会，二是参观检察机关办公环境。举办“检察开放日”活动，有利于拉近检察机关与人民群众的距离，增强检察工作的透明度，有利于增强检察机关接受社会监督的自觉性，促进执法办案的规范化建设，提升检察机关法律监督的能力和水平。11月25日，区人大常委会组织部分常委会委员和人大代表，对郊区院立案监督工作情况进行会前视察。在听取副检察长杨建民对2009年以来开展立案监督工作情况的汇报后，委员和代表们对郊区院的工作给予充分肯定，同时指出了立案监督工作存在着一些问题和不足，就立案监督工作情况提出四点意见：一是要进一步加强对立案监督工作的组织和领导，增强立案监督的主动性和责任感，牢固树立法律监督机关的权威性，努力维护公平正义。二是要对专项执法检查活动进行全面细致的总结，归纳出一套成熟的经验和方法。三是要进一步完善刑事司法与行政执法衔接机制，在对行政机关移交刑事案件的日常监督方面多想办法。四是要进一步加大宣传力度，提高立案监督工作的社会认知度。

同年11月30日上午，郊区人大常委会召开第十六届人大常委会第二十七次会议，会议听取和审议郊区院检察长贾建胜所作的《关于立案监督工作情况的报告》。贾建胜检察长在报告中说：检察机关立案监督主要针对的是有案不立和违法立案两种情形。在抓好日常立案监督工作的同时，全院从宣传造势、加强部门协作和建立检政工作衔接机制入手，努力拓宽立案监督渠道，取得一定的成效。人大常委会在肯定该院工作的同时，指出郊区院须着力解决的三个问题：一是着力解决立案监督和查办渎职侵权犯罪发现难、查证难和处理难等问题；二是着力解决制约检察工作体制性、机制性、保障性障碍；三是着力建立健全检察工作科学发展的长效机制，通过《关于立案监督工作情况的报告》。人大和社会各界的监督，有力地促进了该院依法履行职责的自觉性、积极性和坚定性。

是年11月，郊区院邀请区人大常委会委员、人大代表和政协委员视察反渎职侵权工作，听取副检察长高秀瑾《2007年以来开展反渎职侵权工作情况汇报》，委员和代表们对郊区院反渎职侵权工作的思路和做法给予肯定，希望反渎职侵权部门再接再厉，继续走在全市检察机关的前列，同时提出三点希望：一是多措并举，加强宣传。二是打防并重，标本兼治。三是内强素质，提高能力。

2011年6月13日上午，郊区院召开由中层以上干部参加的党组扩大会，会议由党组书记、检察长王建明主持。会上，各小组汇报了人大代表团分组审议区人民检察院工作报告情况。人大代表一致认为：区人民检察院工作报告全面总结了过去四年的工作，报告客观分析了制约检察工作发展的障碍，对当前和今后一个时期的工作任务作了全面安排。人大代表对检察工作提出的建议是，今后应加大检察职能宣传和预防职务犯罪工作力度。

同年8月5日上午，阳泉郊区检察院邀请区部分人大代表和政协委员召开座谈会，就专项检查活动征求意见，区人大常委会副主任王可剑、区政协副主席王振涛参加座谈会。检察长王建明首先向人大代表和政协委员们介绍了检察机关开展专项检查活动的目的和意义，以及本院开展活动的进展情况。代表和委员们对郊区院工作给予充分肯定，同时提出意见和建议。检察长王建明表示，非常感谢人大和政协长期以来对郊区院的监督和支持，一定按照代表和委员们提出的意见和建议，发挥检察机关应有的作用。

是年8月26日，阳泉郊区人大常委会组织部分委员和人大代表到郊区检察院进行会前视察。检察长王建明汇报了郊区院近三年来关于加强反贪污贿赂工作的情况，并向代表和委员们呈送《关于加强反贪污贿赂工作情况的报告》，请委员和代表提出意见。代表和委员们对该院反贪工作取得的成绩给予充分肯定，并提出五项建议：一是报告内容要更加全面地反映上级对反贪工作的总体要求和反贪工作的艰辛程度。二是反贪部门要切实加大反贪办案力度，提高办案质量。三是在打击犯罪的同时，要做好预防工作，把预防措施落到实处。四是要依法办案，规范办案。五是要更加坚定和依靠中共地方党委的领导，强化反贪队伍建设，进一步推动郊区检察事业再上新台阶。8月31日上午，郊区人大常委会召开第十七届人民代表大会常务委员会第一次会议，听取和审议郊区检察院检察长王建明所作的《关于加强反贪污贿赂工作情况的报告》。在听取了王建明检察长的报告后，委员们对郊区院的反贪污贿赂工作表示满意，也对工作中存在的不足和今后的工作提出建议，会议高票通过郊区院关于加强反贪贿赂工作情况的报告。

是年，阳泉郊区检察院认真落实人大及其常委会的各项决议和决定，加强与人大代表的联系，自觉把检察工作置于人大及其常委会的监督下，主动报告工作情况，虚心听取意见，及时改进工作，及时办理交办案件和事项，不断完善接受人大监督的工作机制。

2012年，阳泉郊区检察院“突出加强监督、更要接受监督”的意识，区两会一结束，该院即对学习贯彻会议精神、落实人大代表、政协委员建议和意见进行专门部署，认真办理人大和政协议案以及交办事项，落实人大代表、政协委员意见和建议，不断完善与人大代表联络机制，重视与人大代表、政协委员的经常性联系。积极配合开展视察、调研和执法检查，向区人大常委会专题汇报检察工作。

同年5月2日上午，该院召开中层以上干部参加的党组扩大会。党组书记、检察长王建明介绍区人代会会议情况，各小组汇报人大代表团分组审议《检察院工作报告》情况。检察长王建明要求全院从三个方面贯彻落实郊区人代会精神：一是要高度重视人大工作，把人大代表的意见和建议切实落实到今后的工作中。二是要进一步增强接受人大监督的意识。三是要不断加强和改进检察工作，仔细查找工作中存在的不足，对存在的问题，深入剖析原因，采取有力措施，切实加以改进，进一步提升检察工作水平。

2013年，阳泉郊区检察院认真学习贯彻区十七届人大三次会议精神，落实代表审议意见。向区人大常委会专题报告反渎职侵权工作情况，按照区人大常委会的审议意见，加强和改进反渎职侵权工作，加大惩治和预防渎职侵权类犯罪力度，保持惩治渎职侵权犯罪高压态势。同时加强与人大代表的联系，通过邀请代表视察、座谈和走访等方式，广泛深入听取意见。

是年4月25～28日，在郊区召开人代会和政协两会期间，郊区检察院为进一步查找检察机关存在的问题，充分履行检察职能，采用部门负责人分组包团的方式，深入200多名人大代表和政协委员当中，听取代表和委员们对郊区检察工作的评议。期间，发放征求意见函200余份，收回意见近160条，共征求到对检察工作的意见和建议20多条。代表和委员们对郊区检察工作多年来取得的成绩给予高度评价。通过与人大代表和政协委员们的“零距离”接触，进一步提高郊区检察工作执法公信力和亲和力，也扩大检察工作的群众基础，对郊区院今后的健康科学发展发挥了积极作用。

是年7月22日，郊区人大常委会主任王梦贺、副主任王可剑、副区长郭满仓，带领常委会组成人员和部分人大代表，到郊区检察院就反渎职侵权工作进行视察，视察组听取郊区院反渎职侵权工作情况汇报后，对郊区院反渎职侵权工作所取得的成绩给予充分肯定，建议今后要进一步提升反渎侦查人员综合素质，转变反渎侦查观念，解放思想，开阔视野，不断加大办案力度，提高办案质量，确保办案政治效果、社会效果、法律效果的有机统一，为构建和谐郊区做出更大的贡献。

同年7月24日，郊区人大常委会召开第十七届人大常委会第二十一次会议，听取和审议郊区院检察长王建明所作的《关于加强反渎职侵权工作情况的报告》。会议认为：渎职侵权犯罪危害后果严重，不仅导致国家、人民利益受到重大损失，而且严重损害党和政府的形象及威信。郊区院高度重视反渎职侵权工作，坚决贯彻区委和上级检察机关关于推进反渎职侵权工作的总体部署，取得显著成效。希望郊区院今后继续忠实履行职责，克服反渎职侵权工作与检察工作科学发展遇到的困难，不断加强反渎职侵权工作的力度，在机制和能力建设上不断提高反渎职侵权工作的能力和水平。会议高票通过该院《关于加强反渎职侵权工作情况的报告》。

2014年，阳泉郊区检察院始终把检察工作置于人大监督之下，主动报告工作，认真执行决议决定。把政协民主监督和社会监督作为了解社情民意、改进检察工作的重要渠道，使检察工作更好地顺乎民意、合乎实际。认真执行与人大代表、政协委员联系工作制度，聘请人大代表和政协委员，担任该院“阳光检察”联络员，定期组织开展活动。通过邀请代表和委员们视察、座谈和走访等方式，广泛深入听取意见。积极配合人大常委会开展执法检查活动，向区人大常委会专题报告“阳光检察”工作情况，并按照区人大常委会的审议意见认真整改。

2015年，加强与人大代表、政协委员和阳光检察联络员的工作联系，广泛征求意见建议，进一步转变司法理念，规范司法行为，提高司法公信力。始终把检察工作置于人大及其常委会的监督之下，主动报告工作、接受审议，认真执行决议决定。把政协民主监督和社会监督作为了解社情民意、改进检察工作的重要渠道，使检察工作更好地顺乎民意、合乎实际。认真执行与人大代表、政协委员联系工作制度，聘请人大代表和政协委员担任该院“阳光检察”联络员，定期组织开展活动。并通过邀请代表和委员们视察、座谈、走访、参加“检察开放日”等方式，广泛深入听取意见。积极配合人大常委会开展执法检查活动，向区人大常委会专题报告查办职务犯罪工作情况，并按照区人大常委会的审议意见认真整改。

是年8月11日，阳泉市人大组织常委会组成人员和部分人大代表，对全市检察机关立案监督和侦查活动监督工作进行视察，并在郊区院召开座谈会，各县区院分管领导和侦查监督科负责人参加了座谈会。视察组对立案监督和侦查活动监督工作给予充分肯定，认为工作措施得力、效果显著，同时也指出了存在的一些问题和不足，并提出三点建议：一是拓宽监督渠道，建立刑事司法与行政执法的信息共享具体操作机制，完善立案监督案件的跟踪监督工作。二是增强监督的实效，突出监督重点，创新工作机制，实现监督工作的持续性和有效性。三是加强队伍建设，结合“三严三实”专题教育活动，强化队伍素质、提高侦查监督工作能力。

2016年，主动向区委、区政府和人大进行专项工作报告，广泛听取人大代表、“阳光检察”联络员及社会各界的意见和建议，争取社会各方支持。全年邀请人大代表、政协委员、人民监督员、“阳光检察”联络员进行座谈并参与重大检察活动6次。

2017年2月20日，在阳泉市郊区第十八届人民代表大会第二次会议上，郊区人民检察院检察长严志勇作的工作报告获全票通过。代表们认为，区检察院工作报告用数据和实例说话，客观全面、实事求是、令人振奋，2016年检察工作可以用“抓铁有痕”“可圈可点”来形容，在服务大局、深化改革、优化发展环境、维护和谐稳定、促进公平正义等方面取得了实实在在的成效。该院组织干警深入学习市、区两级人代会精神，检察长严志勇提出三点要求：一是全体干警要认真学习、深刻领会市第十五届人民代表大会第一次会议精神，把思想和行动统一到本次会议精神上，掀起学习贯彻落实市第十五届人民代表大会第一次会议精神的热潮，将会议精神转化成自觉行动；二是大力弘扬真抓实干、求真务实的精神，按照“五位一体”总体布局、“四个全面”战略布局，忠实履行宪法和法律赋予的职责，围绕年度目标责任考核开展工作，逐条梳理，全面把握进度，圆满完成各项工作任务；三是高度重视民生工作，积极回应人民群众的诉求和期待，端正理念、强化措施，不断在实践中推进民生检察工作。

同年5月5日上午，为规范和加强各级人民代表大会常务委员会监督司法工作，郊区人民检察院党组召开专题会议，学习山西省人大常务委员会制定的《山西省各级人民代表大会常务委员会监督司法工作办法》。该《办法》规定：人大常委会对人民法院、人民检察院以及人民政府、公安、国家安全、司法行政等机构的十二项工作职责进行监督。严志勇检察长希望党组成员一定要严格按照《办法》规定，紧紧围绕中共郊区区委和区政府中心工作，认真履行法律监督职责，自觉接受人大监督，不断加强和改进检察工作，促进公正司法：一是要牢固树立人大监督意识，把人大的意见和建议作为推进检察工作的动力，高度重视，认真落实，并及时报告贯彻落实情况，自觉维护人大决定的权威性。二是要建立定期报告工作制度，坚持定期向人大常委会报告工作，以专题的形式向人大常委会汇报工作，使检察机关的工作能够自觉置于人大的监督之下。三是要加强与人大代表的联系，自觉接受人大的评议、质询和询问，经常走访人大代表，召开人大代表座谈会，加强与人大及人大代表的联系。四是要把贯彻落实人大决议决定，办理人大交办事项，作为接受人大监督的有效途径，积极认真地贯彻执行人大及其常委会作出的各项决议、决定，以不断增强人大代表对检察工作的了解、理解和支持，不断提高检察工作的权威性、公信力和群众满意度，为建设法治郊区提供更加有力的司法保障。

同年10月25日，阳泉郊区人大常委会召开第十八届人大常委会第十三次会议，会议听取和审议郊区检察院关于民事行政检察工作的报告。报告以民行检察监督职能为工作主线，回顾总结了近两年来民行检察工作的主要经验和做法，分析了存在的问题和不足，提出了进一步加强和改进民事行政检察工作的措施。检察长严志勇在报告中说：民行检察工作涉及社会生活各个方面，与人民群众利益息息相关，已经成为检察工作新的增长点和发力点。郊区院高度重视民事行政检察工作，积极运用提请抗诉、检察建议等手段对民行领域存在的违法情形依法进行监督纠正，取得了显著成效，为建设“法治郊区”“平安郊区”提供了有力的司法保障。审议中，区人大常委会充分肯定了郊区检察院发挥民行检察职能，化解矛盾纠纷、强化法律监督、维护社会和谐稳定等方面做出的贡献，一致认为报告结构鲜明、内容翔实，用精炼易懂的语言全面反映了民行检察工作情况。同时，也对工作中存在的问题和今后的工作提出了建议，会议全票通过了郊区检察院关于加强民事行政检察工作情况的报告。

第三章　上级检察机关监督指导

1993年2月22日，山西省人民检察院检察长左祥，在阳泉市人民检察院检察长毛联银陪同下，到郊区检察院调研指导，就“检察机关如何为经济建设服务”进行座谈，区委书记张诚、区长王克恭，及郊区检察院检察长苏密生、各科室负责人参加。

2003年1月，阳泉市人民检察院监所处处长王功在郊区看守所检查指导工作，对监管场所春节、元宵“两节”期间的安全工作提出明确要求，郊区检察院对此制定出如下措施：一、思想工作要到位；二、执行制度要坚决；三、隐患漏洞要消除；四、责任追究要认真；五、重点案犯要严管。

是年2月27日，最高人民检察院咨询委员会委员、山西省人民检察院原检察长、山西省人大常委会副主任刘砚青，在阳泉市人大常委会副主任王元寿、阳泉市人民检察院常务副检察长周光理、郊区人大常委会主任佘惠章、区委常委、政法书记王如生等领导陪同下，到郊区检察院调研。区人民检察院检察长闫运成就贯彻执行《刑法》《刑事诉讼法》工作情况、严打整治斗争和上年度工作作了汇报。区人大常委会主任佘惠章、副主任曹玉平、区政法委书记王如生等作工作汇报。参加座谈汇报的有市人大、市检察院、区人大、区检察院的有关负责人。

5月18日，阳泉市人民检察院副检察长闫运成带领民行处张存庆，对郊区检察院民事行政检察工作进行现场指导，区检察院副检察长贾金祥就2002年以来郊区检察院的民行检察工作向市院领导作详细汇报。闫运成对郊区检察院民行检察工作取得的成绩给予充分肯定，对今后工作提出新的要求。郊区检察院检察长张建国表示：一定要按上级要求抓好民行检察工作，继续保持郊区检察院民行检察工作在全市检察系统的领先地位。

8月13日，山西省人民检察院副检察长段江风率领山西省人民检察院教育活动督导检查组，莅临郊区检察院检查指导工作，阳泉市人民检察院检察长张仲马陪同督查。省、市院领导听取郊区检察院关于开展“强化法律监督、维护公平正义”教育活动的情况汇报，查看了有关活动的相关资料，对郊区检察院前阶段的教育活动情况表示满意，并对下阶段的工作提出希望和要求。

11月14日上午，山西省人民检察院特约检察员，山西大学法学教授、硕士研究生导师董玉明，在省检察院监所处副处长贾文胜、市检察院政治部主任杨振田，到郊区检察院调研指导。郊区检察院政工科长高秀瑾代表该院党组，向省院领导汇报

2003年检察业务工作和队伍建设情况。董玉明给予充分肯定，并对今后进一步开展各项检察工作提出了意见，市检察院政治部主任杨政田讲话，郊区检察院检察长张建国及党组成员参加汇报和座谈。

12月2日，以山西省检察院警务科科长邱来军、综合科科长任保世为组长的检察组，到郊区检察院检察指导法警队工作。通过听汇报、见实物的方法，对该院流动基金工作进行全面检查，山西省院检查组详细听取了郊区检察院法警队张满良的汇报，同时实地察看法警队基础设施。省院检查组对郊区检察院的法警工作给予肯定，并提出具体要求。

2004年1月18日，阳泉市人民检察院检察长张仲马、副检察长闫运成、政治部主任杨振田，到郊区检察院进行慰问，对该院上年度取得的成绩给予充分肯定，对新的一年办案工作和队伍建设提出新要求。郊区检察院检察长张建国代表郊区检察院全体干警对领导表示感谢，就做好新一年工作向市院领导作汇报。

2005年2月2日上午，阳泉市人民检察院检察长张仲马到郊区院调研，中共阳泉市郊区区委书记荆东生，区长王湜洲，区委副书记、区纪检委书记王梦贺，区委常委、政法委书记王如生等陪同调研。检察长张仲马指出：郊区检察院围绕发展这一执政兴国第一要务，全面落实中央和省、市委有关指示精神，紧紧抓住发展经济这一核心，全面促进小康建设，全力营造和谐社会，物质文明和精神文明都取得了显著的成绩，是阳泉检察系统的一面旗帜。

同年10月19日上午，山西省人民检察院副检察长文晓平，在阳泉市检察院检察长张仲马、市检察院政治部主任邓百福陪同下，到郊区检察院考察指导工作。检察长张建国向省、市检察院领导汇报郊区开展“规范执法行为，促进执法公正”专项整改活动以及“两房”建设情况。山西省人民检察院副检察长文晓平现场检查专项整改活动的有关情况，考察“两房”建设工地，对郊区检察院开展专项整改活动，推动检察业务深入开展所取得的成绩给予肯定，并对今后的工作提出了要求。

2006年3月8日，山西省人民检察院政治部主任李勃、政治部基层处处长孙晋枝一行4人，在阳泉市人民检察院副检察长杨璋年、政治部主任邓百福陪同下，对郊区检察院各项工作进行调研指导。主任李勃一行逐层参观了郊区检察院改建一新的办公楼及相关设施，检察长张建国对改建工作及队伍建设情况进行了汇报，李勃对郊区检察院的基础设施和队伍建设工作给予充分肯定。

2007年9月29日下午，阳泉市人民检察院副检察长张宏思，在阳泉市检察院公诉处处长车建丽陪同下，到郊区检察院调研和检查指导工作。检察长贾建胜汇报2007年以来各项检察业务工作，公诉科科长杨培龙就开展非刑罚化处理刑事案件，以及快速办理职务犯罪案件等有关情况，向上级领导作了专题汇报。副检察长张宏思充分肯定郊区检察院2007年以来的各项检察工作，对做好下一阶段工作提出了四点要求：一是加大对检察工作的宣传力度，全方位宣传各项检察工作和检察改革成果；二是加强调研工作，广泛研究解决检察工作中的理论与实践问题，要在省级、国家级出版刊物上多发表文章，扩大调研结果；三是健全机制，调动广大干警积极性，鼓足干劲，迎难而上，再创佳绩；四是加强作风建设，培养锻炼一批高素质的检察官队伍。要把思想作风、纪律作风、工作作风的提高放在突出位置，大力加强各种业务技能培训，提高检察官的整体素质。

2008 年 3 月 24 日，阳泉市人民检察院党组成员、副检察长张宏思，到郊区检察院调研指导工作，对该院提出三点新要求：一是加强人民监督员工作，充分保障人民监督员对案件的知情权，及时通报进入监督程序的案件进展情况，定期组织人民监督员参加学习，重点学习《刑法》和《刑事诉讼法》。二是进一步规范检委会工作，严格按照检委会的议事规则审查有关议项，审议案件一定要重证据，重程序，不断提高检委会的议事议案质量。三是把预防职务犯罪工作落到实处，严格执行省院下发的《预防职务犯罪规则》，全面开展预防职务犯罪工作。

同年 7 月 17 日，阳泉市检察院副检察长张宏思，民事行政检察处处长张存庆，再次到郊区院检察指导民事行政检察工作。张宏思对该院民事行政检察工作给予高度评价，提出三点指导意见：一是加大对审判人员在审理案件时贪污受贿、徇私舞弊、枉法裁判犯罪案件的查处力度；二是对法院的民事行政执行案件进行监督；三是对民事行政案件的审判程序加强监督。11 月 12 日，张宏思、张存庆第三次到郊区检察院调研。在听取了郊区院 2008 年民行检察工作情况的介绍后，张宏思就做好民行工作提出三点要求：一是突出重点，加强对职务犯罪和国有资产流失案件的突破。二是坚持依法办案，加大对民事案件的和解、息诉工作。三是创新机制，强化与兄弟院民行部门的沟通配合。

是年 9 月 2 日，山西省检察院人民监督员办公室主任刘夏平、阳泉市检察院副检察长张宏思一行 6 人到郊区院调研，郊区院人民监督员办公室负责人汇报人民监督员工作情况，以及今后的工作思路，该院聘请的 6 名人民监督员，结合履行监督职责的经历谈了自己的感受。主任刘夏平认真查看了 2008 年以来的案件监督材料，详细了解监督的过程，认为郊区院人民监督员工作开展得扎实有效，监督工作流程严密，具体操作和文书装订完整规范，人民监督员办公环境良好，待遇得到充分落实，希望郊区院能在现有成绩基础上有所突破和创新，争取在对“五种情形”的监督上有所作为，使人民监督员试点工作成为全市的典范。副检察长张宏思要求，郊区院要充分保障人民监督员的物质条件，提高对“五种情形”的监督能力，落实本院制定的监督“三类案件”“五种情形”实施细则，使人民监督员工作取得新成绩。

是年 11 月 6 日，山西省人民检察院检察长柯汉民一行，就当前检察机关深入学习实践科学发展观到阳泉郊区检察院调研，郊区区委书记赵峰介绍阳泉郊区经济和社会发展情况。郊区检察院党组书记、检察长贾建胜详细汇报郊区院近年来的工作情况。在一一听取了郊区院党组成员的工作汇报后，柯汉民检察长对该院的工作情况给予高度评价。山西省人民检察院办公室主任张世荣，检察长办公室副主任李晓勇，检察长办公室秘书郭全新，阳泉市人民检察院检察长张仲马陪同调研。阳泉市郊区四大班子主要领导，郊区院党组成员、中层以上干部参加座谈。

12 月 15 日，山西省院法警总队规范化建设考评组到阳泉郊区检察院考评，在实地查看郊区院办案工作区，认真查阅有关规章制度和资料，听取相关情况汇报后，考评组对郊区院法警大队规范化建设给予充分肯定，并提出三点要求：一是进一步规范法律文书的填写。二是按照《人民检察院司法警察装备配备标准》配齐警械具。三是加强办案工作区管理，保证办案安全。

2009 年 4 月 1 日下午，阳泉市人民检察院代检察长胡克勤到郊区院调研，同全院副科级以上干警进行了座谈。中共阳泉市郊区区委副书记、区长杨勇，区政协主席要宜为，区委常委、政法委书记王如生参加座谈会。座谈会由阳泉市检察院办公室主任孔海峰主持。检察长贾建胜汇报了郊区经济发展概况、郊区院 2008 年工作情况以及 2009 年的工作打算。代检察长胡克勤对郊区院今后工作提出希望和要求。郊区院检察长贾建胜表示，一定要按照胡检的要求，抓好队伍建设、抓好业务、抓好服务，促进郊区院检察工作再上新台阶。座谈会前，代检察长胡克勤实地参观了郊区院的基础设施。

同年 11 月 26 日，由阳泉市人民检察院反渎职侵权局局长刘志刚任组长，阳泉市检察院法警支队长黎广胜任副组长的“执法安全检查组”，对郊区检察院办案工作区进行安全检查。检查组充分肯定郊区院办案安全工作，认为办案工作区建设合格、布局合理、功能完备、设施配套，法警对认真履行管理和维护职责，在保证办案安全工作中总结一定经验。同时检查组要求郊区检察院在今后的工作中，进一步加强办案工作区规范管理，抓紧抓实抓细安全防范工作，切实保障办案安全。

是年 12 月 25 日，由山西省人民检察院法警总队总队长马锐生任组长，刘洪元、邱来军任组员的办案安全检查组，对阳泉郊区检察院办案安全工作进行专项检查。检查组通过听取汇报、实地查看办案工作区、翻阅资料，对郊区院办案安全工作给予充分肯定，认为办案工作区建设标准高、布局合理、功能完备、设施配套。法警队认真履行管理和维护职责，在办案安全工作中总结了不少经验，特别是与阳泉市第二人民医院建立医疗救治绿色通道的做法值得推广。在肯定成绩的同时，检查组要求强化干警的安全和责任意识，进一步加强规范化管理，消除一切安全隐患，确保办案安全。

2010 年 5 月 14 日，阳泉市人民检察院“办案工作区达标验收工作领导组”，对郊区院办案工作区进行检查。检查组通过听取汇报、翻阅资料、实地察看办案工作区，对该院办案工作区安全工作给予充分肯定，认为办案工作区建设标准高、布局合理、功能完备、设施配套，符合高检院《人民检察院办案工作区设置和使用规定》，郊区院法警部门严格执行各项办案安全制度，积累了丰富的经验，形成了系列的管理模式。在肯定工作的同时，检查组指出了个别配套设施不合理，要求进一步加强规范化管理，消除一切安全隐患，确保办案安全，迎接省院组织的达标验收工作。

同年6月1日，山西省人民检察院“办案工作区达标验收工作领导组”，对郊区院办案工作区进行检查验收。检查组通过听取汇报、翻阅资料，实地查看等形式，对办案工作区进行了仔细检查。经检查验收，郊区院办案工作区的设置和使用管理符合规定，基本达到高检院《人民检察院办案工作区设置和使用规定》的要求。

是年7月21日，山西省人民检察院副检察长文晓平到郊区院调研。省院反渎职侵权局副局长张晓丽，阳泉市人民检察院党组书记、检察长胡克勤，党组成员、副检察长、反贪局局长郭隆文，党组成员、政治部主任邓百福陪同调研。郊区区委书记赵峰，区委常委、政法委书记王如生参加调研座谈会。副检察长文晓平一行首先参加郊区院的办案工作区和新成立的案件管理中心，并与郊区院班子成员进行座谈。会后，副检察长文晓平一行到郊区院技侦大楼工地进行实地检查。

2011年4月1日上午，山西省人民检察院民行处副处长董玉明等一行，到郊区院就民行检察工作进行调研，与郊区院主管民行工作的领导和检察人员进行座谈。郊区院副检察长杨建民重点介绍郊区院开展多元化监督的创新思路。民行科科长崔丽娟汇报民行检察工作的整体情况。省检调研组对郊区院的工作给予充分肯定。董玉明副处长对郊区院今后开展民行检察工作提出三点要求：一是在思路上，要紧紧围绕党政工作大局，加强民行检察工作。二是在方式上，要将民行检察与刑事检察紧密结合起来。三是在创新上，既要突出地方特色有创造，又要注重稳定求质量，在对依法行政的监督和仲裁案的调解与执行环节上进行探索。

同7月7日，阳泉市人民检察院法警支队队长黎广胜等一行到郊区院就法警大队编队创建工作进行调研，与郊区院主管法警工作的领导和司法干警举行座谈。郊区检察法警大队队长张满良汇报郊区院司法警察编队创建工作的整体情况。调研组对郊区院的工作给予充分肯定，认为郊区院的办案工作区布局合理，管理规范，装备配备全部按照高检院规定的标准落实到位。同时指出存在的不足：一是机构编制没有落实；二是人员编制还需扩大。希望郊区院在党组正确领导下，进一步加强编队创建工作和规范化管理，推动法警工作全面、协调、科学发展。

同年8月10日上午，阳泉市检察系统案件管理改革现场会在郊区院召开。阳泉市检察院党组副书记、副检察长郭隆文，郊区院检察长王建明，全市各基层院案件管理中心分管领导、负责人及工作人员参加会议，会议由市院案件管理中心主任吴珺主持。郊区院检察长王建明对郊区院一年来的案件管理改革工作作了经验介绍。阳泉检察院案件管理中心主任吴珺对全市一年来的案件管理改革工作进行总结，对各县区检察院案件管理工作作了点评，并对日后的工作进行安排部署。城区检察院、矿区检察院和郊区检察院案件管理中心负责人，分别汇报本院开展案件管理改革工作的经验。会后，与会人员实地考察了郊区院案件管理中心，观摩了郊区院案件管理中心案件管理运作过程。

是年10月，阳泉市检察院案管中心主任吴珺等到郊区院，就队伍建设、制度建设和装备建设等工作进行调研。在听取郊区院案管中心工作情况汇报后，主任吴珺传达了山西省检察院关于加强案管工作的有关精神和阳泉市检察院检察长胡克勤对案管工作提出的具体要求，对郊区院案管工作开展情况表示满意。同时要求郊区院进一步加大工作力度，加强电子卷宗录入、律师接待等方面工作，扎实推进案管改革工作的规范化、良性化运作。

是年11月22日上午，由山西省检察院纪检组副组长宿永旺，正科级干部王建勇，临汾市检察院监察处处长梁红记一行3人组成的检查组，对郊区院开展“维护人民群众合法权益、反映强烈突出问题”专项检查活动进行检查指导。阳泉市检察院监察处处长张建平陪同检查。检察长王建明就郊区院开展“维护人民群众合法权益、反映强烈突出问题”专项检查活动作汇报。检查组一行在听取汇报后，对郊区院开展专项检查活动工作给予充分肯定。并对今后工作提出三项希望：一是持之以恒，长抓不懈，注重巩固专项检查活动所取得的成效。二是进一步规范执法，提高办案质量。三是更加自觉接受人民群众的监督，全面提升检察机关的执法形象和公信力。

2012年5月10日下午，阳泉市人民检察院党组书记、代检察长王守林，到郊区院调研，同中层以上干部进行座谈，市院专职委员、法研室主任付利宝陪同调研。中共阳泉郊区区委主要领导，区政法委书记郭斌，副区长郭满仓参加座谈。检察长王建明汇报了郊区经济和社会发展情况、郊区院基础情况及今年以来的工作情况。代检察长王守林对郊区院的工作给予充分肯定，对今后工作提出要求：一是在社会管理创新方面要有新尝试。二是要在规范执法方面作出新表率。三是在查处和预防职务犯罪方面要有新突破。四是在保持清正廉洁方面有新加强。五是在服务转型跨越发展上有新作为。区委书记王永珍发表讲话。

同年8月29日，由山西省检察院案管中心副主任杨红卫带队组成的“自侦案件涉案款物检查组”到阳泉郊区检察院检查指导工作，阳泉市院案管中心主任吴珺陪同检查。检查组对郊区院自侦案件涉案款物管理工作给予肯定和高度评价。针对检查组提出的共性和个性问题，郊区院积极采取措施，从四个方面加强涉案款物管理工作：一是加强对涉案款物的日常岗位监督。二是加强对涉案款物法律文书的制作监督。三是加强对涉案款物处理的程序监督。四是加强对涉案款物的备案监督。

是年11月6日，山西省检察院调研组到阳泉郊区检察院调研，郊区院党组成员、专职委员和各部门负责人参加调研。郊区院检察长王建明介绍2012年郊区院的检察工作，并就今后基层检察工作的发展提出意见和建议。省院调研组对郊区院的工作给予充分肯定，表示一定将基层院的意见和建议带回省院，尽快帮助基层院解决实际问题，为基层院建设创造更好的条件。

2012年11月，阳泉市检察院法警支队支队长黎广胜等一行到郊区院新建技侦大楼办案工作区进行实地调研。调研组对郊区院新建技侦大楼办案工作区的整体设计、布局及建设进展等情况给予充分肯定，同时强调，办案工作区的建设管理和使用要严格按照高检院《人民检察院办案工作区设置和使用管理规定》的要求高标准来实施，为办案工作提供有力保障。

2013年8月6日，阳泉市检察机关信息化工作现场会在郊区检察院召开，山西省院技术处副处长王军，阳泉市院副检察长闫运成，郊区院检察长王建明、阳泉市检察院技术处处长鲁敏，各县区院信息化建设分管领导及负责人、技术员，及集成商代表参加会议。检察长王建明致欢迎词。郊区院办公室主任史保龙从郊区院信息化建设和组织领导、基础设施建设、重点建设、推广应用等方面，介绍郊区院在信息化建设领域所取得的成绩和做法。山西省检察院技术处副处长王军，从山西省检察机关的信息化建设大局入手，重点阐述信息化建设的重要意义和前景。阳泉市检察院副检察长闫运成作《团结奋进 继往开来、全力打造检察信息化工作先进市》的讲话，并就全市检察机关做好分级保护作出安排部署。与会人员查看了郊区院信息化建设的规章制度和涉密设备操作规程等资料，实地参观郊区院涉密机房、办案工作区等工作区域。

同年8月15日，阳泉郊区检察院召开以“廉洁从政、拒腐防变”为主题的民主生活会，阳泉市检察院政治部副主任谷开元，纪检组副组长刘伟，区政法委副书记王书波出席会议，郊区院党组成员参加会议，副检察长张保亮列席会议。会议由党组书记、检察长王建明主持。此次民主生活会旨在进一步强化党员领导干部的宗旨意识，提高党性修养，增强拒腐防变能力。会上党组成员紧紧围绕主题，交流观点，对照专题民主生活会要求的六个方面进行自我剖析，认真开展批评与自我批评，提出了有针对性的整改措施。王建明检察长提出了存在问题及改进措施。在听取党组成员的发言后，市人民检察院政治部副主任谷开元和区政法委副书记王书波发表讲话。

2014年12月11日，省、市检察长会议结束后，郊区检察院立即召开院务会，首先传达全省、市检察长会议精神，要求全院上下要认真学习领会会议精神，坚决抓好贯彻落实。并结合实际，确定2015年五大工作任务：

一是在服务综改试验区建设上要有新规划。要进一步完善检察机关服务重点项目建设的实施意见，充分发挥检察机关执法办案的职能，依法打击各类犯罪，规范市场秩序，促进公平竞争。要依法查办在重大基础设施建设、保障性安居工程等危害民生民利的贪污贿赂、失职渎职犯罪案件。要妥善处理先行先试中出现的新问题，努力实现执法办案法律效果、政治效果和社会效果的统一。

二是在推进检察业务上要争创一流工作目标。全院干警要振奋精神，开拓进取，以饱满的热情全身心投入检察工作中。业务工作的重点是紧紧围绕考核方案开展工作，特别是新任院领导和部门负责人，要奋发努力、勇于担当，用实实在在的业绩向全院干警证明无愧于重任。自侦工作责任重大，牵扯全局，要再接再厉，带头做出贡献。各部门都要狠下功夫，克服前松后紧的老毛病，均衡安排好全年工作，在争先进位中取得好成绩。

三是在推进“阳光检察”工程上要有深度和广度。2014 年是全市检察机关的“阳光检察工程推进年”，按照“公开为原则，不公开为例外”的要求，扩大公开范围，创新公开方式，注重公开效果。要注重工作创新，总结工作特色，在深度和广度上下功夫，创出具有郊区检察特色的工作模式和经验。要注重培树爱岗敬业、热爱检察事业的职业道德模范，培树钟情于检察工作、热心服务群众的“阳光检察官”，使“阳光检察”工作得到深化，树立郊区检察新形象。

四是在推进信息化建设上要使亮点工作真正亮起来。继续加强信息化亮点工作建设，牢固树立向科技要检力、向信息化要战斗力的理念。要让信息化建设真正起到为办案服务、为业务服务、为“阳光检察”服务、为机关管理服务的作用，打造成郊区检察工作的特色品牌。

五是要以群众路线教育实践活动为抓手，狠抓队伍建设。准确把握队伍建设的总体要求，把信念坚定作为政治灵魂，把执法为民作为职业良知，把敢于担当作为党性原则，把清正廉洁作为本质要求，借教育实践活动的东风，加强班子建设、提升队伍素质、强化监督制约、推进阳光检察，努力使干警队伍在政治思想、专业素养、纪律作风上都有一个大的提升。

2015 年 7 月上旬，由山西省人民检察院党组副书记、副检察长王国宏带队的规范司法行为专项整治工作组，对阳泉郊区院规范司法行为专项整治工作进行督导检查。工作组通过听取汇报、现场检查，对郊区检察院专项整治工作给予充分肯定，认为郊区院开展规范司法行为专项整治工作做到领导班子重视、思想上认识到位、查摆问题符合实际、整改措施具体，取得了良好成效。王国宏提出四点要求：一是要教育引导干警正确认识专项整治活动，要从最高检通报的司法不规范典型案件中吸取教训，加强规范化执法管理。二是进一步深入查摆问题，要从办理的案件中查，从法律从业者、相关当事人和相关部门征求的意见中查，从工作中的薄弱环节、细节性环节查，从群众关心议论的焦点、热点查，把问题找细、找准、找全。三是对查找到的问题，列出问题清单，立查立改，力求实效。四是进一步完善制度，建立长效机制，针对屡查屡有的“顽症”，要重点整治，坚决杜绝该类问题屡查不绝。

2016 年 1 月 5 日，阳泉郊区检察院向阳泉市人民检察院呈报《关于对阳泉市郊区人民检察院阳郊检控复字〔2015〕6 号答复一案的审查处理意见》的答复，尹某强控告阳泉市公安局郊区分局及李家庄派出所干警玩忽职守一案，给予答复。经阳泉市人民检察院控申部门建议由郊区院初查，郊区院于2014年11月12日开始初查，2015年1月9日作出不予立案决定，2015年1月16日，向尹某强本人宣读并送达阳郊检反渎不立〔2015〕1号《不立案通知书》，尹某强拒绝接受送达文书。2015年7月10日，尹某强本人又提出申请愿意领取《不立案通知书》，郊区院于当日随将《不立案通知书》交给其本人。本案就尹某强控告事项，阳泉市公安局郊区分局最终处理意见为2014年1月13日作出，依法认定危害结果发生之日，应以公安局的最后处理结果日即2014年1月13日为时间点。故尹某强及家人于2008年6月19日晚报案，阳泉市公安局郊区分局于2014年1月13日明确告知尹某强不受理案件，并未超过追诉时效。此外，根据全国人民代表大会常务委员会《关于〈中华人民共和国刑法〉第九章渎职罪主体适用问题的解释》，法律上未明确将单位列入渎职犯罪主体，渎职犯罪的主体只能是自然人。因此，市检察院所列五个需要调查的问题，在案证据足以证明，本案事实清楚，证据确实充分，法律规定明确。郊区院认为，该案属因阳泉市郊区人民政府修新城大道（原名新北大街）涉及对尹俊强家的拆迁引发的纠纷。拆迁时，现场双方未发生肢体冲突，出警民警认定当时情形为李家庄村村民委员会对尹某强家房屋拆迁，并非公安机关管辖职责。根据《中华人民共和国警察法》第6条规定，出警民警孙悦、郝永伶查明情况后离开现场的公务活动，并无不当。控告人控告出警民警渎职犯罪无事实和法律依据，根据《中华人民共和国刑事诉讼法》第110条和《人民检察院刑事诉讼规则》第176条之规定，不予立案。

2017年1月25日，按照“两学一做”学习教育安排，郊区院党组召开“两学一做”学习教育专题民主生活会。阳泉市检察院政治处副处长杜志远等到会进行指导。检察长严志勇代表党组班子就理想信念、政治纪律和政治规矩、作风、组织生活、落实全面从严治党责任等方面存在的问题作对照检查，并提出坚持“学”“做”结合，以知促行，进一步强化理想信念教育，在“三观”改造上狠下功夫；认真履行主体责任，严格落实各项部署要求；做“四讲四有”合格党员、确保学习教育实效；忠于职守保持事业激情、增强抓工作的责任心使命感。班子成员紧密联系个人思想、工作、生活和作风实际，针对自身存在的问题进行了对照检查。市院政治处副主任杜志远对本次专题民主生活会给予充分肯定，认为会前准备充分，剖析深刻入理，批评与自我批评态度认真，整改目标与措施扎实具体，希望郊区努力践行“两学一做”学习教育，增强从严治党意识，强化党员干警队伍建设，狠抓执法规范化建设，推进郊区检察事业进一步科学发展。

同年4月11日下午，阳泉市检察院党组副书记、常务副检察长范海生到郊区院调研指导工作，就全市检察长会议精神落实情况和第二季度的工作进行了督导。检察长严志勇汇报郊区院2017年第一季度工作情况和全年围绕服务大局找准关注民生新的切入点、围绕主职主业找准检察业务新的增长点、围绕司法改革找准办案机制新的契合点、围绕队伍建设找准素质形象新的提升点、围绕作风建设找准严明纪律新的强化点等工作计划。范海生对郊区院贯彻落实市院检察长王廉允提出的“五抓”“三个显著提升”上有实效：一是在检察业务进展比上年度同期有明显进步；二是在推行办公软件系统、检委办同步录音录像和电子证据审查信息化亮点工作方面走在前面；三是检察门户网站入选全国百佳检察形象得到新的提升；四是全年工作安排措施实、特色明，思路清晰、落实有力，希望该院严格按照既定的安排部署，全面稳步推进，切实落到实处。为此，范海生提出三点要求：一要以问题为导向，抓好改革创新，完善工作措施，要认真分析制约检察发展的原因，抓住问题，找出差距，拿出措施，加强整改。二要将市院王廉允检察长提出的“五抓”“三个显著提升”作为工作重点，切实在贯彻落实上见到实效，特别是要充分理解“聚焦监督主业”的内涵，注意工作着力点的改变，全力推进重点工作，确保不出现空白项。三要加强队伍建设，真正把从严治检落到实处，重点是狠抓队伍的思想建设，分管领导对分管业务要上心，头脑要清醒，思想上更要警觉，要确保队伍不出任何问题。

6月14日上午，按照山西省人民检察院关于检察系统内巡视巡察工作的安排部署，阳泉市检察院党组第一巡察组在郊区院召开巡察工作动员会，正式启动对该院为期一个月的巡察工作。阳泉市检察院巡察组组长王军义一行6人出席动员会，郊区院党组书记、检察长严志勇主持会议，全体干警参加会议。王军义通报巡察工作主要内容和方式，提出四点要求：一是要统一思想、提高认识，端正态度，正确对待巡察，真正把思想和行动统一到市院党组决策部署上来。二是要高度重视、加强领导，检察长要亲自过问、亲自挂帅，并确定一名分管领导和一名联络员，积极协助巡察组开展工作。三是要全院参与、积极配合，全院干警不当旁观者、不作局外人，不回避问题、不遮掩短板，做到敢于讲真话、实话，对人对事客观公正、如实反映。四是要扎实工作、创新发展，进一步强化措施，以工作成效检察巡察工作成果。

检察长严志勇表示：一是提高认识，主动接受监督，要以高度的政治责任感，深刻领会巡察意义，认真对待巡察工作，切实增强对巡察工作重要性的认识，以良好的精神状态和扎实的工作作风迎接市院巡察组的检查指导。二是精心组织，全力支持配合，严格按照市院巡察组的要求，精心组织，妥善安排，积极主动配合检查，实事求是地反映情况和问题，让巡察组充分了解、尽快掌握我院领导班子建设和从严治党等工作的实际情况，为巡察组开展工作提供强有力的保障。三是重视反馈，切实抓好整改，要本着“虚心接受、认真反思、严格对照、切实整改”的原则，对巡察组指出的问题虚心接受，及时整改。做到接受巡察与推进业务工作“两不误”，把接受巡察作为强化党性教育、锤炼党性修养、经受组织考验的难得机会，进一步理清发展思路，完善工作措施，健全工作制度，全力推动郊区检察各项工作再上新台阶。会后，巡察组对郊区院领导班子进行了民主测评。

是年7月，山西省检察院在全省检察机关部署开展发挥侦查监督职能、优化营商环境，贪污贿赂案件刑事审判监督，发挥公诉职能、推进产权保护、优化营商环境，提起公益诉讼和服务营商环境民事行政执行检察监督等5个专项检察活动。8月7日上午，阳泉市院党组副书记、常务副检察长范海生一行，到郊区院调研指导5个专项活动和诉讼监督工作情况。检察长严志勇首先汇报郊区院开展五个专项活动和诉讼监督工作情况，一是加强领导，认真研究制定实施方案，统筹协调各个专项活动落实领导责任和部门责任。二是狠抓落实，每一项工作任务均确定相应的时间表和路线图，限期完成任务。三是把司法改革的成果转化为推进专项检察活动的强大动力，员额检察官和各办案组织，积极投入专项检察活动，增强工作责任心和使命感，多办案办好案，在专项活动中显身手。四是加强宣传总结，注重总结工作经验，及时推广交流工作中的经验做法。范海生充分肯定了郊区院五个专项活动取得的成效，希望能够再接再厉，取得更好的成绩。并提出五点要求：一是要对市院安排部署的专项活动要有人抓有人管，切实将责任落实到人，主动开展外延性工作。二是要从思想上重视聚焦法律监督主责主业，积极主动破解司改后出现的业绩下滑和人员不适应等问题，积极主动开展工作。三是要注意如何通过绩效考核激发员额检察官和辅助人员的积极性，促进检察干警主动作为。四是要注重做好工作的总结提炼，在保证数字准确的前提下，多总结归纳一些实质性的工作。五是高度重视业务考核工作，紧扣考核方案，统筹安排、均衡发展。郊区院检察长严志勇表示，将以该次市院领导视察为契机，抓住最后三个月时间，全力抓好各项工作，使郊区院的工作迈上新台阶。

同年8月29日，阳泉人民检察院党组第一巡察组到郊区院召开巡察工作意见反馈会。市院纪检组长付民、巡察组组长王军义针对巡察整改工作，向郊区院党组提出要求。王军义认为，郊区院认真学习贯彻中共十八大和十八届三中、四中、五中、六中全会精神和习近平总书记系列讲话精神，认真贯彻落实市院党组提出的“五抓”和“三个显著提升”，紧紧围绕全市检察工作大局和郊区经济社会发展大局，全面履行检察工作职能，做出积极的贡献。存在的主要问题：在坚持党的领导方面，党的路线方针政策贯彻落实不到位、民主集中制落实不到位。在加强党的建设方面，政治理论学习不够、党的组织生活不规范、党费缴纳不规范、落实意识形态工作责任制方面重视不够。在全面从严治党、全面从严治检方面，党组的主体责任落实不到位、纪检组监督责任履行不到位、落实“两个责任”职责不明，敷衍应付、队伍建设制度不完善、落实八项规定不到位。组长王军义对郊区院党组提出五点意见建议：一是强化“四个意识”，加强党的领导。二是强化政治教育，提升队伍素质。三是加强廉政建设，严格落实责任。四是落实八项规定，转变工作作风。五是完善制度机制，注重整改实效。阳泉市检察院纪检组组长付民就围绕抓好巡察整改工作对郊区院党组提出三点要求：

一是要扎实推进全面从严治党。二是要扎实抓好巡察整改工作。三是要努力实现巡察效应最大化。

郊区院党组书记、检察长严志勇表示诚恳接受巡视组提出的问题，切实抓好整改落实：一是要增强政治自觉，以严肃认真的态度主动认领巡察反馈意见。二是要强化责任担当，以雷厉风行的作风不折不扣抓好整改落实。三是要确保整改实效，以从严从实的态度全力以赴解决好巡察发现的问题。四是要坚持统筹兼顾，以奋发有为的状态扎实有效促进各项检察工作创新发展。

2018年4月26日下午，山西省人民检察院民行处王稼瑶处长、刘志坚副处长一行，在阳泉市人民检察院检委会专职委员付利保、民事检察处处长岳华的陪同下，到阳泉郊区检察院调研民事检察工作。郊区院分管民事行政检察工作的副检察长张保亮，就民事行政部门的人员情况、2017年全院民事监督案件的办理情况，以及工作中存在的主要问题，作了简要介绍，民事行政检察部副部长邵鹏芳作了题为《找准监督发力点 做强做实民事检察》的专题汇报和2017年民事检察工作详细汇报。王稼瑶处长对郊区检察院民事检察工作给予了充分肯定，希望郊区院在已取得成绩的基础上，继续开拓进取，进一步激活民行工作内生动力，使民事检察成为检察工作新的增长点和发力点。

同年7月6日，山西省人民检察院党组成员、政治部主任郭普到阳泉市郊区人民检察院就开展“大学习、大调研、大落实、大提升”活动进行调研，阳泉市人民检察院党组书记、检察长王廉允，政治部主任王刚，郊区区委政法委书记张斌武陪同调研。通过调研和听取汇报，郭普提出四项要求：一是要注重创新，大学习、大调研不能照本宣科、抄抄写写、走马观花、徒有形式；二是要在先学一步、深学一层、结合实际、促进工作上作出表率和示范，在完成好规定动作的同时，不断拓展内容、创新形式。三是不能将“四大活动”割裂开来，要在狠抓落实上下功夫，使每一个阶段的工作不断得到提升。四是希望郊区院注重总结，能够拿出可借鉴、可复制的好的经验和做法，使“四大活动”走在全省前列。调研中，郭普主任等领导实地参加了郊区院院史陈列室、文化走廊、开放式图书室等文化设施，对郊区院文化建设工作给予了高度评价，认为郊区院文化建设工作基础扎实、内容新颖、形式突出，希望郊区院在文化建设上多下功夫，发挥文化建设凝心聚力、树德立魂的作用，带动各项检察工作向前发展，努力打造成检察工作特色品牌。

同年7月10日，山西省人民检察院“扫黑除恶”专项斗争督导组到阳泉郊区检察院督查指导工作，督导组由省院刑事执行检察局副局长蔺春带队，在查阅郊区院制度文件、案件卷宗、工作资料，听取该院专项斗争领导组的汇报后，对郊区院成立工作专班、依法批捕一批涉及恶势力犯罪的嫌疑人，严格依法审查起诉等，给予充分肯定和高度评价。并提出四点意见：一是要进一步提高政治站位，压实责任；二是要从严落实各项措施，做好组织保障和后勤保障；三是要完善工作机制，工作留痕，成果展示；四是要及时总结调研，促进综合治理。

是年7月31日上午，阳泉市人民检察院党组副书记、常务副检察长范海生、刑事检察一部部长马全有等一行4人，对郊区院扫黑除恶工作进行调研指导。郊区院党组成员、常务副检察长刘双富、扫黑除恶专项斗争领导小组成员，及相关案件承办人参加调研座谈会。范海生在详细了解郊区院办理涉黑涉恶案件进展情况后，对该院扫黑除恶工作给予充分肯定，同时提出三点要求：一是提高政治站位、增强政治责任感。要充分的认识到检察机关作为“扫黑除恶”专项斗争的重要承担者肩负的使命和责任，要做好迎接上级督导组检查的各项准备工作。二是充分发挥检察职能优势，把好法律监督关。要积极主动作为，加强对侦查、审判和执行工作的法律监督，深挖案件背后的“保护伞”。三是加强协作，注重个案总结，做好综合治理。要及时向区委政法委汇报工作进展，加强与侦查机关、审判机关的沟通协调，依法快捕快诉，把每个案件、每个环节做细做实，确保稳、准、狠的打击黑恶势力犯罪。

第四章 人民群众监督指导

1991年10月15日，阳泉郊区检察院邀请区直有关部门和部分乡、镇、村，以及乡镇煤管站的负责人，围绕该院整顿执法队伍和检察工作进行座谈，区人大常委会副主任赵富荣、区委办公室主任李生材、区人大法工委主任杨大巨等参加。

检察长苏密生介绍该院开展执法队伍整顿工作的情况，与会人员在肯定成绩的同时，提出中肯的批评和建设性的意见：一是法律监督工作做得不够，如对侦查工作全过程监督不够，存在以收代侦、超期收审等问题。二是为经济建设服务的意识需进一步加强，希望检察工作全面贯彻山西省检察院关于《为经济建设服务的十条规定》，严格区分罪与非罪界限，加强与其他部门的配合，协调抓好经济和法纪案件的查处工作，注重提高办案质量，进一步加快办案速度，通过多办案件，办高质量案件，打击犯罪，搞好服务。三是要求检察工作进一步树立严格执法意识，坚持在法律面前人人平等，廉洁勤政，执法必严，加强内部的监督制约机制，严格依法办事。四是希望该院进一步加强检察干警队伍建设，把思想政治工作贯穿于各项工作之中，从严治检，把整顿作为一项措施常抓不懈，使各项工作再上新台阶。

2004年6月4日，郊区检察院召开“双评”活动再动员大会。会上，政工科科长高秀瑾首先宣读《关于深入开展评优评差活动的实施方案》，从指导思想、评议内容、评议步骤和工作要求等几个方面，对是年“双评”活动做了详细部署。检察长张建国作了动员讲话。

同年6月7日，党组全体成员分四路深入基层乡镇、企业和群众进行了广泛的调查研究，通过现场走访，促膝座谈，发放调查问卷等形式，倾听群众呼声，了解掌握检察环节的行风问题。6月9日，郊区检察院召开特约监督员座谈会，来自乡镇、政协、法院、公安和各新闻媒体的10名行风监督员，对郊区检察院在队伍建设、素质教育、检察业务和“双评”工作等方面提出宝贵的意见和建议。此外，郊区检察院印制200多份《“双评”活动征求意见卡》，采取邮寄的方式发放到各乡镇和基层群众手中，并附有已付邮资的、邮寄地址填有“阳泉市郊区检察院‘双评’活动办公室”字样的信封，以便于人民群众及时发现问题，随时反映情况，有效改进工作作风的途径和渠道。

2005年3月24日，郊区检察院和郊区法院联合召开座谈会，就进一步推进保持共产党员先进性教育活动深入进行征求意见。郊区检察院人民监督员，郊区法院行风监督员共 13 名人士应邀进行座谈。

同年 3 月 30 日，郊区检察院向 100 位人民代表发出征求意见函，广泛征求各个阶层、各界人士的意见和建议。

是年 6 月 24 日，郊区检察院邀请人大、公安、法院等机关领导和本院行风监督员召开座谈会，就开展“规范执法行为，促进执法公正”专项整改活动，广泛征求意见和建议。参加会议的各界人士踊跃发言、态度诚恳，收到预期的效果。郊区检察院办公室、政工科等有关人员参加座谈。

2006 年 11 月 13 日，郊区检察院人员监督员对段某孩受贿案提前介入进行监督。人民监督员认为案件程序合法，可以进入下一程序。这是郊区检察院为贯彻执行《最高人民检察院关于人民监督员监督“五种情形”的实施细则》规定，完善人民检察院自侦案件执法活动外部监督而出台的一项重要举措。

是年 11 月 15 日，郊区人民监督员对狮头特种水泥有限公司原总经理助理兼金玉特水销售中心经理张某挪用公款不服逮捕案进行听证审查。反贪局办案检察官介绍情况后，人民监督员荆洪泰、刘郁珍等，对该案的嫌疑人犯罪主体以及嫌疑人持有金穗卡上资金来源和去向等提出质询，在听取办案人员答复和有关解释后，人民监督员对进一步核查犯罪主体及资金流向等问题提出要求，并希望院检委会做专题讨论，确保案件质量。

2007 年，阳泉郊区检察院进一步完善外部监督制约，深化检务公开，推行诉讼参与人权利义务告知制度，完善人民监督员制度，完成人民监督员换届工作，人民监督员审议不服逮捕、拟撤销、拟不起诉等三类职务犯罪案件 13 件、13 人。

是年 10 月 18 日，郊区检察院召开人民监督员聘任会议，会议由副检察长李爱贤主持。杨海青等 9 人被聘任为郊区人民检察院第二届人民监督员。阳泉市人民检察院党组成员、副检察长张宏思，郊区人大主任王梦贺，及区人大有关部门负责人、区政协主席要宜为、区委常委、政法书记王如生出席会议。郊区检察院根据《山西省人民监督员实施细则》规定，经与区人大等有关部门协商，对第二届人民监督员重新进行了选聘。有 4 名第一届人民监督员连任，有 5 名人民监督员被增选。在会上，郊区检察院检察长助理田江华对首届人民监督员工作做了全面总结，充分肯定了首届人民监督员的工作，并对今后的工作作了安排和部署。检察长贾建胜对落实人民监督员监督制度提出四项要求：一是要继续以高度的政治责任感，深刻认识和领会加强外部监督的必要性和紧迫性。二是要尽快落实各位人民监督员开展工作所需的经费、办公设施，为各位人民监督员正确履行职责提供必要的物质保障。三是要尽快组织人民监督员参加相关的业务培训。四是希望人民监督员在履行职责的过程中，既要依法公正评议案件，独立行使监督权力，又要严守工作纪律，保守国家秘密，严格执行回避制度。阳泉市检察院副检察长张宏思在肯定郊区检察院首届人民监督员工作成绩的同时，对人民监督员制度的落实提出四点希望：一是希望新一届人民监督员继续发扬首届人民监督员严肃认真，一丝不苟的工作精神，履行好神圣的监督职责。二是希望人民监督员检察机关要加强沟通，相互配合，做好今后工作。三是郊区检察院要认真听取人民监督员的意见，进一步规范执法行为，提高执法水平。四是认真做好人民监督员试点工作总结，既要肯定成绩，又要正视不足，既要做理论上的探讨，又要善于从实践工作中提炼，走出一条新路子。

同年10月30日，阳泉郊区检察院对胡某、刘某贪污、挪用公款案件进行全程同步录像、录音，邀请人民监督员参与进行跟踪监督。人民监督员介入侦查开展监督活动，是郊区人民检察院对人民监督员开展“五种情形”监督活动的一项新举措，这将为强化法律监督起到积极的促进作用。

2008年1月18日，郊区人民监督员监督审查阳泉市公路局郊区分局局长姚某军涉嫌贪污拟作存疑不起诉处理案件。人民监督员经审查在案相关证据后提出质疑，检察机关在事实未查证的情况下，作出对姚某军贪污12万余元公款存疑不起诉，不符合事实情况和法律规定。经表决，与会的5名人民监督员意见一致，不同意对姚某军案作存疑不诉处理。4月10日，郊区检察院人民监督员依法就玉泉中学史某涉嫌贪污不服逮捕一案进行监督审查，同意维持检察机关的逮捕决定，并对本案的相关证据存在的问题提出建议，对本案可能涉嫌犯罪的有关人员向检察院提出调查和侦查的意见。同日，郊区检察院根据最高检《关于人民监督员对“五种情形”实施监督的规定》，邀请5名人民监督员赴郊区看守所，就在押人员的羁押期限和检察人员的执法活动进行检查，视察监管场所的生活环境及保卫措施，并与在押的职务犯罪嫌疑人王某进行谈话。同年5月22日，郊区检察院组织人民监督员对公开审判的郊区桃坡村原党支部书记王某金贪污土地补偿款一案进行旁听和监督。7月9日，郊区检察院召开人民监督员会议，组织讨论《郊区人民检察院人民监督员监督“三类案件”“五种情形”的实施规则》。通过学习和探讨，人民监督员明确了监督提起程序、分流处理程序、监督意见处理程序、结果反馈程序、复议和复核程序，为深入开展监督工作打下坚实的理论基础。会上还通报了两起职务犯罪案件的处理结果，向人民监督员发放了郊区检察院自编的《刑事法律法规汇编》，这些举措进一步规范人民监督员对检察院查办职务犯罪案件的监督工作，确保检察机关依法公正地履行职责。10月10日，郊区检察院举行第三次交叉监督评议会议，对涉嫌行贿的犯罪嫌疑人李某不服逮捕一案进行监督评议。盂县四名人民监督员与郊区检察院四名人民监督员听取案情汇报后，一致同意维持对李某的逮捕决定。

同年7月9日上午，阳泉郊区检察院召开人民监督员会议，组织讨论《郊区人民检察院人民监督员监督“三类案件”“五种情形”的实施规则》。通过学习和探讨，人民监督员明确了监督提起程序、分流处理程序、监督意见处理程序、结果反馈程序、复议和复核程序，为深入开展监督工作打下坚实的理论基础。并通报两起职务犯罪案件处理结果，向人民监督员发放郊区检察院自编的《刑事法律法规汇编》。是年，该院用刚性规章制度，切实保障人民监督员的知情权，全年组织人民监督员评议案件 9 件，有效保证查办职务犯罪的健康进行。同时进一步深化检务公开制度，主动接受新闻舆论和社会各界的监督，全面落实人民群众对检察工作的知情权、监督权。进一步规范了人民监督员对检察院查办职务犯罪案件的监督工作，确保检察机关依法公正地履行职责。

2009 年 4 月 10 日，阳泉郊区检察院召开人民监督员工作例会，通报郊区院 2008 年的工作情况，总结 2008 年的人民监督员工作，并对 2009 年的人民监督员工作提出新的要求：深化人民监督员制度，全面落实对“三类案件”“五种情形”的监督，积极探索扩大监督范围，同时将“五种情形”案件的监督作为全年工作重点，争取突破“五种情形”零案件的局面。同时通报了郊区院 1–4 月职务犯罪案件立案诉讼情况，对 6 件职务犯罪案件立案、强制措施及诉讼情况进行了通报。会后，人民监督员到郊区看守所，对在押职务犯罪嫌疑人羁押情况进行实地检查。

同年 7 月 22 日，郊区检察院召开人民监督员监督评议会，案件承办人依据调查的事实和法律规定，向人民监督员进行详细解答，说明检察机关对一起涉嫌贪污的自侦案件不予立案的理由。经过评议，人民监督员作出同意检察机关不予立案的监督意见。此次不立案监督活动，系阳泉市检察机关人民监督员首次对不立案情形实施的监督。

2010 年，人民监督员认真履行职责，继续为维护司法公正、倡行公平正义积极建言献策，认真开展对“三类案件”和“五种情形”的监督，对该院依法公正行使检察权起到了积极的促进作用。从 2010 年开始，县区级人民监督员工作将由市检察院统一负责，郊区院开展人民监督员工作所积累的成功经验和做法，为推行新的人民监督员制度提供有益的借鉴。与此同时，该院决定继续同人民监督员保持密切联系，共同为推动郊区的检察事业做出新的贡献。

2011 年 3 月 18 日上午，阳泉郊区院邀请人民监督员参与该院中层以上领导干部年度考评工作。会上，人民监督员对每名干部德能勤绩表现进行了客观公正的评价。邀请人民监督员参与年度考评工作,可以有效地提高干部测评过程的独立性和透明度，对改进干部工作作风起到促进作用。

同年 3 月，在第二届人民监督员任期届满之际，郊区院对本辖区人民监督员候选人进行摸底，经过严格考察，向阳泉市人民检察院推选 5 名人，作为人民监督员的候选人。2011 年 3 月以来，郊区院按照上级检察机关制订的《人民监督员换届实施办法》，认真落实换届工作，充分考虑候选人的政治素质、履职能力和法律政策水平，注重选任的广泛性、代表性和社会公信力，确保推选工作顺利进行。

2011年12月2日上午，郊区院监所科与郊区公安分局看守所，共同举行“特邀监督员聘请仪式”，聘请阳泉市政协张亚辉、郊区人大代表张三虎、史永记、郊区报社李爱国、郊区法律援助中心律师苏晋平5人为监所特约监督员，并向他们颁发了聘书和监督员证。聘请仪式上，监管部门检察干警向特约监督员介绍当前监管工作情况，组织大家参观了监区建设和在押人员管理工作，并就如何加强监管执法监督工作进行了深入交流和讨论。新聘监督员们表示，要积极履行职责，加强沟通联系，为推动平安郊区建设，创造良好的发展环境做出积极的贡献。

是年，阳泉郊区检察院自觉接受社会监督，一是认真贯彻全国检察机关全面推行人民监督员制度，积极配合市检察院做好辖区内人民监督员的选任工作。二是推进阳光检务，深化检务公开，精心组织“三深入”“开门评检”和“检察开放日”活动，邀请政协委员以及社会各界代表到院实地参观、座谈交流，广泛征求意见和建议。三是设立网络舆情观察员，及时掌握社会公众对检察工作的舆情动态，及早采取应对措施，有效化解舆情危机。

2012年，阳泉郊区检察院积极深化检务公开，举办“开门评检”和“检察开放日”活动，设立网上举报邮箱和舆情观测员，及时主动回应社会关切。

2013年，阳泉郊区检察院主动向社会各界人士通报检察工作情况，积极配合阳泉市检察院开展人民监督员工作，认真听取社会各界意见，自觉加强监督制约，促进自身公正执法。同时积极应对涉检网络舆情，开通网上24小时监督举报平台，受理群众对检察人员违纪违法行为的举报。

2014年，阳泉郊区检察院深入推进“阳光检察”工程，把“能公开的一律公开”，广泛接受社会监督。同时，建立健全《不立案、不起诉、不抗诉等终结性法律文书公开制度》和《公开听证制度》，全年公开程序性事项67件，公开各类法律文书14件，举行案件公开听证和公开答复4次，最大限度地满足人民群众的知情权和监督权。在郊区电视台民生直通车栏目就控申举报工作与广大观众进行了互动。增加举办“检察开放日”次数，广泛听取社会各界对检察工作的意见和建议。

2015年，强化外部监督制约机制，实行公开审查制度，一是积极构建开放、透明、便民的阳光检务机制，把“能公开的一律公开”，通过检务中心统一对外业务受理和接待，建立与社会和当事人等相关主体的互动平台，方便群众诉讼和办事。二是推动检务公开由职能职责公开向以执法办案信息公开为主的转变，根据最高人民检察院案件信息公开工作规定，将应该公开的案件信息全部在互联网和自动查询系统公开，全年共在网上公布重要案件信息7件，公开案件程序性事项351件、法律文书130份。三是建成与山西省检察院联网的远程视频接待室，进一步拓展人民群众对检察机关执法办案的监督渠道。全年对3起拟不起诉或申诉人不服检察机关决定的案件进行公开听证，充分体现对司法办案过程的公开、公平、公正。

2016年，阳泉郊区检察院进一步深化检务公开，构建阳光司法新机制，并以案件信息公开系统为主平台，加强“两微一端”等新媒体平台建设，共公开重要案件信息及程序性信息307件、法律文书126份。继续深化人民监督员制度，邀请人大代表、政协委员、人民监督员、“阳光检察”联络员进行座谈并参与重大检察活动6次。同时开展以“加强侦查监督、维护司法公正”为主题的检察开放日活动，通过多种形式接受人民群众的监督。

2017年，阳泉郊区检察院先后举办2次“检察开放日”、举办4次“举报宣传周”，扩大检察机关影响力，树立检察机关公开、公正、文明、规范的良好社会形象。

第八编

检察文化

第一章　法制宣传

1980 年，结合 1979 年颁布的新中国第一部《刑法》《刑事诉讼法》《民法》《民事诉讼法》进行广泛法制宣讲，对全区 13 个公社，6 个百人以上区直厂矿单位，普遍建立不脱产人民检察通讯员。

1982 年，根据改革开放初期社会治安特点和具体情况，进一步加强法制宣传教育。一是宣传《全国政法工作会议纪要》和中共阳泉市委《关于贯彻全国全省政法工作会议精神的意见》。二是印发宣传品，选择典型案例，利用各种方式方法和方式，揭露各种形式的犯罪活动和犯罪分子，教育引导群众守法护法，同形形色色的犯罪活动做斗争。三是强化诉讼活动中的法制宣传和报道。

1987 年，阳泉郊区检察院认真贯彻山西省八机关《关于严厉打击偷、抗税犯罪活动的联合通告》，在全区掀起打击偷、抗税活动高潮，取得重要成果。一是成立领导组，统一领导专项斗争、打击偷抗税领导组分别由检察、税务等部门的主要负责人担任正副组长，对活动实施统一领导和布置。二是张贴散发《通告》，印发各种税收法规材料和《通告》3500 份，发放至各企业和纳税户手中，使群众了解税收政策内容。三是利用有线广播和出动宣传车进行广泛宣传，复制宣传录音带近 200 盘，利用区、乡、村有线广播，向群众宣传税收政策和《通告》精神，宣传车行程 500 余公里、全区 13 乡镇和 100 多村，播音 400 多小时，收听人数约 9 万人次。四是集中各单位主要负责人、主管会计参加动员大会，对个体户分片定点进行动员，把法制（税法）、政策送到纳税企业和纳税户手中。通过广泛的宣传发动，在纳税户中引起较大震动，一些有欠、漏税行为的单位和个人，主动到税务机关补缴欠漏税款。如辛兴乡张家岩村村主任王某贵学习了《通告》后，亲自带领该村有关人员，到税务机关缴纳欠税，因缴纳的人多，他连续等候了 3 天，才补缴了欠税 10421 元。荫营镇桥上村书记史五某，亲自带领该村会计，到宁夏银川索要欠款 4 万元，回到村里后，立即到税务机关补交了一年半的欠税。个体户王某软听到《通告》后，主动缴纳了欠税，并把月营业额从原来的 2000 元，主动申报为 6000 元。此外，对免诉案件采取以发案单位为宣传重点，由该乡镇召集有关单位开会的方法公开宣布，以案论法，宣传社会主义法制，预防和减少案件的发生。

1987 年，阳泉郊区检察院注重树立“监督就是服务”的观念，教育引导干部摆正法律监督与服务的关系，充分发挥检察监督权，广泛开展法制宣传，为当地社会稳定和经济发展服务。根据域内采矿点较多的特点，一方面抓住典型案件进行公开处理，使干部群众从中吸取教训，增强法制观念，健全规章制度，提高管理水平。另一方面，根据办案中掌握的最直接材料，进行有针对性的检察建议活动，印发法制宣传资料700余册，下发到全区各个乡、镇村及采矿点，把法律交给群众，使干部群众了解法律、运用法律，在安全生产中发挥积极作用。全年举办7次声势浩大的公开宣判大会，宣传法制，教育引导群众遵纪守法。

1988年，积极配合区公安分局、区人民法院，对影响较大的典型案件召开宣判大会6次。会前，集中人力、物力，优先办理上会案件，保证大会适时召开，从而震慑了罪犯，教育了群众。

是年8月15日，阳泉郊区检察院成立经济、法纪罪案举报站，设立举报电话，印发宣传材料300余份，动员群众检举揭发经济犯罪，敦促违法犯罪人员投案自首，共接到群众举报的经济犯罪线索11件，调查落实6件，另外5件至是年底，在继续调查之中。

是年，为认真贯彻落实山西省和阳泉市人大常委会先后作出的《关于加强法纪检察工作的决议》，该院印发宣传材料5000余份和法规500册，出动宣传车，在全区各乡镇巡回宣传，利用区有线广播进行专题宣传，使广大干部群众充分了解决议的精神，以增强对法纪检察工作的认识。同时运用典型案例，加强法制宣传，特别是充分利用处理案件的时机，进一步宣传社会主义法制，增强干群的法律意识，对公诉案件，均要求检察干警认真准备公诉词，在法庭上详细分析发案原因和危害，使旁听的干部和群众受教育；对免诉案件均在一定范围内召开会议，公开宣读免诉决定，使到会干部群众从中吸取教训，扩大办案效果。同时针对发案单位在执行各种规章制度中存在的问题，及时向有关单位发出检察建议，敦促建立健全制度，促进安全生产。

1989年8月15日至10月31日，阳泉郊区检察院大张旗鼓宣传最高人民法院、最高人民检察院《关于贪污、受贿、投机倒把等犯罪分子必须在限期内自首坦白的通告》。一是狠抓学习宣传《通告》精神的及时性。两院《通告》一发布，该院及时向区委领导作了汇报，区委常委准时收看电视播放的《通告》。同时召开全院干警大会，学习《通告》精神，并建议区委适时召开全区动员大会，建议区广播站进行专题广播，出动宣传车5辆次进行巡回宣讲，向驻地厂矿发放落实《通告》的通知，9月初，郊区召开全区落实《通告》动员大会，在全区掀起了学习宣传和贯彻落实《通告》的高潮。二是狠抓宣传的广泛性，在区委反贪肃贿中心领导组的直接领导下，全区各乡镇、区直各单位和驻地厂矿、事业单位的主要领导亲自挂帅，认真部署，层层召开动员会、座谈会，充分利用广播、专栏、黑板等形式进行宣传，全区共召开各种类型的动员会92次，进行广播宣传370多次。更换黑板、专栏160多期，受教育面占全区总人数的60%以上。此外，该院派干警到郊区看守所向罪犯宣讲《通告》，敦促他们交代余罪，揭发同伙犯罪行为，使落实宣传《通告》从墙外进入到墙内。三是狠抓宣传的针对性，在《通告》发布初期，对《通告》内容和相关法律条文，进行宣传解释工作，印刷《通告》和有关罪名解释等宣传材料9000余份，及时解答群众疑问。在此基础上，利用李某宝等人投案自首、积极退赃被从宽处理，刘某拒不悔罪，对抗侦查被收容审查等典型案例，召开现场会，编写广播稿5篇，在全区进行广泛深入的宣传，以解除群众顾虑，打消犯罪分子的害怕和侥幸心理，取得较好效果，从8月15日至10月31日，该院受理各类举报线索16件，其中，经济犯罪线索12件，受理犯罪分子投案自首3件、8人，涉及金额39000余元。立案查处2件、2人。对《通告》发布前投案自首的3件、4人，及坦白交待、积极退赃的1件、1人，进行公开处理。4人被免诉，1人作撤案处理，追缴赃款32000余元。并对《通告》发布前的2案2人提起公诉。

是年，该院进一步加强法检工作宣传教育，结合法纪典型案例，向全区各工矿企业发放各类宣传资料600余份，以消除隐患、避免故事、促进安全生产。

1990年，继续开展法纪检察宣传月活动，利用广播、板报等形式，印刷法纪案件立案标准和山西省、阳泉市人大常委会《关于加强法纪检察工作的决议》等宣传材料5000余份。利用传统庙会和到发案单位办案的机会，在全区特别是事故多发地区，检察干警以案讲法，大力进行宣传教育，增强了公民遵纪守法和文明生产的自觉性，促进全区安全生产。如河底镇连续几年重大生产事故发案率居高不下，不断出现恶性事故，本年度生产事故明显减少，杜绝了恶性事故，收到了良好的经济效益和社会效益。此外，阳泉郊区检察院还在有关单位召开公开免诉大会12次，发表免诉词12篇，以宣传法制，教育群众。

1991年11月8–10日，阳泉市郊区检察院协助河底镇政府、镇煤管站，开办为期三天的安全生产培训班。参加人员有各村党支部书记、村主任、以及全镇12个煤矿、33个坑口的矿长、坑长、带班长、安全员、瓦斯员、放炮员等煤矿管理人员共140余人，以加强安全生产教育，促进依法办矿、照章作业，保证第四季度及今后安全生产。阳泉郊区检察院检察长苏密生、法纪科科长王瑞明，阳泉市郊区劳动局有关负责人参加会议。

检察长苏密生以《从重大责任事故和玩忽职守案件看搞好安全生产的重要性》为题，向学员们简要介绍了法纪检察的基本任务和所辖的十六种案件，着重就与安全生产密切相关的重大责任事故和玩忽职守等案件讲解有关法律规定。苏密生列举1983年至1991年全区工矿企业及驻地厂矿管理人员，因玩忽职守、违章指挥、违章作业造成重大伤亡事故，致使337人死亡，直接经济损失340余万元的案例，给人民生命财产和集体经济带来的严重危害，同时围绕如何确保安全管理和生产，向培训班学员讲授了重大责任事故罪、玩忽职守罪的概念，及其构成要件和相应的法律后果，并就如何区分两个罪名的罪与非罪界限、如何防止和减少事故和提高安全生产和依法办矿认识提出建议。

1992年第四季度，阳泉郊区检察院驻郊区税务局干警认真组织全局学习《中华人民共和国税收征收管理法》，提高全室干部对税收征收管理法的认识，集中力量、集中精力、集中时间，加强税收宣传，在乡镇张贴布告200余张，印发依法纳税，加强征收管理，整顿个体运输户的教育宣传材料1500份，重点送至不正常按时纳税和偷逃税款现象的个体工商户手中，提高个体运输户和屠宰户依法纳税的自觉性。

1993年，阳泉郊区检察院积极组织参与各种不同形式的公捕、公判大会，先后派干警参加该类会议8次，并利用广播、电视、报纸、街头宣传等形式，向全社会公开宣传报道典型案件，以弘扬法制精神，教育人民，震慑犯罪，以促进全区社会治安形势稳步好转。

1995年4月，阳泉市郊区检察院会同郊区国税局、地税局全面加强税法宣传，配合税务机关出动宣传车，组织女子彩旗队、男子方块队和威风锣鼓进行税收政策、税法知识和国家法律法规的宣传。制作大型宣传标语悬挂于郊区主要街道，并深入村庄、企业，发放1.8万份宣传材料。税务检察室抽调专人在郊区驻地主要繁华地段设立咨询点，为群众解答有关税收法律、法规问题。组织专人在全区反复播放山西省检察院、山西省税务局摄制的《税之剑》，运用多种形式进行广泛深入地开展宣传活动。为鼓励人民群众积极检举揭发涉税犯罪，制定《关于奖励举报税务案件有关人员暂行办法》，发放到各乡镇企业80份，增强法人纳税的自觉性，宣传工作收到预期效果，区内欠税企业主动到税务机关补缴欠款54.2万元。

是年，该院积极开展检察宣传工作，主动与新闻单位联系，开辟专栏，宣讲《检察官法》，宣传检察工作成果，全年共向新闻媒介投稿件11篇，被采用7篇。

1998年9月2日，郊区检察院召开专门会议，贯彻落实全国检察机关宣传工作会议精神。一是成立宣传工作领导组，组长由副检察长贾金祥担任，副组长由办公室主任王来所担任。成员为段耀东、李建华、田长春、史宝龙。二是进一步提高对检察宣传工作的认识，要求检察宣传工作必须从讲政治的高度，从全局出发，使检察工作成为一面旗帜，指引广大干警坚持检察工作的正确方向；成为一面镜子，全面准确及时反映检察工作成果，塑造检察机关良好形象；成为一支号角，鼓舞广大干警振奋精神、开创检察工作新局面。三是对检察宣传工作进行了部署：主要任务是以邓小平理论和中共十五大精神为指针，紧紧围绕党和国家的工作大局，围绕检察工作部署，突出宣传检察机关深入开展集中教育整顿的实效、宣传服务大局，保障改革开放，促进经济建设，维护社会稳定，推进依法治国的指导思想和具体行动，宣传自觉接受人民群众的监督，全心全意为人民服务的经验和做法，宣传查办大要案，参加严打斗争和加强执法监督工作的情况，宣传检察工作中涌现出先进集体和个人树立检察机关的良好形象，把握舆论导向，突出检察特色，提高宣传水平，形成宣传声势，促进检察工作和队伍建设的发展。四是以检察机关恢复20周年和开展举报工作10年为契机，利用广播、电视、报刊等宣传工具，开展为期一周的举报宣传活动，共发放宣传材料1500余份，出动宣传车5辆次，通过宣传，进一步增强检察工作透明度。

1999年，阳泉郊区检察院采取多种形式、调动各部门的力量，积极向社会宣传检务公开的有关规定和内容，一是充分利用广播、电视、报纸、黑板报、检察信息等传播快、影响大、直观性强等特点，积极同新闻单位取得联系，以翔实具体地内容向社会各界进行宣传报道，先后在报纸连载检务公开的内容10期，出黑板报12期、通讯稿件8篇、检察信息15期。二是广泛开展检务公开宣传日和宣传周活动，充分利用农村传统庙会、郊区“两会”一节等时机，设立咨询台、宣传站，集中组织干警深入群众宣传检务公开内容。三是采取检务公开专栏、印刷检务公开宣传手册、悬挂内部机构楼层分布示意图、设立和监督台等措施，将检务公开落到实处。四是全院推行挂牌、亮牌上岗制度，使检务公开工作正规化、标准化。五是拓宽舆论渠道，营造“学创”氛围。充分利用报纸、广播、黑板报等形式，突出抓好“学创”宣传活动。精心组织“5·18”学创宣传月活动。张贴大型横幅标语4条，出专题黑板报2期，设立临时宣传站1个，印发宣传材料300余份；院领导带头走上街头，向群众宣讲“学创”内容，宣讲“检务公开”。并选择绛县人民法院副院长姚某红违纪一案和临汾公安局先进经验，进行剖析、探讨，从正、反两方面开展法制宣传。全年印发各类宣传材料2000余份，编印检察信息23期，促进“学创”活动开展。

2000年，阳泉郊区检察院宣传工作紧紧围绕中心工作和检察工作实际，宣传落实院党组抓队伍、抓案件、抓规范的具体措施，掌握正确的舆论导向，创造从严治检的氛围，信息和通讯报道无论从数量和质量上均有大重大突破，全年编印检察信息44期，比上年度增加22期，撰写通讯报道稿件8篇，国家级刊物发表论文1篇，省级刊物发表论文1篇，信息被省级采用3次，市级、县级采用30次。

2001年，在“严打”斗争中，阳泉郊区检察院首先针对各部门的综合治理6个联系点（均为国有企业单位）进行调查研究，帮助联系点解决涉法问题。与此同时，为进一步扩大案源，深挖犯罪，全年开展设点法制宣传二次，发放宣传材料2000余份，进行流动宣传2次，出动宣传车辆6次，顺路沿交通线发放宣传材料1500余份。

2002年，该院检察宣传工作编印发各种信息51期（其中，检察信息39期，严打整治专报12期），撰写通讯报道和理论宣传稿件48篇，在省级刊物上发表文章1篇，市级刊物发表文章6篇。检察信息被阳泉市检察院采用15篇，被县级机关采用11篇。全院信息工作被郊区区委授予“信息工作先进单位”称号。首次向区人大常委会作的《反渎职侵权工作情况的报告》，受到区人大常委的好评。

2003年9月1日，为进一步做好信息工作，发挥为领导决策和工作指导服务的作用，根据中共阳泉郊区区委和上级检察院有关规定，郊区检察院下发《关于建立健全信息工作机构的通知》，党组成员、副检察长刘双富任信息工作领导组组长，党组成员、办公室主任张福明，办公室副主任李建华任副组长和专职信息员。

9月12日，检察长张建国带领干警走向街头，深入工矿企业和农村，发放宣传资料，向广大群众解答法律知识，并了解相关情况，掌握第一手资料。这次举报宣传活动，参加干警20多名，出动宣传车7部，行程100余公里，到达郊区8个乡镇，发放宣传资料3000余份，举报活动收到良好的社会效果。

全年检察宣传工作紧紧围绕中心工作和检察工作实际，宣传贯彻党组抓队伍、抓案件、抓规范、抓改革的主题，唱响主旋律，把握正确的舆论导向，创造从严治检氛围。共编印各类信息87期，其中，《检查信息》64期，《检察简报》8期，《检察情况反映》11期，办公室《通报》4期。撰写的通讯报道和理论宣传稿件共发表31篇，其中，省级刊物发表文章4篇，市级刊物发表文章13篇，区县级发表14篇，检察信息被阳泉市检察院采用34篇（次），被郊区区委采用12篇（次），完成了阳泉市检察院布置的调研论文11篇。该院推荐的5名干警，被市检察院列为“市级人才调研库调研人员”。

2004年2月25日，郊区检察院对来自全区八个乡镇的20多名特约监督员进行法律知识培训。法律讲座由检察院法律政策研究室主任、刑法学硕士付利宝主讲。该院分管自侦部门的领导及反贪局、办公室部门负责人参加法律知识培训。

同年5月31日上午，郊区检察院在郊区中心广场隆重举行“严肃查办国家机关工作人员利用职权侵犯人权犯罪专项活动”大型宣传活动。该次活动共出动干警20名，警车6辆，展出宣传挂图16块，设立固定宣传站1个，流动宣传车6部，共散发宣传材料6000余份，现场接待群众咨询20余次。宣传活动为开展严肃查办国家机关工作人员利用职权侵犯人权犯罪案件专项活动，起到宣传发动教育引导的作用。

同年7月2日，为进一步开展“强化法律监督，维护公平正义”教育活动，郊区检察院在郊区体育馆门前举行“依靠群众 反腐倡廉”大型举报宣传活动，共出动干警20名，展出宣传挂图14副，散发宣传资料3000余份，现场接受群众咨询20余次，出动5辆流动宣传车，深入市郊开发区、平坦镇流动宣传。整个宣传活动取得了预期效果。

是年，阳泉郊区检察院紧紧围绕检察工作实际，大力宣传贯彻本院抓队伍、抓案件、抓规范、抓改革中出现的新气象、新风尚，营造从严治检氛围。全年编印各类宣传稿件、信息材料86篇，市级以上刊物采用16篇，信息被市级以上采用15条次。该院举报中心开展以“依靠群众，反腐倡廉”为主题的举报宣传活动，设立临时宣传站4个，出动机动宣传车20台次，散发宣传资料8000余份，展出挂图21块，现场接待群众48人次。

2005年1月，郊区检察院利用现代通信传递快、范围广的优势，在“双节”来临之际，通过发送手机短信等形式，向全区的干部发送预防腐败、预防职务犯罪等短信1600余条。通过手机提醒党员领导干部和国家工作人员预防腐败。这些举措对于领导干部“两节”期间加强党风廉政建设，预防职务犯罪防微杜渐具有积极促进作用。这种通过手机短信，开展预防职务犯罪的形式，深受广大党员领导干部和国家工作人员的好评，有力配合了保持共产党员先进性教育活动的开展。

同年6月22日，为进一步落实中共中央关于《建立健全教育、制度、监督并重的惩治和预防腐败体系实施纲要》，宣传反腐败的方针、政策和取得的重大成果，郊区检察院组织20多名干警，出动5辆警车，到辖区8个乡镇和驻地单位，举行以“惩防并举、反腐倡廉”为主题的宣传活动。现场发放宣传资料3000余份，接待群众咨询20余次，宣传活动取得预期的效果。

同年6月30日，郊区检察院利用阳泉郊区白泉村传统庙会群众集中这一时机，组织干警深入白泉村和白泉工业园区开展民行检察宣传活动。检察干警在庙会设立宣传站，现场为群众提供法律咨询服务数十人，散发《民行检察业务范围》《申诉须知》等宣传材料2000余份。副检察长贾金祥深入白泉工业园区，与有关领导职工进行座谈。这是郊区检察院落实“规范执法行为，促进执法公正”专项整改活动，加强民事行政检察工作力度而采取的重要举措。

是年10月28日，郊区检察院民行科干警利用全区中小学文化艺术节文艺会演的时机，到郊区荫营镇矾窑村开展民行检察宣传活动，向过往群众散发宣传资料300余份，现场向群众提供法律咨询10余次。11月，郊区检察院渎检科干警按照高检院工作安排，在全区范围内进行了大量的宣传工作，先后深入郊区八个乡镇散发宣传资料，利用电台广播、电视新闻向广大群众宣传高检院的工作部署。与此同时，郊区检察院进一步加强在工商、税务、金融、保险等行业中，开展预防职务犯罪宣传教育工作，在荫营镇主要街道设立预防职务犯罪公益广告牌，预防犯罪部门干警深入机关、企事业单位，举办法制讲座，组织有关人员现身说法开展警示教育，制作预防职务犯罪宣传挂图2套共46版，一套在郊区工商局设立专门的展览室长期展出，另一套先后在区国税局、建行、信用联社、人寿保险等单位巡回展出，受教育人达1500人次。

本年度，郊区检察院举办预防职务犯罪法制讲座15次，向有关单位巡回展出宣传挂图2套，在郊区主要街道设立长期反腐公益广告牌11块，对预防职务犯罪的发生发挥积极作用。

2006年1月，在传统节日春节和元宵节前，郊区检察院充分利用现代通信传递快、范围广的优势，通过手机发送预防腐败内容短信1000余条，祝全区的公职人员节日愉快，提醒在新的一年里“常修为政之德，常怀律己之心，常思贪欲之害”，扬节约之风，保廉洁之名，坚决遏制腐败现象的滋生和蔓延。

是年5月12日，在阳泉市郊区东梁庄传统庙会期间，郊区检察院派出干警5人，宣传车2辆，下乡入村宣传法制，重点宣传人民检察院民事行政申诉案件受理的范围，散发宣传资料600余份，接受群众咨询10余次。利用农村传统庙会开展宣传活动是郊区检察院多年来坚持的一个有益经验，有力推动各项检察工作的开展。通过这种形式的宣传活动，对于郊区在构建和谐社会，建设社会主义新农村过程中深化普法教育，让农民群众知法懂法，正确运用法律维护自身合法权益起到了良好的促进作用。

同年6月19日上午，郊区检察院开展“举报宣传周”活动。活动分两个部分：一是在郊区人民广场设立宣传站点，以“惩治职务犯罪，维护公平正义”为宣传主题，展出挂图15幅，散发资料1700多份，接受群众咨询15人次。二是出动宣传车6辆，宣传人员20名，到驻地单位和8个乡镇巡回宣传，散发资料1300余份，提供法律咨询10人次，宣传活动取得较好效果。6月30日，该院在荫营人民广场开展人民监督员制度宣传活动。该次活动以实行人民监督员制度的目的、意义，选任人民监督员的条件、选任方法、职责，“三类案件”“五种情形”的监督内容、提起程序为主要宣传内容，并抽调了反贪、渎检、侦查监督、公诉、控申、民行和监所部门的工作人员参加，邀请人民监督员到场进行现场咨询。活动共出动宣传车2辆，宣传人员26人，发放宣传资料1000余份，接受群众现场咨询17人次，取得了预期的效果。

2007年6月11日，郊区人民检察院在郊区人民广场举行“群众参与，反腐倡廉，服务和谐”大型举报宣传活动，出动警力30余名、宣传车7辆，发送宣传资料3000余份，现场接受群众咨询40余次，同时宣传车深入荫营镇、荫营煤矿等乡镇开展流动宣传。整个活动中心突出，内容丰富，宣传取得预期的效果。为进一步扩大宣传力度，郊区检察院还采取举报宣传与当地“平安建设”、法治宣传相结合，流动宣传与上街设点宣传相结合等“六个结合”的宣传方式。此外，郊区检察院利用手机短信的形式向4000余位用户发送了数条检察业务宣传信息，提示群众向人民检察院提出案件线索或提出申诉。

同年12月4日，是全国第七个法制宣传日。郊区检察院组织干警在郊区人民广场开展了第七个法制宣传日活动，设立了法律宣传站，现场接待群众法律咨询和提供法律服务121人，散发法律宣传单156份，展出图版10块，受到了到场群众的一致好评。通过这次法律宣传活动，增强了干部带头学法、用法、守法、严格依法办事的意识，使群众进一步了解和熟悉了与自身利益密切相关的法律，增强了他们用法律武器来维护自身合法权益的意识，宣传活动取得预期的效果。

本年度，该院认真组织开展法律咨询和预防职务犯罪宣传活动，制作张贴宣传挂图、展板20块，宣传车先后深入8个乡镇散发宣传资料，并对重点行业巡回宣传，受教育人数和参加法律咨询群众达上万人。与此同时，阳泉郊区检察院立足检察工作职能，深化职务犯罪预防，进一步加强对职务犯罪预防对策的研究，先后为本院人民监督员、区煤运公司、区信用联社，以及驻地国企等单位举办预防职务犯罪法制讲座和警示教育28次，受教育人员达2000余人次；为辖区的有关单位订阅《检察日报》100余份，对48个单位制定出预防职务犯罪工作措施；先后在电台、电视台、报纸开辟专版、录制专题节目16次；向全区的公职人员发送廉洁自律的短信1000余条，收到较好的预防效果。

2008年2月，在春节、元宵佳节来临之际，阳泉郊区检察院通过发送“声誉重于生命，定能严于律己；私欲高于道德，必将滑入陷阱”的手机短信，向全区领导送去两节问候的同时，也在提醒广大公职人员要时刻不忘廉洁自律，预防职务犯罪。郊区检察院连续三年采用现代化的通信手段，以发短信的方式引导和教育公职人员廉洁自律，开展预防职务犯罪工作，这种既快捷又节省人力物力的形式，受到广泛赞同。

是年3月7日上午，阳泉郊区检察院认真贯彻中共综治方针，充分发挥法律监督职能，主动参与综治工作，组织干警在人民广场开展社会治安综合治理宣传月活动。利用精心制作的图板，宣传中共综治方针，宣传检察机关在打击犯罪、保护人民，维护社会治安，促进社会和谐中的有力措施。发送宣传资料200余份，热情接受群众咨询，耐心回答群众提出的问题。通过该次活动，有效提升了检察机关形象，使依法治国的理念升入人心，取得了良好的社会效果。

是年3月29日、3月30日，郊区检察院侦查监督科副科长史保龙，应邀阳泉市人民广播电台的《说法在线》栏目邀请，就审查逮捕、刑事立案监督、侦查活动监督等检察监督工作内容，向听众进行详细介绍，并对数起典型案例作了具体讲解，直播现场回答了20余位听众的提问，受到听众的欢迎，取得良好社会效果。该栏目由中共阳泉市委政法委、阳泉市依法治市办公室、阳泉市中级人民法院、阳泉市人民检察院、阳泉市公安局、阳泉市律师协会、阳泉市公证协会、阳泉市法律援助中心等单位共同举办，阳泉市一森律师事务所史晓勇和史保龙共同参加该栏目的法制讲解和宣传。

是年6月23～24日，郊区检察院组织干警深入辖区乡镇开展以“依靠群众、惩防并举”为主题的职务犯罪举报宣传活动。在活动现场，干警利用精心制作的展板，宣传了检察机关在打击职务犯罪、促进社会和谐中的有力措施，并介绍检察机关受理案件的范围、举报的方法途径，接受群众咨询，回答群众提出的问题。6月24日上午，郊区检察院又组织车辆进村宣传。活动共出动车辆10台次，展示展板12块，向群众散发宣传资料3000余份，活动取得良好的社会效果。

12月4日，郊区检察院组织干警在郊区人民广场，开展以“弘扬法制精神，服务科学发展”为主题的法制宣传活动。为活跃气氛，在宣传现场还开展“有奖竞答”警民互动。在宣传现场，检察干警认真解答群众提出的法律问题，接待群众法律咨询和法律服务20余人，散发法律宣传资料400余份。通过“12·4”宪法日法律宣传活动，使群众进一步了解和熟悉了检察机关的职能，以及与自身利益密切相关的法律知识，增强了他们用法律武器来维护自身合法权益的意识，为科学发展营造良好的法治环境。

2008年，阳泉郊区检察院运用多种形式，大力开展预防职务犯罪宣传活动。先后出动车辆20台次，深入各乡镇进行巡回宣传；在荫营镇主要街道设立预防职务犯罪宣传栏，进行专题宣传；第一时间将《山西省预防职务犯罪工作条例》发放至区各机关、企事业单位；同时深入多个单位进行以案说法警示教育。2008年12月，该院预防职务犯罪部门干警，深入41个预防职务犯罪工作联络站，向领导干部，重要部门、关键环节岗位的国家工作人员，宣讲《山西省预防职务犯罪工作条例》，发放《山西省预防职务犯罪工作条例》150余册。为更好地开展与防护职务犯罪工作，为各联络站订阅2009年度《检察日报》93份。

2009年3月27日上午，阳泉郊区检察院组织干警在郊区体育馆门前开展社会治安综合治理宣传月活动，用各类法制图板，宣传中共综治方针，宣传打击犯罪、保护人民、维护社会治安、促进社会和谐的有力措施。并向过往群众发放宣传资料300余份，认真接受群众咨询，耐心回答群众提出的问题。通过该次活动，有效提升了检察机关形象，使依法治国理念深入人心，取得了良好的社会效果。

同年5月9日和10日，郊区院侦查监督科科长王学军和书记员李世春，应邀作客阳泉市人民广播电台开办的《说法在线》栏目，现场向听众详细介绍审查逮捕、刑事立案侦查、侦查活动监督等侦查监督部门具体承担的检察工作内容，并与一同作客《说法在线》栏目的律师张小英，解答10余位听众咨询的相关法律问题。

同年6月23日，该院在郊区体育馆门前举行以“反腐倡廉保民生，公平正义促和谐”为主题的大型举报宣传活动。该次活动共出动警力20余名，宣传车5辆，展出宣传版画18幅，发放宣传资料3000余份，现场接受群众咨询17人次。6月25日，郊区院再次出动宣传车辆，深入荫营镇、荫营煤矿、义井镇、河底镇、平坦镇、白泉工业园区等乡镇主要街道进行巡回宣传。整个活动中心突出、形式多样、内容丰富，宣传活动取得良好的社会效果。

是年6～7月份，《郊区报》对阳泉郊区检察院人民检察事业取得的新成果、新成就、新业绩工作动态接连进行连续报道，6月12日，报道郊区院干警深入旧街乡，为17个村新一届“两委”班子和理财小组进行了预防职务犯罪法制讲座。6月19日，报道了郊区院学习贯彻全市检察长会议精神作出三项具体部署。6月29日，报道了郊区院党员深入柳沟村开展扶贫济困送温暖活动。7月3日，第四整版以“加强队伍建设、服务发展大局”为题，摘登郊区院检察长贾建胜在全区“科学发展、富民强区”解放思想大讨论上的发言。7月17日，报道郊区院开展执法不公突出问题专项治理活动。

同年12月4日，阳泉郊区检察院组织干警在郊区体育馆门前，开展以“加强法制宣传教育，服务社会经济发展”为主题的法制宣传日活动。活动中，干警们耐心解答群众提出的问题，现场接待群众30余人，散发宣传资料1000余份，“有奖竞答”环节让群众在学习掌握一定法律知识的同时，感受同检察干警交流沟通的愉悦。

2010年6月，为使“依靠群众、反腐倡廉、服务大局”为主题的“举报宣传周”活动取得实效，阳泉郊区检察院于是月中旬，在《郊区报》登载“举报宣传周”专题文章，重点介绍举报的相关知识，对郊区院的举报电话、举报地址以及检察长接待日程安排进行公示。6月21日至6月25日，该院在郊区体育馆门前设立宣传点1个，有副检察长1人、检察干警15人参加宣传，宣传周活动设置宣传展板10块，发放宣传资料和宣传手册1000余份，检察长现场接待8人，提供法律咨询26人次，受理控告案件2件。派出宣传活动车6辆，采取集中宣传和分组宣传的方式，前往辖区河底镇、义井镇、李家庄乡、固庄矿、荫营矿等多地进行巡回宣传，途中发放宣传资料近千份。

2010年，阳泉郊区检察院积极宣传检察工作，在市区级电台和电视台播报检察新闻67期，在各类报刊和网络媒体上共发表文章49篇，其中，国家级9篇、省级14篇、市级11篇。9月20日，《检察日报》头版以《山西阳泉26吨有毒奶粉案批捕七人》为题，首次报道阳泉郊区检察院的专项工作。4月13日，阳泉电视台播报了西南舁特大交通事故案庭审现场，突出展示该院公诉人在庭审中的良好表现。与此同时，全年编发100期信息和简报，其中，被上级检察院转发23期，转发量位于全市基层院之首。

2011年6月20日至6月24日，阳泉郊区检察院开展以“加强渎职侵权检察工作，促进依法行政与公正司法”为主题的“举报宣传周”活动。检察长王建明进行专题电视讲话，向全区广大群众介绍检察机关加强渎职侵权检察工作，服务郊区经济发展的工作要点和落实举报奖励制度、保护举报人权益措施，以及方便群众举报等情况。并在郊区体育馆前设立宣传点，副检察长张贵深现场接待群众，并接受区电视台记者采访，举报中心、反渎局等六个部门共同组织开展了本次宣传。

2012年6月25日至6月29日，阳泉郊区检察院开展以“惩防并举、保障民生”为主题的“职务犯罪举报宣传周”活动。在郊区体育馆前设立宣传点，检察长王建明、副检察长张贵深带领反贪局、反渎局、控告申诉、民事行政、预防职务犯罪及政工部门检察干警，在现场接待群众，并对群众提出的问题一一进行解答。阳泉市检察院副检察长郭隆文，控申处处长刘艳萍，在现场进行宣传指导。本次活动现场设置宣传展板10余块，发放宣传资料和宣传手册2000余份，提供法律咨询20余次，“职务犯罪举报宣传周”期间，该院另出动6辆宣传车，到全区各乡镇进行巡回宣传。

同年11月，阳泉郊区检察院组织干警在区体育馆门前，开展“社会治安综合治理宣传月”活动。利用精心制作的图板，形象生动的宣传中共综治方针，宣传检察机关在打击犯罪、保护人民，维护社会治安，促进社会和谐的有力措施，共散发宣传资料300余份，并热情接受群众咨询，耐心回答群众提出的问题。通过该次活动，有效提升了检察机关形象，使依法治国的理念深入人心，取得良好的社会效果。

2013年6月24日至28日，阳泉郊区检察院开展以“开展举报制度，加强举报人保护”为主题的“举报宣传周”活动。检察长王建明、副检察长杨建民，带领反贪局、反渎局、控告申诉、民事行政、预防职务犯罪以及政工部门的检察人员，在郊区体育馆前现场接待群众，并对群众提出的问题一一解答。本次活动共设置宣传展板30余块，发放宣传资料和宣传手册2000余份，提供法律咨询20余次，“举报宣传周”期间还出动5辆宣传车，到各乡镇进行巡回宣传。

2014年，阳泉郊区检察院开展第十六个“举报宣传周”系列活动，在全区八个乡镇进行巡回宣传，共发放宣传资料2000余份，提供法律咨询200余人次。

2015年6月23日，郊区院召开“举报宣传周”新闻发布会，邀请郊区新闻中心、郊区网络信息中心、郊区电视台、郊区广播电台、郊区报社5家媒体以及郊区院干警、群众、服务对象等40余人参加新闻发布会。郊区院副检察长杨建民通报2014年以来郊区院依法履行法律监督职责、查办和预防职务犯罪，开展减刑、假释、暂予监外执行专项检察活动以及规范司法行为专项整治工作情况，以及依法履行刑事立案监督、侦查监督、刑事审判活动监督、民事行政监督和刑罚执行监督等法律监督职责方面的工作，受到普遍好评。

此外，是年，阳泉郊区检察院充分发挥网络媒体互动功能，开通郊区人民检察院互联网站，密切关注网络舆情，增强检察舆论引导工作的整体效能。

2016年6月20日至24日，按照上级检察机关的安排部署，郊区人民检察院开展以“加强举报人保护，惩治群众身边腐败”为主题的“举报宣传周”活动，活动重点宣传党中央和国家关于惩治和预防腐败的方针政策和法律法规，检察机关查办和预防职务犯罪工作的重点与成效，检察机关保护、奖励举报人的工作制度和贯彻落实情况。代检察长严志勇、副检察长杨建民带领反贪局、反渎局、控告申诉、预防职务犯罪、纪检以及政工部门的检察人员，在郊区荫营广场现场接待群众，向群众宣传举报的正确方式和途径，以及保护奖励举报人的法律法规等，并对群众提出的问题一一作解答。活动现场设置宣传板块16块，发放宣传资料和宣传手册2000余份，提供法律咨询20余人次。“举报宣传周”期间还出动5辆宣传车到各乡镇进行巡回宣传，“举报宣传周”活动取得预期的效果。全国检察机关自1998年统一开展“举报宣传周”活动以来，每年举办一次，对提升检察机关自身素质，增强人民群众法治观念、激发人民群众举报热情起到积极的促进作用。

2017年，阳泉郊区检察院根据本区农村人口众多、外来人口犯罪率上升、公民法律意识薄弱等实际情况，有重点地开展法制宣传教育，提高公民法律意识。该院将综合治理工作纳入检察工作绩效考核范围，职能部门通过开展检察建议、检察宣传、法制教育、法律咨询服务等方式，全方位落实检察环节上的各项综合治理措施。

是年，该院将检察文化建设作为亮点，充实具有检察特色的文化底蕴，充分发挥检察工作树魂立德、精神凝聚的作用，不断为检察队伍注入生机活力，倾力打造郊区检察工作特色品牌。广大干警在辛勤工作的同时笔耕不辍，积极宣传检察工作，在报纸报刊和网络媒体上发表文章100余篇，《检察日报》《检察周刊》《山西法制报》《阳泉日报》等多家主流媒体对郊区院工作进行报道。

2018年5月15日，阳泉郊区检察院在荫营文化广场开展以“保护社会公共利益，服务郊区发展大局”为主题的公益诉讼宣传活动，区委常委、政法委书记张斌武、区检察院党组书记、检察长严志勇及区检察院干警一同向来往群众发放宣传资料，详细讲解公益诉讼制度确定的背景，公益诉讼案件受案范围以及办理程序。检察机关提起公益诉讼制度，主要涉及生态环境和资源保护、食品药品安全、国有财产保护、国有土地使用权出让等领域，旨在当社会公共利益和国家利益受到侵害时，检察机关将依法发挥法律监督职能，督促行政机关依法履职，并追究涉事者的相关责任。通过公益诉讼宣传活动，进一步加深社会各界对检察机关提起公益诉讼的了解，拓展公益诉讼案件的线索来源，增强广大人民群众的法律意识，扩大公益诉讼的社会影响力，为公益诉讼的发展奠定良好群众基础。

同年7月10日上午，阳泉市郊区人民检察院组织召开推进“四大活动”（“大学习、大调研、大落实、大提升”活动）新闻发布会，发言人就山西省检察机关开展“四大活动”的背景及意义作深度解读，对开展“四大活动”的重要节点进行详细介绍，对郊区检察院如何结合“四大活动”部署检察工作作了通报，并现场回答记者提问。“四大活动”是山西省检察院党组深入学习贯彻中共十九大精神和习近平新时代中国特色社会主义思想的持续和引深，是坚决贯彻落实中共中央、最高检和山西省委决策部署，以及全国政法领导干部学习贯彻习近平新时代中国特色社会主义思想专题研讨班精神的重要政治任务，是全省检察机关当前和今后一个时期工作的重要抓手。“四大活动”围绕强化检察监督办案主业，以大学习为引领，以大调研为基础，以大落实为关键，以大提升为标准，探索形成新时代检察工作创新发展的一系列新理念、新模式、新制度、新机制，全面提升山西检察工作发展水平。同时也是贯彻落实最高检“讲政治、顾大局、谋发展、重自强”12字工作要求和省检察院“坚守底线、勇攀高峰、争创一流业绩”工作思路的重要举措。《山西法制报》《阳泉日报》、阳泉电视台、阳泉郊区电视台等多家媒体参加发布会。

是年，《山西法制报》《检察周刊》《阳泉日报·郊区周刊》等媒体刊载该院“两学一做”和其他通讯报道30余篇。

是年，为深入贯彻落实习总书记关于繁荣发展社会主义文艺的重要讲话精神，该院将推动检察文化建设作为带动整体工作的重要抓手，建立“党组统一领导、综合政工部门牵头，全院普遍参与”工作机制，编纂的《阳泉郊区检察志》通过方志出版社审核，汇编了《全院工作制度和司法改革文集》，院史陈列室、文化走廊和开放式图书室建成并投入运行。

第二章 司法为民

1980年12月31日，阳泉郊区检察院参加阳泉市林业局召开会议，就有关辛兴公社龙门大队砍伐山林和阳泉平定林权划分问题，进行专门研究，参加本次会议的还有：阳泉市人民检察院和平定县林场有关人员。根据阳泉人民检察院指定管辖，郊区检察院对龙门大队砍伐山林的基本情况进行调查，提出4点检察意见：一是根据现场勘查和调查，认为龙门大队砍伐的林木系自然生长的灌木林，难以确定为森林法之保护范围，请市林业局根据《森林法》和国家有关政策规定予以考虑。二是通过本次现场勘查，阳泉市与平定分管林业的有关人员，就山林管辖范围进行划分，在上级尚未正式颁发《林权证》之前，对山林管辖范围进行的划分暂不作为合法依据。三是建议有关大队停止砍伐灌木林行为，如砍伐，须经有关部门批准或同意。四是关于继续协助平定县人民检察院查处龙门大队灌木林砍伐的问题，在阳泉市林业局和阳泉市检察院未作出明确规定之前，暂不派人协助或自行侦查。

1982年3月底，阳泉郊区检察院积极组织干警和参加全民义务植树活动，共植树233棵，平均每人植树10棵，比分配的植树数额增加了一倍。组织干警认购国库券，主动为国分忧，全院一次认购国库券305元，比分配的比例数额提高13%。

1984年，对一些经济犯罪案件发案单位，如发生刘某贵贪污、受贿一案的阳泉市第二汽车运输公司、李某余贪污一案的郊区野沟煤矿、任某贵挪用公款一案的河底镇任家裕信用社等进行回访调查，协助有关部门建立健全各项规章制度，堵塞漏洞。为开辟自侦案件的线索来源，扭转经济检察工作的被动局面，组织人员深入到一些乡、镇及区直厂矿企事业、住地单位进行调查，有力地防止和打击了经济犯罪活动。

1993年，阳泉市郊区物资公司木材款遭到黑龙江省加格达奇市一犯罪团伙诈骗，阳泉郊区检察院派干警田江华、王瑞明查办，奔赴该市，就地办案，为郊区物资公司挽回被骗货款18万元，并将抓获的2名犯罪嫌疑人移送当地公安机关。

1998年，阳泉郊区检察院积极组织干警参加全区各项活动，一是中共党员干警捐款280元，用于扶贫工作。二是该院与建行共同筹集2000元钱，在阳泉木器行定做15套课桌、凳子，购置书包、文具，另出资600元学费，捐助郊区辛兴乡曹里村学生上学。三是有3名检察干警参与无偿献血。

1999年4月8日，为深化“检务公开”，维护诉讼当事人的合法权利，保证刑事诉讼的顺利进行，依照《中华人民共和国刑事诉讼法》《人民检察院刑事诉讼规则》

的有关规定，阳泉郊区检察院制定《对诉讼当事人实行权利义务“告知”的制度》。告知的对象：被该院立案侦查的犯罪嫌疑人，受该院审查起诉的犯罪嫌疑人；该院所受理案件的被害人；由该院传唤的证人。告知的方式：采取书面或口头方式，向被告知的对象进行告知。告知的内容主要为被告知人的权利和义务。如获得法律帮助的权利、委托辩护人的权利、申请回避的权利、申请本民族语言进行诉讼的权利、申请取保候审的权利等。义务方面如实回答的义务，对侦查人员的提问如实回答的义务、作证的义务等。

1999年，根据最高人民检察院“检务公开”决定，阳泉郊区检察院结合域内实际，积极拓宽和完善“检务公开”的内容和与方式，方便群众监督，加强内部建设，促进公正司法，树立检察机关的良好形象。一是充分认识检务公开的重大意义，增强深化检务公开的自觉性 。二是充分利用广播、电视、报纸、黑板报、检察信息等进行宣传报道。三是认真落实检察工作情况通报制度，适时向社会通报检察工作。四是严格执行告知制度，切实保障诉讼参与人的诉讼权利。五是认真落实《人民检察院办理民事行政抗诉案件公开审查程序试行规则》，提高抗诉水平。六是依法公开不起诉程序，保证不起诉的正确使用。七是依法公开检察诉讼文书。八是支持律师依法履行职责、切实维护当事人诉讼权利。

2002年1月22日，阳泉郊区检察院响应省、市、区有关号召，开展“进千村、访万户、送温暖”捐款活动。全院共捐款960元，并派专人将捐款送到平坦镇李家山村。

同年5月份，该院积极组织献爱心捐款活动，为全社会抗击“非典”贡献力量，该院39名干警共捐款1360元，全院另筹集资金1100元，共1460元，用于支援抗击“非典”，并送至医院。

是年12月，郊区院由5名院领导带队，深入基层乡镇搞调研，倾听群众呼声，宣传中共十六大精神和检务公开的具体内容。同时进一步落实为民便民措施，组织干警下乡支农，积极开展扶贫攻坚战，全院干警为扶贫点捐助帮困资金860元，为困难群众送去大米、白面、食油，解决他们的燃眉之急，受到普遍好评。

2003年9月11日，郊区检察院青少年维权岗检察官为荫营二中师生讲授了题为“求知上进、奋发图强、从小做起、从现在做起”的法制讲座。讲座结合真实案例，从总结分析青少年违法犯罪的特点入手，讲解了青少年在日常行为中应注意的涉法问题，受到1500名师生的热烈欢迎，收到良好的效果。

2004年6月4日，阳泉郊区检察院为全面贯彻落实中共十六大和十六届三中全会精神，实施中共阳泉郊区区委、区政府提出的“四走四变四集中”战略，促进郊区“三个文明”建设的协调发展，营造文明、健康、积极、向上的社会环境和人文环境，举行了“说文明语言、做文明公民”签名活动，全院39名干警参加了这一活动。为更好地引导干警使用文明用语，郊区检察院把文明用语写上了电子大屏幕，时刻提醒干警正确使用文明用语，接受社会各界监督。

“七一”前夕，中共阳泉郊区检察院党组、党支部号召全体党员开展扶贫帮困送温暖活动，以实际行动纪念中国共产党建党 83 周年。院领导带头捐赠，全体干警积极响应，全院共捐得款项近 2000 元。6 月 24 日，院领导兵分两路，一路由副检察长张贵深、刘双富带队，前往扶贫点郊区平坦镇常家山村，将价值 1000 多元的 30 套学习用具及部分体育器材，赠予该村学龄儿童，同时向该村 7 家贫困户发放了白面和食用油。另一路由副检察长李爱贤带队，前往郊区光荣院慰问革命伤残军人，并赠送一台价值 780 元的双缸洗衣机。

2004 年 7 月 28 日，阳泉郊区检察院与郊区工商分局联合举办国防教育报告会，邀请阳泉军分区参谋长、大校员自博授课，区委常委、政法委书记王如生，区委常委、武装部政委武小星，区武装部部长乔玉珍等领导，郊区检察院、郊区工商分局干部职工 100 余人参加报告会。报告会由王如生书记主持。员自博以《当代世界军事变革与中国国防》为题，从四个方面就当时大家关注的台海局势、中共中央和国家的对策、周边及世界局势、中国国防情况等问题，作翔实生动的报告。对进一步增强全体干警的国防意识，弘扬爱国主义精神，发扬拥军优属的光荣传统，进一步探索形式多样的政治思想工作方式起到积极作用。

2005 年 5 月 21 日，郊区检察院响应区委号召，组织开展“千名干部下基层，发挥党员先进性”活动，该院在职党员分赴旧街乡测石村、枣园村、路家庄村，分别走访 27 个困难户，共捐资 2800 元，给他们送去检察干警和人民政府的关怀。通过这项活动，进一步密切检察机关与人民群众的联系，激发广大党员“以民为主、关注民生、共创发展、共建和谐”的主动性和自觉性，展示新时期检察机关共产党员的精神风貌。

同年 6 月 23 日，郊区检察院党支部组织在职党员分赴旧街乡测石村、枣园村、路家庄村和李家庄乡李家庄村，分别走访了 33 个困难户，给他们带去了价值 2000 元的食用油和夏凉被等，进一步密切了检察机关同人民群众的联系，以实际行动发挥党员先进性，纪念建党 84 周年。

是年 9 月，郊区院针对张岩村王某引燃村林区山林，无力赔偿经济损失，当事人被判刑，可能影响家庭和女儿上学这一特殊情况，依法适用刑事案件非刑罚化处理，责令当事人以工代偿无偿植树三年，以弥补其行为造成的经济损失。

2006 年 8 月 22 日，太原理工大学阳泉学院职业技术学院实习基地挂牌仪式在郊区检察院举行。学院根据教学计划，每年定期派出大学生在实习基地实习，实习时间将根据教学计划安排，郊区检察院将提供实习岗位和实习条件。郊区检察院积极配合大学创办实习基地，为大学生理论联系实际、学以致用、提高素质提供了良好机遇。

是年，郊区检察院与郊区李家庄乡中学充分发挥青少年维权岗的纽带作用，多种形式开展共创平安校园活动。检察官按照年初计划在临近暑假时，为初中学生举办了“杜绝校园伤害事故，提高自我保护意识”法制讲座，通过典型案例，剖析校园伤害事故的发生原因、特点和规律以及未成年人自身防范上存在的问题，帮助同学强化保护意识。并组织郊区李家庄乡中学150余名同学开展预防校园伤害事故，提高自我保护能力百题知识竞赛，提高了学生的法律意识，收到较好效果。

2007年10月11日，郊区检察院副检察长张贵深带领反贪局干警深入中国铝业山东分公司阳泉矿开展预防职务犯罪法律服务工作。该矿是新建立的预防职务犯罪联络站之一。在举行挂牌仪式后的座谈会上，张贵深副检察长就当官为什么、当官作什么、什么是职务犯罪、为什么搞预防职务犯罪工作等相关课题与该矿领导班子成员进行座谈。反贪局局长王瑞明根据多年的办案经验，分析产生职务犯罪的原因、特点以及预防对策，有针对性地就该矿进一步健全完善各项规章制度，堵塞漏洞，防范职务犯罪的发生提出了指导意见。该矿领导表示，检察院为企业送法上门，帮助企业中的国家工作人员增强法律意识，依法经营，依法办事，为国企送来了宝贵的精神食粮，是对企业中的国家工作人员的最大爱护，对今后进一步搞好党风廉政建设，预防职务犯罪，将起到有力的推动作用。

同年8月20日，阳泉市郊区检察院办理胡某因涉嫌贪污案件的检察官得知胡某女儿被大学录取、家里难以筹足学费的情况，快速审查该案，核实胡某的涉案款项、金额，在证据核实清楚的前提下，将胡某亲属多交的2万元退还胡某亲属，解决孩子上学用钱的燃眉之急，该院的人性化执法受到社会好评。

2008年5月15日，阳泉郊区检察院开展“赈灾济难献真情”捐赠活动，全院干警为四川地震灾区紧急捐赠款项共计3930元，以实际行动为灾区人民贡献力量。

同年5月22日，在院党组倡导下，全体党员以缴纳特殊党费的形式支援抗震救灾，广大赏缴纳特殊党费9300元。5月25日，郊区检察院组织全体干警开展向灾区检察机关的二次捐助活动，筹措赈灾捐款3120元，以实际行动向灾区检察机关伸出捐助之手，帮助他们尽早恢复正常的生活工作秩序、重建家园。

同年5月26日，该院党组组织开展以“以民为本、关注民生、共谋发展、共建和谐”为主题的结对帮扶活动，全院共产党员分别深入郊区李家庄乡柳沟村帮助对象家中，在送去大米、白面、食用油等生活用品时，详细了解了他们的生活困难情况。郊区检察院通过送文化、送技术、送服务、送法下乡等形式，认真开展帮扶活动，为社会主义新农村建设多做贡献。

2009年5月下旬，“六一”儿童节来临之际，阳泉郊区检察院开展向贫困、孤残儿童捐资助学济困活动，共捐资4040元。5月31日，院领导分别到河底镇南沟村小学和李家庄乡柳沟村幼儿园进行慰问。

同年6月24日，阳泉郊区检察院组织全院共产党员到郊区荫营镇柳沟村集中开展结对帮扶活动。党组成员、副检察长张贵深带队，深入生活困难的十五户农民家庭中，在为他们送去3000元慰问金的同时，结对的党员还对他们提供法律服务，为困难群众联系致富门路，做到“进门”“解难”“办事”“暖心”，用实际行动迎接中国共产党建党88周年。参加该次活动的党员一致表示，一定要倾听群众呼声，关注群众需求，把保障和改善民生作为检察机关服务大局的切入点，把亲民爱民的情怀融入检察工作执法细节中。

6月，针对被告人杨千忠失火造成小河北等6个村集体经济损失1346.4万元。被告人王某明失火造成南山村等2个村集体经济损失30万元，分别向集体经济遭受损失的8个村发出民事督促起诉书，督促其向法院提起刑事附带民事诉讼，在维护集体利益的同时，震慑犯罪，教育群众。

2009年12月3日，为贯彻落实最高人民检察院有关人性化执法和办案安全的精神，阳泉郊区检察院与阳泉市第二人民医院正式签订《办案医疗救治合作协议》，郊区院党组成员、纪检组长张福明等9人，与第二人民医院急诊室主任、副主任等9名大夫组成医疗救治小组。医疗救治小组成员保持全天24小时通信畅通，保证在遇到办案中被询问人员发生突发性病情时，医护人员能够在第一时间到场实施救治，防止办案中意外事故发生。

2010年1月，阳泉郊区检察院响应阳泉市人民政府号召，院领导带头，干警踊跃参加献血活动，在半天时间内，献血达8000毫升。参加献血活动的人数为该院历年之最，特别是部分临时工作人员也积极参加献血活动，展示出该院上下一心的团队精神和心系社会的责任意识。

“六一”国际儿童节和“十一”国庆节期间，该院中共党员集资慰问贫困学生和村民，在全体干警中开展“送温暖、献爱心”向遭受雪灾的农村捐款活动。

2010年12月20日，阳泉郊区检察院党组成员、副检察长张贵深和控告申诉科科长田长春，应郊区平坦镇党委政府邀请，赴该镇调研当前农村信访工作，并以强化涉农资金管理，预防农村职务犯罪为主题，给全镇干部和村财务人员讲授相关的法制知识。张贵深向与会的村干部及村财务人员介绍了2010年以来，郊区院预防和查处涉农职务犯罪工作的最新进展和履行检察职能的各项举措。田长春为到会人员讲授《提高村干部法制素养，共建和谐新农村》专题法制课。报告结束后，平坦镇党委副书记镇长段永军高度评价郊区院深入基层服务农村建设的工作，并对检察机关的送法上门表示衷心感谢，郊区院领导和平坦镇主要领导就如何建立长效机制，充分发挥检察职能保障新农村建设等若干问题进行深入探讨。

是年，为推进检力下沉，使检察工作更紧密地贴近基层贴近实际，根据上级检察机关安排部署，该院先后2次组织干警开展深入农村、深入企业、深入社区“三深入”活动，院党组根据检察工作特点和郊区社会实际，研究制定十余项调研课题，班子成员带着调研课题，到分片包干的乡镇和企业进行调研，为基层单位提供检察服务，通过开展“三深入”活动，党组成员悉心听取基层意见，帮助解决实际困难，共撰写调研报告 31 份，建立了检察干警同基层人民群众面对面接触的平台，扩大了检察机关的社会影响力。

2011 年 3 月，郊区院收到一封刑事被害人妻子石某送来的感谢信。石某表示，真心感谢郊区院对生活窘迫的她们母子给予的救助，检察机关实行刑事被害人救助政策，让老百姓切实感受到来自人民检察机关的关怀和温暖。

同年 6 月，阳泉郊区检察院案件管理中心和侦查监督部门，对郊区质量技术监督局、郊区食品药品监督管理局食品安全执法情况进行专项执法检查。检查活动采取查阅案卷和走访座谈等形式进行，通过检查了解到，自金福来有毒奶粉事件发生后，郊区质量监督和食品监督管理部门加大对食品行业的监管力度，郊区院与行政执法部门还就行政执法与刑事司法相互衔接达成了三点共识：一是加强案件移送管理；二是加强备案审查；三是加强协同办案。

同年 7 月 11 日上午，阳泉郊区检察院召开由科长以上干部参加的“维护群众合法权益，着力解决突出问题”专项检查活动推进会，会议由检察长王建明主持，纪检组组长张福明传达山西省检察和阳泉市检察院“关于专项检查活动推进会”精神。检察长王建明要求充分认识专项检查活动的重要意义，要以推进主题教育实践活动为重要抓手，增强民生优先的责任感和使命感，实实在在解决群众关心的问题，同时对如何开展专项检查活动作安排：一是纪检牵头、全院配合。二是结合实际，抓住重点。三是堵漏建制，固本强基。

是年，阳泉郊区检察院积极参与中共阳泉郊区区委区政府开展的“千百万”和“六个一”活动，党组成员深入李家庄乡柳沟村，与村支“两委”座谈、了解村情，并指派 1 名熟悉农村工作的检察干部，长期住村帮扶。

2012 年，阳泉郊区检察院认真组织开展千名干警联千村、法律服务到基层的“双千”活动和集中百日开展农村干部法制、廉洁、民主管理教育活动和集中百名干部下基层抓党建、谋发展、促和谐的“双百”活动（百家单位争创无职务犯罪、百场法制宣讲，笔者注），严格落实领导干部下乡驻村联系点制度，全院干警分片包点，走基层察民意，了解群众的法律诉求，帮助解决实际困难，受到基层群众的普遍赞扬。

2013 年 5 月 29 日，郊区院检察长王建明带队，深入陀岭头村进行走访调研，与村支“两委”和部门村民代表进行座谈，王建明还到村幼儿园进行慰问，送去 2000 慰问金，办公室主任史保龙参加调研慰问。

同年 6 月 28 日，王建明检察长带队再次到驼岭头村，对该村老共产党员和困难党员进行走访慰问活动，代表郊区院党组和全院共产党员向老党员们表示节日的问候，为老党员们送去慰问金。

同年 12 月，阳泉郊区检察院加强对特殊人群和困难群众的司法保护，推进刑事被害人救助工作，对8名生活陷入困境的刑事被害人进行经济救助。建立未成年案件专人办理机制，充分考虑未成年犯罪的动因和刑罚效果，保障未成年人合法权益。扎实开展“访民生、知民情、解民事”集中走访活动，积极为群众办实事、解难题，积极协调区供电部门，解决包点村的供电问题，主动征求社会各界对检察工作的意见和建议，使检察工作更加贴近群众和基层。

是年，阳泉郊区检察院大力开展“阳光检察”活动。“阳光检察”是山西省人民检察院2012年部署的一项重要工作，目的是打破检察机关的“神秘感”，提高检察工作透明度，进而提高执法公信力。该院以“阳光、公正、廉洁”为工作主题，以打造“阳光检察队伍”、塑造“阳光检察形象”为主线，以让人民群众满意为总目标，不断拓展检务公开的渠道与服务领域，逐步实现从“检务公开”到“阳光检务”的跨越：一是创新检民互动，搭建“阳光平台”。开通门户网站和短信群发系统，及时反映检察工作动态、提供法律业务咨询、受理举报控告以及宣传检察文化等，成为贴近民众、反映民声、倾听民意的新窗口。在办公楼大厅设立监督台，公开所有干警照片、姓名、职务等信息。采取设置专栏、印发小册子等方式宣传检务公开内容，同时，设置大型电子显示屏和电子触摸屏，及时发布案件办理情况，方便群众查询相关法律知识和检察机关工作职责等有关信息。二是创新便民措施，拓宽“阳光窗口”。设立集案件办理情况查询、业务咨询、控申信访接待、举报受理、检察长接待、律师会见阅卷、行贿犯罪档案查询等服务功能为一体的检务中心，使人民群众和案件当事人来检察院办事，无论是了解信息还是反映情况，都可得到“一站式”服务。在全区8个乡镇设立“阳光检察”工作联络站，聘任15名“阳光检察”联络员，汇编《“阳光检察”联络员工作手册》，定期组织“阳光检察”联络员开展活动。三是创新工作机制，加强“阳光交流”。制定出台《推进“阳光检察”工作实施方案》《检务中心管理办法》等制度，严格执行诉讼权利义务告知程序，积极规范执法档案，及时向群众和社会各界公开执法依据、办案程序和执法结果。对每个案件办理情况应当公开的及时在检务公开电子屏上发布。定期开展“检察开放日”“举报宣传周”和“开门评检”活动，主动邀请人大代表、政协委员、新闻媒体和社会群众走进检察机关征求意见和建议。通过“请进来、走出去”，真正促进检察干警与基层群众“面对面”的交流和沟通，提高执法公信力。四是加强对自身执法活动的监督，继续推进案件集中管理和案件质量评查工作，认真执行检察机关执法工作基本规范，严格执行职务犯罪嫌疑人同步录音录像制度和“一案三卡”制度。同时探索实行公开审查制度，对拟不起诉或申诉人不服检察机关决定的案件进行公开听证。以信息化推进执法规范化和管理科学化，积极做好统一业务应用系统工作。

2014年5月14日下午，“为了明天”——阳泉市未成年人定向关护中心成立暨首次定向关护工作座谈会仪式在阳泉市郊区人民检察院举行。这是山西省第一个未成年人定向关护中心，也是阳泉市推进全国青少年权益工作创新试点城市工作的具体举措。该关护中心是由阳泉市人民检察院与市综治委预防青少年违法犯罪专项组和团市委联合成立的。中心成立的目的就是要全面贯彻对涉嫌犯罪的未成年人的“教育、感化、挽救”方针和“教育为主、惩罚为辅”的原则，完善帮教程序，对全市不捕、附条件不起诉和相对不起诉的涉嫌犯罪的未成年人进行考察、教育、矫治、回访，根据每个涉嫌犯罪未成年人的具体问题，制定个性化的关护方案，使涉嫌犯罪的未成年人在不捕、不诉后得到良好的监护和帮教，有效地预防和控制再次犯罪，使之真正回归社会。“关护中心”设立了由“12355”心理咨询专家、法律援助专家、社会教育专家、志愿者组成的“阳光关护员”队伍，与检察机关“未检干警”共同负责关护帮教工作。是日，向首批聘任的15名“阳光关护员”颁发聘书。关护人员将在平等、尊重、保密的前提下，对关护对象开展“N对一”的帮教活动，通过进行法制教育、行为矫正、公益活动、技能培训、心理辅导等，帮助关护对象顺利回归社会。根据《定向“关护”工作方案》，基层检察院的“未检干警”在前期已经与部分关护对象家庭结成一对一帮教关系的基础上，现场郊区检察院和盂县检察院的“未检干警”与关护对象家庭代表还签订定向关护帮教责任书。

2014年，阳泉郊区检察院积极推进以检务公开为核心的“阳光检察”工程，坚持“能公开的一律公开”原则，整合直接服务群众的窗口部门，建立了“一站式”阳光检务大厅，方便群众诉讼和办事。并通过郊区电视台民生直通车栏目，就控申举报工作与广大观众进行了互动，增加举办“检察开放日”次数，广泛听取社会各界对检察工作的意见和建议。

是年，该院班子成员和全体干警定期到对口的乡镇和村进行走访帮扶，了解群众疾苦，倾听群众呼声，增进与群众的感情，增强做好群众工作的能力。院领导包保全区八项重点工程项目，定期深入项目单位，了解项目建设遇到的政策和法律问题，加强职务犯罪预防工作。

2015年，阳泉郊区检察院积极组织开展“访知解”“一村一警”等走基层活动，选派干警参加精准扶贫工作，强化立检为公、执法为民宗旨意识，努力提高干警做好新形势下群众工作的能力和水平。同时，进一步加强对未成年人犯罪的帮教，积极开展未成年人定向关护工作，对17名涉罪未成年人进行有效的心理干预，引导他们以积极的心态面对生活。

2016年10月21日，为进一步增强检察工作透明度，更加自觉接受人民群众和社会各界监督，郊区人民检察院举办“检察开放日”活动，活动中的一个最重要内容就是邀请下千耐火、三来食品、中创陶粒、鑫盛瓷业、桃林旅游等15家域内规模以上非公企业相关负责人来院座谈，就检察机关如何服务和促进民营经济持续健康发展征求意见和建议。座谈会由常务副检察长刘双富主持，邀请郊区民营企业服务中心局长李武贤参加。会议首先传达中央经济工作会议和中央政法工作会议精神，介绍该院出台的《关于加强和促进民营经济发展工作实施办法》，并征求意见。《实施办法》提出“服务非公有制经济发展的具体措施”，主要包括主动适应经济发展新常态，坚持对非公有制经济提供法律上的平等保护，打造新型检企关系，坚持“安商、护商、亲商”的工作理念，以“亲”密切检企关系，用“清”规范检企关系，通过服务保障和引导自律，推动严格依法履职和保障非公有制经济充分融合等八个方面。民营企业服务中心局长李武贤介绍当前形势下阳泉郊区非公经济发展现状，以及民营企业遇到的瓶颈。专职委员史如斌就郊区检察院提出的服务非公经济实施意见进行详细解释。参会人员对检察机关保护民营企业合法权益和保障非公经济的健康发展有了较为全面的认识。座谈会上，各企业参会人员积极踊跃发言，就各自企业当前发展所遇到的问题进行了深入交流，认为目前存在普法力度不足、维权成本较高、行政执法部门手续烦琐等问题，建议检察机关加强普法力度，拓宽民营企业的维权途径，协调各行政执法部门为民营企业松绑。这些建议为该院进一步改善服务民营企业的工作提出宝贵意见。该院领导表示，将继续从法治环境，刑事职能，内部管理等层面，为非公经济的发展提供法律保障。

是年，阳泉郊区检察院深入开展“五进”和“十百千”活动，深入到各乡镇开展警示教育宣传讲座，提高村干部预防职务犯罪的“免疫力”。一是开展“精准扶贫、廉洁为民”专题警示教育基层行活动，有针对性地提出扶贫搬迁和资金管理整改建议。二是选派有农村工作经验的检察干部到定点帮扶村协助精准扶贫工作，全体检察干警与贫困户对接，自费购买贫困户自产农产品，尽心尽力为他们排忧解难。三是制定出台《关于加强和促进民营经济发展工作实施办法》，全面加强对非公有制经济的司法保护，在司法办案中对国有企业与非公有制企业一视同仁，准确把握法律界限和政策，努力实现查办案件与促进发展相统一，打造新型检企关系，打击危害企业生产经营的犯罪活动，批捕并提起公诉破坏市场经济秩序犯罪 5 件、5 人。四是立足扶贫领域职务犯罪基本特点，与区农委联合制定《关于在扶贫开发领域职务犯罪工作中加强联系配合的实施方案》，形成预防扶贫开发领域职务犯罪工作“上下统一、内外整合、总体统筹”的工作机制。

2017 年 9 月，为贯彻落实全省检察机关公益诉讼工作电视电话会议精神，阳泉郊区检察院作出四项安排：一是充分认识开展公益诉讼是检察机关拓展法律监督职能的新领域，是建设法治政府的新要求，是检察机关务必须抓好抓紧落实的一把手工程。二是积极争取政府和人大的支持，第一时间就会议精神及工作情况，向郊区区委、区人大进行汇报，努力争取政府和人大对全院开展公益诉讼工作的支持。三是认真组织干警学习、讨论杨司检察长关于开展公益诉讼的指示精神，研究部署全院关于开展公益诉讼工作的路径和措施，安排部署公益诉讼工作计划。四是成立公益诉讼领导小组，对公益诉讼办案组成员进行调整，由检察长严志勇亲自担任公益诉讼领导小组组长，确定2名员额检察官为专职公益诉讼办案人员，进一步配强公益诉讼办案队伍，提升公益诉讼整体战斗力，为全面推进公益诉讼工作开好局、迈好步。

是年，阳泉郊区检察院继续坚持司法为民，全力聚焦民生民利，着力保障健康宜居，一是开展“互联网+阳光百姓工程”，对30多家行政单位数据报备员进行培训，为阳泉郊区全面深化“阳光百姓工程”奠定人才基础。二是与郊区多家行政执法机关召开联席会议，审查行政处罚案件，监督相关单位向公安机关移送犯罪线索，对破坏生态环境资源、食品药品安全犯罪积极跟进，切实保障人民群众生命健康安全。三是全面开展公益诉讼工作，排查行政执法信息，提出检察建议，切实维护国家和社会公共利益。四是积极开展精准扶贫工作，1月9日，该院积极响应山西省委、阳泉市委和郊区区委关于精准扶贫的号召，扎实开展精准扶贫工作，落实精准扶贫政策，选派一名干警长期驻旧街乡簸箕掌村开展扶贫帮扶工作，全院干警与贫困户“一对一”结对帮扶，以沟通引导、捐款及自费购买贫困户农产品等多种方式进行帮扶，郊区院党组书记、检察长严志勇深入扶贫点旧街乡簸箕掌村开展访贫问寒工作，详细了解该村基本情况、产业扶贫情况等，讲解精准扶贫各项政策措施，查看“第一书记”连心卡，“党员结对”连心卡，帮扶政策连心卡、帮扶政策措施牌等扶贫资料。五是积极组织干警向受灾地区群众捐款捐物，妇联和女检协组织开展慰问孤寡老人、孤残儿童活动，用实际行动让社会弱势群体感受到人民检察官的爱心和司法为民的情怀。

是年，该院严格落实未成年人特殊检察制度，提供法律援助2人，对1名未成年人的犯罪记录予以封存，对1名不起诉的未成年人进行监督考察、跟踪帮教。组织开展以“防治校园欺凌，护航未成年人成长”为主题的检察开放日活动，在郊区荫营二中开展“蒲公英”法治宣传进校园活动，进一步增强了学生自我保护和遵法守法的法律意识。

2018年5月31日，“六一”国际儿童节来临之际，阳泉郊区检察院举行主题为“关爱祖国未来，擦亮未检品牌”的检察开放日活动，邀请区实验小学50多名小学生到院聆听法治教育专题讲座。本次讲座围绕“当不法侵害发生，如何做自己的守护天使”

主题，通过播放微视频让同学们直观了解检察工作情况，授课检察官根据学生年龄和心理特点，结合多年从检办案经历和治安形势，通过典型案例，从青少年法律常识、什么是不法侵害、遭受不法侵害时如何应对等，对同学们进行教育，以增强他们的法治意识，学会运用法律保护自己的人身和财产安全，并向每名学生发放《检察官告诉你——怎样保护好你自己》手册，通过与检察院、检察官的亲密接触的形式共同欢度“六一”儿童节，在孩子们心里种下法治的“种子”。课后，组织受课同学参观该院史陈列室，了解郊区检察院建院40多年的发展历程，以增强未成年人学法、懂法、守法，做一个合法公民的意识。

同年6月28日，阳泉郊区检察院制订出台《关于贯彻落实全市检察机关公益诉讼“1+5”工作机制的实施意见》。“1+5”制度体系以中共阳泉市委办公厅、市政府办公厅出台的《关于支持检察机关依法开展公益诉讼工作的意见》为统领，《阳泉市人民检察院公益诉讼专家辅助人参与公益诉讼活动管理办法》《关于在检察机关开展公益诉讼工作中加强协作配合的意见》《关于办理行政公益诉讼案件相关问题的意见》《关于公益诉讼案件线索移送反馈机制的意见》《阳泉市检察机关行政公益诉讼一体化工作办法》5个配套制度组成的制度体系。该《意见》要求全院干警一是要深刻领会中共中央关于开展公益诉讼的一系列决策部署和立法精神，切实增强开展公益诉讼工作的责任感、使命感和紧迫感，扎实推进检察机关提起公益诉讼工作。二是要加大工作力度，突出办理生态环境和资源保护、食品药品安全、国有财产保护、国有土地使用权出让等领域人民群众反映强烈的案件，加强对行政违法行为、严重侵害公益行为的监督。三是要严格执行诉前程序，充分发挥检察建议功能作用，依法提起诉讼，增强公益保护实效。四是要正确处理依法保护公益与促进经济发展、监督纠正行政违法行为与支持行政机关依法履职等重大关系，努力实现司法办案法律效果与政治效果、社会效果的统一。五是要进一步完善办案流程，严把立案关、取证关、起诉关和出庭关，建立健全公益诉讼制度体系，不断创新监督方法，提高监督效能，切实提升检察机关监督能力和司法规范化水平。该《实施意见》引起中共阳泉郊区区委领导和阳泉市检察院领导高度重视，区委书记和区人大主任分别对此项工作作了批示。王明厚书记批示：“开展公益诉讼上级有部署，实现城乡统筹示范区有需要，区检察院工作开展有力有序，找准了切入点和着力点，请全区各单位大力支持配合，并以此为契机，推动我区依法行政，严格执法工作健康发展。”王如生主任批示：郊区人民检察院积极推进公益诉讼工作，是依法履职的新走向和新突破，具有典型意义，希望区人民检察院紧紧围绕宪法定位，聚焦法律监督主业，进一步推动依法行政和维护公共利益工作，为全区经济社会发展提供坚强的司法保障。阳泉市人民检察院党组书记、检察长王廉允也作出重要批示：郊区院的实施意见得到明厚书记、如生主任的批示，想法很好，但应进一步提出明确、具体、操作性强的工作方案，围绕如何落实“1+5”

工作机制具体化。其他区、县院应借鉴。

是年，阳泉郊区检察院积极开展精准扶贫工作，选派 1 名干警长期驻旧街乡簸箕掌村开展扶贫帮扶工作，全院干警与贫困户一对一结对帮扶，以沟通引导、捐款及自费购买贫困户农产品等多种方式进行帮扶。

第三章 检察调研、司法创新和文化交流

1980年，新成立的阳泉郊区检察院，按照统一部署，以事实为根据，以法律为准绳，依法从严、从快、从重打击严重刑事犯罪，在不突破法律刑度，不违反刑诉法规定的办案程序，坚持“对刑事犯罪可捕可不捕的坚决不捕的原则”基础上，积极探索，大胆实践，使刑事检察工作做到了“两全、两防、两及时、两严格”。

“两全”：全面开展刑事检察业务工作，树立长期作战思想。对侦查监督和审判监督工作要大胆实践，大胆探索，总结经验，提高业务水平；凡法院通知出庭的案件全部出庭支持公诉，保证案件质量，促进业务建设，提高出庭案件质量和公诉水平。

“两防”：防错、防漏。防错应着重解决审查批捕，提起公诉中宁“左”毋右的思想，彻底肃清极左流毒和影响；防漏应着重解决审查批捕、提起公诉中心慈手软，心有余悸，不敢打击，轻敌麻痹思想。

“两及时”：及时批捕、及时起诉，在审查批捕中，提高办案质量，全面掌握法律规定的逮捕犯罪嫌疑人条件，对“五类”案件的犯罪分子，只要人头不错，就立即批准逮捕；在审查起诉中，凡是决定起诉的案件，必须是犯罪事实已经查清，证据确实充分，并依法应当追究刑事责任的。免予起诉的案件，必须符合法律规定的条件，防止不适当滥用。两者均须做到及时。以保护人民，教育群众，打击犯罪，震慑敌人。

“两严格”：严格按照法律程序办案，严格掌握批捕条件。着重强调在办案实践中，注意纠正忽视被告在诉讼中的权力和执行批捕案件时以言代法，以感情代替政策的现象。保证做到，有法必依，执法必严，违法必究，防止冤假错案的发生。

1980年11月18日，阳泉郊区检察院贯彻落实最高人民检察院《关于抓紧办理审查批捕、审查起诉阶段的通知》，高度重视解决案件积压，特别是审查起诉案件的积压问题，克服案多人少，力量不足，新进干警业务不熟练和交通不便等直接影响案件时限等困难，专门制定《确保年终无积案计划》，积极同公安、法院联系，对各类证据及时补充侦查，加强协同处理，至年底全部解决完毕。其中，批捕积案6件、10人；审查起诉积案15件、27人。

1980年，该院在成立之初，为防止冤假错案的发生，摸索出“二人阅卷，集体讨论，检察长决定的办案制度”。对于一切公民在适用法律上一律平等，依靠群众，实事求是，调查研究，重证据不轻信口供，严禁逼供，在区委和上级检察院领导下，同公安、法院实行分工负责，互相配合，互相制约，有法必依，执法必严，违法必究，独立行

使检察权的原则。对所受理的案件，不论是审查批捕，审查起诉，还是提起公诉的案件，始终坚持“二人阅卷，集体讨论，检察长决定的办案制度”。一是受理案件后，及时组织力量进行审查，对公安机关提请批捕和移送起诉的案件，由承办干警根据犯罪事实，查阅证据和口供交代，查清犯罪性质、危害程度及作案时间、地点、情节、手段、动机、目的和应负的责任程度，以及认罪态度。二是经集体研究讨论，看是否构成批捕和起诉条件，承办人提出是否逮捕和起诉理由。三是经集体讨论后，提请检察长决定。

1981年，阳泉郊区检察院根据改革开放初期，中共中央和山西省委以及阳泉市委关于严厉打击六类严重刑事犯罪分子和犯罪活动的部署，积极探索贯彻“从重从快”条件下开展刑事检察和检察监督的新路径。特别是在中共阳泉市委5月份召开的治安工作会议后，组织干警学习有关“严打”和“从重从快”文件精神，提高对社会治安形势的认识，增强对“从重、从快”方针的理解，解决了法律服从形势、形势决定方针、政策这个认识问题，提高广大干警在打击六类犯罪分子运动中贯彻“从重、从快”方针的自觉性。一是建立凡属六类案件，刑事检察科均选派干警深入第一线，随同公安、刑警人员一起参加侦查现场，一起参加侦查查证工作的刑事检察制度。全年随同公安一起侦查现场，一起参加侦查预审26件次，其中，正、副检察长直接参加的有10案。从而减少中间环节上的查证补充材料，直接掌握案情第一手材料，获取可靠的第一现场证据，在刑案侦办现场实施侦查监督，为批捕、起诉奠定良好基础，从时效上保证“从重、从快”方针的贯彻执行。二是开展公、检、法联合办案，集中打击六类犯罪，在全党动员，全民参与，综合治理治安社会治安的总体战中，按照中共阳泉市委统一部署，密切配合区公安分局、区人民法院，在“七一”和“十一”前，对各种现行犯罪分子开展两次集中打击，通过公、检、法三机关联合办案，进一步密切三机关互相配合、互相制约的关系，发挥了检察机关在综合治理中的作用，促进了对各种刑事犯罪分子的打击，及时、有力地维护了社会治安秩序。

1982年，阳泉郊区检察院根据域内刑事案件和经济案件特点，认真总结刑检、经检工作经验，“及时、准确、合法”地打击刑事犯罪。及时，即接案后由专人审阅案卷，检察委员会集体研究讨论，及时作出相应的决定，充分发挥集体的智慧。准确，即在认真阅卷的基础上，对疑点深入实际，深入现场，调查研究，做到证据确实充分，不枉不纵。合法，即严格按照法律诉讼程序办事，认真贯彻晋发〔82〕11号文件提出的立场要稳，决心要大，工作要细，做到稳准狠，重在准字，决定性的证据必须确凿，基本事实必须清楚，定性必须准确的指导思想，积极受理，慎重立案，不等，不推，不靠，在办案实践中，不断总结经验犯罪活动的规律，顺藤摸瓜，取得了较好的效果。如根据阳泉郊区特点，重点抓油、煤、矿三个重要目标，挖出了姜某英、郝某杰、武某林倒卖汽油和汽油票20吨，合款14530余元的经济大案和矿业公司白羊墅货站杨某全贪污受贿 4590 余元、诈骗 22000 元的经济大案。

1993 年，为使全院各项工作走向规范化、制度化的轨道，进一步提高执法水平和工作效率，4 月，检察长苏密生亲自带队，赴晋城郊区和壶关县检察院学习取经，购置有关规范化建设的书籍和音像资料，结合本院实际，在法纪检察科先行试点，并在全院逐步推开，监所检察、法制建设和规范化管理开始运行，其他各科室初步拟定了各自的规范化计划和具体的操作规程，为全院实现规范化管理打下坚实的基础。

1996 年，阳泉郊区检察院组织干警积极参与社会活动，培养干警爱国主义精神。一是组织干警参观太旧高速公路，利用节假日组织干警进行爱国主义教育活动。二是利用“六一”“八一”等具有纪念意义的节日，到下乡蹲点的红土岩村慰问学校师生和 20 户烈军属，分别为他们赠送各种节日礼品。三是在“助贫助残日”活动中，每人捐款 100 元。并为李荫公路（郊区李家庄乡—荫营镇公路）捐款 7000 余元，同时完成“以资代劳款”10400 元。四是组织全体干警为郊区图书馆捐书 2000 余册，为希望工程捐款 400 元。五是全体干警均参加了郊区政府组织的“绿化太旧公路”挖树坑、清扫公路和农田基本建设等义务劳动。

1997 年，阳泉郊区检察院在《刑事诉讼法》实施过程中，针对检、法两院各自执行细则规定不一，办理案件中出现分歧和扯皮推诿现象，特别是对上年度遗留案件的办理问题，该院在严格执法基础上，从顾全大局的角度出发，检察长和分管检察长多次同区法院主要领导研究协调，解决办案中遇到的问题，认真履行法律监督职能，保证了《刑诉法》的顺利实施。如：郭某昌、胡某清侵占一案，多次向审判机关依法据理交涉，在上级检察机关支持下，向法院提出在处理本案程序上和判决上显失公正的纠正意见，审判机关在发还重审中进行了改判。针对新《刑法》实施中，由于定罪量刑标准的不明确，给刑检工作和法律监督带来一定困难，就如何正确运用《刑事诉讼法》，解决新《刑法》实施中在案件实体和程序上遇到的问题和《刑法》实施前后的案件定性差异，保障与最终处理结果公正合法衔接，确保案件诉讼质量，该院进行了积极的理论探索和司法实践，通过在诉讼程序中变更强制措施、固定补充证据和延缓、中止诉讼的方法处理解决。如在办理车匪路霸郝某军等抢劫、敲诈案件时，采取分案处理、分事认定的操作办法，不仅解决了程序和实体上影响案件诉讼进度、准确定罪的问题，同时还保障了案件的公证处理，发挥了刑事审判监督的作用。

2000 年，阳泉郊区检察院积极开展司法调研，研究探讨刑事检察工作当中所面临的问题，增强工作的前瞻性，把纠正错误定性案件、追诉漏犯、漏罪案件作为调研重点，如受理公安移送审查起诉的杨某杰、金某辉轻伤害案件，经审查认为，该案系错误定性，应定为抢劫罪，并按抢劫罪提起公诉后，郊区人民法院判决二被告人犯抢劫罪（未遂），处有期徒刑十一年和十年六个月。并针对涉案在逃人员多的严重问题，通过调研，撰写了有关专题报告信息，引起有关方面的高度重视，对打击和预防犯罪起到积极的引导作用。

2003年，郊区检察院以公诉改革为动力，进一步提高案件质量和效率，有组织、有步骤开展各项公诉改革工作，在公诉引导侦查刑事案件普通程序简易审理的基础上，率先推出刑事案件庭审前证据展示，刑事案件量刑建议，不诉案件公开审查，主诉检察官办案责任制和多媒体示证等五项改革措施。建立了法官对出庭公诉检察员评价制度，检察官承办案件公开、公示制度，启用法庭电子监控系统，加强了出庭公诉工作的监督、指导，促进和提高了公诉水平和质量。全年公诉部门介入引导侦查案件36件次，实行普通程序简易化审理案件28件，占起诉案件的28.5%，适用简易程序办理案件30件，占起诉案件的30%，尝试当庭量刑建议3件、3人，庭前证据交换1件，多媒体示证1件。轻微刑事案件非刑罚化处理15件、15人，办案期限由原来的23天降为11天。公诉改革的全面推行有效地提高了公诉案件的质量和工作效率，对强化侦查和审判监督起到了积极有力的促进作用。

是年，该院加强对职务犯罪原因、特点和规律的专题调研和预防职务犯罪宣传教育，组织人员深入基层收集资料，对以往的案件进行深入的分析，加强预防职务犯罪的对策研究，提出遏制职务犯罪的决策和建议，推进了预防职务犯罪的法制化建设。同时充分运用和发挥反贪、反渎检察监督手段，采取以案说法，以法教人的形式，案件办在哪里，宣传活动就搞在哪里；全年共写出案例剖析论文18篇，为各项工作的开展积累了经验，明确了目标。

是年，阳泉郊区检察院有5名干警，被列入阳泉市检察系统调研人才库。

2004年1月，阳泉郊区检察院在全市检察机关率先开展人民监督员试点工作，取得良好效果。2月25日，该院对来自全区八个镇的20多名特约监督员、人大代表监督联络员进行法律知识培训。这是郊区检察院为特约监督员、人大代表联络员进一步了解、支持、监督检察工作，增强检察工作的透明度，落实立检为公、执法为民而采取的一项重要举措。

2004年3月2日，郊区检察院应用多媒体示证系统就郊区前龙峪村非法采矿一案向法庭举证。阳泉市人民检察院公诉处组织全市检察系统公诉部门的公诉人员现场进行了观摩。郊区人大、郊区政法委、郊区公安分局等相关部门领导，旁听观看了整个示证过程。公诉人员充分利用多媒体声形俱有、图文并茂，直观性强的特点，向法庭提供了充分有力的证据。阳泉市人民检察院公诉处领导和阳泉各基层检察院公诉部门给予了充分肯定和赞扬。

2004年，阳泉郊区检察院以改革和创新刑事检察工作为动力，进一步提高司法水平。在深化刑事案件庭审前证据展示、不诉案件公开审查、多媒体示证等六项改革措施的基础上，大胆推行和深化以轻伤害案件为主的轻微刑事案件非刑罚化处理工作，积极尝试量刑建议，共办理轻微刑事案件非刑罚化处理5件、14人，化解了社会矛盾，维护了当事人的合法权益，取得了良好的政治效果、法律效果和社会效果。同时由该院牵头，会同税务、工商、环保、国土资源、公安等八个行政执法机关，建立行政执法与刑事执法衔接机制，开辟了立案监督的新途径。

与此同时，该院进一步加强对职务犯罪原因、特点和规律的专题调研和预防职务犯罪宣传教育，组织检察干警深入基层收集资料，对历年职务犯罪案件进行深入分析，强化预防职务犯罪的对策研究，提出遏制职务犯罪的决策和建议，先后有 2 篇预防职务犯罪专题论文被《阳泉检察》采用刊发，推进了预防职务犯罪的法制化建设。

2004 年 6 月 18 日，郊区检察院公诉科全体检察官赴郑州市人民检察院和济南市人民检察院进行学习调研活动。这是郊区检察院为深入贯彻最高人民检察院公诉“六项”改革措施，进一步提高公诉人员的执法水平，更新执法观念的具体举措。通过学习考察，参加学习的检察官受到了启发，找到了差距，更加坚定了深化公诉改革的信心。为适应司法体制改革，推动公诉改革措施的进一步落实，同年 10 月，郊区检察院按照最高人民检察院关于实施主诉检察官办案责任制精神，全力推行主诉检察官改革。经过组织推荐、笔试、政审等严格考试，田江华、杨培龙、王建文、王学军等四名检察官，被正式任命为首批主诉检察官。主诉检察官办案责任制的推行，对调动检察官的积极性、主动性、创造性和增强责任感、使命感具有积极的推动作用。

同年 10 月，郊区检察院干警李建华撰写的《我经历的一次专题报告审议过程》，在阳泉市人民代表大会常务委员会为纪念全国人民代表大会制度成立 50 周年、地方人民代表大会常务委员会成立 25 周年举办的“交通杯”有奖征文比赛中，荣获三等奖。

2006 年 5 月 16 日，阳泉郊区检察院与郊区公安分局召开工作联席会议，对轻微刑事案件非刑罚化处理运行情况进行总结。双方在充分肯定这项工作改革成果的同时，对存在的不足进行反思，为今后进一步巩固、完善、引向深入该项工作达成共识，并对进一步开展检察引导侦查补充了新的措施。会议还对工作中存在的具体问题进行了探讨，提出了具体解决办法。公、检机关的分管领导及有关科、队负责人出席了本次会议。在具体的法律监督工作中，针对轻微刑事犯罪、未成年人犯罪和过失犯罪三类案件，推行轻微刑事案件的非刑罚化处理。对符合犯罪情节轻微，有法定从轻减轻情节，犯罪嫌疑人确有悔罪表现条件的，在当事人自愿达成和解协议的基础上，建议公安机关撤销案件或依法作出不起诉处理。

同年 6 月，该院利用互联网快捷方便的优势，协调网络管理部门，开通了互联网举报平台。只要网民添加 QQ 号 404989325，就能在网上举报有关职务犯罪线索或咨询有关法律问题，检察机关也可以向举报人反馈相关信息。网上举报，保密性强，工作效率高，方便快捷。

2007 年 1 月 25 日，中共阳泉市委政法委在郊区检察院召开“贯彻宽严相济刑事政策现场会”。会议由市委政法副书记安少杰主持，阳泉市直公、检、法各县区政法部门和政法委有关人员50余人参加。郊区检察院、郊区法院、郊区公安分局围绕构建社会主义和谐社会，贯彻宽严相济刑事政策的主题，分别介绍了各自的经验和做法，与会人员观看了郊区人民检察院非刑罚化处理刑事案件的专题录像，共同研究讨论《中共阳泉市委政法委关于贯彻宽严相济刑事政策对轻微刑事案件依法实行刑事和解和非刑罚化处理的指导意见》（征求意见稿）。阳泉市检察院检察长张仲马给予现场会议高度评价，认为本次会议抓住了政法部门和检察机关为落实中共十六届六中全会，构建和谐社会，服务全党工作大局的焦点，非刑罚化处理刑事案件是运用宽严相济刑事政策，落实轻缓政策的基本体现，郊区检察院的经验运用的很好，收到了良好的社会效果和法律效果。市委常委、政法书记陈继光希望在贯彻宽严相济政策工作中，要与社会主义法治理念教育活动相结合，用社会主义法治理念指导宽严相济工作，确保刑事政策的正确贯彻和实施。

是年，阳泉郊区检察院认真探索和实践宽严相济的刑事政策，注重从机制上保障此项政策的落实，从执法办案的实际出发，建立快速办理轻微刑事案件工作机制，依法扩大简易程序和简化审理程序的适用，完善未成年人犯罪案件办案方式，继续推进轻微刑事案件的非刑罚化处理，共办理该类案件5件、122人。同时积极探索当事人达成和解的刑事案件办理机制，以改善执法效果，促进社会和谐。

2009年5月6日，郊区院召开首例刑事申诉案件公开听证会，采用公开听证方式办理申诉案件，是郊区院结合检察工作实际落实科学发展观，深化检务公开，积极化解社会矛盾的一项重要举措。

同年7月，由阳泉郊区检察院牵头，联合阳泉市国土资源局郊区分局、郊区财政局、郊区农业局、郊区林业局和郊区水利局，共同出台《办理民事督促起诉案件的规定》，该规定表明，人民检察院发现国家和公共利益受到损失时，可以监督督促有关监管部门或国有单位向人民法院提起民事诉讼，以维护国家、集体和社会公共利益。该规定将使民事督促起诉工作实现制度化、规范化和经常化，是实现民事行政检察工作服务大局的一个非常好的切入点，将成为今后民事行政检察工作的重点和亮点。

同年8月6日，为积极探索和建立“刑事司法与行政执法相衔接的长效机制”，认真推进深化检务公开，探求检察工作科学发展方向，由郊区院牵头召集工商局、国税局、地税局、国土局、审计局、安监局、文化局和食品药品监督局等8家行政执法单位，共同召开刑事立案监督工作会议。阳泉市检察院副检察长闫运城，侦查监督处处长卢宁应邀参加会议。会上，郊区检察院与区各行政执法机关，就加强立案监督工作，完善行政执法与刑事司法相衔接工作机制等问题，进行深入的探讨。会议拟定了检政联系定期化，执法检查制度化，法律监督实质化等工作内容，进一步完善行政与刑事司法衔接机制。

同年10月15日上午，由阳泉郊区检察院牵头，召集郊区公安分局、郊区法院和郊区国土局，共同召开全区刑事工作联席会议。会议由郊区院副检察长刘双富主持，郊区检察院副检察长杨建民、郊区公安分局副局长李耀军、副局长杨慧文、副局长马成兵、郊区法院副院长李永祥、郊区国土局副局长梁全明，郊区检察院公诉科、侦查监督科、办公室、郊区公安分局刑侦大队、经侦大队，以及郊区法院刑事审判庭和郊区国土局执法大队负责人等参加会议。郊区检察院贾建胜检察长对会议的召开表示祝贺，与会人员就新形势下刑事工作如何实现科学发展，以及司法行政部门加强协调配合沟通，进行探讨和研究，并结合各自分管工作，就近年来刑事工作开展情况畅所欲言，揭摆出存在的问题，就解决多方沟通配合提出建设性建议。

是年12月3日，为贯彻落实最高人民检察院有关人性化执法和办案安全的精神和要求，阳泉郊区检察院与阳泉市第二人民医院，正式签订《办案医疗救治合作协议》。郊区院党组成员、纪检组组长张福明等9人，与第二人民医院急诊室主任、副主任等9名大夫，组成医疗救治小组。医疗救治小组成员保持全天24小时通信畅通，保证在遇到办案中被询问人员发生突发性病情时，医护人员能够在第一时间到场实施救治，有效地保障涉案人员的生命健康，防止办案中意外事故的发生。

是年，该院干警先后在国家、省、市、区级媒体上发表各类文章，包括检察执法、检察党建等论文共41篇，发表网络文章16篇。

2010年年初，山西省检察院在全国率先推行案件集中管理改革，2010年4月，阳泉郊区检察院被阳泉市检察院确定为全市唯一一家案件管理改革试点单位，该院党组高度重视，围绕加强思想工作，组织协调和制度建设三方面开展工作，确保做到“一规范、两到位、三落实”。一是加强制度建设，保证案管工作规范运行。2010年6月，制定《案件管理中心运作规程》《案件管理工作实施办法》和《案件管理中心案件评查办法》。2010年8月，制定《建立检察业务定期分析研判机制工作制度》和“一规程两办法”研判机制出台，为案管中心发挥源头控制、全程管理、动态监督、案后评查构建了一个有效的制度体系。二是加强思想工作，确保认识和行动双到位。在推进案管工作的过程中，党组成员对实施案件管理改革认识的深、理解的快。在此基础上，召开科长以上干部参加的案件管理工作推进会，增强全院推行案管改革的决心和信心。三是加强组织协调，保证机构、人员和设施三落实。郊区院就案件管理改革工作积极向区委、区人大和区政府进行汇报，争取支持、争取编制，同时拨出10万元专款，用于案管中心硬件设施建设，从各业务岗位为案管部门选调人员，2010年6月28日，案管中心开始正式运行，2010年7月9日，全市检察机关案管工作现场会在阳泉郊区检察院顺利召开，全年案管中心受理和分流各类案件115件，受理和备案审查相关文书56件，送达各类文书230件次，案件管理中心的成功运行，在提高办案效率、促进执法规范化上发挥了积极作用，也为全市检察机关全面推行案管改革工作先行进行了尝试。

2010 年 5 月，阳泉郊区检察院根据新形势下监管安全出现的新情况、新问题，积极探索根治监管隐患、保障监管安全的新办法、新措施、新手段，会同郊区法院、郊区公安分局，联合制订《在押人员羁押期间表现纳入量刑情节暂行办法》。规定在押犯罪嫌疑人、被告人，如有法定从轻、减轻或其他法定酌量情节的，由看守所提出书面评定意见，报驻所检察部门审查。驻所检察部门同意后，将评定意见移送郊区检察院公诉部门。公诉部门将结合案情，对符合不起诉条件的上报郊区院，提请作出不起诉决定；对于提起公诉的案件，将评定意见作为量刑建议，向法庭宣读出示并移送。办法对羁押人员表现情节作了详尽规定，该办法对规范监所管理、促使在押人员认罪伏法将起到积极的促进作用。

2011 年 7 月，阳泉郊区检察院制定《执法办案风险评估预警实施办法》《刑事和解实施办法》《检委会议事工作规则》。规定：案管中心对执法办案中的风险预估预警实施备案管理，对有分歧意见的刑事和解和不捕不诉案件进行审查。上述“三项制度”的出台，为案管工作探索实体监督搭建一个有效的平台。

2011 年 11 月 2 日下午，新疆生产建设兵团芳草湖垦区检察院检察长胡春丽，副检察长吴汝军，政工科科长李永辉，职务犯罪侦查局局长齐强文一行，在阳泉市检察院副检察长郭隆文，政治路主任邓百福，政治部副主任韩淑芳，民行处处长、援疆干部张存庆陪同下，到郊区院观摩交流。座谈会上，检察长王建明介绍了郊区经济发展概况和郊区院基本情况。检察长胡春丽介绍了新疆生产建设兵团芳草湖垦区检察院的工作情况，同时感谢阳泉检察机关的支持和帮助。座谈会后，郊区院党组成员陪同新疆生产建设兵团芳草湖垦区检察院的领导们参观案管中心、办案工作区和新办公楼建设。

是年，该院进一步加强调查研究和司法监督创新，一是针对二手车交易市场暴露出来的利用汽车以旧换新，贪污国家补贴款案开展预防调查，分析发案成因，提出预防对策。二是根据郊区基建项目和外来企业不断增多的情况，不断完善重大项目和重要部位的预防监督制度，特别是把行贿犯罪档案查询，作为开展重大建设项目招投标、市场主体监管的必经程序，以有效防范违规违纪行为，对规范市场秩序，加快建立社会信用体系发挥了积极作用。三是积极开展关系人民生命健康和危害民生民利的专项整治，针对食品药品安全领域开展了刑事立案监督检查活动。

2012 年 4 月，阳泉郊区检察院案件管理中心经探索调研和充分认证，建立“另案处理”专门台账，对“另案处理”人员进行定期跟踪，重点监督。“另案处理”人员分三种情况：一是身份已查清但批捕或起诉时仍在逃；二是因患有严重疾病或正在怀孕、哺乳而被取保候审、监视居住；三是需要继续侦查而被取保候审 、监视居住。案件管理中心通过设立“另案处理”人员台账，定期向公安机关通过电话回访等方式对上述人员的侦查和诉讼情况进行跟踪预警，督促公安机关依法正确处理“另案处理”

人员，使诉讼结果更加公开公正化，提升办案效果和执法公信力。

同年4月17日上午，黑龙江省齐齐哈尔市人民检察院副检察长郑志国等一行6人，在山西省院案管中心领导及阳泉市检察院副检察长郭隆文、案管中心主任吴珺等陪同下，到阳泉郊区院考察案件管理改革工作，实地参观了该院案管中心。郊区院副检察长刘双富和案管中心主任王建文，分别就案件管理改革的工作进展、管理理念、管理机制，以及组织机构等情况作了详细介绍。副检察长郑志国一行对郊区院的工作给予较高评价，表示要将阳泉案件管理改革的经验进行认真学习，并结合齐齐哈尔市的实际情况积极推广。

2015年12月，为推动全国检察院机关统一业务应用系统建设工作深入开展，最高人民检察院案件管理办公室、检察技术信息研究中心联合《人民检察》杂志社共同举办“全国检察机关统一业务应用系统理论与实务研究”征文活动。阳泉郊区院孟秀红和郑志明共同撰写的《基层检察院统一业务应用系统运行管理科学化初探》一文获优秀奖。

自全国检察机关统一业务应用系统上线以来，该院高度重视统一业务应用系统的科学化运行管理工作，在实践工作中加强内外协作、制定规章制度、规范流程操作、实行动态监管，保证统一业务应用系统的规范运行。经过两年多的运行，对加强全院执法规范化管理，促进信息化建设，提升科技强检水平，深化检务公开，起到积极的促进作用。该院统一业务应用系统工作受到省、市检院多次表扬，被省院评为“全省检察机关统一业务系统和案件信息公开系统部署应用先进集体”和“科技强检先进院”。案件管理中心孟秀红和办公室郑志明结合自身在运用统一业务应用系统的工作经验，在认真调研的基础上，共同撰写《基层检察院统一业务应用系统运行管理科学化初探》一文，文章就如何充分发挥统一业务应用系统的功能和作用以及运行管理中存在的问题提出相应对策，对提升统一业务应用系统科学化水平有很好的借鉴作用。

同年12月27日，为更好地预防涉农惠民领域职务犯罪，进一步规范农村专项资金使用情况，阳泉市郊区检察院对郊区涉农惠民领域开展专项预防工作，完成《关于郊区涉农惠民领域职务犯罪预防工作专项报告》的撰写和调研论证，全文3758个字，针对上述问题，提出相应的预防对策。

2016年，阳泉郊区检察院坚持正确的政治立场和方向，坚定不移配合搞好监察体制和司法体制改革，顺利完成既定的各项改革目标和任务。深化国家监察体制改革，是以习近平为核心的中共中央确定的一项重大政治改革，是推进国家治理体系和治理能力现代化的重大顶层设计。郊区检察院把配合搞好监察体制改革作为一项重大政治任务，统一思想认识，强化政治担当，确保改革顺利进行。认真做好反贪污贿赂、反渎职侵权、职务犯罪预防等部门的机构改编、人员转隶、办公区域划分，以及案件线索、档案资料、固定资产移交等情况的调查摸底，积极研究检察机关与监察委员会工

作衔接机制，为圆满完成监察体制改革试点做了大量行之有效的工作。

2016年是司法体制改革的攻坚年，阳泉郊区检察院认真落实改革主体责任，不断完善改革方案和推进措施，全面实施员额制改革，共有17名政治素质高、纪律作风好、具有独立办案能力的检察官进入员额，圆满完成了首批遴选工作。严格落实司法责任制，坚持科学放权与强化监督相结合，落实司法责任制实施意见和检察官权力清单，严格做到谁办案谁负责，谁决定谁负责，强化了办案检察官的责任，为提高办案质量、提升办案效率奠定了基础。

同年8月下旬，为增进中央国家机关青年干部对基层工作的了解，增强群众工作本领，锻炼工作作风，同时深入开展向基层学习、向先进学习的活动，由中央国家机关团工委组织的“根在基层——中央若干项重大政策落实活动”调研实践活动一行11人，走进阳泉市郊区人民检察院开展为期一周的调研实践。见面会上，郊区院检察长严志勇向调研团介绍郊区经济社会发展状况及郊区院近年来的工作情况。随后，调研团成员分配到各科室，体验郊区院常态化工作，如在公诉部门到法院观摩庭审，在侦监部门翻阅案卷，参加案件讨论，在控申部门接待来访群众等。通过与郊区院干警同工同勤，调研团成员感触深深，收获满满，加深了对基层检察工作的了解，学习了基层的先进，倾听了基层干警心声，贴近了与基层检察的距离，其他部委的青年干部对检察工作的内容及职能也有了初步的了解。通过此次调研，进一步强化了为民服务的宗旨意识，提高了能力素质尤其是群众工作能力，增进了对基层同志、基层工作的感情认同。

在调研期间，调研团先后参观了中国近代女作家、革命活动家石评梅故居、百团大战纪念馆和纪念碑、大寨纪念馆等革命传统教育基地。到阳泉市人民检察院警示教育基地接受廉政教育，到阳泉市郊区下白泉村老年日间照料中心开展慰问活动，了解孤寡老人的生活情况，并送去慰问金。在“全国劳动模范”、桃林沟村党支部书记李乃珠陪同下开展新农村建设调研，并观看了桃林沟村发展历程专题片。在郊区检察院，调研团召开了座谈会，从队伍建设、司法体制改革等方面了解基层工作情况，并对郊区院检察工作提出了许多宝贵的意见建议。该次调研实践由最高人民检察院机关团委具体负责组织，人员分别来自最高人民检察院、国家工商总局、国家气象局、中国社会科学院、中国建设银行总行。

2017 年 3 月，郊区院干警魏振泽撰写的《如何提高不批准逮捕理由说明书制作水平》，在阳泉市法学会组织的第三届法治论坛主题论文评选活动中获得一等奖，其撰写的其余三篇论文分获二、三等奖。

同 4 月 14 日，郊区院案管部门牵头组织开展了第一期学习研讨会，学习阳泉市检察院下发的《阳泉市人民检察院关于落实司法责任制的实施意见》《检察委员会权力清单》等司法改革文件。与会人员就案件分配、办案业务量、办案组织等内容进行了充分的讨论，认为以司法责任制为核心的司法改革，是检察机关办案机制的重大改革，目标是健全司法办案组织，科学界定内部司法办案权限，完善司法办案责任制体系，构建公正高效的检察权运行机制和公平合理的司法责任认定追究机制。郊区院党组高度重视司法改革工作，成立了领导组，安排部署改革工作，组建 10 个办案组织，2 个办案工作组，员额检察官全部充实办案一线岗位，案管部门还专门制作 PPT，供学习研究讨论使用。

是年 11 月，阳泉郊区检察院检察长严志勇作为全市检察系统代表，在上海参加“激发保护企业家精神、促进企业依法合规经营”法治论坛，并在会上做经验交流发言，其依法维护民营企业权益、服务民生事业的主旨论文和经验，受到大会推崇和推广。郊区院高度重视检察理论研究工作，通过成立组织机构，评比奖励等措施，鼓励干警积极撰写调研文章，并将该项工作纳入年度目标考核，要求干警在办案的同时注意收集典型案例，通过深入细致的调查研究，形成了一批具有指导意义的研究成果，并在各级各类评选活动屡获荣誉，推动了检察理论研究工作不断取得新进展。

2018 年 7 月 18 日，阳泉郊区检察院下发阳郊检发〔2018〕16 号文件《2018 年度“大调研”工作实施方案》，对全面贯彻落实阳郊检发〔2018〕14 号文件作了具体安排。要求全院干警立足经济社会发展大局，聚焦检察监督主责主业，紧扣检察改革重点、热点、难点开展“大调研”活动，进一步厘清新时代对检察工作提出的新要求，搞清制约检察工作发展的根本性、关键性问题，搞清当前工作中存在的突出问题和困难，搞清解决这些问题的路径、方法和措施，着力拓宽新时代郊区检察工作转型发展的思路和途径，科学确定检察机关服务保障改革发展大局的方法和重点，为推动检察工作持续健康发展提供决策参考依据。

同年 8 月 14 日，阳泉郊区法院召开审判委员会，讨论研究一起解除强制医疗案件，区检察院检察长严志勇列席会议并发表检察意见，这是区检察院检察长首次列席区法院审委会会议。严志勇检察长对检察院列席人民法院审判委员会会议作了详细阐述：一、最高人民检察院和省检察院检察长，于日前分别首次列席最高法院审判委员会和省高院审判委员会，带头践行这一制度，对重大疑难案件共同研究将成为常态化、实质化的举措，对于充分发挥检察机关与审判机关共同维护法律权威、提高司法公信力的职能作用具有重要意义。二、检察长列席同级法院审委会，是贯彻党的十九大精神和习近平新时代中国特色社会主义政法思想、维护司法公平公正的具体行动，是中国司法制度的重要特色，是检察机关履行法律监督职责、确保司法公正的一个有效途径，也是近年来推进司法改革的一项重要内容，目的是与审判机关一道共同维护法律权威、提高司法公信力，切实把习近平总书记关于“让人民群众在每一个案件中都感受到公平正义”的重要指示落到实处。三、检察长列席同级人民法院审判委员会，既是法律赋予检察机关的一项十分重要的法律监督职能，也是深入推进司法体制改革的重要步骤，有利于提高司法决断的透明度和公正性。四、审判机关与检察机关在司法活动中加强交流，积极探索审判监督多元化发展的有效途径，对今后司法工作具有标志性意义。在该次人民法院审判委员会会议上，法、检两院就案情进行了充分深入讨论。

同年8月31日下午，阳泉郊区检察院刑事检察部副部长魏振泽受邀到阳泉公安局郊区分局，就办案取证、刑事诉讼改革、扫黑除恶专项斗争中如何认定黑恶势力三方面内容进行法制专题讲座。魏振泽结合自身经历，以以往办案实践为案例，详细讲解盗窃罪、故意伤害罪、诈骗罪及其他常见罪名间的区别，逐案分析取证标准、认定核心、法律的最新要求，对黑恶势力的概念、危害特征及犯罪行为作了详细讲解。

是年，为切实提高检察技术队伍专业水平及动手实践能力，高检院检察技术信息研究中心开展第二届全国检察机关信息化网上轻应用作品征集活动，经严格筛选推荐和初步审查评议，阳泉郊区检察院开发的《检察笔录系统》成功通过审核。该作品由郊区院技术队伍创作开发，是一款专为检察机关设计的，集录入、打印、数据管理于一体的电子笔录系统。郊区院党组对此次网上轻应用作品征集活动高度重视，在技术力量、方案制定、应用研发等前期筹备方面做了大量工作。此次通过初审评议的共有26个省43支开发团队，山西省检察机关仅有阳泉郊区检察院通过审核，成为全省唯一入选团队。

是年，阳泉郊区检察院紧紧围绕关系人民群众切身利益的实际问题，找准调研切入点、着力点和突破口，就如何服务保障打好“三大攻坚战”、构建新时代检察监督新模式、打造过硬检察队伍等重点问题开展调研，按照《“四大活动”实施意见》中“抓好重点、难点、亮点工作调研”要求，结合当前全院检察工作实际，明确了院领导牵头主持的9个调研课题，采取多种方式紧紧围绕人民群众在民主、法治、公平、正义、安全等方面的新需求，认真思考检察工作面临的机遇和挑战；围绕理论热点、实践难点、办案重点，多层次、多方位、多渠道地调查，了解制约和影响新时代检察工作发展的短板和不足，积极探求行之有效的破解之策和应对举措。制定出台了《阳泉市郊区人民检察院“支持和服务企业家创新创业营造良好法治环境”工作方案》和《关于加强检察机关与工商业联合会联系协作共同服务企业家创新创业营造良好法治环境相关工作的安排》，充分发挥检察职能作用，努力营造依法保护企业家合法权益的法治环境，增强企业创新创业活力。院领导分别走访固庄煤矿、鑫盛瓷业有限公司、杨树沟耐火厂、晋盛源石油压裂支撑剂有限公司、天隆净水材料有限公司等企业，征集意见建议11条、积极宣传检察工作，帮助固庄煤矿与政府沟通协调解决职工家属区“三供一业”（供水、供气、供暖和物业管理同企业分离，笔者注）分离移交等问题，切切实实地为企业办实事，收到良好的社会效果。

第四章 劳动竞赛和争先创优

1980年，新成立的阳泉市郊区检察院建立起针对干警的考评制度，按照本人的职责范围结合适用具体考核标准，对干警实行“每季一小评，半年一初评，年终一总评”，每年进行一次总体工作情况考核（特殊情况例外，可延长也可缩短），形成“比、学、赶、帮、超”的社会主义劳动竞赛。

1981年，阳泉检察院党支部被评为“区直机关先进党支部”，全院涌现出先进工作者14名，其中，副检察长白玉华被评为出席区机关和阳泉市的先进工作。赵玉珍、杨大巨、任义牛、王永志、高海平、甄秉铎、王艾昌、郑魁英、史润福、刘守忠、贾秋云、刘艳萍、胡德珍13名干警，被评为该院先进工作者。

1982年12月，阳泉郊区副检察长白玉华，被中共山西省委、山西省人民政府授予“全省政法系统先进个人”称号。

1985年6月，阳泉郊区检察院党组成员甄秉铎，被山西省委、山西省人民政府授予“全省政法系统先进个人”称号。

1987年，李爱贤被山西省人民检察院授予“先进工作者”称号。

1988年，阳泉郊区检察院评出县（区）级优秀公诉人4名，市级优秀公诉人1名。

1989年5月16日，阳泉郊区检察院为促进全院公诉水平的提高，根据省、市检察院优秀公诉人表彰会议精神，制定《关于开展评选优秀公诉人竞赛活动的实施方案》。并成立领导组，负责评选活动的总体领导；下设办公室，负责评选活动的具体实施，进行检查，督促指导工作。同时建立评比委员会，具体负责优秀公诉人的考核、选定。领导组组长由检察长苏密生担任，副组长为副检察长高秉明、史宝珠。评优工作一是从领导抓起，统一思想认识，把评优工作列入党组工作议事日程，并把评选工作当作队伍建设的一项重要工作抓紧抓实，领导带头办案，并出庭示范，以推动此项工作深入持久地开展下去。二是把评优工作作为一项考核干部、评比工作实绩的重要内容，严格要求，常抓不懈。三是抓庭前准备、庭上答辩，庭后评选。四是积极为评选工作创造条件，从人力、物力上给予支持，从精神上给以鼓励，使评优工作顺利进展。五是对评选出的优秀公诉人进行表彰和物质奖励。全年进行观摩庭评选2次，示范庭评选4次，组织案件研讨会12次，跟庭考核20次，评查文书58份。经过严格的考核，评选出区级优秀公诉人4名，占全院参诉人数的57.1%；选出市级优秀公诉人2名，占参诉人数的30%。开展优秀公诉人评比竞赛活动，不仅调动了检察干部钻研业务知识的积极性，而且有效地促进了办案质量和工作水平的普遍提高，推动了刑事检察工作的开展。

是年12月，阳泉郊区检察院被山西省人民检察院评为“全省检察系统先进集体”。

1989年，阳泉郊区检察院有15人被省、市、区评为先进个人，3个科室被评为先进集体，该院被山西省人民检察院评为先进集体。此外，有2人被评为市级优秀公诉人，其中1人，被推荐参加省级优秀公诉人评选活动。

1991年，阳泉郊区检察院以服务经济建设为中心，在“两打”（严厉打击经济犯罪和严厉打击刑事犯罪）斗争和各项检察业务工作，广大干警兢兢业业，任劳任怨，涌现出2个先进集体和12名先进个人。12月30日，该院下发阳郊检发字〔1991〕第12号文件，给予表彰。先进集体为刑事审判检察科、法纪检察科。先进个人为高秀瑾、史如斌、杨培龙、田江华、崔丽娟、张福明、段江涛、贾俊敏、郑魁英、王根贵、史瑞来、杨森斌。

1993年，该院结合行业特点，在中共党员中继续开展争先创优夺红旗竞赛活动。一是认真组织党员学习贯彻中共十四大精神，加强党员的思想教育工作，充分调动全体党员的积极性和创造性，为推动全区经济上新台阶做贡献。二是认真转变职能，增强为经济建设服务的自觉性。党组书记、检察长苏密生每月有三天至四天的时间下乡调研，同时还组织党员领导干部开展3次大型调研活动，同基层单位负责人、厂矿长、经理等座谈，听取他们对检察工作的意见，撰写调研报告2份，探讨新形势下检察工作如何为经济建设服务，如何为经济建设保驾护航。三是把争先创优夺红旗活动向检察工作紧密结合起来，要求党员在各自的岗位上起模范带头作用，争做“优秀侦查员”“优秀公诉人”和“模范干警”，为建成“红旗党支部”做出自己的贡献。四是组织党员开展向“希望工程”和中华女子学院捐款的活动，进一步激发全体党员全心全意为人民服务的思想，1月，该院中共党员即向希望工程捐款200元，向中华女子学院捐款165元。

1993年，阳泉郊区检察院大力开展“争先创优”活动，涌现出一批秉公执法、清正廉明、无私奉献的先进人物和集体。有1个集体、1名个人，被授予省检察系统先进集体、先进个人光荣称号，3个集体，8名个人，受到中共阳泉市委政法委和阳泉市检察院的表彰，3个集体、15名个人受到区委、区政府和本院的奖励。刘双富被山西省人民检察院和山西省税务局授予“税务检察先进工作者”称号。

1995年1月10日，经该院党组研究决定，对在1994年度工作中成绩突出的经济检察科、法纪检察科、刑事审判检察科、监所检察科4个“先进集体”，郑魁英、王来所、史淑君、高秀瑾、马满喜、史如斌、杨培龙、张福明8名“先进个人”给予表彰奖励。

1995年5月，为贯彻落实市人民检察院提出的深入开展侦破大要案件立功竞赛和争创优秀公诉人、优秀侦查员、优秀检察官、优秀工作者活动的实施方案，建立有效的激励机制，强化竞争意识，营造“争立功、创四优”的生动活泼社会主义劳动竞赛氛围，阳泉郊区检察院制定《关于深入开展侦破大要案件立功竞赛和争创“四优”活动的试行实施方案》。评审领导组由检察长郭和担任组长，副检察长由政治协理员史先龄担任。成员为副检察长史宝珠、李爱贤和办公室主任高秀瑾担任。

一、评选范围：侦破贪污贿赂万元（县处级）大要案件、徇私舞弊、枉法裁判案件的检察人员，其中，优秀公诉人在刑事审判检察科、助理检察员以上担任出庭任务的人员中评选。优秀检察员从经济检察查科、（税务检察室）、法纪检察科助理检察员以上的人员中评选。优秀检察员在刑事侦查检察、监所检察、民事行政检察、控告申诉检察员中评选。优秀工作者在上述2、3、4项评选范围以外的检察干警中评选。

二、公共条件：具有一定的马克思列宁主义、毛泽东思想基本理论水平，有较高的政治思想觉悟，严格执行国家法律、法令，勤奋工作、认真负责、廉洁自律、团结干警、积极参加全区组织的各项活动。

三、优秀公诉人评选条件：严格依法办案，坚持原则，严把定性关，实事求是，不徇私情，所办案件符合法定程序，案件准确率达100%，所受理案件年底结案率要达到98%，坚持自己所办案件自己必须出庭；法律文书制作规范、整齐、符合要求，阅卷笔录认真详细清楚。公诉词、答辩提纲完备、质量高。宣读起诉书和公诉词时，严肃认真、表达清楚、准确。公诉词说理透彻、结构严谨、针对性强、客观全面，能体现出揭露犯罪，宣传法制、教育群众的社会效果；在法庭辩论中，准确地把握辩论焦点，运用法制、依照法律规定进行答辩，答辩观点明确，证据充分，应变能力较强；组织纪律观念强，遵守纪律，无违法乱纪现象，遵守各项规章制度，全年出勤不得低于全年全院平均出勤日。

四、优秀侦查员条件：有较高的侦查业务水平、所办案件事实清楚、证据确实充分，适用法律条款准确、程序合法，法律文书齐全、规范，无错案和法律文书不高的案件，案件准确率达到100%；经济、法纪检察的人员须办结1件以上大案，本人所办案件必须高于本科人员平均查办案件数，所办案件必须服从领导分配，绝不能挑肥拣瘦，结案率达到95%；遵守纪律、无违法乱纪现象，遵守各项规章制度，全体出勤不得低于全年全院出勤日。

五、优秀检察员条件：坚持原则、文明办案、不徇私情、不谋私利，办案质量高，工作效率高，在全院的各项工作中能起模范带头作用；所办案件在本科室的最高数，所办案件结案率达98%。无错案，准确率必须达到100%，所办案件必须高于办案平均数；遵守纪律、无违法乱纪现象，遵守各项规章制度。全年出勤不得低于全年全月平均出勤日。

六、优秀工作者条件：积极配合院务工作，尽职尽责完成本职工作，保密文书、统计、档案、信息、车辆使用工作在本行业中居先进。组织纪律观念强、无违法乱纪现象，遵守各项规章制度，全年出勤不得低于全年全院平均出勤日。

七、评选方法及要求：采用民主集中制的评选方法，半年进行初评。年终进行总评。方法上，依据“四优”条件和本人所做工作，半年和全年都是以科室为单位，进行自我测评。半年初评的人员各科室报院评审领导组。年终科室推选出符合条件的同志在全院大会上评议，采取民主测评，最后院党组决定。向省级、市级检察机关选送的“四优人员”，必须在全院“四优”人员中民主推荐产生。

表彰奖励：凡由市院颁发立功书和证章、记三等功的个人，发给奖金 300 元；凡评为省、市级“四优”个人，分别奖发现金 200 元、150 元；凡评为本院“四优”人员奖发现金 100 元。

是年，阳泉郊区检察院党支部组织党员和干警，积极参加区直机关党委“争先创优夺红旗”竞赛活动，争创先进支部、红旗支部，要求党员和入党积极分子在开展侦破大要案件立功竞赛和创四优活动中，争创优秀公诉人、优秀侦查员、优秀检察员、优秀工作者。全年共有 7 名干警被评为“模范干警”，3 名干警被评为“模范干部”，1 名干警受到山西省人民检察院通令嘉奖，3 个科室被评为“先进集体”。张福明被山西省人民检察院和山西省税务局授予“税务检察先进工作者”称号。

1996 年 1 月 2 日，根据《中华人民共和国检察官法》和《检察官考评委员会组织章程》，阳泉郊区检察院决定设立阳泉市“检察官考评委员会”，检察长郭和任考评委员会主任，副检察长史宝珠、李爱贤，政治协理员史先龄任副主任。同时，该院大力开展争先创优工作活动，激励干警争当“优秀侦查员”、“优秀公诉人”、“办案能手”，涌现出一批秉公执法、清正廉洁、无私奉献的“先进个人”。批捕科、起诉科被评为阳泉市“打团扫恶”先进集体。副检察长史先玲在“打团扫恶”专项斗争中成绩突出，被中共山西省委、山西省人民政府给予嘉奖；起诉科科长田江华被评为阳泉市的“打团扫恶”先进个人，荣立三等功。有三名干警被评为阳泉市“打团扫恶”先进个人。有 3 个科室、8 名干警分别出席“打团扫恶”先进集体和先进个人表彰大会。是年，全院评出“先进集体”3 个和一批“优秀侦查员”、“优秀公诉人”、“办案能手”、“模范工作者”。

是年，按照阳泉市检察院安排，对本院检察官进行考评，共评出优秀检察官 4 名，其余 27 名干警均属称职。

1997 年 3 月 10 日，阳泉郊区检察院党组下发阳郊检组字〔1997〕5 号《关于向史先玲等六名优秀检察官学习的决定》，6 名检察官分别是史先玲、田江华、王来所、张福明、王瑞明、史如斌。文件要求全院干警学习他们坚持以邓小平建设有中国特色的社会主义理论为指导，政治上与中共中央保持一致的坚强党性，学习他们以身作则、埋头苦干的工作作风；学习他们认真学习、钻研业务的刻苦精神；学习他们严于律己、清正廉洁、秉公执法的职业道德；学习他们团结同志、谦虚谨慎的优良品格，在新的一年里，更加深入扎实，有效地开展查办贪污、贿赂、徇私舞弊等职务犯罪大案要案工作，推动反腐败斗争向纵深发展，持之以恒地开展“严打”斗争，维护社会持续稳定；全面开展执法监督工作，严格执行修改后的刑事诉讼法，坚决打击各种刑事犯罪活动，秉公执法，依法办案，进一步加强精神文明建设，建设高素质的检察队伍，努力开创检察工作的新局面。

是年，该院大力开展争先创优活动，涌现出一批成绩突出的“先进集体”和秉公执法、清正廉明、勇于奉献的“先进个人”，起诉科被评为出席省、市检察系统“先进集体”，1名干警被评为出席省检察系统“先进个人”，1名干警被评为阳泉市检察系统“十佳检察官”，5名干警被评为出席市检察系统“先进个人”，6名干警被评为“优秀检察官”，1名干警被评为区机关党委的“优秀党员”，1名干警被评为“职业道德岗位标兵”。有4个科室，18名干警被分别评为全院的“先进集体”和“先进个人”。

1998年1月23日，阳泉郊区检察院对1997年度各项工作中涌现出的秉公执法、廉洁自律、钻研业务、努力工作、苦干实干、乐于奉献4个“先进集体”、18名“先进个人”进行表彰和奖励。并要求全院干警以“先进集体”和“先进个人”为榜样，团结一致、扎实工作、严格执法、狠抓办案、加强监督，为社会稳定、经济发展再创业绩，再做贡献。“先进集体”为刑事侦查检察科、刑事审判检察科、办公室和法纪检察科。“先进个人”为李爱贤、史先玲、王来所、张文芳、王端明、田江华、高秀瑾、郑魁英、史淑君、王权政、张福明、史如斌、杨建民、杨培龙、马满喜、贾俊教、段罐东、王巨民。

1998年2月9日，王瑞明被中共阳泉郊区委员会和区人民政府授予“劳动模范”。2月10日，阳泉郊区检察院刑事审判检察科被授予全市检察系统“先进集体”，张文芳荣获全市检察系统“十佳检察官”称号，王来所、高秀瑾、张福明、王瑞明、杨建民被评为全市检察系统“先进个人”。是年，经济检察科、审查起诉科、办公室3个单位被评为该院“先进集体”。史先玲、王来所、张文芳、王瑞明、田江华、高秀瑾、郑魁英、史淑君、王权政、杨培龙、马满喜、贾俊敏、段耀东、王巨民、刘丙生等15人被评为该院“先进个人”。高秀瑾被山西省人民检察院授予“五好检察官”，被中共山西省委政法委授予“人民满意干警”。

1999年，阳泉郊区检察院3个集体、13名先进个人受到该院党组表彰奖励。“先进集体”为办公室、反贪局、起诉科；先进个人为周秀萍、段耀东、史保龙、田长春、王学军、张保亮、郑魁英、崔丽娟、张文芳、李建华、高秀瑾、马满喜、张福明。

2000年1月，阳泉郊区检察院被阳泉市郊区精神文明建设指导委员会命名为“文明单位”专项奖励。被阳泉市人民检察院命名为1999年度全市检察机关“学创”活动“先进集体”专项奖励。被阳泉市委市政府命名为“先进集体”。山西省人民检察院命名为“五好检察院”专项奖励。连续三年被市、区综治委评为社会治安综合治理优胜单位。

是年，批捕科、办公室、起诉科3个单位被评为该院“先进集体”，李建华、马满喜、李礼存、崔丽娟、王巨民、田长春、王根贵、张保亮、张福栓、刘丙生、贾俊敏、史如斌、史丽芳13人被评为“先进个人”。

2001年，杨培龙被山西省人民检察院授予“五好检察官”。

2002年，反贪局、办公室、侦查监督科、民事行政检察科4个单位被评为该院本年度“先进集体”。张保亮、田长春、王根贵、郑魁英、史保龙、王学军、王建文、刘丙生、周秀萍、李建华、安娜、赵晓伟12人被评为本年度“先进个人”。郊区检察院在全区劳动模范表彰奖励大会上，被授予“红旗单位”

2003年2月17日，阳泉市郊区检察院被区授予“十佳红旗单位”。6月23日，阳泉郊区人民政府副区长郭少敏，区人大常委会副主任兼区总工会主席郭善祥，区总工会副主席刘玉珠等，受阳泉市劳动竞赛委员会的委托，向郊区检察院颁发集体“三等功”牌匾。

8月5～6日，全省政法队伍建设经验交流会在运城召开，该院被授予“全省政法队伍建设先进集体”称号。9月8日下午，郊区检察院牛慧、安娜两名选手，在全市检察机关“强化法律监督，维护公平正义”演讲比赛中，双双获得三等奖。9月29日，郊区政法系统举行学习贯彻“三个代表”重要思想演讲比赛。郊区检察院参赛选手牛慧获得第一名。

是年，该院对统计、档案、信息、宣传、人大联络等工作进行规范，制定相应的措施，进一步完善了规范化建设内容，在全省“规范化示范检察院”验收中，以优异成绩顺利通过省检察院的检查验收。有2名干警受到市级表彰，7人受到区委、区政府表彰。史淑君被中共山西省委政法委、山西省综合治理委员会授予“严打整治先进工作者”；李建华2003年，山西省人民检察院给予嘉奖。该院先后被中共阳泉郊区区委、区人民政府授予“红旗单位”，被区劳动竞赛委员会授予“集体三等功”，被区政法系统党委授予“先进基层党组织”，被市委市政府授予“严打整治斗争集体二等功”单位，被省政法委授予“政法队伍建设先进集体”荣誉称号。

2004年1月，在全市检察系统业务考核中，郊区检察院各项业务均名列全市检察系统前茅。其中公诉科、民事行政检察科、渎职侵权监察科、监所检察科、办公室、法警队等6个科室获全市检察系统第一名。

2004年12月3日，以山西省检察院政治部基层处处长孙晋枝为组长的省检察院评选全省“先进检察院”考核组一行三人，在阳泉市检察院政治部主任杨振田、副主任石文亮陪同下，对郊区检察院各项检察工作情况进行考核。党组成员、政工科长高秀瑾代表阳泉郊区检察院就检察业务建设、检察队伍建设、检察保障及信息化建设、检察管理机制建设和检察形象建设等五个方面取得的成就,向省检和市检领导作汇报,检察长张建国进行重点补充。

是年 12 月 7 日，以山西省检察院法警总队总队长马锐生为组长的省检察院评选全省“先进法警队”考核组一行四人，在阳泉市检察院法警支队支队长黎广胜陪同下，对郊区检察院的法警检察工作情况进行考核。法警大队大队长张满良就法警业务建设、法警队伍建设、法警检察保障、法警管理机制建设和法警形象建设五个方面，向省检和市检领导作工作汇报。

是年 阳泉市郊区人民检察院被山西省人民检察院授予“基层检察院建设规范化管理示范院”荣誉称号。另有 1 名干警受到省级表彰，5 名干警受到市级表彰，3 名干警受到区委、区政府表彰，该院第四次被中共郊区区委、区政府评为“红旗单位”。

2005 年, 阳泉郊区检察院先后被山西省人民检察院授予“先进基层检察院”和“规范化管理示范院”，有 7 名干警受到市级以上表彰奖励，检察长张建国被山西省人民检察院授予“先进个人”。该院第五次被中共阳泉市郊区委员会和郊区人民政府授予“红旗单位”，全院整体形象得到进一步提升。

2006 年 1 月 19 日，阳泉郊区检察院召开 2005 年度总结表彰大会，阳泉市人民检察院党组成员、政治部主任邓百福，中共阳泉市郊区区委常委、政法委书记王如生，郊区人大常委会副主任曹玉平，郊区政协副主席葛军义，院党组全体成员和全体干警参加会议。检察长张建国从四个方面对 2005 年工作作全面总结。副检察长李爱贤宣读该院党组对办公室等 3 个“先进集体”和李建华等 15 名“先进个人”的表彰决定。阳泉市检察院党组成员、政治部主任邓百福充分肯定郊区检察院 2005 年在规范化建设、后勤保障和“两房”建设等方面取得突出成绩，希望郊区院作为全市唯一的省级规范化管理示范院，一要“抓班子、带队伍、出成绩”，提高全体干警业务素质；二要加强干警政治思想建设；三要 2006 年的工作要做出更大成绩。郊区区委常委、政法委书记王如生要求该院强化服务、服从大局意识、法律监督意识和自身建设。

2007 年，杨培龙被阳泉市劳动竞赛委员会荣记个人一等功，被中共阳泉市委政法委授予“优秀政法干警”。

2008 年, 阳泉郊区检察院大力加强检察文化建设, 积极开展创建文明和谐单位、争创全国先进检察院等争先创优活动，以及纪念检察机关恢复重建 30 周年等活动，激励广大检察人员立足本职岗位建功立业，创造一流成绩。

同年 1 月 9 日，该院召开 2007 年度总结表彰大会。贾建胜检察长对 2007 年度的工作作了全面总结，并对 2008 年的工作作了具体部署。院党组对在 2007 年度工作成绩突出的控告申诉科、政工科、侦查监督科 3 个“先进集体”和赵晓伟、王建文、史丽芳、田长春、牛慧、贾军敏、李俊涛、王艳明、刘丙生、王巨民、张满良、李建华、安娜、梁海景、赵玉秀 15 名“先进个人”，进行了表彰奖励。阳泉市人民检察院党组成员、副检察长孟祥智出席表彰大会，要求郊区院在今后的工作中要进一步提升一流意识、形象意识、公正意识和科技意识。区委副书记、区长杨勇在肯定郊区检察院2007年取得的成绩的同时，对今后工作提出新的要求。

同年3月，阳泉郊区检察院驻郊区看守所检察室被最高人民检察院授予“二级规范化检察室”称号。该院信访接待室，被山西省人民检察院授予“省级文明接待室”称号。该院连续七年，荣获郊区“红旗单位”称号，被阳泉市劳动竞赛委员会荣记二等功，被推荐为“全市最佳和谐文明单位”称号，人民监督员办公室、司法警察大队、反渎职侵权局，被推荐为全省检察工作“先进集体”。段耀东被山西省人民检察院授予“先进个人”称号；崔丽娟被山西省人民检察院授予“全省检察机关民事行政检察工作先进个人”称号，被阳泉市妇女联合会授予“三八红旗手”称号。是年，该院在全市基层院考核中再次名列前茅。

2009年1月16日，阳泉郊区检察院召开2008年度总结表彰大会。阳泉市人民检察院党组副书记、副检察长杨璋年，中共郊区区委副书记刘红霞，郊区人大常委会主任王梦贺，郊区政协主席要宜为，郊区政府副区长郭斌出席表彰大会，部分人民监督员及全院干警参加会议。大会对3个“先进集体”和20名“先进个人”给予表彰，并代表最高人民检察院，向从事检察25年以上的6名干警颁发了荣誉勋章。

同年，阳泉郊区检察院有6个集体、5名个人，受到省、市、区级表彰和奖励，2月份，该院被最高人民检察院授予第三届“全国先进基层检察院”称号，连续两届蝉联“全国先进基层检察院”荣誉称号，并被山西省人民检察院授予“全省先进基层检察院”称号和“全省检察机关人民监督员监督案件先进单位”称号，被中共阳泉市委政法委和阳泉市精神文明建设指导委员会授予“公正执法二星级单位”称号和“最佳文明和谐单位”称号，被郊区综治委授予“平安单位”称号，反渎职侵权局被山西省检察院授予“办案标兵先进单位”称号，公诉科分别被中共阳泉市委政法委和阳泉市劳动竞赛委员会授予“执法为民先进集体”，并荣记“集体一等功”，办公室被阳泉市劳动竞赛委员会荣记“集体三等功”。在阳泉郊区三级干部暨劳模表彰会上，该院被中共阳泉市郊区区委和区政府授予“红旗单位”，连续九年获得“红旗单位”称号。

2010年，阳泉郊区检察院先后有7个集体8名个人，受到各级各类表彰和奖励。连续9年被中共阳泉郊区区委、区政府授予“红旗单位”称号，反渎职侵权局被山西省检察院授予“全省办案先进单位”称号，驻郊区看守所监察室被最高人民检察院授予“二级规范化监察室”。李建华被山西省人民检察院授予“全省检察机关反渎职侵权办案先进工作者”“侦查组织指挥和侦查办案先进个人”称号，其摄影作品入选中国平遥国际摄影大展并获优秀奖。贾建胜检察长被山西省精神文明建设指导委员会授予“精神文明建设先进工作者”称号，在2010年度全市检察工作考核中，郊区检察院连续4年名列前茅。

2011年1月20日上午，阳泉郊区检察院召开2010年度总结表彰大会，阳泉市检察院副检察长刘振斌，郊区政法委书记王如生，郊区人大副主任王可剑，副区长田进勇，区政协副主席王振涛应邀参加，部分人民监督员及全院干警参加会议。大会表彰了4个“先进集体”和21名“先进工作者”。贾建胜检察长总结回顾了2010年的工作，对2011年的工作作出安排部署。刘振斌希望郊区院继续发扬好的传统，坚持运用好的方法和经验，努力工作，再创佳绩。王如生对该院过去一年的工作给予充分肯定，并对今后的工作提出“学为先”“勤为本”“廉为要”“和为贵”四点要求。

2012年3月2日下午，阳泉郊区检察院召开2011年度总结表彰大会，一是传达山西省检察院检察长杨司在全省检察长会议上讲话和全省检察长会议精神，要求全院干警认真学习领会，坚决抓好落实。二是总结该院2011年度工作，表彰在上年度工作中涌现出来的“先进集体”和个人。三是安排部署本年度工作：努力提高服务大局的意识和水平；更加努力地推进三项重点工作；提升检察队伍素质能力和执法公信力；持续加强检务保障能力；不断健全制度和机制建设，强化内部监督；大力弘扬和建设检察文化。

2013年2月，中共阳泉郊区委员会、郊区人民政府授予该院“2012年度”“先进集体”。

2014年，阳泉郊区检察院各项检察工作均都取得新进展，检察形象得到新提升，全院有9个集体和5名个人获得区级以上表彰，反贪污贿赂局荣获市政法委第七届“双十佳”提名奖，公诉科、控申科和2名干警分别被市院授予“阳光检察集体”和“阳光检察官”，1名干警获全市公诉人职业能力比赛第二名。

2015年，阳泉郊区在最高人民检察院举办的“全国检察机关统一业务应用系统理论与实务研究”征文活动中，阳泉郊区院干警荣获优秀奖，1名干警入选山西省检察机关统一业务应用人才库。全年有5个集体和15名干警，受到区级以上表彰奖励。该院被山西省人民检察院授予“科技强检先进院”和“案件管理工作示范院”光荣称号，连续12年保持市级文明单位光荣称号，反贪污贿赂局被区委区政府授予“模范集体”光荣称号。

是年，阳泉郊区检察院认真落实山西省检察院和阳泉市院检察安排部署，以统一业务应用系统和案件信息公开系统上线运行为契机，全面加强案件管理工作，不断强化对司法办案活动的内部监督制约，积极推进司法规范化建设，有效提升了办案质量和效率。4月28日，在全省检察机关案件管理工作会议上，该院被确定为“全省检察机关管理示范院”。为推动全省检察机关案件管理工作实现均衡发展，山西省人民检察院决定确定13家基层院为案件管理工作联系点，郊区院是阳泉市唯一被确定为示范院的基层院。

2016年1月，全省检察机关科技强检先进院评选结果揭晓，郊区院荣获“全省科技强检先进院”荣誉称号。是全市唯一获此殊荣的基层检察院。多年以来，郊区院认真贯彻高检院科技强检战略部署和省、市院要求，紧紧围绕检察中心工作，以服务执法办案为核心，以深化检务公开、提升司法公信为重点，坚持思想引领、需求导向、突出应用、真抓实干，不断提升检察工作中的科技含量，取得了明显成效。郊区院科技强检工作在全市基层院中做到“三率先”、迈出“三大步”：2013 年，率先完成集拼接屏显示、高清审讯、高清监控、审讯指挥和无线电干扰五大系统为一体的高标准办案工作区，成为全市信息化建设亮点单位。2014 年，率先完成律师电子阅卷系统，成为涉密信息系统分级保护工作的排头兵。2015 年，率先启动电子证据实验室建设，并将科技强检工作作为重要抓手，强化制度机制和基础设施建设。当前，全院上下正在努力以全新的观念、科学的态度和求真务实的工作作风，不断增强检察工作科技含量，积极适应社会发展的需要，全面推进检察事业的发展，使科技强检工作迈上一个新的台阶。

同年 3 月，该院下发阳郊检党组字〔2016〕第 3 号文件，对 2015 年度各项工作做出突出贡献的单位和个人予以表彰。“先进单位”3 个：政治处、公诉科、侦查监督科。“先进个人”14 名：王艳明、聂玲莉、刘保荣、孟秀红、郑志明、刘浩、薛雪霞、田瑶、谢文向、王立丽、王文燕、胡海燕、杜琳、王晓宇。

同年 9 月 27 日，郊区人民检察院全体党员干警集中观看“党员先锋行”先进人物事迹报告会，并交流了各自学习心得体会。报告会采取报告团成员宣讲、专题视频展示等形式，用朴实的语言、真实的画面，生动诠释了全国检察机关先进个人王拥政、全国检察系统业务标兵王海军、优秀挂职干部董新宇三位在平凡的岗位上做出不平凡的业绩。他们联系自己的思想、工作实际作了生动感人的事迹报告，把抽象的先进标准转化成了具体的先进样本，使大家受到心灵上的一次洗礼，思想上的一次震撼。省检察院检察长杨司要求全省检察机关要把学习先进事迹和当前的“两学一做”学习教育相结合，要认真学习他们严谨认真、脚踏实地的优良作风，学习他们开拓创新、知责尽责的拼搏精神，学习他们爱岗敬业、恪尽职守的检察职业操守，立足本职，积极作为，为检察工作创新发展作出新的更大贡献。参会干警一致认为，王拥政、王海军、董新宇集中体现了新时期检察干警的良好精神风貌和优秀品质，体现新时期共产党员爱岗敬业、奋发有为、无私奉献的先进性。当前，开展“两学一做”专题教育，就必须以这三位干警为榜样，学习他们的先进事迹和崇高精神，要从三个方面去努力：一是坚定信念不动摇。作为一名党员干部，要对党忠诚，树立坚定的理想信念和追求，不断加强自身基础理论修养、政治立场修养、思想意识修养、组织纪律修养，牢固树立司法良知，在大是大非面前保持政治定力，坚决执行中国共产党政策和国家法律。二是敢于担当善作为。始终坚持以事实为依据、以法律为准绳，在办案中不得以任何理由突破法律底线，坚决排除权力、金钱、人情等一切法外因素的干扰，确保按规则、按制度、按规矩公开公正廉洁行使检察权力，以实际行动让人民群众切实感受到公平正义就在身边。三是一心为民不懈怠。坚持把“两学一做”与实际工作联系起来，真信笃行、做在实处；围绕广大人民群众普遍关心和涉及群众切身利益的问题履行检察职能，坚持边学习、边解决问题、边推进工作，把心思集中于本职，争创一流业绩。

是年，为进一步推进“阳光检察”工程，让更多的人了解检察职能，广泛展现检察干警风采，激发检察干警更好地投身检察宣传工作，在山西省检察院携手《检察周刊》举办的“优秀通讯员”评选活动中，阳泉郊区院王文燕凭借入选作品《制度+科技—— 保障律师权益》，进入前十名，获得此次全省检察机关“优秀通讯员”优秀奖，也是全市检察机关唯一一名获得奖项的通讯员。

2017年2月10日上午，阳泉郊区检察院召开2016年度总结表彰大会，检察长严志勇回顾总结上年工作，并安排部署2017年工作重点，会上表彰4个“先进集体”和25名“先进工作者”。同时被表彰的还有“两学一做”学习教育活动“先进集体”和“先进个人”。侦查监督科、民事行政检察科、刑事执行检察科被评为“两学一做”学习教育活动“先进集体”。田长春、魏振泽、穆爱民、李俊涛、石玉栋、刘保荣、郑志明、刘浩、薛雪霞、王立丽被评为“两学一做”学习教育活动“先进个人”。

12月下旬，郊区人民检察院被中共阳泉郊区区委、区政府授予“十佳精神文明单位”。该院始终坚持一手抓精神文明单位创建，一手抓执法规范化建设，并通过多样化的精神文明建设活动，走村镇、进学校、访社区，与群众面对面交流、心贴心服务，为文明执法、公正司法打下良好思想基础，有效地转变了工作作风，真正做到知民意、晓民情，以群众期盼为出发点，始终贯彻执法为民工作理念，切实增强群众获得感、满意度。

是年，阳泉郊区检察院坚持用先进文化塑造检察形象，重点突出先进典型的引领作用，开展“向身边人和身边事”学习活动，全院上下“学先进、敢担当、比奉献”蔚然成风。是年，郊区院门户网站被正义网、检察日报社网络信息中心评为“全国百佳检察门户网站”，民事行政检察部门承办的一起合同纠纷再审检察建议案，被高检院评为“基层检察院民事行政诉讼监督优秀案件”，刑事检察部门立案监督的全市首例污染环境案入选全市检察系统“砺剑杯”十大精品案例。该院被中共阳泉郊区区委、区政府授予“十佳精神文明单位”和“先进集体”荣誉称号，被确定为“两学一做”学习教育常态化制度化示范单位。魏振泽撰写的《如何提高不批准逮捕理由说明书制作水平》，在阳泉市法学会组织的第三届法治论坛主题论文评选活动中获得一等奖，其撰写的其余三篇论文分获二、三等奖。田江华撰写的《大部制下的捕诉合一如何完善自我监督》，在“2017年度全省检察机关优秀调研成果评选”中荣获三等奖。

2018年，阳泉郊区检察院分别被省院和中共阳泉郊区区委授予“党建工作创新单位”和“十佳精神文明单位”荣誉称号。7月2日，在中共建党97周年之际，为了弘扬正气、树立标杆，激励全院共产党员凝心聚力、砥砺奋进，经党总支推荐，阳泉郊区检察院党组下发阳郊检发〔2018〕13号文件，对田江华、王艳明、田长春、段耀东、魏振泽、邵鹏芳、郑志明、石玉栋等8名优秀共产党员给予表彰。号召全院共产党员和全体干警，始终坚持用习近平新时代中国特色社会主义思想武装头脑，以受表彰的优秀党员为榜样，筑牢“四个意识”，坚定“四个自信”，始终不忘初心，牢记使命，敢于负责、勇于担当、善于作为，做到干一行爱一行、钻一行精一行，要深刻领会新时代、新思想、新目标，以时不我待、只争朝夕、永立潮头的历史担当，为新时代郊区检察事业谱写新的篇章。

2019年8月13日，阳泉市郊区检察院举行“从检30年检察荣誉章颁发仪式”，为从事人民检察工作满30年的在职干警颁发荣誉证章，感谢他们在检察机关恢复重建40周年以来，为郊区检察事业做出的突出贡献，激励全院干警增强职业荣誉感和自豪感，不忘初心、牢记使命，积极推动郊区检察事业创新发展。颁发证章仪式由党组成员、常务副检察长刘双富主持。党组书记、检察长严志勇对获得荣誉证章的检察干警，对郊区检察事业做出的贡献给予高度评价和衷心感谢，希望全院干警以从检满30年的干警为榜样，传承爱检敬业、无私奉献的优良作风，团结拼搏、勇往直前，勇于担负起新时代赋予的历史使命，砥砺奋进展现检察人的新作为。获得从事检察工作满30年的干警为严志勇、刘双富、杨建民、王权政、田江华、贾俊敏、张培亮、李海棠。

阳泉市郊区人民检察院历年获奖情况一览表（1）

序号	级别	获奖时间	奖励名称	颁奖单位
1	国家级	2007.2	全国先进基层检察院	中华人民共和国最高人民检察院
2		2009.2	全国先进基层检察院	中华人民共和国最高人民检察院
3		2017.1	全国百佳检察门户网站	检察日报社网络信息中心
4		2017.12	全国基层检察院优秀诉讼监督案件	中华人民共和国最高人民检察院
5	省级	1997.12	山西省检察机关 集体三等功	山西省人民检察院
6		2000.1	“五好”检察院	山西省人民检察院
7		2002.1	人民满意的检察院	山西省人民检察院
8		2002.6	政法队伍建设 先进集体	中共山西省政法委员会
9		2003.1	二〇〇二年度反贪局、办公室、侦查监督科、民行科办案工作 先进集体	山西省人民检察院
10		2004.1	全省基层检察院规范化管理建设示范院	山西省人民检察院
11		2004.12	反贪办案工作先进单位	山西省人民检察院
12		2005.12	全省基层检察院规范化管理 建设示范院	山西省人民检察院
13		2005.1	先进基层检察院	山西省人民检察院
14		2006.12	2006 年全省反贪办案工作 先进集体	山西省人民检察院
15		2006.12	先进基层检察院	山西省人民检察院
16		2006.12	文明接待室	山西省人民检察院
17		2007.1	先进基层检察院	山西省人民检察院

阳泉市郊区人民检察院历年获奖情况一览表（2）

序号	级别	获奖时间	奖励名称	颁奖单位
18	省级	2008.3	一级规范化检察室	山西省人民检察院
19		2008.12	全省检察机关反渎职侵权 办案标兵单位	山西省人民检察院政治部
20		2009.1	全省先进基层检察院	山西省人民检察院
21		2009.2	办案标兵单位 反渎局	山西省人民检察院政治部
22		2009.2	全省检察机关人民监督员监督案件先进单位	山西省人民检察院
23		2009.3	先进单位 人民监督办公室	山西省人民检察院
24		2010.1	全省检察机关反渎职侵权先进办案单位 反渎局	山西省人民检察院
25		2010.6	集体组织奖（《山西省预防职务犯罪工作条例》知识问答）	山西省人民检察院
26		2012.1	全省检察机关“两房”建设 先进集体	山西省人民检察院
27		2012.4	优秀奖（廉政宣传短片）	山西省人民检察院
28		2015.3	案件管理工作示范院	山西省人民检察院
29		2015	全省检察机关统一业务应用 先进集体	山西省人民检察院
30		2016.1	科技强检先进院	山西省人民检察院
31		2018.7	“两学一做”学习教育党建工作创新奖	山西省人民检察院
32	市级	2000.1	一九九九年度全市检察机关“学创”活动 先进集体	阳泉市人民检察院
33		2000.1	一九九九年度全市检察机关“学创”活动“五好”检察院	阳泉市人民检察院
34		2000.2	“五好”检察院	阳泉市人民检察院

阳泉市郊区人民检察院历年获奖情况一览表（3）

序号	级别	获奖时间	奖励名称	颁奖单位
35	市级	2000.2	办公室 先进集体	阳泉市人民检察院
36		2000.5	学创工作先进集体	阳泉市市委市政府
37		2000.6	安全文明模范单位	阳泉市综治委
38		2002.3	阳泉市检察系统 集体三等功	阳泉市人民检察院
39		2002.11	精神文明单位	阳泉市市委市政府
40		2003.4	阳泉市郊区人民检察院 三等功	阳泉市劳动竞赛委员会
41		2003.11	全市严打整治斗争中荣立 二等功	阳泉市劳动竞赛委员会
42		2003.12	集体二等功	阳泉市市委市政府
43		2006.2	先进集体	阳泉市人民检察院
44		2006.2	先进集体	阳泉市人民检察院
45		2006.3	先进集体 民行科	阳泉市人民检察院
46		2006.11	全市检察机关司法警察“技能比武”擒敌拳 第二名	阳泉市人民检察院
47		2006.11	全市检察系统司法警员技能比武队 第三名 法警队	阳泉市人民检察院
48		2007.2	全市检察机关司法警察文艺汇演 优秀组织奖	阳泉市人民检察院
49		2007.4	模范单位	中共阳泉市委 阳泉市人民政府
50		2007.4	模范集体	阳泉市劳动竞赛委员会
51		2007.6	推进公证执法先进单位	中共阳泉市委政法委

阳泉市郊区人民检察院历年获奖情况一览表（4）

序号	级别	获奖时间	奖励名称	颁奖单位
52	市级	2007.11	文明单位标兵	阳泉市委市政府（文明委）
53		2008.1	下访巡防先进集体 控申科	阳泉市人民检察院
54		2008.1	司法警察文艺汇演一等奖	阳泉市人民检察院
55		2008.2	先进基层检察院	阳泉市人民检察院
56		2008.2	先进基层检察院 公诉科	阳泉市人民检察院
57		2008.2	反贪办案“百日大会战”先进集体	阳泉市人民检察院
58		2008.4	集体二等功	阳泉市劳动竞赛委员会
59		2009.2	执法为民先进集体 公诉科	中共阳泉市委政法委
60		2009.2	集体一等功 公诉科	阳泉市劳动竞赛委员会
61		2009.4	三等功	阳泉市劳动竞赛委员会
62		2009.4	集体三等功 办公室	阳泉市劳动竞赛委员会
63		2009.6	2008 年度公正执法 二星级单位	中共阳泉市委政法委
64		2009.11	国庆处置涉法涉诉信访工作 先进集体	中共阳泉市委政法委
65		2009.12	郊区人民检察院反贪污贿赂工作先进集体	阳泉市人民检察院
66		2009.12	最佳文明和谐单位	阳泉市委市政府
67		2010.3	2009 年度全市先进检察院	阳泉市人民检察院
68		2010.3	二〇〇九年度全市业务考核反渎职侵权工作第一名	阳泉市人民检察院

阳泉市郊区人民检察院历年获奖情况一览表（5）

序号	级别	获奖时间	奖励名称	颁奖单位
69	市级	2010.3	二○○九年度全市业务考核纪检监察工作第一名	阳泉市人民检察院
70		2010.3	二○○九年度全市业务考核职务犯罪预防工作第一名	阳泉市人民检察院
71		2010.3	二○○九年度全市业务考核办公室工作第一名	阳泉市人民检察院
72		2010.3	二○○九年度全市业务考核人民监督员工作第一名	阳泉市人民检察院
73		2010.3	全市先进检察院	阳泉市人民检察院
74		2010.7	二○○九年度公正执法 三星级单位	中共阳泉市委政法委员会
75		2010.12	郊区人民检察院反贪污贿赂局 先进集体	阳泉市人民检察院
76		2011.3	二○一○年度全市业务考核 监所检察工作第一名	阳泉市人民检察院
77		2011.3	二○一○年度全市业务考核 办公室工作第一名	阳泉市人民检察院
78		2011.3	二○一○年度全市业务考核 职务犯罪预防工作第一名	阳泉市人民检察院
79		2011.3	二○一○年度全市业务考核 侦查监督科工作第一名	阳泉市人民检察院
80		2011.3	二○一○年度全市业务考核 反渎局工作第一名	阳泉市人民检察院
81		2011.3	二○一○年度全市业务考核 人民监督员工作第一名	阳泉市人民检察院
82		2011.3	二○一○年度全市业务考核 行政装备工作第一名	阳泉市人民检察院
83		2011.3	二○一○年度全市业务考核 纪检组工作第一名	阳泉市人民检察院
84		2011.3	二○一○年度先进检察院	阳泉市人民检察院
85		2011.12	全市检察机关反渎职侵权工作 先进单位	阳泉市人民检察院

阳泉市郊区人民检察院历年获奖情况一览表（6）

序号	级别	获奖时间	奖励名称	颁奖单位
86	市级	2011.12	反贪办案“百日大会战”先进集体	阳泉市人民检察院
87		2012.3	二○一一年度全市业务考核职务犯罪预防工作 第一名	阳泉市人民检察院
88		2012.3	二○一一年度全市业务考核行政装备工作第一名	阳泉市人民检察院
89		2012.3	二○一一年度全市业务考核检委办工作第一名	阳泉市人民检察院
90		2012.3	二○一一年度全市业务考核案件管理工作第一名	阳泉市人民检察院
91		2012.3	二○一一年度全市业务考核办公室工作第一名	阳泉市人民检察院
92		2012.3	二○一一年度全市业务考核侦查监督工作第一名	阳泉市人民检察院
93		2012.3	二○一一年度全市业务考核检察政治工作第一名	阳泉市人民检察院
94		2012.6	阳泉市郊区人民检察院支部委员会 先进基层党组织	中共阳泉市委
95		2012.12	阳泉市郊区人民检察院侦查监督科 执法为民模范集体	中共阳泉市委政法委员会
96		2012.12	阳泉市郊区人民检察院侦查监督科 一等功	阳泉市劳动竞赛委员会
97		2013.8	市级文明单位	阳泉市文明委
98		2014.8	全市检察机关职业能力比赛团体第三名 公诉科	阳泉市人民检察院
99		2014.9	巾帼文明岗 案管中心	阳泉市妇联
100		2014.12	阳泉市政法干警“双十佳”提名奖 反贪局	中共阳泉市委政法委员会
101		2014.12	司法警察“大练兵”业务理论考核先进单位 法警队	阳泉市人民检察院
102		2016.4	模范职工之家	阳泉市总工会

阳泉市郊区人民检察院历年获奖情况一览表（7）

序号	级别	获奖时间	奖励名称	颁奖单位
103	市级		最佳文明和谐单位	中共阳泉市委 阳泉市人民政府
104	市级	2017.6	“喜迎十九大 岗位做贡献”演讲比赛优秀组织奖	阳泉市人民检察院
105	区级	2000.2	先进集体	阳泉市郊区区委区政府
106	区级	2000.5	社会治安综合治理达标单位	阳泉市郊区综治委
107	区级	2000.6	安全文明模范单位	阳泉市郊区综治委
108	区级	2001.1	先进集体 办公室	阳泉市郊区人民检察院
109	区级	2002.1	先进集体 批捕科	阳泉市郊区人民检察院
110	区级	2003.1	先进集体 起诉科	阳泉市郊区人民检察院
111	区级	2001.12	五五普法先进集体	阳泉市郊区纪委
112	区级	2001.7	红旗党支部	阳泉市郊区 区直机关党委
113	区级	2002.3	档案工作 先进单位	阳泉市郊区人民政府
114	区级	2002.2–2012.2	红旗单位	中共阳泉市郊区委员会 阳泉市郊区人民政府
115	区级	2003.9	非典防治先进集体	中共阳泉市郊区委员会 阳泉市郊区人民政府
116	区级	2003.7	先进党支部	中共阳泉市郊区 政法委员会党委
117	区级	2004.4	信访先进集体	中共阳泉市郊区委员会 阳泉市郊区人民政府
118	区级	2005.7	先进党支部	中共阳泉市郊区委员会
119	区级	2005.6	先进基层党组织	中共阳泉市郊区委员会

阳泉市郊区人民检察院历年获奖情况一览表（8）

序号	级别	获奖时间	奖励名称	颁奖单位
120	区级	2006.4	档案工作先进集体	阳泉市郊区人民政府
121		2006.7	先进基层党组织	中共阳泉市郊区委员会
122		2006.12	“五五普法”先进集体	阳泉市郊区普法办公室
123		2007.3	平安创建先进单位	阳泉市郊区社会治安综合治理委员会
124		2007.18	宣传思想工作先进集体	中共阳泉市郊区委员会 阳泉市郊区人民政府
125		2007.5	党报、党刊发行工作先进集体	中共阳泉市郊区委员会 阳泉市郊区人民政府
126		2008.4	党报、党刊发行工作先进集体	中共阳泉市郊区委员会 阳泉市郊区人民政府
127		2008.8	先进基层党组织	中共阳泉市郊区政法委员会
128		2009.3	二〇〇九年度平安单位	阳泉市郊区综治委员会
129		2010.3	平安单位	阳泉市郊区综治委员会
130		2010.11	党报、党刊发行工作先进集体	中共阳泉市郊区委员会 阳泉市郊区人民政府
131		2011.1	二〇〇九年度安全生产先进单位 反渎局	中共阳泉市郊区委员会 阳泉市郊区人民政府
132		2011.2	二〇一〇年度平安单位	阳泉市郊区综治委员会
133		2011.12	普法依法治理 先进集体	中共阳泉市郊区委员依法治区领导组
134		2011.3	巾帼文明岗 案管中心	阳泉市郊区宣传部 阳泉市郊区妇联
135		2011.1	三星级学习型党组织	阳泉市郊区区委建设学习型党组织工作领导组
136		2011.6	先进基层党支部	中共阳泉市郊区政法委员会

阳泉市郊区人民检察院历年获奖情况一览表（9）

序号	级别	获奖时间	奖励名称	颁奖单位
137	区级	2012.2	综治工作先进集体	阳泉市郊区综治委员会
138		2012.2	“执法为民”先进集体 公诉科	阳泉市郊区综治委员会
139		2012.6	先进基层党组织	中共阳泉市郊区 政法委员会
140		2012.11	党报、党刊发行工作先进集体	中共阳泉市郊区委员会 阳泉市郊区人民政府
141		2012.1	阳泉市郊区检察院反渎职侵权局二〇一一年度安全生产 先进集体	阳泉市郊区人民政府
142		2012.12	保持党的纯洁性和政法干警核心价值观教育活动知识竞赛 三等奖	中共阳泉市郊区 区委政法委员会
143		2013.2	先进集体	中共阳泉市郊区委员会 阳泉市郊区人民政府
144		2013.6	先进基层党支部	中共阳泉市郊区 区委政法委员会
145		2014.2	先进集体	中共阳泉市郊区委员会 阳泉市郊区人民政府
146		2015.2	法治建设先进集体	阳泉市郊区综治委员会
147		2015.11	党报、党刊发行工作先进集体	中共阳泉市郊区委员会 阳泉市郊区人民政府
148		2015.12	模范单位 反贪局	阳泉市郊区区委区政府
149		2017.8	二〇〇九－二〇一五年区法治宣传先进集体 控申科	阳泉市郊区区委宣传部
150		2018.3	十佳精神文明创建示范单位	中共阳泉市郊区委员会 阳泉市郊区人民政府
151		2018.3	先进集体	中共阳泉市郊区委员会 阳泉市郊区人民政府

阳泉市郊区人民检察院历年先进人物一览表（1）

序号	姓名	获奖内容
1	白玉华	1982年，被山西省委省政府授予全省政法系统“先进个人”称号
2	甄秉铎	1985年，被山西省委、山西省人民政府授予“全省政法系统先进个人”称号
3	李爱贤	1987年，被山西省人民检察院授予“先进工作者”；2000年，被阳泉市人民检察院授予人民满意检察干警；2004年，被阳泉市人民检察院授予先进个人；2007年，被阳泉市人民检察院授予嘉奖
4	刘双富	1993年，被山西省人民检察院授予“全省检察系统先进工作者”；1993年，被山西省人民检察院和山西省税务局授予“税务检察先进工作者”；1988年，被阳泉市委市政府授予“维护社会治安先进工作者”
5	张福明	1995年，被山西省人民检察院和山西省税务局授予“税务检察先进工作者” 2008年，被山西省人民检察院政治部授予行政装备工作先进个人
6	田江华	1995年，被阳泉市人民检察院授予优秀检察官；1997年3月，被阳泉市委市政府荣记三等功，郊区区委区政府授予劳动模范；1999年，被评为市级优秀公诉人；2001年，被阳泉市人民检察院授予优秀公诉人；2003年，被山西省人民检察院授予主诉检察官；被阳泉市委、市政府荣记三等功；2004年，被阳泉市人民检察院评为先进个人；2008年，在奥运维稳工作中，被区委区政府授予劳动模范；2010年，在世博会维稳工作中，被区委区政府授予劳动模范。2017年，撰写的《大部制下的捕诉合一如何实现有效监督》获山西省检察机关优秀调研文章三等奖。
7	史如斌	1996年，被阳泉市劳动竞赛委员会授予“打团扫恶”三等功；1996年，被阳泉市人民检察院授予优秀检察员；1996年，被阳泉市委市政府授予政法战线先进工作者；2003年，被阳泉市委政法委授予涉访信访“百日攻坚”工程先进个人；2006年–2007年度检察工作中成绩优秀被阳泉市人民检察院授予嘉奖；2008年，被阳泉市人民检察院授予优秀接待员；2008年，被阳泉市人民检察院授予个人嘉奖；2012年，被阳泉市人民检察院授予三等功；2013年，被山西省人民检察院授予全省预防素能比武优胜标兵
8	史先玲	1996年，在“打团扫恶”专项斗争中成绩突出，被中共山西省委、山西省人民政府授予嘉奖
9	高秀瑾	1998年，被山西省人民检察院授予“五好检察官”，被中共山西省委政法委授予“人们满意干警”；2000年，被山西省人民检察院授予“五好检察官”，被中共山西省委政法委授予“人们满意干警”
10	刘丙生	2000年，被阳泉市人民检察院授予人民满意检察干警；2008年，被阳泉市人民检察院授予先进个人

阳泉市郊区人民检察院历年先进人物一览表（2）

序号	姓名	获奖内容
11	杨培龙	2000年，被阳泉市人民检察院授予人民满意检察干警；2011年，被阳泉市人民检察院授予办案能手；2001年，被山西省人民检察院授予“五好检察官”；2007年，被阳泉市劳动竞赛委员会荣记个人一等功，被中共阳泉市委政法委授予“优秀政法干警”；2013年，被山西省人民检察院授予办案能手
12	史淑君	2000年，被阳泉市人民检察院授予人民满意检察干警；2003年，被中共山西省委政法委、山西省综合治理委员会授予“严打整治先进工作者”；2008年，被阳泉市人民检察院授予嘉奖
13	田长春	2002年，被阳泉市人民检察院授予嘉奖；2006年度全省检察理论研究年会三等奖；2007年，被山西省人民检察院授予全省检察理论研究三等奖；2008年，被阳泉市人民检察院授予个人三等功；2011年，被阳泉市人民检察院授予办案能手；2011年，被中共阳泉市委依法治市领导组授予学法用法先进个人；2012年，被山西省人民检察院授予办案能手；2013年，被阳泉市法学会授予《阳泉法制》通讯报道先进个人；2017年，在全市“砺剑杯”精品案例演讲比赛中，被阳泉市人民检察院评为“十大精品案例”
14	李建华	2002年，被阳泉市人民检察院授予嘉奖；2003年，被山西省人民检察院授予嘉奖、三等功；2003年，被山西省人民检察院授予嘉奖；2004年，被阳泉市人民检察院授予模范个人三等功；2008年，被阳泉市人民检察院授予嘉奖；2008年，被阳泉市人民检察院授予嘉奖；2009年，其摄影作品被山西省人民检察院授予二等奖和三等奖；2009年，被阳泉市人民检察院授予全市检察机关反渎职侵权先进个人，办案先进工作者；2010年，被山西省人民检察院授予“全省检察机关反渎职侵权办案先进工作者”“侦查组织指挥和侦查办案先进个人”；2010年，被山西省人民检察院授予“侦查组织指挥和侦查办案先进个人”；2011年，被阳泉市人民检察院授予全市检察机关检察人才办案能手；2011年，被阳泉市人民检察院政治部授予反渎工作先进个人；2012年被山西省人民检察院政治部授予“优秀侦察能手”；2012年，被山西省人民检察院授予全省检察机关办案能手；2013年，被山西省人民检察院授予办案能手
15	王学军	2003年，被山西省人民检察院授予山西省检察机关主诉检察官任职资格；2006年，被阳泉市人民检察院授予嘉奖；2007年，被阳泉市人民检察院授予三等功；2010年，被阳泉市法学会授予法治论坛二等奖；2010年，被阳泉市人民检察院在全市检察机关立案监督专项行动中授予先进个人；2011年，被阳泉市人民检察院授予先进个人；2011年，被阳泉市人民检察院授予办案能手；2012年，被阳泉市人民检察院授予三等功；2013年，被山西省人民检察院授予办案能手

阳泉市郊区人民检察院历年先进人物一览表（3）

序号	姓名	获奖内容
16	史保龙	2003 年被阳泉市委、市政府授予严打整治先进个人，被市检察院授予嘉奖；2004 年撰写的论文《浅议逮捕的正当性》被省人民检察院授予优秀奖，被阳泉市人民检察院授予先进个人；2005 年被阳泉市人民检察院授予嘉奖；2006 年被阳泉市人民检察院授予嘉奖；2010 年被阳泉市人民检察院授予先进个人；2011 年被山西省政法委授予优秀党员干警；2011 年和 2012 年被郊区区委、区政府授予“劳动模范”；2012 年被阳泉市人民检察院授予三等功；2012 年被阳泉市创先争优领导组授予三等奖；2017 年被山西法治报授予优秀通讯员；2019 年该同志带领龙吟团队研发的检察笔录系统被最高检评为一等奖，被中国信息产业商会评为最佳创新驱动实践奖，被市检察院荣记三等功；主持制作的《龙吟长歌》微视频荣获第四届平安中国三微比赛“最具人气作品奖”和平安山西三微比赛十大作品奖，本人获“优秀编剧奖”
17	杨建民	2004 年，被阳泉市人民检察院授予先进个人
18	王巨民	2004 年，被阳泉市人民检察院授予先进个人；2006 年，被阳泉市人民检察院授予个人三等功；2007 年，被阳泉市人民检察院授予嘉奖；2008 年，被阳泉市人民检察院授予个人嘉奖；2008 年，被阳泉市人民检察院授予先进个人；2010 年，被阳泉市法学会授予法治论坛二等奖，2010 年，被阳泉市人民检察院授予先进个人；2011 年，被阳泉市人民检察院授予反贪“百日大会战”三等功；2013 年，被山西省人民检察院评为办案能手
19	张建国	2005 年，被山西省人民检察院授予“先进个人”；2007 年，被阳泉市人民检察院授予三等功
20	王建文	2006 年，被阳泉市人民检察院授予嘉奖；2007 年，被阳泉市人民检察院授予“以案析理”演讲比赛一等奖；2008 年，被阳泉市人民检察院授予个人三等功；2009 年，其起草的阳郊检刑诉（2008）第 73 号《起诉书》被阳泉市政法委授予优秀法律文书；2010 年，被阳泉市人民检察院授予嘉奖；2012 年，被阳泉市人民检察院授予嘉奖；2012 年，被阳泉市郊区区委组织部、宣传部授予第四届十大杰出青年；2016 年，被阳泉市妇联授予“三八红旗手”
21	安娜	2006 年，被阳泉市人民检察院授予嘉奖
22	段耀东	2006 年，被阳泉市人民检察院授予嘉奖；2008 年，被山西省人民检察院授予“先进个人”；2010 年，被阳泉市法学会授予法治论坛二等奖
23	崔丽娟	2007 年，被山西省人民检察院授予全省检察理论研究三等奖；2008 年，被山西省人民检察院授予“全省检察机关民事行政检察工作先进个人”，被阳泉市妇女联合会授予“三八红旗手”；2013 年，被山西省人民检察院授予业务尖子

阳泉市郊区人民检察院历年先进人物一览表（4）

序号	姓名	获奖内容
24	张保亮	2008年，被阳泉市人民检察院授予个人嘉奖；2011年，被阳泉市人民检察院授予先进个人；2011年，被阳泉市人民检察院授予办案能手；2011年，被阳泉市人民检察院授予反贪“百日大会战”嘉奖;2013年,被山西省人民检察院授予办案能手;2017年,被最高人民检察院授予基层检察院民事行政工作公诉监督优秀案件
25	贾军敏	2008年,被山西省人民检察院政治部授予全省检察机关监所检察工作先进个人
26	贾建胜	2010年，山西省精神文明建设指导委员会授予“精神文明建设先进工作者”
27	王艳明	2011年，被阳泉市依法治国领导组授予学法用法先进个人；2012年，被阳泉市创先争优领导组授予三等奖
28	郑志明	2012年，被阳泉市人民检察院授予信息化工作先进个人；2015年，撰写的《基层检察院统一业务应用系统运行管理初探》获最高人民检察院“全国检察机关统一业务应用系统理论与实务研究”征文优秀奖
29	赵瑾	2013年,被山西省人民检察院授予办案能手
30	田瑶	2014年,被阳泉市人民检察院在全市公诉人业务能力比赛中授予个人二等奖;2017年,被阳泉市人民检察院授予三等奖；2017年，被阳泉市人民检察院在全市“砺剑杯”精品案例演讲授予十大精品案例
31	王立丽	2015年，被山西省人民检察院授予首届“山西省检察机关侦查监督部门释法说理”竞赛优秀选手
32	孟秀红	2015年,撰写的《基层检察院统一业务应用系统运行管理初探》获最高人民检察院“全国检察机关统一业务应用系统理论与实务研究”征文优秀奖
33	翟雯晔	2017年，被阳泉市人民检察院授予三等奖

阳泉市郊区人民检察院2018年从检30年荣誉勋章获得者

序号	姓名	编号	备注
1	严志勇	0400432	在职
2	刘双富	0400433	在职
3	杨建民	0400434	在职
4	王权政	0400435	在职
5	贾俊敏	0400436	在职
6	张福明	0400437	在职
7	田江华	0400438	在职
8	张培亮	0400440	在职
9	李海棠	0400441	在职
10	崔丽娟	0400439	退休
11	史淑君	0400442	退休
12	李爱贤	0400443	退休
13	王瑞明	0400444	退休

备注：颁发时间2019年7月

第五章 服务中心工作

1980年，阳泉市郊区检察院紧紧围绕全区建设四化、实现四化、保卫四化中心工作，对全区131个机关，厂矿、企事业单位和13个人民公社、63个公社企业及188个生产大队、798个队办企业的职工概况和经济状况，进行全面的摸底调查。

1984年，阳泉市郊区检察院开展“议大事、懂全局、管本行”为原则服务中心工作新思路，认真贯彻全市第四次检察工作会议精神，统一思想，使刑事检察工作更好地服务、服从于中国共产党总任务、总目标，紧紧围绕保护郊区农村经济建设，将全区农村9000余“两户”“一体”（专业户、承包户，联合经济体）这一先进生产力代表的合法权益为重点保护目标，依法开展刑事检察业务。一是刑事检察与全区各公社加强往来，掌握“两户”情况，对他们想什么、需要什么，做到心中有数。二是加强法制宣传，为“两户”提供法律咨询，保护他们的合法权益，给予法律支持。三是对于破坏、损害“两户”“一体”利益的案件，优先受理，对构成犯罪的侵害两户权益事件和个人优先起诉，做到从重从快，营造保户“两户”“一体”利益、为“两户”“一体”发展壮大服务的法制氛围。

1986年7月，阳泉郊区检察院侦办阳泉市二轻局五金工具一厂会计郭照瑞利用职务之便贪污公款1400元的经济犯罪案件时，发现该厂财务管理混乱，漏洞较多，给经济犯罪分子留下可乘之机。一是多头管理，财务审批混乱，凡厂领导均可以签字报销，领导之间缺少互相研究，互相通气。二财权分散。各单位独立核算单位（实行经济责任制承包的车间）都没有严格的财务管理制度，购物不记账，发货不留底，甚至无账目、无领导签字，电镀车间会计账目仅靠脑记，致使账目无法查对。三是账外有账，小金库严重，小金库专门应付请客送礼，为经济犯罪分子提供温床。四是没有严格的登记制度，没有出库签字手续等。

针对该厂在管理上存在的这些问题，该院一方面派人帮助该厂整顿财务制度。一方面通过检察建议，提出五条整改措施，限期责令该厂改进工作：一是建议撤销郭照瑞会计职务，行政上记过处理，通过对郭的处理教育全场干部职工维护财务纪律。二是财务审批权实行厂长一支笔管理。三是小卖部、供销及各承包车间现金、财物，统一收归全厂管理，独立核算，自负盈亏。四是统一制定零星加工费用制度，门岗查对票据、实物、收款单据后，方可放行离厂产品。五是建立统一的财会室，财务工作实行分项管理，记账员、收款员、核算员、主管会计分工合作，各司其职，经常分析全厂财务往来，为厂领导提供经济决策。经过整顿，使该厂在财务管理上建立健全各项制度，堵塞了漏洞，使经济犯罪分子无孔可入。

与此同时，阳泉郊区检察院针对杨家庄工具一厂产品——铁锹和锄板积压严重、外欠债务较大、新产品开发能力不足等问题，把帮助该厂搞活作为服务经济改革的大事来抓，院领导多次到工具一厂同干部、职工谈心，进行调查研究，分析亏损原因，并会同工具一厂干部，加强同各大企业间的联系，为该厂寻找生产出路。最终帮助该厂改进了生产工艺，采用“半自动的等温鋆火”新工艺，开发出适销对路的铁锹产品。产量由原来的每月5000张，猛增到20000张，1986年，在全省铁锹评比中，获山西省第一名。在全国70多家行业评比中，获第13名。9月，该厂通过阳泉市标准计量局三级标准计量验收，阳泉市经委为该厂颁发全国质量管理合格证书，三种铁锹产品，获山西省优质产品，高质量、低价格的“桃河”牌铁锹，行销河南、河北、江苏、山西等省。

1986年，阳泉郊区检察院在依法行使检察权力的同时，一方面，更加注重为国家、集体、企业挽回因犯罪造成的经济损失，另一方面，积极会同发案单位共同分析发案原因，完善各种制度，堵塞漏洞。对生产不景气的企业，帮助他们端正经营指导思想，改变靠关系，靠请客送礼，维持生产的传统观念和做法，树立以产品质量取胜和运用价值规律的商品经济观念。引导企业自觉运用法律，依法维护自身的合法权益，促进生产发展。在查办郊区农机厂被诈骗一案的过程中，利用掌握到的第一手材料，找出该厂经营上、管理上的漏洞和不足，同厂领导一起分析生产对策，使该厂不仅从这一案中吸取了教训，而且学会如何运用经济合同法等法律武器，维护自身的合法权益，提高了对价值规律和经济信息在生产经营、管理上认识。在此基础上，郊区检察院积极为该厂因被诈骗而造成的产品积压联络销路，鼓励支持该厂生产适销对路的产品。至年底，该厂基本上解脱了困境，实现产值55万元，利润40000元，为下年生产经营打下较好的基础。全年救活域内类似企业三家，为检察工作的自身改革，探索出新的路子。

1987年，阳泉郊区检察院特别注重对国家、集体以及“两户一体”的保卫，重点打击盗窃、侵吞、哄抢、破坏国家、集体财产的犯罪分子。是年，有一段时期，在阳泉郊区三都至白毛岭公路沿线，一伙不法分子经常利用夜暗拦路抢劫过往车辆，严重影响了郊区煤炭外运，影响到全区社会治安的稳定，此案侦破后，郊区检察院认真参与预审，参与证据审查，并昼夜加班，广泛收集证据，及时作出批准逮捕8名犯罪嫌疑人的决定。并配合公安机关在三都村传统庙会上，对8名犯罪分子进行公开逮捕。9月，一伙不法分子窜入鸡洼村哄抢一个果园专业户即将收获的水果700余公斤，并对前去阻止的承包人进行殴打威胁。对这一严重侵害专业户利益，破坏承包制度这一改革成果的犯罪行为，该院立即及时将数名犯罪嫌疑人全部批准逮捕，并在起诉前，指导协助受害人提起附带民事诉讼，使这些犯罪分子受到法律追究，并承担了民事赔偿责任。是年，域内一乡办水泥厂因签订合同不慎，被东北某地骗取价值25000余元的水泥，为此，该院打破常规，邀集公安、法院有关领导，共同组织调查组，选派熟悉该地情况的干警前往调查，在当地有关部门的配合下，为该厂追回货款20000余元。

1988年，该院在严厉打击经济犯罪中，重点保护乡镇企业的合法权益，促进生产力的发展。查处经济案件的同时，把保卫改革开放、服务经济发展作为出发点，制定了保护和支持改革的三个原则：一是凡法律和政策无明文规定，有利于生产力发展的，均给予支持和保护；对几种文件有差异，其中符合中央现行政策，有利于生产力发展的，均承认其合法性。二是保护企业的合法权益，对企业中犯罪案件的处理，只惩办犯罪分子本人，不涉及企业，保护企业信誉和合法经营，对乡镇企业采购员、推销员及其他人员在经营活动中请客送礼的行为，除以行贿手段推销伪劣商品，侵害国家、集体利益，坑害群众，情节特别严重者以外，一般不以行贿罪认定。三是把转手倒卖与因生产建设的需要，按照国家规定进行品种、规格之间的调整区别开来；把买空卖空与正常的业务经营活动加以区别，对于双方受益，按章纳税的经营活动，均予以保护。根据上述原则，在办理韩庄村铸管厂厂长王某林贪污一案中，该院一方面坚持查办，惩处罪犯；另一方面向涉案客户，积极宣传韩庄村铸管厂的产品质量和企业优势，赢得了客户的信赖，促进双方继续保持业务往来，改变了过去因查处案件而使企业经营，甚至致使企业陷于瘫痪的不正常状况。

1990年5～10月，阳泉郊区检察院积极参加“整顿社会治安、确保亚运安全”专项斗争。其间，共批准逮捕各类犯罪分子78人，出庭支持公诉54次，发表公诉词54篇，配合郊区政法委召开严打大会3次，以解决全区社会治安面临的突出问题。此外，该院在郊区政法委和郊区人大法工委主持协调下，会同区法院、区公安分局，依法处理了3个久拖未决的案件，防止了矛盾进一步激化。

1992年，郊区检察院党组组织干警深入各厂矿企业等经济领域，广泛开展调查研究，了解掌握经济领域出现的新情况、新问题。从9月开始，按照阳泉市检察院部署，由检察长亲自带队，先后4次到有关厂矿企业，同部分人民代表和厂（矿）长、经理进行座谈，听取他们对检察工作的意见和建议。同时依据有关法律和政策拟定了《检察工作为经济建设服务的十条意见》，用以指导实际工作，受到区委、区人大、区政府的支持和肯定。

1997年，阳泉郊区检察院克服就案办案的思想，根据办案中发现的问题，分析犯罪成因，开展法制宣传教育，针对发案单位存在的安全保卫、经营管理、规章制度等方面存在的问题，全年共发出5份检察建议，帮助发案单位堵漏建制，收到明显的社会效果。

1999年，阳泉郊区检察院积极支持公益事业发展，服务社会大众。5月份，在春播旱情比较严重的情况下，该院组织全院干警集中三3天时间，出动车辆12台次，人员120余次，在西南舁乡进行抗旱保春播会战。“六一”国际儿童节前夕，检察长闫运城到辛兴乡曹里村调研，开展扶贫攻坚工作，并筹集资金2000元，为曹里村开通两部电话，解决了该村的通讯问题。同时全院干警捐资860元，为该村学校购置部分教学用具，尊师助教获得村民普遍好评。

2003年3月至6月底，全国性非典型肺炎爆发，阳泉郊区检察院根据这一特殊时期中心工作的要求，一手抓防治“非典”工作，一手抓各项检察工作的统一部署，并结合工作实际，调整工作思路，明确工作重点，着重和优先办理六类案件：一是聚众扰乱社会秩序犯罪；二是编造传播引起群众恐慌的虚假信息犯罪；三是法轮功邪教修炼分子聚众捣乱社会治安犯罪及非法传销犯罪；四是制售假冒伪劣医药用品犯罪；五是借防“非典”之机招摇撞骗犯罪；六是拒绝接受隔离、检查、妨害传染病防治法施行的犯罪。对影响“非典”防治工作的犯罪案件提前介入引导侦查取证。在郊区公安分局办理一起涉嫌聚众扰乱“抗击非典防治”工作案件时，该院侦查监督部门多次到公安机关了解案件情况，审查证据，制定多项补侦提纲，建议公安机关完善证据，公安机关在短时间内，即完成了全部取证工作，加快了办理节奏，收到了明显成效。

2004年，阳泉郊区检察院把发展郊区经济这个中心，作为检察工作的出发点和落脚点，民行检察部门发挥自身优势，立足于民行检察工作特点，积极服务经济建设取得成效。一是解放思想，更新和转变执法思想，克服单纯办案，为办案而办案的执法观念，提高服务意识，增强大局观念。二是办理民事行政申诉案件，树立大民行观念，注重办案的政法效果、法律效果和社会效果的统一，办理民事申诉案件重视息诉工作，及时排解矛盾，维护社会稳定。三是积极探索民事公诉工作方式，选择公害案件，弱势群体权益保护案件进行民行公诉尝试。四是积极开展社会治安综合治理工作。五是多方位为市场主体提供法律服务，从规范合同管理，防止合同陷阱，防止关键技术和商业秘密泄漏，保护知识产权，进一步防治污染等方面进行指导和服务，受咨询的企业认真整改落实后，企业步入快速发展轨道。全年受理民事申诉案件17件，比上年增加88%，立案审查8件，比上年增加33%，提请市院抗诉4件，息诉处理9件，纠正法院违反程序审理案件1件，发出检察建议2件，出席再审法庭3次，审查结案率为100%，准确率为100%。

2005年，阳泉郊区检察院针对全区私挖滥采矿产资源严重的问题，积极参与打击私挖滥采“05春雷”专项行动，立案查处李家庄派出所副所长梁某萍滥用职权、破坏矿产资源案件。在打击私挖滥采“05春雷”专项行动中，出动警车10余台次，警力40余人，积极配合国土、公安等部门查封私挖滥采地点、销售煤炭站点20余处，查扣煤炭10余吨，有效地遏制了私挖滥采违法犯罪活动。

同年8月31日，郊区检察院15名副科级以上干部，深入白泉工业园区观摩三期平台工业建设，参观荫营镇华岭耐火材料有限公司生产建设情况。到郊区李家庄乡参观阳煤集团80万吨氧化铝项目。观摩华岭公司时，该公司董事长、总经理史永记介绍华岭耐火公司的基础情况。通过观摩，坚定了郊区检察院干警服务全区经济中心工作的信念，该院党组围绕“郊区大发展，我们怎么办”，组织干警进行专题讨论，集思广益，并制定了服务全区经济中心工作的五条措施。

2007年，阳泉郊区检察院认真贯彻落实中共阳泉郊区区委关于“三和”创建工作的指示精神，以创建平安和谐机关为目标，以“班和、院和、检民和”为总体思路，坚持以“班和带院和、以内和促外顺”，重点实施打击执法领域犯罪，净化执法环境；打击公职人员职务犯罪，净化从政环境；打击严重刑事犯罪，净化社会环境的“三打三净”工程、“平和司法”工程和“职务犯罪预防”工程，为全区的“三和”创建做出贡献。

2009年4月，阳泉郊区检察院按照中共阳泉市郊区区委和区政府部署，积极组织力量，选派4名精干人员，分别到平坦镇大南沟村、东西畛村执行防火任务，同时在经费安排、车辆配置方面给予大力支持。4月24日，检察长贾建胜率部分党组成员，到防火现场慰问派出干警，在认真听取干警们在防火中存在的困难和艰辛后，贾建胜检察长给他们加油鼓励，并代表院党组要求他们必须以高度的政治责任感来对待防火工作，必须与区委、区政府的工作大局保持一致，必须坚守岗位，服从分配，为维护社会稳定大局做出积极贡献。

2009年，阳泉郊区检察院在国际金融危机持续蔓延、经济运行困难加剧的严峻形势下，以科学发展观为指导，紧紧围绕“打造阳泉新北区，建设荫营明珠城”和“走好五条路子，实现五个突破”的大局，充分发挥检察职能，积极履行法律监督职责，主动服务全区工作大局，全面落实保增长、保民生、保稳定三大任务，应对经济危机，为经济平稳较快发展、社会和谐稳定提供有力的司法保障。一是认真落实山西省人民检察院《关于充分发挥检察职能，为全省转型发展、安全发展、和谐发展服务的意见》，根据本院和郊区实际，制定了“三深入”活动实施方案，开展“深入农村、深入企业、深入社区”“三深入”实践活动。二是认真贯彻上级检察机关系列指示精神，由8名党组成员分别带队，到八个乡镇进行调研，先后走访干部群众500多人次，邀请各级人大代表、政协委员、企业负责人、农村基层组织干部和群众参加座谈，针对社会各界提出的意见和建议，研究制定了加强和改进检察工作的具体措施。三是通过开展“三深入”活动，密切检察机关与人民群众的联系，了解农村与企业的现状与期望，进一步转变执法观念，改进工作作风，增强服务全区工作大局的主动性和针对性，实现了检察工作更好地为经济社会发展服务的目标。四是开展打击私挖乱采和危害能源、资源等具有阳泉郊区特点的腐败渎职犯罪等专项行动，重点对李荫路（李家庄—荫营郊区人民政府所在地）修复工程等重点和关乎民生的重大项目，进行专项预防检察，实现该项目成为“资金安全、干部廉洁”的阳光工程的目标。

2011年3月，阳泉郊区检察院侦查监督科与郊区纪检、郊区法院、郊区打击非法采矿执法大队，联合组成打击非法采矿督察组，对该区荫营镇、李家庄乡、平坦镇、杨家庄乡、义井镇、河底镇、西南舁乡7个乡镇，涉及31个村、共39处非法采矿点，逐一进行排查。经过排查，绝大多数私采点无近期私采迹象，督查组已要求镇政府及村委对所有私采点立即进行填埋，并加强日常监督管理。该次大排查对郊区过去遗留的私采点进行了彻底清理，对非法采矿行为将起到极大的遏制作用。

2011年，阳泉郊区检察院在区委和市检察院的正确领导下，在区人大及其常委会的有力监督下，深入贯彻落实区委八届二次会议和区人大第十七届第次会议精神，坚持“强化法律监督、维护公平正义”的检察工作主题，以服务全区转型跨越发展为主线，以强化检察队伍建设为保障，以深化检察改革和机制创新为动力，不断加强和改进检察工作，全面履行法律监督职能，各项检察工作取得新进展。

一是围绕转型跨越发展目标，完善和落实服务大局措施，充分发挥检察机关的职能作用，主动适应转型跨越发展对检察工作提升的新要求，确保区委区政府决策部署的落实，为实现“十二五”时期良好开局提供司法保障。

二是采取走出去、请进来的方式，广泛了解社情民意，先后开展深入农村、深入企业、深入社区的“三深入”活动，及“开门评检”“检察开放日”等活动，党组成员带着课题，分别带队到8个乡镇进村庄进企业进行调研，介绍检察机关的职能任务和开展活动的目的意义，与基层干部群众面对面接触，问需于民、问计于民。

三是邀请人大、政协以及社会各界代表来院参观和座谈，征询对检察工作的意见和建议。

四是围绕推进“三区”建设，保障“三农”政策的落实，健全完善涉农惠民资金管理制度，促进农村社会和谐稳定等方面开展工作。通过一系列活动，使社会各界进一步了解了检察机关新时期的工作任务，进一步密切了党群干群检民关系，树立了检察机关立检为公、执法为民的良好形象。

五是建立服务基层工作的长效机制。通过深入基层调研，既了解到新郊区建设欣欣向荣的发展前景，也了解到社会转型对检察工作的新要求新期待。围绕基层调研情况和新郊区建设的实际需要，从转变服务观念、突出服务重点、改进服务方法等方面制定服务大局的具体措施，制定《阳泉市郊区人民检察院推进检力下沉、为农村、为企业发展服务的工作方案》，积极构建为农村和企业稳定发展提供良好法治环境的长效机制。

六是在全区农村“两委”换届选举期间，根据中共阳泉郊区区委及上级检察机关安排部署，制订《阳泉市郊区人民检察院关于在农村“两委”换届选举中做好服务保障的实施方案》，积极配合组织部门、纪检、公安的换届工作，为确保农村“两委”

换届正常顺利进行提供法律服务和司法保障。

七是把检察工作置于服务大局中来谋划，不断增强贯彻落实科学发展观的自觉性和坚定性，按照全区“十二五”时期发展规划确定的新思路、新部署，结合郊区检察工作实际，制订《郊区检察工作科学发展五年规划》。“十二五”时期，郊区检察工作的指导思想概括为“1341”，即坚持以执法办案为中心，以强化法律监督、强化自身监督、强化队伍建设三个强化为总要求，全面推进执法规范化、队伍专业化、管理科学化、保障现代化“四化”建设，团结奋进，锐意进取，争创一流基层检察院。

八是把检察工作放到推进全区转型跨越发展的大局中来谋划，充分考虑郊区作为山西省综改试验区先行先试的客观情况，紧密跟进服务措施，慎重对待综改试验区建设中的案件，依法打击犯罪者，挽救失误者、保护无辜者、支持改革者，为综改试验区营造良好的法治环境。

九是配合中共阳泉郊区区委、区政府重要时期、敏感时期维稳工作，在国庆、两会和山西省市党代会期间，抽调人力、物力积极参与安保工作，并制订维稳工作预案，把敏感时期的维稳工作确实落到实处。

2012 年，阳泉郊区检察院围绕区委、区政府确定的“项目落地年”的要求，该院研究制定《服务和保障重点项目建设实施意见》，从四个方面制定十六条具体措施，立足检察职能，推动项目建设。在实施意见的过程中，确定金隅通达、冀东水泥两大企业为重点对象，开展“一对一”法律服务，从中探索和发现服务企业、服务重点项目的有效方法。

2013 年，阳泉郊区检察院服务全区发展大局，保障经济社会发展，主动适应转型跨越发展对检察工作提出的新要求，认真落实《郊区人民检察院服务和保障重点项目建设意见》，从依法惩治各类犯罪到积极排查化解矛盾纠纷，充分发挥检察职能作用，切实保障区委、区政府决策部署的落实。依法维护市场经济秩序，准确把握法律政策界线，保障各种所有制经济健康发展。围绕优化投资环境，积极查办利用行政监管职权、国有资产监管职权、“三农”资金监管职权贪污受贿和渎职侵权的职务犯罪案件，严厉打击制假贩假、非法经营、金融诈骗等破坏社会主义市场经济秩序犯罪。积极服务综改试验区建设，为重点工程项目和企事业单位提供法律服务。

2014 年，阳泉郊区检察院以中共十八大、十八届三中、四中全会和中央政法工作会议精神为指引，以推进中共群众路线教育实践活动为抓手，一是围绕服务大局积极作为，促进全区经济社会发展，以打造“五个过硬”队伍和争创一流业绩为目标，推动各项检察工作不断向前发展，为全区实施“五大”战略（2014 年阳泉郊区“三干会”提出了“产业强区、拓城靓区、综改活区、民生安区、实干兴区”建设现代城郊强区的“五大战略”）、打造生态宜居新城，建设现代城郊强区提供有力的司法保障。二是充分发挥检察机关执法办案的职能，进一步完善服务大局的措施，主动为经济社会发展服务，制订出台《服务全省“三项工作”及全区“五大”战略的实施意见》和十五项具体服务措施，以及《院领导包保重点工程项目安排》，确定全区八大工程十五个重点工程项目为法律服务对象，建立“点对点”服务工作机制，推进工程项目顺利进行。三是积极组织开展“访知解”“一村一警”等走基层活动，强化执法为民宗旨意识，努力提高干警做好新形势下群众工作的能力和水平。

2015年，阳泉郊区检察院继续服务和保障全区产业强区、拓城靓区、综改活区、民生安区、实干兴区“五大”战略，切实担当起经济发展安全保障的重大责任。一是找准保障经济持续健康发展的切入点和着力点，坚决打击各类破坏市场经济秩序犯罪，平等保护国有企业和民营企业等各类市场主体合法权益，建设法治化营商环境。二是依法批捕和起诉破坏社会秩序、破坏经济环境和破坏资源环境犯罪共35件、46人。三是进一步明确检察机关服务经济发展的思路、措施和任务，制定出台《院领导包保重点工程项目安排》，将辖区内山西河坡发电有限公司超临界热电联产机组项目、阳泉市郊区垃圾焚烧发电工程建设项目等重点工程项目作为重点法律服务对象，建立“点对点”服务工作机制，推进工程项目顺利进行。四是继续开展“访知解”“一村一警”等走基层活动，选派干警参加区委区政府组织精准扶贫工作。

2016年9月23日，为落实最高人民检察院、山西省检察院《关于充分发挥检察职能依法保障和促进非公有制经济健康发展的意见》《关于充分发挥检察职能依法保障和促进科技创新的意见》，及中共阳泉市委、阳泉市人民政府《关于加快民营经济发展的实施意见》精神，实现检察机关保障和促进非公有制经济健康发展的责任目标，阳泉郊区检察院制订《关于加强保障和促进民营经济发展工作的通知》。保障和促进民营经济发展工作的主要任务是：依法保障民营企业的财产权、经营权、知识产权等合法权益，严厉打击侵权行为；慎用查封、冻结等强制性措施，妥善处理涉企案件纠纷；查处损害民营企业合法权益、阻碍经济发展的各类犯罪案件，依法打击刑事、经济、职务严重犯罪，保障和服务民营经济健康发展。

是年，阳泉郊区检察院继续为全区中心工作保驾护航作为目标和任务，一是加强对非公有制经济的司法保护，在司法办案中对国有企业与非公有制企业一视同仁，准确把握法律界限和政策，努力实现查办案件与促进发展相统一，召集下千耐火、三来食品、桃林旅游等15家全区规模以上单位负责人，共商服务非公有制经济发展的具体措施，打造新型检企关系。二是主动服务精准扶贫战略，立足扶贫领域职务犯罪基本特点，与区农委联合制定了《关于在扶贫开发领域职务犯罪工作中加强联系配合的实施方案》，形成了预防扶贫开发领域职务犯罪工作“上下统一、内外整合、总体统筹”的工作机制。三是立足检察职能，构建以检察机关为主导，发改、财政、农委、各乡镇等部门共同参与的“互联网＋阳光百姓工程”预防涉农领域职务犯罪新模式，从制度和程序上确保国家惠农政策真正落到实处。四是坚决打击危害企业生产经营的犯罪活动，批捕并提起公诉破坏市场经济秩序犯罪5件、5人。

2018年2月1日，阳泉市郊区检察院、阳泉市国土资源局郊区分局联合下发阳郊检发〔2018〕1号《关于加强协作推进行政公益诉讼的意见》，以进一步贯彻落实检察机关行政公益诉讼工作的推进制度，促进法治国土建设。主要内容有三：一是检察机关充分发挥诉前程序作用，及时有效保护国家利益和社会公共利益，把诉前程序和提起诉讼两个阶段、两种方式放到同等重要的位置，积极通过诉前程序推动区国土分局主动履职纠错，主动保护公益，形成严格执法和公正司法良性互动，共同促进公益损害问题及时有效解决。二是国土资源主管部门主动接受监督，积极整改落实。郊区国土分局在收到检察建议书后，须认真自查，对履职不到位或存在不作为的现象，采取有效措施进行整改，并在规定时间内书面反馈；因客观原因难以在规定期限内整改完毕的，须制定具体可行整改方案，及时向区检察院说明情况；不存在因违法行政致国家利益和社会公共利益受损情形的，应当及时回复并说明情况。三是区国土分局针对违法行为查处、土地出让、耕地保护、矿产资源开发、矿山地质环境恢复治理等方面问题，须按照是否采取有效措施制止违法行为、是否全面运用行政监管手段、国家利益或者社会公共利益是否得到有效保护等作为履职尽责的标准，及时制止、责令停止违法行为，全面运用法定措施，要求相关义务主体依法履行法定义务。对拒不履行法定义务的单位和个人，依照有关规定及时向区政府、上一级国土资源主管部门及有关部门报告和通报；向有关部门移交依法没收的建筑物或其他设施；依法向有关部门进行移送违法犯罪线索；依法申请区法院强制执行等。采取上述措施后，国家利益和社会公共利益仍未得到有效保护的，区国土分局要及时向区检察院说明情况，由检察机关依法处理。

同年4月2日，为认真贯彻落实《阳泉市人民检察院“支持和服务企业家创新创业营造良好法治环境”的意见》，充分发挥检察职能作用，努力营造依法保护企业家合法权益的法治环境，增强企业创新创业活力，结合郊区检察工作实际，该院制订《支持和服务企业家创新创业营造良好法治环境工作方案》。立足检察工作实际，综合发挥打击、预防、监督、教育、保护等检察职能，进一步转变司法理念、延伸检察职能，拓宽服务范围，探索有效途径，创新工作机制：一是加强典型案、事例示范引领。选取服务经济、企业家典型案、事例，通过新闻发布会、检察开放日等向社会发布，讲好检察故事。二是结合工作实际开展服务企业家主题活动，要把服务企业家作为“检察开放日”活动的主题之一，邀请工商联、企业协会、企业界人士到检察机关参观学习。三是检察长带头开展走访调研、送法进企业等系列主题活动，促进企业经营者、管理者守法经营、依法维权。四是加强交流指导，通过类案分析研讨、案例指导等形式，及时总结经验做法，明确法律适用标准，精准指导、服务和保障各类企业、经济健康发展。五是建立上下衔接、统筹协调、高效运转的工作机制，各部门及时向院党组汇报营造企业家创新创业良好法治环境的思路措施和工作进展情况。院党组将及时向区委、区政府和区人大汇报工作，主动争取支持和帮助。六是加强与财税、公安等部门以及人民法院的协作联动，健全完善信息共享案件协查、共同预防等工作机制，在法律适用、政策运用、执法衔接等方面统一尺度、达成共识、形成合力。七是注重宣传效果，充分利用报刊、广播电视和“两微一端”等传媒载体，正面宣传检察机关在营造企业家创新创业良好法治环境的工作思路、举措、进展和成效，积极营造良好法治氛围。八是加强与本地工商联、企业家协会的密切联系，建立联席会议、情况通报等机制，选择若干重点企业作为工作联系点，加强与企业，特别是非公企业和中、小企业的联系。同时建立帮扶企业家的工作联动机制，定期走访和组织企业家座谈，提醒企业搞好法律风险防控，帮助企业解决实际困难。确保检察机关依法服务营造企业家健康成长环境的精准性和实效性。

是日，阳泉郊区检察成立“阳泉市郊区人民检察院支持和服务企业家创新创业营造良好法治环境”工作领导小组及办公室。党组成员、副检察长刘双富任组长。刑事检察部副部长魏振泽任办公室主任。领导小组主要职责：研究支持和服务企业家创新创业营造保护企业家合法权益良好法治环境的工作思路和发展方向，部署专项行动，定期听取工作汇报，组织协调、统筹推进此项工作。领导小组设办公室，主要职责：研究制定工作方案，分解工作任务；采取具体措施推进专项监督活动开展；收集涉企业家案件线索管理、分析和研判；开展涉企经济案件评查、交办、挂牌督办；及时掌握工作开展动态；加强与院党组及上级检察院的沟通联系；加强与法院和相关行政机关、工商联、行业协会的工作衔接等。

在此基础上，该院积极开展公益诉讼专项活动，重点审查生态环境、资源保护、食品药品安全、国有财产保护、国有土地转让权、土地出让金等重点领域存在的问题。并走访环保局、林业局、国土局、食药局等行政部门，探索建立公益诉讼案件线索的梳理、移送、办理、反馈制度。与阳泉市国土资源局郊区分局会签关于推进公益诉讼开展的联合文件，全院各部门建立沟通协调机制，促进内部资源整合，形成工作合理，完善内外协作机制。此外，为贯彻落实阳泉市检察机关公益诉讼“1+5”工作机制，进一步推动法治郊区建设，结合郊区实际制定出台《关于贯彻落实全市检察机关公益诉讼“1+5”工作机制的实施意见》，引起市院和区委领导的高度重视，市院王廉允检察长和区委书记、区人大主任分别对此项工作作了重要批示。全年行政公益诉讼立案共 33 件，向行政机关发出检察建议 33 份，行政机关在收到检察建议后已开始落实整改措施。对辖区内河流情况进行了摸底，发现的水质污染问题已向阳泉市郊区水务局和阳泉市郊区河底镇人民政府发出诉前检察建议。

2018 年 6 月 12 日，为全面贯彻中共十九大“关于打好污染防治攻坚战决策部署”和习近平总书记视察山西时“关于扎实推进生态文明建设的指示”要求，加强对生态环境的司法保护，根据山西省人民检察院统一部署，阳泉郊区检察院围绕“打击、遏制破坏生态环境违法犯罪行为，促进生态环境持续改善”的目标，下发阳郊检发〔2018〕11号号文件《关于开展打击破坏生态环境违法犯罪专项行动工作方案》。同时成立专项行动领导小组，负责专项行动的组织领导，组长由党组书记、检察长严志勇担任。重点打击的对象有五：一是严厉打击电力、钢铁、焦化、水泥、有色金属、制药、化工等企业超标排放二氧化硫、氮氧化合物、挥发性有机物、污染颗粒物等，造成大气严重污染的违法犯罪行为。二是严厉打击桃河、温河、山底河、洪城河、李家庄河、荫营河、马家坡河河道和饮用水水源等区域，违规排放、倾倒含有毒有害污染物废水、含病原体污水或者超标排放污水，造成地表水或地下水严重污染的违法犯罪行为。三是严厉打击通过暗管、渗井、渗坑、裂隙、溶洞、灌注等逃避监管的方式排放、倾倒、处置有放射性的废物、含传染病病原体的废物、有毒有害物质造成土壤污染，以及非法占用农用地和以非法采矿、采砂、取土等手段污染破坏耕地、矿产资源、国家自然保护区等的违法犯罪行为。四是严厉打击盗挖滥伐林木、非法占用林地以及非法收购运输、经营、加工木材和非法捕猎、收购、出售珍稀野生动植物等的违法犯罪行为。五是严厉打击排污单位篡改伪造自动监测数据、干扰自动监测设施使用或者未经批准拆除、闲置污染物处理设施，环境影响评价机构及工作人员故意提供虚假环境影响评价文件，以及拒绝接受生态环境保护检查或在接受检查时弄虚作假的违法犯罪行为。

同年6月20日，为贯彻落实上级检察机关与工商业联合会《关于加强联系协作共同服务企业家创新创业营造良好法治环境工作通知》精神，阳泉郊区检察院与郊区工商业联合会联系联合下发阳郊检会〔2018〕1号文件《关于加强检察机关与工商业联合会联系协作共同服务企业家创新创业营造良好法治环境相关工作的安排》，以共同做好服务民营企业家创新创业营造良好法治环境工作，实现八个目标：一是依法保护企业家人身权，加强批捕、起诉工作，突出打击危害企业家人身安全刑事犯罪；加强刑事立案监督和侦查活动监督，着力监督以刑事手段插手经济纠纷、滥用刑事强制措施等侵害企业家人身权利的侦查违法行为；加强刑事审判监督和刑事执行监督，切实发现和纠正冤假错案；加强因涉嫌犯罪被逮捕的企业家羁押必要性审查工作。二是依法保护企业家财产权，坚持依法从严打击方针，依法打击侵犯企业家财产权的各类刑事犯罪；加强对侦查机关查封、扣押、冻结企业家财产不当等违法行为的监督；强化民事行政案件的审判监督和执行监督；加强财产刑执行监督，确保财产刑执行到位。三是依法保护企业家创新权益，加大对企业家知识产权保护力度，为企业家创新创业营造良好环境；严厉打击假冒注册商标及专利、侵犯商业秘密等各类侵权犯罪；强化对侦查机关、法院办理侵犯企业家产权犯罪案件的监督。四是依法保护企业家自主经营权，突出打击职务侵占、挪用资金、合同诈骗等破坏企业家正常经营管理秩序的各类犯罪；积极履行行政检察职能，加大对涉及侵犯企业家合法权益的行政诉讼案件监督力度，加大行政公益诉讼办案力度。五是依法保护企业家参与公平竞争，坚持同等对待、同等保护、同等服务，营造公平竞争、诚信经营环境；积极整顿和规范市场经济秩序，严厉打击扰乱市场经济秩序犯罪，严惩破坏公平竞争的犯罪行为；强化对非公有制企业平等参与市场竞争的法律保护；规范行贿犯罪档案查询工作，加强对企业可能发生职务犯罪的信息分析和预测预警。六是依法妥善化解涉企矛盾纠纷，认真做好涉及企业家的控告申诉工作，有效及时化解涉及企业家的矛盾纠纷；对涉及企业家的劳动争议等民事行政申诉案件，积极开展释法说理疏导息诉，坚持把矛盾化解贯穿司法办案始终；客观区分企业家不规范经营行为与违规违法经营行为的界限，依法妥善处理历史形成的产权案件。七是营造企业家自觉遵纪守法的社会氛围，认真落实“谁执法谁普法”的普法责任制；积极参与综合监管机制和信用评价机制建设。八是正确把握法律政策界限，精准适用法律，正确把握宽严相济刑事政策；规范司法行为，讲求司法办案方式方法。

支持和服务企业家创新创业
营造良好法治环境任务清单（表 1）

序号	内容	具体工作	责任部门	完成时限
1	依法保护企业家人身权	1. 落实扫黑除恶专项斗争部署，严厉打击黑恶势力、村霸、行霸、市霸等危害企业家人身安全刑事犯罪。	刑事检察部	全年
		2. 加强刑事立案监督和侦查活动监督，着力监督侦查机关以刑事手段插手经济纠纷、滥用强制措施、非法取证等侵害企业家人身权利的违法行为。		
		3. 认真履行审查逮捕职责，对因涉嫌犯罪被提请逮捕的企业家，发现没有法定社会危险性条件的，依法慎重作出不批准逮捕决定。		
		4. 加强刑事审判监督，重点监督涉及企业家的刑事裁判，对符合法定条件的案件依法提出抗诉。		
		5. 加强羁押必要性审查工作，对因涉嫌犯罪被逮捕的企业家，发现不需要继续羁押的，依法建议释放或变更强制措施。		
		6. 畅通申诉渠道，保障企业家依法行使控告、申诉等权利，切实发现和纠正冤假错案。保障涉案企业家在服刑期间行使申诉权，防止因申诉被限制或剥夺依法获得减刑、假释的权利		
2	依法保护企业家财产权	7. 依法打击盗窃、职务侵占、破坏生产经营等侵犯企业家财产权益的犯罪活动，重点惩治黑恶势力以强揽工程、强买强卖串通招投标等手段侵犯企业家财产权益的违法犯罪行为。	刑事检察部	
		8. 加强对侦查机关查封、扣押、冻结企业家财产不当等侦查违法行为的监督。	刑事检察部	
		9. 加强对涉及企业家财产权益类民事、行政案件的审判监督和执行监督，重点监督纠正虚假、恶意诉讼、错误采取执行措施错误处置执行标的物、错误追加企业家为被执行人等案件。	民事行政检察部	
		10. 加强财产刑执行监督，重点监督涉及企业家犯罪案件生效裁判的执行活动，特别是人民法院执行财产刑过程中存在侵犯产权的违法情形。	刑事检察部	

支持和服务企业家创新创业营造良好法治环境任务清单（表2）

序号	内容	具体工作	责任部门	完成时限
3	依法保护企业家的创新权益	11. 加大对企业家知识产权保护力度，严厉打击侵犯知识产权、侵犯商业秘密等违法犯罪，重点打击高新技术、高端装备制造、新材料新能源、新产业新业态等领域侵权违法犯罪。	民事行政检察部	全年
		12. 依法慎重对待企业和科研单位在创新探索中出现的决策失误和偏差，最大限度激发企业和科研人员创新活力。	各业务部门	
		13. 强化对侦查机关办理侵犯企业家知识产权犯罪案件有案不立、久侦不决问题的监督；强化对法院办理侵犯企业家知识产权民事、行政、刑事案件诉讼活动的监督，着力纠正行政执法机关对涉嫌侵犯企业家知识产权犯罪有案不移、以罚代刑、降格处理等问题。	各业务部门	
4	依法保护企业家自助经营权	14. 严厉打击破坏企业家正常经营管理秩序的各类犯罪，突出打击职务侵占、经营管理人员商业贿赂、合同诈骗等违法犯罪。依法惩治市场监管、行政审批等环节超权限检查、超范围审批，造成企业重大损失的犯罪行为。	民事行政检察部	
		15. 加大行政诉讼监督力度，加大对涉及侵犯企业家合法权益的行政诉讼案件监督力度，重点监督涉及企业经营、行政审批和行政机关违法干预企业自主经营的行政诉讼活动。		
		16. 开展行政公益诉讼专项活动，关注涉及生态环境和资源保护、食品药品安全、国有财产保护、国有土地使用权出让等行政执法活动，力争办理一批有影响的典型案件，促进行政机关依法行政，营造良好营商环境。	刑事检察部 检务管理监督部	
5	依法保护企业家参与公平竞争	17. 探索建立向监察委员会移送违纪违法线索机制，在履行检察职能过程中发现行政机关工作人员、侦查人员和审判人员违纪违法线索应当及时移送监察委员会。	刑事检察部	
		18. 严厉打击制售假冒伪劣商品、商业贿赂、非法经营、强迫交易以及损害企业家商业信誉等破坏公平竞争的犯罪行为，妥善处理不正当竞争案件。	刑事检察部	
		19. 强化对非公有制企业平等参与市场竞争的法律保护，重点监督纠正行政机关在竞争性经营行业和投资领域附加条件设置障碍的违法行为。	民事行政检察部	
		20. 加强对企业经济服务和管理中可能发生职务犯罪的信息分析和预测预警，规范行贿犯罪档案查询工作，通过检察建议等方式，帮助企业建立健全财务等制度，堵塞漏洞。	刑事检察部 检务管理监督部	
		21. 认真做好涉及企业家的控告申诉检察工作，及时掌握涉及企业家的群体性矛盾和纠纷动向，加强与人民调解组织、行业调解组织的衔接联动，有效化解涉及企业家的矛盾和纠纷。	各业务部门	

支持和服务企业家创新创业
营造良好法治环境任务清单（表3）

序号	内容	具体工作	责任部门	完成时限
6	妥善化解涉企矛盾纠纷	22. 稳妥处理因企业裁员、减薪、工伤、劳动合同等引发的劳资纠纷，对涉及企业家的劳动争议等民事行政申诉案件，积极开展释法说理疏导息诉，避免事态扩大，影响企业正常生产经营。	民事行政检察部	全年
		23. 依法妥善处理企业家为企业正常发展需要产生的借贷、投融资等经济纠纷案件，依法妥善处理历史形成的产权纠纷案件。对因错误执法造成损失的，依法进行监督，区分不同情况纳入国家赔偿程序。	各业务部门	
7	营造企业家自觉遵纪守法的社会氛围	24. 认真落实“谁执法谁普法”普法责任制，结合办案，采取送法到企、普法讲座以案释法等方式，引导企业家强化依法经营意识。	各业务部门	
		25. 积极参与综合监管机制和信用评价机制建设。通过建立和完善行政执法与刑事司法的衔接机制，拓展监管的广度和维度；主动协同有关部门建立企业家个人信用评价机制，及时报送检察环节有关影响信用评价的数据。	各业务部门	
		26. 精准适用法律，正确把握宽严相济刑事政策。正确区分民事纠纷与与违法犯罪的界限。防止就案办案、机械执法，对法律政策不明，罪与非罪不清的，慎重妥善处理。	各业务部门	
8	正确把握法律政策界限	27. 规范司法行为，讲求司法办案方法慎重选择办案时机和方式，加强对侦查机关扣押、冻结、逮捕等刑事措施的法律监督，最大限度地减少可能对企业造成的负面影响。坚持深入查办案件与规范自身司法行为并重，采取强制措施与维护企业正常经营秩序、合法权益并重，严格公正廉洁司法与理性平和文明规范司法并重。	各业务部门	
9	强化措施营造企业家创新创业良好法治环境	28. 建立绩效考核机制。要把支持和服务企业家创新企业、营造良好法治环境的实效作为衡量和评价工作实绩的重要标准，纳入检察业务考评标准中。	检务管理监督部政治部	2018/5/1
		29. 加强典型案事例示范引领，注重宣传效果。充分利用报刊、广播电视、门户网站、“两微一端”、手机 APP 等传媒载体，正面宣传检察机关服务经济、企业家典型案事例，讲好检察故事，积极营造良好法治氛围。	综合保障部政治部	全年
		30. 以服务企业家为主题，开展“检察开放日”活动，邀请工商联、企业协会、企业界人士走进检察机关参观、座谈；检察长带头开展走访调研、送法进企业等主题活动。	综合保障部	2018/6/1

第六章 综合治理

1981年，阳泉郊区检察院组织法检、经检科干警，深入阳泉市所属的重工局、市供销社、食品公司、矿业公司车队、白泉、李家庄、河底、西南舁、荫营、旧街基层供销社、荫营、白泉税务所等7个局、1个社、11个基层单位和区属的部分厂矿、企事业，农村社队，区机关等有关部门，开展以防为主、主动出击，互相配合，发现案件线索的调查摸底工作，并针对调查中发现的重点问题作专门调查，总结归纳出经济领域的违法犯罪活动出现的新情况和新特点：一是财贸商业部门短款严重，仅荫营、李家庄、旧街三个基层社反映有七个门市部短款3750元，如旧街供销社枣园分销店，从1979年6月至1980年10月累计短款1064元，平均每月短款66元，荫营供销社10个门市部就有4个门市部短款，严重的是瓜果门市部，1980年7月，就短款700元。二是掺杂掺假，从中牟利。如旧街供销社所属旧街副食门市部，1979年一次进糖精5公斤，负责人马家环渗入白砂糖1.5公斤，销售后将多出的款项70元一次贪污（已做退赔处理，给行政记过处分）。李家庄供销社则根据群众检举，掌握了1980年1月侯家沟门市部白酒掺水问题。三是以合法身份掩盖非法交易，互相勾结，内外捣鬼。如李家庄供销社甄家庄门市部副组长刘某花等人，同河北省苏保来相互勾结，内外捣鬼，彼此利用，谋取私利。他们假借供销社之名，以及合法身份掩盖非法交易，在承办一起计价20000多元的轴承买卖的交易活动中，利用职务便利，从1979年4月24日至9月8日，先后5次为苏保来非法支付“轴承款”5571.71元，给单位造成严重损失（已研究决定立案侦查）。四是拖税欠税严重，白泉税务所反映，仅杏树坡一个大队就欠税款10000余元，至今久拖不交。五是请客送礼，行贿受贿较为严重。红土岩煤矿为了销售煤炭，仅1980年就送礼30000余元（多运输煤炭80000吨）。六是社队小煤窑有章不循，违章作业，恶性死亡事故不断发生。据郊区安全科统计，全区社队小煤窑有182个，1981年全年发生人身伤亡事故20起，死亡22人。郊区检察院通过走访主管单位领导和查阅有关事故分析报告，认定多数事故系生产责任事故，其中有3起生产死亡定性不准，处理不当。如：河底公社大队小煤窑4.2死亡事故。生产全过程违章，属强令冒险作业；义井公社泊里大队小煤窑8.23死亡事故，明属的官僚主义、玩忽职守所致；郊区所属红土岩煤矿7月份冒顶死亡2人，上述三起生产死亡事故均系重大责任事故，本应严肃处理而未作处理。

从以上典型事例和立案查处的经济案件分析，阳泉郊区检察院得出3项结论：

一是经济领域的大多数违法犯罪活动，都是以合法名义掩盖的非法活动，具有很大的欺骗性和腐蚀性。二是内外勾结，互相利用，跨地区作案具有团伙性。三是多数犯罪交织在一起，具有复杂性，犯罪成员中社会关系复杂，牵涉面广，保护层多，办案阻力大，具有顽固性，而且在某些问题上，如行贿受贿，在经济交往中带有一定的普遍性，应引起各级领导机关和司法机关高度重视，并决定在贯彻落实中共六中全会和生产责任制的同时，对上述问题认真研究，加以解决。

1982 年，阳泉郊区检察院积极参加综合治理工作。一是对近几年来发案较多、治安情况复杂的厂、矿、企事业单位和农村生产大队，派出专门干警，开展法制宣传教育，调查了解治安情况，分析犯罪原因，帮助整顿治安防范组织，制定相应的治安防范措施。二是做好 13 种人的调查摸底和回访、考察、帮教工作（13 种人：批准逮捕的，免于起诉的，取保候审未判的；法院免予处罚的；无罪释放的；判处拘役的；治安处罚的；解除劳改劳教释放的；判处管制、缓刑、假释、监外执行、保外就医的），促进其转化，加强对重点人员的监管，取得经验后在全区推广。与此同时，全面贯彻刑事政策，在坚决打击重大刑事犯罪活动的同时，把打、防、教、改结合起来，重点放在农村治安案中出现的新情况和新问题，努力降低农村刑事案件的发案率。三是坚持两手抓，做到两不误，在集中力量打击经济犯罪的同时，不放松加强整顿社会治安工作和打击其他刑事犯罪的斗争，在日常检察工作中，高度重视全区社会治安情况，主动配合公安、法院继续从重从快打击六类犯罪分子。四是认真研究和解决农村社会治安中出现的新情况、新问题，全面强化社会治安综合治理，促进全区社会治安进一步好转。

1985 年，阳泉郊区检察院借“严打”斗争东风，抓好五项工作：一是抓好承包联系点——白泉乡、杨家庄乡的综合治理。在具体工作中，在当地党委、政府的支持和配合下，结合“严打”斗争的几个战役不断掀起法制宣传的高潮，派出专职检察干警到乡（村）学校上法制课，并利用有线广播、黑板报，进行法制宣传。二是检察干警深入发案多的村调查摸底，分类排队，掌握动态，对违法青少年进行专题法制学习教育，对轻微犯罪分子，及时给予批评、教育，罚款处理。三是在发案较多的村抓好典型。荫营镇南窑庄村，由于较贫穷，人心涣散，案件发生较多，从上年 11 月到是年 3 月，全村被拘捕犯罪嫌疑人达到 9 名。针对该种情况，郊区检察院干警多次到该村调查了解，会同该村党支部、村委会，研究治理办法，并利用对罪行轻微的犯罪人员免诉的机会，召开群众大会，公开宣布免诉决定，使 5000 多人受到法制教育。四是针对有劣迹人员，建立帮教小组，为他们就业寻找适当机会，解决这个群体的后顾之忧。五是利用接待群众来信来访，抓信息，抓治理，对接待群众来信来访中掌握的犯罪线索，及时转交有关部门调查，对掌握的犯罪苗头，及时与有关单位取得联系，对相关人员，及时进行帮教，批评，建立健全帮扶制度，堵塞社会管理漏洞，如根据有关部门和群众揭发控告的白羊墅村周某刚等预谋私分公款的线索后，该院领导立即带人进行调查，向该村提出堵塞漏洞的建议，引起了村支“两委”的高度重视，并迅速采取有效措施，防止了私分公款行为的发生。

1986 年，阳泉郊区检察院对免于起诉的人员建立帮教小组，回访考察 2 人 / 次，部分免诉对象认罪悔罪和劳动态度，得到明显转变。对全区自 1983 年“严打”斗争以来的刑满、解除劳教人员进行调查摸底，同时协助相关基层单位妥善安排他们的工作和生活，以防止其因无家可归、无工可做后，继续从事犯罪勾当，从根本上解决“两劳人员”的困难，真正帮助他们重回社会，重新做人。

1987 年，阳泉郊区检察院继续加强对免予起诉的人犯进行帮教工作，使这个特殊群体的明显转变率达到 70%。

1989 年，郊区检察院积极参加整顿社会治安斗争，参与打击盗窃、抢劫、流氓滋扰、流窜犯罪、破坏电力设备和水利设施、拐骗妇女儿童、扫“六害”等专项行动，共批准逮捕此类犯罪嫌疑人 157 人，起诉 161 人，与区公安分局、区人民法院等部门联合召开严打大会 4 次，以解决全区社会治安中的突出问题。此外，本年度，该院继续加强对保外就医，缓刑人员的审查和监督，针对存在的问题发出书面建议 5 份，口头建议 40 多条。

1992 年，郊区检察院认真贯彻全国人大常委会《关于加强社会治安综合治理的决定》，在配合有关部门开展各项重点打击和治理的同时，积极落实检察环节各项综合治理措施，加强对犯罪的预防。一是利用检察建议的形式，帮助发案单位堵漏建制，完善规章制度，消除治安隐患，减少和预防犯罪发生，全年发出《检察建议》23 份，提出口头检察建议 30 余次。二是开展免诉人员帮教工作，在发案单位召开群众大会，公开宣布对犯罪人员的免诉决定，促使免诉人员遵纪守法，悔改自新，宣传了法律知识，教育了广大群众。三是积极与发案单位联系，建立免诉人员帮教小组，订立帮教协议，并定期对免诉人员进行回访考察，组织免诉人员学习法律，避免其重新犯罪，全年组织召开免诉会 35 次，回访考察免诉人员 20 多人次，使免诉人员无一重新犯罪。四是积极开展法制宣传，充分利用广播、电视、报刊等新闻媒介宣传法律，出动宣传车，印发宣传材料，发放有关书籍，开展法制宣传，促进了社会治安的综合治理。

1993 年，阳泉郊区检察院进一步加强社会治安综合治理。一是利用出庭支持公诉，向罪犯和群众开展法制教育。全年出庭支持公诉 83 次。发表公诉词 83 篇。二是实行公开免诉制度，召开公开免诉会 2 次，发表免诉词 2 篇。三是对免诉人员开展回访考察和帮教活动，先后对 25 名免诉人员进行回访考察，并由院领导亲自授课，开办免诉人员学习班，对免诉人员进行法制教育。四是建立帮教小组 2 个，教育挽救失足青少年，使免诉人员无一重新犯罪。五是积极开展检察建议活动，帮助有关人员堵漏建制，消除隐患，并发出书面《检察建议》15 份，口头建议 30 余次。

1994年，阳泉郊区检察院坚持打、防结合，把社会治安综合治理工作列入重要议事日程，与业务工作协同规划、同布置、同考核、同奖惩，认真落实检察环节上的各项综合治理措施：一是充分发挥出庭支持公诉作用，发表公诉词73篇，开展法制教育；二是实行公开免诉制度，召开公开免诉会3次，发表公诉词3篇；三是开展对免诉人员的回访考察和帮教活动，先后回访考察免诉人员30人次，落实建立帮教小组，开展接茬帮教，防止重新犯罪；四是加强对保外就医和缓刑犯的监督，先后考察监外执行罪犯11名；五是发挥控告、申诉检察的作用，积极疏导矛盾，防止矛盾激化，相互劝阻越级上访和集体上访12人次；六是积极开展检察建议活动，帮助发案单位堵漏建制，消除隐患，共发出书面《检察建议》12份，口头建议41次；七是积极参与组织各种公捕、公判大会，先后派员参加有关会议6次；八是利用广播、电视、报纸、板报、街头宣传等形式，向全社会公开报道典型案件的处理情况，加强综合治理宣传，全年共撰写稿件6篇，出版报2期，开展街头宣传2次，弘扬法制、教育人民、震慑犯罪；九是利用《检察信息》《情况反映》等形式，向上级领导和主管部门反映倾向性、苗头性的问题，防止矛盾激化，避免引发治安案件和刑事案件。

1995年，阳泉郊区检察院在打击犯罪的同时，积极参与社会治安综合治理，认真落实检察环节上的各项综合治理措施：一是利用出庭支持公诉开展法制教育，共发表公诉词101篇；二是坚持公开免诉制度，召开公开免诉会3次，发表免诉词3篇；三是加强对被免诉人员的回访帮教工作，先后回访考察上述人员5人次；四是积极开展检察建议活动，帮助发案单位堵漏建制，促进依法管理，共发放书面《检察建议》18份，口头建议31件（次）；五是积极参与组织各种公捕、公判大会3次；六是利用新闻媒体和其他宣传形式，向全社会报道典型案件的处理情况，弘扬法制，教育人民，震慑犯罪；七是利用《检察信息》，及时反映影响稳定的各种问题，为领导决策提供依据。

1996年，阳泉郊区检察院积极参与社会综合治理，认真落实检察环节上的各项综合治理措施，一是加强出庭支持公诉工作，利用出庭支持公诉之际，开展法制教育，发表公诉词111篇。二是坚持公开免诉制度，召开公开免诉会4次，发表免诉词3篇。三是狠抓被免诉人员的回访帮教，先后回访考察该类人员6人次。同时积极开展检察建议活动，帮助发案单位堵漏建制，促进依法管理，并发放书面检察建议25份。此外，积极参加阳泉市和郊区政法机关组织的公捕、公判大会7次，进行法制宣传，营造严厉打击刑事犯罪活动、确保社会治安安全的“小气候”。

1997年，阳泉郊区检察院在区域各厂、矿、镇（乡）、村建立综合治理联系点8个，签订《综合治理协议书》8份，帮助企业健全完善规章制度、制定安全防范措施一百余条，并在综合治理联系点联不定期对企业职工开展法制宣传教育，提高职工法律意识。同时坚持出庭支持公诉工作，利用出庭支持公诉开展法制宣传教育，全年依法出庭支持公诉46次，发表公诉词46篇，积极开展检察建议活动，帮助发案单位堵漏建制，共发出书面检察建议42份，及时编发《检察信息》15期，反馈各种情况。

1998年，阳泉郊区检察院坚持打防结合，积极开展社会治安综合治理工作。一是坚持出庭支持公诉，利用出庭支持公诉开展法制宣传教育；二是积极参加公捕公判大会，配合郊区区委开展集中打击和专项行动；三是认真开展检察建议活动，帮助发案单位堵漏建制，履行监督职能；四是编发《检察信息》11期，及时反馈各种情况；五是同所辖区域的厂、矿、事业单位、农村建立综合治理联系点8个，签订综合治理协议书8份，帮助企业健全完善规章制度、制定安全防范措施100余条，与联系点商定不定期对企业职工进行法制宣传教育，以提高职工的法律意识，以消除隐患、堵塞漏洞、预防犯罪。

2000年，阳泉郊区检察院坚持打防并举原则，积极开展社会治安综合治理。在具体办案实践中，始终把依法打击犯罪同加强预防犯罪结合起来，坚持不懈地深入开展检察建议活动，全面落实检察环节上的综合治理措施。是年，该院建立综合治理联系点2个，如在荫营中学建立了青少年维权岗，校方聘请该院副检察长李爱贤为名誉副校长，两名检察官为兼职教师，定期向在校学生讲授法律常识，并撰写案例分析等宣传材料14篇，以案说法，进行法制教育。与此同时，该院一手抓办案，一手抓预防，反贪部门主动与纪检监督、审计等部门联系，认真研究预防职务犯罪的方法和措施，并通过办案和开展检察建议活动，先后发出书面检察建议11份，口头建议30余次，并对落实情况进行了回访，帮助发案单位堵漏建制，预防犯罪，把综合治理措施真正落在实处。此外，该院在着力查处发生在国有企业内部的经济犯罪的同时，积极为国有企业健康发展保驾护航，把综合治理联系点建在国有企业和行政执法机关，并与国有企业建立了信息反馈制度，为国有企业的健康发展提供有效的法律服务。

2001年，阳泉郊区检察院联系工作实际，坚持“打防并举、预防为主”方针，积极开展社会治安综合治理。在打击各种严重刑事犯罪的同时，狠抓社会治安综合治理各项措施的落实。该院党组一是把综合治理工作纳入检察工作重要议事日程，制定了预防职务犯罪实施方案，各部门都依照开展综合治理工作的具体要求建立了综合治理联系点，充分发挥检察监督的优势，坚持不懈地深入开展检察建议、检察宣传、法律服务活动。二是充分利用广播电视、报纸、流动宣传车、固定宣传站、检察长接待日等形式适时进行法律宣传，法律讲座、法律咨询，全面落实检察环节上的综合治理措施，全院共建立了综合治理联系点六个，全年共提出刑事检察口头检察建议25次，书面检察建议2份，召开新闻发布会2次，编印严打整治专报17期，检察信息25期，出动宣传车14个，设立固定宣传站4个，接待群众来访120余次，悬挂宣传版图15块，发放宣传资料5000份，起到了教育群众维护稳定的积极作用。三是制定《预防职务犯罪工作方案》，成立领导组，配备专职工作人员，有针对性开展预防工作。在查办经济犯罪案件的同时，认真落实预防职务犯罪的措施，强化预防工作，把查办案件与预防犯罪有机结合起来，主动与纪检监察、审计等部门协调配合，加强横向联系，形成防范职务犯罪的合力；结合办案中发现的违法违纪问题，充分运用检察监督手段，采取书面和口头检察建议的形式，帮助发案单位堵漏建制，全年为发案单位和有关部门发出检察建议10份，口头建议28次，编发相关检察信息10期，服务全区经济建设；与此同时，在域内国有企业建立综合治理联系点，积极为国有企业的发展建言献策。法纪科把综合治理联系点建在行政执法部门，适时在联系点召开中层领导座谈会，并讲授法律知识，通过多种形式的活动，帮助解决涉法问题；自侦部门建立综合治理联系点3个；此外，该院坚持以案说法，以法教人，采取“案件办在哪里，宣传活动就搞在哪里”的方法，召开座谈会3次，讲法制课2次，编写案例分析材料4篇。

2002年，阳泉郊区检察院继续狠抓社会治安综合治理，把综合治理纳入检察工作重要议事日程，列入干警百分考核方案，制定了预防职务犯罪方案，各部门都建立了综合治理联系点，充分发挥检察监督的优势，坚持不懈地深入开展检察建议，检察宣传，法律咨询服务，并利用广播电视、报纸、流动宣传车、固定宣传站、检察长接待日等形式，适时开展法制宣传、法律讲座和法律咨询，全方位落实检察环节上的综合治理措施。该院全年建立综合治理联系点9个，发出检察建议15次，编印严打整治专报12期，检察信息39期，出动宣传车4个，发放宣传资料3000余份，起到了教育群众维护稳定的积极作用。在反贪污贿赂工作中，该院深入开展综合治理，积极落实预防职备犯罪措施，主动与纪检监察、审计等部门协调配合，加强横向联系、形成防范职务犯罪的合力，同时充分运用检察监督手段，服务经济建设，紧密结合办案中发现的违法违纪问题，采取书面和口头检察建议的形式帮助发案单位堵漏建制，职务犯罪侦查部门为发案单位和有关部门发出检察建议4份，口头建议10次。并继续加强同域内国有企业和行政执法部门的综合治理联系，适时在各联系点召开座谈会，讲授有关法律知识，帮助解决相关的法律问题，为联系点单位建言献策，全年召开座谈会3次，讲法制课2次，编写案例分析材料9篇。

2003年，阳泉郊区检察院继续狠抓社会治安综合治理各项措施的落实，把综合治理纳入检察工作重要议事日程，一是在“三打三防三创”工作方案基础上，进一步分解项目和责任，将综合治理工作列入全院百分考核内容，层层分解责任，层层抓落实。二是充分发挥检察监督职能作用，进一步扩大建立综合治理联系点单位，坚持不懈深入开展检察建议、检察宣传、法制教育、法律咨询服务，充分利用广播电视、报纸、活动宣传车、固定宣传站、检察长接待日等形式适时进行法制宣传、法律讲座、法律咨询，全方位落实检察环节上的综合治理措施。全院共建立综合治理联系点9个，发出检察建议9次，出动宣传车12台次，发放宣传资料8000余份，青少年维权岗为学校讲授法制课3次，受教育学生达3000余名，对教育群众和维护稳定发挥了积极的作用。三是强化职务犯罪的系统预防，先后同金融、保险、国有企业、税务、工商等经济管理部门和行政执法部门，建立起横向联系，召开 4 次座谈会，研究探讨治腐措施。检察长、分管检察长重点对税务干部、交通局管理人员，进行预防职务犯罪教育和法制讲座，并召开全区副科级以上领导干部预防职务犯罪工作会议，聘请阳泉市检察院张仲马检察长，对区属和驻区单位的正科级以上领导干部和敏感行业部门的部分干部，进行法制讲座和警示教育，收到了良好社会效果。

2004 年，阳泉郊区检察院把“打防并举，预防为主”综合治理方针，纳入检察工作重要议事日程，把营建平安郊区的目标纳入“三打三防三创”工作方案，并进一步分解项目和责任，层层抓落实。各职能部门充分发挥检察监督职能作用，坚持不懈地深入开展检察建议、检察宣传、法制教育、法律咨询服务，全方位落实检察环节上的综合治理措施。侦查监督和公诉部门共建立综合治理联系点 8 个，发出检察建议 9 次，青少年维权岗为学校讲授法制课 2 次，受教育学生达 3100 余名。郊区二中连续四年聘请该院三名检察官任法制校长和法制课讲师，通过青少年维权岗活动，学校没有发生过一起在校生犯罪案件，起到了教育群众维护稳定的积极作用。

2005 年，阳泉郊区检察院围绕营建“平安郊区、和谐郊区”目标，把社会治安综合治理工作纳入刑事检察工作的全过程，通过开展检察建议、法制教育、法律咨询等方式，全方位落实检察环节上的综合治理措施。7 月 4 日，郊区检察院干警深入郊区李家庄中学为即将开始暑假生活的 400 余名在校学生，举办预防未成年人犯罪的专题讲座。阳泉市人民检察院法律研究室主任、法学硕士付利宝从近几年来阳泉市几起典型案例入手，剖析了未成年人犯罪现象呈现的特点及其原因，指出了学校、家庭、社会都应关怀青少年健康成长，为预防未成年人犯罪多做工作。课后师生们反映，这样的讲座极富感召力，通过典型案例的剖析，在学生思想上敲起警钟。校领导表示将继续加强检校共建活动，努力营造和巩固健康向上、安全文明的校园环境。10 月 27 日，阳泉郊区检察院检察官到阳泉郊区李家庄中学，为 1000 余名中学生举办以“未成年人维权”为主题的法制讲座。授课检察官从违法、犯罪的本质特点，以及未成年人如何提高自我防范能力，维护合法权益的角度，阐述了青少年开展普及法律知识，增强法律意识，维护合法权益的相关问题，法制讲座受到广大师生的热烈欢迎。校长对郊区检察院干警多次来学校讲授法制课，表示感谢。希望今后继续开展类似活动，校检联合，共创文明校园。

是年，郊区检察院在中小学校建立 7 个综治联系点和青少年维权岗，7 次为青少年讲授法制课，受教育学生达 5000 余名，增强了青少年的法制意识和知法守法的自觉性。被阳泉市郊区综治委授予“平安单位”称号。

2007 年，阳泉郊区检察院紧紧围绕营建平安郊区、和谐郊区目标全方位开展综合治理，将综治工作纳入刑事检察工作的全过程，列入检察机关业务考核范围，进一步分解项目和责任，层层抓落实。一是职能部门通过开展检察建议、检察宣传、法制教育、法律咨询服务等方式，全方位落实检察环节上的综合治理措施。二是综合治理联系重点，放在教育部门特别是中小学校，进一步扩大青少年维权岗的建设范围，增加活动内容，搞活教育方式，增强了青少年维权岗工作实效。

同年11月1日，按照山西省人民检察院和阳泉市人民检察院的部署和安排，为进一步加强和规范对管制、剥夺政治权利、缓刑、假释、暂予监外执行人员的脱管、漏管问题的监督管理，减少社会不安定因素，郊区社会治安综合治理委员会办公室牵头，成立了由区委常委、政法委书记王如生为组长，法院、检察、公安、司法为成员单位的领导组，在检察院设立办公室承担日常工作，并摸清了在郊区检察院辖区内的管制、剥夺政治权利、缓刑、假释、暂予监外执行人员的全部底数，同时对上述脱管、漏管人员逐一归档管理，进一步规范和落实了管理措施。

是年，郊区检察院开展建立青少年维权岗活动效果更加显著，在校的1232名学生学习成绩逐年提高，法制观念深入人心，无一例违法案件发生，受到了群众的一致好评。

2008年3月7日上午，阳泉郊区检察院组织干警在荫营人民广场，开展“社会治安综合治理宣传月”活动，并利用精心制作的图板，宣传检察机关在打击犯罪、保护人民，维护社会治安，促进社会和谐中的有力措施，综合治理宣传活动发送综治宣传资料200余份，接受群众咨询数十人，耐心回答群众提出的问题。通过该次活动，有效提升了检察机关形象，使依法治国的理念升入人心，取得了良好的社会效果。

2009年1月，阳泉郊区检察院开展监外执行犯罪专项检查，对辖区公安机关监管的管制、剥夺政治权利、缓刑、假释、暂予监外执行罪犯进行检查，并为余刑在一年以上的留所服刑罪犯，以及九类重点罪犯进行建档。通过检查，全面掌握全区监外执行情况，针对检查中发现的问题，及时向有关单位提出纠正措施，防止监外执行罪犯的脱管漏管。

2010年8月，阳泉郊区首批社区矫正对象交接仪式在荫营镇举行。按照《最高人民法院、最高人民检察院、公安部、司法部关于开展社区矫正试点工作的通知》和《最高人民检察院关于在社区矫正试点工作中加强法律监督的通知》要求，阳泉郊区检察院监所部门对交接仪式进行现场监督。此次社区矫正对象共4名，郊区公安分局荫营派出所工作人员对矫正人员身份进行验证，向荫营镇司法所移交矫正对象的档案资料，并宣读《社会矫正宣告书》，同时与矫正对象签订《接受社区矫正保证书》，与矫正人员配偶及直系亲属或法定监护人签订《监督帮助协议》。整个交接过程秩序井然、规范有序。

2011年，阳泉郊区检察院认真贯彻落实中共阳泉郊区区委《关于加强和创新社会管理的安排部署》，一是配合有关司法部门，加强对治安重点地区的排查整治，推动社会治安防控体系建设。加强社区矫正法律监督，坚持开展对社区五种服刑人员的教育转化工作，促进社区矫正工作依法规范开展。二是加强对困难群众和弱势群体的司法保护，推进刑事被害人救助工作，进一步明确救助的范围、标准和程序，对2名生活陷入困境的被害人，进行了经济救助。三是积极协助基层综治组织建设，通过矛盾纠纷联调、社会治安联防、重点工作联动、突出问题联治、平安建设联创、服务管理联抓，全面落实社会治安综合治理各项措施。四是针对执法办案中发现的社会管理问题，及时向有关单位提出消除隐患、完善制度、强化管理的检察建议和意见66条。

2014年，阳泉郊区检察院积极投入平安郊区建设，认真开展“六项整治”（六项整治：对全区城乡接合部、城中村、工矿区、“九小场所”、出租房屋、校园及周边进行集中排查整治，净化社会风气）、“六安联创”（以平安家庭、平安村、平安单位、平安矿区、平安学校、平安乡镇为主要内容的平安创建活动）活动，进一步加强对未成年人犯罪帮教工作，协助团市委、市检察院成立全省首家未成年人定向关护中心，及时提供定向帮教，让严肃的法律充满温情。

2017年6月，阳泉郊区检察院开展以“防治校园欺凌，护航未成年人成长”为主题的检察开放日活动，深化未成年人检察工作，增强社会各界对未成年人检察工作的知晓度和认同感，增强学生自我保护的法律意识。此次活动共邀请人大代表、政协委员、团委、教师、学生及新闻媒体等代表共40多人。受邀代表、委员、学生等参观了主题宣传展板和预防青少年犯罪警示教育基地,并在检察人员图文并茂的解说中，亲身感受检察机关依托办案职能和基地建设，积极预防和减少青少年犯罪，多维度维护校园安全，呵护未成年人健康成长等方面所取得的成效，进一步深化代表对检察机关加强未成年人检察队伍建设，提升公信力和亲和力等方面的认识。

受邀代表委员对郊区院未成年人检察工作给予高度肯定，一是未成年人检察工作充分发挥了检察监督职能，扎实推进、创新履职，工作不断向专业化、规范化发展，取得了长足进步。二是“检察开放日”活动围绕社会高度关心的热点问题，让社会各界近距离感受检察机关用心预防未成年人犯罪和保护未成年人合法权益，体现了检察机关的使命担当。三是希望社会各界以此次活动为契机，积极参与关爱未成年人的各项活动中来，特别要关注校园欺凌和校园暴力对未成年人身心健康造成的危害，充分重视家庭教育在未成年人成长中的重要作用，积极呼吁全社会关注未成年人心理健康问题，重视留守儿童及家长法制宣传和教育。四是希望郊区院继续拓展法制教育读本、微视频等宣传资源利用深度和广度，进一步扩大警示教育基地的影响作用，有效利用社会资源，强化部门联动形成预防合力。并针对如何发挥检察职能、促进未成年人健康成长等，提出具体的意见和建议。

第七章 文体活动

阳泉郊区检察院历来重视干警文体活动。二十世纪八九十年代，由于干警人数较少，该院干警主要以个人公派名义，即“抽调”的形式，同郊区机关干部职工或阳泉市检察院干警，共同组成文艺表演队或体育参赛队伍，参加全区类型或全市类型的文艺表演或体育赛事。21世纪后，除本院内开展的干警喜闻乐见的文化体育活动外，也组队参加郊区政府或阳泉市检察院组织的文体活动或比赛。

2008年9月28日，阳泉郊区检察院组织全体干警，举行“迎国庆，乒乓球、华牌、象棋”比赛，检察长贾建胜、领导班子成员均积极参与文体活动，经过激烈竞争，12名选手分别获三个项目的冠、亚、季军。

2009年3月初，在“三八”国际妇女节来临之际，阳泉郊区检察院举办“庆三八”系列活动。组织全院女干警观看区妇联组织的“建设杯”全民健身舞大赛，并举行迎“三八”茶话会，共叙检察机关的发展变化，亲身感受院党组及全体干警对女干警的关心支持。女干警们决心以踏踏实实做人，认认真真做事的态度，撑起郊区检察院的半边天。

2010年3月，为欢度“两节”，阳泉郊区检察院组织干警开展丰富多彩的文体活动，活动由院党支部、政工和工会部门共同组织，项目包括中国华牌、百分、象棋、乒乓球和猜谜语，全院干警积极报名参加，院领导人人参与，经过激烈角逐，各项目都分出名次。通过举办文体活动，烘托出浓浓的节日气氛，营造了活泼向上的文化育检氛围。

同年5月8日，为贯彻实施《全民健身条例》。阳泉郊区检察院组织干警积极参加中共郊区区委举办的全区职工运动会，全院干警报名踊跃，参与了乒乓球、羽毛球、毽球、跳绳、大众广播体操、田径、背靠背夹球向前跑和4人齐心向前冲等项目的比赛，并取得优异成绩。领队、副检察长、政工科科长高秀瑾表示，在今后工作中，郊区院要坚定信念，不断超越，为建设活力郊区、健康郊区、和谐郊区做出更大的贡献。此外，本年度，该院党支部、工会和政工部门，联合组织开展棋牌、球类和猜谜语等丰富多彩的文体活动，以丰富干警业余生活。

2011年2月，阳泉郊区检察院党支部、政工和工会联合组织开展丰富多彩的文体比赛活动。比赛项目有中国华牌、百分、中国象棋和乒乓球等。经过激烈角逐，各项目产生出前三名。

同年3月8日，为纪念和庆祝一年一度的“三八”妇女节，郊区院组织女干警开展一系列活动，使节日不同寻常更加具有意义。一是召开全体女干警座谈会，欢度节日。3月8日，全院女干警欢聚一堂，副检察长高秀瑾代表院党组到会祝贺，对女干警们取得的成绩给予充分肯定。二是开展向全体女干警“送温暖”活动。院党组为每位女干警赠送一份小礼物，对她们表示节日的慰问，并对她们在检察工作中作出的成绩表示感谢。三是组织女干警开展文艺表演等文化娱乐活动。

2013年1月9日上午，阳泉郊区检察院在新办公楼前举行“迎新春检察官宣誓暨升国旗仪式”，中共阳泉市委政法委、阳泉市人民检察院、郊区四套班子、郊区政法机关以及驻区的荫营地区检察院、交警三大队领导参加。上午10:30，郊区院全体干警排列整齐，着装列队。伴随着国歌声，在3名武警护送下，举行升国旗仪式。随后，在党组书记、检察长王建明的带领下，全体检察干警面向国旗举行宣誓仪式。通过这次活动，检察官们纷纷表示要忠于国家宪法和法律，充分履行法律监督职责，维护社会公平正义，为郊区检察事业再做新贡献。

2015年6月9–11日，由阳泉市郊区总工会和区广电局联合组织的阳泉市郊区第二届职工羽毛球比赛，在山西工程技术学院羽毛球馆举行，郊区院派出9名队员参加比赛，夺得可喜成绩。本次比赛是郊区院首次组织羽毛球队参加比赛，队员由张福明、赵晓伟、郭贵斌、马强、贾秉旭、薛雪霞、王文燕、闫丽雅、张娜组成，经过顽强拼搏，圆满完成比赛任务，该院被授予“优秀组织奖”，闫丽雅、张娜荣获女子双打第二名，马强、王文燕荣获混合双打第五名，充分展示了该院干警积极向上的精神风貌和奋力拼搏的团队精神。

2017年5月26日下午，为弘扬民族优秀传统文化，传承中华民族优良传统，丰富机关文化生活，郊区检察院妇委会组织全体20余名女干警开展“包粽子、话传统、迎端午”活动，以增强女干警的民族认同和文化认知，增强郊区院队伍的凝聚力。

同年6月30日，在庆祝建党96周年之际，郊区人民检察院与郊区纪委监委共同举办迎“七一”主题党日系列活动，两机关的党员和入党积极分子参加了活动。为促进区检察院与区纪委监委的相互交流和协作，丰富干部群众文化生活、增强身体素质，两个单位共同组织开展乒乓球、羽毛球、台球联谊赛。联谊赛得到双方领导的高度重视和干部群众的大力支持。比赛中，大家本着“友谊第一，比赛第二”原则，由单位分管领导亲率队员进行球技切磋，在历时3个小时的活动中，双方队员互相交流、鼓励，加油声不断，笑语声不绝，气氛十分活跃。该次联谊活动得到干警、职工的一致好评，促进两个机关干警互相了解、交流和学习。

同年7月，在全市检察机关举办的以“喜迎十九大、岗位做贡献”为主题的演讲比赛，郊区院选派田瑶、翟雯晔经过激烈角逐，在22名参赛选手中双双进入12强，均荣获三等奖。在6个参赛集体中，郊区院和城区院荣获“优秀组织奖”。比赛中，两院参赛干警围绕“喜迎十九大、岗位做贡献”主题，立足检察职能，结合自身工作经历，用生动的语言和感人的事例、案例，深刻阐述检察干警立足岗位默默无闻、爱岗敬业的无私奉献精神，展现新时期检察干警恪尽职守、敢于担当、司法为民的精神风貌，赢得现场领导、评委和观众的阵阵掌声，展示青年检察干警的风采，彰显郊区院团结向上的精神风貌。

是年，阳泉郊区检察院与区监察委员会共同举办“迎七一”重温入党誓词和文体联谊赛等主题党日系列活动，以推动司法改革后，干警转隶工作深度融合。该院制作的“人民检察官砥砺前行”和“文化育检飘书香”微视频，在阳泉郊区区直机关广为传播，收到良好评价。

2018 年 3 月 10 日，为掀起学习贯彻落实中共十九大精神高潮，推动检察文化建设健康发展，共同奏响新时代伟大旋律，阳泉郊区检察院举办以“走进新时代，检情颂党恩”为主题的才艺展示联欢会，院党组成员集体合唱的《我们走在大路上》，唱出面对新时代新要求新挑战，迎难而上、开拓创新、奋勇争先的决心，唱出不忘初心、砥砺前行的精气神。诗歌朗诵《我骄傲，我是人民检察官》表达干警对检察事业的信仰和热爱。小提琴独奏《我和我的祖国》演奏出检察人对祖国的热爱之情，对新时代美好前景的向往。女声独唱《沙家浜选段·智斗》由一名女干警分饰三个角色，单人完成了这个高难度的节目。三句半《说说检察新气象》道出保洁员兢兢业业为保障检察工作开展的任劳任怨的心声。独舞《鸿雁》以其曼妙的舞姿向大家展现郊区检察干警的精神风貌和对检察事业未来发展的美好愿望。单口相声《莽撞人》由一名党组成员以扎实的功底赢得观众的阵阵掌声，相声《叫卖图》中，两名干警你一言我一语，将这门语言艺术精彩地呈现给观众，展示他们非凡的雄辩功夫。旗袍秀《女检风采》展现铿锵玫瑰的别样风采，联欢会为干警提供了一个充分展示才艺的舞台，丰富了干警的检察文化生活，增强了队伍的凝聚力和战斗力，营造了积极进取的工作氛围。

11 月，阳泉郊区检察院代表全市检察系统参加山西省庆祝改革开庭 40 周年暨检察机关恢复重建 40 周年文艺汇演，选送的 2 个节目小提琴独奏《鸿雁》和旗袍秀《水墨兰亭》获得好评。

第九编

文献辑录

第一章 人民代表大会报告

阳泉市郊区人民检察院工作报告

在阳泉市郊区第十一届人民代表大会第一次会议上

（一九八七年六月十六日）

郊区人民检察院检察长 苏密生

区第十届人民代表大会第一次会议以来，我院在区委和上级人民检察院的领导下，在区人大常委会及全体代表的监督下，依据法律赋予检察机关的职能，与有关部门紧密配合，相互制约，依法打击了严重经济犯罪和其他严重刑事犯罪分子的破坏活动，依法查处了各种渎职犯罪活动，为实现全区社会治安的稳定好转，保卫和促进全区的社会主义物质文明和精神文明建设，起到了积极的作用。

现在，我代表区人民检察院，就我区三年来检家机关的工作情况，向大会作一简要报告，请各位代表审议。

一、全区基本实现了把严重经济犯罪分子嚣张气焰压下去的目标

一九八二年，中共中央、全国人大常委会、国务院发出有关打击经济领域中严重犯罪活动的决定后，我院依法查处了经济犯罪案件十件十六人。这些案件判决后，对震慑经济犯罪分子，遏制其嚣张气焰，起到了很大作用。回顾起来，在一九八四年下半年至八五年上半年这段时间里，由于资产阶级腐朽思想和不正之风的影响，使这段时间形成了一个经济案件发案的“高峰期”。严重地影响了改革和经济建设的顺利进行。一九八五年六月，最高人民检察院提出，检察机关要在决不放松打击刑事犯罪的同时，把打击严重经济狠罪作为主要任务来抓。去年，全国政法工作会议和全国检察长会议提出了争取“用一年左右的时间把严重经济犯罪分子的嚣张气焰压下去”的目标。区人大常委会于一九八六年二月听取了我院关于打击经济犯罪活动的专题报告后，亦作出了相应的决议。去年，根据省、市、区委的安排部署，在全区范围内开展了打击严重经济犯罪活动的总体战。经过一年来的紧张工作，打击严重经济犯罪活动的斗争取得了重大成果，基本上实现了“总体战”规划所提出的“压下去”的目标。

主要表现在下述诸方面：

（一）发生在一九八四年下半年和一九八五年上半年“高峰期”的经济犯罪案件已基本挖了出来，一批重大经济犯罪分子相继落网。去年，共发现和破获经济违法犯罪案件73件，其中发生在“两个半年”期间的案件71件，占97.3%；由我院立案侦查的犯罪案件18件，其中属“两个半年”的有17件，占立案侦查案件总数的94.4%；立案侦查的重大经济犯罪案件4件，占立案侦查案件总数的19%。通过办案，一九八六年，依法逮捕各类经济犯罪分子7人，挽回直接经济损失49.8万元，比一九八二年至八五年四年间为国家挽回的经济损失总数还多26.3万元。

（二）一九八五年下半年以来的经济犯罪案件明显减少。从一九八六年发现和侦破的73件违法犯罪案件看，发生在八五年下半年以来的仅有2件，占12.6%；截至今年三月底，由政法机关立案侦查的21案中，发生在八五年下半年至八六年的案件仅有3件，占14.2%。

（三）大部分案件已查清办结。由公安检察机关立案侦查的21案，已全部办结。其中依法判刑的4案6人，免于起诉的11案17人，不起诉的6案4人。由有关机关立案处理的52件，已办结49件，结案率达到94.2%。

（四）各级党组和人民群众对经济犯罪分子敢抓、敢揭，在受理的73件经济违法犯罪案件中，有37%来自基层群众的检举揭发；有34%来自基层党组织的调查；由政法机关发现的29%；对经济犯罪分子形成了强大的压力。在实现“压下去”的目标中，我们着重从三个方面进行的工作。

1. 打好总体战，充当主力军。根据案件的管辖与分工，检察机关直接受理查处贪污受贿等主要经济犯罪案件。因此，在打击严重经济犯罪活动的总体战中，我们积极主动地发挥了先行和骨干作用。首先，我们向区委提出了用一年左右时间，把严重经济犯罪活动的嚣张气焰压下去的《实施方案》的报告，使这场斗争在区委的统一领导下有计划、有步骤地开展起来。其次是在有关部门密切配合和大力支持下，领导带头办案，实行了定人员、定案件、定时间包查到底的办案责任制，使案件的查处工作进行得比较顺利。三是提前介入案件的调查工作，及时掌握第一手的证据，防止案件的反复。

2. 认真贯彻《通告》，敦促投案自首。为了敦促经济违法犯罪人员投案自首，完成“挖出来、压下去”查清办结的任务，省检察院同省高级人民法院、公安厅、司法厅先后联合发布了关于严厉打击严重经济犯罪活动的第一、二号《通告》，号召有经济违法犯罪活动的人投案自首，走坦白从宽的道路，为了落实《通告》，按照区委、区政法委的安排，我院与公安、法院、司法、“打办”等有关部门共同召开各种会议，及时宣传《通告》，并组织了五个宣讲小组，深入到基层，配合各级党委、纪委，宣讲《通告》，发动群众揭发检举；敦促有经济违法犯罪问题的人投案自首，走从宽道路；

适时召开了两次宽严处理大会，政策兑现；抓紧做好知情人和违法犯罪人员家属的思想工作，规劝有违法犯罪活动的人投案自首。通过这些扎实的工作，收到了很好的效果。人民群众向政法机关检举揭发各种经济违法犯罪线索113件，四十一名经济违法犯罪人员投案自首，共交代违法犯罪金额13.6万元，退回和追回赃款赃物折款12.5万元。

3．开展自查自清，引申斗争。在总体战中，我们与各系统各单位紧密配合，采取自查自清与整党工作、开展税务财务大检查与纠正行业歪风、清理拖欠公款相结合的方法，广辟案件来源。在自查自清总共查出经济违法和犯罪的问题338条，其中由有关部门立案52件，交我院查处12件。同时，对从中发现的各种拖欠款也进行了清理。自查自清中，我们在战区指挥部的领导下，同有关部门对33个单位进行了检查验收，合格的单位27个，占81.8%。基本合格的6个，占18.2%，应查核算单位589个，全部进行了自查自清，搞得好的466个，占79.1%，比较好的123个，占20.9%。通过打击严重经济犯罪活动，促进了改革和经济建设的顺利进行；促进了党风和社会风气的进一步好转；促进了法制建设和法制观念的提高。

首先，通过打击经济犯罪，清除了一批破坏改革、开放、搞活的“蛀虫”，促使企业恢复了生机，生产转入了正常轨道。我们利用办案所得到的第一手材料，针对企业内部存在的问题，积极提出了检察建议，帮助建立健全制度，端正经营指导思想，促进了经济效益的提高。

其次，通过打击经济犯罪，促进了党风和社会风气进一步好转。在查处案件中，我们配合整党，依法查处了党员经济犯罪案件4件，使检察工作真正起到了区委的参谋和助手作用。

最后，通过打击经济犯罪，群众的法制观念逐步增强。一些被触动的企事业核算单位懂得了运用法律保护自身的合法权益，树立了靠价值规律拓宽经营路子的观念，抛弃了靠请客送礼打通路子的不正之风。这些观念的转变，实质上是法制观念增强的具体表现。

二、坚决贯彻执行依法从重从快打击严重刑事犯罪的方针，促进了全区社会治安的稳定好转

三年来，严厉打击严重刑事犯罪活动的斗争共进行了三个战役十一仗。三年中，共审查批准逮捕各类刑事犯罪分子158人，起诉163人，免予起诉84人，对公安机关提请逮捕和移送起诉的案件，均在法定时限内作出决定，批捕、起诉的案件质量均达到了法定要求。

在“严打”斗争中，我们积极配合政法各部门，根据社会治安状况和经济体制改革的形势要求，开展“打流窜、反盗窃”等专项打击活动，批准逮捕了流窜作案分子6名，盗窃犯罪分子28名。在严打的声势和政策的感召下，有12名盗窃等违法犯罪人员，携带赃物投案自首；有些犯罪分子将盗窃所获送回了原处。与此同时，配合公安、法院，召开了宣判大会七次，依法从严和从宽处理了一批犯罪分子，进一步推动和引申了“反盗窃”和“打流窜”的斗争。

在刑事检察工作中，我们重点抓了三个方面。

1. 多层次、多形式的充分发挥法律监督机关的职能。检察机关的作用，在于突出法律监督这一根本职能，以此来保障法律的严肃性，保障法律的正确实施。因此，我们注重了进行多层次的监督活动，采取了多形式的监督措施。三年中，对未构成犯罪的 39 人，作出不批准逮捕的决定；对 7 人作出不起诉的决定；对漏网的 2 名犯罪分子进行了追捕；对 6 名罪犯进行了追诉；对提起公诉的案件，全部派员出庭支持了公诉；对人民法院量刑不当的案件，依法提出了抗诉。在实施法律监督中我们认识到：注意多层次、多形式、多环节的监督，正确地掌握法律尺度，才能使犯罪分子不漏网，使无罪的人不冤枉，才能提高公民的法律意识，树立执法机关的好形象。

2. 重视协调配合，坚定不移地贯彻“从重从快”的方针。

在履行法律监督职能的同时，我们注重了公检法三机关之间的相互配合，在“准”的基础上坚持“从重从快”。三年来，我们除在“严打”斗争的重大行动中加强配合外，在具体办案的过程中，积极加强合作，对案件中存在的问题，不推不靠不等，努力履行职权，对凡经检察机关补充证据后不影响案件的，尽量做到不退查，以减少程序上的时间消耗。三年中，检察机关共补充证据材料 80 余份；核实证据 30 余份；直接追缴赃款 1.5 万元，对批捕起诉案件全部按时或提前作出决定，三机关之间联合讨论案件 50 余次。努力做到了认识统一，步伐协训，加快了办案进程，充分体现了“从快”的精神。

3. 努力从综合治理上下功夫，积极预防犯罪。犯罪是一种社会现象，只有动员全社会的力量，在综合治理上下功夫，才能减少犯罪， 预防犯罪。我们针对近年来青少年犯罪率上升的特点，“打防”并举，“教、改、建”结合，从检察工作的角度出发，积极开展综合治理。三年中，我们派员深入基层企事业单位、学校、乡（镇）村，宣传法制二十八次，抽出三名业务骨干担任了区普法办公室法律培训班的兼职教师；召开失足青少年帮教座谈会十二次；建立帮教小组二十四个；利用免予起诉机会召开群众大会宣讲法制十七次；对全区刑满、解除劳教的人员进行了摸底调查，并积极为他们联系就业门路等。通过这些工作，宣传了法律知识，加强了社会控制，预防了部分犯罪，挽救了一批失足青少年，增强了公民的法律意识，提高了公民遵纪守法的自觉性。

三、坚决打击渎职犯罪活动，维护社会主义法制的蹲严

三年来，法纪检察工作也取得了重要成果，共受理各类法纪案件 69 起，其中立案侦查 8 起，向法院提起公诉 4 起，免予起诉 4 起，作有罪判决的 4 起。在查处法纪案件中，尽管个别干部群众的思想认识一时跟不上，但是，在区委、区政府的领导和支持下。我们以事实为根据、以法律为准绳，从保护公民的人身权利和民主权利出发，结合我区实际情况，把查处的重点始终放在了侵犯公民人身权利、民主权利、玩忽职守和重大责任事故案件上。

在查处中，我们一是着重解决办案人员自身的认识问题，教育干警充分认识开展法纪检察工作是维护公民人身权利和民主权利、促进经济建设的重要手段，提高干警查处法纪案件的自觉性。二是正确解决“感情阻力”问题。有些法纪案件，是由于某些干部的渎职行为造成的，往往会出现一些感情上的阻力，因此，我们坚持边查处边宣传的方法，教育群众充分认识打击渎职犯罪活动的重要性，提高了群众对渎职犯罪活动危害性的认识，妥善解决了感情阻力问题。三是注重划清罪与非罪的界限，坚持重证据，重调查研究、多方面考查的原则，正确掌握法律尺度。通过查处法纪案件，促进了全区的党风好转和安全生产，推动了“两个文明”建设。

三年来，我们把人民群众的控告、申诉当作联系人民群众、维护群众正当的合法权益的重要内容，努力维护党和政府在群众中的崇高形象。三年中，共受理群众来信来访 123 件（次），其中有控告、检举违法犯罪活动的 28 件（次），不服法律处理的各种申诉 39 件（次），其他问题 56 件（次）。对群众来信，我们按照“分级负责、归口办理”的原则，基本上做到了随到随办、不拖不压。对一些重大来信来访和控告、申诉案件，院领导都要亲自接待和批阅。如去年十一月，下烟村领导向我院反映，该村纸箱厂因与文水县永盛草板纸厂在履行合同中存在一些债务纠纷，被永盛草板纸厂扣押汽车及司机等，人员全部被锁在一间房子内，完全失去了人身自由，最长者被扣押达二月余。得到这一情况后，我们立即向区委汇报，并决定派员前往该地调查，在当地检察机关的配合下，很快查明了情况，被扣押人员及时恢复了自由。为了解决群众“告状难”的问题，我院还试行了“下乡办案”“挂牌办案”等做法，为群众提供法律咨询，凡属于我们能够解决或解答的都及时作了相应的处理，但由于存在案件管辖的局限性，上述一些方法还有待进一步协调。

四、旗帜鲜明地坚持四项基本原则，努力提高“两个素质”，充分发挥检察职能。保卫和促进经济体制改革和社会主义现代化建设顺利进行

三年来，通过四项基本原则教育、整纪刹风和学习全国政法战线、老山前线英模事迹，使广大检察干部增强了坚持四项基本原则，反对资产阶级自由化的自觉性，增强了检察职业道德观念，加强了职业纪律，树立了为全区经济建设服务的思想。去年有两个部门被评为市政法战线先进集体，六名同志被评为先进工作者。在坚持正常工作的同时，加强了对干警业务能力的培训。三年中，已有二人取得了法律专科毕业证书，十四人正在接受法律大专课程的函授学习，二人参加高等教育的自学考试。在工作中结合工作实践，坚持组织干警在职自学，通过多种形式、多种渠道的培训，干警的业务素质有了较大的提高，为履行法律监督职能打下了良好的基础。

各位代表，区第十届人民代表大会第一次会议以来，我院遵照历代代表大会决议，较好地完成了任务。但是，同目前的改革和经济建设的形势要求还不适应，还存在着一些问题。从主观上看，干警的政治素质和业务素质需要进一步提高；检察机关的侦查监督、审判监督职能还未能充分发挥；有些干警对“两打”斗争缺乏长期作战的思想准备；个别干警在办案过程中，对“靠什么办案”的问题还解决的不好。从客观上看，“两打”斗争取得的成果还不够巩固。今年以来，刑事案件特别是大要案上升，抢劫、强奸、盗窃、流氓滋扰时有发生；严重经济犯罪分子的嚣张气焰虽基本压了下去，但还没有“全面压下去”；两个“高峰期”的案件还没有完全挖出来，有的还在进行新的犯罪活动。法纪案件也呈上升趋势。因此，实现全区社会治安稳定好转，还需要做大量工作。

在新的一年里。我们要认真贯彻执行党中央关于社会主义精神文明建设指导方针的决议和全国人大常委会《关于加强法制教育维护安定团结的决定》，坚持一手抓建设，一手抓法制。在干警中进行坚持四项基本原则，反对资产阶级自由化的教育。要围绕全区经济建设的中心坚持人民民主专政，对严重危害社会治安的刑事犯罪分子要依法从重从快惩处，对敌对分子和反革命分子要依法予以打击。要继续开展打击严重经济犯罪活动的“总体战”，认真落实省委提出的“党委领导、检察院主管、政法各部门密切配合、各单位自查自清”的要求。抓紧对大要案的查处工作，特别要注意挖隐藏较深的保护层的经济犯罪。当前要认真落实省八机关关于“打击偷、抗税违法犯罪活动”的《通告》，继续敦促经济违法犯罪人员投案自首，继续协助有关单位，搞好自查自清，认真做好预防经济犯罪责任制和经济承包责任制相结合的试点工作，用最短时间把经济案件中遗留的问题处理好。全面承担法纪检察任务，重点抓好侵犯公民人身权利和民主权利的案件、重大责任事故以及玩忽职守案件的查处。进一步搞好社会治安综合治理和法制宣传工作。认真做好侦查监督、审判监督和监所监督工作，充分发挥法律监督作用，保障国家法律的正确实施。坚持从严治警，不断提高干警的政治素质和业务素质。要有领导、有计划、有步骤积极慎重地改革、改进检察工作，全面推进各项检察工作的开展。

我们一定要在区委的领导下，在区人大常委会和各位代表的监督下，振奋精神，努力工作，实现全国政法工作会议提出的“经济发展，案件减少，治安稳定”的近期目标，为保卫全区经济建设而奋斗。

阳泉市郊区人民检察院工作报告

1995年7月1日在阳泉市郊区第十三届人民代表大会第三次会议上

郊区人民检察院代检察长　郭和

现在，我就1994年的检察工作向大会作报告，请予审议。

区十三届人大二次会议以来，我院在区委和上级检察机关的正确领导下，在区人大及其常委会的有力监督下，在区政府的大力支持下，坚持以邓小平同志建设有中国特色的社会主义理论为指导，认真贯彻党的十四届三中、四中全会精神，围绕“改革、发展、稳定”三大任务，不断强化法律监督职能，严格执法，狠抓办案，继续深入开展反贪污贿赂斗争和严厉打击严重刑事犯罪活动的斗争，全面开展各项检察业务，依法保障公民的合法权益，自觉为改革开放和经济建设服务，努力维护政治稳定和社会安定，为促进我区提前六年达小康，创建社会治安综合治理模范区做出了新的贡献。

一、积极查办贪污、贿赂等经济犯罪案件，推动反腐败斗争的深入

一年来，我们坚持把查处贪污、贿赂等经济犯罪案件特别是大案要案放在检察工作的首位，加大打击力度，进一步引深了反腐败斗争。全年共受理各类经济犯罪线索25件27人，立案侦查13件15人，其中，贪污案7件7人，偷税案2件3人，挪用公款案4件5人。通过办案，追缴赃款赃物折价10万元，为国家、集体挽回经济损失28万余元，有力地促进了我区的经济建设和廉政建设。

在开展反贪污贿赂斗争中，我们始终把多办案、办大案、要案，作为衡量检察工作的主要标准，在人员少、案件多的情况下，努力提高侦查水平和办案效率，在短短一年的时间内，立案侦查13件，结案12件，并办结历年积案19件，结案数为历年来最多的一年。在案件查处工作中，我们坚持把主要精力放在查处经济犯罪大要案件和发生在重点部门的经济犯罪上，院领导以身作则，既当指挥员，又当战斗员，对重大线索亲自研究，搞好排查，对重点案件亲自制定侦查计划，及时指导并参与办案，对侦查人员不断开展思想政治工作，鼓舞斗志，继续解决办案中存在的各种困难和问题，排除干扰和阻力，保证案件的顺利查处。使反贪污贿赂斗争取得了新的进展：共立案查处重大经济犯罪案件8件，占立案总数的61.5%；立案查处科级以上领导干部经济犯罪案件和党政机关工作人员经济犯罪案件各1件，实现了零的突破。去年五月，我们在接到群众揭发原白泉中学校长郭肇唐经济犯罪的举报信后，院领导及时进行了研究部署，指派一名副检察长亲自带队，抽调精兵强将，会同市、区纪检、审计部门，组成专案组开展侦查，在账外账被销毁，原始证据灭失严重的情况下，与犯罪分子斗智斗勇，开展侦查与反侦查的较量，排除一切干扰和阻力，深挖细查，终于查清了郭肇唐重大贪污的犯罪事实和证据，将郭犯依法逮捕，提起公诉。

在打击经济犯罪的同时，我们还积极开展了预防犯罪工作，努力维护社会稳定和经济建设的顺利进行。去年，我们根据群众举报，查办了两个村干部挪用公款的经济问题，在办案的同时，积极帮助这两个村建章立制，健全财务制度，堵塞漏洞，开展法制教育，制止了个别人寻衅闹事的不法活动，并帮助一个村收回了2万余元涉案款，有力地促进了当地经济的发展和社会稳定。

二、严厉打击严重刑事犯罪活动，积极搞好社会治安综合治理，努力维护社会稳定

我们认真贯彻省委、省政府《关于打击刑事犯罪、维护稳定的决定》，继续把维护稳定作为重要政治任务来抓，与公安机关、人民法院密切配合，对影响社会稳定和危害人民群众生命财产安全的严重刑事犯罪，采取有力措施，坚决予以打击。全年共批准逮捕各类刑事犯罪分子198人，提起公诉113案191人，免予起诉29案40人。为维护社会稳定，保障国家、集体和公民合法权益发挥了积极作用。

在“严打”斗争中，我们坚持“两个基本”的办案原则，坚持提前介入重特大刑事案件的制度，积极参与专项斗争，突出打击了杀人、抢劫、强奸、爆炸、流氓、重大盗窃等严重刑事犯罪分子和团伙犯罪，在检察环节上快捕、快诉，不贻误战机，有力地打击了刑事犯罪，有效地遏制了恶性案件和团伙案件的发生。在办案中，我们坚持各种行之有效的办案制度，认真接受区人大常委会的监督，积极落实常委会的监督纠正意见，依法重新审查并纠正了处理不当的案件，维护了法律的严肃性。

与此同时，我们坚持打、防结合，把社会治安综合治理工作列入重要议事日程，与业务工作同规划、同布置、同考核、同奖惩，认真落实检察环节上的各项综合治理措施：一是利用出庭支持公诉之机，发表公诉词73篇，开展法制教育；二是实行公开免诉制度，召开公开免诉会3次，发表公诉词3篇；三是搞好对免诉人员的回访考察和帮教活动，先后回访考察免诉人员30人次，落实建立帮教小组，开展接茬帮教，防止重新犯罪；四是加强对保外就医和缓刑犯的监督，先后考察监外执行罪犯11名；五是发挥控告、申诉检察的作用，积极疏导矛盾，防止矛盾激化，相互劝阻越级上访和集体上访12人次；六是积极开展检察建议活动，帮助发案单位堵漏建制，消除隐患，共发出书面《检察建议》12份，口头建议41次；七是积极参与组织各种公捕、公判大会，先后派员参加有关会议六次；八是利用广播、电视、报纸、板报、街头宣传等形式，向全社会公开报道典型案件的处理情况，加强综合治理宣传，全年共撰写稿件6篇，出版报2期，开展街头宣传2次，弘扬法制、教育人民、震慑犯罪；九是利用《检察信息》、《情况反映》等形式，向上级领导和主管部门反映倾向性、苗头性的问题，防止矛盾激化，避免引发治安案件和刑事案件。

去年，我院受理的批捕案件比上年增加40案80人，起诉案件比上年增加35件67人，受理案件数突破进院以来的最高纪录，经过全体干警的努力，我们仍达到了区委一九九四年度《社会治安综合治理、创建社会治安模范区责任状》的任务要求，有效地维护了我区社会治安的稳定。

三、强化法律监督职能，全面开展各项检察业务

发挥法纪检察职能，依法查处“侵权”、渎职犯罪案件。全年共受理各类法纪案件21件21人，立案侦查17件17人，其中重大责任事故15件15人，非法拘禁案2件2人。办结20件20人（含1993年积存案4件4人），结案率为95%。在法纪检察工作中，我们除了抓好我区易发的重大责任事故犯罪外，把查处侵犯公民人身权利、民主权利案件放在重要位置来抓，在区委、区人大的有力监督支持下，排除干扰，依法查处了一起公安人员非法拘禁案件，保障了公民人身权利、民主权利不受侵犯。

认真开展侦查监督和审判监督工作。通过审查案件，建议公安机关追捕漏捕罪犯18名；对构成犯罪应当追究刑事责任的2人依法追诉；对不构成犯罪或构成犯罪无逮捕必要的13案36人作了不批准逮捕决定。对6人作了不起诉决定。针对侦查、审判活动中的违法行为，共提出纠正意见40余（条）次。

以纠正看守所违法问题为重点，开展监所检察工作。针对看守所超期羁押严重的问题，我们多次向有关部门提出纠正，向上级机关反映情况，推动清理工作的进行，使看守所超期羁押人犯的问题得到了纠正。针对看守所个别干警在给在押犯捎纸条、搞“家访”以及犯人与亲属互扔纸条等有关问题和违法情况，我们及时向区政法委、区人大法工委等有关部门汇报，认真办理干警违法违纪案件。全年共提出各种建议50条（次），使有关问题得到了纠正，有效地维护了看守所的安全稳定。

以查处控告申诉案件为重点，开展控告申诉检察工作。共受理人民群众来信来访28件次，其中，转交有关部门处理23件，复查终结不服判刑和决定的案件2案2人，立案侦查重婚案件，1件1人。

积极开展民事、行政审判检察工作。为了全面开展执法监督工作，我们设立了民事、行政审判检察科，对有关人员进行了岗位培训，制定了相应的工作职责和受案范围，积极受理不服法院民事、行政判决的申诉，审查民事行政判决是否合法，初步开展了对民事审判、行政审判活动的法律监督。

四、坚持经常化的思想政治工作同制度建设相结合，切实加强检察队伍建设

一年来，我们坚持“依法建院、从严治检”的方针，大力加强检察队伍的思想作风建设和业务建设。一是坚持对干警开展经常性的思想政治工作，及时组织干警学习党的十四届三中、四中全会精神和各级党组织对检察工作的指示精神，定期开展以廉政为主题的执法教育和职业道德教育，以此提高干警廉洁自律的自觉性。采取整顿的方式，查究了在办案中吃请的，让办案单位报销等问题，并深入有关办案单位征求意见，改进工作。与此同时，根据中央政法委提出的“十不准”规定和高检院“八要八不准纪律”，结合本院实际，制定了廉政纪律，全体干警令行禁止，严格遵循，形成了严明廉洁的办案作风。二是狠抓规范化建设，努力使检察工作走上规范化、制度化的轨道。我们在巩固过去规范化成果的同时，全面完善了各项岗位责任规范和院纪院规，制定了对工作目标的考评办法和实施细则，实行定人员、定任务，工作情况与奖惩挂钩的考核办法，充分调动广大干警的工作责任心和积极性，推动了检察工作的健康发展。三是继续开展检察干部教育和培训工作，有8名干警经培训领取了检察专业证书，3名院领导参加中国高级检察官函授学习并领取了结业证，1名干警通过自学领取了法律大专毕业证，进一步改善了检察队伍的知识结构，使执法水平和工作效率有了新的提高。

去年，区人民检察院在全区广大人民群众的关心、理解、支持下，做出了一定成绩，但与党的要求和人民群众的愿望还有一定差距：一是个别案件质量不高，社会效果不好；二是打击经济犯罪的力度仍然不够；三是检察队伍的思想作风建设和廉政建设需要进一步加强，业务素质有待进一步提高；四是警力不足、经费不够、装备落后的问题，在一定程度上仍制约着检察工作的开展。这些问题都需要我们在今后工作中加以改进和提高。

在新的一年里，我们要在区委的领导和人大监督下，继续坚持邓小平同志建设有中国特色的社会主义理论和党的基本路线为指导，认真贯彻落实中央、省、市、区委和上级检察机关关于经济工作、党建工作、政法工作、检察工作的部署，坚持为“抓住机遇，深化改革，扩大开放，促进发展，保持稳定”这个全党工作大局服务的指导思想，坚持“严格执法，狠抓办案”的工作方针，坚持不懈地开展反腐败斗争，集中精力查办党政机关、行政执法机关、司法机关和经济管理部门发生的贪污贿赂等经济犯罪案件；与公安、税务、工商等部门密切配合，协同作战，打好打胜打击偷税、抗税、骗税和伪造、倒卖、虚开、代开增值税发票等犯罪活动的战役及打击假冒商标、制售伪劣商品和哄抬物价、投机倒把等犯罪活动的战役。继续坚持依法从重从快的方针，严厉打击严重刑事犯罪活动，进一步落实检察环节上的各项综合治理措施。要继续强化法律监督职能，全面开展各项检察业务，保障公民的合法权益。抓好党的建设带动队伍建设，全面提高检察干警的政治素质和业务素质，为维护法律统一正确实施，维护中央权威，维护社会稳定，促进党风廉政建设和民主法制建设，保障和促进我区经济再上新台阶、农村整体达小康、实现“123518”工程做出新的贡献。

阳泉市郊区人民检察院工作报告

2003年4月26日在阳泉市郊区第十五届人民代表大会第一次会议上

区人民检察院检察长　闫运成

现在，我就区十四届人大一次会议以来的检察工作和今后工作向大会报告，请予审议。并请列席本次会议的区政协各位委员提出意见。

一、过去五年的工作回顾

过去五年，是我区社会发展取得辉煌成就的五年，也是我区检察事业成绩显著的五年。五年来，我院在区委和上级检察机关的领导下，在区人大及其常委会的有力监督和区政府的大力支持下，以“三个代表”重要思想为指导，围绕富民强区建设小康社会目标，突出“强化监督、公正执法”主题，与时俱进，全面履行检察职能，进一步提高检察工作总体水平，为维护我区的政治稳定，促进经济发展做出了积极的贡献。

（一）深入开展严打整治斗争，全力维护我区社会稳定

五年来，我院始终把依法从重从快严厉打击各类严重刑事犯罪，维护我区社会治安稳定，作为一项首要任务来抓，与公安、法院等部门密切配合，全力以赴投入“严打”整治斗争。共受理各类提请批准逮捕案件434件665人，经审查，批准追捕329件496人：受理移送审查起诉案件587件928人，经审查提起公诉441件669人。

坚持“严打”方针不动摇，突出打击重点犯罪。我院始终按照上级要求，根据不同时期的形势需要与公安、法院密切配合，协同作战，有重点地开展打击杀人、抢劫、强奸、爆炸、绑架、重大盗窃等危及人身安全和侵犯财产的犯罪，打击犯罪团伙犯罪，带黑社会性质的犯罪，对破坏经济秩序的严重刑事犯罪开展集中打击和专项斗争，以强大的声势和力度沉重地打击了严重刑事犯罪分子的嚣张气焰，有力地促进了我区社会治安的好转。

强化责任严格办案制度，促进办案质量。一是引导干警深刻认识搞好严打整治斗争的重要性和紧迫性，不断增强工作责任感和使命感，树立责任重于泰山的敬业精神。二是始终坚持对批捕、起诉案件严格实行专人审查，部门集体讨论，分管检察长把关，重大疑难和不批捕、不起诉案件均提交检察委员会决定的办案制度。检察委员会共召开会议163次，研究决定案件220件，准确地把握了案件，维护了法律的严肃

性。三是检察委员会实行议事质量考核，部门、科室实行工作业绩百分考核，层层签订责任状，层层抓落实，保证了案件质量。

以侦查监督改革和公诉方式改革为动力，提高办案效率。我院侦查监督进一步完善了快审快捕七条措施和转变办案方式，公诉部门实行了六项规范化改革，大胆推行被告人认罪案件普通程序简易审理；11 次与公安、法院召开了联席会议，协调行动；在公安机关设立检察引导侦查办公室，建立起了引导侦查工作机制，保证了案件的质量，提高了办案效率。

打防并举，积极开展社会治安综合治理。党组把综合治理纳入检察工作重要议事日程，制定了综治工作目标，列入百分考核方案，建立了 9 个综合治理联系点和全市首家青少年维权岗，坚持不懈地深入开展检察建议、检察宣传、法律咨询服务。同时利用广播电视、报纸、流动宣传车、宣传站点、检察长接待日等形式适时进行法制宣传、法律讲座、法律咨询，全方位的落实检察环节上的综合治理措施，起到了教育群众维护稳定的积极作用。

（二）加大查办和预防职务犯罪力度，推动反腐败斗争深入开展

五年来，我院把查办贪污贿赂、渎职侵权职务犯罪作为一项重要职责，加强组织领导，突出打击重点，加大查处力度，反腐败斗争取得明显成效。共受理各类职务犯罪案件 111 件 119 人，立案查处贪污贿赂、渎职侵权犯罪案件 35 件 40 人。其中贪污案件 9 件 9 人，受贿案件 7 件 7 人，挪用公款案件 9 件 13 人，滥用职权等案件 1 件 2 人，玩忽职守 2 件 2 人，其他案件 7 件 7 人，查处县处级干部 2 人，科级干部 6 人，5 万元以上大案 6 件 9 人。通过办案为国家和集体挽回经济损失 317 万余元。

我院在区委和上级检察机关领导下，采取集中行动，统一指挥，快速侦破，专人审结的基本办案方法，不断加大办案力度，取得了明显成效，如查办了太湖耐火材料总厂原厂长谷占朋（正处）贪污案，中国银行阳泉分行副行长刘荣（副处）受贿案，阳泉煤运公司郊区分公司票据员李中平贪污案等一批大要案件，使我院查办县处级领导干部案件实现了零的突破。

突出重点查办“三机关一部门”案件。五年来，我院坚持把发生在党政机关，行政执法机关，司法机关和经济管理部门的犯罪案件作为查办重点，共立案查处了“三机关一部门”的领导干部犯罪案件 13 件，通过对这些案件查办，进一步引深了我区的反腐败斗争，维护了党和政府的形象。

严格依法规范办案程序。一是重新修订和完善了执法责任制、办案工作制等，使办案工作做到了有章可循。二是按照上级检察院的要求和反腐败工作需要将原来经济检察科变更为反贪局，并建立了查办案件协调指挥中心，实现了人员专职化机构专业化。三是注重办案质量和效果，坚持“一要坚决、二要慎重、务必搞准”的原则，重证据，重程序，建立办案质量考评体系，确保了案件质量。

开展综合治理，预防职务犯罪。我院在查办职务犯罪案件的同时，深入开展综合治理，积极落实预防职务犯罪措施。一是设立预防职务犯罪工作机构，主动与纪检监察、审计等部门协调配合，加强横向联系，形成防范职务犯罪的合力。二是充分运用检察建议等监督手段；帮助发案单位堵漏建制，维护正常生产和工作秩序，五年共发出口头检察建议68次，书面检察建议35份。三是建立综合治理联系点，搞好群防群治。职务犯罪侦查部门把综合治理联系点建立在国有企业和行政执法部门。五年来共召开座谈会16次，讲授法制课18次，编写案例分析材料20篇，举办法制宣传15次，发放宣传资料5000余份，对教育警示和保护干部，防止和减少职务犯罪起到了积极作用。

（三）强化监督职能，维护司法公正和法律的统一正确实施

强化刑事侦查和审判两项监督职能作用，依法维护司法公正。五年来，对不构成犯罪的26案44人作出不批准逮捕决定，对10案19人作出不起诉决定，追诉漏罪11案11人，追捕漏犯4案4人，依法抗诉2案2人，办理立案监督案件21件，使28名犯罪分子得到法律追究。

强化监所检察职能。一是突出执法监督重点，实行案件到期提示工作法，坚决纠正超期羁押，五年共办理案件到期提示45件。二是依法对刑罚执行活动的有效监督，对18名保外就医人员和假释减刑人员进行手续审查；加强了监外执行犯的依法管理。三是认真落实安全防范措施，清除事故隐患，维护监所的安全稳定。五年会同公安、武警联合检查480余次，自行检查1200余次，消除隐患8次，发出检察建议8次，同在押人员谈话340余次，挖出犯罪线索7条。

加强控告申诉检察职能。五年共接待群众来信来访682次，其中来访483次，来信199件；受理刑事申诉案件4件，院领导共接待来访群众156次，坚持开展文明接待活动，全面推动控告申诉首办责任制，力求把问题解决在首次办理环节，及时化解矛盾。

积极开展民事行政检察工作。五年共受理民事申诉案件54件，立案18件，提请抗诉6件。民行检察工作通过法制宣传，广辟了案源，提高了办案质量，扩大了社会知名度，树立了良好形象。

（四）以“三个代表”重要思想为指导，创新管理机制和强化队伍建设

求真务实建设一流班子。健全了党组、检察委员会两套班子，从制度上完善领导决策机制，从运行上规范了领导行为，通过“三讲”、“三个代表”重要思想教育和党风廉政建设的教育活动，班子的思想作风建设得到了进一步强化，凝聚力、战斗力进一步增强，班子的整体效能得到了充分的发挥。

夯实基础打造一流队伍。通过两次系统性的全面教育整顿，以及开展“三讲”、“三个代表”、“三项教育”等系列教育活动，干警的思想作风进一步强化；通过坚

持不懈地抓周五学习制度和全员教育培训，干警的政治素质、业务素质得到了明显的提高，全院大专以上学历的干警已占到85%。五年来，先后受到了省级记功命名表彰的先进科室3个，模范干警4人次，受到市级记功与表彰的先进科室6个，模范干警16人次，受到区级表彰的先进科室7个，模范干警6名。

创新机制，与时俱进。撤销了经济检察科、法纪检察科、设立了反贪局、渎职侵权检察科，实行了职务犯罪侦查、预防专职化和人员专业化；改革侦查监督和公诉工作机制，初步形成了适时介入侦查，引导侦查取证机制，推行了简化普通庭审方式，提高了办案工作效率和质量；实现了机构改革人员精简10%目标；推行了竞争上岗双向选择干部管理制度改革，激发了干警的积极性；两次修订完善各类规章制度100余项200余册；创造性的实行了检察委员会议事质量考核和检察工作业绩百分考核，规范化建设走在了全市检察系统的前列。

科技强检有了较大进展。五年来筹措资金整修了门厅、门面、餐厅、建立了审讯室、党员活动室、干警休息室，厨房、茶炉用具实行了电气化；购置了警车、电脑、摄像机、激光打印机、复印机等高科技设施，传真机房和综合档案室达到省一级标准，为办公实现电脑化，奠定了坚实基础，有力地保证予各项工作顺利进行。

干警的政治待遇和生活待遇有了较大改善。有39名检察官评定了等级，符合职级待遇条件干警的职务得到晋升，为干警投建了人身财产保险，解决了干警的后顾之忧。

检察宣传有了较大成效，社会形象有了明显提高。五年编印各种信息172期，撰写通讯报道和理论宣传稿件60余篇，（其中中央级刊物发表1篇，省级5篇，市级20篇，县级58篇），信息工作被区委授予先进单位，检务公开得到全面落实，扶贫济困工作有了较大进展，自觉接受党的领导、人大的监督、人民群众和社会各界的监督形成了制度，连续三年向区人大提交的专题报告受到好评，在全区测评中，群众对我院的满意率达95%以上，我院被区委区政府连续两年评为“红旗单位”、被授予省级“五好检察院”、“人民满意的检察院”和市、县级“文明单位”。

回顾五年来的工作，虽取得一定成绩，但与党和人民的要求还有一些差距和问题，一是检察监督的力度不够，尤其是执法监督的效果还没有充分的显现出来、二是查办职务犯罪的力度仍需加大。三是检察人员的素质还不能适应当前的形势需要。四是经费紧缺、装备落后仍然是制约检察工作全面开展的突出困难。对这些问题，今后要努力解决。

二、今年工作安排整体设想

党的十六大在提出了全面建设小康社会的奋斗目标，区委和本次人大会议对建设宽裕型小康社会也作出全面部署，我们的主要任务是：以邓小平理论和“三个代表”重要思想为指导，认真贯彻党的十六大精神，紧紧围绕发展这个执政兴国的第一要务，突出“强化监督，公正执法”主题，全面履行检察职能，加强队伍建设，为我区全面建设小康社会提供有力的法律保障。建议今年着重抓好以下工作。

第一，坚持依法严惩严重刑事犯罪活动。继续把维护我区社会稳定摆在首位，坚持“严打”方针不动摇，重点打击黑恶势力犯罪、严重暴力犯罪、抢劫、抢夺、盗窃、杀人、绑架等严重多发性犯罪，切实保障人民群众生命财产安全；同时落实检察环节的综合治理措施，为改革和发展创造稳定的社会环境。

第二，加大查办和预防职务犯罪工作力度。重点查办大案要案和党政机关、司法机关、行政执法机关、经济管理部门发生的职务犯罪案件，深挖黑恶势力“保护伞”。大力加强预防职务犯罪工作，突出抓好重点行业和领域的系统预防，推动完善社会化预防网络，努力从源头上遏制职务犯罪。

第三，进一步强化对诉讼活动的法律监督，企面加强对侦查活动、审判活动和刑罚执行活动的监督。坚决纠正有案不立，有罪不究、以罚代刑、超期羁押、违法减刑、假释、保外就医等司法腐败问题，强化监督措施，增强监督实效，充分运用检察职能切实为群众排忧解难。

第四，加强检察队伍的专业化和规范化建设。坚持用邓小平理论和“三个代表”重要思想武装干警，弘扬检察职业道德，塑造良好的职业形象。以提高素质，优化结构，改进作风，增强团结为重点，加强领导班子建设；以基本素质整体提高，基础工作全面加强，基本保障逐步改善为目标，深入推进规范化建设。

各位代表，面对新的形势和任务，我们要在区委和上级检察机关的领导下，在区人大监督和区政府的支持下，努力完成2003年检察工作新任务，为维护我区的社会稳定，促进经济发展做出新的贡献。

阳泉市郊区人民检察院工作报告

2004年4月25日在阳来市郊区第十五届人民代表大会第二次会议上

区人民检察院检察长 张建国

各位代表：

现在，我代表区人民检察院向大会作工作报告，请予审议，并请区政协委员和列席会议的同志提出意见和建议。

2003年，我院以“三个代表”重要思想为指导，以党的十六大和十六届三中全会精神统揽工作全局，在区委和上级检察机关的正确领导下，在区人大及其常委会的有力监督下，在区政府、政协及社会各界的支持下，按照加大工作力度，提高执法水平和办案质量的总体要求，认真履行法律监督职责，深入开展“强化法律监督，维护公平正义”教育活动，全面加强检察队伍建设，整体推进各项检察工作，为维护我区社会政治稳定，促进经济发展发挥了积极的作用。

一、充分发挥检察职能，严厉打击刑事犯罪，全力维护社会稳定

2003年，我院始终把维护稳定作为首要任务，继续坚持严打方针，认真履行批捕、起诉等职能，与公安、法院等部门密切配合，切实加大打击各种严重刑事犯罪的力度，全力维护社会稳定。一年来共受理各类移送审查批捕案件53案73人，同比下降44.8%和49.3%，经审查批准逮捕46案62人；受理移送审查起诉案件124案184人，同比下降3%和3.1%，经审查提起公诉98案140人。

1.突出打击重点，增强打击实效。我院继续坚持“从重从快”的方针，加大对爆炸、杀人、抢劫等暴力犯罪、黑恶势力犯罪，盗窃、抢夺等多发性犯罪的打击力度，对上述三类重点案件提起公诉30件57人。依法办理涉“非典”案件，确保抗击“非典”工作顺利进行。在我区发生涉嫌聚众扰乱“抗击非典防治”工作案件时，侦查监督部门主动提前介入，引导侦查取证，制定了多项补侦提纲，建议公安机关完善证据，加快了办理节奏，收到了明显成效。

2.深化公诉改革，提高办案效率。我院坚持改革创新公诉工作机制，积极稳妥地推行了刑事案件庭审前证据展示，刑事公诉案件量刑建议、不起诉案件公开审查、主诉检察官办案责任制、多媒体示证等五项改革措施；建立了法官对出庭公诉检察员的评价制度，检察官承办案件公开、公示制度，启用了法庭电子监控系统，加强了出庭公诉工作的监督指导。一年来，共开展公诉引导侦查 36 件（次），实行普通程序简易化审理 28 件，占普通程序审理案件的 29%，适用简易程序办理案件 30 件，占起诉案件的 30%，尝试当庭量刑建议 3 案 3 人、庭前证据交换 1 件、多媒体示证 1 件、轻微刑事案件非刑罚化处理 15 件 15 人，办理期限由原来的 23 天降为 11 天，案件退查率下降了 88%。公诉改革的全面推行，有效提高了公诉案件的质量和工作效率，有力促进了严打斗争的顺利开展。公诉改革工作走在了全市乃至全省的前列，受到了上级院的表彰和肯定。

3. 创新执法观念，强化两个意识，确保案件质量。一是由重打击犯罪轻保障人权向人性化执法观念转变，做到文明执法，保障犯罪嫌疑人、被告人的诉讼权益；二是由重实体轻程序向“两体”并重的执法观念转变，严格执行《刑事诉讼法》，保证了司法的公正性。同时，进一步强化责任意识和质量意识，从维护郊区一方平安，促进全区社会稳定的高度，认识自身工作的重要性，增强责任心和使命感；从案件质量是检察工作生生命线的高度，严把事实、证据关，批捕、起诉案件的准确率均达到 100%。

4. 坚持打防并举，巩固严打成果。我院认真落实社会治安综合治理各项措施，充分发挥检察监督职能作用，积极参与对重点地区、重点部位、重点环节的集中整治，进一步巩固和扩大综合治理联系点，坚持不懈地深入开展检察建议和法制教育，全方位落实检察环节上的综合治理措施。共建立综合治理联系点 9 个，发出检察建议 9 次，出动，宣传车 12 台次，发放宣传资料 18000 余份。开展青少年维权岗活动，为学校讲授法制课 3 次，受教育学生达 3000 余名，发挥了教育群众维护稳定的积极作用。

二、积极开展查办和预防职务犯罪工作，推动反腐败斗争深入进行

我院始终按照上级检察机关“保证数量、提高质量，狠抓有影响大案要案”和“一要坚决，二要慎重，务必搞准”的总体要求，坚持有案必查，认真履行检察职能，切实加大案件初查力度。对初查案件严格审批程序，对重大、疑难案件加强研究，积极向党委请示汇报，紧紧依靠上级检察机关侦查指挥中心，迅速有效地突破案件。一年来，我院共受理贪污贿赂案件 14 件 14 人，初查 14 件 14 人，初查率为 100%。立案侦查 4 案 3 人，其中正科级 1 人、副科级 1 人；大要案数占立案数的 25%。提起公诉的案件有罪判决率为 100%。共受理渎职侵权案件 9 件 9 人，初查 9 件 9 人，初查率为 100%，立案侦查 3 件 1 人，其中以事立案 2 件，立案数比去年提高 33.3%，大案数占立案的 66.6%。通过办案，为国家和集体挽回经济损失 300 余万元。

1. 转变执法思想，创新办案思路，增强执法效果。我院牢固树立为发展这一执政兴国的第一要务服务的观念，克服和破除单纯办案，为办案而办案的思想，自觉地把查办职务犯罪工作纳入全党工作大局和反腐败总体格局之中。年初出台了《关于为我区建设宽裕型小康社会提供法律服务的意见》，查办职务犯罪案件严格依照法律规定，紧紧围绕小康建设目标，认真对待和解决经济体制改革中出现的新情况、新问题，特别是针对我区企业改制当中出现的各种问题，正确区分和把握罪与非罪的界限，积极保护前来我区依法投资办企业，为我区提供技术服务、知识和智力投资的高科技人员的合法权益，保障企业改制和其他经济活动的顺利进行。

2. 全方位开展预防职务犯罪工作。一是积极为区委建言献策，建立了由区委统一领导下的预防职务犯罪工作机制，形成全社会搞预防的工作格局。区委下发了由我院起草的《关于全区副科级以上领导干部开展预防职务犯罪工作的实施方案》，使检察机关开展预防职务犯罪工作纳入了全区反腐败工作的大格局中，形成了由区委领导和各职能部门参加的全区预防职务犯罪的社会化网络。二是推行“五个一”工作方法，开展个案预防。即每办一案，向发案单位发出一份检察建议，在发案单位召开一次座谈会，要求办案单位写出一个整改方案，要求犯罪嫌疑人写出一份悔过书，承办人和发案单位人员填写一份落实检察建议和整改措施回访表。根据检察建议，有关发案单位，针对财务管理等方面存在的问题，认真进行了整改落实，促进了发案单位各项管理工作的法制化、制度化、规范化，既宣传了法制，又使发案单位的领导和群众增强了依法办事的意识。一年来，共发出书面检察建议 9 份，口头建议，20 多次，讲授法制课 8 次，起到了特殊预防的成效。三是建立综合治理联系点，开展系统预防。先后与金融、保险、税务、工商等经济管理部门和行政执法部门建立起横向联系，开展了预防职务犯罪教育和法制讲座。在国有企业、行政执法部门建立综合治理联系点 3 个，召开全区副科级以上领导干部预防职务犯罪工作会议，并请市检察院张仲马检察长对区属和驻区单位的正科级以上领导干部和敏感行业部门的部分干部进行了法制讲座和警示教育，收到了良好的社会效果。四是加强对职务犯罪原因、特点和规律的专题调研，加强预防职务犯罪的对策研究，全年共写出案例剖析、论文 18 篇，为今后开展工作积累了经验，明确了目标。五是建立了包括 132 个单位，670 名公职人员的预防职务犯罪档案信息库，并继续把建立档案信息库的工作延伸到全区八个乡镇 146 个农村基层组织中协助政府履行部分行政管理职能的 430 名村干部中，为进一步深化开展预防职务犯罪工作打下了比较坚实的基础。

三、强化诉讼监督，维护司法公正和法律的统一正确实施

1.强化刑事侦查、审判监督。对移送审查逮捕的4案7人作出依法不批准逮捕决定，批捕环节改变侦查机关定性 2 案，追捕漏犯 2 人，向涉案单位提出检察建议 1 次，纠正违法通知 1 次，办理立案监督案件 5 件，取得了良好的社会效果和法律效果。对 1 案 7 人依法决定不起诉，其中，相对不诉 1 案 5 人，绝对不诉 2 人，审查起诉改变定性的 5 案 6 人，不构成犯罪或依法不认为是犯罪，并建议撤销案件的 15 案 22 人，发出检察建议 16 份。高建红抢劫案一审法院以寻衅滋事罪判处高有期徒刑四年，我院依法提起抗诉后，二审法院予以改判。这一案件抗诉成功后，社会反响强烈，市、区两级人大领导给予了高度评价。

2. 强化监所检察职能。一是对在押人犯实行羁押到期预警工作法，提醒 3 案 5 人在期限内办结，坚决预止了超期羁押，确保刑事诉讼各阶段的顺利进行。二是对在押人员进行分类、分段管理，把监督工作贯穿于取保候审、拘留、逮捕、起诉、审判、执行等环节，改变了以往监督滞后的被动局面。三是认真落实安全防范制度，清除事故隐患。全年会同公安、武警联合检查 52 次，自行检查 210 余次，发现排查安全隐患 6 件（次），发出口头检察建议 100 余次，同在押犯谈话 190 次，深挖犯罪线索 3 条，为在押人员讲授法制课四次，确保了监管场所的安全与稳定。

3. 认真履行控告申诉检察职能。全年共接待群众来信来访 85 次，其中来访 57 次，来信 28 件，来信来访全部作出答复和归口移送有关部门，无积压信件。深入开展举报宣传活动，设了临时宣传站 4 个，出动了机动宣传车 12 台次，散发了宣传资料 3000 余份，现场接待群众咨询 20 人次，正副检察长共接待来访群众 37 人次。首办责任制得到进一步落实，处置集体上访、进京上访、越级上访事件措施得力，确保了辖区涉检案件信访、上访人员的思想稳定，依法有序，维护了社会稳定。

4. 积极开展民事行政检察工作。共受理民事申诉案件 9 件，立案侦查 8 件，立案审查率比去年上升 100%，其中，提请市院抗诉 1 件，终止审查 6 件，息诉处理 1 件，纠正法院违反程序审理案件 1 件，审查结案率为 100%，准确率为 100%，依法维护了当事人的合法权益。

四、深入开展“强化法律监督，维护公平正义”教育活动，不断推进检察队伍建设

为了提高检察队伍的素质，进一步解决队伍和工作中存在的问题，我们按照上级检察机关的统一部署，在引深学习贯彻“三个代表”重要思想的基础上，结合行风“双评”活动，开展了为期半年多的“强化法律监督，维护公平正义”教育活动。我们紧密联系近年来的执法办案工作，通过开展案件评查、民主生活会、召开特约监督员座谈会等方式，对 2001 年以来办理的案件进行了普查，对作出不捕、不诉、撤案决定的案件进行了重点评查，并广泛听取人大代表、政协委员和社会各界的意见，以案查事。个案解剖，认真反思，深入查找执法观念、执法作风、执法行为等方面存在的偏差和问题。在查摆的基础上，认真进行整改，抓住队伍建设和业务工作中容易发生问题的部位和环节，落实整改措施，完善规章制度，促进了检察队伍的规范化建设和执法水平的提高。

在专项教育活动的基础上，我们进一步巩固和扩大规范化建设的成果，不断充实内容，加大落实制度，制定了内设机构月报工作制度和年度目标责任分解表，逐级签订目标责任状和廉政责任书，形成了以制度管理人、教育人、制约人、激励人的长效机制，有力地推动各项检察工作的顺利开展。年底，有六项业务工作在全市检察系统名列第一，被省检察院授予全省“规范化管理示范院”。

与此同时，进一步加大检察干部队伍的培训力度，不断加强检察干警的专业化建设。一是继续鼓励干警通过各种渠道提高自身的学历；二是重点对计算机的操作技能进行培训；三是对中层以上不达本科学历的干部送到深圳进行续职培训；四是积极参加高检院、省检院组织的其他业务培训。共有 5 名干警通过自学取得了本科学历，1 名干警通过了研究生班结业，2 名中层干警进行了续职培训、7 名同志通过了初级计算机技能培训，有 4 人参加上级检察机关组织的业务培训。

经过全体干警的共同努力，我院的各项工作取得了优异成绩，有 2 名同志受到市级表彰，7 名同志受到区委、区政府表彰，我院先后被区委、区政府授予“红旗单位”，被区劳动竞赛委员会授予“集体三等功”，被区政法系统党委授予“先进基层党组织”，被市委、市政府授予“严打整治斗争集体二等功”单位，被省委政法委授予“政法队伍建设先进集体”荣誉称号。

一年来，检察工作取得了新的进展，但是我们清醒地认识到，在工作中还有不少问题。一是对刑事诉讼活动中有法不依、执法不公的问题监督力度不够，对民事审判和行政诉讼的监督依然薄弱；二是查办贪污贿赂等职务犯罪力度不够，初查案件的成案率不高，侦查手段落后，突破案件的能力不强；三是检察改革的力度和深度不够。四是个别干警的执法理念、执法水平、敬业精神、工作责任心、为民服务的思想均与兴区发展战略存在一定差距。五是人员编制紧缺，经费不足，科技强检步伐不快，投入不够。对此，我们要采取有力措施，争取有关方面支持，认真加以解决。

根据上级检察机关和区委的部署，2004 年我院检察工作的总体思路是：以“三个代表”重要思想为指导，牢固树立“立检为公，执法为民”的思想，紧紧围绕区委六届二次全会（扩大）会议提出的“四走四变四集中”战略，以“强化法律监督，维护公平正义”为主题，在区委和上级检察机关的领导下，在区人大的有力监督和区政府的大力支持下，全面履行检察职能，深入开展严打整治斗争，加大查办和预防职务犯罪工作力度，提高执法水平和办案质量，推进检察改革和执法规范化建设，加强检察队伍专业化建设，不断开创检察工作新局面，努力为全区经济发展创造和谐稳定的社会环境和公正高效的法治环境。

第一，自觉更新执法理念，牢固树立服务意识。在执法过程中，要坚决破除单纯办案、为办案而办案的思想，努力做到法律效果、政治效果和社会效果的有机统一，紧紧围绕兴区富民建设目标，认真对待和解决改制转轨中出现的新情况、新问题，正确把握和区分罪与非罪的界限，依法保护平等主体间公民和法人的合法权益。要为辖区骨干企业开展优质快捷的法律服务，送法上门，排忧解难，规范经营行为，增强市场防范风险能力，保障企业改制和其他经济活动的顺利进行，努力为全区“大开放、大招商、大发展”营造良好的法制环境。

第二，坚持贯彻“严打”方针，全力维护社会稳定。切实加强批捕、起诉工作，密切关注社会治安动态，寻求和把握刑事案件的发案规律和特点，确定打击重点。对敌对势力和邪教组织犯罪，严重刑事犯罪和破坏社会主义市场经济秩序的犯罪，要依法快捕快诉，始终保持打击的高压态势；要正确理解和全面执行刑事政策，坚持宽严相济，惩教并重，积极参与矛盾纠纷排查调处工作和社会治安综合治理，努力化解社会矛盾。

第三，切实加大查办和预防职务犯罪工作力度。要按照“保证数量，突出质量，狠抓有影响的大案要案”要求，重点查办五类案件：一是党政机关工作人员贪污贿赂和渎职犯罪案件；二是司法机关工作人员刑讯逼供、徇私舞弊、滥用职权、贪赃枉法案件；三是行政执法部门发生的职务犯罪案件，以及发生在乡镇站、所的贪污贿赂案件；四是国有企业的贪污贿赂案件；五是能源交通、金融、建筑工程、医药管理和粮食流通等重点行业的贪污贿赂案件。要在区委和上级检察机关的统一领导下，继续引深个案预防、行业预防、专项预防，建立起行之有效的预防机制，充分发挥检察机关在惩治和预防腐败中的职能作用。

第四，强化监督职能，提高监督实效，维护司法公正。侦查监督的重点是对侦查机关有案不查，有案不立，以罚代刑的案件实施监督；审判监督的重点是对审判机关严重违反办案程序，有罪判无罪，重罪判轻罪的案件实施监督，该控诉的坚决抗诉；刑罚执行监督的重点是对监管改造机关执法活动以及刑事判决、裁定执行情况实施监督，查办危害监管改造秩序的犯罪，查处管教人员渎职犯罪，坚决纠正违法暂予监外执行、超期羁押、保外就医等问题；切实加大民事行政检察工作力度，注重监督纠正损害国家、集体和非公有制经济主体利益的民事行政裁判案件，在民事行政审判监督方面要有新突破。

第五，加强检察队伍建设，努力提高整体素质。要坚持政治建检，认真学习贯彻“三个代表”重要思想，强化干警的大局意识、服务意识和责任意识，牢固树立立检为公，执法为民的思想。要坚持素质强检，在抓好学历教育和续职培训的同时，重点抓好计算机等专业技能培训，强化实战训练，全面提高干警素质。要坚持从严治检，对干警严格管理，严格监督，确保公正执法，树立良好的执法形象。

2004 年是全面贯彻党的十六大和十六届三中全会精神的重要一年，在新的形势下，我们决心以邓小平理论和“三个代表”重要思想为指导，紧紧依靠党委的领导，自觉接受人大的监督和社会各界的监督，积极争取政府和人民群众的支持，围绕全党工作大局，振奋精神，扎实工作，认真履行宪法和法律赋予的神圣职责，为维护我区的社会稳定，促进改革开放和经济发展作出新的贡献。

阳泉市郊区人民检察院工作报告

在阳泉市郊区第十六届人民代表大会第二次会议上

（2008 年 4 月 24 日）

区人民检察院检察长　贾建胜

现在，我代表区人民检察院向大会报告工作，请予审议，并请区政协各位委员和列席会议的同志提出意见。

区十六届人大一次会议以来，区检察院以邓小平理论和“三个代表”重要思想为指导，深入贯彻落实科学发展观，紧紧围绕党和国家工作大局和区委“加快发展郊区”战略，以“强化法律监督，维护公平正义”为主题，切实转变工作作风，大胆创新工作方式，着力增强法律监督能力和提高执法水平，全面履行监督职能，各项检察工作取得新进展。

一、认真履行法律监督职能，努力为构建和谐郊区提供司法保障

一年来，区检察院紧紧抓住强化法律监督这个根本，切实履行宪法和法律赋予的职责，坚持“立检为公、执法为民”，围绕全区工作大局，加大各项检察工作力度，取得了明显成效。

（一）批捕、起诉工作进一步加强。我们紧紧围绕构建和谐郊区目标，始终把维护社会稳定作为检察工作的着眼点和落脚点，全面贯彻“打防结合、预防为主”的方针，认真履行批捕、起诉职能，进一步加大对各类刑事犯罪的打击力度，努力提高执法水平和办案效率，保证了依法、准确、有力地打击犯罪。全年共受理提请逮捕案件 87 件 144 人，批准和决定逮捕 73 件 124 人，受理移送审查起诉案件 117 件 218 人，提起公诉 88 件 154 人。

认真落实检察环节社会治安综合治理措施，对社会治安进行集中整治，促进“平安郊区”建设。从影响社会稳定和人民群众生命财产安全的突出问题入手，依法从重从快打击杀人、抢劫、绑架等严重暴力犯罪、黑恶势力犯罪、毒品犯罪和盗窃、抢夺等多发性犯罪，全年共批捕杀人、抢劫等暴力犯罪案件 15 件 22 人，所办案件全部在法定期限内办结。对重点案件专案专办、责任到人，确保办案进度和办案质量。市院交办的原阳煤集团华越机械有限责任公司董事长、铝铸件项目筹建处处长冯礼堂贪污 200 余万元、受贿 14 余方元案件，提起公诉后，冯礼堂被判处有期徒刑 18 年。同时对重特大案件提前介入45件，向公安机关提出检察引导侦查意见100余条，做到快审快结，严厉打击了严重刑事犯罪，有效遏止了严重犯罪高发势头，维护了社会稳定，人民群众的安全感有了明显提升，取得了良好的社会效果。

坚决打击破坏市场经济秩序和环境资源犯罪，积极参与整顿和规范市场经济秩序工作，加强对环境资源的司法保护，依法惩治扰乱市场秩序、危害人民群众生产生活犯罪和非法采矿、重大责任事故等犯罪，共批捕、起诉破坏市场经济秩序和环境资源犯罪10件16人，有力打击了私挖滥采，维护了我区正常的生产经营秩序。

（二）查办和预防职务犯罪工作持续深入。我们继续按照查办职务犯罪“稳定数量，提高质量，狠抓大要案”的总体要求，在提高办案质量上下功夫。共受理贪污贿赂举报线索7件，初查7件，初查率100%。初查后，立案侦查6件6人，不予立案1件1人，所立案件全部为大要案件和“三机关一部门案件”。立查渎职案件4件4人，其中要案2件2人，重大案件2件2人，初查率、结案率、移送起诉率均为100%。通过办案为国家、集体挽回直接经济损失587余万元。

为把案件查办工作提高到一个新水平，我院开展了反贪办案“百日大会战”、治理商业贿赂犯罪案件专项行动和反渎职侵权宣传月专项行动。在查办案件过程中，我们紧紧依靠党委和上级部门，把握正确的侦查方向，力排干扰因素，加强院内各部门协作，实现优势互补，增强查办合力，发挥整体效果，加快办案节奏。同时强化激励机制，严格执行办案程序，层层落实岗位职责，严把案件质量关，提高办案效率和办案质量。立案侦查的案件全部移送起诉，有7案7人已被法院做出有罪判决。

我们立足检察工作职能，深化职务犯罪预防。健全预防工作内外部协作机制，注重对犯罪形态的分析，加强对职务犯罪预防对策的研究，使预防职务犯罪工作纳入了全区反腐败工作的大格局中，形成了由区委领导，各职能部门参加的全区预防职务犯罪的社会化网络。先后为本院的人民监督员、区煤运公司、区信用联社以及驻地国企等单位举办预防职务犯罪法制讲座和警示教育28次，受教育人员达2000余人次；为辖区的有关单位订阅《检察日报》100余份，对48个单位制定出预防职务犯罪工作措施；先后在电台、电视台、报纸开辟专版、录制专题节目16次；向全区的公职人员发送廉洁自律的短信1000余条；为辖区的近1000名公职人员建立了廉政档案；对新增的8个预防职务犯罪联络站进行了挂牌，建立了相应的办事机构；有针对性开展个案预防，把堵漏建制预防犯罪落在了实处，有针对性对区重点工程瑞丰花园、梅花园组团工程开展专项预防，收到了良好的效果。

（三）对诉讼活动的监督不断强化。一年来，我们坚持有罪追究、无罪保护、严格依法、客观公正的原则，完善监督机制，狠抓薄弱环节，强化诉讼监督，全面开展法律监督，努力维护司法公正。

加强刑事立案监督。组织开展了立案监督专项行动，审查郊区公安分局近600

件治安案件，向侦查机关发出说明不立案理由通知书5件，公安机关均立案侦查。发出纠正违法通知书3件，口头纠正违法2０余次，提出书面检察建议4份，证据不足不批准逮捕的均发出《补充侦查提纲》，提供法庭证据意见书65份，提前介入侦查机关重大刑事案件49件，提出检察引导侦查意见100余条。办理不起诉案件4件5人，改变定性11件，退回补侦9件27人，追诉被告4人，追加犯罪事实7起。提请抗诉案件2件，改判2件。

加强刑罚执行监督。坚持推行羁押到期提醒工作法，全年无一例超期羁押案件。认真落实安全防范制度，清除事故隐患，为在押人犯上法制课4次。针对监督活动中的违法行为，提出书面检察建议2件，口头纠正违法意见16次。按照上级部门的部署，积极开展清理纠正脱漏管监外罪犯专项行动，对辖区内的管制、假释、缓刑、暂予监外执行人员底数进行摸排、归档管理，规范落实管理措施。

切实加大民事行政申诉案件办案力度。组织民行检察业务宣传活动3次，共受理民事行政申诉案件28件，立案审查28件，提请抗诉1件，建议提请抗诉2件，支持民事起诉18件，息诉处理4件，出席抗诉案件再审法庭5件，抗诉案件改判4件。

（四）积极做好化解矛盾纠纷工作，深入开展社会治安综合治理。我们继续落实“首办责任制”和检察长接待日制度，建立完善处理涉检涉法上诉案件长效机制，对各类申诉案件，及时审查办理。2007年共接待来信来访58人次，其中人民群众来访38人次，来信20件，初查案件3件，初查后立案2件。认真组织开展了法律咨询和预防职务犯罪宣传活动，制作张贴宣传挂图、展板20块，出动宣传车7辆，先后深入8个乡镇，散发各种宣传资料3000余份，并对重点行业巡回宣传，受教育人数和参加法律咨询群众达上万人。围绕营建平安郊区、和谐郊区目标全方位开展综合治理，将综治工作纳入刑事检察工作的全过程，列入检察机关业务考核范围，进一步分解项目和责任，层层抓落实。职能部门通过开展检察建议、检察宣传、法制教育、法律咨询服务等方式，全方位落实检察环节上的综合治理措施。综合治理联系重点放在教育部门特别是中小学校，进一步扩大青少年维权岗的建设范围，增加活动内容，搞活教育方式，增强了青少年维权岗工作实效。认真贯彻落实区委关于“三和”创建工作的指示精神，以创建平安和谐机关为目标，以“班和、院和、检民和”为总体思路，坚持以“班和带院和、以内和促外顺”，重点实施了打击执法领域犯罪，净化执法环境；打击公职人员职务犯罪，净化从政环境；打击严重刑事犯罪，净化社会环境的“三打三净”工程、“平和司法”工程和“职务犯罪预防”工程，为全区的“三和”创建做出了应有的贡献。

二、完善检察工作机制，推进执法规范化建设。

区检察院以强化法律监督职能和加强对自身执法活动的监督制约为主线，积极推进检察工作机制改革，规范执法行为，努力建立公正高效权威的司法环境。

强化对执法办案的内部制约。制定完善业务部门执法办案流程规则，严格执行程序规定，使每一个执法环节都做到有章可循，杜绝违法办案行为。查办职务犯罪案件实行“一案三卡”制度，所有自侦案件都要适用办案告知卡、廉洁自律卡、回访监督卡，认真落实执法过错责任追究制，加强对检察人员在执法办案中履行监督职责、遵守纪律等情况的监督，保证严格、公正执法。

完善外部监督制约。深化检务公开，推行诉讼参与人权刊义务告知制度，完善人民监督员制度，完成了人民监督员换届工作，人民监督员审议不服逮捕、拟撤销、拟不起诉等三类职务犯罪案件 13 件、13 人。

贯彻宽严相济的刑事政策。注重从机制上保障此项政策的落实，从执法办案的实际出发，建立快速办理轻微刑事案件工作机制，依法扩大简易程序和简化审理程序的适用，完善未成年人犯罪案件办案方式，继续推进轻微刑事案件的非刑罚化处理，办理此类案件 5 件、12 人。积极探索当事人达成和解的刑事案件办理机制，改善了执法效果，促进了社会和谐。

三、围绕提高整体素质和执法水平，不断加强检察队伍建设

区检察院坚持业务工作与队伍建设两手抓，以公正执法为核心，以专业化为方向，以提高检察官整体素质为目标，努力建设政治坚定、业务精通、作风优良、执法公正的检察队伍。

狠抓领导班子建设。抓队伍首先是抓班子。院党组充分发扬民主，认真落实党组中心组学习制度，开好党内民主生活会，经常性地开展批评与自我批评，推进决策的民主化和科学化，不折不扣地贯彻党风廉政建设责任制，班子凝聚力、战斗力进一步增强，“立检为公，执法为民”的意识进一步强化，公正司法、和谐司法的能力进一步提高。

加强思想政治建设和纪律作风建设。认真组织开展了“作风建设年，狠抓落实年”学习教育活动和纪律作风整顿。采取集中学习与个人自学相结合的形式，组织开展学习党的“十七大”精神，全方位、多角度、多渠道的保证学习效果。扎实组织开展专项教育活动，强化干警思想道德修养。针对新时期检察工作面临的新课题，从提高干警业务能力入手，通过在岗学习、学历教育、专题辅导等形式，让广大干警学得会，用得上，公正司法的能力明显增强。加强廉政建设，把重点放在建立管理教育监督制约的长效机制上，激励全院干警自觉践行“忠诚、公正、清廉、严明”的职业道德规范。

狠抓队伍专业化建设，切实加快科技强检步伐。积极推进检察人员基本素质教育，更加注重人才的培养，支持干警参加学历教育和全国统一司法考试，去年有 1 人通过了司法考试。在区委、区政府的大力支持下，招录了 11 名聘任制书记员和法警，信息化人才队伍得到充实，队伍的学历层次和专业结构进一步改善。坚持用先进的技术装备武装全体干警，提高干警运用和驾驭现代信息技术的意识和能力。不断加强硬件建设，在财力有限的情况下，拿出50万元，购置电脑，建成了机关局域网、检察系统内网和电子阅览室，完善了检察信息通道。

回顾一年来的工作，我们在创新中求发展，在发展中求突破，坚持全力以赴保稳定，重拳出击查腐败，强化监督促公正，科技强检促发展，树立了人民检察院公正执法的良好形象。这些成绩是在区委、市检察院的正确领导和区人大的有力监督下，在区政府、政协以及社会各界的支持下取得的。在此，我代表区检察院表示衷心的感谢！

在总结成绩的同时，我们也清醒地认识到检察工作仍然存在着许多问题和差距：一是在业务工作方面，办案人员业务能力还不强，科学运用侦查器材的意识还不高，办案效率低、周期长，在创新开展各项检察业务工作方面亮点还不多，开展监督缺乏新举措、新思路；二是在队伍建设方面，干警的政治业务素质还不能很好适应新形势下开展检察工作的需要，深入细致的思想政治工作有待进一步加强；三是在机制创新方面的步伐缓慢，靠制度管人、管事的机制还不完善，不能很好调动干警的积极性，与兄弟院的差距比较明显。对这些问题我们要高度重视，认真对待，在不断解决问题中推动检察工作向前发展。

2008年是我区贯彻十七大精神的开局之年，改革、发展、稳定的任务十分繁重。今年，检察工作的指导思想和主要任务是：认真学习贯彻党的十七大精神，以邓小平理论和“三个代表”重要思想为指导，全面落实科学发展观，牢固树立社会主义法治理念，紧紧围绕全区工作大局，着力做到“五抓”，即抓方向，自觉服务全区工作大局；抓业务，全面履行法律监督职能；抓改革，推动检察工作机制创新；抓队伍，保证严格公正文明执法；抓保障，促进检察工作持续健康发展，为全区经济社会和谐发展创造良好的法治环境。主要做好以下三方面工作：

第一，加强法律监督，更好地服务于全区工作大局。认真履行批捕、起诉职责，依法打击危害社会治安和市场经济秩序的犯罪，积极参与社会治安综合治理，继续引深“三和”创建，切实维护社会大局稳定；依法履行查办和预防职务犯罪职责，把这项工作放在更加突出的位置，继续集中力量查办人民群众反映强烈的案件；全面履行对诉讼活动的监督职责，坚决监督、纠正执法不严、司法不公的问题。一要更加注重服务经济发展。依法打击破坏资源、破坏农业生产、影响农村稳定的犯罪；二要更加注重保障和改善民生。坚持执法为民，依法严厉打击黑恶势力犯罪、严重暴力犯罪以及“两抢一盗”等多发性侵财犯罪。深入查办发生在教育、医疗卫生、社会保障、房地产等重点行业和领域的职务犯罪，集中查办发生在煤焦领域的职务犯罪，突出查办官煤勾结、权钱交易，特别是为违法开采充当“保护伞”的职务犯罪，查办重大安全生产责任事故中的职务犯罪案件、与黑恶势力有牵连的职务犯罪案件、损害群众利益，坑农害农等职务犯罪案件。三要更加注重维护公平正义。把经常性监督与专项监督结合起来，进一步在突出监督重点、提高监督水平、增强监督实效上下功夫，着力加强法律监督工作的薄弱环节，严肃查处司法工作人员贪赃枉法、徇私舞弊犯罪，维护司法廉洁，促进司法公正，彰显社会正义。四要更加注重促进社会和谐。认真落实检察工作中化解矛盾纠纷的措施，积极做好释法说理等工作；深入贯彻宽严相济的刑事政策，进一步完善相关工利机制；妥善处理涉检信访问题，最大限度地增加和谐因素，最大限度地减少不和谐因素。

第二，推进队伍建设，保证严格、公正、文明执法。要加强思想政治建设，突出抓好领导班子建设；切实改进领导班子作风，认真落实最高检关于检察长、副检察长直接办理案件的意见；大力加强队伍的专业化建设，构建有利于激励检察人员钻研业务的管理机制和素能养成制度，推进学习型检察院建设；同时要切实抓好作风建设和反腐倡廉建设，大力倡导“联系群众、一心为民、与时俱进、开拓进取、求真务实、真抓实干、顾全大局、令行禁止、公正执法、清廉严明”的优良作风，落实党风廉政建设责任制，坚持从严治检，严格要求、严格教育、严格管理、严格监督，坚决防止和纠正利用检察权谋取私利的行为。

第三，自觉接受监督，保证检察权的依法正确行使。坚持把检察工作置于党的领导和人大及其常委会的监督之下，完善和落实人大的监督措施。自觉接受政协民主监督、人民群众监督，做好人民监督员和人大代表联络员工作，虚心听取意见和建议，加强和改进检察工作。

面对新的形势和任务，我们要在区委和上级检察机关的领导下，在区人大的监督下，在区政府、政协和人民群众的大力支持下，高举建设有中国特色社会主义伟大旗帜，牢固树立和落实科学发展观，认真贯彻本次会议精神，全面履行法律监督职责，开拓进取，扎实工作，不断开创检察工作新局面，为构建和谐郊区、加快郊区发展做出新的贡献。

阳泉市郊区人民检察院工作报告

在阳泉市郊区第十七届人民代表大会第一次会议上

（2011年6月9日）

郊区人民检察院代检察长　王建明

现在，我代表区人民检察院向大会报告工作，请予审议，并请区政协各位委员和其他列席人员提出意见。

四年来的工作回顾

区十六届人大一次会议以来，郊区人民检察院在区委和市检察院的正确领导下，在区人大及其常委会的有力监督下，以“强化法律监督、维护公平正义”为工作主题，紧紧围绕“打造阳泉新北区，建设荫营明珠城”的工作大局，创新工作方式、转变工作作风，努力加强检察业务、检察队伍、管理机制和检务保障建设，各项检察工作都取得了新的进步。

一、以维护社会和谐稳定为目标，宽严相济刑事政策得到进一步体现

积极开展“严打”整治工作，充分运用批捕和起诉职能，在依法严厉打击严重刑事犯罪的同时，注重化解社会矛盾。四年来共受理移送审查批捕案件344件、540人，经审查批准和决定逮捕285件、464人，不批准逮捕59件、76人，受理移送起诉案件499件、828人，经审查提起公诉398件、631人，不起诉26件、45人。

（一）坚持“两个基本”方针，突出打击重点。区检察院坚持把“严打”作为维护社会稳定的长期方针来抓，从维护社会稳定和保护人民群众生命财产安全着手，密切关注社会治安动向，始终保持检察环节的打击力度。按照基本事实清楚、基本证据确凿的要求，对严重刑事犯罪快捕快诉，共批捕各类严重暴力犯罪、团伙犯罪、黑恶势力犯罪和两抢一盗等多发性侵财犯罪240件415人，全部移送起诉。提前介入重特大刑事案件96件，提出引导侦查意见230余条。为遏制严重刑事犯罪高发势头，配合公安、法院开展了打黑除恶、打黄扫非、涉枪涉爆等专项整治行动。积极应对新型犯罪，加强与银行、电信、质监、卫生等部门的协同配合，借助其专业优势，准确把握案件性质。严厉打击破坏市场经济秩序犯罪，对信用卡诈骗、危害食品安全等破坏市场经济秩序类犯罪提起公诉 17 件 23 人。

（二）贯彻宽严相济政策，推行刑事和解机制。我们紧紧围绕构建社会主义和谐社会和建设新农村目标，认真贯彻落实刑事和解政策，在全市检察机关率先推行了轻微刑事案件刑事和解处理方式。四年来，这一工作更加规范化、程序化，刑事和解处理轻微刑事案件 17 件 27 人，均取得良好的政治、社会和法律效果。市政法委和市检察院在我院召开现场会，向全市推广经验，省市多家新闻媒体以“给困难之家一个希望，给失足之人一条生路给懵懂少年一片光明”为题，报道了我院刑事和解处理的三起典型案例，彰显了检察机关平和、文明、理性的执法理念。

（三）围绕综治工作目标，促进社会管理创新。按照构建平安郊区、和谐郊区的综治工作要求，区检察院职能部门通过开展法制教育、法律咨询和检察建议等方式，助推社会管理创新。共开展各种形式法制教育讲座 73 次，发出检察建议和意见 120 份，提供法律咨询和服务 1200 人次。侦查监督部门将综治活动的重点放在教育系统，在郊区二中和虎桥中学建立了青少年维权岗。反贪、反渎部门每办一案都要结合办案分析原因，向案发单位提出整改措施，帮助案发单位堵漏建制。控告申诉工作认真坚持首办责任制和检察长接待制度，不断改进接待方式，连续多年实现涉检零上访。变接访为下访，在八个乡镇建立下访巡防联络点，定期进行下访巡防，共接待来信来访 228 件，办理控告申诉案件 140 件，被省检察院授予“省级文明接待室”。开展刑事被害人救助工作，办理刑事被害人救助案件 5 件，向被害人发放救助金 3000 余元。牵头组织敏感时期维稳工作，制订了处置突发事件工作预案，根据区委区政府安排，组织参加了奥运、国庆、上海世博等敏感时期的维稳工作，做出了积极贡献。

二、以加强反腐倡廉建设为中心，查办和预防职务犯罪力度进一步加大

检察机关承担着反腐倡廉的重要职责，按照上级检察机关“积极办案、坚决办案、办好案件”的要求，我院精心组织，周密部署，突出查办了一批有影响、有震动的大要案件，办案工作取得了新的进展。四年来，共立案侦查职务犯罪 140 件 41 人，其中贪污贿赂类案件 26 件 27 人，渎职侵权类案件 14 件 14 人，大要案件 38 件 39 人，大要案件占立案侦查案件的 90%。在查办职务犯罪工作中，一是主动出击捕获线索。2009 年 4 月我院干警从社会上获悉，郊区人寿保险公司一名会计将 50 余万元保费私自借给他人，我们立即派员核实，并一举查获了两名业务员挪用公款的犯罪事实。二是注意在已有线索中挖掘案中案。在查办原桃坡村书记兼村主任王某金经济犯罪和原荫营煤矿销售科长潘某卫夫妇受贿、巨额财产来源不明案时，分别挖出两起行贿案件。三是加强部门间协调配合。建立案情联系制度和办案协作机制，在所查办的职务犯罪案件中，有一半案件线索来源于纪检监察部门。四是充分发挥侦查一体化机制作用，确保办案效果。紧紧依靠上级党委和检察机关的领导，把握正确的办案方向，坚持独立办案的原则，努力克服查处职务犯罪干扰多、阻力大、处理难的问题，确保了办案工作的顺利进行。2008 年 11 月省人民检察院检察长柯汉民来我院调研时，高度评价我院查处职务犯罪工作动手早、部署周、方法灵、效果好。

预防职务犯罪工作突出重点注重实效，努力从源头上遏制职务犯罪的发生。一是将预防工作纳入全区反腐败工作总体格局，形成了由区委领导，涵盖全区行政执法机关、大型国企和八个乡镇的预防职务犯罪社会化网络，建立了 53 个预防职务犯罪工作联络点。二是设立预防职务犯罪专门机构，制定了预防工作实施细则，建立了工作联席会议制度和相应的协调机制。三是大力开展宣传教育和预防调研，在金融、煤运、税务、城建、国土等部门开展预防讲座 36 次，组织全区千余名公职人员参加预防知识考试，对部分乡镇村支两委进行预防知识培训，完成李荫路“11・17”和西南舁路段“10.30”特大交通事故预防调查报告。四是普遍预防与专项预防相结合，对重点单位、重点岗位进行系统预防，对重点工程进行同步预防。开展行贿犯罪档案查询，共查询行贿犯罪档案 68 例，查询数量在全市检察机关名列前茅。

三、以倡行公平正义为目的，诉讼监督职能得到进一步加强

按照高检院提出的“坚决、慎重、准确、及时”的要求，我院始终坚持有罪追究、无罪保护、严格依法、客观公正的原则，诉讼监督不断前移关口延伸职能，努力提升法律监督的效果和水平。加强刑事诉讼监督，监督的重点是有案不立、以罚代刑、滥用强制措施以及判决不公、违反法定程序等问题。向公安机关发出要求说明不立案理由通知书 23 份，立案监督刑事案件 17 件，其中一起非法采矿案和一起拐卖儿童案分别被判处四年和十年有期徒刑，立案监督工作取得了突破性进展。刑事审判监督改变案件定性 27 件、追诉被告人 9 人，成功抗诉 5 件。2007 年 11 月我院对一起 16 名被告人盗窃、非法买卖爆炸物品案提出抗诉，2008 年 11 月市中级人民法院改判，2009 年 12 月最高人民法院核准，此案成为全市检察系统提起抗诉一次性改判人数最多的案件之一。加强行政执法监督。2010 年 12 月，我院牵头召集辖区公安、国税、地税、工商、国土、质监、卫生、食药、安监、环保、审计、文化等 12 家主要行政执法单位，共同召开立案监督工作会议，会议拟定了检察机关与行政执法机关联系定期化、执法制度化、监督具体化等措施，初步构建起了检察机关与行政执法机关工作衔接长效机制。加强民事行政诉讼监督。我院民事行政监督以公益诉讼为重点加大工作力度，共办理民事申诉案件 102 件，立案 100 件，提请抗诉 5 件，民事督促和支持起诉 48 件。介入法院“集中清理执法积案”活动，监督执结了一起特困群众交通事故赔偿案和一起保险待遇纠纷案。以国家名义向三起非法采矿刑事案件被告人追偿民事赔偿 1300 多万元，对四家耐火企业拖欠排污费进行民事督促起诉，追缴排污费 13 万元。加强监所监管和社区矫正监督。监所检察认真落实各项监管措施，整顿监管场所秩序，组织开展了打击“牢头狱霸”、纠正“脱漏管”等多项整治活动。积极加强监外执行监督，纠正了一起刑期误算判决，监督一名有严重违法情形的缓刑罪犯收监执行，驻所监察室被最高人民检察院授予“二级规范化监察室”。

四、以提高执法公信力为抓手，检察队伍建设得到进一步提升

提高执法公信力的最基本手段是加强自身建设，切实做到严格、公正、文明、廉洁执法。

一是加强执法思想建设。执法者首先应该成为守法的榜样。四年来，我院认真组织开展“恪守检察职业道德、促进公正廉洁执法”主题实践活动、“反特权思想、反霸道作风”专项教育活动和争创学习型党组织、学习型检察院等学教活动，注重用党的最新理论成果和社会主义法治理念武装干警头脑，牢固树立“立检为公、执法为民”的思想。院党组始终坚持党组中心组学习制度和民主集中制，把党风廉政建设任务与检察业务同部署、同奖惩。对照廉政准则“八个方面、52个不准”向社会征求意见，对廉洁从检中存在的问题进行自查自纠。及时向干警通报发生在全国的少数政法干部违法违纪情况，用典型事例教育和警示干警防微杜渐。制定《检察干警工作时间以外行为管理规定》，将监督触角延伸到八小时以外，确保检察队伍坚决不出大事，绝对不出丑事。

二是加强执法能力建设。按照《基层检察院建设实施纲要》和全省检察人员“351”人才培养战略，以领导干部和一线检察官为重点，以领导素质培训、任职资格培训、专项业务培训和岗位技能培训为抓手，大力加强检察业务培训力度。党组成员分别参加了中央政法委和高检院组织的政法系统高级研讨班和省院组织的市、县两级领导班子成员领导素质培训。自侦部门参加了省院组织的大比武比赛，各职能部门组织开展了“学、练、赛、用”相结合的岗位练兵，新招干警全部进行上岗前培训。通过全方位多渠道的培训工作，有效地提升了检察干警的执法水平。

三是加强执法规范化建设。严格执行“一案三卡”制度，建立了一线检察官执法档案，定期进行回访调查和执法质量评比。由案管中心牵头，全面规范执法办案环节的流程和细则，对近三年可能存在涉检信访风险的30件案件进行重新评查。检察干警离岗外出办案办事，一律在办公室门前悬挂载明手机号码的离岗告示牌，方便群众联系，提升文明指数。

由于正确的思想引导和有效的教育管理，四年来，人民检察院先后有18个集体和22名个人受到各级各类表彰和奖励，2007年、2009年两次荣获“全国先进基层检察院”光荣称号，连续十年被区委区政府授予“红旗单位”，在连续四年的全市检察业务年度考核中，我院始终名列前茅。

五、以新一轮“两房”建设为契机，执法保障水平得到进一步提升

按照上级检察机关关于加快科技强检发展的战略要求，四年来，我院以建设为基础、以应用为手段，不断加快科技强检步伐。健全了信息化管理规章制度，重新升级改造了视频会议系统、电子阅览室和办案工作区，多媒体示证、安全监控等科技手段应用在办公办案中。在学习实践科学发展观活动中，我院认真贯彻区委“开门整改、上下互动”的精神，积极争取上级检察机关和区委区政府的支持，启动了新一轮“两房”建设。2009年8月，凝聚着几代郊区检察人追求与梦想的技侦大楼正式破土动工。工程建设以来，区委和上级检察机关领导多次到工地视察，在项目审批、资金落实等方面给予了充分支持。现在技侦大楼已完成主体外装修，预计年内建成使用。我们不仅要把技侦大楼建成全市检察机关的样板工程，更要以此为奋进的动力，更加充分地发挥检察职能，着力打造全国先进基层检察院特色品牌。

六、以积极的态度创新工作机制，检察改革进一步深化

近年来，我院努力在机制创新上做文章，在全市检察机关率先推行了两大试点工作，都取得了良好的效果。

人民监督员工作是检察机关为加强外部监督建立的监督机制，2004年我院率先在全市检察机关开展人民监督员试点工作，人民监督员认真履行职责，提出了不少好的意见和建议，共监督“三类案件”和“五种情形”35件，对我院依法公正行使检察权起到了积极的促进作用。我院为人民监督员开展工作创造各种便利条件，从各方面提升人民监督员的监督能力和水平，制定了人民监督员工作实施细则等办法，用刚性制度切实保障人民监督员的监督权力。我院开展人民监督员试点工作所积累的成功经验和做法，为全市检察机关开展人民监督员工作提供了有益的借鉴。

2010年年初，省检察院在全国率先推行案件集中管理改革，2010年4月我院被市检察院确定为全市唯一的案件管理改革试点单位。院党组高度重视此项工作，重点围绕加强思想工作，组织协调和制度建设三方面开展工作，2010年6月底我院案件管理中心开始正式运行，2010年7月初全市检察机关案管工作现场会在我院顺利召开。案件管理中心运行以来，在提高办案效率、促进执法规范化上发挥了积极作用，也为全市检察机关全面推行案管改革工作先行进行了尝试。

接受人大代表和政协委员的监督和评议，是检察机关正确履职和实现自我提升的有力良机。过去四年，区人大加大对司法公正的监督力度，我院也更加自觉地接受人大和社会各界的监督。重大事项向人大常委会请示报告，制定与人大代表联络的制度和工作计划，保证人大交办事项落实及时，反馈及时。举办了首次“检察开放日”活动，邀请人大代表、政协委员、乡镇和企业事业单位代表来院座谈和参观。向人大常委会专题汇报了煤焦领域反腐败斗争工作、立案监督工作和反渎职侵权工作。人大和社会各界的有力监督，极大地促进了我们依法履行职责的自觉性和坚定性。

四年来我院检察工作所取得的成绩，是在区委和市检察院的正确领导下，在区人大的有力监督和区政府、政协的大力支持下，在社会各界和全区广大人民群众的真心帮助下取得的。对此，我代表郊区人民检察院表示衷心的感谢！回顾四年的实践，我们对做好检察工作的主要认识和体会是：一切事业的兴衰成败关键在人，检察事业的发展和兴旺离不开检察干警。我们特别注重在人的教育和管理上下功夫，形成“五用结合”的治检理念：即领导干部率先垂范，用过硬的班子带动人；以党建带队建，用正确的思想引导人；完善制度和机制，用科学的管理规范人；推进人才培养工作，用教育培训塑造人；从严治检与从优待检相结合，用事业和关爱激励人。

当前检察工作存在的主要问题是：服务大局的能力还需进一步提高，有些检察人员不能正确处理执法办案与服务大局的关系，看不准服务大局的结合点和切入点。队伍整体素质与公正廉洁文明执法的要求还有差距，政治和业务素质有待进一步提高，存在着不善监督和不敢监督的问题，不能很好地适应新形势下检察工作的需要。查办职务犯罪工作与人民群众的期望还有差距。诉讼监督的效果不突出，在全市有亮点的工作还不多。检察工作的科技含量不高，干警学习新知识、掌握新技术的主动性不强，以上问题都需要在今后的工作中着力加以解决。

今后的主要工作任务

今年是建党90周年，是全区实施“十二五”规划的开局之年，区人民检察院将认真贯彻区委第八次党代会和本次人大会精神，切实履行好宪法和法律赋予的职责。当前和今后一段时期，我区检察工作的总体要求是：以邓小平理论和“三个代表”重要思想为指导，深入贯彻落实科学发展观，积极服务全区转型跨越发展的大局，不断深化三项重点工作，紧紧围绕五年规划和“五新”目标，强化法律监督，强化自身监督，以班子建设带动队伍建设，团结奋进、真抓实干、锐意进取，不断提高检察工作科学发展水平，为建设富裕文明和谐幸福的新郊区作出新的更大的贡献。根据这一总体要求，建议着重做好以下工作。

一、明确服务大局的目标，为新郊区建设提供良好的司法保障

检察工作只有服务好党和国家的工作大局，才能得到党委的重视、人大的支持和人民群众的信赖。现在新北区建设已经在郊区57平方公里土地上铺开，郊区将迎来前所未有的发展机遇，确保新郊区建设实现转型发展、安全发展、和谐发展将成为我院检察工作的重中之重。郊区“十二五”规划中提出以三区建设为重点，继续走好五条路子、实现五个突破，全面推进区域城市化、工业新型化、农业现代化、城乡生态化，催人奋进、鼓舞人心。八届区委提出的精心打造“三大”战略平台、强化“四大”支撑要素、构建“五大”民生保障，件件关乎民生、事事关乎大局，我们将进一步增强服务大局的责任感和使命感，慎重对待转型发展中的案件，依法打击犯罪者、挽救失误者、保护无辜者、支持改革者，努力为我区营造廉洁高效的政务环境、和谐稳定的社会环境、有序竞争的市场环境、公平正义的司法环境。

二、认真落实五年规划，把法律监督的要求落到实处

2009年底省检察院制定了《山西检察工作科学发展五年规划》，市检察院提出全市检察工作要实现“五新”目标，五年规划与“五新”目标内涵相同、任务一致。作为基层检察院就是要紧密结合实际，细化工作措施，充分发挥好打击、预防、监督、保护的职能作用。

（一）深化三项重点工作，把维护社会和谐稳定的要求落到实处。依法打击各类刑事犯罪，配合公安、法院适时开展专项打击活动，依法严厉打击黑恶势力犯罪、严重暴力犯罪、多发型侵财犯罪、涉枪涉爆涉毒和拐卖妇女儿童等严重影响社会治安的犯罪，积极参加整顿和规范市场经济秩序专项行动，加大打击危害食品安全、制假贩假售假、危害税收征管的犯罪力度。对严重刑事犯罪依法快捕快诉，确保检察环节的打击力度。继续完善办案风险评估、涉检信访评估等协调处置机制，把排查化解矛盾贯彻于执法办案的始终，延伸检察职能，促进社会管理创新。

（二）坚持把查办和预防职务犯罪摆在突出位置，把加强反腐倡廉建设的要求落到实处。根据上级检察机关的部署，以社会影响恶劣、危害后果严重的职务犯罪案件为重点，以查办发生在领导机关和领导干部中的职务犯罪案件为主攻方向，严肃查办损害民生民利、危害公平正义、破坏和谐稳定的案件，严肃查办发生在基层政权组织和重点岗位以权谋私、滥用职权的案件，严肃查办重大责任事故、群体性事件背后的职务犯罪案件，严肃查办以案谋私、贪赃枉法和为黑恶势力充当“保护伞”的案件。积极参与煤焦领域反腐败斗争，严肃查办国家工作人员利用职权插手煤炭资源审批、煤矿整合以及煤焦业务谋取个人利益的职务犯罪案件。要进一步加大查办贿赂案件、大要案件、窝案串案以及新型职务犯罪案件力度，认真组织开展严肃查办危害民生民利渎职侵权犯罪专项工作，让人民群众切实看到反腐败的成效。加强预防职务犯罪工作，深化《预防工作条例》的贯彻落实，促进惩防体系建设。加强警示教育和预防宣传，抓好重点领域的专项预防。

（三）维护司法公正，把强化诉讼监督工作的要求落到实处。全面加强诉讼监督工作，努力维护司法公正。要紧紧抓住有法不依、执法不严、司法不公等问题，进一步加强刑事诉讼、民事行政诉讼和刑罚执行的法律监督工作，坚决纠正有案不立、以罚代刑、超期羁押、刑讯逼供、裁判不公、违法减刑、假释、暂予监外执行、保外就医等司法腐败问题，严肃查办司法人员贪赃枉法、徇私舞弊、滥用职权等犯罪案件。积极推进量刑建议改革，促进自由裁量权规范行使。构建以抗诉为中心的多元化监督格局，发挥民事督促起诉、支持起诉等职能作用，注重维护国家、集体、社会公共利益和弱势群体利益。结合执法办案，综合运用检察建议、检察意见等措施，注重发挥建议和意见的效果。

三、努力加强自身建设，提高公正廉洁执法水平

郊区检察院有较好的队伍管理基础，但素质提升和管理水平必须与时俱进。要扎实开展“发扬传统、坚定信念、执法为民”主题教育实践和创先争优等活动，增强教育的针对性和有效性，切实增强立检为公、执法为民的意识，打牢检察事业发展的根基。积极开展岗位练兵活动，制定在岗人员素质培训计划，健全人才使用和激励机制，完善各项管理制度，从各方面规范干警的行为。强化内部监督制约，认真落实要各项监督制度，重点加强对领导班子、领导干部的监督。加强纪律作风建设，广泛开展岗位廉政教育，强化检察人员廉洁从检信念。加快技侦大楼建设步伐，提高检务保障水平，按照全省检察机关信息化建设总体规划，初步实现网上办公办案目标。设立院史荣誉陈列室和廉政文化长廊，营造文明执法和文化育检氛围。全面提升精神文明和政治文明建设总体水平，营造朝气蓬勃、积极向上的精神面貌，争创省级文明单位。

面对新的形势和任务，我们任重道远，全区检察干警将紧紧依靠党委的领导，人大的监督和政府的支持，认真落实区委第八次党代会和本次大会精神，积极服务转型跨越发展，全面履行法律监督职责，振奋精神、锐意进取，推动我区检察工作再上新台阶，为建设富裕文明、和谐幸福的新郊区做出新的更大的贡献。

阳泉市郊区人民检察院工作报告

2016年8月20日在阳泉市郊区第十八届人民代表大会第一次会议上

郊区人民检察院代检察长　严志勇

现在，我代表区人民检察院向大会报告工作，请予审议，并请区政协委员和其他列席人员提出意见。

五年来的工作回顾

2011年以来，区人民检察院在区委和市检察院的正确领导下，在区人大及其常委会的有力监督下，认真贯彻党的路线方针政策，特别是中共十八大和中共十八届三中、四中、五中全会精神，坚持“强化法律监督，维护公平正义”的检察工作主题，紧紧围绕全区转型发展大局，忠实履行法律监督职责，努力推动各项检察工作向前发展。

一、牢固树立服务大局意识，全力维护郊区经济社会发展

着力服务经济健康发展。坚持把检察工作纳入全区大局中谋划和推进，制定了郊区检察工作科学发展五年规划和服务新郊区建设指导意见。院领导包保重点工程项目，建立“点对点”服务工作机制，推进工程项目顺利进行。坚持“三个慎重”，注意区分“六个界限”，树立平等保护理念，确保各种所有制企业诉讼地位、诉讼权利和法律保护平等，避免因办案对企业造成负面影响。

着力服务民生民利。注重把握民生需求，多举措推进民生检察工作。推进检力下沉，积极开展“访知解”“一村一警”“十百千”和“五进”等走基层活动，先后制定了为农村、企业发展服务和在农村“两委”换届选举中做好服务保障的实施方案，构建服务基层工作的长效机制。深入开展民生领域专项检察活动，对破坏环境资源和危害食品药品安全犯罪进行专项立案监督，监督行政机关移送案件9件15人。重点关注发生在群众身边的腐败犯罪，保证惠民政策在落地过程中不走样不变形，查办国家工作人员和农村基层组织人员在征地拆迁、社会保障、教育医疗、村镇改造过程中虚报冒领、贪污挪用等腐败犯罪案件13件23人。

着力服务创新驱动发展。切实加强对知识产权的法律保护，依法保护市场主体创新活力，重点深入大型企业、建筑领域和创新产业进行专项预防，发挥对接、包保、防控三项机制作用，促进工程优质、干部清廉。坚决打击假冒注册商标、侵犯商业秘密等侵犯知识产权犯罪，共批捕侵犯知识产权犯罪3件3人，起诉5件5人。推进行政执法与刑事司法衔接机制建设，积极筹备建设信息共享平台，为企业创新发展保驾护航。

二、认真贯彻宽严相济刑事政策，努力增强人民群众安全感

严厉打击各类刑事犯罪。认真落实“六项整治”“六安联创”活动要求，以人民群众的平安需求为导向，严厉打击严重刑事犯罪，共批准逮捕各类刑事犯罪案件377件571人，提起公诉664件1067人，从重从快批捕和起诉严重暴力犯罪、多发性侵财犯罪以及私挖滥采、坑农害农等破坏环境资源和社会管理秩序的刑事案件109件251人。促进社会主义市场经济健康发展，严厉打击金融诈骗、非法经营、制假售假等经济犯罪，批捕起诉了我区首例销售假酒案等破坏市场经济秩序案件16件32人。积极参与打击治理电信网络新型违法犯罪专项行动，批捕起诉了我市首例电信诈骗案。

认真贯彻宽严相济刑事政策。树立和谐司法理念，严格掌握捕诉条件，作出不批捕决定115件196人，不起诉决定95件176人，促成刑事案件和解12件43人。认真落实未成年人案件专人办理、亲情会见、犯罪记录封存等制度，使15名涉罪未成年人在不捕不诉后得到良好关护。协助团市委、市检察院成立全省首家未成年人定向关护中心，积极开展未成年人法律教育工作。

扎实推进涉法涉诉信访工作。坚持检察长接待制度，班子成员定期参加区信访接待活动，妥善处理信访工作。建成与省检察院联网的远程视频接访室，使来访群众向上级反映诉求实现“面对面”“零距离”接访。建立涉法涉诉信访导入、纠错、退出机制，共受理群众举报、控告、申诉案件314件，立案复查刑事申诉案件15件。向19名生活确有困难的被害人及其近亲属发放救助金，彰显司法人文关怀。积极参与法治郊区建设，共开展法制教育讲座108次，提供法律咨询和宣讲服务203次，通过执法办案和法治宣传弘扬法律权威和社会正气。

三、始终保持严惩腐败高压态势，积极推进反腐倡廉建设

共立案侦查职务犯罪案件47件75人，其中贪污贿赂犯罪33件55人，渎职侵权犯罪14件20人，查办案件总数同比上升25%。

突出查办大案要案。以发生在领导机关和领导干部中的职务犯罪案件为重点，共查办大要案件29件，占立案总数的61.7%，同比上升14.5%，其中查办的阳泉市中级人民法院民三庭原副庭长正县级审判员李某受贿案，是我市历年来查办的司法系统级别最高的职务犯罪案件。协助省纪委、省检察院查处山西省环保厅原厅长、山西省委巡视一组原组长刘某某和山西国信投资集团有限公司原董事长上官某某两名厅级干部，是我院建院以来查办嫌疑人级别最高、涉案金额最大、案件情节最为复杂的两起职务犯罪案件，为今后查办大要案件积累了办案经验。积极开展集中查办涉农领域职务犯罪专项行动，共查办侵吞国家征地拆迁补偿款、退耕还林补偿款案12件。加大对贿赂犯罪查办力度，重点打击多次行贿、向多人行贿、行贿数额巨大的行贿犯罪，共查办贿赂案件13件22人，同比上升60.8%，有力地震慑了行贿受贿犯罪行为。

不断提升办案能力。紧紧依靠区委和上级检察机关的正确领导，把握正确的办案方向，努力增强办案实效。一是坚持独立办案原则。充分发挥侦查一体化机制作用，确保办案工作顺利进行。二是加强案件线索管理。建立线索分类评估、线索督办、催办制度和举报线索归口管理机制，提高案件查处成功率。三是走出去摸排线索。在所查办的职务犯罪案件中，76%的线索是通过自行发现的。四是整合优势资源。加强与纪检监察、行政执法等部门的协调配合，建立案件信息内部通报制度，努力形成惩治腐败的合力。侦查监督部门在办案过程中分别发现郊区平坦镇前庄村原治保主任等两人和上章召村原党总支书记等两人涉嫌贪污案件线索后，及时移交自侦部门进行查处。五是强化办案安全意识。制定和完善办案安全防范制度和预案，严格规范询问、讯问工作，严格执行强制措施规定，严格落实办案安全措施，以规范的执法行为保证办案安全。

严肃查办渎职侵权犯罪。积极回应人民群众反映强烈的“为官不为”“为官乱为”问题，查办渎职侵权犯罪案件数同比上升18.2%。深挖重大责任事故背后的职务犯罪案件，在“12·18”大阳泉非法采矿导致重大伤亡事故发生后，我院立即同步介入，及时查办了负有监管不力职责的大阳泉村原书记黄某某、副书记张某某和支部委员冯某某玩忽职守案。在对郊区工行ATM机被盗案深入调查取证的基础上，一举查办了以阳泉市公安局二处经保科原科长李某某为副组长的专家组4名专家滥用职权窝案。

结合办案深化预防工作。推动惩防职务犯罪制度和机制建设，分别与区农委、民政局、经信局等部门联合出台了预防职务犯罪工作实施意见，切实保障扶贫政策和资金落实到位。充分利用行贿犯罪档案查询平台，对工程建设、项目招投标、政府采购等项目开展行贿犯罪档案查询1291件次，发现有行贿犯罪记录的单位6例，有行贿犯罪记录的个人12人，切实发挥行贿犯罪档案查询系统在项目准入方面的“拦截”功能以及对社会诚信体系建设的促进作用。广泛开展预防宣讲，共组织开展法制专题讲座158场。剖析发案原因，查找管理漏洞，向发案单位和有关部门发出预防检察建议118条。重点开展涉农、扶贫领域预防职务犯罪分析研究，区委区政府对我院预防工作高度重视，主要领导批示我院的预防职务犯罪工作报告，为区委区政府推进反腐倡廉建设提供了很好的决策依据。

四、切实增强法律监督实效，维护和实现社会公平正义

加强刑事立案和侦查监督。对侦查机关不应当立案而立案的，监督撤案29件。对应当立案而不立案的，监督立案59件。对应当逮捕而未提请逮捕的，追加逮捕28人。对应当起诉而未移送起诉的，追加起诉57人。建立刑事司法与行政执法相衔接机制，与我区八个行政执法单位共同制定了《移送刑事案件工作办法》，监督行政机关移送犯罪案件12件15人，在阳泉市公安局郊区分局设立侦查监督检察室，对侦查活动实施同步动态监督。

加强刑事审判活动监督。强化对审判自由裁量权的有效监督，共提出量刑建议516条，被依法采纳463条，采纳率为89.7%。对审判活动中违反诉讼程序行为提出纠正意见33件次，对一审刑事判决提出抗诉22件，起到了良好的监督效果。

加强民事行政监督。建立以抗诉为中心和以监督实效为目的的民事行政监督格局，提请和建议提请抗诉5件。注重对公共利益的司法保护，办理督促起诉案件16件，督促农行郊区支行及时清收贷款共计74万元，督促有关部门追缴九家企业排污费35万余元，督促国土部门催收土地出让金4830多万元。维护弱势群体利益，办理支持起诉案件58件，全部被法院采纳。2015年3月，我院支持起诉李某不服市人社局不予认定工伤一案获得胜诉，成为我市检察机关成功支持起诉的第一起行政诉讼案件。

加强刑罚执行监督。监督纠正监管场所活动违法情形196件次，监督纠正监外执行活动违法情形74件次，监督纠正脱管漏管60人。积极开展羁押必要性审查，综合评价在押人员犯罪情节、主观恶性和悔罪表现等因素，无羁押必要的5名犯罪嫌疑人变更强制措施。

五、坚持不懈抓班子带队伍，不断提升依法履职能力

加强思想政治和领导班子建设。围绕“发扬传统，坚定信念、执法为民”和“增强党性、严守纪律、廉洁从检”检察工作特色，深入开展党的群众路线教育实践活动和“三严三实”专题教育，加强干警党性修养和党性锻炼，强化宗旨意识和群众观念。注重用中国特色社会主义理论武装干警头脑，确保检察干警始终坚持党的事业至上、人民利益至上、宪法法律至上。坚持民主集中制和党组中心组学习制度，从提高思想认识和改进工作方法入手，提高班子解决自身问题的能力。在充分考量政治素质和业务能力的基础上，及时调整了领导班子和检察委员会。按照党政“一把手”不直接分管的要求，重新确定了党组成员分工。改革提交检察委员会议案程序，提高案件决策的质量和效率。

加强专业化和规范化建设。按照《人民检察院基层建设纲要》和全省检察人员人才培养战略，广泛组织干警参加领导素能和业务技能培训，切实增强干警严守党纪国法、严格公正执法的能力。积极开展检察理论与业务交流研讨，推动干警成长为专家型人才。在最高人民检察院举办的全国检察机关统一业务应用系统理论与实务研究征文活动中，我院干警获优秀奖，一名干警入选山西省检察机关统一业务应用人才库，三名干警被市人民检察院命名为“阳光检察官”。扎实开展规范司法行为专项整治活动，逐案梳理问题、明确整改措施、提出问责要求。加强案件集中管理，使案件质量评查工作实现常态化。实施科技强检战略，建设司法办案、检务公开等信息平台，在全市率先建成律师电子阅卷管理系统，启动电子证据实验室建设，让信息化建设为检察工作服务。我院被市检察院确定为“信息化建设亮点院”、被省检察院确定为“案件管理示范院”和“科技强检先进院”。

加强廉洁从检和纪律作风建设。严格执行中央八项规定、廉洁从检十项纪律和“九个不准”等规定，加强对检察人员8小时之外的管理，持续整治“四风”。认真贯彻党风廉政建设责任制要求，层层签订廉洁从检责任状和廉洁从检承诺书，从严落实两个责任。按照“六权治本”的要求，编制权力清单和责任清单，使干警依法用权、阳光行权有规章和制度可依。不断修订完善机关管理制度，让制度“笼子”扎得更紧。

六、主动接受人大和社会监督，确保检察权在法治轨道上运行

自觉接受人大及其常委会的监督。认真执行人大及其常委会的决议决定，把人大监督、政协监督和社会监督作为了解社情民意、改进检察工作的重要渠道，使检察工作更好地顺应人民群众。认真执行与人大代表、政协委员联系工作制度，积极配合人大常委会开展执法检查活动，聘请人大代表和政协委员担任“阳光检察”联络员，定期邀请来院座谈和参观，广泛听取意见和建议。向区人大常委会专题报告了反贪污贿赂、反渎职侵权、民事行政检察及阳光检察等工作情况，并按照区人大常委会的审议意见认真整改。

突出抓好自身监督制约。始终把强化自身监督放在突出位置来抓，不断提升严格执法水平。认真遵守检察官职业行为规范和检察机关执法工作基本规范，严格执行《人民检察院执法办案内部监督规定》，以执法办案的重要岗位、关键环节为重点，建立健全检察官执法廉政档案记录，查找有可能影响公正执法的风险点。严格执行“一案三卡”制度，对办理的所有职务犯罪案件逐一进行回访。

深入推进检务公开工程。建成集控告举报、案件查询、律师会见等功能为一体的检务中心，为群众提供“一站式”服务。全面运行案件信息公开系统，对社会公开程序性信息415条、生效法律文书150余份，发布重要案件信息8条。对15起不捕不诉和有较大社会影响的案件进行了公开听证，增强司法工作透明度。积极推进“阳光检察”工作，举办了14次“检察开放日”活动，聘任了15名“阳光检察”联络员，最大限度地保障人民群众对检察工作的知情权、参与权和监督权。

五年来，在区委和上级检察机关的正确领导，在区人大及其常委会的有力监督和区政府、政协、社会各界的大力支持下，郊区检察工作得到新发展、检察形象得到新提升，连续12年保持“市级文明单位”称号，多次被区委区政府授予先进集体。我们深深体会到，要做好新时期的检察工作：必须坚持党对检察工作的领导，确保正确的政治方向。必须围绕中心服务大局，营造和谐稳定的发展环境。必须坚持执法为民的人民属性，让老百姓在每一起案件中都能体会到公平正义。我们更应该清醒地认识到，郊区检察工作与面临的新形势和人民群众对司法工作的新期待还不相适应，对当前经济和社会发展中出现的涉法涉诉新情况还缺乏系统研究和有效应对，惩治职务犯罪的力度距离净化政治生态的要求还有很大差距，检察队伍的执法能力和纪律作风仍需进一步提高和改进等等。

2016年是“十三五”规划的开局之年，也是全面深化司法改革的起步之年。郊区检察工作的总体思路是：全面贯彻党的十八大和十八届三中、四中、五中全会精神及中央政法工作会议精神，深入学习贯彻习近平总书记系列重要讲话和对政法工作和检察工作的重要指示，牢牢把握党对检察工作提出的新要求，牢固树立“五大发展”理念，紧紧围绕全区“五大战略”，积极适应经济社会发展新常态，坚持以执法办案为中心，以加强执法规范化建设为抓手，以维护司法公平正义为目标，全面履行检察工作职能，为打造生态宜居新城、建设现代城郊强区，全面建成小康社会提供优质的司法保障。

一是积极服务保障全区经济社会发展大局。把防控风险、服务发展摆在更加突出的位置，深入研究供给侧结构性等重大改革对法律监督提出的新需求，坚决打击破坏市场经济秩序犯罪，营造健康有序、富有活力的发展环境。依法保护国有企业和民营企业等各类市场主体合法权益，营造法治化环境。坚决打击危害公共安全、严重影响人民群众安全感的犯罪活动，坚决打击黑恶势力犯罪，全力保障人民生产生活安定有序。切实做好综治维稳工作，把惠民生、促发展、保稳定作为各项检察工作的出发点和落脚点，促进国家惠民政策落到实处。

二是加大查办和预防职务犯罪力度。牢记“两个没有变”和“四个足够自信”，保持反腐败斗争力度不减、尺度不松，减少腐败存量、遏制腐败增量，大力查办发生在领导机关和领导干部中的腐败案件，深入查办在征地拆迁、环境保护、保障性住房、惠农资金管理、重点工程建设项目等重点领域以及私挖滥采背后的职务犯罪案件。坚持把反腐败斗争向基层农村延伸，持续查办涉农领域职务犯罪案件，进一步加强涉农政策法律宣传，提升农村基层组织守法意识和基层群众的维权意识。在严肃查处乱作为腐败案件的同时，加大查处对庸政懒政懈政怠政等行政不作为造成国家、集体和人民群众重大生命财产损失的渎职犯罪。强化预防职务犯罪机制建设，加强与纪检信访、行政执法、组织人事等部门的协调配合，深入开展警示教育，专项预防等工作，共同形成反腐败斗争的合力。

三是全面强化诉讼监督工作。牢固树立由事后监督向事中、事前监督延伸，由被动监督向主动监督转变的理念，全面加强对立案、侦查、审判、执行等诉讼活动的监督，重点监督纠正违法立案取证、量刑畸轻畸重、判决裁定不公、监外执行不当等问题。严肃查处执法司法人员职务犯罪，促进执法公正和司法廉洁。

四是深入推进司法规范化建设。从“四个全面”战略布局的高度，深刻认识依法治国的重大意义，坚持严格公正廉洁执法与理性平和文明规范执法并重，以规范执法促进公正执法，进一步树立检察机关良好的执法形象。按照深入推进执法规范化建设的要求，加大司法不规范突出问题整改力度，切实提高执法规范化水平。充分发挥“案件集中管理示范院”和“科技强检先进院”的引领作用，促进办案质量和办案效率的全面提高。深化阳光检察工程，加强信息技术在检察工作中的深度应用，积极推进“互联网+检察”和“两微一端”新媒体工作，不断畅通司法公开和司法为民渠道，提升检察机关的亲和力和公信力。

五是扎实做好司法体制改革准备工作。全省检察机关司法改革工作已正式拉开帷幕，要严格把握司法体制改革的基本原则和目标任务，加强领导，攻坚克难，扎实推进改革工作。要深刻理解改革对检察工作、检察队伍建设及自身发展的重大意义、重要机遇及深远影响，切实把全体检察干警的思想、认识和行动统一到司法体制改革的精神上来，把顶层设计转化为全体干警的思想共识和具体实践，形成“一盘棋”和“一个调”。要积极应对司法体制改革对检察工作提出的新要求，要重点抓好检察人员分类管理、办案责任制、内设机构等改革关键节点，使改革推进和保障工作同步进行，做到执法办案和法律监督能力双提升。

六是努力打造过硬检察队伍。扎实开展“两学一做”学习教育，切实把“四讲四有”的要求体现到各项具体工作中，把“四个意识”真正落实到干事创业和修身律己的全过程。全面落实从严治党要求，切实发挥党组织的领导核心和战斗堡垒作用。全面落实“两个责任”，进一步细化党组主体责任和纪检监督责任措施，牢固树立监督者更要接受监督的意识，以更高标准、更严要求不断加强自身建设。坚持把纪律挺在前面，把从严治检贯穿于检察机关党的建设、队伍建设和业务建设各个方面，为创建一流检察队伍奠定良好的基础。

面对新形势、新任务，区人民检察院将在区委的正确领导下，在区人大及其常委会的有力监督下，以马上就办、真抓实干的工作作风，认真贯彻落实本次大会精神和决议，紧紧围绕郊区“五大”发展战略，充分发挥检察机关的职能作用，全面加强检察队伍建设，履行好维护社会大局稳定、促进社会公平正义、保障人民安居乐业的职责使命，为打造生态宜居新城、建设现代城郊强区，全面建成小康社会做出更大的贡献！

报告中有关用语的说明：

1.“三个慎重”：是指检察机关在办理涉及企业犯罪案件时，对法定代表人涉嫌违法但仍在正常生产经营的企业，要做到慎重使用拘留、逮捕、指定居所监视居住等人身强制措施；慎重查封扣押冻结涉案财物；慎重发布涉企案件新闻信息。

2.“六个界限”：经济纠纷与经济犯罪的界限、个人犯罪与企业违规的界限、企业正当融资与非法集资的界限、经济活动中的不正之风与违法犯罪的界限、执行和利用国家政策谋发展中的偏差与钻改革空子实施犯罪的界限、合法经营收入与违法犯罪所得的界限。

3.行政执法与刑事司法衔接机制：根据《中华人民共和国刑事诉讼法》、国务院《行政执法机关移送涉嫌犯罪案件的规定》和《中共中央办公厅国务院办公厅转发国务院法制办等部门<关于加强行政执法与刑事司法衔接工作的意见>的通知》等有关规定，行政执法机关、公安机关、检察机关、人民法院在信息共享、案件移送、协调配合、监督制约等方面建立工作制度，确保行政执法过程中查处的可能涉嫌犯罪的案件必须及时进入司法程序，依法追究刑事责任，防止有罪不究、以罚代刑。

4.大案：指在《刑法修正案（九）》实施前，检察机关查办的贪污贿赂5万元以上、挪用公款10万元以上的案件和渎职侵权重大、特大案件。

5.要案：指检察机关直接受理和立案侦查的县处级以上国家工作人员涉嫌贪污贿赂、渎职侵权等职务犯罪的案件。

6.宽严相济刑事司法政策：系我国的基本刑事政策，要求司法机关在办案中该严则严、当宽则宽、宽严相济。对于罪行严重、人身危险性和社会危险性极大的犯罪嫌疑人或被告人，要依法从严惩处，以达到震慑犯罪、预防犯罪的目的；对于犯罪情节较轻、主观恶性较小、人身危险性不大的犯罪嫌疑人或被告人，要依法从轻、减轻或者免除处罚，以达到挽救犯罪者、减少社会对立面的目的。

7.亲情会见：为体现对未成年犯罪嫌疑人的人文关怀，贯彻“教育、感化、挽救”方针和“教育为主、惩罚为辅”原则，检察机关安排未成年犯罪嫌疑人与家长见面，由家长配合检察机关对未成年人进行教育和感化。

8.犯罪记录封存：指根据《中华人民共和国刑事诉讼法》第275条规定，对犯罪时不满十八周岁，被判处五年有期徒刑以下刑罚未成年人的犯罪记录材料予以封存，非经法定程序不得公开的一项司法保护制度。

9.在公安机关设立侦查监督办公室：检察机关贯彻“分工负责、相互配合、相互制约”原则的创新举措，有利于对公安机关的执法活动进行实时、动态监督，也有利于强化对重大案件的提前介入引导侦查工作。

10.脱管、漏管、虚管：在社区矫正工作中，对社区服刑人员没有依法交付执行，或者是在执行中没有进行有效的监督管理，就会出现脱管、漏管、虚管等现象，对刑罚执行的权威性和严肃性造成损害。为监督纠正上述问题，最高人民检察院从 2015 年 4 月至 2015 年 7 月，在全国部署开展了社区服刑人员脱管、漏管专项检察活动。

11. 民事行政执行监督：是指人民检察院依法对人民法院民事、行政执行活动实行监督，对人民法院不当的执行行为予以纠正的制度。

12. 规范司法行为专项整治活动：指按照最高人民检察院部署，从 2014 年 12 月开始在全国检察机关开展的规范司法行为专项整治工作，重点整治司法作风简单粗暴、执行办案规范纪律规定不严格、不依法告知当事人诉讼权利、滥用强制措施、滥用退回补充侦查等规定、追求考评成绩弄虚作假、案件集中管理与条线管理不到位、受利益驱动越权办案、私下接触当事人及律师、接受吃请收受贿赂办关系案人情案等十个方面突出问题。

13. 阳光检察：阳光检察是检务公开的进一步发展，以开门评检、检察开放日为载体，以检察门户网站、官方微博为平台，以让人民群众评价检察工作成效为目的，不断提高检察工作透明度，进一步方便群众、服务群众，切实增强人民群众对检察机关的亲近感。

14. “两个没有变”与“四个足够自信”：习近平总书记在十八届中央纪委六次全会上讲话指出：党中央坚定不移反对腐败的决心没有变，坚决遏制腐败现象蔓延势头的目标没有变；全党同志对党中央在反腐败斗争上的决心要有足够自信，对反腐败斗争取得的成绩要有足够自信，对反腐败斗争带来的正能量要有足够自信，对反腐败斗争的光明前景要有足够自信。

阳泉市郊区人民检察院工作报告

2020年4月27日在阳泉市郊区第十八届人民代表大会第五次会议上
郊区人民检察院检察长　严志勇

各位代表：

现在，我代表区人民检察院向大会报告工作，请予审议，并请区政协委员和其他列席人员提出意见。

过去一年的主要工作

2019年，我院坚持以习近平新时代中国特色社会主义思想为指导，认真贯彻落实最高检“稳进、落实、提升”总基调，紧紧围绕区委区政府中心工作和全市检察工作“五抓”、“三个显著提升”工作思路，忠实履行法律监督职责，推动“四大检察”全面协调发展，各项检察工作取得新成效。

一、坚持讲大局重服务，积极适应新形势新要求

（一）着力维护社会稳定落地有序。加大对违法犯罪打击力度，切实维护社会稳定。批准逮捕刑事案件67件94人，提起公诉152件222人，无错捕错诉漏罪漏诉现象。起诉区监察委员会移送职务犯罪案件7件9人，决定逮捕3件5人。其中，市人民检察院指定我院提起公诉的原郊区自然资源局党组书记、局长姚某某受贿案，是监察体制改革以来，我院办理的涉案干部级别最高、涉案数额最大的职务犯罪案件。在庭审中，我们不仅用铁的证据指控其犯罪事实，还深刻分析了其走向犯罪的原因，起到了较好的廉政教育作用。专题研究部署庆祝新中国成立70周年期间信访维稳工作，努力解决涉法涉诉各种新老问题，全年涉检信访案件为零。认真抓好全区涉法涉诉信访风险隐患集中排查化解、重点案件清理、重点行业污染防治、整顿软弱涣散村级党组织、加强村社治理新体系试点等工作，坚决打好防范化解重大风险攻坚战，为推进平安郊区建设营造良好社会环境。

（二）推动认罪认罚从宽制度落地有效。努力提高法律监督效能，加强与公安、法院等司法部门沟通配合，大力推行认罪认罚从宽制度。共办理认罪认罚从宽案件

41件48人，被告人全部认罪伏法，上诉率为零。通过推行认罪认罚从宽制度，及时准确惩罚了犯罪，节约了司法资源，有效化解了社会矛盾，推动了司法治理体系和能力现代化。

（三）悉心守护民生民利落地有声。促成轻微刑事案件和解24件，畅通“信、访、网、电”等群众诉求表达渠道，办理群众来信来访事项20件，均做到及时分流和处理。为4名刑事案件受害人申请国家司法救助，发放救助金4.4万元。坚持检察长接访制度，定期参加区信访接待活动，进一步密切检群关系，做到“案结事了、息诉罢访、群众满意”。

（四）积极响应创卫号召落地有实。建立了创卫工作常态化机制，组织干警参加创卫活动150余人次，清运生活垃圾300余吨。与交警部门沟通联系，协助居馨花园小区规划了300个停车位。积极参加荫营镇桥上村创卫包点工作，实地调研村情，坚持问题导向，建立网格化管理，努力按上级要求的时间节点落实各项任务。

二、坚持讲发展重担当，切实提升检察监督实效

（一）质效并重发挥检察监督职能。一是强化侦查活动监督，不批捕逮捕刑事案件19件34人，不起诉20件36人，监督公安机关立案1件，撤案1件，发出纠正违法通知书2份，监督纠正侦查活动程序违法案件2件。纠正漏捕4人，纠正漏诉8人，纠正漏罪16人。二是强化审判活动监督。积极开展量刑建议工作，共提出量刑建议214条，被依法采纳171条。准确把握抗诉条件，成功抗诉刑事案件2件。三是强化刑事执行监督。监督纠正刑罚执行和监管活动违法6件，对监外执行罪犯的监管情况提出纠正意见3件，监督纠正强制医疗执行违法1件，办理羁押必要性案件16件。四是强化民事行政执行监督。共受理民事、行政生效监督案件1件，办理行政审判程序违法案件4件，办理民事执行活动监督案件10件。对一起民间借贷虚假诉讼案件提出再审检察建议被法院采纳，成为全市检察机关开展虚假诉讼监督专项行动中成功办理的首例案件，此案入选全省首批虚假诉讼监督典型案例。

（二）精准有力打击黑恶势力犯罪。保持打击黑恶势力犯罪高压态势，成立扫黑除恶专项斗争工作专班，批准和决定逮捕6件16人，提起公诉10件37人。追捕漏犯4人，追诉漏犯8人。坚持实事求是，强化程序和证据意识，是黑恶犯罪的一个也不放过，不是黑恶犯罪的绝对不迁就凑数，改变公安机关定性为非恶势力犯罪案件6件25人。办理涉黑涉恶案件做到一案一总结，确保每一个案件都经得起法律和历史的检验。

（三）点面结合做好公益诉讼工作。共立案公益诉讼案件46件，向环保、住建、国土、水利、文物等相关行政机关发出诉前检察建议45份。办理刑事附带民事公益诉讼案件1件。与区司法局联合会签了《关于建立支持起诉和法律援助工作联系机制的意见》，支持弱势群体起诉案件6件。积极开展保护英烈公益诉讼专项行动，维护英雄烈士的尊严和荣誉。与区河长办联合开展“携手清四乱、保护河道生态”百日会战行动，对郊区部分河流存在的“四乱”问题进行摸底调查。针对保安煤矿污水排放未经处理污染桃河问题，我院及时发出检察建议，并多次会同区环保部门、旧街乡政府督促整改，2019年11月，该矿污水处理项目建成投入使用，阳泉母亲河的生态环境得到保护。

（四）护航未成年人健康成长。严厉打击侵害未成年人刑事犯罪，设立未成年人办案工作区，指定专人办理未成年人案件，共办理未成年人案件3件4人，其中不捕1件2人，起诉2件2人。为加强校园预防性侵害机制建设，与区教科局联合制定《关于监督落实高检院“一号检察建议”的实施方案》，向全区幼儿园、中小学学生家长发放《致全区幼儿园、中小学学生家长的一封信》，共同构建学校、家庭、司法部门“三位一体”协同机制。包括院领导在内共6名员额检察官被6所中小学聘任为法治副校长，针对青少年成长过程中的法律需求和心理特点，开展“携手关爱、共护明天”检校共建文明校园活动，举办法治进校园讲座，促进青少年健康成长。

三、坚持讲创新重特色，推动检察工作健康发展

（一）司法体制改革呈现新面貌。积极构建符合司法规律的检察机关内部组织体系，将原有的11个部门缩减为五个内设机构。围绕“谁办案、谁负责”的目标，以推进专业化建设为方向，组建了包括院领导在内的14个员额检察官办案组。坚持院领导带头办案，7名院领导共直接办理案件200件，超过领导干部办案量的要求。提拔一名中层干部担任院领导，提拔四名优秀年轻干警担任中层干部，全院上下齐心协力、互相协作，确保检察工作平稳有序过渡。

（二）智慧检务建设再创新佳绩。高度重视科技强检工作，发挥现代科技在检察工作中的作用。我院专门为办案研发的检察笔录系统在第二届全国检察机关信息化网上轻应用作品征集活动中荣获一等奖，在由中国信息产业商会承办的“2019第三届检法信息化融合发展创新大会”上荣获“2019年度法检信息化（智慧检务）最佳创新驱动实践奖”。以研发检察笔录为题材拍摄的《龙吟长歌》微视频，荣获全国第四届平安中国“三微”比赛“最具人气作品奖”和第四届平安山西“三微”比赛“十大作品奖”，正义网、检察日报、山西法制报、检察周刊、阳泉日报等主流媒体都相继作了报道，产生较大社会影响。

（三）争先创优工作取得新进展。我院是连续十八年的市级文明单位，连续八年保持市级文明单位标兵称号。2019年我院先后有3个集体、6名个人荣获市级以上荣誉，4名同志被市人民检察院荣记三等功。为进一步培育社会主义核心价值观，我院将创建省级文明单位作为推动检察工作上台阶的重要抓手，举全院之力积极投身创建工作。先后建成了开放式图书馆、检察文苑、文化走廊等文化设施。为从检30年检察干警颁发荣誉勋章，增强干警的职业荣誉感和自豪感。举办以“我把青春奉献给检察事业”为主题的五四青年座谈会，激发青年干警干事创业的激情。组织干警到红色教育基地参观学习，开展“诗情花艺、检花绽放”庆三八、“栽绿植”、“健步行”、“迎七一”等主题党日活动，增强检察队伍的凝聚力。在全市政法系统组织的“今天我当班”体验采访活动中，我院郑志明同志平凡工作的一天被阳泉日报登载，成为郊区检察干警辛勤奉献的缩影。组织学雷锋志愿服务活动，举办道德和国学大讲堂，开设文明礼仪培训班，倡导文明言行，使爱国守法、明礼诚信、团结友善、敬业奉献成为全体干警的自觉行动。

四、坚持讲正气重自强，着力打造过硬检察队伍

（一）坚持政治建检，提升队伍思想认识。始终把政治建设摆在首要地位，不断加强意识形态工作。坚持党组中心组学习制度，全年共组织学习 25 次，系统学习党的十九大、习近平总书记系列重要讲话，不断提高运用党的创新理论指导检察工作的能力。扎实开展“改革创新、奋发有为”大讨论和“不忘初心、牢记使命”主题教育活动，在全院形成干有动力、学有榜样、追有目标的浓厚氛围。按照学懂弄通做实的要求，充分运用“互联网 + 党建”工作模式，通过“两微一端”、学习强国、山西干部在线学院、中检网等载体，推送党建知识 200 余条，开展专题教育培训 25 次，组织领导干部上党课 15 次，全体党员写感言、谈感受，党员学习由“定时定点”变为“随时随地”，干警的政治觉悟和素质能力普遍提高。

（二）狠抓党风廉政建设，坚持从严治党治检。院党组带头贯彻落实党章党规党纪，严格执行中央八项规定，管好家属子女和身边工作人员，坚决防止和克服形式主义、官僚主义。认真落实“三会一课”、民主生活会、组织生活会、民主评议党员、谈心谈话等制度，严格执行领导干部重大事项报告和干警八小时以外行为规范制度，定期开展监督检查。准确把握运用“四种形态”，使咬耳扯袖、红脸出汗成为常态。开展“纪律作风整顿月”活动，对检察人员任职回避和公务回避执行情况进行监督检查，对刑事案件扣押款物情况进行督查，对违反考勤和会议纪律的人员进行廉政谈话和问责，严肃办案纪律和工作纪律。

五、坚持讲公信重监督，着力打造阳光检务

（一）坚定不移地将检察工作置于人大和人民监督之下。进一步增强接受人大监督意识，向区人大常委会专题报告公益诉讼工作，认真落实审议意见。举办“检察开放日”活动，邀请人大代表、政协委员、扶贫点村民和社会群众参观我院 12309 检察服务中心、远程视频接访室等办公办案区域，介绍检察服务、检务公开、接待来访等一站式便民措施。不断深化检务公开，共公开程序性事项 302 件，法律文书 180 份，发布重要案件信息 10 件，最大限度地满足人民群众的知情权和监督权。在日常工作中我们十分注重收集和倾听人大代表意见和建议，将人大代表对检察工作的意见和建议转化为不断加强和改进检察工作的源动力。

（二）坚定不移地强化内部监督制约。在保障检察官独立行使检察权的同时，对具体的检察权予以分权制衡。重大复杂疑难案件以及不捕不诉案件均由检察委员会讨论决定。设立检务督察制度，对检察人员履行职责、行使职权、遵章守纪、检风检容等方面进行监督检查和督促落实，确保检令畅通。实行案件质量评查常态化，所有案件全部在统一业务应用系统中进行录入，全面落实网上办案要求，对办案全过程进行同步动态监督。针对程序和文书不规范问题，发出纠正通知 63 次，监督用印不规范 80 余次，努力加强检察工作执法规范化建设。

各位代表，过去的一年，区检察院始终坚持稳中求进总基调，强化忧患意识，提高政治警觉。新冠肺炎疫情发生后，我们以敏锐的政治自觉和勇于担当的责任意识做好疫情防控期间各项工作。采用视频会议方式多次召开党组会进行安排部署，成立了涉疫案件专案组，运用远程视频系统组织办案提审和法庭庭审，两名干警在防疫期间撰写的家书在区工会组织的“见字如面”征文活动中分别获得一等奖和优秀奖，做到了抗疫与工作两不误。一年来，郊区检察工作取得的每一点成绩，都是区委和上级检察机关的正确领导、区人大有力监督、区政府、政协和广大人民群众关心支持帮助的结果。在此，我代表区人民检察院表示衷心的感谢！

回顾过去一年的工作，我们也清醒地认识到，检察工作还存在着一些不足，主要表现在：司法改革配套措施仍待落地，改革的整体性、协调性仍需增强，案多人少矛盾依然突出；内设机构改革后，上下职能对应不够顺畅，少数干警不能完全适应新形势下检察工作的新要求；队伍专业化水平还不够高，干警整体素能仍待提升；整体工作发展不平衡，刑事案件诉讼效率有待进一步提高；抓队伍建设的方法不多，对青年干警的培养仍需加大力度。对于这些问题和困难，我们将高度重视，采取有效措施认真加以解决。

2020 年工作安排

各位代表，2020 年必将成为中华民族乃至人类历史上非凡的一页，我们成功抗击新冠疫情所体现出党领导下全国一盘棋的制度优势，必将极大地增强我们奋发前行的自信心和使命感。2020 年郊区检察工作的总体思路是：以习近平新时代中国特色社会主义思想为指导，深入贯彻党的十九大和十九届二中、三中、四中全会精神，全面贯彻落实中央政法工作会议以及省市区全会精神，按照区委提出的“牢固树立全市一盘棋思想，争做全市转型发展表率，打造城乡融合发展样板”的总体思路和要求，坚持以人民为中心，围绕检察主责主业，担当奋进、狠抓落实，为维护国家政治安全、确保社会大局稳定、促进社会公平正义、保障人民安居乐业提供有力的法治保障。

一、高远站位精准举措，在服务大局中发挥检察作用。准确把握检察工作面临的新形势、新要求，全面落实省委“四为四高两同步”的总体思路和要求，把思想和行动统一到区委和上级检察机关的决策部署上来。一是持续推动扫黑除恶专项斗争长效常治。扫黑除恶专项斗争进入收官之年，要继续坚持高标准政治站位，集中优势办案力量，加强案件攻坚突破，严厉惩处“软暴力”、“套路贷”等违法犯罪。严格依照法定标准认定黑恶犯罪，坚决做到“一个不放过、一个不凑数”，注重总结工作中好的经验做法，统一执法司法标准尺度。二是为“项目兴区”创造稳定的社会环境，严厉打击破坏社会主义市场经济秩序犯罪，持续打造“六最”营商环境。主动靠前服务民企发展，畅通企业诉求渠道，开展“服务企业复工复产”专项行动，以法治保障民营企业的合法权益和创新创造活力。突出责任刚性，实行院领导“一对一”联系民企；建立院领导专门接待日制度，定期接待民企人员；根据企业需求，建立民企案件台账；及时听取企业意见，涉民企案件终结前一律“公开听证”；员额检察官定期进企“问诊”，解决企业发展过程中的“肠梗阻”。

二、与时俱进更新司法理念，在社会治理中体现法治思维。按照高检院提出的“讲政治、顾大局、谋发展、重自强”的总要求，全面推动“四大检察”、“十大业务”均衡协调发展。一是把宪法法律赋予的职责任务、人民群众对检察工作的新需求，从全局的高度去主动安排部署。特别是在实施三大攻坚战以及开展“扫黑除恶”等专项斗争中，要坚决贯彻落实上级意图，旗帜鲜明、不打折扣。二是时刻牢记法治在参与社会治理中的重要作用，坚持用法治思维、法治方式解决问题，既做犯罪的追诉者，也做无辜的保护者。特别是在从重从快打击犯罪的同时，一定要坚持“三个依法”，决不出现错捕错诉案件。三是把“守初心、担使命”体现在求极致抓落实上，特别是在推进各项检察工作中，要紧密结合“三零单位”创建工作，从根本上提升郊区检察工作法律监督能力和水平。

三、立足职能主动作为，在司法办案中强化检察监督。树立“双赢多赢共赢”理念，在监督中体现检察智慧。一是履行刑事诉讼主导责任，做细做实引导侦查、认罪认罚、释法说理等工作，努力实现“全覆盖”。二是加强民事行政检察监督，强化主动办案、发现重要案件线索的意识和能力，在办理典型案件上下功夫。加大对民事、行政生效裁判监督力度，进一步深化服务和保障意识，民事诉讼监督要力求案结事了人和，行政诉讼监督要力求案结事了政和。三是进一步加大公益诉讼办案力度，突出办理人民群众反映强烈的生态环境和食品安全领域公益诉讼案件。四是提高控告申诉检察监督水平，抓好“7日内程序回复、3个月内办理过程或结果答复”，把讲法理、情理贯穿在检察办案全过程。

四、深化体制机制改革，在苦练内功中优化检察管理。继续深化内设机构改革，完善检察机构职能体系。进一步突出专业化办案团队建设，探索办案组织的动态化管理。要全面深化细化员额制管理、绩效考核、职业保障等司法体制改革综合配套措施，进一步完善办案流程、提升办案效率，持续推动各项改革举措落地落实。

五、注重抓队伍强基础，在严管厚爱中提高检察能力。一是深刻理解检察机关政治属性，增强“四个意识”，做到“两个维护”。全面学习贯彻习近平总书记“三篇光辉文献”，巩固深化“不忘初心、牢记使命”主题教育成果，提高政法工作现代化水平。二是坚持从严治检，毫不放松抓好纪律作风建设，加强岗上严管和岗下严防，抓早抓小、防微杜渐，确保干警公正廉洁执法。三是持续提升专业能力。落实检察官教检察官制度，持续推动传导式培训和专项业务培训，着力解决专业恐慌、本领恐慌的问题。认真学习研讨最高检制发的指导性案例，持续用好“检答网”，更加高效地解决办案中遇到的法律适用、证据理解等难题，不断提高专业化、职业化水平。

六、持续打造郊区检察特色品牌，在推动创新中激发检察活力。一是注重检察文化建设，全面提高检察队伍的整体素质。坚持以文化建设为载体倡导和培育人文精神，增强干警对检察机关和检察职业的认同感与归属感，努力争创全国检察文化建设示范院，实现上档次、上台阶。二是注重三基建设，抓好两项示范工作。今年 3 月我院被确定为全市百点支部建设示范院和全市检察机关开展司法救助示范院，我们将充分发挥党建工作“源头活水”和“战斗堡垒”作用，积极开展法律援助、经济救助、精神抚慰等救助工作，力争摸索出一套可推广可复制的工作模式，真正起到示范作用。三是为办案提供更好的智慧检务服务，要不断加强检察科技信息技术建设，积极推进高检院统一业务应用系统 2.0 建设和工作网的应用，切实把信息化建设成果转化为提升司法能力、强化法律监督、维护公平正义的强大动力。

各位代表，新的一年，我们决心更加紧密地团结在以习近平同志为核心的党中央周围，在区委和上级检察机关的坚强领导下，在区人大及其常委会和社会各界的监督支持下，坚决贯彻落实本次大会决议，紧紧依靠人民群众，全面正确履行检察职能，进一步振奋精神、扎实工作，为郊区“争做全市转型发展表率，打造城乡融合发展样板”新征程中实现高质量发展贡献检察力量。

第二章 检察党建和队伍建设探索

吸取讲话精髓 助推检察工作

阳泉郊区人民检察院党组书记、检察长 严志勇

习近平总书记“七一”重要讲话，站在历史的高度，从谈历程、谈经验、谈历史、谈四个自信、谈改革、谈法治、谈人民、谈党的建设、谈反腐、谈党员干部、谈军队建设、谈祖国统一、谈两岸关系、谈青年工作、谈中国梦、谈未来等全面回顾了我们党95年来团结带领全国各族人民不懈奋斗走过的光辉历程和做出的伟大历史贡献，深刻阐明了近代以来我国社会发展的规律性认识，深刻阐明了我们党的执政理念和执政方略，深刻阐明了我们党对重大国内外问题的原则立场，深刻阐述了我们党面向未来、面对挑战所必须牢牢把握的八个方面要求，号召全党同志不忘初心，继续前进。讲话高瞻远瞩、思想深刻、内涵丰富，鼓舞人心，是一篇闪耀着马克思主义光辉的纲领性文件。我们检察机关全体党员干部应该把学习总书记重要讲话精神作为当前和今后一个时期重要的政治任务，深入学习、认真领会，不忘初心、继续前进。

聆听了习近平总书记的讲话，对于我来说，既是思想上的一次洗礼，更是推动工作的一针强心剂，更加坚定了跟党走的信心和决心。尤其总书记指出的“人民立场是中国共产党的根本政治立场，是马克思主义政党区别于其他政党的显著标志。”党与人民风雨同舟、生死与共，始终保持血肉联系，是党战胜一切困难和风险的根本保证，正所谓“得众则得国，失众则失国”。“全党同志要把人民放在心中最高位置，坚持全心全意为人民服务的根本宗旨，实现好、维护好、发展好最广大人民根本利益，把人民拥护不拥护、赞成不赞成、高兴不高兴、答应不答应作为衡量一切工作得失的根本标准，使我们党始终拥有不竭的力量源泉。”“我们要顺应人民群众对美好生活的向往，坚持以人民为中心的发展思想，以保障和改善民生为重点，发展各项社会事业，加大收入分配调节力度，打赢脱贫攻坚战，保证人民平等参与、平等发展权利，使改革发展成果更多更公平惠及全体人民，朝着实现全体人民共同富裕的目标稳步迈进。”人民性是检察机关最根本的政治属性，我们检察机关应该坚持以人民为中心，把人民放在心中最高位置，坚信检察事业的根基在人民、检察事业发展的力量源泉在

人民。要以保障人民幸福生活为目标，深入推进平安建设、法治建设，依法打击犯罪、保护人民。要有针对性强化法律监督，努力使改革发展成果更多更公平惠及全体人民。要切实尊重人民主体地位，既主动接受人大监督和政协民主监督，又不断深化司法民主、司法公开，保证人民群众有序参与检察工作。

“我们党已经走过了95年的历程，但我们要永远保持建党时中国共产党人的奋斗精神，永远保持对人民的赤子之心。”习近平总书记在庆祝中国共产党成立95周年大会上发表重要讲话，高度评价我们党为中华民族做出的伟大历史贡献，科学概括历史给予我们的深刻启示，号召全党同志在回顾历史中增强开拓前进的勇气和力量，在面向未来中坚持不忘初心、继续前进。这一令人鼓舞、催人奋进的重要讲话，是指引中国共产党更好担负历史使命的行动指南。我们检察机关要按照总书记关于“不忘初心、继续前进”8个方面的要求，坚持马克思主义指导地位，坚持“四个自信”，坚定不移走中国特色社会主义道路。要把理想信念教育作为思想建设的战略任务，坚定理想信念，坚持道路自信、理论自信、制度自信、文化自信，始终沿着中国特色社会主义道路奋勇前进。要坚持把马克思主义基本原理同当代中国实际和时代特点紧密结合起来，不断提高马克思主义思想觉悟和理论水平，保持对理想信念的清醒认知和执着追求。要把学习成果转化为提升党性修养、思想境界、道德水平的精神营养，坚持党的领导、人民当家作主、依法治国有机统一，坚持走中国特色社会主义法治道路，自觉做共产主义远大理想和中国特色社会主义共同理想的坚定信仰者、忠实实践者。要永远保持建党时中国共产党人的奋斗精神，围绕“五位一体”总体布局和“四个全面”战略布局履职尽责，为实现“两个一百年”奋斗目标提供有力司法保障。要心系使命、勇于担当，深刻学习领会“三个没有变”的重大判断，深刻认识“五位一体”总体布局和“四个全面”战略布局的内在联系，始终坚持党的基本路线这个国家的生命线、人民的幸福线，围绕协同推进人民富裕、国家强盛、中国美丽的目标，充分履行打击、监督、教育、保护等职责，更好地服务保障社会主义市场经济、民主政治、先进文化、生态文明、和谐社会建设。要深刻领会发展是解决中国所有问题的关键这一重要论断，找准检察工作服务经济发展新常态、服务供给侧改革的着力点，促进形成崇尚创新、注重协调、倡导绿色、厚植开放、推进共享的机制和环境。要牢记我们党面临的最大威胁就是腐败，加大查办和预防职务犯罪力度，做到有案必查、有腐必惩，进一步净化政治生态和经济生态。

习近平总书记的重要讲话阐明了持续加强党的建设的重要意义。在新的时代背景下，要不断加强党的建设，要始终保持共产党员应有的境界和本色，坚持和发扬党的优良传统和作风，作为检察机关更要深入推进党风廉政建设和反腐败斗争，为实现全面建成小康社会目标提供坚强政治保障。“七一”讲话对反腐败斗争的新要求是深入推进反腐倡廉建设的强大动力和行动纲领。检察机关作为反腐败的重要职能部门，要把思想和行动统一到“七一”讲话精神上来，用讲话精神指导和统领反腐倡廉建设，进一步增强做好反腐败工作的责任感、使命感和紧迫感，进一步加大查办案件工作力度，以坚决惩治和有效预防腐败的实际成效防止消极腐败的危险。七一前夕，中央对从严治党再出重拳。6月28日，中共中央政治局召开会议，审议通过《中国共产党问责条例》（下称《问责条例》）。这是继2015年修订《中国共产党廉洁自律准则》《中国共产党纪律处分条例》后，中央全面从严治党的又一重要举措。党中央选择在此时推出《问责条例》，目的清晰而明确，就是要督促各级党组织尤其是党员领导干部要担当责任，做到在党忧党，为党尽职、为民尽责。权力就是责任，责任就要担当，《问责条例》是全面从严治党的利器。明确开展问责的范围，直接剑指的就是为官不为、为官乱为的不良之风。在当前的反腐败高压态势下，一些党员干部“不求有功、但求无过”，甚至出现懒政惰政、为官不为现象。还有一些党员干部滥权以行、亵渎职责。《问责条例》就是要求党员领导干部既不能做“有作为”的贪官，也不能做“廉洁”的庸官。

习总书记在讲话中提出：“管党治党，必须严字当头，把严的要求贯彻全过程，做到真管真严、敢管敢严、长管长严。”并专门对反腐败提出了新要求：“我们党作为执政党，面临的最大威胁就是腐败。党的十八大以来，我们党坚持‘老虎’‘苍蝇’一起打，使不敢腐的震慑作用得到发挥，不能腐、不想腐的效应初步显现，反腐败斗争压倒性态势正在形成。反腐倡廉、拒腐防变必须警钟长鸣。各级领导干部要牢固树立正确权力观，保持高尚精神追求，敬畏人民、敬畏组织、敬畏法纪，做到公正用权、依法用权、为民用权、廉洁用权，永葆共产党人拒腐蚀、永不沾的政治本色。我们要以顽强的意志品质，坚持零容忍的态度不变，做到有案必查、有腐必惩，让腐败分子在党内没有任何藏身之地！”这段话充分彰显了我们党的反腐败决心，给广大人民群众吃下了定心丸。反腐败没有禁区、没有终点，党中央的要求，也为检察机关反贪工作指明了方向，更加了砝码。为官不为、为官乱为的不良之风，再往前走一步就可能是渎职犯罪。这种“不落腰包”的腐败，有时候危害甚于贪污贿赂犯罪。反贪、反渎两手需要同时抓，检察机关今后的担子会更重。这就更需要我们时刻保持党的先进性和纯洁性，着力提高执政能力和领导水平，着力增强抵御风险和拒腐防变能力，不断把党的建设新的伟大工程推向前进。

（原载于2016年10月17日《正义网》）

懂团结是大智慧　会团结是大本事　真团结是大境界

阳泉郊区人民检察院党组书记、检察长　严志勇

俗话说，“人心齐、泰山移”。一个团队能否所向披靡，靠的不是单个成员的优异，而是得靠全体成员的齐心协力。我们党从创立至今，一直葆有旺盛的生命力，强大的战斗力和高度的凝聚力，就是因为广大党员干部始终自觉与党中央保持一致，心往一处想，劲往一处使，风雨同舟，甘苦与共。毛泽东同志说过：“团结一致，同心同德，任何强大的敌人，任何困难的环境，都会向我们投降。”齐则有序，齐则有力，齐则有效，作为基层普通党员，就应牢固树立团结意识，时刻以大局为重，自觉服从上级安排，积极服务于中心工作和中央的决策部署。

当前，司法体制改革正在如火如荼地进行，改革成效也正在逐步显现，对于机构改革等大家高度关切的问题，我们内部一定要齐心协力，相互支持，相互配合，促进领导之间、部门之间和上下级之间都能够保持良好的沟通，使大家正确认识改革、理解改革、拥护改革，最大限度凝聚改革共识、形成改革合力，共同把司法体制改革这盘棋下好，形成和谐的工作环境。现在司法改革算是已经进入了深水区和艰难期，面对难题，需要智慧；面对困难，需要力量。那么智慧和力量从哪里来？团结就是力量，就是一切战胜艰难险阻的方法和最重要因素。我们要从大局出发，只有团结和睦才能整合有限的司法资源，才能树起法律的权威和司法的公信。讲团结关键是我们的领导干部要以身作则以上率下，要有大器，有胆识，有才华，有担当，有规矩。全院干警要自觉维护法律权威，热爱本职工作，积极做好各项检察工作。我们所讲的团结，是维护国家利益的大团结，而不是搞小山头，搞团团伙伙，拉帮结派，不是做老好人，做好好先生，不是搞无原则。要营造助人为乐、不甘落后、奋发向上的精神氛围，把团结互助精神发扬好，把工作细节做到位，我们院就会牢固树立起良好的司法形象，赢得人民群众的信任。

我们郊区检察院是一个集体，大家在一起共事，是事业的需要、组织的重托、群众的期望。我们一定要识大体、顾大局，用高尚的人格增进团结，用坚强的党性保证团结，用共同的事业维护团结，像爱护自己的眼睛一样爱护团结，像珍惜自己的生命一样珍惜团结。那么为什么要提“讲团结”？主要就是针对我院少数干警中确实存在的不利团结、不思进取、不善学习、不守规则、不讲廉洁的实际问题。院党组深切认识到，如果不解决这些问题，我们就无法带领全院干警团结一心、振奋精神、奋发

有为，摘掉落后的帽子，就无法实现进位争先的目标。在诸多存在的问题中，团结，是解决一切问题的基础和前提。一个单位团结和谐，这个单位就发展，就进步，就出人才、出干部、出生产力。围绕团结的话题，我打算讲三个观点：

一、懂团结是大智慧

这实际上就是讲团结的重大意义。反过来讲，就是一个有大智慧的人，应该懂得团结的重要性。关于团结，古今中外，无论是先贤哲人，还是现代的伟人都有许多精辟的论述。相关的名言、名句、成语、典故很多，每个人都能说出不少，信手捻来。团结搞好了，往大里讲，能定国安邦，有利国家社稷，如古代有蔺相如和廉颇的“将相和”，换来了国家安定；现代有国共两党的抗日民族统一战线，赢得了八年抗战的胜利，都是讲团结的成功典范。讲团结，往小里讲，也是家长里短，居家过日子的小道理，我们常说“家和万事兴”，“家不和，被邻欺”，“妻贤夫兴旺，子孝母安康”。今天，我们撇开这些大道理和小道理，就谈谈团结对我们郊区检察院和我们郊区检察院干警的好处。我总结，最起码有以下三点：

首先，团结有利于成事。“团结就是力量”，这句话很多人都知道。古人云：“同心山成玉，协力土成金”、“二人同心，其利断金”、“人心齐、泰山移”，“众人拾柴火焰高，十指抱拳力千斤”。干好我们郊区检察院的工作，单靠检察长、班子成员或哪一位科长、哪一位干警，都不行。因为个人的力量是微乎其微的。雷锋同志讲：“一滴水只有放进大海里才永远不会干涸，一个人只有当他把自己和集体事业融合在一起的时候才能最有力量”。我们郊区院目前工作基础还很薄弱，多项工作指标还排在全市的中下游位置。如果我们不能团结一心，各唱各的调，各吹各的号，那么只能停滞不前，甚至还要倒退。只有我们全院同心协力，心往一处想、劲往一处使、汗往一处流，才能出战斗力，出生产力，一项、一项的工作指标往前赶，才能达到聚沙成塔、集腋成裘，才能由量变到质变，最终摘掉落后的帽子，实现进位争先的目标。到那时，我们每一位郊区院的干警也会从劳动成果中体会到属于自己的那一份价值。

其次，团结有利于进步。一个团结和谐的单位，不仅能出政绩、出成果，而且能出人才、出干部；不仅能使一个单位得到发展，而且能使一个个人获得进步。在一个团结的环境里，大家你帮我，我帮你，形成合力，就容易把工作做好，就容易出成绩。有了成绩以后，群众会另眼相看，组织也会高看一等，因而干部被重用的几率就高。形成良性循环后，带动更多干部的涌现。反之，在一个关系紧张的环境里，大伙的精力不用来干事，不用来考虑工作问题，而用来扯皮，互相猜忌，明争暗斗，勾心斗角，一个不服一个，很多东西协调不来，于是导致了部门出不了成绩出问题，干部走不出去。久而久之，积重难返，积怨更深。俗话说，“一个篱笆三个桩，一个好汉三个帮”，落篱之下独木焉能成林？篱笆也好，好汉也罢，古今中外无一单人能称王，只有团结协作、齐心协力才能最终成功。有句广告语叫“大家好，才是真的好！”。

现在组织部门用干部，群众支持率是一个重要指标，民主测评是一个重要环节，如果大家都能团结互助，相互扶持，就能拥有雄厚的群众基础，再加上个人的实绩、组织的推荐，就能够脱颖而出。

第三，团结有利于健康。俗话说，心齐则气顺，力合则劲足。维吾尔族也有句谚语：金银财宝不算真富，团结和睦才是幸福。讲的都是一个道理，就是团结和睦，有助于身心的愉悦和健康。前面还讲过一句："妻贤夫兴旺，子孝母安康"，也有这层意思。现代心理学有一个观点，保持心理健康的一个重要因素是要具备和谐的人际关系。许多人都有这样的感受：工作、生活在一个风清气正、团结和谐、相互信任的环境里，就会心情舒畅、精神愉悦，浑身有使不完的劲儿，就可以集中精力做事情、一心一意干事业。反之，工作、生活在一个矛盾重重、关系紧张、彼此猜忌的环境里，就会心情压抑、身心疲惫，精神沮丧，难以凝神聚力投入工作，长此以往，终会有碍身体健康，那么再聪明的人也不会成功。

二、会团结是大本事

这主要是讲，团结是一门很高的艺术，是一种本事，善于团结是一种能力。要如何才能练好这种本事、提高这种能力？我体会，要把握以下几点：

一是要让。如果在小事上争来争去，威信和形象就会越争越低。而"让"，则能让出感情、让出友谊。"将相和"里拜为上卿，位在廉颇之上的蔺相如在路上见到廉颇的车队过来，主动让到一边，让廉颇先行，最终感动廉颇，负荆请罪，成刎颈之交，成就千古佳话。大家工作在一起，低头不见抬头见，磕磕绊绊甚至误会在所难免，相互多体谅一点，多理解一点，久而久之，大家相互间就能感到心情舒畅。虽不致成千古佳话，但也会愉悦身心，成就工作。

二是要容。俗话说有容乃大，"金无足赤，人无完人"，所谓"尺有所短，寸有所长"，每个人都有不足之处，也都有值得我们学习的地方。要做到能容人之长，见贤思齐而不嫉贤妒能；能容人之短，以宽厚之心对待别人，不放大别人的缺点；能容人之言，听得进别人的意见，有则改之，无则加勉。惟有大家互相学习、互相帮助，找准角色、站准位置，团结协作、和谐共事，互帮互谅、互相补台，遇事多沟通、多理解、多支持、多补台，携手同心，才能实现共赢。

三是要诚。俗话说心诚则灵。诚实守信，表里如一，大家与你相处就会有踏实感，否则今天耍个小聪明，明天弄个小花招，时间长了，就没人愿意与你共事。结合到工作中，对领导或同事交代或委托的工作和事项要诚心诚意，认真完成，将别人的事当自己的事办，将院里的事当家里的事办。这样你以诚心待人，别人也会对你以诚相待，将你视为知己。不能要小聪明，推诿扯皮，敷衍了事，表里不一；否则，以后就没人愿意和你合作，敢交给你任务，没人愿与你交心，也逐渐会失去组织的信任。

四是要谦。谦虚使人进步，骄傲使人落后。谦虚，就能放得下架子，摆正自己的位置，不谦虚，就容易居高临下，目中无人，就会和大家形成隔阂。现代社会分工越来越细，我们检察院也是一个由多部门、多岗位组成的有机整体。一个人不可能懂得所有环节的知识，大家一起工作，在工作中互相学习，虚心听取不同意见，主动接受善意批评和监督，多方学习他人的长处，这样才能扬长避短、优势互补，充分发挥个人的才智和潜力，从而把部门、全院的工作干好。

五是要爱。要与人为善，对别人充满爱心。当别人工作中有了闪失，要主动拉拉袖子提个醒。无论是和上级，还是与同事、与下级共事，都要施之以敬，施之以爱；关心爱护同志。要严格要求，开展批评和自我批评，对于中层以上干部，特别要注意关心下级的发展，同时勇于承担责任。

六是要正。实践证明，正气浩然永远是做人做事的主旋律。自身正，不令则行；自身不正，虽令不从。周总理说，我们中国之所以在国际上尤其在第三世界国家拥有如此众多的朋友，不是我们有多会说，而是我们在国际上做得正，赢得了他们的尊敬。作为我们个体，道理也是这样。

七是要信。充分信任同事和周围的人。信任别人是一种良好的美德。在与同事相处时，一定要给予充分的信任，同时自己要谦虚一点、微笑一点、宽容一点、主动一点。当前，要克服单位人员少任务重的困难，圆满完成既定的各项任务，就是要充分调动每一个人的积极性、主动性和创造性，充分信任大家的聪明才智，搞好团结协作，把工作做得更好。

三、真团结是大境界

就是说，团结来不得半点虚假，最高境界的团结是摒弃了低级趣味的。但在现实生活中，“假团结”现象并不鲜见。几种“假团结”现象值得警惕：

有的团结很庸俗，当作哥们儿义气，你好我好大家好，有“凝聚力”但无战斗力，工作无成绩，团结成了“抱团”，身上充满江湖义气，为了共同的个人私利而结成“小圈子”，抱成一团，互相配合，互打掩护，“团结”一小撮人，损害大多数人。

有的团结层次很低，表面相互之间关系很融洽，步调一致，但却集体违规“闯红灯”，损人不利己，甚至干着违法犯罪的勾当，结果团结成了“勾结”。

有的团结缺乏原则性，信奉“老好人”主义，棱角磨得圆滑，见风使舵，毫无原则，以不得罪人、不丢选票为做人处事的第一标准。团结成了一团和气，明知个别同志有问题，睁一只眼闭一只眼，宁要团结不要原则。

出现这些“假团结”现象的原因：一是对团结的认识模糊，不明确团结的真正目的是为了什么。有的把团结当目的，为了团结而团结，围绕团结而团结，结果出现质量不高的团结。二是少数党员干部素质低，党性观念不强。有些干部看问题、处理事情不是站在党的利益，而是站在个人利益和得失上，团结不是为了党的利益，而是为了自己的私利，结果是你好我好大家好，出现低层次的团结。三是团结的标准模糊。

往往是看表面多，看实质少；看相互关系如何多，看坚持原则少；看现象多，看结果少。

揭批“假团结”，目的是促进真团结。我体会，真正的团结必须要做到以下三点：

一是要出于公心。这是检验是否是真团结的社会标准。讲团结，就是要求我们想问题、办事情，都必须从大局出发、从集体的利益出发，出于公心。而不能只着眼于个人或者小圈子的利益。只有把个人的目标和集体的目标结合起来，把个人的利益和全局的利益结合起来，团结一致为共同的理想目标而努力，我们才能在合作中超越自我，体会创造的快乐，实现人生的价值。要有开阔的视野、宽广的胸襟，要有强烈的责任感和集体荣誉感，处处以大局为先，事事集体在前，大家凝聚在一起，步调一致，形成一个强有力的整体。拔河比赛是一项最能检验是否团结的活动。要赢得拔河比赛，最关键的就是大家向着一个方向，心往一处想、劲往一处使。这样才能把一队人的力量凝聚到一根绳上，凝聚到一个方向上，产生聚合效应。就我们院而言，就是要将“摘掉落后帽、实现争先进位”作为我们的共同目标，大家只有齐心协力，向着这个目标共同奋斗，才能在全市的大格局中赢得我们的一席之地。

二是要发自内心。这是检验是否是真团结的自我标准，也是区别那些“老好人”思想的虚情假意的假团结的重要标准。这就要求我们团结是内心的真实表达，不是那种场面上的应付和无原则的迁就。而是真诚的沟通，彼此的信任，真情的流露。团结之所以力量大，是因为大家不是简单的聚在一起，而是相互真诚协作构成一个紧密的整体，是相互之间的了解和认识，相互关心和爱护，相互鼓励和帮助，相互承担和扶持，加强彼此的沟通和交流，来增进理智上的理解，巩固情感上的联系，进而增强整体的凝聚力。

三是要凭着良心。这是检验是否是真团结的道德标准，也是区别那些“江湖习气”、“哥们义气”，出于一己私利的假团结。讲团结要有原则，要对得起自己的良心，不能意气用事，凡事将哥们、弟兄、朋友无原则地放在嘴上，做事不计后果、不顾得失，只顾一己之私，损人利己，则最终受损的不仅是集体的事业，个人的发展之路也必然会被堵死。

最后，我以一段歌词送给大家：团结就是力量，团结就是力量，这力量是铁、这力量是钢，比铁还硬、比钢还强。只要我们全院干警，团结一心，振奋精神，奋发向上，我们就一定能迸发出比铁还硬、比钢还强的巨大力量，就一定能创造出属于我们郊区检察人的辉煌！

（该文被中央党校评为全国优秀理论成果一等奖）

检察事业的根基和力量源泉在人民

——学习习近平总书记“七一”讲话心得体会

阳泉郊区人民检察院党组书记、检察长 严志勇

习近平总书记“七一”重要讲话，站在历史的高度，从历程、经验、历史、四个自信、改革、法治、人民、党建、反腐、党员干部、军队建设、祖国统一、两岸关系、青年工作、中国梦、未来等方面全面回顾了我党95年来所走过的光辉历程和作出的历史贡献，对近代以来我国社会的发展、我党的执政理念和方略、我党对国内外问题的原则立场、我党面向未来、面对挑战所必须牢牢把握的八个方面要求作了深刻阐述，号召全党同志不忘初心，继续前进。我们检察机关全体党员干部应该把学习习近平总书记讲话精神作为当前和今后重要的政治任务，深入学习、认真领会，不忘初心、继续前进。

聆听习近平总书记的讲话，对于我来说，是思想上的一次洗礼，也是工作上的一针强心剂，更加坚定了跟党走的信心和决心。习近平总书记指出：“人民立场是中国共产党的根本政治立场，是马克思主义政党区别于其他政党的显著标志。”人民性是检察机关最根本的政治属性，我们检察机关应该坚持以人民为中心，坚持检察事业根基在人民、力量源泉在人民。要以保障人民幸福生活为目标，深入推进平安建设、法治建设，打击犯罪、保护人民。要有针对性强化法律监督，使改革发展成果更多更公平惠及全体人民。要尊重人民主体地位，深化司法民主、司法公开，保证人民群众有序参与检察工作。

“我们党已经走过了95年的历程，但我们要永远保持建党时中国共产党人的奋斗精神，永远保持对人民的赤子之心。”习近平总书记在庆祝中国共产党成立95周年大会上发表重要讲话，高度评价我们党做出的历史贡献，科学概括历史经验，号召全党同志在回顾历史中增强开拓前进的勇气和力量，在面向未来中不忘初心、继续前进。我们检察机关要按照习近平总书记关于“不忘初心、继续前进”的八方面要求，坚持马克思主义指导地位，坚持“四个自信”，坚定不移走中国特色社会主义道路。要把理想信念教育作为思想建设的战略任务，坚定理想信念，始终沿着中国特色社会主义道路奋勇前进。要坚持把马克思主义基本原理同当代中国实际和时代特点紧密结合，不断提高马克思主义思想觉悟和理论水平。要把学习成果转化为提升党性修养、思想境界、道德水平的精神营养，自觉做共产主义远大理想和中国特色社会主义共同

理想的坚定信仰者、忠实实践者。要永远保持中国共产党人的奋斗精神，围绕“五位一体”总体布局和“四个全面”战略布局履职尽责，为实现“两个一百年”奋斗目标提供有力司法保障。要心系使命、勇于担当，深刻学习领会“三个没有变”的重大判断，深刻认识总体布局和战略布局的内在联系，始终坚持党的基本路线，围绕协同推进人民富裕、国家强盛、中国美丽的目标，充分履行打击、监督等职责，更好地服务保障社会主义建设。要深刻领会发展是解决中国所有问题的关键的论断，找准检察工作为经济发展服务的着力点，促进形成崇尚创新、注重协调、倡导绿色、厚植开放、推进共享的机制和环境。要牢记我们党面临的最大威胁就是腐败，加大查办和预防职务犯罪力度，做到有案必查、有腐必惩，进一步净化政治生态和经济生态。

习近平总书记在讲话中提出：“管党治党，必须严字当头，把严的要求贯彻全过程，做到真管真严、敢管敢严、长管长严”，并对反腐败提出新要求：“我们党作为执政党，面临的最大威胁就是腐败……各级领导干部要牢固树立正确权力观，保持高尚精神追求，敬畏人民、敬畏组织、敬畏法纪，做到公正用权、依法用权、为民用权、廉洁用权。”这段话彰显了我党的反腐败决心，给广大人民群众吃下了定心丸。反腐败没有禁区、没有终点，党中央的要求，为检察机关反贪工作指明了方向。为官不为、为官乱为的不良之风，有时候危害甚于贪污贿赂犯罪。反贪、反渎两手都要抓，检察机关今后的担子会更重。这就更需要我们时刻保持党的先进性和纯洁性，着力提高执政能力和领导水平，增强拒腐防变能力，不断把党的建设推向前进。

（原载于2016年7月25日《山西法制报》）

以饱满热情投入学习教育活动 以实际行动推动基层检察工作

王建明

开展保持党的纯洁性和政法干警核心价值观教育活动是中共中央和中央政法委根据当前形势，从巩固党的执政地位，保持党的事业兴旺发达和国家长治久安的高度作出的重要决定，核心价值观教育活动是保持党的纯洁性教育活动的进一步深化和细化，在基本精神和内在要求上一致，政法部门必须从政治高度着眼，从具体工作着手，把这项工作抓紧抓好。

一、充分认识教育实践活动的重大意义，让“忠诚、为民、公正、廉洁”成为普遍共识

一是要从建设社会主义核心价值体系，确保检察工作正确发展方向的高度深化认识。政法干警核心价值观是社会主义核心价值观体系在政法系统的集中体现，反映了社会主义法治理念的核心要求，体现了政法机关的根本属性。牢固树立政法干警核心价值观，是检察机关践行社会主义核心价值观体系的必然要求，也是检察工作健康发展的有力保障。可以这样理解，一个政法干警，只有对党忠诚，才能识别敌我；只有心系百姓，才能执法为民；只有办案公正，才能把水端平；只有清正廉洁，才能身正影直。一个人的进步与落后，关键取决于思想和认识，一个在内心深处积极追求进步的人必然会不断修正行为，督促自己取得新的进步。一个精神境界不高乃至灵魂不健康的人，必然会追名逐利，整天为名利所累，最终倒在名利之下。开展教育实践活动，就是要使核心价值观成为广大检察人员的普遍共识，引导广大检察人员始终坚持“三个至上”，做到“四个在心中”，自觉抵制各种错误的政治理念、法治理念和价值理念，努力实现检察工作政治性、人民性和法律性的统一。

二是要从保持检察机关党员干部纯洁性的高度深化认识。近年来，检察队伍的整体素质和执法公信力不断提升，得到各级党委、人大和社会各界的充分肯定，这种肯定转化为对检察工作上的支持。开展政法干警恢心价值观教育实践活动，是在新形势下进一步解决队伍中存在的突出问题，加强检察队伍建设的有效形式和重要载体。要通过开展教育实践活动，坚持不懈地在“忠诚、为民、公正、廉洁”上下功夫，在树立“六观”、“六个有机统一”上下工夫，为履行好党和人民赋予的职责使命奠定坚强的组织保障。

三是要从适应新形势新任务，推进检察事业服务大局的高度深化认识。政法干警的核心价值观来源于实践，又作用于实践，对履行法律监督职能具有重要的导向、激励和规范作用，是做好各项检察工作，特别是服从和服务好工作大厕的内在动力和精神支柱。基层院的主要任务是强化组织领导、细化工作措施、狠抓任务落实。同时也要求检察干警必须具备更高的政治素质和业务素质。要以两个教育活动为抓手，提升我们干警的综合素质。

二、准确把握政法干警杨心价值观的内在要求，切实抓好两个教育活动

深入开展政法干警核心价值观教育实践活动，必须与保持检察机关党员、干部的纯洁性教育结合起来，全面准确把握保持党的纯洁性对检察机关党员、干部的基本要求，切实做到内化于心、外践于行，全体检察人员要领会其深刻内涵和本质要求，凝聚力量，指导工作。一要坚守忠诚的政治本色。“忠诚”是政法干警核心价值观的灵魂，是检察人员必备的基本政治品格。就是对坚持中国共产党的领导坚定不移，对走中国特色社会主义道路坚定不移，对中国特色社会主义理论体系坚信不疑，始终保持政治上的清醒坚定、忠诚可靠。二要筑牢为民的宗旨理念。“为民”是政法工作的根本出发点和落脚点，是检察人员的重要责任。始终牢记我们党全心全意为人民服务的根本宗旨，始终把人民放在心中最高位置，密切同人民群众的血肉联系。三要坚定公正的价值追求。“公正”是政法工作的生命线，也是检察工作的根本目标。就是自觉做到以事实为根据，以洼律为准绳，严格公正执法，使每起案件都经得起历史的检验。四要严守廉洁的基本操守。“廉洁”是检察人员必须坚守的道德底线。就是要保持淡泊名利的健康心态和简单朴实的生活作风，筑牢拒腐防变的思想防线。

第一，加强领导、精心组织。杨心价值观教育实践活动是今年检察系统政治生活中的一件大事。要切实加强对活动的组织和领导，做到认识到位、领导到位、责任到位、工作到位，一级抓一级，层层抓落实。一是党员特别是领导干部要充分发挥示范作用。党员领导干部是这次学习教育活动的重点，必须以身作则、率先垂范，以高度的政治责任感，积极投身教育活动，切实把开展纯洁性学习教育和核心价直观教育实践活动摆上重要议事日程。要在教育实践活动中加强学习、提升素质，切实起到党员和领导干部的带头作用。二是要克服厌战情绪和畏难情绪。作为基层院，案子多、人手紧、压力大，加上人员素质参差不齐，有这样或是那样的看法也是正常的。关键是领导干部要有坚决贯彻上级决策的决心和信心。通过自身的言行帮助干警克服疲劳厌战情绪，引导广大党员干部进一步增强政治意识、大局意识、责任意识、奉献意识，积极投身到教育实践活动中来。三是要发挥好各部门的职能作用。准确把握检察机关在学习教育活动中肩负的重大责任，切实承担起强化法律监督、维护公平正义的神圣职责。各职能部门要结合专项业务工作，及时发现和总结开展教育实践活动的思路、举措、经验和成效。要发挥法律监督的职能优势，通过办案，积极参与社会管理创新，化解社会矛盾，推动公正廉洁执法。

第二，规范步骤，保证效果。保持党的纯洁性学习教育活动和核心价值观教育实践活动都制定了学、查、改等不同阶段的工作方法和步骤，通过集中学习、接受传统教育、聆听先进事迹报告、抓好问题查摆、制定整改措施，形成解决突出问题的长效机制。学，就是用我们党不断发展的社会主义理论体系武装干警头脑，加强党性教育，进一步坚定理想信念。查，就是从思想、政治、道德、作风、廉洁和工作等方面找差距，查找突出问题。改，就是在查出突出问题和征求意见的基础上，开展批评与自我批评，有针对性地进行整改。通过边学习、边总结、边整改、边提高，达到进一步改进观念、改进作风、改进工作、改进形象的目的，实现在思想认识上有新提高，在作风建设上有新进步，在能力素质上有新提升。

第三，结合实际，创新形式。开展保持党的纯洁性学习教育和核心价值观教育实践活动，要与学雷锋活动等创先争优活动紧密地结合起来，要与推进检察业务紧密结合起来，统筹兼顾，科学安排，做到两不误、两促进，使活动的成效最终体现到推动各项检察工作上来。在做好规定动作的前提下，要做到继承与创新相结合，既注意借鉴过去学教活动的好做法好经验，又善于结合当前实际创造性地开展活动，力争使教育活动取得明显效果。

三、以两个教育活动为载体，推动我院党风廉政建设工作

检察机关党风廉政建设和自身反腐败工作面临的任务重、压力大。在查摆问题阶段，要对照活动要求的六个方面，认真摆一摆、议一议，在队伍中存在哪些突出问题。就如同去医院看病一样，只有诊清病因，才能对症下药，才能保持身体康健。保持检察机关党员干部的纯洁性，对于推动检察事业科学发展极其重要。纯洁性是马克思主义政党的本质属性，是马克思主义执政党的行为准则，也是我们党在新形势下化解各科风险、应对各种挑战、经受各种考验、不断夺取党和国家事业发展新胜利的重要保障。检察机关作为党领导下的司法机关和反腐败的重要力量，肩负着维护党的纯洁性和保持自身纯洁性的双重使命，对于建设一支理想坚定、党性坚强、品德高尚、作风务实、一身正气、让党放心、让人民满意的检察队伍具有重要意义。

当前，国家工作人员特别是我们检察干警会面临来自方方面面的许多诱惑，面对诱惑常常使人陷入烦恼乃至痛苦之中，在诱惑的挤压下，选择是艰难的，这话一点也不假。在我的从检生活中，亲眼所见不少原本很不错的人被诱惑所毁，扼腕叹息，为时已晚。如果这些人能够加强日常学习，注重提高思想品格，在诱惑面前能够静下心来，好好地想一想、算一算、看一看，人生悲剧应该是可以避免的。面对诱惑要好好想一想人生真正的幸福是什么。一个人生活的快乐不快乐、幸福不幸福，全在于个人的感觉和精神追求。如果一个人追求个人财富和享乐到了贪婪的地步，大体上可以说，这个人的未来凶多吉少。况且，对于官员来讲，过多的钱财与幸福指数往往不成正比，反受其害。金钱买不来口碑，买不来内心的安宁。面对诱惑要好好想一想国家法律的严肃性。国法从不因人的这种脆弱性而心慈手软，古人云：得一文非分钱财，阴有鬼神，明有法度；做半点亏心事，迫害自己，远报子孙。法律是不讲情面的，每个人都要为自己的行为负责，是千万要当心的。面对诱惑好好算一算经济账。假定一个 30 岁、年薪 4 万元的干部因贪污受贿 10 万元坐了牢，丢了饭碗。再假定他能活到 80 岁，且不说我们的工资随着国家经济发展会逐步提高，单就目前这个样子，他后面有多少该拿的钱没拿到的，他是赚了还是亏了，这个账谁都能算得出来。面对诱惑好好算一算政治账。一个干部、一个检察干警，不能说风光也总有几分尊严吧，而一旦陷入泥潭你就什么都不是了。你怨不得人情冷漠、世态炎凉，是你辜负了组织的培养、领导的信任，同志们的关爱。面对诱惑好好算一算亲情账。凡是为了某种利益与你称兄道弟、献殷勤的人，你应当看明白：今天为利而来的，明天一定为利而去。你一旦身陷囹圄，欠下的只是对家人、亲人的亲情债。

切实加强廉政文化建设，扎实推进廉政风险防控机制建设。不断加大查处检察人员违法违纪案件工作力度，着力解决人民群众反映强烈的突出问题，不断提高反腐倡廉建设科学化水平，为全市检察事业科学发展提供坚强的政治、纪律和作风保障。为此，各部门要以教育活动为载体，经常组织干警认真学习廉政建设各项规定，经常性地开展忠诚履职教育、执法为民教育、公正执法教育和廉洁从检教育，弘扬和倡导自律、公正和廉洁精神，使廉荣贪耻的价值观成为广大干警的共同价值追求，从思想上筑牢防腐拒变的根基。

保持党的纯洁性与弘扬政法干警核心价值观是具有全局核战略意义的重大政治任务。我们要高标准、高质量地开展学习教育活动，使广大党员干部永葆思想纯洁、队伍纯洁、作风纯洁和清正廉洁，以更加振奋的精神，更加高昂的斗志，更加务实的作风，全面推进检察工作发展，全力服务转型跨越发展，以优异的成绩迎接党的十八大胜利召开！

（原载于《山西特刊检察风云》2012 年第 22 期，作者为阳泉郊区检察院前党组书记、检察长）

“六用结合”推动检察队伍建设

史保龙　王文燕

郊区院以“六用结合”的治检理念，凝聚队伍合力、焕发单位活力，为各项检察工作的开展提供扎实的政治基础和组织保证。

一是用过硬的班子带动人。从班子抓起，坚持从严治检先治“长”，加强队伍建设目标化管理，层层建立干部队伍建设领导责任制，明确各部门的主要领导为抓队伍建设的第一责任人。认真组织班子学习政治理论和政策法规，不断增强班子成员的政治理论和政策水平。完善党组议事规则，在分工负责上做到“两分两合”：工作上分、目标上合，责任上分、思想上合。

二是用正确的思想引导人。持续不断地组织开展专项教育活动，采取集中学习、专题辅导、远程教育、研讨交流、走访调研等形式，不断进行廉洁执法教育，勉励干警自重自警，提高防范和抵御各种腐蚀诱惑的能力。坚持以党建带队建，在党员中开展“讲学习、比奉献、争一流”活动，培树先进典型，以实际行动体现新时期检察干警“关注民生、服务群众”的良好风貌。

三是用科学的机制规范人。我院从检察工作实际和本院现状出发，积极探索检察队伍管理的新方法、新举措，经过多年实践，逐步形成以制度为基础，以责任为保障，以考核为手段的绩效管理机制。要根据不同时期检察工作出现的新情况、新问题，不断完善和量化细化责任目标，通过科学合理的绩效考核管理，激发广大干警的工作积极性和主观能动性。

四是用教育培训塑造人。积极推进教育培训和人才培养工作，采取专家培训、远程教育、集中学习、案件研讨、岗位练兵等方式，多方位、多渠道做好教育培训工作，并在人员、时间和经费上保证三落实。在人员素质提升的同时，也为检察人员树立正确的人生观、价值观，为促进检察工作的发展奠定了坚实的基础。

五是用从优待检感化人。在从严治检的同时，注重落实从优待检各项措施，把为干警办实事、办好事、作为凝聚队伍的活力和源泉，把真诚关怀延伸到干警工作生活的方方面面。领导班子成员坚持“三必到”即：“干警婚丧嫁娶必到、干警生病住院必到、干警家有困难必到”。政治上的关心、工作上的关怀、生活上的关爱，使每一位干警处处感到“家”的温馨，让每一位干警都感到“能干的干部有作为，实干的干部不吃亏”，不断培养干警以院为家、无私奉献检察事业光荣、违背检察职业操守可耻的荣辱观。

六是用培树先进激励人。长期以来，我院把培树先进典型作为推动检察工作创先争优的“引擎”，通过不断探索和创新，建立起一套评先选优的办法和标准，以实际工作业绩来衡量，充分体现“人人是人才，适岗适位就是才”这一理念，激发广大干警“创改革创新之先、争检察发展之优”的积极性。做到三个善于：善于发现和培育先进典型、善于爱护和宣传先进典型、善于支持和发挥先进典型的作用，弘扬爱岗敬业、开拓创新、学习调研、廉洁守纪四种精神，营造唯旗必夺、风清气正的工作氛围，使检察形象不断得到新提升。

第三章 检察理论研究

赵玉珍检察长关于执行“两法”中的有关问题解答

一九八一年元月二十日

（根据记录整理）

一、关于捕人的有关政策问题

1. 审查批捕案件首先必须分清罪与非罪的界限，认真贯彻执行惩办与宽大相结合和捕人要少（当前除“五类”案件：杀人、放火、抢劫、强奸和其他社会危害极大的外）坚持可捕可不捕的，坚持不捕的政策，坚持有反必肃，有错必究的方针，力争做到防错、防漏，不枉、不纵。

2. 审查批捕时首先要根据事实审查确定哪些情况可捕，哪些情况不捕，哪些情况需要复还侦查。

根据《刑事诉讼法》第四十条和逮捕拘留条例第三条规定的精神，必须具备以下三条方可批准逮捕：

（1）主要犯罪事实已经查清；

（2）可能判处徒刑以上刑罚的人犯；

（3）采取拘传、取保候审、监视居住等方法，尚不足以防止发生社会危害性而有逮捕必要的。

但是对于应当逮捕的人犯，如果患有严重疾病，或者是正在怀孕、哺乳自己婴儿的妇女，可以采用取保候审、监视居住的办法。

具有下列情形之一的不批准逮捕：

（1）作为逮捕根据的犯罪事实失实的或根据已经查明的主要事实，依据法律的有关规定，不能构成犯罪的（含可能判处管制、拘役、罚金、剥夺政治权利、没收财产）。

（2）犯罪情节轻微或投案自首，坦白立功，依据法律及政策规定，不可能判处徒刑以上刑罚的；

（3）采取拘传、取保候审、监视居住等措施，可以防止发生社会危害性而无拘捕必要的；

（4）对患有严重疾病的人犯，或者正在怀孕及哺乳自己婴儿的妇女。

具有下列情形均可复还侦查：

（1）对于主要犯罪事实尚未查清，证据不足的；

（2）各种证据中有明显矛盾而又无法认定犯罪的。

二、关于起诉、免于起诉、不起诉案件的理由及应用法律的有关问题。

1．关于起诉的案件

（1）首先按照《刑法》准确认定犯罪；

（2）犯罪事实清楚，证据确实充分；

（3）根据法律需要追究刑事责任的。

这里我们还需注意，对于起诉的案件必须根据犯罪事实，严格应用法律的具体条款，也就是说应用法律，必须准确得当。同时在起诉书的制作上，要明确指出所犯罪行触犯到刑法条款，并且引用《刑诉法》第一百条规定，向人民法院提起公诉。

2．关于免于起诉的案件

免予起诉的案件，必须是被告人的行为已经触犯刑律，构成犯罪，应依法追究刑事责任，但是，对于有下列情节之一的，依照《刑法》规定，不需要判处刑罚或者免除刑罚的，人民检察院可以作出免予起诉的决定：

（1）罪行较轻，有悔改表现的；

（2）虽然罪行较重，但其确有显著悔罪和立功表现的；

（3）免于起诉的案件，必须是根据《刑法》第七条、第十六条、第十七条二款、第十八条二款、第十九条二款、第二十一条二款、第二十四条二款、第二十五条、第三十二条规定的情形之一者。

免予起诉的案件，必须严格掌握以上三点，同时，制作免予起诉决定书，应引用《刑事诉讼法》第一百〇四条。

3．关于不起诉的案件

凡是作出不起诉决定的案件，必须是被告人尚未构成犯罪，或者虽然构成犯罪，但情节轻微，不追究刑事责任的。法律依据是《刑事诉讼法》第十一条；《刑法》第一百九十二条，也就是说应根据这两项条款的规定做出不起诉决定。

同时，制作不起诉决定书应引用《刑事诉讼法》第一百〇一条。

三、关于办案的时限问题

1．对于已经拘留的人犯，公安机关应在三日内呈请逮捕，在特殊情况下，最多不得超过七天。

2．人民检察院在受理公安机关对已经拘留的人犯呈请逮捕的案件，应在受理之日起三天内作出批准逮捕或不批准逮捕决定，或者复还侦查。

3. 对公安机关直接呈捕的案件，人民检察院应在二十天内作出决定，特殊情况最多不得超过一个月。

4. 对人犯的羁押期限，侦查中不得超过两个月，案情复杂不能按时终结，可经上级检察院批准，延长一个月，特别重大复杂案件依照前款规定延长后仍不能终结，必须报请最高人民检察院报经全国人民代表大会常务委员会批准延期审理。

5. 对于需要复还和补充侦查的案件，时限最多不得超过一个月。

6. 人民检察院对审查起诉的案件，均应在一个月内作出决定，对复杂重大的疑难案件，依据《刑诉法》第九十七条规定，可以延长半个月。

7. 公安机关、人民检察院对已经逮捕的人犯，均应在24小时内进行第一次预审。同时，除有碍侦查或者无法通知的情形外，应当把逮捕的原因和羁押的处所在二十四小时以内通知被逮捕人的家属或者他的所在单位。

8. 根据《刑事诉讼法》第一百二十五条，对于人民检察院提起公诉的案件，人民法院应当在受理后一个月内宣判。最迟不得超过一个半月。

四、关于审判监督和侦查监督的内容

1. 审判监督内容如下：

（1）法庭组成人员是否合法；

（2）审理案件是否依照法律程序进行；

（3）当事人的诉讼权力是否交代清楚和得到保障；

（4）庭审调查，审理有无逼供行为违法行为或造成后果（如果是一般问题可在闭庭后提出纠正意见）如果这种违法行为确实可能影响法庭作出公正判决时，应当当庭提出纠正，或者建议法庭延期审理。

（5）对于人民法院作出的判决、裁定，经审查，如果认定事实或者适用法律上有错误时，人民检察院应当在接到判决书之日起十日内（接到裁定书的五日内）向上级法院提出抗诉，抗诉书要通过同级法院移送，同时将抗诉书抄送上一级人民检察院，如果抗诉理由不当，应由上一级人民检察院撤回抗诉。

2. 关于侦查监督内容：

人民检察院在审查案件时，要注意掌握侦查人员在拘留、逮捕、侦查预审、收集证据的活动中，有无违法行为，对于一般违法行为，可采取口头或书面纠正，但对情节严重，构成犯罪的，要依照法律追究刑事责任。

五、关于从轻、减轻处罚、数罪并罚、协从犯、首要分子的问题解答

1. 根据《刑法》第五十八条从轻处罚，应当是犯罪分子具有刑罚所规定的从轻处罚情节的，在法定刑的限度以内判处刑罚。

2. 根据《刑法》第五十九条，减轻处罚是指犯罪分子具有刑法所规定的减轻处罚情节的，应当在法定刑以下判处刑罚，同时，对于犯罪分子虽然不具有刑法所规定的减轻处罚情节，但是，根据具体情况判处法定刑的最低刑还是过重的。经人民法院审判委员会决定，也可以在法定刑以下判处刑罚。

3. 根据《刑法》第六十四条，数罪并罚是指判决宣告以前一人犯数罪，除判处死刑和无期徒刑的以外，应当在总和刑期以下数刑中最高刑期以上，酌情决定执行的刑期，但是，管制最高不能超过三年，拘役最高不能超过一年，有期徒刑最高不能超过二十年。

4. 关于胁从犯，根据《刑法》第二十五条规定，胁从犯是指被胁迫、诈骗参加犯罪的，在处理上，应当按照其犯罪情节，比照从犯减轻或者免除处罚。

5. 根据《刑法》第八十六条，首要分子是指在犯罪集团或者聚众犯罪中起组织、策划、指挥作用的犯罪分子。

这里顺便讲一下关于累犯的问题。累犯是指被判处有期徒刑以上刑罚的犯罪分子，刑罚执行完毕或者赦免以后，在三年以内再犯应当判处有期徒刑以上刑罚之罪的，对于累犯应当从重处罚，但是过失犯罪除外，另外对于已受刑法追诉的反革命分子，不管什么时候再犯反革命罪行，都以累犯论处。

六、关于故意与过失犯罪

1. 故意犯罪是指明知自己的行为会发生危害社会的结果，并且希望和放任这种结果发生，因而构成犯罪。

2. 过失犯罪是指应当预见自己的行为可能发生危害社会的结果，但疏忽大意而没预见或者已经预见而轻信能够避免，造成危害社会的后果，但是我们要注意过失犯罪必须是法律有规定的才负刑事责任，同时对行为在客观上虽然也造成了损害结果，而主观上是由于不能抗拒或者不能预见的原因所引起的，不认为是犯罪。

七、关于传唤证人应注意的问题

在办案中，传唤证人进行询问，可以在其家中，也可以在单位办公地点或者公、检、法机关。这里应注意以下几点：

1. 传唤证人进行询问，必须有工作人员二人以上在场，询问妇女应由女工作人员进行；

2. 无论询问什么人，了解什么问题都应一一分别进行，不能共同进行。

3. 对患有心脏病、高血压的证人，询问时应有单位领导或家属在场。

4. 询问不满 16 ~ 8 周岁的证人，应有他的监护人在场。

八、关于其他几个问题

1. 在办理案件中，检察院审查批捕逮捕人犯由检察长决定，重大案件应提交检察委员会讨论决定；对于批准逮捕、不批准逮捕、复还补充侦查、起诉、免予起诉、不起诉的决定，均应由检察长签署。对出庭支持公诉的案件，应由出庭支持公诉的检察长或检察员在起诉书上签名。

2. 对于已经提起公诉的案件，如人民法院提出异议，对犯罪事实不清的，仍要自行侦查，如主要事实失实，方可撤回起诉。

3. 审批案件备案表和起诉书、免予起诉决定书、不起诉决定书，均应送上级人民检察院以备查。

根据一年来的办案实践，结合这次业务学习讨论中大家提出的有关问题，参照法律的规定，讲以上几个问题，供大家在今后工作中参考，由于没有很好准备，可能有错误的地方，请同志们提出批评意见。

大部制下的捕诉合一如何完善自我监督

——司法机关内部监督制约之我见

田江华

时下随着司法体制改革的深入进行，检察机关内设机构的改革与重组已经形成大部制的机构格局。而大部制中的刑事检察部工作机制把捕诉合一作为一项即将常态的工作运行机制来进行实际应运。

从检察改革看，世界司法发展趋势是侦诉合一，而首要发展方向是捕诉合一，只有这样才能提高效率，节约司法资源、降低司法成本，才能达到公正之目的。没有效率的公正将是“迟到的公正或正义”。 捕诉合一在审判为中心的新要求下，在最短时间内补充证据，防止证据灭失，在批捕环节上，用起诉标准要求证据的搜集，确实能够体现提高司法效率、节省司法资源。

从捕诉的检察业务来看，我国《刑事诉讼法》规定了审查批捕部门要监督前伸提前介入，引导侦查。对不捕案件列出详细补充提纲，对已捕案件批捕部门要给侦查部门《提供法庭证据意见书》，这些也说明了捕诉合一的合理性和必然性。

然而大部制下的捕诉合一运行机制，在体现出司法改革的优越性、利益性的同时，同样也暴露出这一工作机制的弊端和内部监督制约弱化和缺失。

捕与诉是两种不同性质的司法行为，属于两种不同诉讼职能，如果将捕诉合一会模糊程序界限，弱化监督制约机制是 “重配合、轻制约，重效率，轻公正”陈旧观念的反应，最终受到损害的是司法公正，他的弊端主要表现在：

一、直接否定了逮捕程序的独立价值，人身自由是享有其他自由的基础，为了防止在刑事追诉过程中发生任意剥夺被追诉人人身自由的现象。现代法治国家均在刑事诉讼法中规定了严格的逮捕制度，逮捕程序作为实现逮捕价值的重要手段受到前所未有的重视，不是局限于诉讼法的狭隘视野，而是从宪法的高度认识逮捕程序的独立价值及其所承载的宪法功能。同样的逮捕条件有不同的主体负责执行实际效果差别很大，逮捕程序的规定是通过在不同主体之间分配逮捕权，以权力制约权力，以权利对抗权利，可以防止追诉机关防止乱用逮捕权。捕诉合一不仅将把握逮捕条件的权利分配给了诉讼方，而且也使追诉方完全占据了逮捕程序的权力，使逮捕程序服从于逮捕条件，逮捕程序的独立价值受到了损害。

二、可能导致逮捕权乱用或不正确使用。我国庭审方式改革后法庭控辩双方对抗程度的加剧，捕诉合一体制不利于逮捕条件的把握，而且还可能导致逮捕权的滥用。主要有以下几个方面的表现：一是该捕的不捕。如果公诉人检察官掌握逮捕处分权，在实践中很可能担心捕后诉不了，人为的提高逮捕条件或者以诉讼标准衡量逮捕条件。二是滥用逮捕权。在追诉过程中，公诉人为了达到追诉目的、为了有利于起诉采取最有效最简便的办法就是最大限度的限制被追诉人的人身自由，那么以捕代诉的情形就很难避免。三是导致羁押期限的延长。一旦公诉人有权处分被追诉人的羁押期限那么司法实践中被追诉人被羁押期限的延长现象可能会更普遍。因为诉权的需要致使逮捕更具有工具性，能延长则延长，结果导致侵犯人权，损害公正。

三、容易影响案件质量导致错案发生。检察院之所以设立侦查监督和公诉两个职能部门，是因为这两个部门的职能分别处于不同的诉讼阶段，二者之间可以相互监督，相互制约。而实行捕诉合一后这种有效的内部监督制约机制已荡然无存（而现改制后的监督机构检察业务管理监督部没有明确设置专职实行实体审查的检察官，监督不到位）。承办案件的检察官往往认为通过审查批捕自己已经详细掌握了全案的事实和证据，因此在起诉阶段就不在认真审阅案件，甚至根本就不在审阅卷，直接就按照批捕阶段认定的事实和证据提起公诉，这样就会遗漏那些公安机关在批捕后重新侦查得到的新证据，以及认定的新事实，从而影响所起诉案件的质量。由于捕诉合一实行“谁批捕谁起诉”的办案原则，以及司法责任制要求的“谁办案谁负责”的责任制原则，如果一个案件在批捕阶段出错后，就会在起诉阶段继续出错——即“一竿子错到底”，从而导致错案的发生。而捕诉分离同一个案件是有两个部门不同的申办人进行审查，每个人的思维不用、站的角度不同、对案件的认识和审查程度也不一样，这样的案件质量就更有保证。

四、弱化侦查监督职能。在捕诉分离的情况下立案监督、侦查监督、审查批捕是侦监部门的三大职能工作。而实行捕诉合一要求办案人员不仅要履行审查批捕职能和审查起诉职能，而且要履行立案监督职能和侦查监督职能。办案人员的时间、精力、能力都是有限的，在案件数量逐年上升趋势的情况下，特别是审查起诉出庭支持公诉的硬任务面前，投入立案监督、侦查活动监督的精力肯定会削弱，从而影响立案监督、侦查监督工作的开展。最高人民检察院将审查批捕科改名为侦查监督科，目的是为了强化立案监督，侦查活动的监督捕诉合一则将刚刚开展起来的立案监督、侦查监督工作又回到了原来的水平，这与强化检察监督的要求是背道而驰的。

五、内部失去监督制约容易滋生腐败。捕诉合一这一在检察机关内设机构改革后大部下的案件办理机制是以起诉为龙头、起诉质量为核心，使侦查尽可能服务于起诉要求的有效公诉机制，也是以审判为中心的诉讼要求。但是检察机关是法律的监督机关，他的重要职能是对刑事诉讼活动的法律监督，而内部监督是实现公正诉讼有效监督的重要途径和手段，我们面对司改中内设机构改革后大部制存有弊端的体制现状，如何解决捕诉合一后工作中暴露出来的问题，如何完善自我监督机制，充分实现相互监督、相互制约的诉讼监督职能，是我检察机关在新形势下的重要课题。

为此，笔者从以下几个方面谈谈如何在大部制工作机制下检察机关保障案件质量、完善自我监督的看法和观点。

一、细化检察业务管理监督部的监督职责。设置专职检察官对捕诉合一案件进行实体审查、以诉前监督弥补捕诉合一后缺失的相互制约、相互监督的短板。

检察机关的内部制约和监督，除靠检察官自身良好的政治素质、业务素质来实现公正执法之外，监督的本身是靠分权制约来实现有效的自我监督，司改后的检察机关内部监督特别是对刑事案件的具体监督主要是靠检察业务管理监督部门具体来实施。然而由于司改中员额制检察官配属重点均配置在公诉、侦监、民刑等主要业务部门，而能够配置在监督部门的检察官少之又少，且检察官随机分案、办案机制的出现，以及“谁办案谁负责”的责任制要求使检察业务管理监督部门的监督工作对全院案件实际监督无法落实到具体承办人（责任人）。现行的检察业务管理监督部所履行的监督职能大都体现在对程序的监督，书面性的审查。而真正的把关监督审查靠程序和书面的审查是起不到实际监督作用的。因此在检察业务管理监督部门设置一至二名专职检察官对捕诉合一案件进行诉前实体审查来弥补捕诉合一后弱化的相互监督、相互制约的监督机制势在必行。员额制检察官以随机分案、办案机制的实际运作，使在不同部门岗位检察官的工作重心和责任意识大多放在自己办理的案件上，而对不属于自己的案件、不同部门的案件，特别是捕诉合一的刑事案件的监督根本无法落实到位，监督责任责任到人成为空谈，只有在业务管理监督部门落实到人、到位才能够在机制上完善内部的自我监督，才能有效实现履行法律赋予我们的诉讼监督职能。

二、充分发挥检察长及检察委员会的监督职能，对捕诉合一案件实行动态监督和诉后监督，确保案件质量和法律的正确实施。

司改后的办案机制是以随机分案为主，检察长指定为辅。基层人民检察院和地（市）级人民检察院的一般刑事诉讼案件中多数办案事项决定权应当委托检察官行使，重大疑难复杂案件中办案事项决定权可以由检察长（副检察长）或检察委员会行使，捕诉合一案件特别是属于重大疑难复杂的案件检察长及检察委员会应当重点关注和重点监督，首先检察长应当将这类型案件指定有丰富刑检经验专项业务能力强的检察官办理，以保障案件质量。其次，检察委员会可以指定一名检委会委员或专职委员对此类型案件进行实体审查，实体审查可在逮捕时也可在起诉前进行，来防止捕诉合一后可能出现的偏差，减少执法的随意性对案件实行诉前监督和动态监督。再三，对捕诉合一的案件进行诉后监督。对捕诉合一案件的诉后监督是检察业务管理监督部门以及检察机关内设的案件质量评查组、来对案件的实体、程序审查来实现的，检察业务管理监督部门除应设置专职人员对这类型案件进行实体审查，保障案件质量外，检察机关的案件质量评查组对捕诉合一案件应当作为重点评查对象。诉后监督的审查要重点放在此类案件是否存在该捕的不捕、不该捕的已捕，该诉的未诉、漏诉和错诉，案件定性前后是否一致、罪名的变更以及罪名与强制措施是否相适应。强制措施的变更是否合法，指控罪名及量刑建议和法院的判决是否相一致等关乎案件质量的实质要素。只要强化和完善诉前及诉后的法律监督才能保障司改后大部制内部监督的有效实现，保障改革中的内部监督不会弱化。

任何一个改革都存在着利与弊的关系，对于地（市）区县的一级检察机关来说，捕诉合一机制必然是好的，毕竟地方性机关人少案多，人手不够，捕诉合一机制可以提高办事效率，有利于检察机关的工作，但这也是局部的短期，从长远来看我们当下应该做的是想方法在司法体制改革特别是内设机构的改革中如何改进捕诉合一制度，如何解决和完善内部监督机制才是迫在眉睫的事情。检察机关的监督是本，提高效率是前提，只有强化法律监督才能维护法律的公平正义，才能保证国家法律的正确实施。

（被山西省检察院评为优秀调研成果三等奖）

刑事司法解释授权规定质疑

李建华

一、问题的提出

新刑法颁布实施以来，最高人民法院、最高人民检察院先后作出了一系列的司法解释，解决了司法实践当中一些亟需解决的问题，为正确执行刑法提供了司法适用上的依据。但是，有些司法解释已超出了司法解释的范围，在司法实践中造成了混乱和不协调。这一问题集中反映在司法解释上，如以“数额较大”确定罪与非罪，以“数额巨大”、“数额特别巨大”确定罪行是否严重等。这些界限应由最高司法机关作出明确、统一、具体的解释和规定。但是，最高司法机关在行使司法解释权时，常常将本应由自己行使的权力授权给地方司法机关，由地方司法机关作出解释和规定。如最高人民法院关于审理诈骗案件具体应用法律若干问题的解释；最高人民法院关于审理盗窃案件具体应用法律若干问题的解释；最高人民法院、最高人民检察院、公安部关于盗窃罪数额认定标准问题的规定；最高人民法院关于审查挪用公款案件具体应用法律若干问题的解释；最高人民法院关于敲诈勒索数额认定标准问题的规定，都有这样的授权。

以上所列司法解释，是最高人民法院、最高人民检察院、公安部授权地方高级人民法院或检察院、公安厅(局),可以根据本地实际情况，确定本地区执行的具体数额标准。笔者认为，这样的司法授权规定有违司法解释的本义，不利于法律完整统一和正确实施。

二、问题分析

其一，司法解释授权规定没有合法的依据。全国人大常委会《关于加强法律解释工作的决议》规定：凡属于法院审判工作中具体应用法律、法令的问题，由最高人民法院进行解释。凡属于检察院检察工作中具体应用法律、法令的问题，由最高人民检察院进行解释。最高人民法院和最高人民检察院的解释如果有原则分岐，报全国人民代表大会常务委员解释或决定。《人民法院组织法》第三十二条规定，最高人民法院对于审判过程中如何具体应用法律、法令的问题进行解释。这些规定是司法解释的法律依据，明确了司法解释的主体是最高人民法院、最高人民检察院，而不是地方高级人民法院、检察院、公安机关；明确了只有最高司法机关才能进行司法解释，并没有规定最高司法机关可以授权地方司法机关进行司法解释。时至今日尚没有一部法律规定，最高司法机关可以授权地方司法机关进行司法解释或规定具体的法律适用内容。如果最高司法机关授权地方司法机关进行解释，就等于地方司法机关有了该项内容的司法解释权，这与司法解释的本义是相背离的。刑法第九十条规定：民族自治地方不能全部适用本法（刑法）规定，可以由自治区或者省的人民代表大会根据当地民族的政治、经济、文化的特点和本法规定的基本原则，制定变通或者补充的规定，报请全国人民代表大会常务委员会批准施行。这一规定的内容非常清楚、具体，并没有规定最高司法机关可以授权地方司法机关根据本地的实际情况制定变通规定。因此，地方司法机关根据司法解释授权规定所作出的规定是没有法律依据的，也是无效的。

其二，地方司法机关根据司法解释授权所作的规定，有违刑法确立的罪刑法定原则。罪刑法定原则是相对罪刑擅断而言的，实行这一原则需要做到不溯及既往，不搞类推，对各种犯罪及其处罚必须明确具体，防止法官滥用自由裁量权，司法解释不能超越法律。罪刑法定原则，是立法原则，同时也是执法原则，罪与非罪只能由立法机关加以规定，对依据数额判定是否有罪的问题，如果立法机关没有明确规定的，由最高司法机关作统一解释和规定，不能由最高司法机关授权地方司法机关制定，否则罪刑法定原则就是一句空话。

其三，地方司法机关根据司法解释授权所作的一些规定，有违刑法确定的法律面前人人平等原则。公民在法律面前人人平等，是宪法确定的法制原则。刑法规定任何人犯罪，在适用法律上一律平等，这是宪法原则在刑法中的具体体现。以“数额较大”为是否构成盗窃犯罪的标准，经济不发达地区为1000元，经济发达地方为3000元。经济不发达地方公民因盗窃1000元被判有罪而适用刑法，经济发达地区盗窃2999元却不认为是犯罪，这两者所产生的法律效果和社会效果截然不同。产生如此差距，很难让人们相信中国的法律在适用上一律平等。

其四，地方司法机关根据司法解释授权所作出的一些规定，有违罪刑相适应原则。对同样性质、情节、数额相同的犯罪，经济不发达的地区判刑就重，经济发达地方判刑就轻，如此判罚，不能体现重罪重判，轻罪轻判，罚当其罪。这样适用法律不利于惩罚犯罪，震慑犯罪分子。

其五，地方司法机关根据司法解释授权所作出的规定，损害了刑法的完整统一。刑法是国家的基本法律，刑法的制定本身就是现阶段政治、经济和社会生活各方面的具体体现和集中反映，对什么是犯罪，如何认定和处罚犯罪是有统一标准的。司法解释授权规定以各地具体情况不同为由来制定相应犯罪数额，其本身就是对现行刑法的否定。如果地方司法机关可以制定本地适用刑事法律的规定，那么，刑法的完整统一何以维护，公民的权益还何以保护，法律的尊严何在？我国《立法法》规定，有关犯罪和刑罚、对公民政治权利的剥夺和限制人身自由的强制措施和处罚、司法制度等方面的规定只能由全国人大常委会作出决定，其他机关无权作出规定。

其六，地方司法机关根据司法解释授权所作出的规定，给司法实践带来混乱，给犯罪分子逃避法律制裁提供了可乘之机。以自首为例：当经济发达地区法院和经济不发达地区法院对同一案件都有管辖权时，犯罪分子出于逃避打击的心理，他就会选择处罚较轻或者不处罚的经济发达地区司法部门自首，而不会选择处罚较重、经济不发达地区的司法部门去自首。如果案件到了审判阶段，是适用哪个地区的规定呢？无所适从。

三、对策

1. 从立法上完善有关犯罪数额幅度的规定。立法机关对贪污罪有关数额幅度在立法时能作全面、具体、统一的规定，在其他犯罪有关数额幅度上也同样能做到。这样可以减少司法解释的数量，减轻司法解释的工作量。

2. 从立法上规范司法解释。由立法机关通过立法形式，规范司法解释。具体规定司法解释主体资格、内容、权限划分、适用范围、效力等，取消司法解释授权规定。最高司法机关可以根据全国当前经济发展状况确定统一的数额标准。

3. 司法解释机关要加强协调配合，维护司法解释的权威。杜绝司法解释互相矛盾，互不协调的问题，减少因此而造成执法当中的相互扯皮，各行其是的局面。

（原载于《人民检察》2000 年第 11 期）

（此文是郊区检察院首次在中央级核心刊物上发表的文章）

关于郊区农村基层组织工作人员职务犯罪情况的预防调查

阳泉市郊区人民检察院

农村基层组织是落实惠农政策，促进农业生产，提高农民收入，改善农村民生的重要力量。近年来，党中央、国务院出台了一系列支农、惠农、扶贫的政策和措施，做出了全面推进社会主义新农村建设的重大战略部署，国家从政策、项目、资金等方面进一步加大了农业和农村的投入。随着各级乡镇对“三农”投入的大幅增加，农村基层组织工作人员的职务犯罪呈日益增多趋势，加强农村基层组织工作人员职务犯罪预防和查办力度，直接关系到农村农民的合法权益和强农、惠农、富农政策的落实。阳泉市郊区人民检察院针对郊区农村基层组织工作人员职务犯罪易发、多发的态势，认真梳理了近年来我院查办的职务犯罪案件情况，深入基层部门，走访村民，查阅和了解相关犯案情况，提出了有针对性的预防对策。

一、郊区农村基层组织人员职务犯罪总体情况

近年来（2013–2015年），阳泉市郊区检察院立案查办职务犯罪案件43件67人，其中农村基层组织人员职务犯罪案件26件36人，占全院立案查办职务犯罪案件的60.47%。

1. 发案形势。2013年以来郊区检察机关查办农村基层组织人员职务犯罪案件呈逐年下降趋势。其中，2013年9件11人，2014年10件16人，2015年7件9人。农村基层组织人员职务犯罪发案形势虽有所下降，但发案形势仍应引起重视。

2013–2015年阳泉市郊区农村基层工作人员职务犯罪情况表

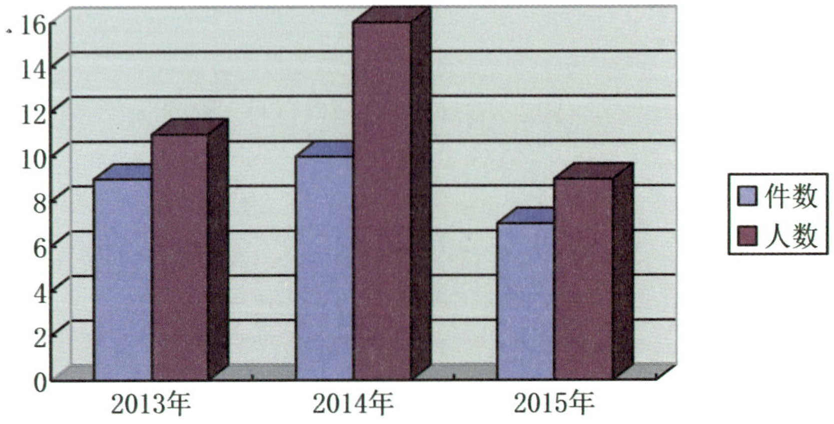

2. 作案领域。2013-2015 年，全区检察机关查办的农村基层组织人员职务犯罪案件中，发生在征地拆迁补偿领域 13 人，农村财政直补领域 4 人，失职渎职造成的严重事故案件 8 人，其他领域 11 人。

2013-2015 年阳泉市郊区农村基层工作人员职务犯罪涉案领域分布图

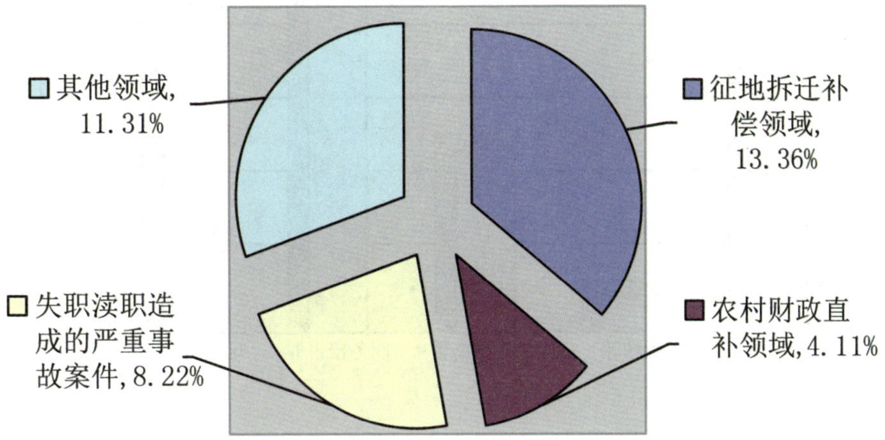

3. 犯罪主体身份。村干部 33 人，乡镇干部 3 人。

2013-2015 年阳泉市郊区农村基层组织工作人员职务犯罪主体身份分布图

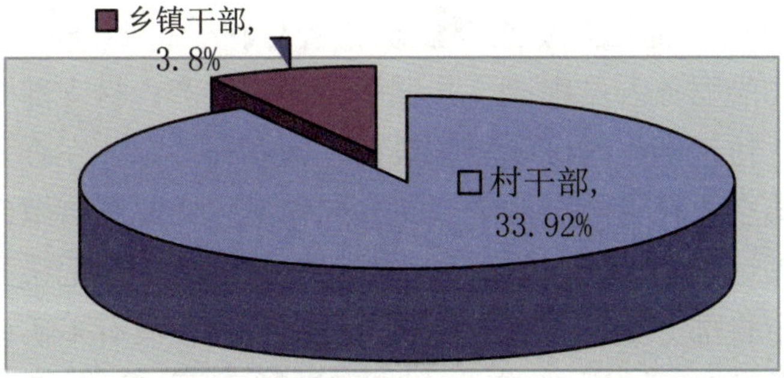

4. 发案部门。在查办的乡镇干部之中，乡镇领导干部 2 人，税务部门 1 人；在查办的村干部中，村支部书记及委员 11 人，村委会主任 13 人，村财务人员 4 人，其他 5 人。

5. 涉案罪名。农村基层组织工作人员涉嫌贪污罪 7 人，受贿罪 1 人，挪用资金罪 5 人，职务侵占罪 14 人，玩忽职守罪 9 人。

2013-2015 年阳泉市郊区农村基层组织工作人员涉嫌罪名分布图

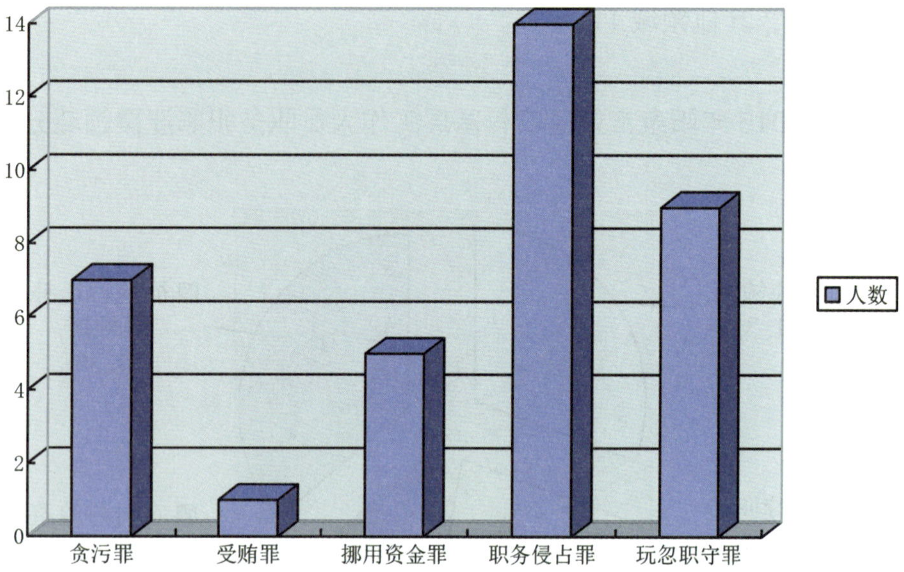

二、发案特点

1. 村干部是"重灾区"。2013-2015 年，全区查办农村基层组织人员职务犯罪案件中，村干部占 92%，在村干部案件中，又以村支部书记、村委会主任、村财务人员为主。如阳泉市郊区上章召村党总支书记郭某梅、党总支委员郭某贵伙同村委会主任郭某鹏，三人利用职务之便，将村里的征地补偿款侵占为己用，涉案金额达 30 万元多，给农村造成的危害性较大。

2. 相互勾结共同犯罪居多。主要表现在查处村干部职务犯罪窝案串案多，村支部书记与管理钱物的财务人员串通，共谋侵吞集体财产；村支部书记与村主任相互勾结挪用集体资金；村干部与村民串通虚报冒领国家补偿款。在查处的案件中，职务侵占案件的作案方式多为村干部与村干部间共同作案。如原荫营镇山头村村委会主任王某卫及村党总支书记李纲，伙同原荫营镇东梁庄村党总支书记梁某怀，采用单位对单位借款形式，从中将部分款挪作个人使用；且山头村在没有采矿许可证的情况下擅自开采国家铝矾土资源 16 万吨，销售收入达 2000 余万元，王某卫作为直接负责的主管人员，其犯罪行为特别严重，给国家造成的危害性也较大。

3. 犯罪领域犯罪地相对集中。村干部职务犯罪的高发部位主要集中在土地征用搬迁及国家支农惠农补偿费用方面；犯罪地基本上都是征地拆迁所涉及异地扶贫搬迁的村镇。

4. 犯罪手段多样化。主要表现为虚报票据、虚列工作表、侵吞、挪用甚至集体私分集体财产。如阳泉市郊区义井镇白羊墅村村委会主任，虚列工资表，侵占村集体资金220179元。另外一些乡镇村干部，在从事公务活动中收受贿赂，并为他人谋利益，也是犯罪手段之一。如我院审查起诉的阳泉市平定县锁簧镇党委书记张石明，在负责修建阳左高速锁簧段拆迁事务中，非法收受他人财物3万元，为他人谋取福利。

5.引发上访多。农村干部贪污、职务侵占、受贿等职务犯罪问题，最容易激起民愤，造成党群干群关系紧张，引发群众性上访、越级访，严重影响农村的社会稳定。从多方统计数据来看，近几年农村集体上访反映的问题，绝大部分是反映农村干部的经济问题，成为影响社会稳定的一大隐患。

三、发案原因分析

在调查近年来农村基层组织工作人员职务犯罪案件易发频发的现象中，发现我区农村基层组织人员案发主要表现在以下几点：

1.法律意识薄弱。不少农村基层组织人员尤其是村干部文化水平较低，对政治理论学习又不够深入，缺乏为人民服务的宗旨意识，忽视政治教育和法纪观念，使其最终走向犯罪道路。

2.缺乏有效监管。农村基层组织的行政权力过度集中，使得有的农村基层组织事务、财务总体呈现出“程序不透明、信息不公开、群众不知情、制度不完善、监管不到位”的现象。且我区发放的涉农补贴款涉及多个行业，如：粮食直补、排土造地工程资金、农村危房改造工程、拆迁、异地搬迁及易地扶贫搬迁资金等政策性补贴。其种类繁多，政出多门，发放补贴的方式也多种多样，难以统一有效地进行监管。虽然“村务公开”制度已在我区推行多年，但真正落实者少，信息公开的内容、形式与方式均未形成常态化、正规化。近年来，虽然我区普遍实行了“村财乡管”，但极个别职员履职不尽责，监管不到位，客观上为少数村干部中饱私囊、实施职务犯罪提供了便利。

3.预防工作薄弱。虽然近年来我区预防国家工作人员职务犯罪工作取得了一些实效，但由于我区涉及8个乡镇170个村，其涉及面积之大，范围之广，人员之多，相对农村预防职务犯罪工作尚处于薄弱阶段，职务犯罪预防机制也不够完善，且村“两委”成员不属于国家工作人员行列，使其监督往往被忽视。由于检察机关对基层职务犯罪的工作未做到同步合拍，工作力度也较弱，对村干部的专门法制培训、警示教育讲座等活动较少，客观上不能给乡村干部予以警醒，使其不能有效地预防职务犯罪的发生。

四、对策建议

面对农村基层组织工作人员职务犯罪的高发态势，采取有针对性、可操作性的措施，真正建成农村基层组织人员“不想犯、不愿犯、不能犯、不敢犯、不必犯”的全方位防范网络格局，是目前迫切需要的。

1. 法律宣传，提高思想政治素质。思想是行动的先导，决定了认识的深度与高度。农村基层组织工作人员与农民群众密切联系，其素质的高低、形象的好坏，直接关系党和国家在农民群众心目中的形象。一方面，农村基层工作人员要进一步加大教育学习力度，经常性地参加政治教育，作风教育，以此来提升自我的思想政治觉悟，从思想上做到“不想犯”；另一方面，检察机关应充分发挥其资源优势，借助警示教育基地平台宣传法治、宣传廉洁文化，也应充分开展“警示宣传教育基层行”活动，运用正反面案例相结合的宣传方式，警醒各基层工作人员要廉洁自律、干净做人，使其内心真正“不愿犯”。

2. 多方联动，加强监督预防工作。一要严格把好选人用人关。政府有关部门要在地方党委的统一领导和部署下，认真执行《村民委员会组织法》，发挥自身职能作用，对村委会直选工作加强领导监督，教育并提高村民的民主意识、法制意识和参与意识，同时要严格把关，对村党支部推荐和通过其他渠道推荐出来的候选人进行资格审查，报上级审核后将结果向全体选民张榜公布，保证选举工作沿着合法轨道发展，选举出德才兼备、服务群众的优秀干部。书记、主任、会计、出纳要实行专人专岗，书记、村干部不宜兼职，以实现党务、村务、财务三种权力的分权制衡，相互监督。二要加强财务管理监督。要组织有关部门定期对村财务进行检查、审计，坚持执行“村财乡管”制度，定期把财务状况向村民进行公开公示，接受群众监督。各级村委要建立村民理财小组，对重大的财务收支，由理财小组随时进行监督并公布于众，增强财务管理的透明度。同时对村干部实行离任审计，促使其树立勤政廉洁的思想。三要深化村务公开、实行民主议政。村务公开要实现热点问题专项化。对群众普遍关心的土地补偿款、救济款物的发放、农村建设专项费用等热点问题实行专项公布，加快落实推进我区“阳光百姓工程”的运用。有效地监督才能有效地预防犯罪，要从根本上扎起预防的篱笆，让农村基层组织人员真正做到“不能犯”。

3. 严厉惩治，加大打击力度。检察机关要主动深入农村，发动农民群众，摸线索、找案源，一经发现，绝不姑息，要保持严厉打击农村基层组织人员职务犯罪的高压态势，对于严重影响农村社会稳定，阻碍社会主义新农村建设的农村基层组织人员职务犯罪，一律严惩不贷。对构不成犯罪的，也要与纪检、监察部门密切配合，及时提供情况，按照国家法纪处理，决不能心慈手软，姑息养奸。在严肃查办涉农职务犯罪案件的同时，要加强对发案原因、特点、规律以及预防对策等方面的调查研究，通过检察建议等多种形式，积极向党委政府建言献策，采取全程跟踪和定期回访等形式，监督《检察建议》的落实，及时为各级领导预防职务犯罪提供决策依据。同时以查办案件推动综合整治，在农村建立一个以乡镇为中心的预防体系，从而促进村务公开、政务公开，建章立制，查漏补缺，打击是最有力的预防，使乡村干部真正做到“不敢犯、不必犯”。

总之，随着我国经济、政治体制改革的深入发展，农村基层腐败也会出现新的、复杂的问题，预防农村基层组织人员职务犯罪是一项长期、繁重和艰巨的社会系统工程，必须要运用多种预防农村职务犯罪的有效方式，要结合自身工作特点，惩防并举，真正从源头上遏制农村职务犯罪的滋生蔓延，为我国社会主义新农村建设打造良好的法制环境。

阳泉市郊区人民检察院

2016年10月21日

对审查逮捕工作若干问题的思考

史淑君 史保龙

一、不应规定“不捕率”指标

从2001年开始上级院在下达年度考核方案时，将不捕率作为考核基层院批捕工作的一项指标，这一作法不妥。

首先，控制不捕率与立法精神、司法解释相悖。《刑事诉讼法》第六十条、《人民检察院刑事诉讼规则》第八十六、八十九条对应当逮捕和应当作出不批准逮捕或不予逮捕的条件和情形都作出了明确规定，这是立法和司法机关几十年来在逮捕问题上的经验总结。检察机关在行使批准或决定权限时，应以法律规定为唯一准绳，严格按照法律规定的条件来依法作出决定。捕与不捕，取决的是案情本身和侦查机关的取证质量；捕与不捕，应当用逮捕条件来衡量。因此，强制性地限定不捕数量，显然与立法精神和司法解释不符。

其二，人为控制不捕率不利于办案质量和效果。依法监督、公正执法是检察机关的立身之本，是检察工作的生命线，它要求在办案工作中要摒弃一切私心杂念，排除干扰阻力，克服观念倾向和情感意识，坚持以事实为根据，以法律为准绳。逮捕的对象是那些涉嫌犯罪且有逮捕必要的犯罪嫌疑人，其目的是为了防止其逃跑、妨碍侦查和审判以及防止发生其他社会危险性。不捕的对象是指没有构成犯罪，没有证据证明其犯罪或虽已构成犯罪但没有逮捕必要的犯罪嫌疑人，其目的是为了保护当事人的合法权益不受侵害，化解社会矛盾，减少社会对立面以及减轻司法成本。如果受不捕率的影响，办案机关和办案人员就不能从本质上把握好“有逮捕必要”的立法本意，势必影响到办案的质量和效果。

第三，控制不捕率是对审查批捕工作缺乏正确客观的科学认识。把不捕率作为考核批捕工作的内容，是不严谨、不实事求是的，有贪虚名、搞形式之嫌。不捕率高不等于执法不严，不捕率低不等于办案质量高，二者没有必然联系。办案还是应按照逮捕的法定条件，准确把握、正确适用、严格执行。在我国的司法体制中，检察机关之所以置身于公安法院两机关的中间环节，就是要起到法律监督的作用。当前全国检察系统正广泛开展“强化法律监督，维护公平正义”活动，各级检察机关应坚定地高举捍卫社会公正的旗帜，充分行使法律赋予的监督职能。具体工作中，对符合逮捕条件的，应依法作出批捕决定，对不符合逮捕条件的，应依法作出不批捕决定。换言之，该捕的就捕，不该捕的就不捕，一是一、二是二，绝对不能为了迎合数字而错误的适用逮捕条件。

作为从事审查逮捕工作的检察人员要准确把握逮捕条件还应树立两个理念：一是树立逮捕权是监督权的理念。随着审查批捕部门更名为侦查监督部门，逮捕权的法律属性更加明确，把逮捕权作为监督权，是刑诉法规定逮捕权与侦查权相分离的应有之义。法律规定逮捕权由检察机关行使，就是为了监督侦查，保障人权。审查逮捕除了作为刑事诉讼的一个环节具有一定的诉讼职能外，更应作为监督侦查的有效手段，通过审查及时纠正侦查中的违法行为。要把审查逮捕工作同法制建设、人权理念联系起来，彻底纠正实际工作中存在的够罪即捕或宁漏勿错的不正确的看法和作法，真正体现侦查监督的作用。二是树立慎用逮捕的理念。刑事诉讼法明确规定了适用逮捕的条件，逮捕并不是刑事诉讼的必经程序，其适用的必要性始终是法律确认的条件之一。在中国老百姓传统感性的意识中，逮捕和定罪是联系在一起的，这种不正确的观点在许多司法人员的脑海中也同样存在。多年来我们司法机关一直把高批捕率视为体现打击的力度，实践中对于够罪的案件很少考虑是否有逮捕的必要性，甚至将逮捕作为震慑力，为突破口供获取证据而使用。这种不正确的认识和做法，导致逮捕的法定必要性规定被虚置，不能体现惩罚与宽大、打击与挽救的刑事政策，大量占用了羁押场所、人员、经费等司法资源以及造成超期羁押等后果。执法人员应树立严谨的执法理念、审慎体会法律规定逮捕条件的内涵，严格依法办案，不要将逮捕的证明要求混同与定罪的要求，也不要因外界形势的干扰而随意拔高或降低证明要求。

二、法定逮捕条件的缺憾

刑诉法第六十条规定了不批准逮捕的三个条件，其中，有证据证明有犯罪事实，可能判处徒刑以上刑罚两条有缺陷，兹分述之。

对“有证据证明有犯罪事实发生”，从刑诉法的其他条文看，刑诉法第六十五条规定：“公安机关对于被拘留的，……对需要逮捕而证据还不充分的，可以取保候审或者监视居住”。第一百三十三条对人民检察院自侦案件是否需要逮捕也作了类似规定。这就表明，逮捕的证据条件是“充足”，而不是“有”。从司法实践看，提请批准逮捕的案件肯定都有证据证明犯罪事实，只存在证据充足与否的问题，而不存在证据有无的问题。

对“可能判处徒刑以上刑罚”，这一规定与司法实践很不适应。众所周知，当刑事案件经侦查、起诉流程至审判阶段后，对该案的量刑取决于多种因素，如嫌疑人在庭审时的认罪态度，羁押期间的悔罪表现，是否积极弥补了犯罪损失等等，而这些都是审查逮捕期间所无法预料的。就我院提请审查逮捕的刑事案件来讲，除罪行特别严重，性节特别恶劣以外，很多案件、特别是法定最高刑在三年以下的有期徒刑的案件，是很难估计是否“可能判处徒刑以上刑罚”的。不久前，笔者曾听郊区法院刑事审判人员讲，近来该院按照最高法院有关指示精神，对财产型犯罪将大力适用罚金刑，减少人身处罚刑。闻听此言后，笔者对“可能判处徒刑以上刑罚”更感到无从掌握。再者，随着市场经济的发展，流窜作案、外地人犯罪的案件不断上升，这些嫌疑人在本地无户口、无保证人、无财产、无住所，除逮捕外，以我们目前的司法现状，采取其他任何强制措施都无法保证刑事诉讼的顺利进行。

三、对错误逮捕应重新定位

确认逮捕案件正确与否是一项政策性、法律性极强的工作，关系到司法机关的执法水平和威望，关系到当事人合法权益能否得到保障。国家赔偿法规定，对没有犯罪事实的人错误逮捕的应予赔偿。多年来实践中对此项规定在认识上颇有分歧，特别是刑法、刑诉法修改后，笔者根据几年来的办案实践认为，对什么是错误逮捕应重新定位。

刑事诉讼法第六十条规定了适用逮捕的三个条件，其中“有证据证明有犯罪事实”是前提，而赔偿法将逮捕后的出现的损害结果作为衡量逮捕正确与否的标准，两法衡量的口径显然不同。逮捕是刑事诉讼法规定的一种强制措施，是诉讼中的一个程序，刑诉法是程序法，一般地讲，程序运用的得当与否只能以当时的条件来评价，只能由程序法来设定评价条件，而不应以程序所产生的实体结果来衡量。因此，就逮捕而言，只能由刑诉法来衡量，赔偿法本身并不应规定逮捕的正确与否。

在我们的司法实践中确实存在着以捕代侦、以捕代审、捕后必诉、先人为主、有错不纠、将错就错的情况，确实存在着怕错怕赔而该捕不捕的实例。笔者认为，把逮捕与审判放在同一个证明标准上是造成这种状况最直接、最主要的原因。实事求是地讲，我们作任何工作都不可能永远地不犯错误，“一贯正确”不符合实事求是的观点，不是科学严谨的态度。就刑事诉讼而言，要考虑到追究犯罪的复杂性，在任何一个诉讼阶段办错案都是在所难免的。刑事诉讼法对所有诉讼环节均有期限规定，但唯独对提起再审的时间不加以限制，说明立法者已经考虑到在任何一个诉讼环节，既便是两审终审制的设置也不能绝对地防止错案的发生。客观地讲，以一定证据来确认客观事实，无论我们通过什么样的途径，已经发生的事实不会重现，无论我们掌握多么翔实的证据，只能是所认定的事实与真实客观事实的差距大小而已，随时包含着进一步查证而被推翻的可能，这是由证据证明所具有的阶段性和充分性所决定的。从严谨的程序角度看，捕前不能预见捕后情形的变化，如果逮捕条件一定要达到最终判定有罪，那后面就不需要审判了。证据条件是一步步充实的，证据标准是一步步提高的，因而，司法决策过程应是一个不断筛选递进的过程。对审查逮捕工作而言，审查逮捕是刑事诉讼中一个较前的环节，又只是对侦查中较早收集的证据进行书面审查，且审查时限又过短。既然如此，为什么要苟求逮捕必须等同于审判定罪的标准呢？

综上所述，我们试就对逮捕进行这样的定位，逮捕是刑事诉讼中的一种强制措施，其功能是为了确保继续侦查和今后诉讼的顺利进行，如果按照当时的证据证明有犯罪事实，并且有逮捕必要的，不论证据今后如何变化，不论捕后诉讼情形如何，那么采取这种措施就是适宜的。当然，作为逮捕的证据其证明力应达到什么样的程度也是一个非常值得深入探讨的问题。

四、制约立案监督工作的立法瓶颈及对策初探

刑事立案监督是审查逮捕工作的重头戏，也是体现审查逮捕部门履行法律监督的一个重要尺度。2001年是我院立案监督搞的最好的一年，实施立案监督16件，法院均作出有罪判决，其中两案两名被告人被判处10年以上有期徒刑，立案监督的数量和质量均走在全省检察系统的前列。尽管如此，在长期的工作实践中，仍感到立案监督工作难开展、难见效，是一个弱项，突出表现为案源不足、监督渠道不畅。之所以如此，认为立法本身存在着先天不足是造成立案监督渠道梗阻的根本原因。

从法律规定来看，刑事立案监督的案件来源主要是检察机关在工作中发现和被害人的控告。检察机关在工作中发现主要是在审查批捕和审查起诉工作中发现公安机关应予立案而未立案的情况，而从实践来看，无论是审查批捕还是审查起诉，这种发现是极其有限的。以我院近四年来的立案监督工作为例，审查批捕只发现了为数很少的立案监督线索，且基本上没有成案，审查起诉更是一件没有。由于检察机关的刑事立案监督工作宣传力度差，社会影响力不够，被害人实际上到检察机关控告的也不多。近四年来，我院收到这方面举报和控告只有寥寥数件，只有去年的郝旭忠伤害案起诉到法院，由于证据原因，前不久我院已将该案撤回起诉。

为拓宽立案监督渠道，根据最高人民检察院有关指示精神，我院于今年三月与区公安分局、国税局、地税局等八家行政单位共同出台了“关于对涉嫌刑事犯罪的行政执法案件进行检查监督的实施方案”，旨在探求建立检察机关与行政执法机关长效协作机制，发挥检政整体优势，完善刑事执法与行政执法工作衔接。方案引起了省、市检院的高度重视，市院将我院此项工作列为全市立案监督工作的重头戏来抓，省院荣彰副检察长专门听取了我院的汇报。由于我院侦查监督科人手太少，方案的实施工作迟迟未能开展。

刑事诉讼法第八十七条规定，人民检察院对公安机关应当立案侦查的案件不立案侦查的，应当要求公安机关说明不立案的理由，不立案理由不能成立的，应通知公安机关立案，公安机关应当立案。检察机关要做到这一点，首先要知道在公安机关管辖范围内是否发生了刑诉法第八十三条规定的有犯罪事实或犯罪嫌疑人应追究刑事责任的案件，其次还应知道公安机关是否依法审查并作出立案或不立案的决定。但由于现行法律对检察机关如何掌握公安机关立案活动情况没有作相应规定，检察机关没有对公安机关立案活动的知情权，因此，检察机关的立案监督活动只能局限在等待当事人申诉，群众举报以及上级交办的被动范围之内。

鉴于此，笔者认为应从立法上解决检察机关对公安机关立案侦查活动的知情权，建立立案报送或立案通知备案制度。检察机关通过对公安机关报送的立案材料进行日常审查，就可以从中发现是否应立案的情形。这样，既可以使检察机关对公安机关的立案活动起到实质性的监督，也同时启动了公安机关的内部监督机制，起到双重监督作用。

（原载于《阳泉检察》2004年第3期）

如何对错误逮捕予以刑事确认

刘双富　史保龙

确认逮捕正确与否是一项政策性、法律性极强，需要严肃认真对待的工作，其关乎到国家司法机关的执法水平和威望,制约司法机关和司法人员对国家权力的滥用;关乎到当事人合法权益能否得到切实维护，以使遭受国家司法权力违法侵害的社会个体得以救济。因此，建立合理有效的刑事确认标准是平衡国家权力和公民权利的关键。国家赔偿法规定，对没有犯罪事实的人错误逮捕的应予赔偿。多年来实践中对此认识不一，特别是刑法修改和刑诉法修订后，国家赔偿法的此项规定显得过于原则，这不仅给司法机关执法带来难度，也带来随意性，进而有损国家司法机关的声誉和威望。当然，解决这一问题的根本方法在于“有法可依”，有赖于立法修改或有解释权的国家机关进行明确界定。众所周知，由于法律的高度严肃性和规范性，使得法律及其解释常常有滞后表现。本文就此发表拙见，目的在于分析刑事确认之疑，探讨完善制度之路。

一、错误逮捕的刑事确认应确立违法责任原则

刑事确认原则是国家承担刑事赔偿责任的依据和标准，总体上刑事确认要尊重客观事实，坚持法律标准。刑事确认原则的确立，对于构建刑事确认理论，建立刑事确认体系，进而指导赔偿实务是十分重要的。就目前理论界公认的违法和无过错两种责任原则来看，国家赔偿法关于错误逮捕的界定，主要适用的是无过错责任原则，同时辅以补充规定。

无过错责任原则是指只要损害结果发生就要承担赔偿责任，而无需考虑致害人和受害人的错误。《国家赔偿法》第十五条第二项规定：“对没有犯罪事实的人错误逮捕的”属于刑事赔偿范围。尽管该法第十七条列举了不予赔偿的六种例外情形，但仍不能涵盖当事人全部不正当行为。根据国家赔偿法的立法本意，构成国家赔偿法上的错误逮捕而导致刑事赔偿，是国家为了全社会的利益与犯罪作斗争的过程中发生了错误而给予赔偿，前提是为了社会绝大多数人的利益，因此应将属于国家的责任降低到最低限度。如某盗窃嫌疑人被逮捕羁押，因盗窃价值没有达到刑事定罪起点标准而判无罪，则盗窃行为人就能获得赔偿。对有违法行为的人给予国家赔偿，等于是对无辜受害人（如被盗者）的加害，与刑事赔偿中赔偿无辜与冤狱赔偿精神相悖。再如对因现有证据尚不能完全证明其犯罪而被判无罪的嫌疑人予以赔偿，事实上并没有排除

其犯罪的可能性，一旦有证据证明其犯罪时，一方面法律已对其进行了赔偿，另一方面法律又要制裁其犯罪，同样依法实施的结果则相互矛盾。

违法责任原则是指国家机关及其工作人员违法行使职权侵犯公民合法权益，受害人有权依法取得赔偿。按照这一原则，司法机关是否违法便成为国家机关应否承担赔偿责任的唯一条件。这一原则彻底要求执法机关必须依法行使权力，不折不扣地按照法律的规定去做，同时排除当事人所有不正常行为。此种情况下，案件当事人无任何过错，而一旦发生冤狱无辜，纯系国家机关违法操作所致。从刑事确认的归责原则来看，违法责任原则限制的是司法机关及其工作人员滥用职权违法追究当事人刑事责任的行为，以及要求案件当事人主客观均无过错。司法机关如果对没有犯罪证据的人滥施逮捕权，则是对司法权力的亵渎，是违法行径，其逮捕便成为不合法逮捕。而司法机关故意违法办案，必然包含着司法舞弊或司法腐败，此种情形下发生的公民合法权益被无辜侵害，无疑应进行彻底的国家赔偿。违法责任已在行政赔偿中广泛利用，刑事赔偿如能单一适用违法责任原则，可以将属于国家的责任降低到最低限度，可以充分体现追究刑事犯罪的复杂性,可以最大限度地调动国家机关发挥其职能的积极性，也体现了保障人权的刑事救济政策。

二、错误逮捕的刑事确认应以刑事诉讼法的规定为准

刑事诉讼法第六十条规定了适用逮捕的三个条件,其中“有证据证明有犯罪事实”是前提和核心条件，而赔偿法将逮捕后出现的损害结果作为衡量标准，两法衡量的口径显然是不同的。众所周知，国家制订各项法律的立法动议是不一样的。国家赔偿法侧重的是人权保护的司法救济，是一种事后追偿行为。实事求是地讲，我们干任何工作都不可能永远地不犯错误，“一贯正确”这是不符合实事求是的观点，不是科学严谨的态度。就刑事赔偿而言，要考虑到追究犯罪的复杂性，在一定程度上办错案，可以说是难以避免的。因此，如果按当时的逮捕条件是充足的，而把逮捕以后一旦出现损害结果作为追究责任的条件是不适宜的。逮捕是刑事诉讼法规定的一种措施，刑诉法是程序法，一般地讲，程序运用的得当与否只能以当时的条件来评价。只能由程序法来设定评价条件，而不应以程序所产生的实体结果来衡量。因此，就刑事逮捕而言，只能由刑诉法来衡量，赔偿法本身并不应规定逮捕的正确与否。笔者根据多年的工作实践认为，准确评价逮捕的标准应是合法与不合法的问题，而不是正确与不正确的问题，这是由证据、证明所具有的阶段性和充分性所决定的。

三、错捕刑事确认标准的假说——“逮捕当时说”

按照我国刑事诉讼法规定，立案、侦查逮捕、起诉及审判都是有证明标准的，在不同的诉讼阶段，证明标准是不一样的，这是由司法证明的客观规律所决定的。

以一定的证据来确认客观事实，客观地讲，无论我们通过什么样的途径，已经发生过的客观事实不会重现，无论我们掌握多么翔实的证据，只能是所认定的事实与真正客观事实的差距大小而已，无论这种可能性有多大，都包含着因进一步查证而被推翻的可能。比如，有目击证人指证某人杀了人，现场发现了留有某人的指纹的凶器，在某人家里留有与现场指纹吻合的血衣，这些证据显然应该达到“有证据证明有犯罪事实发生”，即使照此证据作出逮捕决定，最终的查证也可能是个错案。逮捕是刑事侦查阶段所采取的一种强制措施，如果说逮捕的条件一定要达到最终判定有罪的证明标准，那后面就不需要审判了。从严谨程序角度看，捕前不能预见捕后的情形变化，因此逮捕的证明标准不应等同于最后证明有罪的标准。发达国家将刑事诉讼不同阶段的证明标准分成不同阶段的作法应值得我们借鉴。比如美国司法界将证明标准分成若干个阶段，最低级别叫无意义证明，在这个阶段不允许采取限制人身自由的措施，只能采取调查的措施。中间的级别叫合理根据或可能性理由，是该犯罪嫌疑人具有实施犯罪的可能性大于没有实施犯罪的可能性，逮捕措施就处于这一阶段。最后是盖然性阶段，指的是起诉直至审判，既便是最后阶段也只是盖然性，而非必然性。由此可见，无论国内国外都认为证据标准是一步步提高的，因而司法决策过程是一个不断筛选递进的过程。

1996年刑事诉讼法对逮捕条件作出了重大修改，由要求对主要犯罪事实已经查清，修改为要求有证据证明有犯罪事实发生，也就是只要有证据存在即可，这是两个根本性的区别。刑诉法之所以如此修改，一方面是顺应国际司法潮流，更重要的是体现了证据证明所具有的本质。

综上所述，我们应当对逮捕进行这样的定位：逮捕是刑事诉讼中的一种强制措施，其功能是为了确保继续侦查和今后诉讼的顺利进行。如果按照当时的证据证明有犯罪事实发生的，并且有逮捕必要，而不论证据今后如何变化，不论捕后诉讼情势后果如何，那么采取这种强制措施就是适宜的。本文权且将此称为“逮捕当时说”。当然作为逮捕的证据其证明力应达到什么样的程度是本文之外一个非常值得深入探讨的问题。

如果将“逮捕当时说”作为错捕刑事确认的标准，可以切实实现逮捕的内在本质，发挥逮捕的正常功能，有利于克服以捕代侦，以捕代审、捕后必诉、先人为主、有错不纠、将错就错的弊端，有利于消除实际工作中普遍存在的怕错怕赔而该捕不捕的现象。笔者有理由相信，随着法制建设的不断完善，刑事诉讼法对逮捕条件的放宽，必将会带来赔偿法的相应修改变化。

（原载于《阳泉检察》2003年第3期）

未成年人犯罪是否适用罚金刑

王学军

近日笔者办理了一起未成年人实施抢劫犯罪案件，一审法院分别以抢劫罪判处二被告人不同的刑期，并处8000元、6000元的罚金。在这起案件中，二被告人作案时的年龄均刚满14周岁，均系在校学生。虽然根据我国《刑法》的硬性规定，对于侵犯财产所有权的犯罪，必须并处罚金。但是司法实践中，未成年人罪犯因为没有独立的经济能力或个人财产，在一般情况下，要么其无法缴纳，要么由其监护人代为缴纳。结果将使人们对罚金刑设置的科学性和实践的公正性产生疑问。笔者认为，罚金刑设立和执行的客观前提就在于被执行人有承担罚金的经济能力，而对无任何经济收入的未成年人处以罚金刑，显然有悖于法律制定的初衷，有违法律的有关基本原则。

第一，违背了刑法规定的罪责自负原则。罪责自负所体现的是刑事责任的人身专属性，即犯罪行为人实施了犯罪行为接受刑罚必须由自己独立来承担，是通过让犯罪行为人直接承担罪责来达到刑法惩罚犯罪，预防犯罪的目的。它与民事领域中所规定的民事责任有着重要的区别。因此，对于本起案件中，由被告人的监护人代缴罚金，这实际上是罪责株连，不仅达不到惩罚犯罪的目的，而且侵犯了公民的合法财产权益。这种做法严重违背了刑法规定的罪责自负原则。

第二，违背了“教育为主，惩罚为辅”的原则。对未成年人犯罪适用刑罚时应坚持“教育为主，惩罚为辅”的原则。对于少年犯罪案件的审理应当是在依法审理的前提下，把工作的着眼点放在对少年犯的教育、感化、挽救上，坚持惩罚与教育相结合，努力使这些失足的青少年改邪归正，以达到预防犯罪和减少犯罪的目的，从而大大减少再犯罪率。未成年人因无独立的经济能力而由监护人代缴罚金，其主观心理只能产生一种被动接受处罚的经历教育，而不能彻底使其从心理上真正、深刻地认识自己的行为所造成的严重后果。这样做所产生的效果也是微乎其微，或者因恐惧不支付罚金而将受到严厉的刑罚，就会想方设法凑足罚金，甚至不惜采取诈骗、盗窃等非法手段，从而导致再次犯罪，形成恶性循环。

总结上述理由，笔者认为，立法机关应增补对未成年犯罪处罚的相关规定，从而使法律规定更加严谨科学，法律适用更加公正公平。

（原载于《阳泉检察》2004年第2期）

对检察机关支持起诉的几点思考

崔丽娟 田长春

支持起诉是检察机关近年来有意加强的一项检察业务工作，指检察机关依法支持民事权益受到损害的单位或者个人向法院提起民事诉讼。由于立法的粗疏和人们认识上的不足，长期以来这项工作的开展存在诸多困扰。本文对检察机关支持起诉涉及的几个问题试加阐述，以期对进一步澄清认识、促进立法及司法实务有所裨益。

一、支持起诉的内涵和范围

我国民事诉讼法第 15 条规定："机关、社会团体、企业事业单位对损害国家、集体或者个人民事权益的行为，可以支持受损害的单位或者个人向人民法院起诉。"本文中支持起诉特指人民检察院依据此规定开展的支持起诉工作。

（一）支持起诉的案件范围

检察机关支持起诉的案件应当包括所有损害国家、集体或者个人民事权益的民事、经济案件。民事诉讼法第十五条中"损害国家、集体或者个人民事权益的行为"用的是动词"损害"，从"损害"的法律含义来理解，不是仅指侵权行为，应当包括合同行为等。法律对于侵权行为的规定，用"侵害"或者"侵犯"。"损害"作名词用时，指侵权行为的后果。如民法通则第一百二十四条："违反国家保护环境防止污染的规定，污染环境造成他人损害的，应当依法承担民事责任。"民法通则第七条："民事活动应当尊重社会公德，不得损害社会公共利益，破坏国家经济计划，扰乱社会经济秩序。"认为只能支持侵权行为的受害人起诉没有法律依据，也没有理论依据。

（二）关于被支持人的范围

根据民事诉讼法第十五条，被支持人的范围是民事权益受损害的国家、集体或者个人。鉴于检察资源的有限，支持起诉的范围不宜很大。主要集中在损害国家利益、社会公共利益的案件上,来达到运用诉讼手段来保护国家利益和社会公共利益的目的。对于损害集体、个人利益的案件，支持起诉的范围应为严重损害单位或者个人民事权益的案件，特别是弱势群体权益受损害的案件。

另外，支持起诉不是支持应诉，因此，支持的当事人应当是原告。但是可以支持被告提出反诉和有独立请求权的第三人提出参加之诉，因为反诉和第三人参加之诉具有起诉的性质，也应当属于支持起诉的范围

（三）关于检察机关支持起诉的条件

根据民事诉讼法第十五条的立法宗旨，支持起诉应以当事人起诉有困难为前提。出于检察机关维护社会公益的目的，我们认为有下列情形之一的，检察机关可以认定为当事人起诉有困难，并支持受害方起诉。

1、受害方因主要证据取证困难无法起诉的；

2、受害方摄于某种势力不敢起诉的；

3、受害方是无民事行为能力人或者限制民事行为能力人而无监护人的；

4、人民法院应当受理而不受理的；

5、本案涉及国家利益或者社会公共利益，但该受害方的利益损害较小，而诉讼成本较高的；

6、人民检察院认为当事人起诉有困难的其他情形。

（四）关于检察机关支持起诉的内容

就一般的支持起诉方来讲，支持的内容是多方面的，可以是精神上的，道义上的帮助，也可以是法律上、物质上的帮助。就检察机关来讲，有其特殊的法律地位，根据民事诉讼法第十四条："人民检察院有权对民事审判活动实行法律监督"。因此，检察机关不仅是原告的支持者也是法律监督者，不仅有权支持受害方起诉，也有权参与诉讼的过程，并对民事审判活动是否合法进行监督。具体来说，检察机关支持起诉的内容主要有以下几项。

1、调查取证。调查取证的任务应当主要由原告及其代理人来完成。检察机关调查的主要是当事人因客观原因不能自行收集主要证据且提供调查取证线索的。对于损害国家利益和社会公共利益的案件，检察机关可以借助诉讼监督权和职务犯罪侦查权来收集证据。检察机关调取的证据除必须经过非法证据排除外，还应当遵循民事诉讼证据规则关于举证时限、证据形式和质证方式的规定。其中值得注意的问题是检察机关如何将依职权调取的证据移送法院接受质证后作为定案依据。证据可以附随《支持起诉书》一并移送，也可以单独移送。

2、建议人民法院缓收、减收或者免受诉讼费用。

3、提供法律帮助。从法律角度预测诉讼风险，对胜诉可能性极小的案件，不宜支持当事人起诉，否则，劳民伤财。对胜诉可能性较大的案件，支持当事人起诉，并与原告或其诉讼代理人协商举证、质证和答辩方案。

4、出席法庭。出席法庭的任务：一是对审判活动进行监督，这是法定职权；二是宣读《支持起诉意见书》，支持原告的诉讼活动，并对自己调查移送的证据进行质证。

二、开展支持起诉工作的意义

（一）有利于保护国家利益和社会公共利益

国家的民事权益有多种形式，但财产权益是其基础，我国的国家财产主要是国有资产。国有资产的实际管理和经营者是国有资产的经营者、占用者、出资者和管理者。他们在经营、管理国有资产的同时负有保护国有资产的责任，当国有资产因民事违法行为受到侵害或与他人发生民事纠纷时，他们有责任通过民事救济手段来挽回国有资产的损失。但是，有的国有企业或因法律意识不强，认为人家欠债早晚会还，而疏于行使债权；或因市场经济意识不强，认为与债务人是常年业务关系，拉不下脸面，而怠于行使债权；或因诉讼意识淡薄，认为打官司麻烦，效果也不一定好，懒得行使诉权；或因取不到有力证据，遇到了自己无法解决的问题而不能进行诉讼；或因在企业改制中，国企主要负责人为谋取私利，故意将国有资产廉价转让给个别人，而无人提起民事诉讼。诸如此类问题的存在，客观上要求检察机关作为国家根本利益的代表者，参与诉讼，支持国有企业进行民事起诉，以保护国有资产，促进国有企业的改革和发展。

社会公共利益是一个广泛的概念，不仅包括社会公共财产和利益，还包括社会公德或公序良俗。危害公共利益的案件，虽有具体的受害人，但受害人一般情况下人数众多，具体到每个当事人时，可能其个人利益受到的损害并不大，与其为补偿此利益而进行诉讼所花费的诉讼成本来说，可能得不偿失。受害人主动进行诉讼的可能性较小，有支持起诉的必要。

检察机关是国家的法律监督机关，无论从检察制度的起源，还是从中外检察制度发展看，检察机关一直是以国家和社会公共利益代表的面目出现。检察机关为维护公益而介入民事诉讼是其应有职责。我国民事诉讼法规定了支持起诉原则，法律规定虽简单，但毕竟是法律依据。检察机关支持起诉工作正是当前拓宽检察机关维护国家、社会公共利益的职能和方式的一个渠道。

（二）有利于推进检察改革

我国检察机关从 1978 年重建以来，由于受立法等因素的影响，检察人员一般认为检察机关是“专政”工具，其主要任务就是参与打击刑事犯罪。改革开放以来，随着经济的快速发展，检察机关如何为社会主义市场经济服务越来越引起人们的重视。我国民行检察工作开展十几年以来，由于立法的滞后，只有按审判监督程序抗诉一项法定业务，这已远远不能适用社会发展的需要。《最高人民检察院关于进一步深化检察改革的三年实施意见》指出检察改革的主要任务之一就是：完善人民检察院对民事审判、行政诉讼活动实行法律监督的范围、措施和程序，探索人民检察院对民事执行活动进行监督的方式。探索建立民事、行政公诉制度和人民检察院参与民事、行政诉讼的制度。

纵观世界各国的检察制度，检察机关提起和参与民事行政诉讼是普遍做法。法国是大陆法系的代表，是对检察机关提起和参与民事行政诉讼最早、最为系统的国家。各国检察机关提起和参与民事行政诉讼的范围、方式虽然有所不同，但检察机关作为“最高法律秩序和道德的代表者”，均是为维护国家和社会公共利益而提起和参与民事行政诉讼的。现代民事诉讼均是一种由公权力为主导的依据一定规则对民事主体的诉求表达、利益协调、权益保障、矛盾调处的具有规范性、稳定性、强制性、引导性的制度规范与运行机制。在世界范围内即使是强调个人本位、私权至上的西方国家，检察机关在民事诉讼中的地位与作用也在明显加强。

我国检察机关介入民事诉讼的范围非常狭窄，法律明确规定的只有抗诉的方式。检察职权有待于进一步完善。其中民行检察职权的完善处于重要的地位。检察机关在民事诉讼中的权力应当有：提起公诉、参与诉讼、提起抗诉、支持起诉、监督起诉、检察建议或纠正违法通知。支持起诉因为有现行法律依据，目前只是完善的问题，而且可以通过司法解释解决，是完善民行检察职能较为容易的一步。把支持起诉工作做好，扩大社会影响，必然会促使学者积极研究检察机关全面介入民事诉讼的范围和方式，进而引起立法机关地重视，为以后立法与国际社会接轨，规定检察机关全面介入民事诉讼打下良好的实践和理论基础。

（三）有利于强化民事行政检察，服务构建和谐社会

随着物权法等民事法律的出台及完善，民事审判权延伸到了社会生活的方方面面，客观上需要加强民事检察监督权进行制衡。只有从制度上人手，加强对公共权力的监督制衡机制，切实实现和维护社会正义，各方面的利益关系才能协调，人们的积极性、主动性、创造性才能发挥出来，才能形成构建和谐社会的坚实的群众基础。因此，加强和改进民行检察工作全力维护公平正义，是服务构建和谐社会的重要内容和必然要求。支持起诉使民事行政检察从事后监督的方式，延伸为事先介入全程监督的方式，这一转变显然意义重大。

三、关于完善和规范支持起诉制度的建议

支持起诉原则在实践中不能运用的主要原因是法律规定太原则，没有可操作性。有学者建议把该原则降格为具体制度，将其同第一审普通程序中有关“起诉”的内容并行规定于一处。这样既可克服将其牵强附会地规定为基本原则之嫌，又可增强立法上的整体性，还有利于实践中的操作和应用。笔者赞同该观点，如果把它作为一项具体制度，就可以用多个条文将支持起诉的方式、程序，支持者的地位、权利、义务，支持起诉的法律效力等内容进行详尽地规定。不仅检察机关，妇联、消费者协会、工会、对受害主体负有保护责任的主管部门等都可以根据此程序来支持有关民事权益受到损害的单位或个人提起民事诉讼，保护弱者的利益。

当前，可以参照《人民检察院民事行政抗诉案件办案规则》，就检察机关支持起诉的程序做出司法解释，规范检察机关支持起诉工作。其具体内容可分为以下五个部分：

一是关于案件受理。1、属于损害国家利益和社会公共利益的案件或者损害集体、个人的案件，人民检察院认为应当受理的。2、当事人起诉有困难。3、受害方或者其

他利害关系人申请人民检察院支持起诉。4、支持起诉申请的处理。应规定人民检察院对支持起诉申请，应当自受理之日起七日内分别情况做出处理，并通知申请人以及有诉权的民事主体。

二是关于立案。主要明确以下内容：1. 案件的管辖。应规定民事支持起诉案件由对该案有管辖权法院的同级人民检察院立案，两个以上人民法院对该案有管辖权的，由申请人选择支持起诉的人民检察院。2. 立案的条件。(1) 符合人民检察院支持起诉的案件范围；(2) 属于本院受案范围；(3) 有诉讼请求和支持诉讼请求的证据；3. 对案件的交办、催办。应规定：对需要交办、转办的案件，应当分别制作交办函、转办函，并将有关材料移送下级人民检察院。对上级人民检察院交办的案件，下级人民检察院应当及时立案审查，并报告审查结果或者审查意见。对上级人民检察院转办的案件，下级人民检察院自行处理。

三是关于案件的审查。1. 审查的内容：该案的案件事实是否符合支持起诉的条件，是否按规定可以调查取证。2. 应当终止审查的情形：诉讼请求没有证据支持且无调查取证线索的；责任人死亡，责任单位已被撤销、解散或宣告破产，无权利义务承担人，无财产可供执行的；超过诉讼时效的；其它非诉救济手段正在进行的；应当终止审查的其他情形。3. 案件审查终结的处理：符合支持起诉条件的，做出支持起诉的决定；不符合支持起诉条件的，作出不支持起诉决定；涉案标的较小没有支持必要的，建议原告自行提起诉讼。支持起诉案件审查终结，应当制作《审查终结报告》。

四是关于支持起诉。l. 支持起诉的条件：符合人民检察院支持起诉的案件范围；当事人自行起诉有困难；有诉权的民事主体或者其他利害关系人提出申请，或者有诉权的民事主体同意检察机关支持起诉。有诉权的民事主体提供符合民事诉讼法规定的《民事诉讼状》原件或者复印件。2. 支持起诉书的内容。支持起诉机关、案件来源、当事人的基本情况、支持起诉的事实与理由。3. 检察人员出席法庭的任务。宣读《支持起诉书》；就本院移送的证据进行举证、质证；对于双方当事人的违法所得应当依法收缴国库的，提请法院在判决时注意；监督庭审活动是否合法。4. 对判决进行审查。认为判决有错误的，在上诉期内可以建议原告上诉或者支持原告上诉。判决生效的，应当依法抗诉。5. 发现支持起诉不当的处理。人民检察院发现支持起诉不当的，应当由检察长或者检察委员会决定撤回支持起诉。上级人民检察院发现下级人民检察院支持起诉不当的，有权撤销下级人民检察院的支持起诉决定。

五是其他内容。1. 依据判决结果需要追究有关单位责任人行政责任的，向有关单位提出追究相关责任人行政责任的检察建议，并报同级人大常委会备案；需要追究责任人刑事责任的，移送侦查机关处理。2. 人民检察院办理支持起诉案件，不收案件受理费，案件材料复制费可由申请人承担。3. 在民事诉讼过程中被告提出反诉，有独立请求权的第三人提出参加之诉有困难，人民检察院认为需要支持反诉的，适用支持起诉程序。

四、我们的几点做法

近年来，我们在法律规定的范围内就检察机关开展支持起诉工作进行了积极有益的探索。我们的思路是从易到难求介入、创造环境谋发展。从调查研究人手，注意发现案源，不求多，但求准，注重实效。2005年以来共办理支持起诉案件20件，法院均采纳了检察机关的支持起诉意见。这些案件存在如下特点：

1、贴近基层、服务群众。作为基层检察院我们办理案件不一味追求大案，而是以办理国家利益和社会公共利益受损的案件为重点，以办理一般案件为基础。不限于侵权案件，还包括赡养老人纠纷案、离异父母抚养子女纠纷案、医疗事故赔偿案、环境污染纠纷案。

2、与法院积极沟通，争取法院的支持。检察院和法院在维护国家利益和社会公共利益、维护公平正义方面具有相同的价值追求。因此，基层检察院应当积极与基层法院沟通，争取法院的理解和支持。唯有如此，才能推动这项工作有效和稳妥地开展。

3、把好质量关、注重案件实际效果。2005年我们办理了一起国有资产损害赔偿案，两名犯罪分子盗窃阳泉市温河灌区水利设施被判刑，其造成国有资产损失未能及时追回。我院支持温河灌区提起民事诉讼，法院依法判决，为国家挽回损失26000余元。

总之，检察机关支持起诉工作是一项前景广阔的具有深远的现实意义，我们要依法开展工作不断总结经验，切实履行检察职能，开创检察工作新局面。

（原载于《阳泉检察》2007年第2期）

为其子非法采煤提供帮助并隐瞒事实可否构成非法采矿罪

聂玲莉

案情：孙某，有二子分别是孙大和孙小，其住一院内，孙某与其子已分家。2009年7月至2010年1月从孙某家院内常传出机器干活的声音、常有挖煤工人出入，周边邻居家的房屋也出现不同程度的塌陷，尽管相关部门曾多次宣传并张贴严禁非法采矿的通告，但孙某家院里一直在进行非法采煤活动。案发后，孙某称他自己将电线引人洞口，一人在自家院里采煤，其二子并未参与，但经调查，在案发期间，是由孙大、孙小挖煤并由孙小将煤卖出，而孙某白天、晚上均在外工作，没有作案时间。

分歧意见：对孙某的行为是否构成犯罪，是构成非法采矿罪还是窝藏、包庇罪，存在分歧。

第一种意见认为：不构成犯罪。因材料中只有孙某自己的供述，承认自己为了自家日常用煤而挖煤约五、六吨，而其他证人证言都证实孙某没有作案时间。依据《中华人民共和国刑事诉讼法》第四十六条的规定，只有被告人自己的供述而没有其他证据的，不能认定被告人有罪，因此孙某不构成犯罪。

第二种意见认为：构成包庇罪。据挖煤工人证实，是孙某的两个儿子雇佣其进行挖煤，且买煤人证实，是孙小将煤卖给他们的，但孙某向公安机关供述中却称他挖煤是为了自家用，并谎称在他挖煤期间他的两个儿子都在外干别的工作，没有参与挖煤。依据《中华人民共和国刑事诉讼法》的规定，明知是犯罪的人而做假证明包庇的，构成包庇罪。在本案中，孙某对于自己儿子在自家院中长时间挖煤的行为不可能不知情，但其为了让自己的儿子逃避法律的追究而故意隐瞒事情真相的行为，构成包庇罪。

第三种意见认为：孙某构成非法采矿罪。孙某虽没有直接参与非法采矿行为，但其明知其子在进行非法挖煤，并将电线为他们引入采煤的洞口，其行为符合非法采矿罪的构成要件，构成非法采矿罪。

评析：笔者赞同第三种意见，本案中孙某构成非法采矿罪。理由如下：

首先：从主观上看，在孙某家院内进行非法采煤活动期间，相关部门曾多次在其村内宣传并张贴严禁非法采矿的通告，孙某知道非法采煤是违法行为，孙某在供述中也并不否认在自家院中非法挖煤的事实，且有意将儿子挖煤的情节说成是自己所为，使自己的两个儿子逃脱罪责，由此可见孙某明知自家院中挖煤的事实。

其次：从客观上看，孙某家院内的采煤活动是在没有依法取得许可证的情况下进行的，孙某即使没有直接参与挖煤的活动，但其供述称是自己将电线接入到非法采煤的洞口中的，该行为为非法采煤提供帮助，孙某在其子的非法采煤中有积极的行为，孙某构成其子非法采煤犯罪行为的帮助犯。且在案发后孙某又故意为其子隐瞒重要犯罪事实，可见孙某与其子显然就非法采煤行为有通谋。

再次：孙某的两个儿子的非法采煤行为造成煤炭资源破坏可采总量达3341.3吨，煤炭资源破坏价值总额为86.87万元，依据《关于审理非法采矿、破坏性采矿刑事案件具体应用法律若干问题的解释》规定，非法采矿造成矿产资源破坏的价值，数额在30万元以上的，属于造成矿产资源严重破坏，孙某及其子的非法采矿行为造成的煤炭资源破坏价值远远超出该标准。

综上，依据主客观相一致的原则，孙某的行为构成非法采矿罪。

（原载于《阳泉检察》2010年第2期）

涉农领域职务犯罪案件浅析

王文燕

一、分析案件根源，价值观扭曲和监管缺失是造成犯罪的主要诱因

廉洁意识不强。在基层工作的村干部工作条件艰苦，而且相应的工资报酬比较低，生活质量提不上去，所以懈怠了为人民服务的宗旨，世界观、价值观扭曲，放松了对自己的要求，没有抵制住金钱等利益的诱惑，忘记了党和人民的重托和信任，一心想利用手中的权利为自己谋取私利，多次骗取国家、集体的财产，损害了党和国家、人民的权益，造成严重的后果。

制度执行不严。随着经济的发展，国家法制建设也在不断推进和完善。但有关基层的规章制度执行不到位，特别是涉农方面的各项制度更是无章可循，存在漏洞，这势必会给基层工作的干部提供了犯罪的机会。目前基层存在着领导说了算，其他人不敢言的现象，一些规章制度形同虚设，不能得到真正有效的执行，如果能够做到党委统一领导、党政齐抓共管、部门各负其责、依靠群众支持和参与的领导体制和工作机制，就不会出现如村干部骗取迁坟补助款的贪污腐败案件。

监督管理不力。权力缺乏监督就必然走向腐败。基层很多部门监督制约机制不完善、不系统，缺乏阳光作业，出现权利真空，为其犯罪提供可乘之机。群众不知情，上级不过问，政策棚架现象时有发生，有些群众都不知道有涉农惠农政策，群众监督更无从谈起，从而给职务犯罪提供了便利的条件。

二、透视案件危害，严重败坏党和政府形象祸及惠民政策实施

为增强农民生产积极性，改变农民生活质量，让农民真正得到实惠，近年来，党和国家不断出台惠民利民政策，不断加大对“三农”的资金投入。然而，这些资金却成为有些人眼中的“唐僧肉”，涉农职务犯罪近几年呈明显增多之势，其涉及面广，有的直接侵害农民利益，从而造成农村干群关系紧张，矛盾激化，群众反映强烈，上访不断，有的还引发群体性越级上访事件，具有很强的社会危害性，严重影响农村社会稳定。

破坏了党和政府在农村群众中的形象。农村基层干部是国家庞大行政机器中的末梢神经，直接面对着基层农民，其一言一行直接关系党和政府的形象。一些基层工作人员贪污受贿、玩忽职守的行为，引起了农民群众对政府的误解和不信任，有的人甚至产生了抵触情绪，增加了惠农政策落实的难度。此案中胡根锁利用自己的职务便利，以权谋私，骗取了数万元的迁坟补偿款，就给村民们留下了“有权就有钱”这样一个印象，大大破坏了党和国家的廉政形象，辜负了党和人民对他的信任。

影响了涉农惠农政策的实施效果。部分基层组织人员的侵吞、贪占行为，严重扭曲了各项惠农补助和有关涉农补偿补贴资金应有的惠农富民作用。如某案中迁坟补助款本来是发放给那些在征地红线范围内的有坟的居民，对于有些无主坟村干部根本不去核实调查是谁家的坟，就定成无主坟，甚至还把有些无主坟自作主张指定给某些人，采取欺骗的手段骗取了国家的涉农惠农资金，影响了涉农惠农政策的实施效果。

造成了国家资金的大量流失。如曾经查办的一起涉农案件，涉案金额达到了五万多元，这对于国家来说也是一笔数额不菲的资金，用这笔资金可以救济多少困难老百姓，可以为老百姓做多少事，可是嫌疑人却滥用自己手中的职权，以权谋私，骗取了国家的涉农惠民政策资金，造成了国家资金的大量流失。

三、提出预防措施，坚持“宣传、制度、监督”三管齐下是治标治本的有效手段

涉农惠农职务犯罪案件虽多发在基层，但因其就发生在群众身边，影响极为恶劣，直接关系到国家基层政权和社会的稳定，也关系到党和国家命运及长治久安。因此，预防和减少涉农惠农职务犯罪案件的发生是基层检察机关义不容辞的责任和义务。因此要做好涉农职务犯罪案件的预防工作，必须从以下几个方面努力：

进一步加大对各项惠农政策和管理规定的宣传，增加工作实施的透明度。在实施惠农政策之前，要通过组织召开会议、印发宣传资料等方式宣传介绍各项惠农补助和有关涉农补偿补贴发放范围、标准及有关要求，落实补助、补偿补贴资金发放的公示制度，使国家的惠农政策家喻户晓，深入人心，真正提高农民群众的维权意识和执行有关政策的积极性、主动性。

建立健全涉农资金和涉农项目的监督管理机制。适时向经营管理涉农资金发放和涉农项目的农综、财政、农机、农业畜牧、水利等部门有针对性地发出检察建议，并汇同这些职能部门完善建立各项管理机制，特别是对这些涉农的热点问题进行阳光作业，增加透明度和群众知情度，使人民群众有参与权和监督权，严防暗箱操作，切实做到以公开促公正、赢公信，提高党和政府在人民群众中的威信。

加大查处涉农职务犯罪的工作力度。检察机关肩负的使命就是打击和惩治犯罪，保护人民群众的合法权益，打防并举，防重于治，但对于那些铤而走险，抱有侥幸心理、顶风作案人员要发现一起，查处一起，同时要发动群众，检举揭发涉案人员，深挖隐藏较深的犯罪分子，形成高压态势，给涉农惠农职务犯罪分子严厉的打击，极大地震慑心存侥幸的人，也防范涉农职务犯罪的发生，使党的涉农惠农政策得到全面落实。

（原载于《检察风云》2013 年第 27 期）

第四章　检察司法与实践研究

在新时期体制改革的语境下 着力构建新型“检”“商”关系

阳泉市郊区人民检察院党组书记、检察长　严志勇

提到阳泉，大家不一定熟悉，因为这是一个深处太行深麓、人口只有百余万的小城市，阳泉是一个美丽的园林城市，是亚洲最大的无烟煤生产基地，是百度创始人李彦宏和科幻小说家刘慈欣的故乡，是中国共产党创建的第一个城市。在司法体制改革进入新阶段和全国即将全面试行监察体制改革的大背景下，如何聚焦精准监督，更好地发挥法律监督职能，成为检察机关恢复重建以来所面临的一个最大课题。今天的会议研讨平等保护各类企业发展的途径，作为检察机关如何积极构建新型“检”“商”关系，全力帮助企业和企业家健康成长，实现不同所有制企业的大发展、大繁荣，是我们肩负的神圣职责。维护企业经济利益与保护弱势群体是检察机关参与社会治理的职能定位，以司法方式解决非司法问题是检察机关参与社会治理的方式选择，构建新型的检商关系是检察机关实现自身价值的有效路径。

一、主动适应新时期职能转变新变化，深刻领会改革要义，准确行使检察职能

在司法体制和监察体制改革双重叠加的情形下，检察机关该如何实现其宪法定位，发挥检察权法律监督的功能，有必要对检察权属性进行重新审视，对检察职能进行更准确定位。可以肯定的是检察机关作为法律监督机关的法律地位没有变，检察机关是独立行使法律监督权的国家机关，承担着稳定宪法体制下国家权力的正常运行秩序的职能。顺应我国社会变迁和国家转型过程中的结构优化，以检察监督职能为基础，以服务中心大局和回应社会关切为出发点，通过检察权行使推动社会善治，提升检察机关在权力结构中地位的现实选择。以社会公共利益的司法保护和弱势群体的司法保护这一两翼定位，通过以社会公共利益司法保护和非公有制经济的司法保障为两翼架构，是当前检察机关参与社会治理的有效机制。从长远规划和宏观层面上看，检察机关的愿景不止于此。通过检察机关参与社会治理机制的推进，检察机关应在关系人民群众切身利益的公权力运行领域，通过对公权力的监督，建立起社会公共利益的司法保障机制和检察服务企业、为社会提供司法保障的实践运作中心，为当前改革和社会

治理现代化目标作出贡献。

二、主动适应新时期经济发展新常态，突出服务重点，创新监督模式

面对经济发展新常态，我院认真贯彻最高人民检察院关于加强非公经济服务的两个《意见》，通过搭建工作平台、延伸司法触角，为当地非公经济发展提供有力司法保障。

一是选准切入点，构建非公经济服务新模式。以非公经济维权服务为平台，结合办案实践深入调研，结合阳泉郊区经济社会发展“三步走”战略，制定出台了《加强和保障促进民营经济发展工作办法》和《充分发挥渎职侵权查办和预防检察职能促进公正执法，保障全区经济发展实施意见》，将服务非公经济，保障辖区经济发展作为检察机关重要职能，推出了服务非公经济常态化、制度化十五项措施，将十五家重点企业和项目作为定点法律维权服务对象，明确将向企业收取已明令取消的收费项目、擅自立项向企业收费或超范围（标准）收费、危害非公有制经济业主人身安全和财产安全等11项违法犯罪行为作为受理举报维权的重点范围。二是找准发力点，推出非公经济服务新举措。围绕辖区传统产业多的特点，找准检察服务非公经济的工作重心，多措并举有效维护非公企业的合法权益。主动送法上门，通过送法进企业、入园区，常年举办融资风险、合同诈骗等涉法问题讲座，面对面为企业职工提供生产安全、劳动保护等法律咨询。三是探寻结合点，助推非公经济服务新发展。积极探索检察职能与服务经济发展之间的结合点，强化改革发展意识，着力构筑检察服务非公经济的立体化、多元化网络。开展重点帮扶，预防和化解企业经营风险，开展监督释法，营造良好的企业法治环境。开展“互联网+非公经济工程”，与非公企业开展良性交流互动，坚持运用法治思维和法治方式调节经济关系、规范经济行为。

三、主动适应新时期助推企业发展新方式，正确运用帮扶手段，精准扶持企业家成长

检察机关在一定程度上协助企业发现并解决发展中存在的问题有着深厚的实践基础，基本上形成了以司法办案为中心，以职能延伸为触角的总体框架，通过检察职能的开展，促进企业和行政机关规范自身行为。检察机关助推企业发展的方式主要是通过行使公诉权、侦查监督权、民事行政检察权等检察职能，将企业发展中存在的问题框入法律架构内进行化解。服务的方式着眼于服务的目标，检察机关以公权力监督为中心，以保护企业和企业家利益与弱势群体司法保障为两翼，在工作方式上应该是有所侧重，对于违背或者损害国家利益和社会公共利益、损害弱势群体利益的不法集团和商家，在强化法律监督手段的同时，还有必要强化非司法化治理方式的运用，以弥补传统司法手段的局限。

习近平总书记在十九大报告中指出，“激发和保护企业家精神，鼓励更多社会主体投身创新创业，建设知识型、技能型、创新型劳动者大军，弘扬劳模精神和工匠精神，营造劳动光荣的社会风尚和精益求精的敬业风气”。改革开放早期的企业家的成长，明显带有文化水平低、企业经营粗放型和家族型特点，我们阳泉郊区的一半企业与改革开放同岁，但发展却不同步，许多企业的“企二代”作为接班人的更替，由于缺乏相应的社会阅历和社会经验，缺乏对国情和中国特色法制的认知，缺乏对政策的熟悉和了解，在生产经营中“负重前行”，甚至“摔倒”的案例的确不在少数。那么，检察机关如何主动适应新时代企业家队伍面临的这一深刻变化，正确运用帮扶手段，精准扶持青年企业家们尽快成长接班呢？结合近来年的实践，我们主要以防范风险为主题，以具有较大社会影响的刑事案件为例，把“法制”“法律”送给青年企业家，使他们成为工作有敬畏、经营有操守、做事有底线的群体。众所周知，政商关系是一个十分复杂、敏感的社会关系，对于检察机关来说，在我国经济由高速增长阶段转向高质量发展阶段，正处在转变发展方式、优化经济结构、转换增长动力的攻关期，如何构建新型检、商关系，帮助企业开展技术创新和技术改造，提升制造品质和企业竞争力，使传统企业实现持续健康发展，是检察机关面临的当务之急。只要我们按照习近平总书记的要求，认真学习贯彻党的十九大精神，就一定能在检、商之间，做到“君子之交淡如水”，实现“检”“商”交往有道，从而最大限度地在法律框架内实现“检”“商”和谐，激励广大民营企业家做到洁身自好，遵纪守法办企业、光明正大搞经营，为决胜全面建设小康社会作出新贡献。

（此文是在 2017 年 11 月，严志勇检察长作为全省代表在上海的“激发保护企业家精神、促进企业依法合规经营”法治论坛会上做的经验交流发言。）

用刚性制度保障人民监督员知情权 切实加强对“五种情形”的监督

田江华

人民监督员制度是在现行司法框架内对检察权运行机制的重要改革创新，它充分体现了社会主义法治理念的基本要求和深刻内涵，为践行“强化法律监督、维护公平正义”的检察主题发挥了重要作用。

人民监督员工作开展以来，对“三类案件”的监督不断规范和完善，取得了一定成效，但对“五种情形”的监督，由于是对“人”的监督，关系到犯罪犠疑人、被告人的权利救济和保障，且涉及到办案过程，更多地体现了监督的同步性和即时性。二00五年十二月，最高检颁布了《人民监督员监督“五种情形”实施规则》，各级检察机关也相继开展了对“五种情形”的监督。随着此项工作的开展，实践中也出现了一些问题，这些问题集中体现为监督的点多面广，人民监督员难以掌握相关信息。因此，保障人民监督员对“五种情形”的监督，实质上是保障人民监督员的“知情权”。笔者认为，为了保障人民监督员对“五种情形”的监督，应当制定一套明确、细化、规范的刚性制度和运行机制，以切实保障人民监督员监督“五种情形”的知情权。

人民监督员对“五种情形”的知情方式，主要有以下四条渠道：一是检察机关提供；二是当事人反映；三是参与检察机关的执法活动；四是在社会活动中获知或者向社会了解。因此，检察机关应根据人民监督员知情方式，制定一套有效的保障机制，从四个方面做好保障工作：

一、设立知情权的保障制度，增强监督的透明度

1、利用检察信息，将检察机关自侦案件立案、诉讼和处理判决情况通报人民监督员。

2、通过通报和例会制度，将相关部门查办案件情况、案件诉讼情况，定期及时地通报人民监督员。

3、人民监督员办公室及时汇总自侦案件立案、采取强制措施后，羁押时间情况的备案，在预防超期羁押环节上建立与自侦、侦查监督、公诉、监所等部门定期联系交流制度。从犯罪嫌疑人被刑事拘留开始到庭审等各个诉讼环节，制作羁押情况一览表，对犯罪嫌疑人在每一个检察环节被羁押的日期、期限进行动态反映，定期组织人民监督员根据羁押情况对照法定期限，检察有无超期羁押的情况。

二、主动邀请人民监督员检查监督，保障人民监督员的参与权

1、定期邀请人民监督员开展对“五种情形“的专项检查活动。人民监督员办公室要将自侦案件的立案、羁押、搜查、扣押、冻结的汇总情况以书面形式记录备案，并接受人民监督员的检查。

2、邀请人民监督员对检察人员最后一次提审讯问自侦案件犯罪嫌疑人进行监督，听取嫌疑人对检察人员在侦查阶段的执法情况反映。

3、邀请人民监督员对监管场所进行检查，了解犯罪嫌疑人被羁押的情况。

4、邀请人民监督员对有影响的自侦案件进行庭审观摩，并对此类案件与检察人员回访考查，拓宽人民监督员对“五种情形的知情渠道，拓宽犯罪嫌疑人的权利救济途径。

三、制定程序告知、案件跟踪和备案制度，加强纪检部门与人民监督员对执法活动的监督

1、根据“五种情形“的监督内容，完善相应的法律文书，如《五种情形权利告知书》、《扣押款物明细表》、《退还扣押款物明细表》、《自侦案件诉讼明细表》、《刑事赔偿案件备案表》、《检察人员执法活动监督表》等，在程序上设置相应的行为规范。

2、组织检察人员对《试行规定》的学习和了解，让检察人员在思想上有要接受监督的意识，在执法上能够自觉和主动的接受人民监督员的监督，把“请你监督”作为文明执法、公正执法的工作作风和执法理念，让制度的强制和示范作用“内化于心、外践于行”，让公正执法明示于社会。

做好以上几点工作，是保障人民监督员“五种情形”知情权的基本要求，实现这些要求的过程就是人民监督员制度迈向规范化和法制化的过程，同时也是我们检察机关践行“强化法律监督、维护公平正义”的过程。

（原载于《阳泉检察》2008 年第 2 期）

宽严相济刑事司法政策的把握与适用

杨培龙

最高人民检察院“宽严相济”刑事政策的提出并全面施行，是在充分考虑现阶段我国刑事犯罪的国情的基础上作出的一项重大刑事政策，是现阶段政法机关办理刑事案件的纲领性文件。但在司法实践中，如何准确做到宽严相济，这是摆在政法干警面前的一个需亟待解决的课题。

一、正确理解宽严相济的涵义

宽严相济刑事司法政策，从字面上分析，先宽后严，把宽放在首位，严处于宽之后，这就不难看出该政策把宽放在了十分重要的地位。但不能一味强调宽而忽略了严的重要性，这里的“济”就是要着力处理好宽与严的关系，二者要相辅相成，不可偏废。

二、司法实践中要正确把握宽与严的界限

《最高人民检察院关于在检察工作中贯彻宽严相济刑事司法政策的若干意见》，对宽严相济的刑事政策作了比较明晰的规定。检察机关贯彻宽严相济刑事司法政策应当坚持以下原则：全面把握、区别对待、严格依法、注重效果。在十六字原则的统领下，又制订了“在履行法律监督职能中全面贯彻宽严相济刑事司法政策”，明确“依法严厉打击严重危害社会治安的犯罪和严重破坏市场经济秩序等犯罪；依法严肃查处贪污贿赂、渎职侵权等国家工作人员职务犯罪”。又强调要严格把握有逮捕必要的逮捕条件，慎重适用逮捕措施；正确把握起诉和不起诉案件，依法适用不起诉；突出立案监督的重点；在抗诉工作中正确贯彻宽严相济的刑事政策；对未成年人犯罪案件依法从宽处理；对因人民内部矛盾引发的轻微刑事案件依法从宽处理；对轻微犯罪中的初犯、偶犯依法从宽处理；正确处理群体性事件中的犯罪案件。对未成年人犯罪对轻微犯罪中初犯、偶犯、主观恶性小的犯罪嫌疑人，特别是对因生活无着偶然发生的盗窃等轻微犯罪，犯罪嫌疑人人身危险性不大的，一般可以不予逮捕；符合法定条件的，可以依法不起诉。确需提起公诉的，可以向人民法院提出从宽处理的意见。

在司法实践中，宽与严的度有时还难以区分与把握，还存在着不同的认识上的差异。高检院出台的刑事司法政策解决了原则性的问题，细节上的东西还需广大政法干警结合法律法规及具体案情加以分析判断来准确界定宽与严之度。

三、全面贯彻宽严相济的刑事政策

我们战斗在刑检第一线的政法干警，首先要高度重视宽严相济刑事司法政策的

重大意义，确实从思想上认识到严格贯彻宽严相济刑事司法政策的必要性，并切实贯彻到司法实践中来，要认真学习，领会该政策的精神实质，明确运用法律，真正做到当宽则宽，当严则严。

总之，在全面构建社会主义和谐社会的伟大事业中，作为一名检察干警，肩负着义不容辞的光荣使命和职责。我们要在自己的本职岗位上，准确执行宽严相济的司法刑事政策，务必做到不枉不纵，严格执法，依法办案。尽最大努力增加和谐因素，克服消除不和谐因素，为社会主义现代化事业的顺利推进，为构建和谐社会做出自己应有的贡献。

（原载于《阳泉检察》2007 年第 2 期）

从 1% 与 100% 想到的

魏振泽

百分数是一个数学概念，其将事物的全部设定为 100，用百分数来表示其中某一部分在整体中所占的比例，显然，100% 代表着全部，而 1% 则代表在整体中所占比例很小，甚至微不足道。这些天来，这两个数字始终萦绕在我的脑海中，让我对政法机关、政法干警如何实践党的群众路线有了更深刻的理解，也让我更加敬畏自己的职责、激励我用更多的热情去工作。

去年 12 月份，我承办了公安机关提请批准逮捕的一起故意伤害案件。犯罪嫌疑人张立刚（化名）因经济纠纷，一时冲动将别人打成轻伤，整个案件事实十分清楚，证据也十分充分，作出执法决定似乎不是难题。但在进一步了解案情特别是在看守所提讯张立刚后，我感到不能简单对其批准逮捕结案。张立刚一家四口人，母亲已年逾古稀，两个哥哥都有轻度残疾，家庭唯一的经济来源就是他在某国有企业工作的固定工资，一旦对其批准逮捕，他很可能会被单位开除，一家人今后的生活怎么办？况且，在案发过程中，被害人一方也有明显过错，结合他没有前科劣迹、认罪悔罪、愿意积极赔偿被害人损失等从宽情节，我提出了不批准逮捕张立刚的建议，后经检察长决定，他被取保候审了，重新回到了工作岗位。案子办结了，随着时间的推移，它在我的脑海中也渐渐淡去。

一个月前的一天，我到本院公诉部门去找资料，在楼道里，一个中年男子拦住了我，我看着他面熟，但怎么也想不起来在哪儿见过。看着我满脸迷茫的神情，这个中年男人也似乎意识到了什么，赶紧自我介绍：我叫张立刚呀，去年我的案子就是您办的，多亏您给了我改过自新的机会，也救了我们全家。今天，我就是专程来向您表达谢意的。在接下来的攀谈中，他讲的最多的就是如果当时我们作出批准逮捕决定，他就会失去工作，他母亲和他的两个哥哥会失去生活来源，这个家就完了。从他的话语中，我感受他对自己一时糊涂触犯刑律的深深自责，也感受到了一个中年男人强烈的家庭责任心，更感受到：似乎检察机关的一个执法决定会给予他全部，也会剥夺他的全部。

送走张立刚，我回到自己的办公室，心情久久不能平静。自己每年办理的案件有 100 多起。像张立刚这样的案子，甚至连 1% 的分量也占不到，但在和这个中年汉子的谈话中，我分明感到，这个案子对他意味着 100%! 当这两个百分数闪现在我脑海中的时候，我感到了莫名地压力。是啊，作为一名检察机关一线办案人员，每天都在接触形形色色的案件，时间长了，案子办多了，似乎一切都很平常，但如果换位思考一下，对于案件当事人来讲，他们大多数是第一次和法律打交道，更可能是一生当中唯一一次作为案件的犯罪嫌疑人或者被害人，而司法机关所作的每一个决定，都会给他带来终身的影响。一个案子办的公正，他会一辈子信仰法律、信任司法机关。一个案子办的不公正，他对法律的信仰会瞬间崩塌、他会用怀疑、甚至敌视的目光看待司法机关，而这一切，都掌握在我们这些司法人员的手中。

将 1% 与 100% 这两个数字放在一起，体现的是的为民情怀，实践的是一切为了群众的理念，走的是我们党一以贯之的群众路线，为的是让人民群众从政法机关办理的每一起案件中感受到公平正义。

将 1% 与 100% 这两个数字放在一起，会时刻提醒我们以更强的责任心去办理每一起案件，不放过每一个细节，努力把每一个案件都办成经得起历史检验的铁案，因为我们知道，虽然这只是自己办理案件的 1%。但却是案件当事人的 100%。

将 1% 与 100% 这两个数字放在一起，会让我们以更多的热忱与耐心，去聆听人民群众的诉求，不会再简单以“这不属于我们管辖”去敷衍来访群众，因为我们知道，群众的诉求，在他们心中就是自己的 100%。

1% 与 100% 这两个数字，会激励每一个政法干警，去用自己的实际行动来维护群众的利益、法律的尊严、党的威信。我想，这就是在实践党的群众路线吧！

（该文曾获阳泉市“党的群众路线教育活动”征文二等奖，原载于《人民检察（山西版）》2015 年第 1 期）

找准工作抓手 发挥案管作用
阳泉市郊区人民检察院案件管理实施“四严把”工作法综述

王建文

办案是检察机关最基本的执法活动，对案件进行规范化管理必然地成为检察机关的基础工作。实施案件集中管理，是检察机关提高科学管理水平，促进执法规范化，促进公正廉洁执法，提高办案质量和效率的战略性举措。阳泉市郊区人民检察院作为阳泉市案件管理改革的试点单位，于2010年7月开始实施案件集中管理，立足基层实际，结合自身特点，在探索中学习，在学习中完善，摸索出“四严把”工作法。“四严把”基本涵盖了案管改革五大目标内容，成为做好案件管理改革工作的基础抓手，通过对案件流程监督的全程化、质量评查的常态化、实体监督的重点化、业务评价的考量化，改变了过去管理模式下存在的重结果轻过程、重纵向轻横向、重部门轻整体的“纵强横弱、分散管理”的弊端，在实际工作中收到良好效果。

一、严把案件进口关，发挥案管中心的“过滤网”作用

实现案件集中管理“源头控制”工作目标，我院案管中心从案件的进出口两头抓起，进行严格的程序审查。

案件入口审查视情况不同分为一般审查和重点审查。一般审查主要进行六查看：看案件是否属于本院管辖；看案卷材料是否齐备，装订是否规范；看作为证据使用的实物是否随案移送；看犯罪嫌疑人是否在案；看主要证据在形式上是否齐全，与案件事实是否一致；看采取强制措施是否适当。重点审查是对二次移送案件和“另案处理”案件、变更强制措施案件三类案件进行审查。如侦监部门要求补侦的案件，公安机关再次移送起诉，我院要重点审查公安机关是否根据侦监部门的要求进行了补充侦查，是否达到补侦要求。“另案处理”案件重点审查是否详细说明“另案处理”的具体原因，是否附有相关材料，“另案处理”的条件是否存在，并建立专门台账进行登记，定期跟踪预警，督促公安机关依法处理。变更强制措施案件重点审查变更强制措施的理由是否充足、合法；公安机关是否及时通知检察机关，并提供相关材料，否则下达《纠正违法通知书》及时纠正。

案件符合受理要求，案管中心受理登记；如果不符合受理要求，不予受理。如王某、高某、潘某涉嫌故意伤害一案，公安机关起诉意见书指控第一、第二犯罪嫌疑人王某、高某共同涉嫌伤害他人犯罪一起，第三犯罪嫌疑人潘某单独涉嫌伤害他人犯罪一起，两起犯罪事实不是同一事实，被害人不是同一人，公安机关却并案移送起诉，经案管中心审查认为不符合法律规定，不予受理。案管中心运行以来，共受理公诉案件262件437人，受理提请批捕案件158件281人，不予受理案件48件56人，其中不属于本院管辖的4件，法律文书不规范的32件，强制措施不当的9件，犯罪嫌疑人不在案3件，发出检察建议5件。

案件出口主要审查：办案人员执法行为是否规范合法，有无违纪违规行为发生；有涉检信访苗头的案件，承力、人是否进行了办案风险预警评估，是否进行了释法说理工作；案件力理过程中法律文书开具有无依法，工作文书是否按规定备案审查，案管中心审查意见是否落实等等。经审查，执法程序规范合法的案件，由案管中心统一送达。不规范的案件由业务部门完善，符合条件后再由案管中心统一送达。案管中心运行以来，共批准逮捕129件226人，提起公诉235件418人，不诉30件55人，备案审查自侦、民行、控申、监所等部门案件94件，开具法律文书523份。

案件管理中心通过严把案件进出口关，发挥“过滤网”的作用，保证了案件流入的质量，减少了案件的退补，退补率同比降低15%;其次，规范了执法行为，提高了办案质量，提高了执法公信力。

二、严把案件时效关，发挥案管中心的“助推器”作用

为保证案件高效规范运行，杜绝超期现象发生，针对现实工作中存在的办案前松后紧、案件随意退补、任意延长审理期限的情况，我院案管中心建立了办案期限预警和对退补理由和延期依据进行必要性审查的监督机制。

（一）办案期限预警。案管中心专设办案期限人工提醒工作项目，对快到期还未办结的案件由专管员口头或电话通知业务部门进行催办。审查逮捕案件、审查起诉案件、民行和控申等部门力、理的案件，分别在期限届满前两日、五日和十五日提出预警，先后共发出期限预警213次。

（二）对退补案件、延长审理期限案件进行必要性审查。退补案件必须案案随送退补提纲，以便侦查工作具有明确目的性。针对退补提纲所列内容，从事实和法律层面审查其合理性、可行性和必要性。相对简单的瑕疵，建议承力、人之间协商解决；对延期案件重点审查延期是否合法，理由是否充足。

案管中心通过对办案期限和退补案件、延期案件的动态监督管理，有效地杜绝了办案部门之间相互借用办案时限、变相延期办案、侵犯案件当事人合法权益的行为，同时也节约了诉讼资源，缩短了办案周期，提高了办案效率。侦监部门平均办案期限由六天缩短为四天，公诉部门平均办案期限由二十七天缩短为二十三天，民事行政申诉案件、控申刑事申诉案件由平均六十天缩短为四十天。

三、严把案件质量关，发挥案管中心的“督察员”作用

质量是案件的生命线，也是检察机关内部监督的重要方面，我们在注重对案件程序审查的同时，通过多种途径和方式，加强对案件质量的审查。

（一）重点案件审查。案管部门是否应对案件进行实体审查是案管改革实践中争议最多、阻力最大的焦点，通过学习原山西省院检察长王建明同志撰写的“检察机关案件管理改革论要”，我们认为，以程序监督为主，有选择性的进行实体监督，契合案管改革的要义，也符合案管改革的实际。基于这样的认识，我院规定：案管中心对有分歧意见的刑事和解不捕不诉案件、自侦部门不立案案件、公安提请复议案件进行实体审查。实践表明，案管中心实体审查“五类”案件，在业务精力上力所能及，在实际工作中也发挥出作用。如在审查一起强奸案件中，侦监部门认为被害人虽未满十四周岁，但犯罪嫌疑人对其是未成年人并不明知，应不构罪不捕。案管中心认为双方属恋爱关系，相处时间长，嫌疑人对被害方年龄应有所了解，嫌疑人之行为构成强奸罪应予逮捕。检委会认为案管中心审查意见充分，被采纳。至今案管中心实体审查案件 21 件，提出不同意见 9 件，均被检委会采纳。

（二）三书对比审查。案管中心对本院起诉书与公安机关起诉意见书、法院判决书，在犯罪事实、罪名、罪数上进行严格比对。如果起诉书、判决书改变了案件事实和性质，案管中心立即查找变更原因，向本院案件质量评查组报告审查情况；如遇重大或疑难复杂案件，则提交检察长或检委会。至今，案管中心通过三书对比审查，建议提请抗诉 3 件。如我院案管中心通过三书对比审查方式，发现被告张某等 5 人盗窃掩饰隐瞒犯罪所得一案，审判机关认定其中两名被告人有自首情节，与本院起诉书认定事实不符，而且判决 5 名被告人适用缓刑不当。案管中心审查后将情况上报，经检委会研究后决定对该案依法提起抗诉。

（三）案件质量评查。对案件质量管理是案件集中管理的重要组成部分，也是案件集中管理成效的基础保障。我院案管中心定期牵头组织对本院办理案件进行质量评查，重点评查七类案件：建议侦查机关撤案的案件、不批准逮捕案件、不起诉案件、撤案处理的职务犯罪案件、改变罪名罪数的案件、涉检信访案件、无罪案件。案件评查采用随机抽查方式，先由各部门自查互查，最后由案件质量评查组核查，对各部门及个人执法情况进行最终评价，并作为年底评优评先必不可少的参考依据。案件质量评查不仅激发了大家的办案热情，而且有效提升了本院所办案件的质量。案管运行以来，共牵头评查案件 62 件，发现问题 20 余处，反馈部门后均已整改。去年评查问题最多的部门取消了评先资格，评查无问题的部门给予了奖励。

四、严把业务运行评价关，发挥案管中心的“参谋部”作用

我院把检察业务考评工作划入案管部门，把办案数据统计分析、检察业务绩效考评与案件监督管理有机结合起来，把业务考评建立在平时的办案情况统计分析、案件质量检查等工作基础上，确保客观准确地反映检察业务绩效。为方便领导直接掌握本院执法办案的质量、效率、力度和执法规范化状况，及时调整工作部署，案管中心对本院检察业务的运行情况“月通报，季分析，年研判”。严格业务运行评价，充当助手、参谋，为院领导提供决策参考。每月通报各业务部门和办案人员的执法办案情况；每季度召开本院业务部门联席会议，通报本季度检察业务的运行情况，查找存在的问题和薄弱环节，提出改进措施。每半年召开一次公检法联席会议，互相通报工作情况，征求工作意见，共同协商解决业务工作中遇到的问题。最直接的效果就是各业务部门通过案管中心的业务运行分析，找到了差距，明确了工作方向。

我院案件管理“四严把”工作法，化繁为简、便于操作，打破了以往部门之间条块分割，各自为政的封闭性管理和分散性管理模式，把强化内部监督的要求实实在在地落实到每一起案件和每一个环节，用机制和制度促进执法办案的规范化。以提升案件质量为核心，以案件运行分析评价为基础，以检察业务考核激励为导向，通过构建案件程序管理机制、案件审查督查机制、案件运行分析评价机制、检察业务考评指导机制等四大机制，加大对执法办案活动的横向监督制约，强化对检察业务工作的统筹管理指挥，在机制和制度上促进了执法活动的规范化。

案件管理改革是一项具有基础性、全局性、战略性的工作，前景光明、任重道远，需要我们负重前行、勇于探索，走出一条既在理论上对头，又在实践中有效，符合检察机关工作实际的案管之路。

（原载于《山西特刊检察风云》2012 年第 34 期）

我经历的一次专题报告审议过程

李建华

人大及其常委会审议“一府两院”工作报告是宪法规定的基本制度，是人大监督的基本形式。近几年来，人大对检察机关的专项报告审议每年都有，基中，对我影响最深的一次是审议反贪工作报告。那是二〇〇三年十一月中旬，郊区人大常委会办公室发出通知，要在十一月下旬召开郊区十五届人大常委会第四次会议，听取和审议郊区检察院反贪污贿赂工作情况报告。

为了能够最详尽、得体的将反贪工作汇报清楚，新任检察长特别重视此项工作。他专门把我和反贪局领导还有内勤小段叫到办公室，就如何向本次人大常委会作好反贪污贿赂专题报告征求大家意见。听取了大家的意见后，检察长安排反贪局领导，先由内勤小段搜集素材，写出初稿再交办公室整理，并由我写出讨论稿提交院党组讨论。他还特别叮嘱“成绩不能夸大，要实话实说；问题不能轻描淡写，要实事求事；整改措施要详实得力、具体可行。”初稿形成后，我根据上级检察机关要求，结合本院的反贪工作实际，对初稿内容进行了较大的改动，把讨论稿打印出来，放在了检察长办公桌前。检察长放下手头的工作便认真的细读起来。我满以为自己多年来写专题报告是轻车熟路，十拿九稳，一次成功。没想到检察长看完稿子后说：“成绩说的很多，但不精练，问题讲的很少，还不准确，整改措施还要再具体一些”。按照惯例，报告的内容主要讲成绩，讲效果，对问题的不足只作概括阐述，大多讲的笼统。按照这个思路，我第二次修改后便又送给检察长审阅。检察长看过后，若有所思。他边看边亲自动笔修改，这时我的心情很紧张，生怕领导不满意。检察长反复修改后对我说：“你看这样改动行不行？如无不妥，先把稿子打印出来，交党组成员审阅，再上党组会议讨论定稿”。听了检察长的话，我紧张的心情松懈下来。

党组会上，大家对讨论稿提出了十多处修改意见，检察长最后说：“办公室把讨论稿整理后，送区委、人大、政府、政法委领导征求意见”。当我把有关领导的征求意见情况反馈给检察长时，检察长说：“向人大提请审议报告决不能马虎，要多听听各方面的意见，才能对我们做好各项工作起到很好的启发和促进作用”。此时的我并不在意。

2003 年 11 月 30 日，检察长代表郊区检察院向常委会作了《关于反贪污贿赂工作情况的报告》。他的发言铿锵有力，博得了与会人大常委委员的赞许。审议发言中，人大常委会委员们在肯定成绩的同时，也对工作中存在的问题和不足提出了中肯的意见。特别是有一位委员，对提高办案质量、开展预防职务犯罪工作，加强反贪队伍建设等问题提出了很好的意见。作为随领导听取意见作记录的我，一一把委员们的发言记录下来。这时我的心中忽然产生了一种念头，委员们提了这么多意见，报告能通过吗？在随后的表决中，反贪污贿赂工作情况报告获得多数票支持，一次表决通过。这时，我心里的石头总算是落了地。但我发现，检察长的脸上并不轻松，而是更加严肃了。

对这次会议表决通过的报告情况。区人大常委会办公室专门发通报，就加强反贪污贿赂工作提出了四项建议。当我看到这个情况通报时，突然意识到这是一次不寻常的通报，这样的通报在以往是不曾有的。人大的这个通报在充分肯定检察院反贪污贿赂工作成绩的同时，对今后工作提出了建议，其中心和主题是在加大查办贪污贿赂犯罪案件力度的同时，要加强预防职务犯罪工作。这时我才明白在常委会表决通过专题报告后，检察长的脸上为什么那么严肃的原因。

在院党组专门研究如何落实人大的建议会上，检察长指出，这个通报充分反映出人大的监督工作是按照与时俱进、开拓创新的要求，在监督的方式和内容上不断创新，努力使人大监督，取得最佳效果的有益探索。人大监督力度的加强，对我们各项检察工作的开展是个鞭策和支持，我们必须进一步树立自觉接受监督的意识，高度重视，认真对待。党组其他领导也纷纷发言，对人大创新监督工作方式，增强监督实效表示支持。会议针对区人大常委会的四项建议，逐项进行了研究讨论。会后我根据会议讨论的情况，起草了《关于落实区人大常委会建议的整改措施》。在初稿写出来之后，检察长亲自修改把关，最后提交院党组集体审议通过。

我在办公室工作多年，每年向人大提交的检察工作报告和其他专题工作报告都由我来撰写，但这次的专题报告与以往的报告不同之处，就在于不仅新任检察长重视和主动接收人大的监督意识强，而且区人大本身也在探讨和创新监督方式，改善监督效果。一个专题工作报告，党组三次召开会议研究讨论，这是第一次；人大专门发通报提建议，这也是第一次；制定落实人大建议的整改措施更是第一次。至此，我才领悟到，新的一届检察院领导班子，自觉接受人大监督意识在提高，人大改进监督方式、增强监督实效的方法在创新。这种主动接收监督意识正是搞好检察工作的前提和基础，这种探讨和创新监督工作方式正是人民代表大会制度进一步完善的根本所在。经历了这次专题报告审议过程，的确为我上了一堂非常生动的民主法制教育课，受益非浅，使我对审议工作的重视态度，鞭策我在今后的工作中要更加踏实严谨，精益求精。

（原载于《阳泉检察》2004 年第 2 期）

技侦大楼竣工仪式开幕词

（2012 年 12 月 11 日）

尊敬的各位领导、各位来宾、同志们：

今天，我们怀着喜悦的心情迎来了郊区人民检察院技侦大楼竣工的日子。首先，我代表区检察院党组和全体干警向出席竣工仪式的各位领导、各位来宾表示衷心地感谢和热烈地欢迎！

这是一个令人难忘的时刻，面对这幢设施完善、功能齐全的现代化办公大楼，我们不能忘记，在大楼建设的过程中，各级领导多次亲临现场，了解工程进展，指导工程建设；我们不能忘记，区直有关部门和兄弟单位在项目审批、资金筹措等方面给予的大力支持和帮助；我们不能忘记，大楼建设者们在1000多个日日夜夜里，顶酷暑、冒严寒、风餐露宿、攻坚克难，为工程建设所付出的艰辛劳动。我们深切地感受到：检察事业要发展，党的领导是纲、为民执法是本，要坚持党对政法工作的绝对领导，充分发挥党组织的战斗堡垒作用、党员的模范带头作用，坚定不移地走中国特色社会主义政治发展道路和法治建设道路；要坚持执法为民，始终把人民放在心中最高位置，把人民群众的关注点作为检察工作的着力点，充分发挥检察职能，促进解决人民群众关心的权益保障、公平正义、社会治安、反对腐败等突出问题，自觉接受群众监督，把检察工作深深植根于人民群众之中。

区检察院恢复重建 30 多年来所走过的道路，始终与中国法制建设的进程同步；始终与改革开放的伟大历程同步；始终与郊区社会经济的跨越发展同步。在市检察院和区委的正确领导下，在区政府、人大、政协和社会各界一以贯之的关心支持下，郊区检察工作经过历届党组和新老干警的不懈努力，各项检察业务都取得了长足发展，曾连续两届荣获“全国先进基层检察院”和“全省规范化建设示范院”光荣称号，连续十一年被区委区政府授予“红旗单位”。近年来随着阳泉城市扩容和检察工作对科技强检的要求越来越高，我院基础设施已越来越不能满足科学发展的需要。为了郊区检察工作的长远发展，在各级领导的关心支持下，2009 年 8 月我院启动新一轮“两房建设”，凝聚着几代郊区检察人追求与梦想的新技侦大楼正式破土动工。工程建设以来，我院党组始终将工程建设作为重中之重的工作来抓，在人力物力上向工程建设倾斜。全院上下心往一处想，劲往一处使，在完成好本职工作的同时，不遗余力地支持工程建设。新建技侦大楼是一座集办公、办案、信息化于一体的现代化大楼，投入使用后，必将极大地提升我院的检务保障水平，必将更好地促进郊区检察工作向前发展。

奠百年宏基，聚精会神谋发展；创千秋伟业，励精图治谱新篇。我院将以技侦大楼落成为契机，在市院和区委的领导下，紧紧围绕工作大局，更加充分地发挥检察职能，努力推进执法规范化、队伍专业化、管理科学化和保障现代化建设，为维护我区社会稳定，促进经济发展提供强有力的司法保障。千川汇海阔，风正好扬帆！站在新的起点上，我们将以新的面貌、新的形象，进一步强化法律监督，维护公平正义，为熠熠闪亮的检徽再添新光彩，为郊区经济社会发展再作新贡献！我们坚信，有上级党组织的正确领导，有社会各界的大力支持，有全体检察干警的团结拼搏，郊区检察院的明天一定会更加美好！

最后祝各位领导、各位来宾、各位朋友身体健康、工作顺利、家庭幸福、万事如意！

谢谢大家！

区检察院技侦大楼竣工暨迎新春检察官宣誓升国旗仪式同期声

男：时间的脚步匆匆疾驰

女：岁月的印痕时光荏苒

男：当2012年的龙吟犹在耳畔

女：2013年的蛇舞已飘然眼前

男：在举国上下认真学习贯彻党的十八大精神的时刻

女：在蛇年新春即将到来的日子里

合：今天，我们举行郊区人民检察院迎新春检察官宣誓暨升国旗仪式。

男：出席今天仪式的有：

女：市政法委领导。

男：市人民检察院党组成员

女：区四套班子领导。

合：让我们以热烈的掌声欢迎各位领导的到来！

女：回顾区检察院恢复重建30多年来所走过的道路，始终与中国法制建设的进程同步，始终与改革开放的伟大历程同步，始终与郊区社会经济的发展同步。

男：在市检察院和区委的正确领导下，在区政府、人大、政协和社会各界一以贯之的支持下，伴随着郊区检察事业的发展，经过历届党组和全体干警的不懈努力，郊区检察队伍经历了恢复重建、发展壮大、素质能力整体提升的发展道路，各项检察业务不断取得新进展，检察形象不断得到新提升，曾连续两届荣获“全国先进基层检察院”和“全省规范化建设示范院”光荣称号，连续十一年被区委区政府授予“红旗单位”。

女：一直以来，郊区院始终坚持强化法律监督、强化自身监督、强化自身建设，形成了“五用”结合的治检理念，即领导干部率先垂范，用过硬的班子带动人；以党建带队建，用正确的思想引导人；完善制度和机制，用科学的管理规范人；推进人才培养，用教育培训塑造人；从严治检与从优待检相结合，用事业和关爱激励人。

男：按照“打造工作特色、创新工作亮点，实现检察工作新突破”的工作方针，积极探索工作新思路、挖掘工作新亮点，努力打造基层院建设特色品牌，有很多工作在全市检察系统先行先试，形成亮点。率先推行了轻微刑事案件刑事和解、人民监督员、案件集中管理等工作，取得了良好的政治效果、法律效果和社会效果，为深入推进社会矛盾化解、社会管理创新、公正廉洁执法三项重点工作做出了积极的贡献。

女：服从和服务党和国家工作大局是检察机关的政治责任和重要使命，执法办案是检察机关履行职责的最基本要求，也是赢得党和人民群众支持和信赖的基础。郊区院坚持以执法办案为中心，把查办和预防职务犯罪放在更加突出的重要位置来抓，深入开展了治理商业贿赂、工程建设、国土资源以及煤焦、民生、涉农等领域的反腐败专项斗争，严肃查处了一大批职务犯罪案件。同时，以提高预防能力为核心、以拓展预防领域为重点、以建立预防机制为保证，按照预防工作进机关、进企业、进社区、进乡村、进学校的"五进"要求，努力从源头上遏制腐败，积极营造清正廉洁的政务环境。

男：我们深切地感受到：检察事业要发展，党的领导是关键、为民执法是根本，必须坚定不移地走中国特色社会主义法治建设道路。

女：坚持执法为民，始终把人民放在心中最高位置，把人民群众的关注点作为检察工作的着力点，充分发挥检察职能，促进解决人民群众关心的权益保障、公平正义、社会治安、反对腐败等突出问题，把检察工作深深植根于人民群众之中。

男：奠百年宏基聚精会神谋发展

女：创千秋伟业励精图治谱新篇

男：我院将在市院和区委的领导下，紧紧围绕郊区"四带"战略，更加充分地发挥检察职能，为全区经济社会转型跨越发展提供良好的法治环境。

女："十二五"时期，郊区检察工作将紧紧围绕五年规划确定的"1341" 目标，再上新台阶，再做新贡献！

男：即坚持以执法办案为中心，以强化法律监督、强化自身监督、强化队伍建设三个强化为总要求，全面推进执法规范化、队伍专业化、管理科学化、保障现代化"四化"建设，团结奋进，锐意进取，争创一流基层检察院！

女：千川汇海阔

男：风正好扬帆！

女：站在新的起点上，我们将以新的面貌、新的形象，进一步强化法律监督，维护公平正义，为熠熠闪亮的检徽再添新光彩，为郊区经济社会发展再作新贡献！

男：我们坚信，有市检察院和区委的正确领导，有社会各界的大力支持，有全体检察干警的团结拼搏，郊区检察院的未来一定会更加美好！

合：在蛇年新春即将到来之际，祝各位领导、各位来宾、全院干警，身体健康、工作顺利、家庭幸福、万事如意！

文化育检飘书香

——郊区人民检察院创建检察文化建设示范院宣传片解说词

史保龙

阳泉市郊区位于山西省东部，太行山南麓，有“中国荫营耐火城”之称，辖内有全国现存最早的宋代建筑玉泉山关帝庙，清代民居银园山庄，近代著名女作家石评梅故居等人文景观。

长江不择细流，故能浩荡万里。泰山不辞杯土，故能成其伟岸。在这个太行深麓，有一个充满书香气息的基层检察院，2012年至今，33名在编干警先后在《检察日报》、《检察风云》、《山西法制报》、《山西检察》、《山西检察周刊》、《阳泉日报》、《阳泉检察》等中央省市媒体发表宣传检察工作文章402篇，检察形象不断得到新提升。

三十多年来，阳泉市郊区人民检察院的发展始终与中国的改革开放同步，与国家的法制进程同步，与郊区经济社会的建设同步。

全国先进基层检察院、全国检察机关百佳门户网站、全省规范化建设示范院、全省案件管理示范院、全省科技强检先进院，连续十三年保持市级文明单位称号，连续十一年被区委区政府授予“红旗单位”，这一枚枚奖牌，一项项荣誉，是责任，更是动力，激励着郊区人民检察院砥砺前进。

检察文化的核心在于用高尚的道德和正确的核心价值观育心铸魂。走进郊区人民检察院首先映入眼帘的是实时滚动播放时政信息的LED大屏，一排排开放式图书，一幅幅文化挂图，扑面而来的文化气息沁人心脾。

文化树魂，在职业道德引领下锻造精神品格。“海纳百川，追求卓越，崇尚法治，唯正行止”是郊区检察人的价值追求，检察官集体宣誓、升国旗、讲国学、开设网络党建阵地、开办“指尖课堂”，由传统“面对面”灌输式教育变为新形势下“键对键”互动交流。在干好本职工作的同时，干警们情趣多样、爱好广泛，书法、摄影、器乐、球操等形式多样的文化创新活动，不仅丰富了业余生活，也活跃了思想政治工作。

文化育检，在文化理念熏陶中促进公正执法。从硬件文化入手，优化检察工作环境。先后建成功能一流的办案工作区，远程视频接待室，检务接待中心，电子物证室，网络指挥中心以及干警文体活动室、开放式图书馆、文化走廊等设施，把文化元素融入到办公办案环境中。从软件文化入手，强化规范办案意识，汇编了班子队伍建设、党风廉政教育，检务保障和信息化建设等77项工作制度，形成靠制度管人管事的机制。

在全市率先推行案件集中管理、信息化建设、司法体制改革等试点工作，为先行先试积累经验。

文化育人，在创先争优中构筑形象高地。突出典型引领，打造文明榜样形象，开展评选“身边人身边事”活动，五年来，先后有6个集体和23名个人荣获省市区级表彰，全院上下“学先进、敢担当、比奉献”蔚然成风。班子成员带头讲党课、话党史、论团结，言行举止处处率先垂范。院党总支创建了“党建+服务+扶贫+研讨+走基层”等工作模式，并广泛运用网络媒体进行网络竞答、官微开通、微信互动、智能办公，使党建触网更精彩。2016年2月这个院公诉部门在审查一起盗窃案时，在海量的嫌疑人通话记录中运用大数据技术寻找端倪、锁定证据，追漏出3起犯罪事实。聚焦精准监督主业、突出生态环境保护，2017年8月，该院立案监督的阳泉市首例环保污染案，入选全市检察机关精品案例。

检察长语：

我们深深地感到，培育文化、传承特色、内化于心，外化于行的精神洗礼，是增强干警归属感和认同感，推动检察工作科学发展的重要力量，不断提升全体干警的检察业务和群众工作能力，激发他们为郊区检察事业拼搏奉献。

笃信法律监督倡行公平正义、耕耘检察事业书写美好明天。阳泉市郊区人民检察院将始终以提高思想“高度”为宗旨强化理念，以拓展业务“深度”为目标创新文化，以增强队伍“力度”为重点凝聚团队，以锤炼作风“纯度”为核心营造清廉，以提高人文“温度”为要领培育和谐，继续开创具有鲜明特色的郊区检察文化发展之路。

“舍小家、为大家”最美逆行者最坚定的选择

王文燕

亲爱的老公：

见字如面。

春节本该是万家团圆之际，可这突如其来的新型冠状病毒打破了新年的美好。大年初三，你急匆匆接了个电话就赶赴单位，作为一名医务人员，没有半点含糊，第一时间义无反顾回到疫情防控第一线，与同事们一起撑起人民群众生命健康的保护屏障。

这突如其来的疫情，让我们措手不及，本来今年的年是准备好好护理、陪伴刚刚做完手术的宝贝女儿，可刚过大年初二你却要立即返回岗位。在你接到返岗命令的那一刹那，“疫情这么凶猛你能不能不去？能不能留下来跟我一起照顾刚刚做完手术的女儿？”一连串的问题在我脑中迅速盘旋，从内心来讲，我是多么地不情愿，多么地想任性一次，为你的健康、为孩子的健康，毕竟你是我的天，孩子是我的命。但瞬间又马上为自己的自私与狭隘感到羞愧。听着你坚定的答复、看着你坚定的步伐，那一刻，我明白了身为医生的你肩负的责任，明白了“临危受命，义无反顾”的含义，明白了“舍小家、为大家”的高尚。疫情就是命令，医院就是战场，岗位就是阵地。谁不想在家团聚，可肩膀上扛得是责任与担当啊。我作为一名检察干警，不能没有这点意识、这点觉悟，绝对不能！疫情来了我们不是不害怕，只是要把这个害怕藏在心底，肩上的责任和使命让我们无畏疫情的险恶，无惧疫情的肆虐，毅然要站在最前面。为了千千万万个家庭的平安，我们应该坚定地挺身而出；为了我们挚爱的国家，我们应该负重前行，用实际行动践行我们在关键时期的使命与担当。我明白！我理解！我支持！去吧！你守护大家，我守护小家。我会照顾好孩子，把这份担心藏在心底，春暖花开，我相信疫情一定会被击败，我和女儿等你平安归来。

从大年初三到现在，这一去就是一个多月，没有回过家，而且还将继续下去，这一个多月感觉真是度日如年啊，好希望疫情赶紧结束，你平安回来我们一家团聚。“妈妈，妈妈，爸爸什么时候才能回来陪我啊？”女儿一次次的问我，我只能安慰孩子，“等爸爸和许多的白衣天使一起打败了那个新冠病毒，完成了保护大家的任务就回来了。爸爸和白衣天使们都是最伟大、最可爱的，我们要向他们学习、向他们致敬。”她一直都很骄傲，因为她有一名医生爸爸。年仅9岁的女儿其实尚不明白疫情是多么

地严峻，在她心目中，更多的是希望爸爸妈妈陪她度过一个愉快的寒假、陪她度过术后恢复期这段相对身心比较脆弱的时段。在大多没有你消息的时候，我心中也是多么地忐忑不安。每天高度关注着疫情的发展情况，看着新闻里一天天增加的确诊人数，心里更多的是对你的担心。当网上公布你们医院所在辖区出现确诊病例的时候，我内心是多么的焦虑不安，也不敢立马给你打电话，知道你肯定在忙。在坐立不安中终于等到了你的报平安电话，电话里你总是叮嘱我们注意防护，也告诉我不要担心，我们国家这么强大，一线的大夫他们也在昼夜不停的在抢救在治疗，疫情总会过去的。可我心里想，那你呢，你们呢？这次的传染源防不胜防，而你和你的同事还要加班加点的在一线工作。想着想着，眼泪就像决堤的洪水奔涌而出，泪水中我仿佛看到你和同事们正冒着被传染的风险为病人诊断、救治、卡口检测、消毒防疫等画面。你和你的同事，你们不惧疫情，坚守在第一线，你们都是最美的逆行者！你们都要平安回家，一定要平安回家！

这个春节，是个别样的春节，是个永生难忘的春节！疫情无情，人间有爱。有一种情怀，叫“舍小家、为大家”。在这场没有硝烟的战斗中，还有很多像你一样的白衣天使，他们舍小家，为大家，始终坚守在一线，用真情诠释着人民生命安全高于一切的情怀，用行动践行着坚决打赢疫情防控阻击战的誓言，为人民群众的生命健康安全保驾护航！当前，疫情仍未结束，还需要你们将防疫的战线坚定的守在脚下，我和孩子在向你致敬的同时向所有奋战在抗疫一线的白衣天使们致敬，我的英雄，我们的英雄，你们辛苦了！期待你们尽快打赢这场战“疫”，早日凯旋归来！我和孩子为你们加油！为祖国加油！

盼你平安归来的妻子

2020 年 3 月 1 日

致钟南山院士的一封信

李慧慧

尊敬的钟南山院士：

您好！

首先，我想真诚地感谢您！

2020年注定是不平凡的一年，刚开年，就遇上新型冠状病毒的突然爆发，一开始，大家始料未及，难免慌乱。但您不顾安危身赴一线的壮举，无形中给无数人喂了定心丸。

2003年非典出现的时候，我还是一个无忧无虑的小学生，虽然学校每天早晚都量体温，但我当时不懂事情的严重性，并不害怕。而且我所在的小村庄偏僻深远，并未受到冲击波及，记忆中这段时期并不难捱。说来惭愧，对于这场祸事的始终，我并不那么了解，只听老师讲过是您敢医敢言，面对权威选择科学，改写了这场疫情的结局。

时隔十七年，再遇祸事，病毒来势汹汹，打破了祖国的安静祥和，原本沉浸在过年喜悦中的人们开始紧张恐慌，原本张灯结彩、熙熙攘攘的街道瞬间冷冷清清，举国上下迅速进入应急状态，大家忆起了那场非典，忆起了当时您和其他医护工作者救国民于水火的英雄事迹。世间本无所谓的英雄，只是在危难的时刻，身为普通人的他们勇敢的站了出来。如今，您本已高龄，却"明知山有虎，偏向虎山行"，您呼吁大家没有特殊情况不要去武汉，却在这个本该回家欢度佳节的时期，转身奔赴疫情第一线。"钟"究是您，迎"南"而上，重于泰"山"。让人欣慰的是，这场没有硝烟的战争并非是一个人的孤军奋战，而是无数如您一样的逆行者们的携手同行、并肩作战。在您身后，无数院士和白衣天使立下请战书，用医务人员的初心和拳拳报国的赤心书写"若有战，召必回，战必胜"的铮铮誓言。全国人民在度过最初的慌乱时期，也开始各司其职，有条不紊，共同奋战。我感慨万千，就和您聊聊这些天我的所见所闻。

恰巧遇上年关，全国各地都是归乡人，未曾想，一归乡，便是长时间不能归岗。相信多数人和我一样，每天睁眼第一件事，就是看数字，看新增数字、累计数字，看疫情相关进展报道，再默默为祖国祈祷。每天的消息来源皆是网上，有感动、有不平，有悲伤、有激动。我记得看过这样一则病例，武汉有个母亲因刚做完肺部结节手术，在医院不幸感染，她的家人不离不弃，结果，丈夫因贴身照顾被感染，但当时床位不够，丈夫只能排队等床，最后入住另一个医院。儿子也因轻微感染不得已在家自我隔离，女儿买到了很珍贵的药，然而却连亲手交给父亲母亲都不可能，和哥哥相见也只能各自坐在相隔不远的两辆车上打电话，一起期盼苦难快点过去。是啊，疫情难挡亲人同舟共济之勇，窗与窗之间分隔，但心与心之间依旧紧靠。当时，我看的既心酸又无奈，这样的病例很多，有少数人身带病毒隐瞒不报招摇过市，更有多数人在家自我隔离坚定信心最终自愈。疫情无情人有情，随着火神山、雷神山医院的建立，新春佳节中无数工人坚守于工地，随着许许多多不同职业、身份的人尽己所能抗击疫情，终于，武汉出现了明显的“床等人”现象。我相信，这也是您所期盼的吧。

大家都很听您的话，疫情期间，我所在的小村庄村口拉起了红条，取消了庆元宵活动，不再串门走亲戚，必须出门时街上的人们都戴着口罩。除了像您一样身处一线的，因职责所需坚持在岗的，其他人都在家，期间涌现出一批批“人才”和创意品，比如河南的广播，有创意的柚子口罩，全副武装的消毒卫士，会跳舞的瓜子花生……大家在家学做饭、做运动、“旅游”，挖掘出很多技能。慢慢地，疫情得到控制，各项数据开始下降，我所在的山西省也从一级应急响应降为二级，所有的事情都在变好，一桩桩一幕幕，都凸显了万众一心，也彰显了众志成城。

每临大事有静气、重压之下有勇气，中华民族是从艰难困苦中走出来的，当前，全国上下正在奋力抗击新冠肺炎疫情，在党的领导下全国一盘棋是我们所拥有的制度底气。作为一名检察干警，我将尽力守护法律公平和一方安宁。由于疫情，我们经历了苦难，可这个寒冬却也因为一点一滴爱的汇聚变得格外温暖。“黑夜无论怎样悠长，白昼总会到来”，我坚信，我们一定能打赢这场疫情防控攻坚战。钟老，保重身体！我们在您身后，我们一起共克难关！

此致

敬礼！

一名普通的检察干警

2020年3月7日

第十编

检察人物

第一章 院领导

第一节 现任院领导

严志勇（1966～），河北行唐人，中共党员，大学文化，三级高级检察官，山西省阳泉市郊区人民检察院党组书记、检察长。

1983年8月，任山西省阳泉市荫营煤矿党委办公室通讯员。1986年2月，任山西省阳泉荫营地区检察院干事、助理检察员。1989年7月至1991年7月，在山西省政法管理干部学院法律专业学习。1991年7月，历任荫营地区检察院检察员、驻阳泉第二监狱检察室副主任(副科)（期间，1991年10月至1992年3月参加阳泉市委组织部社教工作队在盂县西烟镇工作）。1997年12月，任山西省阳泉荫营地区检察院驻阳泉第二监狱检察室主任（正科）。2001年12月，任山西省阳泉荫营地区检察院党组成员。2002年3月，任山西省阳泉荫营地区检察院党组成员、副检察长、检察委员会委员（副处）。2011年5月，任山西省阳泉市矿区人民检察院党组书记、副检察长、代检察长。2011年6月，任山西省阳泉市矿区人民检察院党组书记、检察长（其间，按照职级并行相关规定，从2015年7月起享受正处级非领导职务待遇）。2016年5月，任山西省阳泉市郊区人民检察院党组书记、副检察长、代检察长。2016年8月，当选为山西省阳泉市郊区人民检察院党组书记、检察长。

刘双富（1962～），山西阳泉人，中共党员，大学文化，山西省阳泉市郊区人民检察院党组成员、常务副检察长、检察委员会委员，四级高级检察官。

1979年5月至1981年4月，阳泉市郊区汽修厂、铝制品厂待业。1981年4月，阳泉市纺织厂工人。1982年2月，任阳泉市郊区人民检察院书记员、助理检察员（其间，于1984年11月至1987年7月，山西大学法律专业学习）。1988年6月，任阳泉市郊区人民检察院检察员、刑事侦查检察科副科长。1991年4月，任阳泉市郊区人民检察院刑事侦查检察科科长、法纪检察科科长。1995年10月，任阳泉市郊区司法局副局长（其间，于1996年8月至1998年12月，中央党校函授学院政法专业学习）。1999年1月，任阳泉市郊区人民检察院纪检组组长、党组成员。1999年2月，任阳泉市郊区人民检察院纪检组组长、党组成员、检察员、检察委员会委员。2002年3月，任阳泉市郊区人民检察院党组成员、副检察长、检察委员会委员。2013年3月，任阳泉市郊区人民检察院党组成员、常务副检察长、检察委员会委员。

1993年，被山西省人民检察院授予“先进工作者”称号。

杨建民（1967～），山西阳泉人，中共党员，大学文化，阳泉市郊区人民检察院党组成员、副检察长、检察委员会委员，四级高级检察官。

1983年12月，为阳泉市电石厂工人。1985年4月，阳泉市电工机械厂工人。1986年2月，任阳泉市郊区人民检察院书记员、助理检察员（其间，于1987年12月至1990年6月，山西大学法律专业学习）。1996年1月，任阳泉市郊区人民检察院检察员。1996年12月，任阳泉市郊区人民检察院经济检察科副科长。1999年1月，任阳泉市郊区人民检察院副科级检察员、经经济检察科副科长。1999年2月，任阳泉市郊区人民检察院副科级检察员、法纪检察科（反渎职侵权检察科）科长。2008年2月，任阳泉市郊区人民检察院党组成员（其间，于1998年8月至2000年12月，中央党校函授学院政法专业学习）。2008年3月，任阳泉市郊区人民检察院党组成员、副检察长、检察委员会委员。2013年3月，任阳泉市郊区人民检察院党组成员、副检察长兼政工科科长、检察委员会委员。

2004年，被阳泉市人民检察院授予“先进个人”称号。

王权政（1964～），山西阳泉人，中共党员，大学文化，山西省阳泉市郊区人民检察院党组成员、副检察长、检察委员会委员。

1983年10月至1985年7月，山西省司法学校司法专业学习。1985年9月，任阳泉市郊区人民检察院书记员、助理检察员（其间，于1989年6月至1992年12月，山西大学法律专业自考专科学习）。1996年1月，任阳泉市郊区人民检察院检察员。1996年2月，任阳泉市郊区人民检察院控告、申诉检察科科长。1999年1月，任阳泉市郊区人民检察院副科级检察员、反贪污贿赂局副局长（其间，于2000年10月至2003年12月，山西大学法律专业自考本科学习）。2004年2月，任阳泉市郊区人民检察院反贪污贿赂局副局长。2008年2月，任阳泉市郊区人民检察院党组成员、反渎职侵权局局长。2008年3月，任阳泉市郊区人民检察院党组成员、检察委员会委员。2013年4月，任阳泉市郊区人民检察院党组成员、副检察长、检察委员会委员。

张保亮（1967 ~ ），山西阳泉平定人，大学文化，山西省阳泉市郊区人民检察院副检察长、检察委员会委员。

1985 年 9 月至 1989 年 7 月，西安冶金建筑学院机械工程系矿业机械专业学习。1989 年 7 月，在阳泉市铝矾土矿工作。1995 年 3 月，调至山西省平定县农业机械公司工作。1996 年 10 月，任阳泉市郊区人民检察院书记员、助理检察员(其间，于 1996 年 11 月至 1999 年 12 月，山西大学法律专业学习）。2000 年 11 月，任阳泉市郊区人民检察院检察员。2006 年 9 月，任阳泉市郊区人民检察院渎职侵权检察科副科长。2008 年 6 月，任阳泉市郊区人民检察院反贪污贿赂局副局长（副科级）。2013 年 3 月，任阳泉市郊区人民检察院正科级检察员。2013 年 4 月，任阳泉市郊区人民检察院副检察长、正科级检察员、检察委员会委员。

2008 年，被阳泉市人民检察院授予个人嘉奖。2011 年，被阳泉市人民检察院授予“先进个人”称号。2011 年，被阳泉市人民检察院授予“办案能手”称号。2011 年，被阳泉市人民检察院授予反贪“百日大会战”嘉奖；2013 年，被山西省人民检察院评为“办案能手”。

史保龙（1963 ~ ），山西阳泉人，中共党员，大学文化，山西省阳泉市郊区人民检察院党组成员、办公室主任、检察委员会委员，一级检察官。

1980 年 9 月至 1982 年 7 月，山西阳泉钢铁厂技工学校铸造专业学习。1982 年 9 月参加工作，就职于山西阳泉钢铁厂、阳泉钢铁公司，历任公司工程处团支部书记、铁合金二厂业务科长、办公室主任、工会干事(其间，于 1985 年 9 月至 1988 年 7 月，太原钢铁公司职工钢铁学校企业管理专业学习)。1996 年 10 月，任阳泉市郊区人民检察院书记员、助理检察员。2000 年 11 月，任阳泉市郊区人民检察院检察员(其间，于 1996 年 11 月至 2001 年 12 月，山西大学法律专业学习)。2006 年 9 月，任阳泉市郊区人民检察院侦查监督科副科长(其间，于 2003 年 8 月至 2005 年 12 月，中央党校函授学院法律专业学习)。2008 年 6 月，任阳泉市郊区人民检察院副科级检察员、办公室主任。2013 年 3 月任阳泉市郊区人民检察院党组成员、正科级检察员、办公室主任。2013 年 4 月，任山西省阳泉市郊区人民检察院党组成员、正科级检察员、办公室主任、检察委员会委员。

2003 年，被阳泉市委、市政府授予“严打整治先进个人”称号，被市检察院授予嘉奖，2004 年，被阳泉市人民检察院授予“先进个人”称号；其撰写的《浅议审查逮捕的刑事确认》论文被山西省人民检察院授予优秀奖；2005、2006 年被阳泉市人民检察院授予嘉奖；2010 年，被阳泉市人民检察院授予“先进个人”称号；2011 年，被山西省政法委授予“优秀党员干警”称号；2011年和2012年被中共阳泉郊区区委、区政府授予“劳动模范”称号；2012年，被阳泉市人民检察院授予三等功；2012年，被阳泉市创新争优领导组授予三等奖；2019年，其带领“龙吟团队”研发的《检察笔录系统》在最高检组织的第二届全国检察机关网上轻应用作品评审活动中被评为一等奖，在由中国信息产业商会承办的“2019第三届检法信息化融合发展创新大会”上荣获“2019年度法检信息化（智慧检务）最佳创新驱动实践奖”。以此为题材编导的微视频《龙吟长歌》在由中央政法委主办的“全国第四届平安中国微电影微视频微动漫比赛”中荣获“最佳人气奖”。

王艳明（1975～），山西阳泉人，中共党员，大学文化，山西省阳泉市郊区人民检察院纪检组长。

1994年9月至1998年6月，就读于太原理工大学材料科学与工程系材料及热处理专业。1998年11月，在山西省阳泉市国际文化交流中心、阳泉市旅游质量监督管理所工作。2004年6月，任阳泉市郊区人民检察院科员。2013年4月，任山西省阳泉市郊区人民检察院政治处副主任。2017年5月，任政治部主任。2018年1月，任阳泉郊区检察院党组成员、纪检组长。

2011年，被阳泉市依法治国领导组授予“学法用法先进个人”；2012年，被阳泉市创新争优领导组授予三等奖。

孟秀红（1981～），中共党员，大学文化，阳泉郊区人民检察院党组成员、政治部主任。

2000年9月就读于太原理工大学法学专业。2004年8月参加工作，为山西省太原市华龙泰房地产开发有限公司职员。2010年7月，在山西省阳泉市郊区人民检察院工作。2010年8月，为山西省阳泉市郊区人民检察院科员。2017年5月，任综合保障部副部长。2018年2月，任政治部副主任，主持工作。9月，任政治部主任。11月，任郊区检察院党组成员。

田长春（1968～），山西汾阳人，中共党员，大学文化，阳泉郊区检察院检察委员会专职委员。

1986年9月～1990年7月，在包头钢铁学院采矿工程系采矿工程专业学习（其间，1988年9月至1988年12月，在中共包头钢铁学院委员会业余党校培训学习）。1990年7月参加工作，就职于山西省阳泉铝矾土矿。1996年10月，任山西省阳泉市郊区人民检察院书记员。

1999 年 2 月任山西省阳泉市郊区人民检察院助理检察员（其间，于 1996 月 11 月至 1999 年 6 月，在山西大学法律专业自考专科学习）。2000 年 11 月，任山西省阳泉市郊区人民检察院检察员（其间，1998 年 10 月至 2003 年 12 月山西大学法律专业自考本科学习）。2006 年 9 月，任山西省阳泉市郊区人民检察院民事行政检察科副科长。2008 年 6 月，任山西省阳泉市郊区人民检察院副科级检察员、控告申诉检察科副科长。2010 年 7 月，任山西省阳泉市郊区人民检察院副科级检察员、控告申诉检察科科长。2013 年 4 月，任山西省阳泉市郊区人民检察院副科级检察员、公诉科科长。2013 年 12 月，任山西省阳泉市郊区人民检察院副科级检察员、公诉科科长、检察委员会委员。2017 年 3 月，任山西省阳泉市郊区人民检察院副科级检察员、侦查监督科科长、检察委员会委员。2019 年 6 月，任阳泉郊区检察院检察委员会专职委员。

2007 年，被山西省人民检察院授予全省检查理论研究三等奖；2008 年，被阳泉市人民检察院授予个人三等功；2011 年，被阳泉市人民检察院授予“办案能手”；2011 年，被阳泉市依法治国领导组授予“学法用法先进个人”；2013 年，被阳泉市法学会在《阳泉法制》通讯报道先进个人，被山西省人民检察院评为“办案能手”。

第二节 历任检察长

李种耕（1912.12 ~ 1966.1，另名：李仲根），山西盂县人，1939 年 7 月参军，同年 10 月加入中国共产党，曾任平定五区区长、二区书记、十二区书记、县委组织部干事、四区书记、县委统战部部长等职务。1955 年 7 月 ~ 1958 年 8 月，任平定县人民检察院检察长。1958 年 8 至 1958 年 11 月，任阳泉市郊区人民检察院检察长（司法管辖区域为今平定县全境和阳泉郊区全境）。此后，先后任阳泉市矿区人民公社副主任、郊区人民委员会副主任，兼河底公社主任、平定人委会副县长、统战部部长、平定公安局教导员。1966 年 1 月去世。

贾正来（1917.9 ~ ），山西省平定县人，1945 年 5 月加入中国共产党。1947 年 7 月至 1954 年 5 月，任平定县第一区公社脱产干部、太原战役民兵连指导员、平定县第二区公社区委会秘书、平定县公安局公助、政治指导员、平定检察院副检察长、检察长。1959 年 4 月至 1961 年 4 月，任阳泉市郊区人民检察院检察长（司法管辖区域为今平定县全境和阳泉郊区全境）。1961 年 4 月，借调至山西省农队任队长，1962 年 10 月至 1964 年 7 月，在孝义县四清工作队工作、平定维社红卫接待站槐树铺公路办公室、平定县手管局政工办工作。1982 年离休。

赵玉珍（1927.12 ~ 1999.2），山西省平定县人，1943 年 7 月参加工作，同年 7 月 1 日加入中国共产党，曾任平定县抗日政府一区民教助理员，平定县公安局侦查员、局办公室主任、法院院长、辛兴公社党委书记、介休县西斤屯公社党委书记、介休县法院院长，第七机械工业部 508 厂保卫科科长、阳泉市人民检察院办公室负责人。1979 年 7 月 14 日，任阳泉市郊区人民检察院检察长、党组书记。1984 年 6 月，调任阳泉市郊区区委政法委员会副书记。1988 年 5 月 12 日离休，享受县处级待遇。1999 年 2 月病故。

苏密生（1940.7 ~ ），河北省栾城县人，1958 年 12 月参加工作，曾在 21 军 63 师 188 团任战士、教导员。1960 年 7 月加入中国共产党，1976 年 4 月，转业在阳泉市郊区西南异乡任书记。1984 年 4 月，任阳泉市郊区人民检察院检察长。1995 年 5 月，任阳泉市荫营地区人民检察院检察长。1955 年 12 月，任荫营地区检察院党组书记。1998 年，被评定为三级高级检察官，1999 年 6 月，任阳泉市荫营地区人民检察院调研员。2000 年 8 月退休。

郭　和（1942 ~ ），山西省平定县人，中专文化，1960 年 8 月，在平定一中生产处任管理员。1962 年 4 月，任平定县张庄镇新村小学教师。1963 年 3 月，任平定县东关街团支部书记。1964 年 12 月，任平定县城关镇东关村主任。1965 年 3 月，加入中国共产党。1966 年 4 月，任平定县东关镇东关村书记。1977 年 10 月，任平定县城关镇党委副书记。1978 年 10 月，任平定县城关镇镇长、党委副书记。1984 年 1 月，任平定县张庄镇镇长、党委副书记。1986 年 11 月，任平定县南坳乡党委书记。1990 年 6 月，任平定县人民检察院检察长、党组书记。1995 年 4 月，任阳泉市郊区人民检察院检察长、党组书记。1998 年 4 月卸任该职。同年 11 月，被评定为四级高级检察官。

闫运城（1956.9～），山西省盂县人。1978年5月加入中国共产党。1984年6月毕业于山西大学法律系（进修）。1976年12月，在盂县东梁乡工作，1978年11月，调盂县检察院工作，历任书记员、助理检察员、检察员、办公室副主任、刑事侦查检察科副科长、副检察长兼反贪局局长、常务副检察长、党组副书记。1998年4月，调任阳泉市郊区人民检察院检察长、党组书记。2003年4月，调任阳泉市人民检察院副检察长、党组成员、检察委员会委员。1998年11月，晋升为四级高级检察官。

张建国（1953.11～），山西省平定县人。中共党员，大学文化。1969年6月参加工作，在阳泉市公共汽车公司任职。1975年7月，在阳泉市城建局“七·二一”工人大学学习。1978年11月，调入阳泉市矿区人民法院，先后任法警、审判员、刑事审判庭副庭长、庭长、审判委员会委员、副院长、党组成员。其间，于1985年11月加入中国共产党。1997年，毕业于中国政法大学法律专业。1998年2月，调入阳泉市中级人民法院工作，任经济审判一庭庭长。2002年2月，任阳泉市人民检察院党组成员、政治部主任。2003年4月至2007年4月，任阳泉市郊区人民检察院党组书记、检察长。2002年，评审为四级高级检察官。

2005年，被山西省人民检察院授予“先进个人”称号；2007年，被阳泉市人民检察院授予三等功。

贾建胜（1963.5～），河北省石家庄市人，中共党员，大学文化。曾任山西省阳泉市郊区人民检察院检察长。1981年10月～1983年9月，中国人民解放军炮兵六师服役，战士；1983年9月～1985年9，第三炮兵学院学习；1985年9月～1997年10月，从中国人民解放军38军服役；1997年10月～1998年4月，任阳泉市人民检察院书记员；1998年4月～2002年7月，任阳泉市人民检察院副科级检察员；2002年7月～2007年4月，任阳泉市人民检察院装备处处长；2007年4月～2011年5月，任阳泉市郊区人民检察院党组书记、检察长；2011年5月～2011年6月，任阳泉市城区人民检察院副检察长、代检察长；2011年6月～2016年5月，任阳泉市城区人民检察院党组书记、检察长；2016年5月～2017年12月，任盂县人民检察院党组书记、检察长；2018年1月起，任阳泉市纪委监委驻市住建局纪检监察组组长。四级高级检察官。

2010年，山西省精神文明建设指导委员会授予“精神文明建设先进工作者”称号。

王建明（1968～），山西盂县人，中共党员，大学文化，阳泉市郊区人民检察院检察长。1986年7月～1990年8月，就读于南开大学经济系，1990年9月参加工作，就职于阳泉市城区物价局，任科员。1995年6月，任阳泉市人民检察院科员。2000年3月，任阳泉市人民检察院反贪局侦查科科长。2002年7月，任阳泉市人民检察院办公室主任。2011年8月～2016年5月，任阳泉市郊区人民检察院检察长。2016年5月起，任平定县人民检察院检察长。

第三节 历任检察院领导

白玉华（1919～），山西阳泉人，初中文化，曾任阳泉市郊区人民检察院党组成员、副检察长。

1930年参加工作。1942年，在荫营私人小煤矿劳动。1944年9月，在本村焖铁炉劳动。1945年4月，任平定七区政府小区执委。1945年10月，任平定七区党委会组织委员。1946年7月，任平定五区党委会组织委员。1946年11月，调至晋安冀二分区土改工作队。1947年4月，任榆次县二区政府助理。1947年10月，任榆次县武工队指导员。1948年3月，任寿阳县八区党委会副书记。1948年12月，任寿阳县公安局副股长。1950年12月，任寿阳县公安局政保股长。1953年3月，任平遥县公安局副局长。1955年5月，任平遥县人民检察院检察长。1960年8月，任平遥县公安局局长。1963年3月，任平遥县净化公社书记。1964年5月，任祁县四清工作队指导员。1965年10月，任平遥县宁固公社四清工作分团副政委。1966年8月，任平遥县宁固公社党委会书记。1971年2月，任平遥县西王智公社党委会副书记。1972年3月，任平遥县西王智公社党委会书记。1973年7月，任汾阳县公安局局长。1977年1月，任汾阳县公安局教导员。1979年4月，调至平遥县委组织部工作。1979年9月，任阳泉市郊区人民检察院副检察长。1980年3月，任党组成员。

史宝珠（1941～），山西阳泉人，中共党员，中专文化，曾任山西省阳泉市郊区人民检察院副检察长。

1958年12月，任北京军区工程兵教导大队班长、区队长。1964年6月，任北京军区工程兵司令部作训处参谋。1964年8月，至南京第一工程兵学校学习。1967年7月，任北京军区工程兵司令部作训处参谋。1969年1月，任北京军区内蒙古建设兵团19团参谋。1976年3月，任北京军区工程兵司令部作训处参谋。1978年11月，调至阳泉市建工局保卫科任副科长。1980年1月，调至阳泉市检察院一处任检察员。1984年4月，任阳泉市郊区检察院副检察长、协理员、党支部书记。1997年9月任郊区检察院助理调研员。

梁成云，1960年6月至1961年4月，任阳泉市郊区（含平定县，治所在平定）人民检察院副检察长。1961年4月至1965年8月，任平定县人民检察院副检察长。

裴崇祥（1932～），山东聊城人，中共党员，初中文化，曾任山西省阳泉市郊区人民检察院副检察长。

1947年3月，任补充团二营直任通信员。1948年7月，任二野十六军四十六师炮兵连侦察员。1952年7月，任老红军五二三团二营五连班长。1955年2月，任高炮五二三团二营五连指挥队长。1960年8月，任高炮五二三团政治处保卫助理。1965年4月，任高炮十一师政治部保卫科干事。1970年2月，任高炮十一师保卫科副科长。1976年3月，任地空导弹第二十三团政治处副主任。1981年9月，任阳泉市郊区人民检察院党组成员、副检察长。1987年8月，任主任科员。1994年离职休养。1997年12月病故。

甄秉铎（1929～），山西阳泉人，中共党员，高小文化，曾任山西省阳泉市郊区人民检察院党组成员、检察委员会委员。

1946年参加民兵工作，1949年，在本村工人合股硫铁矿下坑，1951年于三泉磺业社工作，1956年于市手工业联社乡教科工作，1958年，调至荫营中学工作任党组书记，1962年调至荫营公社工作，1963年，任三郊公社党委会委员、副主任，1970年，任荫营公社支部书记，1973年，任杨家庄公社副书记、主任，1975年，调至郊区公交办工作，1976年，任郊区农机厂书记，1979年，任郊区人民检察院党组成员、检察员。1987年8月，任主任科员。

石吉宾（1954～），山西阳泉人，中共党员，大学文化，曾任阳泉市郊区人民检察院政治协理员（副科级）。

1972年12月参加工作于部队服役。1982年2月，任阳泉市郊区检察院办公室主任、科长（其间，1985年9月～1988年7月，山西大学法律专业自考专科毕业）。1988年12月，任阳泉市郊区检察院副科级检察员。1990年11月，任阳泉市郊区检察院政治协理员（副科级）。1991年10月，任中共阳泉市郊区平坦镇党委副书记、镇长。2001年1月，在阳泉市郊区组织部待岗。2002 年 12 月，任阳泉市郊区环境保护局局长。

王瑞明（1954 ~），山西阳泉人，中共党员，大专文化，反贪局局长、山西省阳泉市郊区人民检察院党组成员、检察委员会委员。

1975 年 1 月，在郊区文工团工作，1979 年 1 月，调至郊区计划委员会，1980 年 1 月，任阳泉市郊区人民检察院书记员，1983 年 1 月，任阳泉市郊区人民检察院助理检察员，1985 年 1 月，任郊区检察院法纪科科长，1987 年 9 月，在中国政法大学法律系进修，1988 年 3 月，任郊区检察院刑事检察科科员，1989 年 1 月，任郊区检察院批捕科科员，1990 年 1 月，任郊区检察院起诉科副科长，1991 年 1 月，任郊区检察院法纪科科长，1993 年 1 月，任郊区检察院批捕科科长，1994 年 1 月，任郊区检察院民行科、控申科科长，1996 年 1 月，任经济科科长，1999 年 1 月，任反贪局局长，党组成员、检察委员会委员、副科级检察员。

高秉明（1947.10 ~），山西阳泉郊区人，大专文化，中共党员，曾任山西省阳泉市郊区人民检察院副检察长。

1965 年 8 月参加工作，先后任郊区西南舁公社公安特派员、阳泉郊区公安分局办公室秘书、预审科科长、公安分局副局长。1987 年，调入阳泉市郊区检察院，任副检察长。1990 年，任阳泉市郊区西南舁乡党委书记。1993 年，复任阳泉郊区检察院常务副检察长。1995 年 4 月，调任阳泉市矿区检察院任检察长、党组书记。2002 年 3 月，调任阳泉市人民检察院任副县级检察员，四级高级检察官。

李生林（1949.10 ~），山西阳泉市郊区人，大专文化，中共党员，曾任山西省阳泉市郊区人民检察院副检察长。

1968 年年 12 月，在阳泉市郊区白泉公社工作。1971 年 1 月，加入中国共产党，先后任阳泉市郊区白泉公社三头村党支部书记、杨家庄公社党委副书记、郊区人民法院副庭长、庭长、阳泉市郊区人民检察院副检察长，兼任阳泉市郊区区委整党办公室副主任、阳泉市郊区区委办公室主任、阳泉市人大常委会政法工委副主任。1997 年 3 月，任阳泉市人大常委会教科文卫工委主任。1997 年 4 月，当选阳泉市人大常委会委员、教科文卫委员会主任委员。

胡爱锦（1954～），山西阳泉人，中共党员，大学文化，曾任阳泉郊区人民检察院党组副书记。

1971年3月参加工作，为阳泉市郊区三郊联校教师。1982年11月，阳泉市郊区检察院办事员。1985年6月，阳泉市郊区区委组织部办事员（其间，1988年7月～1991年12月，山西省委党校函授党政管理专业学习）。1989年4月，任阳泉市郊区李家庄乡副乡长。1996年2月，任阳泉市郊区杨家庄乡副乡长。1998年4月，任阳泉市郊区西南舁乡副书记。2002年4月，任阳泉市郊区人民检察院党组副书记。

贾金祥（1952～），山西阳泉人，中共党员，大学文化，曾任阳泉市郊区人民检察院副检察长。

1969年11月参加工作，于新疆军区7988部队服役。1975年2月，任阳泉制针厂副厂长。1983年1月，任阳泉市郊区人民检察院书记员。1984年1月任阳泉市郊区人民检察院助检员。1985年10月，任经济科副科长（主持工作）。1987年，任郊区人民检察院检察员。1988年，任郊区人民检察院副科级检察员。1990年1月，任经济检察科科长。1992年，任检察委员会委员。1996年任郊区人民检察院副检察长。1999年1月，任正科级检察员。

王学军（1971.10～），中共党员，大学文化，曾任。郊区检察院党组成员、反贪局局长、正科级检察员、检察委员会委员。

1992年9月～1996年10月，在阳泉电子工程实业有限公司工作；1996年10月～2000年11月，任阳泉市郊区人民检察院书记员、助理检察员；2000年11月～2006年9月，任郊区检察院检察员；2006年9月～2008年6月，任郊区检察公诉科科长；2008年6月～2013年3月，任郊区检察院副科级检察员、侦查监督科科长；2013年3月～2017年2月，任郊区检察院党组成员、反贪局局长、正科级检察员、检察委员会委员。2017年2月，任郊区纪委副书记、郊区监察委员会副主任。

2006年，阳泉市人民检察院给予嘉奖；2007年，阳泉市人民检察院为其荣记三等功；2010年，论文被阳泉市法学会评为法治论坛二等奖；2010年，被阳泉市人民检察院在全市检察机关立案监督专项行动中评为“先进个人”；2011年，被阳泉市人民检察院评为“先进个人”；2011年，被阳泉市人民检察院授予“办案能手”；2012年，阳泉市人民检察院为其荣记三等功；2013年，被山西省人民检察院授予“办案能手”。

贾俊敏（1962 ~ ），山西阳泉平定人，中共党员，大学文化，曾任阳泉市郊区人民检察院党组成员、纪检组组长、检察委员会委员，四级高级检察官。

1982 年 9 月参加工作，就职于山西省阳泉市化工局职工医院、阳泉市电石厂。1984 年 9 月，任山西省阳泉市郊区人民检察院书记员、助理检察员（其间，1988 年 12 月 ~ 1991 年 12 月，在山西省委党校政治理论专业学习）。1997 年 12 月，任山西省阳泉市郊区人民检察院检察员。1999 年 2 月，任山西省阳泉市郊区人民检察院反贪局（反贪贿赂局）侦查科科长（其间，1998 年 8 月至 2000 年 12 月于中央党校函授学院政法专业学习）。2002 年 7 月，任山西省阳泉市郊区人民检察院监所检察科科长。2004 年 2 月，任山西省阳泉市郊区人民检察院副科级检察员、监所检察科科长。2013 年 3 月，任山西省阳泉市郊区人民检察院党组成员、纪检组长、正科级检察员、监所检察科科长。2013 年 4 月，任山西省阳泉市郊区人民检察院党组成员、纪检组长、正科级检察员、检察委员会委员。

2008 年，被山西省人民检察院政治部授予“全省检察机关监所检察工作先进个人”称号。

史先玲（1953.11 ~ ），女，山西阳泉郊区人，中共党员，大学文化。曾任阳泉市郊区人民检察院副检察长。

1970 年 9 月，阳泉师范学习。1971 年 11 月，任荫营公社妇联主任。1973 年 12 月，郊区妇联工作。1975 年 11 月，阳泉市公安局郊区分局工作。1986 年 12 月，任郊区政法委办公室主任、综治委副主任。1991 年 12 月，任郊区检察院副检察长。1999 年 4 月，任郊区人民法院副院长。2002 年起，任常务副院长。四级高级法官。

1995 年 ~ 1999 年，连续五年被评为“优秀检察官”。1996 年，在“打团扫恶”专项斗争中成绩突出，被中共山西省委、山西省人民政府给于嘉奖；1998 年，被市委、市政府通令嘉奖。2000 年，山西省省总工会授予“文明家庭”称号。2001 年至 2003 年，在严打整治斗争中，获“阳泉市严打整治斗争先进个人”称号。2003 年，被阳泉市劳动竞赛委员会荣记个人三等功。2004 年 3 月，荣获山西省“三八红旗手”称号。2005 年 8 月，被山西省精神文明建设委员会、阳泉市政法委、阳泉市妇联授予“建设和谐社会模范”称号。2006 年 1 月，被评为全国“五好文明家庭”。3 月，被阳泉市授予“五好文明家庭标兵户”称号。2006 年 6 月，代表中国女企业家协会出席开罗全球世界妇女峰会。7 月，被评为“阳泉市优秀共产党员”。2008 年 12 月退休。

李爱贤（1954 ~），山西阳泉人，中共党员，大学文化，曾任阳泉市郊区人民检察院副检察长，四级高级检察官。

1975 年 5 月，在西南异公社工作，历任统计员、公安特派员、派出所所长。1984 年 4 月，任阳泉市郊区人民检察院副检察长（其间，于 1988 年 9 月 ~ 1992 年 10 月，在山西大学法律系参加自考学习）。

1987 年，被山西省人民检察院授予“先进工作者”称号；2000 年，被阳泉市人民检察院授予“人民满意检察干警”；2004 年，被阳泉市人民检察院授予“先进个人”称号；2007 年，被阳泉市人民检察院授予嘉奖。

高秀瑾（1963.8 ~），山西省阳泉市人。中共党员，大学文化。曾任山西省阳泉市郊区人民检察院副检察长。

1980 年 9 月 ~ 1982 年 7 月，在阳泉市师范学校学习；1982 年 11 月 ~ 1985 年 7 月，在阳泉市郊区东村乡工作，先后任武装部干事、副部长，乡团委副书记；1985 年 7 月 ~ 1986 年 8 月，任阳泉市郊区人民检察院助理检察员；1986 年 9 月 ~ 1988 年 7 月，在山西省政法管理干部学院大专三班学习；1988 年 7 月 ~ 1995 年 12 月，任阳泉市郊区人民检察院检察员、办公室副主任、主任；1996 年 1 月 ~ 1999 年 1 月，任阳泉市郊区人民检察院法纪检察科科长；1999 年 2 月 ~ 2002 年 3 月，任阳泉市郊区人民检察院办公室主任、副科级检察员，其间，于 1997 年 9 ~ 1999 年 12 月，在中共中央党校函授学院政法专业学习。2002 年 3 月 ~ 2008 年 7 月，任阳泉市郊区人民检察院党组成员、政工科科长、检察委员会委员（正科级）；2008 年 7 月 ~ 2011 年 5 月，任阳泉市郊区人民检察院党组成员、副检察长兼政工科科长、检察委员会委员（正科级）；2011 年 5 月 ~ 2016 年 5 月，任阳泉市盂县人民检察院党组书记、检察长（副处级）。2016 年 5 月起，任阳泉市城区人民检察院党组书记、检察长。

1998 年，被山西省人民检察院授予“五好检察官”称号，被中共山西省委政法委授予“人们满意干警”称号；2000 年，被山西省人民检察院授予“五好检察官”称号，被中共山西省委政法委授予“人们满意干警”称号。

史如斌（1962 ~），山西阳泉郊区人，中共党员，大学文化，曾任阳泉市郊区人民检察院正科级检察员、监察委员会专职委员，四级高级检察官。

1979 年 9 月，在阳泉市师范学校学习。1981 年 10 月，在阳泉市三郊中学任教。1989 年 4 月，任阳泉市郊区人民检察院书记员、助理检察员。1996 年 1 月，任山西省阳泉市郊区人民检察院检察员（其间，

1990 年 4 月 ~ 1996 年 6 月于山西大学法律专业学习）。1996 年 12 月，任阳泉市郊区人民检察院刑事审判检察科副科长（起诉科副科长）。1999 年 1 月，任阳泉市郊区人民检察院副科级检察员、刑事审判检察科副科长（起诉科副科长）。1999 年 2 月，任阳泉市郊区人民检察院副科级检察员、反贪局（反贪污贿赂局）综合科科长。2002 年 7 月，任阳泉市郊区人民检察院副科级检察员、控告申诉检察科科长（其间，2002 年 9 月 ~ 2005 年 6 月，在中央广播电视大学法学专业学习）。2008 年 2 月 ~ 2008 年 3 月，任阳泉市郊区人民检察院正科级检察员、控告申诉检察科科长。2008 年 3 月，任阳泉市郊区人民检察院正科级检察员、控告申诉检察科科长、检察委员会委员（专职）。2008 年 8 月，任阳泉市郊区人民检察院正科级检察员、检察委员会委员（专职）。2017 年 3 月，调阳泉市郊区监察委员会工作。

2008 年，被阳泉市人民检察院授予“优秀接待员”称号；2008 年，被阳泉市人民检察院授予个人嘉奖；2012 年，被阳泉市人民检察院授予三等功；2013 年，被山西省人民检察院评为“办案能手”。

史淑君（1958 ~ ），女，山西阳泉人，中共党员，大学文化，曾任阳泉郊区人民检察院检察委员会专职委员，正科级检察员，四级高级检察官。

1976 年 7 月参加工作，后为阳泉市郊区铝制品厂干事。1980 年 4 月调至阳泉郊区人民检察院工作。1993 年，任阳泉郊区人民检察院起诉科副科长。1996 年 1 月，任民事科科长。1999 年 1 月，任侦查监督科科长。2002 年 7 月，任检察委员会专职委员。2004 年 2 月，任正科级检察员。（其间，1998 年 9 月至 2001 年 10 月于山西大学自考法律专业学习）。

2000 年，被阳泉市人民检察院授予“人民满意检察干警”称号；2003 年，被中共山西省委政法委、山西省综合治理委员会授予 “严打整治先进工作者”称号；2008 年，被阳泉市人民检察院授予嘉奖。2013 年退休。

张贵深（1957 ~ ），山西忻州人，中共党员，大学文化，曾任阳泉市郊区人民检察院副检察长、检委会委员，四级高级检察官。

1976 年 2 月，任 188 师 564 团战士、班长。1979 年 5 月，任 187 师 560 团排长。1979 年 9 月，任阳泉市郊区人民武装部排、连职参谋。1986 年 5 月，任阳泉市郊区人民武装部军事科副科长。1990 年 10 月，任阳泉市郊区人民武装部军事科科长。2000 年 12 月，任阳泉市郊区人民武装部副部长。1998 年 6 月，任阳泉市郊区人民检察院党组成员。2001 年 1 月，任阳泉市郊区人民检察院党组成员、副检察长（县处级副职待遇）、检察委员会委员。

2013 年 3 月，任阳泉市郊区人民检察院副检察长（县处级副职待遇）、检察委员会委员。2013 年 4 月离岗。2017 年退休。

张福栓（1967.8 ~ ），山西省怀仁县人，中共党员，大学文化，曾任阳泉郊区检察院党组成员、纪检组长。

1985 年 11 月 ~ 1988 年 7 月，阳泉煤炭专科学校采煤专业学习。1988 年 7 月参加工作，任阳泉市矾窑煤矿技术员。1990 年 2 月，任阳泉郊区检察院法纪科科员。1996 年 12 月，任阳泉郊区检察院检察员、法纪检察科副科长。1999 年 1 月，任阳泉市郊区检察院副科级检察员、法纪检察科副科长。1999 年 11 月，任阳泉郊区检察院控申科科长。2002 年 7 月，任阳泉郊区检察院反贪污贿赂局副局长，兼侦查二科科长，其间，于 2003 年 8 月至 2005 年 12 月，在中央党校函授学院法律专业本科学习。2008 年 2 月，任阳泉郊区检察院党组成员、反贪污贿赂局局长、检委会委员。2011 年 12 月，任山西省阳泉荫营地区人民检察院纪检组长、党组成员。2012 年 2 月起，任山西省阳泉荫营地区人民检察院纪检组长、党组成员、检委会委员。

张福明（1960 ~ ），山西阳泉人，中共党员，大专文化，山西省阳泉市郊区人民检察院党组成员，四级高级检察官。

1981 年 12 月参加工作，为山西省阳泉市野沟煤矿工人。1982 年 10 月，任阳泉市郊区人民检察院书记员、助理检察员。1987 年 9 月，任阳泉市郊区人民检察院检察员、经济检察科副科长。1992 年 4 月，任阳泉市郊区人民检察院税务检察室主任（其间，于 1997 年 9 月 1999 年 1 月，山西省委党校政法专业学习）。1999 年 1 月，任阳泉市郊区人民检察院副科级检察员、反贪污贿赂局副局长。2002 年 7 月，任阳泉市郊区人民检察院党组成员、副科级检察员、办公室主任、检察委员会委员。2004 年 2 月，任阳泉市郊区人民检察院党组成员、正科级检察员、办公室主任、检察委员会委员。2008 年 2 月，任阳泉市郊区人民检察院党组成员、正科级检察员、办公室主任、纪检组组长、检察委员会委员。2008 年 6 月，任阳泉市郊区人民检察院党组成员、正科级检察员、纪检组长、检察委员会委员。2013 年 3 月，任阳泉市郊区人民检察院党组成员、正科级检察员、检察委员会委员。2013 年 12 月，任阳泉市郊区人民检察院党组成员、正科级检察员。

1995 年，被山西省人民检察院和山西省税务局授予“税务检察先进工作者”称号；2008 年，被山西省人民检察院政治部授予“行政装备工作先进个人”称号。

田江华（1960 ~ ），山西昔阳人，中共党员，大专文化，山西省阳泉市郊区人民检察院检察长助理、检察委员会专职委员，四级高级检察官。

1984 年 1 月，就职于阳泉市电工机械厂。1985 年，调至阳泉市郊区人民检察院。1999 年 1 月，任阳泉市郊区人民检察院副科级检察员。2002 年 4 月，被阳泉郊区人大常委会任命为郊区检察院检察委员会委员。2004 年 2 月，任阳泉市郊区人民检察院正科级检察员（其间，于 2004 年 3 月参加山西省检察机关学院本科班培训），2008 年 3 月，任阳泉市郊区人民检察院正科级检察员、检察委员会委员（专职）。

1997 年，在"打团扫恶"斗争中，被中共阳泉市委、阳泉市人民政府荣记三等功。1999 年 3 月，被评为市级优秀公诉人。2002 年 7 月，在打击"车匪路霸"斗争中，被中共山西省委政法委荣记三等功。2003 年 1 月，被山西省人民检察授予主诉检察官，被阳泉市委、阳泉市人民政府荣记三等功。2004 年，被阳泉市人民检察院授予"先进个人"称号。2008 年，在奥运会维稳工作中，被阳泉市郊区授予劳动模范。2010 年，在世博会维稳工作中，被阳泉市郊区授予劳动模范。曾两次荣获省级优秀公诉人称号。2017 年，撰写的《大部制下的捕诉合一如何实现有效监督》一文，荣获山西省检察机关优秀调研文章三等奖。

杨培龙（1965 ~ ），中共党员，大学文化，曾任阳泉市郊区人民检察院党组成员、反渎职侵权局局长。

1981 年 9 月，在山西省雁北地区浑源师范学校普师专业学习（第一次分配）。1984 年 8 月，在山西省应县下社中学任教。1987 年 10 月，在山西省司法学校法律专业学习。1989 年 8 月，任山西省阳泉市郊区人民检察院书记员、助理检察员。1997 年 10 月，任山西省阳泉市郊区人民检察院检察员（其间，1990 年 4 ~ 1994 年 6 月，在山西大学法律专业自考专科学习）。1999 年 2 月，任山西省阳泉市郊区人民检察院审查起诉科（公诉科）副科长。2004 年 2 月，任山西省阳泉市郊区人民检察院副科级检察员、公诉科副科长（其间，2002 年 4 月 ~ 2004 年 12 月，在山西大学法律专业自考本科学习）。2007 年 1 月，任副科级检察员、公诉科科长。2013 年 3 月，任党组成员。2013 年 3 月 ~ 2017 年 2 月，任郊区检察院党组成员、反渎职侵权局局长、正科级检察员、检察委员会委员。

2000 年，被阳泉市人民检察院授予"人民满意检察干警"称号；2007 年，被阳泉市劳动竞赛委授予一等功；2011 年，被阳泉市人民检察院评为"办案能手"。

第二章 中层干部和先进模范

第一节 现任中层干部

段耀东（1960 ~ ），山西古县人，中共党员，大学文化，山西省阳泉市郊区人民检察院控告申诉检察科科长。

1978 年 10 月 ~ 1981 年 7 月，在本溪钢铁学校露天开采专业学习。1981 年参加工作，就职于山西省阳泉铝矾土矿办公室（其间，1982 年 9 月 ~ 1985 年 11 月，在山西广播电视大学汉语言文学专业学习，1984 年 6 月 ~ 1986 年 12 月，在山西师范大学汉语言文学专业自考专科学习）。1996 年 10 月，任山西省阳泉市郊区人民检察院书记员。1999 年 2 月，任助理检察员（其间，1996 年 10 月。任副科级检察员、民事行政检察科副科 ;1999 年 6 月，在山西大学法律专业自考专科学习）。2000 年 11 月，任检察员。2006 年 9 月，任反贪贿赂局综合科副科长。2008 年 6 月，任副科级检察员、民事行政检察科副科长。2013 年 4 月，任副科级检察员、控告申诉检察科科长。

2006 年，阳泉市人民检察院给予嘉奖；2008 年，被山西省人民检察院授予“先进个人”称号；2010 年，被阳泉市法学会授予法治论坛二等奖。

李建华（1962.9 ~ ），山西汾阳人，大学学历，中共党员。曾任阳泉市郊区人民检察院检察委员会委员、反渎局政委，一级检察官(四级高级检察官)。

1978 年 10 月 ~ 1980 年 7 月，在阳泉技校学习。1980 年 9 月 ~ 1989 年 7 月，在阳泉市手表厂工作，任团委副书记。1986 年 12 月加入中国共产党。1989 年 8 月，任大阳泉煤矿党委组织部干事。1990 年 1 月，任大阳泉煤矿团委副书记。1992 年 8 月，任大阳泉煤矿团委书记。1994 年 1 月，任大阳泉煤矿党委宣传部部长。1996 年 10 月，任阳泉市郊区人民检察院书记员。1999 年 12 月，任助理检察员。2001 年 12 月，任检察员。2003 年 3 月，任办公室副主任。2004 年 4 月，任副科级检察员。2008 年 5 月，任反渎局副局长。2011 年 12 月，任四级高级检察官。2013 年 12 月，任反渎局政委、检察委员会委员。2016 年 12 月，任郊区人民检察院员额制一级检察官。

2003年，山西省人民检察院给于嘉奖；2004年，被阳泉市人民检察院授予“先进个人”；2006年，被阳泉市人民检察院授予个人三等功；2007年，被阳泉市人民检察院授予嘉奖；2008年，被阳泉市人民检察院授予个人嘉奖；2008年，被阳泉市人民检察院授予“先进个人”；2010年，被山西省人民检察院授予“全省检察机关反渎职侵权办案先进工作者”“侦查组织指挥和侦查办案先进个人”；2010年，被山西省人民检察院授予“侦查组织指挥和侦查办案先进个人”，被阳泉市人民检察院授予“先进个人”；2011年，反贪“百日大会战”中，被阳泉市人民检察院荣记三等功；2013年，被山西省人民检察院评为“办案能手”；2009年，其摄影作品被山西省人们检察院授予二等奖和三等奖。

是阳泉市郊区政协第八届、第九届委员会委员。

魏振泽（1980～），山西阳泉平定人，中共党员，大学文化，山西省阳泉市郊区人民检察院公诉科科长。

1995年9月～1999年7月，就读于山西省行政管理学校民政管理专业学习。2000年10～2007年10月，在山西省平定县阳胜初级中学校任教（其间，1997年4月～2001年12月，在山西大学自考专科行政管理专业学习；2000年4月～2005年12月，在山西大学自考本科行政管理学专业学习）。2007年10月，调阳泉市郊区人民检察院工作。2008年10月，任阳泉市郊区人民检察院科员。2009年12月～2011年3月，任山西省阳泉市郊区人民检察院检察员。2013年4月，任侦查监督科副科长。2015年12月，任侦查监督科科长。2017年3月，任公诉科科长。

邵鹏芳（1980～），女，山西阳泉平定人，中共党员，大学文化，山西省阳泉市郊区人民检察院民事行政检察科科长。

1999年9月～2003年7月，在山西大学法律专业学习。2004年5月参加工作，就职于山西省盂县人民检察院。2006年12月，任盂县人民检察院助理检察员。2008年3月，任盂县人民检察院检察员。2008年5月，任盂县人民检察院侦查监督科副科长。2014年4月，任盂县人民检察院民事行政检察科科长。2016年9月，任山西省阳泉市郊区人民检察院民事行政检察科科员。2016年12月，任阳泉市郊区人民检察院民事行政检察科负责人。2017年3月，任民事行政检察科科长。

史莉芳（1968～），女，山西阳泉人，中共党员，大学文化，山西省阳泉市郊区人民检察院控告申诉检察科副科长。

1984年10月～1992年6月，为阳泉市郊区义井供销合作社知青门市部、河底供销社合作社工人。1992年6月，任山西省阳泉市郊区人民检察院工人、法警、办事员（其间，1994年5月～2001年12月，在山西大学法律专业学习）。2003年6月任，山西省阳泉市郊区人民检察院科员（其间，2003年8月～2005年12月，在中央党校函授学院法律专业学习）。2010年7月，任阳泉市郊区人民检察院案管中心副主任。2017年3月，任阳泉市郊区人民检察院控告申诉检察科副科长。

刘丙生（1956～），山西阳泉人，中共党员，大学文化，阳泉郊区人民检察院副科级检察员（控申科），四级高级检察官。

1975年7月，在阳泉市师范学校学习。1977年7月参加工作，在阳泉市三郊中学校、杨树沟学校任教。1989年9月，任山西省阳泉市郊区人民检察院书记员、助理检察员。1997年10月，任阳泉市郊区人民检察院检察员（其间，1997年9月～1999年1月，在山西省委党校政法专业学习）。1999年2月，任阳泉市郊区人民检察院反贪局侦查二科科长。2002年7月，任反贪局综合科科长。2004年2月，任副科级检察员、反贪污贿赂局综合科科长（其间，2005年4月～2005年10月，在山西省检察官培训学院第七期续职资格班学习）。2013年4月，任阳泉市郊区人民检察院副科级检察员（控申科）。

2000年，被阳泉市人民检察院授予“人民满意检察干警”称号；2008年，被阳泉市人民检察院授予“先进个人”称号。

张培亮（1963～），山西阳泉人，中共党员，大学文化，山西省阳泉市郊区人民检察院法警队队长。

1981年9月参加工作，就职于大阳泉煤矿。1984年9月，调至阳泉市公安局郊区分局工作。1985年10月，任阳泉市郊区人民检察院司机、法警、书记员。1992年6月，任阳泉市郊区人民检察院助理检察员。

聂玲莉（1980.5 ～），女，中共党员，大学本科学历，硕士研究生学历。阳泉市郊区人民检察院刑事检察部副部长。

2004年9月参加工作，2016年6月加入中国共产党，2010年7月，经公务员考试录用至阳泉市郊区人民检察院，2011年12月，任助理检察员，2013年12月，任检察员。2017年11月，任刑事检察部副部长，2018年9月，任检察委员会委员。

郑志明（1979.6 ～），大学本科，中共党员。阳泉市郊区人民检察院检察业务管理监督部副部长。

1999年10月参加工作，2011年12月，考入阳泉市郊区人民检察院，1999年10月～2001年1月，在阳泉市金土地卷闸厂工作。2001年1月～2007年5月，在阳泉市土地勘测队、国土资源勘测队工作（其间，于2003年3月至2005年11月，在中央广播电视大学行政管理专业学习），2007年5月～2011年12月，在阳泉市国土资源交易事务中心工作（其间，于2006年3月～2009年1月，在太原科技大学计算机科学与技术专业学习），2011年12月～2012年12月，在阳泉市郊区人民检察院工作，2012年12月，任阳泉市郊区人民检察院科员（其间，于2013年3月～2015年7月，在郑州轻工业学院法学专业学习），2017年3月～2018年2月，任阳泉市郊区人民检察院检察员，2018年2月，任检察业务管理监督部副部长。

2012年11月，被评为阳泉市检察机关信息化先进个人，2019年1月，在第二届全国检察机关信息化网上轻应用作品征集活动中，其科研成果被最高人民检察院评为“一等奖”。2015年12月撰写的《基层检察院统一业务应用系统运行管理科学化初探》，在“全国检察机关统一业务应用系统理论与实务研究”征文 活动中获得优秀奖。

2015年7月，入选全省检察机关统一业务应用人才库。

第二节 历任中层干部

郝致祥（1925 ～），山西阳泉人，高小文化，曾任阳泉市郊区人民检察院经济检察科副科长。

1945年，于本村小学读完在本村务农。1952年于矿务局工程公司工作。1958年4月，任阳泉市公安局干事，先后在阳泉市公安局荫营派出所、阳泉无线电元件厂（1970年）和阳泉郊区检察院工作。1984年，任经济检察科副科长。

王来所（1946.7 ~），山西省阳泉郊区人，中共党员，大专文化。曾任阳泉市郊区人民检察院办公室主任。

1966年参加工作，1966年~1973年，任阳泉市郊区白泉粮站会计。1973年~1977年，任郊区粮站干事。1977年~1982年，任阳泉市郊区杨家庄粮站会计。1982年~1986年，任阳泉市郊区白泉粮站站长。1986年~1989年，任阳泉市郊区政协委员会副主任。1989年8月~1990年7月，任阳泉郊区检察院书记员。1990年7月~1995年12月，任阳泉郊区检察院助理检察员，其间，于1992年，任郊区工商检察室检察员。1996年1月~1999年1月，任阳泉郊区检察院办公室主任。1999年1月起，任阳泉郊区检察院正科级检察员。

王根贵（1949.2 ~），中共党员，曾任阳泉市郊区人民检察院控告、申诉检察科科长。

1970年~1971年3月，在阳泉市郊区荫营公社老虎沟村务农。1971年3月~1975年，在阳泉市郊区行政办工作。1975年~1976年，在郊区人民政府小车队工作。1976年~1984年，在郊区公安分局工作。1985年~1986年，在郊区二轻局工作。1987年，调阳泉市郊区人民检察院工作。1991年，任控告、申诉检察科科长。2009年退休。

张文芳（1951.6 ~），河北省阜平县人。中共党员，高中文化。曾任阳泉市郊区检察院监所监察科科长，正科级检察员。

1972年参加工作，在中国人民解放军52995部队服役。1972年11月加入中国共产党。1977年10月，任阳泉市酒厂股长。1985年~1987年8月，任阳泉市郊区人民检察院书记员。1985年12月~1987年8月，任阳泉郊区检察院检察员。1988年6月~1993年12月，任阳泉郊区检察院刑事检察科副科长。1988年12月，任副科级检察员。1994年1月~1994年3月，任阳泉郊区检察院批捕科科长。1994年3月~1996年1月，任阳泉郊区检察院起诉科科长。1996年2月~1999年1月，复任阳泉郊区检察院批捕科科长。1999年1月，任正科级检察员。1999年2月~2002年7月，任阳泉郊区检察院监所监察科科长。

王永志（1952 ~ ），山西阳泉人，初中文化，阳泉市郊区人民检察院助理检察员。

1968 年 1 月，为第二炮兵 804 团特务连战士。1969 年 5 月，为第二炮兵 804 团司令部战士。1972 年 12 月，为第二炮兵 804 团三营测试连副排长。1976 年 8 月，为第二炮兵 804 团一营测试连操纵员。1978 年 9 月，任阳泉纺织厂政工科宣传干事。1980 年 1 月，任阳泉市郊区人民检察院助理检察员。1984 年 4 月，任刑事检察科副科长。1985 年 4 月，调至郊区纪委工作。

杨大举 曾任阳泉市郊区人民检察院第一任起诉科科长。其他生卒资料不详。

刘守忠 曾任阳泉市郊区人民检察院刑事检察科科长。1982 年 2 月，任办公室行政干事。1983 年 8 月，任助理检察员。1988 年 6 月，任副科级检察员。1991 年，任刑事审判检察科科长；1994 年 1 月 9 日遇害去世。

王巨民（1963.1 ~ ）中共党员，大学文化，曾任阳泉市郊区人民检察院反贪污贿赂局副局长、政委、检察委员会委员。

1980 年 9 月 ~ 1982 年 8 月，在阳泉市技工学校学习。1982 年 10 月 ~ 1996 年 10 月，在阳泉市南庄煤矿工作（其间，于 1985 年 9 月至 1988 月 9 月，在山西广播电视大学法律专业学习）。1996 年 10 月 ~ 1999 年 2 月，任山西省阳泉市郊区人民检察院书记员。1999 年 2 月 ~ 2000 年 11 月，任助理检察员。2000 年 11 月 ~ 2006 年 9 月，任检察员（其间，于 1991 年 4 月至 2004 年 12 月，山西大学法律专业学习）。2006 年 9 月 ~ 2008 年 6 月，任反贪局二科副科长。2008 年 6 月 ~ 2013 年 4 月，任反贪污贿赂局副局长（副科级）。2013 年 4 月 ~ 2013 年 12 月，任反贪污贿赂局副局长、政委。2013 年 12 月 ~ 2017 年 2 月，任反贪污贿赂局副局长、政委、检察委员会委员。

2004 年，被阳泉市人民检察院授予“先进个人”称号；2006 年，被阳泉市人民检察院授予个人三等功；2007 年，阳泉市人民检察院给予嘉奖表彰；2008 年，阳泉市人民检察院给予嘉奖表彰；同年，被阳泉市人民检察院授予“先进个人”；2010 年，被阳泉市人民检察院授予“先进个人”；2011 年，在反贪“百日大会战”中，被阳泉市人民检察院荣记三等功；2013 年，被山西省人民检察院评为“办案能手”。

崔丽娟（1963 ~），女，山西阳泉盂县人，中共党员，大学文化，曾任阳泉市郊区人民检察院监所检察科科长、副科级检察员，四级高级检察官。

1981 年 5 月参加工作，就职于山西省阳泉市纺织厂。1984 年 10 月任山西省阳泉市郊区劳动服务公司会计。1986 年 2 月至山西省阳泉市郊区人民检察院工作。1996 年 1 月任山西省阳泉市郊区人民检察院检察员。1999 年 1 月任山西省阳泉市郊区人民检察院副科级检察员。1999 年 2 月任山西省阳泉市郊区人民检察院副科级检察员、民行科科长。2013 年任山西省阳泉市郊区人民检察院副科级检察员、监所科科长。2015 年 12 月任山西省阳泉市郊区人民检察院副科级检察员。

2007 年，被山西省人民检察院授予全省检察理论研究三等奖；2008 年，被山西省人民检察院授予“全省检察机关民事行政检察工作先进个人”称号，被阳泉市妇女联合会授予“三八红旗手”称号，2013 年，被山西省人民检察院评为“业务尖子”。

王建文（1971 ~），中共党员，大学文化，曾任阳泉市郊区人民检察院公诉科副科长、反渎职侵权局副局长、案件管理中心主任、检察委员会委员、阳泉市女检察官协会理事。

1990 年 9 月 ~ 1993 年 7 月，在太原师范专科学校政史系政史专业学习。1993 年 7 月，任山西省阳泉市郊区人民检察院书记员。1997 年 8 月，任助理检察员（其间，1994 年 10 月 ~ 1996 年 1 月，在山西大学法律专业学习）。1999 年 12 月，任为阳泉市郊区人民检察院检察员（其间，2000 年 8 月 ~ 2002 年 12 月，在中央党校函授学院法律专业学习）。2006 年 9 月 ~ 2008 年 6 月，任阳泉市郊区人民检察院公诉科副科长。2008 年 6 月，任阳泉市郊区人民检察院反渎职侵权局副局长（副科级）。2010 年 7 月，任郊区人民检察院反渎职侵权局副局长、案件管理中心主任。2013 年 12 月，任检察委员会委员。

2006 年，被阳泉市人民检察院授予嘉奖；2007 年，被阳泉市人民检察院授予“以案析法”演讲比赛一等奖；2008 年，被阳泉市人民检察院授予个人三等功；2009 年，其司法文书被阳泉市政法委授予“优秀法律文书”；2010 年，被阳泉市人民检察院授予嘉奖；2012 年，被阳泉市人民检察院授予嘉奖；2016 年，被阳泉市妇联授予“三八红旗手”称号。

2011 年，阳泉市女检察官协会成立，当选为理事。2016 年 9 月，任中国法学会会员。

穆爱民（1982～），中共党员，大学文化，曾任阳泉市郊区人民检察院反贪污贿赂局综合科科长。

2001年9月～2005年7月，在山西财经大学财务管理专业学习。2005年7月参加工作，就职于山西北方晋东化工有限公司。2006年1月，为山西省平定县农村信用社职员。2007年10月，调至山西省阳泉市郊区人民检察院工作。2008年10月，任阳泉市郊区人民检察院科员。2011年2月，任助理检察员。2012年7月，任检察员。2013年4月，任反贪污贿赂局综合科科长。

限外辑要

一、2019 年大事记

1 月 13 日　第二届全国检察机关信息化网上轻应用作品评审会在北京召开，阳泉市郊区人民检察院“龙吟”技术团队创作研发的检察笔录系统荣获一等奖。

2 月 25 日　阳泉郊区检察院下发郊检发〔2019〕5 号文件《关于开展“改革创新、奋发有为”大讨论的实施方案》。并召开“改革创新、奋发有为”大讨论动员会，掀起大讨论活动热潮。党组成员、常务副检察长刘双富主持会议，党组成员史保龙传达省委骆惠宁书记在全省“改革创新、奋发有为”动员部署会上的讲话精神，党组书记、检察长严志勇作动员讲话。

2 月　阳泉郊区检察院党组中心组（扩大）专题学习张军检察长在全国检察长会议上的讲话，院领导和中层干部在党建微信工作群中推送学习心得，各部门干警互相交流研讨，全院掀起学习张军检察长讲话的热潮。

3 月 8 日上午　阳泉郊区检察院党总支、妇联、工会联合组织开展“庆三八”主题党日活动，全体女干警前往花店学习插花艺术，以进一步丰富女干警文化生活，营造积极、和谐、轻松、欢快的节日氛围。

3 月 13 日　阳泉郊区检察院下发阳郊检发〔2019〕1 号文件《关于表彰 2018 年度先进集体和先进个人的决定》，对 2018 年度各项工作做出突出贡献和成绩的先进集体和先进个人给予表彰。

同日　阳泉郊区检察院下发阳郊检发〔2019〕1 号文件 2 号文件《关于做好 2018 年度党员领导干部民主生活会有关工作的通知》。

3 月 18 日　阳泉郊区检察院下发阳郊检发〔2019〕4 号文件《机关作风专项警示教育活动实施方案》，决定从即日起，由派驻纪检监察组牵头，在郊区检察院集中开展为期一个月的机关作风专项警示教育活动。

3 日 22 日　第二十七届“世界水日”，阳泉郊区检察院和郊区河长制办公室，在荫营广场隆重举行“携手清四乱、保护河道生态”百日会战行动启动仪式。

3 月 27 日　阳泉郊区检察院与区司法局联合会签《关于建立支持起诉和法律援助工作联系机制的意见》，标志着该院民行检察工作与法律援助工作的协作机制正式建立。

3 月 30 日　为认真贯彻落实最高人民检察院张军检察长关于推进检察机关“法律进校园”活动的指示精神，认真履行“谁执法、谁普法”的工作职责，全方位、多角度加强未成年人检察工作向纵深发展，进一步提升未成年人的法律意识和自我保护意识，郊区人民检察院和荫营中学联合举行2019“法制进校园”系列活动启动仪式，郊区人民检察院党组书记、检察长严志勇被该校聘为“法制副校长”，并为该校学生讲授了法制课。

4月2日　阳泉郊区检察院为推动“改革创新、奋发有为”大讨论深入开展，进一步激发全体干警树立“对标一流、争创一流”的卓越意识，实现全院各项检察工作的大提升，近日，郊区院召开先进典型事迹报告会和对标一流述职评议会。

同日　阳泉郊区检察院下发阳郊检发〔2019〕7号《2019年度法治进校园宣讲工作实施方案》。

4月16日　由中国信息产业商会主办、中国信息产业商会人工智能分会承办的“2019第三届检法信息化融合发展创新大会”在天津召开。会上，山西省阳泉市郊区人民检察院研发的“检察笔录系统”荣获“2019年度法检信息化（智慧检务）最佳创新驱动实践奖”。

4月28日上午　阳泉郊区检察院结合庆祝“五一”劳动节举行了主题为“‘我将无我’奋斗，不负人民重托——共和国建设者走进检察机关”的检察开放日活动，邀请田园乳业有限公司、阳泉豪门业有限公司、三泉耐火材料有限公司、郊区保安公司、白泉村委会等五家企业的普通劳动者共20余人走进检察机关。

5月初　“五四”100周年纪念日前夕，阳泉郊区检察院召开以“我把青春奉献给检察事业”为主题的五四青年座谈会，郊区院党组成员、政治部主任孟秀红主持会议，全院40岁以下青年干警参加会议，严志勇检察长对青年干警提出了希望。

5月25日　“六一”国际儿童节来临之际，为增进社会各界和人民群众对未成年人检察工作的了解和支持，凝聚有关部门力量共同保护未成年人健康成长，阳泉郊区检察院开展“携手关爱、共护明天”检察开放日活动。该院定点扶贫帮扶对象簸箕掌村14名中小学生、老师、村干部、学生家长，参观了12309检察服务大厅、院史陈列室、未成年人办案工作区和开放式图书角等多处场所和设施。

5月28日　阳泉郊区检察院下发阳郊检发〔2019〕8号文件《加快推进认罪认罚从宽制度工作实施方案》。

6月5日　根据山西省检察院《关于在全省检察机关开展深入贯彻习近平新时代中国特色社会主义思想“大学习、大调研、大落实、大提升”活动的实施意见》，结合全省检察长会议精神，阳泉郊区检察院制订了实施方案。

7月1日　阳泉郊区检察院组织党员干警参加郊区举行的纪念中共建党98周年主题党日暨千名党员集体宣誓仪式，聆听区委书记王明厚讲授的《不忘初心，牢记使命，奋力谱写全区转型发展新篇章》党课，观看《红色记忆——郊区建国前农村老党员访谈》专题片。

7月　为了传承和弘扬英雄烈士精神，维护社会公共利益，培育和践行社会主义核心价值观，在八一建军节到来之际，阳泉市郊区人民检察院第三检察部赴郊区范围内英雄烈士陵园开展保护英烈公益诉讼专项行动，全面了解辖区内英雄烈士纪念设施和遗物的保护现状，深入摸排英烈保护案件线索。

8月13日　阳泉郊区检察院党组书记、检察长严志勇以《志存高远放飞检察梦想，脚踏实地书写检察华章》为主题，给全体干警讲授党课。

同日　郊区院举行“从检30年检察荣誉章颁发仪式”，向从检满30年的干警颁发荣誉章。

8月21日　阳泉郊区检察院召开学习《学习纲要》专场报告会。党组书记、检察长严志勇主持会议指导学习，全体干警参加会议。

9月4日　中央政法委在山东省青岛市举办第四届平安中国微电影微视频微动漫比赛系列活动，由郊区检察院龙吟团队创作拍摄的微视频《龙吟长歌》荣获“最具人气作品奖”。

9月12日　阳泉郊区检察院召开党组会议，传达学习贯彻中央、省、市、区关于开展第二批“不忘初心、牢记使命”主题教育有关要求，统一思想、明确任务，研究贯彻落实措施，就主题教育工作进行具体安排、具体部署。

9月16日　阳泉郊区检察院组织召开“不忘初心、牢记使命”主题教育动员部署会，党组成员、常务副检察长刘双富主持会议，区主题教育第六巡查组组长程志刚到会指导，全院干警参加会议。

9月18日～20日　阳泉郊区检察院开展为期三天的“不忘初心、牢记使命”主题教育第一次集中学习研讨活动，通过自主学习、集体学习、交流研讨、检视问题等方式，切实将主题教育工作部署落到实处。

9月20日　阳泉郊区检察院组织召开“不忘初心、牢记使命”主题教育第一次交流研讨，领导班子、中层干部、所有科级干部参加学习，巡回指导组列席会议。

9月22日　阳泉郊区检察院制订《关于新中国成立70周年庆祝活动期间信访工作应急预案》。

9月23日，在郊区第十八届人大常委会第十二次会议上，郊区院党组书记、检察长严志勇所作的《郊区人民检察院关于公益诉讼工作情况的报告》，获得全票通过。

9月24日　最高人民检察院检委会专职委员张志杰带队赴阳泉市郊区人民检察院调研督导，围绕认罪认罚从宽制度落实、公安机关办案中心派驻检察、补充侦查工作、刑事案件报道等内容开展调研。山西省检察院副检察长王文娅、阳泉市检察院检察长王廉允等陪同调研。

9月26日　阳泉郊区检察院召开“不忘初心、牢记使命”主题教育活动对照党章党规找差距专题会议。郊区院党组书记、检察长严志勇主持会议，院领导、副主任以上中层干部、科级干部参加会议，区委第六巡回指导组组长程志刚列席会议。

10月18日上午 郊区人民检察院党组书记、检察长严志勇等一行4人，到郊区荫营镇老虎沟社区及中强房地产开发公司走访调研，通过实地查看和召开座谈会，分别调研了社区发展情况和企业的生产经营状况，并向企业征求对检察工作的意见建议。

10月23日下午 阳泉郊区检察院全体干警到刘备山烈士陵园开展革命传统教育活动，缅怀革命先烈、进行宪法宣誓，笃定初心使命、砥砺前进动力。

11月25日 阳泉郊区检察院获得市级文明单位标兵称号。

二、2019 年工作辑要

（一）科技兴检和文化育检

1. 阳泉市郊区人民检察院创作研发的检察笔录系统荣获一等奖。1 月 13 日，第二届全国检察机关信息化网上轻应用作品评审会在北京召开，阳泉市郊区人民检察院党组技术队伍创作研发的检察笔录系统荣获一等奖。此次活动是由最高人民检察院检察技术信息研究中心部署开展，旨在提高检察技术队伍专业水平及动手实践能力，提升信息化服务检察业务中心工作的能力。共收到来自 25 个省（自治区、直辖市）开发团队的大量作品。经初审阶段综合考察，最终有北京、上海、重庆、广东、江苏、浙江等 19 个研发团队参加复审。阳泉郊区检察院参赛作品是一款专为检察机关设计的，集录入、打印、数据管理于一体的电子笔录系统，操作简便，笔录成稿效果好，有利于保障笔录信息的及时性、真实性、准确性、完整性，有助于提高检察官的办案质量，并最终在高手云集的全国大赛中拔得头筹，荣获一等奖。《检察日报》和《正义网》均在显著位置报道了此次评审情况。

2. 阳泉郊区检察院组织女干警开展"庆三八"主题党日活动。3 月 8 日上午，阳泉郊区检察院党总支、妇联、工会联合组织开展"庆三八"主题党日活动，带领全体女干警前往花店学习插花艺术，邀请花店负责人为女干警讲授选花、裁剪、搭配等插花技巧及花的种类、护理方法等与鲜花有关的知识，同时采用新鲜花材，演示插花的制作。女干警积极参与修剪花束，练习插花技艺，亲手制作花篮，并读书诵诗，分享党建知识，重温"三八"国际妇女节的故事，进一步丰富了女干警的文化生活，营造了积极、和谐、轻松、欢快的节日氛围。

3. 阳泉郊区检察院检察业务管理监督部副部长郑志明参加"今天我当班"体验采访活动。3 月 18 日，为贯彻落实好中央政法工作会议精神，贯彻落实郭声琨关于"提高舆论引导能力"的要求，以及中共阳泉市委政法委员会在全国"两会"召开前开展的"今天我当班"体验采访活动，该检察业务管理监督部副部长郑志明参加"今天我当班"体验采访活动，接受了郊区融媒体中心记者的采访，展示出忠诚奉献、服务为民的感人形象。郑志明计算机专业毕业，从事检察工作七年，积极参与办理各类案件，成为集案件管理、检察技术、控告申诉业务于一身的"多面手"，是第二届全国检察机关信息化网上轻应用作品征集活动一等奖获得者，被入选山西省检察机关统一业务应用系统人才库，被阳泉市检察院评为信息化先进个人。

4.阳泉郊区检察院研发的“检察笔录系统”荣获“2019年度法检信息化（智慧检务）最佳创新驱动实践奖”。4月16，由中国信息产业商会主办、中国信息产业商会人工智能分会承办的“2019第三届检法信息化融合发展创新大会”在天津召开。会上，山西省阳泉市郊区人民检察院研发的“检察笔录系统”，荣获“2019年度法检信息化（智慧检务）最佳创新驱动实践奖”。“检察笔录系统”是一款专为检察机关设计的，集录入、打印、数据管理于一体的电子笔录系统，操作简便，笔录成稿效果好，有利于保障笔录信息的及时性、真实性、准确性、完整性，有助于提高检察官的办案质量。

5.阳泉郊区检察院举行“从检30年检察荣誉章颁发仪式”。8月13日，郊区院举行“从检30年检察荣誉章颁发仪式”，向从检满30年的在职干警致敬，感谢他们在检察机关恢复重建40周年以来，为郊区检察事业做出的突出贡献，激励全院干警增强职业荣誉感和自豪感，不忘初心、牢记使命，积极推动郊区检察事业创新发展。仪式由党组成员、常务副检察长刘双富主持。严志勇检察长为受奖检察干警致颁奖词，对从检30年的干警给予高度评价：1979年郊区检察院恢复重建的40年，是风雨兼程的40年，是郊区检察人不断奋勇拼搏、磨砺成长的40年。从检30年的老检察人选择用一生来坚守这份事业，功在当代，利在千秋，希望全院干警以从检满30年的干警为榜样，传承好“老检察”爱检敬业、无私奉献的优良作风，团结拼搏、勇往直前，勇于担负起新时代赋予的历史使命，砥砺奋进展现检察人的新作为。

6.阳泉郊区检察院《龙吟长歌》微视频，荣获全国第四届“平安中国”微电影微视频微动漫比赛“最具人气作品奖”。9月4日，中央政法委在山东省青岛市举办第四届平安中国微电影微视频微动漫比赛系列活动，由郊区院龙吟团队创作拍摄、山西省阳泉市委政法委推荐的微视频《龙吟长歌》荣获“最具人气作品奖”，成为山西省检察系统唯一的获奖作品。全国第四届平安中国“三微”比赛以“唱响英雄赞歌、护佑人民平安”为主题，运用生动形象的微电影微视频微动漫形式，展现全国政法战线以习近平新时代中国特色社会主义思想为指导，深入贯彻中共十九大精神，忠诚履行职责使命，在推进平安中国建设、法治中国建设、加强过硬队伍建设和深化智能化建设等方面取得的新成绩、展现的新风貌，为中华人民共和国成立70周年营造良好氛围和舆论环境。活动自4月份开展以来，吸引了全国政法系统众多作品参赛。经征集初评、部门推荐和专家终评，最终有210部作品获奖。山西省共有5个作品获奖，其中，《龙吟长歌》是山西省检察系统唯一获奖作品。山西法制报、山西检察、阳泉日报、阳泉检察等多家媒体及公众号均在显著位置对《龙吟长歌》此次获奖情况进行宣传报道，进一步展示了该院信息建设取得的成绩，反映了全院干警团结一心的整体风貌，擦亮了阳泉郊区检察的名片，宣传推介了阳泉郊区检察院在智慧检务、形象展示方面务实创新、专业一流的工作作风，取得的良好社会效果。

（二）检察党建和队伍建设

1. 阳泉郊区检察院召开“改革创新、奋发有为”大讨论动员会，掀起大讨论活动热潮。2月25日，该院召开“改革创新、奋发有为”大讨论动员会，掀起大讨论活动热潮。党组成员、常务副检察长刘双富主持会议，全体干警参加会议。党组成员史保龙传达省委骆惠宁书记在全省“改革创新、奋发有为”动员部署会上的讲话精神，骆惠宁的讲话站在改革开放40周年的历史节点，放眼“两个一百年”的时代方位，围绕“三大目标”重大使命，对全省开展大讨论进行了全面的动员部署。党组成员、政治部主任孟秀红宣读《郊区人民检察院关于开展“改革创新、奋发有为”大讨论的实施方案》，明确大讨论总体要求、主要任务、工作要求，安排部署工作开展计划、牵头单位及规定动作。党组书记、检察长严志勇作动员讲话并提出具体要求：一要增强政治自觉，充分认识开展“改革创新、奋发有为”大讨论活动的重要性、必要性和紧迫性。全体干警要立足本职、主动求新、强力促改、争创一流，把自己摆进活动之中，思想再解放、改革再深入、创新再发力、工作再抓实，为奋力拓展郊区转型发展新篇章贡献检察力量。二要增强思想自觉，全面准确把握“改革创新、奋发有为”大讨论活动的部署、要求和任务，以改革破解发展难题，以创新激发动力活力，以开放促改革促发展，积极推进刑事检察、民事检察、行政检察、公益诉讼检察全面协调充分发展。三要增强行动自觉，加强组织领导，紧紧抓住党员领导干部这个关键少数，落实好“一岗双责”，坚持问题导向，做到见人见事见思想，找差距、定措施、明整改。四要及时发掘、认真提炼大讨论活动的进展成果和经验做法，形成典型广泛推广，确实把活动成效转化为推动检察工作创新发展的实际成效，有力推进郊区检察工作改革创新、各项工作再上新的台阶。

2. 阳泉郊区检察院对2018年度涌现出的先进集体和先进个人给予表彰。3月13日，阳泉市郊区人民检察院下发阳郊检发〔2019〕1号文件《关于表彰2018年度先进集体和先进个人的决定》，对2018年度各项工作做出突出贡献和成绩的先进集体和先进个人给予表彰。刑事检察部、民事行政检察业务部授予先进集体。聂玲莉、王立丽、郭贵斌、谢文向、王 拓、李 垚、段会民、李 飒、要红艳、薛雪霞、张 建、史文婷、翟雯晔、王文燕、张保牛、张长生、杨 杰被授予先进个人。

3. 阳泉郊区检察院对2018年度党员领导干部民主生活会有关工作作出安排部署。3月13日，该院下发阳郊检发〔2019〕1号文件2号文件《关于做好2018年度党员领导干部民主生活会有关工作的通知》，要求党员领导干部一是准确把握民主生活会主题，即紧密结合“两转”基础上全面拓展新局面的使命任务和2018年度工作实际，以及“改革创新、奋发有为”大讨论要求，谱写新时代中国特色社会主义郊区检察新篇章。二是领导班子和党员领导干部要立足找准问题，解决问题，紧密结合自身实际：重点从思想政治、精神状态、工作作风和“六个破除”等4个方面查找白身存在的差距和不足。三是充分做好会前准备工作。四是认真完成民主生活会各项工作内容，主要负责人以树立标杆、向我看齐的态度，聚焦主题，联系思想工作具体事例，对准四个方面问题，带头揭短亮丑；班子每名成员严肃认真地开展批评和自我批评，使党员领导干部接受严格的党内生活锻炼，使民主生活会成为凝聚共识、团结奋斗，干事创业、狠抓落实的会议。五是针对群众反映的问题和民主生活会上查摆出的问题，领导班子及成员须制定整改方案，明确整改措施， 整改时限。整改方案经班子研究在一定范围内公布，广泛接受监督，并根据干部群众的意见进一步修改完善。

4. 阳泉郊区检察院由派驻纪检监察组牵头，集中开展为期一个月的机关作风专项警示教育活动。3月18日，该院下发阳郊检发〔2019〕4号文件《机关作风专项警示教育活动实施方案》，决定从即日起，由派驻纪检监察组牵头，在郊区检察院集中开展为期一个月的机关作风专项警示教育活动。指导思想是：以习近平新时代中国特色社会主义思想为指导，全面贯彻党的十九大和十九届二中、三中全会精神，认真贯彻中纪委、高检院、省委、省纪委、省院、市委及市纪委有关会议精神，增强“四个意识”，坚定“四个自信”，坚持党要管党、全面从严治党，以政治建设为统领，以“改革创新、奋发有为”大讨论活动为契机，全面推进党的各项建设，强化“两个责任”落实，强化党内监督，持之以恒正风反腐，积极推动全面从严治党向纵深发展。总体目标是：着力强化机关干部的宗旨意识、大局意识、责任意识、服务意识、实干意识，突出解决机关组织纪律、工作作风、民主集中制和干部精神状态的问题，达到机关作风有明显改进；工作效率、服务质量有明显提高；干部整体素质有明显增强；群众满意度有明显上升的总体目标。重点任务有四：一是切实解决机关部分干部中存在的上下班迟到、早退、离岗、脱岗的问题；工作时间打扑克、玩游戏、打麻将、聊天、串岗的问题；工作日中午酗酒、到娱乐场所玩耍的问题；外出不遵守请销假制度等问题。二是切实解决部分干部中存在的高高在上、作风漂浮、无所事事的问题；不深入基层，不调查研究，不了解实情，有安排没落实，有布置没检查的问题；创造性不够，主动性不强，工作能力差的问题。三是切实解决实际工作中民主集中制意识不强，工作不透明，个人说了算、“一言堂”的问题；各部门、各科室相互配合不协调，工作扯皮，互相推脱，形不成合力的问题。四是切实解决部分干部中存在的不思进取、得过且过，当一天和尚撞一天钟的问题；部分干部患得患失、个人主义突出的问题；部分干部不负责任、玩忽职守、拿工作当儿戏的问题。

5. 阳泉郊区检察院召开“改革创新、奋发有为”大讨论动员会。2月25日，该院下发郊检发〔2019〕5号文件《关于开展“改革创新、奋发有为”大讨论的实施方案》，对开展此次“大讨论”活动作出安排部署。为深入学习贯彻习近平在庆祝改革开放40周年大会上的重要讲话精神，以思想觉醒和开拓进取实现新时代郊区检察改革开放再出发，郊区院按照山西省和阳泉市委关于开展“改革创新、奋发有为”大讨论部署要求，一是召开“改革创新、奋发有为”大讨论动员会，掀起大讨论活动热潮。二是组织召开专题民主生活会，重点从思想政治、精神状态、工作作风和“六个破除”等四个方面深入查摆问题，进行深刻原因剖析，做到见人、见事、见思想，达到了“红脸出汗、咬耳扯袖”的目的。三是召开党组中心组会议部署规定动作，对“对标一流、述职评议”、开展营商环境典型事例剖析、推进检察笔录系统的后续完善和应用以及院领导入企进村工作作出相应的安排部署。

6. 阳泉郊区检察院集中开展为期一个月的机关作风专项警示教育活动。3月18日，为贯彻落实习近平新时代中国特色社会主义思想和中共十九大精神，全面加强新时代中共政治建设，增强检察干警守纪律、明规矩、知敬畏的自觉性，切实转变工作作风，持之以恒正风肃纪，推动全面从严治党、全面从严治检向纵深发展，经郊区院党组研究，决定以“改革创新、奋发有为”大讨论活动为契机，从即开始，由派驻纪检监察组牵头，在全院集中开展为期一个月的机关作风专项警示教育活动。郊区院党组书记、检察长严志勇在党风廉政建设和反腐败工作会议上就此次活动进行了动员部署，希望院纪检组切实做到形式“不虚”、主题“不偏”、解决问题“不空”，要求全院干警要提高政治站位，深刻认识开展“警示教育月”活动的重大意义，统一思想，统一行动，进一步增强责任感和紧迫感。郊区院开展“警示教育月”活动，着力强化机关干部的宗旨意识、大局意识、责任意识、服务意识、实干意识，重点解决组织纪律、工作作风、民主集中制、干部精神状态4个方面的问题。着力抓好政治教育、思想教育、纪律教育、作风教育，并把教育贯穿于机关作风整顿活动的各阶段各环节，采取明察暗访等方式，对工作纪律等各项情况等进行重点检查和抽查。针对查找出来的突出问题，采取有力措施，集中力量狠抓整改落实，着力体现务实、管用、有效的要求，不断把党风廉政教育抓在日常、严在经常。全体干警闻令而动，精神面貌明显改变，机关作风明显改进，组织纪律明显增强，工作效率、服务质量明显提高，“严管理、强纪律、明规矩、善担当”的良好氛围正在全院形成。

7. 阳泉郊区检察院召开先进典型事迹报告会和对标一流述职评议会。4月2日，该院为推动“改革创新、奋发有为”大讨论深入开展，进一步激发全体干警树立“对标一流、争创一流”的卓越意识，实现全院各项检察工作的大提升，近日，郊区院召开先进典型事迹报告会和对标一流述职评议会，党组书记、检察长严志勇主持会议。全体干警观看了张彪检察官先进事迹专题片，郊区院党组成员、政治部主任孟秀红讲述该院检察业务管理监督部副部长郑志明的优秀事迹。该院各内设机构负责人坚持问题导向，结合各自实际，就本部门上年度和2019年前两个月业绩和业务工作中存在的问题和差距进行了认真分析，深入查摆差距和不足，并就做好下一步工作提出了工作思路和具体措施。分管领导对所分管部门的业务工作从对标一流的角度进行述职评议，在肯定成绩的同时，提出努力方向和存在的问题，以及改进措施。

8.阳泉郊区检察院召开以“我把青春奉献给检察事业”为主题的五四青年座谈会。5月初，“五四”100周年纪念日前夕，该院召开以“我把青春奉献给检察事业”为主题的五四青年座谈会，郊区院党组成员、政治部主任孟秀红主持会议，院领导及全院40岁以下青年干警参加会议。严志勇检察长代表院党组向全体青年干警表示节日祝福，并向青年干警们提出了三点希望：一是多读书多学习，增强自身底蕴和能力。学习使人强大，学习的态度决定人生高度。青年干警要多点书卷气，增加静气、秀气、灵气、自在气、文明气、富足气、高贵气、泱泱大气，要树立终身学习的理念，通过学习拓展视野，通过学习增加见识，不仅要向书本学，更要向实践学、向他人学、向社会学，才能不断进步。二是既要仰望星空，又要脚踏实地。机会永远是留给最渴望的那个人，要学会与内心深处的你对话，问问自己，想要怎样的人生，要踏实肯干，力戒浮躁，能吃亏甘吃苦，持之以恒、久久为功，筑牢精神高地，要把自身放在检察事业的格局中去考虑，不能斤斤计较于一时之得失，用“工匠精神”历练自己、提升自己。三是坚定守护公正的责任感和使命感。青年干警要有追求公平正义的理想，要在执法办案中感受诗和远方，要把为人民群众争取、实现公平正义作为自身价值追求，努力让人民群众在每一个司法案件中都感受到公平正义，以高度的政治责任感和使命感做好各项检察工作。

9.阳泉郊区检察院有序推进认罪认罚从宽制度在郊区落地落实。5月份，为贯彻落实全省检察机关认罪认罚从宽制度工作推进会精神，该院采取多项举措，有序推进认罪认罚从宽制度在郊区落地落实，积极稳妥地运用认罪认罚从宽制度办理案件。一是主要领导直接抓，郊区院党组书记、检察长严志勇组织召开专题会议，组织学习全省会议精神，学习办理案件中适用认罪认罚从宽制度的有关情况和先进经验，并对如何迅速扭转认罪认罚从宽制度适用率低的现状作出具体安排，同时成立领导小组，搭建办案组织，推进繁简分流，安排专人负责相关制度机制的建立，多次督促落实。二是配套制度作保障，为保证认罪认罚从宽制度有序规范运行，郊区院认真按照认罪认罚从宽制度改革的要求，制定实施方案，明确认罪认罚从宽制度适用范围、从宽原则、启动程序以及诉讼权益保障，规范证据标准、量刑建议以及庭审操作流程，简化相关法律文书制作，加快办案速度。与公安、法院、司法部门联合签发实施细则，明确公、检、法在办理此类案件的工作流程、办理模式，切实保障犯罪嫌疑人、被告人的诉讼权益，确保该项制度始终在法律的框架内稳步推进。三是办案力量勤强化，认真组织认罪认罚从宽流程、系统填报、精准量刑专题培训，开展业务骨干上讲台活动，促进业务部门办案干警对认罪认罚从宽制度有关规定、精神的理解与掌握，切实提高思想认识，提高办案人员准确适用认罪认罚从宽的能力及办案专业化水平。通过采取多项举措，郊区院办案人员适用认罪认罚从宽制度的积极性明显提高，对符合适用条件的案件全部予以适用。到5月底，共办理认罪认罚从宽案件3件3人，取得了初步成效。

10.阳泉郊区检察院下发《关于切实做好院领导干部上讲台工作的通知》。6月5日，为落实好高检院《全国检察机关领导干部上讲台实施指导意见》精神，充分发挥领导干部高政治素养、高业务素养和高法律政策理论水平的优势，推动领导干部上讲台常态化制度化，提高检察教育培训的针对性和实效性，按照省院关于《全省检察机关领导干部带头上讲台授课的通知》要求，郊区院下发《关于切实做好院领导干部上讲台工作的通知》。领导干部上讲台讲课的主要内容，是以习近平新时代中国特色社会主义思想、政治理论、党性教育和专业化能力培训等为重点，突出政治培训，结合业务课程讲授政治理论内容，促进政治统领业务的深度和广度，通过专题授课，教育引导学员树立“四个意识”、坚定“四个自信”、做到“两个维护”；要精准解读最新的法律政策特别是检察工作的新理念新精神，为学员准确掌握新理念、积极应对新挑战、切实解决新问题提供可行的路径方法，不断提高学员从事检察工作的专业化能力和水平。同时要求领导班子成员要强化政治责任围绕新时代检察工作的新目标新要求，带头上讲台精准解读形势任务、宣传贯彻检察新理念；各部门负责人要充分发挥其掌握全省条线业务工作开展情况、领会上级机关工作部署目标任务、清楚条线工作与全国先进省份差距等情况的优势，在举办条线业务培训班时，要针对培训主题进行专题授课，通过专题授课达到既提高学员的业务能力、又推动本条线业务工作开展的双重效果。

11.阳泉郊区检察院开展“迎七一”系列活动庆祝建党98周年。在中共建党98周年之际，郊区人民检察院积极组织开展形式多样、主题鲜明的活动，提升党组织的号召力、凝聚力和战斗力，使广大党员干部以饱满的热情庆祝中国共产党生日。一是开展义务劳动，为党总支组织党员干警前往居馨花园小区进行创卫活动，铲除建筑物上乱贴乱写的小广告、捡拾小区花园废弃物、清理卫生死角等，大家热情高涨、干劲十足，为社区环境质量的改善贡献出了一份力量。二是慰问老党员，班子成员分别慰问离退休老党员，为15名老党员送上慰问品，并为从事检察工作30年的退休老党员发放勋章。三是选派两名干警参加区委组织的以“不忘初心再出发、牢记使命谱新篇”为主题的党建知识竞赛，以赛促学，以学促用，带动全院干警自觉系统地学习党章党规、学习中国共产党党建基础知识，为纪念中共建党98周年和新中国成立70周年营造浓厚氛围。四是组织党员干警和入党积极分子赴白洋淀红色基地参观学习，了解革命先辈的英勇付出、无私奉献的事迹。五是组织党员干警参加郊区举行的纪念中共建党98周年主题党日暨千名党员集体宣誓仪式，聆听区委书记王明厚讲授的《不忘初心，牢记使命，奋力谱写全区转型发展新篇章》党课，观看《红色记忆——郊区建国前农村老党员访谈》专题片，感受到献身共产主义事业的豪情。

12. 阳泉郊区检察院召开学习《学习纲要》专场报告会。为深入学习贯彻习近平新时代中国特色社会主义思想，切实把《习近平新时代中国特色社会主义思想学习纲要》（以下简称《学习纲要》）的学习作为“不忘初心、牢记使命”主题教育的首要学习内容，把学习好贯彻好《学习纲要》精神作为当前首要的政治任务，8月21日，郊区院召开学习《学习纲要》专场报告会。党组书记、检察长严志勇主持会议指导学习，全体干警参加会议。严志勇检察长从自身学习《学习纲要》的体会感悟出发，围绕《学习纲要》的框架、结构和特点，就习近平新时代中国特色社会主义思想产生的时代背景和重大意义、科学体系和核心内容等进行了系统阐释和深入解读，要求干警认真学习《纲要》，更好地理解和把握这一思想的基本精神、基本内容、基本要求，更加自觉地用以武装头脑、指导实践、推动工作。希望全体干警持续抓好理论武装这一重中之重，认真读原著、学原文、悟原理，切实做到入脑入心，并融会贯通，将学习的收获融入工作实际，推动学习习近平新时代中国特色社会主义思想往深里走、往心里走、往实里走，争当新时代检察工作排头兵。

13. 检察长上党课 强党性话担当。在中国共产党成立98周年之际，为加强党性教育，强化担当意识，进一步凝聚力量，振奋精神，确保检察工作正确的政治方向，8月13日，郊区院党组书记、检察长严志勇以《志存高远放飞检察梦想，脚踏实地书写检察华章》为主题，给全体干警讲授“上接天线”“下接地气”的党课。严志勇检察长立足本院工作实践，结合新形势下检察工作发展实际，分别从“在检察机关加强党建工作的重要性”“当前全院队伍建设和党建工作中存在一些问题”和“做好新形势下检察业务工作与队伍建设的思考”三个方面进行了深入阐述，教育和引导全体干警必须以“功成不必在我”的精神境界和“功成必定有我”的历史担当，推进新形势下各项检察工作。同时要求全院干警不忘初心、牢记使命，坚定理想信念，切实改进作风，牢固树立担当意识，始终保持奋发有为的精神状态，努力做到工作有干劲、岗位有贡献、创新有亮点，在主动干事、有效工作中实现自己的人生价值。

14. 阳泉郊区检察院召开党组会议研究部署“不忘初心、牢记使命”主题教育工作。9月12日，郊区院召开党组会议，传达学习贯彻中央、省、市、区关于开展第二批“不忘初心、牢记使命”主题教育有关要求，统一思想、明确任务，研究贯彻落实措施，就主题教育工作进行具体安排、具体部署。党组书记、检察长严志勇传达中共阳泉市郊区区委九届六次全体会议暨“不忘初心、牢记使命”主题教育工作部署会议精神，党组成员、政治部主任孟秀红传达全市“不忘初心、牢记使命”主题教育工作部署会会议精神。同时成立“不忘初心、牢记使命”主题教育领导小组，由政治部和党总支牵头、全院各部门大力支持。领导小组下设主题教育办公室，负责日常工作。要求主题教育从9月份开始，到11月底结束，开展集中教育时间不少于3个月，不划阶段，不分环节，提高政治站位，切实把思想和行动统一到中央、省、市、区决策部署上来，坚决扛起主体责任，加强组织领导、注重统筹融合，坚持把开展主题教育与推动检察工作结合起来，以更高标准、更严要求、更实举措将各项目标任务落到实处，确保主题教育高质量、有特色、走前列。

15. 阳泉郊区检察院召开“不忘初心、牢记使命”主题教育动员部署会。9月16日，阳泉郊区检察院组织召开“不忘初心、牢记使命”主题教育动员部署会，党组成员、常务副检察长刘双富主持会议，区主题教育第六巡查组组长程志刚到会指导，全院干警参加会议。党组成员、政治部主任孟秀红宣读《关于开展“不忘初心、牢记使命”主题教育的实施方案》。党组书记、检察长严志勇作动员讲话并提出具体要求：一要提高政治站位，强化政治担当，深刻领会开展主题教育的重大意义。要把思想和行动统一到习总书记重要讲话精神上来，统一到党中央的决策部署上来，把主题教育作为重大政治任务抓紧抓实抓好，自觉践行司法为民宗旨，着力解决司法办案中群众反映强烈的突出问题和最关心最现实的利益问题，把“四大检察”做优做实做强，以钉钉子精神推进各项检察工作任务的落实。二要准确把握目标要求，紧密结合检察工作实际推动主题教育高质量开展。要把学习教育、调查研究、检视问题、整改落实贯穿主题教育全过程，把学和做结合起来，把查和改贯通起来，全程坚持问题导向、全程实行清单管理、全程进行动态调度。要结合检察工作实际，认真贯彻落实“守初心、担使命，找差距、抓落实”十二字总要求。三要加强组织领导，强化督导检查，确保主题教育善始善终、善做善成。要靠严明的责任担当来保证，坚决纠正形式主义、官僚主义，大力倡导“一线工作法”，探索创新检察工作新模式。要靠严肃的督导检查来推动，检务督查和主题教育领导小组办公室定期对主题教育开展情况进行督促指导检查，及时发现和解决问题。要靠浓厚的舆论氛围来助推，坚持宣传先行、舆论先导，加大宣传力度。要靠有力的统筹协调来保障，把开展主题教育与各项检察工作紧密结合，以教育成效推动检察工作高质量落实，以工作落实检验主题教育成效。

16. 阳泉郊区检察院组织召开“不忘初心、牢记使命”主题教育第一次交流研讨。9月20日，该院组织召开“不忘初心、牢记使命”主题教育第一次交流研讨。党组成员、副检察长杨建民主持会议，领导班子、中层干部、所有科级干部参加学习，巡回指导组列席会议。参会人员紧扣“八个专题”，按照“六个对照”、“四个找一找”检视问题，对照“11个方面”形成书面检视清单和发言材料，参会人员围绕“初心和使命”主题，联系学习内容，联系个人思想工作生活实际，交流心得体会，全面查找自身短板、工作弱项，提出整改措施和努力方向。通过此次集中学习研讨活动，进一步领会“初心和使命”的深刻内涵，进一步加深了对习近平新时代中国特色社会主义思想的核心要义、精神实质的认识和理解。

17. 阳泉郊区检察院召开“不忘初心、牢记使命”主题教育活动对照党章党规找差距专题会议。根据中央《关于在“不忘初心、牢记使命”主题教育中对照党章党规找差距的工作方案》要求和郊区院主题教育工作安排，9月26日，该院召开“不忘初心、牢记使命”主题教育活动对照党章党规找差距专题会议。党组成员、检察长严志勇主持会议，院领导、副主任以上中层干部、科级干部参加会议，区委第六巡回指导组组长程志刚列席会议。严志勇检察长带头作对照发言，参会人员认真对照党章党规，重点围绕“18个是否”，结合自身思想、工作、生活情况和集中学习研讨成果，坚持把自己摆进去、把职责摆进去、把工作摆进去，逐条逐项分析检视个人在思想、工作、生活、作风、廉洁等方面存在的问题逐条讲清楚，没有问题的按要求作出报告，对存在问题进行深入剖析，提出努力方向和整改措施，及时校准偏差、相互提醒警示。严志勇检察长提出两点要求：一是要按照中共中央有关要求，认真做好主题教育后续工作，把对照党章党规查找出来的问题纳入主题教育整改落实方案，以自我革命的精神，真刀真枪解决。二是要养成良好的学习习惯，通过山西干部在线、学习强国等新媒体，结合学习资料，加强自主学习，保质保量的完成学习任务，以“永远在路上”的态度持续抓好学习教育，确保各项主题教育任务圆满完成。

18. 阳泉郊区检察院开展“不忘初心、牢记使命”专题讲党课活动。为进一步强化检察干警思想认识、提高政治站位，从严从实抓好各项工作，确保“不忘初心、牢记使命”主题教育取得实效，10月12日，郊区院党组书记、检察长严志勇传达了市委书记关建勋在“不忘初心、牢记使命”主题教育专题党课上的讲话，会同其他领导班子成员，联系工作实际，在深入学习和广泛调研的基础上围绕“不忘初心、牢记使命”主题教育或在全院、或在各部门讲专题党课，并结合学习习近平新时代中国特色社会主义思想和检察工作的实际，就如何落实主题教育的任务、要求和目标，以“深刻认识和把握新时代中国共产党人的初心和使命”为题，围绕“为什么要‘不忘初心、牢记使命’？”“‘不忘初心、牢记使命’主题教育的意义是什么？”“怎样才能‘不忘初心、牢记使命’？”三个方面内容，为全院干警讲授了专题党课，要求与会人员一要坚定理想信念，把理想信念作为照亮前路的灯、把准航向的舵，转化为对奋斗目标的执着追求、对本职工作的不懈进取、对高尚情操的笃定坚持、对艰难险阻的勇于担当。二要努力学习马克思主义，要读原著、读原文、悟原理，深入学习马克思主义理论，学习马克思主义中国化最新成果习近平新时代中国特色社会主义思想。三要有坚如磐石的革命意志，一往无前的坚守，做决战决胜的实干家，保持越是艰险越向前的斗争精神，做克难克险的排头兵，勇于闯新路过险关；要敢于亮剑，聚焦制约检察事业发展的突出问题，突出抓重点、补短板、强弱项，以“功成不必在我”的境界、“功成必定有我”的担当，在为实现党的历史使命和宏伟目标中不断作出新贡献。四要坚持中国共产党的群众路线，全心全意为人民服务，围绕主题教育“清正廉洁做表率”目标，恪守司法为民的天职，严守敬业奉献的本职，谨防不抓落实的失职，坚决力戒形式主义、官僚主义，不搞花架子，说到做到，做就做好，努力走好新的长征路。

19. 阳泉郊区检察院全体干警前往刘备山烈士陵园开展革命传统教育活动。为深入开展“不忘初心、牢记使命”主题教育，继承革命先烈光荣传统，激发检察干警的爱国热情和奋斗精神，10 月 23 日下午，郊区院全体干警来到刘备山烈士陵园开展革命传统教育活动，缅怀革命先烈、进行宪法宣誓，笃定初心使命、砥砺前行动力。院党组成员、常务副检察长刘双富主持活动。党组书记、检察长严志勇在烈士纪念碑广场前首先致辞，向革命先烈表示崇高敬意和深切缅怀，希望全体干警始终牢记共产党员的初心和使命，始终铭记为中华民族作出贡献的英雄们，学习好、传承好、弘扬好先烈们的革命精神，坚持中国共产党的领导，珍惜今天的美好幸福生活，在缅怀中提升党性修养，在传承中砥砺责任担当，在奋斗中坚守初心使命，秉执立检为公、司法为民的信念，为郊区检察事业和祖国繁荣富强贡献自己的力量。面对刻着“革命烈士永垂不朽”的纪念碑，党组成员、政治部主任孟秀红带领全体干警进行了庄严的宪法宣誓，全体干警依次向纪念碑敬献了花束，并向烈士鞠躬，表达对革命先烈的深切怀念与无限崇敬。全体干警表示，要传承革命烈士艰苦奋斗、不怕牺牲的精神，在美好幸福的年代不忘“初心”，践行“使命”，忠诚履行法律监督职责，为郊区检察事业创新发展贡献力量。

（三）检察业务

1. 阳泉郊区检察院掀起学习张军检察长讲话的热潮。2 月下旬，该院党组中心组（扩大）专题学习张军检察长在全国检察长会议上的讲话，院领导和中层干部在党建微信工作群中推送学习心得，各部门干警互相交流研讨，全院掀起学习张军检察长讲话的热潮。该院党组要求全院干警一定把张军检察长在全国检察长会议上的讲话精神落到实处，用讲话精神武装头脑、增强工作质效。要紧紧围绕“讲政治、顾大局、谋发展、重自强”总要求，坚持“落实、稳进、提升”检察工作总基调，坚持革命化、正规化、专业化、职业化方向，以政治建设为统领，以执法办案为中心，以提升专业素质为抓手，以深化检察改革和智慧检务建设为动力，以做优刑事检察、做强民事检察、做实行政检察、做好公益诉讼为重点，推动各项法律监督工作全面协调发展，努力打造政治过硬、本领高强、符合新时代要求的检察队伍，以优异成绩迎接中华人民共和国成立 70 周年。

2. 阳泉郊区检察院召开扫黑除恶领导小组工作会议。3 月 12 日，该院召开扫黑除恶领导小组工作会议，总结扫黑除恶工作开展以来的总体情况、分析存在问题，研究下一步工作计划。严志勇检察长就2019年扫黑除恶工作提出具体要求：一是进一步落实“3个全覆盖3个严把关3个深挖”工作要求。二是严格执行阳泉市人民检察院《涉黑涉恶案件不捕不诉、改变黑恶定性审批制度》有关规定。三是认真落实检察长带头办案制度，扫黑办负责建立检察长办案工作档案。四是进一步做好提前介入，引导侦查工作，办理涉黑涉恶案件做到一案一总结。五是实现办案质量与效率双提升，狠抓队伍建设，保持工作底线，加强扫黑办工作力度。

3. 阳泉郊区检察院建立民行检察工作与法律援助工作的协作机制。3月27日，为了保障弱势群体依法起诉维护自身合法利益的权利，阳泉郊区人民检察院与区司法局联合会签《关于建立支持起诉和法律援助工作联系机制的意见》，标志着该院民行检察工作与法律援助工作的协作机制正式建立。《意见》规定了检察机关支持起诉的案件类型、联系机制的工作方式以及工作日常联动机制。通过民行检察工作与法律援助工作的有效衔接，实现案件基本信息共享，为弱势群体的合法权益提供有效的法律援助和司法保障，有利于拓展支持起诉的公益保护范围，共同推动支持起诉工作的健康发展。

4. 阳泉郊区检察院制订《加快推进认罪认罚从宽制度工作实施方案》。5月28日，该院下发阳郊检发〔2019〕8号《加快推进认罪认罚从宽制度工作实施方案》。《方案》以“严格落实《刑事诉讼法》中关于认罪认罚从宽的规定，切实发挥检察机关在该项制度中的主导作用，正确把握制度内涵，牢牢把握改革正确方向，及时转变司法理念，统筹推进制度落地落实”为指导思想，扭转认罪认罚从宽制度适用率低的被动局面，建立健全有关体制机制，确保该项制度在辖区内正确统一实施，全年认罪认罚案件适用比例最低限度为30%，在确保30%的基础上，争取实现50%。

5. 阳泉郊区检察院上缴涉案款。6月14日，该院将办理潘某平、李某海贪污案扣押的赃款2.8万元，以及办理杨某虎受贿案扣押的赃款53万元，共计55.8万元，在郊区法院分别对上述两案作出判决并在判决已生效后，根据有关案件办理规定上缴。

6. 阳泉郊区检察院开展保护英烈公益诉讼专项行动。7月下旬，为了传承和弘扬英雄烈士精神，维护社会公共利益，培育和践行社会主义核心价值观，在八一建军节到来之际，该院第三检察部赴郊区范围内英雄烈士陵园开展保护英烈公益诉讼专项行动，全面了解辖区内英雄烈士纪念设施和遗物的保护现状，深入摸排英烈保护案件线索。专项行动中，该第三检察部走访调查了刘备山烈士陵园和白泉烈士陵园。其中，刘备山烈士陵园位于阳泉市郊区荫营镇坪上村，安葬着荫营镇357名英雄烈士。白泉烈士陵园位于阳泉市郊区荫营镇下白泉村，安葬着中国人民解放军晋察冀部队二纵队五旅十五团的八位无名烈士。针对烈士陵园广场生活垃圾随处乱扔，祭奠的鲜花散落一地，烈士纪念碑下杂草丛生，处于无人管理的状态，以及严重影响烈士陵园庄严、肃穆、清净的环境和氛围，有损英雄烈士的荣誉和尊严，损害社会公共利益的现象，该依照《中华人民共和国英雄烈士保护法》规定，启动行政公益诉讼诉前程序，及时向相关管理部门发出诉前检察建议，督促其依法履行监管职责，采取措施修缮、维护陵园，规范陵园管理，切实做好革命烈士纪念设施的保护管理工作。收到诉前检察建议后，各相关行政机关高度重视，立即制定整改方案，对陵园内纪念碑、墓区等纪念设施逐项排查，进行专业修缮。

7. 阳泉市郊区检察院成功办理首例刑事附带民事公益诉讼案件。8月22日，该院提起的李某某失火罪刑事附带民事公益诉讼一案，在阳泉市郊区人民法院宣判，该案系郊区院办理的首例刑事附带民事公益诉讼案件。2019年3月，被告人李某某在自有地刨地过程中，随手将抽剩的烟头扔到地里，不慎引发大面积森林火灾，过火林受损面积达到11338.5亩，直接造成乔木林地、疏林地、灌木林地和散生林地四项林木经济损失2995.68万元。检察机关作为国家利益和社会公共利益的代表，依法对其提起刑事附带民事公益诉讼，公诉书认定李某某的行为，致使阳泉市郊区旧街乡和平坦镇大量林地被烧毁，侵害了社会公共利益，事实清楚、证据确实充分，构成失火罪。郊区人民法院判处被告人李某某，赔偿被烧毁林木损失2995.68万元。该案作为郊区检察院成功办理的首例刑事附带民事公益诉讼案件，一方面维护了社会公共利益，对环保意识薄弱、破坏生态环境资源行为敲响警钟，有助于加强群众的生态环境保护意识，规避此类案件再次发生。另一方面也为检察机关提起公益诉讼工作积累了宝贵经验。

8. 阳泉郊区检察院对“扫黑除恶”专项斗争工作专班进行了调整。8月28日，为深入贯彻落实中共中央、省、市和区政法委关于开展扫黑除恶专项斗争的工作精神，依法惩治黑恶势力犯罪，充分发挥检察机关法律监督职能，确保扫黑除恶工作的政治效果、法律效果和社会效果，在内设机构改革、办案组重新分配的基础上，经院党组研究，决定调整阳泉市郊区人民检察院扫黑除恶专项斗争工作专班如下：组长为党组成员、副检察长杨建民，副组长为党组成员、副检察长王权政，成员由田长春、魏振泽、聂玲莉等11人组成。

9. 阳泉郊区人大常委会审议通过郊区院公益诉讼工作情况报告。9月23日，在郊区第十八届人大常委会第十二次会议上，郊区院党组书记、检察长严志勇所作的《郊区人民检察院关于公益诉讼工作情况的报告》，获得全票通过。《报告》以公益诉讼监督职能为工作主线，回顾总结了近三年来公益诉讼工作的主要经验和做法，分析了存在的问题和不足，提出了进一步加强和改进公益诉讼工作的措施。该院公益诉讼工作从民生出发，坚持以“人民为中心”的工作标准，以切实提高人民群众在新时代的获得感和幸福感为目标，紧紧围绕习总书记提出的“检察官是公共利益的代表”，高度重视公益诉讼工作，积极摸排线索，及时纠正行政机关的违法行为，在促进依法行政、推进依法治理方面取得积极成效，为法治郊区建设作出了积极贡献。2017年以来，共办理行政公益诉讼案件73件，办理刑事附带民事公益诉讼案件1件，向环保、住建、国土、水利、文物、农委及各乡镇等相关行政机关发出诉前检察建议73份，公益诉讼中涉及到问题，各行政机关已经全部整改。听取报告后，与会代表委员一致认为报告结构鲜明、内容详实，用精炼易懂的语言全面反映了郊区院公益诉讼工作情况。代表们充分肯定了郊区院在发挥公益诉讼检察职能、维护国家利益和社会公共利益方面做出的积极贡献，也对该院公益诉讼工作中存在的问题和今后的工作提出了建议，希望郊区院提高政治站位，强化履职担当，加强沟通协调，提高办案专业化水平，大力宣传公益诉讼，营造公益诉讼良好社会氛围，以更加严格的标准、更加有力的举措、更加务实的作风、更加细致的工作，不断推进公益诉讼向纵深发展。

10. 阳泉郊区检察院印发《关于新中国成立70周年庆祝活动期间信访工作应急预案》。9月22日，为切实做好新中国成立70周年庆祝活动期间信访维稳工作，有效预防和避免庆祝活动期间发生涉检赴省进京信访事件，根据阳泉市人民检察院《关于新中国成立70周年庆祝活动期间信访工作应急预案》，结合全区涉检信访维稳工作实际，该院印发《紧急预案》。要求9月23日起至10月5日止实行24小时院领导带班和专人值班制度，全院各部门认真查漏补缺、防患未然，依法处置，防止激化，快速反应，相互配合，一是开展执法办案风险评估预警工作，对苗头性倾向性问题做到早发现早处置。二是深入开展摸底排查工作，重点排查赴省进京上访案件和非正常上访案件，集体上访案件。三是高度重视涉检舆情的汇集分析和应对引导，规范舆情处置程序，坚决防止借司法个案和涉法涉诉信访问题进行恶意炒作，防止少数别有用心的人和境外敌对势力利用信访问题和突发性事件制造事端，努力营造和谐的舆论氛围。四是保障机关工作秩序稳定，对携带箱包人员要进行安全检查。五是对反复缠访闹访，特别是以上访为名，制造事端，煽动组织闹事的信访人员，要及时与公安部门沟通，加大处置力度。对不听劝阻，坚持上访滋事的人员要采取果断措施，严格依法处理。六是做好后勤保障工作，一旦发生赴省进京非正常访等突发情况，要保证接访劝返人员可随时前往开展工作，确保国庆70周年安全。

11. 最高人民检检察院调研督导组在郊区院调研督导。9月24日，最高人民检察院检委会专职委员张志杰带队赴阳泉市郊区人民检察院调研督导，围绕认罪认罚从宽制度落实、公安机关办案中心派驻检察、补充侦查工作、刑事案件报道等内容，开展阅卷调研并听取郊区院工作情况汇报。山西省检察院副检察长王文娅、阳泉市检察院检察长王廉允等陪同调研。郊区院班子成员和中层干部参加了调研座谈会。张志杰专委对该院工作给予肯定和高度评价，并就下一步如何做好检察工作提出明确要求：一是要认真贯彻最高检“讲政治、顾大局、谋发展、重自强”工作总要求，提高政治站位，充分认识认罪认罚从宽制度的重要意义，进一步加大认罪认罚从宽的工作力度，将之作为新时代检察机关“谋发展”的重要举措和突破口。二是要结合本地实际，发挥好主导作用，因地制宜，攻坚克难，大胆探索实践，切实做到分析问题、研究问题并解决问题。三是要注重典型案例的挖掘运用，引导司法理念转变和社会价值取向，以创新精神进一步做优刑事检察工作，把刑事检察业务和队伍素质提升到一个新水平。

（四）服务大局和执法为民

1. 阳泉市郊区检察院运用法治力量规范、保障和促进河道生态文明建设。3日22日，在第二十七届“世界水日”，该院和郊区河长制办公室，在荫营广场隆重举行“携手清四乱、保护河道生态”百日会战行动启动仪式。开展“携手清四乱保护河道生态”百日会战行动，是贯彻习近平生态文明思想的具体体现，是改善郊区河道生态环境和资源保护现状的迫切要求，是检察机关与行政机关携手并肩、共同保护河道生态的创新实践，也是检察机关履行公益保护职责的应有之义，该院以此次行动为契机，运用法治力量规范、保障和促进河道生态文明建设。具体措施有三：一是要提高思想认识，认真落实行动方案要求，以强烈的使命感、扎实的办案业绩、良好的办案成效诠释检察机关的责任担当。二是扎实有效履行公益诉讼检察职能，明确监督重点，严格把握诉前程序，依法提起诉讼，依法从严从快打击破坏河湖生态违法犯罪。三是加强横向联动协同，建立紧密的信息共享、案件协办、技术咨询、舆情处置等联络机制，形成联席会议制度，定期交流专项行动开展情况，不断凝聚共识，共同维护公共利益和法治权威。

2. 阳泉郊区检察院和荫营中学举行“法制进校园”系列活动启动仪式。3月30日，为认真贯彻落实最高人民检察院张军检察长关于推进检察机关“法律进校园”活动的指示精神，认真履行“谁执法、谁普法”的工作职责，全方位、多角度加强未成年人检察工作向纵深发展，进一步提升未成年人的法律意识和自我保护意识，规范学生的日常行为，该院和荫营中学联合举行2019“法制进校园”系列活动启动仪式及讲座，郊区人民检察院党组书记、检察长严志勇，被该校特聘为“法制副校长”，并向全体师生讲授了法制课。严志勇结合检察工作实际和典型案例，从法律定义、青少年违法犯罪原因和不良行为表现、如何遵守法律及加强对犯罪的自我防范三个层面，向学生们宣传法律知识，与同学们进行深刻的思想交流，对家庭教育不当、社会不良现象的影响、学校管理松懈等问题进行了深刻剖析，对厌恶学习、逆反心理、盲目模仿心理、不良嗜好、虚荣心理等法律规定的九种未成年人的不良行进行了警示，希望同学们认清青少年违法犯罪现象的产生是由主、客观原因，遵守国家法律、法规和社会公共规范，树立自尊、自立、自强的意识，增强辨别是非和自我保护的能力，努力学习、努力向上、努力向善，成长为一个对社会有贡献的人、对家庭有责任的人、一个能够感动自己的人。

3. 阳泉郊区检察院制订《2019年度法治进校园宣讲工作实施方案》。计划采用“走出去教、请进来学”两种方式同步展开，在传统授课的基础上，适当采取组织检察开放日、观看庭审现场等方式对在校学生开展法治实践教育，培养学生崇尚法律、相信法律、敬重法律的意识。坚持以案说法，避免生硬说教，采用激励式、互动式巡讲，播放视听资料，组织游戏，情景展示等形式，使广大学生愿听、爱听并积极参与。同时制作宣传卡册、宣传展板、宣传视频等宣传教育材料，分享给更多的学生、教师、家长乃至校外未成年人、社会各界人士。并通过活动，向在校学生普及法律常识，进行法治警示教育，推动他们进一步养成遵纪守法的自觉意识和良好行为习惯，增强自我保护、防范不法侵害的能力，促进养成守法意识和运用法律维权意识，保障未成年人健康成长，营造懂法、守法、用法的良好氛围，及时发现学校安全管理中存在的问题和漏洞，进一步完善安全管理制度，创建平安校园。

4. 阳泉郊区检察举行“‘我将无我’奋斗，不负人民重托——共和国建设者走进检察机关”的检察开放日活动。4月28日上午，该院结合庆祝“五一”劳动节举行了主题为“‘我将无我’奋斗，不负人民重托——共和国建设者走进检察机关”的检察开放日活动，邀请田园乳业有限公司、阳泉豪门业有限公司、三泉耐火材料有限公司、郊区保安公司、白泉村委会等五家企业的普通劳动者共20余人参加检察开放日活动。郊区院党组成员史保龙向前来参加活动的劳动者们表示热烈的欢迎和诚挚的感谢，介绍了郊区院发展历程、检察工作、检察特色及检察职能，现场检察干警向参加活动人员发放了介绍检察职能、检察工作的宣传资料。郊区院党组成员、政治部主任孟秀红及其他检察干警，陪同各企业代表，参观了该院文体活动室、院史陈列室、办案工作区、开放式图书馆、12309检察服务中心、远程视频接访室、未成年人办案工作区等多处场所和设施。企业代表纷纷表示，这次座谈会让他们进一步加深对检察工作的了解，增进了社会各界与检察机关的联系，同时建议郊区院多到企业、多到老百姓家中宣传法律知识和检察职能，以便群众在法律方面遇到困难和问题时及时到检察机关寻求帮助。史保龙代表该院党组表示，在今后的工作中，郊区院将在支持和服务企业家创新创业营造良好法治环境上下功夫，也将经常性地深入乡镇、企业、百姓家中进行宣传，了解群众所思所想及所需，以便更好地促进企业发展，更好地为人民服务，不断增强人民群众对检察工作的满意度。

5. 阳泉郊区检察院开展“携手关爱、共护明天”检察开放日活动。5月25日“六一”国际儿童节来临之际，为增进社会各界和人民群众对未成年人检察工作的了解和支持，凝聚有关部门力量共同保护未成年人健康成长，该院开展“携手关爱、共护明天”检察开放日活动。郊区院定点扶贫帮扶对象簸箕掌村14名中小学生、老师、村干部、学生家长，参观了12309检察服务大厅、工作展板、院史陈列室、未成年人办案工作区和开放式图书角等多处场所和设施。并举办了主题座谈会，未检检察官讲述了典型案例，发放了六一小礼品和宣传资料《检察官告诉你怎样保护好自己》。学生们表示，这次活动让他们认识到检察机关的庄严而又神圣，今后一定要做遵法守法的好少年。家长、老师们一致认为，此次活动内容丰富，意义深远，并就检察机关进一步做好法治宣传教育提出了宝贵建议。提高了郊区检察工作透明度，增强了检察公信力，也提升了孩子们自我保护意识。

6. 阳泉郊区检察院开展“携手清四乱、保护河道生态”专项行动。为深入贯彻落实中央关于加强生态文明建设的重要部署，从2019年3月开始，该院与区水利局、区河长办等单位积极组织开展“携手清四乱、保护河道生态”专项行动，近期深入旧街乡、河底镇检查河道生态环境，对桃河、保安河、苇泊河、山底河等郊区主要河流存在的“四乱”问题进行现场调查，郊区副区长、区河长办主任杨兆明、区水利局局长郭智英和区检察院副检察长张保亮等领导参加，并邀请区人大常委马玉田、旧街乡人大主席马润才等人大代表进行全程监督。人大代表在听取检察机关关于保护河道生态公益诉讼工作开展情况的汇报后，充分肯定检察机关在保护生态健康发展方面所发挥的重要作用，并提出要守住绿色底线，充分发挥检察机关的公益诉讼职能，把工作做细做精做实，区人大将一如既往地支持区检察院履行公益诉讼法律监督职责，一起为建设生态郊区贡献力量。通过现场检查，郊区检察院对发现的问题进行了归纳整理，向相关行政机关进行调查核实，对符合公益诉讼立案标准的线索立案9件，发出检察建议9份。行政机关在收到检察建议后，针对桃河测石段、旧街煤矿段和保安煤矿段，制定了治理河道污染的具体方案，并按照方案进行整改。

7. 阳泉郊区检察院党组积极落实“三服务”措施。为进一步落实“不忘初心、牢记使命”主题教育关于开展调查研究活动的部署要求，10月18日上午，郊区人民检察院党组书记、检察长严志勇等一行4人，到郊区荫营镇老虎沟社区及中强房地产开发公司走访调研，通过实地查看和召开座谈会，分别调研了社区发展情况和企业的生产经营状况，并向企业征求对检察工作的意见建议。此次调研重点围绕检察机关如何保护、引导、服务非公有制企业健康发展开展调研，主要了解了企业在合同签订履行、经营风险防控、职工法律意识、企业经营发展环境等方面遇到的问题和困难，以及企业的涉法现状和法律诉求。严志勇检察长表示，企业在区委区政府的关心下快速发展，有效带动了周边群众的就业，为全区经济发展作出了积极贡献，郊区检察院将充分发挥检察职能，更加主动地加强与企业的联系互动，妥善办理涉企案件，严厉打击侵害企业合法权益的违法犯罪行为，努力营造良好营商环境，为企业健康持续发展保驾护航。同时将在郊区检察院选取精兵强将定期深入企业，开展针对性的法律帮扶，通过构建与企业和谐的互动机制，优化民营经济发展环境，把法律服务延伸到民营企业家门口。企业职工也纷纷表示在今后的工作中会更加积极的学法、知法、懂法、守法，做一名合格的企业人。同日，郊区院其他党组成员均分别带队下乡入企进行调研。调研结束后，该院党组迅速召开“不忘初心、牢记使命”主题调研成果交流会，将调研中发现的问题列入问题清单，切实抓好问题的解决，抓好整改的落实，以主题教育的深入开展和良好成效不断推动郊区检察工作向前发展。严志勇检察长希望在今后的工作中，一是要常态长效抓调研，把调查研究作为不断改进工作、创新思路的重要方法，贯穿推动检察工作的全过程。二是要扎实推进调研成果转化。调查研究结束后，为检察工作提供准确可靠的决策依据。三是要抓好调研成果运用，固化做法，完善机制，不断提升工作能力和水平。

三、人事变动

5 月 31 日，中共阳泉市郊区组织部下发阳组干字〔2019〕29 号文件，任命田长春为郊区检察院检察委员会专职委员。郑志明、王立丽、谢文向、田瑶为副科级检察员。同时免去田长春副科级检察员职务

9 月 28 日，中共阳泉市郊区人民检察院党组下发阳郊检党组字〔2019〕第 15 号文件，任命田瑶为第一检察部副主任，负责未成年人案件检察工作。

编　后　记

阳泉市郊区人民检察院编纂的《阳泉郊区检察志》，是在国务院二轮修志精神鼓舞下，在区委、区政府有关部门大力支持协助下，于 2016 年正式启动编修工程，2018 年 12 月全部完成编纂任务，2019 年 8 月正式出版发行。

阳泉市郊区人民检察院党组高度重视该志编修工作，积极落实国务院和省、市、区地方志编纂委员会办公室关于“二轮修志”一系列会议和文件精神，将编纂工作纳入党组工作重要议事日程，抽调专人组成阳泉郊区检察志编纂委员会及办公室，检察长严志勇就该志的编纂工作多次召开专题会议，明确要求编纂工作要尊重历史，提出修志工作“四不原则”：不遮丑，不护短，不拔高，不掺假，并亲自为本志作序。党组成员、办公室主任史保龙全面具体负责资料的收集和志书的编纂，以及审核、校阅和出版发行方面的指导、协调。法治文学作家闫建生根据郊区检察院党组关于编修院志政治、业务要求和编纂大纲，执笔担任本志总纂。方志出版社的编辑、专家秉承严谨、专业、负责的精神，严格按照标准，对本志进行审核编辑。经过编纂、审核、校阅人员不懈努力，终于达到出版要求，顺利完成了本志编修任务。

《阳泉郊区检察志》共 10 编、39 章、100 余万字，以大量丰富翔实的历史资料，全面系统地记述了 1958 年至 2018 年，阳泉郊区检察事业 60 年的改革发展历程，重点记录了从 1978 年人民检察事业恢复重建到 2018 年 40 年间，阳泉郊区检察院不同时期各项工作的决策和部署，以及有重大影响的检察事务和各个不同时期的重要刑事、民事案件，同时将 60 年来对阳泉郊区检察工作做出突出贡献的领导干部和先进模范人物收录志中，以翔实的史料和客观的记述，记录了阳泉郊区检察院一代又一代干警，为推进阳泉郊区的法治建设、促进依法行政、依法治区做出的艰苦努力和巨大贡献。

《阳泉郊区检察志》的出版发行，有助于总结历史经验，传承检察精神，张扬检察文化，有助于实现司法公正，确立司法权威，塑造立检为公、执法为民的检察形象，为新时代中国特色法治建设提供积极的历史借鉴和重要的法治文化支撑，以进一步增强和促进人民检察事业的健康发展。

在此，阳泉郊区检察院党组和《阳泉郊区检察志》编纂委员会全体成员，向所有关心、支持、帮助本志编辑、出版、发行的人员，表示衷心的感谢。

编 者

2020 年 1 月